丰碑

广东省革命老区图文录

广东省老区建设促进会　编

SPM 南方传媒　广东人民出版社
·广州·

图书在版编目（CIP）数据

丰碑：广东省革命老区图文录 / 广东省老区建设促进
会编. —广州：广东人民出版社，2022.10
ISBN 978-7-218-15888-4

Ⅰ.①丰…　Ⅱ.①广…　Ⅲ.①广东—地方史
Ⅳ.① K296.5

中国版本图书馆 CIP 数据核字（2022）第 124314 号

Fengbei —— Guangdong Sheng Geming Laoqu Tuwenlu

丰碑——广东省革命老区图文录

广东省老区建设促进会　编　　　　版权所有　翻印必究

出 版 人：肖风华

封面题字：陈颂声
封面浮雕：张松鹤与潘鹤、梁明诚、李汉仪、陈淑光共同创作
责任编辑：夏素玲　谢　尚
特约编辑：钟睿祺
装帧设计：书窗设计
责任技编：吴彦斌　周星奎

出版发行：广东人民出版社
地　　址：广州市大沙头四马路 10 号（邮政编码：510199）
电　　话：（020）85716809（总编室）
传　　真：（020）83289585
网　　址：http://www.gdpph.com
印　　刷：恒美印务（广州）有限公司
开　　本：889 毫米 × 1194 毫米　1/16
印　　张：41.5　　字　数：488 千
版　　次：2022 年 10 月第 1 版
印　　次：2022 年 10 月第 1 次印刷
定　　价：328.00 元

编纂委员会

编写组

主　　编：姚泽源　　谭世勋

执行副主编：伍依丽

副　主　编：张保成　　柯绍华　　丁小伦

编　　辑：林梦夏　　卢　奇　　叶文敏　　陈　东　　陈思奇

发扬革命传统

争取更大光荣

　　　　　　　　——毛泽东为革命老根据地人民题词（1951年）①

　　用革命的事迹来教育我们的子孙万代：像我们前辈那样，像我们的先烈那样，永远当一个革命者，永远当一个为人民大众的集体事业服务的社会主义者，永远当一个共产主义者。

　　　　　　　　——邓小平《为〈广西革命回忆录〉（续集）一书题词》（1963年）②

延安精神　永放光芒

　　　　　　　　——江泽民为陕西省委《共产党人》杂志题词（1990年）③

　　中国革命胜利离不开井冈山精神，实行改革开放、建设有中国特色社会主义同样需要发扬井冈山精神。

　　　　　　　　——胡锦涛《井冈山精神的时代新内涵》（1993年）④

　　一切向前走，都不能忘记走过的路；走得再远，走到再光辉的未来，也不能忘记走过的过去，不能忘记为什么出发。

　　　　　　　　——习近平《在庆祝中国共产党成立九十五周年大会上的讲话（2016年7月1日）》⑤

① 山西省老区建设促进会编：《山西革命老区》，中央文献出版社2003年版，图片页。
② 共青团中央、中共中央文献研究室编：《毛泽东邓小平江泽民论青少年和青少年工作》（增订本），中国青年出版社、中央文献出版社2003年版，第157页。
③ 中共陕西省委宣传部、中共延安市委供稿，人民出版社编：《延安精神永放光芒——大型展览巡礼》，人民出版社2004年版，封面题字。
④ 胡锦涛：《胡锦涛文选》（第一卷），人民出版社2016年版，第62页。
⑤ 习近平：《论中国共产党历史》，中央文献出版社2021年版，第121页。

目 录

附 录

序 言

陈开枝

2021年，我们迎来了中国共产党百年华诞。经过百年奋斗，中华民族实现了从站起来、富起来到强起来的伟大飞跃。革命老区是中国共产党团结带领人民前赴后继、浴血奋战，实现"站起来"的历史见证，革命老区的历史是我们党百年奋斗史中重要的组成部分。

习近平总书记指出："革命老区是党和人民军队的根，我们永远不能忘记自己是从哪里走来的，永远都要从革命的历史中汲取智慧和力量。"[①]

广东是全国大革命的中心和策源地，老区是广东革命斗争的战略基地和光辉旗帜，承载了历史的光荣与厚重。全省目前记录在册的老区村庄有50800多个。这片红色土地在中国革命奠基石中独具魅力，其魅力来自她的特殊性。

在中国共产党的领导下，广东革命老区为中国革命的胜利作出了重大贡献。这里曾经诞生了中国革命史上的多个"第一"，曾留下许多老一辈无产阶级革命家从事革命实践的深深印迹。土地革命战争时期，曾以武装起义和革命根据地创建的时间早、贡献大、根据地分布范围广、斗争艰苦卓绝而长期坚持红旗不倒而著称；抗日战争时期，曾开辟了被称为全国三大敌后抗日战场之一的华南敌后战场，华南抗日游击队在华南抗战中充分显示了中流砥柱作用；解放战争时期，曾广泛建立游击根据地，在全省三分之一的地区建立了人民政权，为配合南下大军胜利解放广东全境奠定了基础。

革命战争年代，党为人民谋解放，人民坚定跟党走。"最后一碗米送去做军粮，最后一尺布送去做军装，最后一件老棉袄盖在担架上，最后一个亲骨肉送去上战场。"这首革命老区的民谣就是生动写照。新中

---

① 习近平2015年2月13日在陕甘宁革命老区脱贫致富座谈会上的讲话。

国成立后，老区人民艰苦奋斗，建设家园。在长期的革命斗争中，敢为人先的革命精神、坚如磐石的理想信念、百折不挠的英雄气概、拼搏向上的奋斗伟力，成为广东革命史册中的宝贵财富。

为了贯彻习近平总书记关于"用好红色资源，传承好红色基因，把红色江山世世代代传下去"的重要指示精神，从2020年初起，我们历时近两年编纂《丰碑——广东省革命老区图文录》（简称《图文录》），以图文的形式，记载了广东革命老区的不懈奋斗史和辉煌成就史，其丰功伟绩永远镌刻在历史的丰碑上，屹立在老区人民的心中，更坚定了老区人民跟党走的决心和信心。

《图文录》编辑部的同志们以对历史认真负责的态度和"韧"的精神做好编撰工作。一部集史料性、知识性、可读性为一体的红色文化读物，于新中国成立73周年之际付梓，实为幸事，我为之欣慰！衷心感谢各方的共同努力和大家的辛勤劳动。

历史因铭记而永恒，精神因传承而不灭。《图文录》的成书出版，使渐行渐远的广东革命老区历史清晰起来，使革命先辈的事迹灵动起来，使广东革命老区的名片亮丽起来。这对老区人民是一个鼓舞，对革命先烈是一种缅怀，对党员干部是一方镜鉴，对青少年教育是一面旗帜，而对全社会来说，则是对革命老区的永恒纪念。

不忘来时的路，才能走好未来的路。以史为鉴，勿忘昨天的苦难辉煌，无愧今天的使命担当，开拓明天的美好梦想，是这本书的初衷愿望。让我们寻初心、读老区、筑梦想、做传人，赓续老区红色根脉，在新时代续写老区苏区振兴发展的新篇章。

是为序。

2021年11月

（本文作者系广东省老区建设促进会会长）

广东省革命老区概述

　　革命老区，是指中国共产党在领导人民推翻帝国主义、封建主义和官僚资本主义三座大山，争取民族独立和人民解放的伟大斗争中建立的革命根据地。广东革命老区是全国农村革命根据地的重要组成部分，是广东革命斗争的重要依托和战略基地，是广东人民革命的历史丰碑和广东人民革命胜利的光辉旗帜。从土地革命战争、抗日战争到解放战争时期，广东老区和老区人民为中国共产党领导的中国革命付出了巨大牺牲，作出了重大贡献。

　　土地革命战争时期，广东的革命根据地遍及69个县。1927年11月，海陆丰苏维埃①政权建立，标志着海陆丰革命根据地正式形成。次年春这一根据地失利后，中共东江特委先后转往潮阳、普宁、惠来三县边境的大南山和揭阳、丰顺、五华三县边界的八乡山，领导各县深入发动群众，实行土地革命，开展武装斗争，扩大革命根据地，保卫和建立各级苏维埃政权。先后创建了潮（阳）普（宁）惠（来）、五（华）兴（宁）龙（川）、梅（县）丰（顺）（大）埔、饶（平）（平）和（大）埔诏（安）、海（丰）陆（丰）惠（阳）紫（金）根据地，同时建立了一批区乡苏维埃政府或革命委员会。稍后，又建立了蕉（岭）平（远）寻（乌）、陆（丰）惠（来）根据地，紫（金）河（源）特区、潮（安）澄（海）饶（平）等边区根据地和游击区。1930年后，广东与赣闽边相邻的南雄、梅（县）丰（顺）（大）埔、平（远）蕉（岭）、五（华）兴（宁）龙（川）、饶平等地区成为以江西瑞金为中心的中央苏区的组成部分。

---

① "苏维埃"，俄文cobet（英文：soviet）的音译，"代表会议"或"会议"的意思。苏区即采用"苏维埃政权"组织形式地区的简称。土地革命战争时期建立过苏维埃政权的地区，简称为苏区。老区是统称，包括了苏区。

在琼崖地区，1927年冬，在中共琼崖地委领导下，琼崖东路、中路、西路的农民武装暴动不断发展。1928年2月，在东路地区建立了以乐会四区至万宁六连岭为中心的根据地。8月，琼崖苏维埃政府成立，标志着琼崖革命根据地的形成。

在北江等其他地区。北江地区1928年初，在中共北江特委领导下，曲江、仁化、南雄、乐昌、英德等县农军暴动失利后撤往山区，开展游击战争。1928年3月仁化军民与敌人激战后，700多人退守双峰寨8个多月，展开了气壮山河的保卫战。在西江、南路地区，多个县举行了武装暴动。1927年9月，中共遂溪县委领导的乐民、海山武装起义失败后，农军利用海岛进行武装割据，在斜阳岛上坚持了5年。1934年10月中央红军长征之后，赣粤边区、闽粤边区和湘粤边区根据地人民，支持留守红军坚持了3年游击战争，南雄油山革命根据地成为3年游击战的中心据点。

抗日战争时期，广东先后成立了广东人民抗日游击队东江纵队、珠江纵队、韩江纵队、广东人民抗日解放军、南路人民抗日解放军等抗日武装，统称华南抗日纵队，总兵力3万多人，是华南地区抗战的中坚力量，被称为华南抗战的中流砥柱。1938年10月12日，日军在惠阳大亚湾登陆后，在党的领导下，惠阳、东莞先后成立了惠宝人民抗日游击总队和东莞抗日模范壮丁队，开展游击战。在惠阳的坪山、宝安的阳台山、东莞的大岭山等地建立抗日游击根据地。而后又开辟了增城、博罗、龙门抗日根据地，形成大范围的东江抗日根据地。在粤东地区，建立了以大南山、大北山、凤凰山为核心的游击根据地。在粤中地区建立了中山五桂山、南（海）番（禺）顺（德）、新（会）高（明）鹤（山）等边区游击根据地。在粤北，建立了以粤汉铁路两侧的英德、翁源、曲江等根据地。南路的遂溪、廉江、吴川、化州、高州、电白等边区，也建立了抗日游击根据地。广东的抗日根据地遍及全省70多个县。华南敌后战场被列为全国三大敌后战场之一。

解放战争时期，广东成立了中国人民解放军粤赣湘边纵队、闽粤赣边纵队、粤桂边纵队、粤中纵队、粤桂湘边纵队等武装队伍，广泛开展游击战争，建立了粤赣湘边区、闽粤赣边区、粤中、粤桂边区、粤桂湘边区等游击根据地。全省有90多个县建立县委一级党组织，在三分之一以上的地区建立人民民主政权，为配合南下大军解放广东全省奠定了基础。

广东革命根据地在其整个发展过程中，除了在基本方面与全国各革命根据地有共同之处外，还有自己的特色。

建立时间较早。广东革命根据地的创建，以1927年广州"四一五"反革命政变后各地农民武装斗争为起点。当反革命屠杀开始后，中共广东省委率先领导各地工农群众举行武装起义，在全国最早打响了武装反抗国民党反动派的枪声。同年11月中旬，海陆丰革命根据地建立，与井冈山革命根据地成为全国最早建立的两块革命根据地。同年12月中旬，琼崖陵水县苏维埃政府成立。至1931年前后，广东革命根据地包括东江、琼崖、北江、南路的部分地区。

形成有利条件。在大革命风暴席卷南粤之时，共产党组织得到发展，力量不断壮大。广东城乡空前广泛的工农运动，给广大群众以深刻影响。中共许多重要领导干部如毛泽东、周恩来、朱德、陈毅、徐向前、聂荣臻等都先后到广东从事革命活动。广东也涌现了一批坚强的革命骨干，如彭湃、阮啸仙、叶挺、杨殷、张善铭、杨善集、黄学增、王文明、古大存、冯白驹等。他们在后来领导武装斗争和建立农村革命根据地的斗争中，成为杰出的组织者和领导者。

活动范围特殊。一方面，广东革命根据地建立和活动范围不仅立足于大陆，有山区（如大南山、八乡山、油山、大岭山等）、有平原或丘陵地带（如海丰、陆丰）、有区域性（如东江、琼崖两大块，其中又有小块根据地），而且有海岛（海南岛、斜阳岛）；另一方面，广东革命根据地自建立之日起，就与港澳同胞和海外侨胞有密切联系，并且活动范围扩展到港澳地区。这是全国绝无仅有的。

跨越区域广阔。广东革命根据地的区域，从岭东潮梅到粤西钦廉，从粤北山区到海南孤岛，遍及全省，东西南北中都建立起红色基地。

与中央根据地关联密切。土地革命战争时期，东江根据地支持和配合中央苏区的反"围剿"斗争，建立了沟通中央苏区腹地的红色交通线，赣粤边、闽粤边、湘粤边的部分地区属中央苏区范围，成为中央苏区的南方屏障。抗战时期，孤悬华南敌后的我人民抗日武装，通过香港（省委驻地）与中央根据地联系。

坚持时间较长。广东根据地的斗争艰难曲折而坚持时间长。根据地几起几落，有的根据地在失利后，中共组织依然存在，他们率领军民艰苦转战，开展游击战争。琼崖革命根据地的党组织从1927年坚持到1950年，长达23年红旗不倒。这充分显示了根据地军民前仆后继、英勇不屈的斗争精神。在抗日战争和解放战争时期，广东革命根据地得到新的开辟和发展。

广东革命根据地在建立、发展过程中，积累了经验和教训，对长期的革命斗争提供了有益启示。主要有：党的坚强领导是关键，策略方针路线正确是保证；必须把武装斗争、土地革命、政权建设紧密结合，三者互为联系，相辅相成，缺一不可；要始终为人民谋利益，动员和依靠群众，才能赢得人民信任，得到人民支持，革命政权和人民武装就能汲取到最为磅礴、最为持久的力量，形成克敌制胜的坚强堡垒；贯彻党的方针政策要从实践中去探索，根据实际情况作出抉择；必须掌握革命战争的策略原则，同时必须实行机动灵活的战略战术；要贯彻执行党的统战工作路线，团结根据地一切可以团结的力量等。

新中国成立后，广东根据国家政策，在全省范围内开展了评划土地革命战争、抗日战争时期的革命老区工作；而后又根据广东的实际，评划了解放战争时期的游击根据地。广东评划老区是以自然村为单位，老区村庄或人口达到半数以上的镇为老区镇。按当时行政区划，全省共评定老区村庄50809个，其中土地革命战争时期老区村庄7554个，抗日战争时期老区村庄7073个，解放战争时期老区村庄36182个。全省评定老区乡镇776个。据1995年底统计，全省老区人口占全省总人口的31.7%。按2021年8月止正规的县级行政区划统计，全省有老区的县（市、区）为118个（含东莞、中山两个不设区的地级市）。

广东革命老区彪炳史册，老区精神永放光芒!

广东省革命老区评划标准

革命老根据地包括第二次国内革命战争①根据地和抗日根据地。

第二次国内革命战争根据地的划定标准：曾经有党的组织，有革命武装，发动了群众，进行了打土豪、分田地、分粮食、分牲畜等运动，主要是建立了工农政权并进行了武装斗争，坚持半年以上时间的。

抗日根据地的划定标准：曾经有党的组织、有革命武装，发动了群众，进行了减租减息运动，主要是建立了抗日民主政权并进行了武装斗争，坚持一年以上时间的。

划定革命老根据地应以生产大队为单位。如果一个公社内，属于革命老根据地的生产大队超过半数，这个公社可算作革命老根据地公社。

——摘于民政部、财政部《关于免征革命老根据地社队企业工商所得税问题的通知》（民发〔1979〕30号、（79）财税85号）

（一）解放战争游击根据地的标准：凡在解放战争时期（即1945年8月—1949年9月30日），具备下列四个条件，并坚持一年以上时间的，可评划为解放战争游击根据地。

1. 建立了党的组织，或在游击队、武工队的党组织领导下进行革命斗争。

2. 组织了农会、民兵组织，并在上述组织领导下发动群众进行了减租减息斗争和其他革命活动。

3. 建立人民政权，或在党的领导下建立了革命的"两面"政权，或在人民政权、革命的"两面"政权领导下进行革命斗争。

---

① 即土地革命战争——编者述。

4．发动群众参军参战，支援部队，建立了革命武装或在我党领导下开展了武装斗争，为解放战争的胜利作出了重大牺牲和贡献。

（二）确定老区乡（镇）的标准：老区乡镇的确定标准按照1979年国务院批准民政部、财政部关于划定老区公社的标准执行，即在一个乡镇内，老区村庄或老区人口超过半数的乡镇确定为老区乡镇。

——摘于广东省民政厅《印发〈关于开展评划解放战争游击根据地和确定老区乡镇、老区县工作方案〉的通知》（粤民办〔1991〕18号）

广东原则上以自然村为单位评划老区。

国家、广东省关于评划革命老区的部分文件①

（1）摘录民政部、财政部《关于免征革命老根据地社队企业工商所得税问题的通知》（民发〔1979〕30号、（79）财税85号）。

（2）摘录民政部办公厅《关于对广东省民政厅确认老区乡（镇）老区县和评划解放战争时期游击区问题的复函》（民办函〔1990〕242号）。

（3）摘录广东省人民政府办公厅《转发省老建委关于补划老区村庄的意见的通知》（粤府办〔1988〕129号）。

（4）摘录广东省人民政府办公厅《关于评划解放战争时期游击根据地和确认老区乡（镇）老区县问题的复函》（粤办函〔1991〕378号）。

（5）摘录广东省民政厅《印发关于开展评划解放战争游击根据地和确定老区乡镇、老区县工作方案的通知》（粤民办字〔1991〕18号）。

① 根据广东省档案馆存件摘录。

凡 例

一、本书按照革命老区定义，通过重点选编，再现百年来在党的领导下广东革命老区人民的革命斗争、发展历程、历史贡献和取得的辉煌成就。

二、全书采用图文结合，述、记、图、表、录等综合运用的体例。

三、全书以年代排序，始于20世纪20年代初期，到中华人民共和国成立至今。内容和数据下限为2022年9月。

四、内容主要以地区为分列，以重要事件、人物为主线，全省面上综述为"纵"；各市分述为"横"的体例兼用。

五、全书分为大革命时期、土地革命战争时期、全面抗日战争时期、解放战争时期、中华人民共和国成立后的建设发展成就、赓续红色血脉、各地级以上市革命老区简介及历史事件选，共七章；附录主要有广东省革命老区基本情况等。

六、由于行政区划变动，书中对广东省在战争年代管辖、现已划出的广西、海南等部分地区，有关联的内容只作交代性表述。

七、第七章中的各市"历史事件选"主要按时间和重要性排序。

八、书中人物照片的标注大体分几种情况：

1. 重要人物（时任省级、军级/纵队级职务，著名革命先烈，事件中主要人物），以及中华人民共和国成立后的省部级干部等，标姓名、生卒年（可查到的）、籍贯（省、县）、时任职务；有的酌加战争年代重要经历、中华人民共和国成立后主要任职等。

2. 其他人物标姓名、籍贯、时任职务或简介；群像人物一般只标姓名。

3. 早期（主要是土地革命战争时期）逝世人物注明简况。

九、根据不同时期、不同事件记述需要，有的人物头像（不同图）有重复出现，时任职务不同。

十、特殊地名中的生僻字，保留繁体字或异体字。

十一、重要的引用、参考文献，注明作者、文献名、出版社、版次及页码等信息。

第一章
大革命运动的策源地

广东得风气之先，富于革命传统。20世纪20年代初，广州是全国最早建立共产党组织的六个地区之一。1923年6月中共三大在广州召开，开启了第一次国共合作。此后，以广州为中心，一场声势浩大的反帝反封建的革命运动，如滚滚洪流席卷中国大地。广州成为中国大革命的策源地，一批著名的共产党人在南粤留下了红色足迹。共产党为中华民族谋复兴确立的初心使命，在广东进行了卓有成效的实践，在广大人民群众中产生了深远的影响，为后来广东革命根据地的建立与发展奠定了基础。

第一节
广东早期共产党组织的建立

广州共产党早期组织于1920年冬至1921年春酝酿并成立。不久成立中共广东支部，1922年上半年成立中共广东区委。随着国共合作的形成和国民大革命的开展，广东的党组织迅速发展，成为共产党员数量最多的省份。

一、广东共产党组织成立

陈独秀（1879—1942）

安徽怀宁人。中国共产党的创始人和早期主要领导人。1921年春在广州直接指导和主持创建了广东党组织。

1921年3月，广州共产党早期组织成立，党员9人，陈独秀任书记，不久谭平山继任。图为成立旧址——广东省立宣讲员养成所遗址（今广州起义路素波巷广州市第十中学校园内）。

1921年7月党的"一大"召开后，广东代表回广州传达了会议精神，中共广东支部在广东省立宣讲员养成所成立。图为在原址上新建的"小红楼"。

"革命三谭"（从左至右）：谭平山（1886—1956）、谭植棠（1889—1952）、谭天度（1893—1999），均为广东高明人，都是中国共产党创建时期的党员，其中谭平山是早期参与建党、建军的重要人物之一。

《广东群报》，"五四"时期的进步报纸，后来成为广州共产党早期组织的机关报。图为1920年10月《广东群报》创刊号、《广东群报》报道。

杨家祠（杨匏安故居）是广州共产党早期组织活动的重要地方。谭平山、陈公博、谭植棠、阮啸仙、刘尔崧、冯菊坡、杨殷、梁复燃、林伯渠、包惠僧等党团员，以及在广州的共产国际人员都常来此开会；刘少奇曾在此报告过京汉铁路大罢工的经过。1924年，周恩来、陈延年、邓颖超、李富春、蔡畅、苏兆征等经常在此开会研究工作。图为位于广州越华路的杨家祠。

杨匏安（1896—1931）

广东香山（今珠海）人。中国共产党早期的优秀理论家和革命活动家。1931年8月在上海被国民党反动派秘密枪杀。

二、中共三大在广州召开

1923年6月，中国共产党第三次全国代表大会在广州召开。大会确定共产党员以个人身份加入国民党，与国民党进行党内合作的策略方针。据记载，有30多名代表参加了大会，代表全国420名党员，共产国际代表马林出席了大会。为了开好这次大会，中共中央迁驻广州。大会选出9名中央执行委员，5名候补委员，组成新的中央执行委员会，由陈独秀、蔡和森、谭平山、毛泽东、罗章龙组成中共中央局。陈独秀任中央执行委员会委员长。

对中共三大会址的记载（中共三大会址纪念馆展牌，2019年）

位于广州新河浦的中共中央机关旧址春园外景。中共三大会址即在其后侧。

中国共产党第三届中央执行委员会会议场景（中共三大会址纪念馆模拟展示）

中共三大会址和会址纪念馆新貌

三、在大革命洪流中发展

1. 中共广东区委

1924年至1926年，广东各地的共产党组织快速发展。中路①、海陆丰、西江②、北江③、惠州、潮梅、南路④、琼崖地区先后建立了党的组织，至1927年4月，广东已有中共党员9000多人⑤。党组织的发展，成为广东革命斗争的领导核心。

大革命时期中共广东区委主要负责人

任职时间 \ 职务	委员长	书记	农委书记	工委书记	其他主要负责人
1924年10月	周恩来（是年11月出任黄埔军校政治部主任，在党内改任区委军事部部长）				邓中夏苏兆征等
1925年2月		陈延年	阮啸仙彭湃	冯菊坡刘尔崧	

---

① 中路，地理上主要指广东中部地区。
② 西江地区，主要包括广东肇庆、云浮范围。
③ 北江（珠江水系干流之一）流经广东韶关、清远等地。
④ 南路是一个旧的行政专属地域名称，原指广东省南路公署管辖的高州六属（茂名、信宜、电白、化县、吴川、廉江）、雷州三属（遂溪、海康、徐闻）、钦廉四属（灵山、合浦、钦县、防城）和两阳（阳江、阳春）这片地域，共包含15个县和梅菉1个市，过去统称为广东南路地区。
⑤ 中共广东省委党史研究室：《中国共产党广东地方史》（第一卷），广东人民出版社1999年版，第178页。

陈延年（1898—1927）

安徽怀宁人。1922年
加入旅欧中国少年共
产党。1924年10月到
广州。1927年6月在上
海遭国民党反动派军警
抓捕，数天后牺牲。
（参见第632页）

中共广东区委主要负责人1925年的合影。左起：冯菊坡、刘尔崧、
陈延年、杨匏安。

中共广东区委下辖组织示意图①

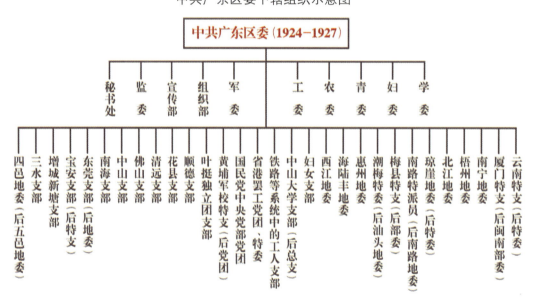

中共广东区委（1924—1927）

秘书处　监委　宣传部　组织部　军委　工委　农委　青委　妇委　学委

四邑地委（后五邑地委）　三水支部　增城新塘支部　宝安支部（后特支）　东莞支部（后地委）　南海支部　中山支部　佛山支部　清远支部　花县支部　顺德支部　叶挺独立团支部　黄埔军校特支（后党团）　国民党中央党部党团　省港罢工委团、特委　铁路等系统中的工人支部　中山大学支部（后总支）　妇女支部　西江地委　海陆丰地委　惠州地委　潮梅特委（后汕头地委）　梅县特支（后部委）　南路特派员（后南路地委）　琼崖地委（后特委）　北江地委　梧州地委　南宁地委　厦门特支（后闽南部委）　云南特支（后特委）

① 中共广东省委党史研究室：《中国共产党广东地方史》（第一卷），广东人民出版社1999年版，第183页。

中共广东区委在大革命的洪流中积极开展建党活动。当时国立中山大学（前身为国立广东大学）、黄埔军校、省港罢工委员会、农民运动讲习所并列为广州地区四大革命基地。图为位于广州市文明路的广东区委旧址。

旧时广东大学（国立中山大学）在广州文明路旧址

叶浩秀（1903—1928）

广东梅县人。1925年由共青团员转为中共党员。广东大学（中山大学）早期中共组织负责人之一。1928年2月在汕头遭国民党侦缉队围捕时牺牲。

省港罢工委员会旧址（今广州越秀南东园横路1号）

2. 早期广东农村党支部

中共广东区委派遣党员到中路和西江一些县、市，指导农民运动的同时开展建党活动。1924年11月成立了中共顺德支部、广宁支部。在此前后，新会（含江门）、东莞、花县也相继建立了党组织[1]，均隶属中共广东区委领导。

中共顺德支部 1923年6月，冯菊坡、刘尔崧到顺德调查研究，为开展工农运动和建党做准备工作。次年11月，中共顺德支部正式成立，李文智任书记，有7名党员。图为顺德支部旧址大良镇高社巷3号。

中共广宁支部 1924年，周其鉴回家乡广宁指导农民运动。当年11月，在县城南街镇新楼村成立中共广宁支部，有11名党员，周其鉴任书记。图为该支部旧址——澹园书室。彭湃、周其鉴当年在此主持该支部首批党员入党仪式。

中共新会支部[2] 1924年春，刘尔崧、阮啸仙到新会县开展建党工作。同年冬，中共新会支部成立，由陈日光担任书记，共有党员6名。图为新会支部旧址江门水南祖庙（今江门第九中学校园内）。

中共东莞支部 1924年12月，中共东莞支部成立，党员3人，莫萃华任书记。图为东莞县支部成立旧址——旧时东莞中学的校门及现在所立的碑记。

① 中共广东省委党史研究室：《中国共产党广东地方史》（第一卷），广东人民出版社1999年版，第94页。
② 中共江门市委党史研究室编著：《中国共产党江门地方历史》（第一卷），广东人民出版社2008年版，第27页。

3. 东征沿途开展建党活动

1925年，在广东国民革命军东征和南征期间，中共广东区委派出党员随军到各地开展建党工作，共产党的组织在全省各地得到发展，党员人数不断增加。[①]第二次东征前（1925年10月），全区党员人数为928人，至1926年9月，广东区党员人数增至5039人，党员人数居全国各省区之首。

1925年第一次东征时，中共广东区委就通过随军工作和革命军中的共产党员周恩来、彭湃、鲁易、杨石魂、方临川、古大存等，在沿途地区开展建党活动。图为周恩来随军东征在揭阳活动旧址——揭阳学宫崇圣祠。

1925年3月，国民革命军奇袭华城取胜，东征军政治部临时办公地点设在宗圣祠，次年11月，中共五华县特别支部在该处创建农民自卫军模范队。图为五华县华城镇宗圣祠。

[①] 中共广东省委党史研究室：《中国共产党广东地方史》（第一卷），广东人民出版社1999年版，第178页。

1925年10月第二次东征后，中共海丰支部扩大为海丰地委，彭湃任书记。1926年再扩大为海陆丰地委，领导海丰、陆丰、紫金和惠阳高潭区党组织，张善铭任书记。图为中共海陆丰地委遗址（海城鉴湖）。

1925年第二次东征军到梅县后，驻梅东征军十四师政治部主任洪剑雄和特派员张维介绍发展了东山中学学生会主席陈启昌、学艺中学学生会主席李仁华入党，在梅县城南门外八角亭建立了梅县第一个党组织——中共梅县支部，书记张维。

1925年两次东征期间，中共广东区委派共产党员罗俊、黄卓如、罗克仁等组成政治工作先遣队到惠阳县镇隆开展工作，策应东征军。当年10月第二次东征攻下惠州后，成立了中共镇隆四大半围支部，罗克仁任书记，有党员9人。图为该支部成立旧址——四大半围岗头村。

四、广东青年团与全国"团一大"

1922年3月，"广东社会主义青年团成立暨马克思纪念大会"在广州东园召开，赴会者共有3000多人。4月，以通信方式选举产生广东社会主义青年团执行委员会，谭平山任书记。是时，广东全省有团员500余人，是全国团员最多的地方。

全国"团一大"原定在上海召开，考虑到广州的政治环境比较好，并且全国劳动大会也将在广州召开，中共中央局和团临时中央局采纳了中共广东支部负责人谭平山的建议，决定将会议改在广州举行。1922年5月5日，中国社会主义青年团第一次全国代表大会在广州东园召开，出席大会的代表共25人。中共领导人陈独秀等和青年共产国际代表也出席了会议。

广东社会主义青年团成立旧址——广州东园。其门楼位于今越秀区挹翠路。

1922年2月26日，广东社会主义青年团的机关刊物《青年周刊》在广州创刊。它的主要组织者和撰稿人是谭平山、杨匏安、阮啸仙等。广东青年团在党的领导下，积极开展各项革命活动，促进了国民革命和广东青年运动的蓬勃发展，为革命作出了重要的历史贡献。

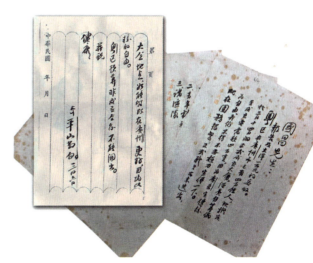

谭平山致全国共青团临时中央书记方国昌（施存统）所提建议的信件手稿

"团一大"宣告中国社会主义青年团正式成立。会议通过了中国社会主义青年团首个纲领、章程，以及有关决议。选举产生了青年团中央执行委员会，推选施存统（方国昌）为书记。

"团一大"在广州召开，为党提供了重要的决策依据，也推动党的革命视野南移，为后来广东成为大革命策源地奠定了基础。

团一大纪念广场（位于广州越秀区越秀南路西）

第二节
工农革命运动迅猛发展

在共产党组织的积极推动下，广东的工农革命运动迅猛发展。全国第一次工运高潮在广州孕育和发展起来，显示了工人阶级的斗争力量。海陆丰点燃了农民运动的星火，在广大农村掀起了一场轰轰烈烈的革命高潮，成为全国农民运动的先导。

一、工人运动的兴起

1. 香港海员大罢工

1922年1月，香港海员大罢工爆发。罢工从要求增加工资的经济斗争，发展成为反抗帝国主义压迫的政治斗争。这次大罢工在共产党的领导和全国工人的支持下，历时56天，以胜利宣告结束。随后，上海、武汉、广东、湖南、直隶等省市和航运、铁路、采矿等行业工人的罢工风起云涌。

中共广东支部发表《敬告罢工海员》书

中华海员工业联合总会职员在广州合影。前排右三为罢工领导人之一苏兆征。

位于广州滨江西路原广东机器工会总礼堂的第一次全国劳动大会纪念馆

2. 第一次全国劳动大会在广州召开

　　1922年5月，第一次全国劳动大会在广州市举行。大会接受了中国共产党提出的"打倒帝国主义""打倒封建军阀"的政治口号，通过了《罢工援助》《八小时工作制》等决议案。大会的召开确立了共产党在工人运动中的领导地位。

位于广州市越秀南路89号的中华全国总工会旧址

3. 中华全国总工会在广州成立

　　1925年5月，第二次全国劳动大会在广州召开，建立了全国工会领导机关——中华全国总工会。

林伟民（1887—1927）
广东香山（今珠海）人。中华全国总工会执委会首任委员长。共产党员。1927年9月病逝于广州医院。

刘尔崧（1899—1927）
广东紫金人。中共广东区委工委书记、中华全国总工会执委，广东省工代会主席。1927年"四一二"反革命政变后在广州被国民党反动派抓捕杀害。

邓培（1884—1927）
广东三水人。中华全国总工会执委，全国铁路总工会委员长，后兼广东办事处主任。共产党员。1927年"四一二"反革命政变后在广州被国民党反动派抓捕杀害。

4. 省港大罢工

1925年6月，广州和香港工人为反抗帝国主义制造的"五卅"惨案，支援上海人民的反帝斗争，在中共广东区委和中华全国总工会的直接领导下，举行了震惊中外的省港大罢工。罢工坚持了16个月，给港英当局以沉重打击，推动了全省工人运动的高涨。

省港大罢工的游行队伍

省港大罢工中工人纠察队在珠江水面巡逻

苏兆征（中）与邓中夏（右）等省港罢工领导人在开会

苏兆征（1885—1929）

广东香山（今珠海）人。著名的工人运动领袖，省港大罢工主要领导人之一。历任中华全国总工会执行委员会委员长，中共中央政治局委员、常委等职。1929年2月在上海病逝。（参见第632页）

李启汉（1898—1927）

又名李森，湖南江华人。中华全国总工会执委兼组织部长、中共省港罢工委员会党团副书记。1927年"四一二"反革命政变后在广州被国民党反动派抓捕杀害。

《省港罢工概观》，邓中夏著，1926年8月出版，中华全国总工会省港罢工委员会宣传部印刷发行（梅州市客侨博物馆藏品）。

各地工会组织部分会员证章

广东机器工会会员证章

广东汽车工业总会证章

广东油业工会会员证章

梅县总工会创会会员证章，为1926年初春中共组织领导下的梅县总工会正式成立时所发。

南海佛山建筑业职业工会证

广东增城土木建筑工会证章

二、农民运动的旗帜

1924年第一次国共合作的实现，不仅促进了工人运动的高涨，也推动了农民运动的开展。共产党人彭湃等领导的海陆丰农民运动声势更加浩大，成为全国农民运动的先锋。共产党倡议并主持的六届广州农民运动讲习所，点燃了各地农民运动的星星之火。

1. 海陆丰农民运动

1922年，彭湃在家乡海丰县开展农民运动，7月在自家的"得趣书室"成立了"六人农会"，10月成立赤山约农会。1923年元旦成立海丰总农会，彭湃当选会长。在他的领导和带领下，广东的农民运动迅速兴起。7月，"惠阳农民联合会"改组为广东省农会，彭湃为执行委员长。当时会员有10多万人。

海丰农民运动领导人彭湃，出身于大地主家庭。1921年毕业于日本早稻田大学。回国后不久加入中国社会主义青年团，1924年由团转入中国共产党。图为农民运动时的彭湃。

"六人农会"成员为彭湃、张妈安、林沛、李老四、林焕、李思贤。图为六人农会群雕，右边为得趣书室。

1922年6月，彭湃穿上粗布衣裳，戴斗笠、赤脚板，带着一部留声机，在龙山妈祖庙前的大榕树下宣传、发动农民闹革命。

海丰县龙舌埔广场。1922年11月的一天，彭湃在这里当众亲手烧毁了家族分给自己的田契。1923年元旦，海丰总农会成立大会在这里召开。1925年3月1日，海丰总农会在这里欢迎和慰问周恩来率领的东征军。

赤城捷胜——彭湃、李劳工最早在海丰县东南沿海发动农民运动的地方。

田仔骂田公

彭湃

咚咚咚！田仔骂田公，田仔做到死，田公吃白米。咚咚咚！田仔打田公。田公唔知死，田仔团结起。团结起来干革命，革命起来分田地。你分田，我分地；有田有地真欢喜，免食番薯食白米。咚咚咚！田仔打田公。田公四散走，拿包斗，包斗大大个，割谷免用还。咚咚咚！田仔骂田公！

彭湃创作了许多通俗易懂的歌谣进行革命宣传

彭湃著述《海丰农民运动》，记录了1922年至1923年海丰农民运动事迹，书名为周恩来题写。此书是中共历史上第一部关于农民运动的专著。

赤山约农会、海丰总农会旧址（海城龙山天后宫）。

海丰县农民协会会员徽章

海丰总农会旗帜

1927年2月在汕头召开的潮梅海陆丰第一次农民代表大会纪念章（当时省农民协会赠）

1925年陆丰县农民协会会员证

2. 广州农民运动讲习所

农民运动在第一次国共合作时期掀起了全国性的高潮，共产党起了主导作用。1924年7月至1926年9月，以中国国民党中央农民部的名义，由中国共产党人在广州举办了第一至六届农民运动讲习所，培养农运干部近800名，对中国革命产生了深远的影响。

广州农民运动讲习所情况表

届别	主持人	时间	招生人数	毕业人数	所址
1	彭 湃	1924.7.3—8.21	38	33	越秀南路53号惠州会馆（今越秀南路89号）
2	罗绮园	1924.8.21—10.30	225	142	东皋大道1号（今东皋大道礼兴街6号）
3	阮啸仙	1925.1.1—4.1	128	114	
4	谭植棠	1925.5.1—9.1	98	76	
5	彭 湃	1925.9.14—12.8	114	114	
6	毛泽东	1926.5.3—9.11	327	318	惠爱路番禺学宫（今中山四路42号）

广州农讲所第五届学员毕业合影。二排左十二为农讲所主任彭湃。

农民运动讲习所学员组成的农民自卫军

位于广州市中山四路的毛泽东主办的第六届广州农民运动讲习所旧址

毛泽东在广州主办第六届农讲所时居住地旧址——广州市庙前西街38号，现门牌号码已更改。

广州农讲所第六届学员宿舍一角

1926年8月，广州农民运动讲习所组织第六届学员300余人到海陆丰考察、实习。图为学员们在龙山纪念亭祭奠海丰农运死难烈士仪式后的合影。

3. 广东省农民协会

1925年5月，在中共广东区委领导下，广东省第一次农民代表大会在广州召开，宣告成立广东省农民协会。至1926年5月广东省第二次农民代表大会召开时，全省农会会员达62万多人，占全国农会会员总数60%以上[①]。

广东省农民协会印章（广州农民运动讲习所旧址收藏）

广东省农民协会旧址（今广州市越秀区东皋大道礼兴街6号）

1925年广东省农民协会统一制定的会旗——犁头旗

1926年广东省第二次农民代表大会部分会员合影

---

①中共广东省委党史研究室：《中国共产党广东地方史》（第一卷），广东人民出版社1999年版，第141页。

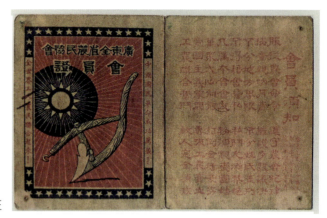

广东全省农民协会会员证

1927年1月广东省农民协会批准大埔
花骢、坪上乡农会成立通知书。

1926年广东省农民协会各地区办事处一览表①

名称	设地	主任	辖区
潮梅海陆丰办事处	汕头	彭湃	海丰、陆丰、普宁、惠来、揭阳、潮阳、潮安、澄海、丰顺、南澳、平远、蕉岭、饶平、兴宁、梅县、五华、大埔17县
惠州办事处	惠州	朱祺	惠阳、紫金、博罗、河源、龙川、新丰、连平、和平8县
西江办事处	肇庆	周其鉴	高要、四会、新兴、高明、恩平、广宁、开平、鹤山、封川、开建、德庆、罗定、云浮、郁南14县
北江办事处	韶关	丘鉴志	曲江、乐昌、仁化、乳源、翁源、英德、始兴、南雄、阳山、连县、连山11县
南路办事处	梅菉（后设高州）	黄学增	阳江、阳春、茂名、信宜、电白、化县、吴川、廉江、遂溪、海康、徐闻、合浦、灵山、防城、钦县15县
中路办事处	省农民协会直接领导		广州市郊、番禺、南海、顺德、中山、新会、台山、东莞、宝安、增城、龙门、花县、从化、三水、清远、赤溪、佛冈等17个县地。
琼崖办事处	海口	冯平	琼山、澄迈、定安、文昌、琼东、乐会、临高、儋县、崖县、万宁、陵水、感恩、昌化13县。

① 中共广东省委党史研究室：《中国共产党广东地方史》（第一卷），广东人民出版社1999年版，第137—140页。

广东省农民协会潮梅海陆丰办事处遗址——今汕头市金平区志成路（现改建为住宅区）

广东省农民协会西江办事处遗址——今肇庆市第一中学教职工宿舍楼正门

广东省农民协会北江办事处遗址——宏仁善堂（原为四邑同乡会会馆），今位于韶关市下后街13号市建国小学内（篮球架处）。

广东省农民协会南路办事处遗址——南皋学舍（高州城后街，1926年夏从梅菉迁此）。

1926年广东省农民协会会员人数表①

路别	县数	区数	乡数	会员人数
中路	13	40	876	101298
惠州	5	16	324	28297
潮梅	12	62	1872	352367
南路	9	13	144	10093
琼崖	6		83	8864
西江	11	36	706	110136
北江	5	10	211	15402
合计	61	177	4216	626457

1925年上半年，广州市郊、中山、花县、顺德、东莞、宝安、番禺、南海等县相继成立了县农民协会，是全省较早成立的县级农民协会，直接推动和促成了广东省农民协会的成立。

---

① 中共广东省委党史研究室：《中国共产党广东地方史》（第一卷），广东人民出版社1999年版，第140—141页。

4. 各地农民运动蓬勃发展

广东省农民协会成立后，随着革命运动的迅猛发展，全省农民运动进入了高涨时期。各地农民积极参加各项政治、军事斗争，农民协会和农民自卫军纷纷建立。

至1925年12月，已建立农会组织的县有37个，会员人数52万人，有组织的农军达3万人[1]。中共广东区委十分重视加强对日益高涨的农民运动的领导。

欧日章（1892—1929）

广东曲江人。1927年初任广东省农民协会北江办事处主任。后任中共广东省委委员。

1924年初春开始，在共产党员周其鉴的发动和领导下，农民运动在广宁迅速展开，同年10月广宁县农民协会成立。至1925年4月，全县239个乡建立了农会，会员66000余人。当时毛泽东两次撰文，肯定海陆丰、广宁农民运动的范例。图为1924年12月，广宁县农民协会组织会员在县城示威游行。

韶关重阳农民协会于1924年冬成立，负责人是共产党员欧日章。通过深入发动，西水各地农会迅速建立。图为该农会旧址——今武江区重阳镇暖水村欧屋（摄于2010年）。

---

[1] 中共广东省委党史研究室：《中国共产党广东地方史》（第一卷），广东人民出版社1999年版，第135页。

1925年前后，东莞厦岗乡农民协会请愿队伍在广州。

1925年春，广宁、海丰、花县、东莞、顺德、高要、普宁、曲江等县先后成立了农民自卫军。图为广州花县九湖村农民自卫队。

李春涛（1897—1927）

广东潮州人。国民党左派。毕业于日本东京早稻田大学。1921年回国后与彭湃共创《赤心周刊》，全力支持彭湃领导的农民运动。第二次东征时，在周恩来领导的东征军总政部工作。后任《岭东民国日报》社社长。1927年"四一二"反革命政变后被国民党反动派杀害于汕头。

1925年12月潮安县农民协会代表大会开幕合影

1926年揭阳全县第一次农民代表大会画报

1926年3月，共产党员、五华县农会负责人古大存成功率领农军进行禁止地主、奸商运粮出境牟利的斗争和"二五减租"斗争。图为河东河口村的碑记。

1926年4月，共产党员李芳春领导罗定县农民协会开展减租减息斗争。图为农会收缴并烧毁田契旧址——菁莪书院（罗城镇道前街）。

1926年4月，中共顺德县支部和县农会学习借鉴黄埔军校的政治教育及军事训练理念，在大良西山庙内的三元宫开办顺德农民自卫军干部学校。由中共广东区委派来的黄埔军校毕业生詹宝华担任校长。共办6期，培训了农军骨干300多人。图为该校旧址陈列馆。

1926年茂名县各级农会分布图

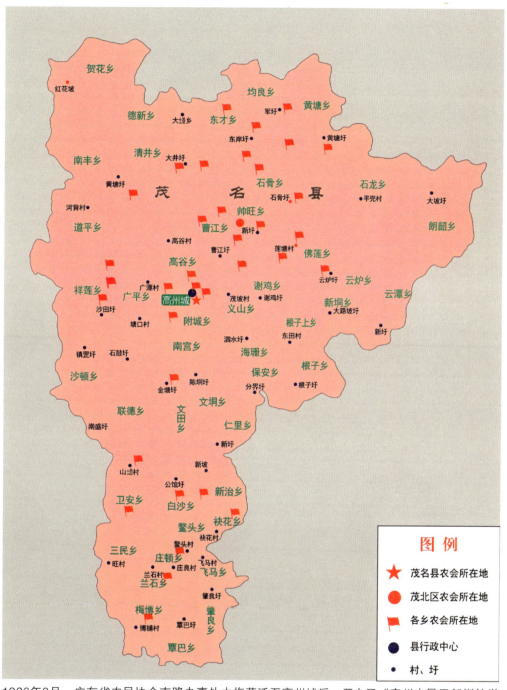

1926年8月，广东省农民协会南路办事处由梅菉迁至高州城后，开办了"高州农民干部训练学校"，培养各县农运骨干。茂名、信宜、电白、化县的农会会员发展至10万人以上。图为1926年茂名县各级农会分布图①。

---

① 绘制参考中共高州市委党史研究室、地方志办公室编：《红色足迹——高州市革命历史纪实》，印准字（2016）第42号，2016年版，第10页。

各地农会部分证章

广州市北郊区农会会员证章

广东花县农民协会会员证章

广东顺德县农民协会会员证章

紫金县农民协会会证

丰顺县农民协会奖章

广东鹤山县农民协会会员证章

广东高要县农民协会会员证章

广东英德县农民协会会员证章

广东省揭阳县农民协会会员证

曲江县第十一区广明龙乡
农会印章

东莞县第三区大田乡农协会印

廉江县第一区洞田乡农民协会印

5. 广东四大农民运动领袖

彭　湃（1896—1929）

广东海丰人。中国农民运动的杰出领袖，第一、五届广州农民运动讲习所主任。中共中央农委书记，第六届中央政治局候补委员。1929年8月在上海龙华英勇就义。

阮啸仙（1897—1935）

广东河源人。第三届农民运动讲习所主任。中共广东区委委员、农委书记，国民党中央农民部农民运动委员会委员。广东地区青年运动的先驱者之一。1935年3月在领导赣南红军突围战斗中牺牲。

周其鉴（1893—1928）

广东广宁人。中共广东区委农委委员、广东省农民协会执委、中共西江地委书记、广东省农协西江办事处主任。1928年1月在清远进行革命活动时牺牲。

黄学增（1900—1929）

广东遂溪人。广东省农民协会秘书长、中共南路特派员、广东省农协南路办事处主任。中国工农红军琼崖独立师政治委员。1929年7月在海口红坎坡英勇就义。

1925年，在广东省农民协会执行委员会机关工作的阮啸仙（左一）、黄学增（左二）、彭湃（左三）。

第三节
广东区委的军事实践活动

中共广东区委从事实际军事工作，始于黄埔军校。1924年，在苏联和中国共产党的帮助下，孙中山在广州黄埔创办了陆军军官学校（史称黄埔军校），培养革命军事、政治人才。军校从创建初期到成立后，共产党人积极参与招生、教学及军事、政治教育和军队政治工作，以革命精神为当时的革命军队培养了大批骨干，成为中国共产党早期具有开创意义和深远影响的历史活动。

一、成立广东区委军委

1924年冬，中共广东区委成立军事运动委员会（简称"军委"，又称"军事部"）。周恩来、张伯简、熊雄先后担任书记（部长）。这是中共成立的第一个地方军事工作机构。黄埔军校是军委工作的主要对象，中共黄埔支部的会议常在军委办公地召开。

广东区委军委在培养军事干部、发展工农武装、建立党领导的军队等方面，发挥了重要的历史作用。

中共广东区委军委旧址（今广州万福路190号2楼）

中共两广区委军委旧址铭牌

二、共产党人与黄埔军校

为办好黄埔军校，创建革命军队，共产党人作出了不懈努力。中共广东组织选派了优秀的党、团员和工农运动积极分子到该校报考。中共广东组织领导人周恩来、聂荣臻、熊雄等曾在军校担任政治领导工作及其他工作。1927年初，黄埔军校共产党员人数达600人（仅以目前能辨认的人数计）①。中共在黄埔军校的直属支部、特别支部，成为当时共产党在军校内的重要组织。

位于广州黄埔长洲岛的陆军军官学校（黄埔军校）旧址

---

① 曾庆榴：《共产党人与黄埔军校》，广州出版社2013年版，第497页。

黄埔军校创建初期，先后有数百上千名来自全国各地的中共党员在校工作和学习。

最早涉足黄埔军校的中共党员

黄埔军校创建时，中共党员张崧年、茅延桢、金佛庄、郭俊、严凤仪、胡公冕、徐坚、徐成章、周恩来、李仲公、毛简青等，在军校担任教职员；

杨其纲、姚光鼐、刘仇西、游步瀛、王逸常、蒋先云、张其雄、伍文生、谭鹿鸣、江镇寰、宣侠父、唐际盛、董仲明、李汉藩、洪剑雄、许继慎、彭干臣、赵枬、赵子俊、白海风、张隐韬、李之龙、杨溥泉、陈赓、赵自选、郭一予、樊崧华、宣铁吾、周启邦、刘云、荣耀先、文起代、黄再新等分别在第一期各队充当学生。

最早聚焦到黄埔岛（长洲）的那批中共党员，多是些不同凡响的人物。他们身上有不少亮点：入党的时间都比较早，文化程度比较高，阅历十分丰富，当中的一些人曾经从事过军事方面的工作。

最早涉足黄埔军校的中共党员[①]

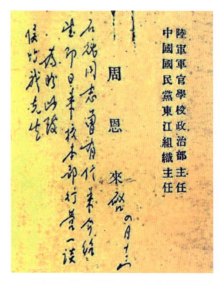

1924年11月，周恩来担任黄埔军校政治部主任。这是周恩来在黄埔军校时使用的名片。

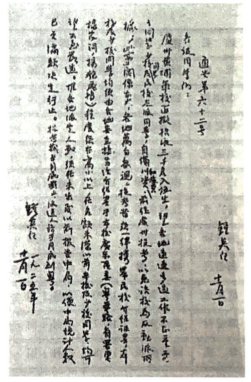

1925年11月1日，中共中央（钟英）向各级组织发出通告，要求各地党团组织速选干部报考黄埔军校。

① 曾庆榴：《共产党人与黄埔军校》，广州出版社2013年版，第39页。

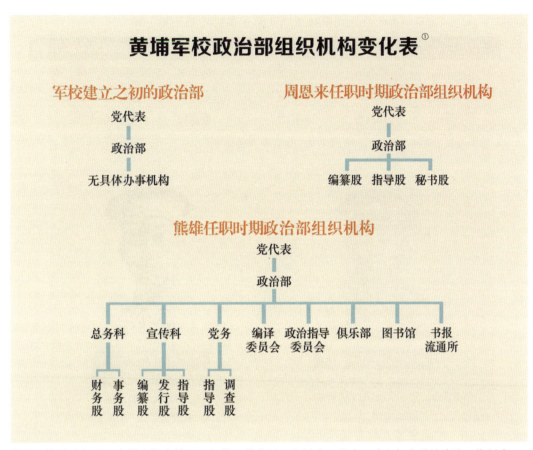

黄埔军校政治部在共产党人的主持下，机构日趋完善，各科分工明确，建立起完善的政治工作制度。

时任黄埔军校政治部秘书、共产党员聂荣臻发表于《革命军》第10期的文章。

时任黄埔军校政治教官、共产党员恽代英编的《政治讲演大纲》《政治工作须知》。

---

① 制作依据：黄埔军校旧址纪念馆之"黄埔军校历史陈列（1924—1927）"提纲，由中共中央宣传部审批确定（2022年5月6日）。

第一至三期中共黄埔支部干事会主要干事名单

期 别	书 记	宣传干事	组织干事	候补干事
第一期	蒋先云	王逸常	杨其纲	许继慎 陈赓
第二期	杨其纲	周逸群	余洒度	麻植 王逸常
第三期	杨其纲	段子中	曹素民	焦启恺

军校中成立了黄埔党团组织，直属中共广东区委军委领导。

蒋先云（1902—1927）

湖南新田人。黄埔军校
一期生，军校"青年军
人联合会"主席，中
共黄埔支部首任支部
书记。1927年5月在
率部北伐河南的战斗中
牺牲。

杨其纲
（1901—1927/1930）

河北衡水人。黄埔军校
政治教官，中共黄埔
支部书记。1927年在
"四一五"反革命政变
中于广州被国民党反动
派逮捕杀害。有一说于
1930年春在家乡病逝。

许继慎（1901—1931）

安徽六安人。黄埔军校
一期生，共产党员，
军校"青年军人联合
会"主要领导人之一。
1931年11月在河南光
山红四军"肃反"中被
错杀。

陈赓（1903—1961）

湖南湘乡人。黄埔军校
一期生，共产党员。

1925年，当东江战事行将爆发时，中共广东区委发表《中国共产党檄告广东工农群众保卫革命，打倒陈炯明》宣言，公开以中国共产党名义拥护大本营出师东征。黄埔军校校军是东征战役的主力军之一，共产党组织党员积极参与出征，为赢得胜利发挥了重要作用。共产党在两次东征中得以锻炼并迅速成长起来，还培养了大批优秀的军事、政治干部，为后来中国革命的胜利建立了不可磨灭的功勋。

东征、南征进军示意图①

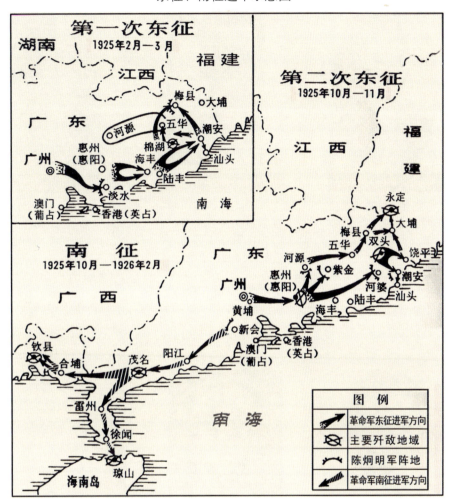

国民革命军东征军总指挥部、政治部旧址（汕头市金平区外马路）。

---

① 绘制参考陈建华主编：《中共三大纪念画册》，广州出版社2006年版，第146页。

李劳工（1901—1925）

广东海丰人。黄埔军校二期生，共产党员，参加第一次东征。黄埔军校后方办事处主任、东征军驻海陆丰后方办事处主任。1925年9月在海丰被反动地霸抓捕后牺牲。

熊 雄（1892—1927）

江西宜丰人。黄埔军校教职员，共产党员。任东征军总指挥部政治部秘书长。1927年"四一二"反革命政变后在广州被国民党反动派杀害。

麻 植（1905—1927）

浙江青田人。黄埔军校二期生，共产党员，参加东征。1926年任中共广东区委军事部秘书。1927年"四一二"反革命政变后在广州被国民党反动派抓捕杀害。

罗焕荣（1900—1927）

广东博罗人。黄埔军校一期生，共产党员。参加东征。后任黄埔军校第四期政治教官，兼第六届广州农讲所和省港罢工工人纠察队军事教官。1927年秋在惠阳平山起义中牺牲。

唐 震（1904—1928）

广东兴宁人。黄埔军校一期生。共产党员。参加东征。曾任国民革命军第六军第二十一师政治部主任等职。参加八一南昌起义。后奉命从事秘密工作。因叛徒告密，不幸被捕，殉难于广州红花岗。

余少杰（1907—1928）

广东江门人。黄埔军校四期生。共产党员。参加东征。中共广西特委委员，右江革命的播火人之一。1928年12月被广西反动当局杀害于南宁。

在广州黄埔军校工作、学习过的共产党员被授予军衔者①

（1955年，括号内为黄埔期别）

元帅	林 彪（第四期）	中将	彭明治（第一期）
	徐向前（第一期）		唐天际（第四期）
	聂荣臻（政治部秘书）		郭化若（第四期）
	叶剑英（教授部副主任）		倪志亮（第四期）
大将	陈 赓（第一期）		常乾坤（第三期）
	许光达（第五期）		谭希林（第五期）
上将	周士第（第一期）	少将	方之中（第四期）
	张宗逊（第五期）		周文在（第六期）
	陈奇涵（学生队队长）		张开荆（第六期）
	宋时轮（第五期）		李逸民（第四期）
	杨至诚（第五期）		袁也烈（入伍生指导员）
	萧 克（第四期）		曹广化（第四期）
	郭天民（第六期）		洪 水（第四期）
中将	阎揆要（第一期）		廖运周（第五期）

① 曾庆榴：《共产党人与黄埔军校》，广州出版社2013年版，第494页。按：原书徐向前、陈赓为第四期学生，此处更正为"第一期"。

为诗人阿尔基亚辩护

提　要

本文的拉丁文标题是"Pro A. Licinio Archia Poeta Oratio"，意思是"为诗人奥鲁斯·李锡尼·阿尔基亚辩护的演说"，英文译为"The Speech on Behalf of Archias the Poet"，中文篇名定为"为诗人阿尔基亚辩护"。

公元前62年，诗人阿尔基亚的公民权遭到诘难，西塞罗为之辩护。当时，作为一名演说家的西塞罗正处于事业的巅峰；而作为一名政治家，西塞罗在上一年胜利地粉碎了喀提林的叛国阴谋，获得了极大的荣誉。在此期间，庞培由于在消灭海盗和米特拉达铁斯战争中的胜利而成为这个国家最有权势的人物，人们把罗马国家和平与安宁的希望都集中在庞培身上。

庞培在罗马元老院里的主要政敌是卢西乌斯·李锡尼·卢库鲁斯。保守的元老院贵族利用卢库鲁斯保护他们自己的利益。阿尔基亚遭到起诉只是庞培派和卢库鲁斯派之间斗争的一个插曲。阿尔基亚是庞培豢养的一名希腊诗人。豢养诗人或哲学家是当时罗马贵族的风俗。按照某些罗马法律，阿尔基亚通过一定的法律程序可以成为一名罗马公民。而原告的主要指控是：(1) 没有文件证明阿尔基亚是赫拉克利亚的公民；(2) 阿尔基亚的名字没有出现在罗马的公民登记簿上。西塞罗为他做了强有力的辩护。

全文共分为12章，译成中文约1万字。

正　文

【1】陪审团的先生们：无论我拥有什么样的能力（我明白自己的能力有限），无论我拥有什么样的演讲经验（我承认自己在这方面的实践有举足轻重的作用），无论我从自己以往热衷的文学中获得何种与我现在职业有关的理论知识（我承认在我个人生活的任何时期都没有学到过令我本人如此厌恶的知识），我的朋友奥鲁斯·李锡尼① 都可以明确宣布这些方面的活动可以给他带来好处。要是我回顾以往，努力回忆遥远的童年，那么我得到的印象就是：是他首先支持我走上了这条命中注定的道路。如果说我在他的指导和鼓励下训练出来的嗓音在某些场合下已经得到证明是有用的，那么是我的当事人把帮助甚至解救他人的方法教给我，因此我对其他任何人提供的帮助和保护都要归功于他，而我本人只是在努力运用这些方法。这样的说法也许会引起人们的惊讶，以为这名被告发挥才能的领域与我学习和实践演讲术没有什么关系。但我要指出自己从来没有把全部精力用于演讲这种职业，乃至于排斥其他各种技艺。与人类共同生活相关的各种技艺之间确实都有着微妙的联系。

【2】然而有件事确实令人惊讶：在一场与成文法有关的法庭调查中，在一场由一位特别选出的罗马人民的执法官和一个非常庄严的陪审团主持下进行的公开审判中，在有大批公民到场聆听审判时，我的讲话不仅要遵从法庭习惯，而且还要包含辩论性的语言。但是我恳求你们的宽容，我相信这种宽容不仅不会使你们感到不便，而且特别适合我的当事人的案子具有的性质；面对开明的陪审团，面对法官席上的执法官，面对有教养的听众，我请求你们允许我为一位杰出的诗人和成熟的学者讲话，允许我在讲话中使用一种比

---

① 西塞罗在这里使用他的当事人的罗马名字，以求获得较好的效果。他的当事人全名奥鲁斯·李锡尼·阿尔基亚（Aulus Licinius Archias），李锡尼是族名。

较新颖、不落俗套的辩论方针；为了提高自己的文化教养，我的当事人勤奋学习，长期的孤独生活使他根本不明白法庭上的危险。让我可以确定自己已经得到你们仁慈的让步，我会采用恰当的方法使你们相信，我的当事人不仅不能被排除在公民登记之外，因为他是一名公民，而且即使他不是一位公民，也应当把他的名字添到登记簿上去。

【3】在童年时期，阿尔基亚的心灵就受到各方面的熏陶，立志要在艺术上出人头地。首先在安提阿，他出生在那里的一个贵族家庭。安提阿这个城市人口众多，在学术和艺术修养上非常出名。艺术才华很快使阿尔基亚崭露头角，成为同龄人中的佼佼者。他周游希腊和小亚细亚，有关他的天才的传闻到处流传，激起人们目睹他风采的愿望，而他的到来激起的惊讶更是不断地超越人们的想象。当时希腊艺术和研究希腊之风在南部意大利盛行，拉丁姆的城镇在这方面的兴趣甚至比今天还要强烈；而在罗马，由于内乱已经平息，这些方面也没有受到忽略。于是，凭着公民权和其他长处，他来到塔壬同、瑞吉姆、尼亚玻里，那里的人都认为他是一位真正的天才，非常热情地把他介绍给自己的熟人，殷勤地款待他。他的名声使他可以结识以前未曾谋面的人。他来到罗马，那时候的执政官是马略和卡图鲁斯。① 他十分幸运地发现，担任执政官的这俩人一个能够给他的笔提供宏大的题材，另一个所获得的成就不仅能够给他提供题材，还能欣赏他的作品。他刚到罗马就穿上了成年人的外衣②，甚至在到达之前他就这样做了，卢库鲁斯家族的人把他迎回家。还有，我的当事人内心的善良和他作为一名诗人的天才都是有口皆碑的，而卢库鲁斯之家是他青年时期所获得的第一个客居寓所，在他名声衰退之后，这里也给他提供了一个温暖的栖息地。那个时候，他享受着努米底亚英雄麦特鲁斯及其子庇乌斯的温暖友谊；他为马库斯·艾米留斯朗读自己的作品；昆图斯·卡图鲁斯及其子的家门始终为他敞开；卢西乌斯·克拉苏把

---

① 公元前 102 年。
② 罗马青年满 17 岁时可穿"托袈"袍，表示成年。

他引为知己；他和卢库鲁斯家族、德鲁苏斯家族、屋大维家族、加图家族，以及霍腾修斯的整个家族，都有密切的联系；总而言之一句话，他拥有非常荣耀的地位，不仅那些真心希望通过聆听他的诗歌来接受高尚影响的人欢迎他，而且那些附庸风雅的人也欢迎他。

【4】隔了几年以后，他跟随马库斯·卢库鲁斯去了西西里，又和卢库鲁斯一道从那个行省返回罗马，前往赫拉克利亚。① 按照赫拉克利亚与罗马签订的条约，这个镇享有完全的公民权，阿尔基亚表达了在那里登记、成为该镇有选举权的公民的愿望。他的人品足以受到人们的赞扬，甚至连卢库鲁斯也不能利用自己的权势做到这一点，所以那里的居民很快就满足了阿尔基亚的愿望。按照西尔瓦诺斯和卡波所制定的法律的相关条款，"在同盟者的城镇被接纳为公民的所有人在本法律通过时必须在意大利居住，必须在 60 天内亲自向执法官报到"，阿尔基亚获得了投票权。我的当事人在罗马住了许多年，并且确实向执法官昆图斯·麦特鲁斯报过到，这位执法官是他的私人好友。

如果本案争议的要点只是阿尔基亚有无获得投票权和他对法律是否顺从，那么我现在就可以结束辩护。因为你格拉提乌能否认这些事实吗？能指出赫拉克利亚当时的公民登记有什么问题吗？我们的法庭证人马库斯·卢库鲁斯拥有不朽的荣誉，他已经做好准备，不是陈述他头脑中的想法，而是陈述他知道的事情；不是陈述他听说的事情，而是陈述他目睹的事情；不是陈述他在场的事件，而是陈述他参与行动的事件。我们在这里还有一个来自赫拉克利亚的优秀代表团，他们到罗马来参加这场审判，为我的当事人呈送官方证据，表明我的当事人曾经登记为他们城市的公民。此后，我的对手要求赫拉克利亚呈送有关档案，而众所周知，这些档案在意大利战争②期间已经在档案室里焚毁。无视我们手中拥有的证据、要求提供不能再生的证据、闭

---

① 赫拉克利亚（Heraclea），位于卢卡尼亚（Lucania）地区的一个希腊城邦。
② 指公元前 90 年—前 88 年的同盟战争。

眼不听活人的报告、坚持要人提供书面证据，这样做是极端荒谬的。你有一位高尚绅士的陈述，他的话为我的当事人提供了担保。你有一个坚强团体的郑重声明。这些话语和声明不容践踏，而你却把它们撂在一边，要求提供书面证据，虽然你同时也承认这些文件已经被毁。或者说，你否认我的当事人曾经在罗马居住，在他得到那个城镇的公民权之前许多年，他已经把罗马当做寄存他的所有财产和希望的地方？或者说，他没有向执法官报到？不，他确实报过到，在当时向执法官委员会报过到的所有人中，只有他还拥有相关文件，这表明他的居留得到了官方的批准。

【5】据说阿庇乌斯仔细地保存着公民登记簿，而伽比纽斯在其名声显赫之时，直到他倒台，一直肆无忌惮地损害所有诸如此类的文件的真实性。然而，谨小慎微的麦特鲁斯在伽比纽斯认罪以后，还是准确地展示了这些记录。他去见了执法官卢西乌斯·伦图卢斯和陪审团，承认自己抹去过一项记录，并对此表示深深的不安。这些登记簿就在这里，在奥鲁斯·李锡尼①的名字下看不到涂改的痕迹。情况既然如此，你有什么理由怀疑他的公民权，尤其是他的名字在其他城市以及赫拉克利亚的登记簿上也都出现了？古希腊城邦的公民失去公民权经常是由于默默无闻，没有取得什么成就，或者一事无成；而你想让我相信，瑞吉姆、罗克里、尼亚玻里、塔壬同这些城镇的公民拒绝把他们通常授予演员的尊荣授给像我的当事人这样杰出的天才。②其他人找到一些办法偷偷地在我提到的这些城镇登记，不仅在他们已经得到公民权的时候，而且在帕庇乌斯法案③通过以后；而我的当事人甚至没有为他自己的名字出现在他要登记的册子上提供任何帮助，因为他始终认为自己属于赫拉克利亚；所以，他应当遭到拒绝吗？你说我们监察官的登记簿上没能找到他的名字。是的，没错，我假定这是当时的一个秘密，至于最近的一次检查，他在勇敢的将军卢西乌斯·卢库鲁斯的军队里；而在这场检查之前，

---

① 即阿尔基亚。

② 在罗马共和国时期，演员的社会地位很低。

③ 帕庇乌斯法案（Lex Papia）约于公元前 65 年通过，内容涉及驱逐外邦人。

他也和卢库鲁斯在一起，卢库鲁斯当时是亚细亚行省的财务官。这一年，①
在他已经被接受为有选举权的公民以后，由朱利乌斯和克拉苏任命的监察官
没有对任何地方的民众进行人口登记。但是，监察官的登记并不能证明一个
人的公民身份，由于他的名字出现在那里并不能说明人口检查时他是一名公
民，所以请允许我进一步指出：你认为我的当事人在当时并不拥有罗马公民
权，而我要说他按照罗马法律频繁地把罗马公民遗赠给他的财产登记在册，
受到行省总督卢西乌斯·卢库鲁斯的褒奖。

【6】要是你愿意，那么你有大量的证据可以提供，因为我的当事人的意
愿从来没有遭到任何人的拒绝，他自己不会驳斥自己的意愿，他的朋友也不
会。格拉提乌，你无疑要问我为什么对这个朋友有那么深的了解。这是因为
在我的精神经历了法庭的喧闹以后他给我提供了休息的机会，在我的感官被
他们的粗野的争吵弄得精疲力竭以后他给我提供了喘息机会。你认为我能够
在每天就各种主题发表演讲时找到灵感，那么为什么我就不能利用学习的机
会来滋养我的心灵，或者说当我的心灵在忍受巨大折磨时，学习就不能为它
提供松弛的机会？我是一名文学爱好者，这样说并不羞耻；可耻的倒是那些
隐居的学究，他们不知道如何把知识运用于增进同伴的善行，或者把文学的
成果对所有人彰显。先生们，我这些年来使学习成为我的生活准则，从不允
许自己有半点松懈，或者接受快乐或休息的引诱，不让安逸阻止我在任何人
需要的时候去帮助他们，所以我有什么羞耻可言？要是有人发现我在休闲时
候热衷于文学，但并不比其他人花在物质追求方面的时间更多，他们举行各
种节庆、赛会，让身体和心灵得到休息和娱乐，长时间地举行宴会，或者参
加赌博，或者玩球，我怎么可能因此而受谴责或被调查呢？我更有权力得到
宽容，因为我的嗜好是文学，我以此增强我的演讲能力，使我能够更好地发
挥作用，帮助处于危难的朋友。然而，这些能力也可能显得微不足道，我非
常白这些能力来自何处。要是我没有说服自己从青年时期就开始从广泛的

———————————

① 公元前 89 年。

阅读中获得道德教训，明白此生除了荣耀和尊荣，没有其他更加伟大的东西需要追求，在追求荣耀和尊荣时，任何身体的痛苦或死亡的危险，乃至流放，都不算一回事，那么我就绝不会为了你们的安全而袒露我的前胸与这些恶人发生残酷的冲突。一切文学、一切哲学、一切历史，都会激励高尚的行为，在这些文字之光没有照耀到的地方，这种激励会被埋葬在黑暗之中。我们引用和继承了希腊罗马伟大作家为我们描绘的种种图景，它们不仅可供我们沉思，而且可供我们仿效！在我的整个公共生涯中，这些榜样一直在我眼前出现，指引着我的大脑进行思考，指引着我的心灵追求卓越。

【7】反对者会问："其美德渗入文学的这些伟大人物自己熟悉你们用如此过分的语言描述的知识吗？"对此要做出斩钉截铁的明确回答是困难的，但同时我自己有现成的答案。许多人无疑具有优秀的禀赋和品性，他们没有任何文化的滋养，仅凭上苍在他们心灵上的启示就能够约束自己，就能做到坚忍不拔；我甚至会进一步说，拥有天赋而无教育的人经常比那些有教育而无天赋的人更能获得荣耀和美德。但与此同时，我确实又断言：要是在高尚和优秀的品性之上再辅以具体学习所产生的塑造性影响，其结果经常是难以想象、无与伦比的高尚。我们的祖先在神圣的西庇阿·阿非利加努身上看到了这种品性；在盖乌斯·莱利乌斯和卢西乌斯·富里乌斯身上看到了刚毅和自制，他们是这方面的典范；在马库斯·加图身上看到了勇敢和德高望重，他是他那个时代最完善的人。他们本人肯定从来不热衷于文学事业，但这不等于说他们对评价和追求美德没有任何意义。不过，让我们从现在开始把研究文学的确定的好处放在一边，假定娱乐才是阅读文学作品的唯一目的；即便如此，我想你也会认为没有其他精神活动会比阅读文学作品更加广阔地通向同情，或者更加有启发性地通向理智。其他事业在各个时代和各种条件下都有，但只有这种追求在青年时代激励我们，在老年时代给我们提供娱乐；它给成功者添加胜利的喜悦，给失败者提供深切的安慰。它在家里提供快乐，在世上也不会成为累赘。在我们通宵守夜时、在我们的漫漫旅途中、在我们的乡间休闲时，它是我们忠实的伴侣。哪怕我们自己没有什么文学嗜好

或没有取得什么文学成就，我们也要对它在其他人身上的显现予以敬重，这样做是我们职责所在。

【8】我们中间有谁会如此粗野或麻木不仁，连洛司基乌斯① 新近去世也不能激起他内心深处的悲哀？洛司基乌斯死于年迈，但我们全都感到，像他这样优秀的艺术家应当从我们凡人的命运中得到豁免。仅凭身体的优雅动作他就赢得了我们所有人的心，我们又怎能对他的灵魂运动和天才表演无动于衷呢？先生们，我经常看到我的朋友阿尔基亚——我假定你们是仁慈的，因为在我讲这些与习惯不合的离题话时，我看到你们十分关注——我经常看到他事先不写一个字，但却能十分娴熟地即兴创作大量优秀诗歌！我经常看到他用全新的语句重新叙述一个老问题！他的成熟作品堪与古代伟大作家的作品相媲美。这样的人难道不值得我同情和崇敬吗？我难道不应当竭尽全力为他辩护，以此为己任吗？我们把诗人当做最高深、最博学的权威，而其他技艺都是一些知识、公式和技艺。创作诗歌全靠天赋的能力，创作诗歌是一种被激发起来的纯粹的精神活动，有一种奇特的超自然的力量依附在诗人身上。所以我们伟大的恩尼乌斯② 把诗人称做"神圣"是对的，因为他们似乎是神仁慈地赐给我们凡人的礼物。所以，先生们，要让诗人的名字出现在你们明亮的眸子里，不要冒犯、亵渎他们！旷野里的岩石都会对声音发出同情的和声，野兽有时候也会着迷于美妙的歌声，我们这些一直受到最高艺术滋养的人难道会对美妙的诗歌麻木不仁吗？科罗封城邦断言荷马是她的公民，开俄斯城邦宣称荷马是她的公民，萨拉米城邦冒称荷马是她的公民，土每拿城邦则极为自信地说荷马属于她，甚至在镇上为荷马建了一座神龛。除此之外，还有许多城邦都参与了这场激烈的争论，认为荷马属于自己。

【9】仅仅因为荷马是一名诗人，这些地方在荷马死后，都想把曾经一度是外邦人的荷马说成是自己城邦的人；所以，按照爱好，阿尔基亚是一名

① 洛司基乌斯（Roscius），即小洛司基乌斯，著名的西庇阿文人圈的领袖，在罗马努力推动希腊文化的传播，活动于公元 2 世纪下半叶。

② 恩尼乌斯（Ennius），罗马诗歌之父，出生于公元前 239 年。

诗人；按照法律，他是我们的公民，难道我们应当谴责这样一名活着的诗人吗？前不久他还在发挥他的全部天才能力，赞美罗马人的名声和荣耀，难道我们要这样做吗？他年轻时写过钦布里①战役，得到伟大的盖乌斯·马略的赞许，人们一般认为马略欣赏不了这样文雅的作品。缪斯确实不会让任何人如此厌恶诗歌，乃至于不愿用诗歌来给他的成就做一番永恒的装饰。据说，有人问雅典的伟大英雄塞米司托克勒最喜欢听什么样的朗诵或音乐，他答道："能为我的行为提供最雄辩证明的诗歌。"出于同样的原因，马略深深地依恋卢西乌斯·普罗提乌②，认为普罗提乌的天才最适宜使自己的功绩被人永远铭记。还有，我的当事人在作品中还完整地处理了米特拉达铁斯战争这一宏大而困难的题材，描述了陆上和海上展开的各种战斗；他的作品散发的光彩不仅涉及英勇善战的卢西乌斯·卢库鲁斯，而且也涉及罗马人的名声。在卢库鲁斯的率领下，罗马人攻克地势险要、固若金汤的本都。在这位统帅的指挥下，罗马军队以较少的兵力击溃了大批亚美尼亚人。在卢库鲁斯的娴熟指挥下，罗马人替友好的西泽库城解围，打退了围城的国王，使城市免除灭顶之灾，为罗马人获得良好声誉。我们要把功劳归于卢库鲁斯，在他的指挥下，我们摧毁了敌人的舰队，杀死了敌人的统帅，取得了泰奈多斯海战③的伟大胜利。这场战役的胜利确实属于我们，取得辉煌功绩的天才们的名声远播海外，这是罗马人的光荣。

我们伟大的恩尼乌斯与大阿非利加努④有着深厚的友谊，乃至于这位大西庇阿的坟墓前安放着恩尼乌斯的一座大理石雕像。然而我们确定，恩尼乌斯献给他的保护人的赞美诗不仅歌颂了诗歌的主题，而且也给罗马人的名字

---

① 钦布里人（Cimbrian），日耳曼北部的部族，马略于公元前 102 年在意大利北部城镇维凯莱（Vercellae）击败钦布里人。

② 卢西乌斯·普罗提乌（Lucius Plotius），罗马人，最早在罗马传授修辞学。

③ 泰奈多斯（Tenedos），爱琴海中的一个岛屿，靠近特洛伊。这场海战发生于公元前 73 年，对手是米特拉达铁斯。

④ 大阿非利加努或大西庇阿全名普伯里乌·高奈留·西庇阿·阿非利加努（Publius Cornelius Scipio Africanus Major）。

增添光彩。他赞美加图，而这位加图的曾孙现在就在我们中间；通过这样的歌颂，罗马人的名字熠熠生辉。罗马人的荣耀就来自这些光荣作品的主人公的伟大名字：马克西姆、马凯鲁斯、伏尔维乌；这条规则放之四海而皆准。

【10】由于这个原因，我们的祖先把一位鲁底亚公民当做他们的作家，授予他本国公民权；难道我们要从我们的公民册上去掉这样一位许多城邦想要努力得到，最后由赫拉克利亚取得并通过确定的法律程序使其成为其城邦公民的诗人吗？

要是有人认为凭着希腊诗歌能够获得的荣耀当然少于用拉丁文写作的诗人，那么他就大错特错了。希腊文学作品几乎为天下各个民族朗诵，而拉丁文的流行几乎仅限于它自己的国界，我们必须承认它的使用范围相当有限。除了大地的边界，我们这个种族的活动没有任何障碍。我们必须雄心勃勃，我们的军队到达哪里，我们的名声和荣耀就扩展到哪里。朗诵与歌唱的崇高行为可以提升整个民族的精神，而在那些为了荣誉而冒死战斗的人的身上我们也能看到这种崇高的精神。我们读到，亚历山大大帝在军旅中还带着一大批史诗诗人和历史学家。站在阿喀琉斯的墓碑前，亚历山大说："幸运的年轻人，我在荷马的传令兵身上已经能够看到你勇敢的身影！"亚历山大讲得非常好，哪怕《伊利亚特》从来没有存在过，掩埋阿喀琉斯尸骨的坟墓也会引发他的回忆。还有，亚历山大的伟大成就与他的高尚品质相吻合。在一次部队集会上，密提林的塞奥芬尼、亚历山大的随军历史学家为亚历山大献上"大帝"的称号，这个称号直到我们这个时代不还在使用吗？塞奥芬尼的同伴虽然是士兵和农民，但他们对亚历山大的个人魅力十分着迷，他们为这一行为热烈鼓掌，就好像自己也分享了他们领袖的光荣，不是吗？与此同理，如果阿尔基亚还不是合法的罗马公民，那么要某些军事统帅把公民权赠给他可能超越了他个人的能力。曾把公民权大量赐给西班牙人和高卢人的苏拉无疑会拒绝我的当事人的要求。我记得在一次公共集会上，有一名自封的诗人向这位伟大人物呈上一张纸，上面写着送给苏拉的警句，但一点也不合韵脚。苏拉没有按照当时的规矩办事，而是下令马上给他一笔奖赏，但附加了一个条件，要这名诗人从今以后不再写诗。苏拉认为诗人的勤奋值得嘉奖，无论这名诗人有多么拙劣；而我的当事人具有卓越的文学才能，笔头敏捷，苏拉难道会不希望找到他吗？还有，我的当事人在卢库鲁斯家族里有很高的信誉和很大的影响，难道他就不想从他的亲密朋友昆图斯·麦特鲁斯·庇乌斯那里得到公民权吗？从他那里得到公民权的人还少吗？我们必须记住，麦特鲁斯雄心勃勃地想要使自己的功绩不朽，乃至于屈尊俯就去听来自考杜巴的诗人歌颂，而无论他们的风格是多么肤浅和怪异。

【11】雄心是人生的一个普遍要素，一个人越是高尚，他就越容易受到名誉的诱惑。我们不应当否认这种人性的弱点，它在所有人身上都是显而易见的；我们倒不如坦率地承认它，无须脸红。为什么一方面要哲学家在每本书中为他们歌功颂德，而另一方面却又嘱咐我们要轻视雄心！他们在书的每一页都为自己吹嘘，寻求出人头地，而对名声和公共声誉却倾泻蔑视。勇敢的官员和绅士狄西摩斯·布鲁图装饰神庙和纪念碑的门厅，在上面刻上了他的朋友阿西乌斯的诗歌；还有，伟大的伏尔维乌在埃托利亚战役中带上恩尼乌斯，毫无顾忌地把本应献给战神的战利品献给缪斯。确实，那些还没来得及脱下盔甲的将军们把荣誉献给诗人的名字和缪斯的神庙，在这样的城市里，一个平民陪审团对保护诗人以敬重缪斯的行为表示蔑视是不合适的。

陪审团的先生们，你们越倾向于这样做，我就越要袒露心胸，向你们承认我渴望名声，要是我可以这样讲的话，这种欲望可能太强烈，但肯定是高尚的。在我担任执政官期间，我和你们一起为了帝国的安全、公民的生命、国家的共同幸福采取了坚决的措施，我的当事人把这些措施用做他开始创作的一首诗的主题。他把诗歌读给我听，这部作品马上有力地打动了我，引起我的极大兴趣，我鼓励他要完成创作。除了赞扬和荣耀，高尚不会为它所经历的辛苦与危险寻求其他方面的认可。先生们，一旦剥夺赞扬与荣耀，还有什么东西能激励我们的人生旅程？如果灵魂没有未来远景的激励，如果灵魂的想象力被束缚在现实的人生之中，那么灵魂绝不会甘受千辛万苦、日夜操劳、为生命本身而斗争。在每一个高尚心灵的深处确实有一种力量在日夜驱使着它追求荣耀，要我们牢记不能让我们的名字褪色，而应让我们的名字永世长存。

【12】我们这些在公共生涯中经历千辛万苦和艰难险阻的人会对这个世界表现出如此贫乏的精神，乃至于认为在毫无间断地走过命中注定的一生以后，所有人都会与我们一起死去吗？许多伟大人物很注意在他们身后留下雕像和绘画，这些东西与他们的形体相似，而非与他们的灵魂相像；那么我们应当如何关注为后世留下一座我们心灵和品格的雕像，用最高的才能精心制作呢？对我本人来说，我的每一成就都已经使我声名远播，整个世界都留下了对我的永久记忆。也许我死以后没有了感觉。也许如哲学家们所说，我身体的某些部分还能意识到这一点。就算如此吧，但现在不管怎么说，我在思想和希望中找到了满足。

因此，先生们，我请你们保护一位名誉受到考验的人，他的地位很高的朋友在考验他，他们之间长期的友谊在考验他。你们可以对他的天才进行估量，而实际上天才本身已经确立了它的真正价值。法律的支持、大都市的权威、卢库鲁斯的证据，以及麦特鲁斯的登记册，已经确定了这桩案子的正义何在。在这位诗人的整个生涯中，他把荣耀撒向你们，撒向你们的将军，撒向罗马人的历史，他在努力创作，并保证这部作品将永远见证我们最近经历过的危险。人们普遍认为他在从事这项职业的时候在行为和言语中都没有违法之处。因此，先生们，我要向你们恳求，如果说这样高的才能值得凡人赞扬，不，值得上苍赞扬，那就让他处在你们的保护之下，让他不要因为你们的厌恶而受攻击，让他得到你们仁慈的帮助。

我肯定我的陈述是简要的、直截了当的。我的演讲向你们每个人提出了要求。我希望你们能够欢迎我的演讲，因为我没有按照法庭的习惯办事，而是讲了许多有关我的当事人的离题话，说得更明确一点，就是谈了许多他从事的技艺；我希望能受到你们的欢迎，就像我敢肯定坐在法官席上主持这场审判的人 ① 有一颗仁慈的心。

---

① 一般认为主持这场审判的是西塞罗的兄弟昆图斯。

向元老院致谢

提　要

本文的拉丁文标题是"Post Reditum in Senatu"，英文译为"The Speech Dilivered before the Senate after His Return from Exile"，意思是"流放归来后在元老院的演讲"。中文篇名定为"向元老院致谢"。

西塞罗于公元前 63 年担任执政官，在此期间处理了喀提林阴谋。他认为在紧急情况下无须遵守向人民申诉的原则，可以对阴谋者处以极刑。后来到了公元前 58 年，西塞罗由于这一原因而被迫接受流放。返回罗马后，西塞罗在贵族派与平民派的冲突中成为贵族派的代表，并在前三巨头庞培、凯撒、克拉苏之间保持平衡。在庞培与凯撒之间的协议被撕毁以后，他站在庞培一边。庞培失败后，西塞罗与凯撒和解，并从政治生活中退隐。

公元前 57 年，西塞罗结束流放生活，返回罗马。他于该年发表了一组演说，共四篇：《向元老院致谢》、《向人民致谢》、《对祭司团的演讲》、《论占卜者的反应》。本篇为其中之一。《向元老院致谢》发表于公元前 57 年，全文分为 15 章，译成中文约 1.4 万字。

正　文

【1】元老院的议员们：和你们对我的兄弟、我本人、我的孩子所提供的

令人难以忘怀的帮助相比，我的感谢是不恰当的；我诚挚地请求你们，与其将这种不恰当的感谢归咎于你们自己无比的仁慈，不如归咎于我情感的缺乏。我们到哪里去寻找如此多产的心灵、如此丰富的语言、如此神奇雄辩的神灵附体，以至于能够，且不说充分表达你们恩赐给我们的全部幸福，仅仅是仓促地列举它们？我的兄弟就像我眼睛的瞳仁，你们把他还给了我；他和我非常亲密，你们把我还给了他。你们使父母与孩子相逢，使孩子与父母团聚；你们把荣誉、地位、财富、广阔的公共活动领域还给了我们。你们把人类一切财产中最甜蜜的东西还给了我们，这就是我们的国家；最后的一项，也是最大的一项，就是你们使我们恢复了自我。如果说我们对父母拥有最深厚的感情，那是因为他们赐给我们生命、遗产、自由、公民权；如果说我们对不朽的诸神拥有最深厚的感情，那是因为凭着诸神的族类，我们才享有这些幸福和他们刚给我们的其他恩惠；如果说我们对罗马人民拥有最深厚的感情，那是因为由于他们的提升，我们才在他们最庄严的公民大会上、在这个最崇高的舞台上、在这个全世界最坚强的堡垒中，拥有了自己的位置；能对这个团体讲话是我的荣幸，因为他们经常用最仁慈的法令帮助我们。所以，我们对你们的亏欠是无法计算、无法测量的，你们用独特的忠心，在一个独特的时刻，采取一项联合行动，把父母对我们的情感、诸神给我们的馈赠、罗马人民授予我的地位还给我们，并且为我提供了许多证词。所以，我对你们的亏欠是巨大的，对罗马人民的亏欠是巨大的，对我们父母的亏欠是无限的，不朽的诸神使我们拥有了一切，从今以后我们成了所有对我们有恩的人的债务人，成了你们的债务人，我们今天发现自己再次拥有了一切。

【2】元老院的议员们，由于上述原因，我们感到自己在一定意义上已经获得了不朽，这样的恩惠对渴望不朽的凡人来说甚至是不合法的。难道说，你们赐予我们的恩惠会随着时间的流逝在我们的记忆中消失吗？在我提到的众多事件中，你们受到武装暴徒的围攻和恐吓，然而，尽管如此，在勇敢和正义的卢西乌斯·尼纽斯提出动议，而你们一致同意把我召回之前，我被放逐的时间并不长。在危机四伏的那一年，我找不到一名卫兵保护我的安

全，也找不到其他更加勇敢的人，只能亲自拿起武器。有一位保民官①试图阻止召回我的动议。他由于自己不能改变法令，于是就躲在另一个厚颜无耻的家伙背后出谋划策，但你们在我的问题上从来不沉默，而是不停地向执政官②提出保护我的建议。由于有你们的影响，那一年在我看来只是证明了我个人的不幸，而不是我国家的不幸；保民官中间有八人打算提出召回我的议案，并把这些议案反复摆到你们面前。一丝不苟地遵守法律条文的执政官是不能这样做的，不过这里所遵守的法律不是与我有关的那部法律，而是对他们自己有影响的法律。这个法案由我的一名对手③提出，里面规定我不能返回罗马，直至那些几乎毁灭了我们这个世界的人④能够复活。这一法案表明他承认两点：第一，他对这些人的死亡表示惋惜；第二，如果这些敌人和刺客的复活不能与召回我同步，那么这个国家就会陷入危机。就在我退隐的那一年，这个国家最重要的公民⑤本人为了安全都要在家中寻找避难处，而不是由法律来提供保护，这一年国家没有执政官，死亡不仅剥夺了她永久的父母⑥，而且剥夺了她年度的卫士，禁止你们表达意见，我的所谓罪状当众宣读，在这样的时候你们没有动摇，而是把我的安全视同为整个国家的安全。

【3】幸亏我们的执政官普伯里乌·伦图卢斯⑦表现出超人的、无与伦比的勇敢，你们在经历了笼罩国家的漫漫长夜之后终于在1月1日看到了的黎明的曙光。高尚正直的昆图斯·麦特鲁斯的威信起了作用，几乎所有保民官都勇敢、忠诚地为国服务。格奈乌斯·庞培的勇敢、名声和成就是任何民族、任何时代的记录都无法企及的，当他也认为自己可以安全大胆地进入元

---

① 指普伯里乌·克劳狄。
② 当时的执政官是庇索和伽比纽斯。
③ 指普伯里乌·克劳狄。
④ 指喀提林阴谋中被西塞罗处死的叛乱分子。
⑤ 指庞培。
⑥ 指元老院。
⑦ 公元前57年的执政官。

老院的时候，你们一致同意把我召回。尽管我本人并不在场，但我个人的影响已经对我做了充分补偿。你们在这个月终于能够看清我和我的对手之间的差别了。我放弃了个人的安全，使国家可以不因我的缘故而使公民流血；他们想要阻止我返回，但他们凭借的不是罗马人民的投票，而是血流成河。所以从那个时候起，公民、同盟者，乃至于国王，都在徒劳地等待你们。你们的陪审团不宣判，你们的公民大会不投票，你们的元老院不行使权威通过法案；你们的论坛变成了哑巴，你们的元老院不说话，整个国家低三下四，哑口无言。一名曾经在你们权威的支持下抵抗烈火和屠杀的人在这时候离开了你们，于是你们看到手持刀剑和盾牌的人在城里到处游荡，你们看到执政官的官邸被围攻，诸神的庙宇被焚烧，伟大人物和著名执政官的权杖被折断，高贵的保民官不仅受到人身侵犯，而且被刀剑砍伤或杀死。在这流血引起的惊恐中，某些行政官员，要么是出于对死亡的恐惧要么是对国家的绝望，对我的案子的热情减弱了；但是对于其他人，威胁或暴力、希望或恐惧、许诺或恐吓、武器或刑具，都不能使他们放弃对你们这个等级的依靠，都不能放弃罗马人民的尊荣，都不能放弃恢复我的幸福。

【4】其中首要的是普伯里乌·伦图卢斯，他是我的生命、幸福、记忆、名誉的缔造者和保护神。他明白，要是能够成功地把我还给我自己，还给我的亲人，还给你们，还给这个国家，他的勇敢可以因此而得到彰显，他对我的钟爱可以因此而得到证明，他的执政官生涯可以因此而大放异彩。所以从当选执政官那天起，他就以一种与他本人和这个国家相宜的方式不断地提到我的回归。有一位保民官否决他的提案，并当众宣读那部有着骇人听闻条款的法律，禁止任何人"为此目的而提出动议、提出议案、投票表决、出庭作证"，在这个时候，伦图卢斯不是把整个文件当做一部法律，而是（如我已经说过的那样）当做一项放逐令。因为这部所谓法律指名道姓地提到的一位为国服务的优秀公民，他未经审判就被驱逐出国，与元老院分离。伦图卢斯就职以后把保护我当做他首要的，不，当做他唯一的目标，向元老院提出了动议，他把希望寄托在你们身上。不朽的诸神啊！你们要是把普伯里乌·伦

图卢斯确立为那一年的罗马人民的执政官该有多好啊！要是他前一年就能担任执政官那就好了！要是这样的话，我就不需要治疗伤口，因为我就不会受伤。昆图斯·卡图鲁斯不仅富有智慧，而且是优秀的爱国者和绅士。他曾经对我说，两名执政官中有一名邪恶，这种情况很罕见，但绝不会两名执政官都很邪恶，除了秦纳①当政的黑暗时代。出于这个理由，他经常断言我的地位不可动摇，只要这个国家还有一名执政官。他的话语到今天为止仍旧千真万确，只要我们的经验还不能驳倒他的说法，只要两名执政官不会同时邪恶。你能怀疑曾经担任过执政官的昆图斯·麦特鲁斯的态度吗？他会保护我的安全，因为他就像你们一样，是召回我的动议的主要推动者和支持者。但是当时担任执政官的人心灵狭隘、畏缩、堕落，乃至于窒息和黑暗，拒绝光明。他们不愿承担责任，甚至不愿想一想执政官这个名称的含义和应当具有的优秀品质。我要把这些人称做执政官吗？不，倒不如称他们为行省的掮客、你们良好名声的小贩。面对许多证人，他们中有一个向我恳求保全喀提林的性命，他是喀提林的奴才；另一个向我恳求保全他的堂兄凯塞古斯的性命。历史向我们表明，从未有过如此堕落的恶人；他们是土匪，而不是执政官。虽然我的案子关系到国家的命运，我是一名前执政官，但他们不仅抛弃我，而且背叛我，攻击我，他们费尽心机，不让我从他们、从你们、从这个国家的所有阶层那里得到帮助。提到这两个人中的一个②，我或其他任何人对他都不会抱什么幻想。

【5】他从早年开始就自甘堕落，追求满足各种最卑劣的情欲，在性骚扰者面前他无法保护自己的贞洁；就像后来使用国家资源一样，他充分使用他的个人资源来满足他的缺乏，把他的家变成了一所妓院；为了躲避众多的债主，他寻求保民官的庇护，对这样一个人我们能抱有什么希望吗？作为保民官，他确实成功地通过了一项扰击海盗的战争提案，然而他自身财力的

---

① 公元前 87 年—前 84 年。

② 指伽比纽斯。

有限和他的荒淫无耻无疑会使他自己成为海盗，他的活动会给这个国家带来伤害，他是一名身处罗马城内的邪恶的叛徒和盗贼。他坐在那里镇静地看着一位保民官提出的议案："应当忽略占卜得到的征兆，不能用任何预兆阻止公民大会的召开或选举，不允许任何人对埃利乌斯—富菲乌斯法举行投票"，由我们祖先设计的这部法律是我们抵抗保民官攻击的盾牌，"却被视为形同虚设"。不久以后，大批爱国者从卡皮托利山带着卑微的顺从和哭泣来到他面前，最高等级的年轻人和所有罗马骑士都聚集在这个无耻的拉皮条的家伙面前，这个时候也是他，像一名卷发的纵欲者，不仅藐视他的同胞公民的眼泪，而且藐视国家的祈祷。他对此还不满意。他还去了民众集会，用他喜爱的喀提林的话语表达自己的意见，这些话语要是喀提林能活过来也不敢使用。他发誓要对罗马骑士进行报复，原因是我担任执政官的那一年的12月5日发生的事件，要为在卡皮托利山坡上受到的惩罚进行报复。他不只是说说而已，而是提审了某些人，用这种办法来实现他的目的，并且专横地命令一位普遍受人尊敬的罗马骑士卢西乌斯·拉弥亚离开这座城市，我和拉弥亚的友谊使他十分关心我的安全，他对自己幸福的考虑使他成为国家的坚定支持者。当你们下令要人们按法令办事，像所有优秀爱国者那样穿丧服的时候，他涂脂抹粉，穿了一套所有财务官和市政官都十分厌恶的服装，遭到官员们的嘲笑，这件事足以证明一个感恩国家的悲哀。他还做了一件任何暴君都不敢做的事：私下里对你们的悲伤和灾难不说一个字，但却公布了一条法案，使你们不能公开对祖国的不幸表示悲哀。

【6】他出现在弗拉米纽斯杂技场时的形象确实十分庄严，他以一名执政官的身份出席民众大会，但为他做介绍的不是保民官，而是一位过去的土匪头子。他打扮得油头粉面，因荒淫过度而眼袋低垂。他流着口水，用一种说教的语调喃喃地说，他对未经审判就惩罚公民的做法十分不满。这样的睿智为何长期不露锋芒？这名卷发舞者的美德为何长时间被他在宴会和妓院里的生活遮蔽？另一位凯索尼努·卡文提乌从年轻时候起就参与公共事务，虽然他除了虚假的节俭以外乏善可陈，既无勇敢的精神，又无雄辩的口才；既无

军事技能，又无学问和文化方面的兴趣。要是你们偶然碰上一个邋遢、粗野、愠怒的家伙，你们可能会判定他是怪异粗暴的，但不大会把他判定为一个放荡变节的人。与这样的人谈话，或者在议会里看到这样的人，你们会称他为粗野的、乏味的、愚钝的、不会说话的笨蛋，一名从奴隶市场上买来的卡帕多西亚人①。但是看看我们在家里的朋友吧！看他如何放荡不羁、恣意挥霍、放浪形骸！不允许他从前门出去花天酒地，他就从后门悄悄地溜出去！当他对学问有了一些热情的时候，当这名纵欲者在可悲的希腊人的帮助下转变成为哲学家的时候，他成了一名伊壁鸠鲁主义者；②之所以发生这种变化不是因为他全身心地奉行某种生活准则，无论这种生活准则是什么，不是这样的，简单的"快乐"这个词就足以使他发生改变。他选择的导师不是那些整天讨论义务或美德的年迈昏聩的人，也不是那些整天教导人们甘冒千辛万苦、为国家争取荣誉的人；倒不如说，他选择的导师是那些主张身体的每个部分每日每时都应当拥有某种形式的快乐的人。他雇用这些人负责他肉体的快乐，这些人是他各种形式淫欲的侦探和猎犬；他们是他宴会的筹备者和仆人；他们是他快乐的药剂师和评审员，为他制定快乐的法则，并且对他犯下的各种罪恶做出判断。在这样的精神支配下，他认为这是一种明智的幸福，乃至于认为他所有的邪恶秽行都可以畅通无阻，只要他在论坛上厚颜无耻。

【7】他成功地蒙蔽了你们和罗马人民，但不是凭着陈旧的欺骗伎俩、智慧和雄辩，而是死硬的态度和倨傲的神态；但他不能蒙蔽我，因为我由于婚姻而和庇索家族有联系，知道他从他的母亲那里继承下来的阿尔卑斯山那边的人的气质能使他变得多优秀。卢西乌斯·庇索，为了打倒我，你敢用你大胆的眼睛而非大胆的心灵，用你的蛮横而非无辜，用你高度的蔑视而非高尚的行为（因为我无法这样责备你）把你的灵巧和奥鲁斯·伽比纽斯联系起来

---

① 卡帕多西亚人（Cappadocian），被视为最低劣的奴隶。
② 伊壁鸠鲁主义是希腊晚期哲学的一个流派，视快乐为生活的目的。

吗？难道他身上涂抹的软膏的香味、他呼出来的葡萄酒的气味，他披到额头上的卷发，就从来没有向你表明你的实际思想与他的思想性质相同，从而使你用头发覆盖你自己的前额也不可能掩饰你的穷凶极恶？① 你敢与他合伙签订那些与指派行省、执政官的尊严、国家的安全、元老院的权威、捐助人的财产有关的协议吗？在你担任执政官期间，按照你颁布的法令，使用你掌握的权力，连罗马人民的元老院以穿丧服的方式来帮助国家的行为都被禁止，更不用说发挥他们的道德影响和表达他们的意见了。你认为自己是卡普阿的最高行政长官吗？（你那个时候确实是。②）这是个十分傲慢的城市。或者说你认为自己是罗马的执政官？而在这个国家里，所有在你之前的执政官都要服从元老院的意志。当你和你著名的合伙人出现在弗拉米纽斯杂技场的民众面前时，你敢断定你始终具有同情心吗？用这个说法可以清楚地表明元老院和所有善良的爱国者在清除国家瘟疫时③都是铁石心肠的。你富有同情心吗？我是你的远房亲戚，你参加选举的时候指定我担任第一位监察员，监视参加投票的部落。1 月份的时候，你要我在元老院第三个发言。可是你却把我捆绑起来交给共和国的敌人。口里说着傲慢和恶毒的话语，你从我膝下赶走了我的女儿和女婿，而他是你的骨肉，我们是儿女亲家。也正是因为你这个温柔和富有同情心的典范，我，不是一位保民官，而是一位执政官，在这个国家遭受突然打击的时候，你不允许我的毁灭和你的掠夺之间有任何间隙，甚至不愿等候这座城市死寂的征兆和哀号。这个国家的灭亡还没有引起国外的注意，而葬礼的开销已经支付给你。④ 与此同时，我的住宅也遭到抢劫，被付之一炬。帕拉丁山上的房子里的财产⑤被交到我的邻居执政官手

---

① 本句的表述极为晦涩，有些罗马议员在头上戴假发而掩饰他以前由于是奴隶而在前额打上的烙印。

② 卡普阿（Capua），意大利坎帕尼亚的主要城市，庇索曾任卡普阿的最高行政长官。

③ 指喀提林和其他阴谋叛乱者。

④ 西塞罗这里的意思是，举行国家"葬礼"的支出对庇索的住宅遭到抢劫做了补偿。

⑤ 庇索岳母位于帕拉丁山（Palatine Hill）的住宅遭到抢劫。

中，我图斯库兰庄园里的东西被交给另一位执政官。① 那些从前为你服务的匪帮奉行的标准也是那些斗剑士的标准。当议会已经空无一人，不仅被明智者，而且被自由民抛弃的时候，当罗马人民处在黑暗之中的时候，当元老院遭受羞辱，被摧毁的时候，大量的珍宝、行省、军团、最高指挥官的职位，却被献给两位臭名昭著、无法无天的执政官。

【8】你们是今天的执政官。② 凭着勇气，你们维护着昨天的执政官颁布的国家法令，你们的英勇事迹一直在我们耳边回响。对你们的努力，执法官和保民官以他们的忠诚做出了果敢的、不倦的支持。关于那位高尚的提多·安尼乌斯③ 我能说些什么呢？又有谁能用恰当的语言描述这样一位令人尊敬的爱国者？至于对那个肆无忌惮的公民，把他称做这个国家在自己家中豢养出来的一名敌人可能更加真实，要是能够采取法律行动，那就必须通过法律程序来打倒他。但若不是这种情况，要是法律程序本身受阻，或者法律程序由于动乱而变得无效，那就必须用勇敢克服无耻，用决心克服鲁莽，用慎重克服绝望，用武装抵抗克服暴力，总而言之一句话，要针锋相对。安尼乌斯首先提出了指控，说自己受到攻击。看到被控告的对象废除了所有法律程序，安尼乌斯就竭尽全力防止暴力成为万能的工具。他证明了，没有极大的勇气、充分的人力和充裕的金钱，就不能有效地保护神庙、市集广场、元老院，就不能抵抗国内的匪帮。在我离开之后，他第一个使爱国者摆脱了恐慌，使恶棍失去了希望，使这个等级摆脱了畏惧，使国家摆脱了暴政。这项政策找到了一位追随者，勇敢、坚定、忠诚的普伯里乌·塞斯提乌，④ 为了我的平安、你们的权威、国家的安全，他把执行这项政策视为自己的义务而甘冒民众的不满，甘冒暴力攻击，甘冒生命危险。在元老院的会议上，这项

---

① 指伽比纽斯（Gabinius），这位执政官在图斯库兰也有一个庄园。

② 普伯里乌·伦图卢斯（Publius Lentulus）和昆图斯·麦特鲁斯·涅波斯（Quintus Metellus Nepos）。

③ 全名提多·安尼乌斯·米罗（Titus Annius Milo），西塞罗曾为他辩护。

④ 普伯里乌·塞斯提乌（Publius Sestius），公元前57年的保民官，几乎被克劳狄的追随者杀死在市政广场。

政策受到一些蛊惑人心的政客的攻击，他面对所有人热忱地为之辩护。他成功的辩护使人确信民众珍爱你们的名字、珍视你们的权威，胜过一切。他在为我辩护的时候不仅使用了保民官交给他的各种武器，而且还有一种献身精神，就好像他是我的兄弟。为了达到这一仁慈的目的，他使用了他的佃户、自由民、家人、姻亲、书信，这一切使他显得不仅缓解我的灾难，而且分担我的灾难。你们已经看到其他朋友对我的无私奉献。你们知道盖乌斯·凯斯提留对我有多么热情，对你们有多么热心；你们知道他坚定地追随正义的事业。还需要我提到马库斯·基司皮乌吗？我对他有一种深深的负疚感，对他的父亲和兄弟也有同样的感觉。尽管在某个私人行为中他们和我有利益冲突，但他们仍旧由于我给这个国家带来的利益而忘掉那些不愉快的事。还有我的财务官提多·法迪乌斯，以及马库斯·库提乌斯，我本人曾在他父亲手下担任财务官，凭着热情、爱心和能力，他们在处理这些关系时并没有令我失望。在私人友谊和政治立场的驱使下，盖乌斯·美西乌斯不断地为我说话。在我将要退隐的时候，他马上为我单独制定了一个补偿标准。要是昆图斯·法伯里修能够执行他制订的、援助我的计划，那么尽管有武装暴力，我仍旧能在1月份重新获得我失去的地位。为了我的回归，他在善意的推动下做了种种努力，但受到那些无法无天的人的压制，而在你们的权威下，这种努力又得以复活。

【9】最后，已经卸任的卢西乌斯·凯西留斯尽力用他的个人财产帮助我，根据这一事实，你们就能判断执法官们对我的感情，他在这种做的时候几乎联合了他的所有同事，就我的回归提出了一项公共标准；与此同时，他拒绝那些抢劫我的财产的人，不让他们把诉状递上执法官的法庭。马库斯·克劳狄也一样。刚刚当选执法官，他就高度重视我的回归问题，为此发表了声明，表示他有多么重视这件事。盖乌斯·塞提米乌、昆图斯·瓦勒留、普伯里乌·克拉苏、塞克斯都·昆提留斯、盖乌斯·考努图斯等人也仁慈地为了我的事情和公共事业做出了无法分割的共同努力。

把这些行为记载下来是一件愉快的事。但另一方面，省略某些人反对我的可恶罪行对我来说也有一点不情愿。就我的当前情况来说，回忆我的伤痛是不合适的，我宁可忘掉它们，哪怕我有权力进行报复。我的整个生命应当提升到一个新的高度，我应当对自己得到的服务表示感恩，我应当珍惜经受烈火考验的友谊，我应当对我们共同的敌人开战，原谅那些胆小的同伴，宽恕那些背叛者，用我回归的伟大来平息由于我的离去而激起的怨恨。要是除了对那些促成我的回归的主要推动者和主要卫士表示恰当的谢恩我在余生可以放弃其他义务，那么不管怎么说，要是我在今后的日子里仅仅是口头表达谢恩，而不是把它转化为行动，那么这样做是十分贫乏的。我应当报答在这里的我的这位朋友①和他的孩子吗？我应当报答我的亲密朋友为我做出的所有努力吗？什么样的记忆力能如此强健，什么样的理智能如此锐利，什么样的敬意能如此深沉，竟然能够胜任对如此众多和巨大的恩惠进行的任务？当我匍匐在地的时候，是他第一个运用执政官的地位保护我；是他使我由死复生，由绝望到希望，由毁灭到获救。他对我的情感如此深厚，他的爱国主义如此坚定，他制定的办法不仅是对我的救援，而且是重新赋予我尊严。在他的要求下你颁布了这项法令，有谁能给我带来更大的自豪或尊荣？整个意大利所有把国家安全放在心上的人把他们的全部资源都集中在补偿和保护像我这样遭受重大打击的人。自罗马建城以来，一位执政官在国家事务中第三次颁布同样的命令。这样的命令不仅应当由他说给那些能够听到他的声音的人听，而且应当由元老院说出来，以传遍所有田野和城镇，让整个意大利的所有公民都知道要保护这个人的生命，是吗？

【10】元老院曾经对公民宣布，不帮助我就等于不保护国家的安全，除此之外，我还有什么值得骄傲的东西可以传给我的后代？所以，你们这个等级的权威性和这位执政官的优秀品质是不可抗拒的，任何人要是不能对此做出响应，都会有一种犯罪的羞耻感。也是由于这位执政官，数量多得难以置信的民众（我们可以称之为人格化的意大利）进入了罗马，这时候公民大会

---

① 指伦图鲁斯。

的成员都聚集在卡皮托利山上。这一事件使你们明白了人心的向背和真正高尚的力量。我的对手和我对手的堂兄弟昆图斯·麦特鲁斯①，在还没有排除所有私人的妒忌之前就明白了你们的倾向。普伯里乌·塞维留斯的知名度和他的道德水准相当，对我有着深厚的感情。他用他的人格和口才为我辩护，其行动堪称英雄行为。和他那当议员的兄弟一样，他从死里逃生，前来分担我的命运。还有整个麦特鲁斯家族的高尚公民，他们几乎全都从阿刻戎启程，他们中间有努米底亚的英雄。他们从这个国家的退隐马上被视为国家的灾难，尽管这个国家所遭受的牺牲连征兆都没有。所以，凭着上苍的仁慈，他从前是我的敌人，而在此之后他不仅成为我的安全的保护者，而且成为我的功绩的证明人。是的，就在那一天，尽管你们417名议员集中起来开会，尽管所有行政员在那里，但只有一个声音表示了异议。只有他的声音表达了他的看法，认为那些叛乱者应当从死里复活。也是在那一天，当你用沉重的语言宣布这个国家由于我采取的措施而得以保全的时候，这位执政官看到在次日的民众集会也应当由国家的头面人物做出同样的宣布。在这次会议上，他以雄辩的口才为我进行辩护，当着所有人的面。整个意大利都在聆听，没有一只耳朵会被那些反对爱国者的敌意和恶毒的声音所愚弄。

【11】这些努力又进一步得到你们的增援，其结果不仅加速了我的回归，而且增强了我的名声。你们下令不许用任何手段妨碍你们想要实现的目的；任何试图这样做的人都将招致怨恨；这样的阻碍将构成对国家、爱国者的安全、公民的团结的敌对行为，对此负有责任的人将会成为你们这个团体想要惩罚的对象；进一步说，你们下令让我回归，哪怕敌意仍在延续。你们颁布法令对那些从各个自治城镇聚集到罗马来的公民表示感谢，这一事实说明了什么呢？他们应当带着旺盛的斗志在那个重新开始处理公共事务的日子聚集起来吗？最后，伦图卢斯在这一天，在这个注定不朽的、将会载入史册的日子里使我、我的兄弟和我的子女获得了新生——我指的是他公共集会上讲

① 昆图斯·麦特鲁斯，公元前57年的执政官。

话，在集会上按百人队投票、下令把我召回祖国的那一天，这种公共集会被称做最高级的、最有权威性的公民集会——这一事实又说明了什么？这些百人队长曾经通过投票使我成为执政官，现在他们又表达了对我担任执政官的业绩的支持。在场的和伦图卢斯这般年纪或身体状况相同的人在那天有谁会认为投票赞同保障我的安全有违他的义务？你们什么时候看到战神广场上聚集着来自整个意大利的各个等级的公民？你们什么时候看到有这么多地位崇高的人参加投票？所以，凭着普伯里乌·伦图卢斯卓越的、超人的努力，我们这些优秀的公民不仅得到返回祖国的许可，而且可以乘上由骏骑拉着的金碧辉煌的马车回国。

我要恰当地向格奈乌斯·庞培表达我的谢意，不仅要当着你们的面说，你们的情感都是相通的，而且要当着全体人民的面说，因为我保障过罗马人民的安全，罗马人民的安危与我个人的安危紧密相连。庞培把我的事情告诉知道内情的人，而这些人又告诉那些不知道内情的人，他运用自己的人格力量摧毁卖国贼，唤醒爱国者。庞培不仅向罗马人民发表演讲，而且代表我向罗马人民提出请求，就好像代表他的兄弟或父母。尽管他在危险时刻把自己关在家中，但他仍旧向那一年的保民官提出请求，要求让我回归祖国。他最近在一处新建的殖民地①任职，那里无人接受贿赂，投票受到高尚者的监督，而根据官方公布的文件，处理这些事务都要依据严峻的法律。应当运用整个意大利的资源来保障我的安全，庞培是这个观点的主要支持者。尽管庞培本人始终是我的亲密朋友，但他仍旧竭尽全力使他的熟人也都成为我的朋友。

【12】我应当用什么样的服务才能报答提多·安尼乌斯对我的仁慈行为？他的所有行为、政策、考虑，简言之，他的整个恩惠，都那么坚定、持久、勇敢，他英勇无畏地保护找的幸福。普伯里乌·塞斯提乌对我十分仁慈和忠诚，不仅表现出精神上的悲哀，而且还给他的身体带来伤痛，对他我又该说

---

① 指卡普阿，这个地方的殖民地由凯撒建于公元前 59 年。

些什么呢？

元老院的议员们，对你们每个人，我已经并将继续表达我的谢意。在我演讲开始的地方，我已经尽力向你们全体成员表示了感谢，虽然说用我的口才恰当地向你们谢恩超越了我的能力。尽管有许多人使我陷入深深的义务，使我不可能对此保持沉默，但不管怎么说，我的处境和顾忌使我不能尝试具体感谢每一个人的仁慈。要做到不遗漏是困难的，但要想省略任何一个人，那都是不妥当的。元老院的议员们，我只有把你们整个集体当做诸神那样来崇敬才是正确的。就像我们与上苍的力量打交道，我们的习惯不是在所有时候向同一批神灵表达我们的崇拜和请求，而是在具体时刻向具体神灵提出请求，所以我在和我的同胞打交道时也会这样做。由于我没有合适的时间赞扬行政官员为我提供的服务，所以我决定今天指名道姓地感谢他们，与此同时还要感谢一位普通公民 ①，他为了我向那些自治市和殖民地说情，为了我而谦卑地向罗马人民求援；由于他们顺从你们的意志，表达了真实的感情，从而使我重新获得自己一度拥有的令人自豪的地位。在我光荣的时候你们荣耀我，在我受审的时候，只要时间允许，你们不惜更换服装，几乎是在用你们的悲伤为我辩护。在我的记忆中，哪怕是在危险的时刻，元老院议员更换服装也是不合时宜的；而在我面临危险的时候，只要那些剥夺我的权力的人颁布的法令不禁止，所有元老院议员都更换了他们的服装。在我面临危险的时候有些人放弃了对我的保护，而且不允许你们为我说情。尽管有这些困难，但我仍然受到召唤，要我回来继续掌握同样的力量，不仅依靠我的双手，而且依靠你们的支持，对此我浮想联翩。

【13】这位执政官在一次民众集会上说，为了卡皮托利圣山上发生的事情，他要使罗马骑士阶层满意。而由于提名行政官员，他们中有些人受到抨击，有些人受到法庭传讯，有些人遭到放逐。他下令禁止人们接近神庙，不仅派出武装人员看守神庙，甚至还拆毁了通往神庙的台阶。另一名执政官为了自

---

① 指庞培。

己的利益而与人讨价还价，不仅放弃了我和这个国家，而且把我们出卖给这个国家的敌人。还有另外一个人率领大批军队徘徊在城门口，他指挥这支军队已经多年。我不说他是我的敌人，但我确实知道，当有人说他是我的敌人时，他从不否认。这个国家有两个党派，其中之一据说对我怀有敌意，坚持要我投降，而另一个党派是支持我的，他们由于沾上了某些杀人的污点而依附我。那些想要我投降的人增加了武力的使用，因为他们绝不会因为遭到否认而减轻一般的怀疑和焦虑。后来我明白了，由于元老院丧失了领袖，那些行政官员要么攻击我，要么出卖或抛弃我，大批奴隶被组织起来，喀提林的余党死灰复燃，在没有更换头目的情况下心存妄想，寻找杀人放火的时机，罗马骑士们因为担心被放逐而人心浮动，自治城镇遭到抢劫，所有人都担心会遭到不测。所以，元老院的议员们，我可以这样说，在许多勇敢绅士的支持下，我可以动用武装力量来保护自己，我可以说自己当时仍旧拥有以往向你们证明过的勇气。但是我看到，需要我去战胜的敌人太多了，即使我打败了那些直接的敌人，仍旧会有其他敌人；另一方面，要是我打了败仗，众多善良爱国者很快就会面临他们的厄运，为了我，甚至在我死后，保民官的鲜血马上就可以找到复仇者，而我的后代也会决定对致我死亡者进行报复。

【14】作为一名执政官，我没有向我在国内的卫士寻求刀剑的帮助，我没有用武力保护自己；我宁可让爱国的党派为我的处境悲哀，也不愿让他们对自己感到绝望。要是我能证明只有一名牺牲者，那么我能期待的就是个人的耻辱；但若有其他人与我一起倒下，那么这个国家所能期待的就是毁灭。要是我认为自己将遭受永久的耻辱，那么我会自己去死，而不愿有无限的悲哀。我明白，我在这个城市的缺席不会造成共和国本身的缺席，所以我不认为待在城里等着国家灭亡是自己的义务。果然不出所料，后来没有多久，这个国家就想到了我，让我回归。与我的缺席同步，法律、法庭、司法、元老院的权威、自由、粮食普遍缺乏，对一切人事或神事的敬畏普遍缺乏。要是这些东西永远失去，那么我会对你们的不幸感到悲哀，而不是对我自己的不幸感到悲哀；但我明白，要是有一天这些东西又被人们想起来了，那么使这

些东西回来是我的责任。在这里，格奈乌斯·普兰西乌①也为我提供了无误的证词，证明了我的这些信念。他撂下行省里的物质利益，利用他担任的职务支持我，保护我，起到了我的卫士的作用。如果我是一名将军，他是我的财务官，那么我可以把他当做自己的儿子；而现在，由于他在我面临灾难的时候和我发生联系，而不是由于某种需要，所以我要把他视为自己的父母。元老院的议员们，现在我已经回到祖国，我的言论自由不会削弱这个国家，而只会增强她。

【15】确实，要是在国家对我有所亏欠的时候我仍在为她辩护，那么当我现在深深地感到对国家有所亏欠的时候，我的义务还会禁止我这样做吗？如你们所见，以我遭受的各种灾难为证，不要说我的行为无可指责，哪怕只提到我给国家带来的巨大的利益，你们就能看到我的勇气了。呃，这些灾难发生的原因都在于我为国家辩护，我镇定地面对这些灾难，为的是我所捍卫的国家不会由于我个人的原因而陷入绝境。我没有像普伯里乌·波皮留斯那样为我的儿子或者亲戚求情；我没有像伟大的昆图斯·麦特鲁斯那样为儿子求情，尽管他还很年轻，但他的品质已经为他自己赢得了尊敬；我也没有像前执政官卢西乌斯·麦特鲁斯和盖乌斯·麦特鲁斯那样，没有像他们的子女一样，没有像昆图斯·麦特鲁斯·涅波斯那样，他那时候是执政官候选人，没有像卢库鲁斯家族、塞维留斯家族、西庇阿家族的人那样，他们的母亲属于麦特鲁斯家族，这些人身穿肮脏的衣服，泪流满面地向罗马人民求情。我没有这样做，但有一件事我必须提到。我的兄弟在这样的时候证明了自己是一名忠实的儿子，是一名有节制的父亲，拥有真正的兄弟之情。他通过悲伤、眼泪、每日里不停地祈祷获得力量，热情地宣扬我的名字和功绩。他想要通过你们来争取我的回归，向你们请求能够分担我的命运，不怕困难，甘愿与我同生死；无论有什么艰难险阻，无论有多么孤独，无论要与多少敌人做斗争，都不能使他感到气馁。还有另外一个人，他为了保护我的幸福也

---

① 格奈乌斯·普兰西乌（Gnaeus Plancius），公元前58年马其顿的财务官。

表现出高度的勇气和忠诚。我指的是我的女婿盖乌斯·庇索,除了我的安全、敌人的威胁、执政官的敌意,他把其他一切都置之度外,由于婚姻他成为我的亲戚,而他自己曾经在本都和庇提尼亚担任财务官。元老院对普伯里乌·波皮留斯的事情没有颁布任何法令,也没有在开会时提到昆图斯·麦特鲁斯。确实没有。只是由于保民官们提出的动议,在他们的敌人被处死以后,他们才回到元老院,直到这个时候,前者才完成了元老院的愿望,后者才逃脱了遭受暴力和流血的结局。现在还活着的人确实都还能记得第三位前执政官盖乌斯·马略,他由于内乱而被迫流放,后来元老院做出召他回国的决定,哪怕他回来之后会解散元老院。在这些事件中,没有行政官员的统一行动,没有罗马人民聚集起来保卫他们的法律,意大利没有爆发起义,自治市和殖民地没有通过相关的法令。

因此,召唤我回国是你们权威的声音,是罗马人民的意愿,这个国家为我求援,团结的意大利用她的肩膀承担了让我回归的责任。我几乎可以说自己不能如此粗心大意,我现在虽然已经回归了,但凭我个人的努力我无法加以确保。我现在能够确定地说的就是,有许多东西我失而复得了,但我的美德和荣耀从来就没有失去。

向人民致谢

提　要

本文的拉丁文标题是"Oratio Post Reditum ad Quirites"，英文译为"The Speech Dilivered before the People after His Return from Exile"，意思是"流放归来后向人民发表的演说"。中文篇名定为"向人民致谢"。

公元前 57 年，西塞罗结束了他的流放生活，返回罗马。后来，他陆续发表了一组演说，共四篇：《向元老院致谢》、《向人民致谢》、《对祭司团的演讲》、《论占卜者的反应》。本篇为其中之一。整个背景与《向元老院致谢》相同。《向人民致谢》发表于公元前 57 年，全文共分为 10 章，译成中文约 8 千字。

正　文

【1】同胞公民们，我在那天发誓，要把我自己和我的幸福献给伟大的事业，争取你们的和平、幸福和团结。我向最优秀、最伟大的朱庇特以及其他不朽的诸神祈祷：要是我在审慎地考虑问题的时候曾经把自己的利益放在你们的幸福之前，那就让我遭受永久的报应；但若我先前的成就使这个国家得以保存，要是导致我必然的、不幸的回归的动机也是为了你们的幸福，那么他们，而非整个国家及其爱国公民，会给我打上惹人痛恨的永久性烙印，这

种标记通常是那些恶人和无赖因为反对共和国及其忠诚的支持者而特有的；如果这就是我对你们以及你们子女的态度，那么会有一天，我们的元老院议员、整个意大利和你们会由于回忆我而产生同情与后悔的感觉。我现在无比欢乐，我已经按照不朽诸神的意愿、元老院的证言、意大利团结一致的声音、我的对手们的许可、你们神奇宝贵的善意进行了献祭。同胞公民们，尽管对一个人来说，没有任何东西比永久的繁荣幸福更值得高声祈祷和终生默默祈求，然而，要是我经历的事情除了安宁没有其他任何东西，那么我会错过你们现在仁慈地允许我享有的、难以置信的、几乎是非凡的快乐。大自然赐给人类许多礼物，但对一个人来说，有什么礼物能比多子女更加甜蜜？我的儿女对我来说比我自己的生命还要宝贵，这不仅是由于我天生的柔情，而且也是由于他们自身具有的优秀气质；他们的到来使我具有了一定的责任，对我来说，没有比他们回到我的身边更令人高兴的事情了。我和我兄弟的关系十分亲密，然而我与他在一起时具有的亲密感还不如与他分离的时候，不过现在你们已经把他归还给了我，也把我归还给了他。每个人都喜欢他有节制的品德，而我今天幸福的回归使我比过去拥有幸福时更加高兴。朋友、同伴、邻居、下属、欢乐的节日——所有这些东西的丧失使我能够更加真实地理解它们，而不是考虑如何使用它们。还有职务、名声、地位、等级，以及你们对我的提拔，虽然在我这里始终算做最明亮的装饰，然而在重新散发光芒的时候，它们似乎比从前更加明亮。我们的国家怎么了？只有上苍知道用什么词可以表达她现在的愉悦！意大利现在有多么壮丽，她的城镇有多么出名，她的风景、田野、谷物有多么美丽！她的大城市现在有多么宏伟，她的公民有多么开明，她的政府有多么庄严，你们作为她的子女有多么伟大！以往的时候，我享有一切而不必屈从任何力量；然而正如良好的健康对那些刚从严重的疾病中痊愈的人来说比从不生病的人更加甜蜜，所以这些东西对那些曾经丧失它们的人显得比一直享有它们的人更加珍贵。

【2】那么，我为什么要详细讲述这些事情呢？这是为了让你们明白，从来没有任何人能如此雄辩，或者拥有如此超凡的、奇迹般的表达能力，我不

说极高的或者修辞学的能力，而说能再现你们给予我的兄弟、我的子女，还有我本人的巨大帮助，令你们满意的能力。在自然的进程中，由于我的父母，我才作为一名婴儿拥有了自身的存在；而由于有了你们的支持，我才成为一名执政官。当我的父母赐给我一位兄弟的时候，没有人知道这位兄弟命中注定会成为什么样的人；而你们把我的兄弟归还给我，使他经受了考验，人们在他身上看到了难以置信的忠诚。在那些日子里，我在管理一个险些丧失的共和国；而通过你们，我又重新得到了一个共和国；按照人们的一般判断，这个共和国得以保存全在于某一个人的努力。不朽的诸神赐我儿女，而你们把他们归还给我。我向上苍祈求很多，上苍赐予我的也很多；但若这些恩赐不符合你们的善意，那么我现在就应当放弃上苍的全部恩赐。最后，我曾经因千辛万苦得到的各种荣誉都是罗马人民所赐，所以我以前从我的父母、不朽的诸神，以及从你们那里得到的恩惠不会大于整个罗马人民今日对我的恩赐。

我无法用我的演讲恰当地表述你们巨大的、仁慈的帮助，除了这一事实，你们对我表示的巨大热情使我感到你们不仅驱逐了我的灾难，而且在实际上增强了我的名声。

【3】我的回归不能简单地归结为一些人的调解和说情，我不像高尚的普伯里乌·波皮留斯①那样，他的回归靠他的小儿子、亲戚、族人为他说情；我也不像昆图斯·麦特鲁斯，他的回归靠他的一个年纪尚不足以引起人们尊重的儿子为他说情，靠有权有势的前执政官卢库鲁斯·狄德玛图为他说情，靠前监察官盖乌斯·麦特鲁斯为他说情，靠所有这些人的子女为他说情，靠当时是执政官候选人的昆图斯·麦特鲁斯·涅波斯为他说清，或者靠拥有卢库鲁斯、塞维留斯、西庇阿这些名字的人为他说情，当时有大批拥有麦特鲁斯这个名字的人，或者这个家族的男女老幼，请求你们和你们的父亲允许昆图斯·麦特鲁斯回国。虽然他自己的功绩和成就还不够分量，尚不足以使他

---

① 公元前 132 年的执政官。

回国，但他儿子的悲伤、他亲戚的恳求、他家里幼者身上穿的褴褛衣衫、他家里长者以及其他支持者的眼泪，深深地打动了罗马人民。在这些古代著名的前执政官之后，摆在我面前的第三个例子是另一位前执政官，尽管他的名声已经处于巅峰，但却遭受完全不应的灾难，他就是盖乌斯·马略。然而他的案子的情况与我完全不同；他的回归不是说情的结果，而是由于某些公民的离去，在武装力量的帮助下，他自己返回了罗马。而另外，我失去了我的亲人；我和那些有权有势的人没有联系，我没有使用武力威胁来支持我的回归；只有我的女婿盖乌斯·庇索用他神圣的、无与伦比的影响和他崇高的品质在为我说情，还有我悲伤的、动感情的兄弟用他不断流淌的眼泪和悲哀的外表在为我向你们求情。只有一个人——我的兄弟——他伤心的外表能够引起你们的关注，他的眼泪可以唤起我无尽的回忆。公民们，要是你们拒绝把我还给他，那么他下定决心要分担我的命运；他对我有着深深的爱，他说自己无法想象与我分离，不仅在这地上的房屋中，而且在坟墓里。当我在你们中间的时候，元老院与两万同胞一同为我哀伤；但是当我远离的时候，你们看到只有一个人服装不整，以此表达对我的哀伤。只有他能够在众目睽睽之下表明他儿子对温柔的父亲应尽的义务，表明他始终是一位热爱兄弟的真正的兄弟。我不幸的妻子的丧服和悲戚、我的爱女无法慰藉的悲伤、我的幼子的哭泣和眼泪，都由于他们被迫要进行的旅行而失去，或者隐藏起来，使你们无法看见，既因为天黑，又由于他们住处院墙的遮掩。

【4】这就使得你们为我提供的服务显得更加伟大，因为你们让我回归不是考虑到我有大量的亲戚，而是只考虑我本人。我不能依靠我的亲戚，或者利用他们对我的恩惠来使自己不倒台——像我这样的人确实都不会这样做——而与此同时仍有大量的人帮助我，推动或促进我的回归。正是由于有了这些支持，所以我比前面提到的这些历史人物的处境要有利得多。以勇敢著称的普伯里乌斯·波皮留斯，出身高贵、坚忍不拔的公民昆图斯·麦特鲁斯，还有这个国家和你们的帝国的保护者盖乌斯·马略，元老院从来没有讨论过他们的案子。根据保民官的一纸赦令，而不是凭着元老院的决定，前两

人被召唤回国；而马略的回归尽管与元老院有关系，但只是在元老院衰微时才使他的回归成为可能。盖乌斯·马略的回归不是由于人们还记得他的功绩，而是由于那些军队在起作用。然而元老院始终要求人们对我的记忆栩栩如生，必须要有一致意见以后才同意将我召回。我刚才提到的那些人的回归并没有得到殖民地和自治城镇的支持；而整个意大利三次做出决定要求召我回国。由于杀死了他们的对手和大规模屠杀他们的同胞公民，他们的回归才成为可能；而在我回归的时候，那些曾经驱逐我的人仍旧担任着行省总督；有一名对手①担任着执政官，他是一位正直的、仁慈的绅士，只是受到另一位执政官②的动议的影响；就他的身体还有一口气而言，我的那个敌人③确实还活着，他把自己的声音借给国家的敌人使用，而实际上他已经堕入万丈深渊，比所有死人待的地方更深。

【5】那位勇敢的执政官卢西乌斯·奥皮米乌从来没有敦促元老院或人民关心普伯里乌斯·波皮留斯的案子，也没有为昆图斯·麦特鲁斯做过同样的事；至于盖乌斯·马略我就不用提了，马略是奥皮米乌的对头。但即使马略的继承人、雄辩的马库斯·安东尼乌斯，以及他的同事奥鲁斯·阿尔比努，也都没有这样做。但在我的案子中，我回归前一年的执政官们在不断地努力，想方设法推动这件事。然而，由于他们担心遭受偏袒我的指责，因为他们中有一位是我的姻亲，另一位在遭受重大指控时我为他做过辩护，因此他们缩手缩脚，在整个一年中承受着元老院的抗议、爱国者的困顿和意大利的悲伤。但是在1月1日，当这个失去亲人的共和国向新执政官普伯里乌·伦图卢斯寻求帮助的时候，他很快就提出了一项合乎常例的宗教动议，他是我生活的神圣再造者，把我的命运、我的余生、我的名字还给了我。他坚信，为了解决我的问题，其他一切事务都可以推迟。要是那位保民官④没有提出

---

① 指昆图斯·麦特鲁斯·涅波斯。
② 指伦图卢斯。
③ 可能是克劳狄。
④ 指克劳狄。

推迟一天再决定的动议，那么这件事情在那一天就会付诸实施。在我光荣地担任执政官期间，这位保民官曾经担任我的财务官。尽管整个元老院和许多杰出人士请他撤回动议，尽管他的岳父、杰出的格奈乌斯·奥庇乌斯为此流泪，匍匐在他脚下，但他仍旧坚持己见。他的这种坚持不是像许多人所想象的那样是一种补偿，而是如同已经证明了的那样，旨在增加他得到的贿赂。从这一天起，元老院的议题一直围绕着这件事，有人用各种办法阻碍事情的进展；但当元老院清晰地表达了她的感情以后，事情终于在1月份摆到你们面前。我和我的对手之间的分歧全都摆了出来。我知道那些人曾经在奥勒留法庭①边上公开聚会；我知道喀提林的余党还想聚集起来重新制造流血事件；我看到这个派别的领袖即使不是出卖我，也是抛弃了我，他们这样做要么是因为妒忌我，要么是因为感到害怕；两位执政官得到赴行省就任的许诺，把他们的权力交由共和国的敌人支配，因为他们缺乏资源，也因为他们的贪婪和他们的欲望只有在放弃我，把我交给敌人，让我在国家自己的堡垒中流血的情况下才能得到满足；那道专横的法令禁止元老院和罗马骑士为我哭泣，禁止他们脱下官服向你们上诉；所有涉及行省的条约、私人约定、中断了的友谊的重建，都由我的鲜血来象征；所有爱国者都表达了他们的打算，愿意为我而死或与我一同去死；尽管如此，想到我的胜利或失败都会成为共和国的灾难，我拒绝通过武装冲突来赢得我的安全。另外，当1月份讨论我的案子的时候，我的对手在屠杀他们的同胞，认为他们自己的责任就是用流血来阻止我的回归。

【6】其结果就是，鉴于我不在国内时这个国家所发生的状况，你们认为可以召唤我回国，认为这样做才对国家有好处。在一个元老院已经不起作用的国家里，罪恶横行却不受惩罚，正义的尺度丧失，集市广场上武装暴乱盛行。在这个时期，私人不是向法律寻求保护，而是躲在家中的院墙里，保民

---

① 指罗马市集广场的东南部，那里有一座石头建筑物，周围是层层阶梯，此处特别适合举行民众集会。

官在光天化日之下遭到伤害，刀剑与火把包围了行政官员的住宅，执政官的权杖被折断，不朽诸神的神庙被付之一炬。在这样的时候，我只能认为这个共和国已经不复存在了。所以我想，共和国不复存在的时候在这座城市里不会有我的立足之地，然而我并不怀疑，要是共和国能够复活，那么她会召唤我回国。或者说，如我已经断定了的那样，普伯里乌·伦图卢斯无疑将是明年的执政官，作为一名显要的市政官，他在这个国家最危险的时候，在我担任执政官期间，陪伴过我，分担我的全部危险。既然如此，我有什么理由怀疑他会运用执政官的疗法，治好我的各种疾病，使我健康地回到祖国？他那些正直仁慈的同事起先保持中立，后来就出手援助。在他的领导下，其他行政官员几乎就像一个人，挺身而出，为我的案子辩护。他们中间有提多·安尼乌斯和普伯里乌·塞斯提乌，仁慈正直，有很大的影响力，乐意助人，对我格外的仁慈和惊人的无私；普伯里乌·伦图卢斯提出了动议，他的同事附议，整个元老院一致通过，没有一个反对的声音。基于我以往的功绩，他们把我的案子向你们、向自治城镇、向殖民地做了介绍。所以，在我丧失亲属又没有什么个人势力的情况下，执政官、执法官、保民官、元老院、整个意大利、你们这些拥有崇高职位的人不断地为我说情；以伦图卢斯为首，他们来到你们面前，不仅敦促你们必须保全我，而且确认、考察、赞扬我的行为。

【7】格奈乌斯·庞培站在上诉人和乞援者的最前列，他的美德、睿智和名声在过去、现在和将来都不会有对手；他把过去献给国家的所有东西都给了我，从来就没有其他私人朋友给过我这样的东西——安全、保障、尊严。如我所说，他的讲话有三方面内容：第一，他向你们证明，由于我采取了措施，共和国得以保存，由此表明我的案子关系到全体人民的幸福，敦促你们维护元老院的权威、国家的法律和有功公民的幸福；第二，他在演讲中断言，元老院、罗马骑士、整个意大利都在为我向你们提出请求；第三，他结束演讲的方式不仅是提出要求，而且是恳求你们关心我的利益。同胞公民们，我亏欠他的地方甚多，远远超过一个凡人能够合法地对他人的亏欠。正

是在他的建议下，伦图卢斯的看法和元老院的权威使你们仁慈地允许我恢复从前拥有的地位，而参加投票的百人队长正是当初投票挺升我的职务的那些人。与此同时，在相同的地方，你们听到了那些杰出人物的相同的陈述，这些人知名度很高，影响很大，是公共生活的领袖，是执政官和执法官等级的人。所以，共和国得以保存完全应当归功于我，这是一个根本的事实，并有大量的证据。高尚的绅士和杰出的公民普伯里乌·塞维留斯说，由于我的努力，这个共和国才能不受伤害地交给她未来的行政官员进行不间断的管理，后来的发言人都赞同他的想法。还有，你们听说杰出的卢西乌斯·盖留斯 ① 不仅发表了重要意见，而且提供了证据。他几乎完全确定地证明，他在指挥舰队时受到干涉，使他本人遭受巨大危险。他在你们的一次公民集会上断言，要是我不是当时的执政官，共和国就会遭到灭亡。

【8】同胞公民们，你们瞧，凭着各方面的证人，凭着实施元老院的权威，凭着罕见的意大利的一致意见和热心人的团结协作，有普伯里乌·伦图卢斯作为我的呼吁人，有其他所有行政官员与他保持一致，有格奈斯·庞培为我说情，有所有人的支持，最后，有不朽的诸神提供的丰富供应和低价谷物，表明他们赞同我的回归，我终于回到了共和国。我要向你们许诺，这是我力所能及的，最充分的：首先，我要像把自己最虔诚地奉献给不朽的诸神一样对待罗马人民，尽我的义务，在我的判断中，你们的尊严是最神圣的，是我的一生都不可冒犯的，就像对待不朽的诸神一样；其次，由于国家已经归还了我的公民权，所以国家不会发现我有任何对国家不履行义务的地方。但若有人认为我的情感已经发生变化，或者我坚定的信念已经被削弱，或者我已经丧失了精神，那么他的错误看法是可悲的。暴力、不义、罪恶可以捕捉我，带走我，耗尽可与我自身分离的一切东西，但一名勇士绝不会被彻底剥夺，而将是永远不可侵犯的。我看到我的同乡、最勇敢的盖乌斯·马略——他就像我本人一样，被某些不可抗拒的命运所笼罩，不仅对那些想要

---

① 盖留斯在庞培抗击海盗的战争中担任使节。

毁灭这个社会的人开战，而且也对命运本身开战——我要说，我看到他虽然已经年迈，但他在与灾难搏斗时并没有丧失半点斗志，而是不断地点燃新的勇气。我听他本人说过，当他被逐出这个他曾经加以解救的国家的时候，当他听说自己的财产被敌人占有和抢劫的时候，当他看到自己的小儿子遭到和他同样的灾难的时候，当前来救援的敏图尔奈人把他从沼泽地里解救出来的时候，当他乘着一艘小船渡海去阿非利加、赤手空拳地投奔他先前把王国赐给他们的那些人的时候，他当时确实不快乐；但是，当他重新返回这个国家，获得他原有的地位时，他绝不会衰弱得放弃心灵的坚定，因为他在丧失其他一切的时候从来没有丧失这种精神。然而，他和我之间有着鲜明的对照：他依靠武力对他的敌人进行报复，而我诉诸语言这种我更加熟悉的武器来达到这个目的；他的办法可以在战争和内乱时期起作用，而我的办法可以在和平与安定时期运用。他对敌人进行报复时极为愤怒，除了复仇不计其他后果，而我哪怕是在与朋友说话时也要考虑是否有损公共利益。

【9】最后，公民们，对我进行攻击的人大体上可以分为四类：第一类人，他们是我的死敌，对共和国有深仇大恨，我为了保护这个共和国所做的工作与他们的愿望相悖；第二类人，他们和我有着虚假的友谊，但却会可耻地出卖我；第三类人，他们妒忌我的功劳和名声，但自己缺乏建功立业，赢得声望的能力；第四类由这样一些人组成，虽然他们的地位是共和国的保卫者，但我的昌盛、国家的安全，帝国的尊严在他们手中却是可以交换的东西。情况就是这样，他们犯下的众多罪行都将遭到报应。我将依据国家的法律惩罚那些不爱国的公民，我将认清我的假朋友的真面目，我将更多地献身于荣耀和美德，以此对付那些妒忌者；我要把那些在各个行省里从事非法买卖的人召回来，追究他们应负的责任。同胞公民们，我已经花了大量时间来表示我对你们的感谢，我对你们有着深深的亏欠；我说要对敌人的恶行实施惩罚的时间很少，而他们给我带来了巨大的痛苦。对错误者进行报复确实比对仁慈者进行报答要容易得多，其中的原因就在于把卓越者变为邪恶者所耗费的劳动要超过把好人变成恶人；进一步说，人们并不那么严格地注重对伤害做出

补偿，就像对他人提供的服务做出回报一样。仇恨可以通过个人的调节得以减轻，或者可以因为考虑到公共危机或公共幸福而放弃复仇；复仇行为受到阻挠也会使仇恨减轻，岁月的流逝会使仇恨淡化；但是我们的义务禁止我们忽视恩人，任何政治上的考虑都不能迫使我们拖延对恩人谢恩；时间紧迫不能用来掩饰忽略，时间或时机未到也一定不能用来作为拖延的借口。最后，支持复仇的人只能审慎地行使他的多种权力，但是在回报他人恩惠时犹豫不决，就好比你们对我进行包括谴责在内的相关的指责，不仅是不感恩（它本身是一种严重的指控），而且也是不虔诚。再说，履行一种道德义务与欠债还钱的依据完全不同。不还债的人可以把金钱保留下来，还债的人则失去金钱；但是对他人的恩惠做出回报以后，受惠者仍旧保持着恩惠，而对他人的恩惠不回报的人仍旧保留着回报的义务。

【10】既然如此，我要凭着永久的善意珍视你们的仁慈；只要还有一口气，我就要记住你们的仁慈，哪怕我的生命结束了，有关你们仁慈的记载仍将长存。为了回报你们的恩惠，我向你们真诚地保证，在实施我的公共政策时，我绝不会缺乏热忱；在保护国家不遭受危险和威胁时，我绝不会缺乏勇气；在诚实地表达我的信念时，我绝不会缺乏忠诚；在为了公共利益和私人理想而遭受挫折时，我绝不会缺乏自由；在忍受千辛万苦时，我绝不会缺乏力量；在努力增添你们的幸福时，我绝不会缺乏感恩的善意。同胞公民们，这个理想将永远铭刻在我心上，你们把力量和不朽诸神的批准赋予我，不仅你们可以对我做出判断，而且你们的后代和所有民族都可以对我做出判断，就如整个国家已经通过投票充分表达了一致的信念：要是不能把我召回，整个国家就不可能重新赢得它自身值得骄傲的地位。

对祭司团的演讲

提 要

本文的拉丁文标题是"De Domo Sua ad Pontifices Oratio",英文译为"The Speech Concerning His House Delivered before the College of Pontiffs",意思是"西塞罗对祭司团的演讲,涉及他的住宅问题"。中文篇名定为"对祭司团的演讲"。

这篇演讲内容相当散乱,文中主要论证如下:(1—12章)西塞罗对克劳狄的攻击做出回答,涉及任命庞培控制粮食供应;(13—16章)不经法律程序不得剥夺公民权,克劳狄的保民官职位无效,因为他的领养不合法;(17—27章)克劳狄驱逐西塞罗的法令及其对西塞罗的指控是不合法的;(28—33章)克劳狄无权把西塞罗说成流放者,因为他不能剥夺西塞罗的公民权,克劳狄的法令由一群受雇的奴隶和罪犯执行;(34—36章)西塞罗并没有吹嘘自己对国家的贡献,因此也不能为此而受谴责;(37—58章)克劳狄把西塞罗的住宅献给诸神是不公正的和不虔诚的,西塞罗向诸神和大祭司们请求归还住宅。

这篇演讲发表于公元前57年。全文共分为58章,译成中文约4.6万字。

正　文

【1】祭司团的先生们：我们的祖先创建了这个国家，他们在神灵的启示下采用了许多办法，其中最惊人的就是他们表明了自己遵从诸神的意愿，并且把国家的根本利益托付给最优秀、最杰出的公民，通过国家理智的管理使宗教繁荣，通过圣人对宗教的解释使国家昌盛。如果说以往任何时候重大案件都要交给罗马人民的祭司去审判和仲裁，那么现在摆在你们面前的这个案子肯定能够表明你们的智慧和公正；整个国家的尊严、全体公民的幸福、他们的生命、自由、祭坛、家庭、家神、财产、幸运、住宅，都已经毫无保留地托付给你们了。今天，你们被召集起来，你们要决定是否应当从今天起剥夺那些邪恶下流的公民，阻止他们对那些疯狂的、无法无天的行政官员的保护，或者说这些人是否真的有不朽诸神的支持。如果说瘟疫和吞食共和国的烈焰能够成功地借助神圣的宗教，保护这个邪恶的、导致国家毁灭的保民官，而按照人间正义的原则没有任何理由保护他，那么我们不得不到处寻找新的崇拜，沟通我们自己和上苍力量的新的中介，神意的新的解释者。另外，如果你们的权威和智慧可以压制那些无赖的疯狂——这种疯狂现在正在摧毁合法的政府，这个政府正在被抛弃，或者正在被出卖——那么我们就有很好的理由赞成我们的祖先从最优秀的人中间选择祭司时表现出来的审慎。由于这个疯子以为，只要对我最近在元老院所倡导的所有政治措施进行污蔑，就能影响你们，所以我今天的演讲与常规不一样：我要在演讲中对这些污蔑做出答复，而不是对已经被我激怒了的对手发表讲话；他本人不具备演讲能力，只会讲一些污秽的话语，他令人无法忍受的厚颜无耻和长期这样做而不受惩罚使他的脏话越讲越多。

【2】克劳狄，首先，我要问你，你精神错乱了吗？涅墨西斯①在惩罚你

---
① 涅墨西斯（Nemesis），公正的赏罚女神。

的滔天罪行，她的强大力量使你产生幻觉，诱使你相信那些用他们内心的审慎和外在的尊严支撑着这个国家的正直人士会仇恨我，因为我在一次讲话中，把国家的幸福与把荣誉赐给格奈乌斯·庞培等同起来，而他们却倾向于认为，现在的宗教情况与我不在国内时的宗教情况不一样了。他说："当时你在大祭司们的眼中拥有决定性的地位，而现在你已经过气了，必须明白自己已经丧失了威信。"情况果真如此吗？你会去占领那些无知暴民的房屋吗？我的意思是他们反复无常。你会把他们当做严肃的人来看待吗？真正严肃的人由于严格的宗教诫命和学习历史而不会轻易改变自己的看法。所以，我的对手对我说："你就是那个元老院无法离开，爱国者为之悲哀，共和国为之呻吟，其回归被视为恢复元老院权威的人吗？然而那些最初致力于让你回归的人后来却把你出卖了。"对我已经表达过的观点我以后再来处理，我要先对你的厚颜无耻的论断做出回答。

【3】噢，多灾多难的国家啊，阻止爱国者和叛国者之间发生武装冲突的是这位已经退隐回家的公民吗？你们竭尽想要凭借刀剑的力量、军队的声威、执政官①的犯罪、亡命之徒的恐吓、奴隶的征集、神庙的封锁、广场的占领、元老院的镇压来达到这一目的，你曾经发誓说自己期待通过元老院、通过所有精神健全的人、通过整个意大利来保护这个国家。你提出反对意见说："你在叛乱的那一天前来参加在卡皮托利山举行的元老院会议是错误的。"不，我的回答是：除了参加元老院会议，我在那个动荡的时期把自己关在家里。人们都知道那个事件是奴隶引起的，是你们长期以来把他们武装起来，用来杀害爱国者，他们和你们一道武装起来上了卡皮托利山，同行的还有追随你的那些臭名昭著的无赖和罪犯。我并不在意告诉你，在得到这个消息的时候我仍旧待在家里，而不是出去给你和你的斗剑士一个重开杀戒的机会。但是当我得知罗马人民在眼泪的诱惑下，由于供给不足而在卡皮托利山上集会时，当你的追随者的刀剑被打落在地，落荒而逃的时候，我来

---

① 指庇索和伽比纽斯。

了，没有带任何武装保卫，只有少量朋友的陪伴。当执政官普伯里乌·伦图卢斯召我前来的时候，你希望我拒绝前来吗？他对我本人和这个国家提供了重要的服务；召我前来的还有昆图斯·麦特鲁斯，尽管他是我的对手和你的堂兄，但他搁置了我们之间的分歧和你对我的安全和尊严提出的主张。数量众多的公民召唤我，我可以向他们最近对我提供的帮助表示感谢，而当时也可以肯定你已经脱离了你的变节的团伙，在这样的时候，你希望我拒绝前来吗？你在这里会厚颜无耻地把我称做"卡皮托利山的敌人"吗？我是卡皮托利圣山和所有神庙的保护者和卫士，我是在两位执政官在那里举行元老院会议时来到卡皮托利山的。在这样的重大关头，有行为不端者参加元老院会议吗？或者说，发生争论的事情的性质使我义不容辞，我必须参加这件事情的争论和批评争论者吗？

【4】我首先要断定，参加元老院会议始终是一名议员有责任心的表现，我不认为那些没有当选元老院议员的人可以在不恰当的时间参加元老院会议，我明白他们的荒唐考虑和固执会使他们成为某些人利用的工具，而这些人想要达到的目的正是他们想要阻止的。也许有人强烈地主张，元老院议员们可以缺席会议，因为他们的出席会带来安全问题。我对这种看法不提出批评，也不深究他们到底恐惧什么。我认为，当一个人感到害怕的时候，没有人能够支配他。你要问我为什么无所畏惧吗？这是因为我知道你已经离开了那里。有几位优秀公民认为自己无法安全地出席元老院的会议；但我当时为什么不这样想呢？为什么我当时能下定决心，要作为一名公民继续存在，哪怕有危险，而他们却保持原来的想法？为什么别人想不出使我害怕的事情，而我却要被迫为别人的恐惧担心？

还有，如果我发表的看法不包括谴责两名执政官①的内容，我就要为此而遭到指责吗？这些人救过我，使我免受只有那些定了罪的罪犯才应受到的惩罚，而他们又是这个国家的恩人，我应当把这些人选为批判的对象吗？为

---

① 指普伯里乌·伦图卢斯和昆图斯·麦特鲁斯·涅波斯。

了保护我，他们表现出神奇的热情，不仅他们自己感到义不容辞，而且所有爱国者都因此而容忍了他们的缺点。所以，当所有人都认为应当把我恢复以往值得骄傲的地位的功劳归于他们的时候，我却要对他们有益的政策进行驳斥吗？我到底表达过哪些看法？首先，我在公开讨论中表达过的观点一直深藏在我心中；其次，这个观点在以往几天、在元老院里反复掂量；最后，当元老院表达与我相同的看法时，这个观点在元老院的全体会议上已经被采纳。所以，我提到的事情既不是毫无预见的，也不是完全新鲜的。如果最后宣布的结果有误，那么与其说这是表述者的错误，不如说是所有批评者的错误。会有人就此提出反对意见，说元老院的自由判断受到威胁。如果你们代表那些由于害怕而中途退出会场的人的意见，那么我至少可以保证，那些仍旧在场的人没有受到这种恐惧的影响。如果说没有那些退席的人在场，投票就不可能自由，那么我要指出，只有全体议员在场方有可能通过一致的决定，但它确实是整个元老院坚定的要求。

【5】由于我是这项动议的始作俑者，所以我要问，你从实际宣布中能找到什么批判的理由？这难道不是一个可以说明我们实施新政策的理由的机会吗？我在这种场合难道不应起一名倡导者的作用吗？或者说我们应当另外找一个安全的地方？还有什么场合能比发生饥荒和内乱的时候更加有利？你和你的追随者认为现在时机到了，你可以点燃无知暴民的怒火，可以利用粮食价格煽动他们暴乱和抢劫。发生饥荒的原因部分在于那些生产粮食的行省没有粮食，部分原因是粮食被运往其他国家，那些贩运粮食的商人以很高的价格收购粮食；部分原因在于粮食被储存起来，以供饥荒真正到来时的应急之需，亦即所谓的应急措施。这种情况不是模糊的谣言，而是当前显而易见的危险；它不仅仅只是一种推测性的预言，而是我们的视力和经验可以真正感受到的。粮价不断上涨，人们开始担心粮食匮乏和饥荒，暴民们涌向协和神庙，而执政官麦特鲁斯当时正在里头召开元老院会议。如果这是对饥荒恐惧的结果，那么至少执政官们可以采取措施，元老院也能想办法。如果这仅仅是由粮价引发的，如果你是骚乱的鼓动者，那么我们难道不应该把自己的目

标定为消除你有可能升温的任何行动？还有，要是事情有这两方面的原因，如果人们确实已经受到饥饿的逼迫，而你又在使这个溃疡急剧糜烂，那么我们需要采取更加积极的治疗措施，治愈这场身体内部的偶然的疾病。所以，这就是当前的情况——粮食价格飞涨，饥荒迫在眉睫。然而，这些人虽然还算不上罪大恶极，但是人们开始对他们扔石头。如果这只是民众在表达义愤，那么情况相当糟糕；如果它是由克劳狄唆使的，那么这是一项大罪。以往的经验告诉我们，这一事件带有十分可悲的性质。在这样的场合暴发骚乱是因为激起了民众的敌意，而与此同时那些叛国的团伙正在拿着武器等待时机，如果这两方面的影响都在起作用，那么你不认为这个国家应当发出声音，请求执政官的帮助和元老院的保护吗？事实上，上述两方面的原因都有关系。粮食价格的飞涨与供给的稀缺，使人民不仅认为将出现长时间的粮食紧缺，而且还认为将出现绝对的饥荒。没有人否认这种想法，从而使人有借口去杀人、放火、抢劫，成为和平与安宁的敌人。先生们，除非你们亲眼所见，我甚至不想让你们有任何疑心。被你的堂兄昆图斯·麦特鲁斯在元老院会议上公开点名，向他扔石头、动匕首的是些什么人？卢西乌斯·塞吉乌斯和马库斯·洛利乌斯。谁是洛利乌斯？他是这样一种人，哪怕现在坐在你们中间，他也还会带上武器。在你担任保民官的时候（我就不说我当时的地位了），他要求格奈乌斯·庞培投降，并且处死庞培。谁是塞吉乌斯？他是喀提林的侍从，是你本人的保镖，是一个专门搞武斗的人，是一个在集市上开小店的人。他也是一名被定罪的罪犯，一名杀人凶手，一名扔石头的人，一名在市集广场上抢劫的罪犯，一名在元老院制造混乱的人。和你的那些副将在一起，你们在一个粮价很高的时候，以粮食匮乏和不知道消息为借口，对执政官、元老院、富人的财产和幸福突然发难。由于安宁不能给你提供安全的气息，所以你要你那些穷凶极恶的下属，在你那些无赖团伙的支持下发挥作用。所以，采取措施防止你点燃毁灭的火炬，引发内乱的火焰，难道不是元老院的义务？

【6】现在适合判断一下新政策是否合理，你们可以考虑我是否起着新政

策的倡导者的作用。与掷石头的事情相关，我们提到名字的不就是你宠信的塞吉乌斯、洛利乌斯，或者其他一些该受鞭笞的人吗？他们说谁应当对粮价飞涨负责任？不就是我本人吗？还有，你那些夜里活动的团伙（由你本人率领）不就是想从我这里弄到粮食吗？的确，我就好像负有供给的责任，或者我在囤积小麦，或者我在这些方面有控制和管辖的权力。然而，由于他的整个心思就在于屠杀，他把我的名字告诉他的同党，在公开场合暗示给那些无知的暴民。元老院在最优秀、最伟大的朱庇特神庙里开会，众多的元老院议员们通过了恢复我原有地位的法令，只有他一个人的声音在表示反对，但就在那一天，昂贵的粮价突然下跌。有人断言（我同意他们的看法），不朽的诸神借此清晰地表明他们批准我的回归，也有许多人提出下列一些推论。他们论证说：由于和平与安宁的所有希望都在于我的回归，而我的回归又意味着日常局势的变化，所以粮价的变化表明人们对战争的恐惧基本消失；由于我的回归会使粮价再次发生变化，所以那些忠诚的公民一直认为，粮价会下跌，他们希望能够控制粮价。

【7】事情的要点在于：不仅按你的建议行事的你的同党提到了我的名字，而且聚集到卡皮托利山来的罗马人民，在打败和驱散了你的势力以后，要求那一天健康状况不佳的我出席元老院会议。人们期盼着我的到来。在几位议员发言以后，他们要求我发言。我建议的政策对国家极为有利，对我本人也是必需的。人们要求我充分保证粮食供应，降低粮食价格，但他们根本没有考虑我是否有权处理这件事情。大量的爱国者包围着我，那些对国家不忠的公民也对我发出冷嘲热讽，使我难以承受。我把这方面的事务托付给一个朋友，他比我富裕，但我这样做并非为了推卸责任——不如说我这样做负有更大的责任——而是因为我看到，格奈乌斯·庞培凭着他的忠诚、智慧、勇敢、影响，最后但并不是最不重要的一点，凭着他人人皆知的幸运，可以实现我们全体人民寄托在他身上的希望。所以，无论我的回归是不是不朽的诸神赐给罗马人民的幸福，我们都可以看到，在我退隐的时候，供给的匮乏、饥荒、灾难、屠杀、大火、抢劫、犯罪不受惩罚、流放、恐怖、党争到处盛

行，而在我回归的时候，丰收、充裕、和平的希望、心灵的安宁、公正、依法治理、民众团结、元老院的权威似乎都和我一起恢复了。或者说，无论我个人的回归是否在尽义务，我都会把我的全部睿智、影响、能力奉献给国家，以此报答罗马人民对我的仁慈。无论是哪种情况，我现在都不会向你们保证、许诺或发誓——我不会做出更大的论断，而只是做出对当前来说已经足够的论断——而只是仅就粮食价格问题告诉你们，这个国家绝不会出现人们预料的那种危机。

【8】那么在我最初负有责任的这件事情中能否找到我奉行的政策的错误？这项任务极为重要，也十分危险，不仅因为实际的饥荒，而且因为有人在杀人、纵火、抢劫。没有人否认粮价高涨的多种因素加剧了普遍的灾荒，而这些人从来就没有忘了在国家遇到灾难时点燃邪恶的火炬。你否认法令对个人有什么独特作用。我不像对待其他抗辩者一样回答你的这一抗辩，我也不想指出托付给格奈乌斯·庞培在陆地和海洋上实施的使命在数量上、难度上、重要性上超过其他所有人；如果有人对指派他执行这些使命感到后悔，那么他就是在对罗马人民的成功表示懊悔。我不想对你使用这一论证，虽然在这场演讲中我可以很好地采用这一辩护方针。有人在这里反对把特殊使命赋予个人，但他们允许把特殊地位赋予一些人，格奈乌斯·庞培就是其中之一。国家是他们行动的准则。由于他们把这项使命赋予庞培，因此也就把执行这项使命所需要的尊严和支持赋予他。由于格奈乌斯·庞培取得了胜利，所以我不必对这种观点表示赞同，这位伟大的人物受到召唤，保卫他的祖国，给罗马人民的帝国的名字和尊荣增光添彩。我赞同他们的执着，我自己也一样，这种执着使我们伟大的将军得以执行赋予他的特殊使命，对米特拉达铁斯和提格拉尼斯作战。讨论这些事情只需要依据一般的理由，但你胆敢断言不应赋予任何人特别权力有多么冒失？凭着一部不公正的法律，不进行任何调查，你把罗马人民卷入你的罪恶行动，放逐了塞浦路斯国王托勒密。他是亚历山大里亚国王的兄弟，拥有他的王国，有着与其兄弟相同的好头衔。你伤害了帝国的一位同盟者，剥夺了他的国土、财产和幸福，而他的父辈和祖

先一直是我们的同盟者，是帝国的朋友。除此之外，你还授权马库斯·加图运走托勒密的金钱，要是遇到抵抗就对他发动战争。你会说："啊，他有多么伟大！一颗正义、睿智、刚毅、爱国的灵魂！他的美德、准则、整个生命哲学赋予他无法超越的、几乎独一无二的头衔和名声！"我对此表示承认，但与此相关的问题在于，你断言对任何人下达特别的公共命令都是错误的？

【9】但是，在这一行动中，我要否定的只是你自己行为的不一致。① 你在建议中通过提名赋予你心目中的人独特的优点和使命，这样做不是为了把他提升到与其功绩相应的地位，而是为了对你的恶行有所帮助，你把他暴露在你的党徒塞吉乌斯、洛利乌斯、提提乌斯，以及其他那些杀人放火的魔王的攻击之下，说他是杀害公民的刽子手，挑唆公民闹事，十分残暴。你如此缺乏自制能力，甚至不能隐瞒你的犯罪方法。在一次民众集会上，你复述了一封信，说这封信是凯撒寄给你的。信的开头说"我亲爱的浦尔契"，你甚至以此作为他对你怀有深厚感情的证明，而实际上他只是用你的别名称呼你，没有加上"前执政官"或"保民官"的字样。所以后来你对你的保民官马库斯·加图摆脱重负假装表示祝贺，以此剥夺了他谈论那些特别任务内容的讲话机会。凯撒从来没有给你寄过这封信，或者说，要是他寄过，他也不希望你在民众集会上念这封信。无论他是否寄过这封信，或者说这全是你自己的虚构，你在集会上念这封信仍旧显示了你赞美加图的动机。但我不想进一步谈论加图了，因为他的优秀品质、伟大功绩，以及他在执行使命时所表现出来的忠诚和自制，似乎都表明你的措施和政策是不恰当的。那么我们接下去要说些什么呢？是谁把丰饶多产的叙利亚交给一名世上最邪恶、最堕落的坏人，让他拥有无限的权力，对那里的和平部落发动战争，抢劫那里的金钱，尽管对那里的土地他采用了他朋友凯撒的购买办法？对这样的人，你首先让他掌管西里西亚，然后你又改变主意，把西里西亚交给一名执法官，而按照提高了的价格，提名伽比纽斯掌管叙利亚。还有，你把许多根据元老院

---

① 即对加图下达特殊的命令，而又一般地否定可以下达类似的命令。

和卢西乌斯·庇索的女婿①的法令已经获得自由的民众捆绑起来交给卢西乌斯·庇索这个最野蛮、最残忍、最虚伪、身上沾满一切污点的人，不是吗？尽管他已经向你为他做的事支付了高额报酬，并以我的鲜血为代价，你难道就没有和他一道分享公共库房里的财物吗？这种情况是真的吗？元老院按照法律每年选派行省总督，盖乌斯·革拉古这个民主派的典型都没能从元老院里得到这种职位，而你却废除了元老院按照塞普洛尼乌法做出的规定。在没有进行投票的情况下，不是把这些行省指派给执政官，而是指派给一些害人虫，不是吗？你批评我们通过提名控制重要的国家事务，但这似乎无法解释为什么在过去有一位伟大人物不断地被挑选出来处理国家的重大危机，不是吗？

【10】这样做的结果是什么呢？你能在笼罩整个国家的阴霾和狂风暴雨中让被掀去了头盔的元老院派遣民主派，以及你自己，像海盗头子一样，带上你那些可恶的匪徒，航行去海外吗？这样的话你就能执行你自己的建议、决定、诺言。整个世界又有哪个地方不受掌握着全部权力的克劳狄的骚扰？

但是格奈乌斯·庞培的怨恨——哪怕他能听到，我也要把自己的感觉坦率地说出来，无论他对我的看法会怎么想——埋藏在心中已经很久了，它现在处在休眠状态，一旦苏醒过来就会威胁到这个正在希望重新获得自由和古代骄傲的国家。把监管粮食供应的特殊权力赋予这位伟大人物是错的吗？②你通过一项法律，把公共的和私人的粮食供应、需要供应粮食的行省、各种粮食交易、粮仓的钥匙全都交给塞克斯都·克劳狄。这个人是个赤贫的罪犯，又是一名荒淫酒色之徒，他可以在通奸方面做你的榜样，似乎和你也有一些亲戚关系，因为他凭着他的三寸不烂之舌让你的妹妹离开你。这项法令的第一批果实是高昂的粮价，它带来的后果则是饥荒。饥饿、纵火、杀人、抢劫威胁着我们；你鲁莽的政策是对我们所有人的幸福与财产的一种威胁。

---

① 指凯撒，庇索的女儿卡普尼娅嫁给凯撒。

② 西塞罗回来以后的第一项政治行为就是支持一项授权庞培组织五年的粮食供应的动议。

连那些不知廉耻的无赖都在抱怨说，管理粮食供应的是塞克斯都·克劳狄肮脏的胃。在共和国最危险的时刻，她恳求一位她记得经常保护和荣耀她的人的帮助。克劳狄反对采取任何特殊办法。你在说什么？你这个杀害父母和兄弟姐妹的凶手！① 你说自己曾经采用的特殊办法这不就是办法吗？如果你有权通过法律，我不说法律，只说一个条款，让一位最近被诸神和凡人称做国家拯救者的公民倒台，就像你自己承认的那样，那么他不仅没有被定罪，甚至还没有被传讯，难道我们要在元老院和所有真正爱国者的悲伤之中使所有为意大利进行祈祷的人受到轻视、使共和国受到摧残和伤害吗？在为罗马人民乞援的时候，在这个国家面临紧急危机的时候，为了拯救罗马人民，我就没有权力要求元老院宣布接受我的政策吗？要是在这样的接受中我增进了格奈乌斯·庞培的尊严和共和国的利益，要是我把选票投给一位能够给我自己带来幸福的伟大人物，那么我确实应当受到赞扬。

【11】让我的敌人彻底失望吧，自从我回归祖国以后，我可以承受同样的打击，他们过去试图使我粉身碎骨，但我仍旧完好无损。在这个国家里，有哪些执政官等级的人相互之间有如此密切的联系，可以超过我和格奈乌斯·庞培？有谁曾在罗马人民面前，或者更加频繁地在元老院里赞扬他的功绩？当他的尊严受到攻击时，有谁花费过那么多的辛苦，面对敌意，为他争辩？对他来说也一样，有哪一个宣扬我的优秀品质、我的荣誉、回报我的友情的机会他放弃过？有一些我能叫出名字来的人用毫无根据的影射和虚假的指控来伤害我们之间的友情，破坏我们为了治理国家而形成的团结，伤害我们终生奉行义务的合作关系。他们有时候会警告他要小心提防我，有时候会在我的耳边说他对我充满敌意。结果使我不能表达对他的充分信任，而他也由于这些小人的无耻挑拨而对我充满疑虑，不能和我团结一致。先生们，我已经为我的上当受骗付出了沉重代价；我的愚蠢不仅给我带来悲伤，而且还给我带来耻辱；尽管我和那位勇敢杰出的人士的联系是必要的，不是由于我

---

① 这是一种修辞学的夸张。

在任何事务中遇上了不可预测的危机，而是由于我很久以前从事和预先计划好的活动；然而，我让自己严格遵守高尚的友谊，我不认为由于他们被宣布为敌人而应当抗拒他们，或者认为应该拒绝相信他们，因为相信他们的友谊实际上是一种诡计。同理，他们最后也应当放弃用一些老话来评价我值得自豪的地方。他们会说："我们的朋友怎么想？他难道看不出他的影响力，他的伟大成就，他回归的光彩？他为什么要赞美一个让他摔跟头的人？"我不认为我当时栽了跟头，虽然我想到我当时被出卖了；我也不认为现在需要揭露在那场大火灾期间有人试图用各种方法阻挠我。如果这就是这个国家需要冒的险，那么我，也只有我，应当代表所有人饮下羞辱和毁灭的苦酒；这也是我本人应当冒的险，我应当对那些用阴谋诡计调制苦酒的人的身份保持沉默。但是，如果隐瞒这样一个事实，那就是忘恩负义，所以我要快乐地赞美格奈乌斯·庞培，是他运用他的热情和影响，还有你们中间的每个人，运用各自的资源、勤奋、祈祷，最后也是最主要的，你们自己甘冒各种危险，争取让我返回祖国。

【12】普伯里乌·伦图卢斯，你日日夜夜想着我的安全，然而你的每一个计划都有他做出的贡献；他的鼓励使你能周密地策划，他的同情使你能实施计划，他坚定的支持使你能实现目的。是他向自治市和殖民地发出倡议，是他恳请整个意大利为我提供帮助；是他在元老院里成为相关动议的主要推动者，也是他在结束演讲时呼吁罗马人民支持我回归。有鉴于此，在阐述了我的粮食政策以后，我们会允许你①放弃你采用的论证，敦促祭司团改变他们的态度。祭司团对待格奈乌斯·庞培的感情和对我的感情确实不同，他们不知道我为什么必须用这样的方式唤醒罗马人民的远见，这是格奈乌斯·庞培赋予我的义务，或者说这是形势的需要。祭司团的成员对我的看法也许会表示怀疑（但我坚信他们中间没有一个人会受到冒犯），从而得出不同的结论，因为祭司考虑宗教，公民考虑政治，他们各自按照祭祀法和国家利益得

_____

① 西塞罗此处转为对克劳狄讲话。

出不同的结论是很自然的。

先生们，我明白我现在谈论的事情与当前的争论关系不大，或者说谈论这些事情是我自己的偏好，而不是人们的一般感觉；但我确实想在你们眼中消除耻辱，与此同时获得你们足够的关注，以便展开我的演讲。当然，我会尽可能简洁地讲述这件实际上已经交给你们讨论的事情。由于这件事被区分为宗教问题和政治问题，所以我将省略涉及宗教的部分，讨论这一部分比讨论另一部分需要更多的篇幅，我在这里只考虑政治问题。如果在宗教问题上，在祭仪或献祭问题上，在我们与神圣力量的关系问题上，我努力给祭司团发指示，那么还有什么行为能比这样做显得更加唐突？如果我向你们讲解可以在你们自己的书中找到的内容，那么还有什么行为能比这样做显得更愚蠢？如果我希望知道我们祖先希望你们成为唯一的专家和仲裁者的事情，那么还有什么行为比这样做显得更多管闲事？

【13】我断定这是不可能的，按照国家的公平原则和法律，任何公民未经审判都不应当遭受这样的灾难。这种权利甚至早在王政时代就已经在这个国家存在，我们的祖先把它传给我们。最后我要说，它是一个自由国家的独特标志——我的意思是，没有元老院的裁决，没有人民的裁决，没有组织起来处理审判各类犯罪的法庭，就不应当剥夺公民的权利和财产。你们注意到了吗，我并不想从头到尾废除你们的法律程序？面对一个明显的实体，我并不想证明你们从来没有按照权力行事，证明你们绝不是保民官，或者证明你们今天只是一名党徒？我现在面对的是祭司团，又有占卜官出席，我在这里呼吸的是平等的空气。

先生们，与领养相关的法律是什么？显然是允许那些不能生育子女的人领养孩子，这些人已经证明在壮年的时候没有生育能力。那么，什么样的诉讼、家庭考虑、信誉、宗教审判能够处理这样的个案呢——这是祭司团一般会提出的问题。在你的案子中，你要从哪方面寻找根据呢？一个 20 岁，或者还不到 20 岁的人领养一名元老院议员。这是因为他想要一个孩子吗？他完全可以自己生一个。他有妻子，他的妻子仍旧在抚养孩子，而这位父亲的领养会使他自己的儿子丧失继承权。还有，克劳狄家族的宗教传统会熄灭吗，要是你能使它熄灭的话？当你接受领养的时候，祭司团的所有成员都会关注这个问题，除非他们希望从你这里得到的消息是，你是否希望使这个国家陷入动乱，使你接受领养的理由不是你会成为你的养父的养子，而是你会通过成为保民官颠覆这个国家。你无疑会回答说这就是你的愿望。祭司团会认为你的理由是正当的，并且批准你这样做。但从来没有人追问收养一方的年龄，好比在格奈乌斯·奥菲狄乌和马库斯·帕庇乌斯的案子中一样，按照我的记忆，他们在年迈的时候分别收养了俄瑞斯忒斯和庇索。尾随领养而来的，就像在无数的其他领养中一样，就是被领养的一方继承领养者的名字、财产，以及他的领养者的家庭祭祀。你不是封泰乌斯家族的人，你没有因为被领养而成为你父亲的权力的继承人，你也没有进入收养你的那个家族的祭祀，而你参加原先家族祭祀的权力已经被你放弃了。所以，你破坏了神圣的祭祀，污染了这个家族，然后离开了它。你公然蔑视法律规定的监护权与继承权，成为一个按照年龄你可以当他父亲的人的儿子。

【14】你应当像我一样当着祭司团的面说话，我断定你的被领养不会是按照祭司团的规则进行的。首先，你的年龄与你的领养者的年龄相比实在是太不相宜了，他在你面前就像是你的儿子；其次，领养习惯上要有充足的理由，领养者必须是那些已经不再具有生育能力的人，领养的方法一定不能使家族的尊严或宗教的神圣性受到伤害。而对我们来说，最关心的是不要有欺骗、造假和阴谋诡计，要让领养者尽可能担负起父亲的责任来。一名嘴上没毛，但已经成亲、身体健康的小伙子跑到你面前来对你说，希望领养你这个罗马人民的元老院议员做儿子，世上还有比这更荒唐的事吗？事情很清楚，这种领养的动机不是因为领养者想要一个儿子，而是因为通过领养，被领养者就可以离开他所属的贵族团体，获得保民官的职位。在隐瞒这个动机方面，他没有遇到太大的麻烦，因为他在被领养之后不久就解除了这种关系，他不再是领养者的儿子。那么，领养者的动机是什么呢？一旦批准这种形式的领养，你很快就会发现，你们有责任加以保护的所有家族宗教都会灭

亡，不会留下一个贵族。一个人为什么要想方设法谋取保民官的职务？因为一个人要想成功当选执政官，有一些条件限制，① 贵族不能担任执政官，只能被任命为祭司，当他有可能以他的能力消除自己的贵族身份时，他会不这样做吗？同样的收养将来也会发生，只要当一个平民对人更加有利。由此带来的后果就是，罗马人民在一个短时期内将没有主祭②，没有弗拉门斯③，没有莎利④，剩下的一半祭司都会失去，百人队代表大会和人民集会将没有任何权威的召集人；要是贵族不能当选行政官员，那么罗马人民的占卜也就落空了，因为这样一来就会没有人主持选举执政官⑤，因为执政官的选举必须由贵族来主持，由贵族来任命。当着祭司们的面我已经说了，你的领养没有得到祭司团的任何法令的批准，公然违反祭司团的所有规定，必然被视为无效。你必须明白，你被领养是无效的，你没有任何理由担任保民官。

【15】从现在开始我要谈论占卜官，谈论他们的书，我们至少可以说这些书是秘密的，我需要抑制自己的好奇心。我并不想探讨占卜的规则。然而我和大众一样，拥有某些占卜的知识，因为经常有人在民众集会上讲述占卜的结果，我熟悉的就是这些事情。这些人断言，当占卜还在进行时就召开人民集会是亵渎上苍的。你敢否认那一天，当有关你的案子的法律在人民集会上通过时，占卜正在进行之中吗？公平正直、意志坚定、目标严谨的马库斯·彼布卢斯⑥今天和我们在一起；我确认作为一名执政官他那天正在占卜。克劳狄问："那么，你认为勇敢的凯撒主持的会议无效吗？"决非如此，因为除了他们采取措施反对我这个人，他们俩对我都不再有什么影响。倒是对占

---

　　① 根据公元前 367 年的一项李锡尼法律草案（Licinian Rogations），执政官必须是一个平民。

　　② 主祭（the king of Rites），一项宗教职位，继承了国王所要起的神圣功能。

　　③ 弗拉门斯（Flamens），侍奉某些特殊神灵的专门祭司。

　　④ 莎利（Salii），十二人的祭司团，由罗马第二位国王努玛创建，奉祀罗马人始祖农神与战神玛斯，每年 3 月 1 日，全团祭司在罗马街头举行游行，事后举行盛宴。

　　⑤ 此处原文为"interrex"，意为主持执政官选举的贵族。

　　⑥ 公元前 59 年的执政官，该年另一名执政官是凯撒。

卜负有责任的你是我需要以这种方式稍微触及的。你的保民官地位已经发生动摇，已经被阉割，但你突然站出来保护占卜。你把马库斯·彼布卢斯和占卜官带上人民集会。在回答你的提问时，占卜官说当占卜还在进行时就召开人民大会是亵渎上苍的。马库斯·彼布卢斯在回答你的问题时断定自己在另一次人民集会上讲过自己谨遵天命，那一次他被你的兄弟阿庇乌斯带上人民集会，而你当时还不是保民官，但已经违反占卜接受了领养。最后，我要说你对后来几个月发生的骚乱负有责任，这些骚乱有利于盖乌斯·凯撒废除元老院，理由是他们违反占卜的结果。在此过程中，你说会想方设法让我返回这座城市，以便保存她。这是何等疯狂的行为！他自己对保民官职位的谋求已经使他受制于凯撒！如果祭司团依据祭祀法，占卜官依据占卜的结果就足以推翻你谋求保民官职位的努力，那么你还能谋求些什么？公共法律中还有什么比这更加不证自明的内容吗？

【16】也许是在那一天的第六个时辰，我在审判中为我的同事盖乌斯·安东尼乌斯①辩护，我对某些人滥用权力提出抱怨，认为他们的做法影响了我不幸的当事人。这些抱怨被一些无赖小人报告给了某些高尚人士，②他们完全歪曲了我的意思。在同一天的第九个时辰就被领养了。如果一桩领养案有三个时辰的间隙就够了，那么为什么公布其他法令必须提前三周，对此我真的无言以对。如果说这样的间隔时间是一项普遍的强制性要求，那么我要指出，元老院宣布的马库斯·德鲁苏斯的法令对人民没有约束力，因为这些法令的通过违反了凯西留斯和狄底乌斯的法律。到了这个时候你也许会明白，按照祭祀法、占卜法，以及其他法律的规定，你从来不是保民官。但我放弃这样的说法，我这样做并非毫无理由。我注意到某些主导着国家精神的非常杰出的人士在若干场合宣布，你有权在人民集会上提起这件事情；在提到我的时候这些人还断言，尽管采用你的办法意味着为这个死亡的共和国举行葬

---

① 盖乌斯·安东尼乌斯于公元前63年与西塞罗一同担任执政官。
② 可能暗指凯撒。

礼，然而不管怎么说，这种死亡是合法的，虽然它使人感到非常痛苦。你通过的这个办法直接针对一位公民和国家的恩人，在他们的影响下你签署了这个国家的死亡令；鉴于你的提案被通过，与占卜并无不合之处，所以你并没有违反法律。因此我认为，我们可以承认你的保民官提案的有效性，承认它已经赢得了如此优秀的法官们的批准。

让我们欣然承认你是保民官，你担任这一职务就像普伯里乌·塞维留斯一样具有法律依据，这位杰出人士现在就在这里。但我们还是要问，根据什么公平原则和传统惯例，你通过这样一个法律提案，惩罚那些未经审判的公民？

【17】这样的提案就像一个诅咒，因为十二铜牌法 ① 禁止通过任何可以用来攻击个人的提案，提出这样的提案是一项"特权"。没有人曾经试图让这样的提案通过，因为对我们的国家来说，没有比这更加残忍、有害、恐怖的法令了。剥夺公民权这个不幸的语词最重要的含义是什么？一直伴随着苏拉军团并被永久载入史册的最大痛苦是什么？事实上，未经审判，绝对不能对拥有罗马公民头衔的人实施惩罚。所以，先生们，你们会按照在公开法庭上正式宣布的法令，承认这个保民官有权剥夺他所希望剥夺的人的权利吗？我要问的是，如果不是这个意思，那么为什么提案中会有"只要你喜欢，只要你下令，马库斯·图利乌斯 ② 就不再是一个公民，他的财产就属于我"这样的字句？如果说这不是提案中的真实词句，那么它至少也起着这样的作用。这就是法律、法案、人民的决议吗？仅凭一支秃笔就足以从公民册上抹去一位公民的名字，你能忍受这样的行为吗？这个国家能够忍受这样的行为吗？我已经起到了自己的作用，我不害怕暴力，也不怕受到攻击；我已经承受了众多的妒忌；我已经平息了许多邪恶的仇恨；我已经饱受叛徒的诡计和歹毒；最后，我的案情虽然受到那些坏人的敌视，但现在已经由所有城

---

① 十二铜牌法（The Twelve Tables），最早的罗马法典，时间约为公元前 450 年。
② 即西塞罗。

市、所有等级、所有神灵和凡人宣判了。先生们，为了你们自己，为了你们的子女，为了你们的同胞公民，你们应该提出有利于保持你们自己的尊严和智慧的提案。因为一方面，由我们祖先创建的公开法庭有着精心制定的规则：首先，要防止对一个人既进行人身方面的惩罚，又进行财产方面的惩罚。其次，要防止在没有通知被告的情况下对任何人提出指控，行政官员先要三次提出他的指控，每两次指控之间要有一天的间隔，在做出惩罚决定或判决之前要提出第四次指控，在这次指控时要宣布审判将在提出指控后三天内进行。另一方面，要把大量可以激发人们同情的机会赋予被告；民众面对求情就会对指控的罪名产生怀疑，很容易赞成判处被告无罪。最后，要是由于占卜的结果不利，或者因为其他任何原因无法在既定的日子里举行审判，那么整个审判就应当取消。按照这些规则处理案子，就会有正式审判、指控者、证人。买凶杀人、花钱让那些流氓无赖投票表决民法、不让被告的子女出席审判，把这样的投票结果当做法律，还有什么行为比这些行为更加令人震惊？

【18】尽管他有那么大的力量反对我，但由于我有官方职务、伟大名声、良好辩护的庇护，人们考虑到公共幸福，所以我的财产最终没有被侵吞。而我唯一的遗憾就是日益恶化的形势和时代的堕落。我在想，那些被剥夺了人民大众赋予的荣耀、身无分文的贵族今后会落个什么样的下场呢？如果承认保民官有这样的权力，如果你再费心看一下我们正在崛起的一代人的精神状况，尤其是看一下那些野心勃勃的人把贪婪的眼光投向保民官的权力，我要向你们提出最严肃的警告，你们这些保民官从今以后要和这样的人共事了，你们既要考虑那些想要掠夺战利品的暴民，又要期待人们普遍的义愤。

但是这位专家和精明的提案人又干了些什么？"只要你乐意，只要你下令，不就可以剥夺马库斯·图利乌斯吗？"这是一项残忍的、令人震惊的提案，没有人能够容忍这项提案。犯了如此大罪的人绝不可能再是公民！但是提案中的真实词句并非"不就可以剥夺"。那么提案中的真实词句是什么呢？"已经对他实施了一项禁令。"你们瞧，这种说法有多么邪恶，实在是令人发指！克劳狄①为你们制定了一项带有他个人色彩的法案，因为他的提案说已经对一名尚未经过审判的人实施了禁令！我的好人塞克斯都，我要请求你的仁慈，因为你后来变成了逻辑学家，从你嘴里讲出来的话都带有炫耀的意味，但是在向公民大会提交议案时，在批准任何形式的文字时，在确证投票结果时，能说一个国家的现有事务根本不存在吗？就是这样一个人，一个比所有两足动物，乃至于所有四足动物，都还要愚蠢的人，你们雇用他担任专家、顾问、秘书、助手，去毁灭共和国；然而你们不会无知或天真到不知道克劳狄的提案是违法的，制定法案是其他人的事。你没有权力对这些事或这些人发号施令，他们有自己的自尊；你不能雇用这些人，让他们担任法律上的秘书或者建筑师；②你不会向祭司们咨询；最后还有，哪怕是在分配你的战利品，除了那些剑斗士，你找不到代理人，也找不到经办人，只有一名盗贼和一名杀人凶手在帮你的忙，把你剥夺公民权的提案交付投票表决。

【19】所以，当你的影响和势力如日中天的时候，你就像一名妓女走过市政广场，你的好朋友为了他们自己的安全和财富与你缔结友谊，而他们是如此可恨，甚至在投票时都不讲信用，不投你的帕拉丁部落的票；而那些被法律诉讼牵扯的人，无论是原告还是被告，只要是你在负责调解，他们都会遭到与他们的意愿相反的判决。最后是你的新助手利古，他出于某种考虑完全服从于你，听命于你。由于对他的兄弟马库斯·帕皮留斯留下的遗嘱不满，而诉讼又不成功，他表达了要对他兄弟的死亡进行报复的意愿。他对塞克斯都·普洛佩提乌提出了指控；但由于他是另外一个人的可耻的后裔，所以他没有能够坚持到底，最后和他的兄弟一样成了牺牲品，因为他害怕留下一个坏名声。我们已经谈论了这部法案，并假定它的提案是合理的；然而无论谁提到这部法案，哪怕是在遥远的地方用只言片语轻描淡写地提到它，无

---

① 全名塞克斯都·克劳狄（Sextus Clodius）。
② 指建造自由神庙，建立在西塞罗的住宅处。

论涉及里面的什么观点，都会受到其他人的反对和嘲笑。

但若你的剥夺公民权的法案是以这种自我毁灭的用语写成的，那又会如何？你的提案说："鉴于马库斯·图利乌斯以元老院的名义提出了一项荒唐的法令。"[①]好吧，要是他确实提出了一项荒唐的法令，那么你的提案就站住脚了；如果他的法令不荒唐，那么你的提案就作废了。你认为元老院没有足够清楚地说明那道法令没有权威性，我实际上是自从罗马建城以来最审慎地服从元老院的人吗？我有多少方法可以证明被你称做法律的所谓提案根本不是法律？进一步说，即使你确实使一项涉及几件事情的提案在投票中通过，你会因此认为一名犯有大罪、满身污点的人在德库姆斯和克劳狄的支持下就能赢得胜利吗？要知道，尽管有马库斯·斯考鲁斯和卢西乌斯·克拉苏等专家的建议，马库斯·德鲁苏斯仍旧有许多提案遭到失败，而他可以做你的榜样。在你的提案中，你禁止任何人向我提供庇护，也没有规定我要离开这座城市；可见甚至连你也不能断定我无权待在罗马。

【20】你还能说些什么？我被定罪了吗？肯定没有。那么我被放逐了吗？这如何能够允许呢？这个提案甚至没有包含一个命令我离开的语句，里面的惩罚针对所有为我提供保护的人，是完全无效的，整个提案没有任何地方提到我已经被赶走。但是，假定你有权这样做，那么你有什么权力对公共建筑进行监察？[②]这项任命公布过吗？你认为这样一来你就能抢劫我的财产吗？事实上，李锡尼法禁止你这样的人执行任何公务。还有，就你现在向祭司团提出的请求而言，你已经把我的住宅奉献给神灵了，你已经在我的宅基上竖起了一座纪念碑，奉献了一座雕像，仅仅依据一个微不足道的提案，你就把这些事情都干了。你认为你的请求与你针对我的提案是不可分离的吗？是的，它们无疑是不可分离的，就好比在另一个场合，你在同一部法案中囊括了针对塞浦路斯国王的所有措施，他们的祖先一直是罗马人民的朋友和同

---

① 可能指元老院处理喀提林阴谋的法令。
② 克劳狄可能被任命监管在西塞罗住宅的宅基上建造公共建筑。

盟者，你想要剥夺他的所有财产，用于拍卖，把他流放到拜占庭。你会反对说："我把实施这个提案托付给了相同的人。"假定你确实把这些事情都托付给了一个人，让他首先去亚细亚催讨银币，然后让他去西班牙，然后又允许他参加执政官选举，而在选举之后又把叙利亚行省交给他管辖。难道会因为有一部法案在提到同一个人时提到了所有这些事情，它们就因此而成为一件事吗？如果这些事当时都曾经向罗马人民咨询，而不是通过奴隶和盗贼来完成，我们难道无法想象在接受针对塞浦路斯国王的法案时，罗马人民可以拒绝把他流放到拜占庭去吗？请你告诉我，除此以外，凯西留斯和狄底乌斯的提案有什么其他的力量，可以使人们在对这些事情投票表决时，要么全盘接受，要么全盘拒绝？

再说，要是你使用武力来执行你的提案，它因此就会成为一部正式的法律吗？你认为采取这样的行动就能使它产生影响，因此也就使它建立在正义的基础之上了吗？或者说，当这座城市落入你手中，尽管有人在投票表决时扔石头，但没有发生真正的打斗，在这种情况下你能不诉诸极端的暴力就能毁灭这个国家吗？①

【21】假定你在奥勒留担任保民官期间不准备使用暴力，不仅让自由民公开登记在册，而且让你从城市各个角落召集起来的奴隶登记；你发表公告，命令商铺关门，你这样做不是在召集无知暴民使用暴力，而是在要求诚实的绅士自我约束和谨慎。还有，当你在卡斯托耳神庙储藏武器的时候，你只是在设法防止暴力行为；当你拆毁通往神庙的石阶的时候，你只是为了防止人们接近神庙，以便能够自由自在地为所欲为；在一次爱国者的集会上，你下令让那些赞同我回归的人站出来，然后对他们拳打脚踢，还使用了武器和石头，你这样做无疑表现出你对使用暴力的强烈厌恶。但是这位保民官的所有疯狂行为很容易被诚实而又勇敢的人们克服和阻止。我设想，把叙利亚

---

① 西塞罗在这里要表达的意思是：尽管只有人扔石头而没有人打斗，你能说你达到目的而没有使用暴力吗？

交给伽比纽斯、把马其顿交给庇索，这两件事情都涉及无限的权力和大量的金钱，在这种时候，他们也许会给你完全的行动自由，会进一步推行你的计划，会向你提供仆人、军队、百人队长、金钱、家奴；通过你无耻的高谈阔论，他们可以相信你的难处，嘲笑元老院的权威，用死亡和放逐威胁罗马骑士，对我进行恐吓、殴打和凶杀，让他们的朋友进驻我的住宅，让大批害怕被剥夺公民权的爱国者围攻我忠实的追随者，剥夺元老院对我的保护，禁止发布庄严的法令，甚至要他们改换衣着，作为悲伤和乞援的标志。我需要假定，甚至连这些行为都不算是使用暴力吗？

【22】我放弃了什么立场？你们从中可以看出我的胆怯吗？我说的不是我自己。让我们承认我天生胆小，但是成千上万的勇士们也胆小吗？我们的罗马骑士也胆小吗？元老院也胆小吗？所有爱国者都胆小吗？如果没有使用暴力，他们为什么不含泪给我送行，反而恶毒地咒骂我或者愤怒地抛弃我？或者说，如果他们采用已有的传统方式反对我，我会担心自己没有能力抵抗直接的危险吗？我有什么更好的理由要害怕？害怕受审吗，假定有人对我提出指控？或者不是审判，而是那些只涉及我本人的法案？确实是受审？我的处境无疑不妙，我的力量不足，我无法清楚地说明人们一般不知道的当时发生的细节。由于我自己不能很好地说明情况吗？而实际上，我的理由无须更多的支持即可表明它自身是公正的，不仅它自身是公正的，而且我本人也是公正的，哪怕我不在场。要是我继续留在那里，元老院、国家的其他法令、响应我的号召从整个意大利赶来的所有人，都会竭尽全力保护我，甚至连国家的敌人也会抱怨说，整个世界都在热烈地期待元老院把我召回，恢复我从前值得骄傲的地位，不是吗？或者从另一方面说，要是我知道接受审判不会有什么危险，我还会害怕那些要对我进行惩罚的提案吗？我会如此缺少朋友的帮助，这个共和国会如此缺乏行政官员吗？假定把这些部落召集起来投票，他们会批准剥夺他们竭力想要保全的公民的权利吗，更不要说是剥夺我的公民权了？或者说，要是我当时在场，那些成群结队的老叛国分子和穷凶极恶的老兵，以及那些邪恶的执政官的随从，会放过我吗？有鉴于此，我只

好用隐退的办法摆脱所有这些人的野蛮。哪怕我远走他乡，我也不可能对他们可悲的灵魂表示任何悲伤，是吗？

【23】我不幸的妻子对你们有什么伤害，乃至于你们要骚扰、抢劫、用各种野蛮的手段折磨她？我的女儿对你们有什么伤害，她不停地流淌的眼泪和身上穿的丧服让你感到快乐，尽管这世上没有一只眼睛或一颗心能无动于衷地对待她？我的小儿子对你们有什么伤害，在我不在他身边的这段时间里，除了哭泣和俯伏在地，他还干了些什么？他做了什么事使你们经常想要用阴谋诡计伤害他的生命？我的兄弟对你们有什么伤害？我隐退以后，他也从他的行省返回。他认为，除非我能够回国，否则他根本没有必要继续活下去。所有凡人的心灵都会对他的孤单表示同情，因为孤独会隔绝一切信念和经验，但他为什么还要经常设法摆脱你们的刀剑和捉拿！当你怀着对我的深仇大恨，对我发动一场严厉的、亵渎神灵的战争，要摧毁我的住宅、院墙、屋顶、柱石、门槛的时候，我还有必要揭露你对我和我的亲人表现出来的野蛮吗？在我隐退以后，在你贪婪地吞没所有富人的财富、所有行省的产品、所有地方长官和国王们的财产以后，我拒绝相信你对我的住宅和家具还会抱有占有的欲望；我无法相信那位来自坎帕尼亚的执政官和他那当过舞蹈演员的同事——你们把阿该亚、帖撒利、波埃提亚、希腊、马其顿、其他蛮荒地区的所有罗马公民的财产交给了前者，你们让后者去抢劫叙利亚、巴比伦、波斯这些地方的十分忠诚、完全和平的人民——会觊觎我的大门、走廊和石柱。噢，喀提林的部队和仆从从来不认为我住宅里的砖瓦能平息他们的饥饿；而在我们敌人的城市里，并非所有敌人，而是与我们展开激烈战斗的敌人，我们通常的做法是把这些城市夷为平地，其目的不是为了获得战利品，而是为了报复，因为我们心中的愤怒有时甚至会发泄到敌人的建筑和住房上去，敌人的野蛮使我们心中充满了怒火，所以……①

【24】有关我的这项提案没有获得通过，我没有接到要我露面的召唤，

---

① 此处原文有缺失。

也没有错过对任何传唤做出回应。甚至在你的判断中，我仍旧是一名没有污点的公民，我在帕拉丁的住宅和在图斯库兰的乡下别墅被分别移交给两名执政官（我说的是名义上的执政官），住宅里的大理石柱子被拆下来运到这位执政官的岳母家里。送到这位执政官的庄园里去的不仅有我别墅里的家具或装饰品，而且还有庭院里的每一棵树。我的整个别墅被洗劫一空，只剩下残垣断壁，就好像刚刚举行过一场献祭，但不是为了满足获取战利品的贪婪——这些东西怎么能算战利品呢——而是为了平息他们对我的深仇大恨。我在帕拉丁的住宅被付之一炬，不是因为失火，而是有人故意纵火。这些执政官举行宴会，与他们的同谋者共同欢庆。他们中有一个人声称自己是喀提林的随从，另一个人说自己是凯塞古斯的堂兄弟。先生们，这样的行径是野蛮粗鲁、胆大妄为、罪大恶极的，对此我曾手持盾牌拼命抵抗。我遇到了最严重的内乱，这些人全都是无法无天的卖国者，内心对我们有深仇大恨，而现在他们遇上了那些无耻的领袖从隐藏的地方跳了出来。仅仅是为了反对我，这些保民官以执政官的名义，把所有亵渎神灵的暗箭都射向我。如果我按照许多勇敢者的敦促去做，选择了在田野里进行暴力抗争，那么我会证明，其结果要么是我以大屠杀为代价取得胜利，尽管他们是叛徒，但他们仍旧是公民，要么是我和安危系于我一身的共和国遭受惨败，所有爱国者都被消灭（他们无法祈祷能有更好的命运）。我看到，只要元老院和罗马人民还活着，我在短期内荣耀的回归就还有希望。我在想，我待在自己曾经拯救过的共和国里竟然是不合法的，真是不可思议；我听说并从书中读到，我们杰出的同胞为了拯救国家，抱着必死的信念冲向密集的敌人，这也不合法吗？当整个国家已经赢得安全的时候，我本人想避免起这样的作用，就像德修斯家族一样，他们处在较好的状态中，甚至听不到他们自己赢得的名声，而我不是也可以处在这样一个能够考察自己名声的状态中吗？

【25】所以，我要对你的 ① 疯狂行为进行遏制，使你的所有攻击无效，

---

① 西塞罗在此处又转向对克劳狄说话。

我遇到的痛苦和灾难已经超过全部邪恶力量给人们带来的震惊；在如此令人发指的痛苦中，在如此可怕的灾难中，不可能再有任何施展新的残暴的余地。加图是我最亲密的追随者。你遵循一条什么样的行动路线？不要认为你可以当众羞辱所有你所痛恨的人。那么，你能做些什么呢？你用派他去塞浦路斯征集钱粮的办法把他打发走吗？但是你获得的战利品会和你的损失一样多。呃，你可以在不受损失的情况下找到更多战利品，但你必须不惜一切代价使他离开那里。所以遭到忌恨的马库斯·加图被放逐到塞浦路斯，而表面上看起来这还是施予他的一项恩惠。有两个人是卖国贼们无法正视、想要驱逐的：一个①被赐予了荣耀，但给他带来深远的影响；一个②遭受灾难的困扰，但给他带来永久的功绩。你们③可以明白，激起他永久仇恨的并非这些人，而是他们高尚的品行。我要提醒你们，一旦我被驱逐，加图被打发走，克劳狄也就会把矛头指向另外一个人④，这个人的能力及其在民众集会上得到的帮助，如他本人承认的那样，使他能够继续贯彻他以往的所有计划；另外，格奈乌斯·庞培是这个国家最强大的人，克劳狄不像其他人所判断的那样，认为庞培会长期容忍他鲁莽的行为。于是克劳狄施展一项阴谋，诱奸了一位由他负责监管的俘虏，一位友好国王的儿子⑤，以这种残暴行为向这位勇士挑战；然后他以为这样一来就能继续用武力与庞培周旋，而这些武装力量就是我在那场会给爱国者带来危险的斗争中拒绝使用的。确实，一开始的时候他得到了执政官的支持，但后来伽比纽斯违约了，只有庇索对他继续表示忠诚。你们已经看到了屠杀、扔石头，以及他负有责任的驱逐。甚至在被那些坚定的追随者抛弃的时候，他还在使用军队和卫士把格奈乌斯·庞培围困在家里，阻止庞培靠近市政广场和元老院。据此，你们就可对他发起的攻

---

① 指加图。
② 指西塞罗自己。
③ 此处又转向对大祭司们说话。
④ 指庞培。
⑤ 指提格拉尼斯的儿子，由庞培带回罗马。

击的可怕程度做出估量，当这些人聚集起来占了上风的时候，看到他们甚至包围和打败庞培的时候，你们会深深地感到恐惧。

【26】正如他在 1 月份发表的那次演说中所说，为什么会发生这种骚乱呢？这是因为他清楚地知道卢西乌斯·科塔没有批准与我的回归有关的提案。科塔是这个国家、我本人，还有真理的一名忠诚老练的朋友。他断言我关心共和国的利益，在暴风骤雨中证明了自己是整个国家和你们最好的朋友，我的流放是由于武装暴乱引起的，是精心策划的内乱和屠杀引起的。他断言完全不可能通过一项涉及我的公民身份的提案，这项提案不具有法律上的有效性，整个过程违反宪法和惯例，用心险恶，蛊惑人心，傲慢专横、胡言乱语。他指出，如果克劳狄的提案已经成为法律，那么执政官们把这个问题向元老院或者向他提出，征求他的意见，这样做就不合法了。由于这两件事情都已经做了，因此没有必要再通过一项与我有关的决定，因为这项空洞的提案会被宣布为一项法令。我认为，没有任何决定能比这一决定对共和国更加公正、尊严、明智、有益。它可以约束这个人的邪恶，从今以后消除在这个国家继续发生灾难的所有可能性。这部所谓的法律是无效的，它只是一项机会主义的产物，是从一些疯狂的嘴唇里吐出来的邪恶的禁令；它不代表格奈乌斯·庞培的意思，因为庞培曾以高度仁慈的用语表达过对我本人的看法；它也不代表你们的意思，因为你们曾用你们的意见和道德上的影响力为我辩护；任何时候，如果民众以为我的复归并没有得到批准，你们就要采取措施，防止在民众中进一步产生反对我的情绪。出于同样的考虑，元老院采纳了勇敢的马库斯·彼布卢斯的提案。你们应该就我的住宅做出决定，克劳狄的所作所为无疑是违法的、亵渎神灵的、制造混乱的，但由于当时叛国贼人多势众，他们希望阻止任何人在那一天站出来说我的住宅仍旧带有神圣的痕迹。元老院除了在同一时间判定克劳狄的法律无效以外，从来没有对我的案子发表过任何意见，因为按照克劳狄的法律，元老院不能这样做。庇索和伽比纽斯这一对相互之间配合得很好的执政官没有忽略这一事实；作为法律和法令的审慎的观察者，他们宣布，整个元老院每天都有人敦促要提出一项

处理我的问题的提案，尽管元老院已经同意了他们的建议，但由于受到克劳狄法律的阻碍而不能明确表示支持。这件事情是真的，这些建议受到阻碍，但这位克劳狄也曾经用这部法律来处理马其顿和叙利亚的问题。

【27】但是前一部法律在你普伯里乌·伦图卢斯眼中根本不是法律，无论你是执政官还是一位普通的公民。作为一名当选候任的执政官，你反复提到由保民官们提出来的涉及我的动议。而从 1 月份开始，一直到你成功地实现目的，你提交了涉及我的动议，并促使它得以通过。如果克劳狄的法律有效，你就不可能合法地完成这些事情。还有，普伯里乌·克劳狄与庇索和伽比纽斯根本就没有什么联系，被庇索和伽比纽斯宣布为有效的提案被你的同事、杰出的昆图斯·麦特鲁斯宣布为无效，他是普伯里乌·克劳狄的堂兄弟，就我的案子向元老院提出了一项动议。但是，这些十分注意克劳狄的法律细节的人尊重一般的法律吗？元老院对一个法律上有效的问题做出的决定，其分量要超过其他类型的裁决，但在我的问题上却从来没有听到过元老院的意见，也没有听到元老院宣布克劳狄的法律无效，而你伦图卢斯事实上也肯定注意到你认为适用于我的法律。你引用的法律涉及的问题不是要不要允许我回罗马，而是我是否应该回罗马；因为你的希望不是让那些对我来说本来已经合法的事情成为合法的，而是希望表明，我在这个国家里的地位使罗马人民要求我返回罗马，但不是要我恢复积极的政治生活。

哦，你们这些害人精，我是这样的人吗？你们竟敢把我说成像你们一样的、罪大恶极的流放犯，身上打着罪犯的烙印，所去的每一个地方都是在受惩罚？什么叫做流放？这个名称本身包含着不幸的意思，但不是可耻。那么，这个名称什么时候可以表示可耻呢？当流放作为一种对恶行的报复时，它才表示可耻，当它作为裁决以后的惩罚时，它才在人们眼中被视为可耻。那么，我得到这个名称是我恶行的结果，还是一项法律判决的结果？是由于我的恶行吗？你们这些人的绰号是"幸运的喀提林"，但你们今天不敢用这个名称，其他任何过去用过这个名称的人今天也不敢用。不仅没有一个人能邪恶地用"恶行"这个词来指称我担任执政官期间所取得的成就，也没有一个人会恶毒地要国家拒绝接受我。要知道，正是依靠我的努力，这个国家才得以保存。

【28】在整个世界上，有哪个重要的或不重要的公共议事团体对我的成就做出的判断会与我的最高愿望和最豪迈的雄心不符？罗马人民的最高议事团体是元老院，她确实是全体人民、所有民族、所有国王①的；元老院颁布了法令，所有在心中装着共和国安全的人都应当团结起来为我辩护；要是我不存在了，这个国家也不可能生存下去；要是我不能回归，这个国家也会被消灭。骑士等级直接处在这个最高议事团体之下。这个等级承担着共和国的税收。他们热情地用赞美的语言对我担任执政官期间取得的成就做了肯定。帮助我们处理公共账目和记录的书记员们用明确无误的术语表达了他们的判断，总结了我为国服务的功劳。在这座城市里，没有一个行会或一个社团，无论是在居民村中，还是在山丘上的住宅区里（因为我们祖先的意愿是，哪怕是城市无产者也应当有自己的委员会或议事机构），没有对我表示过赞扬，不仅赞同我的回归，而且肯定我的功绩。我为什么要夸大那些无法被遗忘的自治市、殖民地，乃至整个意大利颁布的法令呢？我在夸大天意吗——它好像一架天梯，不仅可以使我回归祖国，而且可以升天？普伯里乌·伦图卢斯，当罗马人民看见你提出一项涉及我的动议，当他们明白我的伟大和我杰出的成就时，那一天会是一个什么样的日子？人们公认，以往在战神广场上举行过的公众集会从来没有像这次一样万众一心，不分任何等级和年龄。我在努力克制自己，尽可能不要提到各个社会团体、部落、行省、国王，简言之，整个世界对我提供的服务是一致公认的，同意让我抵达和进入这个城市。这件事有什么特点呢？这表明我的国家欢迎我，因为她必然欢迎拯救她的光明得以返回。她欢迎我，但会把我当做一名残暴的僭主吗？这是你们这些喀提林的挚友强加于我的称号。就在那一天，也只有在那一天，罗马人民蜂拥而至，欢迎我的归来，然后从城门口簇拥着我，一直陪我走到卡皮托利

---

① 指那些被罗马征服的附属国的国王。

山，然后又送我回家，以此对我表示深切的谢意，这件事似乎很好地鼓励了我去镇压你们这些无法无天的恶人。就这样，我虽然遭遇不幸，如果必须称之为不幸的话，但我对所有诸如此类的诋毁都保持沉默，所以到了后来就没有人再对我担任执政官进行诽谤，因为许多权威机构已经对此做出了良好的、可信的、正式的判断。

【29】但若你们所有下流的骚乱不仅使你们无法接近我，而且还对我的名誉抹黑，那么世上还有什么事情比你们的存在和所作所为更加无耻？在一次谩骂式的讲话中，你两次承认我拯救了国家：第一，你说我已经履行了我应尽的义务，所有人都承认我做的工作配得上享有不死的地位，而你却发表意见说要处死我；第二，我亲身遭受你和其他许多人的袭击，你说我不能诉诸武力伤害这个由我保存下来的国家。

到目前为止，一切顺利。我遭受报复不是因为有什么恶行。那么，是由于法律诉讼引起的结果吗？什么诉讼？谁曾把我告上法庭？有谁使用法令反对我，或者指定了审判的日子？未经审判，一个人能够接受只能是作为审判定罪结果的惩罚吗？这样的事情与司法审判或民主制吻合吗？除了代表人民献祭，① 你有什么行为可以称得上是民主的？按照我们祖先的传统，未经对一位罗马公民的过去进行严格的审判，就不能剥夺他的自由和公民权。事实上，你能知道你自己的状况（因为我假定，你被领养尽管在任何细节上都不合法，但不管怎么说，在你的完全赞同下，普伯里乌·封泰乌斯还是领养了你，执掌了处理你的生与死的权力）。如果是这样的话，那么你对这个问题会做出回答说"不"，或者不做回答。然而，要是有三十位百人队长投票，② 这项法令还会得到批准吗？肯定不会。为什么会这样呢？因为我们祖先的民主不是装腔作势，不是虚伪，而是真正的、明智的，他们正确地规定不能违反任何罗马公民的意愿剥夺他的自由。还有，他们的想法是，即使十人委

---

① 这里讽刺克劳狄化装成妇女，参加女神的祭仪。
② 领养必须得到按照百人队进行投票的公民集会的批准。

员会①已经做出不公正的决定，影响了任何人的自由，这个人只要愿意，仍旧可以仅在该类案子再次就已经做出的判决提出上诉；而任何由民众制定的法令决不可违反个人意愿剥夺他的自由。

【30】还有，那些移居拉丁殖民城邦的罗马公民不能成为拉丁人，除非他们别有用心地这样做，在那些城邦登记为公民。那些受到严重指控被判决有罪的人也没有失去公民权，直至他们为了改变自己的身份而使别的国家把他们接受为公民。这样做的实际作用不是剥夺他们的公民权，而是使他们在别处得不到款待和饮食。②独裁者卢西乌斯·苏拉在一次按百人队投票的民众集会上提出一项动议，剥夺某些自治市的居民的公民权，同时剥夺他们的领地。剥夺领地的要求被批准了，因为这属于司法的范围；但是剥夺公民权的决定仅仅在苏拉的武装军团仍在掌权时有效。卢西乌斯·苏拉胜利复辟以后无法借助民众集会剥夺沃拉太雷人的公民权，尽管他们处在军队的监视之下，所以今日的民众不仅是公民，而且是公民权的基础，与我们一样享有选举权；而普伯里乌·克劳狄在颠覆共和国以后，仅仅通过一次会议，雇用一群匪徒，竟然能够剥夺一位执政官等级的人的公民权，这些人中间不仅有卑劣的坏蛋，甚至还有奴隶；这些人以费都留斯为首，而他竟敢说自己那一天不在罗马，不是吗？但若他不在罗马，那么还有什么样的行为比把他的名字刻在选举板上更加鲁莽？甚至连撒谎都不能为你自己的提案找到一位名气更大的附议者，还有什么困境能比这更加令人绝望？如果他第一个投票——这一点很容易看到——但由于没有地方可去过夜，结果他整个晚上都在市政广场上待着，那么他为什么不发誓说他当时在伽德斯③，就好像你在某个场合在努力证明自己在英特拉纳④？要是保民官们问"这是你们的意愿和命令

---

① 原文"stlitibus Iudicandis"，是一个平民律师的常设委员会，负责处理与公民权有关的案子。

② 此外"饮食"一词的原文为"水与火"。

③ 伽德斯（Gades），即现今的卡狄兹（Cadiz），古罗马人经常用这个地名表示遥远。

④ 英特拉纳（Interamna），拉丁姆东部，即现今的特耳尼（Terni）。

吗?"而由费都留斯率领的一百个人说这是他们的意愿和命令，在这种时候，你这位民主制的柱石还在想着要剥夺我们的公民权和自由，要让我们失去选举权，这样的行为是正确的吗？如果是这样的话，那么我们的祖先并不具有真正的民主精神，他们制定了有关选举与自由的法律，但他们的意图既不是让人蔑视法律，也不是让行政官员实行独裁，既不是有什么判决需要记录下来，也不是为了维护整个罗马人民的权威，他们甚至有可能使罗马人民受到伤害。然而，即使是你，公民权利的伤害者，也曾采取某种办法补偿由于公众的错误造成的伤害。比如阿纳尼亚①的一个名叫美努拉的人，为了感谢你，让人在我家里竖起了你的一座雕像。然而这是你在那里犯的一个大错，雕像基座上的铭文正好驳斥了你的法律。这样的行为也是阿纳尼亚人的耻辱，比剑斗士们在阿纳尼亚犯下的罪行所带来的耻辱更深。

【31】费都留斯完全否认他是你的提案的实际附议者。为了使提案显得庄重，你把有一定影响的费都留斯说成是附议者，然而提案中并没有提到这一点。假定你尽管嘴上说过，但实际上并没有提出驱逐我的动议，不仅由于我的公民地位，而且由于罗马人民授予我的卓越地位，那么你会愚蠢地用自己的话语污蔑一个由元老院、罗马人民、整个意大利多次发布公告授予荣誉的人吗？哪怕我不在场，在前执政官②恶毒地亵渎我以后，你能按照你的法律用语否认我拥有元老头衔吗？你提出的动议要求禁止人们为我提供饮食，这种要求合法吗？这是盖乌斯·革拉古用来反对普伯里乌·波皮留斯的动议，是萨图尼努斯用来反对麦特鲁斯的动议。也就是说，这是参加骚乱的个人在反对正直勇敢的公民。但是，他们的提案不可能是一项已经通过的禁令，而是一项想要通过的禁令。禁止监察官挑选我进入元老院担任议员的条文在哪里？这个位置是我本人自动放弃的。所有有关剥夺公民权的提案中都包含着这样的条文，哪怕是在法庭的判决书宣布的惩罚中也可以看到。去问

---

① 阿纳尼亚（Anagnia），位于拉丁姆地区，即现今的阿纳尼（Anagni）。
② 指庇索和伽比纽斯。

问克劳狄 ① 吧，他为你起草了这部法律；让他露面吧。他已经躲了起来，但只要下命令搜，我们就可以看到这个家伙可耻地躲在你姐姐家里。没有人可以称你的父亲为流放者，他确实是一位优秀的公民，和你以及你的兄弟完全不一样。保民官提出了一项涉及他的提案，但他拒绝回答那些无法无天的人对他提出的指控。在那些由于秦纳的统治而无法无天的日子里，他的指挥权也被剥夺。如果说在他的案子中合法的惩罚没有什么公示，因为它是在一个动乱的时期执行的，定罪以后可以有任何惩罚，或者审判以后没有任何惩罚，那么为什么在我的案子中，从来就没有在任何确定的日子里对我进行传讯，我从来没有机会为自己辩护，也从来没有受到保民官的召唤？

【32】请注意你父亲的命运中令人愤慨的不公正与我本人的生涯的环境二者间的差别。那位优秀的公民，作为名人之后的你的父亲——有着非常朴素性格的他要是今天还活着，那么你肯定活不成——在监察官卢西乌斯·腓力普斯审查元老院议员名单时得以通过，因为腓力普斯就是他的外甥。腓力普斯不愿毫无理由地否定共和国危机时期通过的那些法令，尽管时局混乱，但他希望能够尽到一名监察官的职责；而在我的案子中，前监察官卢西乌斯·科塔在元老院发誓以后宣布，如果他是监察官，那么在我缺席期间他肯定会在恰当时候从议员名单中去掉我的名字。那么是谁在陪审团名单中用另外一个名字取代了我的名字？是谁在我退隐的时候，一方面在我的朋友中表达愿望，另一方面又没有向我提出完全相同的要求，就好像我当时仍旧在场一样？不，这是些什么样的公民，什么样的同盟者，竟然犹豫要不要违抗你的法律，给我提供庇护和帮助？最后，整个元老院，早在通过涉及我的任何提案之前，就已经投票决定向那些为马库斯·图利乌斯提供庇护的城邦表示感谢。这还不够吗？不管如何，这项决议通过了——"一位值得共和国高度敬重的公民"。你们这些害人精，你们的声音是这位公民回归以后否认他

---

① 指塞克斯都·克劳狄。

拥有公民权的唯一声音吗？即使遭到驱逐，他也一直被整个元老院不仅看做一位公民，而且看做一位杰出的公民。然而，就如罗马人民的历史记载和古代的编年史告诉我们的那样，凯索·昆克修斯、马库斯·富里乌斯·卡弥鲁斯、盖乌斯·塞维留斯·阿哈拉，尽管配得上共和国的高度尊重，但还是在民众反对他们的敌意和暴乱中低下了头；按百人队投票的公民大会判决他们有罪，他们被流放，但这些民众在怒火平息以后又一次恢复了这些人先前的尊严。如果说这些人的垮台和受审不但没有损害他们的英名，而且给他们的名声增光添彩——我们应当祈祷，希望我们的人生历程能够避免悲伤和遭受不义，但是一个人被他的同胞公民感受到他的缺席引起的缺憾仍旧比在暴乱面前完全退隐更加伟大——那么我会在虽然所有人都发表了热情的意见，但还没接受任何人的要求就前去，并且发现我的回归问题已经被那些邪恶的舌头当做有利地形给占领了吗？为了实现高尚的政策，普伯里乌·波皮留斯一直非常勇敢和坚定；但是他的生涯中没有任何功绩能像他实际垮台一样光彩。要是他没有被卖国贼驱逐，而又由于爱国者的努力而复归，有谁现在还能记得他为这个国家提供的服务？作为一名军队统帅，昆图斯·麦特鲁斯非常出色，作为一名监察官，他堪称典范，诚恳是他整个生涯的标志。然而，人们对这位英雄的永久回忆就是他的垮台。

【33】这些伟大人物不公正地遭到驱逐，尽管并非不合法；他们的回归由于他们对手的死亡才得到允许，通过保民官的命令才得以实施，但并非依靠元老院的权威、按百人队投票的公民大会、意大利的法令、他们同胞的想念。我没有受到污辱地离开罗马，并且在你还活着的时候庄严地返回，有你的一位堂兄，一名执政官，支持我回归，而你的一名兄弟，一名执法官，也对此默然同意。在这种情况下，你认为我会在你的罪行中寻找我自己的耻辱吗？如果罗马人曾经愤怒或妒忌地把我从这个国家赶走，而后来由于想起我为共和国带来的利益又恢复了正常的心智，于是通过召回我来对他们自己的不公正行为进行批评，那么即便如此，我仍旧相当确定，没有人会愚蠢到这种地步，不知道这种情况下表达的民众意愿有利于增进我的名声，而不是增

进我的不可信。然而情况就是这样，由于这世上没有一个人召唤过我，要我回来接受人民的判决，由于我不可能在没有受到指控的时候就被判决有罪，最后，由于我在被驱逐的时候也并不倒霉，而是受到罗马人民的保卫、欢呼和赞美，所以有谁能依据这样的民心对我进行司法审判？也许你说的罗马人民就是那些由受到雇用的人组成的，这些在金钱的驱使下用暴力对付行政官员，阻塞通往元老院的道路，把希望寄托在杀人、纵火、抢劫上？要不是下令关闭店铺，要不是派伦提狄乌、洛利乌斯、普拉古莱乌、塞吉乌斯这些人去带队，你甚至连这样的团体也集合不起来。想一想吧，所有国王、部落、极远之地的国家都害怕罗马人民，而他们的自豪与尊严竟然要由一小撮奴隶、雇工、罪犯、亡命之徒来代表！哪怕你在那一天找到讲话机会，反对元老院的权威和理想，反对统一的意大利的权威和理想，你在广场上还是看到了罗马人民的美丽与辉煌！在那值得骄傲的日子里，你这个无赖察看到了罗马人民，他们是国王们的主人，是一切民族的战胜者和统治者。那一天，整个国家的所有杰出人士，各种等级、各个年龄的所有人投了票，他们要决定的不是一位公民的幸福，而是整个国家的幸福。总之，那个时候不仅所有店铺关了门，而且整个国家的城镇都关了门，整个世界都聚集到这个广场上来。

【34】在那个时候，无论国家有没有执政官，罗马人民使我能够抵抗你们邪恶的疯狂行为。如果没有人民的保护，我对是否承担起抗击那些武装暴徒的任务会感到犹豫不决。我并不赞同勇敢的普伯里乌·西庇阿采用极端的蔑视法律的方式对付提比略·革拉古[①]，他的行动是一种私人行为。人们在思考这件事情的时候会认为执政官穆西乌斯缺乏能力，而他当时马上就在元老院里通过了几项支持西庇阿的法令，甚至亲自去问候西庇阿；而我遇到的情况是要面对一场武装斗争，对手就是你和那些执政官，无论你最后是被杀死还是得以幸存。当时也还有其他许多迫在眉睫的危险。我要十分庄重地

① 普伯里乌·西庇阿于公元前 133 年带头攻击提比略·革拉古。

说，这个国家的政府要毁在奴隶的手里，这些人心中充满仇恨，疯狂反对那些审慎的、心智健全的人；他们心中留有深仇大恨，尽管那场叛国阴谋 ① 已经过去很久。

你禁止我在这种情况下宣扬自己，你宣布我对自己做出的判断是不可容忍的。凭着你的聪明伶俐，你开玩笑似的说我习惯自称朱庇特，并说密涅瓦是我的姐姐。如果我称自己为朱庇特，那确实是狂妄无礼的，但还比不上无知地认为密涅瓦是朱庇特的姐姐。我至少可以宣布我的姐姐是贞洁的，而你竟然不允许你的姐姐做一名贞女。但是，我要警告你不得把自己称做朱庇特，因为你会把同一位妇人既称做他的姐姐，又称做他的妻子。

【35】由于你责备我在赞美自己时过于自吹自擂，所以我要问你，除了万不得已，你听到过我谈论自己吗？当盗窃、腐败、淫欲等罪名落到我头上的时候，我按照习惯回答说，正是由于我的预见，我在十分危险的时刻，通过我的努力，使我的国家得到拯救，我并没有自吹自擂，而仅仅是在用事实回答所受的指控。这个国家的危机直到最近才过去。如果除了说我残忍，说我进行坚决的抵抗，不让我们的国家毁灭，没有人把其他的罪恶归咎于我，那么我要问，有什么方法可以比较有尊严？对这些诽谤完全置之不理，还是低下头来做出回答？但我始终认为应当用我的每一句话来维护国家的利益，应当用我的每一个高尚的行为来谋取国家的幸福，应当把爱国者团结起来，获得元老院的支持。我实际上是唯一得到许可宣誓以后讲话的公民，罗马人民可以听到，由于我的努力，这座城市和共和国巍然屹立。这种说我残忍的恶毒的责难现在已经平息下来了，因为可以看到所有公民都对我发出叹息，提出恳求，他们不是把我当做残忍的僭主，而是当做温和的父亲。但是有一种新的责难兴起。这就是把我的退隐挂在嘴上，面对这种指控，如果不高度赞美自己的功绩，我就无法做出回答。因为，先生们，我该说些什么呢？说我意识到自己犯下恶行，从而急着要流放自己吗？然而人们在我门口提出的

---

① 指喀提林阴谋。

指控不是我有什么恶行，而是我立下了人类历史上最辉煌的丰功伟绩。我害怕在人民面前受到迫害吗？我从来没有想过会有这样的迫害，要是发生了这种事，那么它一定会使我的名声倍增。我应当说爱国者的党派没有很好地保护我吗？这样说是错的。

【36】我应当说自己怕死吗？这样说太胆怯。所以，只有在迫不得已的时候我才会说我一般不会说的话——我的任何自我评价都是在迫不得已的情况下说的，而不是为自己谋取信誉——所以我要强调，在保民官的领导之下，有执政官、蒙受耻辱的元老院、受到威胁的罗马骑士、整个愤怒和激动的国家的支持，这些丧心病狂的亡命之徒和卖国贼正在发动的攻击不是针对我，而是通过我针对所有善良的爱国者。如果我能成功地证明，那么我看到共和国还留有某些虚弱的痕迹；但要是我被打败了，那么这些弱点就会成为致命的地方。得出这个结论以后，我的心碎了，我与我不幸的妻子分离，与我珍爱的孩子分离。打击也落到对我饱含深情的兄弟身上，他当时远在他乡，预见到这个家族将遇上危难。然而我又再次想起各种可能性，想到我们同胞的生命。我想这个国家最好让一个人退隐，而不要整个儿地毁灭。我希望勇敢的人们能够幸存，从而使我蒙受的耻辱得到补偿，我的这个希望实现了。如果说我应当去死，爱国者的党派也应当和我一齐灭亡，那么我看不出这个共和国将来有任何复活的可能。先生们，我心中的痛苦难以言表。我不否认我心中的痛苦，我也不僭越地说自己具有勇敢的哲学精神，许多人对此会感到失望，会说我表露出极度的困窘和心灵的衰竭。但是，经历了无数次心灵冲突以后我流下了热泪，直到现在我仍旧热泪盈眶。我能否认自己的仁慈，驳斥那些对我们所有人来说都共同具有的天然情感吗？在这种情况下，我不能把我的行为说成是值得赞扬的，或者声称我是共和国幸福的来源，如果为了共和国的缘故我只能被抛弃，那么我不会感到有什么痛苦。我会感到这是一种残忍的精神上的冷漠，而不是勇敢，就好像身体失去知觉，感觉不到火焰的烧灼。

【37】在心中经历刻骨铭心的痛苦，忍受无比的孤独，看到城市沦陷后

被俘的居民与亲人的分离，房屋被拆毁，财产被抢劫；尤其是国家灭亡，罗马人民最值得自豪的东西被剥夺，国家的庄严落地，而那些敌人甚至在还没有处死俘虏之前就在征收丧葬费；为了拯救同胞的生命，必须目睹这令人伤心的一幕，不是带着那些人所谓的哲学去面对，而是带着对亲人的深深的爱，我们普遍具有的人性向你们发出了这样的命令——这确实是一种辉煌的超越，不，这是一种神圣的超越。为了国家的利益而无动于衷地抛弃亲人并不能证明一个人的大公无私，为了国家利益而丧失亲人，并在心中产生极度痛苦的人证明了他是国家的真正热爱者，因为他把国家的利益放在个人情感之上。所以，哪怕瘟疫和磨难接踵而来，积聚成堆，他也应当听我说话，因为他就此对我提出挑战。我两次拯救了这个国家：第一次，我担任执政官的时候以和平的手段战胜了武装叛乱；第二次，作为一个普通公民，我对有军队做靠山的执政官做出让步。两个场合我都大有收获：前一场合，我看到元老院议员和所有优秀的爱国者都遵从元老院的命令，为了保护我而脱去了外衣；后一场合，在元老院里，罗马人民以及整个人类都以官方或非官方的声明的形式表示：除非让我回归，否则共和国就不能得救。

　　但是先生们，这种回归的实现取决于你们的裁决。如果你们再次让我回到自己家里，关于我的案子，你们表现出来的种种倾向、意见、影响、决定的目的就在于此，那么我就能完全明白给我的赔偿是绝对的。我的住宅到现在也还没有归还给我，它甚至也可以成为我的敌人的一个纪念碑，既表明我所受的耻辱和他自己的邪恶，也表明国家所遭受的灾难。谁会认为这是归还，而不是一项尚未结束的惩罚？先生们，我的住宅位于几乎整个城市都能看见的地方，如果它继续存在，不是作为这个城市的纪念碑，而是作为城市的坟墓，上面刻着一个敌人的名字，那么我必须移居别处，而不是在这个我亲眼见证竖起纪念我和这个国家的纪念物的城市里居住。

　　【38】我心灵的感觉会如此迟钝吗？我的眼睛会失去所有耻辱感吗？乃至于能够忍受亲眼看到我的住宅在整个国家表示同意的情况下由元老院下

令拆毁，而我自己反复声称是这座城市的拯救者？拆毁我房屋的不是我的私敌，而是一名国家的公敌，他还在我的宅基上竖起一座所有公民都能看见的建筑物，不让所有真正的爱国者止住眼泪。斯普利乌·买留斯①曾经想要建立暴政，因此他的住宅被夷为平地；这是罗马人民对买留斯所犯罪行的惩罚，所以"与买留斯一样平"这个说法就用到了他的住宅身上，体现了惩罚的公正性。由于相同的原因，斯普利乌·卡西乌斯②的房屋被夷为平地，在那里建起了一座地母神的神庙。马库斯·瓦库斯③的住宅在瓦库斯的弥亚德，他的房屋被没收，夷为平地，所以这个地方的名字含有可耻的意味，一直传给他的所有后裔。马库斯·瓦库斯打退了高卢人对卡皮托利圣山的袭击，但后来对他因此而获得的荣誉不满足，结果他被判决有罪，他想要建立暴政，因此他的住宅被夷为平地，宅基上种了两片你们今天仍旧能够看到的矮树丛。我应当面对和忍受类似的惩罚吗？我们的祖先认为这是给那些犯了盗窃圣物罪的公民最严厉的惩罚，而这样一来，在我们后代的眼中，我不再是一名粉碎叛国阴谋和罪行的功臣，而是叛国阴谋和罪行的促进者和主要实施者。当元老院还存在的时候，当你们还指导着这个国家的民意的时候，当人们知道马库斯·图利乌斯·西塞罗的住宅遭到和伏尔维乌·福拉库斯④的住宅同样的命运、在人们的记忆中被当做一项公开的惩罚的时候，尊严的罗马人民能够让玷污这个国家的耻辱和软弱继续下去吗？元老院的一项决定判处马库斯·福拉库斯死刑，他与盖乌斯·革拉古勾结，反对国家的幸福，他的住宅被没收，被夷为平地。稍后不久，昆图

---

① 斯普利乌·买留斯（Spurius Maelius），在公元前 440 年灾荒时期赈灾济贫，被人指控为想要谋取王权，为塞维留斯·阿哈拉（Servilius Ahala）所杀。

② 斯普利乌·卡西乌斯（Spurius Cassius），于公元前 486 年提出一项法律，赋予平民占有公地的权利，受到与斯普利乌·买留斯同样的指控，被处死。

③ 马库斯·瓦库斯（Marcus Vaccus），于公元前 330 年煽动同胞造反，起兵反对罗马，被监禁，后被处死。

④ 全名马库斯·伏尔维乌·福拉库斯（Marcus Fulvius Flaccus），公元前 125 年担任执政官，公元前 122 年担任保民官，公元前 121 年被杀。

斯·卡图鲁斯使用从钦布里弄来的战利品在那里建造了一座拱廊。当他的国家在庇索和伽比纽斯的领导下，愤怒地攻占这座被他控制的城市时，他马上就消除了对一位已经死去的杰出英雄的纪念，使我的住宅面临与福拉库斯的住宅同样的命运；结果就是，在摧毁了元老院以后，他用元老院对付颠覆者的同样的惩罚来对付一个被元老院的议员们宣布为他的国家的保卫者的人。

【39】这座拱廊竖立在帕拉丁，竖立在这座城市最美丽的地方，成为留给后代的一座永久性的纪念碑，用来纪念一位保民官的鲁莽、一名执政官的邪恶、一群卖国贼的野蛮、共和国的毁灭、我的悲伤，对此你们能够容忍吗？这座拱廊包含着你对这个国家的情感，你一直想要使国家垮台，不仅用你的选票，而且一旦需要就用你的双手。但是，这种一般由祭司们奉献的最纯洁的东西不也有可能激起人们的悲伤吗？

这是一种什么样的情形！它会激起人们轻薄的哄笑，但是严肃的人听到笑声以后会感受不到深刻的屈辱吗？抢劫过大祭司住宅的普伯里乌·克劳狄能赋予我神圣性吗？这个人负责监督祭祀和献祭，你们会把他当做这个国家的宗教领袖吗？不朽的诸神啊（我希望我说的话能够进入你的耳朵），普伯里乌·克劳狄确实会关心你们的献祭吗？他在你们的权力面前制造混乱，他认为只要服从你们，就可以改变人间的所有事务。这个家伙确实嘲笑过在场的所有伟大人物的权威。先生们，他的残暴确实会引起人们的愤怒。当着你们的面，从他嘴里能说出什么虔诚的语言？从他嘴里只能冒出玷污宗教的邪恶字眼，为此他还指责元老院有关宗教的法令太严峻。

【40】先生们，你们看一看这个遵守宗教禁忌的典范，如果你们认为这样做是明智的，那就像好祭司应当做的那样告诫他禁忌是有限度的，过分迷信是不对的。你如此迷信，狂热地参加在另一个人家中举行的献祭，这样做有什么必要？什么样的疯狂使你认为，要是混迹于那些只有女人才能参加的祭仪，就能使诸神得到满意的抚慰？你的祖先孜孜不倦地举行私人祭仪，也关注国家的祭祀，但你听说过他们中的哪一位闯入慈爱女神的祭仪？没有，

一个也没有，连那个瞎子①也没有这样做。这使我们明白许多流行的生命理论有多么荒谬。这个从来不注视罪恶的人被剥夺了视力；而这个亵渎了神圣祭仪的家伙不仅观看了祭仪，而且通过邪恶的淫荡行为和通奸给他的眼睛和完全迷惘的理智所犯下的罪行找到了报应。先生们，和这样一个道德高尚、审慎、正直、明智的人打交道，听到他说自己亲手推倒了一位模范公民的房子，并把它奉献给神灵的时候，你们难道不会感到愤慨吗？

这是一种什么样的奉献？他会提出反对意见说："我在执行一项动议，它赋予我合法的权力。"你在说什么！你难道没有在动议中塞入对例外情况做规定的附加条款吗——"要是所提建议有任何不合法的地方，就可以认定这样的建议没有提出？"先生们，你们每个人的房屋、祭坛、炉灶、家神都应当得到任性的保民官的怜惜，要是有人恶意煽动民众围攻某个人，把他打倒在地，不仅疯狂地摧毁他的房屋，而且还要赋予这样的行为以神圣性，以此限制受害者，使其永远不得翻身，你们认为这样做正确吗？

【41】先生们，我始终认为，在宗教义务的约定中，解释不朽诸神的明显意愿是主要任务；如果不相信诸神的谋划和目的，不相信他们能够公正地聆听凡人的恳求，就不可能圆满地履行对诸神的义务。哪怕能把一切都抓到手里，这个瘟神②也找不到任何人的灵魂愿意接受我的住宅的托管权，甚至把我的住宅当做礼物。他本人想要占有我的房屋和宅基，在这种欲望的推动下，也仅仅是由于这个原因，他想通过那该死的提案来确认他本人是我的财产的所有者。高尚的先生们，尽管如此，在他整个无耻生涯中他都没有勇气强占我的房屋，他的欲望只会点燃他的觊觎之心。你以为不朽的诸神想要亲临我的住宅，像一群盗窃神庙圣物的无赖拆毁我的房子吗？而正是凭着这个人的能力和智慧，诸神才能够继续拥有他们的神庙。在所有广大的民众中，除了普伯里乌·克劳狄这一小撮双手沾满鲜血的败类，没有任何公民或者那

---

① 指公元前312年的监察官阿庇乌斯·克劳狄·凯库斯（Appius Claudius Caecus），他老年的时候双眼失明。

② 指克劳狄。

些在危机中由于条件所限没有保护我的人会对我的财产动一个手指头。所有
参与合伙抢劫和出售我的财产的人没有一个能够逃避公共的或私人的惩罚。
我要说的是，令不朽的诸神倾心的不就是我的房屋吗？而染指我的任何财产
都会被人间公道判决为可耻的无赖。你们亲爱的自由女神从我的住宅里赶走
我的家神和保佑我家庭的神灵，以便能在被占领的住宅里安身吗？世上还有
什么东西能比公民的家更加神圣不可侵犯？公民在家中有他的祭坛、炉灶、
家神、宗教、祭祀、祭仪，家在任何人眼中都是一块圣地，把它的所有者从
家里赶走是亵渎神灵的。

【42】你们已经听到了这个疯狂的堕落者不仅在公然蔑视神灵，试图瓦
解我们祖先的宗教，而且在实际使用宗教力量时想要颠覆宗教。

但是，谁是你的女神？她必定是一位"慈爱女神"，因为是你在供奉她。
克劳狄回答说：是"自由女神"。你说什么！难道你在我家中安放的女神就
是曾经被你赶出城去的女神？你不让你拥有同等权力的同事有行动自由，你
不允许任何人随意靠近卡斯托耳神庙，你当着罗马人民的面给一位出身高贵
的杰出绅士①下命令，而罗马人民曾经授予他最崇高的荣誉，他是一名大祭
司和前执政官，他是仁慈的、无可指责的，我无法想象你如何能够面对他的
凝视，派你的仆人去糟蹋他；你未经审判就采用各种蛮横的手段对我下手；
你把这个世界上的第一公民②围困在他自己的住宅里；你派一群穷凶极恶的
武装暴徒占领市政广场；难道那个想要在一座房子里竖立自由女神雕像的人
就是你吗？这座塑像既象征着你的野蛮暴行，又象征着罗马人可悲的堕落。
把这个人从他的住宅里赶出去就是自由女神想要做的事情吗？而这个人活着
唯一要做的事情就是防止这个国家落入奴隶之手。

【43】但是，你的自由女神是在什么地方找来的？仔细调查以后，我听
说了这样的传闻，她以前是唐格拉的一名妓女，她的坟墓离城不远，竖着大

---

① 此处所指何人不确定。
② 指庞培。

理石雕像。某个贵族①与我们自由女神虔诚的祭司没有什么关系，是他把这座雕像运到城里来，打算在担任市政官时用作城市的装饰品；他确实下定决心，要在装饰城市方面超过他的所有前任。所以，为了节约金钱，也为了罗马人民更大的荣耀，他把整个希腊与各海岛神庙和公共建筑里的所有雕像、绘画、装饰品都运到自己家里。然而他意识到，要是放弃竞选市政官，执政官卢西乌斯·庇索可能会让他竞选执法官，只要有一个名字的第一个大写字母与他相同的人参加竞选就行；他把自己保险箱里的资金一部分留作市政建设，一部分用于建设他的花园；他把那座妓女的雕像从基座上搬下来运走，献给克劳狄，所以这座雕像象征的可以是克劳狄的自由，而不是国家的自由。有谁胆敢亵渎这位女神？她像妓女一样，曾被安放在墓地里，又被盗贼搬走，由一些盗窃圣物的手把她竖起来。把我从住宅里赶走的就是这样一位女神吗？这个遭受打击的国家会用她和其他战利品一道来做装饰品吗？她能在一座见证元老院的堕落的永久耻辱的纪念物中找到自己的位置吗？啊，昆图斯·卡图鲁斯！我应当先对父亲②讲话，还是先对儿子③讲话？我要先对这位儿子说话，因为我对他的记忆更加清晰，他和我的成就关系更加密切。你能想到我会在公共生涯中取得伟大成就、获得更高荣誉吗？你说这个国家有两名执政官是共和国的敌人，这是一件令人震惊的事情，但是这个国家不乏有人打算把元老院捆绑起来交给一名鲁莽的保民官，签署法令禁止元老院议员代表我与这些人调解，这些人冷漠地看着我的房子被抢劫和摧毁。最后还有，他们竟然下令把抢剩下来的财物送到他们自己的住宅里去。我现在要讲到这位父亲了。你，昆图斯·卡图鲁斯，由于马库斯·伏尔维乌斯是你兄弟的岳父；你就选择他的住宅作为堆放你的战利品的地方，你认为，任何人采取毁灭共和国的政策，最终都会在人们的眼中和心里被抹去。当你在建设那

① 指阿庇乌斯·克劳狄，普伯里乌·克劳狄的兄弟。
② 父亲昆图斯·卡图鲁斯，于公元前102年与马略一起担任执政官。征服钦布里人以后他用战利品在卡皮托利山建了一座拱廊，后来被克劳狄摧毁。
③ 儿子昆图斯·卡图鲁斯，于公元前78年担任执政官，是元老派的首领。

个拱廊的时候有人告诉过你，终有一天你的纪念物会被一名保民官摧毁。他无视元老院的尊严和所有善良公民的意愿，而执政官们不仅冷眼旁观，而且还给他提供帮助。有一位公民在担任执政官的时候曾在元老院的支持下保卫共和国，他的住宅也落得与你的纪念物同样的命运。你难道不会回答说，这样的后果是不可能的，除非我们的整个社会也同时被推翻？

【44】让我们来看一下这个人令人无法容忍的厚颜无耻如何与一种毫无约束的贪婪欲望结合在一起。他梦见过什么纪念物或者神圣的东西吗？他的理想就是过一种豪华奢侈的生活，把两座庞大、高贵的住宅①连在一起。就在我的退隐使他失去了谋杀我的借口时，他强迫昆图斯·塞乌斯把房子卖给他。当塞乌斯拒绝这样做的时候，他首先恐吓要让塞乌斯见不着阳光；但波图姆斯②仍旧立下誓言，说只要他还活着，他的房子就绝不会属于克劳狄。这位房主的话提醒了我们这位年轻、精明的朋友，让他明白了怎样才能达到自己的目的，于是他无耻地毒死了塞乌斯，然后在其他投标人都放弃购买以后，他以仅仅相当于实际价值一半的价格买下了这所房子。这一事件对我们当前争论的问题有什么关系呢？我的整个住宅几乎都不属于圣地，因为划给卡图鲁斯柱廊的还不到整个建筑物的十分之一。克劳狄希望扩张他自己能散步的地方，在他自己的神龛里竖起那位唐格拉女人的雕像，履行自己对自由女神的义务，然而不幸的是，自由已经被摧毁。他一心一意要在帕拉丁建起一座长达三百呎的柱廊，与房屋联结，组成一幅宏伟的景象，从而使房屋增多，在外观上显得富丽堂皇。尽管我们这位谨慎的朋友既是我的住宅的购买者，又是我的住宅的出售者，但他不敢在购买时公开使用自己的名字。他让臭名昭著的斯卡托出面。这个人的德行无疑会使他自己变得赤贫，他在他自己的出生地马尔西真可谓上无片瓦，下无立锥之地，而现在却声称自己购买了帕拉丁最高贵的住宅。他没有把整所住宅的较低部分转让给他自己所属的

① 指西塞罗的住宅和昆图斯·塞乌斯（Quintus Seius）的住宅。
② 即塞乌斯，全名昆图斯·塞乌斯·波图姆斯（Quintus Seius Postumus）。

封泰乌斯家族的成员，而是转让给了克劳狄；但是许多克劳狄家族的人并不想购买这所房子，因为他们知道这个人是个穷鬼或者罪犯。

【45】先生们，你们会批准这个生活窘迫的穷鬼购买我的住宅吗？他是如此鲁莽、荒唐、邪恶。但是克劳狄会插话说："有一位大祭司在场。"既然这个案子是在祭司团面前审判的，你难道耻于说有一名大祭司在场，但不是整个祭司团在场吗？尤其是你作为保民官的权力使你能够命令，甚至强迫他们到场。很好，你没有召集祭司团。那么请你告诉我，祭司团中有谁在场？你需要这样的道德支持，在这些绅士中你能够找到这种支持，而人的尊严也会由于年纪和荣誉的增长而得以增进；你也需要知识，尽管所有人都需要获得知识，但不管怎么说，时间越长，技艺越高超。那么在场的是谁？他回答说："我的小舅子。"① 如果这就是我们正在寻找的道德力量，那么他还没有到达具备道德力量的年纪；还有，那个年轻人无论拥有什么样的道德力量，他与克劳狄的姻亲关系必定会削弱这种力量在我们心中的分量。如果我们寻找的对象就是知识，那么还有谁比几天前进入祭司团的那个人的专门知识更少？还有，由于你最近的仁慈，这个人与你的关系更加密切，你的小舅子看到你更加喜欢你的这位亲兄弟；对此你已经采取各种措施使你兄弟没有指控你的权力。那么，你为什么要给这场仪式加上奉献的名字，使你既不能邀请整个祭司团出席，又不能邀请任何已经从罗马人民那里得到荣誉的某个大祭司出席呢？你甚至不能邀请任何有知识的年轻人，尽管这个祭司团中有许多人是你的亲密朋友。假定有一位年轻人到场，那也是因为你的坚持，你妹妹的祈求，你母亲的强迫。所以，先生们，想一想该如何依据所有人的幸福来处理我的案子；你们难道不会从中得出结论说，仅仅是一名大祭司发话，把他的手按在门柱上念咒，就能把任何公民的住宅奉献给神灵吗？或者说，我们的祖先为了荣耀不朽的诸神而建造了神庙和神龛，你们的奉献难道不包含对我们公民的损害吗？我们已经发现有一名保民官在执政官的支持下，把他

---

① 卢西乌斯·庇那留斯·那塔（Lucius Pinarius Natta）。

疯狂的怒火倾泻到一位公民头上，而这个共和国会用她自己的双手把这位匍匐在地的公民搀扶起来。

【46】好吧，把你们的想法告诉我。假定有人像克劳狄一样——将来确实不会缺少以他为榜样的人——野蛮地袭击一个和我完全不同的人，在这样做的时候，他并没有给国家背上沉重的负担，而是找了一位大祭司来奉献这个人的住宅，你们会因此而庄重地决定批准这样的程序吗？先生们，你们会用这样的话来反对："这样的人能找到什么大祭司？"我会反问道："同一个人有可能既是大祭司又是保民官吗？"著名的马库斯·德鲁苏斯在担任保民官的时候，同时又是大祭司。因此，要是他把手按在他的敌人昆图斯·凯皮奥家的门柱上念一通咒语，凯皮奥的房屋就奉献给神灵了吗？有关大祭司的特权、有关奉献仪式的程序以及与此相关的祭祀，我就什么都不说了。我不想隐瞒我在这方面知之甚少。确实，哪怕我不是一无所知，我也应当隐藏我的知识，免得在别人眼中显得过于迂腐，或者在你们看来显得干涉过多；尽管你们的学问真的有许多细节经常泄露出来，甚至有许多进入我们的耳朵。我听说过奉献一座神庙应当把手按在门柱上，因为门柱位于进入神庙的地方。但是按照奉献的程序，没有人把手按在一座柱廊的门柱上；要是你已经奉献了柱廊里的雕像或祭坛，那么可以把它们移走而不会亵渎神灵。但是你，克劳狄，不能对当前这个案子下结论，因为你已经告诉我们有一位大祭司确实把手按在门柱上。但我为什么还要谈论奉献的仪式，甚至还要就你们的权力和已经做出的决定进行争论呢？

【47】即使我承认这一切都是按照规定的程序和古代的传统进行的，但无论如何我应当诉诸共和国的正义来保护自己。否则的话，复活了的共和国能够保存你们的程序吗？有一位公民退隐以后，元老院和所有忠诚的人宣称由于这个人孤立无援的努力，这个国家避免了受到伤害，而你却与两名堕落的执政官一道，邪恶地破坏这个国家；你借用某些大祭司把这个人的住宅奉献给神灵，而他拒绝让这个因为他才得以幸存的国家又因为他的原因而灭亡。先生们，让我们来看看这种所谓的奉献，你们从我们的普遍困境中肯

定看不到问题所在。要是一名大祭司把手按在门柱上，错误地把原本用来崇拜不朽诸神的话语用于毁灭一位公民，那么宗教这个神圣的名字能使这种暴行带上权威性吗？要是一名保民官把其他任何人的财产庄严地奉献给诸神，宗教这个名字会使这种做法具有权威性吗？然而，我们的前辈会记得盖乌斯·阿提纽斯① 如何疯狂地把昆图斯·麦特鲁斯的财物扔进摆放在市政广场讲坛上的火盆里，在一批笛手吹奏的乐声中奉献给神灵，因为麦特鲁斯在担任监察官的时候曾把阿提纽斯赶出元老院。昆图斯·麦特鲁斯是你的祖父，遭遇同一命运的还有普伯里乌·塞维留斯和你的曾祖父普伯里乌·西庇阿。结果是什么呢？由我们早期历史中的几个例子激发出来的这些疯狂的行为对伟大的麦特鲁斯造成什么伤害了吗？肯定没有。我们看到监察官格奈乌斯·伦图卢斯遭到一位保民官以同样的方式发出的恐吓，那位保民官用这样的办法就能置伦图卢斯的财产于宗教的困境吗？为什么还要提到其他的例子？是你——我说的是你——昏头昏脑地出席你自己召集的集会，把你的朋友伽比纽斯的财物扔进火盆奉献给神灵，而你曾经把叙利亚、阿拉伯、波斯的整个疆土都送给他做礼物。如果在这个案子中你们的行为无一有效，那么你对我的财产采取的行动又有什么有效性可言？如果你在他的案子中采取的行动仍旧是适宜的，那么尽管如此，为什么这个贪婪的暴徒在和你们一道狂饮共和国的鲜血以后可以用国库里的资金在图斯库兰建起一幢高耸入云的别墅，而拒绝让整座城市落到相同命运的我，却得不到允许看一下我住宅的废墟。

【48】现在我撂下伽比纽斯，转入另一个问题。最勇敢、最优秀的卢西乌斯·尼纽斯把你的财产奉献给神灵，他在这种时候难道没有从你那里得到暗示吗？如果你断言他的对你产生深刻影响的做法应当视为无效，那么你在担任保民官时确实首开先河，别人用这样的方法对付你，你认为自己应当例外，而你自己却用这样的方法来反对其他人。如果你的奉献拥有法律上的适

---

① 盖乌斯·阿提纽斯，全名盖乌斯·阿提纽斯·拉贝奥（Gaius Atinius Labeo）。

用性，那么你自己的财产有哪一样是不能奉献的？或者说，我们要考虑一下，当一项奉献不具有约束力的时候，它还能必然是神圣的吗？因此，你在这种场合用吹笛手、祈祷者、仪式来作证有用吗？你为什么要撒谎、欺骗，把不朽诸神的尊严误用到对人的恐吓上去？如果这项行动是适宜的——我自动放弃你对伽比纽斯的做法——那么无疑你的房屋和所拥有的其他一切都已经奉献给了刻瑞斯；① 但若你这样做仅仅是做做样子，那么世上还有什么事情比你的亵渎行为更令人厌恶？他说："我现在打算承认在伽比纽斯一案中我采取的行为是不虔诚的。"是的，因为你意识到，你对别人施加的惩罚已经报应到你自己头上。你穷凶极恶，罪行累累，对我采取一项你不允许在伽比纽斯案子中采取的行动，并声称这项行动是有效的；而我们已经见证了伽比纽斯少年时的顽劣、青年时的荒唐、后来生活中的可耻与贫困、担任执政官时的贪婪，所以他遭受的苦难是罪有应得，甚至可以说是你带给他的。你认为，当着一个年轻人的面采取的行动比当着所有出席会议的人的面采取的行动分量更重吗？

【49】他断言："奉献具有巨大的约束力。"这确实有点像努玛·庞皮留斯说的话，不是吗？祭司团的先生们，把他的话记在心里；你们这些弗拉门斯② 也要记住他的话；还有你，祭祀之王③，也要向你家族的这位后裔学习（他虽然已经放弃了你的家族，但仍旧要向他学习）——总之，你们要向这位宗教祭祀的忠实奉行者学习一切宗教的律法。但是我要问你，面对一场奉献仪式，我们难道不需要问谁是奉献者、他奉献了什么、他如何奉献吗？对这些有关奉献的原则，你难道混淆不清，乃至于断定奉献者、奉献的对象、奉献的形式都可以任意选择吗？你是谁，奉献者吗？你的头衔在哪里，你的合法权威在哪里，你的先例和权限在哪里？罗马人民在什么情况下让你监管这种事情？我注意到古代有一条由保民官实施的法律，没有民众的授权，禁

---

① 刻瑞斯（Ceres），希腊谷物女神。

② 弗拉门斯（Flamens），专门侍奉某些特殊神灵的祭司。

③ 指卢西乌斯·克劳狄（Lucius Clodius）。

止将任何建筑物、土地、祭坛奉献给神灵；在那个时代，提出这一法律的昆图斯·帕皮留斯从来没有想到，或者怀疑会有这样一种情况出现：把未经审判定罪的公民的住宅或财产奉献给神灵。事实上，这样的情况是不可思议的，没有人干过这种事，帕皮留斯没有理由提出这种建议，要禁止这种事情发生。习惯上，奉献给神灵的房屋不是私人住宅，而是那些拥有神圣名称的建筑物。法律不会设想任何想要向神灵奉献土地的人都可以把我们的土地奉献出去，可以被奉献的是那些被我们征服了的敌人的土地。由于竖立祭坛会给已经被奉献的地方带来合法性，所以帕皮留斯禁止这样的奉献，除非有人民的事先授权。如果你要解释与我们的房屋和土地有关的法律条款，那么我不会参与讨论；我只想问，你有什么权力奉献我的住宅，你什么时候获得了这样的权柄，你这样做有什么法权依据。我现在讨论的不是宗教，而是我们所有人的财产，不是祭司们的权力，而是人民的权利。

【50】帕皮留斯的法律禁止在未经人民许可的情况下把建筑物奉献给神灵。我们必须承认这里讲的建筑物只涉及我们的私人住宅，而不包括公共神庙。还有，把你的奉献所依据的实际法律条文讲给我们听，如果它还能称得上是法律，而非仅仅是你的邪恶和野蛮的表达的话。如果在国家遇上灾难的时期你能恢复一切，或者说，要是你的文书，在整个社会着火的时候，不是用手去记载拜占庭的流放和布洛吉塔鲁的间谍，而是为你编纂法令，或者说，更加怪异的是，要是你的心灵不会狂乱，那么你可以满足一切要求，哪怕不真实，至少也要与恰当的法律条款相吻合。然而，就在这段时间，钱财不保险了，行省遭到分割，王家的头衔拿出来出售，把所有奴隶分派到这座城市各个区域的事情正在进行，你的对手与你和解，新的命令下达给你的支持者，你为可怜的昆图斯·塞乌斯准备了毒药，谋杀格奈乌斯·庞培的计划已经启动，而他是帝国的堡垒和保护者，元老院遭到毁灭，忠诚的爱国者遭受永久的耻辱，由于执政官的叛卖这个共和国被俘虏了，成为无法无天的保民官的奴隶。在如此众多引人注目的事情中，由于你的昏庸，因此有许多事情被你和他们忽略是一点儿也不值得奇怪的。

但是请你注意像帕皮留斯法这样的法律拥有的强制性有多大，因为就像你所断言的那样，这种性质不是由邪恶的情欲激发出来的。监察官昆图斯·玛基乌斯①派人建造了一座协和女神的雕像，安放在公共场所。他的后任盖乌斯·卡西乌斯②又把这座雕像搬到元老院，此前他向你们祭司团咨询过，问是否有人能找到任何理由，阻止他把雕像和元老院都献给协和女神。

【51】先生们，请你们从性质、时代、环境等方面做一番比较。卡西乌斯是一名拥有最高道德与尊严的监察官，而克劳狄是一名保民官，厚颜无耻，无比邪恶。前一案子处于和平时期，公众享有自由并接受元老院的指示，而在你克劳狄所处的时代，罗马人民的自由被摧毁，元老院的权威丧失殆尽。作为一名监察官，卡西乌斯的行为体现了正义、神圣、崇高的精神，我们祖先想要利用他担任的监察官职务（尽管你已经废除了监察官）控制元老院议员这个等级；他希望把一尊协和女神像奉献给元老院，并将元老院本身奉献给这位女神。他的愿望是崇高的，值得全面赞扬；因为他想利用神圣的协和女神来影响每个家庭和公共的神龛，他希望对民众谆谆教诲，他认为公布的每一项政策都不应当受到党派之争的玷污。而另外，你利用刀剑、恐吓、文告、片面的立法、大批的无赖，利用军队的武力、阴谋叛乱、与执政官签订亵渎神灵的合约，把这个国家置于僭主的控制之下。你竖起一尊自由女神像，确实，就像你丝毫不受良心谴责所嘲笑的那样，你竖立神像的方式不像其他宗教仪式那么虚伪。卡西乌斯把雕像安放在元老院里，这样的奉献没有给任何人带来困窘；而你在血泊中，不，几乎是在一位对共和国做了重要贡献的公民的骨骼上竖了一尊相似的雕像，但它不是人民的自由神像，而是一尊表明它自己的自由放任的雕像。卡西乌斯把雕像奉献给神圣的祭司团；而你要把自己的雕像奉献给谁？如果这是你家族崇拜范围内的事，那么你珍视任何东西，或者你受到召唤要举行赎罪祭，或者你有什么新发明，那

---

① 昆图斯·玛基乌斯（Quintus Marcius），公元前 164 年任监察官。

② 盖乌斯·卡西乌斯（Gaius Cassius），公元前 154 年任监察官。

么你仍旧可以坚持世上其他地区古老的祭仪，并把这个问题向一名大祭司提出；然而，当你用一种亵渎神灵的、前所未闻的方法在这座城市最出名的地方竖起一座新神庙的时候，你认为没有必要向国家的祭司们咨询吗？如果你认为不一定要拜访祭司团，那么你至少也应当考虑到祭司们的年纪、品德、尊严，恰当地把奉献的事情交给他们。然而，不是由于你对他们的藐视，而是由于你害怕他们的崇高品德，阻止了你去这样做。

【52】或者说你还有脸去向普伯里乌·塞维留斯或卢西乌斯·卢库鲁斯咨询，因为正是按照他们的建议，依靠他们的权威，我作为执政官从你的铁钳和牙齿下把这个共和国夺了回来。你依据什么样的话语或仪式——我只在演讲开始的地方提到过这一点——能够把一位公民的住宅奉献给神灵？起先有一位元老院的领袖，然后是国家的所有等级，其后是整个意大利，再往后是大地上的所有种族，他们都证明是这个人保存了这座城市和这个帝国。啊，你真是这个国家所遭受的不幸和苦难的策源地！对此你有什么话可说？"噢，卢库鲁斯，你在这里；还有你，塞维留斯，也在这里；当我把西塞罗的住宅奉献给神灵的时候，是你们把手放在门柱上！所以请你们说说你们的想法。"你的邪恶与无耻毫无疑问是无与伦比的，在那些代表着罗马人民的品性和帝国尊严的人做出庄严宣告的时候，甚至你的眼神、姿势、言语都会发生变化。有谁会愚蠢地宣布说这是不虔诚的，并且幸灾乐祸地说要用阴谋推翻他们的祖国？明白了这一点，你立即通过婚姻成了他的亲戚，不是因为你已经明确地选择了他，而是因为整个世界都已经把他抛弃。然而，我不能相信他真的是那些在赫拉克勒斯举行的神圣祭仪中受到过开导的人的后裔，神话说赫拉克勒斯在做出了丰功伟绩之后进行过这样的训导，而这些人竟然如此铁石心肠地在一位勇士遭遇困境的时候用残忍的办法对待他，乃至于要他亲手活埋一个活生生的、还在呼吸着的人。不，情况决非如此，要么他什么都没说、什么都没做，由于他母亲的不检点，他宁可承受报应，当一个哑巴，在这项罪行中仅仅挂一个名，要么我们假定他确实说过只言片语，并把手按在门柱上，那么我们可以相当确定地说，按照传统的规矩，这样做是极

不妥当，极为错误的。他确实见过他的继父穆瑞纳在当选执政官以后与阿洛布罗吉人勾结在一起，也见过在我担任执政官时有人把阴谋叛乱、颠覆国家的消息告诉我；从穆瑞纳嘴里他听说我两次保全了他的生命，第一次是他个人面临危险，第二次是他整个地卷入这场阴谋。有谁能够想象他这个武断的、初次主持宗教仪式的新手会如何说出他的第一句宗教咒语？有谁感觉不出他的舌头在打结，他的双手在颤抖，他的心灵由于害怕而产生混乱？尤其是他看不见其他祭司，看不到仪式之王，没有弗拉门斯，也没有大祭司，在这种时候他犹豫不决，被迫参与其他人所犯的罪行，为他那个遭到唾弃的同乡女人的罪行承受可悲的惩罚。

【53】但是，让我们还是回到举行奉献仪式的官方规定上来，不仅大祭司们在他们自己举行仪式时全都采用这些规定，而且在向民众下达指示时也采用。在你的记载中，你会发现监察官盖乌斯·卡西乌斯曾经向祭司团提交一个方案，要向协和女神奉献一尊塑像，首席大祭司马库斯·艾米留斯代表祭司团对他做出回答：除非罗马人民授权给他，否则他们不会认为这一奉献是正确的，所以他的行动应当得到罗马人民的授权。还有，在提多·弗拉米尼努和昆图斯·麦特鲁斯①担任执政官的时候，出身高贵的维斯太的贞女李锡尼娅，这位最神圣的祭司，在磐石下奉献一座祭坛、一篇演讲辞、一张神圣的睡椅，执法官塞克斯都·朱利乌斯难道没有代表元老院就此事向祭司团咨询吗？在那个场合下，最高大祭司普伯里乌·斯卡沃拉代表祭司团回答说："盖乌斯的女儿李锡尼娅在一个公共场合奉献的东西不会被人们视为神圣的。"通过查看元老院的实际法令，你不难明白他们处理这种事情有多么谨小慎微，拘泥细节。（宣读元老院的法令。）

你瞧，这位城市执法官的职责就是要监视这些奉献行为有没有得到批准，那些刻在奉献物品上的铭文有没有抹去。时代确实在变，随着时代的变化，道德标准也在变！一位正直的监察官想要给神庙奉献一尊协和女神的塑

---

① 公元前 123 年。

像，然而遭到大祭司们的禁止；然而在后一场合，在大祭司们的提示下，元老院决定必须把一座已经奉献给圣地的祭坛搬走，不允许留下一个字的铭文，证明那里曾有一尊奉献的祭坛。另外，当你的祖国遭遇狂风暴雨，疯狂的暴民扰乱了国家和平的时候，你梦见过国家将要被彻底颠覆，我们都将被乌云笼罩，罗马人民都将沉入海底，元老院将被推翻吗？你用拆毁住宅、建立神龛的行为玷污所有宗教，而使你的行为受到玷污的却是宗教的名字，你把纪念共和国灭亡的纪念碑建立在一个人的住宅上，在那里刻上对忠诚者的咒语，而正是这个人冒着生命危险保存了这座城市，你梦见过这个共和国会在我遭受放逐、离开城市的时候容忍这样的行为吗？

但是，先生们，要是奉献者没有得到授权、奉献的物品是不恰当的，那么我还有必要证明第三个要点吗？亦即奉献没有按照仪式所需要的用语和规矩来进行。

【54】我一开始就说过，我不应当把任何断言建立在我自己的知识、宗教义务、大祭司的秘密规定的基础上。我所说的有关奉献的规矩到现在为止并非来自秘传的教义；这些规则引自人们的共同习惯，引自行政官员们向祭司团咨询后公开进行的仪式，引自元老院的法令，引自成文法。至于仍旧留存的问题，奉献时该说什么话，该有什么样的举止，奉献的物品该怎么拿，这是你们最关心的。毫无疑问，提比略·科隆卡纽斯①已经用他丰富的知识仔细考察过所有细节，人们说他是最专业的大祭司；或者说，要是著名的霍拉提乌·普尔维鲁斯②仍旧站在这里，不顾其他人出于妒忌而说他滥用宗教的名义，坚持他做出的奉献卡皮托利山的决定，主持一场像克劳狄那样的奉献仪式，即便如此，克劳狄的罪恶行径仍旧没有得到有效的批准；一名刚刚担任祭司的无知青年主持的仪式不可能有效，他受到他姐姐的祈祷和他

---

① 提比略·科隆卡纽斯（Tiberius Coruncanius），第一个平民出身的大祭司，约于公元前 254 年担任此职。

② 霍拉提乌·普尔维鲁斯，全名马库斯·霍拉提乌·普尔维鲁斯（Marcus Horatius Pulvillus），公元前 509 年任罗马执政官。

母亲的恐吓的影响，他毫无这方面的知识，他没有得到赞同，没有其他祭司相伴，没有圣书，没有支持者，没有人为他准备献祭用品，他偷偷地进行仪式，心智混乱，结结巴巴；更有甚者，看到那些玷污神圣的行为，他感到震惊，举止失常，既像男人中的女人，又像女人中的男人，抱着虚假的目的，他匆忙无序地仓促了事。

【55】先生们，有人把消息告诉了你们，这件事后来成了人们普遍议论的话题，克劳狄在奉献仪式上如何歪曲奉献仪规，说一些不祥的凶兆，他犹豫不决地说出来的话与你们有关祭仪的文章完全不同。确实，在如此邪恶混乱的行为中，甚至连鲁莽本身都不能帮他克服恐惧。要是盗贼在亵渎神庙以后没有在梦中受到惊扰，或者对在孤寂的海边奉献祭坛感到犹豫，能够对这种野蛮行为不感到精神上的恐惧，因此在被迫要用祈祷向受到他玷污和攻击的神灵乞求宽恕的时候，你们想一想，那个抢劫了所有神庙、住宅、整座城市的盗贼想到事情的后果时心里会有多么不安？所以他奉献了一座祭坛，但却是以亵渎的方式奉献的。因为他新获得的统治权使他骄傲，使他的心灵膨胀，他表面上坚强无比，然而在实际行动中举步维艰，尤其是大祭司指示他在举行祭仪时要有约束，而他本人对这种仪式一无所知。不朽诸神的统治拥有伟大的力量，是的，共和国拥有伟大的力量。看到他们神庙的保护者被粗暴地驱逐，不朽的诸神拒绝离开神庙去他的住宅。因此，诸神让他昏乱的心灵感到痛苦和恐惧。至于共和国，尽管她对于驱逐我负有一定的责任，她的幽灵呈现在她的压迫者眼前，但即使在这样的时候，她仍旧要求我（是的，也要求她自己）冷静地面对他的怒火。所以，恐惧一直在追踪他，他迷恋的东西一直在刺激他，罪恶在促使他毁灭，使他不能完成规定的祭仪，甚至不能说出一句人们惯常使用的祭祀用语，这又有什么值得奇怪呢？

【56】先生们，事情就是这样，现在把你们的心思从我论证的细节转向共和国的总体情况。以往有许多勇士帮助你们承担职责，但是当前的情况需要你们诉诸自己的力量。元老院对你们具有永久的权威，是你们思考我的案子时的重要指引；整个意大利以及相关城镇已经向你们提供了大量证明，市

政广场上的百人队长们的呐喊不可阻挡，所有团体，所有等级，总而言之一句话，所有实现了自身幸福的人，所有想要实现自身幸福的人，都对我抱有良好的愿望，他们认为我的功绩不仅值得承认，而且值得赞扬。最后，监视着这座城市和这个帝国的不朽诸神似乎已经把允许我回归以及与我的回归相伴的欢呼的权利交给他们的祭司来裁决和自由地斟酌，因为这对所有民族和一切将来的世代来说都完全是显而易见的，我之所以能回到这个共和国全在于天意。先生们，这应当是一次真正的返回和复归——再次拥有房屋、家庭、祭坛、炉灶、家神；尽管那些不虔诚的手拆毁了诸神的屋顶和住所，尽管它就好像是一座在这位执政官执政期间被俘虏的城市，他认为拆毁这座城市的最坚定的卫士的住宅是他的责任，但不管怎么说，在你们的帮助下，我的家神和我的族神会再次与我一同回家。

【57】因此，卡皮托利山上的神啊，我要向您恳求，罗马人民凭着您赐予的理性称您为"最优秀的"，凭着您伟大的力量称您为"最伟大的"①；天后朱诺，我要向您恳求，你是我们这座城市的庇护者；密涅瓦，我要向您恳求，你一直是我的计谋的帮助者，见证着我的忠诚；我也要向古代的家神和族神发出呼唤，你们要我回归，为了你们的居所我到这个地方来参加当前的争论，你们监视着这个城市和这个共和国，我要向你们发出呼唤，我在为你们的神庙和神龛抵抗这些带来灾难的、不虔诚的毒焰；还有您，我们的母神维斯太，我在保护您的贞洁的女祭司，使她不受疯狂的恶人的侵犯，我既没有感受到在公民们的鲜血中熄灭您祭坛上永不熄灭的祭火的痛苦，也没有把你祭坛上的火焰混同为遍及全城的烈火；当这个国家临近厄运的时候，我会把自己的头颅献给代表你的祭仪和神庙的那些轻率的、亵渎的武器，如果后来，在遭到我的理性的反对之后，所有真正的爱国者都遭到毁灭，那么我要请你作见证，我要赞扬你，我要以自己的生命向您发誓，在我担任执政官的时候以及在那之前，我已经放弃了我的全部特权、利益和奖赏，我所耗费的

---

① 指罗马天神朱庇特。

全部辛苦、思索、警惕都只是为了我的同胞公民们的幸福，然后有一天我可以被允许欢乐地看到共和国的复归；但若我的快乐对我的祖国无益，那么我可以与我的亲人分离，可以陷入无穷无尽的悲伤；我不认为人们会毫无疑问地接受我要奉献的生命，直到有一天我已经回到自己的住所。先生们，由于被剥夺的不仅有我的房屋，这是你们要调查的问题，还有整个城市，从一种比较肤浅的观点来看，我已经回到了这座城市。因为这座城市最主要、最繁华的地区要面对这样一种景象，我不把它描述成一座纪念碑，而宁可说它是我们祖国的一个伤疤。由于你们明白，你们必须明白，我宁愿死，也不愿看到这一景象，所以我请求你们容许这个你们希望他回归的人（他的回归不仅仅意味着回到这个共和国），不仅能够除去强加于他的外在的对他的尊严的践踏，还能够得到他在这座城市里幸福生活的权利，因为这里是他的家。

【58】使我产生巨大震动的不是我的财产被抢劫，不是我的住宅被拆毁，不是我的地产遭蹂躏，也不是执政官无耻地把我的幸福当做战利品；我总是把这些东西当做变化无常的、不断流逝的，获得这些东西不是凭借美德和天才，而是凭借机会和环境；我想要得到的不是获得或积聚这些东西的大量机会，而是在享受这些东西时的冷静与失去这些东西时的坚定。作为一条规则，我们支配自己的私人财物的权力无非就是我们享有它们；如果我们留给子女的遗产由他们祖先的名字和他们对其父亲的纪念组成，那么已经足够充裕了。但是，罪恶地夺走我的房屋，派无赖去占领它，以宗教的名义在宅基上建造神龛，这样做比拆毁它更加邪恶，不能不使我感到这既是国家的耻辱，又是我的悲哀与不幸。因此，要是你明白对不朽的诸神、元老院、罗马人民、整个意大利、各个行省、外国民族、你们自己来说，我的复归都是快乐与满意的源泉，而你们总是最先有效地为我的幸福努力，那么先生们，我恳求你们，由于我已经在你们的影响、热情、投票下回归了，所以现在，由于这是元老院的意志，就让你们的双手来使我回归自己的家中吧。

论占卜者的反应

提　要

本文的拉丁文标题是"Oratio De Haruspicum Responsis"，英文译为"The Speech Concerning the Response of the Soothsayers"，意思是"涉及占卜者的反应的演讲"。中文篇名定为"论占卜者的反应"。

公元前56年，罗马元老院得到报告，说邻近罗马的拉丁姆地区近来有一种奇怪的声音。元老院就此事向占卜者询问，占卜者声称必须为下列事宜向诸神赎罪：(1) 公共赛会中的怠慢与不虔诚；(2) 玷污圣地；(3) 刺杀使者；(4) 违反誓言；(5) 举行古老祭仪时的怠慢与不虔诚。

元老院此时已经裁决克劳狄把西塞罗的宅基奉献给诸神是非法的，必须把宅基归还它从前的主人；而该年担任市政官的克劳狄说占卜者所指就是西塞罗的住宅。

西塞罗发表本篇演说，对所谓需要赎罪的冒犯做了如下解释：(1) 传言中暗指的赛会是麦伽勒西亚赛会①，赛会期间，克劳狄曾派大批奴隶进入剧场，而只有少数自由民可以入内；(2) 传言中所指的地点不是他的住宅，而是塞乌斯的住宅，里面设有神龛和祭坛，克劳狄谋杀了房子的主人，占有了这处住宅；(3) 传言中所说的使者是提奥多西和普拉托耳，前者被克劳狄所

---

① 麦伽勒西亚赛会（Megalesia Games）。

杀，后者被克劳狄的同事庇索所杀；(4) 克劳狄显然有亵渎神灵的罪行，而陪审团判他无罪；(5) 传言中暗指的祭仪是崇拜波娜戴娅①的祭仪，克劳狄玷污了这种祭仪。

这篇演说全文共分为 28 章，译成中文约 2.4 万字。

正　文

【1】元老院的议员们：在昨天的会议中②，你们的崇高言行给我留下深刻的印象，罗马骑士们聚集起来聆听你们的发言，我当时认为扼制普伯里乌·克劳狄的无耻表演是我的责任，因为他提出了一系列愚蠢的问题，努力阻碍税收议案的通过，他拥护叙利亚人普伯里乌·图里奥的提案，当着你们所有人的面，图里奥展示他要出售的东西，而对这个人，克劳狄已经出卖了自己的身体和灵魂。为了达到这个目的，我采取法律行动来吓唬他，抑制他的夸夸其谈和扬扬得意；确实，在使他从傲慢无礼的强辩中沉寂下来之前，他有两个词没能逃避我的注意。但他并没有完全闭嘴，他完全无视我们的执政官的性格，突然激动地冲向元老院的大门，嘴里喊着威胁性的语言，说要用庇索和伽比纽斯的军团来对付我们。他的追随者尾随他一同离去，而我满意地看到你们从座位上站了起来，那些税收承包者也打算陪同我。可是克劳狄又突然停住，站在那里发愣，脸色苍白，半晌说不出话来。然后他朝后一瞥，视线落到执政官格奈乌斯·伦图卢斯身上。克劳狄在迈过元老院的门槛时几乎摔倒在地，这无疑是因为他想起了亲爱的伽比纽斯，因为他在为失去庇索而感到痛心。我该如何描述克劳狄的放荡不羁和顽固的迷恋？值得我们仿效的绅士普伯里乌·塞维留斯一劳永逸地摧毁了克劳狄，我的话语能比塞维留斯更加有力地伤害克劳狄吗？即使我像塞维留斯那样拥有无与伦比的、

---

①　波娜戴娅（Bona Dea），罗马妇女崇拜的富饶女神。

②　指元老院举行的会议，具体内容不详。

超人的精力，像他那样认真，但我丝毫也不怀疑，一个敌人直接针对克劳狄扔出的标枪不会比那些由他父亲的同事 ① 掷出的标枪更准确，更有分量。

【2】然而，我希望证明我采取的行为是恰当的，为了那些处于极度怨恨和义愤中的人的利益，我昨天的行为比那些按照理性原则行事的聪明人也许更为明智。我的行为并非出于一时的愤怒，也没有失控；没有任何事情是我以前没有听说过的，没有经过我长时间的思考。元老院的议员们，我承认自己对两个人始终抱有敌意。尽管他们在执政官的责任感的召唤下用自己的力量使共和国和我存活下来，但他们有责任为自己辩护。执政官的职位象征着一个崇高的地位，而你们不仅用自己的权威而且用自己的祈祷来保护我。他们首先放弃了对我的信任，然后出卖我，最后攻击我，想要利用他们的叛卖行为获得的利益来羞辱我，让我与国家一起灭亡。为了自己的利益，他们视察了我所有遭受抢劫、火焚和蹂躏的房屋和地产，看着它们毁灭，却不能凭着自己的职位和命运降在他们身上的权力保护我们的同盟者的家园，对我们敌人的城市发动进攻。是的，面对这些愤怒的纵火者，面对这些会给国家带来瘟疫的凶险的预兆，我承认自己已经进入一种无法和解的战争状态。然而，尽管这场战争本身的惨烈程度能使你们满意，能使所有心智健全的爱国者满意，但不能令我的情感和那些属于我的东西感到满意。

【3】我今天对克劳狄的仇恨不如那天那么大，当时我发现他在可怕的祭仪中烧伤了手指，被人从首席大祭司的住处驱赶出来，因为他穿着女人的衣裳在那里干一些下流的勾当。② 于是我就说，我很久以前就预见到这种事会激起神灵的怒火，一场正在酝酿中的暴风骤雨将会给国家带来巨大的危害。我看到这一罪行如此野蛮、无耻、邪恶，一名出身高贵的年轻人做起事来竟然如此疯狂和不计后果，无法使自己的行为保持在和平的限度之内。如果有

---

① 克劳狄之父阿庇乌斯·克劳狄·浦尔契（Appius Claudius Pulcher）与普伯里乌·塞维留斯·以扫里库（Publius Servilius Isauricus）于公元前 79 年担任执政官。

② 男人不能参加波娜戴娅女神的祭仪，克劳狄穿上女人的衣服去参加祭仪，违反了规定。

一天这种事情没有被察觉而再度发生，那么瘟疫就会暴发，灾难就会降临。确实，对于我，除了憎恨以外，其他就没什么可说的了，除了憎恨我，他也没有再对我做些什么，但他憎恨的是我的严峻、我的尊严和这个共和国。他对我的攻击不如对元老院、罗马骑士、爱国者、整个意大利的攻击那么多；他对我犯下的罪行事实上也不如他对不朽诸神犯下的罪行那样令人震惊。他确实以一种迄今为止、闻所未闻、亵渎的方式攻击诸神，但他对我的仇恨无非就是如果他的朋友喀提林获得了胜利会驱使他对我干的事。因此，我决不认为自己受到召唤要对他进行指控；与其说要对他进行指控，我们不如去指控傻瓜；要是不使用"利古"这个名字①来表现他的特点，我们真不知该如何把他归类。我有什么必要对克劳狄这样的野牛发脾气，因为他已经在我的敌人们的草料堆中大嚼大咽？如果他明白诱使他犯下的这桩罪行的性质，那么我无法怀疑他是人世间最邪恶的人；但若他对此一无所知，那么他可以用愚昧无知来为自己辩护。还有这样一种情况，人们一般的预见似乎都会把他当做世上最勇敢最出名的提多·安尼乌斯的牺牲品；这种看法极不恰当，事实上正是由于安尼乌斯的努力，我本人才重新获得了先前的地位和安全，正是由于命运使他获得的荣耀，我本人才重新获得荣耀。

【4】确实，假如命中注定要担负摧毁迦太基这一伟大使命的普伯里乌·西庇阿出现在我面前，在许多将军包围、攻打、动摇迦太基以后他终于攻克了那座城市，完成了这一使命，我会说提多·安尼乌斯似乎也一样，他生来注定是上天恩赐给这个国家的礼物，专门用来抑制、驱除、灭绝瘟疫。只有他知道恰当的方法不仅是要打败一名武装的公民，而且要把他捆绑起来，因为这个人用石头或铁器恐吓一些人，把他们围困在他们自己家里，用杀人放火来恐吓整座城市、元老院和所有神庙。我个人的自由意志绝不想剥夺一位如此高贵的绅士，他对这个国家，对我本人，对受他指控的人提供了

①　埃利乌斯·利古（Aelius Ligur）反对让西塞罗回归的提案；"利古"这个词也有"利古利亚人"的意思，在寓言中是骗子的象征。

杰出的服务。更有甚者，在我的回归问题上，他不仅对我抱有敌意，而且勇敢地与我抗争。现在，尽管他负有多重法律责任，遭到所有忠诚者的痛恨，受到那些现在无法兑现的报复预言的折磨，但他仍旧勇敢地承担了许多不幸。尽管遭遇重重困境，但他仍旧试图攻击我。我会在米罗允许的情况下，甚至在米罗的帮助下，坚守我的立场。我要挫败他的努力，就像昨天一样。当时我站着讲话，而他站起来对我发出无言的威胁，于是我就用一些法律条文和法律程序对他做了回敬。他后来坐下了，我也就没有继续往下讲。他曾经吓唬我，说要对我进行起诉，要是他真的向我发出起诉通知，那么我会设法让执法官在他提出起诉的第三天①开庭。所以，让他继续这样想，如果他对已经犯下的罪行表示满意，那么他的身价已经被米罗降低了；要是他对我射出任何投枪，那么我马上就会诉诸法律武器和法律程序。

元老院的议员们，前不久他召集了一场民众大会，我已经得知全部细节。让我首先把会议讨论的主题和通过的决定告诉你们；然后，当你们嘲笑这个家伙的厚颜无耻时，我会为你们讲述会议的细节。

【5】元老院的议员们，要是你们愿意听，那么克劳狄给这次民众大会提出的议题是宗教义务与祭仪。是的，普伯里乌·克劳狄竟然抱怨祭仪和圣地遭到轻视、侵犯和摧毁！你们会感到这很可笑。一个人本来是个经常吹牛皮说大话的人，元老院发出上百条法令约束他，说他亵渎神灵；他把善良女神的圣宴弄成了他犯奸淫的场所，他玷污了这种祭仪；在这种祭仪举行时，男人只要用眼睛偷偷地看上一眼就是犯罪，可是他一个大男人不仅偷偷地参加了祭仪，而且还在那里做出荒淫的举动，而这样的人竟然在民众大会上提出要敬重宗教。所以我们现在需要密切注意他的下一场讨论贞洁的会议。在经历了圣地深处祭坛边的追逐以后，他竟然要代表祭仪和圣地发出抗议的声音；这确实是一项骇人之举，只不过为了继续下去，他应当去他姐姐的小神庙捍卫荣誉和贞洁。他在大会上宣读了一些占卜者对最近听到的一个奇怪的

---

① 这是法律规定的最短期限。

声音做出的反应，你们听到的说法与其他许多说法混杂在一起，结果就成了"神圣的场所正在转变为世俗的用场"。在他的论证中，他断言我的住宅已经被那一位最谨慎的祭司普伯里乌·克劳狄奉献给神灵了。我很乐意有这么一个机会一般地谈论这位奇才，这个机会不仅是适宜的，而且是不可抗拒的，我个人倾向于表示相信，这么多年来，我们早就应当把这一点向这个等级的人宣布；你们会发现这位奇才当时做出的反应只是对我们发出的一个警告，几乎是以最优秀、最伟大的朱庇特的声音说出来的，涉及克劳狄的疯狂与邪恶，以及威胁着我们的可怕的危险。然而，要是我真的能够做到，那么我首先要把我的住宅从它具有的所谓神圣不可侵犯性中解脱出来，不给任何人留下怀疑的阴影；如果说有人到了最后仍旧感到悲伤，那么我在对不朽的诸神发出的预兆以及他们设置的义务做出回答时，不仅会感到满意，而且会感到喜悦。

【6】然而，我要问你们，在这座伟大的城市里，哪座房屋能像我的住宅一样完全不可能被人怀疑拥有神圣不可侵犯的性质？元老院的议员们，你们的私人住宅和公民团体的公用房屋在大多数情况下确实不是神圣不可侵犯的，而在这座城市里，只有我的住宅不具有神圣不可侵犯的性质这一点经历了各种各样的司法裁决。伦图卢斯，我要向你呼吁，还有你，腓力普斯。作为占卜者做出反应的一个结果，元老院下令要就这些神圣的、奉献给神灵的场所进行一次投票。但是你们有可能对我的房屋进行投票吗？如我已经说过的那样，这是这座城市里仅有的一处经过各种司法判决不具有神圣不可侵犯性质的房屋。首先，在国家遭受狂风暴雨的那个漆黑的夜晚，我的敌人自己没有写过一个字说我的住宅具有神圣不可侵犯的性质，尽管他的笔蘸满了干尽一切坏事的塞克斯都·克劳狄的厚颜无耻；其次，罗马人民的权威是普遍适用的，高于一切的，经过所有年纪、所有等级的人参加的按照百人队进行的投票，罗马人民宣布元老院要坚持自己的立场；最后，你们这些元老院的议员下令要我向祭司团咨询我的住宅是否具有神圣不可侵犯性的问题，这不是因为对事情本身有什么怀疑，而是为了对这种愤怒的语言颁布一个禁

令，要是这个人继续待在这个城市里，那么他就要遭受毁灭。什么样的事物会如此神圣不可侵犯，在我们的重重疑惑和顾忌中，难道普伯里乌·塞维留斯或者马库斯·卢库鲁斯清楚明白的宣布都无法使我们否定这种神圣不可侵犯性？在所有公共祭祀、大型赛会、家神祭祀、母神维斯太祭祀，乃至为了罗马人民的幸福而进行的献祭中，一项从罗马建城以来没有违反过的献祭被这位没有污点的神圣的保护者的邪恶亵渎了。罗马人民、元老院、不朽的诸神总是考虑三位大祭司的决定，他们的决定非常神圣，不可违抗，具有约束力。但是，我的房屋已经被执政官和大祭司普伯里乌·伦图卢斯，战神玛斯的祭司普伯里乌·塞维留斯、马库斯·卢库鲁斯、昆图斯·麦特鲁斯、玛尼乌斯·格拉里奥、马库斯·美萨拉、卢西乌斯·伦图卢斯，主祭^①普伯里乌·加尔巴、昆图斯·麦特鲁斯·西庇阿、盖乌斯·芳尼乌斯、马库斯·雷必达、卢西乌斯·克劳狄，奎利努斯^②的专门祭司马库斯·斯考鲁斯、马库斯·克拉苏、盖乌斯·库里奥、塞克斯都·凯撒，辅祭^③昆图斯·高奈留、普伯里乌·阿庇诺瓦努、昆图斯·特伦提乌斯，在两场分别的听证会以后，当着大批聪明的、有影响力的公民的面，免除了一切神圣不可侵犯的性质。

【7】我断言，自从与这座城市几乎同时诞生的宗教建立以来，祭司团还没有就任何事情开过这么多会，甚至事有涉及维斯太贞女的生命也没有开过这么多会。对一桩罪行进行恰当的调查，应当尽可能多地访问一些人，这无疑是重要的；因为祭司团的裁决是重要的，祭司团的权力就像我们的陪审团一样大。如果一位非常专业的大祭司就能对宗教问题做出有效的解释，那么把这项原则用于重大审判就会引起苛刻和不公正。然而你们会发现，祭司团在对我的住宅做出裁定时与会人数比处理任何维斯太祭仪时的与会人数要多得多。明天，人数众多的元老院就会对你们的提议做决定，伦图卢斯是当选的执政官；面对普伯里乌·伦图卢斯和昆图斯·麦特鲁斯的动议，所有属于

---

① 主祭（the king of Rites），一项宗教职位，继承了原先国王所要起的神圣功能。
② 奎利努斯（Quirinus），萨宾人的战神。
③ 辅祭的原文是"sub-pontiffs"。

这个等级成员的大祭司都要出席会议；他们拥有罗马人民赋予的高级职位，详细地讨论了祭司团的裁定，而祭司团的裁定已经否定我的住宅具有神圣不可侵犯性；我已经提到过的所有人都已经同意了这一决定。但这是否就可以得出结论，占卜者的话指的就是这个奉献给神灵的地方，而不是指别处，尽管其他所有拥有特权的私人领地都被那些监察者自己宣布为不需要奉献给神灵的地方？元老院的法令要求你们对这件事情进行真正的投票。我在想，他们要么会对你们进行调查，因为你们最先就这座房屋提出自己的看法，说它完全不具有神圣不可侵犯的性质；要么他们会让元老院做决定，而元老院实际上已经做了裁决，只有一个反对的声音——就是在那边的那位首席大祭司的声音。或者说，把问题提交给祭司团，这是在任何案子中都会出现的事情，而我们的祖先把所有宗教问题以及公共私人两方面如何遵守宗教仪式的问题都托付给了祭司团的权威、忠诚和智慧。除了他们已经做出决定以外，他们还能做出什么裁决？元老院的议员们，这座城市有很多房子，我想，几乎所有房子都拥有毫无争议的合法性，要么是私人财产，要么是世袭财产，要么是通过购买得来的，要么是通过抵押得来的。但是我否认任何房子既是无可争议的私人财产，又是非常重要的公共财产，源自神圣的或凡俗的不同用途。这是因为第一，公共财产是根据元老院的决定用公费建造的；第二，根据元老院的法令，这些公共建筑得以保护，使之不受这个角斗士的无法无天的攻击。

【8】我还要说一下去年的事情。第一，这些行政官员①负有确保我的人身自由，使我不受骚扰的义务，而在这个极端危险的时刻，整个国家的幸福也托付给他们；第二，克劳狄试图用石头、烈火、刀剑摧毁我的住处，鉴于这一事实，元老院下令对有罪者绳之以法，这项反骚扰的法令就是为了反对那些随意攻击共和国的人。是的，这项法令出于你们的动议，你们是人类记忆中最勇敢、最优秀的执政官。元老院将再次全体汇集在一起颁布法令，无

---

① 指当年的两位执政官。

论谁对我的房子施暴，都将被视为反国家的罪恶行为。我断言，没有一项公共建筑、纪念碑、庙宇会像我的住宅一样牵涉到那么多元老院的法令，自从这座城市建成以来，它是元老院认为应当由国库出资建造的唯一的一处私人住宅，但却被大祭司们剥夺了它的神圣不可侵犯性；它得到了行政官员的保护，但却受到法官们的报复。承认普伯里乌·瓦勒留为共和国提供的重要服务，国家把维利亚山上的一所房子赠送给他，而国家把我在帕拉丁山上的房子归还给我；他得到了一所住处，而我也得到了四壁与屋顶；他得到了一所房子，要靠他自己的努力把房子当做私人财产来保护，而我的房子却成了公共财产，要由所有行政官员来保护。我需要对此表示感谢吗？或者说我所获得的东西有别的来源吗？我不应当对你们说这样的话，以免显得自吹自擂；但由于我所获得的东西来自你们，由于他的舌头正在攻击他的双手以前推翻了的东西，所以我的房子现在虽然已经通过你们的双手还给了我和我的子女，但我现在正在说的不是我自己的行为，而是你们的行为，所以我不担心自己现在通过自我满足而不是通过谢恩来对你们的仁慈进行赞扬会显得突兀。然而，在为了国家的幸福经历千辛万苦之后，当我在驳斥这些无耻的诽谤者的时候，要是一种怨恨感使我忘了表彰自己，又有谁会不原谅我？昨天，我注意到有一个人在和他嘀咕，有人告诉我，这个人咕哝着说我是不可容忍的，因为当这个讨厌的叛徒问我属于哪个国家时，我回答说："属于一个离开我就无法生存的国家"，这句话获得了你们自己和罗马骑士的喝彩。我相信我的回答使这个人发出了痛苦的呻吟。我还能有什么其他的回答吗？我把这个问题向每一个说我无法容忍的人提出。我应当回答说我是一个罗马公民吗？我会严格地按照词义来回答他的问题。我必须保持沉默吗？这样做意味着投降。有分量的活动无疑会树敌，有谁能在回答问题时给人留下恰当的印象，在树敌的同时不荣耀他自己？但是，克劳狄本人在受到挑战时，不仅对所遇到的一切都做了回答，而且还相信他有朋友会告诉他如何回答。

【9】由于我已经把对我有影响的问题都满意地提了出来，所以现在让我们考虑占卜者的话。我必须承认，我对已经发生的怪异、对怪异的庄严解

释、占卜者坚定不移的话语留下了深刻的印象。确实，对某些人来说，我比那些生活像我一样丰富多彩的人来说显得更像是一位学习文学的学生，但我的天性没有引导我在学习文学中找到快乐，或者发现学习文学有什么用，因为这样的文学妨碍我的心灵亲近宗教。就我自己的情况来说，首先，我向我们的祖先寻找履行宗教义务方面的权威和指导，我认为他们的心灵无疑拥有足够的智慧，我不说他们达到了睿智的水平，而只说他们拥有足够的洞察力。他们认为所有祭仪都应当按照祭司团的规定来进行，所有占卜都应当按照占卜官的决定来进行。他们认为这些预言家的书中包含着古老的阿波罗神谕，应当由那些熟悉伊拙斯康人口头传说的奇才来解释。在我们的记忆中，对近期事件的准确预测确实表明了这种解释的灵验，最初是意大利战争的灾难性爆发，然后是苏拉与秦纳统治下的那些危险的日子，几乎完全说中了，最后就是最近的阴谋叛乱，要焚毁这座城市。其次，我所拥有的闲暇使我能够学习这些神灵附身的聪明人说出来的无数箴言，以及他们留下的有关不朽诸神的大量著作。虽然我意识到这些作品是在上苍的激励下写就的，但我们的祖先似乎已经培养了自己的作家，而不是完全向希腊人学习。确实，有谁会如此愚拙，在他凝视苍天时竟然看不到诸神的存在，会认为这个由超验的理智创造出来的、其秩序不可更改的宇宙完全是偶然的？或者说，有哪个相信神灵存在的人会同时又不相信这个伟大的帝国是凭着神灵的力量缔造出来的，世代长存的？元老院的议员们，无论我们如何自负，我们不能在人口方面超过西班牙人，又不能在勇敢方面超过高卢人，不能在多才多艺方面超过迦太基人，不能在艺术方面超过希腊人。意大利和拉丁姆土地上的民众的禀赋确实赶不上其他种族，但是在虔诚方面，在宗教热忱方面，在特殊智慧（承认真理，认为这个世界是由神灵支配和指引的）方面，我们超过一切种族和国家。

【10】因此，我们没有必要详谈这些毋庸置疑的事情，我请你们注意下面这些话，要用你们的心，而不是只用你们的耳朵。那些占卜者说："在拉丁人的土地上可以听到隆隆的声音。"我不想多谈这些占卜者，流行的谣言

说他们是不朽诸神赐予埃图利亚的奇才。我们难道就不能为自己占卜吗？"在这座城市边上，人们听到地底下有轰隆隆的声响，可怕极了，就像一支庞大的军队在行进。"甚至那些巨人，如诗人们所说，都曾对不朽的诸神发动战争，又有谁会如此亵渎，乃至于不承认诸神所遭际的这种奇怪的、不幸的变故已经为罗马人民的命运做出了强有力的预言？"为朱庇特、萨图恩、尼普顿、地神，以及各位天神举行的献祭推迟了"，这就是与该事件相关发出的公告。有人在这里把这些神灵的名字告诉我，诸神遭到的羞辱迫使我们履行赎罪的义务，但我知道是哪些人的罪行在羞辱诸神。"人们在赛会上放荡不羁，玷污了赛会。"哪一场赛会？伦图卢斯，我要向你呼吁，举行赛会、马车游行、奠酒、宴饮属于你神圣的职权范围，而最伟大、最优秀的朱庇特的神仆会把仪式中出现的所有遗漏和错误向大祭司报告，根据他们的判断来决定是否重新举行这些仪式。在哪些赛会上人们放荡不羁地玷污了赛会，什么时候，或者用什么样的罪行？你确实可以代表你的同事做出回答，代表整个祭司团做出回答：没有任何人疏忽大意，没有任何人玷污赛会，所有赛会的规矩都无可指责、一丝不苟地严格遵守了。

【11】那么这些占卜者断言受到玷污的是什么赛会？是不朽的诸神和伊达山的大母神①要你格奈乌斯·伦图卢斯举行的赛会。你是这位神灵的后裔的后裔，他想要亲手欢迎大母神，而要你出席观看。因为，你要是在那天没有选择去观看荣耀这位大母神的赛会，那么我相信我们就不会得到允许继续活下去提出我们现在的反对意见。因为，这位一丝不苟的市政官②已经从全城各个部分集中了大批奴隶，只要台上发出专门的信号，他们就会从各条拱道和各个入口冲进来，扑向我们。是的，是你，就是你，伦图卢斯，表现出和你的曾祖父一样的勇气，他在一个私下场合表现得极为勇敢；是你，就是

---

① 在弗里吉亚地区被人们当做库柏勒来崇拜的一位神灵，被等同为克里特的瑞亚；普伯里乌·西庇阿·阿非利加努于公元前204年把这位神灵的祭仪引进罗马，为她举行麦伽勒西亚赛会（Megalesia games）。

② 指克劳狄。

你，你的名字、你的权威、你的言语、你庄严的到场、你的坚定和勇敢，为了表示对你的支持，所有真正的爱国者都站了起来，而当时元老院议员和罗马骑士们被克劳狄派遣的那些暴民和奴隶包围在观众席上，在挤向狭窄的通道时遭到践踏。什么？要是舞者站着不动，要是乐师突然吹不响笛子，要是父母还活着的那些青年不能驾驭马车或者让缰绳滑落，要是市政官主持祭祀或奉献圣杯时出了差错，那么我们可以说赛会没有很好地举行，我们要为这些错误赎罪，要再次举行赛会以抚慰不朽诸神的不满；当赛会的气氛从欢乐转为恐怖，当赛会不仅受到干扰，而且无可挽救地被毁时，当举行赛会的时间对整个国家来说，通过某个希望把欢乐转变为悲哀的人的罪恶行为，已经变得不是欢乐，而是厄运时，这种奇怪的声响预兆的受到玷污的赛会到底是什么赛会，对此我们还有任何怀疑吗？进一步说，只要我们在心中想起我们崇拜几位神灵的传统，我们肯定记得我们听说过这位大母神，为了荣耀她而举行的赛会遭受玷污，甚至引发大屠杀，给国家带来厄运，是的，连大母神也会伴着这些奇怪的声响在我们的田野和森林中行走。

【12】她确实向罗马人民指出了这些罪恶，展示了危险的象征。我们的祖先下令要在帕拉丁山上的神庙前和大母神的注视下举行这些赛会，这些赛会今日被称做麦伽勒西亚赛会，我们为什么要扩大这些赛会？按照传统，这些赛会应当比其他一切赛会更加庄严和虔诚，而大西庇阿在第二次担任执政官期间首次让元老院议员和民众一道参与赛会。这些赛会都被这种破坏玷污了吗？是的，前来观看的自由民都没有得到妥当的安排，由于害怕大批奴隶施暴，没有一位妇女敢靠近那里。所以，这些赛会来自很深的地下，它们被移植到这座城市里来，甚至没有一个拉丁名字，它们的名字告诉我们这是一种外来的为了荣耀大母神而举行的祭仪，而我要说这些赛会是奴隶举行的，是奴隶观看的，在克劳狄担任市政官期间，它们确实成了奴隶们的麦伽勒西亚赛会。不朽的诸神啊，要是你们就在我们中间，和我们在一起，你们怎样才能对我们说得更加清楚一些？你们已经发出预兆，公开宣布这些赛会被玷污了。我们还能举出什么比这更大的玷污、羞辱、歪曲、混乱的例子，在一

位行政官员的许可下，所有奴隶都被放出来交由另一位行政官员指挥，由此带来的后果就是观看赛会的人要恳求奴隶的怜悯，而另一方则由奴隶组成？要是有一群马蜂进入广场或举行赛会的体育场，我们会感到有必要把埃图利亚的占卜者请来。当我们不止一人看到有这么多的奴隶突然把罗马人民包围在一所建筑物中，我们不感到震惊吗？确实，这些占卜者看到一大群马蜂的时候他们会去翻阅埃图利亚圣书，然后对我们发出要小心自己的奴隶的警告。如果这种警告通过某些外地的、寓言式的征兆显示给我们，那么我们同样应当采取预防措施；然而，当征兆本身就是它所要预兆的事情，一件事情既是危险的征兆，本身又是一种危险时，我们难道不感到害怕吗？你的父亲或者你的叔父就是以这种方式举行麦伽勒西亚赛会的吗？克劳狄确实要我注意他的出生吗？虽然在举行赛会时，他宁可以阿塞尼奥和斯巴达克斯①为榜样，而不是以盖乌斯或阿庇乌斯为榜样，尽管他拥有这些名字？在举行赛会的时候，他们下令要奴隶离开体育场；而你驱使奴隶冲进体育场，把自由民赶出去。古时候，在传令官的号角声中，奴隶与自由民分离；而在你的赛会上，使自由民分离的不是传令官的号角，而是武力。

【13】甚至你们这些西彼拉②的祭司也是从你们的书中得知我们的祖先举行过这种祭仪，难道不是吗？如果这些书能被称做你们的，那么你们确实是在抱着不虔诚的目的，带着有偏见的眼睛，用肮脏的手指翻阅这些书。当意大利被迦太基战争和汉尼拔的骚扰弄得精疲力竭的时候，这位女先知的代表出现了，我们的祖先在一个恰当的时机从弗里吉亚引进了这种祭仪，把它在罗马建立起来。它受到普伯里乌·西庇阿的欢迎，人们认为他是最优秀的罗马人，也受到最贞洁的女人昆塔·克劳狄娅的欢迎，她拥有的古代的庄严是你的姐姐需要崇敬的。你们的祖先与这些祭仪有联系，那些祭司使这种祭仪得到绝对的权威，市政官一直是这种祭仪的主要保护人，这些赛会被视为

---

① 阿塞尼奥，公元前104年西西里奴隶起义的领导人，斯巴达克斯是公元前73年坎帕尼亚地区角斗士起义的领导人。

② 西彼拉（Sibyl），罗马传说中的女先知。

世上最神圣的赛会，对于赛会上发生的种种罪恶，你们难道就不感到愤怒，或者感到受到污辱？但我为什么要对此表示惊讶？我记得你接受贿赂之后摧毁了佩西努斯①，那里是诸神之母的所处。你在那里担任保民官，你在卡斯托耳神庙里给你的匪帮分钱，把佩西努斯这个地方和神庙都卖给了加拉西亚人布洛吉塔鲁。②你从每个祭坛和神座上把祭司抓出来，你把神庙里的东西都扔出去，而在以往，波斯人、叙利亚人、曾经统治过欧罗巴和亚细亚的所有国王，都把这些东西当做神圣不可侵犯的。甚至我们的祖先都赋予这些东西以神性，尽管我们支配着这座城市和意大利，并不缺少圣地；我们的将军在进行最伟大、最危险的战争时向这位女神起誓，当这位女神被赶出佩西努斯的时候，他们仍旧在那里的神庙的主祭坛上献上了自己的供奉物品。这座神庙由格外虔诚的戴奥塔鲁斯监管，他对我们帝国的忠诚和对我们权威的信赖无与伦比，所以，如我已经提到的那样，你做出裁决，把这座神庙作为补偿交给戴奥塔鲁斯。还有，尽管元老院几次裁决这位戴奥塔鲁斯配得上国王的头衔，尽管我们最优秀的将军热烈赞扬他，但你还是下令要他与布洛吉塔鲁分享这一头衔。然而，前者通过我们，通过元老院的决议，取得了他的国王头衔，而布洛吉塔鲁通过你，通过他给你的贿赂，得到了他的头衔……我相信，其他想要取得国王头衔的人会按照你的手势找到贿赂你的方式。戴奥塔鲁斯拥有许多国王的品质，但他拒绝向你支付一分钱，由此显示了他的品格；元老院宣告他可以拥有国王的名称，而你的法案中也没有一句话否认这一点；你邪恶地玷污了佩西努斯，取消祭仪，把那里的祭司抓走，而他使佩西努斯复原，维持荣耀的祭仪，不允许布洛吉塔鲁亵渎以往从未间断过的祭仪；所以你最好还是不要把恩惠赐予他的女婿，而让这座神庙失去不朽的神

---

① 佩西努斯（Pessinus），弗里吉亚地区的一个地方。
② 加拉西亚（Galatia），小亚细亚加拉西亚人的国家，又称伽洛格拉西亚（Gallograecia），在基督教圣经中译成加拉太。布洛吉塔鲁（Brogitarus），戴奥塔鲁斯（Deiotarus）的女婿，加拉西亚的"特恰克"（tetrarch）。罗马扩张以后设置了许多行省，统治行省四分之一地区的行政长官的职位称做"特恰克"，行省中又有许多附属小国。

性。但是，再回到占卜者的反应上来，其中第一句话提到的是赛会，有谁会否认这里讲的赛会就是克劳狄主持的赛会？后面接着就提到把某些地点奉献给神灵的问题，违反这一点就是对宗教的冒犯。

【14】这真是无耻到了极点！你还有脸把我的住宅问题提出来讨论吗？你最好还是随从你自己的意愿，把你的住宅交给执政官，或者交给元老院和祭司团。我的住宅已经由这三者做出了裁决，这一点我已经说过了。但是在你无法用谋杀一位杰出的罗马骑士昆图斯·塞乌斯的手段占领一所房屋，所以我断言这座房屋的地基上建有神龛和祭坛。通过提到监察官的登记和许多人的回忆，我会证明这是确凿无疑的。请你们讨论这个问题（与元老院最近通过的法令一致，这件事不可避免地摆在你们面前），我准备提到一些不可侵犯的地方。^① 当我结束谈论你的房屋时（我把它称做你的，但它拥有的神龛与整座房屋密不可分，所以你能做的事情就是把它摧毁），我就能看到自己是否有必要进一步提到其他房屋。现在有许多人认为我应当对地神庙被暴露在公众的视野中一事负责。这件事情是最近发生的，我自己也能想得起来。现在，有人说在一个私人的门厅里面有最神圣的地方。这就引发了我的许多思考：首先，这座地神庙属于我管辖的范围；其次，摧毁了这处圣地的这个人习惯于说：已经由祭司团做过裁决的我的那处房屋要按照他兄弟的好恶来裁决。在当前粮食紧缺、饥荒发生的情况下，我也要去地神庙献祭，但越是这样做，越会有人告诉我们这位奇才已经指出我们亏欠地神的祭仪。我也许可以按照一种古老的方式讲话，凡人不可能因为长期使用属于不朽诸神的东西而对这些东西获得所有权；这一条尽管不是成文法，但无论如何是一种合理的自然法则，为一切民族平等地享有。

【15】然而，如果忽略古代，我们也要忽略以前从来没有发生过的事，这样一来在我们面前还能有什么呢？我们中间确实无人不知卢西乌斯·庇

---

① 英译者认为西塞罗的这句话是对元老院说的，然后在下一句话，他又转向对克劳狄说。

索在那些日子里摧毁了一座位于小凯利安山①的、宏伟的、神圣的狄安娜神庙。在场有许多人的住处与这个地方相连，这个等级的许多成员所属的部落每年都要在这座神庙里举行献祭，这是一个指定的献祭的场所。我们要问，那些不朽的诸神感到自己的什么地方被剥夺了？我们要问，他们这样说的意思或主旨是什么？我们竟然如此无知，乃至于不知道塞克斯都·塞拉努斯用最卑鄙的行为摧毁、推翻、亵渎了这座最神圣的神庙吗？先生，你能承认我的住宅不可侵犯吗？既然已经拒绝考虑，那么你还能有什么想法？既然已经想要摧毁神庙，那么你会在其中发挥什么作用？当你说要烧毁神庙的时候，声称神庙具有神圣性的声音又在哪里？甚至在你不受惩罚的日子里，你都没有这样说过，那么与神庙相关的法令又在哪里？献祭用的神座在哪里？你使用了神座，但却是在通奸的时候使用的。神像在哪里？你从一名妓女的坟墓前偷来一座塑像，把它安放在一名伟大将军的纪念碑前。②除了毗邻一名盗窃神庙的盗贼家的院墙，我的住宅还有什么神圣不可侵犯性可言？因此，我的亲人没有一个能在不经意间看到你住宅的窗户，看到你自己在家里举行的祭祀。我会把房子盖得更高一些，这样做不是为了能够俯瞰你的住处，而是为了让你看不见你心里想要摧毁的这座城市。

【16】现在让我们来考虑剩余的那些占卜者的回答。"使者们遭到杀害，这样做违背了人的法律和神的法律。"这话是什么意思？我看到，人们在传播这些话的时候，说它指的是亚历山大里亚派来的使团；我不需要把这些看法再说一遍。因为我认为使者的权利应当受到凡人的保护，也会由于神灵的旨意而得到增强。但是我要向他提问，他在担任保民官时从监狱里放出来一大批告密者，让他们携带匕首到市政广场上来行凶，提奥多西作为一个自由城邦的使者来到元老院，他被开俄斯人赫玛库斯用匕首刺死，赫玛库斯是提奥多西最凶恶的敌人，无论他自己是否承认。我完全肯定，这一行为在不朽

---

① 小凯利安山，凯利安山（Caelian Hill）的一部分。

② 参见西塞罗：《对祭司的演讲》演讲第43章。

诸神的眼中比在杀害亚历山大里亚人的凶手眼中更可耻。我现在不是要向你们谴责所有这些罪行。如果除了你们以外其他人都没有受到玷污，那么我们会有更好的幸福的保证，但确实还有其他一些人受到玷污；这一事实增添了你们的自信心，而又相当公正地使我们变得不那么自信。有一位普拉托耳，来自马其顿地区的奥瑞斯提，是当地的一位贵族和名人，去帖撒罗尼迦见我们的"将军"，这是他①对自己的称谓，这难道不是一件确定的事实吗？或者说，由于不能从普拉托耳那里勒索到一笔钱，克劳狄就把他投进监狱，然后派自己的医生残忍地割断柏拉托耳的血管，这位使者代表一个独立的同盟国，是我们的朋友？他的斧子没有被鲜血弄脏，但他的愚蠢行为引起的公愤玷污了罗马人民的名字；除非让凶手受到应有的惩罚，否则没有别的办法可以赎罪。他的医生不是在救命，而是在夺命。你们认为这名刽子手是个什么样的人？

【17】但是让我们继续读下去，看看下面讲些什么。"遗忘了忠诚和誓言。"如果单独来看，我发现这句话的意思很难解释，但是结合上下文，我怀疑它指的是陪审员②发伪誓。众所周知，你的陪审员发伪誓。如果没有元老院的庇护，人们的钱财就会遭到暴力洗劫。我的怀疑是有理由的，因为这件事情是有史以来这个国家最典型的发伪誓的例子；然而尽管如此，在你的怂恿下发伪誓的人并没有受到指控。③

我还看到占卜者继续说："有人放荡不羁地参加这种古老的、秘密的祭仪，玷污它。"这是占卜者说的话，还是我们祖先信仰的神灵或我们的家神说的话？我们相信，可以对许多人持怀疑态度。但就这句话来说，除了落到克劳狄头上，还能有谁？这句话没有说清受到玷污的是什么祭仪吗？还有什么样的说法能够更加清楚，更加没有讨论余地，更能给人留下深刻印象？

---

① 此处的"他"指庇索，庇索的士兵把他当做皇帝来欢呼，但元老院对此并不承认。

② 此处指那些帮克劳狄说话的陪审员，克劳狄由于参加波娜戴娅女神祭仪而受到指控。

③ 克劳狄贿赂这些陪审员。

"古老的、秘密的。"噢，当伟大的、雄辩的演说家伦图卢斯指控你的时候，他使用的话语没有比这些引自伊拙斯康人的圣书的话语使用得更加频繁的了，他认为这句话直接针对你。自从王政时代以来，我们接受的祭仪中有哪一种如此古老，几乎与我们的城市同龄？有哪一种祭仪如此秘密，不仅要用篱笆阻挡好奇者的窥视，而且要用栅栏阻隔愚蠢者的眼睛，不仅要阻挡邪恶的侵犯，而且要严守祭仪的秘密？在普伯里乌·克劳狄之前，它也是一种在历史上从未遭受侵犯的祭仪，没有人能够靠近，没有人能够点灯；每个人都会小心翼翼地回避这种由维斯太贞女代表罗马人民举行的祭仪，地点在一位行政官员的住宅里，仪式一丝不苟，荣耀一位女神，人们连她的名字都不许知道，克劳狄称之为"善神"，原因是他可怕的罪恶得到了她的宽恕。

【18】不，请你相信我，她并没有宽恕你；除非这是你自己的想象，因为你的法官在从你的口袋里拿到最后一文钱以后判你无罪，尽管整个世界都在谴责你，你也没有像人们通常流传的那样由于亵渎了祭仪而变成瞎子。但是站在你面前的人有谁任意观看过这些祭仪，乃至于使我们知道犯下这种罪恶会带来什么样的天然后果，遭受什么样的惩罚？或者说双目失明是对你，而不是对你盲目的欲望，更加严厉的报应吗？即使你遭到这样的报应，是你的祖先更应当拥有一双瞎眼，而不是你姐姐的"火眼"①更应当变瞎吗？请你密切注意我的话，在你的案子中，一直以来所缺乏的不是神的惩罚，而是人的惩罚。你在这桩令人作呕的买卖中得到凡人的保护，是这些凡人赞扬你的罪恶与堕落，是这些凡人判决你无罪，尽管全体人民已经宣布你有罪，是这些凡人对你的奸淫视而不见，是这些凡人把武器交到你手中，用来反对我，以后又用来反对我们那位不可战胜的同胞公民；②我向你保证，这些凡人给你带来的好处是无法超越的。但是不朽的诸神比这些疯狂的凡人严厉得多，他们会给人带来什么样的惩罚？确实，只要你能想起你在舞台上看到的

---

① 西塞罗在这里用荷马式的比喻讽刺克劳狄娅，说她长着一双牛一般的火眼。
② 指庞培。

那些悲剧英雄，他们遭受严刑拷打，神灵对他们的愤怒远远超过我们对他们的愤怒。菲罗克忒忒斯①的尖叫与呻吟尽管裂人心肺，但并没有说什么可鄙的话，就像阿塔玛斯②的狂喜喊叫，或者像长命的弑母者发出的悔恨。当你在暴民的集会中说出这些疯狂的话语时，当你摧毁公民们的房屋时，当你在广场上用石块驱赶诚实者时，当你把火把扔在邻居的房顶上时，当你纵火焚烧神圣的建筑时，当你在鼓动奴隶时，当你让祭仪和赛会陷入混乱时，当你不知道妻子和姐妹有何区别时，当你不知道自己该走进哪间卧室时，这就是你疯狂的时候，就是你接受不朽诸神惩罚的时候，他们决定要对人间的邪恶行为施加惩罚。我们虚弱的身体要面对许多灾难，甚至最轻微的打击也经常毁灭我们的身体；然而诸神向恶人投出的标枪针对的是他们的心灵。所以当你的眼睛仅仅被用来催促你犯下各种罪行时，你比根本没有眼睛更可悲。

【19】现在，由于我们对那些由占卜者预言的恶行说得够多了，所以让我们来看这些占卜者断定不朽的诸神向我们提出了什么警告。这项警告是："不要让死亡和危险由于贵族们的分歧与分裂而降临在元老院议员和政治家头上，不要让神圣的力量抛弃他们，不要让这个国家由于一个人的统治而垮台。"这句话我逐字引用占卜者的话，没有添加我自己的一个音节。那么好吧，是谁在贵族中间制造混乱？又是克劳狄，他能这样做依靠的不是任何理智的力量或政治的技艺，而是由于我们中间存在着一种幻想，而这种幻想确实被他敏锐地察觉到了。事实上，克劳狄对国家的公然攻击只能使国家更加蒙羞；但要是他这样做了，那么这个国家至少也应当像一名在战场上与敌人搏斗的勇士，所受的伤全在前面。人品出众的提比略·革拉古凭着他的雄辩和名望抛弃了元老院，动摇了国家的稳定，但他丝毫也没有背离他的父亲和祖父阿非利加努的杰出品质。盖乌斯·革拉古追随提比略的政策，他的天才、雄辩、勇敢和给人留下深刻印象的言谈举止只会激起爱国者们后悔，如

---

① 菲罗克忒忒斯（Philoctetes），希腊神话人物，著名的弓箭手，曾参加特洛伊战争。
② 阿塔玛斯（Athamas），希腊神话人物，玻俄提亚国王。

此卓越的天赋竟然不能用于比较好的目的和雄心。萨图尼努斯[①]本人放荡不羁，疯疯癫癫，然而他竟然出色地产生了重大影响，真是一名完美的煽动者和鼓动家。我还有必要提到苏皮西乌吗？他庄重、迷人、简洁的演讲风格和言谈可以使聪明人迷失方向，甚至可以使忠诚者的信念瓦解？为了国家我们每天要和这样的人纠缠，这对于今天的政治家来说是一个沉重的负担；然而正是因为这种负担，又使政治家们平添了一份尊严。

【20】神明啊，这个家伙到底是个什么东西，连我自己也正在耗费口舌？他有什么力量，他能发挥什么影响，竟然能让人说，要使这个伟大的国家灭亡（老天爷禁止我们这样说），至少要有一个人来推翻她？在父亲死后，他稚气未脱就和那些邪恶的纵欲者搞在一起，成年以后又违反天伦在家中淫乱。随着身体完全长成，他开始从政和参军，随之就要忍受海盗以及西里西亚人和野蛮人的骚扰。他的邪恶破坏了卢西乌斯·卢库鲁斯[②]部队的忠诚，然后他就逃走了，来到罗马。此后不久，他用威胁的手段召集同乡，拿到贿赂以后参加了喀提林的匪帮。后来，他跟随穆瑞纳去了高卢。在这个行省里，他伪造死者遗嘱、杀害监护人、组织了许多犯罪团伙。在从高卢行省返回罗马的时候，他把在战役中获取的战利品据为己有；然而我们发现这尊人民的偶像狡诈地欺骗人民，这位仁慈的绅士残忍地在自己家中杀死来自所有部落派送贿赂的人。[③]然后他开始担任财务官，给共和国、宗教仪式的遵守、你们的权威、共和国的司法管理带来灾难；任职期间，他监督着诸神和凡人的荣誉和贞洁、元老院的权力、宪法和法庭的公正。这个职位——我们生活的时代有多么可悲，我们之间的不和有多么愚蠢！——这个职位是克劳狄在政治上发迹的开始，也是他走向政客式的自我荣耀的第一步。提比略·革拉古在担任执政官曼昔努斯的财务官期间曾前往努曼提亚缔约，他为此名誉扫地，再加上元老院对他们签署的条约坚决不予批准，乃至于最后激起了他的

---

① 萨图尼努斯（Saturninus），马略的继承人。

② 公元前 68 年率军在亚美尼亚（Armenia）抗击提格拉尼斯（Tigranes）。

③ 指那些在选举期间被候选人雇来派送贿赂的人。

怨恨和担忧，这种情形迫使这位杰出的勇士背离了他的祖先崇高的政策。另外，提比略·革拉古之死极大地刺激了他的兄弟盖乌斯·革拉古，他的亲情、悲伤、不屈不挠的精神都使他要为家人的流血牺牲复仇。如我们所知，财务官萨图尼努斯由于对元老院的一项法令不满而成为民主派，这项法令强调粮食紧缺，并以此为理由剥夺了他对粮食供应的监管权，把权力移交给马库斯·斯考鲁斯；盖乌斯·朱利乌斯 ① 非法竞选执政官，苏皮西乌对此进行抵制，他的行为一开始完全是正义的，然而后来却被民众的疯狂所裹胁而事与愿违。

【21】在上述事件发生的过程中起决定性作用的是理性，但这些过程本身并非正义——因为没有一种理性会正当地损害国家——但不管怎么说，有说服力的理性会和高度亢奋的情感相结合。然而普伯里乌·克劳狄身穿藏红袍，头戴额饰，脚穿女人的拖鞋和袜子，身披胸铠，手持祈祷用书突然显身，完全是一副放荡的流氓政客的样子。要是在他这副打扮的时候，除了那些妇女以外，有其他人把他抓住，要是优秀的守卫不允许他离开这个地方，对他来说，靠近这个地方就是不虔诚的表现，那么罗马人民现在就不必和这名政客待在一起了，这个国家也不会有这样的道德典范了。这是不朽的诸神最近通过我们正在谈到的这些后裔向我们发出的警告，然而由于我们当前内乱的延续，一个本来毫无可能成为保民官的人从贵族中被挑了出来。他的堂兄麦特鲁斯在上一年提出激烈的反对意见，得到元老院的一致赞成，元老院的领袖格奈乌斯·庞培也对此发表演讲表示支持，而贵族发生分裂以后，元老院又变卦了，克劳狄的堂兄担任执政官时竭力想要防止的事情发生了；克劳狄最优秀的亲戚和同志 ② 站出来反对审判克劳狄，这位执政官 ③ 也给我们的领袖带来不和；尽管他可以期待自己将成为克劳狄的死敌，但他还是说自

---

① 公元前 88 年，盖乌斯·朱利乌斯·凯撒·斯特拉波（Gaius Julius Caesar Strabo）在担任财务官之前就站出来竞选执政官，是为非法。

② 指庞培，他的儿子与克劳狄的侄女结婚。

③ 指盖乌斯·朱利乌斯。

己的行动所依据的权威是无人可以不令其满意的。^①一支火炬满带着愚蠢和悲伤朝着这个国家扔过来了；它的目标是你们的权威、最高等级的尊严、全体爱国者的团结。简言之，它针对我们社会的整个结构。无论如何这就是最终的目标，时代的怒火把它们的愤怒发泄到我头上来，对此我洞若观火。^②我碰上了一团烈焰，只有我为了祖国而被烧焦；但不管怎么说烈火也从四面八方烘烤着你们，当你们看到浓烟四起的时候，我只不过是第一个牺牲品罢了。

【22】我们之间的争执稍有减弱，愤怒的火焰就混合着强烈的仇恨指向我们这些卫士。现在，你们看，我已经回来了，我的复返要归功于这些人的建议，归功于庞培的带领，当意大利想念我的时候，当罗马人民期待我的时候，他们所有人不仅依靠庞培的权威，而且依靠他的恳求，确保了我的获释。现在让我们之间结束争执，让我们之间停止争吵，让我们可以休息一下。但是这个瘟疫的传播者不会允许我们休息；他的民众集会、他的制造混乱的邪恶行为，都是他左右投靠双方的工具；但是除了他自己赞扬自己的表现外，没有人会赞扬他；他们只是乐意听到他诬蔑他们讨厌的人。我对他的表现确实一点儿也不感到惊讶，因为除此之外，他又能如何行动呢？倒不如说我对那些明智、严肃的人表示惊讶：首先，他们竟然容忍一名邪恶的无赖用言语攻击为共和国尽心尽责的人；其次，他们应当想到这个无赖的诽谤有可能损害任何人的功劳和名誉（如果这种情况发生了，对他们本身来说倒是小有所获）；最后，他们不明白（尽管我想他们开始有点怀疑了）他的毫无理性的、杂乱无章的攻击会反弹到他们自己的头上。派别之间的这种不合理的纠缠就像那些标枪，尽管它对有良心的人来说都是痛苦的，但当它们只针对我一个人时，他们的痛苦并不严重，而现在这些标枪针对的是共和国。还有，要是克劳狄不从一开始就投靠那些背离你们的权威、他认为同情

---

① 这里的意思是盖乌斯·朱利乌斯发誓说他采取行动是因为庞培的煽动。
② 暗指喀提林阴谋。

他的人，那么擅长判断人性的他不会对他们大肆赞扬。要是他不威胁说——他在这里试图欺骗我们，但没有人驳斥他——他要派遣盖乌斯·凯撒的军队包围元老院，要对元老院采取敌对行动，要是他不吹嘘说他的行动有格奈乌斯·庞培的帮助和马库斯·克拉苏的怂恿，要是他不断言（这是他所作的唯一不是谎言的断言）这些执政官已经与他合作，那么他能够如此恶劣、残忍地骚扰我和这个国家吗？

【23】还有，当他看到你们摆脱了对大屠杀的恐惧，你们的权威在受尽打击后重新树立，人们心中对我的思念越来越强烈的时候，他就像一个彻头彻尾的骗子，突然开始向你们兜售他的货物；他在这个地方和在民众集会上断言，有人不顾占卜的预兆，强行贯彻朱利乌斯颁布的法令。① 其中只有一部法令是在元老院会议上通过的，其中包含他担任保民官期间的所有法案的内容，尽管由于疯狂他变得十分盲目，从来没有注意到这一点。他要勇敢的绅士马库斯·彼布卢斯站出来，问他凯撒在介绍他的法令时他是否一直在不断地看天。彼布卢斯坚定地做了回答。他问占卜官，这样的立法是否有效；他们回答说这个立法过程是有缺陷的。某些理智健全、倾向于我的人高兴地看着这个家伙，但我认为他们没有能够看到他的鲁莽。然而他越走越远。他开始攻击格奈乌斯·庞培本人，说庞培习惯于鼓动他的政策，以此来巴结一些人。他心中确实点燃了希望，想要通过一桩不虔诚的过错污辱、攻击庞培这位内战的平息者，他对外部的敌人发动了一场战争，取得了胜利。后来就在卡斯托耳神庙里发现了手持匕首的罪犯，这些人几乎颠覆了整个帝国。然后这位伟人竟然被围困在自己家里，要知道在他面前没有一座敌人的城市能够长时间守住城门，凭着他的精力和勇敢他总能打开进城的通道，无论通道多么狭窄，总能丈量每一道城墙，无论城墙多么高大，而他在此期间试图使我摆脱胆小鬼的责备，这些人对事实并不清楚。格奈乌斯·庞培是世上最勇敢的人，要他放弃公共活动会使他感到可耻，就像见不到阳光一样可悲，可

---

① 指凯撒在公元前 59 年担任执政官期间实施的法律。

是在克劳狄担任保民官的时候，他还要忍受克劳狄的威胁，克劳狄在民众集会上说自己打算在卡里奈①建造第二座门廊，与帕拉丁山上的门廊相对。尽管把我赶出家门确实是对我的沉重打击，然而我们看到，由于我被赶出家门与共和国的利益相一致，所以我被赶出家门是荣耀的。

【24】所以你们现在看到，贵族之间有害的争执以及精力的衰竭刺激了这个家伙采取重要行动，虽然他的疯狂一开始受到那些似乎并不同情你们的人②之间的分歧的滋养。当他一头冲向毁灭时，甚至在他不再担任保民官以后，我刚才提到过的一些小人和对手为他担任保民官时的其他行为进行辩护；他们反对消除国家的灾难，他们否认对他的责难，甚至不同意降低他的个人地位。那么，那些在其他方面都非常优秀的人会有可能衷心拥抱这条口吐毒液、散布瘟疫的毒蛇吗？我想知道什么诱饵使他们上当受骗？他们会一个接一个地说："是我的希望，我认为庞培应当让诽谤他的人参加民众集会。"你们在说什么！庞培能够忍受克劳狄的诬蔑和诽谤吗？我之所以能够回归祖国要归功于这位伟大人物，我希望他可以理解这种说法的本意，而我只能把我的感受说出来。我要宣布，是克劳狄在极为热情地赞美庞培，而在我看来，他的赞美损害了庞培的崇高名望。我要问你们，当盖乌斯·格劳西亚热烈赞美盖乌斯·马略的时候，或者说当格劳西亚后来又把愤怒发泄到马略身上，辱骂马略的时候，马略的名望比以往更加显赫了吗？你们在说什么！这个瞎了眼的疯子在寻找报应，因而指控格奈乌斯·庞培，在这种时候他比一般地辱骂元老院显得更加恶毒或更加可恨吗？在这件事上令我惊讶的是，克劳狄后来的行为不应当被如此善良的爱国者视为伪装，因为他们发现克劳狄平息了他们的愤怒。但是让那些优秀的绅士看一下我提到的这次克劳狄组织的民众集会，不必对这样的行为感到高兴。庞培，克劳狄称赞这次集会，或者倒不如说他是在诽谤。不管怎么说，他向庞培表示祝贺，断言庞培

---

① 卡里奈（Carinae），罗马的一个市区。
② 指凯撒、庞培、克拉苏。

是唯一值得国家骄傲的这个团体的成员，而他则是庞培最亲密的跟随者，他已经与庞培和解了。我不能猜测这是什么意思，但是我确信，如果克劳狄是庞培的朋友，他就不会向庞培表示祝贺。因为，如果他过去曾是庞培的死对头，那么他怎么会说那些直接损害庞培名誉的事情呢？我要请那些对克劳狄向庞培献殷勤感到高兴的人注意克劳狄的脸变得有多快，他们受到误导，闭眼不看克劳狄无数的罪恶，甚至在某些场合为他那些罪大恶极的行为欢呼。他现在向庞培表示祝贺，但他也正在残忍地攻击那些他过去竭力奉承的人。当他如此乐意在一个仅仅是假设的和解中藏身的时候，要是他找到了与庞培和解的道路，你们认为他会如何行动？

【25】我在想不朽的诸神还指出过哪些贵族间的争执？确实，那句预言中既没有提到普伯里乌·克劳狄，也没有提到他的任何同伙或帮他出主意的人。但是伊拙斯康人的圣书用了某些专门术语来指称这种公民的类型。你们很快就能听到，他们用"卑鄙的"、"遭到拒绝的"这样的形容词来指称那些在目的与财力上都感到绝望的人、在这两方面都背离公共幸福的人。因此，不朽的诸神警告我们要提防贵族之间的争执，它们在这个时候向我们预言了最优秀的、功勋卓著的公民之间的争吵；在对我们这些最优秀的人的危险和死亡做出预言时，它们把安全赋予克劳狄，而他早已从最高等级中被驱除出去，就好像他早就丧失了贞洁和审慎。啊，我最聪明、最优秀的公民们，上苍看到需要采取措施保护你们的安全，这是你们自己的责任。已经有预兆表明谁是谋害我们最优秀的人的凶手；从我们贵族的毁灭必定也能做出进一步的推论；我们得到警告，也就是说"不要让这个国家由于一个人的统治而垮台"。即使没有神意的指点，我们无论如何也应当通过我们自己的理解和推论得出这个结论；名人和权威之间的争执不可能在巨大的灾难中拯救国家，不可能阻止一位获胜者实行暴政，这是一种常识。名扬四海的公民马略与高贵勇敢的执政官卢西乌斯·苏拉之间发生了争吵；这些名人一个接一个地征服别人，但同时又很快被其他人征服，比他成为一名暴君还要快。秦纳与他的同事屋大维一起垮台；他们在获得成功时拥有暴君般的权力，然后就遭遇

厄运，走向死亡。后来苏拉又得势了，他无疑获得国王般的权力，尽管他曾经恢复共和。当前，仇恨超过了一般的怨恨，在我们最有自尊心的人的灵魂中扎了根；处于高位的人之间存在不和，其他一些人在伺机发动。他们遭到最有权力的人的反对，但仍旧保持警觉，想要抓住某些偶然到来的机会，而那些享有无可争议的优越地位的人经常不明白他们的对手的目的和企图。让我们把这种不和的精神从我们社会中扫除出去，让所有向我们投下阴影的、诸如此类的恐怖从今以后消失，这样一来，现在站在那里的那条潜伏得很深的毒蛇就会从洞穴中被抓出来处死。

【26】我们确实从同一来源受到警告，"要使共和国不受阴谋的伤害"。有什么计划能比他的阴谋更加秘密，使他竟敢在民众集会上说，应当宣布停止处理公务，逮捕司法人员，关闭国库，取消法庭？他怎么会有如此完整的毁灭我们社会的念头，除非我们相信他站在讲坛上说的话就是他内心的想法？我向你们保证，美酒、奸淫、昏睡、不假思索地鲁莽行事，是他生活的特点，而他建议的停止处理公务只能是在夜晚阴谋策划出来的事情，出自许多头脑而不是一个头脑。元老院的议员们，别忘了他的令人十分讨厌的话语污染了我们的耳朵，但它也使我们熟悉了他们的声音，他已经铺好了通向我们命运终点的道路。

接下去是一些指令："不要让荣誉为了卑鄙者和遭拒绝者而增加。"让我们考虑"遭到拒绝的"这个词，然后我会向你们证明"卑鄙者"指的是谁。然而，与此同时，可以保证的是这个词无可争议地指凡人中最卑鄙的人。那么，谁是"遭到拒绝的人"？肯定不是那些在某个时刻被错误提升的人，他们的公民权有缺陷而不是他们的品格有缺陷；因为这种不幸毫无疑问确实频繁地发生在许多优秀、正直的公民身上。倒不如说，"遭到拒绝的人"指的是那些竭尽全力违法提供角斗士娱乐的人，那些公开进行贿赂的人。他们在各种场合遭到拒斥不仅与他们自己有关，而且还涉及他们的亲戚、邻居、同部落的人、同一城市和行省的同胞公民；我们受到警告不要添加的就是这些人的荣誉。当然了，我们必须对这种警告表示感恩，但不管怎么说，与此同时罗马人民自己也独立地得到预言家的警告，要采取措施对付这种罪恶。为了对抗"卑鄙者"，你们必须提高警惕；他们的名字是军团，但克劳狄是他们所有人的国王和主子；确实，要是某些天才的诗人想向我们描绘他们能够想象出来的所有罪恶将如何玷污一个人，那么我敢肯定他们想象出来的罪恶没有一样在克劳狄身上找不到，而从克劳狄的灵魂中不可避免地滋生出来的罪恶有许多会被他们忽略。

【27】我们的父母、不朽的诸神、我们的祖国，从我们出生起，他们就在约束着我们的本性。因为，我们首先在某个时间被接受为阳光的分享者，然后被赋予上苍的气息，成为一个公民，可以自由地拥有一个确定的家。通过被封泰乌斯收养，克劳狄消除了他父母给他的名字、宗教、记忆、部落；通过犯下不可饶恕的罪行，他践踏了诸神的香火、宝座、碑石、祭坛、秘仪，这些东西男人不仅不能看，甚至连听都不行；他烧毁了这些女神的庙宇，靠着她们的保佑，人们才能消除日常生活中的灾难。他如何对待他的祖国？首先，通过武装暴乱和种种邪恶行为，他使这座城市和这个国家失去了保护，这个国家曾经使他成为一个公民，而你们不断地宣称他是这个国家的保护者。其次，他设法使一个人①垮台，我始终把这个人说成是元老院的朋友，而他断言这个人是国家的领袖；他用烈火和屠杀颠覆了元老院本身；他废除了两部法律：埃利乌斯法和富菲乌斯法，它们是国家的最高保障；他废除了监察官制度、投票制度、占卜官制度；他用金钱、行省、军队装备了与他合伙犯罪的执政官；他把行省总督的职位卖给那些原本是国王的人，而把国王的头衔封给那些原本不是国王的人；他派军队把格奈乌斯·庞培赶回家，推翻将军们的纪念碑，拆毁他的敌人的房屋，把他自己的名字刻在你们的纪念碑上。要列举他对他的国家犯下的罪行永无尽头。哪些公民被他处死，哪些同盟者被他离间，哪些将军被他出卖，哪些军队被他搞乱？除此之外，他所犯的罪恶给他自己带来的后果又有多么令人震惊啊！有谁曾经不假

---

① 指庞培。

思索地随意使用军营，比他使用自己的身体器官更随便？有谁曾自由地使用停泊在公共码头上的船只，就像他年轻时一样？有谁荒淫无耻，整天在妓院里打滚，就像他和他的姐妹一样？最后，哪一个卡里狄斯①如此可怕，诗人们的想象把它描述为能够吞没大海，就像他私吞拜占庭人和布洛吉塔鲁人的大量战利品？或者说，哪一位传说中的有着仙鹤般的脖子和饿死鬼的下巴的斯库拉②曾被狗包围，就像你们看到他雇用的那些畜生——就像盖留斯、克劳狄③、提提乌斯——咬碎他们自己的船头？因此，占卜者的反应的最后一句话要求你们，"不要改变共和国的状况"。没错，我们确实是在补苴罅漏，希望我们之间的团结能够维持这个国家。

【28】曾经有过这样的时候，我们国家的结构非常牢固，乃至于它在元老院的监察下仍能存活，甚至在对它的公民犯下暴行以后仍能存活。但今天它已经无法存活。国库已经不复存在，承包税务的人已经无利可图，最高等级的人尊严扫地，各个等级的团结遭到破坏，法庭不再审案，投票的权力仅限于少数人，随时打算对我们的要求做出回应的爱国者能提供的道德支持很快就会停止，你们很快就会看到已经找不到一个公民为他的国家挺身而出。情况就是这样，只有凭着我们的团结我们才能维持国家的现有状况。只要克劳狄还没有受到惩罚，现状的改善就是我们无法祈求的东西；在堕落中我们只能再降一步，要么走向毁灭，要么成为奴隶；为了防止我们被推向这一步，不朽的诸神向我们提出警告，因为此时人的谋略已经无能为力。若非有机会为这个案子辩护，我确实不应该谈论如此严肃的大事——不是因为我的作用、品性和荣耀超过了罗马人民赋予我的职责和你们赋予我的许多名声，而是因为在人们普遍的沉默中我可以轻易地保持沉默——我这样做不是为了维护自己的尊严，而是为了维护宗教和国家的尊严。我的话可能已经太多了，但它们表达的看法占卜者的看法，这些占卜者的后裔向我们宣布的预言

① 卡里狄斯（Charybdis），意大利墨西拿海上的巨大漩涡。
② 斯库拉（Scylla），意大利墨西拿海礁上的六头女妖。
③ 指塞克斯都·克劳狄（Sextus Clodius）。

指的不是我们，除非我们有义务在心中庄严地记住他们的反应。要是其他虽然广泛传播，但给人留下的印象也许不那么深刻的预言也能使我们感动，那么不朽诸神的真实声音就不会使我们所有人感动吗？因为你们一定不会认为那些经常在舞台上看到的事情不会发生，某些神灵能够从天上飞下来，混进人群，行走在大地上，和凡人说话。想一想拉丁人报告的那种声音的性质，想一想那些还没有受到官方注意的征兆，据说与此同时，皮切诺的波腾提亚发生了可怕的地震，伴随着许多奇怪的、可怕的现象，你们就会对我们面临的邪恶感到害怕了。不，当整个世界的大海与陆地都在剧烈颤动的时候，这种声音确实是不朽的诸神发出的声音，我们必须视之为一种雄辩的诉求，它超越我们的日常经验和信念，向我们预示着未来的兴衰。在这样的情况下进行补救和祈求是我们的责任，这就是我们得到的命令。当祈祷成为我们寻找平安道路的一个比较容易的来源时，消除我们之间的相互敌意与不和是我们要做的事。

为普兰西乌辩护

提　要

本文的拉丁文标题是"Oratio Pro Cnaeo Plancio"，英文译为"The Speech on Behalf of Gnaeus Plancius"，意思是"代表格奈乌斯·普兰西乌发表的演说"。中文篇名定为"为普兰西乌辩护"。

格奈乌斯·普兰西乌于公元前58年在马其顿担任财务官，衙门设在帖撒罗尼迦。西塞罗流放时来到这里。行省的前任财务官是卢西乌斯·阿普留斯·萨图尼努斯，他曾经是西塞罗的朋友，但现在害怕惹祸上身，不肯对他表示善意。然而普兰西乌表现出一种高尚的精神，热情地款待西塞罗。要是我们可以相信西塞罗在给他兄弟的信中所说的话，那么从该年5月到11月，普兰西乌忠实地对待西塞罗，而当时西塞罗正在忍受屈辱，甚至曾考虑过自杀。

普兰西乌于公元前56年担任保民官，公元前55年竞选市政官。我们不知道发生了什么事，竞选推迟到次年夏天，普兰西乌与普罗提乌一同当选。落选者中间有马库斯·朱文提乌·拉特伦昔，此人虽是一介平民，但祖上却是贵族。几个星期以后，拉特伦昔指控普兰西乌用非法手段赢得选举胜利。在一个专门任命的陪审团前，西塞罗代表普兰西乌发言，为他辩护。他的辩护是否成功不得而知。

这篇演说词发表于公元前54年。全文共分为42章，译成中文约3.6

万字。

正 文

【1】看到有这么多爱国者渴望支持格奈乌斯·普兰西乌竞选，我感到非常快乐，因为他在我遭遇危险的时候对我极为忠诚；我想起正是由于他的帮助，才使我能够生存下来。但是，先生们，当我听到那些既非我的敌人，又非诽谤我的人对他提出指控的时候，我感到非常悲伤，因为我的当事人追求公职似乎要给他造成伤害；在他受审的时候，想到仅仅是因为我的安全而使他的安全受到威胁，或者说仅仅是由于他曾经对我表示过善意，曾经勇敢地保护我，因此而受到威胁，我就感到非常失望。先生们，你们现在聚集在这里，你们的眼光要求我重新鼓足勇气，因为当我的眼光小心地扫过法庭上的几个人时，我明白你们中间没有人不把我的安全放在心上，没有人不感到应当对我尽最大的义务，所以我没有必要对他们回忆我得到的无法言表的恩惠。因此，我不认为格奈乌斯·普兰西乌对我的精心照料在那些渴望从我这里为自己得到补偿的人眼中成为伤害他的理由，这种感觉使我宁可对马库斯·拉特伦昔感到惊讶，因为他竟然对我的荣誉和安全如此挂念，① 要从所有人中选择我的当事人作为攻击目标，而不是生怕你们有能力判断他的那些有说服力的理由和他采取的办法。不，先生们，我相当自负地想象和假定，我的当事人为我提供的服务足以使他免除一切指控。如果我不能向你们证明他的生活十分清白，他的行为检点节制，他对原则极为忠诚，他的大公无私鼓舞着所有和他有关系的人，那么我将接受你们可以对我施加的一切惩罚。这些品质被视为绅士和爱国者的品质，如果我说明他具有所有这些品质，那么先生们，我请求你们对他仁慈，因为他曾经凭着他自己的仁慈帮助过我。我当前的呼吁所耗费的精力已经超过一般的案子，但我这样做是必要的，我

---

① 参见本文第 35 章开头处。

需要进一步承担为他辩护的重任，不仅代表格奈乌斯·普兰西乌，我有义务保护他的安全，胜过保护我自己的安全，而且代表我自己，因为我们的对手针对我说过的话几乎超过针对我的当事人及其案子说过的话。

【2】但是，先生们，如果他没有对我进行某些批评，那么这种情况并不会给我带来很大的麻烦。感恩是人的一种非常稀罕的品质，因此我不担心连续对我的当事人表示感谢会转变成对我本人的毁灭性指控。我们的对手努力宣扬两种说法，对它们进行驳斥是我的义务：第一，格奈乌斯·普兰西乌为我提供的服务少于我为他提供的服务；第二，这些服务无足轻重，并不具有像我对你们所说的那样的分量。在对付这两种说法的时候我一定会十分谨慎，避免冒犯；在我对实际的指控做出回答之前，我一定不会再提起它们，让它们出现在我的辩护中，从而使我的辩护显得好像是在依靠回忆我自己的危机，而不是依靠我的当事人的清白无辜。

先生们，这个案子相当简单和明确，但是摆在我面前的辩护路线充满困难和陷阱。首先，要是我仅仅对拉特伦昔进行攻击，那么这一辩护本身就构成了对我们以往真诚友谊的污辱。目标完全一致是真诚友谊的传统条件，长期以来我和我的对手就处于这样的关系之中，确实没有比思想倾向和同情心的一致更加可靠的友谊保障了。对我的朋友进行攻击对我来说虽然是一种痛苦的选择，但我受到了召唤，不可避免地要在辩护中比较个人的品质，这对我来说显得更加痛苦。因为拉特伦昔提出一个问题，十分迫切地要我做出回答。这个问题就是：普兰西乌凭着什么道德品质、什么样的名望超过他。因此，如果我向我的对手的天赋（无疑很多，也很大）献上棕榈枝，那么我必定不仅要嘲笑我的当事人的尊荣，而且必定会使我自己处于与其共谋的怀疑之下；另外，如果我把我当事人的声明摆在我的朋友面前，我的讲话必定会遭到辱骂，因此我必须说明，如果他缠着我，一定要我给他一个回答，那么我就说普兰西乌的功德超过拉特伦昔的功德。所以我面临选择：要么损害一位亲爱的朋友的名声，如果我沿着他的发言催促我走的路线前进；要么背叛一个人的案子，而我对这个人拥有很大的义务。

【3】拉特伦昔，如果我断言普兰西乌的名望超过了你的名望，或者其他任何人的名望超过了你的名望，那么我实际上应当承认自己在参与这桩案子时犯了盲目急躁的毛病。因此，为了避免你对我的挑战，我在辩护中要求助于另一个案例。我问你，你认为民众缺乏对他们的行政官员的品德提出批评的能力吗？无疑，他们有时候缺乏这种能力。但他们会始终如此吗？他们仅在很少场合无能，比如在他们已经选出了他们认为可以把他们的安全托付给这些官员的时候。但在不那么重要的选举中，就像我们现在进行的选举一样，能否取得成功取决于个人的努力和候选人受欢迎的程度，而不是取决于是否拥有那些专门属于你的天赋。因为在民众政治中，贵族们对一个人的功绩的判断总是片面的；拉特伦昔，我不承认你能指出一条优点是你独具而非普兰西乌与你共有的。

我将在别处再完整地讨论这个问题，因为目前我只讨论人民的权力。那些精英经常把权力赋予人民，但也经常习惯性地忽视人民。如果一位不应当受到轻视的候选人被人民忽略了，那么我们从中并不能得出，不被忽略的人必须接受陪审团的审判。因为如果是这样的话，那么我们的陪审团实际上拥有通过选举来决定监察官的权力，这是一种连贵族在我们祖先的时代都无法获得的权力。或者说他们会拥有一种令人更加难以容忍的权力，因为在过去如果贵族不同意，即使当选了也不能任职；而你们今天却要求通过审判人民选举出来的人苛刻地评价人民的智慧。所以，自从穿过这扇我十分犹豫是否要进入的大门参与这个案子以来，我认为自己无论如何是抱有希望的，但决不是通过我的演说来使人们更加怀疑你；倒不如说，我宁可对你的功绩进行严格的考察，而不是通过任何诽谤性的推论玷污它们。

【4】当你落选市政官的时候，你认为你的自制、精力、爱国、勇气、公正、尊荣以及忠于职守，受到了挫败、轻视、嘲笑，被人们摞在一边了吗？拉特伦昔，如果这是你的看法，那么请注意我的看法与你的看法有多么大的差别。我要抗议，如果我们的公民中只有十个人有着健全的政治观点，拥有智慧、正义和清醒，认为你配不上市政官的职位，那么我应当赋予这种看法

以更大的分量，省得你把这样的看法视为民众通过的审慎判断。民众选举不可能得出完全一致的审慎判断，他们的意见经常受到偏心的引导，因为他人的祈求而发生动摇；即使最后得出了审慎的判断，那么也不是由具有识别能力的智慧，而经常是由一种顽固任性的冲动决定的。因为，大众对于审慎、理性、辨别、耐心的审查非常陌生；所有伟大的思想家都认为，应当勉强顺从，而不是一直赞成民众的行为。因此，说你自己应当被任命为市政官就是在指责人民，而不是在指责你的对手。

让我们假定你的功劳大于普兰西乌的功劳。在这一点上我简单地表示接受，这样做不会对你的名望有任何损害。然而，肯定了这个假设，应受谴责的不是击败你的候选人，而是忽视了你的民众。因此你必须在心里记住：首先，选举，包括选举高于市政官的公职，是民众派别情感的表达，而不是他们成熟的判断；他们的投票随波逐流，而不是诚实的；投票人经常考虑的是他们自己与具体候选人的关系，而不是国家将要赋予候选人的职责。但若你宁愿把选举视为审慎的判断，那么你必须默默地顺从它，而不是反对它。你说这是一种堕落的判断。是的，没错，但它又是一种毋庸置疑的判断。它没有道德上的权力，但具有法律上的权力。你拒绝顺从它，但在过去有许多极为优秀睿智的公民顺从了它。因为它是自由的人民享有的特权，他们的力量可以使整个世界发生动摇，可以征服全世界，只要他们愿意，就可以通过投票授予或剥夺任何人的职务。我们也在其中起作用，我们在民众喜爱的暴风骤雨中颠簸，我们必须满意地接受民众的意志。当它与我们疏远时，我们要赢得民心；当我们赢得民心以后，我们要紧紧抓住民意；当民心动荡不安时，我们要安抚民心。如果我们没有建立巨大的仓库存放它的褒奖，我们就不配接受它的赞扬；但若我们已经真心诚意地对待它，那么我们一定不要在博取它的青睐时感到厌烦。

【5】现在让我从民众本身的观点来看待这件事，通过民众之口，而不是通过我自己的嘴来与你争论。要是民众现在能与你见面并交谈，那么它会说："拉特伦昔，我并非宁愿选择普兰西乌而不愿选择你。但是，由于你们

作为优秀的爱国者，相互之间没有什么差别，所以我选择把我的青睐投向那些不断地向我提出要求的人，而不是投向那个不愿降低身价以博取民众赞扬的人。"我想你的回答是：依靠古老而辉煌的血统，你相信把精力耗费在游说上是不必要的。但另外，人民会通过已有的习惯和古代的先例来提醒你，反驳你；总有人会提问，总有人会伪装。人们为什么偏爱马库斯·塞乌斯，他甚至不能在法庭审判时保住自己的骑士地位，也不能保护贵族的清白和雄辩的马库斯·庇索；昆图斯·卡图鲁斯虽然拥有高贵的出身、聪慧的睿智、杰出的品格，然而人们宁可选择盖乌斯·塞拉努斯，他虽然是个傻瓜，但却是一名贵族；人们宁可选择盖乌斯·菲姆利亚，尽管他的家族在公共生活中默默无闻，但他本人却拥有强大的品格和审慎的力量；人们宁可选择格奈乌斯·曼留斯，他不仅出身低微，而且缺乏教养，这是一个没有立场的人，他的生命是堕落的，卑劣到可以讨价还价。罗马人民会说："当你在昔勒尼的时候，我的眼睛在徒劳地寻找你。我宁可能够支配你的德行而不是支配我的同盟者的德行。当我看不到你的时候，我有一种强烈的失落感，就好像失去了贵重的物品；虽然我渴望得到你的美德，然而你却抛弃了我，使我不知所措。你在一个危难时刻竞选保民官，这个职位需要你这样的雄辩和诚实；如果你想通过放弃竞选来表明你感到自己缺乏拯救这个国家于水深火热之中的能力，那么我并没有怀疑你的能力；如果在决定要不要参选时你感到犹豫不决，那么我对你的爱国热情表示怀疑；如我比较容易相信的那样，如果你参加了选举，并在以后的危机中使自己保存下来，那么我也会召唤你面对这场危机。所以，用你自己提供的服务谋求一项公职对我来说拥有巨大的价值；无论谁担任市政官，他组织的赛会对我来说都是一样的；但是保民官的人格在我看来极为重要。因此，要么让我一度寄托在你身上的希望实现，要么如果你宁可对我表现出卑微的价值，那么我就授予你梦寐以求的市政官的职位；然而，如果你想要获得与你的功劳相配的崇高的荣誉，那么我建议你要学会对我致以更加诚挚的敬意。"

【6】拉特伦昔，这就是人民的请求。但我想就此与你辩论。调查你失败

的原因不是法庭主席^①的责任，除非法庭已经被贿赂包围了。如果一名当选的行政官员由于其他竞选人的失败而遭到审判，那么我们不再有任何理由恳求民众的青睐，也没有任何理由等待选举结果的宣布。只要读一读候选人的名单，我就会说："这个人出身于执政官的家庭，那个人出身于执法官的家庭，我还注意到其他人都属于骑士等级。他们都没有什么缺点，都是好人，都是真诚的人。但是这些等级必须维持，所以让出身于执法官家庭的人让位给出身于执政官家庭的人，让骑士等级的人不要与执法官的后裔竞争。"放弃偏爱，取消竞选，让我们不再举行竞选演说，让人民不再有授予公职的自由，我们也不再会有聆听选举结果的悬念；这样一来，你们就会发现选举中出乎意料的成分消失了，失去了选举结果不确定性的魅力。另外，一般情况下我们对某些人的当选和某些人的落选会感到惊讶。投票站和民众集会就像无边无垠、深不可测的大海，民心就像无法预测的潮汐时涨时退，候选人在这里只能像一叶小舟漂浮在汹涌澎湃的波涛上，一会儿被冲上浪尖，惊叫不已，一会儿被推上海岸，在那里搁浅；身处如此反复无常的偏心的精神潮汐，我们会由于不能发现其中的秩序、意图和冷冰冰的逻辑而感到失望吗？

因此，拉特伦昔，不要在你们中间做比较，以此向我挑战。选举允许一个人用平静的外表掩饰内心的秘密，允许他有选择的自由，如果他有承诺，那么别人会要求他实现承诺；如果说人民珍惜这种投票选举的权利，那么你为什么要坚持由法庭来决定那些选举都不能决定的事情？说某人的功劳比另一个人大是一种极大的冒犯。我们怎样才能说得更加公平一些呢？我们确实可以这样说：他当选了；这个说法直截了当地触及了事情的要害，是法官所希望知道的全部内容。你们问，为什么受到指控的是被告而不是我？我也许不知道，也许选择知道了也不说，也许建议说被告通过卑鄙的手段当选——这个建议对我的当事人会造成极大伤害，但肯定不会在法庭上对他造成伤

---

① 指执法官阿菲乌斯・伏拉乌斯。

害。假定我采用一条极端的辩护路线，说推动人民做出选择的是一种任性而不是良心，那么请你们告诉我，你们站在这里凭的又是什么呢？

【7】拉特伦昔，我甚至可以把为这个案子辩护称做人民的行为，要是我证明普兰西乌决非沿着一条对所有像我这样出身于骑士家庭的人开放的道路，用一种巧妙的方法获取公职，那么我能用这种方式放弃在你和我的当事人之间进行比较吗？这是你的演说的主题，如果我们要继续进行下去，就不可能不引起人们的猜忌？我最终能用这个问题和对普兰西乌的指控来牵制你吗？他是一位罗马骑士的儿子，如果这一事实必定使他处于不利的地位，那么我要指出与你一同参加竞选的候选人都是罗马骑士的儿子。我不想进一步强调这个观点；但使我感到奇怪的是你会凭着自己的情感选择这位在投票中与你相距甚远的候选人。当我靠近法比乌斯拱门时，像通常会发生的事情那样，我在拥挤的人群中受到碰撞，那么我不会指责某些站在神路那头的人，而会指责那些猛烈撞击我的身体的人。按照我的道德标准，你甚至不敢对勇敢的昆图斯·佩狄乌斯发火，也不敢对我的挚友奥鲁斯·普罗提乌发怒；但是你选择了羞辱把这些人推下路面的人，而不是用胳膊撞你的人。

然而，在你自己和普兰西乌之间，你最先进行的比较是出身和家庭。在这些方面，你比他强。（对于非常明显的事情我为什么不坦率地承认呢？）但你比他强的地方还不如与我一道参加执政官以及其他职务竞选的其他候选人比我强的地方。你需要想一想你对他表示轻视的那些缺陷有没有帮他的忙。让我们以这样一种方式来看问题。你的家世在父系和母系两方面都属于执政官等级。你相信所有那些坚持血统论的人，那些把出身当做他们最值得骄傲的地方的人，那些被你祖先的半身像的荣耀和你吓人的头衔迷惑的人会支持你竞选市政官，对此你会感到犹豫不定吗？就我个人来说，我不怀疑。那么，不如你那么热爱家庭出身就是我的当事人要受到责备的原因吗？

【8】让我们从源头上来讨论出身问题。你是图斯库兰这个古老地方的居民，此地产生的执政官（包括朱文提乌家族）的数量比其他所有城镇加在一

起还要多；而我的当事人来自阿提纳区，^①既不古老，也不因为它的子孙的优秀而出名，从城里要去那里也不容易。用你的眼光，你希望这种差别在选举中会有多大分量？首先，你认为哪些人会更加坚定地支持他们的同乡——阿提纳人还是图斯库兰人？当前者（作为他们的一位近邻我所能知道的）看到杰出的格奈乌斯·萨图尼努斯的父亲时，他们表现得非常兴奋，萨图尼努斯的父亲和我们在一起，首先任命市政官，然后任命执法官，因为他不仅第一个把显贵的尊严引进他的家族，而且引进整个地区；而与后者在一起的时候，我从来没有感觉到他们对自己的同乡的优秀表现过那么多的热情。我想，这是由于这些前执政官在街上行走时相互之间用肘部推搡；我相信这不应当归因于他们缺乏仁慈。讲到我自己和我的乡镇，我可以肯定地说，我们表现出这些公共精神的特性。我需要提到我自己或我兄弟的情况吗？我几乎要说，我们的每一块田野和山坡都在为我们的优秀品质欢呼。但你见过一位图斯库兰人吹捧过伟大的、拥有一切美德的马库斯·加图吗？吹捧过他们的同乡提比略·科隆卡纽斯吗？吹捧过那位生来就具有伏尔维乌这个名字的伟大人物吗？一个字都没有。但若你遇上一位阿尔皮诺^②人，你一定会听到一些片言只语，极有可能是关于我的，或者肯定是关于盖乌斯·马略的。所以，我的当事人首先得到他同乡的偏爱与支持，而你们所能指望得到的支持莫过于来自那些已经非常出色的人。其次，你的同乡无疑非常优秀，但他们与阿提纳的优秀人物相比仅仅是一小撮；而我的当事人的家乡充满了高度忠心的绅士，在整个意大利你都找不出一个地方可以与这个地方相比。陪审团的先生们，你们瞧，他们今天蜂拥而至，来到这个法庭，穿着丧服，带着哭丧人的伪装来恳求你们的怜悯。他们中有那么多罗马骑士，那么多国库的财务官——更不要提那么多最低等级的公民了，他们到这里来支持一个人的参选，但从这个法庭上被赶出去——他们难道不会对我的当事人的参选给以物

---

① 阿提纳（Atina），罗马东南面 15 里处的一个地区。
② 阿尔皮诺（Arpinum），西塞罗的出生地。

质和道义上的支持吗？确实，他们不仅给他带来了特瑞庭部落，关于这个部落我晚些时候再讲，而且使他成了一位重要人物，成了所有眼球关注的焦点，使他拥有了一个团结的、有活力的、坚持不懈的支持者的团体。因为在我们这些自治镇里，邻居间的同情经常引发更多的情感流露。

【9】有关普兰西乌我所说的一切都基于我的个人经验，因为我在阿尔皮诺时是阿提纳人的邻居。友善睦邻是一种值得我们赞扬的品质，不，是一种值得我们热爱的品质，因为它保存了古代的仁慈精神，没有染上凶狠与恶意刁难的褊狭色彩，生活在没有虚假的氛围之中，不由伪善的虚情假意所激发，不受郊区居民，乃至城市居民的虚假情感的熏陶。在阿尔皮诺、索拉、卡西努、阿奎努姆，没有一个人是普兰西乌的追随者。而在人口密集的维那卢姆和阿利费地区，一句话，在我们所有崎岖不平的乡下和山中，却有许多人对血缘关系保持着坚定的忠诚，把我的当事人的杰出表现当做他们自己的荣誉，把他的提升当做对他们自己的一种尊敬。来自这些城镇的罗马骑士今天在这里呈上他们的官方证词，他们为普兰西乌的事情感到焦虑不安，可与当时他们对普兰西乌的热情支持相媲美；因为财产被剥夺是一种比未能提升公职更为痛苦的命运。拉特伦昔，你的祖先传给你的幸福超过普兰西乌，而与此相抵，普兰西乌在崇高的精神美德方面超过你，这种精神不仅来自他的城镇，而且来自整个国家；除非我们确实可以假定你得到过拉比齐、伽比、波维赖这些地方的邻居的帮助，但那里的社团今天却很难找到使者呈上他们那份拉丁节的祭品。如果你愿意，让我们添上我的当事人的优势，他的父亲是一名包税人，而你认为这是他的一个污点。有谁不知道这种职业在追求公职时有重要作用？在包税人这个团体中可以找到罗马骑士的鲜花、我们社会的装饰、我们政治生活的支柱。因此，有谁会如此大胆地否定它对普兰西乌成为候选人所起的影响？只有考虑到下列事实才是唯一正确的做法：他父亲曾在某些时候担任一家包税行的头目，其他合伙人都依赖他；他是一位孜孜不倦的游说者，代表儿子去讨好全体选民；我的当事人自己在担任法官和保民官期间为骑士等级提供的巨大服务是世所公认的，这个等级的成员把荣誉

赋予普兰西乌，就是把荣誉赋予他们这个团体；这也是一种确保他们子孙的未来的方式。

【10】甚至还有某些微小的贡献——虽然我必须提到这些事实，但我还是很胆怯——是由我本人做出的，它们采取的形式，不是提供物质上的帮助，不是运用容易引起猜忌的权势，不是利用可恶的个人优势，而是对他赋予我的恩惠进行宣传，代表他去唤醒人们对他的同情和祈求。我向一个又一个部落的人民祈求，自降身价，成为一名乞援者。我的祈求其实是不必要的，因为有许多人自愿这样做，向我许下诺言。所以是这种乞求的动力、而非乞求者的人格在起作用。就像你指出的那样，如果某位绅士所据有的高位使他代表某个具体的当事人做出请求时①遭到拒绝，从中并不一定能得出结论说我是唐突的，因为我说我的努力会带来成果。因为，如果说我代表那个人，为他尽力，是出于友谊的驱使，那么哪怕仅仅是请求进行一次投票也总是能够产生最有利的印象。确实，我自己提出请求的方法是建议由我来为他游说，这样做不是因为他是我的朋友或邻居，也不是因为我与他父亲关系非常亲密，而是因为他在某种意义上是我的生活的唯一再造者和大救星。不是个人的权势，而是驱使我提出请求的动力，赢得了人们的心。有些人对我的回归感到不高兴，有些人对我受到冤枉不感到悲伤，但他们没有一个对普兰西乌不感恩，因为他对我表示了同情。如果在我回归以前，理智健全的人从四面八方来到这里，主动为普兰西乌提供服务，当我的名字，甚至在我缺席的时候，也是对他的一种赞扬的时候，你能相信我的出场和祈祷对他无益吗？敏图尔奈的殖民者从那些举起刀剑反对国家的叛徒手中拯救了盖乌斯·马略。他们为马略饥饿的、久经劳顿的身体提供住所，向他捐献盘缠。当马略离开由他保存下来的土地时，他们向他提供了一艘船。他们流着眼泪，用祈祷和祝福祝他一路顺风。这些人应当享有完全的荣耀。普兰西乌由

---

① 公元前63年的保民官安庇乌斯·巴尔布斯建议，应当允许庞培戴上胜利徽章出席赛会。

于同情和勇敢而受到赞誉，对此你们会感到奇怪吗？在我被暴力驱逐以后，或者说在我秘密退隐之后，要是你们宁愿这样说的话，他对我表示欢迎，他帮助我，保护我。先生们，他是在为元老院和罗马人民这样做，因为说不定哪一天就会有某些人想起要把我召回来。

【11】普兰西乌对我的帮助足以抵消普兰西乌所犯的罪行。所以，先生们，不要对我下面将要简单地向你们描述的他的生涯感到惊讶。他的公职每次得到提升都使他受益匪浅。应奥鲁斯·托夸图斯之邀，我的当事人在年轻时去了阿非利加，在那里感受到托夸图斯的卓越品质和崇高原则。托夸图斯非常杰出，配得上一切荣誉。他与这位有节制的年轻人自然而然地结下了亲密的友谊。要是托夸图斯今天在这里，那么他会在出面作证的时候强调这一点，就像他的堂兄弟和女婿、在美德和功绩方面可与他相媲美的奥鲁斯·托夸图斯，奥鲁斯今天在这里，与他的岳父有着最亲密的关系，然而，要是我们把他们做一番比较，就会使他们之间这种深厚的亲情关系变成敌对的。后来，在克里特的时候，我的当事人是他的同乡萨图尼努斯的卫士，在昆图斯·麦特鲁斯帐下服役，这两人对我的当事人非常赞赏，这使我的当事人有很好的理由希望今天能得到人们的普遍认可。你们知道盖乌斯·萨凯多斯的正直品性和力量；你们知道作为一个人和一个公民卢西乌斯·福拉库斯有多么伟大。他们俩都在那个行省担任使节，他们与我的当事人之间的密切来往，以及他们提供的个人证词，都高度肯定了我的当事人。在马其顿，我的当事人担任军法官，后来在同一行省担任财务官。来自马其顿诸城邦的族长们可以证实这个国家对他拥有的感情。他们来到罗马是为了完成一种完全不同的使命，但是由于同情我的当事人所遇到的不可预见的危险，他们自愿无保留地、不知疲倦地为他服务，因为他们相信，通过站在他一边，可以使这个国家感到高兴，因为他们完成了超过他们使命的事情。还有，卢西乌斯·阿普留斯·萨图尼努斯与我的当事人有着良好的关系，一个是执法官，一个是财务官，恪守传统准则，他们之间的关系就像父子。你们可能不会赞美我的当事人在担任保民官期间的表现，因为他不像你们赞扬的那些保民官

那样有活力，但我们可以毫不犹豫地肯定，要是他的工作方针是以往普遍采用的，那么在担任保民官时采用剧烈的方式就应当被认为是不必要的。

【12】个人生活进入公众视野以后由人们进行评价，尽管这样做在公共舞台上是有作用的，但我不想依靠这些内容。我不想多谈他的私人关系，首先是与他父亲的关系（因为在我看来，孝顺是一切美德的基础）。一方面，他把父亲当做神明来敬畏，在他眼中父亲简直不比神灵差到哪里去；另一方面，他热爱他的父亲，他们之间的关系就像伴侣、兄弟、同龄人。我需要提到他与他的叔父之间的关系吗，这种关系通过血缘和婚姻形成？我需要提到他和我们优秀的朋友萨图尼努斯的关系吗？这位绅士把我的当事人的悲哀当做他自己的悲哀，你们难道看不出他有多么希望我的当事人当选公职吗？我需要提到我自己在头顶上被乌云笼罩的时候，感到自己正站在法庭上受审吗？我需要提到无数地位很高的绅士，就像我们看到现在出席审判的人一样，如你们所见，曾把他们的外衣摺在一边①吗？先生们，是的，这样的证据是根本的，不可怀疑的；它们是对我的当事人的正直品质的一种贡献，是无法用虚伪的修辞来添加色彩的，而是打上了真实的、不可磨灭的烙印。用致敬和礼貌来博取民众的青睐是一件轻而易举的事情。它们吸引人们的眼光，但经不起考验。远距离地观看，它们有华丽的外表，而近距离的考察对它们来说是致命的。这样一个人竞选市政官会使你们感到惊讶吗？尽管在某些方面他可能比你差，我指的是名字或名声，而你在这些方面无论如何比他强，但他得到他的同乡、邻居、伙伴的支持，并且在我生命发生危机的时刻支持我，所以美德、廉洁、自制使他具有了各种内在的和外在的价值，你在这些方面比得上他吗？

你含沙射影的讽刺和肮脏的语言能够抹去他光辉生命的光泽吗？你暗示他有某些不道德的行为，提出一些无法证实的指控来反对他。你对虚构指控还不满意，还为你的指控发明了一些名称，把他称做"犯重婚罪的人"。你

---

① 这是表示悲哀的标志。元老院议员等级的人通过换去宽边短袖束腰外衣来表示。

说他赴行省上任时带了一个陪同，为的是把这个陪同当做满足卑鄙情欲的工具；这种说法不是一项指控，但却是非常轻率的，是一种诽谤性的虚构。你说他强奸了一名舞女，而我们听说这一罪行发生在阿提纳，是一伙享有看戏特权的年轻人干的，尤其是在远郊的城镇。这种说法与我的当事人的青年时代相符吗？我的当事人享有看戏的特权，但他因此而受责备，然而，可以看出甚至连这样的责备也是没有依据的。你说他从监狱里释放了一名囚犯。没错，但他这样做是由于疏忽大意，你知道这一点。后来在一名优秀的年轻人的要求下这名囚犯重新被关进监狱。先生们，这些谣言专门用来伤害我的当事人的生命，正是根据这些谣言，有人要求你们怀疑他的荣誉和正直。

【13】拉特伦昔说："做儿子的必须为父亲所犯的罪行接受惩罚。"这是一种什么样的非人的情感，拉特伦昔，按照你的高尚原则，它有多么病态！事情真的如此吗？在民事身份受到威胁的地方，在世俗幸福处于危险的地方，在案子由一个出色的陪审团裁决的地方，就像本案的陪审团一样，父亲犯下罪行必定要由儿子来接受惩罚吗？我的当事人从来不会如此邪恶，如此堕落，仅仅是他父亲的名字就会对仁慈的、富有同情心的陪审团起作用，它能唤醒我们共同的人性，它能引诱我们的本性复苏。作为一名罗马骑士，普兰西乌的品性就是这样，他拥有罗马骑士的地位很久了。他的父亲、祖父和所有祖先都是罗马骑士，在一个繁荣的社区享有最高的威信和最大的社会影响。普兰西乌本人在罗马骑士中是优秀的，而罗马骑士在普伯里乌·克拉苏将军的军团中是最有天赋的群体。最后还有，在那些拥有选举权的同乡中，他拥有最重要的品格，对事物的看法清醒而又公正，他能指挥许多人，推进重要的事业；除了那些流言蜚语，他受到人们的普遍赞扬。尽管如此，他仍旧要为他父亲的罪过接受惩罚吗？他的道德影响和社会影响足以抵挡一个远不如他那么受尊敬的人，甚至是一个与他没有什么血缘关系的人。

你说："在某个场合，老普兰西乌使用了尖刻的说法。"我否认这一点，尽管我承认他的表达可能有些过于坦率了。我的对手会说："那很好，即使是过于坦率也是不可容忍的。"什么！难道那些吹毛求疵的人就是可以容忍的吗？他们竟然说一位罗马骑士的言论自由是不可容忍的。古代的传统是怎样形成的？我们的法律制度的公平性在哪里？古代的自由在哪里？经历了灾难和暴政以后，我们的国家现在应当抬起头来，骄傲地回归她的青年时代吗？我需要提到罗马骑士对我们最高等级的贵族发起的攻击吗？或者提到包税人对昆图斯·斯卡沃拉提出的大胆而又坦率的责难，他知道在理智、正义和公正上是不平等的？

【14】普伯里乌·纳西卡在担任执政官的时候下令停止公众事务，在回家路上，在市政广场中央，他遇上了拍卖行的格拉纽斯，问格拉纽斯为何如此垂头丧气。是不是拍卖推迟了？他得到的回答是："不，是因为听到派遣使者的事情推迟了。"在另一个场合，格拉纽斯碰到保民官马库斯·德鲁苏斯，这个人有权有势，但醉心于搞政治阴谋。德鲁苏斯和他打招呼，问候他："格拉纽斯，最近过得好吗？"格拉纽斯回答说："不，应该由我来问你最近过得好不好。"① 格拉纽斯也经常粗鲁地使用别人对他的所谓机智的特许对卢西乌斯·克拉苏和马库斯·安东尼乌斯的政治计划进行冷嘲热讽的评价。但是，我们的国家现在被过于自负的重担给压垮了，乃至于今天一名罗马骑士高声表示抗议的自由还不如一名拍卖商。老普兰西乌的表达有哪句话不是散发着一种义愤的精神，而是在表达受到污辱以后的感觉？除了保护他自己和他的同伴不受伤害，他曾经高声提出过抗议吗？当元老院受到阻碍，不能对罗马骑士的呼吁做出回答时，这样一种特权甚至连我们的敌人也不会拒绝。所有包税人都在抱怨不公正，但普兰西乌努力隐藏这种情感，他的抱怨比其他人要少。他们无疑把团体的情感隐匿在心中，但普兰西乌比其他人更能在表情和话语中克制他和其他人共有的情感，这是大家都能看见和听到的。先生们，我在这里要凭自己的老经验讲话，人们归于他的一些意见从来就没有经过他的嘴唇。因为我可能会在某些场合不经意间说出一些意见，

---

① "最近过得好吗？"（Quid agis?）在拉丁语中是双关语，它的第一层意思是问候，第二层意思是"你在策划什么阴谋"。

未经审慎的思考，但这些意见可以是内心话，或者是在烦恼的推动下说出来的，就像许多人都会发生的那样；有时候话会越说越多，我不会称之为机智，但也许并非完全无意义，我说的话可能是所有人都已经说过的。对我自己来说，假如有人送我一首讽刺诗，而我认为这首诗写得很好，配得上一位学者和一位通情达理的绅士，那么我不会表示反对；但若有人说我说了一些与我身份不配的话，应当由其他人来说的话，那么我会生气。至于他第一个对包税人法进行投票这个事实，我认为这是由一名最杰出的执政官①组织的，元老院允许他举行公民大会投票。如果你说普兰西乌投票是一种冒犯，应当受到指控，那么这些包税者有谁没有参加投票？如果第一个投票就意味着冒犯，那么你把这一事实归咎于命运，还是归咎于法律的提出者？如果归咎于命运，那么你对他就没有什么可指控的；而要是归咎于执政官，那么你就等于承认我们的看法，普兰西乌是他这个等级中最重要的人。

【15】现在是我转到有争议的问题上来的时候了。因为，尽管你的指控名义上是在针对非法结社的李锡尼法的指导下进行的，但你已经诉诸了对付腐败的所有手段。你唯一遵守李锡尼法的地方就是它规定的陪审团的提名方式；如果这种选任陪审员的体制除了由部落提名以外在其他方面都是公平的，那么我对解释这样一个事实就感到困惑，元老院规定只有在这种性质的案子中由指控者选定产生陪审员的部落，但从来没有把这种提名方式的适用范围扩展到所有种类的案子；而在腐败案的审判中允许原告和被告轮流否决对方的陪审团提名，这样做虽然带有强制的特点，但它并不强制性地任命获得提名的陪审团成员。但是真的难以找到执行这种法律的动机吗？昨天在元老院里已经讨论了这件事，昆图斯·霍腾修斯已经做了完善的证明，元老院对其结论表示同意，但后来事情不是又有反复了吗？我们现在对这件事的首

---

① 指凯撒。凯撒试图立法，免去包税人合同额的三分之一税收。加图在元老院把讨论拖延到休会，使提案搁置，所以凯撒就把议案提交给按百人队投票的公民大会。执政官（在本案中是凯撒）有权决定哪一个部落开始投票。他选择了普兰西乌的部落，普兰西乌（老普兰西乌）是第一个投票的人。

要感觉是，如果某个具体的部落被一个人用各种手段贿赂，那么这个部落与其说是能够准确地进行审判，倒不如说是一个结盟的团伙；与此同理，元老院也认为获得提名进行审判的部落会接受贿赂，这样一来，同一些人既是陪审员又是提供证据的证人。先生们，凭良心说，这是一种强制性的体制，但若获得提名参与审判的部落就是被告所属的部落，或一个与他有密切联系的部落，那么被告就很难提出反对意见了。

【16】但是，拉特伦昔，你提名哪些部落？我不怀疑，你会提名特瑞庭。这样的提名不管怎么说都是公正的。它也是我们所期待的，最能与你的最高原则保持一致。你受到道德上的约束必须提名这个部落，你喊叫着说普兰西乌就是代表这个部落讲价钱、行贿、寄放贿赂的人①，尤其是这个部落由一些生活朴素的、有良心的人组成。你也许会提名伏提尼亚人，因为你也喜欢用模糊的证据反对这个部落。但你为什么没有提名这个部落呢？普兰西乌与勒蒙尼亚部落、乌芬廷部落、克鲁图弥部落又有什么关系？我没有提到迈昔亚部落，因为你在提名时想到的是普兰西乌会否决你的提名，而不是应当让这个部落审判普兰西乌。先生们，马库斯·拉特伦昔武断地把你们从整个公民团体中挑选出来，用他自己的个人意见影响你们，而不是遵循法律的公正精神，对此你们会犹豫不决吗？为了避免提名那些与普兰西乌有密切联系的部落，我的对手已经违背了他的宗旨，因为我的当事人并没有用贿赂腐蚀这些部落，而是从义务和服务的角度看待此事，对此你们会犹豫不决吗？我们通过了这部法律，但他无视这部法律的原则，我的对手能说他伤害我的当事人的提名方法失败了吗？你们从所有人中挑选陪审团，陪审团的成员要么是你们的朋友，要么是被告的敌人，要么是那些你们认为没有任何同情心的人，要么是那些对任何恳求置若罔闻、失去人类一切同情心的人，这样做对吗？你们不明智地取消我们的警卫，换上你们自己的亲信，以及那些对我和我的支持者持有恶意的人，还加上那些你们认为是生来脾气暴躁的、愤世嫉

———

① 在凯撒时代，行贿者把贿赂寄放在寄存者那里，受贿人等事成之后再得到贿赂。

俗的人，这样做对吗？在那以后，你们让他们突然出现在我们面前，甚至在我们还没有看到我们的陪审团落座之前，我们就得到他们会干些什么的暗示。在对本案进行最后一次抗辩前，法庭主席在与他的顾问商议之后，甚至还没有询问其中的五个人。尽管原告拥有抗辩的权利，但当我们全都处于危险之中时，我们还能抗辩吗？要是普兰西乌的生活在任何人看来都是一种过错，而你们通过提名，故意使我们面对的是刽子手而不是陪审团，那么你选择陪审团的方式本身并非不残忍。

【17】我们最杰出的公民最近拒绝了这个选任陪审员的赤裸裸的意见，当他们建议陪审团由 125 名骑士等级的部落首领组成，原告有权拒绝其中的 75 人、保留其中的 50 人时，他们马上改变议题，而不是同意实施这个方案。我们应当如此驯服，乃至于不去否决陪审团名单中的任何一个人吗？他们不是从全体人民中选出来的，而是从有限的范围内选出来的，不是提出名单来让我们挑选，而是由指控者任命。我不是在这里抗议法律不公正，而只是为了证明你们的行为距离法律精神有多远；如果你们按照元老院的法令和人民的意志执行了这种程序，提名从他自己所属的部落和那些与他有良好联系的部落中选任陪审团，那么我会认为我的当事人已经被宣判无罪了，而不是提出抗议，因为对他进行裁决的陪审团是由那些同时也是证人的人组成的。有鉴于此，我的期待不会比这更低，因为你对这些部落的提名已经违背了你的原则。你宁愿让那些对我的当事人很陌生的人担任陪审员，而不是让他的熟人担任陪审员；你已经违背了法律的精神，拒绝了平等的原则，选择了让这个案子的气氛变得晦暗而不是明朗。你说他贿赂伏提尼亚部落，花钱购买特瑞庭部落的选票，那么他在一个由伏提尼亚人组成的陪审团面前能说些什么，或者他在他的部落同胞的面前能说些什么？我用你的问题回敬你。你能说些什么？在这样的陪审团中，有什么人会为他的沉默向你提供证据，乃至于在你的暗示下说话？确实，如果被告有可能提名选任陪审员的部落，那么普兰西乌可能会提名伏提尼亚，因为他是他们的熟人和邻居，他当然也肯定会提名他自己的部落。如果他有可能提名一位法庭主席，那么请你们告诉

我，除了我们的现任主席盖乌斯·阿菲乌斯以外，他最有可能提名谁？担任法庭主席需要清楚地知道谁是被告的邻居和部落同胞，谁是最有良心的、正直的人。确实，他的公正精神，他希望判决普兰西乌无罪而又不激起人们的怀疑，清楚地证明了我的当事人没有理由回避一个由他的部落同胞组成的陪审团，他显然最希望有一位部落同胞能担任法庭主席。

【18】在这里我不是批评你的政策，不提名最熟悉我的当事人的那些部落，而是努力向你说明，你没有按照元老院的政策行事。要是你这样做的话，陪审团中有谁会听你的话？或者说，你能说些什么？普兰西乌是搞腐败的人吗？每一只耳朵都会拒绝这种说法，没有一个人会允许这种说法，他们会起来驳斥这种说法。或者说，他深受大众喜爱吗？他们会很乐意听到这一点，我们也会毫无疑虑地承认这一点。拉特伦昔，你一定不能这样想，元老院把对付腐败的措施赋予人民，目的是要消除敌对、利益和声望在选举中的作用，然而总会有最诚实的人不顾忌自己在部落里的名望。我们元老院议员等级的人也从来不会如此毫不怜悯地对待较低等级的人，乃至于不愿意用一种表示亲善的办法来培养和他们的良好关系；我们也一定不会禁止我们的子女投票参与裁决同部落的名望很高的人。我们会告诉他们，不能错误地向朋友许诺投票，或者在自己选举时让他们的朋友也这样做。诸如此类令人愉快的举动是一种本能的礼貌、仁慈和骑士风度。在竞选的紧要关头需要这样做的时候，我本人采用这种做法；我看到许多优秀人士也这样做，今天他们许多人都享有崇高的名望。在以往，部落的组织、选民的划片、贿赂对选举自由的限制，使元老院意识到问题的严重性，也激起了所有爱国者的义愤。拉特伦昔，把你的全部力量都集中到这样一个任务上来，提供重要的证据，证明普兰西乌依靠游说拉选票，寄存贿赂，或者证明他许诺支付金钱，或者有过其他任何诺言。如果你能证明这一点，并假定你的断言都是真的，那么令我惊讶的是你竟然拒绝使用法律交到你手中的那些武器。因为如果他今天的陪审团是他的部落同胞，我们将会看到他们不仅十分严防，而且连他们的眼神都是令人生畏的。他们非常熟悉事实，也会对罪行表现出最强烈的义愤，

然而你现在已经拒绝接受这样的方案，拒绝把这些人列入陪审团的名单来审判我的当事人的任何过失，那么你对当前的陪审团还能说些什么；他们沉默不语，感到非常困惑，不知道你为什么要把这副重担强加在他们身上，为什么要花费那么多时间挑选他们来组成陪审团。为什么你宁可相信他们的猜测，也不愿相信那些能够依据知识进行判断的人做出的裁决？

【19】拉特伦昔，让我来告诉你，不仅普兰西乌本人深得民心，而且他竞选时的大批坚定支持者也深得民心。如果你称这些人为"同伙"，那么你是在用一个肮脏的字眼诬蔑毫无利害关系的友谊；但若你认为他们的名望必定会使他们顺从指控，那么你就停止对培养与民众之间的友谊感到惊讶，因为你无法获取民心。至于我这一方，由于我证明普兰西乌在他的部落里深得民心，他之所以能做到这一点是因为他对许多人仁慈，为许多人提供安全保证；由于他父亲的名望，人们数次选他担任公职，最后是由于他自己的功绩、他父亲的功绩、他祖先的功绩，他赢得了整个阿提纳地区的民心；而在你的证词中，他是部落里寄存和派送贿赂的人，通过部落里的登记和抽签来做这件事。如果你不能做到他那些事，请不要剥夺我们这个等级的自由开放精神，不要把深得民心当做一种过失，或者想对生活中的友善施加惩罚。

因此，在胡乱地提出利用各种关系腐蚀这些部落的指控以后，你就紧紧抓住贿赂这项一般的指控不放；在讨论这一点的时候，如果你乐意，让我们用一些陈旧乏味的修辞学常识一劳永逸地完成这一讨论。我将以这样一种方式来讨论这件事：选择任何一个对你合适的部落；请你证明（因为你必须承担起证明的重任）贿赂寄存在谁那里，谁是贿赂的分配人；如果你告诉我们你做不到（在我看来你甚至无法开始），那么我将告诉你谁和普兰西乌的竞选成功有关。这种战斗方式公平吗？它能令你感到满意吗？打个比方来说，这样我就有了更好的办法接近你，抓住你了吗？你为什么要沉默，为什么要佯作不见，为什么要犹豫不决？在每个转折点上，你都在追踪、骚扰、迫害；我要求你提出指控；不，我强烈要求你这样做。无论你挑出哪个部落投普兰西乌的票，我认为你都不可能证明这样做有什么缺陷；而我能证明他获得他们的选票的方法。拉特伦昔，在这样做的时候我会向你提出申请，就像我也会向普兰西乌提出同样合理的申请一样。假定你能提供清晰的解释，假定我要求你这样做，那么某些个人因素可以帮助你掌握这些部落投你的票，所以我肯定，我打算把这个解释献给你——是的，哪怕你是我的对手——推动任何一个部落投票的原因和动机，这是你想要得到的。

【20】但是，所有这些论证都是肤浅的，因为它无视这样一个事实，在以前的选举中普兰西乌已经当选了市政官。首先，这场选举由一名执政官 ① 开设，除了他的最伟大的品质，他曾是我们正在涉及的有关腐败的法律的推动者；其次，举行选举如此突然，出人意料，即使有人想要贿赂，也找不到足够的时间去做必要的准备。召集部落，进行选举，整理选票，宣布结果。普兰西乌是最有影响力的候选人，他既不可能贿选，我们也不可能怀疑他。最先投票的百人队本身承担着重任，在选举中，在没有最终宣布选举结果之前，没有一名执政官候选人能确保自己当选，或者期待下一次能当选。然而，当不是一小撮人，而是所有选民都对普兰西乌表现出一种亲密关系的时候，你能对他当选市政官感到惊讶吗？在提到这一点的时候，不是一个部落的一部分人给其他人做出了榜样，而是所有参选者确保了选举结果。拉特伦昔，这就是你的机遇；如果它适合你的意向，如果你认为它与你的自尊相符，那么你可以像其他许多贵族经常做的那样，明白自己在选举中的力量小于预期的力量以后，要么终止参选，要么跪下来向罗马人民乞求，然后感到自己受了污辱，悔恨不已，而我一点儿也不怀疑全体选民都会站在你一边。罗马人民无视一名贵族的请求，这种事情极少发生，尤其是一名没有过错的、无可指责的贵族。但若你将高尚的心灵和百折不挠的品性看得重于市政官的职位，你确实有各种评价它的权利，那么你要拥有你更加尊重的东西，而不要对你自己失去较不尊重的东西感到悲伤。对我自己来说，我总是首先努力保存荣誉；其次，使自己配得上荣誉；荣誉本身在我这里只占第三位，

---

① 指马库斯·李锡尼·克拉苏，他最先执行李锡尼法。

我尊重大多数荣誉，对那些功劳配得上得到荣誉的人来说，荣誉不可能不是快乐的源泉，只有对这些人，罗马人民把荣誉作为他们功劳的见证，而不是对他们勤勉谋利的奖赏。

【21】还有，拉特伦昔，你问我们怎么对得起祖先的胸像，怎么对得起杰出的、完善的绅士的胸像，怎么对得起你已故的父亲。请你千万别这样想，而要想到他们会用他们的智慧来检验你过分伤人的抱怨。你父亲看到高贵的阿庇乌斯·克劳狄没能得到市政官的职位，虽然他的兄弟盖乌斯是当时活着的人中间最有权势和最优秀的公民，但你父亲也看到阿庇乌斯第一次竞选执政官就成功了。他看到他的堪为楷模的亲密朋友卢西乌斯·伏凯提乌，还有马库斯·庇索，为了获得这个你极为重视的职位而忍受重大挫折，直至他们挺进到罗马人民才有权赐予的最高荣誉。你的祖父也会告诉你普伯里乌·纳西卡谋取市政官职位失败的事情，我认为这个国家没有比他更勇敢的公民；还有盖乌斯·马略，在竞选市政官两次失败以后，七次当选执政官；还有卢西乌斯·凯撒、格奈乌斯·屋大维、马库斯·图利乌斯，我们知道他们都没有当选市政官，而后来都当选了执政官。为什么要开列这么一张竞选市政官失败的名单？只要选民相信某个候选人接受了好处，这种事情就经常发生。雄辩的贵族卢西乌斯·腓力普斯从未当选保民官，远近闻名的、勇敢的年轻人盖乌斯·凯留斯从未当选财务官，普伯里乌·鲁提留斯·鲁富斯、盖乌斯·菲姆利亚、盖乌斯·卡西乌斯、盖乌斯·俄瑞斯忒斯从未当选保民官，然而我们知道，他们后来都成了执政官。你的父亲和祖先都会愿意把这些例子告诉你，但他们这样做确实不是为了安慰你，或者帮你清除污点，你担心自己被人误认为接受了贿赂，而是为了鼓励你坚持这条你从早年就开始走上的道路。相信我，拉特伦昔，你并没有受到藐视。藐视？不，只要你对事件有一个正确的认识，那么你的失败在某种意义上是对你的功绩的承认。

【22】在撤回你的名字以避免发誓时，你不要认为竞选保民官的失败会对你产生重要影响。通过这一举动，你更加熟悉了从早年就开始发表的对国家重要问题的看法；你无疑比其他许多有着成功生涯的人更加大胆，但你

千万别把你自幼就有的雄心表达得太露骨。看到这一点，看到民众情感的巨大分歧，你一定不要认为没有人会对你毫不妥协的态度产生反感；因为很可能就是这些人消除了你的警惕性，以便能够把你赶走；但若你事先受到警告，事先有所准备，那么你肯定不会再次被赶走。

但是，先生们，你们可能已经受到这样一种推论的影响。我的对手问："你们怀疑有人搞阴谋吗，因为普兰西乌和普罗提乌一道获得了那么多部落的选票？"如果他们一起获得了这些部落的选票，他们能一道当选吗？他反驳说："是的，在有些部落中，他们几乎获得完全相同的选票。"当然了，他们俩在以往的选举中就是这样做的。然而，即使是这种情况也不能断定他们勾结；确实，要是我们的祖先没有预见到两名候选人有可能得到相同的票数，那么他们决不会用抽签的方式选拔市政官。还有，你断言在前面的选举中，普罗提乌同意把阿尼奥部落交给佩狄乌斯，普兰西乌同意把特瑞庭部落交给你自己；可是在后来的选举中，由于担心票数太接近，他们都反悔退缩了。这确实是一个前后一致的行动过程，你断言相互勾结的这些人应当在民众仍旧相当不确定的时候把他们自己的部落奉献给你，帮助你；也是这些人，在了解了他们的权力范围以后，应当无私地对你做出让步。你想要让我们相信，在后面的选举中他们害怕票数太接近，他们想象会有人对选举结果产生怀疑，从而使选举结果被搁置。还有，你把我的当事人与完美的奥鲁斯·普罗提乌一道告上法庭，在这样做的时候你泄露了这样一个事实：你把这个人硬拉到法官面前，因为他不像别人一样对你妥协。我提到这一点乃是因为，你抱怨来自伏提尼亚部落的证人多于你从这个部落得到的选票，这就表明前来作证的人要么接受了贿赂但没有投你的票，要么是你不配他们投你的票。

【23】还有发生在弗拉米纽斯杂技场的抢钱事件，你把这件事纳入你的指控，引起人们的惊讶长达九日，但是人们对它的兴趣在审判开始以后就降温了；因为你没有证明这是一笔什么钱，是给哪个部落的，谁负责发钱。确实，被指控与此事有关、被带到执政官面前来的那个人表达了极度的义愤，

因为他受到你的代理人的粗鲁对待。如果他就是发钱的人，尤其是如果他就是你想要指控的那个人派来发钱的，那么你为什么不同时指控那个人？你为什么不能通过给他定罪来确保一项足以为当前的审判提供先例的判决？这些事实并不支持你，你也不依赖这些事实的支持，而是其他一些动机和念头点燃了你心中的希望，以为你能摧毁我的当事人。你拥有巨大的财力和广泛的社会影响，你有一大批朋友和同伴对你抱有良好的愿望，希望你出人头地。另外，我的当事人是被妒忌的对象，许多人认为他杰出的父亲太强硬，过于依靠骑士等级。还有一类人对所有受到腐败指控而站在法庭上的人都表现出一种不分青红皂白的敌视，他们提供似是而非的证据，想象着他们的证据能够支配陪审团的心灵，博得罗马人民的欢心，通过这样的方式为他们自己铺平获取公职的道路。先生们，你们会看到，我不会使用通常的方法与这种证人战斗，这不是因为我考虑到普兰西乌的安全而放弃强加于我的责任，而是因为我没有必要用我的声音去讲述你们心里明白的事情；我看到这些打算提供证据的人已经被我很好地利用了，而对这些人进行批评是你们必须用自己的良好判断来完成的任务。先生们，鉴于不仅威胁着我的当事人，而且威胁着我们所有人的当前的危险，有一件事情我要最诚挚地向你们提出请求：不要认为无罪之人的命运应当得到那些散布可耻的谣言和传播流言蜚语的人的怜悯。针对我的当事人的流言蜚语就像造谣者一样多。它们经常是原告的朋友的杰作，有时则出于对我们抱有恶意的人之口，他们经常在背后说坏话，胡乱猜疑，对人丝毫也不尊重。世上没有任何事情能比谣言更加反复无常，能像造谣者的嘴唇那么厚，能像造谣者那么贪婪，能像谣言传播得那么广。如果追溯这些谣言的根源，我不会要你们尊重谣言的作者，也不会要你们遮掩他的罪恶；如果有些谣言找不到源头，如果不能让人们看清事情的本质，如果有人说听说了谣言，但没有仔细听，乃至于忘了是从谁那里听来的，或者说谣言来自一个微不足道的源头，不值得记住它，那么我请求你们不要允许这样的人讲这样一句对我无辜的当事人有害的、陈腐的短语——"我听说……"

【24】现在我要提到我的朋友卢西乌斯·卡西乌斯了。我还没有要求你对他做出说明，就像朱文提乌那样，他在他的演说中提到这位优秀的、有教养的年轻人，把他称做第一位当选显赫的市政官的平民。卡西乌斯，回答这一有关你的说法，我断言罗马人民不清楚这一事实，没有人告诉过我们，尤其是康古斯已经死了，我想你不会对此感到惊讶；确实，尽管我本人也算是一个研究古代的人，但我必须承认我从来没有听到过这个事实，直到从你这里听说。你的演讲是优雅和机智的典范；它的特点是充满活力和自我约束，我们把这种精神与罗马骑士相连，这是对你的文化教养和理智的高度赞扬，我们愿意洗耳恭听；因此，我会对你的评价做出回答，其中主要涉及我自己；哪怕你的严厉责难给了我自我满足的理由。你问我是否认为作为一名罗马骑士之子的我比出身于执政官家庭的我的儿子更容易接近官方的尊严。我的回答是：尽管我在许愿时总是把他放在第一位，把自己放在第二位，但我从来不希望他获得荣誉比我容易。免得他会这样想，在我把将来如何获得荣誉的道路告诉他之前，我已经为他赢得了荣誉。我习惯于向他那位由朱庇特生下的国王 ① 给他的儿子们的建议（虽然这个建议有点超越他当前的年龄）："要永远保持清醒；好人也会落入圈套；妒忌之心盛行……"

你无疑能记起这段诗的其他句子。一位诚实的天才诗人写下了这些诗句，他的写作目的是点燃勤勉与雄心，他不是为那些年轻王子而写，他们仅仅是他想象出来的人物，而是为我们和我们的子孙而写。你问，如果普兰西乌是格奈乌斯·西庇阿的儿子，他是否能得到更多的东西？我认为，他不会因此而更容易赢得市政官的职位，但会有不太容易成为妒忌的对象的便利，因为担任公职的阶梯对于最伟大的人和最卑微的人都是平等的，但他们带来的荣耀完全不等。

【25】我们中间有谁宣称能与玛尼乌斯·库里乌斯、盖乌斯·法伯里修、

---

① 指阿特柔斯（Atreus），希腊神话中的人物，迈锡尼国王。下面的诗句出自诗人阿西乌斯的悲剧《阿特柔斯》（170—194 行）。

盖乌斯·杜依留斯、奥鲁斯·阿提留斯·卡拉提努、格奈乌斯·西庇阿、普伯里乌·西庇阿、阿非利加努、马凯鲁斯、法比乌斯·马克西姆平等？然而，我们一步一步地攀登这些阶梯，就像他们一样。由于德行确实有许多等级，因此最高的荣耀只能凭借最优秀的德行去获得。另外，职位是由人民授予的，执政官是最高头衔，迄今为止已经有将近 800 人得到过这个职位；仔细考察，我们可以发现，堪称荣耀的执政官几乎不到其中的 1/10。然而没有人采用过你这样的推理。他们会问："为什么会把这个家伙选为执政官？如果他是那个把国家从暴君手中解放出来的布鲁图，那么他会获得哪些更多的东西？"我向你们保证，在等级上不会再高，但在荣耀上要高得多。所以，普兰西乌已经以同样的方式当选了财务官、保民官、市政官，与他的高贵出身相配；但是许多社会等级不如他高的人也曾经赢得过这些职位。你引用提多·狄底乌斯和盖乌斯·马略为例，问普兰西乌在哪些方面比得上他们。的确，尽管你提到名字的这些人赢得了职位，但他们的胜利可以说是军事上成功的结果，因为任命他们担任的官职为他们赢得竞选胜利提供了机会。你问他提供过哪些服务。好吧，他在一位将军的领导下在克里特服役，这位将军 ① 今天也在法庭上；他在马其顿担任过军法官和财务官，只有在他宁愿尽全力保护我的这样一些时期，他才会允许自己从他的军事责任中分心。你问他能言善辩吗？远非如此，他甚至不具备可以称之为雄辩的能力。你问他是否是一位能干的律师，因为有人埋怨我的当事人缺乏当法律顾问的能力。这些人承认自己没有固定的职业，也从来没有在这些方面发挥过作用，而你却指责他们在这些方面不熟练、不精通。我们要在一位候选人身上寻找的东西是正直、诚实、清廉，而不是能说会道、职业技能、深邃的知识。在购买奴隶的时候一个人可以是诚实的，我们把他当做一名木匠或泥水匠买下来，如果他竟然对这些手艺一窍不通，不像我们在购买他时所认为的那样，那么我们会十分恼火。但若我们买了一名奴隶当仆人或牧人，我们

---

① 指昆图斯·麦特鲁斯·克里提库（Quintus Metellus Creticus）。

需要关注的就是他的勤劳、节俭、警惕性。这就是罗马人民选择行政官员的办法，因为事实上，他们是共和国的仆人。除了必要的道德品质，如果他们是某个方面的专家，那么人民会很高兴；如果他们不是专家，那么他们拥有正直和公正的品质也就足够了。在人类中，只有很少一部分人是雄辩的，精通法律，哪怕我们把那些雄心勃勃的人包括在内！如果除了这些人以外没有一个人值得我们荣耀，那么我们该如何看待所有最优秀、最值得崇敬的公民？

【26】你们要求普兰西乌证明拉特伦昔生活中的缺陷。拉特伦昔没有什么缺陷需要证明，除非他恶毒地反对我的当事人。与此同时，你们用过分恭维的话语赞扬拉特伦昔。我坚决反对你们在法庭上长篇大论地叙说这样一个不相干的主题；或者说，你在指控时应当夸大事实，而我在辩护中可以让步而不损害我的案子。我不仅承认在拉特伦昔身上可以找到最高的天赋，而且甚至要与你们一道努力，在他身上收集具体的、细微的品质，而不是去列举他拥有的确定的天赋。你说他在普赖奈司特①举办赛会。噢，其他财务官就从来没有举办过吗？你说他在昔勒尼对包税人非常温和，对行会非常公正。有谁否认过这个事实？但是在罗马熙熙攘攘的生活中，几乎不可能有人注意在行省里发生的事情。先生们，如果我谈起我自己担任财务官时的事情，那么我不担心自己会显得过于自负。我的那个任期是相当成功的，但我认为我后来担任最高行政官时取得的成就使我能以最有节制的眼光看待我在担任财务官期间获得的成就，我也不害怕有人会大胆地断言有某位西西里的财务官获得过更大的名望。② 我可以非常确定、充满自信地说，我担任财务官时做的事情是当时罗马人谈话的唯一话题。我在一个粮价非常高的时候调运了大批粮食；人们对我的一般看法是，我对钱庄老板是文明的，对商人是公正的，对粮食承包人是慷慨的；我从来不牺牲同盟者的利益使自己发财，我

---

① 普赖奈司特（Praeneste），位于罗马东面 25 英里。
② 西塞罗于公元前 75 年担任西西里行省的财务官。

在履行各项职能时不遗余力，西西里人曾经打算授予我无与伦比的荣誉；所以，带着罗马人也会把他们所有荣誉授予我的想法，我从那个行省卸任。在离开行省的时候，我抵达了普特利，打算从那里开始启程，而当时那个地方挤满了赶时髦的人。先生们，当有人问我什么时候离开罗马，那里有什么新闻时，我几乎晕厥。我回答说，我正在上路离开我的行省。他说："噢，那当然，你从阿非利加来，不是吗？"

【27】我有点恼火了，答道："不，我来自西西里。"此刻又有人插话，用一种无所不知的口吻："什么，你难道不知道我们的朋友是叙拉古①的财务官？"长话短说，我不再恼火，只是让自己一头雾水。

先生们，我认为这种经历比有人向我鼓掌欢呼更有价值，一旦明白了罗马人民的耳朵有点背，而他们的眼睛是雪亮的，从那以后我就停止思考世人会如何听说我，从那天起我关心的就是每一天人们会如何看到我。我生活在公众的眼光下，经常去市政广场，我的看门人或睡眠都不会阻止任何人来看我。我在无事可做的时候没有做任何事，而你又怎么会认为当我的时间都排满了的时候我会外出？卡西乌斯，你告诉我们，你的习惯是在空闲的时候读这些演讲，而我把节假日都用于写作，从来不知道有什么绝对的闲暇。我总是在想马库斯·加图在他的《起源》②开头的段落中所表达的那些崇高的情感，他说伟大的杰出人物应当把他们的娱乐时间和工作时间看得同等重要。按这种方式，我拥有的任何名誉，我知道它有多么小，都是在罗马获得的，是在市政广场上赢得的；我的个人计划要由公共事件来评价，所以我不得不在家中对重大的国家政策进行指导，而在这座城市里则要指导使其得以保存的重大问题。③卡西乌斯，同样的道路对拉特伦昔也是可行的；德行也向

---

① 叙拉古位于西西里岛。西塞罗是西西里行省其他地区的财务官，中心驻地在利里拜乌（Lilybaeum）。

② 监察官加图（公元前234年—前149年）撰写的最早的罗马史。

③ 西塞罗在这里的意思是，政治家不能依赖炫耀在行省里获得的成就，而要依赖在家里的勤奋工作。

他显示了通向荣誉的道路，就像对我本人显示的一样；但对他来说，这条道路可能在一个方面显得比较轻省。白手起家、孤立无援，我要为自己开辟道路，直至拥有现在的地位，而他光彩夺目的美德却由于杰出祖先的推荐而得到进一步增强。

再来说普兰西乌。我的当事人从来没有离开过这座城市，只在受到命运、法律或生意的紧急召唤时才离开；①他并不拥有其他人会拥有的那些相同的品质，但不管怎么说，他拥有某些品质，处事稳重、关心朋友、古道热肠。他关心共和国，忠于职守，按照原则生活。这些原则使许多人像他本人一样，可以抵御任何对他已经获得的荣誉的诽谤。

【28】至于你的论断，卡西乌斯，我不像普兰西乌那样，对所有善良的爱国者拥有更深的义务，因为他们都把我的安全放在心上。我承认所有爱国者于我有恩，但我也对那些爱国者和最诚实的公民有恩；如果我的说法可以成立，那么普兰西乌对他们有恩，而市政官的选举是他们报恩的时候。所以，让我们承认，我欠了许多人的债，其中就有普兰西乌；那么我必须宣布自己破产了吗？我必须在有人提出要求时还清债务吗？然而，金钱方面的债务和道德义务很不相同。还债是债务人不再拥有他付出去的东西，欠债则是债务人保持那些不属于他的东西。而在一项道德义务中，我付出的时候仍旧保有我付出的东西，我保有的时候则是在以保有的行为付出。如果我自己取消了欠普兰西乌的债，我不会因此而不再是他的债务人，如果不发生当前的不幸，我无论如何也要还清我的债务。卡西乌斯，你问我对自己的兄弟会怎么办。我深深地爱着我的兄弟，甚至从孩提时代就已开始，这是我生活中最甜蜜的事情，胜过我对普兰西乌的感情。你的问题表明你无法理解这是一种激励和推动着我在我的当事人处于危难时刻对他进行保护的情感。他们不仅把他的安全看得高于一切，而且知道正是依靠他，我本人才得到保护；我本人决不会看到他们而想不起我对他抱有义务，正像我所做的那样，我要记

_____
① 普兰西乌受命运召唤赴马其顿任财务官，在战争期间任军法官。

住，正是由于他的努力，才使我为了他们而得以保存。

你提醒我们，甚至连国家的救星卢西乌斯·奥皮米乌①也被判有罪；你也提到卡利狄乌，在他的提议下昆图斯·麦特鲁斯恢复了民事权利；你指责我代表普兰西乌进行调解，指出普兰西乌的信誉不足以保证奥皮米乌被判无罪，麦特鲁斯也不能凭他自己的信誉确保卡利狄乌被判无罪。

【29】在卡利狄乌这件事情上我必须限制自己，只对我是证人的事件做出回答。昆图斯·卡利狄乌在执法官选举中是候选人，当时的执政官是昆图斯·麦特鲁斯·庇乌斯②，他代表卡利狄乌与罗马人民调停，但是其他执政官和大贵族毫不犹豫地断定卡利狄乌是他本人和他的贵族家庭的保护人。我把这种关系告诉你，你认为，如果那个时候麦特鲁斯·庇乌斯在罗马，或者他的父亲还活着，能在罗马，那么他们能在卡利狄乌受审时做那些我为普兰西乌受审时所做的事情吗？至于奥皮米乌，他的悲惨故事能从人们的记忆中抹去吗？他的垮台必须视为对国家的致命打击，是我们帝国的耻辱，是罗马人民的名字上的污点，而不是法庭的判决。剥夺一个人的公民权利，而这个人作为执法官曾经把这个国家从与邻国的战争中解放出来，作为执政官曾把这个国家从内战中解放出来；如果这些陪审员可以称做陪审员，而不是他们国家的不成熟的儿童，那么他们还能对国家造成什么更致命的伤害？你说我夸大普兰西乌对我的仁慈，把这些事实用在了不恰当的地方，就好像我应当对你的审慎而不是对我自己的审慎表示感谢。我的对手问："他为你提供了什么重大服务？他没有以此扼制你吗？"我的回答是，他并没有扼制我。我要顺便提到，卡西乌斯，你甚至在为我的敌人洗刷，否认他们曾经阴谋夺走我的生命。拉特伦昔也对此做了肯定。我会在晚些时候更加详细地提及你的同伙。而我现在要问你，你认为我的敌人对我的

---

① 卢西乌斯·奥皮米乌（Lucius Opimius），罗马贵族，公元前 121 年任执政官，带头攻击革拉古，于公元前 109 年被判罪流放。

② 昆图斯·麦特鲁斯·庇乌斯（Quintus Metellus Pius），公元前 100 年由于拒绝宣誓服从萨图尼努斯的粮食法而自愿流放，而卡利狄乌于公元前 99 年担任保民官时让他回归。

仇恨很一般吗？噢，什么样的野蛮人会对他们公开宣布的敌人表现得如此残酷无情？或者说你认为，那一年在市政广场上炫耀他们的武器的那些人会害怕受到羞辱或受到报复吗？他们纵火焚烧我们的神庙，无法无天地在城里搞暗杀。确实，除非你使我们相信这些人救我命的原因是他们不理解我应当回归。你认为会有任何人缺乏辨别能力，乃至于认为在占据着陪审团席位的这些人仍旧活着的时候，当这座城市和元老院仍旧屹立的时候，仍旧活着的我不应当回归？如果不是这样，那么一个拥有像你这般理智的人和公民没有权力宣布我的靠着朋友的忠诚才得以保存的生命不是我的敌人想要加害的目标。

【30】拉特伦昔，我现在开始回答你，我的言词也许不像你敦促我使用的言辞那么激烈，但是我敢发誓，我的回答仍旧是深思熟虑的和友好的。首先，是你不那么友好地提出我对普兰西乌的评价是虚假的，是临时的虚构。你的想法是，我从制定政策的动机中捏造了某些理由，以此表明我对我的当事人似乎拥有最大的义务，而我实际上没有对他许下任何诺言。你在说些什么？难道从我和他父亲的相识、邻居、友谊中产生的需要还不足以敦促我为普兰西乌辩护？如果没有这种需要，那么我会，或者我会假定自己有理由害怕在为这样一位杰出的、有影响的人物辩护时受到责骂。真的，我不得不发明一个微妙的动机，以便断言这个人对我的各方面有恩，而他也会很自然地期待我报恩。然而，回报救了自己命的人，甚至连一般的士兵也会对是否承认需要承认对方是自己的救命恩人感到犹豫不决；这不是因为在战斗中得到别人的保护或得到拯救是一件耻辱的事，这种情况在敌人密集时对一位勇士来说也会发生，但他们仍旧要回避因此而对一个陌生人担上像对待父母一样的、过于沉重的负担。世人一般说来急于否定自己拥有真正的义务，哪怕它们微不足道，因为他们似乎不想受惠于任何人，所以，我会假装自己受到某种不可能得到回报的义务的约束吗？拉特伦昔，你瞎了眼，看不到这一真相吗？当你和我关系亲密时，当你甚至打算冒着生命危险站在我一边时，你在我离去的伤心时刻不仅流下热泪，而且运用你的权力、精力、体力、财物来

为我服务；我不在的时候，你设法保护和帮助我的妻儿；在我们的交往中，你使我相信你完全允许我尽一切努力推进普兰西乌的成功，因为就像你所说的那样，你本人也感谢他为我提供的服务。作为一种证明，我只是在说我一直在说的话，没有因时而变换腔调。你难道没有听到我在回归以后立即在元老院发表的演讲？在演讲中，我只象征性地选择了一小部分恩人对他们表示感谢，因为我不可能提到每一个人。虽然任何一种省略在这里都是一种罪过，但我仍旧决定只提到带头为我的案子进行过辩护的。我在那个场合提到的人中间有普兰西乌。我们可以在法庭上宣读我的这篇演讲，考虑到场合的重要性，我当时是根据稿子念的。我在演讲中宣称自己忠于某个人，但我对他并不承担具体义务，而你想要使我成为一名玩弄技巧的人，凭着一种不朽的证词把他对我的象征性的服务与义务枷锁连接起来。我克制自己，不向你们朗读与主题有关的我的其他文章；我放弃它们，免得在引起你们注意的时候会使自己遭受指控，说我这种运用文学典型的指控似乎与我自己的爱好有关，而与法庭的习惯用语不同。

【31】还有，拉特伦昔，你向我提出这个问题："你还要以这种方式谈多久？你提到基司皮乌① 对你并没有什么好处；你的辩护风格已经过时了。"什么！你要责备我为基司皮乌辩护吗？正是你要我注意他为我提供的服务，而我为他辩护也是出于你的推动。你问我"要谈多久"，而我为基司皮乌所做的努力又被你说得毫无成果，是这样吗？你的"要谈多久"的问题，其恶毒用意可以用下面的话来清楚地表明："由于你的缘故，一名被告认罪了，另一名被告得到了赦免；而你死不改悔，因此我们无法忍受。""要谈多久"的问题是否应当向这样一个人提出来，他经历了千辛万苦，但最后无法实现其目标，而你这样的腔调与其说是嘲讽，不如说是责备；或者说，你想让我们相信，我在法庭上、在日常生活中，以及在与这些先生打交道的时候，我的

---

① 基司皮乌（Cispius），公元前 57 年的保民官，支持西塞罗，后来遭指控时西塞罗为他辩护。

独特行为的性质使你确信应该把我挑出来，说成是一个从来不配向陪审团提出要求并得到满足的人吗？你责备我在基司皮乌受审时流泪。你说："我注意到你流下了一滴可怜的眼泪。"现在请你注意，你的说法在我看来没有丝毫真理；你在那一刻能看到的不仅是"一滴可怜的眼泪"，而且是泪如泉涌，这是我悲痛的象征。什么！当我本人还没有流泪，但受到我的亲朋好友的眼泪的影响时，你要我停止悲伤的表现吗？他放弃了与我以往的分歧，不再与我为敌，不再攻击我的幸福，而是反过来保护我。拉特伦昔，你当时自己也被我的眼泪感动，而现在又试图诬蔑我的眼泪。

【32】你说当普兰西乌是保民官时，他对增强我的地位没有做出什么贡献，在这种前提下你敦促要由勇敢坚定的卢西乌斯·拉西留斯①来为我提供卓越的服务。我从不隐瞒我对拉西留斯所抱有的深深的义务感，以及对普兰西乌的义务感，我也决不会停止做这样的宣称；因为他在为国家和为我服务时从来不回避任何斗争、危险或敌视。罗马人民难道没有受到无视法律的暴力的阻止，因而无法向他表达与我一样的感激之情吗？你们必须谴责的事实也许不是普兰西乌没有在他担任保民官时取得相同进展，也不是他的善意有任何缺陷，而是要谴责由于我已经对普兰西乌负有重大义务，所以我对拉西乌斯提供的服务完全满意。或者你认为把我的谢恩当做我的一条罪名，陪审团就不会对我表示同情了吗？元老院的议员们，你们在那座纪念马略的神庙里通过了让我回归的法令，并公之于世。你们在这部法令中只表达了对普兰西乌的感谢，因为在行政官员中只有他对我表示拥护；对于这样一名元老院认为要代表我向他表示感谢的人，难道我不应当认为自己有义务感谢他吗？拉特伦昔，把所有这些都记在心里，你认为我对你会怀有一种什么样的珍惜的情感？你认为有什么样的危险、艰苦、斗争如此巨大，而我应当回避；如果我能这样做，不要说你的幸福了，而且甚至你的世俗地位也会化为乌有，不是吗？由于这个原因，我感到更加困惑了——不是更加"不快乐"，这是

---

① 卢西乌斯·拉西留斯（Lucius Racilius）与基司皮乌同为保民官。

一个在拥有美德的人的词典中找不到的词 ① ——不是因为许多人对我有恩，他们的仁慈行为赋予我的义务实际上是轻省的，而是因为我的恩人们对我的看法经常相互冲突，而其结果，我担心，就是我似乎无法在某一个相同的时间对所有恩人表示谢意。

　　然而，我现在不仅要开始谨慎地衡量我对每一个人的义务，而且还要谨慎地衡量他们每一个人的切身利益，以及在危急时刻对我提出的要求。

　　【33】你遇到的危险与你的雄心所取得的成就相连，或者说，要是你宁可将它摆在一个更高的基础上，那么与你的名声以及你想通过成为市政官获得的信誉相关；另外，我的当事人的危险在于他的公民权、他的国家和他的幸福。你希望我安全，而他把获得这种安全的权力交在我手里。然而我陷入一种痛苦的进退两难的困境，由于有这样的利益差别，我会当众冒犯你，而对作为一名公民的我的荣誉来说，我早就准备把自己奉献给你，而不是把普兰西乌的公民权交由你来支配。确实，先生们，当我欣然想要拥有所有美德时，我认为没有一样美德能比感恩更快地为我所拥有。感恩不仅列为一切美德之首，而且是其他一切美德之母。如果对父母没有诚心的感恩，孝顺的情感是什么？如果想不起从国家得到的福利，爱国主义是什么，在战争或和平时期又如何为祖国服务？除了向不朽诸神谢恩，对他们表达我们应有的敬畏和纪念之情，虔诚与宗教还能是什么？去掉友谊，生活还有什么快乐可言？还有，在那些不感恩的人中间，友谊如何能够存在？我们中间有哪些得到过别人提携的人不会不断地回忆照顾他们的恩人，对他的监护人或老师表达他们的感恩之情，甚至对那些他自己在其中成长和接受教育的无生命的场所也有深厚的感情？有哪个发了大财的人能完全不依赖许多朋友的帮助？而这些帮助本身离开了回忆和感恩就不能存在。在我看来，没有比承认自己应当承担的义务更加根本的美德了，我们不仅要认识到仁慈是一种义务，而且要明白哪些事情是违背仁慈的；没有任何东西会比不仁慈更加违反我们的人

---

① 这是斯多亚学派的学说，真正的好人决不会不快乐。

性，或者会使我们降到野兽的水平，就像我们自己放弃存在，我不说我们配不上别人对我们仁慈，而只是说我们应当对别人的仁慈给予报答。拉特伦昔，事情就是这样，我马上就会有条件地向你的指控投降，因为你的指控在许多不该过分的地方变得过分；先生们，我请你们仁慈地批评我，因为我是非常感恩的。不可能有任何事情使你们对我的感恩无动于衷。如果有人批评你们，说你们既不是罪犯也不是热衷于诉讼的人，那么我一定不要对你们产生什么影响。就好像在我朋友的案子中，我宁可不提供像我这样的保护——如果我能提供的话——不应当准备好我的保护供他们使用，而应当在他们有需要的时候再提供。我确实要大胆地说到我自己，我的友谊在许多案子中是快乐的源泉，而不是保护的源泉；如果与我关系密切的人不是爱好诉讼的人就是罪犯，此外别无他人，那么我确实应当想一想自己是不是在白白地耗费生命。

【34】但有某些费解的冲突在引导你们不停地以争论的形式纠缠我，你们还不断地老调重弹，说你们在努力阻止这场审判，使之不与赛会同时进行；我不应当无用地提到那些赛会上的圣车①，你们说我以前在为市政官辩护时这样说过。我想你当前的努力肯定不会没有结果，因为你已经给我的演讲添加了许多美丽的色彩。现在你说我提到了圣车，对此我只说一句话来供大家一笑：如果我不能提到圣车，又如何能够演讲呢？你还断言，我在我的法令中提出要对行贿者施以流放的惩罚，其动机是为了在结束语中能够发出更加悲伤的、请求怜悯的呼吁。先生们，你们难道不会据此而想象他的对手是一名擅长夸张的职业演说家，而不是一名久经考验的审慎的律师吗？他会用"我从来没有去过罗得岛"这样的话来暗指我去过罗得岛。他还说："但我去过瓦凯依②，还两次去过庇提尼亚。"如果地点就能提供考察的依据，那么我不明白你为什么认为尼西亚是一个在道德上比罗得岛更加严谨的地方；如果

---

① 举行赛会时用车将诸神的雕像从市政广场运往马克西姆圆型杂技场（Circus Maximus）。

② 瓦凯依（Vaccaei），西班牙的一个遥远的部落，因此也是一个不通文字的部落。

考虑到我们拥有可敬的动机，那么使我去了罗得岛的事情与使你去了庇提尼亚的事情同样可敬。至于你在我身上找到的毛病，即太喜欢出庭为人辩护，我想，要是像你这样缺乏辩护能力的人，或者其他回避责任的人，能使我免除这项繁重的任务，那么我只会感到高兴。该受谴责的是你这样过分拘泥细节的人。你小心翼翼地权衡递交给你的所有诉状，然后拒绝接受其中的绝大多数，结果就使它们中的大多数落到我的头上，而我不会硬着心肠对那些遭受不幸的人说不。你还提醒我说，你在克里特给过我一个表白自己参选意愿的机会，但我错过了。请你告诉我，我们俩哪一个对表白自己的参选意愿更加敏感？是放过表白机会的我，还是抓住表白机会的你？还有，你说自己没有派人去呈送汇报你的成就的信，因为我送给某人的信已经给我带来伤害，而不是好处。我不明白现在提到的这封信对我造成了什么伤害，但我非常明白我在其中列举了我为国家做的好事。

【35】但这些要点相对比较细小，我现在要进入一个更为重要的时刻，讲一个分量更重的观点；我的意思是，尽管你以往实际上不断地对我的退隐表示了深深的同情，但你现在却为此而对我提出了某些类似批评和诽谤的事情。通过断言不是那些帮助我的人对不起我，而是我对不起那些帮助我的人，你已经这样做了。另外，我坦率地承认，我没有使用他们提供的帮助，这是因为我明白我不需要。有谁不明白这个国家在那个时期经历的狂风暴雨？应当由保民官们的恐惧或执政官们的疯狂来决定我的行动吗？对我来说，用刀剑最后征服那些人的残余力量会是一件难事吗？在他们的力量未遭损伤时我不用刀剑就已经征服了他们？在人们的记忆中，那一年的执政官①是最邪恶、最卑鄙的，这一点不仅可以用他们最初的行动来证明，而且可以用我们后来亲历的事件来证明。一位执政官失去了部队，另一位执政官出卖了部队，通过购买他们的行省，他们证明了自己是元老院、国家、所有爱国

---

① 该年的执政官是马库斯·庇索（Marcus Piso）和奥鲁斯·伽比纽斯（Aulus Gabinius），前者在马其顿丢掉了他的部队，后者把部队借给托勒密。

者的叛徒。人们无从得知这些人①的共同情感，他们拥有的部队和金钱使他们成为国家的主要力量，而在这个时候，有一个人②脱去男服，在神圣的祭坛旁干下了亵渎神灵的奸淫勾当，他用那昏头昏脑的声音对着我们的耳朵叫嚷，说他的计划不仅得到人们的支持，而且得到两位执政官的支持；穷人被武装起来反对富人，叛徒被武装起来反对爱国者，奴隶被武装起来反对他们的主人。你说元老院站在我一边。是的，处在悲伤之中的元老们也还穿着丧服，正式下令要人们记住这件事。但是人们要记住这些伪装成执政官的敌人在我们中间干了些什么；他们这座城市的历史上绝无仅有地不允许元老院服从元老院，用他们的法令不仅禁止元老院的议员们的情感，而且禁止他们有悲伤的表现。你说整个骑士等级都站在我一边。是的，但喀提林豢养的那个舞者③执政官威胁说要剥夺这个等级的公民权。你说整个意大利为了我而团结一致。是的，但也正是这个意大利在内战和战后的荒芜中战栗。

【36】拉特伦昔，这些帮助我的人如此热心，如此热情，我承认我也许会借此机会向他们表示感谢。但是决定这场斗争结果的并不是平等、法律和争论，否则的话，我就决不会在这场斗争中失败，尤其是我有丰富的资源，而其他人也经常向我提供帮助。不，只有武器才是决定者，如果奴隶使用了武器，如果奴隶的领袖使用武力屠杀元老院的议员和优秀的爱国者，那么国家就会遭殃。我同意你的说法，只要我能结束那里的征战，那么爱国者征服卖国贼是一件大好事；但是关于这一点我看不到有什么前景。因为我上哪里去寻找像卢西乌斯·奥皮米乌、盖乌斯·马略、卢西乌斯·福拉库斯那么勇敢的执政官，在他们的领导下，共和国镇压了那些叛国的公民；或者说要是缺乏勇士，我上哪里去找像普伯里乌·穆西乌斯那么正直的执政官，他判定身为普通公民的普伯里乌·西庇阿单凭消灭提比略·革拉古就有充分的理由回归？所以我们不得不与这些执政官做斗争。在这件事情上我只说一

---

① 指前三头：庞培、凯撒、克拉苏。

② 指克劳狄，他参加波娜戴娅女神秘仪。

③ 指伽比纽斯。据马克洛庇（Macrobius）所说，伽比纽斯是当时最出名的舞者之一。

点：我明白，要是我们赢了，那些可怕的对手会摆出阵势来反对我们；但若我们输了，那么不会有一个人为我们报仇。如果我说自己拒绝那些人的帮助的原因在于他们要不要为我的安全而斗争的问题上犹豫不决，那么我同意你的说法，不是那些帮助我的人对不起我，而是我对不起那些帮助我的人；但若我说那些优秀的爱国者在我的事情上表现得更加热心，而我也认为关心他们的利益和理解他们的努力是我的义务，那么你还能在昆图斯·麦特鲁斯的事情上责备我吗？他的信誉今天是，将来也永远是他名望的王冠上最美丽的珠宝。这是众所周知的事实真相，你可以从许多目击证人那里得到确认，许多拥有健全理智的人对他的退隐抱着深深的遗憾，然而要是能够重新执掌军队，那么他无疑会取得胜利。他是在为他自己的行为辩护，不是在为元老院的行为辩护；他讲的是他自己的信念，而不是他拒绝抛弃的国家的幸福；他遭受的打击是他原本可以避免的，他的获胜为他带来的名望超过了与他同姓的最优秀的人士的名望；他不仅反对处死那些可恶的叛徒，而且采取措施防止任何善良的爱国者陷入痛苦的命运；面对如此巨大的危险，以及国家将要灭亡的前景，我难道应当压倒那个曾经是共和国的大救星的人，现在就为自己取得共和国的摧毁者的名字吗？

【37】你说我怕死。但事实真相是，如果我的永生要以我的祖国为代价，那么我甚至不会去想它；我也更不会选择去死，让我的祖国和我一道永远沉沦。我总是在想——要是你愿意，你可以称我为傻瓜——那些为国捐躯的人并没有死，他们因此而获得永生。对我本人来说，要是我死在那些敌人手中，那么国家会永远失去一名卫士，保卫她的幸福；哪怕我死于疾病，或者死于年迈，我们后代的幸福也会受到伤害；我要是死了，世人将会无缘观看元老院和罗马人民欢迎我的盛大庆典，在他们的努力下我得以回归。如果说我一直珍惜自己的生命，那么我在担任执政官的那一年的 12 月就会唤醒人们拿起武器对付那些背叛祖国的人，不是吗？如果我继续沉默 20 天，那么保卫国家的重任就会落到其他执政官手中。所以，如果说为了国家利益而热爱生命是一种耻辱，那么对我来说寻求死亡更是一种耻辱，因为当我这样做

的时候，我就会给国家带来毁灭。

你自夸说你在政治上享有完全的行动自由；我很高兴地赞同你的自夸，而且还要为你享有自由向你表示祝贺；但是在你否认我拥有行动自由的时候，我就不能再允许你或其他人在自由问题上处于幻觉之中。

【38】因为，如果有人认为我的行动自由应该受到压制，我不再享有像其他人那么多的行动自由，那么我首先要提醒他，就好比我对所受的恩惠表示感恩，我一定不应该为此而受到指控，说我记性太好，或者过分地感恩。如果我考虑自己的安全以及那些属于我的人的安全，这样的考虑对国家无害，那么我肯定，有这样的考虑决不应当受到责备，如果有着健全理智的人看到我正在走向毁灭，那么他们会要求我抵抗。不，这个国家本身也会对我引导。她会说："由于你总是为我服务，从来不考虑你自己，由于你从这种服务中得到的报酬不是你应当得到的快乐和财富，而是一杯又苦又涩的悲伤，所以你现在马上就为你自己着想，为你的亲人着想；我担心的不是你为我提供的服务不足，而是无论按照什么标准，我对你的回报太少，与你的服务不相称。"还有，如果这些考虑都没有触动我，而我的想法也和这些人相同，那么你们会确认我不享有行动自由吗？——你们假定的自由就是对一个曾经有过严重分歧的人保持一种残忍的敌对关系。但这决不是真理，因为我们应当把政治看做一个车轮，由于车轮总是在转动，所以我们应当按照国家的利益和幸福选择前进的方向。

【39】涉及我与庞培的关系，你们想让我不尊敬这样一位举世公认的国家要人吗？我不想把他说成是我回归的倡议者、推动者和保护人，因为这些用语太具私人性质，包含着对所受的恩惠感恩的意思；我宁愿描述他与国家幸福的关系。你们想让我不赞扬盖乌斯·凯撒的丰功伟绩吗？如我所说，罗马人民以通过表彰性的议案的形式反复承认了他的功绩，起初是即时性的，后来有元老院的决议，而我始终是议案坚定的倡议人和推动者。如果我没有这样做，那么我应当承认我的标准不是公共利益，而是我个人的偏爱与好恶。或者说，假定我乘着一艘船随风漂流，假定不是由我在某些时候选择靠

岸的码头，而是任凭船只安宁地漂，那么我应当对自己可能遭遇的危险负责，还是应当服从他们的引导？尤其是在他们已经指明安全的航线时。我的全部知识、经验和学问，所有的文献记载，其他国家圣贤的智慧，都向我们证明，人们不会至死抱定相同不变的信念，而会使他们的信念适合政治环境、时代趋势、国家安宁。拉特伦昔，这就是我的行动原则，而且将继续是我的行动原则，我始终相信，你在我身上没有找到行动自由，但我从来没有失去行动自由，它决不是一些僵化不变的见解，而是一些合理的信念。

【40】现在我要提到你演讲的结束语，你说我赞美普兰西乌为我提供的服务令人厌恶，我这样做就像是在阴沟里建造纪念胜利的拱门，把神圣的荣耀赋予一片基石。你还宣称我没有理由逮捕那些叛国分子或凶手。我现在开始简要说明这一事件的过程，我要毫不犹豫地这样做。因为，在我的生命历程中，没有比这更加重要的、受到公众普遍关注的时刻，我对此讲得太少，它也没有成为民众中流行的传闻或知识的主题。拉特伦昔，当我看到法律、公平、元老院，以及所有热爱他们国家的人遭到毁灭的时候①，当我的家遭到毁灭并受到威胁时，除非我温顺地驯服，否则就会牵连这座城市和意大利的时候，我的思想转向了西西里。除了我有一些老关系在那里，那里是我的第二故乡这个事实外，还因为它当时正处在盖乌斯·维吉留斯的统治之下，我和他有着特别密切的关系，不仅是我们两个家族有古老的亲密友谊，而且也因为他是我兄弟的同事，我们还拥有相同的政治观点。现在请你们判断一下那些日子里笼罩着我们的阴霾；正当这座岛屿本身伸开双臂欢迎我的时候，我的朋友，像我一样拥有坚定政治主张的这位执法官却由于经常受到同一位保民官的训斥而拒绝允许我踏上西西里（我只陈述事实而不做进一步的评论）。对此我要做何种解释？认为像盖乌斯·维吉留斯这样的公民和绅士忘记了我们在那些关键时期建立起来的联系，认为他在义务、人性、荣耀的意义上对我缺乏仁慈吗？先生们，远非如此，他只是在孤立无助的情况下对

---

① 指公元前 58 年。

自己抵抗暴风骤雨的能力表示怀疑，而我也未能使你站在我一边。后来，我被迫改变计划，启程从陆路去布隆狄西，因为恶劣的天气使得走海路根本不可能。

【41】先生们，所有位于维博和布隆狄西之间的城镇都对我表示忠诚；尽管有许多威胁来自外部，而内部也有巨大的恐惧，但他们还是向我保证，我可以安全地经过那些地方。我来到布隆狄西，或者说接近了城墙；它深深地吸引着我，但我还是掉转身离去，尽管它宣称自己宁可被夷为平地，也不会暗中同意把我交出去。我去了莱尼乌斯·福拉库斯的花园。他痛斥面临的各种威胁，说他会忍受没收财产、流放、死亡。如果敌人找上门来，他宁可放弃职务也要保护我。他和他年迈的父亲，一位最聪明、最优秀的人，还有他的兄弟和儿子，悄悄地把我送上一艘安全可靠的船，并为我祈祷，送我去了狄拉基乌，因为我有理由在那里得到保护。到达那里以后，我查清了有哪些流言在传播。那里的希腊人有许多是邪恶的罪犯，在我担任执政官那一年，我从他们手中收缴了他们当叛徒时用的刀剑和纵火时用的火把。虽然还有几天路程，但我很快在马其顿会见普兰西乌，不让敌人有时间知道我的到来。他一知道我的行程（拉特伦昔，听我说，记住我说的话，你可以知道普兰西乌如何施恩于我，可以承认我现在的所作所为都是出于感恩和义务，他为我提供的保护虽然无助，但至少不应对他造成伤害），如我所说，他一听说我到了狄拉基乌，就马上解散了他的侍从，取下他的徽章，脱去他的官服，前来见我。先生们，他在那个时候，在那个地方与我相见，他流着热泪拥抱我，以表达无言的悲伤。这是一种多么痛苦的记忆啊！这是一个悲伤的故事，但却是令人痛心的真实。你们数一数后续的日日夜夜，我的当事人从来不让我离开他的视线，一直看着我安全抵达帖撒罗尼迦，在那里，他把我安顿在一位财务官的官邸里。我在这里不是暗指马其顿的执法官，而只是指出他始终是一位坚定的爱国者，与我关系良好，但他也为我流下过眼泪。只有格奈乌斯·普兰西乌，虽然他的恐惧不亚于其他人，但他做好了准备，站在我一边，忍受这些将要变成现实的恐惧。我的朋友卢西乌斯·图伯洛奉命

前往我兄弟那里，在从亚细亚返回途中，他前来拜访，他以一种真正友谊的精神告诉我，他听说遭到流放的那些阴谋叛国分子打算夺去我的生命，而当时我正准备渡海去亚细亚，我兄弟和我本人与这个行省的亲密的关系在诱使我去那里。但是普兰西乌不允许我走。是的，正是他的拥抱的力量把我拉了回来。在那以后的好几个月里，他忘了自己是一名财务官，他以一位同道的身份，无论我去哪里，他就陪我到哪里。

【42】啊，普兰西乌，你的警惕性是何等孤独！啊，那些个折磨人的不眠之夜有多么恐怖！我的死亡也许会给你带来好处，而现在可悲的是，你费尽心机保存下来的生命却对你毫无帮助！只要我还活着，我决不会忘记那个夜晚！你一直没有休息，你一直没有离开我的身边，而我当时能做的一切就是用一些诺言来回报你同情的悲伤；我的诺言是虚幻的，就像我自己可悲的、愚人的天堂。我发誓，要是我能回归祖国，我不会感谢任何人；但若命运夺走了我的生命，或者有任何力量超越了我的控制，使我不能回归祖国，那么我要向这些先生做出保证——当时还会有谁在我的思想上占有一席之地——我要对你们的努力做出充分的回报。你为什么这样盯着我？你要我恪守誓言、兑现诺言吗？我没有保证实现当时对你许下的诺言，我只能尽力唤起这些先生对我的善意。如我所知，他们为我流泪，为我悲伤；他们打算为我的生命战斗到底，哪怕他们自己有危险。当我和你在一起的时候，不止一天，他们的叹息，他们的悲伤，他们的义愤传到我的耳朵里来；而现在我要对你们在我处于最黑暗的时候为我流下的大量眼泪做出解释。因为，除了悲伤，把我的幸福与你们自己的幸福联系在一起，我还能做些什么？只有那些把生命还给我的人才能把生命还给你们。请你站起来，让所有人都能看见你；来吧，我应当拥抱你，我应当发誓，我不仅在为你的幸福求情，而且还是你的同伴和同志；我相信，没有人会如此冷漠、迟疑、健忘。我不会提到我为爱国者提供的服务，但会提到他们为我提供的服务，就好像从我这里抓走我的救命恩人，让我从今以后的生活中没有了他。先生们，我请求你们怜悯他，不要把他当做一个要我为他服务的人，而要把他当做一名看护我的幸

福的人；我提出呼吁的理由不是财富、声望、社会影响，而是祈祷、眼泪和你们自己的同情心。除了我的恳求之外，还有他杰出而又不幸的父母的恳求。是的，有两位父亲①在为他们的一个儿子恳求。先生们，我以你们的幸福和子女的名义向你们呼吁，不要对我的敌人开恩，我是在保护你们的时候与他们结下的怨仇。我可以为那场胜利自夸，而你们如此之快就忘了我对你们说过的话。你们公开威胁他的生命，而正是他保存了我的生命。我可以容忍我的精神遭到摧残，但我理解你们离我远去的善意。请你们允许我讲述我对我的当事人反复许下的诺言，我对你们的依靠诱使我对他许诺。盖乌斯·伏拉乌斯，我要最诚恳地向你请求，你执行过我担任执政官时的政策，你分担过我的危险，推进过我的成就，你不仅挂念我个人的安全，而且挂念我的荣誉和成功。请你帮助我，用这个陪审团来拯救一位救过我的命的人，你非常明白，他救了我的命是为了能让我为你们和他们服务。先生们，你们的眼泪，以及我的眼泪，阻止我再说更多的话。在我看来，这些眼泪突然唤醒了我的希望，我相信你们会表现出同样的品质，从耻辱中把我的当事人拯救出来，就好像你们会在同样的处境中拯救我一样，因为你们的眼泪使我想起了你们以往经常为我流泪。

---

① 此处指普兰西乌的父亲和岳父。

为塞斯提乌辩护

提　要

　　本文的拉丁文标题是"M. Tulli Ciceronis Pro Publio Sestio Oratio"，英文译为"A Speech of M. Tullius Cicero in Defence of Publius Sestius"，意思是"马库斯·图利乌斯·西塞罗为普伯里乌·塞斯提乌辩护的演说词"。中文篇名定为"为塞斯提乌辩护"。

　　普伯里乌·塞斯提乌是西塞罗的一位忠诚的朋友。他先后担任过财务官、军法官，公元前 58 年夏天当选保民官。他与保民官米罗一道为西塞罗的复归而努力。公元前 57 年初，他遭受普伯里乌·克劳狄的指控。尽管克劳狄是真正的原告，但指控以普伯里乌·图利乌斯·阿庇诺瓦努和提多·克劳狄·阿庇诺瓦努的名义提出。指控的罪名有两条：一条涉及塞斯提乌参选保民官；另一条是塞斯提乌在就任保民官以后使用武装保镖。这条罪名与米罗受到的指控相同。法庭审判于 2 月 10 日开始。法庭主席是马库斯·艾米留斯·斯考鲁斯。为原告提供证据的是普伯里乌·瓦提尼乌和卢西乌斯·盖留斯·波利科拉。为被告辩护的有当时著名的律师霍腾修斯和西塞罗等。霍腾修斯的辩护已经从总体上处理过塞斯提乌的案子，而西塞罗的辩护就像是一篇政治宣言，按照他自己流放和回归期间发生的一系列大事考察了指控者的动机。审判于同年 3 月 11 日结束，陪审团一致同意宣判塞斯提乌无罪。

　　本篇被视为西塞罗最优秀的演说词之一，是西塞罗演讲风格成熟的一篇范文。全文共分为 69 章，译成中文约 5.4 万字。

正　文

【1】陪审团的先生们，在我们这个拥有巨大人力资源的国家和有着崇高威望的帝国里竟然找不到足够的、甘于为了国家制度的稳定和人民的自由去冒险、奉献他们自己生命的忠勇之士；如果说从前曾有人对此感到惊讶，那么在当前这个时候他应当感到惊讶的是他看见了爱国的、勇敢的公民，而不是看到有些人要么是软弱无力，要么是考虑自己的利益胜过考虑国家的利益。你们不需要在心中回想这个人或那个人的命运，只要从总体上观察一下，你们就能明白那些人的困境，他们与元老院和全体优秀公民团结起来，解救我们苦难的国家，把她从匪帮造成的混乱①中解放出来。你们能够看到他们的悲伤，看到他们在法官面前为他们的权利、名声、公民权、幸福、子女而奋斗；而那些违法的、伤人的、混淆和颠覆一切人事与神事的人，不仅在那里欢快地奔忙，而且还在给我们最勇敢、最优秀的公民造成危险，而他们自己却丝毫不用害怕。

尽管有许多事情会引起我们的愤怒，但最不可容忍的是，他们不再用雇来的匪帮，不再用那些被贫困和邪恶毁了的人，而是用你们来给我们制造危险，用最优秀的人去毁灭最优秀的公民。他们自吹自擂说，借助你们的权威、良心和选票，他们能够打垮那些用石头、铁器、火把、暴力、匪帮都无法消灭的人。但对我来说，先生们，我想我应当用我的声音对那些凭借他们对我的服务已经赢得我最深切的感谢的人表达谢意。然而，由于我当时被迫用我的声音来驱逐威胁着他们的危险，所以希望通过我的声音服务过的其他所有人的努力，把我的声音还给我，还给你们，还给罗马人民！

【2】虽然杰出、雄辩的昆图斯·霍腾修斯已经为普伯里乌·塞斯提乌做

---

①　指由克劳狄雇用的匪帮造成的混乱。

了充分的辩护，他的讲话没有什么遗漏之处，而是正确地从国家利益出发为被告提出抱怨，或为被告争辩，但我仍旧要大胆地对你们讲话，因为我担心那个人最有可能认为我的讲话失败，而通过我的努力，我们其他同胞公民不会认为我的讲话失败。没错，先生们，我确信，由于我最后一个发言，所以在这样的案子中，我的演讲是在履行一种辩护的义务，但更是在履行一种感恩的义务；我的演讲会是雄辩的，但更是为了发出抱怨；我的演讲是为了显示能力，但更是为了表达悲伤。因此，如果我在发言中比在我前面讲话的人更加热情，更加自由，那么我要请你们原谅我的发言中你们认为可以用尽义务的悲伤和正义的愤怒来加以解释的东西。因为，没有其他任何悲伤能比我的悲伤和义务有更加密切的联系，我的悲伤是由一位为我提供了最大服务的人所面临的危险引起的；也没有其他任何义愤能比我的义愤应该得到更大的赞扬，我的义愤是由决定向捍卫我的幸福的所有卫士开战的那些无赖点燃的。由于其他发言人已经分别回答了几项指控，我打算谈一谈作为公民的普伯里乌·塞斯提乌的一般地位、生活方式、品性、习惯、忠诚，以及他维护公共幸福与安全的热情；我会尽力而为——只要我能成功——在进行这个综合性的辩护时，我不会忽略与你们的调查、被告、公共利益有关的一切。普伯里乌·塞斯提乌在这个国家受到打击、屈服、面临毁灭的危险时刻担任军法官，由于他在这种危急时刻担任军法官的原因应当归于天命，所以我不会去涉及那些极为重要的事情，直到我向你们阐明他如何开始担任高级职务 ①，如何在此基础上获得巨大声望。

【3】先生们，你们大部分人都记得普伯里乌·塞斯提乌的父亲，他父亲聪明、谨慎而又严峻。在当选保民官以后，他父亲还在一个幸福的时期被列为最优秀的人，表示自己担任其他公职的愿望并不强烈，而只是努力使自己配得上这些职务。在父亲的同意下，塞斯提乌娶了一位最荣耀、最受尊敬的公民盖乌斯·阿尔比努的女儿，婚后有了一个儿子，你们看到他

———————————
① 指塞斯提乌担任军法官和财务官。

就在这里，① 还有一个女儿，已经出嫁。就这样，塞斯提乌得到了两位最尊严、最传统的长辈的认可，对双方都孝敬有加。由于女儿的死，阿尔比努不再是塞斯提乌的岳父，但从亲密的关系中产生的感情与善意并没有失去。你们甚至从他一直待在法庭里，从他的焦虑与困顿，就可以轻易地看出他对塞斯提乌的喜爱。父亲还活着的时候，塞斯提乌再婚，娶了卢西乌斯·西庇阿②的女儿。西庇阿是一位非常优秀，然而非常不幸的人，配得上他父亲的名声，但却成为内战③的牺牲品，被驱逐到国外的土地上受折磨。众所周知，普伯里乌·塞斯提乌对岳父非常敬重，他马上去了玛西里亚，以便看望和安慰他的岳父。他与妻子同行，希望妻子的突然出现和拥抱可以使岳父忘掉悲伤，如果不能忘掉全部悲伤，那么至少也能忘掉一部分；他持续的关心极大地安慰了岳父，直至岳父去世。我可以谈论很多他的高尚精神、他在国内仁慈的服务、他担任军法官时清正廉洁直至卸任。但是国家的尊严抓住了我的注意力，敦促我省略这些不太重要的事情。先生们，我的当事人通过抽签成为我同事马库斯·安东尼乌斯④的财务官，但由于他经常参与我的事务，所以他是我的人。由于对同事要表示一定的尊重，所以在解释这件事的时候，我要谨慎地指出普伯里乌·塞斯提乌与我的同事在一起的时候有哪些发现、⑤ 他如何与我沟通、表现出多么巨大的洞察力。而对安东尼乌斯本人，我只说一句话：在那些极度恐怖和危险的日子里，他从未想要通过表示反对来脱去干系，也没有对人们一般的恐惧或某些人对他的怀疑佯装不知。如果说你们过去经常赞扬我，这是恰当的，因为我努力牵制我的这位同事，宽容地对待他，再加上我对公共利益保持高度警觉，那么你们也

---

① 塞斯提乌带着他的儿子出庭，以引起陪审团的同情。

② 全名卢西乌斯·高奈留·西庇阿·亚细亚提库（Lucius Cornelius Scipio Asiaticus），公元前 83 年任执政官。

③ 公元前 83 年的内战。

④ 全名盖乌斯·安东尼乌斯·许布里达（Gaius Antonius Hybrida），公元前 63 年与西塞罗一道担任执政官。

⑤ 安东尼乌斯与喀提林团伙有一些联系。

应当赞扬普伯里乌·塞斯提乌；由于他小心翼翼地与安东尼乌斯周旋，所以安东尼乌斯认为他是一名好财务官，所有爱国者也认为他是一名最爱国的公民。

【4】还有，在那场原先隐藏在黑暗之处的武装叛乱①突然爆发，叛乱者节节胜利的时候，塞斯提乌受到派遣，率领一支部队前往卡普阿，因为那是一个军事重镇，我们担心它会成为叛乱者突然攻击的目标。他把安东尼乌斯的军法官盖乌斯·美伏拉努赶出卡普阿，此人穷凶极恶，公开参加佩扎罗②以及高卢地区其他地方的叛乱。他还看到盖乌斯·马凯鲁斯被赶出卡普阿，此人不仅去了卡普阿，而且借口练习使用兵器而参加了那里的角斗士团队。③由于这个原因，卡普阿的社团不仅在我家里表达了对普伯里乌·塞斯提乌的最诚挚的感谢，他们把我视为唯一的保护人，因为我在担任执政官期间保证了他们的安全，而且时至今日，这些最勇敢、最优秀的人仍旧以新殖民者和殖民地元老④的名义，公开证明普伯里乌·塞斯提乌为他们提供的服务，为他所遭遇的危险鸣冤叫屈。普伯里乌·塞斯提乌，请你宣读一下卡普阿元老们的决议，让你那男子汉的声音提示你家族的敌人，如果继续发展下去会有什么样的后果。[宣读元老们的决议。]

我宣读的这个决议不是凭着我和他们的亲近、我的当事人和他们的关系、官方的友谊从他们那里勒索来的，他们做出这个决议也不是为了促进他们自己的利益，或者抱有向法官赞扬塞斯提乌的目的。我宣读的决议是一份已经发生过的危险的记录、一项表示青睐的最重要的声明、一篇表示感恩的文章、一张对已经过去了的时间的证明。更有甚者，在大约同一时期，塞斯提乌把卡普阿从恐惧中解放出来，元老院和全体忠诚的公民在城门之内消灭

---

① 在翁布里亚（Umbria），该地于公元前 184 年成为罗马人的一个殖民地。
② 佩扎罗（Pisaurum），意大利翁布里亚的海港。
③ 卡普阿有角斗士学校，是当时训练角斗士的中心之一。
④ 原文"Decurio"，是古罗马殖民地的元老、议员或参议的称号，该词的另一个意思是十人队，骑兵分队。

了他们的敌人，而在我的领导下这座城市也从极端危险中得到拯救，在此之后我发信把普伯里乌·塞斯提乌和他率领的军队从卡普阿召回。读了我的信后，他以惊人的速度赶回罗马。为了使你们能够回忆起当时的恐怖，请你们听一听我这封信。它可以唤醒你们的记忆，让你们想象已经过去了的恐怖。[宣读执政官西塞罗的信。]

【5】由于普伯里乌·塞斯提乌的到来，那些新保民官 ① 在我执政的最后日子里，急于向我发难，但是他们的进攻被打退了，就像叛国者的余孽一样。当时，一位非常勇敢和爱国的公民、保民官马库斯·加图正在保卫国家、元老院和罗马人民，但他没有士兵的帮助和保护，而那些原本承担保卫国家安全职责的人很容易发生动摇。为了找到盖乌斯·安东尼乌斯，塞斯提乌和他的部队加速前进。我在这里需要讲述一名财务官用什么方法激励一名同样急于获胜但又十分顾忌公共幸福和可能发生战争的执政官采取行动吗？谈论所有这些事情太冗长了，我只能说这些。要是马库斯·佩特瑞乌没有表现出对国家的忠诚和其他优秀品质，没有为公共利益表现出惊人的勇敢，没有表现出对士兵的巨大影响和军事上的丰富经验，要是普伯里乌·塞斯提乌在那里没有帮助他唤醒、鼓励、责备、敦促安东尼乌斯，说冬天会在那场战争中起作用，要是整个夏天摆在从冰雪覆盖的亚平宁逃跑的喀提林面前，而他又开始聚集牧人和羊群，那么我们决不可能在不给整个意大利带来大量流血和最可怕毁灭的情况下打倒喀提林。这就是普伯里乌·塞斯提乌带给他的保民官的英勇气概。下面，我可以省略他在马其顿担任财务官期间的事情，而谈论距离现在比较近的一些事件。然而，对于他在他的行省里表现的惊人的诚实我一定不能保持沉默；我后来在马其顿见到过一些遗迹，但那不是一个短暂时期留下的模糊记忆，而是那个行省将永远记住的事情。不过，让我们还是省略这些事，因为我们仍旧拥有这些记忆，而不是已经抛弃了它们；

---

① 指昆图斯·麦特鲁斯·涅波斯（Quintus Metellus Nepos）和卢西乌斯·卡普纽斯·白斯提亚（Lucius Calpurnius Bestia）。

让我们现在尽快地来谈他担任保民官①的事，要说的事情太多，几乎会淹没我的整个演讲。

【6】昆图斯·霍腾修斯确实已经用这样一种方式谈论了他担任保民官的事迹，不仅为他所受到的指控进行辩护，而且把他当做值得青年人记住的政治生活榜样来描述。由于普伯里乌·塞斯提乌在担任保民官期间除了对我的名声和案件表示支持，其他什么也没做，所以我感到有义务谈论同一主题，即使不能从细节上论证，至少也要遗憾地表达某种义愤。如我所说，要是我想粗暴地攻击某些人，那么有谁会不给我自由，让我的话语抨击那些疯狂骚扰我的罪人？但是我将有节制地抗辩，让我的当事人的需要，而不是我的义愤影响我。如果有人与我的幸福秘密为敌，让他们不要表现出来；如果有人在任何时候做过些什么，请他们保持沉默，什么也别说，我希望我们也已经忘了；如果他们在任何地方追踪我，那么我会尽可能容忍他们，我的演讲不会伤害任何人，除非他自己直接拦在我面前——如果是这样的话，事情就清楚了，不是我有意攻击他，而是正好撞上了。

然而，在开始谈论保民官普伯里乌·塞斯提乌的时候，我必须告诉你们，国家在前一年整个儿地翻船了，你们会发现我的当事人在那个时候的所有言行都是为了收集残骸，恢复公共安全。

【7】先生们，在已经过去了的那一年，我们的国家处在巨大的动乱之中忍受着巨大的痛苦；如同某些对政治一窍不通的人所说，有一支利箭对准我，实际上对准整个国家；有一名无赖被一个平民家庭收养，这种做法完全不合传统②；他对我极为愤怒，但他更是公共安全的一个极为野蛮的敌人。格奈乌斯·庞培是一名最优秀的人，当许多人反对我的时候，他对我最为友好；通过各种担保、协议、誓言，庞培要求这个无赖在担任保民官期间不要做任何反对我的事。但是这个全身浸透着各种罪恶的、令人厌恶的坏蛋认

---

① 公元前 57 年塞斯提乌担任保民官。

② 指普伯里乌·克劳狄。他作为一名贵族被平民家庭收养不合传统。参见《对祭司团的演讲》第 13 章。

为，只要威胁这个保障他人安全的人，使他本人面临危险，这种约束就可以打破。这只愚蠢的野兽，尽管有各种征兆对他不利，尽管古老的习俗在约束他，尽管有神圣的誓言在束缚他，但有一名执政官用一项公民大会决议①把这些约束统统解除，这位执政官要么是像我假定的那样被说服了，要么是像有些人认为的那样对我表示愤怒，但他肯定没有意识到高悬在我们头上的巨大罪行和我们将会遇到的麻烦。这位保民官在试图推翻国家时是相当幸运的，他没有用他自己的力气，因为一个过着无比荒淫的生活、与他的兄弟姐妹可耻地做爱、耗尽了气力的人，还有什么力气可用呢？然而这个国家真是命中注定，竟然要让这个盲目无知的保民官去寻找两个人——噢，我要说什么？让他去找两位执政官，②是吗？我要用执政官这个名称来称呼这些人吗，他们以推翻这个帝国、出卖你们最贵重的财产、与全体爱国者为敌、向元老院挑战、羞辱骑士等级、废除我们祖先的一切法律制度为目标，用象征他们的高位和命令的棒束和徽章来装饰他们自己？如果你们不在乎回想他们的罪行和他们给国家带来的伤痛，那么我以上苍的名义发誓，请你们仔细看看他们的脸，想一想他们的所作所为；如果把他们的样子摆在你们眼前，他们的行为会更清晰地呈现在你们心里。

【8】他们中有一个就在这里。③你们瞧，他全身散发香味，一头卷发；他瞧不起与他一同奸淫的同伴、那个使他青年生活污秽不堪的老虐待狂；他满腔怒火反对借贷和放高利贷者，因为他们曾经驱赶他；他在一位保民官的港湾里避难，以免被打死，就像落在斯库拉④的债务海洋里；他轻蔑地谈论罗马骑士，威胁元老院，讨好那些雇来的流氓无赖，因为他们吹嘘说曾在

———————

① 公元前59年，身为大祭司的凯撒召开公民大会，通过一项决议，允许克劳狄被一个平民家庭收养。

② 公元前58年，奥鲁斯·伽比纽斯和盖乌斯·卡普纽斯·庇索担任执政官。

③ 伽比纽斯。

④ 斯库拉（Scylla）是神话传说中的意大利墨西拿海礁上的六头女妖，住在一条狭窄的海峡中的一个大旋涡卡里狄斯（Charybdis）的对面，后来这条海峡被称做西西里亚海峡，海峡北部的瑞吉姆（Rhegium）竖有献给海神波赛冬的圆柱。

一起贿赂案的审判中救过他①；他说自己希望他们在一个行省里也能帮助他，不管元老院有没有把这个行省指定给他②；如果他没能得到行省，那么他认为谁也救不了他。③另一个人④——天哪，你们瞧，他来了——看上去有多么恶心，多么凶残，多么可怕！你们会以为自己看见了一位长胡子的老祖宗，一个完美的老军人的样本，他是古代的一面镜子，国家的一根栋梁。他邋遢地披着普通的紫衣衫，衣服的颜色几乎已经成了黑色，头发乱蓬蓬的。他在卡普阿是当地两名最高行政长官之一，为了增加他自己的荣耀，他似乎想把那里的塞普拉西亚大街⑤都搬来。我该怎么说他的眉毛？当时在人们看来那不是一道浓眉⑥，而是国家的一项保障。他眼神庄重，眉头深皱，似乎象征着那一年的安全有了保证。民众的说法是："不管怎么说，他是国家的伟大栋梁和坚强柱石；我们有了依靠，可以让他去消灭那些害人精，那些人渣；我以名誉担保，他只要用他的眼神就能打碎他的同事的轻率和轻浮；元老院在这一年有了可以追随的领袖，忠诚的公民也不会缺少头领。"最后，民众会特别向我表示祝贺，因为我将不仅拥有一个朋友和亲戚⑦，而且也将拥有一名勇敢庄严的执政官，帮助我去反对一名疯狂的、厚颜无耻的保民官⑧。

【9】这些人中的第一个⑨没有欺骗任何人。因为有谁能想象，当一个如此伟大的帝国这艘大船在惊涛骇浪中飞速航行时，她的领袖和掌舵人是一

---

① 公元前 59 年，伽比纽斯受到行贿的指控而受审。
② 元老院给执政官卸任以后指定任职的行省。
③ 意思是他认为自己肯定会破产。
④ 指庇索。
⑤ 塞普拉西亚（Seplasia），卡普阿的一条时髦的大街，汇聚许多出售香水的商铺和理发店。
⑥ 浓眉在这里指的不是傲慢，而是严峻或有权威。
⑦ 盖乌斯·卡普纽斯·庇索·福鲁吉（Gaius Calpurnius Piso Frugi），西塞罗女儿图利娅的第一位丈夫，死于西塞罗从流放中归来之前。
⑧ 指普伯里乌·克劳狄。
⑨ 伽比纽斯。

个从黑暗的淫窟中突然冒出来的、荒淫无耻的酒色之徒？他自己做梦也没有想到，在别人①的帮助下，他竟然能得到最高的职位，因为他整天醉醺醺的，不仅看不见突然袭来的暴风骤雨，而且无法抬起头来看见光明，这些景象对他来说早已陌生。另一个②以各种方式欺骗了我们中的许多人。这是因为仅仅是他的高贵出身就足以为他赢得公共舆论的赞扬。我们这些善良的公民总是青睐高贵的出身，既因为有贵族对国家是一件好事，只要他们配得上他们的祖先，又因为那些配得上这个国家的杰出人物即使在他们死后仍旧活在我们的心中。由于他们看到他总是那样倔强、沉默，同时也有几分粗鲁和朴素，由于他拥有的这个名字③似乎表明他继承了家族的节俭美德，所以他们喜欢他，为他欢呼，鼓励他用行动证明自己像祖先一样诚实，而忘了他母亲的血缘④。然而，按照我和整个国家的经验，我也从不相信——说实话，先生们——在一个人身上会有那么多的邪恶、无耻、残忍。我确实知道他是一个动摇不定的坏人，公众舆论对他的赞扬是错误的，受了他青年时期的误导，他的脸色掩饰着他的内心，他家的围墙遮挡着他的无耻行径。但是假象不可能持久，围墙再厚也挡不住好奇的眼睛。

【10】我们注意到他的生活方式、他的懒惰、他的迟钝；与他比较接近的人看到了他隐秘的罪恶；最后，这个人的讲话也给了我们掌握他的隐秘情感的一个把柄。这个有造诣的人曾经赞扬某些哲学家⑤，但却说不出他们的名字；他还赞扬过那些颂扬快乐的人⑥，据说这些人对快乐的赞美超过其他任何教师；有什么快乐是他在某个时候不曾追求过的；他全心全意地尽一切力量吞食着"快乐"这个词；他还说这些人认为聪明人做任何事情都是为了自

---

① 指庞培、凯撒、克拉苏。

② 指庇索。

③ 指盖乌斯·卡普纽斯·庇索的名字"福鲁吉"（Frugi），这个词的原意是节俭。

④ 卡普纽斯·庇索的母亲来自山南高卢，是普拉珊提亚（Placentia）的卡文提乌的女儿。

⑤ 伊壁鸠鲁学派的哲学家。庇索曾和该学派的菲洛德谟（Philodemus）共同生活。

⑥ 伊壁鸠鲁不认为最大的快乐是感觉上的快乐，而是心灵的安宁和情感上的无纷扰。

己的利益，这样说是对的；没有比快乐和安宁更令人向往的生活了；但是有些人认为，人应当以荣耀的地位为目标、应当考虑公共利益、应当承担义务而不考虑私人利益，应当为了国家甘冒危险，他认为这样的人会受到伤害乃至死亡，他把这样的人称做幻想家和疯子。听到他每日里的这种高谈阔论，再加上我看到他在自己的密室里所过的生活——他的家会把他肮脏的生活习惯暴露出来——我下定决心，不对这样一名垃圾抱有什么指望，当然我也肯定不需要担心他对我会有什么伤害。然而，先生们，事情是这样的。如果你把一柄利剑交给一个小孩或一个软弱无力的老人，那么凭他们自己的努力他们伤不了任何人；但若他们拿着利剑靠近一个毫无防备的人，那么哪怕这个人是一个最勇敢的人，他也会被利剑本身的刀锋所伤；所以当你们把执政官的职务像一柄利剑一样交到这个筋疲力尽、丧失勇气的人手里，那么他单凭自身的力量不可能碰伤任何人的皮肤，但由于他拥有最高权力，所以他实际上是把毫无防护的国家放到了刀刃上。他们与一位保民官①公开结盟，从他那里得到他们想要的行省、部队和金钱，只要他们先把这个国家捆绑起来交给这位保民官。他们说，我的流血可以使这种联盟得到批准。当阴谋暴露时——这样的罪恶既不可能伪装，也不可能隐藏——这位保民官在同一时间提出两项要消灭我的议案②，而给这两位执政官每人一个行省。

【11】在这个时候，元老院着急了，你们这些罗马骑士愤怒了，整个意大利受到了深深的震撼。事实上，每个等级和每个阶层的每一个人都认为应当为了国家的最高利益向执政官和他们的最高权威寻求帮助，因为除了那个疯狂的保民官，他们是仅有的能够抵御暴风雨的人。然而他们不仅没有在国家遭受挫败的时候支持她，而且对她垮得太慢感到悲伤。全体爱国者的抱怨，乃至于元老院的要求每日里纠缠着他们，要他们为我的案子做一些事，实际上他们要做的是把我的案子提交到元老院里来；然而他们不仅否定

---

① 指普伯里乌·克劳狄。
② 普伯里乌·克劳狄于公元前 58 年 2 月提出。

而且嘲笑这个要求，继续攻击这个团体的带头人。后来，大量民众从全城和整个意大利径直来到卡皮托利圣山聚集，他们全都认为为此事表达悲哀是他们的义务，也都采用他们自己的方法以各种可能的方式为我辩护，因为国家已经失去了她的公共领袖。与此同时，在最能令我回想起我的执政官生涯的协和神庙，全体元老院议员流着热泪恳求那个长着一头卷发的执政官①，因为另一名执政官吓得要死，小心翼翼地躲在家里。一头肮脏的畜生竟然公开拒绝那个杰出等级的恳求和最优秀公民的眼泪，这是何等的傲慢！这个吞食国家的人对我何等轻视！我为什么要提到他的"祖产"？尽管他在做生意，但他把财富挥霍殆尽。你们悲伤地来到元老院，我说的是你们这些罗马骑士和全体忠诚的公民，为了拯救我的生命，匍匐在这个愚蠢的男妓的脚下。在那些土匪拒绝了你们的恳求以后，忠心耿耿、品德高尚、目标坚定的卢西乌斯·尼纽斯②向元老院提出动议，要求讨论国家事务的总体状况；后来，整个元老院通过一项决议，我的幸福仍将面对无穷无尽的悲哀。

【12】先生们，这一天对元老院和所有优秀公民来说是致命的，我为元老院感到悲哀；这一天也使我感到悲伤，因为我被困在自己家里，尽管这件事在后来的回忆中非常光荣！因为，在以往的历史中有哪件事比这件事更为重大，为了拯救一位公民，所有好人一致表示同意，而整个元老院也通过要为此举哀的公共决议？确实，人们改换丧服不是为了哀求，而只是为了表示悲哀。因为，当所有人都处于悲伤之中，如果有人没有改换服饰就足以表明他是个无赖时，人们能够向谁恳求？人们改换丧服，整座城市充满悲伤，我不用再提这个践踏一切神灵的和凡人的事物的保民官干了些什么，我也不用讲他如何召集那些为了我的幸福而出面求情的、出身高贵的年轻人和最荣耀的罗马骑士，把他们暴露在由他雇来的暴徒的刀剑和石块之下。在这里，我

① 指伽比纽斯。
② 卢西乌斯·尼纽斯（Lucius Ninnius），西塞罗的支持者，公元前58年6月1日作为一名保民官提出召回西塞罗的议案。

只说这些执政官，国家有权利依靠他们的忠诚。由于惊惶失措，他①逃离元老院，他满脸惊慌，就像他几年前去参加债权人的秘密会议。他召开了一次会议，以执政官的身份发表演说，然而，哪怕是获胜的喀提林也不会这样讲。他说，如果民众认为元老院仍旧拥有某些国家权力，那么他们弄错了；罗马骑士要付出代价，因为他们在我担任执政官期间②，也手持武器向卡皮托利圣山挺进；对那些迄今为止仍旧处于恐惧之中的人来说（他当然是指叛国者），复仇的时刻已经到了。只要他说过这样的话，就应当受到各种惩罚，因为执政官的恶意讲话足以动摇整个国家。但是，请注意他干了些什么！在那次会议上他驱逐了卢西乌斯·拉弥亚，由于我和拉弥亚的父亲关系密切，所以拉弥亚对我特别忠诚，打算为国家奉献生命；他签署了一道法令，将拉弥亚驱逐到离城二百英里的地方，理由是拉弥亚竟敢为一位公民说情，为一位卓越地为国家服务、为朋友服务、为公共利益服务的公民说情。

【13】和这样的人打交道你能做些什么？对这样一个令人厌恶的人，或者倒不如说对这样一个可恶的敌人，你能把什么样的惩罚留给他？凡是他和他那位荒唐、可耻的同事共同干的事情我都省略不说，他有一件事情干得非常独特，他实际上从这座城市里驱逐了一个人，我不说驱逐了一名罗马骑士，一名最杰出、最优秀的人，一位对国家最忠诚的公民，一个在元老院和全体忠诚的公民的陪伴下为朋友的困境和国家的毁灭感到悲伤的人，但我一定要说，这名执政官未经任何审判就用一道法令把一位罗马公民驱逐出国。由执政官下令要他们离开这座城市，我们的同盟者和拉丁人从来没有感受过比这更大的悲伤，发生这种事情极为罕见；然而他们当时还能够回归他们自己的城市，回归他们自己的家神，除了一般的麻烦之外并没有什么个人的羞辱。但现在是一种什么情况？一名执政官凭一道法令就可以把罗马公民从家里驱逐出去吗？可以按自己的喜好，给人定罪，把他赶走吗？如果他认为你

---

① 指伽比纽斯。
② 公元前 63 年 12 月 5 日，一群骑士在阿提库斯的率领下占领卡皮托利山，保护当时在协和神庙中开会的元老院。

们会在这个国家里永远占据你们今天的高位，是的，要是他相信在这个国家里还有正义法庭的影子或鬼魂存在，那么他会大胆地把元老院从国家体制中废掉，他会藐视罗马骑士们的请求，还有，最后，用最新的、前所未闻的法令剥夺所有公民的权利和自由，不是吗？

先生们，尽管你们正在非常专心地听我讲话，但我无论如何担心你们中的某个人会感到纳闷，不知道我说这番话是什么意思，我的话讲得那么长，重复之处那么多，或者说，普伯里乌·塞斯提乌的案子与在他担任保民官之前就给国家带来麻烦的那些人的罪行有什么关系。但我的意图在于说明，他在担任保民官期间的整个政策和目的是尽可能治疗这个饱受创伤的国家的伤口。如果在揭开这些伤口时，我说了太多关于自己的事情，那么请你们一定要原谅我。因为你们和全体忠诚的公民都认为，落在我头上的灾难有可能是国家的最大创伤，普伯里乌·塞斯提乌不是在保护他自己，而是在保护我；由于他在担任保民官期间竭尽全力促进我的幸福，所以我以往的案子必定与当前我为塞斯提乌进行的辩护联系在一起。

【14】当时元老院处于悲伤之中。根据一项公共决议，全体公民穿上了死气沉沉的丧服；当时在意大利，没有一个街区、殖民地、地区，在罗马，没有一个包税人的行会、协会或商会，简言之，没有任何议事团体在那个时候没有通过决议，以最美好的语词向我表示敬意，关心我的幸福。而就在这个时候，这两位执政官突然颁布一道法令，要元老院议员恢复他们平时的着装。有哪位执政官曾经禁止元老院服从它自己做出的决定？有哪个暴君曾经禁止过不幸的人表示悲哀？庇索（不用提伽比纽斯了），你欺骗公众的期盼，使他们无视元老院的决议，你轻视每一位忠诚的公民的建议，你背叛国家，给执政官的名称抹黑，对此你还不感到满意吗？你敢大胆地颁布一道法令，不准民众对我的不幸、对他们自己的不幸、对公共灾难表示悲哀，不许他们用穿丧服来表示他们的悲哀吗？改换服装是为了表示他们自己的悲伤，还是作为请求的标志？有谁会如此残忍，竟然阻止任何人为自己或为他人求情？还有，当朋友处于危险时，人们不是按照自己的意愿改换服装吗？没有

人会为你悲伤吗，庇索？甚至那些被你利用自己的权力，不仅没有元老院的法令，而且违反元老院的意愿，提名担任使节的人也不会为你悲伤吗？^①那么，故意挑选出来的人也许会为一个铤而走险的叛徒遭遇的不幸表示悲哀，然而当一位公民充分享有忠诚者的善意，为祖国的幸福竭尽全力的时候，元老院为他所遭遇的危险，一种与国家的安危有关联的危险，表示悲哀，难道不合法吗？然而，就是这些执政官——如果他们被称做执政官，那么所有人都会认为他们的名字不仅应当从人类记忆中消失，而且应当从公共记载中抹去——在对指派行省做了一番讨价还价之后，那个疯子把事情提上了在弗拉米纽斯杂技场召开的大会，用话语和选票批准了所有当时反对我本人和这个国家的行为，这真是国家的灾难和你们最深的悲哀。

【15】当这些执政官坐在那里观看的时候通过了一项法案，判定占卜无效，禁止宣布凶兆，只允许在那些特定的日子里通过法案，判定阿里安法和富菲安法无效。有谁看不出，单凭这一项法案就彻底摧毁了宪法？当这些执政官继续坐着观看的时候，一大批奴隶以各种借口进入奥勒留讲坛^②前面的空地；这些人来自各个街区，编成小队，擅长使用武力，犯有施暴、凶杀、抢劫等各种罪行。有这些执政官掌权，武器可以公开带入卡斯托耳神庙，通往神庙的阶梯已被拆毁^③，市政广场和公共集会场所充塞手持武器的人，扔石头和杀人的事情发生了；元老院什么也不是，其他行政官员什么也不是；只有一个人在武器和匪徒的帮助下掌握一切权力，他能做到这一点不是凭着他自己的力量，而是通过对行省问题的讨价还价，使两位执政官的旨趣从国家转移到其他地方；他行为蛮横，就像一个暴君；他通过许诺掌握了许多人，又通过实行恐怖掌握了更多人。

　　先生们，尽管事情到了这种地步，尽管元老院没有领袖，只有叛徒，或

---

①　担任使节（legati）应由元老院提名。

②　奥勒留讲坛是建在市政广场上的一个平台，可能是由公元前 74 年的罗马执政官马库斯·奥勒留·科塔（Marcus Aurelius Cotta）建造的。

③　为的是把这些阶梯改为堡垒。

者说只有公开的敌人；尽管骑士等级受到执政官的审判，整个意大利的权威受到蔑视，有些人遭到驱逐，有些人被恐怖和危险吓破了胆；尽管在神庙里有军队，在市政广场上有武装人员；尽管执政官没有在沉默中忽略所有这些情况，而是用他们的话语认可了这些事情；尽管我们看到这座城市虽然还没有毁灭和被颠覆，但已经被俘虏和屈服；但无论如何，先生们，我们还是可以看到忠诚公民的热情，要是没有其他恐怖、焦虑、怀疑在影响我的行动，我们应当抗拒所有这些巨大的邪恶。

【16】先生们，今天我要当面向你们完整地说明我做了什么，我这样做出于什么动机；我也不会令你们想要听我讲述的最诚挚的愿望感到失望，我决不会辜负这么多听众，在我的记忆中，超过我以往参加过的任何审判。因为，有元老院的热情支持，有全体忠诚公民的团结一致，有做了一切准备的骑士等级，简言之，有准备好了的整个意大利，在如此有利的情况下，要是我向这个疯狂、卑鄙的保民官屈服，要是我显得害怕这些卑鄙无耻的执政官，那么我承认自己太温和，太缺乏勇气和判断力。昆图斯·麦特鲁斯①的案子怎么能与我的案子相提并论？尽管有所有忠诚者的同情，但元老院没有用表决支持他，也没有任何等级投票支持他，整个意大利也没有通过支持他的决议。因为实际上，当时只有他一个人拒绝宣誓遵守这部凭暴力通过的法案，他对自己的荣耀非常在意，超过他对国家幸福的关注②；简言之，他似乎只是在利用这个机会表现自己的勇敢，用对国家的热爱来交换坚强的名誉。但他不得不面对盖乌斯·马略不可战胜的军队；他成了马略的敌人，而马略是国家的大救星，当时已经第六次担任执政官；他不得不面对卢西乌斯·萨图尼努斯，当时第二次担任保民官。萨图尼努斯保持着高度的警

---

① 全名昆图斯·麦特鲁斯·努米狄库（Quintus Metellus Numidicus），公元前109年担任执政官。公元前100年，保民官卢西乌斯·阿普莱乌斯·萨图尼努斯（Lucius Appuleius Saturninus）提出分配土地，在各地殖民的议案。他在条款中规定元老院议员要在五日内宣誓遵守，否则处以罚款和流放的惩罚。只有昆图斯·麦特鲁斯·努米狄库拒绝宣誓，后被流放。

② 只有一个人拒绝宣誓对国家没有好处。

惕性，支持那项提案。如果说他缺乏节制，那么他至少是为了人民的利益，而没有个人的寻求。麦特鲁斯最后屈服了，他担心，要是被一个勇敢的人打败，那么会遭受耻辱，而要是获胜，他也会失去这个由许多勇敢的公民组成的国家。但是，依靠骑士等级的巨大力量，依靠整个意大利的公共决议，依靠全体公民的忠诚和热情，我的案子由元老院公开审理。我的办法不是依靠我个人的权威，而是顺应公众的意愿；他们不仅关心我个人的名望，而且关心全体公民，乃至于全体人民的普遍幸福；在这样做的时候，我期待着全体人民能把维护和捍卫我已经做过的事情①当做自己的义务。

【17】但是我一定不能与一支胜利的军队作战，而要与那些受雇佣的、渴望抢劫这座城市的匪帮作战；我不能当盖乌斯·马略的敌人，他是他的敌人恐惧的对象，是他的国家的希望和支柱，而要当两个危险的魔鬼的敌人，他们负债累累，性格多变、腐化堕落，就像奴隶一样投靠一位保民官；我也一定不要对付萨图尼努斯，他当时在奥斯提亚担任财务官，他知道，作为一场争论的结果，输入粮食的使命已经从他身上转给了元老院议员、杰出的马库斯·斯考鲁斯，因此他正在竭尽全力为他的愤怒寻找一个发泄口；但我一定要对付一个荒淫无耻的浪荡公子、一个与他自己的姐妹通奸的人、一名在圣地奸淫的人、一名投毒者、一个伪造遗嘱的人、一名杀人凶手、一名土匪；如果我用武力征服这些人，这一点很容易做到，这样做也是正确的，最优秀、最勇敢的公民也会要求我这样做，那么我不怕任何人会责备我以恶制恶，或者任何人会为这些堕落的公民的死亡感到悲伤，或者倒不如说为这些隐藏在我们中间的敌人的死亡感到悲伤。但有以下一些原因影响着我的决心。在这个疯子的所有讲话中，他宣称，他要消灭我得到了杰出的格奈乌斯·庞培的批准，而庞培无论是在现在还是在过去，只要情况允许，对我都是最友好的。马库斯·克拉苏和我有着深厚的友谊，他是一个十分勇敢的人，而这个畜生宣称克拉苏对我持有敌意。盖乌斯·凯撒不会因为我有任何

---

① 处死喀提林匪帮中的阴谋叛国分子。

过失而与我疏远，但克劳狄也说凯撒在每日举行的会议上强烈反对我。他说他会请这三个人做他的政策顾问，并且在执行时当他的助手。他说，他们中有一人 ① 在意大利拥有一支强大的军队；另外两人虽然没有担任公职，但只要他们愿意就能率军作战。他没有用公审、法庭、指控，而是用暴力、武器、军队、统帅、军营来恐吓我。

【18】那又怎样？敌人的话语动摇了我的决心吗，尤其是一些假话，一些反对最优秀人士的无耻的话语？动摇我决心的不是他的话语，而是这些可耻话语所指的那些人的沉默，他们在当时由于其他原因而固执地保持沉默，然而对那些害怕一切的人来说，他们似乎是在用沉默讲话，用不否认承认。但他们当时正处在某种巨大的恐慌之中，因为他们认为所有这些行为、前一年所采取的所有措施，都被执法官们瓦解了 ②，都被元老院和国家的头面人物削弱了，由于不愿意与一位保民官有什么纠葛，他们说自己面临的危险比我遇到的危险更加紧迫。然而，克拉苏说我的案子必须由执政官处理，庞培也向他们提出要求，声称自己虽然是 位普通公民，但决不会背弃一个由他们正式处理的案子；尽管他对我非常忠诚，而且最渴望拯救国家，但有些人警告他要小心自己，这些人被安排在我房子周围侦察，宣称我正在家里策划谋杀庞培的计划。他们不断地用这种怀疑提醒他，有时候给他送信，有时候派人去告诉他，所以到了最后，尽管他肯定不会害怕我，但他认为应当提防那些人，担心他们会以我的名义对他下手。还有，当时拥有军事权威的凯撒在城门口，有些人不顾事实，认为他对我特别恼火；他的军队在意大利，他把军队的指挥权交给了与我为敌的这位保民官的兄弟。③

【19】当我看到——这些事情没有什么秘密可言——元老院正在从这个

---

① 指凯撒。

② 公元前 58 年，两位执法官，盖乌斯·美米乌斯（Gaius Memmius）和卢西乌斯·多米提乌·阿赫诺巴布斯（Lucius Domitius Ahenobarbus）要求元老院宣布废除凯撒于公元前 59 年制定的法律。

③ 盖乌斯·克劳狄·浦尔契（Gaius Clodius Pulcher），公元前 56 年的执法官。

国家里被连根拔起，没有元老院国家就不能稳固；执政官们本应是国家政策的领袖，却由于他们自己的行为而把这种政策带上了绝路；那些拥有最大影响的人士在所有公共集会上被用来反对我，他们不是真的热心，而是仍旧在以某种方式提出有人想要消灭我的警告；这样的会议每天都在召开，我在这些会议上受到攻击；但没有人用他的声音为我辩护，也没有人为国家辩护；你们以为那些军团正在威胁着你们的生命和财产，这是错的，但你们仍旧相信；那些老奸巨猾的卖国贼和喀提林危险的军队，曾经气馁而四散，但在一位新领袖的号召下又聚集起来，使事情有了意想不到的转折；先生们，看到所有这些事情以后，我该做什么？因为我知道在那个时候可能不是你们的热忱对不起我，而是我自己的热忱对不起你们。作为一个普通公民，我应当拿起武器对一名保民官开战吗？忠诚者会被叛国者打败，勇敢者会被懒惰者打败；他会被杀害，而他是唯一不让这个国家毁灭的一剂良药。还有，谁应当对后来发生的事情负责？简言之，谁会怀疑一名保民官的鲜血，尤其是当他不是被正式处死的时候，会在执政官中找到复仇者和保护人？某个人在某个会议上宣布我必须去死，或者必须两次征服我。他说的两次征服我是什么意思？无疑，要是我与这个疯狂的保民官战斗，我就不得不与这些执政官，以及其他复仇者战斗。先生们，哪怕我命中注定要灭亡，而不是仅仅遭受可治愈的创伤，我仍旧宁愿马上去死，而不是两次被征服。因为第二次斗争的性质是，无论我是失败者还是胜利者，我们都不能维护宪法。如果我在第一次斗争中就被一名臭名昭著的保民官打败，和许多爱国者一起倒在市政广场上，那么会发生什么事？无疑，这些执政官会召集他们想要连根拔起的元老院开会，他们会召唤人们拿起武器，虽然他们甚至不允许人们用改换服饰来捍卫国家；他们会在我死后与一位保民官争吵，虽然他们希望我死亡的时刻是对他们的奖赏。

【20】确实，我还有一件事情留下来没说。某些勇敢、有力、高尚的人会说："你应当抵抗，你应当反击，你应当用战斗来面对死亡。"对此，你们，还有你们，我要请你们作见证，我说的是我的国家，还有你们，我们国家祖

先的诸神，正是为了你们的居所和神庙，为了比我的生命还要宝贵的同胞公民的得救，我要避免战争和流血。因为，先生们，就好比我和朋友一同乘船远航，遇到来自各方的大量海盗，他们威胁说要用他们的舰队撞沉我们的航船，除非我的朋友把我交给他们；如果乘客拒绝这样做，宁愿与我一同去死也不愿把我交给敌人，那么我宁可跳海而死，也不会连累那些热爱我的朋友；我不说他们一定会死，但他们的生命肯定面临巨大危险。然而国家这艘大船，在支配她的元老院的舵手离开以后，就因意见分歧而在惊涛骇浪中颠簸，受到许多武装舰队的攻击；有些人要我放弃，对我发出剥夺公民权、流血、抢劫的威胁；有些人受到阻拦，不能保护我，因为他们怀疑这样做会给他们自己带来危险；有些人出于根深蒂固的仇恨而反对忠诚的公民；有些人妒忌我，认为我是他们实现计划的障碍；有些人想为他们自己的悲伤复仇，痛恨这个国家及其忠诚的公民现在享有的安全；由于上述种种原因，只有我是应当牺牲的。那么，进行战斗是我的义务吗？我不说这样做会彻底毁灭你们，但肯定会给你们和你们的子女带来危险，所以还不如让我一个人，代表所有人，来面对和承受所有威胁。

【21】"那些不忠的人会被征服。"但他们是公民，这样做需要军队，这件事要由一个普通公民来完成，他曾经在担任执政官时不用军队就拯救了这个国家！如果忠诚于国家的人被征服，谁能留下来？你们看不见国家会落在奴隶手中吗？我本人应当像有些人所说的那样，要听天由命去受死吗？如果我死了，那又会如何？我应当避免死亡吗？或者说，当我在大批叛国贼中间做这些事情时，死亡或流放总是在我眼前，不是吗？不，事实上，即使在我执行那个伟大任务时，我本人也已经预见到我的命运？当我的家庭和朋友陷入悲伤时，当这种亲密关系被打破，当我的心充满悲痛，当上苍给我的天赋和恩惠全部被剥夺的时候，我还值得保命吗？我会如此消息不灵，对这个世界一无所知，缺乏判断力吗？我什么都没听见，什么都没看见，通过阅读和思考，什么都没学到吗？我不知道生命是短暂的、荣誉是永久的吗？死亡是一切人的宿命，所以我应当把必然会丧失的生命奉献给我的祖国，而不应当

保存生命还给大自然吗？我难道不知道，在最聪明的哲学家中间这是一个有争议的主题，有人断言死亡将摧毁人的灵魂和意识，有人认为聪明人和英雄的灵魂离开身体以后，仍旧拥有大部分意识和活力？对一种看法我们不能回避——我们可能失去意识，但对另一种看法我们甚至更加向往——享有更高的意识！最后，由于我始终把荣誉当做我的生活准则，认为一个人要是没有荣誉，在生活中就没有什么东西可以追求，所以我，一名执政官等级的人，在建立了如此伟大的功勋以后，还会怕死吗？我在想，甚至连年轻的雅典少女、国王厄瑞克透斯的女儿①，也会为了她们的国家而藐视死亡？尤其我是来自盖乌斯·穆西乌斯家乡的一位公民，他当年只身一人进入波尔塞那的军营，死神在他面前飞舞，试图夺走他的生命；从那座城市来的，先有老普伯里乌·德修斯，若干年后又有和他一样勇敢的儿子，他们为了罗马人民的安全和胜利，在战争中奉献了自己的生命；从那座城市来的还有许多人，有些为了获得荣耀，有些为了避免耻辱，以各种方式安详地接受死亡；我本人记得，一位最勇敢的人、现在就在法庭上的马库斯·克拉苏的父亲，他不愿活着看到他的敌人获胜，于是就用他那经常给敌人送去死亡的双手结束了自己的生命。

【22】想到诸如此类的事情，我明白，如果我的死亡就表明国家的最终毁灭，那么就不会有任何人敢于反对不忠的公民。如果是这样的话，那么无论我被暴力夺去生命，或是死于疾病，都可以使国家得以保存，因为这样一来国家就不会与我一同灭亡了。如果元老院和罗马人民没有在全体爱国者的惊人的热情中把我召回——我的死亡当然就会使这种情况的发生成为不可能——那么当个人的声望有可能受到一点儿损害的时候，又有谁胆敢参与任何公共事务？所以，先生们，我当时用了离开罗马的方式拯救这个国家；用我自己的悲伤来使你们和你们的子女免遭毁灭、大火和掠夺；我一个人曾经

---

① 厄瑞克透斯（Erechtheus），希腊神话中的雅典国王，他得到神谕，如果他能献祭一个女儿，他将在战争中获胜。他奉献了他的小女儿，而其他两个女儿也愿意分享妹妹的命运，一同牺牲。

两次拯救了这个国家，第一次我得到了荣耀，第二次我得到了悲惨。在这一点上，我从不否认自己是一个凡人；当我发现自己被剥夺了优秀的兄弟、亲爱的子女、忠实的妻子，我再也看不到你们，看不到我的国家，看不到我现在的这个光荣的位置的时候，我决不会自吹自擂说自己从来没有感到过悲伤。如果我什么情感都没有，只交出很容易得到的东西作为我对你们的奉献，那么我对你们做出的是一种什么样的牺牲？我心中认定这是证明我热爱国家的最确定的证据，尽管我离开祖国去生活无法不感到极大的悲伤，但我宁愿忍受悲伤，也不愿看到国家被一帮无赖推翻。先生们，我想起了出生在我家乡的盖乌斯·马略，他是一个人，但又不仅仅是一个凡人；为了拯救这个帝国，他在 70 岁高龄的时候，从那打得难分难解的酣战中脱身，起先在一片沼泽地的水坑藏身，然后躲在敏图尔奈那些最卑微、最贫穷的居民家中，后来他乘坐一艘小船抵达阿非利加最荒凉的海岸，远离一切港口和有人居住的地方。他为了能在尚未复仇的情况下继续活着，为了虚幻的毁灭国家的希望保存自己的生命；而我的生命，就像我不在的时候人们经常在元老院里说的那样，维系着国家的安危；由于这个原因，执政官按照元老院的决议在给外国民众的公告中赞扬我。如果我放弃自己的生命，不就是对国家的背叛吗？现在我已经受到召唤，只要我活着，我就给人们树立了一个忠诚的榜样。如果这个榜样能够长存，有谁能怀疑这个国家将会永生？

【23】对那些外国的国王、民族、51 个部落进行的战争很久以前就已经完全停止，我们现在和那些和平的附属国的关系是良好的。还有，几乎没有任何人会从战争的胜利中对他的同胞公民产生仇恨。另外，必须经常反对内乱和那些有侵略性的公民制订的计划，必须在这个国家里继续治疗这种危险；公民们，如果我的死亡剥夺了元老院和罗马人民表达他们对我的不幸感到悲伤的权力，那么你们的权力就完全丧失了。所以，年轻的罗马人，我要警告你们——我有权向你们提出建议——在寻求国家的地位、幸福和荣耀时，你们不要犹豫不决，或者由于我的不幸而回避采取坚定的政策，你们一定要保卫国家，反对那些不忠诚的公民。首先，大家不要再害怕碰上这样的

执政官①，如果这是命中注定的，那就让它完全显露。其次，我希望，那些忠诚的公民②不要再向任何攻击国家的无赖提供建议和帮助，那些和平的公民不要再面对武装力量的恐怖，在罗马城门口驻扎的军队统帅③不要再有任何理由，允许他的名字带来的恐惧错误地出现在我们的脸上。最后，让元老院不要再被摧毁，乃至于被剥夺表达悲伤的权利，让骑士等级不要再遭受被一名执政官驱逐的耻辱。尽管这些事情和其他一些我打算省略的更加重要的事情确实发生了，但是你们瞧，我在度过一个简短的悲伤时期④以后，又被国家的声音召回我从前荣耀的地位。

【24】再回到我整个演讲的主题上来，我的意思是，让我来说明这个国家在那一年被这些执政官用各种邪恶的方法毁坏了：首先，就在那一天，命中注定我和全体忠诚的公民要充满悲伤，我离开了自己国家的军队，离开了你们的视线；由于害怕给你们而不是给我自己带来的危险，我屈从了一个人的疯狂、罪行、背叛、武力、恐吓，离开了我亲爱的祖国，她在我心中超过其他一切，由于种种原因，她对我来说极其珍贵；不仅有城里的那些人，而且还有房屋和神庙，都对我受到的羞辱感到悲伤，如此可怕，如此压倒一切，如此出乎意料；当你们中没有任何人想要抬头仰望市政广场或元老院大厅的时候，抬头看这光天化日的时候；就在这一天——我说的是一天吗——倒不如说就在这个时辰，就在这一刻，法律被搬出来投票毁灭我本人和国家，把行省指定给庇索和伽比纽斯。不朽的诸神，这座城市和帝国的卫士和救星啊，这里发生了什么令人厌恶的、残忍的暴行，这个国家看到了什么样的罪行！一位公民被驱逐，而他曾经在元老院的决议下，在全体忠诚的公民的关心下，保卫国家，他被驱逐仅仅是因为一项指控，而没有其他指控。他被驱逐也还未经审判，他是被暴力、石头、刀剑赶走的；是的，甚至可以说

---

① 指伽比纽斯和庇索。
② 指庞培、凯撒和克拉苏。
③ 指凯撒。
④ 西塞罗的流放期从公元前 58 年 3 月到公元前 57 年 9 月。

是被那些受到怂恿参加暴乱的奴隶赶走的。市政广场遭到蹂躏和抛弃，被杀人犯和奴隶占领，在那以后，一项法律通过了；为了防止那项法律通过，元老院不得不举哀。当国家如此混乱的时候，他们在推翻我和分配战利品之间甚至不允许有一个夜晚的间隔。在我被打倒以后，他们就跑过来给我放血；当国家仍在呼吸的时候，他们就动手剥去她的衣裳做战利品。至于当人们普遍陷入悲伤的时候，有少数人感恩戴德、弹冠相庆、举行宴会、分赃、许诺、抢劫等等，这些事情我都不说了。我的妻子受到逼迫，我的孩子们的生命受到威胁；我的女婿，那位庇索①，在向执政官庇索求援时被赶走，我的财产也被抢走，送到这些执政官手中；我在帕拉丁山上的房子被焚，而这些执政官正在举行宴会。然而，即使对我的灾难幸灾乐祸，他们也应当考虑国家面临的危险。

【25】现在撂下我自己的事不说，想一想在那一年发生的其他邪恶行为；这样的话，你们就会明白这个国家有多么渴望从第二年的行政官员手中得到治疗；那一年的法案非常多，既包括那些通过了的，也包括那些仅仅提出来的。这些执政官通过了一些法案，乃至于监察官想要调查他们的品性——对此我应当保持沉默吗？不，我宁可公开地说他们批准了这些法案——也就是说，他们从宪法中废除了一些由执政当局通过的权威的、神圣的裁决；这些法案不仅违反元老院从前的法令，恢复了商会，而且要让训练角斗士的学校也像其他商会一样可以随意登记；法案规定了六又三分之一斗的粮食定量，从而使税收减少了近五分之一；②法案把叙利亚行省而不是西里西亚行省交给伽比纽斯，这是他以出卖国家为代价得来的，一名吸血鬼得到了对同一件事情考虑两次的权利，在法案通过后可以凭着一项新法案来改换行省。

---

① 指西塞罗的女婿盖乌斯·卡普纽斯·庇索·福鲁吉（Gaius Calpurnius Piso Frugi），他试图为他的亲属与执政官庇索之间进行调解，公元前63年与西塞罗之女图利娅结婚，死于公元前57年。

② 革拉古签署法令，规定每户每月粮食定量为六又三分之一斗（modius）。苏拉废除了这个规定。公元前62年的保民官马库斯·加图给32万求援者规定每月供应的粮食定量为5斗，价格低于普通价格的一半，由克劳狄实行的这项减免大约每年花费7000万罗马小银币。

【26】我要省略那项法案，凭着它所有遵守祭祀、占卜、行政权力的法律规定都被废除，所有关于法律提案的合法形式，以及提出提案的时间的法律规定都被废除。我要省略我们在家里遭受的所有痛苦；我们甚至看到外国侨民被那一年的疯狂举动所震惊。凭借一项保民官的法案，从神庙里驱逐了佩西努斯的大母神的祭司，剥夺了他的祭司权，这处最神圣、最古老的宗教圣地高价出售给布洛吉塔鲁，一个最卑鄙的人，他配不上那个神圣的职位，尤其是他想要得到这个职位时，不是抱着崇拜的目的，而是为了亵渎。从来没有人要求元老院赐给他们这样的头衔，要人民称他们为国王。拜占庭恢复了审判定罪后的流放，而在这个时候有公民未经审判定罪就被逐出罗马。① 托勒密国王②，元老院还没有宣布他是我们的同盟者，然而他却是那位国王③的兄弟，尽管他兄弟与他的处境相同，却已经从元老院获得荣耀，他们属于同一种族，有着相同的祖先，与我们有着同样持久的联系。简言之，他是一位国王，如果说他还不是一位同盟者，那么他至少不是一名敌人。他在罗马人的保护下过着和平安宁的生活，享有他的祖先和父亲留给他的王国。当他对正在进行的事情一无所知，也没有产生任何怀疑的时候，有人提出了提案，并且由那些雇来的人投票通过，要头戴王冠、身披紫袍、手持权杖、坐在国王宝座上的托勒密把他的权力交给一名拍卖师；按照罗马人民至高无上的庄严意志，那些王国经常得以恢复，甚至在战争中被打败的那些国王也能复国，而对于这样一位友好的国王，既没有对他提出任何指控，也没有提出需要他满足的条件，竟然要公开拍卖他和他的全部财产。

【27】有许多残忍、可耻、反叛的行为是那一年的标志。然而我认为，我们几乎可以公平地说，我已经讲过的罪行与他们连续地、野蛮地反对我的

① 西塞罗和加图。
② 指塞浦路斯的独立的统治者，他是死于公元前80年的埃及国王托勒密·拉昔鲁斯（Ptolemy Lathyrus）的两名非婚生儿子中较年轻的一个。由于他拒绝向罗马赎买他的王位，取得罗马的承认，马库斯·加图于公元前58年受元老院派遣，前去剥夺了他的王位。
③ 托勒密·奥莱特（Ptolemy Auletes）。

罪行最接近。经过顽强的抵抗，安提奥库斯大帝①从陆上和海上被打败，我们的祖先让他当了"陶鲁斯山"②那边的国王；他们从他那里拿走亚细亚，作为对他的惩罚，但又把部分领土送给阿塔路斯③，成为他的王国的一部分。我们自己后来进行了一场漫长的、严重的战争，反对亚美尼亚国王提格拉尼斯④，由于伤害我们的同盟者，实际上是他促使我们对他开战。他本人是我们的一个劲敌，而在我们从本都赶走帝国最凶狠的死敌米特拉达铁斯以后，提格拉尼斯使用他的王国的全部资源来保护米特拉达铁斯。尽管被杰出的统帅卢西乌斯·卢库鲁斯打败，提格拉尼斯仍旧率领他的余部，仍旧显示出同样的敌意和他原来的决心。然而，当格奈乌斯·庞培在自己的营帐里看到提格拉尼斯跪在脚下投降时，就把他扶了起来，把提格拉尼斯摘下的王冠又给他戴了回去；庞培在规定了某些条件后，让提格拉尼斯继续当国王，他认为这样做，对提格拉尼斯本人，对这个帝国，都更加光荣。提格拉尼斯会明白，是庞培把他扶上了宝座，而不是用锁链捆绑他。⑤所以，当时这位亚美尼亚国王不仅本人与罗马人民为敌，而且还在他的王国里接待我们最凶恶的死敌，这位国王在反对我们，与我们开战，当前又在与我们争夺统治权；他通过条约取得了因战争而失去的朋友和同盟者的称号。而那位不幸的塞浦路斯国王原来一直是我们的朋友和同盟者，元老院或我们的统帅从来没有接到报告，对他产生严重的怀疑；他用他自己的眼睛，如他们所说，看到他自己和他在这个世界上的每一样东西被拿去拍卖。当然了，有那灾难性的一年的先例摆在其他那些国王面前，当他们看到某些保民官或其他许多雇来的人就

---

① 安提奥库斯大帝（Antiochus the Great），即安提奥库斯三世（Antiochus III），叙利亚国王（约公元前 242 年—前 187 年）。公元前 190 年在帖撒利被小西庇阿打败。

② 陶鲁斯山（Mount Taurus），意思是让安提奥库斯退出小亚细亚北部和陶鲁斯山以西。

③ 帕伽玛国王阿塔路斯·欧美尼斯二世（Attalus Eumenes II），公元前 197 年—前 160 年在位。

④ 提格拉尼斯一世（Tigranes I），公元前 94 年—前 66 年在位，公元前 69 年 10 月被卢西乌斯·卢库鲁斯打败。

⑤ 提格拉尼斯于公元前 66 年向庞培投降，仍旧保留国王地位，领地被削减。

能剥夺他们的王座和他们所拥有的一切时，他们应当有很好的理由认为他们的地位是稳定的！

【28】还有，他们在这件事情上的意图是诋毁马库斯·加图的名望；他们根本不知道灵魂的品格、正直、伟大有什么力量，什么样的美德是暴风骤雨所无法动摇的；它在黑暗中仍会放光，它在遭受冲击时仍会坚守自己真正的家；它会永放光芒，不会因为其他人的卑鄙而变得晦暗。他们没有提出荣耀加图的建议，而是提出惩罚加图的建议；他们没有赋予他使命，而是把任务强加给他；他们公开吹嘘自己已经拽掉了加图的舌头，因为加图总是在随意地讲述他那些额外的使命。他们会感到——这也是我的强烈愿望——我们的言论自由仍旧保存着；如果可能的话，这种自由会由于加图而变得更大；甚至连他也不再拥有任何希望，认为凭他个人影响已不能完成任何事情的时候，他仍旧要用他坦率的义愤与这些执政官搏斗；在我离开以后，他为我的不幸和国家的不幸感到悲痛，他用这样的话语攻击庇索，最下流无耻的流氓也会后悔把一个行省指定给庇索。那么他当时为什么要服从这个决定呢？就好比他并没有宣誓遵守其他法案一样，他认为这项法案的提出是不公正的！他不打算在他们无耻的阴谋中牺牲自己；从这个国家剥夺一位像他这样的公民，这个国家失去他对国家并没有什么好处。在我担任执政官的时候，他是保民官，他的生命遭到危险；他表达了自己的看法，由于民众对他的反感，所以他应当对自己的生命遭到危险负责；他言辞激烈，行动有力：他公开说出了他的感觉；他是采取那些措施的领导人、调查者、权威；他这样做不是因为他看不到自己面临的危险，而是因为他认为，当国家面临狂风暴雨的时候，除了祖国的安危，其他任何事情都不能占据他的心。

【29】下面要说他担任保民官的事情。对他伟大的心灵和惊人的勇敢我该说些什么？你们记得那一天，当我们的一位同事占领了一座神庙的时候，我们全都在担心这位伟大公民的生命安全；他本人迈着坚定的步伐去了那座神庙，用他权威的声音安抚民众的呼声，用他的勇敢镇压那些不忠诚的公

民。在那个时候，他勇敢地面对危险，他之所以这样做有一条我现在不需要说①的最重要的理由。但若他不服从那项关于塞浦路斯的可耻的法令，那么这个国家无论如何会遭受耻辱；因为直到这个王国被废除，有一项动议是由加图本人提出来的。但是，如果他拒绝承担这项使命，你们会怀疑有人对他施暴吗？因为当时的情况看起来就像是一个人的行动就使那一年所采取的所有措施都无效了。此外，他感到，由于废除这个王国会给国家留下一个无人能够洗刷的、永久的污点，所以这个国家能从这件坏事中获得的好处最好还是由他自己来保证，而不是由其他人来保证。即使他在那个时候被其他形式的暴力赶出这个城市，他也能很容易地让自己做到这一点。要是他那个时候就这样做，那么他至少能在我身上找到他的政治观点的一名支持者，尽管他在前一年不参加元老院的会议；要是他当时能够镇静地留在罗马，那么我会因此而受到惩罚，整个元老院都投票谴责我吗？但他当时肯定屈从了和我一样的处境——面对这个保民官的疯狂，面对相同的执政官，面对相同的威胁，面对相同的阴谋，面对相同的危险。我饮下了更多的悲伤，但他的心和我的心一样酸痛。

【30】这些事情给同盟者、国王和自由城邦造成了巨大的伤害，对这些事情进行申斥是执政官的责任，因为他们是执政者，国王和外国臣民总是置于他们的保护之下。关于这个问题，这些执政官说过一句话吗？如果他们决定进行申斥，又有谁会听他们的话！如果他们能为塞浦路斯国王抱怨，那么当那些并非保护我的人在为我的国家的名字受苦的时候，我为什么在屈服的时候仍旧要坚持我的理由，甚至要他们不要保护我？你们坚持说民众敌视我，而实际上他们并非如此。如果你们坚持这一点，那么我就算是因为不得民心而屈服；如果有一位将军的动乱似乎要一触即发，那么我就算是屈服于环境；如果暴力迫在眉睫，那么我就算是屈服于军队的力量；如果行政官员之间有一种合作，那么我就算是屈服于他们的讨价还价；如果有危险威胁着

---

① 西塞罗这样说是担心冒犯庞培。

人民，那么我就算是屈服于我对我的国家的爱。尽管有"祀神法"和"十二铜牌法"，除非在百人队代表大会上，否则不得通过涉及某个个人的决定，或者对一个人作为公民的权利做出任何决定，但我们看到仍旧有涉及公民权利的动议提出来——我不讨论哪一种公民——要没收他的财产；我要问，为什么在这个帝国发生这些灾祸的时候，为什么在一次由保民官召集的大会上，被雇用来的匪徒可以指名并合法地驱逐一位公民的时候，这些执政官一句话都不说？

我为什么要谈论那一年所有的提案？这些提案对许多人许诺，用书面保证他们的希望和计划能够实现。这个世界上还有哪一块地方没有指定给某人？还有哪一件能想到或能梦到的公共事务没有被具体指定给某人？什么样的命令、活动范围、铸造金钱或积攒金钱的方法没有被发现？这个世界上有哪个地区或大小不等的国家没有被规定为某些王国的领地？有哪个国王在那一年里没有感到要为自己购买没有的东西，或者买回有过的东西？以前有谁曾经向元老院索取过行省、金钱、① 官员的任命权？人们相信的是用暴力索取赔偿。这位热情献身的祭司 ② 被安排为执政官候选人。这就是使忠诚的公民感到悲伤的事情，是卖国贼们希望实现的事情。你们看，这位保民官进行了什么样的谋划，这些执政官提供了什么样的帮助和怂恿！

【31】最后在这里，比他本人的希望还要迟，他违反那些人的意愿，出来为我辩护，那些人的建议和虚假警告曾经把这些最优秀、最勇敢的人的心灵从为我辩护转变到其他地方去；格奈乌斯·庞培在这里终于恢复了他为国服务的精神，这种精神从未冬眠，但在以往由于受到某种怀疑而变得迟钝。这位英雄依靠他战无不胜的军队的勇敢，征服了我们那些最邪恶的公民 ③、

---

① 担任行省总督的开支。
② 指克劳狄，暗指他参加波娜戴娅祭仪的事。
③ 庞培在西西里、阿非利加、西班牙等地消灭马略余党。元老院还要求庞培帮助镇压公元前 78 年担任执政的雷必达。

最凶狠的敌人、强大的部落、国王、从未打过交道的野蛮人、无数的海盗、造反的奴隶①等等，最后结束了陆上和海上的一切战争，然后把罗马人民的帝国的疆界扩展到世界极远之地；他不能继续忍受那些想要推翻国家的少数人的罪行，他不仅经常要用他的政策来拯救这个国家，而且还要用他自己的鲜血。②他承担起国家大业，用他的影响阻止进一步的争讼，他斥责了以前发生的事情。所有这些似乎都预示着事情正在朝着好的方向发展。6月1日，元老院全体议员一致通过了让我回归的法令，动议是由卢西乌斯·尼纽斯提出来的，在我的案子中，他的忠诚与勇敢从未动摇。有个名叫利古斯③的人提过否决案，有些人没有表态，有些人加入我的敌人的行列。形势的变化似乎使他们抬起眼，活过来了。所有那些在我悲伤的时候参与克劳狄所犯罪行的人，无论他们在什么地方露面，无论他们上过什么法庭，都受到了谴责，但似乎没有人知道利古斯投过票。我的兄弟在悲伤中离开亚细亚，内心有着更多的悲哀。当他接近这座城市的时候，所有人都流着眼泪、带着悲伤前去迎接他。元老院的讲话更加坦率，罗马骑士举行了后来的会议。我的女婿庇索没能看到他热爱我和罗马人民的情感结下的果实④，他曾紧急要求他的亲戚支持他岳父的回归；元老院则拒绝考虑有关我的任何事情，直至执政官首先提出了动议。

【32】成功似乎已经近在眼前。然而，由于行省问题，这些执政官已经由于讨价还价而失去了所有行动自由，元老院里的某些人也不愿为我说话，声称他们害怕克劳狄法案。⑤当他们无法继续抵抗时，他们就搞阴谋，想要格奈乌斯·庞培的命。阴谋被发现了，武器被收缴了；⑥当我的敌人仍旧是

---

① 公元前71年，克拉苏打败斯巴达克斯领导的奴隶起义，斯巴达克斯战死，庞培包围了奴隶起义军的余部。

② 庞培于公元前75年在西班牙作战时负伤。

③ 塞克斯都·埃利乌斯·利古斯（Sextus Aelius Ligus），公元前58年的保民官。

④ 西塞罗的女婿庇索死于西塞罗回归之前。

⑤ 克劳狄法案禁止任何人提出召回西塞罗的动议。

⑥ 公元前58年8月11日。

保民官时，庞培一直被软禁在他的住宅里。八名保民官宣布了召回我的议案。① 这样一来事情就清楚了，在我流放期间，我的朋友增加了，尤其是我发现自己原先认为是朋友的人实际上不是朋友；但是他们的品质始终如一，虽然他们并非始终拥有同样的行动自由。当初② 站在我一边的九位保民官中，有一人乘我不在时离我而去。他从埃利乌斯家族的祖宗塑像中偷来一个姓氏，但他从中得到的名声属于利古人而不属于埃利乌斯家族。③ 所以，在那一年新的行政官员已经选出来、所有忠诚的公民都把他们渴求秩序的全部希望寄托在他们优秀的信念之上的时候，普伯里乌·伦图卢斯不顾庇索和伽比纽斯的反对，最先利用他个人的影响支持我的案子，在八名保民官离任的时候，他发表了有关我的卓越的意见。尽管他明白这样做会进一步增添他的荣耀，要是整个案子在他担任执政官期间能得到保存，那么单是这一点就会给他带来更多的感谢，但他宁愿把如此重要的事情马上让别人去处理，也不愿由他本人来慢慢地解决。

【33】先生们，就在这个时候④，当选了保民官的普伯里乌·塞斯提乌启程去见盖乌斯·凯撒，请他过问我的幸福。他所做的事情，就其做成的而言，与案子没有什么关系。因为我认为，如果凯撒对我不错（如我所相信的那样），那么塞斯提乌做的事情没有什么益处；如果凯撒对我感到恼火，但不是很厉害，那么你们仍旧可以看到这个人的忠诚与热心。现在我要说的是塞斯提乌实际担任保民官以后的事情，因为他的第一次旅行是为了国家的利益，是以当选保民官的身份进行的；他认为，为了实现使国家和谐的目的，重要的是不能让凯撒对我的案子冷淡。那一年走到了头，人们似乎又喘过气来，但这不是真实的，只是在心中希望能够恢复法制。一对秃

① 公元前58年10月29日。
② 西塞罗流放时。
③ 这里指埃利乌斯·利古，按照西塞罗的说法，他不合法地冒充埃利乌斯家族的人。利古人可能是史前残存下来的一个民族，罗马人视之为野蛮人。
④ 从这里开始西塞罗阐述塞斯提乌的生涯。这里的时间指公元前58年保民官选举以后。

鹭走了，^①他们披着将军的战袍，在邪恶的诅咒下，在一片骂声中离开了这座城市；人们那个时候的咒骂只给他们两人带来灾难吗？我们既不应当失去马其顿行省和一支军队，^②也不应当在叙利亚失去优秀的骑兵和步兵。保民官们就职了，他们全都向我保证会提出召回我的动议。这些人中第一个就被我的敌人收买了，^③人们在悲哀中笑称他为革拉古^④，因为即使在我们的国家前途未卜的关键时刻，他仍旧不忘从荆棘中收回他那薄薄的红嘴唇，在国家身上咬上一大口。^⑤但另一个人^⑥，不是离开他的犁的伟大的塞拉努斯，^⑦而是来自欧莱鲁斯·伽维乌斯那废弃了的庄园的塞拉努斯——他从伽维乌斯氏族突然转入阿提留斯氏族——在自己的账本上记下得到的金钱数目以后，就把自己的名字从已经张贴出来的提案中去掉了。^⑧1月份到了。你们对当时发生的事情比我知道得更多，而我所说的这些都是传闻。你们知道元老院有多么拥挤，人们翘首以待，来自整个意大利的代表团在那里聚集；执政官普伯里乌·伦图卢斯勇敢、庄重地发表讲话，他的同事^⑨也表现出对我的倾向；在宣称我们之间在政治上的不同见解使他成为我的敌人之后，他的同事说他会牺牲个人的怨恨，服从元老院的意志和国家的利益。

【34】然后，卢西乌斯·科塔^⑩在应邀开始辩论时，发表了一通对国家最有价值的意见。他说对我采取的措施全都是违反宪法的，全都是违反我们

---

① 庇索和伽比纽斯于12月10日离开罗马，早于他们的执政官任期结束（12月29日）。他们穿着战袍表示他们行省指挥权的开始。

② 罗马军队遭遇灾难，马其顿行省被色雷斯人占领。

③ 指努美利乌·昆提乌·鲁富斯（Numerius Quintius Rufus）。

④ 此处革拉古（Gracchum）一词疑为"Brocchum"之误，但无法确证。

⑤ 此处暗讽鲁富斯这个姓氏，鲁富斯这个词的原义是"淡红色"。

⑥ 指塞克斯都·阿提留乌·塞拉努斯（Sextus Atilius Serranus），公元前57年的保民官。

⑦ 指公元前257年的执政官盖乌斯·阿提留斯·塞拉努斯（Gaius Atilius Serranus）。当他被召唤去担任执政官时，他正在耕地。

⑧ 保民官塞拉努斯接受了克劳狄许诺的贿赂，然后就从召回西塞罗的提案中去掉自己的名字。

⑨ 昆图斯·麦特鲁斯·涅波斯（Quintus Metellus Nepos），普伯里乌·克劳狄的堂兄弟。

⑩ 卢西乌斯·科塔（Lucius Cotta），公元前65年担任执政官，一位著名的律师。

祖先习惯的，全都是不合法的；未经审判，不可以剥夺任何人的公民权；不
仅不可以提出涉及个人民事地位的动议，而且未经百人队代表大会同意不能
对此做出任何宣判；所有这些事情都是野蛮的表现，是暴力的杰作，是国家
在推翻正义的动乱中垮台时燃起的熊熊烈火；当政治剧变迫在眉睫的时候，
我退隐到一边，希望能躲避面前的惊涛骇浪，寻找今后的安宁。我用我的离
去从危险中拯救了这个国家，就好像我曾经凭着我的在场来处理先前的那些
威胁①，所以我不仅应当回归，而且应当得到元老院赐予的荣誉，只有这样
做才是合适的。他还依据常识详细地论证，那些用话语、事实和意图构成的
法律提案是由那些疯狂和堕落的敌人提出来的，丝毫没有节制和体面，即使
它的构成是合法的，也不可能有效；因此，由于我是在没有法律的情况下遭
到驱逐的，所以召回我也不需要一部法律，只需要元老院的一项决议。没有
人不同意这种意见是健全的。在他讲话之后，请来了格奈乌斯·庞培。他赞
扬了科塔的意见。然后他说，为了保证我的安全，消除民众反对我的激动情
绪，他建议除了元老院需要做出决议外还要有罗马人民表达意愿的投票。后
来的发言人全都催促要我尽快回归，竞相发表对我的赞美，一致表示同意
已有的看法；如你们所知，就在这个时候阿提留斯·伽维阿努站了起来，他
虽然已经被收买，但不敢表明自己的意见，而是请求有一个晚上的考虑时
间。②在元老院里有人大声喊叫、申斥、请求；他的岳父③一屁股坐在地上。
他宣布下一次会议不会延期。人们相信了他的话，会议中断了。与此相应，
那个人得到了一个漫长的夜晚考虑问题，使他可以把自己的价码加倍。元老
院在 1 月份能够开会的时间只剩下几天了，除了我这件事，没有别的事情需
要办理。

【35】各种各样的拖延、玩笑、诡计阻拦着元老院通过决议，最后终于
到了在公民大会上处理我的案子的 1 月 23 日这一天。提案的发起者、我的

---

① 指对付喀提林阴谋。
② 当发现无法阻止一项提案的通过时，就采用拖延辩论时间的方法。
③ 格奈乌斯·奥庇乌斯·考尼昔努（Gnaeus Oppius Cornicinus）。

一个非常伟大的朋友昆图斯·法伯里修在黎明前占据了讲坛。那一天，被指控使用暴力的塞斯提乌保持着沉默；我的律师和保护人没有主动发言，他在等候，看我的敌人有什么企图。那么，普伯里乌·塞斯提乌又是如何在这些人的煽动下被送上法庭审判的？在后来的一个夜晚，一批手持武器的人占领了讲坛、广场、元老院，其中大部分是奴隶，他们攻打法伯里修，对他下手，还杀死了一些追随他的人，伤了许多人。那位优秀的、最坚定的保民官马库斯·基司皮乌来到讲坛，他们用暴力把他赶走，并在讲坛上大开杀戒，他们的刀剑沾满了鲜血；然后他们开始在广场各处叫嚷着搜索我那最勇敢、最忠诚的兄弟。如果我的兄弟不是为了实现让我回归的希望而保存他的性命，那么他会很乐意带着满腹悲恸和对我的思念面对他们的武器，不是进行抵抗，而是迎接死亡。然而，他无力逃避这帮无耻的匪徒的暴力，在他为哥哥的回归前来向罗马人民提出恳求以后，他被人从讲坛上驱逐，他躺在广场上，在奴隶和自由民的尸体中藏身，用黑暗和逃亡而不是法律和正义来保护他的生命。先生们，你们记得那一天台伯河里漂着许多公民的尸体，阴沟堵塞，讲坛上的血迹要用海绵擦拭，足以使任何人相信这里发生了一场私人、平民无法举行，只有一名贵族和执法官①才能举行的巨大的列阵厮杀和角斗表演。

【36】在动乱之前和动乱的那一天，你们对塞斯提乌提出什么指控了吗？"那是因为广场上发生了暴力事件。"是的，没错，但是暴行什么时候变得如此猖獗？我们经常看到有人扔石头、动刀枪，但是除了秦纳和屋大维决战的那一天，②有谁在市政广场上见到过尸体堆积如山的大屠杀？这样的大屠杀是由什么原因引起的？是经常引起暴乱的由顽固的、不妥协的保民官举行的公决，还是想要通过诺言来赢得无知者赞同的、应受责备的、不审慎的提

---

① 指盖乌斯·克劳狄·浦尔契（Gaius Clodius Pulcher），他是贵族，又是公元前57年的执法官。

② 格奈乌斯·屋大维（Gnaeus Octavius），公元前87年的执政官，曾用武力把他的同事秦纳逐出罗马。

案，还是行政官员之间的敌对。动乱没有一丝征兆，起先是会议中的一阵怒吼，然后分成两派。但这只是后来的情形，而不是有人真的前来攻打。但有谁曾经听说过一句话都不说，也不召开会议、不宣读法律，在夜间发生的动乱？有罗马公民或自由民在天亮以前手持刀剑进入讲坛，试图阻止通过召回我的法令，他们不是长期为国效力的人，就是那些带来瘟疫的、堕落的公民派来的代理人，对吗？我现在要问原告本人，谁在抱怨普伯里乌·塞斯提乌在担任保民官期间有大批卫士陪同，无论他那天有没有卫士。他那天肯定没有。这就是国家被打败的原因，她不是被占卜、集会、投票打败的，而是被暴力、武力、刀剑打败的。如果这位说自己曾经观看天象的执法官对法伯里修发出恶毒的诅咒，那么国家虽然遭受打击，但仍旧能生存下来；如果一名同事对法伯里修举行投票公决，那么这样做会伤害国家，但仍旧是按照法律程序进行的。而你①在天亮前派了一大批由某位当选市政官提供的、从监狱中放出来的杀人犯进入讲坛，对吗？你从讲坛上把行政官员赶走，是吗？你进行了大屠杀，是吗？在你用武力驱赶以后，你使讲坛变得空荡荡的，是吗？你还要指责一个用卫士来保护自己的生命，而不是攻击你的人吗？

【37】然而，甚至在这样的时候，塞斯提乌仍旧没有让他的朋友来保卫他，以便可以在广场上像一名行政官员一样履行他在安全方面的义务。他按照保民官职位的神圣性，认为自己受到祀神法的保护，不仅反对暴力和刀剑，而且也反对话语和腐败。他去了卡斯托耳神庙，对那位执政官②宣布恶兆。然而那些从前总是如愿地杀害公民的克劳狄的匪徒大声喊叫着，向他冲来，殴打他。这位保民官既没有带武器，也没有带卫士；而那些人有的用刀，有的用拆下来的栏杆，有的用棍棒。塞斯提乌满身伤痕，精疲力竭，他之所以能够逃命仅仅在于他以为自己已经送了命。看见他全身满是伤口地躺

---

① 此处指克劳狄，用来指代塞斯提乌的原告。
② 此处可能是指昆图斯·麦特鲁斯·涅波斯。

在地上，奄奄一息，他们这个时候终于停止了殴打，不是出于某种怜悯或自制，而是误以为他已经死了。塞斯提乌要受审判，因为他使用暴力吗？为什么？因为他还活着。但这不是他的错。他没有遭到最后的一击，要是再打一下，他就断气了。责备伦提狄乌吧！是他疏忽了。臭骂来自莱亚特的萨宾人提多吧，是他粗心地大喊塞斯提乌已经死了！但为什么要起诉塞斯提乌本人？因为他躲避刀剑吗？因为他抵抗吗？因为他作为一名接到命令的角斗士，没有"接受最后一击"吗？①

【38】或者说，这只是不会致死的暴力？或者说他作为保民官用他的鲜血玷污了神庙？或者说，在他被抬走，刚刚恢复神志的时候，他没有下令把自己抬回去？指控的根据在哪里？你们在他身上找到了什么错？先生们，我现在提出这个问题。如果这个克劳狄家族在哪天实现了他们的希望，如果普伯里乌·塞斯提乌死了，被杀了，你们打算冲向这批武装暴徒吗？你们打算鼓起爱国主义的勇气，发扬祖先的勇敢精神吗？最后，你们打算从这些可耻的匪徒手中拯救国家吗？或者说，在那样的时刻，当你们看到穷凶极恶的杀人犯和奴隶在推翻这个国家的时候，你们还会保持沉默、优柔寡断、恐惧万分吗？在这个时候，要是你们还能想到自由，想到国家的稳固，你们一定会为他的死复仇；而你们却认为，由于他还活着，所以你们应当犹豫不决，不知道该用什么语言、感情、思想、判断来处理对他的赏罚，是吗？可以肯定的是，那些无法无天的，长期作恶不受惩罚的、疯狂的卖国贼和土匪会对他们犯下的罪行感到惊恐；如果他们相信塞斯提乌的死亡再迟一些，那么他们会把他们的革拉古②处死，以便把指控转嫁给我们。那个乡巴佬并不缺乏警觉——因为那些无赖无法控制他们的舌头——看到人们会用他的鲜血来减轻克劳狄的罪行所激起的义愤，他马上捡起一件赶骡人的外套——他当初就是穿着这件衣服到罗马来参加公民大会的——并且用一只收割者的篮子挡住自

---

① 罗马人在观看角斗士表演时喊叫，让打败了的角斗士挺起胸膛，接受最后一击。

② 参见本文第 33 章。

己的头。当有人要找努美利乌，有人要找昆提乌的时候，他①由于人们搞错了他的两个名字而得救。你们全都明白他当时很危险，因为人们已经知道塞斯提乌还活着。如果这一点得不到说明，那么他们肯定不会通过杀死他们自己雇来的人把公愤转移到那些他们认为可能的人身上，他们以为这样就能减轻这种可耻的、丧心病狂的罪行，而这些人是他们需要对之表示感谢的。先生们，如果普伯里乌·塞斯提乌在卡斯托耳神庙咽下他最后一口气，因为他当时已经奄奄一息，那么我不怀疑，只要这个国家还有元老院，只要罗马人民的尊严还存在，终有一天会在市政广场上为他竖立一尊塑像，因为他是为了保卫国家而牺牲的。你们确实能看到那些由我们的祖先竖立在市政广场与讲坛上的已经离我们而去的英雄的塑像，它们可能没有一尊会喜欢普伯里乌·塞斯提乌，既因为他的死亡没有完成，又因为他对祖国的忠诚；如果他冒着失去公民权的危险，以一位公民、朋友、配得上这个国家的人的身份进行抵抗，保卫元老院、意大利、祖国，如果他当时为了顺从占卜的预兆和宗教的规矩去宣布恶兆，在一座最神圣的庙宇里，为了一项最神圣的事业，在承担最神圣的职务的时候，在诸神和凡人的视线中，被那些无耻的流氓杀死在光天化日之下，那么还会有任何人敢说必须剥夺这个你们认为在死的时候配得上永久纪念的人的荣耀吗？

【39】原告说："你收买、召集、装备了一支武装力量。"这样做目的何在？包围元老院？未经审判就驱逐公民？抢劫他们的财产？放火烧他们的房子？毁坏他们的住处？在不朽诸神的庙宇里纵火？在讲坛上挥舞刀剑驱赶保民官？随心所欲地出售行省？把国王的头衔授予某些人？派使者去那些独立的国家把罪犯带回？围困这个国家的杰出人士？要能做到这些事是完全不可能的，除非这个国家已经被武装力量打垮——我假定，这就是普伯里乌·塞斯提乌要把他的力量集合起来的理由！我的对手说："但是时机还不成熟，形

---

① 他的名字是努美利乌·昆提乌·鲁富斯。努美利乌通常是氏族名，但也可做姓氏，那些只知道他的名字昆提乌和第三个名字鲁富斯的人会问"哪一个努美利乌？我们要找昆提乌"。名字的混淆救了他的命。

势本身还不能迫使善良的公民恢复这样的保护措施。"克劳狄，我被赶走了，肯定不是只被你的匪徒赶走，但也并非没有得到这些匪徒的帮忙——你们全都伤心得一言不发。市政广场在前一年被占领，① 一群逃跑的奴隶在卡斯托耳神庙里驻扎，好像那就是一处堡垒——你们还是一言不发！这些事全都在吼声中进行，因贫困和鲁莽而变得穷凶极恶的人在骚乱、施暴、殴打——你们还是耐心地忍受。行政官员从神庙里被赶出去，其他人受到阻拦，不能靠近神庙和讲坛，但没有人进行抵抗。给某位执法官② 充当随从的角斗士被逮捕，带到元老院里来审讯；米罗把他们捆绑起来，而塞拉努斯把他们全都给放了；这件事从来没有人提起。市政广场上散乱地躺着夜间被杀害的罗马公民的尸体；不仅没有人发出过专门的指令，而且连现存的法庭也受到压制。你们看到有一位保民官躺在地上，还有二十多个受伤的人和他躺在一起，奄奄一息；克劳狄的武装还用刀剑和烈火攻击另一位保民官的家，他是一名贵族，比普通人要高贵得多——我要说出自己和其他一些人的感受——他有着伟大、庄严、忠诚的精神，他是杰出的、崇高的、不可靠近的。

【40】甚至连你③ 也称赞米罗在这场动乱中的行为，他当然应当受到称赞。因为我们在哪里曾见过这么勇敢的人？他不希望得到任何奖赏，除了现在已经被人视为陈旧和遭到藐视的优秀公民的尊敬，他承受了所有危险、劳苦、斗争和敌视；在我看来，他是唯一用行动而不是用言语教导杰出人士在国家里应当做什么和必须做什么的公民，用法律和法庭去抗击那些想要推翻国家的可耻罪行是他们应尽的义务；如果法律缺乏力量，法庭已不存在，如果国家已被暴力捆绑，被穷凶极恶的阴谋打垮，那么必须用保护性的力量来捍卫生命和自由。理解这一点是智慧的象征，据此行动是勇敢的象征，既能理解又能据此行动是完善、成熟的德性的象征。作为一名保民官，米罗承担了国家的事业。我打算更多地赞美他，不是因为他本人希望得到我的赞美，

---

① 公元前 58 年。

② 指盖乌斯·克劳狄·浦尔契。

③ 此处对原告普伯里乌·图利乌斯·阿庇诺瓦努（Publius Tullius Albinovanus）说话。

而不是对此不发表意见，也不是因为我乐意当面①把这些赞美说给他听，尤其是当我无法找到恰当的语词来表达我的谢意时，而是因为我想，要是塞斯提乌的指控者赞扬米罗，那么你们会认为塞斯提乌同样有理由得到赞美。②米罗当时承担了国家的事业，想要让一位被暴力从这个国家夺走的公民复归。他的目的是明确的，他的方法是首尾一贯的，得到人们的普遍赞同。他让他的同事们帮助他，有一位执政官③表现得极为真诚，另一位执政官④几乎完全听从他的意见，但在执法官中有一位⑤不同意他的意见。他的案子激发了元老院的无比热情和罗马骑士的精神，整个意大利在翘首以待。只有两个人⑥在制造障碍。如果可以证明这些卑鄙无耻的人无法承担这一伟大任务，那么他认为自己可以轻易地完成它。他带着充足的精力和精明的判断力，带着元老院议员这个高尚等级的首肯，以在他之前的忠诚、勇敢的公民为榜样，采取了坚决的行动。他非常仔细地考虑，哪些事情对国家最有价值，对他本人最有价值，他是谁，他必须期待什么，按照他祖先的传统，哪些事情是必须做的。

【41】那个舞刀弄剑的人⑦感到自己要是只按照现有规则行事，将无法对付这个意志坚定的人。于是他诉诸武器、火把、暗杀、抢劫；他开始攻击米罗的住宅，在路上伏击他，用暴力骚扰和威胁米罗。但这个最坚定的人没有慌张。尽管义愤、自由的天性、无比的勇敢在敦促这个最勇敢的人以眼还眼，以牙还牙，打退进攻，但他仍旧克制自己的义愤，没有用他倡导的手段为自己复仇，而是尽力诉诸法律来捆绑这个对国家遭受的所有灾难欢呼雀跃的人。他来到法庭起诉这个人。谁曾为了公共原因提出过这样的起

---

① 米罗当时在法庭上。
② 因为他召集武装人员只是为了保护他的生命和财产。
③ 指普伯里乌·伦图卢斯·斯宾塞尔。
④ 指昆图斯·麦特鲁斯·涅波斯。
⑤ 指阿庇乌斯·克劳狄·浦尔契（Appius Claudius Pulcher）。
⑥ 指努美利乌·昆提乌·鲁富斯和塞克斯都·阿提留斯·塞拉努斯。
⑦ 指克劳狄。

诉——没有私仇，没有报酬，没有请求，甚至没有任何期待？这个家伙泄气了，因为有这样的指控者，他没有任何希望像前一场审判那样逃脱可耻的下场。就在这个时候，你们瞧，一位执政官、一位执法官、一位保民官颁布了一项新的法令："不得让被告出庭，不得传唤他，不得调查案情，任何人不得提起法官或法律程序。"① 当无赖们的暴力再次肆虐，法律和程序被废除的时候，一个为勇敢、荣誉、荣耀而生的人还能做些什么？一位保民官要对一个人表示怜悯吗？一位杰出人士要怜悯一个彻头彻尾的无赖吗？是他放弃了要打的官司吗？他把自己关在家里吗？米罗想到，承认失败、胆怯、躲藏是可耻的。事情之所以如此是因为他没有得到使用法律手段打击克劳狄的许可，他并不需要害怕克劳狄的暴力，② 无论他自己和国家是否处于危险之中。

【42】你们把拥有一名武装保镖说成是塞斯提乌的罪行，而与此同时，你们却把同样的事情说成是米罗的功绩？或者说，这个人希望保护自己的家，希望从祭坛和炉灶边驱逐刀剑与火把，希望能得到前往广场、讲坛、元老院的许可而没有危险，他召集一支武装力量合法吗？而这个人每天可以看着自己全身的伤痕，他受到了警告，因此采取某些手段保护他自己的脑袋、脖子、喉咙，你们认为他应当受到使用武力的指控吗？先生们，我们中有谁不知道人类历史的自然进程？从前，在自然法和民事法形成之前，人在这个国家迁移和散居，除了靠力气和暴力去获取，此外没有别的财产，或者说，他们要以屠杀和创伤为代价。后来，那些最先显示出美德和智慧的人接受了人性的基本启迪，把那些散居在各处的人聚集在一个地方，把他们从野蛮状态带入正义和仁慈的状态。所以，我们把供大家使用的东西称做公有的，在引入神的和人的法律以后，把人的联合体称做城邦，把用城墙围起来的、连续的住处称做城市。现在，没有什么能比法律和暴力更能标明文明与野蛮之

---

① 公元前 57 年，米罗两次指控克劳狄，但均未成功。
② 米罗下定决心拥有一名武装保镖。

间的差别。如果不愿使用法律，必定使用暴力，反之亦然。如果废除暴力，
法律必定昌盛，这就是完全依靠法律的正义的统治；如果讨厌正义的统治，
或者没有正义的统治，那么必定是暴力的统治。所有人都明白这个道理；米
罗知道这个道理并且这样做了，他用法律来审判，驱除暴力。他希望首先使
用第一样东西，让美德战胜放肆；他被迫使用第二样东西，让美德不被放肆
战胜。如果不管起诉的罪名，塞斯提乌使用的方法是一样的——因为没有必
要每个人都做一样的事——为了保护他的生命，他必须召唤一名保镖来保护
自己，抗拒暴力。

【43】不朽的诸神啊！你们给我们留下了一个什么样的问题？你们给国
家留下了什么样的希望？我们几乎找不到那么勇敢的人，在各种情况下为保
卫国家而英勇献身，寻求坚实的、真正的荣耀，对吗？他们会想起伽比纽
斯和庇索，就是这两个人把国家带到崩溃的边缘！他们知道这两个人的所
作所为：其中一个人①每日里从叙利亚的库房里偷取大量的黄金——这块富
饶的土地现在完全和平了——对和平的人民开战，以便用他们古老的、不可
触摸的财宝填充他那深不见底的欲壑；他建造了一处巨大的别墅，与他的别
墅相比，卢西乌斯·伦图卢斯②的别墅只是一所小茅屋，后来在担任保民官
的时候，伦图卢斯曾经拿着一张画在会议中展示，而这个人伪装老实和大
公无私，激起你们的义愤，让你们去反对一位最勇敢、最优秀的公民；另一
个人③首先把和平出售给色雷斯人和达尔达尼亚人，得了一大笔钱，然后为
了挣钱，把马其顿交到这些野蛮人手里任其骚扰和抢劫；他还在作为债务人
的希腊人中间分配作为债主的罗马公民的财物；他从狄拉基乌人那里勒索了
一大笔钱，抢劫了帖撒利；他强迫亚该亚人每年缴纳一笔固定的税金，没有
给那里的公共场所或圣地留下任何雕像、绘画和装饰品。我要说的是，他们

---

① 伽比纽斯于公元前 57 年至公元前 54 年担任叙利亚总督。
② 卢西乌斯·伦图卢斯于公元前 67 年担任保民官，他的别墅靠近图斯库兰。他拿着
伽比纽斯别墅的画像告诉罗马人伽比纽斯的别墅有多么奢侈。
③ 庇索，公元前 57 年—前 55 年担任马其顿行省总督。

知道这两个人的行为如此蛮横，对这两个人施加任何惩罚都是最公正的，在这种时候，你们看着这两个人①站在你们面前受审。关于努美利乌、塞拉努斯、埃利乌斯②，我现在什么也不说了，他们在克劳狄造反时很快就逃跑了；然而如你们所见，这些人直到现在仍然逍遥自在；不，只要你们还在为自己担心，他们就用不着为自己担心。

【44】关于这位市政官本人③我还有什么要说，他甚至贴出告示说要指控米罗，指控他使用暴力？米罗无疑决不会被任何暴行所制服，乃至于后悔在国家事务中表现得那么勇敢和坚定。但是看到这些事情的年轻人就不会有想法吗？这个人攻击、摧毁、焚烧公共建筑、神圣的庙宇，他的敌人的住宅；这个人总是由杀人犯跟随，由武装人员保卫，由告密者通报消息；这个人直到今天仍旧得到丰盛的供给，他怂恿大批流氓无赖使用暴力，他购买大批奴隶准备屠杀，他在担任保民官期间打开监狱，把所有罪犯都放到广场上来；而现在他成了市政官，到处巡视，指控那些在一定程度上得罪了他的人；作为个人，他只能保护他的家神，而作为行政官员，他运用保民官的权力和占卜，恶毒地指控元老院决定不许指控的人。无疑就是这个原因，你在指控中专门问我"贵族的后裔"是什么意思，这是你自己的术语。你问的问题尤其适合年轻人学习，但要我提供充分的解释并不难；先生们，我会对此略加解释，对于那些听众的利益来说，对于减轻你们的义务而言，对于普伯里乌·塞斯提乌的案子本身，我认为我的解释并非不相干。

【45】在这个国家里总有两类人谋求参与公共事务，并想在其中有杰出的表现。这两类人，一类人以声誉为目标，实际上是"人民之友"，另一类人则是"贵族"。那些希望自己的言行与民众一致的人可以算做"人民之友"，而那些按照自己的政策和全体最优秀公民的批准来行动的人可以算做"贵族"。"那么谁是你的这些'最优秀的公民'？"如果你问我，那么我要说，他

---

① 指塞斯提乌和米罗。米罗当时被克劳狄指控破坏和平。

② 塞克斯都·埃利乌斯·利古斯（Sextus Aelius Ligus）。

③ 指克劳狄，他于公元前 56 年 1 月 20 日当选市政官。

们在数量上无限，否则我们便无法生存。他们包括那些在国家里指导执行政策的人，还有那些追随他们指导的人。他们包括那些人数众多的阶级，元老院的大门对他们是敞开的；他们包括那些生活在自治镇和乡村里的罗马人；他们包括商人；还有自由民也算做"贵族"。我重复一遍，这个阶层的人数众多，分布广泛，构成复杂。但是为了防止误解，整个阶层可以用少数几个词来总结和定义。那些既没有犯罪也没有邪恶品性的人，不狂暴的人、不会在家庭里受到麻烦困扰的人，全都是"贵族"。由此可以推论，那些正直的人、心智健全的人、在不同处境中从容不迫的人，就是你们所谓的"后裔"。那些在政府中为这些人的希望、利益和原则服务的人被称做"贵族"的卫士，他们自己被算做最有影响的"贵族"、最杰出的公民、国家的领导人。那么摆在那些为国家掌舵，指引着国家前进航程的人前面的标志是什么呢？对于所有健全、善良、成功的人来说，这就是"和平与尊严"，这就是最好的、最值得向往的东西。对"和平与尊严"抱有期望的人全都算是"贵族"，那些获得"和平与尊严"的人是最优秀的人和国家的救星。正如在公共生涯中追求尊严的人会对和平无动于衷，所以他们不会欢迎与尊严不一致的和平。

【46】现在，这种"和平与尊严"有下列我们的领导人必须加以保护，甚至要冒生命危险的基础和成分：宗教仪式、占卜、行政官员的权力、元老院的权威、法律、祖宗的习俗、刑事和民事审判、信誉、我们的行省、我们的同盟者、我们国家的声誉、军队、国库。要成为这么多重大利益的保护者和捍卫者，需要高尚的精神、伟大的能力和坚定的决心。因为，在如此众多的公民中，许多人由于意识到自己的罪行，担心受到惩罚而想要发起革命和改变政府；或者说有些人生来就喜欢造反、内乱和分裂；或者说有些人由于经济上的拮据，宁愿在一场大火中毁灭。当这些人为他们的邪恶目的找到顾问和领袖时，国家就会面临暴风骤雨；所以，那些迄今为止担任国家舵手的人必须警觉，用他们的全部技艺和忠诚，保持前进的航程，抵达"和平与尊严"的彼岸，而不会伤害我刚才讲过的那些基础和成分。先生们，如果我否

认这条航程是风云多变的、艰难的、危险的、危机四伏的，那么我是在撒谎，是不可饶恕的，因为我不仅总是这样理解，而且经验也比其他任何东西更令我信服。

【47】攻击国家的力量和方法多于捍卫国家。其原因在于，那些轻率的、堕落的人只需要一个点头就能使他们行动，他们自己天生的气质就在激励他们反对国家；而诚实的人总是显得不太活跃，在需要行动时犹豫不决，只有到了最后必要时方才采取行动；所以有的时候，由于他们的犹豫不决和懒惰，当他们仍旧希望享有和平时他们失去了尊严，又由于他们自己的过错而同时失去二者。在那些想要保卫国家的人中间，软弱者逃走了，更加胆怯的见不到人影，只有某些人保持着坚定，为了国家承受着一切；马库斯·斯考鲁斯，① 他们就像你那抵抗了从盖乌斯·革拉古到昆图斯·瓦里乌斯的所有革命的父亲，他们没有使用暴力，没有使用威胁，没有违背民意，也没有引起大的波动；或者说，他们就像昆图斯·麦特鲁斯②，他是你母亲的舅舅，在担任监察官期间，他对著名的鼓动家卢西乌斯·萨图尼努斯发出禁令，剥夺了萨图尼努斯的公民身份，尽管当时有民众的暴乱，有人声称是革拉古，而实际上是个冒名顶替的骗子，③ 他独自拒绝对一项他判定不合法的法案宣誓，宁可申斥他的国家，也不愿违反他的原则；或者说，我们不要回顾那么多古代的例子，其数量之多配得上这个帝国的荣耀，也不要提到任何现在仍旧活着的伟大人物的名字；我们要说像昆图斯·卡图鲁斯④ 这样的人，无论是暴风雨的危险，还是温和的荣耀，依靠希望或恐惧，都不能使他

---

① 马库斯·艾米留斯·斯考鲁斯（Marcus Aemilius Scaurus），可能是主持审判塞斯提乌一案的执法官。他的父亲是公元前115年的执政官，公元前109年的监察官。

② 全名昆图斯·麦特鲁斯·努米狄库（Quintus Metellus Numidicus），公元前109年执政官，公元前102年监察官，对萨图尼努斯发出禁令，想把他逐出元老院。

③ 此人是卢西乌斯·埃奎修斯（Lucius Equitius），冒充是提比略·革拉古之子，公元前100年当选保民官，后被揭发。

④ 全名昆图斯·鲁塔提乌·卡图鲁斯（Quintus Lutalius Catulus），公元前78年担任执政官，公元前65年担任监察官，死于公元前61年。

偏离航向。

【48】你们这些追求尊严、赞扬和荣耀的人，我以不朽诸神的名义恳请你们仿效这些榜样！这些榜样是杰出的，他们是不朽的超人；民众谈论他们，史书记载他们，他们的事迹世代相传。我不否认这是一项困难的任务。我承认这样做有巨大的危险。诗人说得好极了："善人面前有许多陷阱。"但诗人接着又说："许多人妒忌，许多人拼命想赢，而你说，除非竭尽全力、历经艰辛去取得胜利，否则这样说就是愚蠢。"①我希望这位诗人不要在别的地方用"让他们仇恨，这样他们才会害怕"这样的词句供心术不正的人去揣摩，因为在其他诗篇中他为年轻人提供过卓越的建议。但是从前那些在国家事务中遵循这条道路和原则的人有更多可怕的地方，因为在很多方面，民众的愿望和利益与公共利益不一致。卢西乌斯·卡西乌斯提出过一项有关投票的提案。②人民认为他们的自由遭到了威胁。国家的领导人拥有不同的看法；这件事与贵族派③的利益有关，他们害怕民众的冲动和通过投票来获得批准。提比略·革拉古提出过一项土地法案。人民接受了这项法案，比较贫穷的阶级赞同这项法案。贵族派反对它，因为他们看到法案会激发分歧；他们还认为，取消富人与佃农的长期的租赁关系，国家会丧失她的卫士。盖乌斯·革拉古提出了一项粮食法案。民众赞同这项法案，因为它提供了丰富的食物而无需工作。忠诚的公民反对这项法案，因为他们认为这项法案会使民众放弃耕作，游手好闲，会耗尽国库。

【49】我还想起了许多有争议的事情，人民的愿望与领导人的看法不一

① 此处引文为罗马悲剧诗人卢西乌斯·阿西乌斯（Lucius Accius）的《阿特柔斯》（Atreus），原文见 L.C.L.《古代拉丁典籍残篇集成》（Remains of Old Latin）第2卷，第386—387页。

② 卢西乌斯·卡西乌斯·朗吉努斯（Lucius Cassius Longinus），公元前137年的保民官，他向百人队大会提出一项法案，把秘密投票引入选举中。

③ 贵族派（Optimates），罗马的一个政治派别，但不是一个正式的团体。其成员主要是元老院里的一些保守的议员，反对平民派所采取的行动，指责平民派搞独裁，力图增强元老院的权威，自称代表人民，而其对手只代表穷人。

致，这些我就不多说了。但就当前来说，人民没有理由不同意自己挑选出来的主要人士。他们没有要求任何东西，他们不想革命，他们只为他们自己的和平感到高兴，为"最优秀的人"的尊严感到高兴，为整个国家的荣耀感到高兴。所以那些想要革命或造反的人不能再用国家的恩惠①来激励罗马人民，因为普通民众在经历一连串的动乱之后欢迎和平——他们现在开会时让雇来的人充斥会场，他们的目标也不是提出与会者希望听到的建议，而是用贿赂腐蚀听众，使得他们所说的一切显得好像是听众乐意聆听的。你们能够假设革拉古兄弟、萨图尼努斯或者从前被当做"人民之友"的人在会议中雇用过支持者吗？一个也没有，因为他们在用国家的恩惠和提供某些特权的希望激励民众，所以他们不需要任何贿赂。因此，在那个时候，"人民之友"肯定会冒犯某些地位尊贵的人士，但能赢得民众的批准。他们在剧场里受到鼓掌欢迎，通过投票获得他们想要得到的东西；他们的名字、话语、相貌、穿戴都是大众钟爱的对象。人们以为那些值得尊敬的伟大人物是这个阶级的对手；但是，尽管他们在元老院里有很大影响，受到忠诚的公民的尊敬，但民众并非不能接受他们；他们的目标经常被投票阻挠，即使有人受到鼓掌欢迎，但他还是在担心自己做错了什么。然而在任何极为重要的事情上，对这些民众产生主要影响的还是他们的权威。

【50】除非我弄错了，这就是当前的政治形势，全体公民对公共事务似乎持有相同的看法，那些雇来的匪徒除外。因为罗马人民在公共事务方面的意见和情感在三个场合可以得到最清楚的表达：在会议上；在公民大会上；在观看戏剧表演和角斗士表演的时候。这些年举行的是一些什么样的会议？——我指的是没有雇佣者充斥其中的会议，而是一个真正配得上这个名称的会议——在这些会议中根本无法清楚地看到罗马人民的一致意见。一名最无赖的斗剑士②召开了许多会议，讨论我的问题，与会者没有一个没有接

---

① 土地和低价的粮食。

② 普伯里乌·克劳狄。

受贿赂，没有一个是诚实的公民；没有一个好人能忍受看到那张讨厌的脸，听到那疯狂的声音。这些无赖的会议除了兴风作浪，不可能起别的作用。普伯里乌·伦图卢斯担任执政官时召开过一次会议，也是关于我的；罗马人民蜂拥而至；来自所有等级，来自全意大利，他们宁可站在那里。他极为庄重和雄辩地发表演说；与会者十分安静，表现出强烈的赞同，就好像罗马人民的耳朵以前从来没有听到过如此受欢迎的事情。他提到了格奈乌斯·庞培；庞培不仅表现得像是我的幸福的捍卫者，而且也是向罗马人民乞援的人。伦图卢斯的演讲给人留下了深刻印象，是人们乐意在会议中聆听的；然而我认为他的看法从来没有这么权威，他的口才从来没有这么迷人。当其他国家领导人谈到我的时候，会场上多么安静啊！他们的名字我就不说了，因为我担心，要是我不恰当地提到他们中的一个或几个，那么我的话会显得不感恩；而要是我逐一提到所有必须提到的人，那么永无尽头了。现在让我们来比较一下我的这个敌人的演讲，也是关于我的，在战神广场当着真正的罗马人民的面发表！有哪个在场者没有否定它？——不，有哪个在场者不认为他的演讲极为可耻——我不说他应当讲话，而说他应当活着和呼吸。在场者有谁不认为他的声音污染了这个国家和他自己？要是他听到自己讲话，那么他的声音是他的罪行的帮凶。

【51】我现在来说公民大会，无论召开公民大会的目的何在，是选举行政官员，还是通过法案。我们明白经常有许多法案在公民大会上通过。有些公民大会每个部落不到五个人出席，有些公民大会有不受本部落派遣的人前来投票，在这样的情况下通过的法案我就不说了。有人咒骂说他通过了一项关于我的法案，称他为暴君和自由的摧毁者。当时在场者有谁承认他记下了反对我的这项提案的投票情况？然而按照元老院的意志，有一项关于我的法案在百人队代表大会上提出，当时在场者有谁不说自己在场，对召回我的提案投了赞成票？那么，这两项提案哪一项应当被视为深得民心？是在同样的精神鼓舞下，全体可尊敬的元老院成员、所有年纪的人、所有阶级的人都参加的那次会议通过的提案，还是在混乱不堪的、就像是在给国家送葬似的那

次会议上通过的提案？或者说，如果卢西乌斯·盖留斯 ① 在某个地方显身，他还会深得民心吗？——他一点也配不上他那位杰出的兄弟、卓越的执政官，他虽然仍旧拥有骑士的称号，但白白浪费了骑士的饰物。"是的，因为他为罗马人民献身。"我从未见过这样的事情！他可能年轻时就已经沐浴着他杰出的继父卢西乌斯·腓力普斯 ② 的荣耀，然而他自己耗尽了他所有的财产，他从来不是"人民之友"。在度过了荒唐的青年时期以后，在把从父亲那里继承下来的遗产消耗殆尽以后，他想要别人把他看做有智慧、有闲暇的聪明人，于是他突然热衷于学习文学。阅读没有给他带来快乐，他的书籍经常拿出去当酒，他的肚子仍旧无法满足，尽管他经常呕吐。因此他总是活在革命的希望中，而国家保持着安宁与和平；于是他日渐衰老。

【52】有哪一次暴乱他不是领袖？他与哪个暴徒不熟？在哪次混乱的会议上他不是闹事的罪魁祸首？他说过一句诚实人的话吗？他说过一句好话吗？或者倒不如说，有哪位勇敢的、忠诚的公民没有被他最荒唐地攻击过？我假定，他与一位获得自由的女奴结婚不是为了满足他的情欲，而是为了使自己显得像一位"人民之友"。③ 他就我的问题投过票；他出席那些卖国贼举行的宴会，分享他们的快乐；然而当他在那里口齿不清地与我的敌人说话时，他对我进行了报复。就好像他失去财产是我的错，他是我的敌人只因为他一无所有。盖留斯，我剥夺了你的遗产，还是你自己吞食了它？还有，由于你大吃大喝耗尽你的遗产反而是我的错，所以，要是我在担任执政官期间保卫国家，反对你和你的狐朋狗友，你就决心不让我继续这样做？你的亲戚没有一个想来看你；看到你来了，他们全都避之不及，不愿和你说话，也不愿见你。你的外甥波斯图米乌是一个严肃的年轻人，有着老年人一样的判

---

① 全名卢西乌斯·盖留斯·波利科拉（Lucius Gellius Poplicola），审判塞斯提乌一案时的证人。卢西乌斯·玛基乌斯·腓力普斯（Lucius Marcius Philippus）是他同母异父的兄弟，公元前 56 年担任执政官。

② 卢西乌斯·腓力普斯，公元前 91 年的执政官，公元前 86 年的监察官。

③ 此处在讽刺卢西乌斯·盖留斯·波利科拉的名字，波利科拉（Poplicola）由人民（populus）和朋友（colo）两个词合成。

断，他不同意在许多人中任命你为他的孩子的监护人。由于国家和我本人的缘故——我不知道在这二者中他对哪一个仇恨更深——在我对他的痛恨的驱使下，我已经说了太多的话，反对这个疯狂的、身无分文的挥霍者。我要掉过头来说我要说的事情。① 当反对我的行动发生，这座城市被俘虏、被打垮的时候，盖留斯、费米狄乌、提多这些类型相同的疯子担任那些雇用来的匪帮的头领，而这部法案的提出者没有卑鄙无耻地屈服于他们中的任何人。当恢复我的荣誉的法案提出时，没有人认为自己可以用健康不佳或年迈为理由离开会场而得到原谅；没有人感觉不到，召回我就是在召唤这个国家回自己的家。

【53】现在让我们来考虑公民大会选举的行政官员。当时② 有一批保民官，他们中有三个③ 被认为决不是"人民之友"，有两个④ 则是"人民之友"。在这三个不是"人民之友"的人和那些不能在我提到过的充斥着雇佣者的会议上坚持自己立场的人中间，有两个被罗马人民选为执法官；就我依据民众的言谈和投票所能做的判断而言，罗马人民公开言称，尽管格奈乌斯·多米提乌和昆图斯·安卡里乌在担任保民官期间没能完成任何事情，但是仅仅凭着前者表现出来的坚定和卓越，后者表现出来的忠诚和勇敢，不管怎么说，他们的善意还是受欢迎的。至于盖乌斯·芳尼乌斯，我们现在不清楚公众对他有什么看法。至于他作为行政官员的候选人，肯定无人会对罗马人民的判断持怀疑态度。那么好吧，另外两位是"人民之友"的保民官情况如何？他们中有一个⑤ 相当节制，没有提出任何法案，仅仅持有一些与人民期待的政

---

① 继续谈公民大会的事情。

② 公元前 59 年。

③ 指格奈乌斯·多米提乌（Gnaeus Dornitius）、昆图斯·安卡里乌（Quintus Anchari-us）、盖乌斯·芳尼乌斯（Gaius Fannius）。

④ 指格奈乌斯·阿菲乌斯·伏拉乌斯（Gnaeus Alfius Flavus）、普伯里乌·瓦提尼乌（Publius Vatinius）。

⑤ 指格奈乌斯·阿菲乌斯·伏拉乌斯，他于公元前 63 年支持西塞罗，公元前 57 年落选执法官，公元前 54 年当选执法官。

治见解不同的看法。他品行高尚，过着无可指责的生活，总是得到诚实人的尊敬；但由于他在担任保民官期间不能理解什么是真正的人民的愿望，由于他认为会议上的听众就是罗马人民，所以他没能获得他要是不想成为"人民之友"本来可以轻易获得的职位。另一个①被誉为"人民之友"的保民官无视占卜、阿里安法案、元老院的意志、一名执政官②的意愿、受到诚实者尊敬的他的同事的意愿，与一些忠诚的公民和最高等级的人一道成为市政官的候选人，而他在财富和个人影响方面没有什么突出的地方。他没能获得他自己的部族的选票，甚至失去了帕拉丁部族，人们说这个部族帮助所有无赖给国家制造麻烦；除了遭到拒绝，他在公民大会上没有得到忠诚者想要让他得到的东西。那么，你们瞧，如果我可以这样说的话，人民本身现在不再是"全体人民"，因为他们现在如此频繁地排斥那些被认为是"人民之友"的人，而判定那些反对这个阶级的人最适宜担任公职。

【54】现在让我们来谈那些演出。先生们，你们的关注和眼神使我相信，我现在可以说得轻松一些了。在公民大会和民众会议上发表的公共意见，有些时候是真理的声音，有些时候是虚假的陈词滥调；据说在剧场和角斗场的表演中，经常有一些肆无忌惮的、雇来的喝彩者挑头鼓掌，尽管声音轻微和零落，然而这种事一旦发生，就很容易看出它由谁发起、如何发起、最诚实的那部分观众又做了些什么。今天我为什么要告诉你们，主要是什么人，或者是什么阶级的公民博得喝彩？你们没有人会不明白这一点。如果为全体最优秀的公民喝彩是一件小事，那么它实际上不是小事；如果只对一个有骨气的人喝彩，或者只对一些微不足道的人喝彩，那么它是微不足道的。谣言控制和支配着民众，博得民众的青睐，民众的喝彩用嘘声驱赶死亡，永垂不朽，流芳百世。因此，我尤其要问你，斯考鲁斯，你提供了气势宏大的表演，这些"人民之友"中有哪一位来看过，或者敢在剧场里出现在罗马人民

---

① 指普伯里乌·瓦提尼乌。
② 指马库斯·卡普纽斯·彼布卢斯（Marcus Calpurnius Bibulus）。

面前？那位主要的喜剧家①不仅是观看者，而且是一名演员和艺术大师。他知道他姐姐在哑剧幕间的表演，他伪装成弹竖琴的姑娘混迹于妇女中间，但在他那位易怒的保民官举办表演的时候，除了那次他几乎不能活着逃离的表演，他既没有去观看你的表演，又没有去观看其他人的表演。我要说，这位"人民之友"敢在赛会中露面只有一次，当时正在美德神庙中祭祀那些卫国功臣，纪念我们帝国的救星盖乌斯·马略。他为他的同乡②和国家的捍卫者提供了一个地方来保障他的回归。

【55】罗马人民当时的情感以两种方式表露得非常清楚。首先，听到元老院的法令以后，在元老院议员进入会场之前，全场响起了热烈的掌声，表达了他们对法令本身和对元老院的赞同；然后，当元老院的议员一个接一个地从元老院回到剧场来观看表演的时候，全场响起了热烈的掌声。当提供了这场娱乐的执政官本人③落座的时候，人民站立起来，伸出双手向他表示感谢；人们喜极而泣，公开表示他们对我的良好意愿与同情。然而，当克劳狄这个疯狂的恶魔到达时，罗马人民无法约束自己对他的仇恨和厌恶；吼叫声、唾骂声、诅咒声像潮水般从四面八方涌来。罗马人民经历了长期的苦难，现在终于看到了自由的曙光，但我为什么要在这个时候谈论罗马人民的勇敢精神？他们在他落座以后对这个人表明了他们的态度，甚至连那些演员也不例外，尽管他当时是市政官的候选人！因为当一出喜剧，我想是《觊觎者》④，正在上演的时候，所有演员一齐走到前台，用响亮的声音朝着这个愚廷的恶棍高声念道："提多，这就是后果，你邪恶生活的终结！"他极为狼狈地坐在那里，天才演员们的台词压倒了台下那些下流的喝彩者的怪叫。由于我已经提到剧场里的表演，所以我无法省略不说，人们对这出喜剧有多种多

---

① 指普伯里乌·克劳狄。
② 指西塞罗本人。
③ 公元前57年的执政官普伯里乌·伦图卢斯·斯宾塞尔。
④ 《觊觎者》（Simulans）的剧作者是卢西乌斯·阿弗拉尼乌（Lucius Afranius），他生于公元前150年。

样的反映，如果诗人所写的台词与我们的时代毫无关联，那么全体人民无法掌握，演员本身也无法提供恰当的表演。先生们，如果我在这里谈论诗人、演员和审判期间的表演，我请求你们不要认为是轻率在诱导我陷入这种不寻常的讲话方式。

【56】先生们，我对法律程序并非一无所知，亦非不会讲话，乃至于要从各种材料中收集演讲的精粹。我知道涉及你们的尊严、这个议事团体、公民集会、普伯里乌·塞斯提乌的高贵品质、他遇到的巨大危险、我的年纪、我的地位，我应当说些什么。但在这个场合，我想教育我们的年轻人，如果我可以这样说的话，就好像是在对那些"贵族"讲话。为了能说清楚，我必须表明，并非所有被认为是"人民之友"的人都是"人民之友"。如果要我描述全体人民真正的、纯洁的判断和这个国家最深处的情感，那么我很容易做到。你对此做何感想？当元老院的法令在美德神庙通过的消息刚刚传到剧场里来的时候，一位在我心中总是在公共生活以及在舞台上总是表演最高尚作用的艺术家①当着大量观众的面喜极而泣，带着对我的悲伤和期待，他以极为庄重的话语代我向罗马人民提出请求，胜过我自己所能提出的请求！他不仅用他的艺术，而且也用他自己的悲伤表现了一位伟大诗人②的天才。他指着你们这些聚集在一起的等级，大声说："他用坚定的精神帮助这项公共事业，维护它，让它永远屹立在亚该亚。"这个时候他清楚地表达了自己的意思——我站在你们一边！他继续说："他把自己的生命献给了变幻不定的事业，从不动摇，也不吝惜他的头颅。"这时候全场爆发出热烈的掌声，要他再来一遍；他们不注意演员的表演，但却为诗人的诗句、演员的热诚和让我回归的希望鼓掌！出于对我的友谊，在"我们最伟大的朋友，在我们这场最伟大的战争中"之后，演员自己添上了"被赋予最伟大的天才"这样的台

---

① 克劳狄·伊索普斯（Clodius Aesopus），西塞罗时代最伟大的悲剧演员。
② 罗马悲剧家卢西乌斯·阿西乌斯（Lucius Accius），诗句引自他的《欧律萨凯斯》（Eurysaces），原文见 L.C.L.《古代拉丁典籍残篇集成》（Remains of Old Latin）第 2 卷，第 446—449 页。

词；也许是出于对我的缺席感到懊悔，观众们竟然也认可了！

【57】稍后，这位演员在同一出戏剧中说："啊，我的父亲！"① 听了他的话，罗马人民发出深重的叹息！他指的是我，当时不在场的我，他为作为父亲的我叹息，昆图斯·卡图鲁斯和其他许多人在元老院里也经常称我为"祖国之父"。讲到我的家被焚毁，他黯然泪下；他叹息被流放的父亲、受到伤害的祖国、被焚毁的住宅。他的表演如此动情，在描述了祖国从前的繁荣以后，他转向观众说"现在我看到一切都在熊熊烈火之中"，甚至连我的敌人和诽谤者都流下了眼泪！还有，我以上苍的名义发誓，他竟能说出这样的话来！要是昆图斯·卡图鲁斯② 能够复活，这些话完全可以由他来撰写和演讲；因为他有的时候也由于人民自由批评的习惯或元老院的错误而受到轻率、粗鲁的责备。"啊，不感恩的阿耳戈人，不通融的希腊人，忘记了过去的仁慈！"不，这话不是真的，因为他们并非不感恩，而是不幸，因为他们甚至得不到许可去拯救这个拯救过他们的人，我们也找不到任何人比他们对我更感恩。但是，就算如此，这位最雄辩的诗人在指责所有等级、元老院、罗马骑士、整个罗马人民的时候，必定会写下这样的话，而这位勇敢的优秀演员把它们用到我的头上："你们使他成为被放逐的人；你们同意了，就像你们同意驱逐他！"我已经听说，而那些在场的人则更容易估量，在那个场合所有观众如何表达他们的情感，全体罗马人民如何对一位不是"人民之友"的人表达他们的善意。

【58】我的演讲引着我的思绪走得那么远，这位演员对我的命运发出频繁的叹息，他的眼泪噎住了他漂亮的嗓音，就好像是在用这样的情感为我的案子辩护；这位诗人也总是用他的才能给我带来快乐，不让处于困境中的我失望；罗马人民不仅用鼓掌，而且用叹息表达了他们对这些想象的赞同。如果罗马人民是自由的，或者国家的主要人士是自由的，那么伊索普斯或阿西

---

① 从此处开始的引文实际上出自恩尼乌斯的《安德洛玛刻》（Andromache），原文见 L.C.L《古代拉丁典籍残篇集成》（*Remains of Old Latin*）第 1 卷，第 250—253 页。

② 昆图斯·卡图鲁斯死于公元前 60 年。

乌斯有必要用这样的方式为我申冤吗？《布鲁图》^①中提到了我的名字："图利乌斯^②建立了人民自由的保障。"这句话被人重复了上千遍。我和元老院事实上建立了这种自由的保障，但这些无赖指责我们把它推翻了，对此罗马人民没有表达他们的判断吗？但是，角斗表演时的观众显然提供了全体罗马人民判断的最强烈表达。西庇阿^③举办过一场角斗表演，荣耀他的父亲昆图斯·麦特鲁斯。演出吸引了来自各阶级的大量观众，对民众有着特殊的魅力。当时是保民官，在任职期间全心全意为我辩护的普伯里乌·塞斯提乌来到观众中间，他到这里来和人民见面，不是为了赢得掌声，而是希望我们的敌人可以认清全体罗马人民的意愿。如你们所知，他从曼尼乌斯柱廊^④走来。此时观众席上马上响起掌声，从卡皮托利山上，从广场四周的围栏边，都能听到欢呼声和掌声；据说，全体罗马人民从来没有在任何案子上表现得如此一致。那么，那些在集会上横行霸道、滥用法律、驱逐公民的人在哪里？或者说，那些叛徒也有一些他们自己的人，而我在他们中间是可恶的、可恨的？

【59】我在想，无论是民众集会还是公民大会，参加会议的人都不会比观看角斗表演的观众多。那么在这样一个将要处理我的回归问题的时刻，由无数的人所表达的全体罗马人的一致情感，除了全体人民重视最优秀公民的幸福和荣耀，还能是什么？但是那位曾经在集会上提出关于我的问题的执法官^⑤不像他的父亲、祖父、曾祖，他确实不像他的任何祖先，而仅仅是个骗子——"他们确实想要我回归吗？"那些他雇来的人有气无力地回答说："不!"

---

① 指卢西乌斯·阿西乌斯的《布鲁图》（Brutus），原文见 L. C. L《古代拉丁典籍残篇集成》（*Remains of Old Latin*）第 2 卷，第 560—565 页。

② 诗中的图利乌斯原指塞维乌斯·图利乌斯，公元前 6 世纪王政时期的一位罗马国王。

③ 指纳西卡的西庇阿（Publius Cornelius Scipio Nasica），被公元前 80 年的执政官昆图斯·麦特鲁斯·庇乌斯（Quintus Metellus Pius）收为养子，这场角斗表演于公元前 57 年举行。

④ 可能于公元前 338 年建于市政广场，荣耀执政官盖乌斯·曼尼乌斯（Gaius Maenius）。

⑤ 指阿庇乌斯·克劳狄，公元前 57 年的执法官，普伯里乌·克劳狄的兄弟。

据说罗马人民曾经反对我回归——尽管他每天在角斗表演中出现，但人们从来看不到他什么时候来。他从地底下爬出来，[①] 突然出现在观众面前，就好像要喊："妈妈，我要对你哭泣！"[②] 正因如此，阿庇乌斯鬼鬼祟祟地进入剧场观看表演的路径开始被称做"阿庇乌斯通道"。然而，当他露面时，角斗士和角斗士的马匹都会对剧场里突然出现的嘘声惊恐不已。你们瞧，罗马人民和出席集会的人有多么大的差别？那些在集会中横行霸道的人被人民打上了仇恨的烙印，而那些不允许出席雇佣者集会的人却得到罗马人民的敬意。

你们还提醒我，马库斯·阿提留·勒古鲁斯[③] 自愿回迦太基去接受惩罚，而不是留在罗马，丢下他派往元老院的那些囚犯不管；你们的意思是我一定不要指望在武装力量和在册奴隶的帮助下回归罗马吗？

【60】暴力！在暴力统治下我什么也做不了，若非暴力，任何力量都不可能把我推翻，在这样的情况下，我当然指望暴力！我要拒绝回归吗？因为它如此辉煌，乃至于我担心它可能会被误认为，当初我离开罗马抱有获得荣耀的希望，只是为了能够荣耀地回归。除了我，元老院当着外国人的面对哪位公民进行过赞扬？除了我，元老院曾经为了谁的幸福正式向罗马人民的同盟者表示感谢？我是唯一由元老院的成员颁布法令，要那些用军队掌管着行省的总督、财务官、使节保证其幸福和生命的人。自从罗马建立以来，只有为了我，执政官按照元老院的法令发信从整个意大利召集那些心中记挂着国家的人。元老院过去从来没有颁布过这样的法令，而当整个国家处于危险之中时，元老院认为仅仅为了拯救我而颁布法令是合适的。元老院更多地思念谁？市政广场更多地为谁悲哀？谁的缺席使法庭本身更后悔？我隐退以后，一切都被抛弃；人们保持沉默，心中充满悲伤和忧愁。在意大利，有哪个地

---

① 阿庇乌斯穿过舞台下的地板门进入剧场，就好像是在扮演鬼魂的角色。

② 引文出自罗马诗人巴库维乌斯的《伊利娥娜》（Iliona），原文见 L.C.L《古代拉丁典籍残篇集成》（Remains of Old Latin）第 2 卷，第 238—239 页。

③ 马库斯·阿提留·勒古鲁斯（Marcus Atilius Regulus），公元前 256 年的罗马执政官。他战败被俘，迦太基把他送回罗马给罗马当局送信，后来自愿返回迦太基接受惩罚。西塞罗的原告拿西塞罗与他相比。

方没有在公共纪念碑上刻上证词，证明我的高尚，表达对我的幸福的关切？

【61】为什么我需要提到这些元老院的法令，其中除了对我的善意还有更多的内容？或者说，在最优秀、最伟大的朱庇特的神庙里发生了什么事？通过三次胜利①把世界的三个区域或部分并入我们这个帝国的英雄宣读了他写好的演讲词，宣布只有我可以拯救国家；元老院的议员们接受了他的意见，只有一个人表示反对，他是我的敌人。②这一事实被载入史册，供后人永久纪念。或者说，在罗马人民本身和那些来自各自治镇的代表的建议下，元老院第二天颁布了什么法令？不得枉言上苍的警示；不得阻拦正在进行的程序；另行其事者将被视为破坏法制；元老院对此类事情将立即予以考虑和处理。尽管由大多数议员参加的元老院会议用自己的庄严行动制止了少数人胆大妄为的罪行，但元老院仍旧进一步规定，要是有一项投票拖延五天以上，就应马上做出决议，让我回归祖国，恢复我的所有权利。

【62】与此同时，元老院颁布法令，向来自意大利各地推动我回归的人表示感谢，敦请他们事情一结束就返回原地。争论非常激烈，那些由元老院任命处理我的案子的人代表我向元老院发出了请求。所以在整个过程中，只有一个人公开表示不同意忠诚的公民向我表达的强烈的善意。甚至连执政官昆图斯·麦特鲁斯也提出了一项让我回归的动议，虽然他在一场巨大的政治争论中对我极不友好。元老院的巨大影响和普伯里乌·塞维留斯③的演讲推动了这项提案的提出。他的演讲具有难以置信的力量，他几乎回忆了麦特鲁斯家族所有已经逝去的英雄，把他的亲属们的思绪从克劳狄匪帮的行为转向他们家族的荣耀；当他在回忆中提到伟大的、卓越的麦特鲁斯·努米狄库的命运时（它是荣耀的还是应当后悔的？④），有一位真正的麦特鲁斯流着眼

---

① 指庞培在阿非利加的胜利（公元前 80 年）、在西班牙的胜利（公元前 71 年）、在亚细亚的胜利（公元前 61 年）。

② 投票结果是 416：1，克劳狄投了反对票。

③ 全名普伯里乌·塞维留斯·瓦提亚·以扫里库（Publius Servilius Vatia Isauricus），公元前 79 年的执政官。

④ 此处指麦特鲁斯·努米狄库于公元前 100 年拒绝宣誓服从萨图尼努斯的殖民法案。

泪，当普伯里乌·塞维留斯还在讲话时，紧紧地拥抱了他；作为一个有相同
血缘的人，他再也不能抗拒天神一般的、充满古代精神的形象；还没等到我
回归，他已经用他仁慈的行动为我调解。确实，如果伟大人物除了勇敢还
有其他意识，那么他的行动对所有麦特鲁斯家族的人来说是最受欢迎的；毕
竟，还有一位最勇敢、最杰出的公民，他的兄弟①分担了我的辛苦、危险、
辩护。

【63】有谁不知道我回归的情形？布隆狄西的民众在我的归途中挽留我，
好像那里就是整个意大利，就是我的祖国。8月5日是我到达布隆狄西和回
归祖国的第一天。这一天也是我可爱的女儿的生日，在经历了残忍的期盼
和悲伤以后，这是我第一次看见她；这一天也是布隆狄西殖民城邦的生日，②
以及如你们所知，是撒路斯③神庙的生日；在这一天，在同一所房子里，那
些最杰出、最博学的人士，马库斯·莱尼乌斯·福拉库斯，以及他的父亲和
兄弟，欢迎我，给了我极大的快乐；前一年给了我悲伤的流亡，而他们冒着
自己的危险保护我。在我的归途中，意大利的所有城市似乎都把我抵达的那
一天当做节日；路上挤满了从各地派来见我的代表团；我在大量欢乐的民众
的陪伴下进入这座城市，在巨大的欢乐中穿过城门④，踏上了通向卡皮托利
山的道路，回到家中⑤；我想起这个如此感恩的城市以往遭遇的不幸与悲惨，
我无法控制自己的悲伤。

所以，这就是我对你的问题——谁是"贵族"？——做出的回答。他们
不是你所说的"后裔"；我认识这个词，因为普伯里乌·塞斯提乌发现自己
受到发明这个词的人⑥的攻击超过其他任何人；这个人想要这位"后裔"遭

---

① 指昆图斯·麦特鲁斯·凯莱尔（Quintus Metellus Celer），是公元前 63 年的执法官，
公元前 60 年的执政官。他坚决支持西塞罗镇压喀提林。
② 创建于公元前 244 年或公元前 246 年 8 月 5 日。
③ 撒路斯（Salus），古老的罗马神祇，主管健康。
④ 卡佩那城门（Porta Capena）。
⑤ 西塞罗父亲的房子在罗马卡里奈区（Carinae），当时由西塞罗的兄弟昆图斯居住。
⑥ 指普伯里乌·瓦提尼乌。

到毁灭，被砍成碎片；他经常斥责、指控热爱仁慈、厌恶流血的盖乌斯·凯撒，告诉他只要这位"后裔"存在，他就决不能摆脱忧虑。虽然不能成功地反对整个团体，但他从来没有停止过对付我。他攻击我，首先通过对一位告密者威提乌斯①的公开审讯，涉及我和某些杰出公民。无论如何，他把那些公民牵扯到和我一样的指控和危险中来，而把我和某些最杰出、最勇敢的人联系在一起则是为了得到我的感谢。

【64】但是，除了希望忠诚的公民高兴，我没有做任何值得他感谢的事情；后来，他就开始用各种最邪恶的阴谋反对我。他每天对那些听他讲话的人散布一些有关我的虚构的故事；他警告我的一位非常伟大的朋友格奈乌斯·庞培，要他当心我的房子，要他提防我。他和我的敌人塞克斯都·克洛艾留②有了密切来往，他和与他一道生活的人是一路货，支持剥夺我的公民权，可以说瓦提尼乌是写字板，而他是作者；他是我们这个等级在你们感到悲伤的时候唯一对我的离去公开表示喜悦的人。先生们，尽管这个人每天的举动就像疯子，但我从来不置一词；即使我把它看做一名弓箭手的抱怨，那么我也没有使用暴力、军队、武力对他进行攻击，就像我受到各种战争机器的攻击一样。他说他不同意我的行动。而每个人都知道，那是因为他蔑视我颁布的一项法令，③明确禁止任何人在正式或预期将要成为公职候选人以后的两年内举办角斗表演。先生们，在这个问题上，我不能对他的胆大妄为表示足够的敬佩。他的行动公开违反了法令；他这样做了，但他不能用一种轻巧的方式逃脱审判，不能由于民众的青睐而逃避惩罚，不能用财富和权势来破坏法律和法庭。那么他为什么无法控制自己？我相信他弄到了一批角斗士，身材魁梧、体格健壮、技艺娴熟；他知道人民需要什么，预见到了

---

① 公元前 59 年，职业侦探卢西乌斯·威提乌斯（Lucius Vettius）向元老院报告有人阴谋杀害庞培，牵连到许多贵族派，后被普伯里乌·瓦提尼乌下狱，死在狱中。

② 塞克斯都·克洛艾留（Sextus Cloelius）参加暴力活动，于公元前 52 年，在元老院里焚烧克劳狄的尸体。

③ 公元前 63 年通过的《反舞弊法》。

人民的鼓掌和欢呼。在这一希望的激励下，这个家伙的内心燃烧着对荣耀的贪婪，无法克制在竞技场上展示这些角斗士，而他本人是他们中间最英俊的。① 如果这就是他犯错误的原因，受到娱乐罗马人民以回报他们最近对他的青睐这种欲望的驱使，那么仍旧没有人可以原谅他；然而，他甚至没有从奴隶市场上挑选奴隶，而是从农场的监室里购买奴隶，并随意给他们起了角斗士的名字，称他们"萨莫奈人"，或"挑战者"，在这个时候他难道不担心这些违反法令的行为有可能带来的后果？但他有两个借口。他说："第一，我展示的是斗兽者，而法令只提到角斗士。"真是一种幽默的区别！但我们现在还是来听一种更加能干的说法。他继续说："我在竞技场上展示的不是角斗士，而是'一个'角斗士；我把担任市政官的开支全部用来展示这名角斗士。"多么杰出的市政官！一头狮子，两百名斗兽者！但是，让他使用这个借口吧；我希望他在辩护时能充满自信；因为，当他缺乏自信时，他就习惯于求助于保民官，用暴力扰乱法庭。他蔑视我的法令，蔑视他的敌人的法令，对这一行为我并不感到奇怪，但他以不承认任何执政官的法令为原则确实令我惊讶。他蔑视凯西留斯—狄底乌斯法、李锡尼—朱尼乌斯法。他也拒绝承认盖乌斯·凯撒的反勒索法是法律，他不是曾经狂妄地断言，这个人的出人头地只是因为掌握了权力，制定了自己的法律，得到了他的青睐吗？他们不是说，要是凯撒这部最杰出的法令被他的岳父和他的这名走卒蔑视，那么有谁会去执行他的法令？

【65】现在，先生们，在提出这项指控时，他大胆地鼓励你们最终要在这个案子中表现得严峻，要对国家实施某种治疗！不是对身体某个健全和健康的部分用一根刺血针，而是残忍地对身体进行砍杀和肢解。他们想对这个国家的治疗就像是从国家的躯体上砍去某个患病的、愚蠢地生长的部分。

我的演讲总会有结束的时候，我可以在你们不再专心之前停止讲话；现

---

① 此处讽刺瓦提尼乌的丑陋。

在我要结束评价"贵族"、他们的领袖、国家的卫士。出身高贵的、年轻的罗马人，我要激励你们效仿你们的祖先，用你们的才能和美德赢得你们的高贵；我要鼓励你们追随这样一条生活道路，在其中许多"新人"用荣誉和荣耀覆盖他们全身。相信我，唯一通向尊敬、卓越、荣誉的道路是使自己的行为配得上爱国者的赞扬和钟爱，爱国者们是聪明的，有着良好的本性，理解由我们的祖先极为明智地建立起来的国家组织。当他们无法容忍国王的统治时，他们创造了任期只有一年的执政官制度，带着这一限制，元老院作为国家的一个永久性的议事机构建立起来。他们规定这个议事会的成员要由全体人民来选择，勤劳与美德将为所有公民开辟进入这个高尚等级的道路。元老院是国家的首领、监护人、捍卫者，我们的祖先希望执政官由这个等级的权威来指导，执政官的行动应当像这个伟大的议事会的执行者。还有，他们希望元老院本身应当得到那些直接居于他们之后的那些有威望的等级的支持，他们应当总是做好准备，保护和扩大公共的自由和利益。

【66】所有尽力捍卫这些原则的人是"贵族"，无论他们属于什么等级。但那些比其他人承担更多义务和公共管理的人总是被当做"贵族"的领袖，当做国家的领导人和救星。我承认（就像我已经说过的那样），这个类别的人有许多对手，有许多敌人，有许多希望他们倒霉的人；有许多危险在威胁他们，有许多不公正会伤害他们，他们不得不从事和忍受艰苦的劳动。但是我的演讲是完全针对勤劳而言，不是针对懒惰，针对荣耀而言，不是针对懒散；针对那些认为自己生来就是为了国家、同胞、尊敬、荣耀的人而言，不是针对那些醉生梦死、宴饮享乐的人。如果他们被快乐引上歧途，接受邪恶和幻想的诱惑，放弃公职，那就让他们远离公共生活，让他们满足于享受安逸，而把公职视为勇士的劳作。但对那些寻求名望的忠诚公民来说，只有寻求他人的安全与快乐，而非寻求自己的安全与快乐，才能被称做真正的荣耀。他们必须为公共利益汗流浃背；他们必须面对敌意；他们必须为了国家而面对暴风骤雨；他们必须做好准备，与许多胆大妄为的、邪恶的、有时甚

至是强大的人 ① 搏斗。这就是我们听说的、传统告诉我们的、我们读到的，我们那些名人如何思想，如何行动。我们也从未见过，这些受到赞扬的人曾在任何时候受到过普通人的诱惑，或者被贿赂弄得心智迷惘；或者说，那些与国家相配的勇敢的杰出人士会遭受公愤。我们的民众总是认为这些人不值得信任、轻率、邪恶、有害。但另外，那些阻挡了他们的进攻和努力的人，那些凭着他们的影响、忠诚、坚定、灵魂的伟大抗拒着冒险家的计划的人，总是被视为最坚强的人，是国家的领袖和首领，就好像我们应当把卓越和统治权归于他们的那些人。

【67】让人们不要由于我或其他任何人的不幸而害怕遵循这条生活道路。在我的记忆中，这个国家只有一位杰出的公仆，卢西乌斯·奥皮米乌 ②，遇上了最不应得的灾难；他在广场上的纪念碑 ③ 经常有人瞻仰，而他在狄拉基乌的坟墓无人祭扫。尽管他由于格拉古之死而遭到强烈的仇恨，但即使是他，罗马人民还是把他从危险中解救出来。一场突如其来的风暴，一场不公正的指控，毁了这位杰出的公民。④ 然而对其他人来说，即使被突如其来的暴力或民众中爆发出来的愤怒推翻，也都会被同样的人民召回或复职，或者过一种完全不受伤害和攻击的生活。但另外，那些无视元老院的意见、忠诚公民的权威、我们祖先的体制，努力想要使自己与激动的无知民众保持一致的人，几乎全都受到元老院的惩罚，要么是直接被处死，要么是可耻地被流放。但在雅典人中决不会缺少反对民众的愚蠢、保卫国家的人——他们是希腊人，与我们的人民在性格上有巨大差别——尽管所有保卫国家的人通常都会遭到驱逐；如果伟大的塞米司托克勒，他们国家的救星，没有受到前不久拯救过国家的米尔提亚得的灾难或者据说是一切人中最公正的阿里斯提德

---

① 西塞罗可能暗指庞培、凯撒、克拉苏。

② 卢西乌斯·奥皮米乌（Lucius Opimius），公元前121年的执政官。他根据元老院的法令采取的行动对盖乌斯·革拉古以及其他三千名牺牲者负有责任。

③ 卢西乌斯·奥皮米乌修复了协和神庙，竖起纪念碑，纪念元老院权威的恢复。

④ 卢西乌斯·奥皮米乌于公元前120年受到指控，执政官格奈乌斯·帕皮留斯·卡波为他辩护，被判无罪。公元前110年，他被控与朱古特有牵连，遭流放，死于狄拉基乌。

遭受流放的威慑，那么他就不会不敢保卫国家；但是后来这个国家的杰出人士——没有必要提到他们的名字——虽然在他们眼前有那么多他们的人民草率、鲁莽的例子，但他们还是为国奋起；我要问的是，我们必须做些什么。首先，我们这些人出生的国家在我看来具有坚强与崇高的品格；其次，我们受到高度赞扬，相比之下，人类的一切记载都是微不足道的；最后，我们保卫国家，为国捐躯不比反对国家以获得最高权力更值得追求吗？

【68】不管怎么说，我在前面提到的被他们的同胞不公正地定罪和放逐的希腊人，由于完全配得上他们的城邦，所以他们现在不仅在希腊享有声誉，而且也在我们中间和所有其他国家里享有声誉，而他们的对手的名字却不再有人提起，所有人都把他们的失败看得高于他们拥有的至高无上的权力。迦太基人中间有谁比汉尼拔更聪明、更勇敢、成就更大？只有他在那么多年里与我们众多将帅争夺统治权和荣耀。他被他的同胞驱逐；然而，他虽是我们的敌人，但我们发现他在我们的文学和记忆中得到赞美。因此，让我们仿效布鲁图、卡弥鲁斯、阿哈拉、德修斯、库里乌斯、法伯里修、马克西姆、西庇阿、伦图卢斯、艾米留斯，以及其他无数家族的人，他们坚定地建立了这个国家，我确实把他们视为不朽诸神的陪伴和成员。让我们热爱祖国；让我们服从元老院，为忠诚的公民的利益服务；让我们轻视眼前利益，为今后的荣耀工作；让我们把最真的善视为最优秀的；让我们期待愿望的实现，并承受现存的一切。最后，让我们记住，如果说勇士和伟人的身体是可朽的，那么心灵的冲动和美德的荣耀是永恒的；我们看到这一信念在最可敬的英雄赫丘利身上实现，据说在身体被烧成灰以后，他勇敢的生命进入了不朽，所以无论如何让我们相信，那些用他们的主意或劳动扩大、捍卫、保存了这个伟大国家的人获得了永恒的荣耀。

【69】但是，先生们，在我谈论我们最勇敢、最卓越的公民，并打算说得更多的时候，我的演讲过程突然受到阻拦，因为我看到了我的这些朋友。我看到普伯里乌·塞斯提乌坐在被告席上，他是我生命的保卫者、你们权威的捍卫者、国家事业的呼吁者；我看到了他的幼子满含热泪望着我；我看到

提多·米罗悲伤地坐在被告席上，[①] 他是你们自由的恢复者、我生命的保护者，他维护着我们受伤的国家，处决了混在我们中间的匪徒，阻止了日常流血，保护了你们的神庙和家园，他是元老院的保护人。我看到普伯里乌·伦图卢斯穿着肮脏的丧服，我认为他父亲是我的幸福、名字、兄弟、子女的保护神；我看到这个人在过去的一年里从他父亲手中接过了成年人的托袈袍，他按照人民的意愿穿上了紫边托袈袍，而他今年穿着这领托袈袍，恳求你们宽恕他父亲，我们最勇敢、最卓越的公民之一，因为那项痛苦的提案就像它突然到来一样是不公正的。那么多杰出的公民穿着这种可悲的服装，它们标志着悲哀，标志着愤怒，仅仅是由于我的缘故，因为他们保护我，为我的不幸而悲伤，因为他们按照元老院的要求，按照意大利的要求，按照你们一致同意的恳求，使我回归悲伤的祖国。我有什么巨大的罪恶？我在那一天 [②] 犯了什么大罪？我服从你们的指示，把那些信件、那些想要毁灭我们的人的供词摆在你们面前。然而，如果说热爱祖国是一桩罪行，那么我仅仅因为如此也就足以接受惩罚。我的房子被拆毁，我的财产被抢劫，我的子女被分离 [③]，我的妻子被赶出这个城市，我杰出的兄弟，一个对我有着难以置信的钟爱之情的人，穿着破衣，在我那些不共戴天的敌人脚下匍匐；而我在被赶离家中的炉灶和赶出家门，与我的朋友们分手以后，与我的祖国分离，但我至少要说，我确实热爱我的祖国。我承受了敌人的残酷、叛徒的罪恶、那些想要我倒霉的人的背信弃义。如果这还不够，这些事情都已经由于我的回归而被抹平了，那么我宁可，我要重复一遍，先生们，我宁可重新回到不幸中去，也不要把这样的灾难带给我的保护人和救星。如果这些为我分担痛苦的人被驱逐，我还能待在这座城市里吗？先生们，我肯定不会，我肯定不能；这位年轻人也不会，他的眼泪证明了他的孝心；如果由于我，他失去了父

---

① 克劳狄对米罗的指控仍在进行中。

② 指公元前 63 年 12 月 3 日，西塞罗向元老院报告捕获了阿洛布罗吉人的使者，揭露了喀提林在罗马的阴谋。

③ 西塞罗的儿子马库斯和女儿图利娅被分开。

亲，而我安全地待在你们中间，那么他在任何时候看到，也就是看到使他和他父亲毁灭的人时都不会感到悲伤了。我确实依恋这些人，无论他们的生活状况与处境如何；我的命运也不能把我和他们分开，你们看到他们为我而悲哀；那些民族也决不会看到这个人被流放而没有我的陪伴，那些民族会向我表示感谢，而元老院曾向他们赞扬过我。

但是，不朽的诸神在我到达的那一天在他们的神庙里接受了我，当时这些人①和执政官普伯里乌·伦图卢斯陪同在旁。先生们，一切事物中最可敬的国家把这些事情的决定权托付给你们的权威。凭着你们的裁决，你们可以维持全体忠诚公民的决定，也可以削弱不忠者的决定；你们可以享有这些最优秀公民的服务，你们可以更新我的勇敢，你们能够赋予这个国家新的生命。因此我恳求你们，如果你们希望解救我，那就把这些人保存下来，正是凭着他们的努力，我才得以回归到你们中间。

① 指塞斯提乌和米罗。

对证人瓦提尼乌的盘问

提　要

本文的拉丁文标题是"M. Tulli Ciceronis in P. Vatinium Testem Interrogatio"，英文译为"A Cross Examination by Marcus Tullius Cicero of the Witness Publius Vatinius"，意思是"马库斯·图利乌斯·西塞罗对证人普伯里乌·瓦提尼乌的盘问"，中文篇名定为"对证人瓦提尼乌的盘问"。

普伯里乌·瓦提尼乌的祖上是萨宾人。公元前 64 年，他参加财务官竞选，作为最后一名当选，被时任执政官的西塞罗指派赴普特利任职，此后又担任一系列职务。公元前 58 年，瓦提尼乌在罗马与克劳狄勾结，导致放逐西塞罗。公元前 57 年，瓦提尼乌竞选市政官落选。

公元前 57 年初，西塞罗的忠诚的朋友普伯里乌·塞斯提乌受到普伯里乌·克劳狄的指控。法庭审判从 2 月 10 日开始。普伯里乌·瓦提尼乌为原告提供证据。在审判过程中，西塞罗作为被告的辩护人对瓦提尼乌进行了盘问。审判于同年 3 月 11 日结束，陪审团一致同意宣判塞斯提乌无罪。

全文共分为 17 章，译成中文约 1.5 万字。

正　文

【1】瓦提尼乌，如果仅从重要性着眼，那么你毫无重要性可言，你的可

耻生活以及在国内的坏名声① 使你提供的证据被人看得毫无分量；我应当去做我在这里的这些朋友们② 最诚挚地希望我做的事情，对你则保持沉默，不予考虑。因为，他们中间无人认为你是一个值得驳斥的、相当重要的对手，或者是一名凭良心说话、值得我们发问的证人。但不久以前③，我也许表现得不像应该的那么节制。我对你的仇恨——由于你对我犯下的罪行，④ 我肯定比其他人更仇恨你，但我对你的仇恨似乎比你对我的仇恨小——使我失去了自制力，虽然我对你的藐视不亚于我对你的仇恨，但我宁可让你在失败中离去，而不让你在轻视中离去。因此，在无人认为你配得上与他谈话或相识，无人认为你配得上选票、⑤ 配得上公民权，甚至配得上光明的时候，你可能会对我的盘问给你带来的荣耀感到惊讶；我宣布，没有什么东西能诱使我这样做，除非我想要抑制你的暴力、打垮你的厚颜无耻、阻止你的夸夸其谈、用一些提问使你困窘。姑且假定普伯里乌·塞斯提乌对你的怀疑⑥ 是错误的，一个为我提供了巨大帮助的人陷入危险，我显然想要考虑他的困难，照他的要求去做，那么在这种时候，你也必须原谅我。但是昨天你作了伪证，声称不要说与阿庇诺瓦努讨论指控塞斯提乌的事了，你从来没有和阿庇诺瓦努谈过任何事情；你在撒谎，前不久你还说提多·克劳狄⑦ 与你交谈，向你征求指控普伯里乌·塞斯提乌的建议，而你前面说几乎不认识的阿庇诺瓦努到你家里来与你长谈；最后，你把普伯里乌·塞斯提乌演讲⑧ 的抄件给了他，他不知道这份抄件，也不可能得到它，这些稿子是在审判时宣读的。因此，一方面你承认原告得到了你的指点和教唆；另一方面你暴露了自己的

① 指瓦提尼乌卑微的出身，而非攻击他的道德。

② 为塞斯提乌进行辩护的人。

③ 可能指前一天审判的时候。

④ 公元前 59 年，瓦提尼乌通过威提乌斯攻击西塞罗。

⑤ 公元前 57 年，瓦提尼乌竞选市政官，没能得到他自己的部族的选票。

⑥ 怀疑瓦提尼乌参与对塞斯提乌的指控。

⑦ 提多·克劳狄（全名提多·克劳狄·阿庇诺瓦努），塞斯提乌的第二指控人，普伯里乌·图利乌斯·阿庇诺瓦努是第一指控人，真正的指控人是普伯里乌·克劳狄。

⑧ 塞斯提乌在担任保民官时的演讲。

前后矛盾，把愚登和作伪证结合在一起，因为你说这个对你完全陌生的人访问你的家，而你又把塞斯提乌的演讲稿给了这个你一开始就说与被告共谋的人，这个人要求得到演讲稿，用来支持他的指控。

【2】你的脾气太粗暴，太傲慢；任何人说你一句，如果你的耳朵听了不那么惬意和满意，你就认为讲得不对。你带着对每个人的愤怒到这里来；当盖留斯①——他是纵容所有煽动者的保姆——在前面做证的时候，在我看见你的那一刻，在你张嘴之前，我就已经感觉和预见到了。由于你的突然到来，像一条毒蛇从藏身处爬出来，瞪着凸出的大眼，鼓起脖子和喉咙，我以为自己又回到你担任保民官的日子。

你首先逼近我，要为高奈留②辩护。他是我的一位老朋友，然而又和你很熟。虽然在罗马他有时候受到指责，因为他像你现在这样提出一项指控，但从来没有为谁做过辩护。但是我要问你，我为什么不可以为高奈留辩护？他执行了蔑视占卜的法律吗？他无视埃利乌斯法或富菲乌斯法吗？他对执政官施暴吗？他派武装人员占领神庙吗？他用武力把一位投票者扔下过阶梯吗？他亵渎过宗教仪式吗？他搬空了国库吗？他抢劫过这个国家吗？这些都是你的罪行，全都是你的；没有人申斥高奈留有过这样的行为。有人说他宣读过他的议案。他自己的辩护是他已经这样做了，他的同事可以证明，但他这样做不是为了公开宣读，而是为了修订议案。但至少可以确定，他尊重一名保民官的否决，解散了那一天的会议。而你不同意我为高奈留辩护，因为你认为我接手高奈留的案子应当遭到指控和辱骂；当你已经明确警告他们的时候——要是他们为你辩护，那么他们将会蒙受耻辱——这是一桩什么样的案子，或者说你有什么脸面自己来充当高奈留的辩护人？瓦提尼乌，请记住这一点，就在你说我的辩护使"好人"不高兴之后不久，我就在罗马人民完全一致的赞同下当选了执政官，全体最优秀的人对此表现了惊人的热情，比

---

① 全名卢西乌斯·盖留斯·波利科拉（Lucius Gellius Poplicola），参见《为塞斯提乌辩护》第 51 章注释。

② 盖乌斯·高奈留（Gaius Cornelius），公元前 67 年担任保民官。

人们记忆中的任何一次选举都要更加光荣；我凭着有节制的生活最终获得了所有你用最不节制的预言 ① 经常说你期望得到的东西。

【3】. 我离开了这座城市，而你想让那些认为那一天是最悲伤的一天的人重新感到悲哀，就好像那些日子对你来说是最快乐的。首先，对于你的辱骂，我唯一的回答是：你和这个国家里最该受到诅咒的人在寻找动武的借口，你渴望在我名字的掩护下抢劫富人的财富，你想马上满足你残忍的欲望，你对诚实者的仇恨延续至今，现在已经根深蒂固；我在这种时候宁可通过放弃，而不是抵抗，来克服你罪恶的疯狂。所以，瓦提尼乌，请你原谅我解救了这个由我保存下来的国家；如果说我承担了这个责任，那么你也要承担这个责任，只是你想要扰乱和毁灭这个国家，而我是国家的维护者和卫士。其次，你指责这个人离去，但你看到全体公民期盼召回这个人，确实，他是由国家本身的悲伤召回的。哦，但是你说人们做出这种努力不是由于我的缘故，而是为了"国家的缘故"。任何抱着高尚目的进入公共生活的人都会认为，为了"国家的缘故"而受到同胞公民的热爱是最值得向往的事情！而你这样说就好像还有人能想出更值得向往的事情。无疑，我的性格是严厉的，我非常难以接近，我的面容是严峻的，我的回答是傲慢的，我的行为是固执的，没有人会忽略我的交往、我的情感、我的意见、我的支持；然而，要是我可以说些不太重要的事情，比如人们为我的离去悲伤、广场沉浸在悲痛之中、元老院鸦雀无声、所有对学问的关注都停滞了，那么我还是要说的。但若假定没有什么事情是为了我的缘故，那就让我们承认元老院的法令、人民的决议，整个意大利的决议，每个团体的决议，每个行会的决议，凡是涉及我的，都是为了"国家的缘故"。那么，就像你这位高贵的天才所做的判断那样，这种情况是完全不可能的吗？我还会碰上什么更加光荣的事情，还有什么事情比不朽的荣耀和我的名字万古流芳、比所有同胞都认为我

---

① 瓦提尼乌于公元前 64 年竞选财务官，"预言（vaticinando）"一词的拉丁文与瓦提尼乌（Vatinius）的名字相仿。西塞罗此处用文字嘲弄瓦提尼乌。

个人的幸福关系到国家的幸福更值得向住？我要和你针锋相对。就像你说我对这个国家和罗马人民之所以珍贵，不是太多地由于我自己的缘故，而是由于国家的缘故，所以轮到我就要说，虽然你是一个最愚蠢的、犯了种种可怕罪行的人，是国家痛恨的人，但这并非太多地由于国家的缘故，而是由于你自己的缘故。

【4】为了最后可以直接与你交锋，让这句话成为有关我自己的最后一句话。我们每个人说起自己来都不会成为真正的问题。让好人自己去下判断！这才是最重要的，最有分量的。有两个时机适宜用来考察我们的同胞公民对我们的看法：一个是公共职务，另一个是个人地位。很少有人像我这样由整个国家来授予我公职，没有人像我一样在公众如此巨大的热情下恢复原有的地位。但在你寻求公职时，我们已经看到你的同胞公民们是怎么看你的；[①] 而当你的地位岌岌可危时，他们又会怎么做，对此我们仍旧拭目以待。然而，不要拿我本人与那些国家的主要人物相比，他们用出庭的行动来支持普伯里乌·塞斯提乌，而要拿我和你相比，你不仅是人类中最无耻的，而且是最可轻视的、最卑鄙的。瓦提尼乌，无论你有多么傲慢，对我的仇恨有多大，我要问，我们生于其中的国家、共同体、城市、神庙、国库、元老院，还有你在这里看到的这些人，他们的财富、幸福、子女，以及其他公民，最后还有不朽诸神的神龛、占卜与宗教仪式，认为我们中间哪一个对它们更好，它们宁愿选择谁，是你还是我？在回答这些问题的时候，你要么厚颜无耻地回答，而人们几乎无法不用手打你的耳光，你要么痛苦地回答，因为你全身的脓疮马上就要破口了；你说吧，先生，仔细想想我向你提出的这些问题。

【5】我不会花时间去揭开掩盖着你的早年的重重黑幕。因为我在意的只是你年轻时可以破门入室、抢劫邻居，殴打母亲而不受惩罚。你的卑劣给你带来许多好处，你的默默无闻和无耻掩盖了你年轻时的卑鄙。

你和普伯里乌·塞斯提乌一起竞选财务官，你说当他在严谨地处理身边

---

① 瓦提尼乌于公元前 57 年竞选市政官落选。

事务时，你在考虑如何第二次竞选执政官。我要问你是否还记得，当普伯里乌·塞斯提乌被全体民众一致同意选为财务官时，你却困难重重，最后不是由于罗马人民的青睐，而仅仅是出于一名执政官对你的好感，你违反人们的意愿成为最后一名财务官。抽签决定财务官任职的时候，你在一片吵闹声中抽到了管理海岸线的部门。如果不是我派你去普特利，你还能在那里稽查黄金和白银的输出吗？上任以后你认为自己不是一名受到派遣起保卫作用的卫士，而是一名对商人征税的海关官员。在搜查每一所房子、每一家商店、每一条船的时候，你确实像一名盗贼，你吓唬、捆绑、审讯那些商人，阻止他们上岸。你还记得有人在普特利的一个法庭上打你吗？你还记得当地居民到当时担任执政官的我的面前来抱怨你吗？财务官任满后，你去西班牙担任总督盖乌斯·科司科尼乌的随员，对吗？去西班牙通常走陆路，要是喜欢走海路，也有规定的航线，而你首先去了撒丁岛，然后去了阿非利加，对吗？你在希普萨尔①的王国停留，对吗？而要是没有元老院的法令，你是不可以这样做的。然后你又去了玛斯塔奈索苏②的地盘，是吗？你在去海峡的路上穿越了毛里塔尼亚，是吗？你知道有什么样的使者去西班牙的行省会走这样的路线？

　　你成为保民官以后——噢，我为什么要问你在西班牙的恶行与可耻的抢劫？我首先要问，总的说来，你在担任保民官期间有什么邪恶的罪行是你没有犯下的？我从一开始就警告你，不要用肮脏的诡计玷污我们最卓越人士的光荣名声。无论我问你什么，都只是关于你自己的。我要谈的是默默无闻的你，而不把你当做一位伟大人物③的尊严同伴。我的投枪只对准你，就像你习惯说的那样，穿过你的身体，钉在你的胸膛和其他重要部位上，而其他人则不会受伤。

　　【6】由于一切重要事物都在不朽的诸神那里有一个起源，所以我希望你

---

① 希普萨尔（Hiempsal），阿非利加的一位国王，王国领土包括努米底亚部分地区。
② 玛斯塔奈索苏（Mastanesosus）可能就是努米底亚的一位族长玛辛萨（Masintha）。
③ 指凯撒。从这里开始，西塞罗开始处理凯撒与瓦提尼乌的政治联系。

回答几个问题。你习惯称自己为毕泰戈拉学派的人，在一位深邃的学者^①的名字后面隐藏你残忍、野蛮的品性。请你告诉我，你参加了多少不被外人所知的秘仪，有多习惯呼唤地下的精灵、用男童的内脏抚慰冥间的神灵，什么样的任性反常和疯狂使你蔑视通过占卜得来的预兆——这座城市、整个国家及其权威都依赖这个预兆——而你在担任保民官的最初的那些日子里就对元老院宣布，你的行动不受占卜官们宣布的预兆以及他们这个团体的意图的阻碍，是吗？其次，我要问你是否恪守这一诺言。在知道了观察天象的结果以后，你难道没有停止召集平民大会，通过法案吗？由于这是你宣称的唯一与凯撒相同的地方，所以我要把你和他的情况分开，这样做不仅是因为国家的缘故，而且也是为了凯撒的缘故，免得你污秽的名声玷污他高贵的名字。首先我要问，你有没有像凯撒那样把你的案子托付给元老院；其次，一个人用别人而不是他自己的行动来为自己辩护，他的权威又在哪里？接下去，由于真理应当充分阐明，所以我将毫不犹豫地把我的想法说出来。假定凯撒在某个特定时刻做了一些过分的事情；紧张的冲突、谋求荣耀的欲望、杰出的天才、高贵的出身，驱使他采取了当时可以容忍的某些行动，而他后来的伟大成就可以使人们从记忆中消除这些行为；而你这个抢劫神庙的土匪也要我们对你持忍耐的态度，要索取与凯撒相同的特权，这样的声音难道我们也要聆听吗？

【7】现在我要问的是这样一个问题。把你自己与执政官分开，你是保民官，你的同事是九位勇士。你知道他们中间有三位每天观察天象，你嘲笑他们，宣称他们只是一些个人^②；这三个人中间有两位你可以看到坐在这个法庭上，穿着他们的托袈袍，而你自己已经把你在竞选市政官时白白置备的托袈袍卖掉了；你知道第三个人在担任保民官时碰到了麻烦，他还很年轻，却享有那么大的权威，就好像是一名执政官。其他六个人要么完全站在你一

① 有些学者认为这里指毕泰戈拉本人，有些学者认为指公元前59年的执法官、毕泰戈拉主义者普伯里乌·尼吉底乌·菲古卢斯（Publius Nigidius Figulus）。

② 指他们没有权力观察天象。

边，要么保持某种中立；法律由全体保民官颁布，但有许多法律，有我的批准，由我的朋友盖乌斯·科司科尼乌①颁布；他是这个陪审团的成员，在市政官选举中获胜，你看见他无法不冒出妒忌的眼光。我希望你能告诉我，所有保民官中间，除了你，有谁会大胆地提出法案。你有多么胆大妄为，多么强暴！人们会敬畏地看待你的九位同事，而只有你，一个从污泥里生长出来的人，一个从最底层爬上来的人，会被人们当做可轻视的、微不足道的、可笑的人！你知道，自从罗马建城以来与民众打交道的保民官，在观察天象的结果已经宣布以后。有哪位保民官会说这样的话？我也希望你能回答这个问题。在你担任保民官期间，埃利乌斯法和富菲乌斯法仍旧在这个国家里存在，这些法律经常阻碍保民官造反，使他们的计划流产，除了你以外，没有一个人敢抗拒这些法律；我可以说，后来那一年，当有两个人坐在讲坛上的时候——我不说两名执政官，而是说我们国家的两个叛徒和瘟疫——这些法律是否也像那些预兆、否决案、公共法律一样，在同一场大火中遭到摧毁。我问你，违背这些法律与民众来往，召集平民大会，在这样的时候你是否犹豫不决？你有无听说过哪个最具煽动性的保民官如此大胆，竟敢违反埃利乌斯法和富菲乌斯法，召集平民大会？

【8】我还要问你，你是否尝试过，或者有过希望，甚至有过念头——因为犯罪的特点是，如果你只有犯罪的念头，那么没有人会认为你应当受到最严厉的惩罚——在你感到不可容忍的时候，你是否曾有过念头——我要说的不是像国王那样统治（这是你喜欢听的），而是你作为土匪的生涯②——被选为占卜官，取代盖乌斯·麦特鲁斯③？所以，无论谁看到你都会两次遭受巨大的痛苦，一次是为了失去那位杰出的勇士，另一次是为了一名臭名昭著

---

① 盖乌斯·科司科尼乌（Gaius Cosconius），公元前59年担任保民官，公元前57年担任市政官。

② 西塞罗暗指瓦提尼乌公元前59年的行为。

③ 盖乌斯·麦特鲁斯，全名昆图斯·麦特鲁斯·凯莱尔（Quintus Metellus Celer），公元前63年的执法官，公元前60年的执政官。昆图斯·麦特鲁斯·涅波斯（Quintus Metellus Nepos）的哥哥。

的无赖的提升。你确实认为，这个国家在你担任保民官期间受到了伤害，国家体制被动摇，不，罗马被俘虏，遭到毁灭，所以我们能够忍受让你担任占卜官吗？对此我要问，如果你如愿以偿，当选了占卜官，那么这是一种什么样的念头？我们这些仇恨你的人几乎无法控制我们的义愤，而那些与你亲密的人几乎无法克制他们的笑声！但是我要问你：在国家遭受了其他所有创伤以后，你以为国家已经被摧毁，如果你也是用占卜来打击凡人的，那么你像自罗莫洛以来的所有占卜官一样，打算颁布法令吗？朱庇特打雷的时候，与民众做交易是亵渎神灵的；或者说，由于你总是在做交易，那么你作为一名占卜官打算完全停止占卜吗？

【9】现在我不想更加详细地谈论你担任占卜官的事（我在谈论这一点时相当犹豫，谈起它只能回想起国家的毁灭，因为甚至连你自己都决不会想到，在罗马城还矗立的时候你能成为一名占卜官，更不要提这个法庭的尊严了），但我无论如何要击破你的美梦；我们现在要来谈你的罪行，我希望你回答我这个问题，当马库斯·彼布卢斯是执政官的时候——我不说他在体制方面拥有健全的观点，因为我担心这样会冒犯一位像你这么强大的人，他与这个人意见不合，但彼布卢斯肯定不是一个进攻性很强的人，也不会搞任何政治权术，他只是在内心不同意你的做法——你把这名执政官投入狱中，你的同事根据瓦勒留法下令释放他，而你在讲坛前面用座椅摆出一条通道。就是从这个地方，一位罗马人民的执政官、一个极为自制与坚定的人，被剥夺了保民官的保护，在一群无赖的暴力下与他的朋友分开，这是最可耻、最可悲的一幕！他被投入监狱，如果不是送去惩罚，甚至被处死，那又是为了什么？我要问，在你之前的人是否都这样邪恶，都以这样的方式行事；这样我们就可以知道你是在模仿一种过去的罪行，还是在发明一种新的罪行。还有，凭着这样的伎俩和暴行，以最仁慈、最杰出的盖乌斯·凯撒的名义，而实际上凭着你自己的胆大妄为，你从广场、元老院、神庙和公共场所驱逐了马库斯·彼布卢斯，把他软禁在家里。一位执政官的尊严的权力和权威的法律不再能保护他的生命，他的安全要靠房子的大门和院墙来提供，在这种时

候，你为什么不派一名引座员把彼布卢斯拉出家门？——一个人的房子对他个人来说总是他的一处圣地——这样一来，当你还是保民官的时候，这名执政官的住宅就可以不再成为他的避难所了。同时你要回答我，你把我们称做暴君，但我们为了众人的幸福一心一意，而你这个从污泥和阴暗的角落里爬出来的家伙为什么不是一个令人无法忍受的暴君？首先，你废除占卜，试图摧毁以占卜为根基的国家；其次，只有你把那些最神圣的法律当做废物践踏在脚下，我指的是埃利乌斯法和富菲乌斯法，这些法律哪怕是在那些最动乱的时期都能延续下来——革拉古们的凶狠、萨图尼努的大胆、德鲁苏斯统治时的动乱、苏皮西乌的过激、秦纳的屠杀，乃至苏拉的战争——而你让一名执政官暴露在危险面前，把他投入监狱或者软禁在家，或者把他从自己的屋顶下拉走。在你担任公职期间，你不仅用你过去贫困的出身，而且用你现在的富裕恐吓我们？

【10】你如此残忍，竟然在提案中试图提出消灭国家某些杰出人士的办法，是吗？当你在一次会议上提出议案的时候，卢西乌斯・威提乌斯在元老院承认，带着亲手杀死我们最伟大、最杰出的公民格奈乌斯・庞培的意图，他把自己武装起来；你在这个神圣的讲坛上安放了一个告密者，我要说，其他保民官习惯上把国家的杰出人物带到这个神圣的地方来为的是寻求他们的建议；而在这同样的地方，你不希望威提乌斯这个告密者用他的舌头和声音讲述你的罪行和目的，是吗？当你在由你召集的会议上提问时，卢西乌斯・威提乌斯宣称这项罪行最初的推动者、唆使者、同谋犯来自国家方面；要是你当时不把他们包围起来，国家就无法存在，是吗？你对监禁马库斯・彼布卢斯还不满意，还想杀害他；剥夺了他的执政官权力以后，你还想剥夺他的祖国。你非常妒忌卢西乌斯・卢库鲁斯的成就，这无疑是因为你本人从小就追求一个将军的荣誉；盖乌斯・库里奥 ① 是所有叛逆的死敌，是公

---

① 全名盖乌斯・斯利伯纽・库里奥（Gaius Scribonius Curio），公元前 76 年的执政官，一般说来站在贵族派一边，但于公元前 61 年可能是由于对凯撒的敌意而支持克劳狄。

共政策的指导者，公开捍卫公众的自由；和他一起的还有库里奥的儿子，他是我们年轻人的领袖，他非常年轻，但却异乎寻常地关心国家事务——这些人你都想要消灭。瓦提尼乌，我想卢西乌斯·多米提乌①的等级和魅力会使你眼花，你由于痛恨所有忠诚者而仇恨他，但考虑到今后，你已经有很长时间担心人们对他普遍的期望和好感；卢西乌斯·卢库鲁斯②是我们今天的法官之一，是战神玛斯的祭司，而根据这位威提乌斯提供的消息，你急于消灭他，因为当时他也是执政官的候选人，反对你的亲密朋友伽比纽斯；如果他在竞选中获胜，那么你虽然会邪恶地否认他的胜利，但这个国家就不会被推翻了。与此相关，你也希望消灭他的儿子。卢西乌斯·保卢斯③当时是财务官，掌管马其顿行省——他是一个好人，一位优秀的公民！他运用法律的权威驱逐了两名可耻的叛徒，两名他们自己家族的敌人；这个人生来就是罗马的救星，而你也把他列入被威提乌斯告密的人的首位。我为什么还要为自己抱怨？倒不如说，我必须感谢你，因为你没有想到必须把我和我们最勇敢的公民等级分开。

【11】但是，你看你有多么疯狂！威提乌斯讲完了你想听的话，诽谤罗马最杰出的人士，然后从讲坛上走下来，这时候你突然唤他回来，在罗马人民的注视下与他说话，并问他是否还能说出其他人的名字。你没有强迫他说出我的女婿盖乌斯·庇索的名字，我们有许多卓越的青年，但没有一个会在自制、美德和孝顺方面不如他；还有马库斯·拉特伦昔，这个人夜晚和白天的心思都用在出名和国家事务上，是吗？你是这个国家最无耻、最遭人唾弃的敌人，你没有宣布你打算审讯所有这些非常杰出的人士，而威提乌斯可以

---

① 全名卢西乌斯·多米提乌·阿赫诺巴布斯（Lucius Domitius Ahenobarbus），公元前58年的执法官，公元前54年的执政官，他坚定地反对凯撒，十公元前58年要求元老院宣布凯撒的立法无效，在竞选执政官时他宣布要是当选，就要剥夺凯撒管辖的行省。

② 全名卢西乌斯·高奈留·伦图卢斯·尼吉（Lucius Cornelius Lentulus Niger），他在公元前61年协助克劳狄迫害，在公元前59年竞选执政官时受阻。

③ 卢西乌斯·保卢斯（Lucius Paullus），公元前50年的执政官，在担任财务官时代理行省总督。

凭着告密获得丰厚的报酬，是吗？当这些审判程序遭到全世界的斥责时，你没有把这位威提乌斯抓进监狱，是吗？这种斥责不仅是一些想法，而且是公开的申斥，而在监狱里不会留下威提乌斯诬告的痕迹，对这种罪行进行调查也不会对你自己不利。

你经常宣称自己依法办事，在诉讼中允许双方轮流对陪审团的裁决提出异议。那么现在你要明白你连这一点也做不到。我要问的是，在你担任保民官之初，你颁布了一项公正的法律，而当时其他许多法律也已经通过，可是在迫害格奈乌斯·伦图卢斯·克劳狄亚努之前，你并没有停止迫害盖乌斯·安东尼乌斯，他受到指控以后，你马上就在你的法案中添上这样的话，"本法律仅适用于本法律通过之后受到指控的人"；就这样，这个可怜的执政官等级的人，在这样一个时刻，被排除在你的法律正义之外，被剥夺了你的法律所能保障的权益，是吗？你会说自己与昆图斯·马克西姆关系密切。这是你掩饰自己罪行的一个极好的借口！因为马克西姆确实应当得到最高的赞扬，在选定陪审团主席以后，他拒绝使用由他的对手提出来的对陪审团提出异议的方法，而这个方法对他更有利。马克西姆的所作所为没有违背他自己的美德，或者说没有违背那些最杰出人士的美德，保卢斯家族、马克西姆家族、阿非利加努家族，我们不仅期待他们的荣耀，不，倒不如说，我们已经使他们的美德在他们优秀的后代身上复活。你的德性是欺诈，你的德性是罪恶，你的德性是首先假装怜悯提出法案，然后又故意拖延以便给残忍留下机会。现在，安东尼乌斯①在他的不幸中至少还有一项安慰，他宁可听到，而不是看到，他父亲和兄弟的胸像与他侄女的胸像一道被搬出家门，安放在另一个地方，不是安放在家里，而是安放在监狱里。

【12】你藐视其他人的财富，但你自己毫无节制地炫耀自己的财富，所以我希望你回答我这个问题。在担任保民官期间，你有没有和其他城邦、国

---

① 盖乌斯·安东尼乌斯（Gaius Antonius）的父亲是公元前102年的执法官，在马略大屠杀期间被害（公元前87年）。他的兄弟是公元前74年的执法官，死于公元前71年。他的侄女安东尼娅与瓦提尼乌结婚。

王、特恰克①签订协议？你有没有根据你自己的法律用国库支付各种开支？你有没有同时从凯撒和包税商那里捞取一份好处？如果没有，那么我要问你，长期贫穷的你为什么在最严厉的反对勒索的法律通过的那一年变得如此富有？所有人都明白，你不仅轻视我们的行为，把我们称做暴君，而且轻视你最好的朋友的法令，你甚至习惯于在我们面前诋毁你这位最伟大的朋友，每当你吹嘘自己和他有关系②时，你就要可悲地污辱他。

还有另外一件事情我要向你请教：你身穿黑衣出席我的朋友昆图斯·阿琉斯举办的葬礼，这样做的意图是什么？你有无看见或听说有谁在这样的场合穿这样的服装？什么样的先例和习俗批准你这样做？你会说你不同意当时公开宣布的感恩。很好，我假定这些感恩一钱不值。但你瞧，我没有问你那一年主要的事情，也没有问你似乎和那些地位很高的人分享的利益，而是问你自己的恶行，不是吗？让我们不考虑感恩的问题。告诉我，谁在葬仪宴会桌边就座？就角斗表演是葬仪的组成部分而言，它确实还是葬仪，但宴会本身只是为了荣耀举办葬仪的人。

【13】关于公共葬礼的仪式、日期、银器、服装、宏大的场面、值得观看的装饰，我就不说了。当家里有人去世或悲伤时，有谁穿着黑衣在宴会上就座？除了你，还有谁在赴宴时穿着离开浴池时仆人递过来的黑衣？③尽管赴宴的人有好几千，还有举办葬仪的昆图斯·阿琉斯本人，他们都穿着白衣，而你和盖乌斯·费布卢斯，以及其他一些恶鬼，穿着黑衣进入卡斯托耳神庙。当时有谁不悲伤？有谁不为国家的不幸感到悲痛？除了如此伟大、如此值得尊敬的国家不仅成为你的疯狂的牺牲品，而且成为你嘲笑的对象，人们在葬礼上的交谈还有什么话题？你不懂得这种习俗吗？你从来没有见过葬仪吗？你从来没有在葬仪上当过厨师吗？此前，一位优秀的年轻贵族福斯

---

① 特恰克（tetrarch），罗马帝国统治行省四分之一地区的行政长官的职位。
② 瓦提尼乌的岳母是公元前 90 年的执政官卢西乌斯·朱利乌斯·凯撒的女儿。
③ 沐浴是葬礼以后的涤罪仪式，在离开浴池后应穿上赴宴的服装。

图斯①举办了规模宏大的葬仪，你那根深蒂固的饥饿在那次葬礼宴会上还没有得到满足吗？你见过有谁穿着黑衣在宴会上就座？宴会的主人，或是他悲伤的朋友，当着来客的面会这样做吗？你中了什么邪，要亵渎卡斯托耳神庙和公共节日的名字、冒犯公民们的眼睛、违反古老的习俗和你主人的尊严，在这种情况下你还认为说你无视这样一个感恩的场合证据不足吗？

【14】我还要问你卸任以后干了些什么，这样你就无论如何无法再说你的事情与那些最杰出的人士有关了。你没有按照李锡尼法和朱利乌斯法被传讯吗？执法官盖乌斯·美米乌斯没有依法在那 30 天结束时传唤你吗？当那天到来时，你不是做了一件不仅在这个国家里从来没有人见过，而且在人们的记忆中从来没有听说过的事情吗？你不是请求保民官不要让你出庭接受指控吗②——我说得太轻了，尽管事情本身是奇怪的、无法容忍的——你难道没有说着那一年的咒语发誓，对着这个国家的恶鬼，要求克劳狄干预对你的审判吗？尽管按照法律、习俗、权威，他都不能阻止对你的审判，但他还是诉诸疯狂的暴力，使他自己成为你那个武装团体的首领。关于这件事，你不能认为我是在申斥你而不是向你提问，认为我不想自找麻烦提出反对你的证据；从现在开始我不再保留我必须说的话，而是像我迄今为止所做的那样盘问你而不是指控你。瓦提尼乌，我要问你，自从罗马建城以来，这个国家是否有任何人曾经请求保民官把他从诉讼中解救出来。有哪个受到指控的人曾把法官从法官席上拉下来，砸烂座椅，乱扔杯子，简言之，用种种手段搅乱审判，犯下各种暴行，而这正是要建立审判制度的原因？你不知道美米乌斯③当时逃跑了吗？而指控你的人④不得不在你和你的同谋的手中逃生？

---

① 独裁者苏拉之子福斯图斯·苏拉（Faustus Sulla）于公元前 60 年举行一次大规模的丧仪，纪念他的父亲。

② 西塞罗斥责瓦提尼乌史无前例地非法要求保民官撤销对他的审判。

③ 美米乌斯希望通过抽签来决定法庭主席，而瓦提尼乌要求通过一个程序选他为主席。

④ 指控人可能是盖乌斯·李锡尼·卡尔伏·玛凯尔（Gaius Licinius Calvus Macer），是一位诗人和卡图鲁斯的朋友。

相邻法庭的主席们也被赶走，是吗？在广场上，在光天化日之下，在罗马人民的眼皮底下，法庭、行政官、古老的习俗、法律、法官、被告、惩罚，都成了无用之物，是吗？你不知道，由于盖乌斯·美米乌斯的勤劳，所有这些都已记录下来并已经验证了吗？我还要问你一件事。受到传唤以后，你从任上返回（因为没有人一定认为你想逃避审判）① 你反复宣称，尽管你可以有自己的选择，但你宁愿为自己辩护。那么，在拒绝利用任职之便逃避审判之后，你通过最不诚实的上诉② 来逃避审判，这样的做法是否前后一致？

【15】由于我已经提到你的任职，所以我希望你告诉我，你得到这一职务依据的是元老院的什么法令？你的姿势已经把你的回答告诉了我。你说，按照你自己的法律。③ 所以，毫无疑问，你那个时候已经背叛你的祖国了吗？不让元老院在这个国家留下任何踪迹是你的目标吗？你甚至希望剥夺元老院根据决议任命官员的权力吗？在你看来，这个议事会如此恶毒、这个元老院如此堕落，这个国家如此邪恶，所以战争与和平的使节、大使、代表团、监军、管理行省的官员，都不应当再按照我们祖宗的习俗由元老院来挑选吗？你剥夺了元老院指派行省的权力、批准任命军队统帅的权力、任命管理国库的官员的权力。罗马人民从来没有想过要为自己取得这种权力，也从来没有尝试把控制国家大政方针的权力转移到自己手里来。④ 假定在其他情况下有过这种事情，那么它也是极为罕见的，有时候会由人民来任命一位将军；但是有谁听说过没有元老院的法令就任命官员？在你之前，一个也没有。在你之后，克劳狄在两个魔鬼⑤ 担任执政官期间做了同样的事情，所以对你应当发出更加严重的诅咒，因为你不仅用你的行动对国家实施了严厉的打击，而且给后人做了榜样；自己做无赖还不够，还要教其他人也成为无赖。你知道

---

① 凯撒任命瓦提尼乌为他的随员，在高卢任职。他返回罗马是自愿行为。

② 对公元前58年的保民官提出上诉。

③ 按照瓦提尼乌提出的法案，凯撒有权任命他的行省的官员，无须元老院的批准。

④ 这句话如西塞罗在下一句话中承认是说得过头了。在危急时刻，罗马人民凌驾于元老院之上。

⑤ 指伽比纽斯和庇索。

吗？正是由于所有这些冒犯，最严峻的萨宾人、最勇敢的玛息亚人和佩里格尼亚人、你的部族同胞，都把你当做无耻之人，所以，自罗马建立以来，你是塞吉亚部族第一个失去自己部族选票的人！

我还想从你那里听到你不把我凭着元老院的权威、不使用任何暴力、不忽略任何征兆、不违反埃利乌斯法和富菲乌斯法的反贿赂法①当做法律的原因，尤其是在你的那些法案无论以何种方式通过以后，我都把它们当做法律来服从。我的法律清楚地禁止"任何人在正式或预期将要成为公职候选人以后的两年内举办角斗表演，除非根据一项事先已经确定了日期的遗嘱"；然而你还是相当疯狂地举办了一场角斗表演，甚至就在你参加竞选期间。你认为有一名保民官非常喜欢你的一名忠诚的斗剑士，这位保民官可以阻止依据我的法律对你进行指控吗？

【16】如果你藐视一切，无论是诸神还是凡人——如你公开吹嘘的那样，你深信自己能够获得所希望得到的一切，因为盖乌斯·凯撒对你有着难以置信的钟爱——那么你从来没有听说，也没有人告诉过你，凯撒最近在阿奎利亚是怎么说你的吗？在讨论到某些公民的时候，凯撒说阿菲乌斯②遭到忽视使他很恼火，因为他认为阿菲乌斯是一个最正直、最诚实的人；他也对某个人③非常生气，因为这个人在选举执法官的问题上表达了与他不同的看法。当有人问凯撒对瓦提尼乌怎么看时，凯撒回答说，瓦提尼乌在担任保民官期间一事无成，一个把金钱视为一切的人应当能够平静地接受竞选失败④的事实。让我们假定，有人为了提高自己的威望，在不违反自己应尽的义务的前提下，打算允许你继续轻率地行动，但他认为你完全不配担任公职；你的邻居和亲戚，你的部族成员痛恨你，把你的落选当做他们的胜利；没有人

---

① 西塞罗的反贿赂法（Lex Tuliia de ambitu）于公元前 63 年担任执政官期间通过。

② 格奈乌斯·阿菲乌斯·伏拉乌斯（Gnaeus Alfius Flavus），公元前 59 年的保民官。公元前 57 年他落选执法官。

③ 指格奈乌斯·多米提乌·卡维努斯（Gnaeus Domitius Calvinus）。参见《为塞斯提乌辩护》第 53 章。

④ 瓦提尼乌竞选公元前 57 年的市政官失败。

见到你不叹气的，每个人都在回避你，不想听你说话；他们看到你时都表现出厌恶，就像看见一只传递厄运的鸟；你的同胞不喜欢你，诅咒你，你的邻居害怕你，你的亲戚咒骂你；最后让我们假定，如果疖子离开你肮脏的脸，转移到你身体的其他部位，如果你被人民、元老院、每一名国人公开地痛恨，那么你为什么还一定要竞选执法官，尤其是在你希望成为"人民之友"，而又没有办法使人民喜欢的时候？

为了使我们可以最终听到你是否打算回答我的问题，我要总结我的提问，通过问你几个有关案子本身的问题来结束我的讲话。

【17】告诉我，在这场审判中，你为什么那么爱撒谎，那么前后不一？你曾经用习惯上用来赞美好人和优秀公民的话语赞扬提多·安尼乌斯，[①] 而最近，当他被你这位令人讨厌的朋友带到人民面前时，你又急于作伪证来反对他。或者说，你有权自由选择，说你喜欢说的话？所以，当你看见克劳狄雇用的那些匪帮、罪犯、无赖时，你会说（就像你在一次会议上说的那样）米罗用角斗士和斗兽者包围国家，而当你站在这些法官面前时，你不敢辱骂一位勇敢、高尚、坚定的公民。由于你仁慈地赞扬过的提多·安尼乌斯绝非卑鄙小人，而提多·安尼乌斯宁可属于遭到你辱骂的那些等级，所以我要问你：提多·安尼乌斯和普伯里乌·塞斯提乌在公共生活中总是共同行动，互相支持，这种团结经受了考验，不仅受到忠诚公民的看法的考验，而且也受到不忠诚的公民的看法的考验，他们俩由于同样的原因受到同样的指控——你承认有一位指控者是一个比你还要大的无赖，承认这一点不是你的习惯，另一位指控者受到你的煽动而提供了帮助——所以，无论如何我要问你，你如何用你的证据去区分两个被你以同样的指控混淆在一起的人？

我最后要问的问题是这样的。你充分断定阿庇诺瓦努搞阴谋，这个时候，你说自己不同意用使用暴力的罪名指控塞斯提乌，你说一定不能用这样的罪名指控他，不如按照其他法律对他提出其他任何指控。你也说过米罗这

---

① 即受到克劳狄指控的提多·安尼乌斯·米罗（Titus Annius Milo）。

位英雄的案子被认为与塞斯提乌的案子有关，塞斯提乌代表我所做的一切都得到善良公民的批准，对吗？我不打算申斥你的讲话和证据不一致，因为你已经提出详细的证据反对塞斯提乌采取的措施，而这些措施你声称得到了善良公民批准，从而把塞斯提乌的案子和他受到的指控与你高度赞扬的那个人①联系起来。但我确实要问，你是否认为必须依法给你断言没有理由指控的普伯里乌·塞斯提乌定罪；或者说，如果你作证的目的只是由于担心我会对此进行攻击而表达你的看法，那么请你告诉我，你是否在一起暴力案中作证，指控一个你说决不能以使用暴力的罪名来审判他的人。

---

① 指米罗。

为凯留斯辩护

提　要

本文的拉丁文标题是"Pro M. Caelio Oratio"，英文译为"A Speech in Defence of Marcus Caelius"，意思是"为马库斯·凯留斯辩护的演说"。中文篇名定为"为凯留斯辩护"。

被告的全名是马库斯·凯留斯·鲁富斯，生于公元前82年5月28日，出生地是英特拉弥亚（Interamnia），即现今意大利的泰拉莫（Teramo）。他的父亲是一位罗马骑士，在阿非利加拥有地产。公元前66年，凯留斯被父亲送往罗马，成年后参与政治事务。

公元前56年2月11日，凯留斯控告卢西乌斯·卡普纽斯·白斯提亚犯了贿赂罪，可能与他竞选公元前57年的财务官有关。白斯提亚被判无罪，凯留斯准备对白斯提亚提出新的指控。就在此时，白斯提亚的儿子阿拉提努抢先对凯留斯提出了指控。

对凯留斯的审判于公元前56年4月3日举行，西塞罗作为最后一名辩护人为凯留斯辩护，于4月4日发言。凯留斯被判无罪，得以继续他的政治生涯，而原告们的唆使者克劳狄娅也就此从罗马社会消失。

全文共分为32章，译成中文约2.6万字。

正　文

【1】先生们，如果在这里有人对我们的法律、法庭、惯例一无所知，那么在我看来，他会对这个案子有什么特别的分量感到惊讶，因为只有这个案子的审判是在节日和举行公共赛会时进行的，^① 而其他所有法律事务都暂停了；他丝毫也不会怀疑被告肯定犯下了可恶的罪行，如果对之无动于衷，那么这种体制就不能继续存在。这同一个人，如果听到有一部法律规定，当那些受到煽动的邪恶公民武装冲击元老院，对行政官员施暴，攻击这个国家的时候，可以在任何日子和每一天举行审讯，那么他不应该反对这部法律，而应当明白自己在出庭前受到了什么指控。他听说，不是有什么罪行、鲁莽的行为、暴力行动，而是一名理智卓越、运用良好、地位重要的年轻人受到某个人的儿子^②指控，而这位年轻人已经指控过这个人，并且准备再次指控，此外他还受到一位贵妇人^③的攻击，在这种时候他会怎么想？先生们，这位原告的责任感是可以原谅的，但这位妇女的欲望必须阻止，你们工作太努力，乃至于公共假日也不能放假。先生们，事实上，如果你们希望集中精力，对这个案子总体上形成一个正确的想法，那么你们会明白，要是在这件事上可以选择，那么无人胆敢接手此案；即使他自降身份，也不会获得令人满意的结果，除非他受到不可容忍的欲望和其他某个人^④的不寻常的仇恨的支持。至于我本人，我要请阿拉提努原谅，他是一位非常优秀、非常完美的年轻人，是我的朋友；他提出指控的原因可以用孝顺、必要性、他的年纪来解释。如果他提出指控是自愿的，那么我归之于亲情；如果有人命令他这样

----

① 西塞罗于 4 月 4 日为凯留斯辩护，这一天正好是罗马麦伽勒西亚赛会角斗表演（Ludi Megalenses）开始的时间，麦伽勒西亚节是女神节，纪念大母神（Magna Mater）。

② 指卢西乌斯·塞普洛尼乌·阿拉提努（Lucius Sempronius Atratinus），17 岁，是卢西乌斯·卡普纽斯·白斯提亚（Lucius Calpurnius Bestia）的儿子。

③ 指克劳狄娅。此处"贵妇人"的原文是"妓女"的意思。

④ 指克劳狄娅。

做，那么我归之于必要性；如果他抱有任何期望，那么我归之于他的年轻。其他指控人无权提出得到宽容的要求；他们应当受到最顽强的抵抗。

【2】先生们，我认为，为一位像马库斯·凯留斯这样的年轻人辩护，最好的开头就是对他的指控人为了污辱我的当事人和糟蹋他的良好名声而说的话做出回答。他父亲已经成为使他受到不同方式责备的理由，要么说他本人生活方式不当，要么说他对父亲不够尊重。至于马库斯·凯留斯①拥有的地位，那些认识他的人和我们中间年纪比较大的人自己就可以做出回答，不需要我的任何辩护；而对那些不太熟悉他的人来说，他由于年迈已经很长时间没有与我们联系，无论是在公众场合还是在私下里，所以应当让他们明白，一位罗马骑士无论能够获得多高的地位——肯定能够非常高——他们在马库斯·凯留斯身上就能发现最高的地位，不仅是他的朋友能够看到这一点，而且那些由于某些原因认识他的人也能看到这一点。但是，是一位罗马骑士的儿子不能成为任何指控者提出指控的理由，不能在法官面前说，我在为他辩护时也不能这样说。②因为，你们所说的孝顺可以帮助我们形成看法，但这种事情的法官肯定是父母。你们可以从证人宣誓以后提供的证据中了解到我们的想法；从他母亲的眼泪和无法描述的悲伤、他父亲的丧服、他站在你面前时的可悲，以及所有悲伤的表现，显然都可以表明他父母的感觉。至于你们指责我年轻的当事人不受他的同乡的尊重，我要告诉你们，当他和他们在一起的时候，他们从来没有对自己镇上任何一位有选举权的公民给予比马库斯·凯留斯离开他们时还要高的荣耀。他本人不在的时候被选入镇上的最高机构，③在他没有提出要求的时候，他们授予他许多其他人提出要求但却遭受拒绝的荣誉；他们还派了一个包括许多我所属的这个等级的杰出人士和罗马骑士在内的代表团来参加这场审判，为他的品性提供了给人留下最深刻印象的、最雄辩的证词。我想，我已经为我的辩护奠定了基础，要是依据他自

---

① 此处指老马库斯·凯留斯。
② 因为组成陪审团的大多数人是骑士，西塞罗本人也是一名罗马骑士的儿子。
③ 指镇议会。

己同乡的判断，那么这个基础是非常坚实的。如果他被否定的原因不仅因为他是像他父亲一样的人，而且因为这个镇子非常优秀、非常重要，那么你们不会认为值得向你们介绍这个年轻人。

【3】对我来说，要是我可以谈到我自己的情况，那么我的生命之流就像清泉流入广大的名声之河，我在这座广场上的辛苦和我的生涯中的行为，由于得到我的朋友们的赞扬和支持，慢慢地获得了广泛、普遍的承认。

至于对马库斯·凯留斯的道德进行的指责，就好像原告发出的所有喧哗一样，没有指控他犯罪，只有对他的辱骂和诽谤，凯留斯决不会感到有什么痛苦，甚至后悔自己不要长得那么漂亮。因为这样的诽谤一般用来反对所有那些年轻时就具有合适的外表和高贵相貌的人。但是辱骂是一回事，指控是另一回事。指控需要理由，要给事实下定义，要评介一个人，要用论证来证明，要用证词来建立论证。另外，诽谤的唯一目的就是骚扰；如果诽谤很粗鲁，那么可以称做辱骂；如果诽谤相当机智，那么可以称做优美。我对所有人委托给阿拉提努提出的这部分指控既感到惊讶，又感到恼火，因为这些指控与阿拉提努不协调，也不像他这个年纪的人①能够提出的，就像你们自己能看到的那样，这位优秀的年轻人还不擅长使用这样的语言。我希望在你们这些指控人中间能有更强硬的人来进行这部分诽谤；而我们宁可更加自由、更加自然地反驳这种邪恶的话语。阿拉提努，我会更加宽大地对待你，因为你的犹豫不决约束了我的讲话，我感到一定不能再对你和你的父亲太仁慈。然而我应当给你一个暗示：首先，为了使所有人可以对你形成正确的看法，就好像你的行为决不卑鄙那样，你的讲话决不应当放肆；其次，当你听到有人虚假地指控你就会感到脸红的时候，你不应当对别人提出指控。因为有谁看不到道路是畅通的？有谁不会在他喜欢的时候对你这样年纪、像你这样有个人魅力的人进行诽谤性的攻击，即使没有怀疑的根据，然而并非没有某些理由？但是，对你所起的作用的责备与那些希望你起这种作用的人联系在一

---

① 阿拉提努此时18岁；年纪大一些的人才会更好地使用这样的语调。

起：你的犹豫不决足以为你增光，因为我们看到你讲话有多么勉强；也足以使你的能力增光，因为你讲话非常通情达理和优雅。

【4】但是对你所说的一切，我的回答是简洁的。就马库斯·凯留斯的年纪而言，它可能留下这些怀疑的余地，但它首先受到他自己良心的保护，其次受到他父亲的细心照料和严格管教的保护。一俟他父亲给了他成年人的服装——在这里我就不说我自己了（我的情况我希望留给你们自己去估量），我只要说——他马上就被他父亲送到我这里来了。没有人曾经在他早年的时候见过他，当时他在他父亲或者我的陪伴下，或者在马库斯·克拉苏那无可指责的家中，接受最光荣的职业训练。

至于对他与喀提林的亲密关系的指责，凯留斯完全有权利排除这样的怀疑。你们知道，当喀提林与我一道成为执政官候选人①的时候，他还是个年轻人。如果他本人依附喀提林，或者与我分离——尽管我承认有许多值得尊敬的年轻人献身于那个恶人——那就让他受到与喀提林关系太密切的怀疑。你们说："就算如此，但是我们后来知道，并且看到他是喀提林政治上的追随者。"有谁否认这一点？但在这里我只是在为他的年轻时期辩护，在这个时期人是软弱的，受到其他人的自私情欲的危害。在我担任执法官期间，②凯留斯始终和我在一起，不认识当时在阿非利加担任执法官的喀提林。又过了一年，喀提林被人指控犯了勒索罪。当时凯留斯和我在一起，甚至都没有出庭支持喀提林。再下一年我和喀提林一起成为执政官候选人；凯留斯从来没有依附喀提林，也从来没有与我分离。

【5】后来凯留斯不断地在市政广场上露面，未受指责，亦未蒙羞，只是过了几年以后，他依附了喀提林，当时③喀提林第二次成为执政官候选人。你们认为凯留斯年轻时接受监护的时间应当有多长？在我年轻的时候，我们

---

① 公元前 64 年。
② 公元前 66 年。
③ 公元前 63 年。

通常有一年时间"穿着我们的成年服装，俯首帖耳"，穿上短袖衣 ① 在操场上接受体育训练，如果马上从军，在军营里同样也要接受训练。在那个时代，无论得到朋友多么精心的保护，任何人都无法逃避有某些事实支撑的诽谤，除非他能凭着自己纯洁的道德力量、良好的家庭教养、某些天生的美德来保护自己。但是，任何人只要在青年时代开始时保持纯洁、不受玷污，然后随着年纪的增长成为优秀人物，那么就无人可以指责他的名声和道德。是的，在公共生活中锻炼了几年以后，凯留斯确实支持过喀提林，许多各个等级和年纪的人也都有同样的经历。我想你们记得，这位喀提林确实在许多方面表现出卓越的才华，如果不说他是这些方面的楷模，那么至少也是有目共睹。他与许多堕落的人有联系。是的，但他把自己伪装成献身于那些拥有卓越品格的人。在他身上人们可以看到许多诱人的地方，足以引人误入歧途；他具有顽强的品质，总是激励自己孜孜不倦、不辞劳苦地努力奋斗。他身上燃烧着荒淫无耻的欲火，但仍对战争艺术保持着强烈的兴趣。不，我真的不相信这个大地上曾有过如此荒诞的恶人，天生的嗜好与欲望在他身上混合在一起，相互矛盾，相互争斗。

【6】当时有谁能既与那些比较杰出的人士 ② 保持一致，又与那些比较卑劣的人有着更加密切的联系？有哪位公民在那个时候既是一个比较高尚派别的成员，又是这个国家的一个比较可恶的敌人？有谁在情欲方面能比他更加堕落，又能比他更加吃苦耐劳？有谁能比他更加贪婪，同时又比他更加慷慨大方？先生们，这个人身上确实有矛盾的品性：他和许多人结下友谊，凭着对他们的忠心来掌握他们；他与所有人分享自己拥有的东西，在需要的时候，用金钱、权势、个人的努力为所有朋友服务，在必要时还用大胆的罪行来帮助朋友；在需要的时候，他能控制和引导自己的自然情感，使之发生转变；他可以对严肃者一本正经，对不严肃者放荡不羁，对老人庄重，对年轻

---

① 引处的原文"tunic"，是罗马人家常所穿的无袖内衣，也指男子在外穿的长达膝盖的短袖束腰外衣。

② 西塞罗在此处可能暗指喀提林与克拉苏、凯撒在公元前 66 年—前 65 年间的联系。

人和蔼，对罪犯勇敢，对腐败者下流。所以这个复杂、多面的魔鬼，在从四面八方召集那些非常邪恶、非常鲁莽的人的同时，也还通过他伪装的美德掌握了许多好人。他内心想要摧毁这个帝国的可恶的冲动从来没有停止，他的种种恶行深深地扎根在某些能力和韧性中。因此，先生们，排除这项指控的全部假设，不要把凯留斯与喀提林的联系当做指控他的理由，因为他和其他许多与喀提林有联系的人一样，甚至某些忠诚的公民也和喀提林有这样的联系。是的，我要说，我本人有一次几乎都被他骗了，当时我以为他是一位忠诚的公民，一位真正的、忠实的朋友，他渴望与所有最优秀的人结识。然而，在我相信之前，我必须看到他的罪行；在我怀疑之前，我必须掌握他的罪行。如果凯留斯也是他大量朋友中的一个，那么他有更多的理由担心自己的错误会找来麻烦，而不是担心这样的友谊会遭到指控。

【7】所以，你们这些先生从听到这些道德方面的诽谤开始，对这起阴谋事件产生了偏见。因为你们说——尽管你们确实相当犹豫不决——凯留斯与喀提林的友谊使他成了阴谋的合伙人；由于这个缘故，现在对他提出来的所有指控与我们这位能干的年轻朋友几乎都不吻合。凯留斯是这样一位疯狂的造反者吗？他的性格与本性，或者他的地位和幸福受到过损害吗？① 事实上，什么时候有过这样的怀疑？什么地方听说过凯留斯这个名字？我在一件人们对之没有任何怀疑的事情上浪费口舌。但无论如何我要说：如果凯留斯暗中参与了阴谋，或者说他没有坚决反对那些罪行，那么他决不会运用他的年轻朋友推荐的特别方法对阴谋者提出指控。考虑到上述情况，我倾向于认为，由于我的辩护已经进到这个地步，所以我也可以对其他指控、腐败、政治组织、贿赂代理人，做出同样的回答。对凯留斯来说，要是他用你说的那些"无数的贿赂"玷污自己，那么他决不会使劲指责其他人受贿，也不会怀疑其他人，因为他会乐意得到长久的许可；如果他想到自己也会面对受贿的指控，那么他就不会第二次指控另一个人犯了这种罪。尽管在这件事情上他

---

① 指凯留斯的处境是健全的，不会使他参加喀提林的阴谋。

的行动是轻率的，没有接受我的建议，然而他的志向在于宁可清白无辜地受攻击，也不愿只为自己担忧。

至于指责他欠债和奢侈，要他交出账本，那么你们瞧我的回答有多么简洁。仍旧服从父亲权威的人不需要保留账本。他从来没有借过什么钱。他被指责生活奢侈——他住在租来的房子里，你们说他付了 3 万个罗马小银币的房租。我现在明白克劳狄为什么要出售他的房子了；我相信凯留斯从他那里租来的那幢小房子原来要租 10 万个罗马小银币。而你们为了使克劳狄满意，就用你们虚假的陈述来适合他的转变。①

你们指责他与父亲分居。这不能用来指责他的生活。他当时在一场政治案中获得了令我恼火但使他自己深感荣耀的胜利；② 此外，他的年纪也允许他谋求公职；所以不仅有他父亲的许可，而且甚至有他父亲的建议，他与父亲分开居住，因为他父亲的家离市政广场很远，为了能够更加方便地访问我们③ 的家，并与他自己的朋友保持联系，他以适当的价钱租下了帕拉丁山上的那所房子。

【8】在这个问题上，我可以重复一下杰出的马库斯·克拉苏最近说的话，他在抱怨托勒密国王的到来。"在佩里翁的森林里，（那艘船）还没有……。"如果我愿意，那么我可以继续引用："从来没有一位女神迷过路"，由此给我们带来了麻烦，"美狄亚得了心病，受到残忍的爱的伤害"。④ 因此先生们，当我的演讲进到这一步的时候，你们会知道我将要说明，帕拉丁山上的那位美狄亚，⑤ 以及她为一位年轻人改换住处，引起了他的所有不幸，或者说引

———————

① 英译者认为这句话的意思是："克劳狄想要人们相信他的房子比这个价钱更值钱，因此你们说凯留斯付了 3 万个罗马小银币的租金。"共和国晚期租金飞涨，尤其是帕拉丁山上的时髦住宅。

② 指凯留斯起诉盖乌斯·安东尼乌斯。

③ 西塞罗和克拉苏。

④ 克拉苏在此处引用拉丁诗人恩尼乌斯的诗句，内容原为希腊悲剧家欧里庇德斯的《美狄亚》。恩尼乌斯原文见 L.C.L《古代拉丁典籍残篇集成》（Remains of Old Latin）第 1 卷，第 312 页。

⑤ 指克劳狄娅。

来了所有流言蜚语。

因此，先生们，相信你们的理智吧，我已经把这些原告虚构的、用做论据的论断汇集在一起，它们并没有使我感到不安。因为他们断言，会有一位元老院议员提供证据，证明他自己在选举大祭司时受到凯留斯的骚扰。如果他走上前来，那么我会问他：首先，他为什么不马上依法提出指控；其次，如果他宁可对此事提出抱怨而不是指控，那么为什么要你们把他带来，而不是他自己来，他为什么要长时间地搁置，而不是马上发出抱怨。如果他小心地回答了我的问题，那么我最后要问，那位议员的消息来源或起源是什么？因为，如果他证明他自己就是他的消息来源或起源，那么我也许会像通常那样被说服了；但若他的消息来源只是从你们案子的源头流淌到这里来的一条小溪，那么我会很乐意地看到只有一位议员愿意使你们满意，虽然你们的案子有很大影响，有丰富的资源可以利用。喜欢夜间活动的先生们，我也不害怕案子中的其他各式各样的证人。据说有人打算指证凯留斯调戏他们从晚宴上回家的妻子。真是一些有骨气的人，竟敢宣誓做出这样的指证，尽管不得不承认他们从来没有试图对这样巨大的过错有个解决的办法，更不要说通过开会和调解了！

【9】但是你们已经能够预见整个这场攻击的性质，攻击一旦开始，你们就有义务回击。因为这些攻击他的人不是真正指控马库斯·凯留斯的人。箭矢公然朝他飞来，但有一只隐藏的手在操纵。我也不说这样做会给这些人①带来公愤，而对他们自己来说，这场指控甚至是一件值得骄傲的事情。他们在履行一种义务，在为朋友辩护，他们的行为就像那些不愿动手的高尚人；当受到伤害的时候他们愤慨，当生气的时候他们甩手就走，当受到挑战时他们战斗。但不管怎么说，先生们，你们的理智要求你们，即使高尚者有正当理由攻击马库斯·凯留斯，你们也一定不能据此认为你们有理由注意别人的安心，而不注意你们自己的荣耀。因为你们看到广场上挤满了所有等级、各

---

① 指控告人阿拉提努。

行各业、各种各样的人。在这么多人中间，你们认为会有多少人，在想要得到点什么的时候，会自愿效力，自愿为一个有权有势的、非常难缠的人做证？如果在这个等级的人中间，某些人偶然地卷入了这场审判，那么先生们，你们要用你们的智慧阻止他们的贪婪，你们也可以表示你们自己对一个人十分关注，但同时也关注我的当事人的幸福，你们要为了你们的良心，为了所有公民的安全，反对那些危险的、强大的个人。对我来说，我不会用证据来麻烦你们，也不会在这个案子中允许不能以任何方式加以改变的、真正的事实依赖证人有选择的陈述，陈述是容易利用的，也容易歪曲事实。我们要从论证开始；我们要驳斥那些指控，因为事实比大白天还要清楚；我们会用事实对事实，原因对原因，理由对理由。

【10】因此我非常满意这个案子的一部分已经由马库斯·凯留斯慎重、雄辩地处理过了，亦即在尼亚玻里发生的动乱、在普特利攻击亚历山大里亚人的使者、帕拉的财产。① 我希望他也能谈到狄奥。② 然而，考虑到这一行为的指使者既不害怕，甚至还承认对这一行动负责任——因为他是一位国王③——你们还能期待从凯留斯那里听到什么更多的情况？而与他合作，被视为他的帮凶的普伯里乌·阿昔西乌④已经受审，被判无罪。这样一项指控，犯了罪的人并不否认，而否认的人已经被判无罪，那么，既没有被怀疑犯罪，又没有被怀疑帮凶的凯留斯应当感到害怕吗？如果说阿昔西乌从受审中得到的好处超过受案子的牵连带来的坏处，那么你们的诽谤对凯留斯有什么害处呢？在这件事情中，他不仅没有受到怀疑，甚至也没有诽谤。但有人争论说，阿昔西乌由于舞弊才被判无罪。要回答这一点很容易，尤其是我，因为我是他的辩护人。而凯留斯，尽管他认为阿昔西乌赢了这个案

---

① 关于凯留斯与尼亚玻里的动乱的关系，以及在普特利攻击亚历山大人的使者，没有相关的材料。此处提到的帕拉（Palla）可能是指控凯留斯的阿拉提努的同父异母的姐姐。

② 凯留斯被指控于公元前 57 年谋杀一位学园派哲学家狄奥（Dio）。

③ 托勒密·奥莱特承认对谋杀狄奥负责。

④ 普伯里乌·阿昔西乌（Publius Asicius）受到盖乌斯·李锡尼·卡尔伏（Gaius Licinius Calvus）的指控，西塞罗成功地为他进行了辩护。

子，然而，无论这个案子是什么性质，他认为阿昔西乌的案子与他自己没有什么关系。这不仅是凯留斯的看法，而且也是两位最理智、最有学问的年轻人，提多·科波尼乌斯和盖乌斯·科波尼乌斯的看法，他们受过最好的文学训练，奉行最好的道德原则，对于狄奥的死，他们比其他任何人都要悲痛；由于追求学问和奉行好客的人类行为原则，他们与他有密切的来往。如你们所知，狄奥住在提多家里，他们在亚历山大里亚相识。他或他那位杰出的兄弟对马库斯·凯留斯怎么想，要是他们出庭作证，你们可以从他们本人那里听到。所以，让我们把这样的事情搁到一边，继续谈与案子有关的事情。

【11】先生们，我看到你们非常注意听我朋友卢西乌斯·赫瑞纽斯 ① 讲话。在这种情况下，尽管他的能力和演讲的具体风格深刻地影响了你们，我仍旧不时地担心，他的小心翼翼的、暗示有罪的演讲会温和地、不知不觉地潜入你们心中。他详细谈论了荒淫、欲望、年轻人的邪恶、道德。尽管他平常的讲话温文尔雅、彬彬有礼，受到人们广泛推崇，然而在这个法庭上他是最无情的老娘舅、道德家、教师爷。他像训斥儿子一样训斥马库斯·凯留斯，连凯留斯的父亲也从来没有这样做过；他详细地讨论野蛮和过度。简言之，先生们，我开始理解你们的关注了，因为我本人在听他讲话时也对他最沉闷、最严厉的方式感到恐怖。嗯，他的讲话的第一部分对我有影响，但是不大。他声称凯留斯与我的朋友白斯提亚 ② 关系亲密，他们一道吃饭，凯留斯经常拜访白斯提亚，在白斯提亚竞选执法官时帮助他。这些说法不会给我添麻烦，它们显然是虚假的。因为他说某些人与凯留斯一起吃饭，这些人要么不在这里，要么被迫讲述同样的故事。他说凯留斯是他在卢佩基社团 ③ 的同伴。真正的

① 卢西乌斯·赫瑞纽斯（Lucius Herennius）是本案原告阿拉提努的附议者。
② 原告阿拉提努之父。
③ 凯留斯和赫瑞纽斯都是卢佩基社团（the college of the Luperci）的成员，在罗马共和国晚期这个社团的声望很低，自由民都可加入。

狼人①都有某种野性，相当粗鲁和粗野，在文明与法律产生之前聚居在森林里。事实上它的成员不仅相互指控，而且在他们的控告中唠唠叨叨地反复讲他们的共同信念，我想，就好像担心别人都不知道似的！但是，关于这些事我什么也不说了，我要回答更加深刻地触动了我的指控。

他对放荡的斥责是冗长的，也较不严厉。它是说教而不是抨击，所以要更加集中精力聆听。至于我的朋友普伯里乌·克劳狄，尽管他充满怒火、全力以赴、语气严峻、声音洪亮，然而我在认为他相当雄辩的时候不太担心它的影响，因为在许多场官司中，我看到他作为一名诉讼当事人是不成功的。巴尔布斯②，如果你允许，我首先要对你做出回答，为一名从来不拒绝晚宴，在公园里玩耍、使用香音，去百埃③游乐的人辩护，我这样做是否合法，或者是否正确。

【12】我确实认识并听说过，这个国家有许多人会尝试一下这种生活，如谚语所说，用他们的指尖碰一下；但有些人抛弃了青年时代沉湎于声色的生活，如他们所说，洗心革面，努力提升，成为值得尊敬的、杰出的人。充满欲望、挥霍时间是年轻人的天性，一般不会受到责怪；只要不毁坏生命，不毁灭家庭，那么找一个恰当的地方发泄一下是可以容忍的。我认为，你的指控反对一般的年轻人，加剧了对凯留斯的偏见；由于这个原因，人们对你的演讲保持沉默，而当时受到指控的被告中只有一个在我们看来有许多罪恶。对荒淫行为进行猛烈的抨击是容易的；如果我努力阐发就这个主题能说的一切，那么太阳很快就会下山：勾引、通奸、放荡、奢侈，这个主题是无限的。即使没有被告，你仍旧有丰富的材料对这些罪恶的存在发起严肃的攻击。但是，先生们，你们的理智一定不会允许你们偏离被告。你们的严格和

---

① 卢佩基社团与古罗马纪念牧神卢佩库斯（Lupercus）的节日有关，狼人（wolf-men）是庆典中装扮成狼的人。赫瑞纽斯对凯留斯的指控可能是在牧神节（Lupercalia）的不端行为，为了替凯留斯辩护，西塞罗在这里对卢佩基社团的由来的解释不是认真的，有歪曲之处。

② 赫瑞纽斯的全名是卢西乌斯·赫瑞纽斯·巴尔布斯（Lucius Herenmus Balbus）。

③ 百埃（Baiae），一处海滨胜地，位于普特利和库迈之间。

责任心给你们提供了一根螫针；原告用它来刺一个论题，针对一般的邪恶、道德和时代，而你们一定不能在不应有的诽谤落到被告头上时用这根螫针来刺他，因为不是他自己有什么错，而是因为其他许多人有错。因此，我不想冒险做出回答，以适合你们的苛评——因为我的回答诉之于对年轻人的宽容，要求你们原谅他——我要说，我不想冒险这样做；我不想在为他的青年时期抗辩的时候寻求安全之处；我放弃所有人都拥有的这种权利。我要问的只是，无论年轻人欠债有多么可耻，在这个时代，过度与奢侈可以被视为一般的情况（我知道这种感觉很强烈），不能用其他人的冒犯和时代的罪恶来谴责凯留斯。然而在做出这种宣告的时候，我并不放弃谨慎小心地回答那些针对他本人的具体指控。

【13】现在有两项指控：一项涉及黄金，另一项涉及毒药，二者具有相同的性质。据说黄金是从克劳狄娅那里拿来的，而毒药是给克劳狄娅的。原告抱怨的其他事情都不是指控，而是诽谤；它们散发着市井流言的味道，而不是法庭的正义。把凯留斯叫做奸夫、浪子、行贿者，是辱骂，而不是指控；这些罪名没有依据，没有理由；原告的任意辱骂是愤怒的，但他的讲话没有任何权威性。至于我提到的两项指控，我能看到有某人隐藏在背后，我能看到它们有一个来源，我能看到某个确定的个人是它们的源头。"凯留斯想要黄金，他从克劳狄娅那里拿了，但没有证人，他想保存多久就保存多久。"我在这个强大的证据中看到了相当惊人的亲密性。"他想要杀死她；他设法弄来毒药，精心准备，引诱她，确定了时间和地点，带着毒药去了。"在这里，我又一次看到了强烈的仇恨带着最痛苦的分裂。先生们，在这个案子中，我们关心的只有克劳狄娅，一个不仅出身高尚而且臭名昭著的女人，关于她我要说的话不会超过排除指控所必要的。但是你，格奈乌斯·多米提乌，① 要用你伟大的智慧明白我们必须只涉及这个女人。如果她否认把黄金借给凯留斯，如果她没有断言凯留斯试图毒死她，那么我们在利用一位已婚

---

① 这场审判的法庭主席，一位执法官。

妇女的名字，而不是在按照一名已婚妇女所要具备的美德讲话，这样做是可耻的。但若从本案中除去这位妇女，我们的敌人就没有什么指控可以留下，也失去攻击凯留斯的手段，我们这些辩护人还有什么必要去驳斥那些攻击他的人呢？如果不是受到我对这位妇女的丈夫——我说的是兄弟①，我总是口误——的个人敌意的阻拦，我的驳斥会更加激烈。但既然如此，我要有节制地行动，不超过对我的当事人应尽的义务和案子本身的需要。我确实从来不认为应当陷入与女人的争吵，更不要说与这样一位人人都认为是自己的朋友，②而不是自己的敌人的女人了。

【14】不管怎么说，我首先要问她本人是否愿意让我严厉、庄重地以传统方式对待她，还是仁慈、温和地以一种有节制的方式对待她。如果以老的、残酷的方式，那么我必须从死者中间请一位长胡子老人出来说话——不是那种时髦的、会令她感到高兴的胡须样式，而是乱蓬蓬的，就像我们在古老的雕像和胸像上看到的那样——请他代替我驳斥这个女人，这样的话她也许就不会生我的气了。因此，让我们从这个家族中请一些人出来，首先是瞎子阿庇乌斯·克劳狄③，由于他不可能见过她，他的悲哀会最小。④如果这位老人出面，他肯定会这样说："喂，你这个女人，你跟凯留斯这个陌生的年轻人有什么关系？你为什么要跟他那么亲密，乃至于把黄金借给他，同时又把他当做敌人，害怕他的毒药？你难道没有听说他的父亲和你的父亲、叔父、祖父、曾祖父是执政官吗？最后，你难道不知道，你后来与昆图斯·麦特鲁斯⑤结婚以后，连这位最杰出、最勇敢、对他的祖国最忠心的人也只能

---

① 指普伯里乌·克劳狄。

② 此处原文"amica"，既有女主人之意，又有朋友之意。

③ 全名阿庇乌斯·克劳狄·凯库斯（Appius Claudius Caecus），公元前 307 年和前 296 年任执政官。公元前 280 年劝说元老院拒绝皮洛斯（Pyrrhus）的媾和请求。

④ 与克劳狄家族的所有人相比。

⑤ 全名昆图斯·麦特鲁斯·凯莱尔（Quintus Metellus Celer），公元前 63 年执法官，公元前 60 年执政官，死于公元前 59 年 3 月。克劳狄娅是他的妻子和外甥女。婚后相处不好，他怀疑克劳狄娅想毒死他。

鼓足勇气，以他那几乎超过所有同胞的荣耀和庄严，才能走出自己的家门？当你通过婚姻从一个高贵的家族进入一个最杰出的家族以后，为什么要和凯留斯有如此密切的来往？你们是同乡吗？你们是姻亲吗？他是你丈夫的朋友吗？什么都不是。如果不是某种轻率的情欲，那么原因何在？如果我们家族成员的想象不能触及你的心，甚至著名的昆塔·克劳狄娅，① 我自己家族中的一位女儿，也不能鼓励你成为给我们家族带来荣耀的、拥有美德的妇女的竞争者吗？著名的维斯太贞女克劳狄娅②也不能鼓励你吗，在她父亲获胜以后，她把父亲抱住，不让一位敌对的保民官伤害他，这位保民官想把她父亲拉下马车？为什么感动你的是你兄弟的邪恶，而不是你父亲和祖先们的美德，从我那个时代开始，不仅有我们这个家族的男人，而且有我们这个家族的女人恪守美德？我断绝与皮洛斯媾和是为了让你可耻地私通吗？我引水到罗马是为了让你在可耻的乱伦以后有水可用吗？我修建大路是为了使你可以一连串地勾引其他妇女的丈夫吗？"

【15】但是，先生们，我如此严厉地介绍这个人的人品，为的是担心这同一位阿庇乌斯会突然转变，开始指控凯留斯严厉地对待一位监察官吗？关于这一点我晚些时候再说，先生们，而且以这样一种方式，因为我相信自己完全能够公正地用最严厉的方式判断马库斯·凯留斯的生活。至于你，你这个女人（现在是我自己而不是一个假想中的人在对你说话），如果你打算证明你的行为、话语、断言、动机、指控，那么你必须对这样的亲密关系、熟悉程度、密切来往做出阐述和解释。指控者把荒淫、通奸、恶行、去百埃旅行、海滩上的聚会、宴饮、狂欢、音乐会、乐团、游船这样一些用语灌进我们的耳朵；指控者还告诉我们，你们未能证明的事情他们什么也没说。由于在你们疯狂、轻率的心灵框架里，你们希望把这些事情带进广场和法庭，所

---

① 指昆塔·克劳狄娅（Quinta Claudia）可能是阿庇乌斯·克劳狄·凯库斯的孙女，普伯里乌·克劳狄·浦尔契（公元前 249 年的执政官）的女儿。

② 公元前 143 年的执政官阿庇乌斯·克劳狄·浦尔契（Appius Claudius Pulcher）的女儿。

以你们必须否证它们，表明它们是假的，或者必须承认你们的指控和证据都是不可信的。

如果你宁愿我采用比较文雅的语调，那么我会以这样的方式开始。我会把那位笨拙的、近乎粗野的老人打发走，而以一位你现在的亲戚的口吻来说话。我选定你最年轻的兄弟，这个世界上最完美的人，无比热爱你。我假定，小时候由于害怕孤单和某些愚蠢的吓唬，他总是跟着你，他的姐姐，睡觉。他会对你说："姐姐，你为什么要做这样的事情？你为什么失去理智？你为什么大叫大喊？你为什么大惊小怪？邻居的一位年轻人吸引了你的眼球，他美丽的相貌和修长的身材使你对他一见钟情；你经常想见他，有时与他在公园里见面；你是一名贵妇人，想用你的财富支配这个年轻人，他有一位贫穷、吝啬的父亲；但你不能做到这一点，他拒绝你，蔑视你送给他的物；好吧，那就在别处试试吧。你在台伯河畔的住处正好邻近所有年轻人来洗澡的地方，你可以在任何时候从那里挑选情侣，为什么还要麻烦这位拒绝了你的年轻人呢？"

【16】凯留斯，我现在要对你说话，假定我自己是一位严厉的、有权威的父亲。但是我怀疑自己最终会挑选做一位什么样的父亲？一位粗野的、冷酷无情的父亲，就像凯西留斯喜剧中的那一位，"我的心在燃烧，我的心充满愤怒"①；还是一位"可悲的无赖"的父亲；还是那些铁石心肠的父亲，"我该说什么？我能希望什么？无论做什么，你总是用你的可耻行为使我的希望落空"。这样的父亲几乎是不可忍受的。这样一位父亲会说：你为什么要和邻居这位贵妇人来往？发现她在勾引你，你为什么不马上逃走？"你为什么要认识这样一位奇怪的女人？水性杨花，挥霍成性。你可以做你想做的事，因为是你，而不是我，会变得身无分文。我已经留下足够的钱财，可以舒舒服服地度过余生"。

面对这样一位沮丧的、直言的老人，凯留斯会回答说，并没有什么疯狂

---

① 西塞罗在本章中引用一些戏剧中的对白。

的情欲在驱使他偏离正道。他需要提供什么证据呢？他没有荒淫，没有挥霍，没有欠债。"但是有人说有。"在一个流言蜚语满天飞的城市里，有谁能避免这样的诽谤！连这个女人的兄弟都不能逃避流言，那么这个女人的邻居有了这样的坏名声你们会感到奇怪吗？但若我以一位温和、宽容的父亲的口吻说话，这样的父亲会说："他打破了一扇门，会有人来修好的；他撕破了你的衣服，会有人来替你补好的。"那么凯留斯的案子也就没有什么难处了。在这种情况下，有什么指控是他不能为自己辩护的呢？我现在说的话不是在反对那个女人，① 而是在假设一个和她很不一样的女人。这个女人让自己变得人尽可夫，每天都有一些特别的情人自由进出她在百埃的领地和别墅，她甚至给那些年轻人钱财，让他们的父亲能够容忍这种关系；如果一名寡妇不守妇道，如果一名性格活泼的寡妇生活不检点，如果一名富裕的寡妇生活奢侈，如果一名情欲炽烈的寡妇生活放荡，如果一个男人与她有些来往，那么我应当认为他有罪吗？

【17】但是有人会说："这就是你的道德准则吗？这就是你训练年轻人的方式吗？这就是他父亲把他交给你监管的原因吗？让他可以在恋爱和快乐中度过他的青年时代，而你会为这样一种生活和这样的追求辩护。"先生们，我认为，如果一个人心灵足够坚强，品性完全合乎美德和自制，轻视所有快乐，把整个生命花费在身体的辛苦和精神的运用上，对休息、娱乐、交友、恋爱、节庆这类事情的诱惑无动于衷，除非和荣誉相关，否则生命中就没有什么东西值得努力追求，按我的判断，这样的人拥有的美德和幸福远远大于凡人的美德和幸福。我认为，著名的卡弥鲁斯家族、法伯里修家族、库里乌斯家族就是这样的，他们使曾经十分微小的罗马变得如此伟大。但是在我们的品性中再也找不到这种美德了，甚至在我们的书籍中也很罕见。有些文章也说，不仅在我们中间，而且也在希腊人中间，这种古代世界的朴素观念已经过时；我们过去遵循这条道路，奉之为生活准则，在实践中而非在理论

---

① 指克劳狄娅。

上实现这种观念；而希腊人虽然学问很好，但他们在言谈和著述中，而不是在行动中达到荣誉和辉煌，在希腊发生巨变①以后，其他信条大行其道。所以，有些人②说聪明人所做的一切都是为了快乐，有学问的人不用回避这种可耻的说法；其他一些人③想象美德能够与快乐结合，试图用花言巧语将两种完全不匹配的东西联系在一起；还有一些人④指出，通往荣耀的唯一道路是艰辛的，但是在他们的教室里这种说法几乎完全被抛弃。人世间生来就有许多诱惑，可以使美德冬眠，也可以使人的本性放松警惕；这些诱惑在年轻人面前设置了许多泥泞的道路，使他们很难站稳脚跟，几乎没有不摔跤的；这些诱惑五光十色，令人欢乐，不仅年轻人喜欢，而且有定力的成年人也会被它们迷住。所以，要是你碰巧看到有人轻视美色，不去嗅、摸、品尝美好的东西，他们的耳朵也不听美好的声音——这样的人，我想也许只有少数人会得到上苍的青睐，而他们中的大多数会成为上苍愤怒的对象。

【18】因此，让我们放弃这条已经受到各种阻碍，被抛弃和忽略的道路；让我们允许发生某些改变；让我们赋予年轻人较大的自由；让我们不要总是禁止快乐；让那正直的、不折不挠的理性不要始终占据上风；让欲望和快乐有时候也能超过理性，只要在快乐时也能遵循下列规则和限制：年轻人应当在意他自己的名声，但不要糟蹋别人的名声；不要浪费继承下来的遗产；不要借高利贷；不要攻击其他人的家庭和名声；不要羞辱贞洁的人，不要玷污正人君子，不要侮辱正直的人士；不要用暴力吓唬任何人，不要搞阴谋，不要犯罪。最后，当年轻人顺从快乐的召唤，花时间去恋爱或满足年轻人的空洞欲望时，让他适时转入家庭生活，参与法律和公共事务，让理性先前未能揭露的空洞追求显示出来，通过经验让他自己明白哪些事情已经满足，因此可以放弃，并且明白这些事情是可鄙的。

---

① 希腊于公元前 146 年失去独立。
② 西塞罗厌恶伊壁鸠鲁学派的快乐论，经常误释。
③ 指学园派和逍遥学派。
④ 指斯多亚学派。

先生们，在我们这个时代，在有关我们父辈和祖先的记忆中，有许多伟大人物和杰出的公民，他们在年轻的时候情欲旺盛，但成年以后则更多地关注自己的美德。我不必提到他们中任何人的名字，你们自己就可回忆起来。因为，我不希望把这些勇敢的杰出公民的声望与任何污点联系起来，哪怕是最微小的缺陷。如果我希望这样做，那么我可以提到一些人的名字，他们处于最高地位，但却臭名昭著；他们中有些人年轻时候放荡不羁、挥金如土、声色犬马、负债累累，但是后来他们的污点被大量德行掩盖了，无论谁都希望以年轻为理由来原谅他们。

【19】但是我现在打算更加大胆地谈论马库斯·凯留斯高尚的追求，依据你们的智慧，我可以更加自由地提出某些确定的看法；在他身上，你们找不到放荡不羁、挥金如土、声色犬马、负债累累、暴饮暴食，还有邪恶地神出鬼没，我们看到在他那个年纪的人身上，这些事情不仅没有减少，而且还有增多的趋势。但是，"造爱"和那些所谓的"奸情"——那些心灵坚强的人不会再受这种事情的困扰，因为他们成熟得早，已经过了青春花季——从来没有缠住我的当事人。带着你们日常的精明，你们已经听到他为自己做的抗辩；① 你们已经听到他作为指控人的讲话（我随意地提到这一点为的是为我的当事人辩护，而不是为了吹嘘）；② 你们已经见识了他的风格、他的语言天赋、他的丰富思想、他的精彩表述；③ 在他的风格中，你们不仅看到他闪亮的天才，虽然经常受到勤奋的帮助，而且也看到他已经凭着自身的力量肯定了自己。这里也还有一种以各种学问为基础的方法，通过孜孜不倦的努力而臻于完善。所以，先生们，我们可以确定，凯留斯斥责过的这些过度的行为，我正在讨论的这些追求，在凯留斯身上不容易找到。因为心灵不可能完全拒绝欲望的引诱，爱情、期待、欲望，有时过多有时缺乏的财富，总是在牵制着心灵，而我们还要能够保持这种努力，无论是我们在讲话中以何种

---

① 凯留斯为自己辩护。
② 凯留斯指控过其他人。
③ 西塞罗在演讲术方面指导过凯留斯。

方式提到的何种努力，都不仅涉及身体的劳累，而且还涉及精神的劳苦。凭着雄辩的口才可以得到很大的赏赐、声望、影响、荣誉，但以演讲术为辛苦工作对象的人总是很少，你们认为还有其他原因吗？必须把一切快乐踩在脚下，必须放弃娱乐、恋爱、玩笑、宴饮，甚至必须抛弃与亲密朋友谈话。获得雄辩的口才所需要付出的努力使人感到害怕，使人不敢学习演讲术，而不是因为他们缺乏才能或年轻时的训练。或者说，如果凯留斯在还很年轻的时候，沉醉于如其原告所描述的那样一种生活，那么他还会去指控一位执政官等级的人吗？如果他回避辛苦，如果他落入各种快乐的桎梏，那么他还会一天又一天地在这里战斗，勇敢地面对敌视，坚持指控，或者说，他会冒着受到刑事审判的危险，在罗马人民的注视下，坚持这场为了拯救或荣耀、至今已有好几个月的斗争吗？

【20】凯留斯那位臭名昭著的邻居没有给我们提供某种线索吗？那些公开流传的谣言、百埃本身，就没有说明什么问题吗？是的，百埃不仅会说话，而且会大声吼叫，有这么一个女人情欲炽烈，腐败堕落，不仅像通常那样在隐秘的暗处寻求满足，而且在光天化日之下表露她堕落的情欲。

然而，如果有谁认为应当禁止年轻人与妇女发生恋情，那么他无疑过于严峻了（我无法否认这一点），但他的观点不仅违反法律的规定，而且违反我们祖先的规矩和许可。这种事情什么时候不是很普遍？什么时候受到过指责？什么时候遭到过禁止？事实上，这种许可的事情什么时候成为不允许了？现在我要解释一个主题，我不会提到女人的名字，我要说得更加公开一点。如果一个没有丈夫的女人打开家门，对所有男人的欲望开放，公然过着一种妓女般的生活，如果她习惯于和那些完全陌生的男人一道参加晚宴，如果她不仅在城市里这样做，在公园里这样做，而且在百埃的游客中这样做，如果她实际上不仅用她的美貌，而且用她的衣着和伴侣，不仅用她的热情和喋喋不休的话语，而且用她的拥抱和抚摸，在沙滩聚会、水上聚会、晚宴中表明了她自己不仅是一名妓女，而且是一名荡妇，而正好有一个年轻人与这个女人在一起，那么，卢西乌斯·赫瑞纽斯，你认为他就是她的奸夫或情人吗？你认为他想要糟蹋她的贞洁，或者只是为了满足他自己的欲望吗？克劳狄娅，我忘掉你对我做过的错事，我把我遭受的痛苦放在一边，我把你在我流放期间对我家人的残忍行为省略不谈，请你不要想象我所说的话是对你抱有恶意。但是，我要问你本人，由于指控者们断言你是这一罪名的根源，你可以为这一指控作证，所以我要问，如果有我刚才描述的这么一个女人存在，一个和你很不一样的女人，她过着一种妓女般的生活，而一个年轻人和这个女人有某些来往，你认为这是可耻的或丢脸的事吗？如果你不是这个女人，我宁可这样想，那么这些指控者为什么要申斥凯留斯呢？但若他们认为你就是这样一个人，而你蔑视这种指控，那么我们为什么还要害怕这种指控？所以，是你把辩护的方式和方法告诉了我们，因为你的行为是适宜的，那么就将否认凯留斯有任何邪恶的行为，如果你的行为是完全不适宜的，那么也会给他和其他人一个很好的自辩的机会。

【21】现在，由于我的讲话似乎已经躲过暗礁，越过险滩，剩下的航程也就一帆风顺了。在针对凯留斯的两大指控中，都出现了一个女人的名字：他被指控从克劳狄娅那里拿了一些黄金；他准备了一些毒药，打算谋杀这位克劳狄娅。按照你们的说法，他把黄金拿给卢西乌斯·卢凯乌斯[①]的奴隶，让他们去谋杀亚历山大里亚的狄奥，狄奥当时住在卢凯乌斯家里。这是对一个人的严重指控，他要么密谋毁灭一位使者的生命，要么唆使奴隶谋杀他们主人家的客人，真是胆大妄为，邪恶至极！关于这项指控，我首先要问，凯留斯有没有告诉克劳狄娅他拿黄金有什么用。如果他没有告诉克劳狄娅，那么克劳狄娅为什么要把黄金给他？如果他告诉了克劳狄娅，那么克劳狄娅就使自己成了凯留斯犯罪的同谋。当你[②]知道这些黄金要用来干什么，知道这是一件多么大的罪行时——谋杀一位使者，给最具有美德、最正直的卢西乌

---

①　卢西乌斯·卢凯乌斯（Lucius Lucceius），罗马的一位富人，西塞罗的朋友。公元前64年曾指控喀提林谋杀，曾参加竞选公元前59年执政官，未能当选。

②　指克劳狄娅。西塞罗虚拟她有一座维纳斯的雕像，她用她其他情人抢来的东西装饰雕像。

斯·卢凯乌斯带来永久的污点——竟敢从柜子里拿走这些黄金，而这些黄金是你的其他情人抢来装饰维纳斯的？这样的重大暴行，你温柔的心决不可能保密，你把家门打开也不能得到什么帮助，你的好客的维纳斯决不会成为你的同谋。巴尔布斯①明白这一点，他说克劳狄娅没有保密，凯留斯告诉她的是另一个理由——他要把这笔黄金用做某些赛会的开销。如果凯留斯与克劳狄娅像你②所说的那样亲密，因为你说了那么多凯留斯的奢侈浪费，那么凯留斯肯定会告诉克劳狄娅为什么需要这笔黄金；如果凯留斯与克劳狄娅的关系不那么亲密，那么克劳狄娅从来没有给凯留斯黄金。因此，如果凯留斯对你说了实话，那么你是个堕落的女人，明知故犯，把犯罪用的黄金给他；如果他不敢告诉你，那么你没有给他黄金。

【22】我现在为什么要用无数的论证来反对这项指控？我可以说依凯留斯的品性完全不可能犯下如此可怕的罪行；一位精明能干、理智健全的人，在采取重大行动时不可能托付给一位不认识的、属于另一位主人的奴隶，他不可能这样做，这是不可信的。还有，按照其他执政官的辩护习惯，以及我自己的辩护习惯，我原本可以向原告提出一些一般的问题：凯留斯和卢凯乌斯的奴隶在哪里见面？他们是怎么接头的？如果凯留斯本人去见面，那该有多么匆忙？如果他派人去联系，那么这个中介人是谁？我可以在演讲中就任何可疑之处提出疑问，但我却找不到任何犯罪的动机、地点、时机、同谋，找不到实施和隐瞒罪行的期望和原因，找不到这桩严重罪行的蛛丝马迹。指出这些要点都属于一名演说家的工作，不是由于我自己的才能，而是由于我在这里讲话的经验和实践，会给我带来某些便利；出于我自己的责任心，这些要点在我心中已经逐步形成，可以提出来作证，但是为了简洁，我把它们都放弃了。因为我可以提出一个人来，先生们，按照你们的神圣誓言，你们会允许他与你们发生联系，卢西乌斯·卢凯乌斯是一位最有道德、最受尊敬

---

① 指卢西乌斯·赫瑞纽斯·巴尔布斯，阿拉提努指控的附议者。
② 指巴尔布斯。

的证人，如果凯留斯的暴行危及他的幸福和名望，有谁会对这种事情不闻不问、不感兴趣，或者允许它发生。卢凯乌斯拥有高度的原则，他有学问，有涵养，他会忽视危及他的亲密朋友生命安全的危险吗？这种事情哪怕是发生在陌生人身上也会激起他的义愤，他会不设法对付杀害他的客人的罪行吗？这种事情哪怕发生在陌生人身上也会使他悲伤，当他自己的奴隶试图做这种事情时，他会不关注吗？如果发生在空旷的乡下或公共场所，他会予以谴责吗？如果有人策划在城里或他家里做这种事情，他会比较温和地处理吗？这项阴谋策划杀死一名大学者，而卢凯乌斯本人也是有学问的人，他会轻率地忽略这种危险吗？他会认为加以隐瞒是恰当的行为吗？但是，先生们，我为什么要让你们长时间地停留在这一点上？卢凯乌斯本人已经宣誓作证，请你们注意他的庄严的誓词，仔细听取他的证词中的每一句话。现在请你宣读吧。①[庭吏宣读卢西乌斯·卢凯乌斯的作证书。] 你们还在期待什么？或者说你们认为案子本身或真相本身能找到一个声音来为它们申辩？这就是无辜者的自白，这就是案子本身提交的抗辩，这就是真相本身唯一的声音。这项指控本身没有提出任何怀疑的根据，相关事实没有任何证据，所谓的往来②没有任何迹象，没有提到具体的地点、时间、证人、同谋。整个指控来自一个敌对的、可耻的、残忍的、犯有前科的、污秽不堪的家庭；而被指控犯下如此愚蠢罪行的家庭是清白无辜的、享有荣誉的、遵守义务的、虔诚敬神的。你们已经听到了宣誓以后做出的证词，所以剩下的问题就容易决定了——无论你们怎么想，要么是一个情绪不稳的、愤怒的、荒淫无耻的女人伪造了这项指控，要么是一个头脑清醒的、有学问的、有自制力的人提供了合乎良心的证据。

【23】还剩下的是有关毒药的指控，对此我既不能发现指控的起源，又不能弄清其结尾。因为，凯留斯有什么动机想要毒死这个女人？他不一定要

---

① 对法庭的书记员讲话。

② 凯留斯与卢凯乌斯的奴隶的交往。

归还黄金吗？那么这个女人要的回报是什么呢？阻止一项对他的虚假的指控吗？^①但是有谁指控过他？事实上，要是凯留斯没有指控任何人，会有人提起这件事吗？还有，你们听到卢西乌斯·赫瑞纽斯宣称，如果凯留斯不是第二次对赫瑞纽斯的已经被判无罪的朋友提出指控，那么他不会说任何对凯留斯不利的话。那么，在没有任何动机的情况下就犯下如此重大的罪行，这可信吗？^②你们难道不明白，一项与野蛮的罪行有关的指控受到阻碍，会成为第二次指控的动机吗？^③最后，凯留斯相信谁，必须帮助谁，谁是他的同伙和同谋，他能把如此重大的行动、他本人、他自己的生命托付给谁？托付给这个女人的奴隶吗？因为正是这些人在指证他。你们肯定凯留斯有某些能力，尽管你们敌对的语言剥夺了他的其他品质，那么他会愚蠢到这种地步，把他的全部幸福托付给另一个人的奴隶吗？但是，我要问，这是些什么样的奴隶？这个要点最重要。凯留斯知道这些奴隶不是普通的奴隶，而是过着一种比较自由的生活，与他们的女主人关系亲密的奴隶吗？先生们，有谁不明白或者不知道在这样的家庭里，女主人过着一种妓女般的生活，那里发生的一切都不宜外传，奢侈浪费、伤风败俗、污秽淫荡，闻所未闻，有谁不知道在这样的家庭中，奴隶已经不再是奴隶吗？这些奴隶得到信任，一切都由他们来操办，重要的秘密都托付给他们，他们也从女主人奢侈的开销中得到好处。凯留斯对这些事情一无所知吗？如果他当时与这个女人的关系也像你们一样亲密，那么他会知道这些奴隶也和他们的女主人关系亲密。但若两个人之间并不存在你们所说的这种亲密关系，那么他和这些奴隶之间又怎么会有如此亲密的关系呢？

【24】有关毒药，你们编造了什么样的故事？这件事发生在什么地方？做了哪些准备？毒药以什么方式，交给谁，在哪里交的？据说凯留斯在家里

---

① 卢凯乌斯的奴隶的代理人指控凯留斯谋杀狄奥。

② 指所谓凯留斯想要毒死克劳狄娅。

③ 西塞罗的意思是，所谓凯留斯杀害狄奥的企图是捏造的，表明凯留斯加害克劳狄娅的企图也是捏造的。

弄来毒药，在一名奴隶身上试验它的效果；而这名奴隶很快就死去，由此证明毒性很强。不朽的诸神啊，当凡人犯下这种最严重的罪行时，你们有时候也会忽视，或者以后再来惩罚现在犯下的罪行吗？是这样的，我可以作证。我证明，昆图斯·麦特鲁斯①从他的国家的怀抱中被夺走是我一生中所遇到的最悲伤的事情，是我饮下的最苦涩的毒酒，他生来就注定要为我们的帝国服务，而这位伟大人物仅仅在元老院、市政广场、公共生活中充分展示他的活力两天之后就突然去世了；而此时他还正当壮年，身体强健，精力充沛。在那一时刻，在他弥留之际，在他的心灵已经衰竭的时候，他想到的是国家；他盯着我，对站在一旁流泪的我说出他最后的话，告诉我将会面临什么样的暴风骤雨，这个国家将遇到什么样的巨大威胁；然后，他几次捶打他家和昆图斯·卡图鲁斯②家之间的隔墙，连连喊着卡图鲁斯的名字、我的名字、这个国家的名字；他对自己将要死去的悲伤还不如他对这个国家的悲伤，对我将要失去他的帮助的悲伤。要是突如其来的暴力没有夺走他的生命，那么像他这样执政官等级的人会以什么方式抵抗他的堂兄弟③的疯狂的造反？因为当他还是执政官的时候，他曾愤怒地对元老院说要亲手杀了他的堂兄弟。那么，这个来自这样一个家庭的女人敢谈论毒药的速效吗？她不怕这个家庭会发出反对她的吼声吗？想起那个死亡和悲伤的夜晚，她不会在那些知道她的罪恶的隔墙边上发抖吗？

但是我要转回到指控上来；我提到的这位杰出的勇士确实在用眼泪使我的声音噎塞，用悲伤使我的心灵眩晕。

【25】但这仍旧没有说到什么时候下的毒，什么时候准备的毒药。据说毒药交给了在这里的一位体面高贵的年轻人、凯留斯的朋友普伯里乌·李锡

---

① 指昆图斯·麦特鲁斯·凯莱尔，他是公元前60年的执政官，克劳狄娅的丈夫，据说于公元前59年被克劳狄娅毒死。

② 指昆图斯·鲁塔提乌·卡图鲁斯，公元前78年的执政官，公元前60年去世，西塞罗把卡图鲁斯之死说成是贵族派的巨大损失。

③ 克劳狄的母亲是凯莱尔之父的姐妹。

尼，那些奴隶去了塞尼亚浴池①，李锡尼按约在那里和他们碰面，交出那盒毒药。在这一点上我要问，把毒药带到这个地方去交接，这样的安排有什么好处？那些奴隶为什么不去凯留斯家？如果凯留斯和克劳狄娅之间仍旧存在如此亲密的关系，那么一位贵妇人的奴隶出现在凯留斯家里又会引起什么怀疑呢？但若他们之间有某些分歧，如果他们的关系破裂，如果他们的来往确实中断了，"那只猫已经跑出了口袋"②，那么我们就有了理由解释所有这些罪行和指控。指控者说："不，这些奴隶向他们的女主人报告了整件事情和凯留斯的邪恶，这位狡猾的妇人要他们向凯留斯许下各种诺言，然后把塞尼亚浴池安排为接头地点，这样她就可以派某些朋友隐蔽在那里，等李锡尼到了那里拿出毒药时，就可以突然冲出来把他抓获。"

【26】先生们，所有这些都非常容易驳斥。她为什么要盯着那处公共浴池，我看不到那里有身穿托袈袍的人可以藏身的地方？因为如果他们想要藏在前院，那么他们就不可能隐蔽；如果他们想要藏在后院，那么他们穿着鞋子和外衣是很不方便的；他们甚至不可能进入后院，除非那个有权有势的妇人按她的习惯做法得到了浴室老板的同意。我向你们保证，我在急切地等待听到那些诚实的绅士们的名字，据说他们在李锡尼的手中发现了毒药；可是事实上没有提到他们的名字。但我并不怀疑他们是极为可敬的人：首先，因为他们是这样一位妇人的亲密朋友；其次，因为他们竟然在公共浴室里扮演这样的角色，如果他们不是最高尚的人，无论她多么有权有势，她也决不会让他们起这样的作用。但是，我为什么要谈论这些证人的高贵品质？让我来告诉你们，他们有多么勇敢，多么努力。"他们隐藏在浴池里。"多么非凡的证人！"然后他们突然跳出来。"多么神奇的自控能力！因为他们的意图是，在李锡尼带着盒子到达以后，当他正要把盒子交出去的时候，让这些没有名字的杰出证人从他们的隐身处冲出来，而已经把盒子递出去的李锡尼见此情

---

① 塞尼亚浴池（Senian Baths），仅有此处提及。
② 西塞罗在这里引用特伦提乌斯的《安德里亚》中的句子。西塞罗说，如果凯留斯和克劳狄娅发生争吵，那就解释了所有事情。

景就会拿着盒子仓皇逃窜。真理的力量极其伟大，在反对世上一切虚假、狡猾、欺诈的时候，无须任何帮助就能捍卫自身！

【27】例如：由这位已经创作过许多喜剧的、富有经验的女诗人^①指导的整出小戏，故事情节贫乏，找不到结尾！这些家伙（他们肯定人数众多，很容易抓获李锡尼，也会有许多目击证人证明当时发生的事情）怎么会允许李锡尼逃脱他们的掌心？在李锡尼把盒子递出去又缩回来时抓住他怎么会比把盒子递出去时抓住他更困难？他们已经埋伏在那里，想要当场抓获李锡尼，要么是在他还拿着盒子的时候，要么是在他已经把盒子递出去以后。这就是这位妇人的整个念头，这就是接到命令的那些人干的一部分事情。我实在无法理解你为什么要说"他们突然冲出来"，真是太快了。他们接到命令待在那里只是为了得到那些毒药，从而可以明显地证明阴谋和罪行本身。他们可以选择一个更好的时间冲出来吗，而不是在李锡尼到达那里，而手中还拿着毒药盒的时候？因为，这位妇人的朋友们若是在李锡尼已经把毒药盒交给奴隶以后，突然从他们在浴池内隐蔽的地方冲出来抓住他，那么他会设法保护自己，否认自己把那盒子交给奴隶。这个时候他们又如何驳斥他？他们会说他们看见他了吗？首先，他们这样做会惹祸上身，他们自己会被指控犯了一桩大罪；^②其次，他们不得不说他们看见了从他们的隐蔽处看不见的东西。因此，他们是在李锡尼到达那里、拿出盒子，伸手把毒药递出去的时候露面的。于是乎，这出拙劣的摹拟笑剧有了一个结尾。然而这种东西是找不到合适结尾的——某人逃脱了一些人的抓捕，铃声响了，帷幕落下。

【28】我要问，为什么当李锡尼跌跌撞撞、拼命逃跑时，那些勇士在他们女主人的命令下会允许他溜走？他们为什么不抓住他，为什么不让他当着众多目击者的面认罪，由此借助行为本身来坚实地塑造一项残忍罪行的指

---

① 喻指克劳狄娅。在原文中"情节"的另一含义是"阴谋"。
② 这些人会给自己带来怀疑，亦即把毒药交给克劳狄娅的奴隶的是他们自己。

控？也许他们害怕这么多人不能制伏一个人，他们是强大的，而他很虚弱，他们很警觉，而他吓坏了？

不可能在事实中发现证据，不可能在案子中发现疑点，不可能在指控中找到结论。所以，这个案子在没有任何论证或推论，在没有可以表明事实真相的迹象的情况下，完全留给了证人。先生们，现在我在等候这些证人，不仅感觉不到惊慌，而且有点想要发笑。面对这些似是而非的事情我的心在震颤。首先，这些纨绔子弟、一位富裕高贵的妇人的亲密朋友，还有，这些无赖般的勇士，竟然在他们女统帅的命令下，潜伏在浴池里。我打算问他们在什么地方隐藏，如何藏身，是在浴池里，还是在"特洛伊木马"里，在那场为了一个女人而发动的战争中，木马中藏有许多勇士、被拉进城去。事实上，我要强迫他们回答这个问题，为什么那么多强壮的人不能在他站立的地方抓住他，或者在他逃跑的时候抓住他，你们看到他只身一人，很虚弱。在我看来，如果他们走上证人席，那么他们自己决不可能把问题说清楚。尽管他们在晚宴中聪明伶俐、风趣幽默，喝酒时能说会道、油腔滑调，但法庭是一回事，餐厅是另一回事；这里的板凳和那里的躺椅 ① 有不同的意义；面对法官和面对一同闹饮者不是一回事；简言之，太阳光与灯光不是一回事。所以，如果他们前来作证，我们要把他们的全部伎俩和愚蠢抖搂出来。但是，让他们听我的话，让他们到别处去忙活，让他们用其他方式博得青睐，让他们以其他方式表现自己，让他们用自己文雅的方式讨好他们的女主人，用他们的奢侈超过其他人，始终陪在她身边，躺在她脚下，做他的卑微的仆人，但是，请他们宽恕一位无辜者的生命和幸福。

【29】但是指控者说，她的亲戚，一些最高贵、最杰出的人，批准解放这些奴隶。所以，我们终于发现，有些事情可以说是得到了这位妇人的批准，得到一些时髦人物，她那些亲戚的批准。但是我想知道这一次解放奴隶的要旨是什么，它要么表示一项针对凯留斯的指控已经捏造出来，要么表示

---

① 罗马贵族晚宴时倚在躺椅上进食。

对这些奴隶进行拷问的可能性被消除了，[①] 或者说那些知道她的许多秘密的奴隶得到了奖赏。有人告诉我："她的亲属同意了。"为什么不呢？因为，你们说你们向他们报告的是事实，而其他人并没有把事实报告给你们，是你们自己发现的。这只想象中的盒子有没有产生不恰当的故事，在这一点上我们确实感到困惑。似乎没有什么事情是不适合这样一位妇人的行为的。这个故事[②]流传很广，人人皆知。先生们，你们明白我的希望，所以知道我会说些什么，不会说什么。然而，即使这个故事是真的，里面涉及凯留斯的事情也不是真的（因为这件事与凯留斯有什么关系？）；它也许是某些年轻人的恶作剧，它与其说机智的，不如说是缺乏节制的。如果它是虚构出来的，那么它虽然并非不体面，但仍是一个毫无幽默感的谎言。在我看来，人们一般的闲谈不会提起它，而所有说起来不可能不脸红的故事似乎都能很好地扩大这位妇人的名望。

　　先生们，我已经进行了辩护，我的任务完成了。你们现在可以掂量一下你们下判断的责任有多么重，托付给你们裁决的事情有多么重要。你们要回答一个有关暴力的问题。有一部法律与我们国家的统治、崇高的事业、社会的稳定，以及我们全体人民的幸福，有必然的联系；当国家处在一个极为危险的时刻，昆图斯·卡图鲁斯在一个武装暴乱时期执行了这部法律，我在担任执政官期间扑灭了所发生的大火，但阴谋的余烬仍在冒烟，在此之后我执行了这部法律；现在，这部法律要求以年轻的凯留斯为牺牲品，但不是为了国家利益实施惩罚，而是为了满足一个女人荒唐的心血来潮吗？

　　【30】在此，我们也得知马库斯·卡姆里提乌和盖乌斯·凯塞纽斯被定了罪。这该有多么荒唐！我称之为荒谬或惊人的无耻！当你们从那个女人那里来的时候，你们敢提到这两个人的名字吗？你们胆敢恢复有关那桩大罪的记忆吗？你们虽然不可能完全忘却，但至少已经由于时间的久远而淡忘。这

_____

① 奴隶被解放了就不能强迫他接受拷问。
② 指前几章所述在浴池中抓获传递毒药的李锡尼。

两个人的罪名是什么，他们的罪过在哪里？无疑是因为他们通过威提乌斯①对这同一个女人进行了可耻的骚扰，报复了她的刁难和怨恨。因此在这个案子中就应当听到威提乌斯的名字，再次引用那个有关铜的老故事，②再次提到卡姆里提乌和凯塞纽斯的案子吗？尽管肯定不能诉诸先例来起诉他们，但他们犯下这样的罪行似乎难逃法网。至于马库斯·凯留斯，为什么要传唤他出庭呢？他的罪名虽然越出了惯例的范围，但没有一项针对他的指控适合由这个法庭审判，是你们有能力审判的指控。他很早就参加训练，我们通过这样的训练来为法庭实践、担任公职、获得荣誉和声望做准备；还有，他和老一辈③有着良好的友谊，非常希望模仿他们的勤劳和清醒的行为，分享他的同时代人的事业和追求，沿着这条最优秀、最高尚的人走过的道路前进。随着能力的增强，他去了阿非利加，在总督昆图斯·庞培④处当随员，这位总督在履行他的各项义务时具有最高尚的道德与良心。凯留斯的父亲在这个行省里有生意和土地，凯留斯本人也有机会取得治理行省的经验，他的年纪正好适宜做这些工作，符合我们祖先明智的看法。后来，凯留斯离开了阿非利加，庞培对他评价很高，你们从庞培的个人证词中可以知道这一点。凯留斯希望通过提出某些重大指控⑤来使罗马人民了解他的勤劳，这个国家有许多最优秀的公民都是这么做的，他们给凯留斯树立了榜样。

【31】我希望他追求荣耀的欲望可以把他引向另外一个方向，但是发出这种悲叹的时间已经过了。凯留斯指控了我的同事盖乌斯·安东尼乌斯，他是个不幸的人，想一想他为国家做出的那一项贡献吧，⑥真是无人能够与他

---

① 此处提到的威提乌斯（Vettius）与克劳狄娅有关，但没有其他材料说明他对克劳狄娅进行骚扰。
② 具体内容不详。
③ 指西塞罗和克拉苏。
④ 全名昆图斯·庞培·鲁富斯，公元前63年的执法官，公元前61年任阿非利加行省总督。与公元前52年的一位保民官同名。
⑤ 追求政治荣誉的年轻人通过提出指控而达到目的，在政治上出人头地。
⑥ 指公元前62年初在皮斯托利亚（Pistoria）击败喀提林。

相比，而对他犯罪的怀疑①则给他带来巨大的伤害。从那时起，凯留斯不断地参加广场集会，上法庭为朋友辩护，取得人们的青睐，表现得不比他那个年纪的任何人差。他通过工作和全身心的投入获得了人们只能用细心、清醒、努力才能获得的一切。在他处在所谓转折期的时候（依据你们的同情和善意，我不想向你们隐瞒任何事情），他的名声由于和这个女人相识而受挫，他们各自的不幸使他们同病相怜，他在这方面缺乏经验，尽管长时期努力克制自己，但也会突然松懈而激情奔涌。但是无论如何，他已经摆脱了这种生活，或者我应当说，他已经从流言蜚语（因为实际情况决不像某些人所诽谤的那样）中挣脱出来，不再与这个女人有亲密关系，而现在他又不得不保护自己，不受那个女人的敌意和仇恨的伤害。为了平息所有关于他的堕落和懒散生活的传言，他对我的一位朋友②提出一项行贿的指控；他这样做绝对违反我的愿望，虽然遭到我的反对，但他还是这样做了。尽管我的朋友被判无罪，但凯留斯又再次提出控告；他拒绝听取我们的任何意见，态度十分激烈，超出我的想象。但我现在不是在谈善意，他这个年纪还不具有这种品质；我在谈他的轻率鲁莽、争强好胜、出人头地。这样的欲望，在像我们这把年纪的人中间，必定受到某种约束；而在年轻人身上，就像树木一样，预示了他们在成熟时能具有什么样的美德，他们的勤劳在将来的某一天能取得什么样的成果。为什么那些能力很强的年轻人在名声问题上总是需要抑制，而不是鼓励；青年时代是这样一个时代，如果年轻人在天赋的理智上有丰富的展现，那么需要的是修剪而不是嫁接。因此，如果有人认为凯留斯的能力、精神、坚定在一开始的时候，或者在坚持自己的意见时表现得太激烈，或者在其他方面有微小的冒犯，比如他的服饰、他的广泛交友、他的才华焕发、他的旗帜鲜明，等等，那么你们会发现，他的所有热情很快就会冷却下来，年纪、经验和时间会使一切变得柔和。

---

① 安东尼乌斯被怀疑卷入公元前 63 年的叛国阴谋。
② 指卢西乌斯·卡普纽斯·白斯提亚。

【32】所以，先生们，为了国家，救救这个坚持高尚原则的公民、这个热爱国家的人、这个诚实的人。我向你们许诺，我向国家保证，如果说我本人很好地为国服务，那么他决不会背离我的政治原则。我向你们许下这种诺言，理由是我们之间的友谊，也因为他本人已经用最严格的规条约束自己。如果一个人自己就是一个捣乱分子，那么他不可能声称一位执政官等级的人使国家蒙受羞耻，传他出庭受审；如果一个人本身曾经行贿而未受惩罚，那么他不可能再次指控一个被他指控为行贿，但已经被判处无罪的人。先生们，这个国家掌握着马库斯·凯留斯提出的两项指控，既可以作为反对他的危险行为的抵押，又可以作为他的善意的保证。所以，先生们，我请求你们，这座城市几天前判处塞克斯都·克洛艾留无罪，而你们看到他在这两年中是动乱的执行者或领导人。这个人既没有钱，又没有信誉；他没有希望，没有家，没有幸福；他的嘴、舌、手和整条命都污秽不堪；他亲手纵火烧毁了一座神庙、罗马人民的登记册、国家的档案；他毁坏了卡图鲁斯纪念碑，夷平了我的家，放火烧了我兄弟的家；在这座城市的注视下，他在帕拉丁唆使奴隶大屠杀，放火烧城。在这座城市里，这样一个人由于受到一个女人的青睐而被判无罪，请你们在这种时候不要让马库斯·凯留斯成为她的淫欲的牺牲品，不要使人认为这个女人与他的兄弟和丈夫成功地抢救了一名可耻的盗贼，同时摧毁了一位最高尚的年轻人。但是，当你们关注这个年轻人的形象时，我请求你们也要看一下在这里的这位不幸的老人；凯留斯是他唯一的儿子，这是他待在这里的原因，凯留斯的平安才能使他心灵安宁，凯留斯的危险就是他的灾难。我请求你们的怜悯，我顺从你们的权力，我不说匍匐在你们脚下，而说匍匐在你们的心灵面前，我请求你们把他扶起来，想一想你们的父母怎么扶你们，或者你们怎么扶你们的子女，为了减轻他人的悲伤，你们可以服从你们的情感和同情心的驱使。先生们，这位老人已经走到了人生的尽头，不要由于你们，而不是由于命运的打击，使死亡提前到来；不要让你们自己像突如其来的旋风吹倒这个青春花季的年轻人，美德已经在他身上深深地扎根。为了一名儿子，救救他的父亲；为了一名父亲，救救他的儿

子。不要使人认为你们轻视一位几乎完全丧失希望的老人，或者认为你们不仅不能维护一位有着最大希望的年轻人，而且还要把他打倒和摧垮。如果你们把凯留斯安全地归还给我，归还给他自己的人民，归还给这个国家，你们将发现他是一个忠于你们和你们的子女的人；先生们，不管怎么说，摘取和保存他的所有劳动果实的人毕竟是你们。

关于给卸任执政官指派
任职行省的演说

提　要

本文的拉丁文标题是"De Provinciis Consularibus in Senatu Oratio"，英文译为"A Speech Concerning the Consular Provinces，Delivered in the Senate"，意思是"关于给卸任执政官指派任职行省的演讲，在元老院发表"。中文篇名定为"关于给卸任执政官指派任职行省的演说"。

根据《茸拉古法案》，罗马元老院在举行执政官选举之前必须为新当选的执政官选择他们在担任执政官一年期满后任职的行省。执政官的选举通常在7月底举行。元老院一般在选举前两三个星期给新执政官指定任期满后任职的行省。公元前56年4月4日，西塞罗为盖乌斯·凯留斯辩护，取得成功，凯留斯被判无罪。然后，西塞罗就开始准备这场在元老院的演讲。元老院举行这次会议的时间大约在6月底或7月初。

在西塞罗演讲之前，前执政官们已经提出了各种建议，有四个行省被列入考虑的范围：由凯撒统治的山南高卢（Cisalpine Gaul）行省和山外高卢（Transalpine Gaul）行省，由卢西乌斯·卡普纽斯·庇索统治的马其顿行省，由奥鲁斯·伽比纽斯统治的叙利亚行省。有一项建议是把山南高卢行省和山外高卢行省指派给将要选出的下一年执政官，这就意味着凯撒要失去对这两个行省的统治权。还有人希望只指定其中的一个行省。西塞罗强烈反对

在凯撒完成其在高卢的工作之前去打扰他，同时也希望尽快地取消庇索在马
其顿行省的统治和伽比纽斯在叙利亚行省的统治。他在演讲中雄辩地支持由
一位杰出的前执政官普伯里乌·塞维留斯提出的建议，把马其顿行省指派给
将要当选的执政官，他同时又提出要把马其顿和叙利亚指派给新一年（公元
前 55 年）的执法官，从而达到马上取代庇索和伽比纽斯的统治的效果。西
塞罗演讲的结果令其相当满意。凯撒统治的两个行省没有动，庇索于公元前
55 年被召回，马其顿成为一个由卸任执法官任总督的行省，叙利亚被指定
给新当选的执政官之一。

全文共分为 20 章，译成中文约 1.7 万字。

正　文

【1】元老院的议员们，如果你们中的任何人正在等着听取我关于指派行
省的建议，那么让他问问自己，哪些具体的人应当退出他们对行省的统治；
当他想到肯定会是谁的时候，他就不会对我的建议的适宜程度表示怀疑了。
如果我是第一个应邀提出自己意见的人，那么你们肯定会赞扬我；如果我是
唯一这样做的人，那么你们无疑也会原谅我；即使我的建议在你们看来几乎
没有任何价值，你们也会允许我表达一下自己的怨恨。① 然而，元老院的议
员们，我还没有找到任何令人满意的办法，我认为指定叙利亚和马其顿对国
家特别有利，而我的怨恨也不会以任何方式与公共利益发生冲突。我追随普
伯里乌·塞维留斯②的引导，他在我前面已经发表了意见，他是一个极为优
秀的人，对这个国家，以及对我的个人幸福，都抱有忠诚和善意。如果他现
在，或者以前有机会讲话的时候，不仅可以表达自己的意见，而且可以使用
鲜明的语言，那么伽比纽斯和庇索这两个几乎毁灭了国家的堕落的魔鬼应当

---

① 庇索和伽比纽斯在担任执政官期间非常恶劣地对待西塞罗。
② 全名普伯里乌·塞维留斯·以扫里库，公元前 79 年的执政官。

被打上耻辱的烙印，这样做有其他理由，也因为他们所犯的罪行和野蛮地对待我。他们使我的幸福成为满足他们贪欲的牺牲品，① 我对他们还会有什么样的情感？但是，在这里发表意见的时候，我不会成为怨恨的工具，我不会成为愤怒的奴隶。你们大家对这些人的情感也就是我对他们的情感，而你们也总是分有那些从我个人特别的怨恨中产生的情感，所以这些情感不会影响我打算发表的意见；我会把这些情感保留到复仇的时刻。

【2】元老院的议员们，我明白迄今为止已有的各种意见涉及四个行省：两个高卢，我们看到现在它们由一位统帅统一管辖；② 还有叙利亚和马其顿，当你们处在束缚之中时，那些该死的执政官违背你们的意愿，把这两个行省抓去当做他们推翻国家的酬劳。③ 按照塞普洛尼乌法，我们不得不指定两个行省。如果处置叙利亚和马其顿，我们会有什么疑问吗？现在统治这两个行省的人获得它们的方式我就省略不提了——他们给这个等级定罪，从这个城市里驱除你们的权威，破坏由国家提供保证的安全，骚扰不受干扰的罗马人民，最愚蠢、最残忍地迫害我和我的所有家人。他们在罗马、在我们中间犯下的所有罪行我也省略不提了——他们的罪行如此严重，连汉尼拔也从来没有希望这座城市遭到像他们对这座城市做出的那样的伤害。我径直谈论行省本身。马其顿是这两个行省中的一个，不仅有许多坚固的堡垒，而且也有许多将军建立的胜利纪念碑；由于这些胜利，马其顿从前长时间地享有和平。但是，这个行省现在受到野蛮人的骚扰，贪欲驱使他们破坏和平；居住在我们国家心脏地带的帖撒罗尼迦人被迫离弃他们的城市，构筑堡垒；我们穿越马其顿直抵赫勒斯旁的军事要道不仅受到野蛮人突袭的威胁，而且经常被色雷斯人切断。因此，这些以往向我们的胜利者支付了大笔金钱换取和平的民族，为了补充他们已经耗尽的家财，不是保持他们已经为此付出过代价的和

---

① 他们帮助克劳狄反对西塞罗，为的是确保克劳狄许诺给他们的任职的行省。

② 按照公元前59年的瓦提尼乌法案（Lex Vatinia），山南高卢（Cisalpine Gaul）由凯撒管辖，同一年晚些时候，元老院的一道法令把山外高卢（Transalpine Gaul）也归凯撒管辖。

③ 有关克劳狄与这两位执政官之间的讨价还价参见《为塞斯提乌辩护》第14章。

平，而是在我们国境内发动战争。

【3】还有，我们通过最严格的招募而建立起来的军队在那里完全丧失了。我带着深深的悲哀说这句话。罗马人民的士兵被捕捉、被杀害、被抛弃，作鸟兽散，他们遭受轻视、灾荒、疾病，乃至于彻底毁灭；而所有事情中最可耻的是，一位将军所犯的罪行似乎要用他的部队所遭受的痛苦来补赎，真是太遗憾了。在我们征服了相邻的民族，打垮野蛮人，平定马其顿以后，这个地方我们以前只要有几座小小的军营和少量士兵，仅仅通过没有军事权威的使节，仅仅依靠罗马人民的名字，就能保证它的和平与安全；而现在，尽管有执政官的权柄和一支军队，它仍旧遭受洗劫，即使长时间的和平也不能使它恢复活力。与此同时，你们有谁没有听说，有谁不知，亚该亚人①每年要向卢西乌斯·庇索缴纳巨额税款？有谁不知狄拉基乌人的地方税和关税完全成为庇索一个人的进账？有谁不知对你们和这个帝国极为忠心的拜占庭城受到骚扰，就好像它是敌人？庇索发现从那些贫穷的居民身上再也压榨不出什么东西来了，于是就派遣一些步兵团进驻那里的冬季营房，让这些（他认为）最强悍的人充当他犯罪的工具和他个人愿望的执行者。关于他在一个自由城邦的司法管理中如何违背法律和元老院的法令，我什么也不说了；我不提那里的凶杀事件；我省略那些下流的行为，对此我们拥有令人遗憾的证据，既是他自己可耻行为的重要记录，又几乎可以作为他痛恨我们统治的理由；那里出身高贵的少女投井自杀，为了逃避不可避免的羞辱，她们宁愿去死。我省略这些事情，不是因为它们不严重，而是因为我在讲话时没有证人在场。

【4】但是，有谁不知道拜占庭城里装饰着大量最美丽的雕塑？当时，拜占庭的居民被大量的捐税弄得苦不堪言，还要承受可怕的战争，米特拉达铁斯以及本都国所有军队进攻的重点就是拜占庭，因为它处于深入亚细亚的一个突出部位，从而拜占庭人也就要担负起防卫的重任。我要说，后来拜占庭

———

① 此处亚该亚指希腊，当时全部纳入马其顿行省，直至公元前27年分出亚该亚行省。

人最虔诚地保护了那些雕塑和城里的其他装饰品；但是，凯索尼努·卡文提乌①，在你灾难性的统治下，拜占庭发现自己遭到抢劫，元老院和罗马人民由于拜占庭提供的杰出服务而批准这个城邦享有自由，如果不是一位勇敢、正直的官员盖乌斯·维吉留斯出面干预，这座城市曾经拥有的大量雕塑一座也留不下来。在亚该亚，在整个希腊，有哪一座神庙或圣地还保存着一座神像或装饰品？你花了一大笔钱从一位可耻的保民官那里购买了管理这个自治城邦司法的权力，而当时我们这座城市就像一条大船遇上海难②，你身为舵手却要毁灭它。你在债务问题上③违反了元老院的法令和你女婿④制定的法律。你出售你购买来的雕塑，又剥夺罗马公民的地产。然而，元老院的议员们，当我提到这些事情的时候，我不是在攻击这个人本人，我是在讨论这个行省。所以我省略所有这些事情，你们经常听说这些事情，哪怕我不提醒，你们也记得很牢。他在这座城市⑤里的厚颜无耻我也不说了，当他生活在你们中间时，他的行为已经在你们心中打下深深的烙印。我不评价他的傲慢、懒惰、残忍。他试图用严峻高贵的相貌，而不是用谦虚与自制，掩饰他所有那些贪欲和黑暗的行为；他对这个行省干了些什么，这是我的主题。你们不想撤换他吗？你们允许他继续留在那里吗？这个人从他进入行省那一刻起，他个人的运气与他的邪恶正好匹配，无人能够决定他的行为或他的运气哪一样更坏。

然后再说叙利亚。我们能让这位新塞弥拉弥斯⑥继续留在那里吗？他在

---

① 凯索尼努·卡文提乌（Caesoninus Calventius），指庇索，他的父亲全名为卢西乌斯·卡普纽斯·庇索·凯索尼努（Lucius Calpurnius Piso Caesoninus），他的母亲是高卢人卡文提乌（Calventius）的女儿。西塞罗以这样的名字称呼庇索，把他当做一个高卢人。

② 克劳狄担任保民官期间，公元前 58 年。

③ 自治城邦的公民把钱借给同胞或罗马人。

④ 朱利乌斯·凯撒，庇索的女儿卡普尼娅（Calpurnia）嫁给他。凯撒制定的法律确认了自治城邦的权力，制定了行省统治的一些规定，抑制横征暴敛。

⑤ 庇索公元前 58 年担任罗马执政官。

⑥ 塞弥拉弥斯（Semiramis），一位亚述国王之妻，乱伦者。西塞罗从这里开始谈论伽比纽斯在叙利亚的统治，把他比做塞弥拉弥斯。

那个行省驻扎时，就好像国王阿里奥巴扎尼^①正在雇用你们自己的执政官像色雷斯强盗一样杀人。到达叙利亚没多久，他就丧失了他的骑兵部队；再往后，某些优秀的军团也被打烂。所以，他在叙利亚征讨，除了就金钱问题与国王们讨价还价、建围墙定居、强盗、土匪、屠杀，其他什么也没干；这位罗马人民的将军，当他的部队整装待发时，他伸出右手，不是为了鼓励他的士兵为荣誉而战，而是宣布自己已经或者打算用金钱购买一切。

【5】还有，在那里有许多不幸的佃农^②——我对他们亏欠甚多，这该有多么悲惨——他把他们当做奴隶一样交给犹太人和叙利亚人，而这些民族自己就是生来为奴的。他从一开始就定下规矩，而且一直坚持，不听取任何佃农提出的诉讼；他废除了那些原本公正的契约，撤换守卫，释放佃农，禁止佃农或他的任何奴隶继续待在他所在或将要去的地方。简言之，如果他对我们的敌人和对罗马公民表现出同样的情感，那么他应当被视为残忍；而这些佃农作为一个等级，也应当始终以一种与其地位相适应的方式得到我们行政官员的善意的支持。所以，元老院的议员们，你们看到这些佃农已经遭受摧残，几乎灭绝，但不是由于和他们订立的契约，也不是由于他们在经营中的无知，而是由于伽比纽斯的邪恶、傲慢和残忍；然而，尽管当前国库枯竭，取得他们的帮助是你们不可推卸的义务；尽管过去有许多人帮助过你们，但由于这个元老院的敌人，这个骑士等级和全体善良公民的凶恶对手，他们不仅失去了自己的财产，而且在社会上失去了自己光荣的名字；更不幸的是，他们的经济地位、自制能力、正直、辛苦、最高贵的个人品质，都不能抵抗这个强盗贪婪的、厚颜无耻的行径。还有，甚至到现在还有一些人在支持他们保护遗产，或者是他们仁慈的朋友，我们要忍受让这些人也毁灭吗？如果"凭着敌人的行动"不能享有公共权利，那么一个人和监察官订下的契约本身可以保护他；但若一个人受到阻碍，无

---

① 阿里奥巴扎尼（Ariobarzanes）二世，卡帕多西亚国王，公元前62年—前51年在位。

② 这些佃农主要隶属于骑士阶层。他们在西塞罗竞选执政官，处理喀提林叛乱期间给予西塞罗很大支持。

法享受这样的权利，那么即使他受到的阻碍并非来自所谓的敌人，这样的人不应当得到帮助吗？好吧，这个人继续留在这个行省，他和敌人订立和约，反对同盟者，又和同盟者订立和约反对公民，他甚至认为自己比他的同事更有价值，只因为他的同事用坚贞不屈的样子欺骗了你们，而他本人从来不打算比他的同事更不邪恶。另外，庇索获取名声的方式与他有些不一样，因为在那个有限的地方，庇索剥夺了伽比纽斯作为最邪恶的人的名声。

【6】你们难道不认为应该把这样的人，不是最终把他们召回，而是把他们从他们的行省中拉回来吗？你们要让这两个人待在那里，让他们鞭打我们的同盟者，杀害我们的士兵，摧毁我们的佃农，踩躏我们的行省，给我们的帝国涂上污点吗？就是你们这些人去年就努力想把他们召回①，当时他们几乎还没有抵达他们的行省。当时，如果你们的投票是自由的，如果这件事情不是那么频繁地受到休会的干扰，最后脱离你们的掌控，那么你们的愿望就已经实现了；正是由于他们，你们才失去了权威，所以要通过把他们召回来恢复你们的权威，要从他们那里夺回他们得到的奖赏，而他们之所以得到奖赏是由于他们所犯的罪行和他们摧毁了我们的国家。如果与你们的意愿极为相悖，他们当时不是凭着自己的能力，而是凭着其他人②的帮助逃脱了惩罚，那么他们不得不承受更加巨大、更加严厉的惩罚。然而这个人既不顾忌名声，也不害怕惩罚，根本不在意那些快信是否宣布他取得了军事上的成功，对这样的人，你们又能给予什么更加严厉的惩罚呢？当有大批人公开拒绝对伽比纽斯表示谢恩时，元老院宣称：首先，不能把任何荣誉授给一个全身沾满各种罪行和暴力的人；其次，一名叛徒和一名在罗马被视为公敌的人不可能很好地为国服务；最后，甚至连不朽的诸神也不愿意他们的神庙被打开，让人们入内以这些最可耻、最邪恶的人的名义进行祈祷。所以，伽比纽

---

① 公元前 57 年春天或初夏，召回他们的企图后来被"前三头"和克劳狄阻止。
② 指庞培、凯撒、克劳狄。

斯的这位同事①要么很好地约束了自己，要么受到他的希腊朋友②的良好开导，把从前公开做的事情挪到了幕后；或者说他有一些朋友比伽比纽斯更加谨慎，因为没有什么信件是从他③那里送出的。

【7】那么这些人就是我们拥有的统帅吗？他们中的一个不敢告诉我们为什么他应当被称做"统帅"④，而另一个，除非那些谄媚者⑤迟到了，必定会在几天之内后悔胆敢这样做。如果他也有朋友，如果这样可怕、愚蠢的魔鬼也能有任何朋友，那么他们可以通过这样想来安慰自己——元老院也拒绝公开向提多·阿布西乌⑥表示谢恩。但是，首先，这两场战争是有区别的，一次是一名行政长官在撒丁岛用一支步兵预备队向那些穿着羊皮袄的可恶的匪帮发动进攻，另一次是一位执政官等级的统帅及其率领的军队向一个最强大的民族和叙利亚的统治者⑦发起战争；其次，阿布西乌本人在撒丁岛就已经向元老院提出要求。由于这个毫无价值的希腊人⑧在他的行省里取得的所谓胜利是臭名昭著的，所以元老院拒绝了他的要求，不同意公开向他谢恩，并且由于他的唐突和放肆定了他的罪。但是，让伽比纽斯把这一可耻的标记当做某种微不足道的东西吧，因为它烙在另一个人身上，让他真正地享受这一安慰吧，除非他以这个人为榜样，看到自己也将面临同样的结局；特别是阿布西乌既不像庇索这样堕落，也不像伽比纽斯这样厚颜无耻，然而由于元老院给他带来的这一耻辱，他被打倒了。

然而，提议把两个高卢行省指派给当选执政官也就意味着让庇索和伽比

---

① 指庇索。

② 指伊壁鸠鲁学派哲学家菲洛德谟（Philodemus），西塞罗在别处也提到过他。

③ 要么是庇索相当精明没有发信，要么是有朋友阻止他发信。

④ 该词原文为"imperator"，有统帅、元首、君主、胜利者、皇帝等意。

⑤ 那些奉承、谄媚的人去告诉他元老院在公元前 56 年 5 月 15 日拒绝了他的请求。

⑥ 提多·阿布西乌（Titus Albucius），公元前 117 年撒丁岛的行政长官。

⑦ 指犹太人，这是一种修辞上的夸张。

⑧ 参见《布鲁图》第 35 章。"提多·阿布西乌学习了所有希腊的东西，或者你倒不如把他称做一名真正的希腊人。""他的青年时代在雅典度过。他成了一名完全的伊壁鸠鲁主义者，一名贪婪的讼棍。"

纽斯留在他们的行省里。① 另一方面，指派两个高卢行省中的一个，或者指派叙利亚或马其顿的提议② 使他们中的一个人可以留在他的行省里；不管怎么说，我们要把两个人区别对待，尽管他们同样邪恶。他③ 说："我希望把这两个行省指派给执法官④，这样的话，马上就可取代庇索和伽比纽斯。"是的，只要他能允许！⑤ 因为当时有一位保民官能够干预投票，而他现在不能这样做。因此，我现在也提议把叙利亚和马其顿指派给那些当选的执政官⑥，使这些行省成为由执法官掌管的行省，让执法官们去治理一年，这样我们才有可能尽快见到这些人，而这些人我们一看到就无法不义愤填膺。

【8】但是，相信我，他们决不会被取代，除非在那项禁止就指派行省的问题举行投票的法律⑦下仍能提出一项提案。所以，如果这个机会失去了⑧，你们将不得不等待一整年，而在这段时间里，公民们的不幸和同盟者的痛苦将会延续，而坏人却可以继续享有自由，逃避惩罚。

但是，即使这两位执政者是好人，我仍旧不认为必须给朱利乌斯·凯撒任命一位继任者。在这一点上，元老院的议员们，我要把我的感觉说出来，不会被刚才打断我演讲的这位亲密朋友⑨的话所吓倒。这位好人说，我一定不要成为伽比纽斯的大敌，甚过与凯撒为敌，因为我所要抗拒的这场风

<hr/>

① 一位老资格的行政官员建议把两个由凯撒管辖的高卢行省指派给两名新当选的执政官，如果通过，意味着凯撒被取代。

② 在争论的早些时候提出的建议。

③ 这是那些建议把两个高卢行省指定给两位执政官的元老院议员对西塞罗的回答。

④ 执法官的行省一般在执法官在罗马任职时指定。

⑤ 这是西塞罗的回答，就好像他在对某些在场的保民官说话一样。

⑥ 由于公元前55年的执政官要到该年末才能赴行省就任，所以西塞罗打算提出议案，把叙利亚和马其顿指派给公元前56年的执法官。

⑦ 指《关于给执政官指派行省的塞普洛尼乌法案》（lex sempronia de provinciisconsularibus）。

⑧ 应当对此提案进行投票，否则在庇索和伽比纽斯被公元前54年的执政官解除职务之前就要有一整年。

⑨ 指卢西乌斯·玛基乌斯·腓力普斯（Lucius Marcius Philippus），公元前56年的执政官。

暴完全是由凯撒挑唆和协助的。如果我应当先对他做出回答，而我正在考虑的是公共幸福而不是我自己有什么冤屈，那么我为什么不能很好地为自己辩护说，我正在以最勇敢、最杰出的公民为榜样，我这样做是正义的？提比略·革拉古——我要说的是这位父亲，他的儿子们在性格方面决不比这位父亲差！在他担任保民官的时候，当时所有保民官中只有他为卢西乌斯·西庇阿辩护，尽管他是卢西乌斯本人以及他的兄弟阿非利加努的死敌，但他这样做，难道没有给自己带来荣耀？他难道没有在一次会议上庄严地宣布，他并没有顺从他们？因为在他看来，为自己取得胜利的西庇阿给我们的国家带来的尊严是不适宜的，在西庇阿取胜的那一天，我们的敌人的将领被押送到某个地方去，而他本人也应当被送到同一个地方去。① 有谁曾比盖乌斯·马略拥有更多的敌人？卢西乌斯·克拉苏和马库斯·斯考鲁斯不都在敌视他？所有麦特鲁斯家族的人不都是他的敌人？然而，他们不仅没有催促把他们的敌人从高卢召回，而且，在看到那里的战争的重要性以后，用一道追加的命令把高卢指派给他。高卢进行了一场最重要的战争，凯撒征服了那些强大的民族，但是把他们与我们联系起来的不是法律，也不是已经确定的权力，更不是充分的、统一了的和平。我们看到仗打得很好，说实话，快要结束了，但只有当他开始采取行动追击到底，我们现在才能看到一个最终的结果。但若他被取代了，那么我们就有理由担心我们会听到那里的战火重新点燃，再次燃起熊熊烈火。因此，我作为一名议员，或者按你们的喜好把我说成是这个人②的敌人，必须像我过去一直所做的那样，做国家的朋友。还有，要是我把那些为了国家而对我产生的敌意搁在一边，那么请你们告诉我，谁有权力指责我？尤其是，我一直认为要在我们最杰出的公民的行为中为我自己的目的和行为寻找一个先例。

【9】两度担任执政官和大祭司的马库斯·雷必达不是受到赞扬了吗？不

---

① 指送入监狱。
② 指凯撒。

仅在人们纪念他的时候，而且可以在史书和我们最伟大的诗人的诗歌中看到。他受到了赞扬，因为在他竞选监察官的那一天，在他离开战神广场之前，他马上与敌视他的同事伏尔维乌妥协，为的是他们可以为了一个共同的目标和良好的意愿一道履行监察官的职责，不是吗？撇开过去无数的例子不说，腓力普斯，你的父亲不是也在同一时间与他最大的敌人妥协了吗？为了同样的国家利益，他对他的那些敌人个个都采取了妥协。我略去许多例子，因为我看到在这里就有一些杰出的公众人物，普伯里乌·塞维留斯和马库斯·卢库鲁斯。卢西乌斯·卢库鲁斯也坐在那里！在这个国家里还有什么敌意比卢库鲁斯家族和塞维留斯家族之间的敌意更深吗？然而，这些伟大人物对公共利益和他们自身荣耀的关注，不仅平息了他们的敌意，而且使他们成为亲密朋友。还有，昆图斯·麦特鲁斯·涅波斯，在他担任执政官的时候，在至善至大的朱庇特神庙里，深深地被你的权威感动，也深深地被普伯里乌·塞维留斯难以置信的雄辩感动，尽管麦特鲁斯离我很远①，但他还不是尽可能地帮助我，为了关心我而回到他的原住地？这个人②的名声和他派来的使者每天都在我的耳朵里灌满了新种族、新民族、新地方的名字，我能是这个人的敌人吗？相信我，元老院的议员们，对祖国的无比热爱令我憔悴，你们是这样看待我的，你们自己也是这样的人；这种爱从前③曾经推动我去拯救国家，当时可怕的危险迫在眉睫，国家处在生死关头；还有一次④，我看到各种暴力正在从各个方面威胁着我的国家，这种爱迫使我去承受和抗击暴力——代表所有人。正是对国家的这种经久不朽的忠诚使我能够恢复、调和、重叙与盖乌斯·凯撒之间的友谊。事实上，让人们想一想他们自己到底想要什么，而对我来说，我不可能不是这个为国家鞠躬尽瘁的人的朋友。

【10】为了反对那些想要用火与剑彻底摧毁这座城市的人，如果我不仅

---

① 当时麦特鲁斯在罗马，西塞罗在流放中。
② 指凯撒。
③ 指喀提林阴谋期间。
④ 指他在公元前58年离开罗马。

对这些人宣布我的敌意，而且向他们开战，那么同样的国家利益为什么能够使我反对我的朋友，却不能使我与我的敌人妥协，尽管他们中的某些人是我的亲密朋友，甚至得到我的保护，在审判中被判无罪？我为什么必须仇恨普伯里乌·克劳狄？除非我把他视为想要彻底毁灭国家，他心中充满最卑劣的情欲，用一桩罪行①冒犯了我们两项最神圣的东西——圣洁与贞洁？按照他当时的所作所为以及他的日常行为，我在攻击他的时候更多地想着公共利益，而不是我本人的安全；而有些人②在为他辩护的时候，更多地想到他们自己的安全，而不是国家的安全，这还有什么疑问吗？我承认，在政治上我和盖乌斯·凯撒持有不同政见，而与你们的政见相同；而现在我仍旧像从前一样持有与你们相同的政见。涉及他的成就，卢西乌斯·庇索不敢冒险给你送信③，你通过把这些快信踩在脚下这样一个无比可耻的行动谴责了伽比纽斯的快信，你投票赞成公开向盖乌斯·凯撒表示谢恩，时间上超过以往对任何一位将军的礼遇，用了比以往更加荣耀的术语。那么我为什么还要等着某些人来为我和凯撒调解呢？我已经按照最优秀的法令调解了，国家的政治和我自己的全部政治行为都能在法令中找到权威和指导。元老院的议员们，我追随的是你们，和你们保持一致，只要盖乌斯·凯撒有关公共事务的政策没有在你们心中得到批准，你们会发现我和他的联系要少一些；而在他的成就改变了你们的心灵和倾向以后，你们会发现我不仅分享你们的看法，而且为这些看法鼓掌。

【11】但是在这件事情上人们为什么要对我的政策表示惊讶并提出指责？我从前也曾考虑到个人的功劳，而不是考虑到国家的需要，投过许多票。我投票赞成举行 15 天的公开感恩。通过赋予凯撒与盖乌斯·马略同样天数的公开感恩，公众的要求得到满足；不朽的诸神会认为我们在这些最重要的战争结束以后举行这样的谢恩足够了；所以增加天数是在赞美这个人的功劳。

---

① 指克劳狄化装成女人，参加女神祭仪，参见西塞罗：《对祭司团的演讲》。
② 例如伽比纽斯和庇索。
③ 参见本文第 6 章。

关于这一点，在我担任执政官的时候，在杀死米特拉达铁斯、结束这场战争以后，按照我的提议，第一次投票通过为格奈乌斯·庞培举行 10 天的谢恩。同样又在我的建议下，对那些执政官等级的人表示谢恩，在时间上第一次加倍；你支持了我的意见，庞培的快信得到公布，信中宣称一切陆上与海上的战争都已结束，我们要用 10 天的公开谢恩来奖励他。然而，在最近这个场合，我敬佩格奈乌斯·庞培的力量和心灵的高尚，因为当他本人想要出人头地，超过其他所有人的时候，他把比自己所获得的荣誉更大的荣誉给了另外一个人。所以，我投票赞成的这次公开的谢恩，谢恩本身有时奉献给不朽的诸神，这是我们祖先的习俗，是这个国家的优点，但是使用庄严的用语、史无前例的荣誉、延长谢恩的天数，是对凯撒本人的功劳和荣耀的一种让步。我们后来又涉及给他的部队支付军饷的问题。我不仅自己投票表示赞成，而且尽力让你们也这样做；我对那些不同意的人做了详细的回答，我是元老院决议的起草人之一。我还多方为这个人着想，乃至于超过了必要。因为我相信，没有金钱方面的帮助，他就不能掌握他的军队，保持他先前赢得的胜利，结束这场战争；但我确实不认为应当由我们这方面来削弱他获胜的欲望和荣耀。一项关于派遣十名使节的决定通过了。有些人坚决反对，有些人想要寻找先例，有些人想搁置审议，而有些人则希望通过决定，但不加任何赞美。在这件事情上，我同样也用每个人都能明白的术语讲出了我的想法，考虑到凯撒本人的功劳给国家带来的利益，应当对他更加宽宏大量。

【12】然而现在，在指定行省的问题上，在允许我讨论所有这些事情的时候，我发现自己被人打断。尽管有前面这些关于授予凯撒荣誉的提议，但推动我思考的只有军事方面的考虑和国家的最高利益。凯撒本人为什么希望在他的行省逗留，而不是在完成工作以后把行省完全交给国家？我假定这是因为乡村的可爱和城市的美丽、当地居民和民众优雅的文化、他对胜利的向往、他想要扩张我们帝国的疆域的欲望把他留住了！然而，世上还有什么地方比那些土地更加荒凉，世上还有什么城镇比那些城镇更不文明，世上还有什么民族比那些民族更加凶狠，世上还有什么胜利比他已经取得的胜利更加

令人敬佩，世上还有什么地方比大洋更远？派遣他出征的人民或者荣耀他的元老院不欢迎他回国吗？因为激起我们对他思念的时间太长，使我们逐渐忘掉了他的存在，还是因为那些冒着巨大危险赢得的胜利桂冠由于时间长远而不再新鲜？所以，要是有人不爱这个人，那么也没有理由把他从他的行省召回；因为那样做意味着把荣耀、胜利、庆贺赐给他，把元老院所能够授予的最高荣誉赐给他，让他得到骑士等级的青睐，让他得到人民的热爱。但若他不急于享受如此辉煌的幸福，而只是为了国家利益完成他开始的所有工作，那么我作为一名议员该怎么办，我难道不应当为国家利益着想吗，哪怕他有其他的期望？

　　元老院的议员们，关于我自己，我感到今天我们指派行省的目的是维持永久的和平。有谁看不到我们现在已经在各地摆脱了战争的危险，甚至摆脱了战争的可能？我们已经长时间地看到，由于格奈乌斯·庞培的勇敢，从大西洋到本都的海岸，那些原先不仅阻碍航行，而且危及城市和军用道路的大海已经不再危险，本都已经是一个安全的海港，处在罗马人民的控制之下；也由于格奈乌斯·庞培，那些人数众多遍布我们行省的民族有些被消灭了，有些被打退了；曾经在我们边界之外的亚细亚 ① 现在被我们三个新的行省 ② 包围。我能谈论世界上每一个地区，每一种敌人。没有任何种族被如此彻底地摧毁，几乎荡然无存，或者如此彻底地被征服，保持顺服的状态，或者如此和平，乐意庆祝我们的胜利和接受我们的统治。

　　【13】元老院的议员们，在盖乌斯·凯撒的指挥下，我们对高卢开战；而以前我们只是在抵抗他们的进攻。我们的统帅总是想打退那些民族，而不是主动进攻。伟大的盖乌斯·马略本人的神勇是我们遭受灾难和痛苦以后的安慰，当人批高卢人涌入意大利的时候，马略把他们赶了回去，但他本人并没有进入高卢人的城市和居住地。而最近，这位与我的辛苦、我的危险、我

---

　　① 指帕伽玛王国，公元前 133 年投降罗马，公元前 129 年建亚细亚行省。
　　② 指庇提尼亚行省、西里西亚行省、叙利亚行省。

的执政相关的勇士，我指的是盖乌斯·庞普提努①，用他的战斗粉碎了阿洛布罗吉人突然煽动起来的战争，打退了那些攻击我们的人，而在这个国家从恐怖中摆脱出来以后他就满足于那场胜利，戴着他的胜利花冠休息了。我注意到，盖乌斯·凯撒的计划极为不同。因为他不认为自己只能对那些已经用武力反对罗马人民的人开战，而是要把整个高卢置于我们的掌控之下。所以他取得了辉煌的胜利，在战斗中粉碎了日耳曼人和赫维提亚人最大、最凶狠的部落；他也威慑、镇压、征服了其他部落，教导它们服从罗马人民的统治。关于这些地区和种族，从前没有书籍、言语、报道，能使我们知道它们，而现在我们的将军和士兵在统治他们，罗马人民的军队在胜利前进。元老院的议员们，从前我们在高卢只拥有一条小小的通道，而其他地方都是那些部落的人，他们要么敌视我们的统治，要么反抗我们的统治，我们对这些人一无所知，或者只知道他们野蛮好战，没有一个活着的人不想看到这些部落被粉碎，被征服。自从我们的帝国建立以后，没有一个聪明的政治家不把高卢视为我们帝国最大的危险。但是，由于这些民族力量强大，人数众多，我们以前从来没有与他们全体发生冲突。我们总是在受到挑战时进行抵抗。而现在我们获得了圆满的成功，我们帝国的疆界和那些土地已经合为一体了。

【14】由于有上苍的青睐，天生高矗的阿尔卑斯山是意大利的屏障。如果通往我们国家的通道对这些野蛮的高卢人是开放的，那么这座城市决不会成为我们的家，不会成为庄严统治的所在地。现在让阿尔卑斯山沉入大地吧！因为在这些山峰和大洋之间已经没有任何东西值得意大利害怕。再有一两个夏天，恐怖或希望、惩罚或奖赏、军队或法律能为我们捆绑整个高卢。但若我们现在丢下这项未完的工作，高卢人的力量会死灰复燃，有一天又会爆发新的战争。因此，让高卢在他的监护下继续保持它已经获得的荣耀、勇

---

① 盖乌斯·庞普提努（Gaius Pomptinus），公元前 63 年的执法官，支持西塞罗粉碎喀提林阴谋。

敢和好运。因为，要是已经获得幸运女神的充分青睐的凯撒不愿意冒险经常麻烦这位女神，要是他不够耐心，返回了他的国家，回归他家的诸神，得到他明白罗马将要给予他的荣誉，回到他兴奋的子女身边，回到他优秀的女婿身边，如果他渴望胜利登上卡皮托利山，戴上那荣耀的标记①，最后，要是他担心他的荣耀会被某些偶然的事故所抹杀，那么不管怎么说，我们的责任是让一直在从事这些工作的同一个人来完成所有这些任务。现在凯撒已经取得了足够的令他荣耀的成就，但他还没有满足国家的要求，由于他宁可晚些时候再享受他的辛苦换来的奖赏，而不是扔下他未完的工作，所以我们一定不要把一位热忱为国献身的统帅召回，也不要使现在已经快要展开的、在高卢的战争的整个政策陷入混乱。

【15】我们决不要接受某些杰出人士的提案，其中一位已经被指定担任山外高卢和叙利亚的总督，另一位被指定为山南高卢的总督。指派山外高卢打乱了我刚才提到的所有计划。同时，它表明提出建议的人无视法律，剥夺了凯撒的这个未经投票而管辖的行省，无视这个地区有一位卫士在保卫；其结果就是，提出议案的人没有向人民给予凯撒的地方伸手，而是渴望剥夺由元老院赐予凯撒的地方，尽管他是一位元老院议员。其他提案者想到了高卢战争，履行了好议员的职责，尊重一部他没太在意的法律，因为他为凯撒的继任者规定了一个日子。然而，没有什么事情比规定一名总督必须在1月1日进入他的行省更不符合我们祖先的权威和实践的事情了，这样的规定似乎只是许诺，而不是明确的指派。尽管有一个行省在他担任执政官之前就已经指派给他，让我们假定凯撒在担任执政官期间没有行省。那么他应不应该抽签呢？因为不准他抽签和否认以前对他的指派同样荒唐。他要穿着他的将军服离开罗马吗？②他的目的地在哪里？·个不允许他在规定的日子之前露面的地方。1月份和2月份他没有行省；要到3月1日才会给他找到一个行省。

---

① 给胜利者的花冠。
② 一种大红色的服装，行省总督离开罗马赴任时穿着。

然而，按照这些提案，庇索将逗留在他的行省里。这就是问题的严重性，没有什么事情比这样一个事实更加严重了，一位统帅受到这样的惩罚，失去他行省的一部分，这甚至对普通人来说也是一种侮辱，更不必说对一位应当受到保护的杰出人士了。

【16】元老院的议员们，我看到你们把许多格外的、几乎史无前例的荣誉授予盖乌斯·凯撒。如果你们这样做是因为他配得上这些荣誉，那么这是一项值得感谢的行为；但若这项行为也和这个等级有密切联系，那么你们表现出超凡的智慧。这个等级凭着自身的荣誉和喜好，从不对任何人表示欢迎，他们把凯撒从你们那里得到的任何高位都当做是可取的。宁可做一名"人民之友"的人也没有一个在这里凭着他的力量成为国家领导人；但是有些人，要么是自己没有立下什么功劳而不相信自己，要么是由于遭到其他人的轻视，被赶出这个等级；他们经常，或者说几乎必然要离开这个港口，冲入那边的惊涛骇浪。他们长期在公共生涯的大海中颠簸，在为国家做出良好服务以后，又把目光转向元老院，试图博得这个最优秀的团体的青睐；然而，他们的命运远非遭到摒弃，而是一定会受到审判。在某个人的记忆中，最勇敢的人和最优秀的执政官在将要选举执政官的时候警告我们，要我们不要违反自己的意愿，把山南高卢指派给任何人，而且在将来，这个等级的对手不能通过民众呼吁和煽动的方法永久控制那个地方。元老院的议员们，在我看来，尽管我不轻视这样一场灾难，尤其是在我受到一位非常聪明的执政官的警告以后，他几乎是一位警惕性最高的保卫和平与安全的卫士，然而我认为，如果我轻视最杰出、最有势力的人的名望，或者伤害他们对这个等级的忠诚，那么我有更重要的理由需要提高警惕。因为盖乌斯·朱利乌斯，在从元老院接受了惊人的、史无前例的荣誉以后，应当把这个行省交给你们希望在那里看到的最后一个人，应当不给那个等级留下任何自由的痕迹，因为正是由于这个等级的青睐他才获得了最高的声望——没有任何东西能诱使我怀疑这种可能性。最后，我虽然不知道每个人将来的意愿是什么，但我知道我希望什么。作为一名议员，我的职责是尽力不让那些有权有势的人有抱怨

元老院的理由。哪怕我是凯撒最凶恶的敌人，为了国家的利益我仍旧要坚持这一点。

【17】但我既不希望某些人在这里打断我的讲话，也不希望在他们的思想上受到无声的谴责，我不认为简要解释一下我与凯撒关系的性质是不相干的。首先，当我们还是年轻人的时候，我、我的兄弟、我的堂兄盖乌斯·瓦罗，与凯撒来往甚密，关于这一时期我没什么要说。在我深深地卷入公共生活的时候，我与他的关系是这样的：尽管我们意见不合，但仍旧保持朋友关系。作为一名执政官，他采取了某些措施，想要我也参与，尽管我不赞同这些措施，但仍旧为他对我的看法感到高兴。他邀请我成为五人委员会的成员；他希望我成为与他联系最密切的三位执政官等级的人之一；他向我提供有名无实的特使头衔，只要我愿意，可以享受各种特权。根据我的原则，我坚定地拒绝了所有这些提供，但并非不抱感激之情。我不想讨论我的行为有多么明智，因为有许多人我无法说服，但至少我的行动是前后一贯的，勇敢的。尽管我有权获得一位最有力的保护者，反对我的敌人的邪恶，打退在一位公众领袖的保护下对我发起的进攻，但我宁可坚守我的根基，反对命运的所有打击，承受暴力和错误给我带来的痛苦，而不是偏离你们最神圣的原则，或者偏离我自己的行为标准。不仅得到青睐的人必须感恩，而且有机会得到青睐的人也必须谢恩。我不认为他愿意用来荣耀我的这些荣誉将成为我的，或与我先前的生涯一致；然而，不管怎么说我感到他对我不错，而我对待他也像他对待他的女婿①，那位杰出的公民。由于看到他的善意不能使我依附他而感到气愤，或者由于事情的紧迫，他调查了我的一个敌人的公民身份。但甚至连这样做也没有伤害我，因为后来他不仅建议，而且乞求我加入他的随员队伍。②但是连这样的提供我也没有接受；不是因为我认为这样做会降低我的尊严，而是因为我坚信对国家的罪恶攻击将来自下一年

---

① 指庞培。

② 西塞罗要是成为凯撒的随员，可以在反对克劳狄时得到保护。

的执政官。①

【18】因此，到现在为止，我有更多的理由害怕他的责备，不是因为他不顾我们之间的友谊而给我带来伤害，而是因为我拒绝了他仁慈地提供了的东西。

然后，那场暴风雨来临了！乌云笼罩着忠诚的公民，笼罩着这个国家，恐慌突如其来，无法预测，国家似乎要在大火中毁灭，凯撒采取了恐怖手段，所有忠诚的公民都害怕大屠杀，还有罪恶、贪婪、赤贫、执政官的厚颜无耻！如果我没有得到凯撒的帮助，那么是我不配；如果我被他抛弃，那么也许他正在为自己着想；如果我甚至遭到攻击，像某些人所相信或希望的那样，那么我们的友谊受到了冒犯，我需要承受一项错误带来的痛苦，我不得不成为他的敌人，对此我一点儿也不否认。如果凯撒确实希望在你们对我的缺席感到后悔，就好像我是一名深受钟爱的儿子时把我从流放中召回，如果你们也认为凯撒的希望是重要的，是一个不反对召回我的很好的理由，如果我有证据表明他的女婿确实在敦促把我召回，整个意大利的城镇有这样的愿望，罗马人民在一次公共集会上表达了这样的愿望，还有你们自己非常希望我出现在卡皮托利山，最后，如果格奈乌斯·庞培马上就可以证明凯撒对我抱有善意，愿意做我的担保人，那么在你们既想到那些已经过了很久的日子，又想着后来的那些日子的时候，即使我不能抹去对那些最不愉快的时间的记忆，难道我也不能把它从心中排除吗？

至于我自己，如果有人禁止我自夸说自己为了公共利益而牺牲了我个人的怨恨和敌意，如果这样的行为有可能仅仅被视为是某些伟大人物的杰出智慧，那么我会提出这一请求，我心里更多地充满的不是赢得赞扬，而是逃避谩骂，我是一个感恩的人，不仅是那些特别的青睐，而且是一般善良适中的评价都会使我深深地感动。

【19】我要问一些为我提供了最大帮助的、勇敢的人，如果我不希望他

---

① 指庇索和伽比纽斯。

们分担我的辛苦和不幸，那么他们就不应当希望我在他们的敌视中与他们进行联系，尤其是，这些人已经使我可能拥有很好的理由，甚至为凯撒的行为辩护，而迄今为止我既没有攻击也没有为他辩护。这个国家的某些领导人，在他们的建议下我拯救了这个国家，依靠他们的权威我拒绝了与凯撒的合作，指出他在担任执政官时实施的朱利乌斯法以及其他一些法案没有合法地通过；但是他们宣称我本人也违反了法律，伤害了国家利益，在没有任何征兆的情况下提出议案。所以有一个人，他的权威像他的口才一样伟大，说了一些有分量的话，说我的倒台是国家的葬礼，而这场葬礼又是以规定的形式宣布的。我感到，我离开罗马被称做国家的葬礼，这是我的荣耀。我不反对他讲的其他的话，但我采用这句话来支持我的观点。因为，如果他们胆敢说一项合法通过的提案不合法（而事实上它没有任何先例可以遵循，也不为任何法律所允许），因为没有人关注天上的征兆，那么他们忘了，当时提出议案的这个人是由于公民大会的一项法律而成为平民的，而据说当时有人在观察天空？那么，如果他根本不是一个平民，他又如何成为平民的保民官呢？如果克劳狄担任保民官被宣布为违法，那么凯撒的任何行动都不能宣布为无效。在这种情况下，不仅克劳狄的保民官，甚至连他采用的最邪恶的措施都会被视为合法通过的，因为占卜的神圣性确实受到了尊重，不是吗？因此，你们必须这么做，要么裁定阿里安法仍旧有效，富菲安法没有废除，只要整个公共事业合法，就不能每天都通过一部法案，而在提出法案时，仍旧会有人观察天象，仍旧允许宣布厄兆和干扰投票；监察官的调查与裁决的权力，以及他们最严格的监察，不会因为邪恶的法律而从国家中消除；如果克劳狄在担任保民官的时候是一名贵族，那么是神圣的法律受到了玷污，如果他是一个平民，那么是占卜受到了轻视。或者说，如果情况不是这样，那么我的反对者必须允许我在采取良好的措施时不去过分仔细地考察这些法律规定，而他们在采取不好的措施时他们自己也没有对法律规定加以考察；尤其是，他们不止一次地向盖乌斯·凯撒提议，让他以另一种方式提出他自己内容相同的议案，以此表明他们既批准了他的措施，又遵循了占卜的征兆；由于克劳狄的所有法律都包含着推翻和摧毁国家的内容，它们与占卜的关系和凯撒的提案与占卜的关系相同。

【20】下面是我最后的话。哪怕我是盖乌斯·凯撒的敌人，我今天无论如何也要考虑国家的利益，而在其他场合表达我的敌意。我甚至能够以杰出人士为榜样，为了公共幸福而把我的敌意搁在一边。但由于我从来不是他的敌人，由于他对我的青睐产生了可以想象的伤害，元老院的议员们，在投下我这一票时，如果这是一个奖励凯撒功劳的问题，那么我会赞扬这个人；如果这是一个名誉问题，那么我会表达与元老院一致的敬意；如果这是一个坚持你们的法令的权威的问题，那么我会坚定地遵循元老院的实践，把荣誉授予这位统帅；如果这是一个有关高卢战争的政策是否一致的问题，那么我会考虑国家的需要；如果这是一个我的个人义务的问题，那么我会表示我并非不感恩。是的，元老院的议员们，我会高兴地劝说你们所有人接受这一观点，但我不会感到极大的困惑，因为我要么不能令那些支持我的敌人、反对你们的权威的人信服，要么不能令那些想要痛骂我与他们的敌人①妥协的人信服，尽管他们自己毫不犹豫地与一个人②达成了妥协，而这个人既是他们的敌人，又是我自己的敌人。

---

① 指凯撒。
② 指克劳狄。

为巴尔布斯辩护

提　要

本文的拉丁文标题是"Pro L. Cornelio Balbo Oratio"，英文译为"A Speech Defence of Lucius Cornelius Balbus"，意思是"为卢西乌斯·高奈留·巴尔布斯辩护的演说"。中文篇名定为"为巴尔布斯辩护"。

巴尔布斯大约生于公元前100年。他出生在西班牙南部的伽德斯（Gades），拥有伽德斯公民身份，祖上可能是腓尼基人。塞尔托利乌战争期间（公元前79年—前72年），巴尔布斯在罗马军队中服役，得到罗马将领庞培的赏识，获得罗马公民权。公元前70年恢复监察制度以后，巴尔布斯登记为罗马公民。公元前56年初，巴尔布斯受到指控，他的罗马公民权受到质疑。西塞罗于该年夏为他出庭辩护。

西塞罗的辩护建立在两个基本思想上：所有同盟国的成员都不能因为拥有了罗马公民权而受到审判，因为他原先的国家没有表示同意，或者由于改换公民身份受到某些条约的限制；以往由罗马将军授予的公民权不能因为法庭的判决而失去罗马公民身份。

全文共分为28章，译成中文约2万字。

正　文

【1】如果那些支持者的地位在司法程序中有任何分量，那么卢西乌斯·高奈留的案子已经由声望最高的执政官为之辩护；如果论及经验，那么它的辩护者的经验最丰富；如果论及才能，那么它的辩护者口才最好；如果论及忠心，那么它的辩护者是卢西乌斯·高奈留最亲近的朋友，他们在服役时结下了最亲密的关系。那么，还要我提供什么？我现在只能拥有你们愿意让我拥有的地位，我的经验不是最丰富的，我的才能也配不上我的良好意愿。我注意到，我的当事人对其他辩护人有大恩，而在其他地方①我会谈及我本人蒙受他的恩泽有多大。在这篇演讲的开头，我要说的是：对所有那些关心我的幸福和处境的人，如果我不能充分表达我对他们的谢意，那么至少也要让他们明白我正在想办法使他们满意。先生们，格奈乌斯·庞培昨天的演讲力敌千钧，雄辩流畅，清晰明了，对他的演讲你们不是心照不宣地承认，而是明显地表示敬佩。我似乎从来没有听说过更准确的法律解释，更充分的先例引用，更博学的条约知识，更杰出的有关战争的权威看法，更有分量的对国家事务的看法，更恰当的表述，更雄辩的对案情的判断。所以我现在相信那句格言是真理，这句原先似乎难以置信的格言由某些献身于文学和哲学研究的人提出，他们说，一个人只要在灵魂中坚定地把握所有美德，那么他就能把所有事情做好。甚至在这个案子中出庭辩护的卢西乌斯·克拉苏也显得知识丰富，方法多样，语言流畅，尽管他生来就拥有当一名演说家的素质，但他只能够从连续的战争和胜利中挤出时间来学习修辞学，这种情况从他的少年时期开始，一直到现在。由于这些原因，作为最后一个发言者，我当前的任务变得很困难。因为我不得不遵循前面的演讲，它不是穿过你们的耳朵，而是深深地进入所有人的心灵，所以只要回忆起这篇演讲，你们就

---

①　参见本文第26章，巴尔布斯可能还帮过忙，让凯撒批准西塞罗结束流放。

能得到更多的快乐，不仅超过我的演讲给你们带来的快乐，而且超过任何人的演讲给你们带来的快乐。

【2】但我必须加以考虑的观点不仅有高奈留的观点，在他处于危险的时刻我决不能袖手旁观，而且有格奈乌斯·庞培的观点，就像我最近在另一个案子中对你们所说的那样，他也希望我能在你们面前赞扬他，为他的行动、判断、服务进行辩护。

现在，我相信承认格奈乌斯·庞培所做的一切都是合法的，这样做符合国家尊严，这位杰出人士对国家拥有众所周知的恩泽，对此提出请求是你们的根本职责。没有什么事情比他昨天说的话更真实了：卢西乌斯·高奈留正在为他的生存奋斗，但是没有任何罪行可以判他有罪。因为他受到的指控不是窃取公民身份，不是伪造他的家族历史，不是隐藏在某些无耻的谎言背后，也不是偷偷地登记为公民。有一项指责提了出来——他出生在伽德斯，但没有人否认这一点。至于其他事情，指控者承认，当一场战争在西班牙艰苦卓绝地进行着的时候，巴尔布斯在昆图斯·麦特鲁斯和盖乌斯·美米乌斯①的部队里服役，在海上和陆上作战；自从庞培来到西班牙并选择美米乌斯为他的财务官，巴尔布斯就从来没有离开过美米乌斯；他在迦太基遭到包围；他在萨克洛河和图利亚河畔浴血奋战；直到战争结束，他一直和庞培在一起。高奈留自己的告白是：我热爱我们的国家，不辞艰辛，作战英勇，像一位伟大的将军所期望的那样，但也希望自己所冒的危险能得到奖赏。至于奖赏本身不取决于获奖人的行为，而取决于颁奖人。

【3】由于这些原因，庞培授予他公民权。对于这一事实，指控者没有提出驳斥。但他对授予公民权这件事情发起攻击，他接受了我的当事人高奈留

---

① 昆图斯·麦特鲁斯，全名昆图斯·凯西留斯·麦特鲁斯·庇乌斯（Quintus Caecilius-Metellus Pius），他是麦特鲁斯·努米狄库（Metellus Numidicus）之子，公元前80年与苏拉一起担任执政官，公元前79年，率军与塞尔托利乌作战，后任西班牙总督。从公元前76年直到战争结束，他与庞培共同指挥战争。盖乌斯·美米乌斯（Gaius Memmius）是庞培的姻兄，公元前75年在萨古突城墙边被杀。

的辩护，但要求处罚高奈留，他拒绝了庞培的辩护，然而由于庞培的名声，他没有要求处罚庞培。因此，这场指控想要达到的目的是给一个完全清白无辜的人定罪，给一位最杰出的统帅的行为定罪。因此现在遭到他们审判的是高奈留作为一名公民的权利和庞培的一项行动。因为，你们同意，我的当事人在他出生的那个城市里属于一个最优秀的家族，他从早年起放弃了所有的个人爱好，陪伴着我们的将军参战，没有哪一项艰苦的任务，哪一场包围，哪一场战斗是他没有参加的。[①] 所有这些都不仅是最值得赞扬的，而且是高奈留自己的功劳，这些事情没有给指控提供任何依据。那么这项指控是由什么组成的呢？它在于：庞培光荣地授予他公民身份。这是对我当事人的指控吗？绝对不是，除非把一项荣耀视为可耻。那么它是在指控谁呢？它实际上不是对任何人的指控，只是对该案的指控者来说，它涉及把公民权授予高奈留的人。如果这个人这样做是为了私利，如果他奖励了一个不恰当的人，甚至说他奖励的这个人尽管是高尚的，但不配得到这样的奖赏，如果这项指控断言有些事情做的不是不合法，而是不恰当，那么不管怎么说，先生们，每一项这样的指控都应当由你们来掌握。然而实际上，这项指控到底指控了什么？指控者提出了什么样的指控？庞培做了对他来说不合法的事情，更为严重的是他声称自己做的事情不适当。我们要说，确实有些事情尽管合法，但不适当，而无论什么不合法的事情必定不适当。

【4】先生们，我现在还会犹豫不决吗？格奈乌斯·庞培的所作所为不仅是合法，而且适当，对此也要表示怀疑那真是太可怕了。他还缺少什么？我们允许他拥有赐予公民权的特权。他缺少处理事务的经验吗？他青年时期就开始指挥军队作战，而与他年龄相仿的人所看到的军营比他取得的胜利还要少；他能够数出他取得的胜利和这世界上的国家和地区一样多；他赢得的战争胜利和世界上的战争种类一样多。他缺乏能力吗？机会和事件都不能由领导人决定，但与他采取的政策相关，只有在他身上我们可以看到幸运与勇敢

---

① 这是一种修辞学的夸张。

的高度竞争，所有人的信任都归于这个人而非归于神。我们能在他身上发现他缺少荣耀、正直、虔诚、专心吗？我们曾经见过这样的人吗，或者说在我们的希望和梦想中有过这样的人吗？由于有了这个人，我们的行省、那些自由的民族、国王、最遥远的种族，都变得比较正直、比较自控、比较正义？关于他的影响我还要说些什么，他的影响就像他的美德和名声一样伟大？尽管他自己从来没有索要什么，但元老院和罗马人民授予他最高荣誉，而他甚至拒绝接受巨大的指挥权，对此我不会说他的行为不合法，而只是说他不虔敬，因为据说他的行动违反条约，亦即反对罗马人民的神圣义务和良好信念；先生们，如果我们要以这样的方式讨论这个人的行为，讨论他的行为是否合法，那么这对罗马人民和你们岂不是一种耻辱？

【5】童年的时候我就从我父亲那里听说，卢西乌斯之子昆图斯·麦特鲁斯为自己辩护，因为有人指控他贪污，在这个伟大人物的心中，国家比他的眼睛还要宝贵，但他宁可放弃他的国家，而不放弃他的原则；所以，对他进行审判的时候，陪审团在传看他的辩护词，以验证某些细节，但那些最值得尊敬的罗马骑士由于担心有人会怀疑他写入辩护词中的话是真理还是谎言，全都转过身去，视而不见；我们要修改格奈乌斯·庞培和他的顾问一道颁布的法令，拿它与其他法律和条约做比较，考察它的细微之处吗？他们说在雅典，他们中有个人过着虔敬的生活，曾经在法庭上作证，有人要他按照希腊人的习惯在祭坛上发誓，但所有陪审员都异口同声地表示抗议。可见希腊人也并不希望用宗教仪式而不是他个人的品性来证明他的诚实，那么我们还有任何理由怀疑庞培在遵守法律和条约方面是一个什么样的人吗？你们希望他明智还是不明智地维持条约？如果希望他明智，那么我要呼唤我们帝国的名字！我要呼唤罗马人民的伟大！我要呼唤格奈乌斯·庞培遍及我们帝国的声望！我要呼吁这些部落、民族、国王、行政官、统治者，他们不仅见证了格奈乌斯·庞培的勇敢，而且也见证了他在和平时期的虔诚！最后，我要向你们呼吁，你们这些无言的最遥远的土地、海洋、海港、海岛、海岸！因为有哪个地区和哪个国家没有留下他英雄的足迹，不记得他的人品、他的精神和

他的智慧？有谁敢说这样一个有着卓越的、无与伦比的品性和美德的坚强的人可以遭到轻视，可以怀疑他违反和破坏条约？

【6】原告在用一个姿势讨好我①，他认为格奈乌斯·庞培的行动是不明智的。就好像在从事如此重要的公共事务、处理会带来最大后果的事业时，一个人做了某些明知不合法的事情比完全不知是否合法要不那么可恶。那么，这个在西班牙从事一场殊死的重要战争的人不知道伽德斯人的权力吗，或者说，尽管他知道伽德斯人的权力，但没有掌握条约的意义吗？那么，有谁敢说格奈乌斯·庞培不知道一个没有任何经验、对军事没有任何兴趣的普通人，一名书写员，都会说自己知道的事情？先生们，我的想法正好相反，格奈乌斯·庞培取得了各种各样的突出成就，不耗费大量的心血是不容易取得这些成就的，他的一个突出优点就是拥有丰富的有关条约的知识，这些条约和协议针对不同的民族、国王和种族，事实上，是一整套处理战争与和平的法典；也许，这些书本在一种有保障的生活中教给我们的事情是它们无法在格奈乌斯·庞培有空闲时教他的，当他在战场上的时候，那些外国也无法教他这些事情。

先生们，在我看来，我的辩护已经结束了。但由于我们时代的错误，而不是由于这场审判的性质的错误，我还有更多的话要说。

妒忌美德之花，在它盛开时试图摧残它，这是我们这个时代的一个污点和瑕疵。假定庞培生活在 500 年以前，元老院为了国家的安全经常请求他的帮助，而他只是个年轻人和一名罗马骑士；他历经千辛万苦，在陆上和海上作战，他的三大胜利见证了整个世界臣服于我们的帝国，罗马人民把史无前例的荣誉授予他。如果今天在我们中间有人说这样一个人的所作所为违反了条约，那么有谁会听？我认为一个也没有。当死亡发出妒忌的声音时，他的辛劳会由于他不朽的名字而光芒四射。如果仅仅是一项有关某个人的美德的报道就没有给怀疑留下任何余地，那么当人们真的看见和经历到这一美德

---

① 就好像他同意我最后的话。

时，它还能被诋毁的声音攻击吗？

【7】因此，我在我讲演的其他部分不再谈论庞培，但是先生们，你们要在心里记住他。关于我们国家的法律、条约、先例和不变的习俗，我请你们回忆已经听说过的事情。因为，马库斯·克拉苏或者格奈乌斯·庞培没有留下任何新东西或新内容让我来说，克拉苏已经以一种与他的能力和诚实相符的方式为你们准确地描述了整个案子，而庞培的优雅口才也为他的演讲增添了光彩。但是，由于他们俩都希望我能在他们工作的基础上结束辩护的任务，所以我请求你们相信我已经更多地从义务的意义上，而不是出于扮演一名演说家的愿望，完成了这项任务。在我看来，在我涉及高奈留一案的法律与事实之前似乎有某些事情在影响我们大家，对此我必须本着反对恶意刁难的精神做简要陈述。先生们，如果我们每个人都必须处于他出生时的这种地位，或者处于命运在他出生时使他所处的生活状况，并一直持续到老年，如果所有碰上好运，或者由于他们自己的劳动和勤奋给他们带来了光荣的人都要因此而受惩罚，那么法律对待卢西乌斯·高奈留不能比对待许多好人和诚实的人更严厉。如果在许多案子中，出身低微者的美德、才能、人品不仅引发了人们对他的友谊，而且引发了人们对他的最高赞扬，他应当得到他的地位、荣耀和等级，那么我不明白为什么更像是有一种妒忌在伤害卢西乌斯·高奈留，而不是你们的正义感在帮助一个如此谦卑的人。因此，先生们，我不会怀疑你们的智慧和人的情感，但我必须向你们提出请求。我必须要求你们不要妒忌贤能，不要认为人的情感应受摧残，美德该受惩罚。我确实要向你们提出要求，如果你们明白我的当事人的案情本身无可厚非，不可动摇，那么你们就应当把他个人的优点当做对他的案情的一种帮助而不是一种障碍。

【8】先生们，卢西乌斯·盖留斯和格奈乌斯·高奈留根据元老院的决定执行了一项法律，这是引发高奈留一案的根源。我们看到，格奈乌斯·庞培依据这项法律，在他的顾问的提议下，把罗马公民身份个别地授予那些应当成为罗马公民的人。庞培在这个法庭上说，格奈乌斯·高奈留被授予公民身

份，有公共记录为证，原告知道这一点，但却宣称那些条约国的公民不能成为罗马公民，除非这个国家"表示同意"。他是一个多么杰出的律师和古董商啊，他又是一位多么神奇的法律的改革者和改良者！因为他给条约国的公民增添了一项惩罚条款，把条约国的公民排除出可以接受我们的奖赏和喜爱的人的范围。说那些条约国的公民要成为我们国家的成员必须由该条约国"表示同意"，还有什么能比这样说显得更加无知？因为这一条款不仅适用于那些与我们缔结了条约的国家，而且适用于一般的自由国家。先生们，整个实践实际上都建立在这样一个原则和意图之上，如果同盟国家和拉丁人采用罗马人民制定的任何法律，如果我们遵守的相同的法律在某些国家已经建立在"坚实的基础"上，那么这个国家应当受到同一法律的约束。其目的不是我们自己的法律系统应当以任何方式遭到削弱，而是那些国家既可以使用由我们建立的法律原则，也可以享有某些利益和权利。

在我们的前辈生活的时代，盖乌斯·富里乌斯通过了一项关于遗嘱的法律，昆图斯·伏科尼乌通过了一项关于妇女继承遗产的法律，以及其他许多有关民事的法律。拉丁人在这些法律中采用了他们喜欢的法律。后来还有朱利乌斯法，依据这项法案，可以把公民身份授予那些同盟者和拉丁人，条件是那些没有"表示同意"的国家的人不能得到公民身份。这就是在尼亚玻里和赫拉克利亚的公民中间引起激烈争论的原因，因为这些国家的大部分居民宁可要我们的公民身份，在他们自己的条约下享受自由。最后，法律的原则及其条款的力量使国家"同意"，这不是因为他们自己的法律权利，而是由于我们的青睐。罗马人民制定任何法律的时候，如果这条法律也具有这种类型，显得像是在给某些国家立法，那么无论他们依附我们是由于某些条约，还是出于自愿，他们都有机会自己决定采用什么样的法律原则，这与我们无关，而与他们自己关心的问题有关，在这种情况下我们显然必须问这些国家是否"表示同意"。如果这是我们的国家或帝国自己的问题，是一个和我们的战争、我们的胜利、我们的幸福有关的问题，那么我们的先辈不会希望那些国家"表示同意"。

【9】然而，要是我们的统帅、元老院、罗马人民，都不允许奖赏那些最勇敢、最优秀的同盟者，以及那些在危难时刻由于条约而与我们有联系、为了我们的幸福而甘冒危险的那些国家的朋友，那么我们将失去最有价值的、经常是最强大的帮助。

但是，我以上苍的名义起誓，在一个危难时期，我们的国家在什么样的同盟中、在什么样的友谊中、在什么样的条约下，失去了玛西里亚、伽德斯、萨古突的公民的保卫？或者说，一个来自这些国家、冒险帮助我们的将军、努力支援我们、经常冒着生命危险在战场上与我们的敌人殊死搏斗的人，难道从来不具备任何条件获得罗马公民身份的奖赏？

事实上，不能使用那些品德优秀、与我们一同冒险的同盟者是罗马人民的悲哀，而对那些我们现在提到的同盟国和条约国本身来说，把那些最忠诚的同盟者排除在对所有纳贡者、敌人、奴隶都可以获得的奖励和荣誉之外，这也是一种伤害和侮辱。因为，我们知道公民身份经常授予阿非利加、西西里、撒丁尼亚和其他行省的附属国的许多人，我们知道那些向我们的统帅投诚，为我们国家做出重大贡献的敌人也被光荣地授予了公民身份；最后我们明白那些法律权利最少、命运最惨、地位最低的奴隶也经常由于能够很好地为国服务而得到解放，获得自由，亦即获得公民身份。

【10】你们是条约的保护人，那些条约国的人是你们的同胞公民，他们极大地帮助了你们自己的祖先，在罗马人民的批准下，他们有权接受元老院和我们的统帅授予的罗马公民权，然而，这样的权利却不能授予伽德斯人吗？如果按照他们的法律和法令，他们的公民一个也不能进入我们罗马人民的统帅的营帐，没有一个人可以冒着生命危险为我们的帝国战斗，而我们应当有权在我们需要时从伽德斯人中雇用辅助力量，如果没有一个勇敢的人或有能力的人为我们的帝国战斗，那么我们一定会对辅助力量的减少、勇敢者的精神遭到挫伤，失去外国人的忠诚服务，失去海外的勇士而感到愤怒。

然而，先生们，无论是条约国制定法律禁止他们国家的任何人分担我们的战争危险，还是使那些勇敢者已经获得的作为一种奖赏的公民权失效，其间没有什么区别。因为，若是取消了对勇敢的奖赏，那么我们也不应该享受他们提供的服务，就好像完全禁止他们参加我们的战争。事实上，甚至是为了他们自己的国家，在人类历史上，要是没有奖赏，几乎看不到什么人会在敌人的武器面前拿自己的生命冒险，所以，为了一个其他的国家，不仅没有奖赏，而且完全遭到禁止时，你认为会有人准备冒生命危险吗？

【11】但是，原告在提到人民"表示同意"时说，这是一条原则，不仅适用于自由的民族，而且也适用于那些条约国，而从中得出的推论是，我们的同盟国，甚至我们的条约国的任何人都不能成为罗马公民；在这样说的时候，我们的这位原告不仅表现出极大的无知，而且对我们涉及公民身份变更的法律原则也一无所知，公民身份的改变不仅取决于国家的法律，而且也取决于个人的意愿。因为，根据我们的法律，不能违反一个人的意愿改变他的公民身份，如果他自己希望改变，那么也不能阻止他，只要他被那个让他成为公民的国家接受。例如，假定伽德斯人通过了一项关于某些罗马公民的法令，这些罗马公民想成为伽德斯公民，那么伽德斯公民有充分的权利改变他的公民身份，他也不会因某些条约而受到阻碍，因此不能改变他的罗马公民身份而成为伽德斯公民。

我们的民法不允许任何公民拥有两个国家的公民权，但是停止做我们国家的公民而依附其他国家对任何人来说都是可能的。不仅通过这样的"依附"，而且凭着"以后返回的权利"，公民身份都能发生变化（我们知道许多杰出人物在他们遇到不幸时发生过这种情况，例如在努塞里亚的有昆图斯·马克西姆、盖乌斯·莱纳斯、昆图斯·腓力普斯，在塔拉科的有盖乌斯·加图，在士每拿的有昆图斯·凯皮奥、盖乌斯·鲁提留斯，他们全都成了这些国家的公民，尽管他们在改变公民权并改变他们的居住地之前仍是罗马公民）。从前，在我们的前辈生活的时代，有一位自由民格奈乌斯·浦伯里修·米南德去了希腊，我们的一些使者想要带着去做翻译，有人在公民大会上提议，如果浦伯里修去了他的老家，然后又返回罗马，那么他决不应该再是一名罗马公民，这样的提议并非无理。从前也有许多罗马公民按照他们自己的意愿离开了这个国家而成为其他国家的公民，但并没有受到谴责或法律的制裁。

【12】如果一名罗马公民由于被流放或者拥有"以后返回的权利"，或者放弃他的罗马公民权，可以成为伽德斯公民（这一点与条约无关，我们现在的主题不是条约，而是有关公民权的法律），那么伽德斯的公民为什么不能成为罗马公民呢？在我看来没有任何理由。每个国家都有大路通向我们的国家，我们的公民也有途径去其他国家，各个国家由于结盟、友谊、合约、协议、条约而密切联系在一起，而我在想，通过分享我们的权利、奖赏、公民权，这种联系会更加密切。如果我们也像其他国家那样做，那么其他国家都会毫不犹豫地把它们的公民权授予我们的公民。但我们不能既是罗马公民又是其他国家的公民，而对其他国家来说，这样的权利早就已经开始了。

因此，我们看到，雅典、罗得岛、斯巴达和其他城邦的公民登记为远近不同的希腊城邦公民，同一些人是许多城邦的公民。我本人看到在我们的公民中有些无知者被这一点所误导，他们坐在雅典战神山①的陪审团成员中间，属于某个确定的部落，而陪审团有确定的人数，因为他们不知道，如果他们获得了那里的公民权，那么他们也就丧失了这里的公民权，除非他们"由于后来的回归"而恢复公民权。但是懂得我们的习惯和法律的人，如果希望保持罗马公民权，那么没有一个人会正式地依附其他国家。

【13】但是，先生们，我的整个论证和我的演讲的这个部分涉及的是与城邦变化有关的一般规则，不包含与条约规定的权利特别相关的内容。我要说的是一般情况，在这样的规定下，我们不能接纳这个世界上的任何地区的任何公民（无论是由于某种仇恨或天然差别而与罗马人敌对，还是由于忠诚和情感而与罗马人团结），或者授予他罗马公民权。

自从有罗马这个名字开始，我们的祖先在神的指引下建立起来的法律体

---

① 战神山（Areopagus），音译阿雷奥帕古斯山，梭伦以前的雅典法庭设在战神山，共设十个法庭。

系是多么令人崇敬啊！我们每个人都只能是一个国家的公民（国家的不同必须会带来法律体系上的不同），我们不能违反任何人的意愿废除他的公民登记，也不能违反他的意愿强迫他保留！我们的自由不可动摇的根基是，我们每一个人都有保留或放弃自己的公民权的权利。但是这个城邦最初的创建者罗莫洛通过与萨宾人缔结的条约教导我们：这个国家必须通过接纳外人作为公民来扩大，哪怕他是敌人，这对于建立我们的帝国和增加罗马人民的知名度无疑极为重要。由于他的权威和典范，我们的祖先从来没有停止授予外人以公民权。所以，许多拉丁人的城镇，例如图斯库兰和拉努维乌的居民，以及其他地区的人，比如萨宾人、沃尔西尼人、赫尔尼坎人，被授予了罗马公民权；这些部落的人，既不会被迫改变他们的身份，要是他们不愿意，那些由于罗马人民的青睐而获得我们公民权的人也不会被视为违反条约。

【14】但是，这位原告争论说，有些条约，比如那些与凯诺玛尼人、英苏伯利人、赫尔维提人、雅普德人签订的条约，以及与高卢的野蛮人签订的其他条约中的某些保留条款，规定了我们不能把罗马公民权授予他们的人民。如果说有保留条款使授予公民权成为不合法的，那么在没有保留条款的地方，授予公民权一定是合法的。那么，不允许罗马人获得伽德斯公民权、成为伽德斯公民的保留条款在哪里呢？没有，绝对没有；即使它在某个地方出现，直接赋予庞培授予公民权的权利，那么盖留斯法和高奈留法也会禁止它。这位原告说："条约中有'如果有什么东西是神圣不可侵犯的'这样的话，作为这项保留条款的条件。"请你原谅，如果你不熟悉迦太基人的法理——因为你已经离开了你的城市——如果你不能考察我们的法律——一场公共审判使你不能熟悉这些法律——，那么，由执政官盖留斯和伦图鲁斯通过的这部涉及庞培的法律涉及某些神圣不可侵犯的东西的保留条款是怎么说的？什么都没说。首先，除了人民或民众制定的法律，其他没有任何东西是神圣不可侵犯的。其次，惩罚性的条款必须得到神的批准，仅仅依靠相关的惩罚，或者仅仅依靠向诸神祈求，或者仅仅依靠法律包含的神圣条款，那么转换公民权违反了法律的规定。然而，你说的这些事情与伽德斯条约都有关系吗？

你断定法律条文或包含在法律中的对诸神的祈求是神圣不可侵犯的吗？我坚持，没有人曾经向人民或公众提出这样的提案。即使有提案涉及某些人，即使人民后来采取的行动有效，我们也不会承认他们中的任何人的公民权，因为根本没有带有"如果有任何事情是神圣不可侵犯的"这样字眼的保留条款；所以，尽管罗马人民没有做出任何举动，你们敢说某些神圣不可侵犯的东西适用于这些人吗？

【15】先生们，我要说没有任何事情旨在使我们与伽德斯的条约无效。我确实不宜说任何一个词，反对一个最应受到帮助的城邦的权利，反对以往的裁决，反对元老院的决定。因为在我们国家处于最危险的时候，当陆上和海上军力强盛的迦太基在西班牙的支持下威胁这个帝国的时候，当我们帝国的两道霹雳，格奈乌斯和普伯里乌·西庇阿，在西班牙被突然击败的时候，据说有一位老资格的百夫长卢西乌斯·玛基乌斯破坏了我们与伽德斯人的条约。由于这个条约的维系更多是出于伽德斯人的良好信念，出于我们自己的正义感，最后也由于年代的久远，而不是由于任何神圣的公共义务，所以审慎能干、熟悉国家事务相关法律的伽德斯人在马库斯·雷必达和昆图斯·卡图鲁斯执政期间，就条约事宜向我们的元老院提出请求。那个时候，伽德斯人既可以恢复条约，也可以终止条约。罗马人民未经投票就批准了这项条约，因为罗马人民没有制定这个条约，他们也不能以任何形式受到一项神圣义务的束缚。

所以，伽德斯人通过他们为我们国家提供的服务，凭着我们统帅的证言，凭着时间的考验，凭着杰出的昆图斯·卡图鲁斯的影响，凭着元老院的决定，凭着一项条约，获得了他们能够获得的东西；但除此之外，没有其他任何一项建立在神圣的公共义务基础之上的法律；因为没有任何地方的人民会将自己置于任何义务之下。伽德斯人也没有因此而变得弱小，他们这样做是经过深思熟虑的。但在这里也没有给你的论证留下余地。因为，只有通过人民或公众，否则没有任何东西是神圣不可侵犯的。

【16】即使这个条约是由于元老院的权威、以往的修订和完善、他们自

己的希望和情感、罗马人民的投票而得到批准，条约中又有什么东西能使伽德斯公民接受我们的公民权成为非法的呢？在条约中，除了"将拥有神圣的永久和平"，没有其他任何东西。里面谈到公民权了吗？条约中也添加了所有条约中都能看到的词句——"让他们以一种友好的方式拥护罗马人民的伟大"。这样的句子不会损害罗马人授予伽德斯公民以罗马公民权的权利。

首先，这句话中的"让他们……维护"，我们习惯上把这样的词句用于法律而不是条约，因为它包含着命令，而不是请求。其次，当下达一道命令要人们拥护某个民族的伟大，而没有提到其他民族的伟大，那么无疑这个民族所处的地位和处境较高，其伟大是通过一项条约的批准来维护的。在这一点上，原告的解释不值得批驳，因为他说，"以一种友好的方式"（comiter）和"相互"（communiter）是一回事，就好像他真的在对一个古词或罕用词做解释似的。有人说人是友好的、仁慈的、善良的、一致的，人以友好的方式给迷路者指路，这样做是仁慈的，而不是不情愿的；而"相互"这个意思肯定不恰当。

同时，说一项条约应当包含缔约双方"相互"维护罗马人民的伟大的条款是荒唐的，也就是说，罗马人民应当希望他们自己的伟大得到对方的维护。但是，假定过去某个时刻是这样的——现在则不可能——那么不管怎么说，这项条款涉及我们自己的伟大，而不是他们的伟大。所以，要是我们不能以奖赏的方式来吸引他们，我们自己的伟大能够"以一种友好的方式"得到维护吗？最后，如果我们受到阻碍，不能通过罗马人民对勇敢者表示青睐，把奖励的权力赋予我们的统帅，那么还有什么伟大可言？

【17】但是，如果伽德斯人是我的对手，我为什么还要使用我认为正确的那些论证呢？如果他们提出要格奈乌斯·高奈留回归伽德斯，我应当回答说：罗马人民已经通过一部关于授予公民权的法律；要各个民族对这种法律"表示同意"是不寻常的；格奈乌斯·庞培根据他的顾问们的提议，授予我的当事人罗马公民权，伽德斯人不能对我们的人民的任何行动提出指责；因此，那部法律中的那项保留条款不适用于任何神圣不可侵犯的事情；即使有

适用的对象，那么除了提到和平的条款，在条约中没有其他任何条款；对此我们也可说他们有义务维护我们的伟大，但这肯定是不公正的，因为我们既没有权力雇用他们的公民在我们的战争中帮助我们，也没有权力奖赏他们。

但是，当伽德斯人的善意、他们的观点、他们的代表团同意我坚持的这个观点时，我为什么还要提出反对伽德斯人的论证？伽德斯人不顾他们民族和国家的源起，撇开他们对迦太基人的同情和友好，一心想着我们的帝国和罗马的名字；当我们遭遇可怕的战争时，他们关闭城门，派战船骚扰来犯的敌人，用他们自己的身体、力量、部队抗击来犯者；他们总是认为马略和他们签订的条约比任何堡垒更难以侵犯，而根据当前这项由卡图鲁斯缔结、由元老院的决议批准的条约，他们认为自己和我们有着最亲密的联系；我们祖先的城墙、神庙和地界是我们帝国的边界，是罗马人民的地域，甚至连赫丘利也以此为他跋涉与辛劳的尽头。

被他们引为见证人的不仅有我们已经逝去的统帅，他们的英名永存——西庇阿家族的、布鲁提家族的、霍拉提家族的、卡西乌家族的、麦特鲁斯家族的——而且有格奈乌斯·庞培；他就在这里，当他在远离他们城墙的地方进行一场惨烈的战争时，他们向他提供援助，支援他；现在他们要请罗马人民作证，粮食紧缺时他们向罗马人民供应粮食，以前也经常这样做；他们希望，如果有人表现勇敢，就应在我们的军营、我们的统帅部、我们的军队中找到一个位置，一步步提升，甚至最后得到公民权，他们希望这能够成为他们和他们的子女的权利。

【18】如果那些在土地和贡金问题上有欺骗行为的阿非利加人、撒丁岛人和西班牙人都有权因为他们的勇敢而获得罗马公民权，而那些为我们服务、与我们有着悠久联系、冒着生命危险、与我们订有条约的伽德斯人无权享有这一恩惠，那么他们会认为他们与我们订立的不是条约，而是我们强加给他们的最不公正的法律。先生们，本案的事实表明，我的陈述不是我自己的虚构，而是伽德斯人拥有的看法。我断言，很多年前伽德斯人公开指称格奈乌斯·高奈留是他们在罗马的好朋友。我会拿出信物来；我召见过他们的

使者；你们看到这些地位很高的人被派到这个法庭上来作证，凭着他们的祈求保护我的当事人，抵抗他所面临的危险；事实上，很久以前，当伽德斯人听说这件事情后，他们在他们的元老院里曾经猛烈抨击这位原告，以保护他们的同胞公民和我的当事人。

你们非常喜欢使用"同意"这个词。如果他们知道我们的决议和命令后进行投票，通过这种方式来表示他们的"同意"，那么伽德斯人还有比指定巴尔布斯为他们的朋友、承认他已经改变了自己的公民身份、光荣地获得了罗马公民权更加正式的"同意"吗？他们还能用比惩罚本案的原告更加准确的方式来表达他们的感情吗？对这件事他们还能做出比派出一个由他们最优秀的公民组成的代表团到我们的法庭上来为我的当事人作证、赞扬他的品德、通过他们的干预来保护他更加确定的判断吗？

事实上，有谁会如此疯狂，乃至于看不到这是一项伽德斯人必须保有的权利？通过授予公民权来进行奖赏，这种方式很好，我们决不能使伽德斯人与此无缘；我的当事人卢西乌斯·高奈留对伽德斯人仍旧抱有同胞间的亲情，他运用自己的影响和力量保护他们在罗马的利益，对此他们有很好的理由感到欢欣鼓舞。由于巴尔布斯的热情、关心、忠诚，我们中间有谁不曾在伽德斯拥有更加现实的利益？

【19】关于盖乌斯·凯撒的优秀品格我就不用说了。他当时是西班牙行省总督，他施恩于当地人民，处理纷争，在他们的一致赞成下制定法律，根除伽德斯人的习俗和制度中的某些根深蒂固的野蛮，在巴尔布斯的要求下，他给予那个国家以最大的利益和恩赐。我也不用说由于我的这位当事人的努力和忠诚，他们每日里都可以得到的许多恩惠，这些恩惠种类很多，而且很容易得到。因此，他的国家的要人出现在这里，用他们的亲情为他辩护，把他当做自己的公民，用他们的证言为他辩护，把他当做我们的公民，尽他们的职责为他辩护，把他当做一位最受尊敬的朋友，用他们的热情为他辩护，把他当做竭尽全力保护他们利益的卫士。

至少伽德斯人自己会这样想，尽管他们自己没有什么不便，但他们的公民应当能够凭借勇敢而获得我们的公民权，然而由于他们的条约，因此他们变得比其他民族较为不便，我要再次向在场的这些杰出人士和那个最忠诚于我们的城市的人保证，同时，先生们，我也要提醒你们，尽管你们已经非常清楚法庭将要决定的事情，但你们对此绝不能有半点怀疑。

那么，我们认为谁能最娴熟地解释条约，谁最熟悉军法，在调查各个国家与我们的关系以及它们的法律地位时，谁最审慎？毫无疑问，就是那些曾经指挥过军队打仗的统帅。

【20】事实上，如果那位著名的占卜官昆图斯·斯卡沃拉就财产抵押法的问题向上苍问卜，那么尽管他是最能干的律师，他某些时候也会把他的当事人引介给拍卖人富里乌斯和喀凯留斯；如果涉及我在图斯库兰的土地的用水问题，我向马库斯·图吉奥而不是向盖乌斯·阿奎留斯咨询——因为对一个问题长期连续的实践和运用优于天赋的才能和技艺——那么有谁会犹豫到底是否应当喜欢我们的统帅，他们指挥着所有最熟悉条约法、战争与和平法的律师？

那么，我们能否以盖乌斯·马略的名字作为先例，作为你们谴责的那个行动过程的权威，来服从你们的认可呢？你们还想要一个比他更加伟大，更加坚强，在勇敢、智慧或良心方面更加优秀的权威吗？如果情况是这样，那么也好。他把公民权授予伊古维乌的马库斯·安尼乌斯·阿庇乌斯，此人极为勇敢和优秀；他也把公民权整个儿地授予来自卡迈利努的两个步兵队[①]，尽管他知道与卡迈利努订立的条约是所有条约中最庄严、最平等的。那么，先生们，在马略的行为不受谴责的情况下，卢西乌斯·高奈留能为此而受谴责吗？

由于实际上不可能让这位伟大人物站在这里，使你们亲眼目睹，因此，请你们用心想象一下，就好像他就站在你们面前；让他告诉你们，他对这个条约并不是一无所知，对习惯做法和战争也不是不熟悉；他是普伯里乌·西

---

① 一个步兵队（cohort）约300人到600人。

庇阿的一名学生和他麾下的一名战士；他接受了野外的训练，知道如何在战争中做一名使者；如果他只在书本上读过他从事并使之结束的这场伟大战争，如果他只在执政官的领导下工作，就像他在自己担任执政官时有许多人在他的领导下工作，那么他不可能获得完整的知识，并理解所有战争的法则；他从不怀疑任何条约会阻碍他为了国家利益而采取行动；他从那些与我们团结一致并且最忠诚于我们的人民中挑选最勇敢的公民；而我们与伊古维乌或卡迈利努订立的条约也没有任何保留性的条款，说罗马人民不能奖赏他们勇敢的公民。

【21】后来，当马略授予这些人以公民权的事情过了一些年之后，公民权的问题受到质疑，李锡尼法案和穆西乌斯法案规定对这个问题进行最严格的调查，那么有哪个来自同盟国的已经获得公民权的人受到审判呢？事实上，波勒提翁的提多·马特利纽在那些被马略授予公民权的人当中是唯一受审的。他来自一个特别强大、特别优秀的拉丁殖民城邦，不得不为自己辩护。他的原告、雄辩的卢西乌斯·安提司提乌没有说波勒提翁的人民没有"表示同意"（因为他知道这些人习惯上对与他们有关的法律问题"表示同意"，而不会对与我们有关的法律问题"表示同意"）；但是，由于阿普莱乌斯法案规定要建立的殖民地还没有建立，这部法案授权萨图尼努斯，他可以把罗马公民权授予每个殖民地的三位成员，因此他坚持说马略授予的公民权无效，因为原先的法案本身被废除了。

这项指控与我们的案子没有相似之处。但是盖乌斯·马略的威望如此崇高，在没有卢西乌斯·克拉苏帮助的情况下，他的姻亲，一个口才极好的人为自己辩护，凭着自己的人格，他只用了很少的话就赢得了这场官司。先生们，有谁会希望剥夺我们的统帅授予战争中和军队中最勇敢的人以公民权的权力？有谁会希望我们的同盟者和与我们结成联邦的人民在保卫我们的国家时失去获得奖赏的希望？但若盖乌斯·马略的统帅的姿势、声音、风采以及最近取得的胜利，如果他的在场有这样的力量，那就让他的权威、成就，让我们对他的记忆，让这位最勇敢的勇士和最伟大的英雄的不朽名字现在就具有同样的力量！让我们现在就对公民进行区别，看哪些人是受人欢迎的，哪些人是勇敢的，让前者终生享有自己的影响力，而让后者的威信即使在他们死后——如果说这个帝国的卫士也会死的话——继续活着，永垂不朽！

【22】还有，庞培之父格奈乌斯·庞培不是在取得了意大利亚战争的伟大胜利之后，授予普伯里乌·凯西乌斯以公民权吗？他是一名罗马骑士，一名高尚的人，现在还活着，他曾是拉文纳的公民，是与我们结为联邦的一个国家的成员。盖乌斯·马略不是也授予来自卡迈利努的两个步兵队以公民权吗？还有，杰出的普伯里乌·克拉苏不是也把公民权授予赫拉克利亚的阿莱克萨吗？人们认为盖乌斯·法伯里修执政期间我们与那个城邦缔结了一项史无前例的条约。还有，卢西乌斯·苏拉不是把公民权授予玛西里亚的阿里斯托吗？还有，自从伽德斯人成为我们谈论的主题以来，卢西乌斯·苏拉不也把公民权授予伽德斯的九名奴隶吗？还有，昆图斯·麦特鲁斯·庞乌斯这个最公义、最审慎、最守法的人不也把公民权授予萨古突的昆图斯·法比乌斯吗？还有，这个人正好就在这里，我简略地提到的这些事实都可以由他来详细解释。马库斯·克拉苏不也把公民权授予联邦国家阿文尼奥的一位居民，而他本人的人格魅力和智慧由于授予公民权而变得更加光彩夺目？

在这个法庭上，你竭力想使格奈乌斯·庞培的喜好，或者倒不如说，使他的一项决定和行动无效吗？他做了他听说盖乌斯·马略做过的事、他做了他听说卢西乌斯·克拉苏、卢西乌斯·苏拉、昆图斯·麦特鲁斯、马库斯·克拉苏做过的事；最后，他做的这件事是他在自己的家中看他父亲做过的事。他也不是只把公民权授给高奈留一个人。因为他在阿非利加战争以后也把公民权授予伽德斯的哈德鲁巴，授予玛迈提涅的奥维德家族的后裔，授予尤提卡和萨古突的某些法比乌斯家族的人。事实上，如果那些不辞辛劳、不避艰险、捍卫我们国家的人应当得到其他奖赏，那么他们肯定也最应当得到公民权，为了保卫这种公民权，他们在战争的危险和敌军面前表现得非常勇敢。那些保卫这个帝国的人，无论他们是谁，都可以得到公民权；而与此相反，那些攻击我们国家的人都应当被赶出这个国家！我们最伟大的诗人并不认为汉尼拔对其士兵的鼓励只是他对士兵的鼓励，而是所有统帅对其士兵的鼓励："任何人，无论他是谁，无论他来自哪个国家，只要他消灭敌人，他对我来说就是一名迦太基人……"① 统帅们并不在乎他属于哪个国家，今天这种事情在他们眼中总是微不足道的。所以他们既从各个国家的那些勇敢者中取得公民，又经常喜欢那些出身并不高贵但战功卓著的人。

【23】你们看到最勇敢的将领、最聪明的人、最杰出的人如何解释有关条约的法律。我也要把受命调查这种案子的陪审员的决定摆在你们面前，把整个罗马人民的决定摆在你们面前，把元老院最公正、最明智的决定摆在你们面前。当陪审团清楚而又公开地谈论他们在马库斯·卡西乌斯一案中所要做出的裁决时，当玛迈提涅人宣称要依据帕庇乌斯法案索取赔偿时，玛迈提涅人放弃了诉讼，尽管起诉已经正式开始。许多自由民和联邦国家的人民得到了我们的公民权，但他们没有一个因为接受公民权而受到指控，由于他自己的人民没有"表示同意"，或者由于他改变公民身份的权力为条约所阻。

我甚至要坚持说，由我们某位统帅授予公民权的那些人从来没有受到谴责。现在让我来告诉你罗马人民的一项决定，这项决定在许多场合宣布过，并在许多重要案件中得到确认。有谁不知斯普利乌·卡西乌斯和波图姆斯·考米纽斯执政期间，所有拉丁人都受到一项条约的打击，我们记得它的条文不久前还刻在市政广场讲坛的一个铜柱上？后来，蒂布尔的卢西乌斯·考西纽斯又是怎么做的，这位罗马骑士的父亲就在这里，他是一个非常卓越的人，在提多·凯留斯受到谴责以后他成了罗马公民；来自同一城市的提多·科波尼乌斯又是怎么做的，这个人非常聪明，地位也很高（你认识他的孙子提多·科波尼乌斯和盖乌斯·科波尼乌斯），他在盖乌斯·马叟被定罪以后成为一名罗马公民？

凭借雄辩和才能，而不是凭借辛苦和勇敢，能开启通往公民权的大门

---

① 此处引用拉丁诗人恩尼乌斯的诗句，原文见 L.C.L.《古代拉丁典籍残篇集成》（*Remains of Old Latin*）第 1 卷，第 102 页。

吗？从我们这里而不是从我们的敌人那里获取战利品，对那些与我们结成联邦的人民来说合法吗？对他们来说，通过战斗赢得他们通过口才就能获得的东西不合法吗？我们的前辈们打算把更大的奖赏给予指控者而非给予勇士吗？

【24】但是，在塞维留斯法案最苛刻的规定下，我们最杰出的人士和我们最有影响力、最明智的公民若是离开这条向拉丁人——亦即对那些与我们结成联邦的国家的人——敞开的通过罗马人民的决定来获得公民权的道路，如果这项权利不是由李锡尼法案和穆西乌斯法案再次确认，那么尽管这场指控具有的性质，尽管它的名字，尽管这种奖赏只能通过一名元老院议员的毁灭来赢得，它既不能使一名元老院议员感到喜悦，也不能使任何诚实的人感到高兴；毋庸置疑的是，一项奖赏既然由陪审团裁决为有效，那么由统帅们做出的相同的决定也应当具有同样的力量。那么，我们还认为需要拉丁人民对塞维留斯法案或其他法案"表示同意"吗？依据这些法案，可以根据某些理由把公民权作为奖赏，授予拉丁民族的某些个人。

现在让我来告诉你总是得到人民确认的元老院的一项决定。先生们，这是我们前辈的希望，刻瑞斯女神①的祭仪应当最严格地举行；由于这些祭仪是从希腊引入的，总是由希腊女祭司来主持，所以祭仪中的用语也都是希腊人的。但是，尽管他们从希腊挑选了一位能够解释和主持这些祭仪的妇女，然而他们认为她在代表罗马公民举行这些祭仪时应当是一位公民，这样做是恰当的，可以使她带着外来的知识向不朽的诸神祈祷，但其精神仍旧属于我们自己，符合我们的公民权利。我观察到这些女祭司几乎全都来自尼亚玻里或维利亚，这些地方无疑是与我们结盟的城邦。撇开这些古代的例子不谈，我看到就在最近，在授予维利亚的人民以公民权之前，城市执法官盖乌斯·瓦勒留·福拉库斯按照元老院的决定提出了一项议案，要求把罗马公民权授予维利亚的卡利发娜。那么我们应该相信维利亚的人民对此"表示同

---

① 刻瑞斯（Ceres），希腊谷物女神。

意”，还是相信这位女祭司没有成为罗马公民，或是相信元老院和罗马人民都违反了这项条约？

【25】先生们，我感到在这样一个如此清楚明白、没有什么疑问的案子中已经有了超过案子本身需要的更多的讨论和有了更多的有学问的人的介入。但是这样做的目的不是用我们所说的东西来向你们证明如此清楚明白的事情，而是为了使我们可以克服所有那些恶毒的、不公正的、妒忌的人的敌视。事实上，原告可以进一步兴风作浪，而某些愚蠢的、妒忌他人幸福的、传播流言蜚语的人也会把话传到你们耳朵里去，并在法庭上起作用，这就是你们看到这些原告在他们的讲话中尽力展现才艺的原因。现在，卢西乌斯·高奈留的财富已经不会使他成为妒忌的对象，然而更重要的是，他的财富是精心管理的结果，而不是来路不明；现在有关他的所谓奢侈不是一项具体的指控，而仅仅是一般的诽谤；原告记得高奈留在图斯库兰的别墅曾经属于昆图斯·麦特鲁斯和卢西乌斯·克拉苏，记得克拉苏是从一位自由民索特里库·玛基乌斯那里买来的，但他不记得它原为维诺纽斯·维狄西乌所有，后来到了麦特鲁斯手中。他也不知道这样的地产不属于任何具体的部落，通过购买，它们经常成为陌生人的财产，经常成为等级很低的人的财产，它们的转移与依照法律转移监护权不一样。他也还提到了他被克鲁图米纳部落收养接纳的事；这是他通过一项关于不合法的游说的法律授予的特权获得的，这样的做法比起在执法官和穿紫色托袈袍的人中间表达他们自己的观点来不那么容易引起猜忌。他被收养这件事受到塞奥芬尼的严厉批判；而高奈留由此获得的只有继承他亲戚的遗产的权利。

【26】然而，要减轻那些人对高奈留的妒忌不是一项最困难的任务。他们的妒忌就像人们一般会有的妒忌一样；他们在晚宴上说他的坏话，在社会上攻击他，他们对他的攻击不是出于敌意，而是出于诬蔑。令卢西乌斯·高奈留感到害怕的人要么是他的朋友的敌人，要么是妒忌他的朋友的人，而高奈留对后者更加畏惧。因为，对我的当事人本人来说，有谁曾是他的敌人，有谁能是他的敌人？他对哪位高贵的公民没有表示过顺从，他对哪位公民的

幸福和地位没有表示过尊敬？在我们遭遇最大的麻烦和处于分裂状态的时候，他与一位最有权力的人在一起，但他从来没有在任何时候用言语或行为冒犯过观点不同的人，或者冒犯属于对立党派的人，甚至可以说从未用他的眼神冒犯过任何人。这是我的天命，或者说这是国家的天命，在那最艰难的时候威胁着我们的一切东西都压在我身上。高奈留远非对我的倒台和你们的困顿感到狂喜，而是用他的仁慈、眼泪、努力、同情，给所有那些与我亲近的人带来安慰。

依据他们的证明，有了他们的恳求，我才回到这项工作中来，如我一开始所说，这样做是为了回报他对我们的恩情，先生们，我希望，就像你们热爱和珍视那些最先保卫我的幸福和荣誉的人一样，所以他以一己之力，在他的地位允许的范围内所做的事情会得到你们的尊敬和赞同。所以，攻击他的不是他自己的敌人，因为他没有敌人，而是他的朋友的敌人，他们人多势众；格奈乌斯·庞培昨天在他雄辩的演讲中不得不向这些人发起攻击，如果他们希望的话，他会努力把这些人从这场不公平的竞争和斗争中赶走。

【27】先生们，我们应当把敌意限制于自身，而适度对待我们的敌人的朋友，这是一条不平等的规定，但这条规定既对我们自己有益，又对所有由于关系亲密而与我们联系在一起的人有益。如果我的建议在这件事情上对他们拥有足够的影响力（尤其是因为他们看到我现在已经从环境的改变和实际经验中学到了更多的东西），那么我也会努力把他们从这些更加严重的长期斗争中引走。在捍卫你们认为最优秀的事业、参与政治上的斗争时，我总是认为要做一个勇敢的伟大人物，而在履行这项任务、职责、义务的时候，我又发现要完成这项任务并不需要自己。但这样的参与到此为止是谨慎的，因为这样做有某些好处，即使没有好处，也不是对国家的伤害。我期待实现某些目的，为实现这些目的而努力，并尽力而为，而他们并没有得到安全。当其他人心中悲伤的时候，我难掩自己的悲哀。我们为什么要去推翻我们不能改变的东西，而不是去维护它？元老院以一种独特的、史无前例的形式对盖乌斯·凯撒公开表示谢恩，以此荣耀他。尽管国库空虚也要向获胜的军队支

付军饷，批准向它的统帅派去十名使者，投票表决不应当按照塞普洛尼乌法案派人取代他。我引介和推动了这些提案，但我不认为此举将会消除我与凯撒之间的不同政见，我这样做只是为了使自己适合当前国家的需要，以推进和谐。但其他人不这样想。他们也许是一些更加坚定地坚持自己观点的人。我不责备任何人，但我不会随便赞同任何人的意见，我不认为表达自己的意见和路线就是不团结的标志，就好像这是一艘船，国家要按照它遇上的天气来行驶。但若有人，我知道有好几个人，非常重视他们以前仇恨过的人，那么就让他们与自己的领袖做斗争，而不要与他们的伴随者和拥护者做斗争。因为也许有人会把前一条路线视为固执，虽然另一些人会视之为美德，但所有人都会视后一条路线为不公正，并且混有某些残忍。先生们，如果说我们没有什么办法可以平息某些人的情感，那么我对你们的心灵可以安静下来充满信心，不是由于我的话语，而是由于你们自己的人的情感。

【28】为什么我的当事人与凯撒的友谊应当被视为有助于他的荣耀，而不是给他带来最轻微的伤害？当他还是个年轻人时，他就与凯撒相识；他吸引了一个最有辨别能力的人；在凯撒的一大群朋友中，他是凯撒最亲密的朋友之一。凯撒担任执法官和执政官时任命他为"总技师"，他赞同这个人的判断，表扬他的忠诚，高度评价他的工作，表达对他的尊敬。巴尔布斯在不同的时间里分担了凯撒的许多辛劳；今天，也许，他分享了凯撒的某些利益。如果这些事情在你们眼中会对他造成伤害，那么我看不出有谁能从像你们这样的人的美德中得到什么利益。

由于盖乌斯·凯撒现在远在天边，我们把他现在所在的地方视为罗马帝国的边界，先生们，如果我们还想着他取得的成就，那么我要以上苍的名义发誓，千万不要把这个不幸的消息传到他那里去，不要让他忍受听到这个消息的痛苦，不要让他知道他的"总技师"，一个他最亲近的人，他最亲密的朋友，被你们投票毁灭了，不是因为他自己有任何恶行，而是由于他与凯撒有亲密的关系。向这个处于危险中的受审者表示遗憾吧，不是因为他自己的某些冒犯，不是因为这个最杰出、最优秀的在法庭上的人的行为，不是由于任何指控，而是由于一条公开的法律。如果格奈乌斯·庞培，如果他的父亲，如果马库斯·克拉苏，如果昆图斯·麦特鲁斯，如果卢西乌斯·苏拉，如果普伯里乌·克拉苏，如果盖乌斯·马略，如果元老院，如果罗马人民，如果那些在相同的指控中担任法官的人，如果处在条约下的国家，如果我们的同盟者，如果那些对这条法律一无所知的年老的拉丁人，认为这条法律对你们更加有用，更加光荣，那么你们可以和他们一道，以此为向导，而不是与那些指控者一道，以此为良师。但若你们明白自己不得不就这条确定的、明显的、有价值的，得到批准的法律做出决定，那么你们就要明白这样的行为就是在对长期以来的实践形成一种新的看法。先生们，请你们同时把所有这些考虑都摆在自己眼前：首先，所有那些曾把我们的公民权授予那些与我们缔结了条约的国家的居民的杰出人士在他们死后现在都在受审；其次，元老院也在受审，因为是元老院批准进行这样的审判，并任命了法官。你们也还要记住高奈留以这样一种方式活着，尽管调查法庭要审讯所有冒犯者，但把他召来不是为了惩罚他的罪行，而是为了对他的美德进行奖赏。你们还要记住，通过你们对此案做出的裁决，你们将要决定与杰出人士结成友谊是否是一种灾难，或者对其同胞是否是一件好事。最后，先生们，把这一点记在你们心里，在本案中你们要判定的不是卢西乌斯·高奈留有没有犯罪，而是格奈乌斯·庞培有没有尽责。

为米罗辩护

提 要

本文的拉丁文标题是 "Pro T. Annio Milone Oratio"，英文译为 "The Speech on Behalf of Titus Annius Milo"，意思是 "代表提多·安尼乌斯·米罗发表的演说"。中文篇名定为 "为米罗辩护"。

米罗是公元前57年的一位罗马保民官，他代表元老院的利益纠集一批城市平民与以克劳狄为首的匪帮进行战斗。他个人负债累累，因此把竞选执政官和行省总督当做谋取幸福的捷径，依靠某些有助于达到这一目的的势力集团。公元前53年冬天，米罗试图竞选执政官，而克劳狄试图竞选执法官。双方的争斗使得选举推迟，直至次年一月。然后两人在阿庇安大道巧遇，在打斗中克劳狄被杀。米罗被判有罪，流放玛西里亚（Massilia）。

西塞罗的这篇讲演原打算在公元前52年的一个特别调查法庭上发表，但实际上并未发表，而是后来经过修改当做宣传品散发。

全文共分为38章，译成中文约3.1万字。

正 文

【1】陪审团的先生们，尽管我担心在为最勇敢的人进行辩护而开始发表演讲时恐惧是一种不适宜的状况，然而鉴于提多·安尼乌斯本人更多的是在

为国家而不是在为他自己的安全焦虑，所以我要是不能给他的案子带来一种与他相应的伟大精神，那么是不得体的。这场史无前例的审判的某些方面令我震惊，我环顾四周，找不到有相似的法庭和符合传统的法律程序。你们的集会不像古时候那样用铃声召集听众，我们也没有按照习惯去参加会议。在所有神庙前面你们都能看到有许多警卫，他们尽管是被安排在那里防止暴乱的，但对那个抗辩者却不起任何作用。所以在这里，在这个法庭上，在陪审团面前——尽管四周有部队警卫，这是安全的保障，是必要的——我这个从来不知恐惧为何物的人也不由自主地有了一丝恐惧之意。

先生们，要是我认为这些警告是针对米罗的，那么我应当屈从形势；我应当认为这个抗辩者在军队的强硬力量中没有位置。但是睿智而又正直的格奈乌斯·庞培的明察使我产生回想并确信：凭着他的正直，他决不会认为把这个托付给陪审团审判和判决的人交给手持武器的士兵是合适的；凭着他的睿智，他也不会认为把他交给一群由国家批准手持武器的、像暴徒似的军人是合适的。然而这些部队对我说，这不是危险，而是保护；他们要我冷静和勇敢；他们保证不仅会给辩护者提供帮助，而且听众也会安静地聆听。

然而，这群人中的其他人是我们的人，到目前为止是由公民组成的。你们看，他们预见到这场审判的结果，从四面八方聚集到这个法庭上来。他们支持米罗，但他们并不认为今天这场要产生结果的战斗仅仅是为了他本人，为了他的子女，为了他的国家，为了他的幸福。

【2】我们的对手和居心叵测者都属于这样一类人，他们疯狂地追随普伯里乌·克劳狄纵火与抢劫，给社区带来各种灾难。在昨天的民众集会上克劳狄实际上已经告诉你们应当做出什么样的裁决。如果你们中间产生喧哗，那么克劳狄确实是在向你们提出警告，他在反对你们的幸福，他们这些人从来都把一位公民视为毫无价值的。

因此，先生们，放下你们有可能产生的恐惧，请注意我做的工作。你们有权利宣布你们对勇敢和忠诚的公民的看法，你们都来自最高尚的等级，有机会用你们的行动、投票、言语、姿势来表达自己的意愿。在这种情况下，你们当然拥有全权做出决定：我们这些最忠实地维护你们权威的人要不要在受到长期迫害以后落入那些卑鄙的公民手中。我相信，你们和你们的忠诚、勇敢、智慧将使我们最终获得新生。有什么可以说出来或想象到的艰险、焦虑、困顿能超过我的当事人和我本人？我们受到引导投身于政治活动，希望能够获得适度奖赏，但却不能使我们自己摆脱对最残忍的惩罚的恐惧。在我看来，我总是认为米罗必须面对所有暴风骤雨，要在民众大会上面对群情激愤的场面，因为他的同情心总是倾向于爱国者，反对那些煽动暴乱的阴谋家；但是在审判中——在这个由各个等级最有影响的人组成，将要做出他们的裁决的地方——我不认为米罗的敌人有希望使他最终毁灭，因为这样做只会弥补他的崇高名誉。

然而，先生们，在当前的案子中，为了驳斥这一指控，我不会接受保民官提多·安尼乌斯的非法收益，也不会接受他的所有活动的收益，这些活动是为了国家的利益。除非我能成功地向你们提供明确的证据，证明克劳狄在制造反对米罗的叛乱，否则我不会要求你们考虑到我的当事人为国家提供的许多杰出的服务而放弃当前的指控，也不会因为普伯里乌·克劳狄之死表明了你们的得救而要求你们把这件事算做米罗的功劳而不是罗马人民的好运。先生们，仅当克劳狄制造的阴谋真相大白于天下的时候，我才会向你们提出请求：哪怕我们失去其他所有权利，我们至少应当保留毫无畏惧地捍卫我们的生命、抵抗敌人的无耻进攻这一权利。

【3】但是，在我向你们提出这些与案情有特别关系的论证之前，我想我应当驳斥我们的敌人在元老院不断散布的流言，这些人在以往公共集会上对现状表示不满，原告的律师刚才也表达了这种不满，我的目的是消除种种迷雾，让你们可以在法庭上清楚地调查这件事情。他们声称这个人自己承认杀死过一名同胞，因为此人没有权利享受白天的阳光。请你们告诉我，哪个城市有这样愚蠢的规定？审判勇敢的马库斯·霍拉提乌是可以作见证的这座城市最早的大案，为什么早在这个城邦获得自由之前，罗马的民众大会就将他释放，尽管他承认自己亲手杀了他的姐妹。或者说，有谁不明白在对一名杀

人凶手进行调查时，人们要么否认杀人行为本身，要么为杀人行为的承担者辩护，说他的行为是正义的、合理的？除非你们认为普伯里乌·阿非利加努确实疯了，盖乌斯·卡波在一个公众集会上恶毒地问他对提比略·革拉古之死有什么看法，这个时候阿非利加努回答说，他认为革拉古该死。确实，如果犯了罪的公民杀人本身是应当受到憎恶的行为，那么在我担任执政官期间，伟大的塞维留斯·阿哈拉、普伯里乌·纳西卡、卢西乌斯·奥皮米乌、盖乌斯·马略，还有元老院，都应到遭到痛恨。所以，先生们，这样做并非无理，高明的诗人甚至在他们虚构的作品中叙述一个人如何冒犯他的父亲，杀死他的母亲，尽管人们的意见有分歧，但有关他的行为无罪的判决不仅来自神旨，而且来自最聪明的女神。如果十二铜牌法规定杀死夜间行窃者在任何情况下都不受处罚，而有谁能够认为，无论在何种情况下杀死白天手持武器行凶的盗贼也可以不受任何惩罚？他所处的时代是一个法律允许我们用刀剑杀死同胞的时代。

【4】如果杀人是合理的，那么在任何场合（这样的场合很多）杀人不仅合理，而且在以暴抗暴时不可避免。盖乌斯·马略军中的一名士兵受到军法官可耻的羞辱，这位军法官是这位统帅的亲戚；挑衅者被他意向中的牺牲品杀死，这位年轻人宁可铤而走险，也不愿忍受屈辱。而这位伟大的统帅竟然赦免了他的冒犯，判他无罪。在对付刺客和土匪的时候，有哪个杀人举动缺少理由？保护我们的保镖和我们携带的刀剑是什么意思？要是我们从来没有得到使用它们的许可，那么我们肯定不会得到拥有它们的许可。因此，法官先生们，确实存在这样一部法律，这部法律不是写就的，而是生就的；我们不是学习、接受、阅读它，而是出于天性把握、夺取、占有它；我们不是通过训练，而是凭着直觉知道它。我的意思是：只要我们的生命遇到危险、落入圈套、遭遇强敌的暴力或武器，那么我们用任何方法获得安全在道德上都是正义的。军队一讲话，法律就沉默；军队没有吩咐任何人等候它们发话，因为选择等待的人必须在他能够确定一名应当受到惩罚的人之前接受不该由他接受的惩罚。然而，最聪明的是，在某种意义上不言而喻的是，法律本身

认可自我防卫；它禁止的不是杀人，而是带着杀人的想法携带武器，因此，这个案子要调查的是案子的情况，而不是有没有携带武器，无人认为用武器进行自卫的人有杀人的想法。所以，先生们，让我们结合整个案子来加以考虑。如果你们心里记得杀死叛乱者可以是一项正义的行动，那么我无疑会将此案说成是自卫。

【5】米罗的敌人反复催促，要人们考虑下面这个要点：元老院已经判定使克劳狄丧生的那场斗殴是有损国家利益的行为。然而元老院不仅通过投票，而且公开宣布它对这项行动表示同情。我在元老院会议上多次提出抗议！整个元老院做出的决定又是多么坦率和毫无保留！因为在元老院出席人数最多的那次会议上，只有四个人，或者顶多五个人，表示他们反对判定米罗无罪。那位怒火中烧的保民官死前的高谈阔论足以使这件事情清楚明白，他每天都在恶毒地痛骂我的地位，断言元老院的法令所表达的不是元老院的看法，而是我的愿望。关于我的地位，要是确实应当做出这样描述，那么倒不如说是我在一项最诚实的事业中做出了巨大贡献而产生了一定的影响，或者说是我的辛勤劳动得到忠诚公民的热爱。好吧，随他怎么说吧，只要我是在利用我的地位，为爱国者的幸福服务，反对暴徒的疯狂。

尽管本案的司法程序并非不公正，但元老院从来不认为这个法庭的组成是必要的。因为处理凶杀与骚扰的法律以及司法程序都已经有了；元老院对克劳狄之死感到悲伤和惊恐，但并不一定要通过一种新的程序来组成新的法庭。剥夺相关法庭对克劳狄的淫荡进行审判的权利，建立一个新的特别法庭来审理他的死亡，这样的想法可信吗？纵火焚烧元老院、包围马库斯·雷必达的住宅，以及我们正在处理的这场斗殴，元老院为什么要宣布这些事情损害国家的利益？因为在一个自由的国度里，公民之间相互使用暴力有损国家的利益。国家并不期待人们用自卫来对抗暴力，尽管有些时候武装自卫不可避免，比如杀死提比略·革拉古、杀死他的兄弟盖乌斯、消灭萨图尼努斯的军队，毁灭这些人符合公共利益，也没有给国家带来伤害。

【6】与此原则相一致，由于发生在阿庇安大道上的这场斗殴已经发生，

不可否认，因此我本人要对它发表看法，不是因为自卫者的行动有损国家利益，而是因为这场斗殴包含着暴力和阴谋的成分。我反对整件事，但与此同时把自卫者是否有罪的问题留给陪审团去处理。如果这位疯狂的保民官允许元老院履行它的职责，那么我们今天不应当依赖一个特别的程序。我们应当对依据现有法律进行的调查做出裁决，优先处理这个案子。如果由于某些人的动议我们举行另外一次投票——我不需要揭露任何人的不端行为——那么，元老院的其他决定都会由于这次投票而变得无效。

也许有人会反对说："格奈乌斯·庞培在他的提案中表达了对事实本身的看法，以及对相关权利的看法，因为他采取了一项措施来处理发生在阿庇安大道上的斗殴，普伯里乌·克劳狄在这场斗殴中被杀死。"那么，这项措施是什么呢？当然是进行调查。那么，要调查什么问题呢？是发生了的事情吗？没有人对此提出过疑问。是哪些人参加了这项行动吗？这显而易见。所以，庞培明白，即使事实本身很清楚，也应当举行一场公正的审判。要是他看不到那个犯有斗殴行为的人，就像他看到我的当事人也参与了斗殴一样，有可能被判无罪，那么他就不会下令进行调查了，也不会把那封记有你们的投票结果、加了封印的信和那封表达他的悲伤的信交给你们了。我认为，格奈乌斯·庞培迄今为止宣布了的内容对米罗有伤害，但他确实规定了你们在裁决时必须考虑的问题，因为他宣布自己的看法不是由于害怕受到惩罚，而是由于得到提出抗辩的许可：要调查的不是死亡的事实，而是死亡时的境况。他对普伯里乌·克劳狄之死采取的直接措施到底是针对这位保民官的功劳，还是针对紧急情况，他无疑马上就会亲自把他的想法告诉我们。

【7】马库斯·德鲁苏斯这位伟大的贵族和卫士——在那些充满动乱的时期，他几乎就是国家的保卫人——是我们勇敢的陪审团成员、保民官马库斯·加图的叔父。马库斯·德鲁苏斯在他自己的住宅里被谋杀。[①] 但人们对他的死没有提出什么质疑，元老院也没有说要启动什么特别的程序。普伯里

---

① 于公元前 91 年。

乌·阿非利加努在家里休息的时候，在一个夜晚遭到不幸，整个城市，如我们的前辈所告诉我们的那样，充满了巨大的悲痛，沉浸在悲哀之中！当时有谁没有发出痛苦的呻吟？所有人都希望他长寿，甚至不允许他在走到自然的生命尽头时离我们而去！那么当时对普伯里乌·阿非利加努之死进行过什么特别的调查吗？没有，确实没有。为什么会这样呢？因为凶手的罪恶对于被害人来说，无论是在他声名显赫的时候和不那么出名的时候，都没有什么不同。生活中应当有崇高和卑微之分，而在死亡问题上，至少在谋杀问题上，应当服从统一的惩罚和法律，除非谋杀一位从前担任过执政官的父亲和谋杀一位什么也不是的父亲会有区别，或者说，除非普伯里乌·克劳狄之死会引起人们更大的震惊，事实上他被杀死在他祖先的纪念碑前。这是我们的对手重复多遍的看法，他们要我们相信，瞎子阿庇乌斯建造一条大道不是为了供人民使用，而是作为一个他的后代可以不受惩罚地在大道上抢劫的场所。

我假定，普伯里乌·克劳狄同样是在这条阿庇安大道上谋杀了优秀的罗马骑士马库斯·帕皮留斯，而这就是人们似乎并不想惩罚这项罪行的原因；这是一位贵族在他的家族的纪念碑前杀害一位罗马骑士；而现在同样是在阿庇安大道上，它的名字又会唤起多么大的轰动呢！从前，有一位深受人们敬仰的、无罪的人倒在血泊中，但没有任何人出来说话；而现在，由于这件事涉及一名弑父的强盗的流血，人们发出了多么巨大而又持久的声响啊！但我为什么要详述这些例子？普伯里乌·克劳狄的一名奴隶在卡斯托耳神庙前被捕，他隐藏在那里想要刺杀格奈乌斯·庞培；他认了罪，从他手中夺下了匕首。后来，庞培关闭了讲坛，关闭了元老院，封闭了公众的眼睛；他把自己隐藏在大门和墙壁后面，而不是用法律和法庭授予他的权利保护自己。当时人们提出过什么动议吗，执行过什么新的程序吗？确实，要是有恰当的时机、恰当的人、恰当的时间，那么采取这些措施对本案来说都很重要。阴谋者的画像被张贴在讲坛上，张贴在元老院的前厅；他要杀害一个人，而这个人的生命关系到国家的幸福；在如此重大的公共危机中，如果这个人或其他人一个也没倒下，那么不仅是这个国家，而且是各个民族，都会被杀，倒在尘土之中。有人会说不应当惩罚这种罪恶，因为它没有成功，充其量只是蓄谋，而法律要追究的是事实，而不是犯罪所要达到的目的。然而，它的失败会减少使我们感到悲伤的理由，但对它进行惩罚的理由丝毫也不会减少。先生们，我本人也经常要逃避普伯里乌·克劳狄的武器和他的魔爪！要是我自己的幸运和国家的幸运不让我活到今天，那么请你们告诉我，有谁会提出动议对我的死亡进行司法调查？

【8】但是，大胆地把德鲁苏斯、阿非利加努、庞培、我自己和普伯里乌·克劳狄相提并论，我这样做该有多么荒唐！这些行动是可以忍受的，但无人能平静地忍受普伯里乌·克劳狄之死！元老院在哀悼，骑士等级难以抑制他们的悲痛，整个国家陷入苦恼之中，整个城市穿上了丧服，各个殖民地心痛欲裂！为什么每一块土地都对这个公民如此仁慈，如此温和？不，先生们，这肯定不是庞培认为应当采取特别措施的原因。不，以他的睿智和渊博，以及预言家般的天赋，他采用了一种流传很广的看法。克劳狄是他的敌人，米罗是他的朋友；如果他也乐意看到人们普遍感到高兴，那么他会担心以往已经达成的妥协①会在某种程度上变得不可信。更重要的是，他也更加看重你们将会继续做出的毫不畏缩的判决，就像他在动议中所用的术语一样严峻。于是，他从最优秀的等级中挑选了一些杰出人士，他没有像人们通常所说的那样把我的朋友排除在他所挑选的陪审团之外。他太公正了，乃至于不可能拥有这样的想法，即使他愿意这样做，他也不能成功地选到好人担任陪审员。因为关心我的人并不局限于我的那些亲密朋友，生活中的密切关系只存在于极少数人之间；如果说我有什么影响，那么这种影响来自这样一个事实：公共生活把我的命运和好人们的命运联系在一起。他在最优秀的人中间进行选择，他相信他的选择关系到他自己的信誉，所以他选择的人不可能不是我的支持者。至于他特别希望你卢西乌斯·多米提乌来主持这场调查，可以看出他想要的就是公正、尊严、豁达、正直。他提议这个位置只能由执

---

① 与克劳狄达成的妥协。

政官等级的人来担任，他无疑认为抵抗那些自私的无产者和鲁莽的煽动者是我们这些杰出人士应当发挥的特殊作用。他在所有担任过执政官的人中间任命了你，因为你从青年时代起就表现出对那些蛊惑民心的政客的蔑视。

【9】因此，先生们，我们现在可以详细讨论这场审判的问题。如果已经宣布的事实并非完全史无前例，如果元老院对此案尚未做出有违我们意愿的任何判断，如果法案的提出者本人感到尽管案情本身没有争论，但仍希望或多或少地讨论一下权利问题，如果选择陪审团和任命调查的主席是公正的、明智的，那么你们剩下来要决定的事情就是：在此阴谋中发生争执的双方哪一方有罪。为了在这个问题上得到更加清晰的看法，请你们在我简要叙述事件时注意聆听。

普伯里乌·克劳狄下定决心要在担任执法官期间用各种无法无天的行为伤害国家。他看到前一年的选举推迟了，因此他担任执法官的时间只有几个月。他对这个大多数人都想担任的高级职位毫不关心，他所关心的是不让杰出的公民卢西乌斯·鲍鲁斯当他的同事，以便有一整年时间可以伤害国家。因此，他突然放弃在那一年任职，把他的名字放到下一年——这不是像通常那样由于某种宗教方面的顾忌，而是按照他自己的解释，使他自己可以有整整一年时间担任执法官——也就是说，可以有一年时间颠覆国家。

他头脑中想的是，要是米罗担任了执政官，那么他担任执法官时的权力就会大大削弱；更为重要的是，他看到米罗在罗马人民的衷心支持下被公正地选举为执政官。他与米罗共同参加执政官的竞选，但在竞选中他完全掌握了选民的情况，甚至采取反对他们意愿的行动；如他自己所描述的那样，他要把整个选举的重任担当起来。他要负责集合各个部落，他要成为它们的代理人，他要注册一个新的克劳狄部落。但是，克劳狄越是按照他的意志去努力，米罗就变得越强。当伺机而动的克劳狄看到自己最厉害的对手、这个坚定的人毫无疑问将会成为执政官的时候，当他明白这个人当选执政官已经不再是人们的闲谈，而将由罗马人民选举产生的时候，他开始用最明白的话语公开宣布，必须杀死米罗。他从亚平宁山区找来最野蛮的奴隶，他雇了这些奴隶看守公共林地，并派他们骚扰埃图利亚，你们见过这些人。他一点儿也不想保守秘密，他公开宣称，要是不能剥夺米罗的执政官位置，至少可以剥夺他的生命。他经常在元老院里隐晦地提到这件事，而在民众集会上则公开宣布。而这还不够，当勇敢的马库斯·法伏纽斯问他到底想要干什么时，他回答说，只要米罗还活着，他要在三天内，顶多四天，让米罗死。法伏纽斯马上就把这个消息报告了我们在这里的这位朋友，马库斯·加图。

【10】与此同时，由于克劳狄知道——他不难知道——米罗作为拉努维乌的独裁者为了履行祭仪和法律所要求的义务，必须进行一次旅行，要在 1 月 18 日那天去那个镇子宣布一项祭司选举的决定，于是他本人突然在前一天离开罗马，为的是可以在他的庄园前面设下埋伏，对付米罗，正如后来的情况所表明的那样。更有甚者，他的离去与他放弃当天举行的一场喧嚣的公共集会有关，那场集会由于少了他而黯然失色，要是他不想出现在阴谋的现场，那么他决不会放弃参加集会。

另一方面，米罗那天在元老院开会，直到会议结束才回家。他更换鞋袜和外衣，等着妻子为他的出行做准备，这是做妻子的必须要做的事。他最后启程时，天已经很晚了，这个时候克劳狄已经返回罗马，而这样做极可能是故意的。米罗在路上撞见了克劳狄，没有道路阻塞，克劳狄骑在马上，他没有坐车，没有带行李，也没有通常有的希腊跟班，没有和他的妻子同行（这种情况对他来说很罕见）；而我们所谓的阴谋家米罗（人们告诉我们）按照原先的杀人预谋，与他的妻子一道坐在车子里，穿着旅行用的披风，带着大量的行李和女仆同行。米罗大约 11 点在克劳狄的庄园前面遇上了克劳狄。埋伏在高地上的几名武士立刻对我的当事人发起进攻，另外有一些人包围了马车，杀死车大；当米罗扔下披风，逃离车子，勇敢自卫的时候，克劳狄一伙人拔出刀剑，要么是冲向车子，试图从后面攻击米罗，要么是以为米罗已经被杀死，开始砍杀那些跟随米罗的奴仆。而米罗的奴仆要么看到马车被重重包围，以为米罗已经被杀，要么听到克劳狄嘴里喊着米罗被杀死，因此相信了他的话。我要说，米罗的奴仆——我只能描述发生的事件，而不想转移原告对我当事人的指控——在不知道，或者他们的主人不在场的情况下做了每个人都希望自己的奴仆在同样情况下会做的事。

【11】先生们，我的讲述与事实完全吻合。有一名阴谋家被打死了。暴力被暴力战胜了，或者说邪恶被勇敢战胜了。我不说这是公共幸福的增长，也不说你们由此得到了什么，所有爱国者由此得到了什么。我们不要把这件事有一丁点算在米罗的勇敢上，命运在他诞生的时候就已经禁止他在拯救自己的时候同时拯救这个国家和你们。如果他的行动是不正义的，那么我没有什么要为他辩护的。但若在任何情况下都应当凭借自己来自头脑和身体的力量抵抗外来的暴力侵犯是一条真理——这条真理由理性灌输给文明人，由必然性灌输给野蛮人，由习惯灌输给人类，甚至由自然本身灌输给野兽——那么你们不能在判定这是一种邪恶行为的同时判定那些不依靠他们手中的武器，而依靠你们的投票，因而倒在强盗面前的所有人都应当遭到毁灭。要是我的当事人这样想，那么对他来说，他肯定更希望露出脖子任由克劳狄砍杀，也不愿由你们来判决他死刑，他这样做也已经不是第一次了，因为他没有向克劳狄投降。但若你们没有人感觉到这一点，那么克劳狄被杀——我们承认他被杀——是否正义这个问题在许多案件中都产生过。人们已经承认这是一场阴谋，元老院已经宣布这是一项有损国家利益的行动，但不清楚这两个人中间的哪一个要对阴谋负责；所以，这就是你们应当调查的事情。以同样的方式，元老院要调查的是行动而不是行动者，而庞培通过专门的调查要决定的问题是正义而不是事实。

【12】那么，在这个法庭上，除了这两人中是谁在搞阴谋杀死对方，还有其他问题吗？显然没有了。如果我的当事人搞阴谋杀害克劳狄，那就让他接受惩罚；如果是克劳狄搞阴谋杀害米罗，那就让我们判米罗无罪。

那么我又该如何向你们证明：是克劳狄在搞阴谋，他想要杀死米罗，而且我的证明又如何能够令你们满意？由于我们现在正在对付这样一个无恶不作的魔鬼，所以只要证明他有很强的动机杀死米罗也就够了，因为米罗之死会给克劳狄带来很大的希望和利益。可以让卢西乌斯·卡西乌斯的著名格言——"对什么人有益?"①——用于我们现在面对的这些人;我们只需记住:私利决不会驱使好人犯罪,而坏人经常在蝇头小利的驱使下作恶。事实上,如果米罗死了,那么克劳狄担任执法官的时候就不会与这位执政官的任期重合,这位执政官也就不会使克劳狄的权力化为乌有,而其他执政官如果不会帮助克劳狄,至少也会默许克劳狄想要充分实施的疯狂计划。克劳狄会这样推论:那些人至少不会急于批评他的所作所为,因为他们欠下他许多债务,因此会很敏感,即使他们愿意,也会没有足够的力量来粉碎克劳狄的无赖行径,而这些无赖现在正在大行其道。

但是,先生们,你们在隐居而一无所知吗?你们在这座城市里像陌生人一样行走吗?你们的耳朵里塞满了羊毛吗?在我们的人民中间传播的那些流言蜚语不会影响他们吗?他还想用法律来伤害我们——与其把这些东西称做法律,不如把它们称做焚烧城市的火把,危害整个国家的瘟疫——想用这些法律条文来制裁我们。站出来,塞克斯都·克劳狄,把你弄到手的法律文书拿出来!有人告诉我们,这些东西像密涅瓦女神的神像②一样在夜色的保护下平安降落在那座房子里。你们把它当做一件宝贝,送给那些已经做好准备担任保民官的人作为动力,他们要按照你的条件担任保民官!……③ 他对我怒目而视,就像他在恫吓所有人时所做的那样。我得说,元老院的光亮——啊,那场熊熊大火——使我感到眩晕!

【13】啊,塞克斯都,你以为我在生你的气吗?你毫不怜悯地报复我最凶恶的敌人,你对他的愤怒甚至远远超过我。你把普伯里乌·克劳狄血淋淋的尸体甩出门外,扔到大路上;在那里本该有人为他收尸、送葬、追悼,而你把他的尸体扔在胡乱堆起的柴堆上冲洗,然后留在那里任由夜间觅食的野狗撕咬!这种行为尤疑是可耻的,但由于你的鲁莽行动针对我的敌人,所以尽管我不能赞扬你的行为,但我肯定也没有权利对你发怒。

---

① 此处拉丁原文"Cui bono"。

② 此处原文"Palladium",意思是从天上降落到特洛伊城的密涅瓦女神的神像。

③ 此处原文有缺失。

　　先生们，你们已经听到克劳狄对于杀死米罗有多么大的兴趣，所以让我们现在来考虑一下米罗。杀死克劳狄，米罗从中能得到什么？我不说米罗杀死克劳狄，而说米罗想要杀死克劳狄，其原因何在？你们说克劳狄是米罗获得执政官职位的障碍。是的，但米罗以一种公平的方式成为执政官，尽管有克劳狄的反对。不，诸如此类的解释还多得很！为什么我为米罗赢得的选票不如克劳狄多呢？先生们，米罗为我和这个国家提供的服务仍在感动你们，我们的祈祷和眼泪仍在感动你们，我明白你们当时对此留下了深刻的印象，但对你们触动最大的还是对迫在眉睫的危险感到恐惧。因为，有哪个公民看不到，不受约束地延长克劳狄的执法官任期会引发巨大的骚乱？你们知道他的任期不受约束，除非有一个勇敢而强势的执政官能约束他。全体罗马人民都认为米罗是这样一个人；既然能使自己摆脱恐惧，使国家摆脱危险，那么有谁会对投他的票犹豫不决？然而，克劳狄现在已经被清除了，不会再妨碍米罗，对一般的人来说，这意味着米罗从今以后会努力恪守他的美德。米罗在努力扼制克劳狄的疯狂，这是米罗特有的荣耀，而且与日俱增，但这种荣耀由于克劳狄的死亡而消失。现在你们已经摆脱了对任何一位公民的恐惧，而米罗的勇敢则失去了发挥的地方。这是米罗在竞选执政官时获得选票的一个来源，也是使米罗本人出名的从不止息的泉源。所以，当克劳狄活着的时候，米罗在竞选中一直能够承受各种攻击；而在克劳狄死后，米罗的勇敢开始受到攻击。只说米罗从克劳狄的死亡中没有得到什么好处，那不是真的；但他确实由于克劳狄之死而有一些损失。有人会这样说："啊，是的，但仇恨总是一种强烈的动机；在愤怒和仇恨中他采取了行动，起了一个报复者的作用，以此补偿自己的悲伤。"什么呀！如果就是这些情况，那么我不说克劳狄具有的报复动机比米罗更强，而说这样的动机完全支配着克劳狄，而在我的当事人身上根本不存在。你们还有什么要问？克劳狄实际上起着使米罗出名的作用，所以除了拥有公共精神、痛恨一切坏人之外，米罗有什么理由要仇恨克劳狄？说克劳狄仇恨这样一个人更有道理：第一，这个人维护我的幸福；第二，这个人抑制克劳狄的疯狂，消灭克劳狄的武装；最后，这个人是克劳狄的指控者，只要克劳狄还活着，克劳狄就处于米罗依据普劳图斯法案提出的起诉之下。你们认为克劳狄这个暴君会忍受这一点吗？按照他自己的正义标准，他的仇恨要有多么深才会显得公正！

【14】剩下的论证还有：克劳狄的天性和习惯讨人喜欢，而被告在这些方面应当受到谴责。有人告诉我们：克劳狄从来不用暴力，而米罗一直在使用暴力。情况是这样的吗？先生们，当我在你们的悲伤中离开这座城市时，令我害怕的是审判吗？倒不如说，令我恐惧的难道不是奴隶、武装、暴力吗？如果当初放逐我是不公正的，那么我现在的复归又有什么公正可言？假定他给我一张拘捕令，对我进行罚款，告发我叛国，那么我不得不对处理我的案子的法官的无知判决感到恐惧，或者至少从个人层面上来说害怕某个人，而不会害怕一个有着荣耀、全国知名的人。我冒着生命危险，采取措施，使一些同胞公民保存下来，我不会让他们代我去面对奴隶穷人、坏公民们的武器。我甚至看到为我们国家增光添彩的昆图斯·霍腾修斯由于和我站在一起而差点儿落入奴隶之手；在同一场叛乱中，杰出的元老院议员盖乌斯·维庇努斯受到伤害而死。所以，从今以后，喀提林传给克劳狄的匕首真的能够入鞘了吗？这就是我们面临的威胁，正因如此，我不能忍受让你们代我去冒险。庞培受到伏击，阿庇安大道沾上了帕皮留斯的鲜血，它将永远记住自卫者的名字。而在许多年后，我又一次受到袭击，你们都明白，就在最近，我在王宫附近几乎送命。

米罗有这样的行为吗？他使用过的所有暴力都只是为了一个目的：阻止克劳狄，因为他不能把克劳狄硬拉到法庭上来，使这个国家免遭奴隶的暴力。如果米罗选择的办法是杀了克劳狄，那么米罗该有多少机会，该有多么伟大，该有多么光荣啊！他在抵抗克劳狄的攻击，保卫自己的家和家神时，为什么不能采取合理的报复呢？要是说他当时不能使用暴力，那么当著名的公民和勇敢的绅士、他的同事普伯里乌·塞斯提乌被打伤时，他也不能使用暴力吗？或者说，当高贵的昆图斯·法伯里修提出让我复归的建议遭到拒绝、可怕的大屠杀在讲坛上发生时，他也不能使用暴力吗？或者说，当正直而又勇敢的执法官卢西乌斯·凯西留斯之家受到围困时，他也不能使用暴力吗？在有关我的那部法案提出的那一天，当来自整个意大利的成千上万的人为了我的幸福而受到召唤，乐意参加如此光荣的行动，甚至连米罗都前所未有地要成为整个国家荣耀的再造者的时候，他也不能使用暴力吗？

【15】但是，对这一举动来说，这是一个什么样的时间啊！与克劳狄敌对的有普伯里乌·伦图卢斯，他是一位勇敢而又杰出的执政官，他对克劳狄所犯的罪行复仇，他是元老院的堡垒，捍卫你们的意志，推动你们达成一致的意见，恢复我的公民权利；与克劳狄敌对的共有七位执法官和八位保民官，他们都为我进行辩护；与克劳狄敌对的还有格奈乌斯·庞培，他鼓励和领导人们促成我的回归，整个元老院支持他分量很重的、雄辩的演讲，他敦促罗马人民采取行动；他本人按照他在卡普阿通过的有关我的一个法令给整个意大利一个信号，让那些抱着一种翘首以待的热心和想要寻求他的帮助的人到罗马来，让我复归。然后，确实是通过这种对我的渴望，人们开始普遍憎恨克劳狄，当时要是有谁杀了他，那么他们不会考虑要不要判这个人无罪，而会考虑给他奖赏。然而，尽管米罗曾两次向克劳狄挑战，但从来没有在审判中向他挑战。还有，当米罗还是一个普通公民的时候，他应普伯里乌·克劳狄之请在人民面前回答另一个人的指控，他当时在辩护中确实攻击过格奈乌斯·庞培；这确实不仅是消灭克劳狄的一个机会，而且是消灭他的一个理由！最近也是这样，马库斯·安东尼乌斯用高尚而又有益的希望激励所有善良的爱国者，这位等级很高的年轻人勇敢地辞去在公共生活中所担任的重要职务，用他辛勤劳动编织而成的罗网罩住了一个竭力想要脱逃的魔鬼。诸神啊，这是多么好的机会啊！当克劳狄在楼梯下的碗柜里藏身时，对米罗来说，结果这头畜生会很难吗？这样做对他自己的名声和库斯·安东尼乌斯的伟大荣耀没有作用吗？还有，广场上举行选举时他有多少机会啊！克劳狄冲进广场，下令他的同伙拔出刀剑，投掷石块，然而在米罗目光的威慑下，克劳狄逃往台伯河；而你们和所有善良的爱国者进行祈祷，让米罗自由自在地勇敢行动。

【16】那么当有人确实在抗议的时候，他愿意去做那些他本人拒绝做，而会令所有人都高兴的事情吗？当他可以合法、有益、有机会、不受惩罚地杀死克劳狄的时候，他没有这样做；而当他不合法、无益、没有机会、要冒着自己的生命危险才能杀死克劳狄的时候，他却毫不犹豫地这样做了，是这样的吗？还有，先生们，在一场为最高荣誉而战的选举日就要结束的时候——我知道拉选票是一种多么令人紧张不安的工作，竞选执政官有多么紧张和令人疲惫——在一个我们不仅害怕监察官会公开反对我们，而且害怕每一个仅凭想象而产生的含糊建议的时候，任何谣言，任何愚蠢的夸大，都会令我们颤抖，我们急于观察每一张脸上的每一个表情。没有任何东西比我们的同胞公民对待我们的情感和态度更加柔顺，更加微妙，更加易变和扭曲；不仅是候选人的错误行为会激起他们的愤怒，而且连一些不会引起人们反对的行为也会引来他们的吹毛求疵。米罗把他的所有期待和希望都放在选举的那一天，他会双手沾满鲜血，公开承认自己犯了滔天大罪，然后出现在庄严的占卜仪式上吗？在我的当事人身上有这样的行为确实难以置信！要找这样的行为可以到克劳狄身上去寻找，因为米罗之死能让克劳狄坐上暴君的宝座。还有（这里隐藏着有关邪恶冒险的一切秘密），没有比可以不受惩罚更大的让人去犯罪的诱惑了，这难道不是一个公认的事实？这两个人中间哪一个会更加珍惜这样的期待？事实上，米罗正在由于他的一项即使不算英勇，至少也算不可避免的行为受审，不是吗？而克劳狄轻视判决和惩罚，那么他还可能在自然或法律允许的范围内寻找快乐吗？

但我为什么要争论这一点？或者说，为什么要进一步讨论这件事？昆图斯·庞提留斯，我要向你呼吁，你是一位善良勇敢的公民；马库斯·加图，我要请你作证，在我看来，上苍差你来做我的法官。你从马库斯·法伏纽斯嘴里听说，克劳狄告诉他——当克劳狄还活着的时候你就听说了——米罗三天之内就会送命。这些话讲出来三天以后，这件事就发生了。克劳狄毫无顾忌地暴露自己的想法，而你对他的行为还有什么可犹豫的吗？

【17】那么，克劳狄在那天怎么会不出差错呢？我刚才告诉过你们，对

他来说要弄清拉努维乌的独裁者必须在什么时候举行献祭并不难。他知道米罗那一天必须从拉努维乌启程，于是就想要先发制人。但那是什么样的一天哪？我在前面提到，那一天会有疯狂的公共集会，人们的激情被克劳狄点燃，而克劳狄也将为此付出自己的代价——要不是为了耐心地完成一项预谋的罪行，那么他决不会放弃这样的机会，这样的集会，这样的叛乱。所以克劳狄有留在城里的动机，而无任何前往事发地点的动机；而米罗没有机会留下，他不仅没有留在城里的动机，而且有不可推辞的义务在身，要离开城市。还有，克劳狄事实上知道米罗哪天会上路，而米罗甚至想不到会在这种情况下遇上克劳狄，是吗？我首先要问，他是怎么知道的？这个问题关系到克劳狄，是你们不能问的。我们甚至可以假定，除了他的亲密朋友、独裁者提多·帕提那以外，克劳狄没有问过任何人，克劳狄知道米罗在那天有义务必须去拉努维乌参加一位祭司的仪式。但是还有许多其他人，他可以通过他们轻易地弄清事实——比如向拉努维乌人打听。但是米罗又能向谁打听克劳狄的返程呢？让我们假定米罗确实打听过——请注意我对你有多么仁慈①——让我们假定他甚至贿赂过一名奴隶，如我的朋友昆图斯·阿琉斯所建议的那样。读一读你们自己的证人的证词吧，盖乌斯·考西纽斯，一位来自英特拉纳的学者，克劳狄的亲密朋友和同伴（再说，他前些时候提供的证词表明克劳狄那一天既在英特拉纳，又在罗马），他断定克劳狄在那天原来打算留在他的阿尔班别墅里，而在接到建筑师居鲁士去世的噩耗后，克劳狄突然决定返回罗马。盖乌斯·克劳狄，他也是普伯里乌·克劳狄的一位同伴，证实了这一点。

【18】先生们，请注意凭借这一证词能得出什么重要结论。首先，如果这两人都不像是要碰面的话，那么米罗显然不会故意在大路上伏击克劳狄，米罗应当被判无罪——这一点非常清楚。其次——我不明白我为什么不该做一件对自己有利的事情——先生们，你们知道有些人在敦促建立这个法庭时

———————
① 这里的插入语是对原告的律师说的。

大胆地断言：这一行动的实施者是米罗的双手，但推动这一行动的心灵属于
另外一个更加伟大的人。让我来告诉你们，一些无耻的恶棍称我为拦路强盗
和谋杀者。但是他们自己的证据摧毁了他们的说法，即克劳狄要是没有得到
关于居鲁士的消息，那么他不会返回罗马。我很心安理得，我的名声是清白
的，我不再害怕把我的计划安排在一个我甚至不会引起怀疑的环境中。现在
让我进入下一个要点。我们碰上了这样的反对意见："克劳狄不可能有任何
谋反的想法，因为他打算待在他的阿尔班别墅里。"是的，要是他不打算离
开别墅去杀人，那么情况会是这样。而我完全明白，那个据说向克劳狄报告
居鲁士死讯的信使，他所报告的实际上是米罗正在逼近。因为，这名信使能
给克劳狄带来什么关于居鲁士的消息？克劳狄离开罗马时已经知道居鲁士处
在弥留之际。我当时和克劳狄在一起，我和他是居鲁士遗嘱的见证人。那份
遗嘱是公开写就的，克劳狄和我作为财产继承者签了名。克劳狄在居鲁士去
世的前一天的 3 点钟离开了居鲁士，而他居然在居鲁士死后的第十天得到居
鲁士去世的消息！

【19】好吧，让我们假定情况就是这样。那么克劳狄匆忙赶回罗马的动
机是什么呢？他为什么要在晚上动身？因为他是财产继承者而匆忙上路吗？
首先，他没有任何可以想象的必要理由仓促上路；如果有，那么请你们告诉
我，他那天晚上赶到罗马能得到些什么，要是到了第二天早晨他还没有到达
罗马，他又会失去什么？还有，就像克劳狄有各种理由想要在夜间抵达罗马
城一样，所以米罗，如果他知道克劳狄会在夜间抵达罗马城，那么他一定会
像阴谋叛乱者一样躲藏起来等着克劳狄到来。他一定会乘着夜色在那些盗贼
出没之处杀了克劳狄。要是他这样做了，那么不会有一个人相信他的矢口否
认。甚至到了现在，当他承认自己有这样的行为时，所有人还是希望判他无
罪。事发地点本身，那个盗贼出没的巢穴和港湾，会接受这样的判决；那个
不会出声的地方不会讲述米罗的故事，盲目的夜晚也不会出卖他。其次，如
果这项行动在那里发生，那么许多被克劳狄强暴、抢劫、赶出家园的人，以
及更多害怕遭遇这种命运的人，今天会被怀疑；确实，整个埃图利亚会受到

传讯。还有一种可能，克劳狄确实在那天从阿非利加返回，抵达他在阿尔班的别墅。然而现在即使假定米罗知道克劳狄在阿非利加，哪怕他希望当天回到罗马，他也无论如何不可能怀疑克劳狄会在靠近大路边的别墅里休息。那么米罗为什么不早些时候伏击克劳狄，以阻止他在别墅中逗留？为什么不在那个他想要杀的人可能会在夜间抵达的地方等候？

先生们，到此为止我观察到所有证据都指向一个方向——如果克劳狄继续活着，那么对米罗有利，而对克劳狄来说，他的全部希望就是要摧毁米罗。克劳狄仇恨米罗，而米罗根本不恨克劳狄；一方在不断地施暴，而另一方仅仅是在抵抗；克劳狄公开威胁米罗，并预言米罗的死亡，而从米罗嘴里从来没有听到过这样的话语；克劳狄知道我的当事人在哪一天离开，而我的当事人不知道克劳狄何时返回；米罗出行的使命是履行公务，而克劳狄出行并无其他相关的使命；米罗公开宣布他会在那一天离开罗马，而克劳狄隐瞒了他要在那一天返回的打算；米罗没有改变他出行的目的，而克劳狄虚构出一条理由来改变行程；要是米罗是阴谋家，那么他当然会在那天夜晚靠近城市的地方伏击，而克劳狄，即使他不害怕米罗，仍旧有理由害怕在夜晚接近城市。

【20】让我们现在来看一下整个事件的高潮，考虑一下哪一方在那次相遇实际发生的地点进行埋伏有较好的位置。先生们，在这一点上还有什么怀疑或进一步思索的余地吗？事情发生在克劳狄的庄园前面——那个庄园里有巨大的地下室，很容易安置上千人住宿——有权调动许多人手的米罗下决心要在那里让他的对手处于不利的地位，因此他决定要在那里与对手进行搏斗，不是吗？难道不是我的当事人到达那里的时候，另一个已经有了周密安排的人在那里向我的当事人发起进攻吗？先生们，事实总是顽强的，而在这个具体案例中，事实胜于雄辩。如果你们不是在聆听相关事件的叙述，而是在观看这些事件的图景，那么谁是阴谋者，谁是清白无辜的，仍旧一目了然。你们会看到有一个人坐着马车，穿着披风，由他的妻子陪伴。此情此景中的任何一样东西——衣着、马车、随从——足以使所有人的良心感到

焦虑。什么样的装束会比穿着披风、坐着马车，拉着妻子的裙带更不便于打斗？现在让我们来看看克劳狄，是他首先突然从自己的房子里冲出来——这是为什么？时间是在夜晚——这有什么必要？他以一种从容的方式——这还有什么从容可言——在这样的时候？"他在庞培的乡间宅地呼喊。"他看见庞培了吗？克劳狄知道庞培在靠近阿尔昔乌的地方。克劳狄是为了看庄园才去那里的吗？他已经在那里上千次了。那么这样做有什么意思？这只不过是犹豫不决和浪费时间，直到我的当事人快要到达的时候，他还是不愿意离开那里。

【21】其次，请比较一下克劳狄轻便的旅行方式和米罗的拖家带口。克劳狄以前总是和妻子一道旅行，但这次他没有。以前他一直坐车，但这次他骑马。以前他不管去哪里都有希腊奴仆跟随，甚至当他匆忙赶去埃图利亚的时候也不例外，而这次他的随从中没有一个艺人。从来不跟这种人打交道的米罗这次正好带着他妻子的一些歌童和一群侍女。而通常带着妓女和阉人一道旅行的克劳狄这一次一个也没带，真正做到了轻装简从。

那么克劳狄为什么会挨打？因为旅行者被强盗杀死并非不变的定律，有些时候强盗也会被旅行者杀死。克劳狄虽然做好了充分的准备，但他死在没有准备的人手里，他的倒下就像一个女人倒在男人堆里。[①] 确实，米罗决不会在毫无准备的情况下碰上克劳狄，因为按照常规，克劳狄决不会友好地对待米罗。米罗也决不会忘记克劳狄想要从他的死亡中获得多么大的好处、克劳狄有多么仇恨他、克劳狄的脾气有多么火暴。由于这个原因，米罗知道自己的生命面临的威胁有多么重大，也决不会丧失警惕性和自我保护的意识。你们还要记住这场打斗会带来什么机会，记住打斗结果的不确定性和战神的公正。战神经常用双手颠覆胜利者，剥夺胜利者已经到手的战利品，不让他发出胜利的欢呼，借助已经被胜利者打趴下的对手之手把胜利者打倒。你们要在心里记住这一方的领头人的愚蠢，他由于午宴狂饮而变得步履蹒跚。他

---

① 这里暗讽克劳狄化装成女人混入波娜戴娅祭仪，被参加祭仪的妇女抓获。

离开了抄他后路的敌人，^①但没有想到迎头撞上最后冲过来的那些仆人。他们对主人忠心耿耿，心中充满对克劳狄的仇恨，想要拼死一战，为主人复仇，是他们杀死了克劳狄。

那么为什么米罗要解放他们？^②有人告诉我们这是因为米罗害怕暴露，怕那些奴隶不能忍受严刑拷打的痛苦，因此承认普伯里乌·克劳狄在阿庇安大道上被米罗的奴隶谋杀。什么地方需要严刑拷打？你希望从中引出什么样的事实？他是否杀了这个人？他确实杀了他。他这样做是否合乎正义？但此事与是否用刑无关，事实上这些奴隶在法庭受审时已经被迫接受了严刑拷打。

【22】怎样进行审判才恰当，对此我们在这里要追查到底。通过严刑拷打你希望得出什么样的结果？在问他为什么要解放他们的时候，而不是问他为什么要赋予他们如此不适当的奖赏时，在向对手发起挑战时，你表现得多么拙劣。我们的朋友马库斯·加图在这里，他说话向来大胆而坚定，他在一次喧嚣的公共集会上镇定自若地说：那些保护主人生命的奴隶最应当得到的不仅是自由，而且是最仁慈的奖赏。他们的主人由于他们才得以活命，对于如此忠心、如此忠诚、如此真挚的奴隶，什么样的奖赏才是合适的？——即便如此，他也无法回报他对这些奴隶欠下的情，因为面对一名残酷无情的敌人的欲望和眼睛，他没有血溅全身；要是他不能解放这些奴隶，那么他不得不把这些保护主人、对罪恶进行报复、抵抗死亡的奴隶交出去，接受严刑拷打。在我的当事人历经磨难时，没有什么事情能比这件事情能让我的当事人感到更加高兴了，哪怕他自己有什么不测，至少他已经赋予他们应有的奖赏。

但是，有一些审讯对米罗是不利的——我指的是那些刚刚在自由女神庙的法庭上进行的审讯。受审的是什么奴隶？是你在问吗？他们是普伯里

---

① 参见本文第10章的叙述。

② 原告指责米罗解放了他的奴隶，以便使他们免受严刑拷打，因为在审讯中对自由民是不能用刑的。

乌·克劳狄的奴隶。谁要审问他们？阿庇乌斯。是谁带他们来的？阿庇乌
斯。克劳狄从谁那里买来这些奴隶？阿庇乌斯。凭良心说，这样说极为苛
刻！拷问奴隶以反对他们的主人是不合法的，除了发现主人有反对诸神的罪
行，就好像针对普伯里乌·克劳狄的拷问一样，而克劳狄确实已经非常接近
诸神的地位了，①比他面对这些奴隶夺路而逃时更加接近，他的死亡使得刑
罚极为严酷，就像是在惩罚亵渎神灵的行为。还有，我们祖先的意图是决不
能通过拷问奴隶来反对他的主人，这不是因为这样做不能发现真相，而是因
为这样做违反天性，甚至比主人的死亡还要亵渎神灵。然而，通过审讯原告
的奴隶来指控被告还有可能获得事实真相吗？

好吧，让我们来看审讯时的状态，看审讯是如何进行的。"卢费奥（假
定用这个名字），往这里瞧！请注意，你决不要撒谎！克劳狄对米罗搞什么
阴谋了吗？""他搞了。"那么结果肯定是钉十字架。"他没有搞阴谋。"那么
结果是还有机会自由。还有什么审问能比这种方式更加确实可靠？这些奴隶
马上被拉出去用刑，没有丝毫拖延，甚至到了后来，他们还被分别关在监室
里，没有人可以与他们交谈。在这个案子中，他们被原告关押了一百天，然
后由原告本人把他们提出来作证。还有比这更不公正的审问方法吗？

【23】诸多证据和如此清晰的证词已经照亮了事实，米罗回到了罗马，
他的心灵毫无污染，没有因为沾上了罪恶而惊惶失措，没有因为犯了罪而发
呆；如果你们对此仍旧视而不见，那么请回忆一下他的返回有多么及时，当
时元老院就像着了火一样，而他进入广场上的讲坛时的形象给人留下了深刻
的印象；他的气度、神采、语调有多么庄重啊！他把自己不仅交付给人民，
而且也交付给元老院；不仅交付给元老院，而且也交付给公共卫士和军队；
不仅交付给他们，而且交付给这个谨慎的人②，而我们要知道元老院把整个
国家、意大利的全部人力，罗马人民的全部武装都托付给这个人。你们可以

---

① 西塞罗在这里的意思是：奴隶不能作证反对他们的主人，只有主人犯有反对诸神的
罪行时才能这样做，对米罗的奴隶进行拷问意味着把克劳狄当做神来对待了。

② 指庞培。

非常确定，要是我的当事人不对自己的情况充满自信，那么他决不会把自己交由这个人来处置，尤其是他明白我们说的这个人知道一切，对各种巨大的危险了如指掌，对事情的过程充满疑心，决不会轻易相信。先生们，良心的力量是伟大的，在巨大的幸福或灾祸降临时，良心会追索罪人，使之在报应面前无处藏身，同时又使无辜者感到无所畏惧。

元老院一直同情米罗的案子，这样做并非没有确定的理由，因为，作为高度理智的人，元老院的议员们看到了他的行为的合理性、他的精神的坚定性、他的辩护的一致性。先生们，你们难道忘了，当我们刚刚得知克劳狄死去的消息时，不仅是米罗的敌人，而且连那些不了解全部消息的人也感到愕然吗？他们断言米罗决不会返回罗马。他们假定米罗冒险干了那件事，用仇恨的拳头杀死了他的敌人；他们想象米罗在用敌人的鲜血清洗了自己的仇恨以后会以为克劳狄之死足以补偿自己离开祖国的损失；他们假定米罗想通过克劳狄的死来使国家自由，所以这位勇士在冒险拯救了国家以后会毫不犹豫地向法律低头，而从今以后米罗会享有不灭的荣耀，而把由他保存下来的幸福留给我们。有些人甚至聊起喀提林和他的匪帮。① 他们高呼："他会爆发，他会占上风，他会对国家开战！"把一位自我献身的爱国者想象成这种样子有多么可恶！这些人不仅忘记了米罗最谨慎的服务，而且还怀疑他有可耻的阴谋。随着风头的转向，这些谣言被证明是错误的；但若米罗真的有某些他不能光明正大地为自己进行辩护的行为，那么这些谣言就肯定会被说成是真的。

【24】还有后来降临在米罗头上的灾难——这样的灾难会击倒心中有鬼的人——诸神啊，你们看他在这种时候的面容有多么坚定啊！我说了他面临灾难，是吗？不，尽管有灾难，但可以蔑视它们。一个人无论其精神有多么高尚，但只有意志坚强才能蔑视这些灾难。有人暗示可以找到大量的盾牌、刀剑、标枪、马鞍；有人断言米罗在城中小巷租用了一些房子储藏这些

---

① 他们断言他会证明自己是第二个喀提林。

兵器；有人说这些兵器被安放在从台伯河到米罗在奥利库鲁的别墅之间，米罗在卡皮托利山坡上的房子里堆满了盾牌，各处都堆满了焚烧城市用的火把。这些故事不胫而走，而且几乎变得确信不疑；只有调查才能证明它们毫无根据。

先生们，我认为庞培的高度警惕性值得赞扬，但我要说说自己的想法；那些手中掌握着重大公共事务的人确实要听多方面的话，他们不得不这样做。他甚至要听李锡尼——某个来自马克西姆圆型杂技场的屠夫——的话，李锡尼说米罗的某些奴隶在他店里喝醉了，自称参与了谋杀庞培的阴谋；后来其中的一个奴隶刺伤了李锡尼，威胁他不得告发。他派人去庞培的别墅送信，而我是被庞培紧急召见的最初一批人之一。在朋友的建议下，庞培把这件事提交给元老院。当然了，当如此重大的怀疑落到国家和我本人的保护者米罗头上时，我束手无策，惊恐不安。与此同时，我又惊讶人们竟然相信屠夫的话，竟然听信奴隶的自白。李锡尼身上受的那点伤显然微不足道，完全不像角斗士所为。按照我的理解，庞培这样做是谨慎而不是害怕。害怕要有理由，处理一切事情都要有理由，为的是能够无所畏惧。据说著名的勇士盖乌斯·凯撒的住宅在夜间被包围了好几个小时，由于这种事太常见了，所以没有人听到或明白发生了什么事。然而，这个故事仍旧拥有听众。我不可能怀疑像格奈乌斯·庞培这样极为勇敢的人胆怯，但我也不认为一个身负国家重任的人的勇敢有什么过度的地方。最近在卡皮托利山举行了一次元老院会议，出席会议的人很多。一名议员在会上大胆地断言米罗身上藏有匕首，而我的当事人一言不发，在神庙里当众脱下衣服让人们检查，以证实他的清白，让事实本身说话。

【25】事实表明这些猜测都是毫无根据的、可恶的谣言。然而，要是继续恐惧米罗，那么就不会恐惧对克劳狄之死的审讯。不，庞培，我在用你可以清楚聆听的语调对你个人说话。我要说，令我们害怕和颤抖的是你和你的疑心。如果你害怕米罗，如果你相信我的当事人现在正在或者曾经搞过伤害你的阴谋，如果意大利的士兵——就像你的某些招募士兵的官员所断言的那

样——如果这些军队，如果卡皮托利山的步兵队，如果那里的更夫和卫兵，如果你强壮的保镖和护院已经武装起来抵抗米罗的骚扰，如果方方面面的力量都已经动员起来反对我的当事人，那么我确实要承认他有着远远超过任何人的惊人的精力和勇敢，拥有巨大的力量和资源确实，这位最杰出的将领受到拣选，整个武装起来的国家只听从他一个人的指挥。但是有谁不明白，为了让你可以使用这些武装来解救和支撑这个国家，各地的力量都变得虚弱不堪了？至于米罗，要是给他机会，他肯定会满意地向你证明：从来没有任何人与同胞的关系会比你与他本人的关系更加亲密；他从来没有躲避过任何危险，不怕为你的名声进行辩护；为了保护你的信誉，反对那些愚蠢罪恶的渊薮，他一次又一次地加入你的辩护人的行列；在你的建议下，他在担任保民官期间努力使我回归，而你对我又是如此亲近；而后来当他的民事权利遭到危险时，他也请你为他辩护，请你帮助他竞选执法官。他一直希望拥有两个最坚定的朋友：一个是你，因为你对他大力相助；另一个是我，因为他对我有巨大的帮助。如果他不能提出这样的要求，如果你对他的怀疑已经深深地嵌入你的脑海，乃至于无法驱除，如果只有米罗垮台，意大利才能公平地休养生息，免除兵戎之灾，那么米罗肯定会毫不犹豫地服从他的本性和所受教育的启示，离开他的祖国。然而，他还是首先要向你呼吁——我们把你称做伟大的——甚至现在他也会这样做。

【26】他会恳切地呼吁说："马可，人生多变，命运乖蹇；人们随波逐流，趋炎附势，背信弃义，出卖朋友，亲人反目！确实会有这样一个时候到来，在某个黎明时分，如我所希望的那样，当你不是由于你自己的地产减少的原因，而是由于公共事务的剧变（经验告诉我们这样的事情是经常发生的）而提前冒险，你会对一位忠诚的朋友表示惋惜，他的勇敢、忠诚、伟大，在人类历史上无与伦比！"

然而，有些人相信格奈乌斯·庞培是精通国家法律、历史先例、政治用语的大师，当元老院已经授权格奈乌斯·庞培"不让国家受到伤害"的时候——这个短语一直赋予执政官们以他们需要的所有军队，尽管还没有把武器交到执政官手中——我要说，当军队交到他手中的时候，这样的人会等待审判结果，以便对那些想用暴力摧毁法律的人实行惩罚吗？我们还需要从庞培那里得到更加清楚的暗示吗？这些反对米罗的谣言是虚假的，如我所想，他提出来的议案已经使判决米罗无罪成为你们的职责，就像所有人都将承认的那样，他提出来的法律已经赋予你们这样做的权利。确实，他就坐在那边，有一名官方的保镖保护。这一事实充分说明他不是在恐吓你们，因为，强迫你们给一个他自己已被赋予全权可以通过先例或审讯来惩罚的人定罪，还有什么事情会比这件事更会降低他自己的身份？但这些纯粹是保护性的措施使你们明白：尽管昨天发生了民众集会，但你们仍旧可以按照自己的意见做出一项不受他人意见影响的判决。

【27】先生们，我也不想受到与克劳狄相关判决的困扰。我不会那么傻，乃至于对你们的情感一无所知，不知道你们对克劳狄之死的态度。如果我今天不打算驳斥这一指控，就像我以往所做的那样，那么人们也许会继续允许米罗公开发誓，并在谎言中得荣耀。他会喊道："是的，是我杀的，我杀的不是一位斯普利乌·买留斯，他由于降低谷物价格和用他的财富献祭而被怀疑想要当僭主，因为他似乎过分地讨好大众；也不是一位提比略·革拉古，他不合规矩地罢黜了一位同事的职务，想要杀死他们的人使整个世界充满了他们的名字的荣耀；而是这样一个人（因为在危险的时候他会大胆地说是他解放了这个国家），出身高贵的妇人们发现他竟然在神圣的马车中与人通奸。这个人迫使元老院屡次宣布要为整个国家施行涤罪仪式；这个人与他自己的姐妹乱伦，卢西乌斯·卢库鲁斯曾经发誓说这件事是他调查过的，是确实的；这个人派遣奴隶用武器驱逐一位公民，而元老院、罗马人民、所有民族都宣布这位公民是这座城市和公民生活的保存者；这个人曾经废立国王，把一些地区随意指派给某些人；这个人多次在广场的讲坛上杀人，用武装暴力把一位勇敢无比的著名公民赶回他自己的院落；这个人认为没有任何邪恶的行为和不洁的欲望是有罪的；这个人放火烧毁了女仙的神庙，以便可以毁掉执法官在全民登记时留下的公共记录；这个人对雕像、法律、纪念碑没有

任何敬意；这个人占领其他人的宅地不靠诬告、冒领或抵押，而靠军营、军队和屠杀；这个人不仅试图派兵把伊拙斯康人从他们的土地上赶走——使他们完全绝望——而且试图赶走与我们同为元老院成员的、勇敢杰出的公民普伯里乌·瓦里乌斯；这个人闯入许多人的别墅和花园插上标杆建造哨所；这个人把雅尼库卢^① 和阿尔卑斯确定为自己占有的、最兴旺的地产的边界；这个人在不能成功地劝说勇敢杰出的罗马骑士马库斯·帕科尼乌把普利留斯湖中的一座岛屿卖给他的时候，突然用船把木材、石灰、石头、沙子运上小岛，毫不犹豫地在岛上建起一所住宅，而小岛的主人只能远远地注视；这个人告诉提多·福芳纽斯（一个真诚的人，如果你们愿意这样认为的话！）——我在这里没有谈到那位可怜的坎帕尼亚的妇人或者提到年轻的普伯里乌·阿庇纽斯，如果他们不按照他的喜好腾出自己的住宅，那么他就用死亡威胁他们——是的，他竟然有脸告诉福芳纽斯，如果福芳纽斯不交出他索要的钱，那么他会把一具尸体塞进他的房子，并散布谣言说福芳纽斯杀了人，使他名誉扫地；这个人派人阻止他的兄弟阿庇乌斯进入自己的庄园，而阿庇乌斯忠诚于我，和我有密切联系；这个人集中全力建筑一道围墙，阻止人们从各个方面靠近他家住宅的前园，而他自己可以自由地进入他的姐妹的住处。"

【28】还有，尽管他对国家和个人的骚扰极不公正，无论是对他身边的人，还是对那些与他有一定距离的人，无论是对他的亲属，还是对其他人，但我不知道这个社团后来为什么习惯了这样一些无法容忍的行为，表现得麻木不仁。但是，对于那些紧急的、迫在眉睫的事情，你们又如何能够防范或抵抗呢？要是他获得了军事权力——我说的事情与同盟者、外国、国王、"特恰克"^② 无关；因为你们会为他祈祷，要他向那些地方进发，而不是掠夺你们的土地、住宅和财富。我说到财富了吗？我发誓，我说的决不仅仅是财富，他决不会约束他的淫欲，不会不侵犯你们的妻妾子女。你们认为这些事

---

① 雅尼库卢 (Janiculum)，罗马城中的一座小山丘，位于台伯河左岸。

② 特恰克 (tetrarch)，统治行省的四分之一地区的长官的职位，罗马扩张以后设置了许多行省，行省中有许多附属小国。

情都只是幻想吗？它们是清楚明白、人所共知、确凿无疑的事实。他在城里从奴隶中征集兵员，使他自己能够成为整个国家之主和一切私有财产之主，你们认为这些事情只是想象吗？因此，如果提多·安尼乌斯①高举血淋淋的剑，并且喊道"站住，同胞们，请听我说！是我用这把剑和这只右手杀了普伯里乌·克劳狄！是我保护了你们，抵挡了我们不再能用任何法律或法庭加以约束的这个人的疯狂。只有通过我，正义、平等、法律、自由、荣誉、体面才能在我们中间留存！"我假定，他担心的是他的同胞会如何看待这件事！因为，正如事情所发展的那样，有谁对他的行为表示赞许，有谁不对他进行赞扬，有谁会宣布，同时又相信，提多·安尼乌斯已经无与伦比地成为历史上最伟大的恩人，给罗马人民、全意大利、所有民族带来了无可比拟的欢乐？我并不处在一个评价罗马人民历史性的胜利时刻的位置，然而，并非只有伟大的将军们赢得的一些辉煌胜利才能为我们的时代作见证，这些胜利一个也不会带来如此巨大的、长时间的欢乐。先生们，把这一点牢记在心吧。我相信，你们和你们的子女将活着看到在一个自由政府的统治下能享有的许多幸福；但当你们享受这些幸福的时候，你们要想到，如果普伯里乌·克劳狄还活着，那么你们一样幸福也看不到。我们大胆肯定和满心希望，就像我现在充满自信地相信一样，在我们现在这位伟大的执政官的统治下，在人们的放纵受到约束、人们的情欲被打破，法律和正义得到恢复和巩固的时候，今年将是国家充满幸福的一年。有谁还会疯狂地梦想，如果普伯里乌·克劳狄还活在我们中间，我们仍旧能够获得这些幸福？不，决不可能。你们每个人都拥有私人财产，而在这个疯子的扫荡下，它们还能被长期拥有吗？

【29】先生们，我并不害怕别人以为我是出于个人私愤才对克劳狄进行猛烈攻击，而不是出于对事实的尊重。我确实极端仇视克劳狄，因为他是所有人的公敌，我的个人仇恨不会超出人们共有的复仇愿望。我们无法用语言来表达他身上的所有罪恶和他的破坏能力，甚至无法对此形成观念。不，让

---

① 即本文主角米罗。

我们换一个看问题的方式。如你们所知，这项调查要处理普伯里乌·克劳狄的死亡。请在你们心中浮现这样一幅图景——思想是自由的，能够构思出各种想法，正如我们用眼睛察觉实际的物体——想象出我给你们提供的另一种处理方式：假定我能引导你们判处米罗无罪，但只有在普伯里乌·克劳狄又活过来的情况下才行。你们为什么还要看到那些恐怖的场面？如果他活着，会激发你们什么样的情感？无非就是使你们闻风丧胆！还有，格奈乌斯·庞培本人一直能够获得其他任何人都无法获得的成就，这就是他的品性和幸福。我要说的是，如果他可以在提议对克劳狄之死进行调查或者让克劳狄活过来之间做选择，那么你们想，他会做出什么样的选择？即使为了友谊之故，庞培把克劳狄从地狱里召回，为了国家的缘故，他也会约束自己，不这样做。你们坐在这里为一个你们不愿意让他复活的死人复仇，哪怕你们认为自己有这样的力量，你们也会拒绝这样做。为了对他的被杀进行调查，有人提出了一项法案，但若他可以凭着这部法案复活，那么决不会有人提出法案。如果我的当事人是杀死这样一个人的凶手，那么在承认这一行为的时候，他会害怕被他亲手拯救的这些人惩罚他吗？

希腊人把神圣的荣耀赋予那些杀死暴君的人。我在雅典和希腊的其他城市看到的是一些什么样的景象啊！①为了荣耀这种人，他们使用了什么样的宗教仪式啊！那些音乐和颂歌有多么宏伟啊！对他们的崇拜几乎和对不朽诸神的崇拜相同！就赋予一个伟大民族的保存者和一桩大罪的复仇者以荣耀而言，你们会要米罗对一个罪犯的死亡而受苦吗？要是他有这样的行为，那么他会承认——对，高兴而又自豪地承认——他为了人民的自由，干了这件不仅承认，而且要大声呐喊的行为。

【30】确实，要是他不否认他这项除了不留遗憾不寻求其他任何目的的行为，那么他还会对承认一项他可以期待赞扬和奖赏的行为犹豫不决吗？除非我们假定，他认为宁可保护自己的生命而不是保护你们的生命更能令你们满

---

① 指这些希腊城市举行的纪念这些杀死暴君的英雄的庆典。

意。还有，如果你们选择对他的行为表示感谢，那么他在承认了自己的行为以后会获得最高荣誉。如果你们不认可他的行为——尽管任何人怎么能够不认可他的拯救国家的行为呢？——如果一位勇敢者的勇气不能得到同胞的感谢与承认，那么他会骄傲地、果断地离开他不感恩的国家。因为有什么理由当一个国家可以自由欢乐的时候，给国家带来这种欢乐的人却要独自悲泣？

然而，我们所有人的情感一直是复杂的，每当有叛徒想要摧毁我们的祖国，我们可以感到高兴，也可以感到危险和耻辱。在我为你们和你们的子女担任执政官的时候，我经历了一场对我本人来说极为可怕的斗争，所以我的勇敢有权获得什么样的赞扬？要是没有可怕的危险，哪个妇女会去冒险，杀死一个邪恶的、有害的公民？尽管他的脸上明显带有遭受污辱、死亡和惩罚的痕迹，但他仍旧坚持保卫国家，他确实是真正的英雄。一个感恩的民族会重赏公共的恩人；而勇敢的人决不会由于一个重罪犯的死亡而对自己的高尚行为表示后悔。因此提多·安尼乌斯求助于像阿哈拉、纳西卡、奥皮米乌、马略，还有我本人，那样的自白。如果国家表现出感恩的态度，那么他一定会感到欢乐；但若国家不感恩，那么他在艰苦的命运中仍会在他内心的秘密知识中找到支持。

但是，先生们，罗马人民的命运、你们自己的幸福之星、不朽的诸神要你们谢恩。确实任何人都不可能有其他想法，除非有人认为根本就没有神力和神灵的支配这样的事情。我们帝国的伟大、明亮的太阳、星辰、季节变换，最后还有我们祖先的智慧，都不会使这种人感动，而我们的祖先严格遵守崇拜仪式和占卜，并把这些东西传承给我们这些后裔。

【31】这种神圣的力量确实存在。在我们的身体里有某种东西产生力量和感觉，而这样的东西不可能不存在于大自然巨大而宏伟的运作中，除非这些人仅仅因为自然并不向他们显露秘密而不这样想。在我们自己身上，我们能够看到心灵支配着我们每一时刻的感觉、预见、行动和言语，或者说，我们要承认心灵的性质和地位。因此，经常不可思议地给这座城市带来财富和幸福的就是这种力量，废除鞭笞的也是这种力量。这种力量在米罗心中首先

激起愤怒，使他勇敢地对抗暴力，哪怕被杀死。要是他赢得胜利，那么他不会受到任何惩罚，他的行为永远合法。

先生们，这一伟大成果的获得不是凭着人的计谋，甚至也不是凭着不朽诸神通常的旨意。那些圣地确实看到了骚扰它们的魔鬼的失败，重新获得了它们的权利。我要说，现在阿尔巴的山坡和林子属于你们了，遭到毁灭的阿尔巴人的祭坛属于你们了。阿尔巴人是罗马人的伙伴，信奉同样的宗教。而在最神圣的林子被毁坏以后，那个顽固的亡命之徒的祭坛被推倒，掩藏在他的地下室里。今天展现力量的是你们的祭坛和圣地。你们的力量是强大的，虽然遭到这个人的污染，但你们还是取得了胜利。这个人经常用各种愚蠢的罪行来亵渎神圣的山丘、朱庇特、①神圣的湖泊、森林和山谷，而现在诸神终于睁开眼睛惩罚他了。这是对你们，对你们所有人说的话。在你们的注视下，这一尽管长期拖延，但却是公正的报应到来了——除非我们假定这也是出于偶然。我要说，有过这样一位年轻人，名叫提多·塞提乌斯·伽卢斯，在善良女神的神庙前有一处物产丰富的庄园。他当着善良女神的面打架，跌倒在地，受了伤，后来不治身亡。这就证明了，尽管法庭没有判他有罪，但他命中注定要受到惩罚。

【32】确实，正是诸神的愤怒使他的随从也同样疯狂。没有遗像，没有哀乐，没有赛会，没有出殡，没有哭丧，没有颂词，没有任何仪式，他的人生的最后一幕毫无尊严可言。他满身血污被人拖到大街上，扔在火葬堆上！我在想，上苍也不会让那些著名人物把尊严借给这个愚蠢的杀人凶手，他活着要受谴责，死后会被扔在任何地方。

以我的名誉起誓，我已经想到关注着罗马人民的命运女神是毫无同情心的、残忍的。她多年来一直容忍这个人践踏国家。这个人的淫荡玷污了最圣洁的圣地；他粗暴地践踏了元老院最庄严的法令；他无耻地买通了审判他的法官；他在担任保民官期间骚扰元老院；他废除了国家安全制度，而这一制

---

① 此处原文"Latiaris Sancta Iuppiter"，指拉丁同盟崇拜的神。

度是经过各个等级一致同意以后建立的；他把我赶出这个国家，抢劫我的财产，焚烧我的房屋迫害我的子女和妻子；他邪恶地对格奈乌斯·庞培宣战。他对行政官员和公民实行大屠杀；他焚烧我兄弟的住宅；他蹂躏埃图利亚；他把许多人逐出家园。他在暗中煽风点火。国家、意大利、行省、附属国都无法抑制他疯狂的野心。哪怕是刻在他家墙上的法律也不能使他畏惧，这样做通常是用来警告奴隶的。他一旦觊觎任何人的家产，一定会在一年内千方百计地搞到手。除了米罗，没有人能阻拦他的计划。他以为，有力量阻拦他实现计划的人在最近的妥协中都被捆住了手脚；他断言凯撒的势力已经由他来支配了；在设法让我垮台的时候，他完全无视爱国者的情感；只有米罗拖住了他的后腿。

【33】所以，如我前不久说过的那样，不朽的诸神给他狂妄的头脑注入了反对我的当事人的想法，让他搞阴谋反对我的当事人。若非如此，这场瘟疫不会消失，这个国家也决不会依靠自己的力量对他进行公共的复仇。我假定元老院不会让他超越执法官的权限！然而，他即使是一个普通公民，元老院也不会约束他的行为。或者说执政官会坚决约束担任执法官的克劳狄？但是，首先，要是米罗被杀，那么他会拥有与他沆瀣一气的执政官。其次，要记住作为保民官的他曾经残忍地迫害过执政官，有什么样的执政官能够坚定地对付这位执法官？他会颠覆整个世界，把世界当做私人财产。凭着在他家里发现的令人惊讶的法律，以及他的其他计划，他会把我们的奴隶都变成他的自由民。最后，如果不是不朽的诸神诱使他去杀害一名勇敢的绅士，那么你们现今拥有的自由制度已经成为往事。

唉，要是他当上了执法官或执政官，要是这些神庙和围墙在他活着的时候还能竖立，还能等着他成为执政官——不，你们看到他的一个可怜的随从塞克斯都·克劳狄在他死后率众焚烧元老院，要是克劳狄本人还活着，我们能认为他不会再干别的坏事吗？我们还能看到什么比这更加可鄙，更加痛心，更加可怕的事情？按照以全民的名义颁布的一道命令，神灵的庙宇、国王的殿堂、我们的市政要地、我们同盟者的圣地、所有种族的避难所、居住地都遭到焚烧、抢劫、践踏！有这样举动的不是一个无知的暴民（尽管这已经够可鄙的了），而是一个人！如果由于死者的缘故，焚尸者就敢如此大胆地对待尸体，那么由于活人的缘故，作为法令制定者的他还有什么事做不出来？他选择的办法就是把尸体扔进各地的元老院大厅，为的是可以焚烧他活着的时候被他推翻的人的尸体。

还有一些人对"阿庇安大道"发出抱怨，而对元老院他们则闭口不谈！他们认为当他活着的时候，广场上的论坛还能得到保护，因此元老院不能作践他的尸体！喊醒他吧，让他死而复活吧，如果你们有这个能耐！你们不可能抓住他那未埋葬的尸体中的精灵，所以你们不可能打退活人的进攻，不是吗？事情确实如此，除非你们能够容忍那些人打着火把冲进元老院，拿着锄头冲向卡斯托耳神庙，举着刀剑在论坛上横冲直撞！你们看到罗马人民遭到屠杀，在刀剑的威胁下举行公共集会，尽管民众还在沉默地聆听保民官马库斯·凯留斯讲话；他是一位刚毅的政治家，一旦献身某项事业，他就会坚持到底；他有着爱国主义的目标和元老院议员的权威，而就米罗可悲的地位而言——或者按你们的想法说，他有着特别幸福的地位——他真是一个令人惊讶的忠诚的超人。

【34】关于案子本身我说够了，而关于外界的谎言我可能已经说得太多。先生们，我剩下要做的事情就是请求你们仁慈地对待这个勇敢的人，尽管他本人没有提出这种恳求，而是提出抗议。我的请求既是一种恳求，又是一种要求。如果当我们大家都在为米罗流泪的时候你们没流一滴眼泪，那么你们不用怜悯他；如果你们看到他顽强的态度和坚定的语调丝毫也没有改变，那么不要因为这个原因而放弃你们对他的怜悯。不，我不敢确定他是否需要你们的救援。即使处于社会最低等级的角斗士在格斗，事关他们的命运，我们也会很自然地厌恶那些狂呼乱叫的声援者，他们竭力嘶喊要允许角斗士活下去，而我们为那些勇敢的、高尚的、不怕死的人的命运感到忧虑，我们会怜悯那些不向我们乞求怜悯的人，而不是那些急切地强求我们怜悯的人。如果我们是在为勇敢的公民乞求怜悯，那么我们该怎么办呢？

先生们，米罗讲的话一直在我耳边回响，令我感动，使我灵魂出壳。他喊道："再见了，我亲爱的同胞！再见了！祝愿你们安全、成功、昌盛！祝愿这座城市永世长存！祝愿我的祖国繁荣昌盛，无论她怎样恶待我！祝愿我的国人能完整和平地享有这个体制，尽管我不能分享，但它或多或少是属于我的！我就要走了。尽管我不能在良好的统治下生活，至少我能摆脱恶的统治；我会在一个秩序井然的自由社团里立足，我将在那里找到安宁。啊！我必定会看到我的劳动白费了，我的希望破灭了，我的梦想没有实现！这个体制被摧毁了，而我作为保民官不得不把自己交给元老院处置，我发现元老院也被废除了，交给罗马骑士处置，我发现他们的权力削弱了，交给全体真正的人处置，我发现他们被克劳狄的武装剥夺了所有权力，在这种情况下，我还能做梦说自己一直缺乏爱国者的支持吗？当我把你们交还给你们的国家时。"——他接下去说——"我能做梦说在这个国家里始终没有我的立足之地吗？现在元老院在哪里，我们一直是她的支持者？"他问道："罗马骑士在哪里？是的，他们在哪里？那些自由派的积极支持者在哪里？意大利的声音在哪里？马库斯·图利乌斯，你在哪里？你帮助过许多人的雄辩口才到哪里去了？我可以经常袒露胸膛，为你去死，而你唯独对我不能提供帮助吗？"

【35】但是，先生们，他说这些话的时候眼中没有眼泪，而是带着你们现在可以看到的那种坚毅。因为他坚决否认他所做的事情是为了那些不感恩的公民，但他不否认他所做的事情是为了那些深深的忧虑、在危险中大声呐喊的公民。那些由普伯里乌·克劳狄率领的平民和卑劣的暴民在威胁你们的幸福，而他提醒我们，为了你们的安全，他尽力所做的事情不仅是为了用他的高贵品质控制他们，而且也是为了以他的三项祖传遗产为手段来平息他们的骚乱；在抚慰了平民以后，他没有怀疑他自己为国家提供的杰出服务不能赢得你们的欢心。他说即使在最近的黑暗中元老院对他的善意也经常得到证明。无论命运给他规定了一个什么样的生涯，他会始终牢记你们的友好问候，你们代表的等级，你们仁慈的话语。他还记得没有对他宣布投票结果，但他已经不需要了；但是根据民众的投票（这是他所想要的全部），已经宣

布他当选为执政官。最后他还记得，即使当前的审判针对他，也只是一种对阴谋的怀疑，而不是对阻击他的罪行进行惩罚。他进一步说，勇敢者和聪明人的习惯是追求高尚行为本身，而不是追求对高尚行为的奖赏，这是千真万确的，无可置疑的；如果一个人不能够完成什么值得自豪的任务，但至少能够把他的国家从危险中拯救出来，那么他的生涯的每一个阶段都值得荣耀；以这样的行为在他们同胞手中获得荣耀的人会受到妒忌，而那些在公共服务中超过同胞的人不会得到怜悯；但不管怎么说，在所有对美德的奖赏中如果必须计算，那么最高尚的就是荣耀的；只有这样才足以凭着后世的记忆补偿生命的短暂，使我们虽然缺席但仍旧在场，虽然死去但仍旧活着；简言之，凡人正是凭借着荣耀攀登天堂。他说："罗马和各个国家的人民会一直谈论我，世世代代都不会停止提起我。不，此时此刻，尽管我的所有敌人都会点燃我的可耻的火葬堆，然而，无论人们在哪里聚集，都会传颂我的英名。"关于埃图利亚是否举行庆典的事情我就不说了。我相信，从克劳狄死算起，已经有一两百天了。无论罗马帝国的疆界延伸到哪里，米罗的故事，还有米罗的行为所取得的胜利就会传到哪里。因此他说："我一点儿也不在乎我的身体在哪里，因为我的英名和荣耀将活在大地上，在那里安家。"

【36】这些话是你对我说的，这些先生没有听过；而下面这些话是我对你说的，他们听过。"我确实不能赞美你的情绪，但你的品质无人能比，在我们分离的时候我感到无尽的忧伤。要是你我将要分离，那么把你的抱怨留给我是对我最后的安慰，因为怨恨的力量给我留下了巨大的伤痛，那些想要使我们分离的不是我的敌人，而是我最亲近的朋友，不是那些我有时候伤害过的人，而是那些我一直在帮助的人。"先生们，没有什么痛苦你们可以用来深深地刺伤我的心——尽管还有什么痛苦比这一痛苦更大？——没有，甚至当前要让我忘掉你们以往对我的尊重也不会比这一痛苦更大。如果你们发生了这样的遗忘，或者说，如果我所做的一切当众侮辱了你们，那么这种遗忘为什么不发生在我的头脑里，而发生在米罗的头脑里？如果在我看到如此悲惨的打击之前有任何命运降临于我，那么生命确实是一件值得自豪的事

情。现在只有一样安慰在支持着我——想到你，提多·安尼乌斯，没有什么友爱、热情、义务是我没有向你提供的。是我代表你出庭对抗巨大的敌意，是我经常冒着生命危险把自己暴露在你的敌人的武器面前，是我为了你而向一位声援者卑躬屈膝。我置自己的身家性命于不顾而分担你遇到的麻烦。简言之，就在今天，要是有任何人对你施暴，我愿付出自己的生命进行殊死的战斗。剩下的还有什么呢？无论何种命运降临于你，我都会把它当做自己的命运，除此之外我还能对你为我提供的服务做出什么回报呢？我不躲避，我心甘情愿，先生们，我要向你们恳求：要么判我的当事人无罪，以此体现你们以往对我的仁慈；要么你们将看到他的毁灭，要是你们毁了他，那么你们的仁慈也就一点儿也不剩了。

【37】眼泪不能使米罗融化，他有力量超越一切悲伤。他认为除了美德不能安家的地方不会有流放；死亡是我们命定的终结，而不是惩罚。他表现出来的这种精神对他来说是自然的；但是你们这些先生将以什么样的精神来对待他呢？你们会保存对米罗的记忆，但却忘记他这个人吗？大地上还有更加合适的地方欢迎这颗高尚的心灵，而不是下令殴打这个人吗？勇敢的先生们，我要向你们提出抗辩，我和你们一样为了公共利益而热血沸腾；军队的长官和士兵们，在一位杰出的公民处于危险中的时候，我要向你们恳求，他不仅处在你们目光的注视之下，而且处在你们携带的武器和你们为这个法庭提供的保护之下，难道这颗伟大的心灵要受到惩罚，遭到驱逐，被赶出这座城市吗？啊，真遗憾哪，真可悲哪！米罗，靠着这些先生们的帮助你能够召唤我回归祖国，然而，尽管有他们的帮助，我却不能使你留在这个国家吗？我将对我的子女做出何种回答，他们把你当做第二个父亲？我的兄弟昆图斯，我该对你做出何种回答，你现在离这里很远，但曾与我分担最艰难的时刻？我要对他说，尽管有那批曾经使米罗能够保护我的人的帮助，但我却不能保护米罗的幸福吗？在一件什么样的事情上不能够？一件全体民族都批准了的事情。不能使他不受谁的伤害？使他不受那些对普伯里乌·克劳狄之死感到最悲伤的人的伤害。谁是说情人？我自己。啊，先生们，我有什么邪恶

的思想，犯了什么大罪，要被追踪、埋伏、强拉到光天化日之下，在乱世中惹来这样的麻烦？这是充满我的朋友和我本人头脑的一切悲伤的源头。你们为什么希望我回归？就是为了让我可以站在这里看曾经使我回归的人受惩罚吗？我恳求你们，不要使我的回归变得比我的流放更痛苦；要是我要与这些使我回归的人分离，我本人的回归又算什么呢？

【38】这是不朽诸神引起的吗——原谅这个想法，我的国家！——我担心只要稍微提起叛国的问题都会使你们把责任归到米罗身上；要是普伯里乌·克劳狄不仅活着，而且是执法官、执政官，或者独裁者，而不是让我活着看到这副景象，那就好了！啊，不朽的诸神啊，米罗确实是一个勇敢的人！先生们，你们可以很好地保全他的性命！他喊道："不，不！受到应有的惩罚是件好事；如果命运女神真的做此安排，那就让我接受我这不应得的惩罚吧！"那么这个为他的国家而生的人要死在这个国家以外的地方吗？或者说，他要为了国家的事业而死吗？你们会记住他的英勇事迹吗？你们能忍受整个意大利没有埋葬他身体的棺材吗？有哪个被你们投票驱逐出这个城市的人会受到所有城市的欢迎？啊，哪块幸福的土地会给这位英雄留下一片苍天？把他赶走，就是不感恩的表现！失去他，就不是幸福！

我不想再说了。我确实不能再为眼泪说话，我的当事人吩咐过，为他的案子辩护不需要眼泪。先生们，我恳求你们，在投票时拿出你们的勇气来。相信我，你们的勇敢、公正和荣誉将得到陪审团的高度赞赏，陪审团的选择已经确定了最优秀、最聪明、最勇敢的人。

反庇索

提　要

本文的拉丁文标题是"In L. Calpurnium Pisonem Oratio"，英文译为"The Speech against Lucius Calpurnius Piso"，意思是"反卢西乌斯·卡普纽斯·庇索的演说"。中文篇名定为"反庇索"。

公元前 56 年，凯撒与庞培、克拉苏在意大利北部的鲁卡城（Luca）举行会议，结果商定：把凯撒在高卢担任总督的任期再延长五年，并且让他将其指挥下的兵力扩充到十个军团；由庞培和克拉苏担任公元前 55 年的执政官，而在任满之后，庞培将出任驻西班牙总督，克拉苏将出任驻叙利亚总督。三巨头用幕后交易的方式预先决定最高行政职位的分配，而公民大会的选举徒具形式。"三头联盟"只是一种暂时的权宜之计。三巨头各怀鬼胎，勾心斗角，争权夺利。在庞培与凯撒的斗争中，庞培愈来愈倚靠元老院。西塞罗等贵族共和派站在庞培一边反对凯撒。

卢西乌斯·卡普纽斯·庇索（Lucius Calpurniu Piso）于公元前 58 年担任执政官，卸任后赴马其顿担任行省总督。西塞罗于公元前 57 年返回罗马，次年 6 月发表关于给卸任执政官指派任职行省的演讲。西塞罗的演讲取得效果，时任马其顿行省总督的庇索于公元前 55 年被召回。回到罗马以后，庇索在元老院发表演说攻击西塞罗。西塞罗在元老院做出回应，用娴熟的演讲技艺批判庇索。

全文共分为 41 章，译成中文约 3.2 万字。

正 文

【1】……① 你开始明白了，你这个魔鬼，你知道人们对你的厚颜无耻有多么厌恶吗？没有人抱怨某个叙利亚人，或其他民族的人，那些新近成为奴隶的人中间的某一个，已经成为执政官。欺骗我们的不是你奴隶们的黑皮肤、络腮胡子、大黄牙，而是你的眼睛、眉毛、前额，简言之，是你的整个面容——面容是心灵无言的翻译——使你的同胞受骗上当，蒙蔽了那些不熟悉你的人。我们中间只有很少人知道你肮脏的罪行、愚钝的理智、呆滞的舌头。从来没有人在讲坛上听到你讲话，你的智慧从来没有在元老院会议上受到考验，无论是在战争还是和平时期，你的行动没有一样可以说是出名的，甚至可以说是人们知道的。凭着错误、凭着你那肮脏的家族神像的推荐，你爬向高位，除了肤色之外你和你的家族神像没有相同之处。

你甚至在我面前骄傲地说自己获得了所有行政职务，而从来不曾遭到严厉拒绝，是吗？我倒是可以真正自豪地做出这样的论断，因为罗马人民把所有行政职务授予我。而你被选为财务官的时候，连那些从来没有见过你的人也把这项荣耀授予你的名字。你当选为市政官；那是庇索——不是有着这个名字的你——被罗马人民选中了。所以，财务官的职位也是授予你的祖先的。他们死了，但所有人都知道他们；你活着，但没有一个人知道你。罗马人民使我高票当选财务官，后来又连续把我选为市政官和执法官，在这样的时候，他们不是在把荣誉授给一个人、一个家族，授予我的品性、我的祖先，授予优秀的品德或有名望的贵族。我还需要提到我担任执政官吗？我如何赢得这一职务，或者我如何行使执政官的权力？哎呀！我是在拿自己与这个畜生和瘟疫做比较吗？不，我不需要与他做任何比较，但我要提到一件形

---

① 原文开头部分残缺。

成鲜明对照的事情。人们承认你是执政官——我要说的话不会比人人皆知的事情更糟——可是在你担任执政官的时候，国家深深地陷入窘境，执政官之间纷争不断，你不反对那些提名你担任执政官的人，而他们甚至认为你不宜活着，这正好证明了你是一个比伽比纽斯更大的无赖。我是一名流放回来的执政官，在一块选举牌递进来之前，整个意大利、所有等级，整个社会都呐喊着要我回来。

【2】至于我们每个人是如何当选的，我宁可一言不发。如果你高兴，就让命运成为竞选演说的女神。谈论我们如何行使执政官的权力比谈论以何种方式赢得这一职位更加崇高。我在1月1日把元老院和所有善良的爱国者从"土地法案"和巨大的施舍体系中解放出来。我保存了坎帕尼亚的领土，因为在当时的情况下分配是不明智的，而在可以明智地进行分配的地方，我把分配的权力保留给更有声望的权威。盖乌斯·拉比利乌①被指控犯了叛国罪而受审，我为他辩护，反对削弱元老院在我担任执政官之前40年就已经拥有的权威。以人们对我产生敌意，但对元老院无害为代价，我剥夺了某些年轻人②参选的权利，他们尽管勇敢和爱国，但若让他们获得职位，那么他们的经历可能会诱使他们打碎这个体制。凭着我的克制和恳切，我安抚了我的同事安东尼乌斯，他渴望得到一个行省，深深地陷入了政治阴谋。尽管有罗马人民的抗议，我在公共集会上宣布由我来处理高卢行省，这是我与安东尼乌斯的交换条件，元老院在那里配置了武力和资金，因为我认为在政治危机中需要有这样的让步。当卢西乌斯·喀提林不是在暗中，而是公开造反，要在元老院搞大屠杀，要摧毁这座城市的时候，我迫使他离开城市，使我们可以得到城墙的保护，而这个人在城里的时候，连法律也不能保护我们。在担任执政官的最后一个月，我夺下了横在我们的公民喉咙上的暴乱者的利刃。

① 西塞罗在担任执政官时为盖乌斯·拉比利乌（Gaius Rabirius）辩护，拉比利乌当时遭到凯撒的指控，说他在公元前100年谋杀保民官萨图尼努斯。凯撒的指控是对元老院权威的蔑视。

② 那些被苏拉剥夺公民权的人的儿子，苏拉的一道法令禁止他们担任公职。

我熄灭了他们的火把，这些火把已经点着，准备焚烧这座城市。

【3】这个等级的领袖和国家政策的主导者昆图斯·卡图鲁斯在元老院的一次拥挤的会议上称我为国父。坐在你的身边的、杰出的卢西乌斯·盖留斯在听了人们的发言后宣称，这个国家应当把最高荣誉授给我①。后来，元老院在不朽诸神的神庙里史无前例地对我表示谢恩。我得到这样的荣誉不像许多人是因为很好地治理了这个国家，而是和其他任何人都不一样，因为我使这个国家得以保存。在我卸职的那次公共集会上，一位保民官②不让我说出心里话，只允许我像通常情况那样宣誓，而我毫不退缩地发誓说，这个国家和这座城市因我一个人的努力而得救。在那次会议上，全体罗马人民和我心心相印，他们不是仅仅在那一天，而是永远对我谢恩。他们就此全心全意地发誓，声音非常响亮，令人难忘。那天在我离开讲坛的时候，所有公民都簇拥着我的车子送我回家。确实，我在担任执政官期间，从头到尾，没有哪件事情没有听取过元老院的建议，没有哪件事情没有得到过罗马人民的批准；在讲坛上，我不断地为元老院辩护，在元老院里，我不断地为人民辩护；我使民众与他们的领袖团结，我使骑士等级与元老院团结。这就是对我担任执政官的一个简要说明。

【4】现在，你这个恶魔，你敢讲你是怎么担任执政官的吗？从庆祝路神节③开始，这是自卢西乌斯·朱利乌斯和盖乌斯·玛基乌斯担任执政官以来第一次举行活动，反对这个等级的权威；昆图斯·麦特鲁斯——我拿这位勇敢的死者与这个罕见的魔鬼相比是错误的——我要说的是，昆图斯·麦特鲁斯当时是候任执政官，有某位保民官违反元老院的法令，利用他的特权要人举行庆祝活动，这项活动尽管以私人的名义进行，但是昆图斯·麦特鲁斯加以禁止，用他的人格取得了以行政官员的身份不能取得的结果。而在1月1

---

① 此处与颁奖对应的原文是"civicam cronam"，指国家的崇高荣誉、花冠。

② 指昆图斯·麦特鲁斯·涅波斯（Quintus Metellus Nepos）。

③ 路神节（Cimpitalician Games），纪念路神拉瑞斯（Lares），由社团组织，主要由奴隶参加庆祝活动，容易失控。

日庆祝路神节的那一天，你允许塞克斯都·克劳狄举行赛会，让他穿着紫红边托袈袍①大摇大摆，尽管他以前从来没有穿过紫色托袈袍——他是个邪恶的家伙，而你的脸和你的眼睛都长得和他差不多。你担任执政官就建立在这样的基础之上。三天以后，你看到有人在那里抗议埃利乌斯—富菲乌斯法，那些为了安全而建筑的堡垒被攻占，这是我们国家被颠覆的前兆；不仅是那些被元老院解散的社团恢复了，而且是又有无数的新社团从奴隶窝里产生。在淫秽污垢中打滚的他还废除了监察官这个荣誉和贞洁的古代卫士，而你这个国家的火葬堆断言：你在罗马担任执政官的时候，从来没有任何人跟你说过这个社会正在遭受可悲的危机。

【5】我还没有说你做的事情，而只是说你允许做的事情。但这在一名执政官身上确实没有什么区别，无论是他本人在用毁灭性的法律和不谨慎的高谈阔论纠缠国家，还是他允许其他人以这样的方式骚扰国家。或者说，当一名执政官无所事事，高枕无忧，而他的国家在他的耳边轰然倒塌的时候——我不说他是可悲的——他还能找出什么借口来原谅自己吗？我们实行"埃利乌斯—富菲乌斯法"已近一个世纪，由监察官行使调查和处罚的权力已有400年；有些无赖大胆地想要推翻这些制度，但他们没有力量做到这一点。任何人都没有这种力量，而这个荒淫无耻的家伙竭力削弱这种权力，为的就是阻挠五年一次的审查。

除了一开始发生的葬礼事件，这些就是你这个屠夫担任执政官期间发生的事情。再来看这些葬礼举行以后的日子。在奥勒留的法庭面前，你没有闭上眼睛，而是瞪大双眼，尽管这样做本身足够邪恶，但你看到那些被人召来的奴隶时还是高兴地笑了，而把奴隶召来的这个人②从来不认为有任何行动会使自己堕落。在你担任执政官的时候，这个强盗把武器和所有神庙的叛徒安置在卡斯托耳神庙前面，他们把这座神庙当做堕落公民的避难所、喀提林

---

① 紫红边托袈袍的原文"praetexa"。

② 指普伯里乌·克劳狄，他在担任保民官时召集奴隶来帮助他用武力执法。

的老兵的集合地、土匪的据点、烧毁一切法律和圣地的火葬场。我的家挤满了罗马元老院的议员、罗马骑士、罗马公民、来自整个意大利的公民，不仅在我家，而且在整个帕拉丁，而你不仅从来不接近我——我说的不是私人关系，对此你可能会予以否认，我只涉及那件臭名昭著的事情——我要说的是，你不仅从来不接近我，而且在选举时第一个举起百人队的选举牌，第三个说话询问我的意见；实际上你不仅亲自出席所有旨在推翻我的详细讨论，而且还是会议无情的主持者。

【6】当着我的女婿、你亲戚①的面，你竟敢说出这样的话来？伽比纽斯是个乞丐，被人从家里赶走；没有一个行省，他就不能存在；如果你让他处理一件事，他就要民众向他纳贡；他从来不询问元老院的意见；你提到他的野心时很幽默，就像我提到我的那些同事的野心时一样；对我来说没有理由请求执政官们的保护；每个人都应当采取措施保护他自己的利益。我几乎不敢提到这一点——我担心也许会有人不能察觉这个皱着眉头、一副庄严神情的人实际上是个魔鬼无赖，然而我要提到这件事——但至少他本人承认这是事实，要他回忆他的穷凶极恶是痛苦的。你这个肮脏的东西，你还记得吗，我在大约5点钟的时候与盖乌斯·庇索一道去拜访你，你是怎么头戴小帽，脚穿拖鞋，从小破屋里出来的吗？你还记得吗，你的臭嘴朝着我们喷出令人恶心的酒气，你以自己身体虚弱为借口，声称自己有饮葡萄酒健身的习惯？你还记得吗，我们接受了你的解释——除此之外我们还能做什么——在你那闷热的、冒着酒气的屋里站了一会儿，直到你谨慎的回话和令人厌恶的嗳气把我们赶走？两天之后，有一个人②在一次公共集会上把你介绍给大家，在他的安排下你成了一名执政官，与你的同事很公平地分配了权力；当问到你对我担任执政官有什么看法时，你带着一种说教的哲人口吻做了回答；你一只眼高，一只眼低，以这样的神态表示你"厌恶残忍"③——人们会想到这

---

① 西塞罗的女儿图利娅嫁给盖乌斯·庇索。
② 指伽比纽斯。
③ 指处死喀提林的同伙。

是另一个卡拉提努、阿非利加努或者马克西姆，而不是一个凯索尼努·塞米拉凯提努·卡文提乌。①

【7】对于你们鼓掌欢迎的这个高贵的家伙，你们找不出更合适的赞扬者。而你这个无赖在以执政官的身份向人民讲话时，竟然谴责元老院残忍。这不是我在谴责你，因为我一向执行元老院命令；尽管制定仁慈的、谨慎的提案确实是执政官的工作，但惩罚和判决却是元老院的事。指责这些，你只是证明了你是一个什么样的执政官，如果有这种事，会发生什么样的危机；神保佑我们，你竟然认为喀提林应当得到经费和供给方面的帮助！你们把元老院的权威、国家的幸福、整个制度，以一个行省的价格出卖给这个人，喀提林和他之间又有什么差别？是的，我在担任执政官的时候打败了喀提林，而这些执政官在处死喀提林的时候帮助克劳狄。喀提林乐意看到元老院里的大屠杀，你们废除了元老院；喀提林乐意摧毁法律，你们废除了法律；喀提林乐意打倒他的国家，你们帮助他。在你们担任执政官期间，没有军队的帮助，你们还能取得什么样的成绩？那伙叛国贼想要焚烧这座城市，你们则烧了一个人的房子；而正是由于这个人，这座城市才没有被焚烧。然而，如果这群无赖有一个像你们这样的执政官，那么甚至连他们也想要焚烧罗马；他们这样想不是因为他们希望头上没有屋顶，而是因为他们想到当这个等级奋起之时，他们会找不到遮掩他们罪恶的东西。他们想要屠杀他们同胞的人活命，而你们想要接受他们的奴役；因此你们自己的表现更残忍，因为在你们担任执政官之前，自由精神深入民心，人们宁愿死也不当奴隶。然而在这一个方面，你们自己的政策和喀提林、伦图卢斯的政策极为相似；你们把我赶出家门，而格奈乌斯·庞培则躲进了自己的家门②；这是因为他们认为，有我作为城市的哨兵坚守岗位，有庞培这个征服一切民族的人对他们进行抵抗，他们决无希望摧毁国家。你们甚至想对我实行惩罚，以此讨好那些死去的叛乱

---

① 原文"Caesoninus Semiplacentinus Calventius"。塞米拉凯提努（Semiplacentinus）的意思是"半个高卢人"，但在这里和别的名字结合在一起，以起到喜剧效果。

② 当克劳狄带着他的同伙横行罗马时，庞培把自己关在家里。

者的鬼影；你们把在那些邪恶的叛徒的心中发酵产生的所有怒火发泄到我头上；要是不在他们的怒火前让步，你们就会指挥人拿我在喀提林的火葬堆前献祭。你们还能找到什么更大的证据来确定自己与喀提林之间的根本相同之处呢？事实上，你们按自己的标准把喀提林的追随者的残余招集到一支和他的部队相似的部队里来，你们召募了世上所有变节者，你们释放监狱中的囚犯来反对我，你们武装叛乱者，想要让他们来屠杀我和所有真正的人的生命。

【8】现在让我再回到你那异乎寻常的高谈阔论上来。你好像是一个"反对残忍"的人！啊，你这个富有怜悯心的典范，当元老院认为可以改穿丧服以表示悲伤和愤怒的时候，当你看到整个国家都在为它最杰出的等级的悲伤而伤心的时候，你在干什么？呃，别国的暴君有什么事情没干过。暂且不提一名执政官签署了一项命令，要人们违反元老院的法令，没有比这更加可耻的行动，也难以设想比这更加可耻的行动；我只回过头来说一说认为元老院在保护他们的祖国时太残忍的那些人的怜悯心。和他的同伴一道——尽管他是他们的同伙——他要在邪恶上登峰造极。他大胆地下达一道命令，要元老院重新做出决定，恢复日常的普通服装。有哪位西徐亚的暴君干过这种事——禁止他迫使他们悲伤的那些人穿丧服？他们的悲伤是他留给他们的；而你却要剥夺他们悲伤的标志。你不是用安慰而是用威胁强迫他们停止流泪。其实元老院的议员改换服装也不是一项官方的决定，而是一种私人表示敬重或同情的标志，所以你用行政长官的命令来加以禁止是一项不可容忍的残忍行为；当拥挤的元老院通过一项动议，其他所有等级都已经按照动议的要求去做了的时候，你身为执政官，和你那个刮过脸的舞女一道被人从肮脏的餐馆里拉出来，下令禁止罗马人民的元老院为他们国家的垮台和毁灭举哀。

【9】进一步说，实际上他不久前曾向我询问，我对他的帮助有什么需要，我为什么不动用我自己的资源去抵抗我们的敌人。这就好像真的似的，不仅经常帮助许多人的我，而且活着的所有人，都处在绝望的困境之中，乃

至于要把他当做卫士，希望与他在一起会比较安全，要把他当做倡导者或附议者来倚重。那么我真的急于依靠这头野兽、这具行尸走肉的建议和保护吗？我会到一头堕落的畜生那里寻找功利或荣誉吗？在那个时候，我要找的是一名"执政官"——我说是一名执政官——我要找的确实不是一位凭着他的尊严和智慧就能维持一项重要的国家事业的执政官（因为在这头阉猪身上我不可能发现），而是至少找一位执政官，只要他还正直，像一段树干或一块木头，能够继续履行执政官的职责。由于我的整个奋斗目标就是执政官和元老院议员的奋斗目标，所以我需要的帮助是执政官和元老院议员的帮助。我的这两种资源，前一种由于担任执政官的是你们俩，所以你们的帮助甚至导致我的毁灭，而后一种帮助则会把这个体制连根拔掉。然而，如果你问的是什么东西在决定我行动，如果我仅仅是在和一个在葬礼仪式上表演角斗的人①进行斗争，仅仅是在和你斗争，仅仅是在和你的同事斗争，那么我决不会退缩，而我的国家也会拥抱我。英勇的昆图斯·麦特鲁斯的情况完全不同②，在我看来，这个普通公民在荣耀方面与不朽诸神相等；他认为自己应当退隐，以避免与勇敢的盖乌斯·马略以及他那不可战胜的军团发生武装冲突——他是执政官，不，他当了六次执政官。摆在我面前的没有如此光荣的斗争。我这是在与盖乌斯·马略进行斗争吗？倒不如说，我一方面在和一名络腮胡子的伊壁鸠鲁主义者做斗争；另一方面，我在和一名执政官做斗争，而这名执政官只是喀提林的玩伴？神知道我既没有从你的眼皮底下或在你的同事的响板声下逃走，我又没有胆怯，乃至于在驾驶国家这艘大船穿越惊涛骇浪，安全驶入港湾抛锚以后，在你皱眉或你的同事喘气之前退缩。我看到地平线上刮起了其他的大风，我预见到其他人的高声呼叫；我在其他最严峻的威胁面前没有退缩，而是使自己成为孤独的牺牲品，以确保所有人的安全。

---

① 指克劳狄。角斗表演最初属于葬仪。
② 指昆图斯·麦特鲁斯·努米狄库拒绝服从萨图尼努斯的土地法令，自愿流放。

这就是在我离开的时候，所有那些在强硬的手中挥动的亵渎的刀剑都垂下的原因，而你这个精神错乱的疯子，当所有真正的人由于悲伤而闭门不出的时候，当这座城市的神庙和建筑发出呻吟和叹息的时候，你把无法言语的淫欲、公民的流血、各种邪恶的大胆妄为都装进你魔鬼般的心中，就在同一座神庙里，在完全相同的地点和时间，你不仅把我的丧葬费，而且把你的国家的丧葬费放进自己的口袋。①

【10】我需要到处宣扬吗，在那些日子里你举行宴会自我庆贺，你和你的那些无耻的同伴毫无限制地狂饮？有谁在那些日子里见你清醒过，或者参加过适宜自由人参加的任何活动？有谁确实见你在公共场合露面？你的同事的住宅里飘扬着歌声和琴声，他本人在宴会上裸着身子跳舞，快速旋转，甚至不害怕命运女神。与此同时，庇索这个放荡的家伙既没有那么优雅，也没有那么艺术。他懒洋洋地躺在他的那些醉醺醺的、浑身散发着酒气的希腊人中间；当他的国家遭受所有不幸的时候，他的同事却在举行一种拉皮蒂斯人②的和肯陶洛斯③式的宴会；没有人能说这个可怜的家伙在饮酒上花的时间多，还是在呕吐上花的时间多，还是在解酒上花的时间多。

你敢提到你的执政官任期，或者敢声称你是罗马执政官吗？你担任了执政官，出行时有侍从官开道，穿着镶边长袍，而你希望这种标志也属于塞克斯都·克劳狄吗？你认为执政官可以由咬住克劳狄脚后跟的那只狗的狂吠来检验吗？执政官应当用他的人品、明察、荣誉、尊严、勇敢、忠诚、谨慎地履行职责来向世人表明自己，此外——如他的头衔的意义所表明的那样——他要在对国家利益的关注中向世人表明自己。或者说，我应当把这个人算做执政官吗，他认为元老院在这个体制中没有地位？我要把他算做一名执政官吗，这个人从来不提这个伟大的议会，而没有它，甚至连国王也不能在罗马

----

① 西塞罗把自己的流放说成是国家的丧葬，他在这里的意思是庇索以抢劫西塞罗的家的方式得到了国家的"丧葬"费用。

② 拉皮蒂斯人（Lapiths），古希腊帖撒利地区的一个部族。

③ 肯陶洛斯（Centaur），神话传说中生活在古希腊帖撒利的一种半人半马怪物。

存在？关于这一点，我不再多说了。但是，大批奴隶出现在讲坛上，大批武器在光天化日之下运往卡斯托耳神庙，反叛者的残余占领了这座大门被卸掉，阶梯被损坏的神庙——而占领神庙的这个人他曾经与喀提林共谋起诉他人，但此时却对喀提林进行报复——住在罗马的国王们遭到驱逐，爱国者在讲坛上不停地扔石头，甚至不允许元老院为这个体制悲哀，更不要说保护它，在意大利和各个民族的赞同下，这个等级的公民宣布他的国家的拯救者未经审判、不合法律、没有先例可循，就被武装的奴隶驱逐出去——我不说在你的帮助下，尽管我真的可以这样说，至少你们没有提出抗议——在这样的时候，还有任何人断言罗马还有执政官吗？请你们告诉我，如果你们是执政官，那么谁是强盗？谁可以称做强盗？谁可以称做敌人？谁可以称做叛徒？谁可以称做僭主？

【11】执政官的名字、尊严、荣耀、权威是伟大的；你狭窄的心灵无法理解这种伟大，你狭窄的本性不会承认这种伟大，你那无生气的心灵和虚弱的理智不能掌握这种伟大。你从来没有经历过成功，所以你不可能评价杰出、庄严和伟大。实际上我听人说过，还没等塞拉西亚广场看见你，它就把你当做坎帕尼亚的执政官来嘲笑。① 它听说过像德修斯·玛吉乌斯这样的人，也知道伟大的陶瑞亚·维伯琉斯②的一些事情。如果说这些人不像我们的执政官那样一般具有自制能力，那么至少他们的表现是庄严的、高尚的，配得上塞拉西亚广场，配得上卡普阿。事实上，如果是那些贩卖香水的商人在那里看到伽比纽斯，那么他们会更加容易把他当做他们的行政长官，会更加容易承认他。他至少有着一头油光发亮的卷发，脸上还涂脂抹粉。这样做与卡普阿倒是相配的，我指的是过去的卡普阿，至于今天的卡普阿，那里已经有许多高尚勇敢的先生们居住，还有许多忠诚于我的杰出的爱国者在那里，他

① 塞拉西亚（Seplasia），卡普阿的一个广场，庇索曾经当过卡普阿殖民地的两名行政长官。这里的意思是，即使作为坎帕尼亚的行政长官，你也遭到蔑视。
② 德修斯·玛吉乌斯（Decius Magius）和陶瑞亚·维伯琉斯（Taureas Vibellius），可能是卡普阿的高级行政官员。

们中间没有一个人曾经见到你身穿镶边长袍、脸上不带后悔表情地出现在卡普阿。他们记得正是在我担任执政官期间，这个国家和他们的城市得以保存。他们为我建造锁金铜像，把我选为专门的保护人，把他们的生命、幸福、子女视为我的恩赐。我和他们在一起的时候，他们颁布法令、派遣代表团来反对你们这个匪帮；我离开他们以后，他们想念我，是我们伟大的政治家格奈乌斯·庞培提出的动议产生了这样的效果，拔除了你们邪恶地插在我们国家要害部位的匕首。那个时候，我在帕拉丁的住宅被焚烧，不是由于事故，而是你在煽动人放火，你还是执政官吗？这座城市什么时候发生过大火是执政官没有前来抢救的？而你当时待在靠近我住宅的你岳母的住宅里，你打开大门接收我住宅里的东西，你不是去扑灭大火，而是任由火势蔓延，是的，你是我们所有人的执政官，但却把点燃的火炬递给克劳狄和他的匪帮。

【12】还有，在剩下的所有日子里，有谁把你当做执政官，有谁服从你的命令？当你进入元老院时，有谁会站起来？当你询问人们的建议时，有谁会愿意回答？事实上，在我们国家的历史上，元老院和法庭在那一年沉默不语，真正的人垂头丧气，你们的匪帮在整个城市里横行，在你和伽比纽斯疯狂的邪恶面前，不仅有一位公民从这个社会退隐，而且社会本身在退缩？

肮脏的凯索尼努 ①，你到了最后也没有从可悲堕落的泥淖中挣扎出来，甚至当一位杰出人士 ② 最终勇敢地崛起，急速召回一位真正的朋友和高贵的公民，坚持他自己从前的原则时，你也没有这样做。这位伟大人物也没有继续忍受让你的邪恶玷污他曾为之增添荣耀的国家。你甚至连伽比纽斯都不如，尽管他是一个恶棍，只有你比他更坏，但他毕竟还是做了努力，对他的恶行有所收敛。我知道这样做很困难，但他毕竟还是做了。他一开始是虚情假意，然后是犹豫不决，最后终于积极热心地设法支持格奈乌斯·庞培，反对他自己亲爱的克劳狄。这真是罗马人民亲眼所见的一幅公正景象，就像行

---

① 西塞罗轻蔑地用庇索的外祖父的高卢名字称呼庇索。
② 指庞培。

进中的一队恶人，这么可恶的两个人无论如何都会一起跌倒，如果是这种情况，那么确实是神意。但伽比纽斯确实做了一些事，拥护一个伟大人物的权威。他是一个恶棍，是一名角斗士，但他与一名像他一样的恶棍和角斗士做斗争。你这位有良心的、正直的先生当时犹豫不决，不愿意废除你用我的鲜血加上封印的有关行省分配的约定。因为那个与他自己的姐妹通奸的奸夫规定：如果他给你一个行省、一支军队以及从国家要害部门拨来的资金，那么你应当在他所有的罪恶行动中成为他的伙伴和助手。结果是发生了暴乱，在暴乱中象征执政官权力的束棒被折断，你本人受了伤，动武、斗殴、逃跑的事情每天都在发生。直到最后在靠近元老院的地方逮捕了一名身藏刀剑的刺客，这名刺客潜伏在那里想要谋杀格奈乌斯·庞培。

【13】有谁听到过由你提出来的报告和动议吗？不，有谁听到你说过一个抗议的字眼吗？想到在你的任期中，这个曾经用元老院的权威保存了这个体制，团结各个社团的所有力量取得三次胜利的人不能安全地出现在公众面前，甚至不能安全地出现在意大利，你还认为自己是一名执政官吗？无论你开始谈论什么事情，或在元老院里提出什么动议，所有元老院议员都朝着你们呐喊，要你们下台；你从来没有完成什么事情，直到你提出与我有关的一项动议，那么，你还认为自己是一名执政官吗？尽管你的手脚被一些诺言束缚，但你还是发誓说你愿意提出一项这样的动议，但却受阻于法律，在这样的时候，你还认为自己是一名执政官吗？这部法律①在个人看来根本不是法律，它是在整个元老院被取消，所有真正的人被赶出论坛，整个体制笼罩着乌云的时候，由奴隶锻造的，由暴力刻成的，是由这个匪帮团伙对国家施压的结果。这部法律与一切现存的法律相抵触，它的制定缺乏先例，所以那些对它表示畏惧的人还算是执政官吗？我不是照着人的情感来说的，而是照着历法②来说的。即使你们不把它当做法律——它实际上是一位保民官违反

---

① 指反对西塞罗的"克劳狄法案"。
② 罗马人历法的每一年都以执政官的名字命名。

切法律，剥夺一位不应受到谴责的公民的不可侵犯的公民权利和财产的命令——而仅仅是对此表示同意，所以当你们的自由意志受缚于贿赂，你们的舌头由于工资而沉默的时候，还有谁能把你们视为自由人，更不要说执政官了？另外，如果你，也只有你，确实把它当做法律，在你们认可的政治家中拒绝承认以往的法律、惯例、传统和国家的权力，那么还有谁认为你们当时是执政官，或者你们今天是执政官？还有，当你们穿着将军的披风，前往你们买来的，或者实际上是偷来的行省时，谁会把你们当做执政官？所以，在我看来，如果人们把你们当做执政官，那么即使成千上万的人对你们的离去不发出欢笑，至少也会想着你们；但这不是吉兆，而是凶兆，因为你们是敌人或叛徒。

【14】你这个愚蠢的、灭绝人性的魔鬼，竟然敢把我的离去——证明了你自己的邪恶和残忍——当做一件可以诬蔑和滥用的事情吗？不可能。但就在那一刻，元老院的议员们，你们的亲情和对我的认同神奇地安慰了我，你们不仅低语着表示对我的支持，而且发出响亮的喊声，你们的声音压倒了这个可鄙家伙的刚愎自用、喜怒无常的坏脾气，让他直喘粗气。你们要把元老院的悲哀、骑士等级的呻吟、意大利的混乱、元老院大厅里长达一年的沉默、法庭和讲坛的长时间冷落，以及其他所有因我的离去而给国家带来的伤痛，都当做可以滥用的事情吗？甚至假定它带来的是最彻底的毁灭，但它需要的仍旧是同情而不是谩骂，它在人们心中会与我的名声连在一起，而不是我的堕落；尽管我认为这确实是我的悲伤，而你们的悲伤一定会被视为犯罪和耻辱。但由于——我将要说的事情会使你们感到吃惊，但至少我要把我的想法说出来——你们一直接受我，元老院的议员们，所以你们的仁慈是巨大的，你们的品德是值得自豪的。想到那个对我来说意味着毁灭的事件，我还能有任何念头不与国家联在一起吗（这几乎是不可能的）？我应当想到，这也是一个最值得向往的增强我个人名声的机会。还有，庇索，如果拿你最快乐的日子与我最可悲的日子相比，你认为一个好人和聪明人会向往过哪一种日子？一个人在离开祖国时，有他的所有同胞为他的离去、安全、回返而祈

祷，这就是我自己的情况；而你的情况则是，当你离开这个城市的时候，所有人都会咒骂你，祈求上苍降灾于你，希望你的旅行永无尽头，希望你走上不归路。我发誓，如果我发现自己成了人们普遍憎恨的对象，而这种仇恨又是公正的，那么我会希望得到最严厉的惩罚，而不是得到一个最美丽的行省。

【15】但是让我们继续往下说。如果我最倒霉的季节都比你最宁静的日子要好，那么我还有什么必要比较我们各自的后果？你的结果充满耻辱，我的结果充满荣耀。1月1日这一天标志着我们的体制在你们垮台以后迎来了黎明，元老院里挤满了来自整个意大利的人。在勇敢、杰出的普伯里乌·伦图卢斯的动议下，他们异口同声地召唤我回国。元老院责成执政官向其他国家正式发出信件，在那个非常时刻赞扬我是元老院的议员、公民、制度的保存者，而不是像你，一个英苏布里人①，胆敢说的那样，说我是一个被剥夺了祖国的人。为了我的复归，仅仅为了我一个人，元老院认为以执政官的名义发信，以此增进所有公民的团结，这样做是恰当的，这些公民来自整个意大利，他们把国家的幸福放在心中。为了保护我的权利，人们就好像得到了一个确定的信号，在那一天从整个意大利涌到罗马来。我的复归成了人们高谈阔论的主题，由我们英勇杰出的执政官普伯里乌·伦图卢斯、由我们杰出的不可战胜的公民格奈乌斯·庞培、由这座城市里的其他杰出人士，传递给无数欢欣鼓舞的人。在格奈乌斯·庞培提出的动议下，元老院签署法令，任何阻止我回归的人都被算做国家的敌人。元老院送给我的让我回归和对我进行补偿的正式公告是以前所未有的赞美语言写成的，没有人曾经有过这样的公告。除了一名执法官②和两名保民官，其他所有行政官员都公布了与我相关的所有措施，这名执法官是我的敌人的兄弟，我们很难期待他这样做，两位保民官则像市场上的奴隶一样被收买了；然后执政官普伯里乌·伦图卢斯

———————

① 英苏布里人（Insubrian），意大利北部（内高卢）的一个部族。这是暗指庇索的外祖父。
② 指阿庇乌斯·克劳狄。

在百人队代表大会上提出了一项法律，议案是由他的同事昆图斯·麦特鲁斯提出来的，正像他在担任保民官期间那样，昆图斯·麦特鲁斯由于政治事务而与我疏远，①而由于一位杰出正直的人士②的勇敢和智慧，他在担任执政官的时候由于政治事务而与我重新团结起来。我还需要把人们对那部法律的态度告诉你们吗？我听你们自己就说过，没有任何公民对它提出过疑问，没有哪一次公民大会曾有这么多人参加。我本人确信——公共记录确实证明了这一点——你们是收票人、唱票人、监票人。当你们出自自由意志，劝说人们不要反对我回归时，你以我的年纪和等级为理由，甚至连你自己的亲戚朋友也没有这种荣耀。

【16】现在来比较一下，我高贵的伊壁鸠鲁，③尽管你是猪圈而不是那个学派的产物——要是你有胆比较一下你我的缺席。按照你自己贪婪的法律，而不是你女婿制定的法律，你获得了一个行省，在执政官任满以后去担任总督。按照凯撒公正的、令人尊敬的法律，自由人享有真正的自由；而按照这部除了你和你的同事以外其他没有任何人视之为法律的法律，整个阿该亚、帖撒利、雅典——实际上是整个希腊——都要受你的统治。你有一支庞大的军队，但不是元老院或罗马人民分派给你的，而是你自己肆无忌惮地建立的，你把国库都榨干了。在这个由卸任执政官担任总督的行省里，你指挥这支大军取得了多么辉煌的战绩啊！我问的是他取得了什么战绩吗？呃，他刚到达。我在这里讲的还不是他的强盗行径，不是他征用、勒索、抢劫钱财，不是他屠杀我们的同盟者，不是他谋杀客人、背信弃义、野蛮和邪恶，以后要是有机会，我会把他当做一个贼、一个抢劫神庙的强盗、一个刺客来谈论。而现在，我只是比较一下我自己的凄惨命运和他那不可一世地担任统帅的日子。有谁曾经控制一个行省及其军队，但却没有送过一张战报给元老院？马其顿行省如此重要，因为它的边陲地区有强大的野蛮人的部落，我们

---

① 公元前 62 年，昆图斯·麦特鲁斯攻击西塞罗在处理喀提林叛乱时的行动。

② 指庞培。

③ 对庇索的讽刺。

派驻马其顿的将领的行动要说有限制，那也只是他们的刀剑和投枪的限制。甚至某些执法官等级的总督离任时也会带来胜利，没有哪位执政官等级的总督离任后安全返回罗马却没有带来任何胜利。这是一件新奇的事，但还有更加新奇的事情在后头。这只掠夺这个行省的秃鹫竟然得到了"胜利者"的称号！真是神灵保佑！

【17】噢，保卢斯① 第二，你当时甚至不愿屈尊派人把胜利战报送往罗马？他说："我这样做了。"有谁读到过战报？有谁提过要公开宣读战报？对我当前的论证来说，无论是因为你对自己犯下的罪行感到内疚，因此不写信给你蔑视和想要取消的元老院，还是你的朋友藏匿了你的战报，而使你被指责为刚愎自用、厚颜无耻，都没有什么差别；而我确实几乎要这样想，我宁愿设想你以为送上战报太丢面子，而你的朋友则表现得更加老练，而不是设想你要么是在非同寻常的羞耻感下这样做了，要么是由于你朋友的反对而使人们不知道你的所作所为。

但是，哪怕你一直用封锁消息来侮辱这个等级，那么请你告诉我，你在这个行省里做了什么，取得了什么战绩，适合你用报喜的语言写信给元老院？也许是蹂躏马其顿，也许是一些城镇的可耻投降，也许是抢劫同盟者，也许是使农庄荒芜，也许是在帖撒罗尼迦构筑城堡，也许是封锁军用大道，也许是使我们的军队因饥饿、灾荒、冰冻、瘟疫而遭受伤亡？你肯定没有写信向元老院报告任何事情，正如在罗马你表现得比伽比纽斯更加低劣，所以在那个行省里，你顶多只是比他稍微谦卑一点。他在行省中剥夺罗马的骑士和佃农——他们的意志和地位与我们几乎相同，在任何情况下他们的幸福就是我们的幸福，在大多数情况下他们的荣耀和生活与我们一样——不是为了美德或出名，而只是为了满足口腹之欲。当他和他的军队除了抢劫城镇、使田野荒芜、使房屋废弃以外什么也没做的时候，他敢——有什么事情是他不敢的——写信给元老院，要求元老院对他感恩吗？

———————

① 保卢斯是罗马将领，马其顿的征服者。

【18】老天保佑！你，或者倒不如说你们两个使国家翻船的旋涡和礁石，在夸大你们自己经历时，想要诋毁我的生涯吗？我从来没敢想过，更不要说做梦看见我不在的时候，自己成了元老院的法令、公共演说、各个城镇和殖民地的激烈讨论、佃农、合作社、社会的每一个部分和等级的议案的主题，而你和你的同事被深深地打上了无法消除的烙印。或者说，如果我看到你和伽比纽斯被钉在十字架上，那么我看见你们身体上的伤口会比现在看到你们名声方面的污点更加快乐吗？善良而又勇敢的人由于遭受灾难而受到伤害根本不算是一种惩罚，至少你们喜爱的那些鼓吹快乐的希腊人①对此做过肯定。但凡你们领会了其中的正确精神，那么你们决不会掉入罪恶的旋涡；可是你们只在酒馆和妓院里狂饮时才听他们的话。好吧，这些把痛苦定义为恶，把快乐定义为善的哲学家也曾断言：聪明人哪怕是被放在法拉利斯②的铜牛上烤，也会说自己是幸福的，说自己的心灵感到十分安宁。他们的意思是，美德的力量是巨大的，善人除了得到幸福决不会是别的结果。那么什么是报应？什么是惩罚？在我看来，它是某种只能对罪人发生的事情——犯了罪而忧心忡忡、心中苦恼和压抑、受到诚实者的仇恨、元老院审判定下的罪名、尊严的丧失。

【19】在我看来，伟大的马库斯·勒古鲁斯被迦太基人割去眼皮，绑在柱子上不能入睡而死，但他没有受到惩罚；被盖乌斯·马略保存下来的意大利看见他沉没在敏图尔奈的沼泽地里，被他征服的阿非利加看到他被放逐和遭遇海难，这些也不是惩罚。它们是命运的绳索造成的伤口，而不是恶行的结果；但是惩罚是罪行的代价，只有罪行才有的代价。我确实曾经祈祷，希望灾难使你们清醒——如我经常祈祷的那样，不朽的诸神听见了我的祈祷——我不会祈求疾病、死亡和肉体折磨。那样做会像诗人通过堤厄斯忒斯之口说出来的诅咒，他的祈求表达了一种无教养者的情感，而不是哲学家的

---

① 指伊壁鸠鲁主义者。
② 法拉利斯（Phalaris），西西里僭主，在一只铜牛上烤他的牺牲。

情感。他说:"无边的大海,陡峭的岩壁,可怕的礁石,你这个遭到放逐的家伙,一定会在那里翻船,在黑暗的礁石上摔得粉碎,尸骨无存。"① 如果这就是你们的命运,那么我的命运也不太好;但它确实是一种命运,所有人在这一点上相同。三次担任执政官的马库斯·马凯鲁斯② 死在海里,尽管他的美德、虔敬、名声无愧于一名战士;但是他的美德使他的名声和荣耀活着。像他这样的死亡必定是出于偶然,而不是报应。那么什么是报应? 什么是惩罚,什么是用石头砸死,什么是十字架? 是这样的:在罗马人民的这个行省里本应有两名将军;他们应当指挥军队,拥有胜利者的称号;但其中一名将军犯下了滔天大罪,在这个行省里取得的任何胜利他都敢向元老院送去战报。最近从这个行省返回的卢西乌斯·托夸图斯立下丰功伟绩,受到元老院的欢迎;在我的提议下,元老院承认他的伟大成就,称他为胜利者。最近几年,格奈乌斯·多拉贝拉、盖乌斯·库里奥、马库斯·卢库鲁斯就在那里取得了很大的胜利,我们都是这些胜利的见证人;而从这个行省,从你这位胜利者那里,没有任何消息带给元老院! 从你们这一对活宝中的另一个那里,倒有战报送来,在元老院前宣读,并成为一项动议的主题。但是,不朽的诸神啊! 我还能梦想看到我的敌人会被打上史无前例的、耻辱的烙印吗? ——仁慈的元老院习惯于用隆重的庆典和荣耀的语言赐予胜利者史无前例的荣耀,难道会只否认他写过报告,并对他信中提出的要求置之不理!

【20】我对下面这些想法相当满意和着迷:这个等级除了把你们俩视为最凶恶的敌人,别无他想;罗马的骑士、其他所有等级、我们整个社会,都厌恶你们;啊,没有哪个最诚实的公民,没有哪个记得自己是公民的人,会不闭目塞听,从心底里轻视你们,能够在想起你们这些执政官的所作所为时不发抖。这是我代表你们发出的愿望、誓言、祈祷的应验,已经发生的事情比我期望的更多。上苍知道,我从来不祈祷你们会丧失军队,然而这件越出

---

① 引自恩尼乌斯悲剧《堤厄斯忒斯》(Thyestes)。
② 公元前 148 年死于阿非利加海岸。

我祈祷范围的事情也发生了，只是这件事与我的想法完全一致。我从来没有祈祷让你们陷入精神错乱，但你们却陷入了疯狂。

我有很好的理由祈求这种事情的发生，但我忘了这是不朽诸神对邪恶的亵渎者的惩罚，是不可避免的。元老院的议员们，你们一定不要这样想，就像你们在舞台上看到神派来的复仇者高举炽热的烙铁追逐着亵渎者。使其心灵不安、趋于疯狂的是他自己的罪，他自己有罪，他自己厚颜无耻，这些东西就是追逐恶人的复仇者、烈焰、烙铁。当你第一次犯罪的时候（这是我的主要指控），我一定不能把你算做发疯的、发狂的、神经错乱的——比悲剧中的俄瑞斯忒斯或阿塔玛斯更加疯狂——前不久，你在有影响的、无可指摘的托夸图斯施加的压力下，公开承认你离开马其顿行省时一个士兵都没带，那么你的那支庞大的军队到哪里去了？关于那支军队损失大半的情况我就不说了；让我们把这件事归于你的不幸；但是解散军队，你为此寻找的借口是什么？你有权这样做吗？允许你这样做的法律、元老院的法令、权力、先例在什么地方？对我们的同胞、法律、元老院、社会的呼声视而不见，这是一种什么样的疯狂？身体受伤是小事，但危及生命、名声、幸福就比较严重了。如果你解散你的家庭，那么这个行动只涉及你，不涉及其他人，当然你的朋友会认为需要对你加以约束。如果你还有理智，那么在没有罗马人民和元老院命令的情况下，你会解散国家吗？

【21】现在来说说你的同事！他进行大规模的抢劫，榨取佃农的财物和土地，夺取我们同盟者的城市，然后用这些来填补欲壑，或用于新鲜的、前所未闻的享乐，或用于购买地产，在图斯库兰建造豪华的别墅。后来这个庞大的工程缺少资金而停工。这个时候，他把自己的人格、脸面、罗马人民的军队、不朽诸神的名字和禁令、祭司们的仪式、元老院的权威、罗马人民的授权、帝国的名字和尊严，全都卖给了埃及国王。① 虽然他希望能以我的放

---

① 埃及国王托勒密·奥莱特（Ptolemy Auletes），西彼拉圣书禁止他回国，但伽比纽斯索取一大笔赎金后让他回国。

逐为代价得到这个行省，但他自己却无法待在那里，于是就率领军队离开叙利亚。他怎么能够合法地把军队带出行省，把自己出租给亚历山大里亚国王当助手？

还有什么事情比这更加堕落？他进入埃及，与亚历山大里亚的居民进行了一场激烈战斗。这个等级或罗马人民什么时候对这场战争负过责任？他占领了亚历山大里亚。从他送给元老院的有关他的勇敢冒险的战报中，除了看到他的疯狂，我们还能看到什么？如果他的理智还正常，如果他还没有打算对他的国家和不朽诸神交付所有赎价，那么他敢——我现在不提他率军离开行省，为了自己的利益发动战争，进入一个王国而没有罗马人民或元老院的命令，也不说无数古老的雕像在禁止他的行为，尤其是有反对叛国的高奈留法和反对营私舞弊的朱利乌斯法，但所有这些我都不说了——我要说的是，这个等级最忠实的朋友普伯里乌·伦图卢斯由于宗教方面的顾忌而毫不犹豫地宣布放弃这个行省，尽管伽比纽斯是通过抽签由元老院任命的，但即使没有宗教方面的顾忌，无论如何也有古代的惯例、先例在阻止，有最严格的法律惩罚在禁止，如果他不是一个胡言乱语的疯子，他敢说这个行省对他来说是合适的吗？

【22】现在，由于我们已经开始对我们可敬的生涯进行比较，让我们就不提伽比纽斯的回归了；因为，尽管他本人行进到一半时就中断了，但我仍想看一看这个家伙的厚颜无耻。如果你乐意，让我们来比较你和我的回归。我回归的时候，从布隆狄西到罗马的大道上挤满了来自意大利各地的人。确实，没有哪个街区、市镇、区域、殖民地没有派出他们的代表前来向我致贺。为什么我要讲我到达了哪些地方，那里的居民如何涌出镇子来问候我，那里的家庭主人与他们的妻子儿女如何从乡间聚集在一起，为什么在我到达和回归的日子里，到处都像是举行不朽诸神的庄严的节庆？当我看见元老院和全体罗马人民聚集在城外的时候，当罗马本身似乎敞开胸怀，欢迎拥抱她的拯救者时，我回归祖国的那一天对我来说是一种不朽。当罗马欢迎我的时候，不仅是所有等级、所有年纪、处在各种环境和地位下的所有男女欢欣鼓

舞，甚至连城墙、房屋、神庙都表现出它们的欢乐。往后几天，在你们把我赶走、抢劫、焚烧的那处住宅里，大祭司、执政官、元老院的议员宣布用公费重建我的房屋，这是他们投票决定的，在我之前他们还没有为哪个人进行过这样的投票。

你已经听到了我的回归；你的回归与我的回归形成了鲜明对照。你丧失了你的军队，除了你的厚脸皮，你什么也没有安全地带回家。首先，有谁知道你带着哪些随从，从哪条路返回？你走的是哪条弯弯曲曲的小道，穿过哪些人迹罕至的区域？哪些城镇看见过你？什么朋友请你去过他家？哪位主人和你见过面？你宁可走夜路而不是在大白天赶路，宁可走那些人烟稀少的地方也不穿越人多的地方，宁可去那些乡间小屋投宿，也不愿进城，是吗？你的行迹不像是一位杰出的统帅从马其顿返回，倒不如说是一具可耻的死尸被送回家。

【23】当你到达罗马的时候，啊，我不说你给卡普纽斯家族，而说给卡文提乌家族带来耻辱，不是给这座城市，而是给普拉珊提亚[①]带来耻辱，不是给你父亲的部落，而是给你穿马裤的家人带来耻辱，这就是你进城的方式吗？你自己的副将中有谁来迎接你，更不要说公民了？在你手下服役的卢西乌斯·福拉库斯[②]配得上较好的命运。在我担任执政官期间，他为了国家的安全与我团结一心。我们得到报告，看到你和你的随从在离开城门不远的地方闲逛；我也知道世上最勇敢的人之一、战争和军事科学大师、我的朋友昆图斯·玛基乌斯，由于他忠于职责，再加上福拉库斯以及其他副将的忠心，所以尽管当时你远离战场，他们仍旧为你在战场上赢得了胜利者的称号，而在你到达罗马时，他正在家中休息。那么为什么不列举那些没有来见你的人？为什么不说一个人都没来，哪怕是那些有望获得公职的人，他们最注意

---

① 普拉珊提亚（Placentia），高卢地区的一个地方。西塞罗在这里的意思是：伽比纽斯给高卢带来的耻辱胜过给罗马带来的耻辱。

② 卢西乌斯·福拉库斯（Lucius Flaccus）在喀提林事件中任执法官，执行西塞罗的命令，前往穆尔维桥逮捕阿洛布罗吉人的使者。

礼节，尽管他们早几天就得到警告和要求，要他们在那一天这样做？在城门口，有人给侍从官们拿来了短外衣①；他们脱下战袍，穿上短衣，稀奇古怪地簇拥着他们的胜利者。以这样的形象，在统治这个伟大的行省、统领一支庞大的军队三年之后，我们伟大的马其顿"统帅"出发进城。这有多么凄凉，连最卑微的乞丐也不会落到这样的境地！然而就在这里，他在油腔滑调地为自己辩护时和我叫板。我断言他是从塞利乌斯城门进城的，而这个冲动的家伙跟我打赌，说他是从埃斯奎利城门进城的——就好像知道他从哪座门进城是我的事，是你们中的任何听说过这件事的人的事。你从哪座城门进城是件小事，只要不是从凯旋门进来的。它屹立在那里，始终朝着马其顿的执政官敞开；你是有记载的第一个握有执政官的权柄，但却没有获胜归来的人。

【24】但是，元老院的议员们，有一位哲学家曾在你们中间说话，说自己从来不在乎胜利。啊，真是邪恶的瘟疫！你镇压元老院、出卖这个等级的权威、把你的执政官职位指定给一位保民官、颠覆这个国家、为了获得一个行省而出卖我的权利和安全，在这种时候如果你不在乎胜利，那么你会坚持说胜利最终点燃了你的欲望吗？这是我长期的经验，在我本人和其他人看来都是这样，那些强烈地想要获得一个行省的人通常都会隐瞒他们的愿望，而假装说自己渴望胜利。这是执政官德修斯·西拉努斯在这座大厅里使用的语言，甚至也是我自己的同事使用的语言。确实，对任何人来说都不可能公开要求得到一支军队，而不说他的动机是获得胜利。哪怕是元老院和罗马人民强迫你指挥军队，进行战争，无论你对此无动于衷还是犹豫不决，我们都仍旧可以争论追求胜利是不是一种可恶狭隘的精神，庄严地获胜是不是一种可恶狭隘的精神。如果追求胜利是肤浅心灵的标志，那么它会伴随着谄媚的空话，乃至追求虚幻的名声，它会拒绝阳光、拒绝真正的名声，而真正的名声是为真正的功绩带来声誉的奖赏。但是，在既无元老院的请求，又无元老院的命令的时候——不，元老院不会同意你野蛮践踏这个行省——在既无罗马

---

① 为的是使他们显得像是普通公民。

人民的支持，又无自由人投票的时候，你把那个行省当做你的额外津贴，当做颠覆和毁灭国家的工具。在你所有邪恶行为背后的想法是：你把整个体制交给了无法无天的盗贼，而作为一种报答，疆域辽阔的马其顿应当交由你选择。你榨干了国库，让意大利的年轻妇女都成了寡妇，在冬季渡过愤怒的海洋。如果你藐视胜利，那么敦促你启程的是什么样的盲目的欲望？如果不是为了掠夺和获取战利品，那么催你上路的是什么样的海盗？

格奈乌斯·庞培做了错事，① 他不能按照你规定的路线行动。他遭到了抢劫；他从来不明白这种哲学观；这个可怜的傻瓜已经取得了三次胜利。克拉苏，我为你感到可耻！你把一场艰苦的战争进行到底的动机是什么？你如此渴望元老院给你戴上胜利花冠吗？普伯里乌·塞维留斯、昆图斯·麦特鲁斯、盖乌斯·库里奥、卢西乌斯·阿非利加努，你们为什么不坐在这位圣人的脚下，避免你们所犯的种种错误？甚至我的朋友盖乌斯·庞普提努 ② 也同样犯了错误，因为那些就要开始举行的仪式妨碍了他的行动。去你的吧！卡弥鲁斯、库里乌斯、法伯里修、卡拉提努、西庇阿、马凯鲁斯、马克西姆——你们统统都是傻瓜！保卢斯，你真是个老糊涂！马略，你真是个笨蛋！但这两名执政官怎么也会误入歧途！为什么这么说？因为他们也庆祝胜利！

【25】但是我们无法改变过去，这个侏儒，这个混账的伊壁鸠鲁，为什么不赶快把那些精致的哲学教义灌输给他的女婿③、那位英明伟大的统帅呢？相信我，名誉是这位伟人展翅飞翔的动力，他的内心充满着对辉煌胜利的向往。他没有学会你接受的那些教训。送他一本小册子吧。不，假如这段时间你能设法见到他，那就把你那些能够用来熄灭他内心欲火的话语传授给他。一个有着像你这样约束力和精神力量的人只能对那些可怜的野心的牺牲品产

---

① 整个这段话都是在讥讽。

② 执法官盖乌斯·庞普提努（Gaius Pomptinus）曾与福拉库斯一道执行逮捕阿洛布罗吉人的使者的行动。

③ 盖乌斯·朱利乌斯·凯撒，当时在高卢。

生影响，但是岳父的学问肯定会对无知的女婿起作用。你是一位成熟的散文家，会对他说出一篇适宜在教室里讲授的、优雅而完美的范文："凯撒，元老院在这么长的时间里频繁地颁布法令向你感恩，这对你有什么强大的吸引力？这个世界陷入了深深的灾难，连诸神都不关心；就像我们神一般的伊壁鸠鲁所说的那样，诸神对任何人既不感到怜悯，也不感到愤怒。"用这样的论证，你很难使他信服，因为他会看到诸神对你既有感觉又有愤怒。

　　然后，你的长篇散文会转入另一个话题，你会把胜利当做主题。你会问："你那马车有什么用？在你前面行走的将军有什么用？那些漂亮的城镇有什么用？那些金银财宝有什么用？那些骑在马背上的副将和军法官有什么用？那些齐声呐喊的部队有什么用？这些壮观的场面有什么用？博取掌声，穿过城市，希望成为万人瞩目的对象，它们都是空洞的，我告诉你，它们都是虚幻的，还不如一名儿童的玩耍。这些事情没有一样是重要的，你能把握和获得的一切只有身体的快乐。请你精力集中听我说。我和提多·弗拉米尼努、卢西乌斯·保卢斯、昆图斯·麦特鲁斯、提多·狄底乌斯，以及其他一大批为可怜的野心所驱使的人一样，也带着胜利从这个行省返回罗马。但是，我在埃斯奎利城门外把我在马其顿得到的桂冠踩在脚下；我带着15名饥渴的随从回到塞利乌斯城门，两天前我的管家在那里为我租了一座房子；要是这座房子没租到，那么我会在战神广场上扎帐篷宿营。还有，凯撒，那些庆祝胜利的摆设对我没有任何意义，我的钱放在家里很安全，而且仍旧会很安全。如你的法律所要求的那样，我马上就写了一张财务报告给国库，但我对你法律的其他要求都不会照办。如果你研究这些账目，你会发现没有人比我通过学习获利更多。这些清晰准确的账目令国库官员刮目相看。在把它抄录下来以后，他会一边挠头，一边喃喃自语：'账目确实是清楚的，但钱没了！'①"至少我不会对你的论证产生怀疑，这是你在庆祝胜利凯旋的战车中努力构造的。

————————

① 此处引用普劳图斯：《三文钱的硬币》（*Trinummus*）第2卷，第4章，第18节。

【26】啊，昏暗的眼睛！啊，陷入泥坑的、肮脏的灵魂！你已经忘了你父亲的谱系，甚至也不记得你母亲的家世！你的处境有多么低劣、悲惨、堕落、凄凉——甚至比你的祖父、米兰的一名拍卖师，还要低贱。卢西乌斯·克拉苏，我们国家最聪明的人，几乎也可以说曾派人仔细清查过阿尔卑斯山，为的是在一个根本没有敌人的地方为一场所谓的胜利找到某些证据。伟大的天才盖乌斯·科塔受到相同野心的激励，尽管他没有遇上正式的敌人。他们都没有获得胜利；一个被他的同事剥夺了荣誉，另一个被处死。不久前，你嘲笑马库斯·庇索获胜的愿望，断言这样的愿望与你的脾气完全不合；尽管他发动的战争，如你断言的那样，相比而言不太重要，他仍旧认为从战争中获取胜利的荣耀不会被轻视。但你比庇索更加博学，比科塔更加聪明，在资源、天才、野蛮等方面超过克拉苏。你轻视被这些"白痴"当做荣耀的事情，这是你喜欢的对他们的称呼。如果你责备他们在进行那些不重要的战争以后，甚至在干了一些根本配不上战争这个名称的事情以后，觊觎胜利桂冠，那么已经征服了如此强大的民族、干了许多能干的事情的你，肯定是最后一个，表示要轻视你的劳动成果，轻视你冒险获得的酬劳，轻视你通过英勇行为而获得的荣耀。尽管你比塞米斯塔①聪明，但你确实并不轻视这些东西；你只是在躲避元老院抽在你的铁皮脸上的皮鞭，逃避元老院的责备。

现在你明白了，我已经屈尊拿我来和你做比较，我的离去、我的缺席、我的回归远远高于你的离去、缺席和回归，所有这些事件给我带来不死的荣耀，而给你带来永久的可耻的伤害。不，甚至在我们城市的日常生活中，你认为自己作为一名元老院议员的英明、影响、威望、辩论、精明、有用、权威、见解要超过我，或者说得更加真实一些，要超过任何最邪恶、最卑劣的人？

【27】想一想吧！元老院痛恨你，你也承认这种痛恨是公正的，因为你

---

① 塞米斯塔（Themista），伊壁鸠鲁的一位女弟子。

是一名劫掠者和摧毁者，不仅摧毁了元老院的尊严和权威，而且摧毁了这个组织的存在和名字。罗马的骑士不能忍受你的眼光，因为当你是执政官的时候，这个组织最聪明、最杰出的成员卢西乌斯·埃利乌斯遭到驱逐。罗马人民期盼你的毁灭，因为你通过匪徒和奴隶之手对我所做的一切都把耻辱堆到他们头上。整个意大利咒骂你，因为又是你顽固地轻视他们的决定和祈求。如果你有胆，你可以去检验一下这种最严厉、最广泛的仇恨。我们就快要结束那些在人们记忆中最盛大、最绚丽的庆祝活动了——这些赛会①不仅史无前例，而且今后也难以看到。把你自己交付给人民；冒险去参加赛会。你害怕嘘声吗？你的长篇散文在哪里？你害怕遭到唾弃吗？这也不会令哲学家烦恼。你害怕挨揍吗？是，当然，难就难在这里，按照你的观点，痛苦是一种恶。名誉、丑行、耻辱、堕落——只不过是语词，是一些小事。但是，不，我不会怀疑，他不敢冒险加入一里路长的游行。他会去参加公共宴会，但不会成为受尊敬的目标——除非他确实希望与普伯里乌·克劳狄一同进餐，或者换句话说，与他的随从一道进餐——但是，很明显，他有他的情感需要。他会离开像我们这样的"白痴"参加的赛会。因为这是他的习惯，在所有讨论中，他都把肚子的快乐看得高于眼睛和耳朵的快乐。

　　过去你们可以认为他仅仅是虚伪、残忍、善于偷摸，最近你们可以发现他贪婪、奴颜婢膝、顽固不化、傲慢、欺骗、背信弃义、无耻、冒失无礼，从我这里你们可以听到，他最终是骄奢淫逸、肮脏、卑鄙、邪恶。但你们在他身上发现的骄奢淫逸不是一般意义上的。尽管所有的骄奢淫逸都是邪恶和堕落。有一种形式的骄奢淫逸与绅士和自由人完全不沾边。你们在庇索身上找不到情趣、风雅、得体。你们在他身上——给这个魔鬼以公正的评价——除了好色，找不到格外奢华的地方。他用的绘花餐具——不是一件，而是一套大酒杯——是普拉珊提亚②产的，由此可见，也不能说他藐视他的同胞；

---

①　指庞培于公元前 55 年在他的剧场启用时举行的庆祝活动。
②　普拉珊提亚（Placentia），意大利北部城市。

桌上堆的不是贝壳和鱼，而是大块烤肉；服侍他用餐的是邋遢的女奴，有时甚至是老人；厨师和跑堂的是一个人；他的住宅里既无面包师，又无酒窖，面包是从其他面包房弄来的，酒来自小酒馆；希腊人把五坛酒装上马车，他一个人要一坛；倒酒一直要倒到酒坛边。听到厨师的喊叫，他会以为他的高卢祖父又复活了，在下令清理餐桌。

【28】有人无疑会问："你怎么知道这些事情？"好吧，我并不打算以这样的方式描述任何人，乃至于侮辱他，尤其是对一个有才干和有学问的人；即使我想这样做，我也不能对整个一类人生气。有某个希腊人和他生活在一起，说真话，我发现这个人在跟随其他人的时候是绅士，但在跟随庇索的时候就不是。这个人遇上了我们年轻的朋友庇索，他甚至当时就满脸怒容，就好像他是诸神的化身，不愿与人交友，尤其是当别人拼命想和他交朋友的时候；但是到了最后他还是献身于他的同伴，与他生活在一起，难得让他离开身边。我不是在对一名无知的听众说话，而是如我所认为的那样，在一批有学问、有教养的绅士的集会上说话。你们当然听说过，伊壁鸠鲁学派的哲学家肯定自身能提供快乐的一切事情都是可取的——至于事情的对错无须我们关心，或者至少与我们当前的问题无关——然而在一位智力有限的年轻人面前，这是一个危险的论证，一个经常导致灾难的论证。所以，淫荡的庇索一旦听到如此伟大的哲学家如此高度赞扬快乐，他就不会再做鉴别。他全身能够产生快乐的感官都会受到刺激，会欢叫着接受他朋友的论证。显然，他在希腊人中找到的不是一位伦理学的教授，而是一位淫荡技艺的大师。这个希腊人的长处首先在于对道德戒律含义的理解，但正如谚语所说，这是"跛子得到了皮球"①。他坚持他接受的东西，坚持他学到的一切，把伊壁鸠鲁视为雄辩之人；我相信，他确实断言：除了身体的快乐他不能明白任何善的东西。长话短说，这个希腊人在对一位罗马将军述说一种观念时过于迷人和殷勤。

---

① 意思是无法正确地使用一样东西。

【29】我现在讲的这个希腊人不仅精通哲学，而且也懂其他伊壁鸠鲁主义者据说一般会加以轻视的才艺。他开始创作诗歌，非常风趣、简洁、优雅，没有人比他更能干了。任何人只要愿意，都可以在他的诗中找到毛病，但请温和一些，不要像对待一个卑鄙无耻的无赖，而要像对待一个可怜的希腊人、一名食客、一名诗人。一个希腊人来到一片陌生的土地上寻找庇索，或者倒不如说来依附庇索，这种时候，他以同样的怒容欺骗了庇索，就像他欺骗了许多像我们这样的哲人和这个伟大的社会。一旦建立了所谓的友谊，他就无法抽身，更有甚者，他想要避免受到指责，被说成在友谊上反复无常。面对请求、邀请和压力，他为庇索写诗，里面完整地刻画了庇索的生活，包括庇索所有的欲望和淫荡，所有各式各样的宴会，所有的通奸。这些诗就像一面镜子，任何人只要愿意，都可以从中看到这个家伙的生活。要不是我担心自己会在这个地方偏离当前的主题，甚至可以说我现在已经偏离了，我想从这些诗中选择一些为你们朗读（这些诗也经常有人朗读和聆听）；与此同时我不希望毁谤这些诗的作者的品性。要是他在找学生方面比较幸运，那么他的性格可能会变得比较稳重，不太会受到指责；然而在命运的引导下，他形成了现在这样一种与哲学家不配的文风。也就是说，应当把哲学正确地描述为是由一系列关于美德、义务、善良生活的完整理论组成的。在我看来，承认了这一点，才能给自己恰当地选择最能发挥作用的地方。他这样做了，愿意把自己称做哲学家，但他对哲学的理解是不完整的，命运使他陷入了那个野兽和魔鬼的泥潭。

那个魔鬼最近高度赞扬我在担任执政官期间的成就——我要为这个如此卑鄙的畜生的诋毁大声喝彩——他评价说："不是你的行为所引起的公愤伤害了你，而是你的诗句。"没错，庇索，你在担任执政官期间实施的惩罚是过分的，无论它是针对一名坏诗人还是针对一名自由人。你说："因为你写道'兵器必须向托袈袍投降'，就是这句诗引发了反对你的风暴。"① 但是我

①　这句诗引自西塞罗的诗 "De consulate meo"，庇索认为这首诗冒犯了庞培。

认为，在你担任执政官期间，刻在这个体制的棺材上的墓志铭①的任何地方都不会出现"愿你快乐，诚如西塞罗所写的一行诗……"这样的话；或者倒不如说这句话应当写做"诚如西塞罗所责备的……"

【30】但是，由于我们不把你看做阿里斯塔库，②而是宁可看做受到批评的法拉利斯——他不是对有错误的诗句进行批评，而是对诗人进行肉体摧残——所以我想知道，也请你告诉我，你在"兵器必须向托袈袍投降"这句诗中找到了什么错误。庇索责备说："你断言最伟大的将军要向穿托袈袍的人投降。"你在说什么，你这头蠢驴！要我开始教你识字吗？我现在需要的不是语词，而是短棒！当我说"托袈袍"的时候，我的意思不是指我现在穿的长袍，当我说"兵器"的时候，我的意思也不是指某位将军的盾牌或刀剑；但是，由于托袈袍是和平与安宁的象征，兵器是动乱与战争的象征，所以我只是在以诗人的方式说话，表达战争与动乱必须让位于和平与安宁的意思。问一问你的希腊诗人朋友，他不会对你缺乏识别能力感到惊讶，而会承认我使用的语言形象。庇索说："但是下一句诗，'桂冠向真正的名声投降'，该怎么说，我抓住你了吧。"恰恰相反，我没有被你抓住；要不是你自己把解释的方法告诉我，那你倒有可能抓住我。因为，当你这个胆小鬼亲自用你那双小偷的手从你沾有血迹的束棒上取下桂冠，在埃斯奎利城门边上把它们扔掉的时候，你表达了自己的看法，桂冠不仅向最崇高的名声投降，而且向最卑微的名声投降。然而，你这个无赖，你想要证明这句诗使庞培成了我的敌人，这样做是徒劳的；你假定这句诗冒犯了这个人，这是我的错误，让我垮台是这个人的目的。事实上，这句诗与这个人一点关系也没有，这一点我就不说了。我曾竭尽全力用大量的演讲和作品来荣耀这个人，现在用一句诗来攻击他，这不是我做事的方式。但若我们假定他受到了冒犯，那么他会在我大量的赞扬中挑出一句可怜的诗来加以反对吗？如果他有这种受到冒犯的感

---

① 指克劳狄的法案对西塞罗发出禁令。
② 阿里斯塔库（Aristarchus），亚历山大里亚的大学者，荷马史诗的批评家。

觉，他会硬着心肠来让我垮台吗？我是他的亲密朋友，一位忠于名誉和国家的真正的仆人，一位前执政官，一位元老院议员，一位公民，一个自由人，这些我都不说了。他会为了一句诗，硬着心肠来夺走一个人的生命吗？

【31】还有你——你明白你正在谈论的事情涉及谁吗？你在当着谁的面谈论？你想毫不掩饰地把身份很高的人牵扯到你和伽比纽斯所犯的罪行中来吗？前不久，你断言我正在为自己反对那些我所藐视的人感到后悔，而我当时正在坚决地离开那些更加应当受到我的抱怨的、有权势的人①。提起这些人，有谁不知你涉及谁？尽管他们的情况都不一样，但他们全都得到我的赞成。格奈乌斯·庞培尽管花了很大的气力冷却他对我的热情的依恋，但他一直尊重我，把我当做他最亲密的朋友，不仅在心中关心我的安全，而且关心我的尊严和我的名声。由于你和你的同伙的欺骗、你们的邪恶、你们对我的诽谤和虚假的责难，说我背叛他，会给他带来危险，还有那些在你们的挑唆下滥用和庞培亲密关系的人在庞培耳边可耻地含沙射影——是你们想要获得行省的欲望使他紧闭自家的大门，阻碍他与所有那些珍惜我的幸福、庞培的荣耀、国家制度的人与他接触和交谈。所有这些东西影响了他，阻碍了他，使他失去相信我的勇气，而某些人有这种勇气。我说的不是他对我的感情已经转移，而是说他使用我的热情在冷却。当时担任执法官的卢西乌斯·伦图卢斯、昆图斯·桑伽、老卢西乌斯·托夸图斯、马库斯·卢库鲁斯没有去看过你吗？所有这些人和他们的其他许多同胞去过庞培在阿尔巴的家，向他提出请求，和他商讨，不要让我的处境恶化，因为这件事情与这个国家的幸福紧密相关。庞培派他们去见你和你的同事，规劝你们顺从公众的意见，向元老院提出动议。他说自己不愿与一位握有武装的保民官作对，除非有一项官方决定在支持他。但是这些执政官应当按照元老院的法令行事，保护法律，然后庞培才会动用武力。可悲的人啊，还记得你们当时的回答吗？你们的回答是粗暴无礼的，而托夸图斯愤怒了。你说你们不能鼓起像托夸图斯或者我

---

① 亦即西塞罗攻击庇索和伽比纽斯，但不敢攻击凯撒和庞培。

本人在担任执政官时的那种勇气；没有必要使用武器，制造冲突；面对暴风骤雨，我可以第二次拯救这个国家；我的抵抗意味着无穷无尽的屠杀；最后他说，他或他的女婿，以及他的同事，都不会抛弃这位保民官。现在，我不应该把像你这样的公敌和叛徒当做最后一个对手来处理吗？

【32】至于盖乌斯·凯撒，我明白他并非始终赞同我的政治观点；但不管怎么说，如我经常在对我当前的听众谈到他时所说的那样，他希望我和他执政期间的整个政策保持一致，他希望我能参与，分享他与最亲密的朋友共享的所有荣誉，他把这些荣誉放在我的面前，请我接受它们。一种也许不太合理的尊敬不断地妨碍我站在他一边；我不希望过分密切地依附他，而他的仁慈我打算完全信赖。在你担任执政官期间，涉及凯撒前一年的执政是否还要延续或者应当停止是有某些意见冲突。对此我还需要再多说些什么吗？如果他认为我身上有这样独特的活力和美德，我的抗拒会使他的执政落空，那么我肯定可以允许他继续执政，只要他把自己的意向摆在我面前！但是关于过去我不再多说了。格奈乌斯·庞培以他最大的热情和能量，甚至冒着他的生命危险，为我的案件奔忙。他为了我与那些自治市镇打交道，寻求整个意大利的支持。他不断地与支持我回归的执政官普伯里乌·伦图卢斯在密室中商谈。他使自己成为元老院的代言人，在公共集会上宣誓，不仅要做我的卫士，而且要屈尊成为我的调解者。他作为提供帮助者和同盟者与一位他知道有影响的人物团结起来。他知道这个人并不反对我；我指的是盖乌斯·凯撒。你现在明白了，对你来说，我不仅是对手，而且是敌人，我对你提到的那些人不仅不怨恨，而且很友好。其中之一（我决不会忘记事实）一直是我的好友，也是他的好友；而另一个人（我不费力就记得起这个事实）在某个时候是他的一个更加真诚的朋友，远远超过我。进一步说，勇敢者在进行殊死搏斗以后，通常会在停战和放下武器以后把他们之间的仇恨摞在一边。确实，甚至在我们意见分歧之时，凯撒也决不会恨我。这是一种美德，你用肉眼看不到，她的美丽外表令勇敢者着迷，哪怕他们之间是敌人。

【33】元老院的议员们，我实际上只想表达我的真实感情，以往我对你

们反复表达过。如果盖乌斯·凯撒从来不是我的朋友，如果他对我表现出无法改变的怨恨，像我的一个不能和解、不能改变的敌人一样行动，即便如此，我也不能对一位以前结交的、现在还在结交的朋友产生其他感觉。因为不是阿尔卑斯山上的堡垒，也不是在莱因河两岸之间奔腾的洪水和急流，而是他对我们军队的统帅，是我们真正的盾牌与屏障，可以用来抵抗高卢人和野蛮的日耳曼部落的骚扰与侵略。正是因为有了他，高山才能夷为平地，大河才能断流，我们才能继续拥有意大利，这不仅要靠天然的屏障，而且要靠他的胜利和成就。他爱护我，尊重我，认为我配得上各种赞扬，你认为你能挑起我们之间的不和吗？你能用你的罪行来改变我们国家以往长期的不幸吗？只能是这个结果，尽管你非常明白凯撒和我之间的紧密团结，你还是问我——你的嘴唇在颤抖，但你确实问了——为什么不采取反对你的措施？对我来说，"我不会放弃此事，让你的痛苦停止"，① 而考虑到我的朋友承担的责任有多么重大和急迫，我不想让他来承担这项责任，因为他已经国务缠身，还在从事艰苦的战争。然而我并不感到绝望，尽管我们的年轻人非常懒惰，不愿意追求名誉和荣耀，但仍旧会有人愿意出来抛弃这个国家的执政官的死尸，剥夺他掠夺来的财物，② 尤其是他们要审判的对象如此神经质和软弱无能——你努力表现得像是在担心被别人认为配不上任何提升，除非你能证明你有一个与你完全一样的同伴，是他 ③ 把你派往你的行省。

【34】或者说你想象我只是对你的指挥和你带给你的行省的浩劫做了一个敷衍了事的考察，给你涂上了某些污点吗？我在审判中不像猎犬那样追踪你的脚印；不，你身体的每一个动作，你每一个休息的地方，对我来说都是要追查到底的线索。甚至连你刚刚到达时犯下的罪行我都仔细地注意到了。你接受了都拉斯人的贿赂，谋杀你的房东普拉托耳。你旅居在这个人的家里，而你却在拿他的鲜血与人讨价还价。你从他那里接受了一名奴隶乐师和

---

① 引自卢西乌斯·阿西乌斯（Lucius Accius）的悲剧《阿特柔斯》（*Atreus*）。

② 指起诉庇索。

③ 指普伯里乌·克劳狄。

其他礼物以后，你请他不要害怕，邀请他在你的保护下访问帖撒罗尼迦。尽管这个可怜的人打算低下头来接受他客人的斧子——你不是在与古人比赛，不是在试验行刑的方法——但你下令，要你的随行医生割断他的血管。除了杀死普拉托耳，你还杀了他的朋友普留拉图。你把他鞭打致死，尽管他已经很老了。你以三百个塔伦特的价格把自己出卖给国王考提斯，后来你还将贝昔卡部落的一个首领拉波山图斩首。他作为一名使者到你的军营里来，向你保证从贝昔卡部落给你送来武士和车马；不仅他被斩首，而且与他一同前来的使者也都被你卖给了国王考提斯。你下令清剿登塞莱提部落，而这个部落一直顺服这个帝国。在盖乌斯・山提乌斯担任执法官的时候 ①，马其顿行省的野蛮人暴动，而你发动了一场令人厌恶、遗憾的战争。尽管你可以把他们当做可靠的同盟者，但你宁可把他们当做最凶恶的敌人。以这种方式，你把这些原本可以是马其顿的永久保卫者的人变成了抢劫者：他们使我们的税收锐减，他们攻占我们的城市，使我们的田地荒芜，把我们的同盟者抓去当奴隶；他们抢劫财产，牵走牛羊，强迫竭尽全力保卫城市的帖撒罗尼迦人为他们修筑城堡。

【35】你抢劫了赐予财富的朱庇特神的神庙，它在所有野蛮人的神龛中是最古老、最神圣的。你们犯下的罪行，不朽的诸神要我们的部队来抵偿；瘟疫发生了，染病者没有一个人能够康复。违反款待客人的习俗、杀死使者、用邪恶的战争对付和平的同盟者、抢劫神庙，无人怀疑这些罪行要对这场毁灭性的瘟疫负责。

在这简要的叙述中，你们可以认清你们的邪恶与残忍的一般性质。我还需要详细讲述你们的罪行，给你们所犯的罪行开列一张无穷无尽的清单吗？我会满足于用一些一般性的术语来暗指一些臭名昭著的例子。你不是在罗马把国库支付给你的 18,000,000 个罗马小银币拿去放高利贷吗，名义上用来购买军备，而实际上以我的性命做代价？阿波罗尼亚人在罗马付给你两百

---

① 公元前 88 年。

塔伦特，以求赦免他们的债务，这时候你不是故意把优秀的罗马骑士富菲狄乌出卖给他们——把债权人卖给债务人？在把你的冬季营地交给你的副将和高级官员时，你不是完全摧毁了那些社团吗，不仅把他们的财物榨干，而且还迫使他们服从你那无法言说、令人厌恶、堕落的淫欲？你用什么方法估算粮食和免费赠送的礼物的价值——如果这些东西确实可以被称做是免费赠送的话？所有人都感到这样做太过分了，而对这种痛苦感受最深的是波埃提亚人、拜占庭人、凯索尼塞人、帖撒罗尼迦人。因为在这三年中，你是整个行省唯一的主人，唯一的估价者，所有粮食唯一的零售者。

【36】你对一些大案进行调查、与被告讨价还价、出卖正义，进行野蛮的审判、反复无常地给人定罪，我需要讲述这类事情吗？我熟悉的案件仅仅是一小部分，所以你可以自己回忆这方面的事情，想一想这种案件有多少，你的罪行有多大。兵器工场的事你想起来了吗？在整个行省征用牛马的事想起来了吗？你牟取暴利的手段得自你父亲的真传，是吗？当你已经是个成年人的时候，你在家中看到你父亲在意大利战争[①]中弄回来的财物堆积如山，他当时负责军需品的供应。还有，你还记得在你的行省里，你的奴隶可以对每一样进入市场的货物征收进口税吗？你公开出售百人队长的职位，是吗？你的奴仆有获得这些职位的优先权吗？这些年里由国家支付给你的军饷都已张榜公布，供人们观看，对吗？你去本都的旅行和冒险怎么样？马其顿从一个由卸任执政官担任总督的行省变成一个由执法官担任总督的行省，这个消息传来的时候，你的脸色变得像死人一样苍白，不仅是由于你被取代了，而且是由于伽比纽斯没有被取代。对此你心中充满绝望吗？你越过你的下属前市政官，把处理行省事务的权力移交给一名财务官，是吗？你侮辱你所有最优秀的副将，拒绝接受一位军法官，下令处死勇敢的马库斯·拜庇乌斯，是吗？你受到悲伤与绝望的折磨，心中早已崩溃，是吗？你派遣那个祭司[②]去

---

①　同盟战争（The Social War），公元前 91 年—前 89 年。

②　讽刺性地指称克劳狄。

愚弄我们的人民、朋友、同盟者，使他们受到这头野兽的伤害，是吗？带着悲伤与海恨你离开了行省，带着那些舞女和可怜的兄弟，奥托布卢、提谟克勒、阿塔玛斯，首先去了萨莫色雷斯，然后去了萨索斯，是吗？离开萨索斯之前，你在埃克塞斯图的妻子欧卡狄娅的别墅里懒洋洋地住了好多天。然后，你伪装打扮一番，乘着夜色进入帖撒罗尼迦而不告诉任何人，是吗？民众闻讯赶来围攻和咒骂你，于是你逃往贝罗埃的一个镇子避难，远离你返回的路线，是吗？在那个镇上谣言到处流传，说你抱有幻想，认为昆图斯·安卡里乌不会成功，而你这个坏蛋又会重新实施以前的暴行，是吗？

【37】为了你的退位而征集黄金的事我就不说了，你犹豫不决，下不了决定是否征集，因为你的女婿已经下令禁止征集或接受，除非取得重大胜利。但在这个方面，就像阿该亚人的一百塔伦特的案子，你不肯把已经收到或吞下去的贿赂吐出来，所以你只是改变了各种横征暴敛的名称和说法。你派人在全省各地收税，征用船只运送你的赃物，征用粮食，剥夺城镇和居民个人的自由，而这种自由是他们作为奖赏得到的——所有这些都是朱利乌斯法明令禁止的。

埃托利亚位于希腊的心脏地区，不受海风侵袭；它远离野蛮人的部落，生活在和平之中。但是你这个魔鬼摧毁我们的同盟者，在你离开的时候蹂躏了这片不幸的土地。阿西诺埃、斯特拉图、瑙帕克图这些美丽富裕的城市，实际上是在你的允许下——引起我们关注这件事情的实际上是你——被敌人占领。这些敌人是谁？噢，就是被你摧毁了他们的祭坛和炉灶的人！你第一次到达安拉契亚驻扎就派人扫荡了阿格里亚人和多罗佩人的城镇。啊，杰出的胜利者，在埃托利亚被突然降临的灾难摧毁以后，你在离开那里时解散了你派出的军队。你对这样的罪行没有实施任何惩罚，你自己宁可认为这些罪恶没有发生，而不是让你可悲的军队的剩余部分看到这一切。

【38】元老院的议员们，你们能够注意到，我们这两位伊壁鸠鲁主义的将军在军事行动和政务行为上极为相似；我想提醒你们，阿布西乌在撒丁岛赢得了胜利，但他回到罗马以后我们发现他有罪。尽管庇索预见自己会

遇上相似的命运，但他却在马其顿建立胜利纪念碑；由于我们这位胜利者的可笑的模仿，被所有民族视为象征和纪念光荣的战争胜利和荣耀的东西成为失去了的城镇、遭到屠杀的军团、被占领的兵营和残兵败将的确凿证据，成为他的家族和他的名字的永远的耻辱；他把一些文字刻在他的胜利纪念碑的基座上，在返回罗马的路上，他去了都拉斯，在那里被一群士兵包围，如他最近对托夸图斯所说，这些士兵是被他仁慈地遣散的。他向他们保证，明天就会把欠他们的每一个罗马小银币都给他们，然后躲进自己的房子；在那个寂静的夜晚，他穿上奴隶的外衣，穿着拖鞋溜走了，没有去布隆狄西，而是去了遥远的亚得里亚海边；那些在都拉斯的士兵以为他还隐藏在房子里面，于是就放火烧了他的房子。本都斯的居民被吼声惊醒，知道这位胜利者已经乘着夜色穿着拖鞋溜走了。然后，庇索的部队开始推倒他的雕像，把它砸成粉末，让它随风飘扬——就像它的起源一样——庇索原先希望把他的雕像竖在人们常去的地方，使人们对一位杰出人物的记忆不会消失。就这样，士兵们原先要对这个人本身发泄的愤怒就被发泄到他的雕像上去了。

面对所有事实——我熟知那些优秀人物，你肯定不用想自己能与他们并列，你的过失也决不可能逃过我的耳朵——你不需要勇气，我也不需要指控你。我得到了足够的提醒，而这一提醒使我明白，拯救公共事务中的那场危机比你能想象的更加紧迫。

【39】那部规范司法程序的法律已经获得通过，你明白我们今后想要谁来充当陪审员吗？光有担任陪审员的意愿不足以构成担任陪审员的资格，不愿担任陪审员倒是豁免的理由。不能专横地要求任何人担任陪审员，也不能专横地把任何人排除在外。搞阴谋是没有用的，利用偏见制造对立也是没有用的；将会坐在那里进行判决的人要由法律来挑选，而不是由人来任意指定。在这种情况下我向你保证，不用去强迫一位犹豫不决的指控者起诉。案子本身和国家会根据形势的需要召集或劝阻我，当然我宁愿其他人受到召唤或劝阻。

如我前面所说①，我认为这些事件发生在一般人身上也许是要受惩罚的——比如判刑、流放、处死——但我根本不把它们算做什么惩罚；还有，我认为对卷入某个事件的无辜者、勇敢者、聪明人，或者真正的人和真正的公民，无惩罚可言。你要求给普伯里乌·鲁提留斯判刑，而我们发现他的行为无可指摘；我认为鲁提留斯受到的惩罚与其说是对他的惩罚，倒不如说是对他的陪审员和国家的惩罚。卢西乌斯·奥皮米乌被赶出他的国家——身为执法官和执政官，他把国家从危难中解救出来；但对他的惩罚——我指的是罪和对罪的意识——并没有落到牺牲者的头上，而是落到残暴的犯罪者的头上。另外，喀提林两次被判无罪；在善良女神的马车中犯奸淫的这个人②也被判无罪，而你从他那里得到你的行省。但是，在我们无数的社团里有谁认为他没有犯下奸淫罪，或者有谁不认为做出这一判决的人本身已经被一种极大的罪恶所捆绑？

【40】或者说我要等到75块投票板统计出来，社会各个阶级、各个年纪、各个等级的期待已久的人都说出他们对你的判决以后，才能知道你的命运吗？有谁会把你当做一个适宜接近的，某方面是优秀的，或者甚至是一个可以用日常礼貌来问候的人？所有人都想抹去对你担任执政官时的每一行为的记忆，抹去对你的品质的记忆，抹去对你的嘴脸和名字的记忆。跟随你的副将离开你，军法官是你的敌人，你的百夫长厌恶你，在那支大军中幸存下来的士兵咒骂你，希望你染上瘟疫，他们是被你赶走的，而不是被你遣散的。阿该亚受到压榨，帖撒利受到骚扰，雅典被肢解，都拉斯和阿波罗尼亚遭到蹂躏，安拉契亚遭到抢劫，帕昔尼人和布里斯人受到嘲弄，伊庇鲁斯一片荒凉，洛克利斯、福西斯、波埃提亚被分割，阿卡那尼亚、安菲洛基亚、培赖庇亚和阿塔玛斯人被出卖，埃托利亚丧失了，多罗佩斯人和边境上的山地居民被赶出他们的集镇和田野，在这些国家做生意的罗马公民——总之，你到

---

① 西塞罗解释他不指控庇索的原因。

② 指克劳狄。

他们和他们的同盟者中间去，所有人都感到你是一个主要的挪用公款者、强盗、敌人。

最后，结合上述众多的宣判，你自己的行迹也确认了你"有罪"——你秘密地到达罗马，你偷偷地穿越意大利，你进入这个城市但没有一个朋友向你欢呼，你在你的行省里没有向元老院送呈任何报告，这场战争进行了三年，但没有任何喜报，你的沉默被当做胜利；你自己不能来告诉我们你干了些什么，甚至不能来告诉我们你在哪里。从那著名的胜利花园里，你给我们带来了胜利花冠上的一些枯萎的树叶，在那座城门边上你把它们抛弃，然后从你自己的嘴里吐出了针对你自己的话语"有罪"。假定你本人没有做过任何值得荣耀的事情，那么你对你的军队、资金、权柄，对你那有着美丽土地的、感恩的行省做了些什么？如果你确实有获取胜利，给你的束棒戴上花冠的梦想，那么你还敢正视你的愿望吗？除了耻辱和嘲笑，那些胜利纪念碑没有给你带来任何东西；更加悲惨的是，有谁将受到比你更加严厉的判决？你既不敢写信向元老院报告你在国事方面的成功，也不敢当面告诉他们。

【41】或者说，我向来确信：每个人的生平应当由他的行为而不是由他遭遇的结果来评价，我们的名誉和幸福不仅要由陪审员的选票板来评价，而且要由所有公民的审判来衡量。你以为对我来说，你就像是受到审判的任何东西；我们的同盟者，当所有社团，无论是与我们结盟的，还是自由的，还是附属的，当商人、佃农、整个社团、副将、军法官，以及你的那些在刀剑、灾荒、疾病中幸存下来的剩余部队都认为你应当受到任何酷刑。在元老院前面，在罗马骑士面前，在社会的任何等级面前，在这座城市里，在意大利，任何环境都无法阻止你的巨大罪恶。你为自己叹息，你害怕所有的同胞，在这种时候，你还敢把你的案子托付给任何人吗？总而言之一句话，"有罪"的判决只会落到你自己头上。

我从来不想喝你的血，也不呼吁要执行法律对你进行的最后判决，法律既针对正义者，也针对不义者。但是我想看到你在每个地方的每个角落受到人们的藐视，受到同伙的嘲弄，自暴自弃，看到你不相信自己，没有了执政官的声音、自由、权威、骄傲，全身颤抖的可怜样子。我的愿望已经得到满足。你害怕最后的打击就要降临，而我不会错过这个机会；如果这个机会错过了，你感到的羞辱也会使我高兴。我乐意看到你惶惶不可终日的样子，每日里害怕灾难临头，而它实际上已经来临了。看到你总是成为人们遗憾的对象，而不是由你自己通过你的外表来表示遗憾，我也不会感到那么高兴。

为斯考鲁斯辩护

提　要

本文的拉丁文标题是"Oratio Pro M. Aemilio Scauro"，英文译为"The on Behalf of Marcus Aemilius Scaurus"，意思是"代表马库斯·艾米留斯·斯考鲁斯发表的演说"。中文篇名定为"为斯考鲁斯辩护"。

马库斯·艾米留斯·斯考鲁斯是元老院议长斯考鲁斯之子，苏拉的养子。他在担任市政官时耗费了大量钱财，留下大量债务。他在担任撒丁岛行省代理总督时，有人举报他行事鲁莽、贪婪、傲慢。从该行省卸任后，他参加公元前 54 年的执政官的竞选。撒丁岛人对他提出异议。普伯里乌·瓦勒留·特里亚留向执法官马库斯·加图控告斯考鲁斯犯了勒索罪。他们在撒丁岛进行了 30 天的调查，在科西嘉岛进行了 30 天的调查，但没有去周围那些小岛。执政官的选举迫在眉睫，他们担心斯考鲁斯用金钱贿选。斯考鲁斯利用他父亲的名誉和他与庞培的亲密关系对指控做出回答。为他辩护的有六位执政官等级的人，西塞罗其中之一。这篇演说发表于一个调查法庭。

全文共分为 24 章，原文有大量残缺，现存文字译成中文约 1 万字。

正　文

【1】陪审团的先生们，马库斯·斯考鲁斯最希望提出的请求是维护他的

种族、家族、名誉的尊严，而不会引发任何人的仇恨，或者成为任何冒犯或恼怒的根源，这是他一直最关心的事情。然而由于不幸的命运已经决定，所以他不认为可以像他父亲①那样回避同样的命运；在他为自己辩护时，他的敌人不断地提到他父亲的名字……

他还在人民面前接受保民官格奈乌斯·多米提乌②的审判……

依据"塞维留斯—格劳西亚法"③，昆图斯·塞维留斯·凯皮奥对他提出起诉，而当时法庭掌握在骑士等级手中，在盖乌斯·鲁提留斯被定罪以后，似乎没有人会如此无可指摘，乃至于不害怕这些法庭……

依据瓦勒留法④，这位指控者也以卖国罪起诉这个国家的卫士；而不久前他受到保民官昆图斯·瓦里乌斯的攻击……

我不仅像大家一样尊敬这个人，而且我对他的感情超过一般人；因为是他第一个把我热烈的雄心唤醒，希望能够凭着能力和顽强达到目的，而不是靠好运的帮助……

由于这项指控确实包括一大堆罪名，但没有进行具体的辨别，或者各种……

【2】有个人名叫波斯塔尔，是诺拉地方人，他在斯考鲁斯到达之前逃离撒丁岛，由于我的当事人恶毒的劝诱，所以特里亚留把他召回，给他接风，把他毒死，甚至在斯考鲁斯还没有吃完晚饭以前就把波斯塔尔埋了。先生们，这种对下毒的怀疑多么缺乏根据啊，只要你们愿意想一想可能引起突然死亡的原因……

---

① 斯考鲁斯的父亲是公元前115年的执政官，公元前109年的监察官，担任元老院议长长达25年，被人诽谤在朱古达战争（公元前111年）期间腐败而被定罪。

② 斯考鲁斯之父被这位保民官指控为在担任占卜官期间（公元前104年）怠慢占卜仪式。

③ "塞维留斯—格劳西亚法"（Lex Servilia Glauciae）于公元前111年通过，用于对犯勒索罪的行省总督提起法律诉讼。公元前92年，鲁提留斯，一位无可指摘的元老院议员被一个由骑士组成的陪审团定罪。

④ 这部法律规定建立一个委员会，按卖国罪审判那些支持意大利人获得选举权的人。

斯考鲁斯非常乐意处于这种境况，不仅可以最轻易地保持他拥有的东西，而且可以获得新的东西，而不是出售他已经拥有的东西。那么，非常好，特里亚留，我已经为斯考鲁斯做了辩护，现在将由你来为波斯塔尔的母亲辩护，如我所主张的那样，她与这项指控有牵连……

我已经进一步驳斥了你的陈述，你说担心自己可能没有清偿能力，原告也可能希望保留自己被没收的财产；波斯塔尔没有留下遗嘱就死去了，似乎没有交代如何处理属于他的遗产，这件事情本身似乎并不构成足够的毒死波斯塔尔的理由。所以，要是他不可能获得由于波斯塔尔之死而留下的财产……

先生们，我发誓，即使我代表据说是历史上性格最邪恶、最鲁莽的卢西乌斯·霍斯提留·图布卢斯①说话，假定是他在晚宴时给某些客人或朋友下毒，但只要他不是死者的财产继承人，与死者也没有发生过争执，那么我不指望有任何人会相信它……

我现在来谈所谓的缺乏自制能力和荒淫无耻，原告提出这样的指控，试图给斯考鲁斯和他的名誉打上这样的烙印。我们得知，我的当事人为了满足他的无法约束的淫欲，与阿里斯的妻子发生恋情，阿里斯不愿意交出自己的妻子，试图秘密逃离撒丁岛。也就是说，他把妻子留在国内，想用逃跑的方法来寻求他自己的安全，就好像海狸一样，我们知道，会以牺牲一部分肢体的方式来逃避猎手……

【3】先生们，这就是本案的情况。我的论证不是新的，其他人已经讨论过；它的真实性可以用例子来说明。……这些就是我们得到的例证，但从这些例子中我们所能看到的，就是出于同一血统和名字的普伯里乌斯·克拉苏如何摧毁自己，以便不落入敌人的魔掌……

玛尼乌斯·阿奎留斯②也是这样，尽管他获得同样的荣耀，在战争中表

---

① 卢西乌斯·霍斯提留·图布卢斯（Lucius Hostilius Tubulus），公元前142年的执法官。

② 玛尼乌斯·阿奎留斯（Manius Aquilius），罗马指挥官，公元前91年征讨米特拉达铁斯，俘虏并处死米特拉达铁斯。

现英勇，但他不能模仿老克拉苏，由于晚年的无耻，他玷污了人们对他青年时期和高尚行为的记忆。还有，杰出的朱利乌斯或伟大的将军马库斯·安东尼乌斯能够模仿同一时期另一位克拉苏的行为吗？进一步说，在希腊的所有记载中，精美的言辞超过优秀的行动，除了埃阿斯和悲剧中的阴谋，除了雅典人塞米司托克勒，我们还能找到谁，如诗人所说，"在胜利的骄傲时刻"①，亲手杀死自己？希腊人确实虚构了许多故事，他们告诉我们，安拉契亚人克莱奥布洛图②从高墙跳下，不是因为他受到了任何屈辱，而是因为他读了伟大的哲学家柏拉图写的一本雄辩的、优雅的、以死亡为主题的书，这是我在希腊作家的记载中发现的；而我相信，苏格拉底在他临死的那一天详尽地论证：我们所谓的生实际上是死，灵魂像囚犯一样被囚禁在身体中；这个灵魂摆脱了肉体的束缚以后，会再次回到它出生的地方，这才是真正的生命。

【4】那么，你们的撒丁女人③有任何这方面的知识吗？她读过毕泰戈拉或柏拉图吗？然而，甚至连这些赞美死亡的教师也禁止我们自杀，断言这样的行为违反了一种天然的约定和自然法则。实际上你们一定会发现自愿的死亡是没有任何理由的。指控者明白这一点，因为他在某个地方有个提示：这个女人宁可被剥夺生命，也不愿被剥夺贞洁。但是，他马上抛弃这个主题，没有就贞洁问题说更多的话。他无疑担心这样说会给我们提供一个笑柄，因为这个女人的丑陋就像她的年纪一样出名。案情就是这样，无论来自撒丁岛的这个女人有多么漂亮，对与她有关的爱情或淫荡还能有什么怀疑吗？

【5】特里亚留，你不可以想象我的论断是我自己的虚构，而不是来自原告提供的信息。我要把最近在撒丁岛发生的妇女死亡的事情（有两起这样的事件）告诉你，使陪审团可以更加容易明白斯考鲁斯是无辜的，你的证据是无理的，实际发生的事情令人震惊。那个撒丁女人的丈夫阿里斯长期爱着波

---

① 此处引文来源不详。

② 克莱奥布洛图（Cleombrotus），学园派哲学家，读了柏拉图《斐多篇》以后自杀。

③ 指阿里斯之妻。

斯塔尔的母亲——我指的是你 ①——与这个淫荡的女人无耻地通奸。他害怕他的妻子，她年纪大了，很有钱，但脾气很坏。尽管她的丑陋使他不愿以她为妻，但她的遗产使他不愿与她离婚。所以他与波斯塔尔的母亲商量一起去罗马；他许诺在那里会找到某些办法娶她为妻。

【6】如我已经指出的那样，当前人们对此事有两种印象——其中之一与案子的实情和性质不符——一种是阿里斯之妻听说丈夫打算与情人私奔去罗马，在那里公开以夫妻的名义生活，于是她抱怨丈夫的不忠，像所有遇到背叛的、愤怒的女人一样，宁愿死，也不愿忍受这种情况。特里亚留，另一种印象如我所相信的那样并非更不可能，在撒丁岛人们更多地持这种看法；你的证人和房东阿里斯在启程去罗马的时候，找了一个被释放的奴隶，用一截细绳勒死了他的妻子——这样的行为如果是他的情妇指使的，那真是不寻常——这种怀疑分量更重，而那个被释放的奴隶肯定自己没有对那位可怜的老妇使用暴力，而是她自己上吊死的。当时，诺拉人正在庆祝死神节，按照他们的习俗，人们全都离开了城市。这样的离去和由此引起的无人状况是一个打算抬死情妇的男人愿意看到的，但不是一个想死的女人愿意看到的。以后的事实进一步确证了这种怀疑，那位老妇死后，那个被释放的奴隶马上去了罗马，就好像他的使命已经完成；而阿里斯一听到那个被释放的奴隶把他妻子死亡的消息带给他，马上就与波斯塔尔的母亲在罗马结了婚。

【7】先生们，看哪，你们要让斯考鲁斯的家庭向一个多么愚蠢、肮脏、堕落的家庭投降！写在你们的投票板上、影响着你们的证人有多么伟大，他的出身有多么高贵，他的名字有多么骄傲！你们认为自己不必在意母亲反对子女、丈夫反对妻子一类的罪恶吗？你们看到违反自然的情欲伴随着残忍；各种无耻的罪恶在你们面前变得多么可怕，两位提出卑鄙指控的人，在不知情者或有偏见者的眼中，给我们的整个案子带来了多么坏的名声。

【8】所以，先生们，对这些指控还有什么怀疑的余地吗？它们不是已经

---

① 西塞罗对波斯塔尔的母亲说话，她当时在法庭上。

被澄清、驳斥、粉碎了吗？这些怀疑是怎么产生的？这是因为你，特里亚留，对我保证的事情是我可以消除的；我可以详细讨论这些指控，因为它们的性质就在于它们完全不依赖证人，而是可以根据判断证人的品德来衡量。确实，先生们，当我们和我们一无所知的证人打交道时，除了根据论证、推测、怀疑来了解他所断言的事实的真正性质和意义以外，我们一定不要做任何事情。就证人而言，不仅是阿非利加人的证人——或者对这件事来说一名撒丁岛人，如果这是他们喜欢的说法——而且是任何证人，哪怕是有教养的、谨慎的证人，都可以是动摇不定的、受到恫吓的、受人指使的、转换立场的。他是他自己的希望的唯一主人，会在他高兴的时候撒谎。但是所谓论证，就当前的案子来说——没有其他可以更恰当地被称做论证的东西了——就是事实的声音、自然的脚印、真理的标志，而真理无论性质如何，必定需要保持沉默；因为它不是抗辩者虚构的，而是抗辩者使用的。所以，如果在这种样子的指控中我被打败了，那么我应当低头退出，因为我会在每一个要点上被击败，在整个案子中被击败，在真理中被击败。你试图把撒丁人的军队和方阵带来，不是用指控征服我，而是用阿非利加人的吼声吓倒我吗？我不会在这种情况下驳斥你，但我至少能够依赖这些先生们的荣誉和仁慈，依靠陪审员对他们誓言的尊重，依靠罗马人民的公平，是这些东西决定了这个家庭在他们的城市中是优秀的；我将能够向不朽的诸神寻求保护，他们一直表明自己是这个种族和这个名字的维护者。

【9】"他横征暴敛。"我的朋友，如果你能用账本来证明（因为记账确实可以给交易带来一种制度和后果），那么我会十分注意听，并考虑自己如何开始辩护。如果你依靠证人（我们只需要知道他们的名字，而不问他们是否优秀、值得尊敬），那么我会思考如何与他们个别较量。如果所有证人只有一种肤色，一种声音，属于一个民族，如果他们不想用任何官方的或非官方的文件来构造他们的论断（尽管连文件也可以伪造），更不要说使用任何论证了，那么先生们，我会转向何方，或者说我该怎么办？我要与他们个别争论吗？……你没有提供任何东西。他说他提供了。有谁知道？有谁说这件事

没有理由？他会想办法的。他可以从提供的材料中回避某些东西，要是他不希望这样做，我们该如何驳斥他？他会说这是强行勒索。什么样的口才能够用论证来驳斥一个你们不认识的人的厚颜无耻？

【10】因此我不会与你的撒丁岛的阴谋团伙打交道，他们的伪证如此精妙；我也不会竭尽全力用我的论证驳斥他们；不，我要针锋相对，与他们对决。不是从你们的队列中把人一个个拉出来，逐一决斗到底；而是在突袭中打倒一个，整个方阵必定需要重新排列。如果说在所有撒丁人关心的粮食事件中有一项指控最重要，为此特里亚留调查了整个撒丁岛，那么所有证人的具体证词都在支持这项指控。在涉及这项指控之前，先生们，我请求你们允许我提出一条支配我的整个辩护的根本原则；如果与我的目的和期望相一致的这条原则得以建立，那么我不担心指控的任何部分。

我首先要谈一下指控的一般性质，然后谈到撒丁岛人，最后简要地谈到斯考鲁斯。等我以这种方式清扫地基以后，我将开始对付这一可怕的、令人生畏的、与粮食有关的指控。

【11】那么，特里亚留，什么是指控？首先，关于指控的性质，你确实没有研究过。你确信能使我的当事人倒台，那么隐藏在你的这种激情背后的是什么？我记得，当我还是个孩子的时候，听过一位有教养的、机智的自由人卢西乌斯·埃利乌斯讲话，为了报复他以前的主人昆图斯·穆托对他的虐待，他对这个相当可鄙的人提出指控。在被问到他想要求在哪个行省进行调查，想要在多少天内取得证据时，他说自己可以在 2 点钟以前提供——这点时间可以在牛市上进行调查。你认为这就是你们在艾米留斯·斯考鲁斯一案中所要做的全部事情吗？他答道："是的，因为在罗马就有人向我说了整个案子的情况。"好吧，西西里人不是在罗马就向我报告过所有西西里的事务吗？他们本性精明，经验丰富，小心谨慎，教养良好。尽管如此，我仍旧认为去那个行省了解实情、获取知识是我的职责。我了解农民的悲伤和痛苦，调查他们耕作和粮食的情况，难道不对吗？是的，特里亚留，在那寒冷的冬天，我踏遍了阿格里根图人的山丘和山谷。我几乎可以说，是林地尼人美丽

和肥沃的平原教会我写诉状。我访问农民的茅屋，在田头与扶着犁把的农民谈话，结果就是我能把辩护书写得栩栩如生；法官们似乎不在聆听我详细描述出来的事实，而是身临其境，可以用眼睛看到，甚至用手摸到。我的描述确实不够直白，也不令人信服，为了替一个忠实古老的行省辩护，我应当在书房里研读我的辩护书，好像它就是那个当事人。

【12】最近，为了在维利努斯修建渠道和地下管道的事情，坚决支持我的莱亚特人希望我在我们现在的执政官面前为他们的城邦辩护；我认为，如果我的辩护没有得到当地居民的指点，没有得到那个地方和湖泊本身的指点，那么我不应当顺从这个重要地区或我自己的荣誉的要求为他们辩护。特里亚留，如果你的撒丁人希望你这样做，那么你也不会以其他方式行事；事实上，你应当去撒丁岛，这是他们最后的希望，因为他们担心你会发现实际情况和你收到的报告之间的巨大差异——撒丁岛人没有悲伤，那里的居民不恨斯考鲁斯……

【13】……我没有终止我的案子；就像朱庇特把被降服的巨人堤丰压在一座岛屿之下，据说巨人的喘气使厄特那山燃烧，我也把威尔瑞斯埋葬在整个西西里提供的证据下面。而你在只有一个证人的时候终止了你的案子。不朽的诸神啊，这是一个什么样的证人！他是仅有的证人，但那是不够的；他默默无闻，是一个没脾气的人。你用瓦勒留当证人，由于你父亲的仁慈，特许他出庭作证。他不仅给你提供了重要的服务，以此报答你，而且还露骨地作伪证，这样做不是把第一次审判给毁了吗？你可以因为他与你共享的名字①而左右摇摆，但是我们，按照传统的方式，把它算做我们自己的事情，算做一项愉快的占卜，解释为对我们预示着成功，而不是灾难。

【14】你的鲁莽和急躁使调查仓促结束，原先的调查成了照亮真相的火把；这表明，审判不是为了寻求正义，而是为了影响执政官选举，这在以前也不是什么秘密。

---

① 特里亚留，全名普伯里乌·瓦勒留·特里亚留（Publius Valerius Triarius）。

先生们，用任何陈述来诽谤这位勇敢的执政官和完美的绅士阿庇乌斯·克劳狄不是我此刻的目的；我相信，通过长时间的调解，他已经受制于我。他在本案中起的作用是用他自己的情感和怀疑来促进案子的发展，或者是他本身有某种要求，因为他要么不明白自己在攻击谁，要么以为很容易调解。关于我本人，我不会超过案子的需要多说些什么，我对阿庇乌斯也不会有那么一丁点儿苛刻。阿庇乌斯·克劳狄是马库斯·斯考鲁斯的敌人，还有什么办法能比这样说更能败坏他的名声？阿庇乌斯的祖父不是普伯里乌·阿非利加努的敌人吗？他不是我本人的敌人吗？我不是他的敌人吗？这些敌意也许可以在某个时刻引发我们双方的悲哀，但是耻辱决不会。这是一位继任者受到另一位继任者的妒忌，一位继任者希望另一位继任者遭到各种失败，为的是人们对他的记忆更加鲜明。这种事情对我们来说决不离奇，而是完全正常的，经常发生的。

【15】但若他不认为我的当事人试图在选举中反对他的兄弟盖乌斯·克劳狄，那么如此平凡的事情本身不会对阿庇乌斯·克劳狄这样聪明、心胸开阔的人产生影响。

无论是贵族还是平民——在这一点上他还没有下定决心——他认为当前的主要斗争应当是打击我的当事人；而阿庇乌斯认为这场斗争更激烈，因为他记得他的兄弟以贵族的身份谋求担任大祭司、战神玛斯的祭司，以及其他职务。因此，在他本人是执政官的时候，他不愿意看到他的兄弟遭到拒绝；而与此同时他明白如果他是一名贵族，他就无法与斯考鲁斯相比，除非他能够用恫吓或者压制的办法使其无能。我明白，当他的兄弟在谋取高位遇到危险的时候，利用兄弟情谊不让他的兄弟去竞选，他在这方面超过所有人，我可以这样看吗？也许有人会反对说："是的，但他的兄弟现在已经不是候选人了。"这又怎么？他发现全亚细亚人的祈祷拖住了他的后腿①，他需要尊重商人、佃农、所有人，同盟者和公民提出的同样的要求，他需要考虑他自己

---

① 盖乌斯·克劳狄在亚细亚的指挥权延至下一年，所以撤回了竞选。

统治的那个行省的利益和幸福；这些不就是你们认为这种剧烈的情感能够轻易平息的原因吗？

【16】与此同时，在诸如此类的事情中，民众的印象，尤其在野蛮人的心目中，经常比事实本身更有分量。撒丁岛人相信他们自己不能更好地巴结阿庇乌斯，胜过他们贬低斯考鲁斯的品德；同时，由于希望取得可观的收益和酬劳，他们的立场发生偏向；他们认为一名执政官是无所不能的，尤其是他亲自前去向他们许诺。这个方面我不会多说；而我已经说过的事情，好比我刚才说的事情，就好像我是阿庇乌斯的兄弟——不是他在对他的兄弟说（他详细地说过），而是我在按照我对待我兄弟的态度来说的。所以，先生们，拒绝这种指控的每一个要点是你们的职责，你们在这种指控中看到没有任何事情有先例可循，没有任何事情有所节制，没有任何事情是小心谨慎的、公平正义的；而是正好相反，所有事情的发生都是虚假的、煽动起来的、突发的、疯狂的，凭借叛乱、绝对权力、过度的影响、许诺和恫吓。

【17】现在我来谈谈证人；我将证明这些证人中间不仅没有自信或权威，而且相互之间缺乏相似性。首先，他们的信誉被他们全体一致的意见摧毁了，撒丁人在听证时暴露了他们之间的约定和阴谋。其次，他们的信誉被他们的贪婪摧毁了，那些关于奖赏的希望和诺言激发了他们的贪婪。最后，他们的信誉被他们的民族性格本身摧毁了，这种性格非常卑劣，他们以为自由就是在允许撒谎的时候撒谎，以摆脱奴役。我远非断言我们决不要受撒丁人的悲哀陈述的影响；对撒丁人我也决非毫无人性或缺乏同情心，尤其是我的兄弟刚刚离开他们的岛屿，他受格奈乌斯·庞培的派遣，前去视察他们的粮食供应，为了他们的利益，他充分表现出他的全部公正和同情心，也得到了他们的尊敬和热爱作为回报。让义愤和悲哀在这里能够找到避难所，但也要让叛乱在这里受到阻碍，让阴谋在这里被揭露；这一点在撒丁人的案子中比在高卢人、阿非利加人、西班牙人的案子中表现得更加强烈。

【18】虽然有许多撒丁人赞扬提多·阿布西乌和盖乌斯·麦伽包库，但祖上是撒丁人的他们都被判有罪。各种各样的证据使案子变得非常可信；由

于有了公正的证据和未经篡改的文件，他们被判有罪。但是当前这个案子只有一个声音和一个目的，不是出于义愤，而是虚假的伪造，不是我的当事人的粗暴伤害，而是由于其他人的许诺和贿赂激发了这些证据。有人断言："总有一天人们会相信这些撒丁人。"是的，终有一天人们会大胆地相信他们，如果他们能带着诚实的心来到这里，没有接受贿赂，没有受到挑唆，不是被迫而是自愿前来。如果这些条件都满足了，那么让他们对自己受到信任感到高兴或困惑。但若这些条件无一实现，那么他们仍旧可以对自己的民族性格一无所知吗？他们会不对他们种族赢得的撒谎者的名字感到颤抖吗？

【19】以往所有历史记载已经使我们形成了这样一种传统的看法，腓尼基人是最狡诈的民族。作为腓尼基人的后裔，迦太基人用他们多次违反和约，发动战争的行为证明了他们一点儿也不比他们的祖先差。撒丁人是混有阿非利加血统的腓尼基人，他们不是定居在撒丁岛，而是极不情愿地被放逐到撒丁岛。由于这是一个非常不健康的种族，难道我们不应该认为这个种族由于不断地混杂而变得愈来愈糟吗？在这里，我要请我亲密的老朋友、完美的格奈乌斯·多米提乌·辛凯乌斯原谅我，请所有被格奈乌斯·庞培授予选举权的人原谅我，因为即使在今天，我们也在使用他们提供的对我们有利的证词。其他来自撒丁岛的高尚的先生们（因为我相信那里有高尚的人）将原谅我；当我对一个民族下断语时，我知道总有例外。但我被迫要用一般的术语来谈论这个种族；在这个种族中，可以有某些个人自己的品格和人性高于他们所属的这个种族和部落的邪恶；但是他们中的大多数人无荣耀可言，与我们这个种族无同胞情谊可言，事实已经清楚地证明了这一点。除了撒丁岛，哪个行省没有一个自由的城邦是罗马人民的朋友？阿非利加本身是撒丁岛的父母，对我们的祖先发动过许多残酷的战争，如尤提卡所能证明的那样，而在布匿战争中阿非利加则完全袖手旁观，不仅是它那些强大的王国，而且是行省本身。再说西班牙，由于西庇阿之死……

【20】……在资源上贫乏，在民族性格上狡诈……我以地狱的名义起誓，你们的想法是什么？王家的紫袍没有把他吓倒，撒丁人的羊皮却使他退缩了

吗？当你听到这个在所有民族中传颂的名字，你对这个高贵的家族也会抱有同样的情感，就好像全世界的智慧使你拥有这种情感一样……

【21】他父亲的敌人中只剩下多拉贝拉，他与他的亲戚昆图斯·凯皮奥一道签署罢免斯考鲁斯父亲的命令；出于对家族的忠诚，多拉贝拉认为继续进行两家之间的争斗是他义不容辞的责任，他想把斯考鲁斯的父亲压制下去，而不是与他合作……

……尤其是看到这处房子便于人们接近、人来人往，很容易消除人们对他的懒惰和邪恶的怀疑……

【22】……进一步说，我已经把在阿尔班拥有的大理石柱装在驮篮里运走了……

……你也许没有房子？但你确实有房子。你也许有很多钱？但你是贫困的。你在用你愚蠢的脑袋撞击石柱；你疯狂地觊觎那些不属于你的东西；你认为那座破旧的、黑暗的、坍塌的房子比你自己和你的幸福更加重要……

……尽管你不能回避这个论证，你还能面对事实；你们要求马库斯·艾米留斯把他自己的全部功绩、有关他父亲的辉煌记忆，以及他祖父的名声，都献祭给一个卑鄙、狭隘、肤浅的民族和被我几乎描述为酒囊饭袋的那些证人吗？

【23】在为马库斯·斯考鲁斯辩护的时候，我在我心中，不，在我眼睛所能看到的任何地方都能找到材料。那边的元老院大厅向你们见证了他父亲拥有的尊严和勇敢无畏的精神，而卢西乌斯·麦特鲁斯本人，我的当事人的祖父，在那边占据你们整个视野的神庙里安置了最神圣的神灵，为的是让他们可以从你们手中把他的孙子救出来，就好像他们经常对许多求援者和遭受困顿的人提供帮助。那边的卡皮托利山以它的三座神庙而骄傲，我的当事人的父亲用人们的奉献装饰了最优秀、最伟大的朱庇特神庙、王后朱诺神庙、密涅瓦神庙，而他自己的奉献是最慷慨的；我要用这种公共的仁慈和自由在你们这些可疑的、邪恶的、寻求个人利益的人面前为马库斯·斯考鲁斯辩护。在那边与之相邻的维斯太神庙要你们记住卢西乌斯·麦特鲁斯，作为大

祭司，他在这座神庙着火的时候冲入火海，把安放在维斯太神庙中的密涅瓦神像抢了出来，表现出对我们的幸福和我们的帝国的忠诚。他就不能在我们中间再多停留一会儿吗？就像他从大火中抢出我们安全的保证一样，他确实也从大火中抢救了他的后裔……

【24】至于你，马库斯·斯考鲁斯，我不只是在想着你，而且在用眼睛看着你；看到你那衣衫不整的儿子，我心中并非没有悲哀和遗憾。在整个审判过程中，你的形象一直在我心中萦绕；我想你可以勇敢地面对这些先生，穿越他们的心灵。我们从来没有在智慧、尊严、坚定，以及其他所有美德中见过他的形象，你们都已把对他的记忆从心中消除；我发誓，这样一个人即使不能复活，即使我们从来不认识他，也能断言他是我们国家有真才实学的、有影响的人。

现在我该怎样对你讲话？把你当做一个活人吗？可是你不再活在我们中间。把你当做一位死者吗？不，你仍旧充满活力，出现在所有人的心里和眼前；除了你的肉身，你神圣的心灵中没有可朽的东西，没有任何东西是有死的。因此，我可以用无论什么术语对你讲话，站在我们这一边……

为封泰乌斯辩护

提　要

本文的拉丁文标题是"Pro M. Fonteio Oratio"，英文译为"The Speech on Behalf of Marcus Fonteius"，意思是"代表马库斯·封泰乌斯发表的演说"。中文篇名定为"为封泰乌斯辩护"。

封泰乌斯之父在同盟战争期间是一名总督，在意大利中部城市阿斯库鲁（Asculum）被杀。封泰乌斯担任过财务官，公元前83年担任西班牙总督，后来担任色雷斯总督。当庞培在西班牙与塞尔托利乌交战时，他至少在高卢担任了两年的执法官。公元前70年，马库斯·普赖托利乌控告封泰乌斯在担任总督期间犯有腐败罪。西塞罗在第二次审讯时为封泰乌斯辩护。

原文有残缺，现存文字共分为21章，译成中文约1.3万字。

正　文

【1】……他不得不拥有……；或者说他确实像其他所有人那样支付了吗？关于我为马库斯·封泰乌斯所做的辩护，陪审团的先生们，我的论点是，自从瓦勒留法①实施以来，从封泰乌斯担任财务官起直到提多·克里斯庇努担

---

① 瓦勒留法（Valerian Law）于公元前86年开始实行，把现有债务减到四分之一。

任财务官，没有一个人曾以别的方式支付；我断言我的当事人遵循他的所有
前任的做法，而我的当事人的所有继任人遵循他的做法。你的指控是什么？
你能挑到什么毛病？指控人在陈述中说，在账本上有些地方减少了四分之
三，有些地方又增加了四分之一，这是由希图莱乌①定下来的规矩，他发现
封泰乌斯没有尽到他的职责；我无法得出结论：是他自己弄错了，还是他希
望把你们这些先生引入歧途。我在问你，马库斯·普赖托利乌，我们已经把
情况说清楚了，如果你高度赞扬希图莱乌，而马库斯·封泰乌斯在你指控他
的这件事情上遵循了希图莱乌的规定，与希图莱乌的做法一模一样，那么你
能使自己承认这一点吗？你检查了付款的方式，公共账本证明希图莱乌在支
付时遵循相同的方法。你赞扬希图莱乌在账本中减去四分之三的方法；而封
泰乌斯在处理债务时用了相同的方法。如果你对他有关的一些极为不同的老
账一无所知，那么我可以告诉你，对这些债务的处理出于同样的理由。因
为，当那些佃农得到阿非利加的合约和阿奎莱亚的港口税时……

【2】……没有一个人，先生们，我说的是没有一个人会如此大胆，断言
自己在马库斯·封泰乌斯担任财务官期间给过他一文钱，或者说封泰乌斯从
公款中盗用过一文钱；没有任何账本暗示有过贪污，各项开支中也没有挪用
或亏空的迹象。然而我们发现，在一般情况下，任何受到这种指控和接受这
种调查的人从一开始就被那些证人定了罪。因为，首先，几乎难以想象一个
把钱交给官员的人不会在怨恨或顾忌的诱导下披露事实；其次，即使证人受
到权势的恫吓，账本也无论如何仍旧会保留，他们无法篡改或毁坏。让我们
假定封泰乌斯与每个人都有着亲密的友谊，而所有那些与他相关的人——他
完全不认识的人和完全与他无联系的人——并不急着去摧毁他的地位，而会
在意他的好名声。事实本身、相关的文件、记账的方式，足以让任何伪造、

---

① 希图莱乌（Hirtuleius），可能是公元前 86 年的财务官，这一年实施瓦勒留法。当希
图莱乌在公共账目中支付一笔债务的四分之一，他应当记录下来，算做支付了整笔债；但是
为了保持账目收支平衡，他也必须把整笔债务的四分之三记在另一边。西塞罗在这里讨论封
泰乌斯在担任财务官时是否以恰当的方式从国库里付款。

挪用，或者在开支和收入上有什么不准确的地方，现出原形。所有人都会把他们从罗马人民那里得到的钱记入账本；如果他们提前预付了同样的款项，乃至于在账面上罗马人民的钱到了某些人头上，那么很清楚，这不是什么贪污。但若他们中有人把钱拿回家了，拿的是现钱或者……

【3】所以，诸神和众人啊，帮帮我吧！一个涉及 320 万罗马小银币的案子竟然没有一个证人出现！而与此相关的人有多少？超过六百人。这项交易发生在哪个国家？呃，你明白这件事和你有关。那么有什么开支不合规定吗？没有，一分钱都没有，流水账中记得清清楚楚。在这个案子中，攀登阿尔卑斯比几步走向国库更加容易，鲁特尼①人的国库比罗马人民的国库更受妒忌，原告宁可喜欢那些不知名的证人而不喜欢那些知名的证人，喜欢外国人而不喜欢同胞公民，原告以为提出一项由野蛮人反复无常的断言构成的指控比诉诸我们自己的同胞提供的文字证据更加令人信服，你们说，这样的指控有什么意思？先生们，他的两位行政官员已经提交了如此精确的账目——三位执政官之一和财务官，他让他们各自掌握和处理一大笔钱——我们在众目睽睽之下检查了账目，它对许多人有影响，但在官方的和私人的账目中没有发现任何贪污的迹象和可疑之处。他在一个急剧动荡的时代出使西班牙，那时卢西乌斯·苏拉正好率领大军抵达意大利，为法律和司法程序而斗争；在这个国家陷入绝境的时候……

【4】……如果没有支付这笔钱，那么这笔钱的五十分之一又从何谈起？

……来自高卢的大量粮食，来自高卢的大量步兵，来自高卢的大量骑兵……

……从今以后，高卢人喝酒会比较有节制……

……普赖托利乌的母亲生前拥有这所学校，她死以后，那些教师仍旧留了下来……

【5】……在这位执法官的统治下，高卢负债累累。如此巨大的贷款是向

---

① 鲁特尼（Ruteni），南高卢的一个部落。

谁借来的？向高卢人借的吗？根本不是。那么，是向谁借来的？向那些在高卢做生意的罗马公民。为什么我们没有听到他们说出不得不说的话，为什么他们的账目没有一项提交给法庭？先生们，我要和原告纠缠到底，向他索取证人。在本案中，我要让原告提供他们的证人，在这方面所耗的精力超过律师在审讯时所做的辩护。先生们，我充满自信地这样说；我的论断并非毫无根据。高卢到处都是商人和罗马公民。没有一个高卢人曾经独立地与一位罗马公民做交易，高卢人的每一笔生意都记录在罗马公民的账本中。先生们，请注意我的屈尊俯就，我已远离我的习惯，即谨慎与准确。请控方指出有一笔账表明有钱付给了封泰乌斯，请控方举出一项由商人、殖民者、佃农、拓荒者，或者由全体居民中的一个牧人提供的证据，如果你们能够做到这一点，我就承认这项指控是真的。

我以上苍的名义发誓，这是个什么样的案子，辩护律师承担的任务有多么怪异！马库斯·封泰乌斯治理高卢行省，这个行省里有这样一类人和社团（古时候的事情我就不提了），在我们自己的记忆中，他们要么对罗马人民发动过残酷的战争，要么一直到最近才被我们的将军打败，在战争中被征服，由于这些胜利他们引起了人们关注，后来，他们的土地和城市被元老院没收。有些时候，他们与马库斯·封泰乌斯本人发生武装冲突，经过长期的战争才被置于罗马人民的力量和统治之下。这个行省有个名叫那旁·玛修斯[①]的集镇，这是一个罗马公民建立的殖民地，矗立在那里就像罗马人民的瞭望塔，它是抗击那些我提到名字的部落的障碍；还有一个名叫玛西里亚的城市我已经暗示过了，那里居住着我们勇敢的、忠诚的同盟者。由于罗马人民的力量这座城市得以建立，这是罗马人民对他们在我们的高卢战争中所冒的危险的奖赏；还有，那里有许多受到高度尊重的罗马公民团体。

【6】如我刚才所说，马库斯·封泰乌斯是这样一个由各色人等组成的行省的总督。他征服了那些是我们敌人的人；他把这些人从他们的农庄里驱逐

---

① 那旁·玛修斯（Narbo Martius），即那波涅（Narbonne）。

出去，没收了他们的庄园；他从那些在战争中反复被征服、永远服从罗马人民的剩余者中征集了大量骑兵，为罗马人民在全世界的战争服务；他征集了大量金钱用于各项开支，他征集了大批粮食使我们在西班牙的战争得以继续。被你们传唤到法庭上来的这个人完成了这些工作；你们虽然没有参加过这些事件，但你们必须承认这些都是事实。我们的对手是那些很不情愿地碰上这些征集的人；按照格奈乌斯·庞培的法令，他们从自己的农庄里被驱逐出去；他们从战争、屠杀、溃败中逃脱出来，第一次大胆地面对现在已被剥夺武装的马库斯·封泰乌斯。在那旁的殖民者是些什么人？他们的愿望是什么，他们对这些事情怎么看？他们的愿望是由你们来拯救他，他们的看法是他们自己不欠他的债。玛西里亚的社团是什么样的？当他和他们在一起的时候，他们把他们不得不授予他的最高荣誉授予了他；而现在，他们从遥远的居处向你们提出请求，他们的荣誉感和赞扬对于你们的态度并非没有影响。我们的罗马公民有什么感觉？没有一个大公民团体考虑到我的当事人对他的行省、这个帝国、我们的同盟者、他的同胞公民提供的大量服务。

【7】因此，由于你们现在已经察觉哪些人希望马库斯·封泰乌斯受到攻击，哪些人希望为他辩护，所以你们现在必须确定你们的正义感和罗马人民的尊严要求你们怎么做——无论你们依据的是陈述，希望维持你们的殖民者以及与你们联系最紧密的老同盟者的幸福和商贸利益，还是信赖那些想用他们的憎恨来消除对你们的信任，想用他们的不忠来废除对你们的尊重的人。进一步说，如果我能提出更多不受怀疑的人来证明我的当事人的美德和无辜，那么高卢人的共同判断就能战胜任何拥有最高权威的人的判断吗？先生们，你们知道在马库斯·封泰乌斯担任高卢总督的时候，西班牙有两支由杰出将领统帅的罗马人民的军队。许多罗马骑士和军法官被派往这些军队，访问这些军队的代表团又有多么频繁！还有，当马库斯·封泰乌斯仍旧在任的时候，格奈乌斯·庞培指挥的大军在高卢过冬。这难道还不像命运本身在安排数量和质量上都恰当的证人，来检验马库斯·封泰乌斯担任财务官时在高卢的所作所为是否合适？在当前的审判中，在这群人中有谁你们能够引为证

人？在这群人中有谁你们将会把他当做权威来接受？如果有的话，我们马上会把他用做我们的证人和我们的赞扬者。先生们，对于我一开始向你们提出的绝对正确的建议，你们还有什么疑虑吗？我指出这些审判程序背后隐藏的唯一动机就是：这些人痛恨马库斯·封泰乌斯为了公共利益征集钱粮，等到他被这些证据战胜以后，他的继任人就不会再进行这样的征集，因为他会明白这样做会遭到某些人的攻击，而这些人取胜的代价只能是罗马人民的帝国的不安全。

【8】对马库斯·封泰乌斯的进一步指控是他通过修路来牟利，要么是赦免那些人的劳役，要么是不让那些已经参加修路的人工作。所果说事实上所有国家都要修路，并且在许多情况下都会有这样的劳役，那么这两条指控显然是错误的——赦免的指控无效，因为没有什么赦免；有关劳役的指控也无效，因为在各种情况下都会有劳役。但是假定我们能把这种责难转移到杰出人士身上，不是为了把这种责难转嫁给他人，而是为了证明负责道路建设的人是一些能够很好地履行职责的人，那么你们还会相信那些对马库斯·封泰乌斯抱有深仇大恨，把所有责难堆在他身上的人提供的证据吗？马库斯·封泰乌斯发现自己被更为紧迫的国家事务所困扰，他知道修建通往多米提亚的大道涉及国家利益，于是就把这项工作交给他的副将盖乌斯·安尼乌斯·贝利努斯和盖乌斯·封泰乌斯，他们是品德最高尚的人。因此，是他们在对工程进行监管，根据工程进展发布适当的指示，并对工程表示满意。你有机会知道这些情况，如果没有别的消息来源，你至少可以从我们的书信中得知，你在指控中要求得到我们通信的抄本，无论是我们寄出的还是你收到的；如果你没有事先读过这些信，那么就听一听封泰乌斯就此事写给他的副将的信，以及这些副将的回信。[宣读寄给副将盖乌斯·安尼乌斯·贝利努斯、副将盖乌斯·封泰乌斯的信，以及他们的回信。]

先生们，我认为这些信件足以清楚地表明，修路的问题与马库斯·封泰乌斯没有什么关系，是一些无须监管的人在负责处理这件事。

【9】现在让我们转向有关酒的指控，我们的对手试图把这一指控说成是

最重要的，最具摧毁性的。由普赖托利乌陈述的指控如下：并非在高卢马库斯·封泰乌斯才第一次有了对酒征收运输税的想法，而是在他离开罗马之前，在意大利，就有人向他提出了这个计划。因此，有人说提图里乌在托洛萨以运输税的名目对每罐酒征收 4 德纳留的税①；在克洛杜努，波喜乌斯和穆尼乌斯对每罐酒征收 3 维克特②；而在伏卡洛，塞瓦埃乌对每罐酒征收 2 维克特；还有，在这些地区，对任何在考比奥玛库（位于托洛萨和那旁之间的一个村庄）掉头，不想去托洛萨的人也要征收运输税；在埃勒昔杜，他们对那些把酒运往敌方的人每罐酒征收到 6 德纳留的税。先生们，我明白这是一项重大的指控——说它重大不仅在于其实际性质，而且在于它必然会激起公愤——因为这项指控断定对我们的产品征税，我承认用这个办法可以征集到大量的金钱；我们的敌人会尽可能广泛地在民众中散布这种责难。但是在我看来，这种所谓重大的冒犯已经揭示了这项指控是假的，已经证明了发明者的恶毒用心；因为他提出来的每一重大指控旨在麻痹听众的心灵，但却给人留下一条很难接近真相的通道……

【10】我们的对手声称："高卢人对此表示否认。"但是案情与论证具有的强制性证明了这一点。那么，对法官来说，他有可能拒绝相信证人吗？拒绝相信那些有利害关系的、有偏见的、陷入阴谋的、毫无顾忌的证人，不仅是可能的，而且是一种义务。确实，要是仅仅因为这些高卢人断言马库斯·封泰乌斯有罪，就必须假定他有罪，那么请告诉我，还要一名聪明的法官、一名公正的仲裁、一名并非没有理智的律师干什么？这些高卢人说他有罪，我们无法加以否认。如果你认为一名能干的、有经验的、公正的法官仅仅因为证人提出了断言，就认为自己有义务必须相信一名政治家有罪，那么连拯救女神本身也不能保护一位勇敢绅士的清白无辜。但若在决定一项判决

---

① 托洛萨（Tolosa），高卢南部的一个富庶的城市，即今日图卢兹。德纳留（denarius）为货币名，1 德纳留相当于 4 个罗马小银币（sestertii）。

② 维克特（victoriatus），印有胜利女神饰像的银币，1 维克特等于 0.5 个德纳留（denarius）。

时，你能考虑到法官的明智，发现案情调查的主要范围，根据其内在的重要性来确定它的分量，那么请你想一想你作为批评者所起的作用是否并不比我作为辩护者的作用更加重大和重要。我在每个案子中的任务是就每个要点向证人提问，不仅要提问，还要简洁——确实，我经常在对证人提问的时候揭露他的欲望，以及他自己与案子的利害关系。你所处的地位要求你在心中慎重考虑证据的每一个要点；如果我们对法庭调查表现得犹豫不决，那么你应当从我们的沉默中推导出我们的动机。因此，如果你认为一名法官有法律和道德上的义务相信证人，那么就没有理由判断一名法官比另一名法官更好或更聪明。因为耳朵的判断是简单的，自然把这种能力一视同仁地赐予聪明人和傻瓜。那么，应当在什么范围表现明智，或者说应当如何区别毫无反映的、无批判力的听众和明智、审慎的法官？确实，当权威的详察和反思废除了证人的时候，那么公正、荣誉、信仰、意识、名誉、关心都会对做出废除证人的决定的人的一丝不苟表示敬畏。

【11】或者说，先生们，你们在处理野蛮人的证据时犹豫不决，会不断地想起在我们中间和在我们的父辈中间最聪明的法官，他们在涉及我们自己国家最杰出的公民时，会认为犹豫不决是不应该的吗？他们拒绝相信那些由格奈乌斯·凯皮奥和昆图斯·凯皮奥提供的证据，还有拒绝相信由卢西乌斯·麦特鲁斯和昆图斯·麦特鲁斯提供的反对昆图斯·庞培的证据，昆图斯·庞培是他的家族中第一个担任公职的人；尽管美德、高贵、优秀仍在起作用，但他们作为证人的可信度与权威被敌意和自私的怀疑所伤害。我们看到有谁，或者我们能够把谁真正地称为谨慎、尊严、意志，以及其他重大品质的典范，或者说他有过像马库斯·艾米留斯·斯考鲁斯①那样伟大的生涯，那样优秀的理智，那样辉煌的成就？他不用发誓，仅凭点头就完全控制了大地，然而他发誓以后提供的反对盖乌斯·菲姆利亚和盖乌斯·美米乌斯的证据却无人相信。那些坐在审判席上的人不愿意看到在证人席上私人的敌

---

① 马库斯·艾米留斯·斯考鲁斯（Marcus Aemilius Scaurus），公元前 123 年的执政官。

意成为一条公开毁灭个人仇恨对象的通道。有谁不知卢西乌斯·克拉苏的特点就在于荣誉感、能力和影响？他一讲话就会给人留下深刻印象，然而当他站在证人席上作证时，却不能提供似乎有理的陈述，乃至于不能坚决地反对马库斯·马凯鲁斯。是的，先生们，这些日子以来，陪审团的成员受到一种崇高的义务感的激励。他们想，他们做出的判决不仅仅依据被告的辩护，而且依据原告和证人；他们不得不确定哪些话是虚构，偶然性和机遇在里面起了什么作用，有没有贿赂与腐败，人们的希望或恐惧是否受到歪曲，有没有自私或仇恨在推动案子发展。如果陪审员在考虑问题时不能把这些因素都包括在内，不能热心而又周全地看待这些因素，如果他们以为证人席上所说的一切都是神谕，那么，如我前面所说，任何不聋的人都有充分的资格履行陪审员的职责。我们也就没有充分的理由说，要对判决负起责任来，需要有完善的智慧和丰富的经验。

【12】或者说，我们眼睛能够看到的这些伟大的罗马骑士，以及后来那些在我们的政治和法律生活中保持自尊地位的人，有充分的勇气和决断拒绝相信马库斯·斯考鲁斯的证据；而你们对不相信伏卡昔乌人和阿洛布罗吉人的证据感到担心吗？如果不相信由敌意推动的证据是错误的，那么由于政治上的党派性和私人的仇恨，克拉苏是马凯鲁斯的死敌，斯考鲁斯是菲姆利亚的死敌，这种敌意岂不是超过这些高卢人对我的当事人的敌意吗？甚至那些地位最有利的人也会一次又一次地、经常性的被迫做那些违背他们愿望的事情，反对提供骑兵、粮食、金钱；而其他所有人由于古代的战争而被没收了土地，又被我的当事人本人在战争中打败或征服。如果相信在个人私利的推动下做出的那些陈述是不合逻辑的，那么我们要认为凯皮奥家族和麦特鲁斯家族想要通过谴责昆图斯·庞培来获得更多的私利吗？这将意味着他们想要消除推行他们计划的所有障碍，超过所有高卢人希望从马库斯·封泰乌斯的垮台中所得到的东西，而这个行省相信这是它得到豁免和自由的关键所在。

另外，如果应当考虑个人的性格（在证人身上，这一点必然最重要），那么任何最高尚的高卢人所处的地位与罗马最卑劣的公民相等，更不要说我们国家最高尚的人相比了？英杜提玛鲁①知道作证是什么意思吗？当他被带上证人席的时候，他会受到我们任何人都无法避免的敬畏感的影响吗？

【13】先生们，你们要提醒自己。你们不愿意在证词中表达焦急的痛苦，也不愿意在你们的讲话中表达焦急的痛苦，因为你们害怕有人会更加强调这一点，或者会在关键时刻超过你们。你们甚至要努力克制自己的表情，不显露自私的动机，以免被怀疑，为的是在走上证人席时，可以表示你们的谦逊和忠实，得到人们无言的认可，在你们离开时，可以显得对那封信的内容表示确认。无疑，这些都是英杜提玛鲁在作证时会有的担心和想法。然而，我们习惯使用"我认为"这个短语，以表示有益的审慎，我们说话时使用这个短语，甚至在讲述我们亲眼目睹的确定事实前发誓的时候也用这个短语，而英杜提玛鲁在作证时根本没有用过这个短语，而是在各种情况下都说"我知道"！是的，他显然担心自己会在你们和罗马人民的眼中丧失名誉，害怕他的这个故事到处流传。"想一想像英杜提玛鲁这样的人做出的如此不公正的、荒唐的陈述"。但是他没有看到，除了他的证词的声音和他的厚颜无耻，他对自己的公民或对我们的原告提供的证据没有一样是他必须提供的。或者你们认为那些容易受到其他影响的民族凭着神圣的誓言或出于对不朽诸神的恐惧而作证的时候，他们与其他所有民族在习惯和性格上会有如此巨大的差距吗？其他民族发动战争以捍卫他们的宗教，而他们发动战争以反对每个民族的宗教；其他民族发动战争以感谢不朽诸神的青睐，请求诸神的赦免，而他们发动战争反对不朽诸神本身。

【14】就是这些部落，在古时候，他们长途跋涉，来到全世界的圣地德尔斐，彼提亚的阿波罗发布神谕的地方，抢劫和掠夺。就是这些正直的部落和对誓言一丝不苟的人包围了卡皮托利山和朱庇特神庙，我们的祖先在困境中以他们的名字起誓来表达他们的忠诚。最后，他们敬畏任何对人显得神圣

---

① 英杜提玛鲁（Indutiomarus），阿洛布罗吉人的首领。

或神圣不可侵犯的东西吗？如果他们曾经有过敬畏，乃至于认为必须用活人作为牺牲，给诸神的祭坛和神庙献祭，以此抚慰诸神，那么可以说他们首先对宗教犯下罪行，然后才实施宗教。有谁不知道，他们就在这一天保持了用活人献祭的野蛮可怕的习俗？所以，对这些以为用活人和流血最能抚慰不朽诸神的人而言，你们认为什么是荣誉、什么是虔诚？对这样的证人，你建议要把你自己的宗教情感赋予他们吗？你会向这些证人寻求正义或周全的话语吗？这就是你纯洁和诚实的心所要承担的责任，而我们在以往三年中去过高卢的所有将军、所有去过那个行省的罗马骑士、所有在那里定居的商人，简言之，所有在高卢的罗马人民的同盟者和朋友，都发自内心地确信要正式或非正式地衷心赞扬马库斯·封泰乌斯——而你却宁可参与高卢人的阴谋？你想追随什么？人的希望吗？在你看来，敌人的希望比同胞公民的希望还要重吗？你想追随体面的证人吗？那么你岂不就是宁可偏向你对他一无所知的人，而不是你有所了解的人，偏向外国人，而不是你自己的同胞，偏向自私自利的人，而不是判断明晰的人，偏向受人指使的人，而不是未受指使的人，偏向厚颜无耻的人，而不是有良心的人，偏向我们的帝国和名称最凶恶的敌人，而不是对我们真正忠诚的同盟者和公民？

【15】先生们，你们能够犹豫不决地认为那些反对罗马人民的部落所进行的流血斗争要受到珍视吗？你们认为可以让他们穿着本民族的服装站在这里，用温顺的表情掩饰残暴，作为一个卑微的臣民向法官乞求帮助吗？没有什么能比这更真实了。不，他们带着傲慢和无畏的神色在讲坛上走来走去，口角带着野蛮的威胁——这是我决不愿意相信的事情。先生们，如果我没有像你们一样听说过指控者本人，那么我确实会接受他们的警告，免得判决我的当事人无罪会在高卢点燃新的战火。先生们，如果马库斯·封泰乌斯不是支撑本案的主角，如果他在度过堕落的青年时代和过完一种无赖的生活以后被告上法庭，由某些好人提供的证据给他定了罪，证明他在担任副将期间确实有种种恶行，所有熟悉他的人都痛恨他；如果在审判中他已被毫无偏见的证据和那些由罗马人民在那旁的殖民者，由我们可靠的玛西里亚的同盟者，

由罗马的所有公民带来的文件所摧垮——即便如此，你们的责任仍旧是不要
让你们祖先留下的那些可鄙的人使你们害怕，不要让他们的威胁和恐吓起作
用。由于实际上并没有真正的人在向他发起进攻，而只是你的所有公民和同
盟者在对他鼓掌，由于攻击他的人是那些反复攻打这座城市和这个帝国的
人，由于马库斯·封泰乌斯的敌人在威胁你们和罗马人民，所以，当他的朋
友和亲戚向你们乞援时，你们还会犹豫不决，不仅对你们的受到荣誉影响的
同胞公民，而且对异邦的部落和民族，不知是否应当用你们的投票赦免一位
公民，还是应当顺从敌人的意愿吗？

【16】先生们，不要给这个帝国留下污点，在引导你们对被告做出无罪
判决的所有动机中，这一动机肯定不是最小的。我们要明白，元老院和罗马
骑士所受的影响不是来自高卢人的证据，而是来自高卢人的威胁，那个民族
的意志和喜乐在决定他们的判决。如果情况确实如此，那么我们将有所反
应，如果他们试图对我们发动战争，那就让我们呼唤盖乌斯·马略①的影子
来与邪恶、傲慢的英杜提玛鲁公平地决斗，呼唤格奈乌斯·多米提乌和昆图
斯·马克西姆②再一次用他们的武装摧毁和征服阿洛布罗吉人和其他部落。
或者说，由于他们来不了，我们不得不请求我们的朋友马库斯·普赖托利乌
用向我们开战来威慑他最近的当事人，用他的办法来平息他们的愤怒和对他
们的屠杀的恐怖。或者说，要是他做不到这一点，我们将请求他年轻的继任
者马库斯·法比乌斯来减轻阿洛布罗吉人的愤怒，因为法比乌斯这个名字在
那个民族中是一个咒语，可以使他们保持沉默，就像那些被征服的民族所习
惯的那样。或者说，当遇到威胁的时候，要让他们明白这不是对战争的恐
惧，而是对罗马人民的获胜抱有希望。

如果这样的做法可以容忍，哪怕被告是个卑劣的家伙，他们也应当认为
恐吓没有取得任何效果。你们需要想一想，你们的被告是马库斯·封泰乌

---

① 公元前 102 年打败日耳曼北部的钦布里部落。

② 格奈乌斯·多米提乌，公元前 122 年打败阿洛布罗吉人；昆图斯·马克西姆，公元
前 121 年打败阿洛布罗吉人。

斯，在一场审判中，从他的敌人口中都没有听到对他的指责——我想我现在有权提到我在两场审判中为他进行辩护——更不要说有任何荒唐的指控了？有哪位被告——尤其是作为我的当事人，一位公共职务的候选人、一位权威的拥有者、一位命令的行使者——受到过这样的指控吗？指控中没有说他诽谤，没有说他施暴，没有说他有荒淫、蛮横、厚颜无耻的不道德行为，原告如果不用事实真相，至少也要用某些似乎有理的事情来支持他们的虚构。

【17】我们知道我们同胞中最杰出的马库斯·艾米留斯·斯考鲁斯受到马库斯·布鲁图的指控。辩护词留存至今，从中可以收集到许多指控针对斯考鲁斯的个人品格——当然了，说他虚伪，然而这些指控都是由他的对手提出来的。玛尼乌斯·阿奎留斯在审判中不得不听取的控告何其多也！还有卢西乌斯·科塔！还有普伯里乌·鲁提留斯！最后这一位，尽管受到谴责，但在我看来，他是不容指责的最高尚的人。是的，这位正直和自制的模范也要听取对他的指控，其中包括怀疑他有荒淫无耻的行为。现存的讲演中有一篇在我看来是迄今为止我们同胞中最优秀、最雄辩的，也就是盖乌斯·革拉古的演讲；他在演讲中暗示卢西乌斯·庇索有许多卑劣荒唐的行为。他的牺牲品是一个什么样的人！——一个体现了美德和正直的人，即使在那些伟大的日子里很难找到一个卑鄙的人，但只有他可以被称为最诚实的。当革拉古下令把卢西乌斯·庇索传唤到公民大会上来的时候，被派去的人问是哪一个庇索（有几个人都叫庇索），革拉古说："你迫使我这样说——我的对手，最诚实的庇索。"是的，甚至连他的敌人也不能在不加赞扬的时候对他提出充分的指控，光是他的名字就不仅表示了他的身份，而且表示了他的品格；然而，他仍旧遇上了虚假的、不公正的指控，说他有荒唐的行为。马库斯·封泰乌斯在两次提审中没有受到任何指控，从中我们可以推导出他有荒淫、固执、残忍、鲁莽的行为。就原告提到他犯的罪行而言，他们甚至没有说他应当受到指责。

【18】如果他们在说谎中表现出来的勇敢，或者他们在虚构时表现出来的虚伪相对于他们渴望他垮台而言是适宜的，那么封泰乌斯比我刚才提到的那些人更能免受这些荒唐的攻击。因为，一个最诚实的人，我说的是在生活

中，在每一个细节上都非常有节制的人，是荣誉的典范、忠于职责的典范、良心的典范；你们看，他在这里要求你们的保护，而你们有力量保护他——是的，他庄严地把自己托付给你们，把自己绝对地置于你们的力量之下。

那么，问问你们自己，把一个高尚的人、一名勇敢的绅士、一位爱国的公民交给敌对的、无理智的野蛮人，或者把他还给他的朋友，哪一样比较正义，尤其是，当许多情况都在向你们提出要对他表示同情的要求，敦促你们判处我无辜的当事人无罪的时候。首先，是他的家族的古老，如我们所知，这个家族源于图斯库兰这个最有名的集镇，对此有许多详细的历史记载；其次，这个家族不断有人担任执法官，取得了卓越的成就，但最重要的是，他们可以问心无愧地说他们的品德没有污点；再次，人们对他的父亲记忆犹新，不仅记得他如何被阿斯库兰人的部队杀害，而且记得这场与我们的同盟者一道发起的战争；最后，我的当事人本人在生活的每一部分都是高尚的、正直的，作为一名战士，他拥有最勇敢的精神和最大的谨慎，他精通战争技艺，当前只有少数人能做到这一点。

【19】因此，先生们，如果你们也需要我给你们任何提醒（你们确实不需要），那么我想我可以用一种最谦虚的方式，尽我所能，提醒你们谨慎对待有关这个为你们服务的人的描述，他在战争中的勇敢、精力、好运已经得到评价，他并不缺乏这些品格。我们国家以往拥有大量这样的人，远远超过今天；然而他们的安全和荣誉都受到尊重。而今天，你们的所作所为将给我们的青年人留下深刻印象，我们最优秀的人和我们最伟大的将领由于年纪、内乱、公共灾难而丧失殆尽；而当前战事依然频繁爆发，我们无法避免。你们难道不认为应当留下这个人以备我们的民族遭遇不测吗，而与此同时你们鼓励他的同胞要追求荣誉和美德？回想一下最近参与战争的那些副将，卢西乌斯·朱利乌斯的副将，普伯里乌·鲁提留斯的副将，卢西乌斯·加图的副将，格奈乌斯·庞培的副将；你们会明白在以往的战争大师中拥有执政官等级的有马库斯·考努图斯、卢西乌斯·秦纳和卢西乌斯·苏拉，更不用提盖乌斯·马略、普伯里乌·狄底乌斯、昆图斯·卡图鲁斯和普伯里乌·克拉

苏这些人了，他们不是从教科书中，而是从实践和胜利中获得军事知识。现在，如果你们乐意，把你们的眼睛朝着元老院那边看，密切注视公共生活的每个部分；你们难道察觉不到当前的形势有可能需要这样的人吗；或者说，如果有这样的形势需要，你们认为罗马人民有充足的人才吗？先生们，仔细考虑一下，你们肯定会乐意把这样一个不知疲倦、不避艰险、精通战争理论和实践而又极其幸运的人留下来，为你们和你们的子女服务，而不是把他交给那些伪装仁慈的残忍部落，他们是罗马人民最凶恶的敌人。

【20】但是高卢人正像过去一样集合他们的大军来围攻马库斯·封泰乌斯，试图用无耻的谎言把他困死在家中。先生们，我知道这一点，但在各种各样可怕的辩护中，我们将要在你们的帮助下，打退这种野蛮人的丧心病狂的攻击。你们的第一场反击是马其顿，这是一个忠诚的行省，与罗马人民友好，它宣布它的城市之所以得以保存，从头到尾都要归功于马库斯·封泰乌斯，是他驱除了高卢人的威胁，甚至打退了来自色雷斯大道的进犯。发起另一场反击的是西班牙，它不仅忠诚地反对野心勃勃的敌人，而且也用他们的证词和赞扬驳斥了这些无赖的荒唐指控。更有甚者，即使从高卢本身我们也得到忠诚和有效的增援。整个玛西里亚给这位不幸的、无辜的绅士提供了帮助，不仅因其得以存留而努力向我的当事人表示感谢，而且由于其独特的地理位置而相信其义务和命运就是保卫我们的同胞不受这些部落的侵扰。在它旁边有那旁这个殖民地为马库斯·封泰乌斯战斗，在我的当事人的帮助下，它最近才从敌人的包围下解放出来，而今天它又为我的当事人的危险处境深深地担忧。最后——由于对高卢的战争是正义的，作为我们祖先规定的原则和实践——罗马公民没有一个能找到任何借口，而是这个行省所有税吏、农民、牧民、商人都会万众一心地起来保卫马库斯·封泰乌斯。

【21】如果说英杜提玛鲁本人，阿洛布罗吉人和所有高卢人的领袖，会藐视集合起来帮助我们的如此强大的力量，甚至会把我的当事人从他那虽然遭遇不幸，但仍旧无可匹敌的母亲的怀抱中拉走，而你们却不愿意伸出手来把他留下吗？先生们，我的当事人需要像维斯太贞女一样，伸出沾满她兄弟

鲜血的双臂，向你们恳求得到罗马人民的保护吗？多年来她代表你们和你们的子女，把自己奉献给不朽的诸神，抚慰他们；今天代表她自己和她的兄弟向你们求援，她也能很好地抚慰你们的心。要是把我的当事人带走，那么能给这位可怜的贞女留下什么安慰呢？其他女人有保护人，她们在自己家中就有伴侣，能有机会参与各种生活，但是这位贞女又如何担负拯救她兄弟的重任呢？先生们，不要让不朽诸神的祭坛和大母神维斯太的祭坛沾上他们贞女每日里的悲伤，陪审团的心灵要关心此事，免得让你们的女祭司封泰娅的眼泪浇灭了原本由她日夜不眠地护卫的火堆。维斯太的贞女伸出双手向你们乞援，而这双手就是她习惯上代表你们向不朽诸神求援时伸出的双手。如果你们对她的恳求置之不理，拒绝有能力毁灭我们生活的诸神的要求，那么想一想你们这样的傲慢潜在的危险吧。先生们，你们注意到了吗，我想象，尽管马库斯·封泰乌斯是一个勇敢的人，但在面对他的父母和姐姐时突然热泪盈眶？你们想，他从来没有在战场上退缩，经常在刀剑丛中振臂杀敌；面临危险时，他会把安全留给他的亲人，就像他父亲把安全留给他。然而他今天退缩了，因为他心中充满疑云，他想到的不是提供帮助和荣耀自己，而是担心自己蒙受的冤屈将使他的亲人遭受耻辱。啊，马库斯·封泰乌斯，如果你已经做出选择，宁可死在高卢人的刀下，也不愿死在他们的伪证之下那么这不像是你的命运。"勇敢"是你生时的伴侣，"荣誉"是你死时的同志；但是现在，你有多么痛苦！——被那些人飞扬跋扈地用大棒毒打，他们要么曾经被你的军队征服，要么曾经屈服于你的统治。

先生们，冒险保护一名勇敢的、无可指责的公民吧；让这个世界看到你们相信我们的同胞提供的证据，超过那些外国人提供的证据，看到你们更加关注我们公民的幸福而不是更加关注我们的敌人的怪想，看到你们更加重视为你们献祭的那个人的恳求，而不是重视那些厚颜无耻地发动战争反对全世界的献祭和神庙的人的要求。最后，先生们，你们看——罗马人民的尊严与此密切相关——你们要表明一位维斯太贞女的祈求在你们心中的分量要超过高卢人的威胁。

为拉比利乌辩护

提　要

本文的拉丁文标题是"ProC. Rabirio Postumo Oratio"，英文译为"The Speech on Behalf of Gaius Rahirius Postumus"，意思是"代表盖乌斯·拉比利乌·波图姆斯发表的演说"。中文篇名定为"为拉比利乌辩护"。

公元前81年，埃及托勒密王朝的国王亚历山大二世去世，留下遗嘱，把他的国土赠给罗马人民。苏拉和元老院不知道这份遗嘱，这位死去的国王的一位亲戚托勒密·奥莱特（"吹笛者"）夺取了亚历山大里亚和埃及的王座。公元前58年，他遭到民众的驱逐，来到罗马。他借了高利贷，试图贿赂元老院议员，请求罗马三巨头帮助他复辟。把高利贷借给这位国王的人中间有盖乌斯·拉比利乌·波图姆斯。这个人的父亲名叫盖乌斯·库提乌斯，在儿子还没有出生时就死了，因此盖乌斯·拉比利乌得名"波图姆斯"。这个名字的含义就是遗腹子。盖乌斯·拉比利乌出生后被舅舅盖乌斯·拉比利乌收养。他可能就是西塞罗于公元前63年在一件叛国罪的审判中为之辩护的那个人。

公元前57年，罗马元老院决定让执政官普伯里乌·伦图卢斯·斯宾塞尔于公元前56年帮助托勒密复位。但是伦图鲁斯的敌人在西彼拉圣书中找到或虚构了某些警告，反对用武力帮助托勒密复辟。这种反对意见占了上风，罗马没有就此事采取进一步的行动。然而担任叙利亚行省总督的伽比纽斯进犯埃及，用武力帮助托勒密复国。托勒密为此赠送给伽比纽斯 10,000 塔伦特。公元前 54 年，伽比纽斯卸任回到罗马，受到指控，被判有罪流放。在审判时为了追查伽比纽斯受贿的证据，拉比利乌被法庭传唤，而西塞罗则为拉比利乌辩护。

这篇演说词在公元前 54 年的一个调查法庭上发表。全文共分为 17 章，译成中文约 1.3 万字。

正　文

【1】法官先生们，如果有人认为盖乌斯·拉比利乌对一位国王的权力和任性下了一大笔赌注，应当受到检查，那么他不仅有权用我的投票来支持他的观点，而且可以用有这种行为的那个人自己的投票来支持他的观点；因为确实没有一个人像行动者本人那样坚决否认这项行为。还有，我们的习惯是依据结果来评价行动的智慧，根据成功来判明预见，以缺乏预见为罪名指控不成功者。如果这位国王表明他自己是诚实的，那么波图姆斯就是一个智慧的标志；如果这位国王欺骗了他，就可以说波图姆斯是最大的傻瓜；事实上，今日的智慧显得仅仅像是一种猜测。

然而，先生们，如果有谁认为波图姆斯的行为——无论是提出虚无缥缈的希望或错误的道理，还是把有可能是最严厉的术语用于纯粹的鲁莽——应当受到斥责，那么我对他有这样的想法不予反驳；我要声明的是，这个人应当注意到命运女神已经无情地拦阻了我的当事人所要做的画，我们不应当认为给已经垮台的人再增加痛苦是必要的。我们可以对那些因不慎而失足的人继续伸出援手；而利用他们跌倒，或者对他们落井下石，那确实是太野蛮了。先生们，那些声誉良好的家庭的成员会热心地追求卓越，这几乎是人类的一种本能，他们父辈的美德永远保留在人们的言语和回忆中；所以西庇阿在军事上像保卢斯一样出名；西庇阿的儿子在军事上也像马克西姆一样出名；普伯里乌·德修斯的儿子在牺牲自己的生命和英勇就义的方式上也像普伯里乌·德修斯一样。

【2】所以，先生们，让我们来比较一下伟大和渺小。在我童年的时候，我的当事人的父亲，盖乌斯·库提乌斯，是骑士等级勇敢的首领，在佃农中也很有影响。如果他不是用无边的博爱来为他内心的仁慈寻找出路，而是为了满足贪婪的私欲而攫取财富，那么他在做生意时表现出来的高尚品德还不足以为他在这个世界上赢得承认。我的当事人是他的儿子，尽管他从来没有见过他的父亲。在自然的熏陶下，在家庭有效的教养下，在与家人不断的交谈中，他受到引导，要以他父亲为榜样。他的商业兴趣很广，合作者很多；他在国家办的事业中有许多股份；许多民族向他借贷；他的交易覆盖了许多行省；他甚至让自己接受国王们的差遣。他以前借了一大笔钱给这位亚历山大里亚的国王，但他从来没有停止想办法使他的朋友发财。他派他们去执行各种使命，把股份分给他们，用他的财富和信誉支持他们。简言之，由于他的仁慈和高尚，他再现了他父亲的生活和习惯。

在此期间，托勒密被逐出他的王国，来到罗马，如西彼拉圣书所说，"带着狡猾的意图"，这也是波图姆斯付出代价以后才知道的。这位国王当时很穷，求助于他；我的不幸的当事人贷款给他——这不是第一次，因为我的当事人在还没有见到他的债务人之前已经这样做了，在他还拥有他的王座的时候。他以为这笔贷款没有危险，因为没有人怀疑这位国王会在罗马元老院和罗马人民的帮助下复辟，回到他的王国。但是在向这位国王送礼和贷款给他的时候，我的当事人做得太过分了，不仅把自己的钱借出去，而且把朋友的钱也借了出去。有谁否认这是一件蠢事，或者说，现在有谁胆敢认为这是一项以灾难告终的正义行为？但是，当你满怀美好的希望开始一项计划，但又不把它进行到底，这是很困难的。

【3】他的求援者是一位国王；这位国王不断地乞援，不乏诱人的诺言；到了最后，波图姆斯不得不对他的借贷设置一些限制，因为他开始担心自己遭受损失。但是，无人能比这位国王更能迷惑人，无人能比我的当事人更加仁慈，结果就是，我的当事人宁可对自己开始这项借贷感到后悔，但却不去

发现是否有可能终止它。

在此产生了第一条指控：这个元老院受到了腐蚀。苍天在上！这是我们的法庭迫切需要的严格吗？搞腐败的人在为他们的案子提出抗辩；而我们这些受到腐蚀的人却不能对自己的案子提出抗辩![1] 先生们，利用当前的场合为元老院辩护不是我的目的。我确实必须在所有场合为元老院辩护——身为这个等级的一员，我深深地感到有义务这样做——但这不是我今天要做的事情，也不是与波图姆斯一案有关的事。尽管波图姆斯为一位国王的随从提供了盘缠，尽管这项诺言是在格奈乌斯·庞培返回罗马以后在他的阿尔巴别墅里决定的，对借贷者来说，调查借贷人如何花费他得到的钱仍旧不是借贷者的事。向他借钱的是一位国王，不是一个强盗；不是一位与罗马人民为敌的国王，而是元老院已经下命令给一位执政官，要帮助这位国王复位；不是一个与这个帝国没有关系的国王，而是这个帝国在卡皮托利山上与他订有条约的国王。但若要受到谴责的是借贷者，而不是胡乱使用借款的人，那么让我们判处铁匠和卖兵器的人有罪，而不是判处使用刀剑屠杀同胞公民的人有罪。因此，盖乌斯·美米乌斯，你一定不要希望看到元老院，与这样的一条荒唐的指控有牵连，你从年轻时就忠心地维护它的影响，我也一定不要在当前的案子中为元老院进行不相干的辩护。因为，波图姆斯的案子，无论它是一个什么样的案子，与元老院的事业全然无关。如果我表明它与伽比纽斯也完全无关，那么你肯定一条腿都没有留下，无法站立了。

【4】今天正在讨论的一个问题——钱的来路不明——依附于一个已经有了答案、人们对此深信不疑的问题。奥鲁斯·伽比纽斯带来的损害已经估量，但我们并没有得到安全感，人民不明白出售他的全部财产是否能弥补我们的全部损失。朱利乌斯法案要求出售一个被定罪的人的财产，以充分弥补他造成的伤害。如果说朱利乌斯法案中的这一条款是新的——这是古代严

---

[1] 西塞罗在这里以一名元老院议员的名义讲话，把他自己与担任法官的元老院议员联系起来。他的意思是：如果元老院接受了贿赂，那么应当审判元老院。

峻的法律的一个榜样——那么我们在审判中也要用全新的程序来处理这类事情。但若这一条款不仅逐字逐句地源于高奈留法，而且也源自较早的塞维留斯法，那么先生们，以上苍的名义，现在我们在做什么，或者说，现在我们在这个国家里贯彻的司法程序依据的新原则是什么呢？你们所有人都熟知现存的司法程序；如果说实践是最好的老师，那么没有人能比我更了解它了。我曾经起诉过某些犯了勒索罪的人，我曾经担任过法官，我曾经作为执法官进行过调查，我经常为诸如此类的案子进行辩护。但我没有机会得知我本人并没有参与其中的那些活动的消息。同理，我处在这样一个位置上，我可以断言没有人会把他的审判建立在"钱的来路不明"这样一个问题上，除非他在评估损失时受到传唤；在这样的评估中，不会为了查询证人的品质、私人账目或公共账目中的开支而传唤任何人。因此，当这样的案子提起审判时，那些相关的人通常都会为自己担忧；如果他们认为适当，他们会有反复；如果他们害怕自己倒霉，因为相关事实在他们心中记忆犹新，那么他们会选择晚些时候再做回答；以这样的方式行事，他们经常能够实现自己的目的。

【5】但是当前的程序是全新的、史无前例的。在评估中，波图姆斯的名字没有在任何地方出现。我说的是评估吗？你们自己后来也涉及了奥鲁斯·伽比纽斯的案子。有任何证人提到过波图姆斯吗？证人，我是这样说的吗？甚至指控者本人？简言之，你们在整个审判过程中听到过波图姆斯的名字吗？在这个已经判决了的案子中，波图姆斯不是一个应当接受遗产的被告；不，他是一位罗马骑士，被拉到这个法庭上来，被控犯了勒索罪。这项指控有什么账上的根据吗？依据审讯伽比纽斯时没有公开宣读过的某些账本。有什么证人吗？有一个从来没有传唤过波图姆斯的证人。这就是损失评估的结果吗？这是一项从来没有提到过波图姆斯名字的案子的结果。它依据什么法律？依据一项对他并不适用的法律。

在此，先生们，这件事需要你们的仔细掂量，需要你们的智慧；你们应当记住的是你们适宜做什么，而不是如何合法地去做。因为，要是你们问什么是合法的，你们肯定有权从我们的社会中消除你们希望消除的任何公民。

你们的投票板把这种权力给了你们；而与此同时，你们的投票板也会看着你们邪恶地滥用这种权力，因为如果对自己内心的罪恶不感到害怕，那么没有人需要害怕知道自己的罪恶。那么，法官们的智慧表现在哪里呢？表现在这里，他不仅要掂量自己有权做什么，而且要掂量自己必须做什么；他不仅要记得有多少东西在他手中，而且也要记得人们对他的信任有多少限制。作为陪审员，你们手中有投票板。你们依据什么法律？处理勒索罪的朱利乌斯法。法庭上的被告是谁？一位罗马骑士。但是这部法律对这个等级不适用。原告说："是不适用，但'钱的来路不明'这句条文可以用到他的头上。"但是，当你参与审判伽比纽斯的时候，你没有听到一句话是反对波图姆斯的，在伽比纽斯被判决以后，你在评估损失时也没有听到一个字是反对波图姆斯的。他会回答说："但我今天听到了很多。"所以，波图姆斯受到指控所依据的法律不仅针对他本人，而且针对整个等级，针对所有自由人。

【6】在这场审判中，罗马骑士的特权受到攻击。关于这一点，我不会向你提出请求，而是向你们，元老院的议员们，提出请求，你们对这个等级的良好信任处在危险之中——这种良好的信任在以往许多场合展现，但从来没有比在当前的案子中展现得更清楚。因为，当我们杰出的、可敬的执政官格奈乌斯·庞培就这项调查提出动议时，尽管很少，但确实有一些人提出了很坏的建议，将这部法律的适用范围扩展到保民官、高级官员、书记员，以及所有行政官员，你们——我说的是你们自己——和整个元老院都抵制了这个建议；尽管各地的骚乱此起彼伏，甚至连无辜者也遭遇危险。你们虽然不能完全扑灭愤怒的火焰，但也不允许有人在这个等级里点燃新的火焰。所以，这就是元老院行动的精神。请你们告诉我，罗马骑士们，你们该如何采取行动？格劳西亚，那个精明但不审慎的人，曾经警告人民，在宣读某些法律的时候，一定要注意开头的段落。如果它以"独裁者、执政官、执法官、骑士"这样的词句开始，那么他们会感到没有必要关心；因为他们知道这些法律与他们无关；但若它以"在本法律通过以后，任何人"这样的话开始，那么他们要看它是否具有新的平等形式。罗马骑士们，现在是你们"看它"的

时候了。你们和我属于同样的等级，你们知道我的所有同情者也是你们的同情者；这样说不仅是口头上的，而且来自某种对你们这个等级的深深的尊敬和亲密感情。让其他人按照他们自己的意愿依附某些人或某个等级；而我珍视的一直是你们。我向你们提出警告，我向你们提出预测，我给予你们充分的关注，而这个案子及其问题悬而未决，我要请诸神和所有凡人为证；在你们有权力和有机会的时候，你们要清醒，免得让你们自己和你们的等级担负的重任超过你们的能力。相信我，阴险的瘟病会传播开来，超过你们今天所能想象的范围。

【7】强大的、杰出的保民官马库斯·德鲁苏斯曾提出一种新的平等形式，反对骑士等级，他说"任何人应当按照法律判决得到金钱"，对此罗马骑士曾经公开予以抵制。这是为什么？他们希望得到收钱的许可吗？远非如此。他们不仅把在这种情况下收受金钱视为堕落，而且视为耻辱。但他们的推论方式如下：他们认为，只有那些有权自由选择并遵循那种生活方式的人才适用于法律。他们认为："公共生活的最高阶梯对你们有吸引力——权贵的座位、象征权力的束棒、最高的命令、行省、祭司、胜利，以及可以传给后代的许多东西。"但是，所有这些东西都与一种不安的尺度联系在一起，超过人们对法律和司法程序的一般理解。不是因为我们藐视他们的优点，"所以他们提出争论"；而是我们在追求一种安宁的、退隐的生活，希望一旦远离公共职务，也就不再有焦虑。而对手争论说，"确实如此，但你们现在是法官，正如我现在是元老院议员"。"没错，但你在谋求自己的出人头地，而我谋求的是人们对我的信任。因此我可以公开拒绝担任法官，或者不执行对元老院议员无效的法律。"

罗马骑士们，你们要放弃从父辈那里继承下来的特权吗？我警告你们不要这样做。如果你们不采取措施，人们会冲进法庭，不，一有什么风吹草动，有恶意的谣言传播，人们就会上法庭来反对你们。如果现在告诉你们，有人在元老院提出的建议，这些法律也适用于你们，那么你们会认为齐心协力冲向元老院是你们的责任；如果这样的法律最后通过了，那么你们也会冲向市政广场上的讲坛。元老院颁布的法令让你们在这部法律的运作中得到豁免；人民也从来没有要你们受这部法律的限制；正因不受它的限制，你们才能聚集在这里；正因你们不受限制，你们才不至于被捆绑着离开这里。如果使波图姆斯垮台的是这部法律，那么他既不是保民官，又不是高级行政官员，既不是伽比纽斯的朋友，又不是伽比纽斯赴海外时所带的随从，属于你们等级、后来为自己辩护的那些人是怎么发现自己与这些事情中的行政官员有牵连的呢？

【8】原告说："你唆使伽比纽斯复辟那个国王。"我自己的良心不允许我在这一点上对伽比纽斯有任何不公。从深刻的敌意返回我对他的友谊；我要用我的全部热情为他辩护；在他困顿之际攻击他不是我要做的事。如果在波图姆斯的影响下我和他之间没有妥协，那么他自己的命运在今天也会这样做。还有，当你断言在波图姆斯的唆使下伽比纽斯去了亚历山大里亚的时候，当你对敦促伽比纽斯的呼吁表示不相信时，你忘记你自己的指控了吗？伽比纽斯断言他这样做是为了国家利益；他害怕阿凯劳斯①的战船；他认为，要是不这样做，海中就会盗贼成群；他还说，他有合法的权利这样做。你，作为他的对手，对此表示否定。我对你的否定表示遗憾；更加令我感到遗憾的是，这个法庭决定反对伽比纽斯的说法。

现在我要转到这项指控和你的演说上来。你为什么要不断地重复？有人许诺给伽比纽斯 10,000 塔伦特。我的当事人显然不得不寻找一位格外喜欢巴结的人来压倒一位，像你们指出的那样，极为吝啬的人，一个面对 24,000 万个罗马小银币也不愿回头的人！无论隐藏在伽比纽斯的行为背后的意图是什么，这肯定是他自己的意图，无论他有什么想法，它一定是伽比纽斯的想法。至于他的目标是不是荣耀，如他所断言的那样，或者是不是钱，如你们所断言的那样，那都是为了他自己。不是伽比纽斯的关注或记挂，也不是在没有插手这件事的伽比纽斯的权威之下，而是在从元老院里得到这笔钱的、

---

① 阿凯劳斯（Archelaus），托勒密国王的女婿，国王被逐后统治埃及。

杰出的普伯里乌·伦图卢斯的权威之下，我的当事人抱着确定的目标和前景美好的希望离开了罗马。

但有人说他是这位国王的司库。是的，确实如此，他也是这位国王的囚犯；他的全部身家性命都已经交付出去。他不得不合作，这位国王的邪恶和环境的力量迫使他合作；他所能确定的只有一个事实——他进入了这个王国，把自己交给了这位国王。如果必须说真话，那么这是一项愚蠢的行为。一位罗马骑士，一位始终要比其他人更自由的公民，竟然会从这个城市前往一个他不得不做一名驯服的奴隶的地方。

【9】但是我会不允许像波图姆斯这样有节制的人犯下在我看来连最聪明的人也会犯的错误吗？我们知道柏拉图，他是全希腊最聪明的人，把自己托付给叙拉古的僭主、邪恶的狄奥尼索斯，但却被狄奥尼索斯置于极度危险之中；聪明的卡利斯塞涅是亚历山大大帝的同伴，但却被亚历山大所杀；德米特利是一个自由城邦的公民，他卓越地管理着这个自由城邦，学识渊博——我指的是法勒隆的德米特利——也是在这个埃及王国，他被一条毒蛇夺去了生命。我坦率地承认，没有任何行动比故意进入一个你将失去自由的地方更加疯狂。但是为这种行为的愚蠢进行辩护可以在另外一个早些时候的愚蠢行为中找到理由，这代表了他的愚蠢行为的极点。我指的是他进入这个王国，把自己交付给这位国王，这一行为貌似明智，实则愚蠢。有这样的行为，行为者无论是傻瓜还是聪明人都没有什么差别。也就是说，在被自己的愚蠢行为拖累的时候，他应当尽力摆脱。这就是波图姆斯所要采取的行动，乐观的人说这样的行动很好；有偏见的人说，这是一个不应该犯的错误；波图姆斯本人也承认，这样做是疯子的行为。我指的是把他自己的钱和他朋友的钱借给这位国王，使他自己的幸福陷入危险，无法逆转。还有，行动一旦开始，一切都要听从命运的安排。终有一天，他不得不面对风险，要拯救他自己和他的朋友。因此，只要愿意，你们就责备他吧，责备他穿希腊人的披风，责备他使用某些罗马人不太用的装饰品。你们可以在每个场合对他进行指责，但你们只不过是在重复一件事，匆匆忙忙地把钱借给这位国王，把自己的幸

福和名誉交给这位变化无常的国王。我承认他的行为过于匆忙，但后悔已经来不及了；就像他在亚历山大里亚不得不穿披风一样，他的目的是在罗马穿托袈，或者说，他不得不为了保留他的托袈而失去他的全部幸福。

【10】我经常看到，不仅罗马公民，而且那些出身高贵的年轻人，甚至某些显赫家族的元老院议员，喜欢穿黑色的短袖束腰外衣，不是在他们的乡间别墅里，而是在人口众多的那波勒斯，这是一种令他们自己感到满意的浮华形式。在同一处，许多人看见伟大的将军卢西乌斯·苏拉穿着披风；在卡皮托利山上，你们全都能看到指挥亚细亚战争、打败安提奥库斯的卢西乌斯·西庇阿的塑像不仅身披斗篷，而且脚穿希腊人的便鞋。即使在人们的日常闲谈中这些人也没有受到攻击，更不用说司法审讯了。更能说明问题的是，为普伯里乌·鲁提留斯·鲁富斯进行辩护是必要的。他在密提林落入米特拉达铁斯之手，但通过改换服装，他逃脱了这位国王对一切穿托袈袍的人表现出来的残忍。对于我们的同胞来说，鲁提留斯是古代的一个道德、荣誉、智慧的典范。他身为执政官，脚穿便鞋，身披斗篷，但当时不仅无人指责他，而且人们全都认为这样做是必要的。那么，波图姆斯要为穿一件希腊式的披风而受谴责吗？这是他有朝一日找回幸福的唯一希望。

先生们，波图姆斯到达亚历山大里亚以后，这位国王向他提议，从事管理工作，担任这个王国的税务官员，这是他能保持财富的唯一条件。于是他不得不接受任命，担任司库——这是这位统治者在他的王国里使用的官员头衔。这件事对波图姆斯来说是灾难性的，但他要拒绝又是绝对不可能的；这个头衔令他作呕，但这个头衔不是他自己虚构出来的，在那个王国里可以起作用；他也厌恶那里的官服，但没有官服，他既不能保持他的头衔，又不能保留他的职位。所以，用我们诗人的话来说："他在无坚不摧的力量面前低下了头。"不，你们会说他可以去死，因为这是一种自然而然的替代法。如果波图姆斯身处绝境，那么他肯定会这样做，以免遭受耻辱。

【11】所以，我们不要坚持说他对自己倒霉的命运负有责任，不要把愤怒发泄到他头上，因为他是这位国王的牺牲品；不要根据他的欲望，也不要

根据他面对无法抗拒的力量时做出的举动来判断，除非你们认为落入敌人或盗贼手中的人应当受到严厉的责备；他们只能在强制下行事，而不能像他们自由时那样行动。我们中间无人知道这位国王的行事方式，也没有实际经验。国王们下命令的方式是这样的："记住我的话，照着去做！""执行我的一切命令！"他们威胁说："要是明天早晨让我看到你还在这里，那你死定了！"我们必须读一读这些话，不要以为它们只是一些愚蠢的玩笑，这样我们才能保持警惕。

但是从波图姆斯接受任命这一点开始又有了新的指控。原告断言波图姆斯为伽比纽斯筹集资金，在征收来的钱中有十分之一归他自己所有。我不明白这项指控的意思，他是多征收十分之一，就像我们的税吏为自己多征收百分之一，还是从征来的总数中扣除十分之一；如果是多收，那么到伽比纽斯手中的金钱就有 11,000 塔伦特。然而你们在指控中说的是 10,000 塔伦特，这些先生们也肯定是 10,000 塔伦特。进一步说，我们如何能够假定，当赋税已经如此沉重的时候，还能额外增收 1,000 塔伦特。或者说，另外，你们要我们相信是个恶魔的这个人面对这么一大笔款项会同意减少 1,000 塔伦特吗？自动放弃权力不是伽比纽斯的行事方式，默然同意对臣民强征暴敛也不是这位国王的做法。他们会说："没错，但有证人为证，来自亚历山大里亚的使者。"好吧，但他们没有说过任何反对伽比纽斯的话；与此相反，他们赞扬了伽比纽斯。请你们告诉我，法庭传统的方式、用语、先例是什么？一个反对征税的证人并没有反对以其名义征税的那个人，这意味着什么？不，还有，如果通常提出证据来反对行为者的证人对他要反对的人什么也不说，那么这不也算是对被告有利吗？这个案子按照习惯处理，就好像已经裁决，后来提出的问题由同样的证人支持，但他们没有作证，而仅仅是宣读了他们的陈述。

【12】我在场的亲密朋友 [①] 说，亚历山大里亚人有同样的理由肯定伽比纽斯，就像我以前为他辩护一样。盖乌斯·美米乌斯，我为伽比纽斯辩护的

---

① 指盖乌斯·美米乌斯。

动力在于我已经与他妥协。确实，我对他的敌意已经消失，而我的友谊永存，对此我没有任何理由表示后悔。如果你认为我为他进行的辩护犹豫不决，是为了避免冒犯庞培，那么你对我的性格和庞培的性格知道得很少。确实，庞培决不会希望我做任何不想做的事情来取悦他，我也不会把自己当做牺牲品，对我来说，我的同胞公民们的自由一直是最珍贵的。当我还是伽比纽斯的死敌时，庞培是我最亲密的朋友；在对那个伟大的名字做出让步以后，我不会玷污自己，对我仁慈地对待过的人做下错事。在没有与我的敌人妥协时，我没有伤害庞培；如果在他带来和解的时候，我虚心假意地表示接受，那么我是虚伪的，首先是对我自己，其次也是对他。

关于我自己，我不再多说，还是转回到你的亚历山大里亚人这里来。他们的行为有多么厚颜无耻啊！在审判伽比纽斯的那一天，在众目睽睽之下，他们一个个地被带上来问话；他们否认这些钱已经给了伽比纽斯；庞培的证词反复地宣读，那位国王写信给他说，除了军事用途，没有给伽比纽斯其他金钱。我的朋友说："那时候没有人相信他们。"接下去又如何呢？"人们现在相信他们的话了。"为什么？"因为他们现在肯定了当时他们否定的事情。"这就是你们对待证人的方式——对同样的人，在他们否定时不相信他们，在他们肯定时相信他们！但若他们当时说的是真话，他们的脸上显露的是真相，那么他们现在说的是谎言。如果他们当时在撒谎，那么就让他们告诉我们，他们有多么不愿意说真话。我们听说过古时候的亚历山大里亚的事，现在我们知道这座城市了。它是各种欺骗和狡诈之家，作家们记载了那里的居民的种种阴谋。确实，没有什么东西比这些人的脸是我更希望看到的了。

【13】他们前不久在法庭上与我们一道作证，用精巧的伎俩驳斥这个有关10,000塔伦特的指控！你们现在知道希腊人的行为总是无用的了；我假定这是机会主义在使他们耸肩膀①；我假定现在已经不需要机会主义了。但是，某人一旦作了伪证，他今后就无法被人相信，哪怕他像许多神灵一样发两次

___
① 表示不知道有没有贿赂伽比纽斯。

誓。先生们，在审判中，这样的新证据一般说来甚至是无法接受的，同样的法官会记住被告的案子，整个案子是他们熟悉的，不会引进新的虚构。

那些被指控"钱的来路不明"的人通常会受到谴责，但不是作为最初与他们相关的司法程序的结果，而是那些针对最初的被告的司法程序的结果。因此，如果伽比纽斯提供了安全感，或者如果从他被没收的财产中得到了充分补偿，那么无论从他那里交给波图姆斯的钱有多少，没有人会要求索回这笔钱；所以很容易理解，在这种案子中唯一需要偿还的钱就是由在最初的调查中证实了的由被定罪的人支付给某些人的钱。但在当前的案子中是什么呢？我们走到了哪一步？什么样的陈述和想法会和他们的想法一样错误百出，颠倒黑白？受到指控的人没有从这位国王那里收到钱，如伽比纽斯已经宣布了的那样，而且这个人实际上把一大笔钱借给这位国王。那么好，这位国王把钱给了伽比纽斯，而伽比纽斯没有把钱还给我的当事人。现在请你们告诉我，波图姆斯借出去的钱付给了伽比纽斯的，那么是伽比纽斯还是波图姆斯应当依据"钱的来路不明"这一条款接受审判？而现在伽比纽斯已经被证明有罪。

【14】"噢，但是波图姆斯有钱，并且把钱藏起来"，有些人按这种语调来谈论。这是一种大肆渲染和夸夸其谈的奇怪方式！虽然波图姆斯最初一分钱都没有，然而，当他有钱的时候，他为什么要把钱藏起来？他继承了两处物产丰富的大庄园，又通过合法、高尚的手段增加了他的财富，他有什么理由要把自己说得一文不名？我们要假定，他把钱借贷出去，希望能够得利，他的想法是尽可能多地积累财富，但是当他发现自己借贷出去的款项数额巨大时，他需要假定自己是个穷人吗？这真是一种大肆渲染的新形式！原告说："他在亚历山大里亚的行为就像暴君。"与此相反，他是最任性的暴君的牺牲品。他本人不得不忍受监禁，他看到他的朋友被逮捕，死神一直在他跟前行走，最后，衣衫褴褛，饥寒交迫，他逃离了那个王国。他们说："是的，但是到了最后他还是在生意中挣了大钱，属于他的商船队在普特利停靠，生意十分红火。他出售的商品价格低廉，有纸张、麻布、玻璃，等等。有许多

商船装满了货物，但一只小船的货物还没有开始出售。"普特利之行，以及
与此相关的谣言成为人们闲谈的主题。出于妒忌之心，人们厌恶波图姆斯这
个名字，对他的财富表现出复杂的心情。整个夏天——可能还不止——这样
的说法充斥了公众的耳朵。

【15】但是，先生们，如果你们知道真相，如果不是对所有人都显示仁
慈的盖乌斯·凯撒也怜悯我的当事人，那么我们早就在公共生活中失去波图
姆斯了。当命运女神对波图姆斯发出微笑的时候，是凯撒帮助了我的当事人
的许多朋友，承担了那些原先要由许多人承担的责任，而现在当命运女神扭
过头去的时候，又是凯撒全力支持了他们。先生们，你们在眼前看到的仅
仅是一位罗马骑士的影子——一个阴魂——是由一位忠诚的朋友努力保护下
来的。除了他从前尊严的幻象，从他身上什么也拿不走，只有盖乌斯·凯
撒支持他，维护他；然而对这种尊严，哪怕处在悲惨的逃亡中他仍旧充分地
拥有。我的当事人努力建功立业，但并不顺利；当他交好运时，他会想到别
人；而当他不断地获得骄人的成绩时，他会忘记别人也不奇怪，或者说，即
使他应当记得他们，他也可以有很好的理由忘记他们。在盖乌斯·凯撒身上
我看到有许多惊人的美德，而他的仁慈注定要在一个宏大的剧场中展示，几
乎就在公众的注视之下。选地安营，排兵布阵，攻城拔寨，击溃敌军，当山
野里的野兽蜷伏在洞穴里的时候，在各个国家全部同意暂停一切战争的时
候，他却在忍受连我们城市里的房屋也难以抵挡的严寒，——这些确实是伟
大的功绩，有谁否认？但这些业绩都是在一项巨大奖赏的推动下获得的，值
得人们永远纪念，所以我们可以确定，他心中的目标是获得永恒，因此才会
有如此英勇的行为。

【16】但在这里有一个可供诗人或历史学家赞扬的异乎寻常的主题，需
要运用真正的洞察力来衡量。他发现有一位罗马骑士，他的老朋友，他忠心
的热爱者和崇拜者，不是由于放荡和奢侈，而是由于努力增加祖传的财富
而失足。他对这位朋友伸出援手，不让他落入深渊；他掏自己的钱包来帮助
他，为他提供保护；时至今日，他仍旧在这样做。他不允许自己踉踉跄跄的

朋友跌倒；他的名字的光辉没有使他伟大灵魂的视野眩晕，他崇高的地位和名望也没有遮蔽他心灵的窗户。假定他的成就是伟大的，它确实是伟大的，那么请大家同意我的估量，或者随你们自己的意愿不同意我的估量。在他所有的力量和成功中，我把他对朋友的仁慈和珍惜旧日的友谊置于其他品德之上。先生们，这种名人表现出来的仁慈确实罕见，但你们一定不仅不要加以藐视，不要使之泄气，而且要加以珍视和倡导——之所以如此，乃是因为这些日子以来似乎有人想要动摇他的地位——他的地位是不可动摇的，而他自己也决不会掉以轻心；但若他知道一位最亲密的朋友被剥夺了荣誉，那么当他感到深深的义愤时，他会失去某些没有任何希望失而复得的东西，对此他必须承担。

【17】我已经提出的考虑对于那些避免了偏见的心灵来说已经足够了，对于那些完全没有偏见的心灵来说则更加充足，我们充满自信地相信你们是没有偏见的。但是为了不让任何人存有怀疑、恶意、残忍，让我们假定，如原告所断言的那样，"波图姆斯藏匿了金钱，有些王国的财富落到了别处"。在人数巨大的民众中，会有人在意把盖乌斯·拉比利乌·波图姆斯的财产均分，每人得到一个罗马小银币吗？啊！我讲这些话有多么痛苦啊！啊，波图姆斯，你是盖乌斯·库提乌斯的儿子吗？[1] 由于命运的选择和你的本性，你成了你母亲的兄弟盖乌斯·拉比利乌的儿子。你是那个对所有亲戚都如此仁慈，用善心使许多人富裕，从来不会因为别人对他感恩而榨取一个小银币的人吗？波图姆斯，你的财产有没有被我拿走过一个小银币？做你的财产的拍卖者会使我心碎，使我痛心疾首！然而他甚至在悲痛中请求在你们的手中定罪；他要求出售他的财产，承诺付清所有的债务。除了荣誉，他什么都不在乎；确实，如果你们选择忘记你们的人道，那么除了他的财产，你们从他那里什么也拿不走。先生们，我请求你们不要忘了人道——当他自己的钱还不

---

① 波图姆斯的父亲名叫盖乌斯·库提乌斯，波图姆斯是遗腹子，出生后被舅舅盖乌斯·拉比利乌收养。

能得到偿还，而又有人急迫地要他交出一笔与他没有任何关系的金钱时，富有同情心的人应当对他伸出援手，而仇恨他的人则会促使他尽快垮台。

现在，由于我相信自己已经消除了对他的名誉的指控，我要清偿我的眼泪债，我看到在我最黑暗的时候，你们为我流下了许多眼泪。我眼前浮现出那个充满悲伤的夜晚，你们聚集在我身边，把你们的钱财无保留地放在我的脚下，用你们的怜悯安慰我的离去，为我提供保护，还有在那个时刻所需要的黄金。当我不在的时候，你们从来没有忘了照料我的妻儿。我可以传唤许多结束流放、返回祖国的人来为你们的仁慈作证，比如在你父亲库提乌斯受审时，我听说过许多这方面的事情。但是，现在这一切都已成为恐怖的来源；我为有可能失去名誉而感到颤抖；而在这里流下的这么多眼泪已经证明你们对自己有多么珍视。至于我，悲伤令我虚弱，令我呜咽。先生们，我请求你们，拒绝剥夺这个优秀的人，除非活着的人没有一个比他更糟，不要使这位罗马骑士的名字消失，不要使我们在阳光下丧失快乐，不要使你们的权利丧失。他对你们没有任何请求，只想能够走在这个讲坛上看到这座城市的雄姿。哪怕这一许可也被命运剥夺，也不会没有朋友来帮助他。

为马凯鲁斯辩护

提　要

　　本文的拉丁文标题是"Pro M. Marcello Oratio"，英文译为"The Speech on Behalf of Marcus Marcellus"，意思是代表"马库斯·马凯鲁斯发表的演说"。中文篇名定为"为马凯鲁斯辩护"。

　　马凯鲁斯全名马库斯·克劳狄·马凯鲁斯（Marcus Claudius Marcellus），公元前51年任罗马执政官。该年春天，凯撒把选举权许诺给由他创建的殖民城邦科摩（Comum）的居民，他在保民官中的支持者投票通过了这一决议。该年春天，马凯鲁斯在元老院提出一项动议对此进行谴责。其后，马凯鲁斯遭到鞭笞，就好像他仅仅是一名行省的行政官员。西塞罗在一封信中把这一事件称做"无赖的行为"。到了秋天，马凯鲁斯提议，山外高卢的战事已经结束，应当召回凯撒，派卢西乌斯·多米提乌·阿赫诺巴布斯去接替军队的指挥权。这个问题一直延续到第二年。随着凯撒胜利进军罗马，马凯鲁斯与庞培一同逃往希腊。

　　西塞罗几次写信敦促马凯鲁斯返回罗马，但遭到拒绝。后来，到了公元前46年，凯撒的女婿庇索把马凯鲁斯一案提交到元老院。西塞罗在辩论中为马凯鲁斯辩护。本文发表于公元前46年，是西塞罗在元老院的演说词。

　　全文共分为11章，译成中文约0.8万字。

正　文

【1】元老院的议员们，我在最近的一些麻烦事中观察到，长期以来的沉默今天终于到头了，这种沉默的原因不是由于恐惧，而是由于悲伤和胆怯的混合。今天也标志着我的自由表达意愿和观点的老习惯重新开始。因为，对于一位已经获得最高权力的人表现出来的这样的人道，这样与众不同的，不，闻所未闻的宽厚，这样不变的节制，这样难以置信的、几乎是超人的崇高心灵，我发现是不可能保持沉默的。元老院的议员们，当马库斯·马凯鲁斯回归于你们和回归于这个国家时，我感到自己的声音和影响与他的声音和影响，已经被保存和回归于你们及这个国家。元老院的议员们，如此伟大的一个人，虽然像我一样为同样的事业服务，却遇上如此不同的命运，这对我来说真是一种悲哀和痛苦的屈辱；当他在再现和模仿我的追求和辛劳时，我确实也不认为，追溯自己的生活老路、把他视为同志和伴侣，这样做是对的。

盖乌斯·凯撒，情况就是这样，你不仅献身于我以往毕生的追求，而且当我的追求受到阻碍时，为所有在这里的人，如果我可以这样说的话，提出了一个崇高的目标，引导他们去为这个自由的国家实现美好的愿望。通过许多案子，尤其是通过我自己的案子，我弄清了一件事——我们大家知道，就在不久前，在提到你受到冒犯的原因之后，你向元老院和国家为马库斯·马凯鲁斯做了担保——你把这个等级的权威和国家的尊严置于你的任何情感或疑心之上。确实，就在这一天，由于元老院的衷心赞同，你做出了一项权威的决定，给予马凯鲁斯最高奖赏，以表彰他以往的全部生活；你不可能不理解，接受这样的奖赏是何等的荣耀。他确实是幸福的，他得到的补偿已经给所有人带来欢乐，决不亚于他本人的欢乐。他的幸福也得到了肯定，决不亚于他的权利所得到的确认；因为有谁能在高尚、正义、忠诚于人性的追求、过一种无可指摘的生活，或其他任何值得赞扬的事情上超过他？

【2】盖乌斯·凯撒，没有哪位天才能如此充分，没有什么口舌或文笔能够如此崇高、如此丰富地描述你的功绩，更不必说修饰你的功绩了。我仍旧要带着对你本人的全部尊敬，断言没有任何更加令人骄傲的荣耀比你在这一天所获得的荣耀被更多地包含于这一赞扬之中。我的做法是把我的看法建立在事实的基础上——当然了，我渴望在日常谈话中保持我的看法——我们的将军、异邦人、拥有主权的人民、最著名的国王，他们的所有成就加在一起，就事件的重要性而言，其牵涉面的众多，战争的多样，完成的速度及其复杂性，都无法与你从事的战争相比；没有哪个人的足迹能在更短的时间里穿越广袤的土地，我不说被你的征程穿越，而说被你的胜利穿越。如果我拒绝承认这些成就之伟大超越了任何思想或想象所能达到的地步，那么我确实昏了头；然而，还有更加伟大的东西。因为有一类人对战争的荣耀使用诽谤性的用语；他们会拿走将军们在战争中获得的荣耀，使它们成为一个等级的共同财产，而拒绝把它们归于更高的原因。不可否认，士兵的勇气、有利的地形，同盟者提供的帮助、船队、供应，在战争中都是重要的因素。但是名将的那份功劳应当由他自己认领，这是他的权利；而命运女神也会把这一条作为她自己取胜的保证。但是，盖乌斯·凯撒，无人能够分享你最近获得的荣耀，它的范围无疑是巨大的，但它完全属于你。我要说的是，这一荣耀完全属于你。没有一丝一毫可由哪位百夫长、步兵队长、副将、司令官恰当地分享。不，甚至命运女神这位掌管人类命运的伟大女神，也不能强行扣留你的荣耀。她把荣耀交给你，承认它是你的，全部归你个人所有；因为在你的明智中没有丝毫鲁莽的痕迹，偶然性也无权进入你的审慎。

【3】你已经征服了那些野蛮的民族，它们野性无比，人数众多，占地广泛，资源丰富；但与此同时，它们之所以成为可被征服的，其原因在于自然与环境。因为没有什么东西能大到用刀剑与武力都不能削弱与摧毁。但要征服意志、平息愤怒、节制胜利——不仅要把那些在等级、才能、功绩方面都非常显赫的对手从地上扶起，而且还要增强他先前的伟大——能这样做的人，我不会把他比做最伟大的人，而会说他最像神。盖乌斯·凯撒，就是由

于这个原因，你在战争中赢得的荣誉不仅值得由我们自己的文学作品，而且值得几乎所有民族的文学作品大书特书，未来的任何世代也不会停止对你的赞扬。还有，这样的故事，甚至在每一次阅读的时候——我不知道为什么会这样——都显得像是战士的呐喊和号角的奏鸣。但是，当我们听到或读到某些仁慈、和善、公正、节制、睿智的行为时——尤其是在愤怒的时刻，愤怒是我们接受劝告的敌人，就其本性而言是傲慢和自负，而无论我们的内心愤怒到什么程度——无论它是事实，还是虚构，我们的情感经常会倾向于我们从来没有见过的人！但是对于你，我们曾经面对面，你用你的心灵、情感、姿势向我们宣布，就像我们看到的那样，你会从这个遭到破坏的体制中抢救所有落难的人——对此我们应当向你表示何等的赞美？应当用何等的热情荣耀你？应当带着何等感恩的心情拥抱你？我发誓，这座元老院的每一面墙壁似乎都在鸣咽着向你谢恩，而在很久以前，马凯鲁斯的光荣到场曾使元老院蓬荜增辉，这里是他祖先的家，也是他的家。

【4】就像你自己所做的那样，我不久前充当证人；马库斯·马凯鲁斯的眼泪使我马上想起兄弟情谊，心中浮现出对所有拥有这个名字的人的回忆，他们中有许多已经不在了；通过保护马库斯·马凯鲁斯，你们使他们原先的尊严得以复归，抢救了一个已经衰败了的优秀家族。因此，这一天无疑属于你，尽管我们曾有无数的机会把它献给你。这是一个专门属于盖乌斯·凯撒的机会，绝不属于其他人。在你的领导下取得的其他成就无疑是巨大的，但这些巨大的成就有你的同事参与其中；而在这项成就中，你是唯一的领袖和参与者。它确实伟大；虽然你的奖品和胜利纪念碑会存留一段时间（因为任何人造作品或迟或早都会褪色，并随着时间的流逝而消失），但你的公正和仁慈之花会盛开，越来越茂盛，时间从你的人工作品中窃取的东西将会增添你的荣耀。你已经在内战中用公平和怜悯征服了其他所有胜利者；而在今天，你征服了你自己。我担心我所说的话传递给耳朵的感觉与我心中的想法不完全一致，我宣布你似乎已经征服了胜利女神本身，而你现在向被征服者交出了通过胜利女神所获得的一切。与取消有关征服的普遍法则相对应，由

于你明智的仁慈，我们得以保存。确实，只有你是不可战胜的，因为胜利女神本身的法则和力量竟然被你征服！

【5】元老院的议员们，请你们注意，盖乌斯·凯撒宣布要采取的行动是非常困难的。因为，我们这些受到悲惨命运逼迫的人都拥护我们的事业，尽管由于人性的错误，我们受到谴责，但它是可以修正的，我们至少可以被判决无罪。在你们的调解下，凯撒为了这个国家而保存了马凯鲁斯；在没有任何调解的时候，凯撒使我回归这个国家；还有其他那些杰出人士，你们看到他们人数众多，他们聚集在一起，参加我们的会议，充分享受他们的尊严，这种尊严既对他们自己而言，也对他们的国家而言；凯撒没有把敌人带到元老院来，但他决定，许多人受到诱惑而参战，更多的是由于无知和虚假的、无根据的理解，而不是由于自私或仇恨。通过这场战争，我认为应当聆听和平的建议；我一直在对和平遭到拒绝，所有呼吁和平的公共人士的论证遭到拒斥而感到后悔。我本人确实不支持内战，我的目标始终与和平和公民生活的技艺同行，而不与战争和武器同行。有一个人①是我追随的，但出于私人的原因，而不是出于政治义务；在这个可以自我选择的领域，我进行了审慎的思考，我心中充满了感恩，充满了忠实的回忆，我不为私利所动，甚至也不为任何希望所动。我不隐瞒这个目标，因为当问题公开争论时我在元老院里急切地呼吁和平，而在战争的乌云密布时，甚至在我的生命处于危险时，我仍旧保持相同的观点。因此，对事件的任何批评都不可能有这样的偏见，乃至于提出凯撒对战争怎么看这样的问题，要知道他毫不拖延地宣布对那些呼吁和平的人做出补偿，还针对其他人提出了相应的措施。当战争问题还悬而未决，处在一种可疑的平衡之中时，这一公告也许不那么惊人；但他在胜利的时刻珍视和平的呼吁者，确实表明他喜欢的与其说是征服，不如说是不要战争。

【6】这就是我可以代表马库斯·马凯鲁斯作证的事实真相；因为在和平

———————————

① 指庞培。

的时候，我们的情感是和谐的。马库斯·马凯鲁斯多次受到屈辱，我看到，他所遭受的恐怖不仅是我可以指出名字来的人^①采取的一种过分的态度，而且甚至可以说是胜利者所表现出来的野蛮！由于这个原因，我们这些活着的见证人应当带着更深的谢恩之情维护你的自由；因为我们今天要进行比较的不是事业，而是胜利。我们已经看到，你的生涯以一连串的军事胜利而告终，但在这座城市里，我们从来没有看到你拔剑出鞘。我们已经失去的公民是被战神玛斯的力量打倒的，而不是被胜利者的复仇所杀；同理，如果盖乌斯·凯撒有可能把死者从阴间召回，那么复活者中没有一个会与他作对，因为他竭力保护幸存者的生命。至于另一方面，我只说从他们关注胜利的过分热情中可以察觉到一种普遍的担心。因为他们中有某些人发出恐吓，不仅针对他们武装的敌人，而且有时针对非战斗人员。我们要考虑的不是一个人在想些什么，而是要考虑他在哪里。所以在我看来，哪怕是不朽的诸神，如果它们由于某些罪行而向罗马人民勒索赔偿，因此发动一场规模巨大的、悲惨的内战，而且至今尚未得到抚慰，或者我们还没有使他们感到满足，那么我们可以说，诸神已经把有关幸福的方方面面转为胜利者的仁慈和睿智。

所以你在这一最高的幸福中欢欣鼓舞吧，在这场大丰收中摘取你的胜利果实吧；这不仅是你的幸福和荣耀，而且确实是由于你自己天生的善良，因为聪明人确实可在心中发现他最高的利益和快乐。当你想到你的其他一切时，虽然经常会想起你的美德，但你心中会表示感谢的仍旧是你的幸福之星；而另一方面，你的思想会在某个时候想到我们，依据你自己的伟大的仁慈、你的惊人的慷慨，你的无与伦比的智慧，你曾经希望我们在政策上与你保持一致。我将大胆地不仅把这些东西称为最高尚的，而且称为生活中的唯一幸福。真正荣耀的光彩有多么明亮，隐藏在宽宏大量和审慎之中的美德有多么高尚，这些东西似乎都是美德赋予我们的礼物，而其他一切都只是幸福的放贷。因此，你在保护忠诚的爱国者的工作中不要懈怠，尤其是对那些不

---

① 指伦图卢斯和多米提乌·阿赫诺巴布斯等人。

是由于某种自私或邪恶而垮台，而是由于对某种政治理想主义抱有义务感的人，尽管其中有偶然因素在起作用，但他们无论如何不是堕落的；如果有人害怕你，那么你不应当受到责备，而应当受到最大的称赞，因为他们知道你并没有什么可怕。

【7】现在我要转向讨论那些可怕的怀疑，你让受怀疑的人做出强烈的抗辩，这种怀疑值得全体公民关注，也值得你关注，但我们的关注毕竟要通过你，因为使我们得以保存下来的是你。我相信这些怀疑没有根据，但我无法使这些怀疑减少。因为你为自己采取的警惕也是为我们采取的警惕；如果我们必须由于过分谨慎或预先提防而犯错，那么我宁可显得过于胆怯，也不愿显得过于短视。那么，在你的心中谁是极端疯狂的？是你的朋友之一吗？——然而，他比其他那些不敢期望得到安全，而你赋予其恢复安全使命的人更是你的朋友？——是曾经站在你一边的人之一吗？他会把自己不那么重要的生命看得比你的生命更重要吗？他在你的领导下赢得了所有最重要的一切，这在任何人看来都是不可信的幻觉。或者说，如果你自己的支持者没有参与阴谋，所以你需要采取行动，免得你的对手这样做吗？那么，是哪些对手呢？所有那些曾经是你对手的人要么由于顽固不化而送了命，要么由于你的仁慈而保住了性命；尽管你的对手并没有完全灭亡，但那些幸存下来的人都已经成为你最坚定的朋友。还有，由于人心的角落和深处如此幽暗，让我们尽力强化你的怀疑，因为通过这样做，我们将强化你的警惕性。世上有谁对生命如此轻视，在政治上如此无知，在自己和国家的幸福方面如此粗心，就好像不明白他们的幸福取决于你的幸福，所有人的生命取决于你的生命似的？对我来说，当我日夜思考你的时候，我不能这样想，但我确实这样想了。一个人的寿命长短有许多偶然因素，我们的身体容易出问题，我们的本性是脆弱的，想到这些我就感到战栗。如果说这个国家必须不朽，而它的存在要由一个人的可朽的呼吸来决定，确实令我感到悲哀。人生的不确定性、身体健康的不稳定性，还要加上罪恶的叛国阴谋，我们该设想哪位神灵能够拯救这个国家，应当有这样期望吗？

【8】盖乌斯·凯撒，只有你能使不可避免地被战争毁坏了的一切复苏；法庭要得到重建，奢侈要受到扼制，人口的增长要大力促进；要用最严格的法规来使这些土崩瓦解、支离破碎的东西重新聚合起来。巨大的内战必然会给国家带来沉重的打击，国家在痛苦中也会失去许多值得自豪的优点，失去可靠的保护。处于战争状态下的双方的领袖都负有责任，而在和平条件下，他们会禁止许多行为。你们受到召唤，要医治战争带来的一切创伤，然而除了你，没有任何人能够做到这一点。因此，听到你的那些名言我非常沮丧。你说："我已经活得够长了，对自然而言是这样，对荣耀而言也是这样。"对人的自然寿命而言，也许够长了，对荣耀而言，也能这么说，只要你喜欢。但是除此之外，对你的国家来说，所有这些都只是短暂的一瞬。所以我请求你，不要对我们谈论那些使死亡变得轻省的哲学家的智慧；不要在我们处于危险的时候扮演哲人的角色。因为，我确实经常听到相同的说法，对你自己来说，你已经活够了，你的嘴边经常挂着这种话。情况也许如此，但仅对你个人来说才是这样的，或者仅对你的出生来说，我才会赞同这样的话。你取得的成就包含着国家的幸福，包括整个公共生活；然而就你耗费最主要精力的范围而言，你还没有为你的所有计划奠定基础。你会在这个紧要关头不让国家的幸福来决定你的寿命，而让你内心的安宁来决定你的寿命吗？对你的荣耀来说，你的寿命已经够长了吗？你拥有各种智慧，你不会否认你在这方面有强烈的欲望。你会说："那么我就把所有微不足道的成就抛在身后，行吗？"行。但你留下的东西对其他人来说足够了，无论它们是什么；因为只有对你来说，它们显得太小。因为，无论它是什么成就，有多么伟大，只要还有更大的成就，你的功绩就显得太小。但是，盖乌斯·凯撒，如果你命中注定要成为不朽的，那么在征服了对手以后，你应当远离今天这种状况。我请你看一看，如果荣耀确实是一种通过巨大的服务获得的显赫名声，由一个人自己的朋友，或者由他的国家，或者由整个人类自由地赐予，那么你的超人品质赢得的不是崇敬而是荣耀。

【9】所以，使国家强大，在和平与安宁中摘取最主要的果实，人生的这

一章节还在等着你翻阅，人生的这一行动还在等着你进行，为了做到这一点你必须竭尽全力。到了那时候，也只有在那时，如果你愿意，当你已经把欠这个国家的东西全部偿还以后，当生命的餍足已经使你能够排斥自然本身时，我们再让你说自己已经活得够长了。因为，在任何情况下，如果涉及终结的观念，"长"这个词是什么意思？所谓终结就是此后什么也没有，当终结到来时，以往的一切快乐化为乌有。然而你的精神力量决不会满足于自然本身给我们规定的生命限度，追求不朽的欲望一直在你心中燃烧。但是我们要尊重的不是由你的身体和呼吸构成的生命；我要说的是，我们要尊重的是你真正的生命，它将活在所有世代的人们的记忆中，我们的后裔会用它来滋养自己，它本身是永恒的。这才是你应当使之神圣化的生命，你真正的品格在这种生命中显示。以往多年，你的这种生命得到崇敬，而现在它还在寻找能使自身进一步提高的行动。毫无疑问，将来的世世代代在听到和读到你已经颁布的命令和赢得的行省时会瞠目结舌——莱因河、大洋、尼罗河——你无数的战斗、你惊人的胜利、你的纪念碑、你的赏赐、你的战利品会使他们瞠目结舌；但若这座城市在你的管制下没有获得安宁，那么你在这个世上的名字到了最后只会成为变化无常的游魂，决不会拥有固定的栖息地。然而，在那些尚未出生的人中间将产生尖锐的分裂，就像在我们中间产生分裂一样；有些人会把你的成就吹上天，有些人可能会赞扬你的某些品质，所缺的就是对你最主要的品质进行赞扬。如果你不能平息战火，拯救国家，那么结果就是，人们会把你在战争中取得的成就归于命运，而把建立秩序归于计谋。那么，请你看一看今后将要对你的成就做出判断的人，他们的判断肯定会比我们公正，因为他们的判断不包含派性和私利，也没有仇恨和敌意。即使这种判断，如某些人幻想的那样，对你没有任何影响，但在当前，它仍旧是一件确实影响着你的事情，所以你要牢记，不要让任何遗忘使你辉煌的名声变得暗淡。

【10】分裂确实是我们国人的目标，他们的观点分歧很大。我们之间的分歧不仅在于政策和理想，而且在于军队和营房。这些问题是复杂的，有两位最出名的将军相互反对，许多人犹豫不决，许多人在窥探风向，许多人在

寻找出路，许多人在发生变化，许多人甚至不知道什么是合法的。经历了这场可悲的战争，这个国家命中注定要背起沉重的包袱，走向痛苦的终结。征服者不是一个获胜后杀人放火的人，不是一个把他痛恨的所有人流放或处死的人，而是让他内在的仁慈平息他的仇恨的人。有些人放下了武器，有些人被扭伤。既不知感恩又不知公正的公民，尽管逃脱了刀剑的危险，心里仍旧拿着武器。所以，那个为了事业在战场上牺牲流血的人可能更好。在某些人眼中，这是顽固不化，而在其他人眼中，这可能是实现目标的力量。然而，现在所有分裂已经被武力制止，被胜利者的公正所弥合，剩下要做的事就是团结所有拥有很少智慧，但却有着健全判断力的人。盖乌斯·凯撒，只有通过你的安全，依靠你的拥护者对现有政策的支持，尤其是执行，才能有我们自己的安全。由于这个原因，我们所有人的心中才有了安全感，才敦促你在现有框架中寻求你自己的生命和幸福。你认为应当躲避某些危险；如果我可以代表其他人表达意见，那么我们将向你提供卫兵和保镖，甚至许诺用我们的胸膛和身体来保护你。

【11】但是，我的演讲甚至可以在它开始的地方就得出结论。盖乌斯·凯撒，我们全体都要向你表示最深切的谢意，在我们心中这种感恩甚至更加强烈；我们全心全意地祈祷，通过我们的祈祷和眼泪，你能够明白我们的心意。但是让所有人都站起来表达谢意是不必要的，通过我来表达对我来说是义不容辞。你让马库斯·马凯鲁斯回归这个等级、这个国家、罗马人民，我们认为采取这样的行动是适当的。因为我感到，所有人都乐意看到得到拯救的不是一个人，而是整个国家。还有，涉及最深的情感（众所周知，我对朋友的感情有多深，我确实尊重他的好兄弟，忠诚的盖乌斯），我已经通过我的忧虑、我的行动、我的努力，尽到了我的义务，只要他的回归仍旧是一个公开的问题，我就必须履行；这一次，他确实解放了，就像我从巨大的孤独、困顿、悲伤中解脱出来一样。同理，盖乌斯·凯撒，当我感谢你的时候，当我左右思量的时候，我仍旧记得你从各个方面为我个人提供了无数的服务，尽管我想这是不可能的，但你当前的行动已经使它光荣地圆满实现。

为利伽里乌辩护

提 要

本文的拉丁文标题是"ProQ. Ligario Oratio",英文译为"The Speech on Behalf of Quintus Ligarius",意思是代表"昆图斯·利伽里乌发表的演说"。中文篇名定为"为利伽里乌辩护"。

公元前50年,在内战爆发前夕,昆图斯·利伽里乌是阿非利加行省总督盖乌斯·康西狄乌的副手。该年末,康西狄乌离开行省,将事务交由利伽里乌处理。在阿非利加的庞培分子敦促他领导这个派别的责任,而他感到义不容辞。与此同时,属于共和派的阿非利加行省前总督阿提乌斯·瓦鲁斯率军进入阿非利加,指定利伽里乌防守沿海地区。公元前46年,利伽里乌被凯撒俘虏,后来被释放,但还没有得到返回罗马的许可。西塞罗对凯撒抱有幻想,认为他能在内战的废墟上缔造一个新共和国。他于公元前46年9月的一天拜访凯撒,为利伽里乌求情。后来又在市政广场的讲坛上公开为利伽里乌辩护,凯撒聆听了西塞罗的这篇演讲。

全文共分为12章,译成中文约1万字。

正 文

【1】盖乌斯·凯撒,事情非常奇怪,迄今为止,我的亲戚昆图斯·图

伯洛 ① ——由于昆图斯·利伽里乌还在阿非利加——向你提交的这项指控确实是无与伦比的；盖乌斯·潘莎 ② 以其惊人的能力大胆地承认了这项指控；我想，这可能是你与他的亲密关系在鼓励他。所以，我不知我的演讲要采取什么方针。因为，希望你对此事的一手情况一无所知，对此事的二手情况也一无所知，我做好了准备，打算利用你的无知来拯救一个不幸的人。但是现在，他的秘密已经被一位坚持不懈的对手揭露了，我假定里面其实什么也没有，但却引发了这项指控，尤其是，由于我的朋友潘莎，它已经不再是一个需要争论的问题了。所以我必须避免争论，把我的整个演讲转为祈求你的同情，你的同情使许多人获得安全，我想从你那里赢得的确实不是对罪恶的赦免，而是对他们所犯错误的宽恕。图伯洛，你已经从指控中得到好处，这就是一名律师最亲近的美梦；但是图伯洛，这个犯有罪行的人曾经站在你一边，站在一位非常可敬的绅士、你父亲这一边。因此在开始抨击利伽里乌之前，你一定要为你自己所犯的罪恶辩护。

当战争还没有爆发迹象的时候，昆图斯·利伽里乌去了阿非利加，担任盖乌斯·康西狄乌的副手。他办事效率很高，使我们的公民和同盟者都很满意，乃至于当康西狄乌离开行省时，民众对其他任何被任命为总督的人都不会感到满意。于是，在举行了坚持不懈而又富有成果的抗议之后，利伽里乌犹豫不决地接受了这个行省。在一个相对和平的时期，他治理着这个行省，他的廉洁和正直使公民和同盟者都感到高兴。战争突然爆发，阿非利加的居民听说了这一消息，但还来不及做什么准备。部分由于盲目的恐惧，他们急迫地寻找某个可以理解他们愿望的人来担负领导责任，确保他们的安全；而利伽里乌此时关心他的家庭，渴望回到亲人身边，拒绝卷入诸如此类的麻烦。与此同时，普伯里乌·阿提乌斯·瓦鲁斯作为前执法官抵达了尤提卡。

---

① 昆图斯·图伯洛（Quintus Tuhero）与西塞罗的亲戚关系不详。西塞罗在文中表达了"人性先于亲戚关系"的意思。

② 盖乌斯·潘莎（Gaius Pansa）是凯撒的拥护者，也支持利伽里乌，公元前 43 年担任罗马执政官。

人们的注意力马上转到他身上。他欣然接管了政府，如果那也可以称做政府
的话，因为并没有正式的任命，而只有一群缺乏理智的平民的拥戴和顺从。
于是，急于避免所有的麻烦的利伽里乌在瓦鲁斯抵达以后就待在家里，没有
任何活动。

【2】盖乌斯·凯撒，在这一点上，昆图斯·利伽里乌是清白的，不应受
到任何责难。他在战争的召唤下离开家，此时战争的可能性并非最遥远；他
在一个和平时期出任副总督，在一个完全和平的行省里，他把和平当做行省
的最高利益。他的离去至少不会给你留下当众污辱他的正当理由。那么，他
逗留那里又会怎么样呢？那就更加没有当众污辱他的正当理由了；因为他的
离去意味着对他应当信任，而他的逗留也应归结为一种光荣的必然。所以，
两件事情不可分割：第一，他离开罗马担任副总督；第二，由于行省的需
要，管理阿非利加的使命落在他肩上。第三件事情是，瓦鲁斯抵达以后他仍
旧留在阿非利加，如果这件事情也是可以控告的，那么你必须控告他的必然
性，而不是控告他的倾向。你认为他当时有任何逃脱的办法吗，他会宁可在
尤提卡而不待在罗马，宁可与普伯里乌·阿提乌斯在一起，也不愿与他珍视
的兄弟待在一起，宁可与陌生人在一起，也不愿与他的亲人在一起吗？难以
置信的兄弟情谊甚至已经使得他的副总督的任期成为一种折磨，他有可能冷
静地忍受由于战争的爆发而与兄弟分离吗？

所以，凯撒，在这一点上没有任何证据，利伽里乌和你之间没有任何关
系。请你注意，我带着何等的忠诚为他的案子辩护，我正在背叛我自己。这
是一种多么伟大的仁慈和高尚，文学和历史所能提供的一切都在赞扬这种精
神！当马库斯·西塞罗当着你的面坚持说另一个人不是他本人接受的这项事
业的拥护者时，他并没有担心你心里会有什么难以说出口的想法；想到你在
聆听他为其他人的辩护，他也没有颤抖。

【3】瞧，我毫不畏惧地站立着！瞧，我说话的时候，你的仁慈和智慧给
我带来多么大的力量！我要尽可能扩张我的嗓音，使我说的话能够穿透罗
马人民的耳朵。凯撒，并非等到战争已经打起来了，确实也并非战争进程已

经过了一大半的时候，在没有任何人强迫我的情况下，仅仅是出于审慎的自愿，我前去加入那些拿起武器反对你的人。我当着谁的面说这样的话？呃，当着这样一个人的面，尽管他洞察一切，然而他在见到我的面之前就让我回归祖国；他从埃及派人送信给我，嘱咐我待在原来的地方；尽管他本人是罗马人民控制的这个世界的唯一真正的"统帅"，然而他却允许我成为第二个胜利凯旋归来的人；① 通过这位盖乌斯·潘莎传达的一道命令，我从他手中得到了装饰着花冠的束棒，我认为在这样的时刻能拿着它们真是好极了；如果他不把他抢来的东西给我，有谁会认为只有他能使我完全复归？图伯洛，请你注意，不怕承认自己错误的我怎么会不敢承认利伽里乌所犯的错误呢？我这样谈论自己，为的是当我也同样谈论图伯洛的时候，图伯洛可以原谅我。因为图伯洛与我关系密切，我对他的能力和热情表示满意，也可能是相信一位年轻的亲戚在某种程度上对我的个人兴趣起了作用，使我带着喜爱的眼光看待他的能力和正在上升的名誉。然而，我的问题是：谁认为可以对利伽里乌"在阿非利加"的冒犯进行起诉呢？呃，就是这个人自己表达了一种要去阿非利加的愿望，并抱怨他遭到利伽里乌的排斥，这个人无疑在武装冲突中遭遇过凯撒本人！图伯洛，当你的剑在法撒鲁斯平原上挥动时，它的目标是什么，它对着谁的胸膛，你的武器有什么意义，你的思想、眼睛、强壮的右臂、易怒的心服从什么？你珍视什么欲望和什么梦想？我也是一个坚持到底的人；我年轻的朋友要把我引入歧途，而我要回归我自己。我和你实际上站在同一条战壕里。

【4】但是，图伯洛，要不是我们有可能赢得他曾经拥有的权力，我们的目的何在？凯撒，是不是每个乐意获得补偿的人都能赢得你的仁慈，而那些雄辩者都会惹恼你，使你变得残忍？图伯洛，在当前这个案子中，我有点伤心地想起你本人谨慎的性格，更多地想起你父亲谨慎的性格，你的父亲以他全部杰出的能力和渊博的知识，但却不能理解摆在我们面前的这项行动的

---

① 此处"统帅"的原文"imperator"，兼有统帅和胜利凯旋的将军之意。

性质。因为，要是他理解，那么他会宁可要你采用其他方针，而不希望你采用现在的方针；你正在起诉一个已经认错的人。这还不够，如我所断定的那样，你正在指控一个情况比你自己还要好的人，或者无论怎么说，你也许宁可用这样的说法，一个不比你本人的情况更糟的人。这是令人吃惊的，但我必须要指出的事情更加惊人。你提出指控的意图不是给昆图斯·利伽里乌定罪，而是要将他处死。在你面前，没有一位罗马公民敢有这样的意图。这是那些狭隘的希腊人或无人性的野蛮人的方式，仇恨某人就要让他流血。这就是你唯一的目的吗？让他不能在罗马生活，让他的房子不再认识他吗？让他的好兄弟，让他的叔父提多·布洛库斯，让他的堂弟、布洛库斯的儿子，让我们大家，不能再分享他的生活吗？让他不能再立足于他家乡的土地吗？但他今天确实在那里立足。能够进一步完全剥夺他已经拥有的一切吗？他已经被禁止进入意大利，他现在是一名流放者。所以你希望从他那里剥夺的不是他已经失去的祖国，而是他的生命。但是，即使在那位处死所有他不喜欢的人的独裁者①的统治下，也没有人做过你们现在正在做的事，或者像你们这样行事。他下令杀害某些人，但没有一个经过审判；他用贿赂诱使人去谋杀；但是他的残忍行为后来还是被你们今天敦促要他残忍的这个人②赦免。

【5】你会回答说："我没有提出这样的要求。"图伯洛，我确实有理由相信这一点。因为我认识你，我认识你的父亲，我认识你的家和你美丽的名字。你的家族的热情、美德、开明、学问，以及其他许多高尚的造诣——所有这些我都了解。所以我完全明白你的目的不是让人流血，但你不能辨明事实，因为你对本案的处理表明你对昆图斯·利伽里乌受到的处罚不满。但是除了处死还有其他处罚吗？如果他已经被流放——他现在确实在流放——那么你还会提出更多的要求吗？那是一种更加令人痛心，更加残忍的结局。你想在一场我们用祈求、流泪、匍匐在地予以支撑的官司中成为阻挠我们的

---

① 指苏拉。
② 公元前 64 年，某些执行苏拉命令的谋杀犯被提起公审，凯撒主持审判。

一员吗？与其相信这场官司会有个仁慈的结果，我们还不如相信凯撒的仁慈。我们跪在你的脚下，而此时你想打断我们的哭泣，抑制我们卑微的恳求吗？如果我们在家中做我们已经做了的这些事情，我不愿徒劳地相信你会突然对我们大发雷霆，高声叫嚷，"盖乌斯·凯撒，你在宽恕人的时候要当归你在怜悯这些恳求赦免他们兄弟的人的时候要当心！"你是否已经丧失了各种美好的情感？你的心肠有多么坚硬，竟然在讲坛上反对我们在家里就已经提出的恳求，在我们可悲的苦境中关闭许多人可以在其中找到避难所的圣地的大门？凯撒，我要毫无保留地把我的感觉都说出来。如果你的命运是伟大的，而仁慈，是的，你一直在有意识地坚持的仁慈——我明白我正在说什么——若不是同样的伟大，那么你的胜利会被痛苦的悲号所淹没。有多少胜利者会使你没了怜悯心，因为这种情况甚至在被征服者中都可以发现？有多少人希望你不要宽恕任何人，他们要阻碍你的仁慈，而那些你本人已经给予赦免的人会使你不同情其他人吗？假定我能够向凯撒证明利伽里乌从来没有去过阿非利加，假定我们能用一种富有同情心的欺骗给正在受苦受难的公民带来解放，但这仍旧不是一个真正的人的作为；当某个公民陷入可怕的危机时，他会以同样的标准驳斥我们的虚伪，而不是按以往的失败来衡量。但是希望凯撒不要犯错误是一回事，劝说他不要怜悯是另一回事。如果你的希望是前者，那么你会说，"凯撒，你要当心，你要明白可以相信他到什么程度；利伽里乌在阿非利加；他率领军队抵抗你"。但你现在是怎么说的？"你在宽恕人的时候要当心。"这不是真正的人说的话，没有一个真正的人会这样说。盖乌斯·凯撒，他当着你的面说了这些话，就好像是他自己要怜悯，而不是让你不要怜悯。

【6】现在我明白，在图伯洛向执法官提出的这个预备性的申请中，他说希望开始审判昆图斯·利伽里乌的罪行。对此无疑你已经感到惊讶，被指控的罪犯竟然是利伽里乌而不是别人，指控者竟然与利伽里乌曾经是同伴，他提出的指控有多么奇怪。图伯洛，你把他的行动称做罪行，是吗？为什么？这是一个迄今为止在这样的情况下从来没有使用过的词。人们有时用"抢劫

者"这个术语，有时用"害怕"，用得较少的还有希望、野心、仇恨、顽固，等等，最严厉的判断是鲁莽。到现在为止，除了你，没有人使用"罪行"。我自己的观点是，如果我们在为我们的弊病寻求一个真正的、恰当的名字，那么是某种预定的灾难降临，占据了人们轻率的心，没有人需要对那些将被天降的必然性克服的人的意见感到惊讶。这些人也许是"邪恶的"，虽然与凯撒一道取得胜利的我们不会是邪恶的。但是我说的不是我们自己，我说的是那些死去的人。他们的行为受到派性、欲望、顽固的推动，但要把他们指控为犯罪、疯狂、谋杀，那么请赦免已经死去的格奈乌斯·庞培和其他许多人。凯撒，有人从你的嘴里听到过这样的话吗？或者说除了"帮你驱除骚扰"，①你的军队有什么目标吗？除了保护它自己的特权和你的地位，你的不可战胜的军队还有其他什么目的吗？还有，在你争取和平的时候，你想与一群无赖达成协议，还是与爱国的公民达成协议？在我看来，凯撒，如果我能把自己视为一名由于你而得以存留的罪犯，那么我不应当高度尊重你为我提供的巨大服务。如果你希望有这么多罪犯能够享有不受伤害的尊重，那么你将会如何伤害这个国家？凯撒，你最初认为这场纷争是一种分裂，而不是一场战争，不是对手之间仇恨的爆发，而是公民之间的争执；争执的双方都还记得国家的战事，但通过他们的政策或欲望，双方都背离了全体公民的利益。争执双方的领袖几乎享有相同的权利，尽管某一方的支持者可能较为低劣。这两派之间现在处于一个难以判断的时刻，因为双方都有某些事情得到批准；所以有诸神的帮助，今天这个案子必须较好地判决。但是现在我们承认你的仁慈，又有谁会盲目到否定一场没有参与者死亡的胜利？

【7】但是，这个案子较大的方面不用再谈了，让我们转向我们自己。请你告诉我，图伯洛，利伽里乌离开阿非利加，或者你和你的同伴回避访问阿非利加，哪一样比较容易？你会问："面对元老院的法令，我们能回避吗？"如果你问的是我的看法，那么当然不能。但任命利伽里乌的也是元老院；还

---

① 西塞罗在这里使用凯撒自己的话。

有，他在必须服从元老院的时候服从了；而你们却在一个没有一个人希望服从元老院法令的时候服从了。因此，我要指责你吗？根本不会，你的名字、你的家族、你的传统在我这里根本排不上号。但是，我的仁慈不会那么宽大，乃至于允许你指责其他人，而你想借此荣耀自己。图伯洛①的地位是由元老院的法令委派的，当时他身患重病，不在场；他当下令决心请求元老院的原谅。我清楚地知道我和图伯洛之间的各种密切关系——我们在同一个屋顶下接受教育，我们在同一支军队里服役，我们后来成了亲戚，我们在生活中密切来往，我们之间有某些共同爱好。因此我确定，图伯洛②希望待在家里，而某个人③给他施加压力，坚持要他履行对国家的神圣义务，甚至影响到他们之间的感情，在这些分量很重的话语面前，图伯洛无法再坚持自己的想法。他屈从了，或者倒不如说服从了这个伟大人物的强迫命令。他与其他支持者一道离开了这个国家。但他的行程拖延；后来他发现阿非利加已经被占领了。由此就有了这项针对利伽里乌的指控，或者倒不如说有了这次爆发。如果仅仅因为有某种希望就是一种冒犯，可以受到指控，那么你们希望占领阿非利加就不会低于一条罪行；由于天工造物，阿非利加在所有行省中的地位最重要，它可以成为敌对势力反对罗马这座城市的基地，胜过另一方为了自己而想要保住阿非利加。但是这个另一方不是利伽里乌。瓦鲁斯坚持自己拥有主权；而无论怎么说，他具有占领阿非利加的权力象征。但是，无论情况如何，图伯洛，你有什么不满呢？"我们被拒绝进入这个行省。"如果你们被接受了，那又如何？你们打算把它交给凯撒，还是用它来反对凯撒？

【8】请注意，凯撒，你的宽宏大量允许我们言论自由，这是一个伟大的原则，但在图伯洛那里倒不如说是一种厚颜无耻的行为。如果图伯洛回答说，元老院或者命运送给他的阿非利加会经由他父亲之手交给你，那么我会毫不犹豫地，甚至当着你的面，对那些想要染指阿非利加的人，用最严厉的

———————————

① 这里指的是指控者之父。
② 这位父亲。
③ 可能指马库斯·马凯鲁斯。

语言批评这样的政策。无论它如何受欢迎，都没有得到过你的批准。但是现在我要放弃整个论题，这样做并非想要避免冒犯你长期受到痛苦骚扰的耳朵，而是为了让图伯洛显得好像考虑过这样的事情。

好吧，图伯洛，你和你的朋友去了阿非利加，这是一个竭尽全力凶恶地反对凯撒获得成功的行省，那里有一位强大的、反凯撒的国王，^①那里有许多民众的情感是反凯撒的，那里有许多强大的公民团体。^②我要问，你们去那里干什么？由于我已经看到你实际上已经做了的事情，我会怀疑你将要做的事情吗？你受到阻挠，无法在那个行省立足，还受到了极大的污辱。你怎么会屈服于污辱？对于你受到的污辱，你在谁面前抱怨？呃，在你依附的那个强人面前，是他唆使你去分享他的战争好运。如果你访问那个行省是为了凯撒的事业，那么在你被赶出那个行省以后，你必定要向凯撒申诉。但你向庞培申诉。你痛骂那个阻挠你从事反对凯撒的战争的人，你的抱怨传到了凯撒耳边！在这样的背景下，我让你自吹自擂；如果你愿意，你还可以撒谎，说你会把这个行省交给凯撒。即使你遭到瓦鲁斯和其他人的驱逐，我仍旧打算发誓，这种责备应当归于利伽里乌，因为他剥夺了你赢得荣耀的大好机会。

【9】但是，盖乌斯·凯撒，请你注意这位天资聪慧的先生忠诚的品质，无论如何，我本人非常尊敬这种品质，我确实是这样做的；然而要是我不知道你专门赞扬过这种品质，那么我仍旧不会提到他的忠诚。那么，在什么人身上能找到这样的忠诚？我把它称做忠诚吗？确实，长期坚持是一个较好的术语！能这样做的人确实极少！他在一个内乱的时刻回到一个他从前冷冰冰地对待的派别，实际上，他甚至毫无遗憾地拒绝加入这个派别！这样的行为确实伟大，这是英雄的行为，没有任何污辱、限制、危险能使他背离所从事的事业和理想！假定图伯洛也和瓦鲁斯一样，拥有荣誉、高贵的出身、美

---

① 指努米底亚国王犹巴。
② 指罗马公民在行省的一些市镇中为了商业和其他目的而组成的协会。

德、天才，那么图伯洛还有一些优势，但他们肯定不一样，瓦鲁斯已经带着由元老院的法令赋予他的权力到了那个行省。所以，图伯洛受到阻挠以后没有去找凯撒，免得惹人讨厌；他没有回家，免得受到冷漠，他没有去其他国家，免得因为他所追随的事业而受到谴责；他去了庞培在马其顿的军营，投身于那些他曾经粗鲁地拒绝加入的那个派别的军队。后来怎么样？你的困境没有激起你要找的这个人的同情，我想你对这个派别只是半心半意；你虽然寄身其中，但你的整个灵魂已经背叛了这项事业。或者说，就像内战中经常发生的事情那样，你不希望和平吗？但是这对你来说，不会比对其他人更加真实，因为我们全都拥有获得胜利的渴望。对我来说，我总是敦促和平，但是现在做这样的努力太迟了，而在我眼中，想用战争的手段来获取和平是疯子的行为。我要说，我们全都希望成功，你肯定更加希望成功，因为你到了一个你必定会灭亡的地方，除非你能征服这个地方。事情变成今天这个样子，我丝毫也不怀疑你宁可获得安全，而不是取得这样的胜利。

【10】图伯洛，如果你后悔你的忠诚，而凯撒后悔他的仁慈，那么我就不这样说了。我要问，你要对什么暴行进行报复，你自己的暴行还是这个国家的暴行？如果是国家的暴行，那么你会对自己在这一事件中幸存做出什么回答？如果是你自己的暴行，那么请你注意你错误地认为凯撒在对你的错误感到遗憾时会把他的愤怒撒向你的对手。

凯撒，面对所有这些事情，我要当着你的面，尽力为利伽里乌的案子辩护，或者说为他的行为辩护吗？我说过的每句话都涉及一个内容——你的仁慈、你的怜悯、你的同情。凯撒，当你担任的公职要求你上法庭时，我经常站在你一边为许多案子辩护，但从来不像现在这个样子说话："先生，我请求你原谅我的当事人，他犯了错误，他摔倒了，他从来没想过，如果再犯……"这是一种对父母说话的语调，而作为一名法官，我们会这样说："他没有做这件事；他从来没有想过要做这件事；这些证据是虚假的；这些指控是虚构的。"但是，凯撒，请你告诉我们，作为法官，你在这里要对利伽里乌的行为做出判决。看哪，他站在什么立场上！我真的无话可说，甚至不想列举那些有可能对法官产生影响的话："在战争爆发之前他离开这个国家去担任行省副总督，他是在和平时期去那里的，他被突然爆发的战争剥夺了职位，他没有痛苦地卷入战争，而今天他仍旧是你忠心的拥护者。"这是对一名法官使用的语调，而对一位父亲，我会说："他抢劫，他鲁莽地行事，这太遗憾了；我恳求你的仁慈，我的纵容造成了他的错误，我恳求你的宽恕。"

如果没有人的恳求能够成功，那么这是一种假设；如果有许多人恳求，那么请你给予帮助，甚至就像你说的那样，给予希望。或者说利伽里乌没有理由得到希望，那么你能赐予我恩典，让我能当面向你为他请求怜悯吗？然而，我获得成功的希望并不建立在这个恳求上；不，也不建立在你的那些朋友的努力上，他们代表利伽里乌向你申诉。

【11】当许多人急于竭力想要为这个人或那个人谋取安全的时候，我已经看到并了解到你的主要考虑；你关心的是能够为你带来好处的指控人，还是他们的特点？你需要关注的不是指控者在什么意义上是你的朋友，而是抗辩者在什么意义上是那个为他奋斗的那个人的朋友。所以，尽管你把大量的恩惠赋予你的朋友，但我有时候想，那些享有你的仁慈的人甚至配不上你的恩典；然而同时我要重复，我认为声明比祈求更有力量，那些向你提出恳求的人严重地扰乱你的考虑，尽管这些人有最好的理由感到悲伤。

在保存昆图斯・利伽里乌这件事上，你确实令你的许多朋友满意，但我请求你考虑这样一个问题，就像你一直在做的那样：我能够把你最尊敬的勇士带到你面前，他们是整个地区的萨宾人，是意大利的精华和国家的力量所在，你知道这些人的品质。① 请你注意这些人的沮丧和悲戚。你看到提多・布洛库斯②的眼泪和他邋遢的衣衫，他自己的以及他儿子的，我不怀疑你对他的看法。我有什么必要提到利伽里乌的兄弟？凯撒，不要以为只有一

---

① 凯撒于公元前 82 年曾在萨宾人中间避难，躲避苏拉的报复。
② 利伽里乌的叔父。

个脑袋处在危险之中；你必须这样做，要么把我们这个社会中三个拥有利伽
里乌名字的人保留下来，要么把他们三个赶出这个社会。如果他们兄弟必须
单独前去接受惩罚，那么流放应当判给那些应当流放的人，而不是判给那
些拥有祖国、家庭、家神的人。由于他们的行为出于兄弟情谊，是一种义
务，是一种同胞之情，所以让他们的眼泪、义务、情谊向你恳求；让赢得你
的公理为你取得今天的胜利。我们经常听你断言，除了站在我们这一边的人
我们把其他人都视为我们的对手，而你们把所有不反对你们的人当做你们的
支持者。你注意到在你面前展开的景象了吗？布洛库斯以及他的家人、卢西
乌斯·玛基乌斯、卢西乌斯·凯塞提乌、卢西乌斯·考费迪乌，以及所有穿
着丧服出席审判的罗马骑士。你不仅认识这些人，而且知道他们是好人，是
真诚的人，是站在你一边的人。我们竟然要把愤怒发泄在这些人身上，而我
们曾在我们的等级中徒劳地寻找这样的人去反对那些甚至对我们发出恐吓的
人！所以，保留他们热爱的人做你的支持者，使我们能够看到你的公理与我
们在你以前说过的所有话中间看到的公理一样真实。

【12】只要能清楚地看到利伽里乌家族的团结一致，你就能确定他们家
族的所有兄弟都是站在你一边的。或者说，要是利伽里乌能够留在意大利，
你还能怀疑他的观点与他兄弟的观点不同吗？这些年纪几乎相同的兄弟一心
一意，他们的团结不可瓦解，有谁认为他们会感觉不到很快就会有某些事情
发生，而不是认为他们应当追随不同的观点和命运？他们全都希望与你在一
起，而狂风暴雨已经吹走了他们中的一个。如果他是在按既定的目标行动，
那么他的命运无论如何也只能像那些你已经决定要保存下来的人一样。假定
他去参加战争，假定他不是和你持有不同观点，而是与他的兄弟持有不同的
观点，那么代他向你求情的人是你的朋友。当我为了你们的利益而积极活动
时，我记得提多·利伽里乌向你和你的地位表现出担任财务官的能力。但是
我的这些记忆微不足道，我也相信你，你的心灵和头脑在教导你，除了你的
错误什么都不要忘记。当你想起其他财务官的时候，请想一想他担任财务官
时为你提供的服务。提多·利伽里乌在那个时候的唯一目标（因为他不能预

见今天的情形）就是使你把他当做一名爱国者，他的利益就是为你服务，而他今天却要卑微地为他兄弟的生命向你恳求。想到他为你提供的服务，你会聆听他们的祈求，你会对这三位杰出的、无可指责的兄弟开恩；这样做不仅是对他们，而且是对所有这些高尚的人，对我们这些你的朋友，对这个国家。所以，请你对在这个讲坛上赢得所有在场者赞扬的杰出的兄弟们重复一下你最近对一位优秀的著名人物 ① 采取的行动。就好像你把他交给元老院，请把利伽里乌交给那些你一直视为亲人的人民；如果那一天给你带来了极大的荣耀，给罗马人民带来了极大的欢乐，那么我要毫不犹豫地向你请求，你必须在各种可能的情况下赢得相同的荣耀。没有任何东西能像你的仁慈一样对人民如此亲切，在你众多的高尚品质中没有哪样能像你的同情引起这样的崇敬和快乐。人们的行为中没有任何事情能像对他们的同胞行善一样更接近神的行为；在你的地位中没有什么东西比权力更值得骄傲，在你的性格中没有任何东西比这个希望更加高尚——保存你能保存的所有人。这个案子也许需要一个更长的演讲，而你的性格则要求一个比较简洁的讲话。鉴于你本人的讲话比我或其他人对你讲话更加有益，我现在就结束我的演讲，而只是提醒你，你把生命赋予了缺席的利伽里乌，也就把生命赋予了所有在场的人。

---

① 指马库斯·马凯鲁斯。

为国王戴奥塔鲁斯辩护

提　要

本文的拉丁文标题是"Pro Rege Deiotaro ad C. Caesarem Oratio"，英文译为"The Speech on Behalf of King Deiotarus"，意思是"代表国王戴奥塔鲁斯发表的演说"。中文篇名定为"为国王戴奥塔鲁斯辩护"。本文与"为马凯鲁斯辩护"、"为利伽里乌辩护"构成一组演说词，被古代编纂者称为"有关凯撒的演说"（Caesarianae）。

早在公元前3世纪，凯尔特人（Celtic）就已经进入小亚细亚，定居在加拉太（Galatia），建立加拉太王国。在反对安提奥库斯的战争中，凯尔特人的部落曾经给罗马人带来麻烦。罗马人与米特拉达铁斯进行战争期间，加拉太王国的国王戴奥塔鲁斯站在罗马一边，协助许多罗马统帅获得军事上的成功。他对罗马的忠诚得到元老院的奖赏。米特拉达铁斯死后，庞培把大片领土赠与他，并正式承认他为小亚美尼亚国王（the King Armenia Minor）。前三头之间的战争爆发后，戴奥塔鲁斯站在庞培一边。

公元前48年，戴奥塔鲁斯的王国遭到米特拉达铁斯之子法那凯斯的蹂躏。他向占领亚细亚的罗马统帅格奈乌斯·多米提乌·卡维努斯求援。卡维努斯发兵支援，在尼科波利斯（Nicopolis）被法那凯斯击败。公元前47年6月，凯撒摆脱了在亚历山大里亚的危险处境，进军亚细亚，戴奥塔鲁斯身披丧服向凯撒求援。凯撒宽恕了戴奥塔鲁斯，恢复了他的王权。戴奥塔鲁斯的残部协助凯撒于公元前47年8月在泽拉（Zela）消灭了法那凯斯。

公元前45年，戴奥塔鲁斯的外孙卡斯托耳指控戴奥塔鲁斯在泽拉附近的王宫里款待凯撒时企图谋杀凯撒。审判在戴奥塔鲁斯的家中进行。西塞罗当着凯撒的面，为戴奥塔鲁斯辩护。

全文共分为15章，译成中文约1.2万字。

正　文

【1】盖乌斯·凯撒，尽管在所有那些并非不重要的案子中，我在开始讲话的时候一般会很冲动，而不仅仅按照我的经验或年纪去说话；我在当前这个案子中的任务是维护国王戴奥塔鲁斯的利益，我需要考虑的因素有许多方面，我的眼泪会平衡我由于热情而在演说中表现出来的按部就班。首先，我正在为一位国王的地位和幸福提出抗辩；虽然他的地位受到威胁这一事实本身并非没有理由，而你本人遭遇的危险也与此相关，但无论如何，让一位国王接受生命攸关的审判是离奇的，史无前例的。其次，我今天受到召唤要为他进行辩护的这个人在以往与整个元老院有着密切的联系，为我们国家提供了一系列的服务，对此我一直感到光荣。除了这一事实，我还要说，两名指控人中的一个所表现出来的野蛮和另一名指控人的卑劣令我困惑。卡斯托耳是野蛮的——更不必说犯罪和违反人性了——他危害他外祖父的生命，他虚张声势、故作勇敢地反对一个他本来应当加以保护的老人，他想借助这种违反人性的罪行来开始他的成年，他通过贿赂强迫他外祖父的误入歧途的奴隶指控主人，最初是引诱他离开那些使者！当我看到这张丑恶的脸，听到一个逃跑的奴隶指控他的主人——这位主人也不在场，他深深地依靠你们的国家——我对这位国王恶化了的处境所感到的悲伤还不如忧虑他的幸福。按照我们祖先的惯例，向奴隶寻找反对他的主人的证据，甚至用拷打的手段，这样做是违法的——这是一种调查的形式，痛苦可以让犹豫不决的人说出真相——而我们看到有一名奴隶已经做好了指控的准备，他没有被铁链捆绑，

而不对他用刑,他就不会说出真话。

【2】盖乌斯·凯撒,还有一个进一步的事实在时不时地打扰我,然而每当我想到你的品质,我的担心就停止了;这一事实尽管并不讨人喜欢,但你的智慧却能使它讨人喜欢。因为,要当着被谋杀者的面为受到指控的凶手辩护,仅仅想到事情本身,就是一项艰巨的任务,几乎没有任何人会冒着自己的生命危险为受到指控的被告辩护。但是,凯撒,你独一无二的优秀品质减轻了我的担心。我不太担心你会对戴奥塔鲁斯做出什么样的判决,因为我明白别人会对你的判决做出什么样的判断。还有,举行这场审判的异乎寻常的地点对我也不是没有作用。① 本案的重要性超过以往任何由我进行辩护的、在私人住宅内进行审判的案子,而在一般情况下,听众会挤满法庭,演讲者会向热情的听众寻求支持。而在你的眼皮底下我可以休息,你是我必须看的唯一的人,我说的每句话只和你有关,而与别人无关。同样的环境为我确立事实提供了最大的希望,我没有必要设法用最雄辩的话语去激发听众的情感。盖乌斯·凯撒,如果我在讲坛上为此案辩护,虽然有你在聆听和衡量我的话,但聚集在一起的罗马公民的热情会激励我!想到这位国王把自己的一生都献给了罗马人民进行的战争,有哪位公民会对他不温和?我现在站的这个位置应当能够看到元老院和市政广场上的讲坛,还有裁决一切的上苍。在这样的环境里,想起不朽诸神、罗马人民、罗马元老院对国王戴奥塔鲁斯的仁慈,我的演讲就不可能结巴。但由于我的能力受到这些高墙的压抑,由于我为这一最重要的案子的辩护受到环境的约束,因此,凯撒,应当由你自己来判断我现在的感觉,你曾经为许多人进行过辩护,你的关注和你的公正可以更好地缓解我的困窘。

但是,在我谈论指控本身之前,我要说一下指控者的希望,尽管在所有人看来他们都缺乏才能、经验和实践,但他们要是没有希望或某些想法,他们就不会进入这个案子。

---

① 凯撒恢复了某些古老的习惯,这场审判就在这位国王的家中进行。

【3】你对国王戴奥塔鲁斯的不快对他们来说不是损失；他们记得你缩小戴奥塔鲁斯的领土给他带来某些损失和不便；他们乐意看到他对你的冒犯；他们乐意当着你的面谈论一桩威胁到你的阴谋；他们想象出一项虚构的指控，而这项指控能在一颗燃烧的心中安身。因此，凯撒，凭着你的荣誉、坚强和仁慈，首先请你把我们从这种害怕中解放出来，使我们可以没有任何疑虑，害怕你心中存有某些愤怒的情感。我请求你宽宏大量地对待国王戴奥塔鲁斯，坚守你的诺言和保证，因为你在他回来的时候已经掌握了他。你屈尊进入他的家，维持你们之间古老的关系；你受到他的家神的欢迎；看到你作为一名朋友到来，他家祭坛和炉灶上的家神的怒火得到了平息。不仅求情者可以接近你，凯撒，而且一旦你同意了他的请求，事情就结束了。从来没有敌人曾以这种方式赢得过你的恩典，并发现有任何残留的敌意在你心中燃烧。然而在那里，有谁不熟悉你对戴奥塔鲁斯的不满呢？但你从来没有把他当做敌人，而是当做一个没有履行好自己的义务的朋友，理由是他与格奈乌斯·庞培的友谊超过了他和你的友谊。然而，即使他有这种冒犯，如果他只是帮助了庞培，送走自己的儿子，而他本人则留下来恳求你的原谅，那么你会宣布原谅他的。你以这种方式判定他的冒犯无罪，而只是就私人友谊问题对他进行轻微的责难。你不仅没有惩罚他，而且使他免除所有担忧，你让他当你的房东，让他仍旧当他的国王。他确实有一些活动，但他的活动不是出于对你的仇恨，而是由于人们普遍的幻觉。他是一位经常得到元老院法令赞扬的国王，从年轻时就一直把元老院当做尊严的典范；他是一个远离国家的外国人，由于同样也影响到我们的这个事件而遭到拒绝，而我们出生在这个国家的心脏，并一直生活在这里。

【4】听到这项官方元老院一致同意通过的决议传达到了军队、执政官、执法官、保民官、我们这些被指派保卫国家的将军，他深深地受到感动。作为这个帝国的一位亲密朋友，他担心罗马人民的战争会把自己卷入其中。还有，他认为在这样的时刻最好还是什么也别做。但是，当他听说执政官和所有前执政官都已经逃离意大利（这是他得到的消息），整个元老院和整个意

大利都已经土崩瓦解的时候，他的焦虑不安达到了顶点。通往东方的大路上充满了这样的消息和谣言，他们得不到任何真实的情况。他没有听到关于你的任何消息，不知道你正在为和平做努力，也不知道某些人正在搞阴谋反对你的权威。尽管如此，他还是没有任何举动，直到格奈乌斯·庞培派人给他送来消息。凯撒，如果说国王戴奥塔鲁斯向一位我们全都追随的伟人低过头，那么请你原谅他，在这个伟人的身上表现了诸神和人类的所有优点，除了你，没有人比他更加伟大。如果说你的成就照耀着整个世界，那么我们不会由于这个原因而忘记格奈乌斯·庞培的名字。有谁不知道他的伟大名字，不知道他的财富，不知道他在各种战争中的名望，不知道他从罗马人民、元老院和你本人那里得到的荣誉？他的名望超过了他的前辈，就好像你的名望超过所有人。所以我们抱着崇敬的心情列举格奈乌斯·庞培在战争中取得的伟大胜利和担任执政官时取得的伟大成就，而我们无法列举你的成就。

【5】后来，国王戴奥塔鲁斯参加了这场值得后悔的合法战争，去反对外国的敌人；他与这个敌人有某种密切关系，不仅因为他好客，而且因为关系亲密；如果你愿意，他可以应朋友之邀召集同盟者，他服从的元老院的命令；最后，他是以一个亡命者的身份参与的，而不是主动参与；也就是说，他在一个危险的时刻参与了战争，而不是在胜利的时候参与。所以，法撒鲁斯战役以后他与庞培脱离了关系；他不再追随这个没有结果的希望；他感到，如果他有义务，那么他应当遵从元老院的命令；如果这只是一种幻想，那么他应当回家；当你在进行亚历山大里亚的战争时①，他维护了你的利益。他帮助勇敢的格奈乌斯·多米提乌的军队，为他们提供给养和营地；他派人把经费送往以弗所，交给你的那个由你选择的、最忠诚、最受尊敬的支持者②；在进行了两三次拍卖之后，他把经费贡献给你的战争；他冒着个人的生

---

① 凯撒于公元前 48 年曾被围困在亚历山大里亚长达六个月。

② 可能是指当时叙利亚行省的总督塞克斯都·凯撒。

命危险站在你一边，与法那凯斯作战，把你的敌人当做自己的敌人。凯撒，正是由于这种精神，你接受了他的这些服务，而你也赐予他值得自豪的荣耀和国王的称号。

所以，有人指控这个不仅被你从危险中解放出来，而且使他获得了最高尊严的人想要在自己家中谋杀你，除非你把他当做一个十足的疯子，否则你就不能考虑这种怀疑。因为，不要说在家神的注视下杀死客人是一种邪恶的罪行，而且让人类历史上最美好的明灯熄灭是绝对的疯狂，是对这位世界的征服者完全没有敬畏感，是一种巨大的野蛮；这样的行为毫无人性，没有感恩之情，就像一名僭主在对待一个人，而这个人曾赐予他国王的称号。所有这些都不必说了，这是一种何等的精神错乱，总而言之一句话，他竟然会以一己之力反对所有国王——有许多国王是他的邻居——所有自由的民族、所有同盟者、所有行省，全世界的军队！如果他不是像我说的那样实施了这个阴谋，而只在梦中有过这种想法，那么他也会连同他的美梦、他的王宫、他的妻子、他的爱子一道被撕成碎片！

【6】也许有人会告诉我，他盲目行事，头脑发热，无法看清形势。不，有谁能比他更谨慎小心？有谁比他警惕性更高？有谁比他更加明智？尽管在这里，我认为戴奥塔鲁斯应当更多地用他的忠诚和谨慎来为自己辩护，而不是用他的理智或智慧。盖乌斯·凯撒，你知道他的正直，你知道他的性格，你知道他的目标坚定。不，确实，有哪个听说过罗马人民的名字的人，没有听说过戴奥塔鲁斯的廉洁、尊严、勇敢、忠诚？你们①认为一个远离愚蠢的最聪明的人会去策划这样一个连任何盲目的傻瓜由于害怕遭到直接的毁灭都不敢干的罪行吗，或者说任何无赖除非发了疯，都不会去干的罪行吗？你们的指控不仅不能使人相信，而且不能激起人们的怀疑！指控者说："到达布鲁昔乌的要塞以后，你居住在你忠诚的房东的王宫里，那里有一间房子放着这位国王打算献给你的礼物。在你上餐桌以前，他会欣然带你去洗

---

① 指那些原告。

浴；而在那间屋子里埋伏着想要杀害你的武士。"这就是我们的指控，根据这一点推导出有一名逃跑的奴隶在抨击他的主人。请听我说，盖乌斯·凯撒，当我应邀接手这个案子时，我听到的怀疑是这样的："我们这位年轻的朋友①唆使这位国王派往使团的医生斐狄浦斯；他贿赂这位医生作证；他无疑会提出有人下毒的指控。"我的推测是，尽管它与事实真相距离甚远，但对一般的指控者来说，还不算错得太离谱。这名医生说了什么？关于下毒他一句话都没有提到。但是，首先，在饮料或食物里下毒有可能，这样做不容易被察觉；其次，这样做不太会受到惩罚，因为可以抵赖。要是他公开刺杀你，那么那些痛恨你的这一行为的人，还有所有民族的军队都会掉过头来反对他；而要是他下毒，那么他确实无法逃脱我们宽宏大量的保护神朱庇特的眼睛，但却可以不被凡人发现。所以，他没有向你②透露他策划的能够更加秘密地执行，能够更加谨慎地贯彻的阴谋；他认为你是一个专业的医生和忠实的奴隶，但他希望你不知道武装暴乱的阴谋。这确实是一项精心虚构的指控！他说："你③由于运气好而得救了；你当时说不想现在就去看那些礼物。"

【7】后来怎么样？国王戴奥塔鲁斯犹豫片刻之后就让武士们撤退了吗？那里就没有其他地方可以设伏了吗？但是你④说你吃过饭就会回来，而且你也这样做了。让武士藏在原来的地方一两个时辰很困难吗？在饱餐一顿以后你去了那里，这是你说要这样做的；在那里你发现戴奥塔鲁斯对待你就像国王阿塔路斯对待普伯里乌·阿非利加努；史书告诉我们，阿塔路斯派人送了大量的礼物去努曼提亚，阿非利加努当着全军的面接受了礼物。而当戴奥塔鲁斯在私下场合表现出国王的气度和行为时，你就去休息了。凯撒，我请你回忆当时的情景，想一想那些带着崇敬的眼神看着你的人。有任何不安或叛

---

① 指卡斯托耳。
② 西塞罗此处转而对斐狄浦斯讲话。
③ 指凯撒。
④ 指卡斯托耳。

乱的迹象吗？除了保持接待一位伟大人物的礼貌和礼节，你还看出有什么异常吗？什么动机使原先想在你沐浴之后动手杀害你的人改变主意，要在你晚餐以后动手？我们的朋友说："他把这件事延迟到第二天；他打算等你去过布鲁昔乌的要塞以后再实施他的计划。"我看不出有任何改变地点的动机，但整个场景仍旧十分离奇。有人告诉我们，你在晚餐以后想要呕吐，他们要带你去设有埋伏的洗手间。而你的"好运"再一次救了你，因为你说自己宁可早些回房休息。毁灭已经抓住了你，但你逃脱了！如果不想当一名卑鄙的无赖，那么你必定是一名受人驱使的白痴！他安放在那里的是青铜塑像，有谁会离奇地把它们从洗手间搬往卧室？

这就是你受到的设埋伏的指控，因为这就是他所说的全部话语。他说："我参与了所有阴谋。"你这样说是什么意思？戴奥塔鲁斯足够疯狂，竟然允许一个参与这些恶毒阴谋的人超出他的掌控？不，戴奥塔鲁斯实际上派他去了罗马；他在什么地方知道国王的这个外孙极为仇恨国王以及国王想要谋杀盖乌斯·凯撒？还有，这个家伙什么时候成了仍旧活着能够在国王背后提供反对国王的消息的人？他说："是的，他把我的兄弟关进监狱，因为他们也参与了。"所以，国王监禁了那些曾经和你在一起的人，你知道的事情也和他们一样多，而他却允许你自由自在地去罗马！

【8】剩下的指控可以分为两部分：一部分是这位国王总是在寻找机会，因为他仇恨你；另一部分是他组织了一支大军反对你。关于军队，我会像谈论其他问题一样尽可能简洁地处理。国王戴奥塔鲁斯从来没有足够的力量对罗马人民发动进攻，他只有一些部队保护自己的领土，反对盗匪，派人帮助我们的将军。所以，他从前能够维持一支较大的军队，而现在他连一支小部队也无法供养。"噢，但是他派人去了某个名叫凯西留斯的人那里，而把那些不愿意去的人关进监狱。"我不想多问这样的事情有无可能：国王派部队，有些人不服从，或者不服从的人受到监禁，而不是被处死。我只问，当他派人去凯西留斯那里的时候，他不知道庞培的事业已经失败了吗，或者他认为这个凯西留斯是个伟大人物吗？呃，就其熟悉我们国家的人而言，戴

奥塔鲁斯几乎不会想到凯西留斯，要么是因为不认识他，要么只是以前认识。原告添加了进一步的指控，说戴奥塔鲁斯派到凯撒那里去的骑兵质量很差。凯撒，我可以很好地相信，与你的骑兵相比，他们不算什么；但他派去的是他最优秀的人。原告指控说他派去的人中间有一个以前是奴隶。我不这么想，我没有听说过这件事。但即便如此，我不认为这位国王应当为此受到指责。

【9】还有"他对你怀有恶意"，他是怎么表现出来的？我猜想，他认为亚历山大里亚的形势和它的河流会使你顺利撤离那个城市变得很困难。但在那个时候，他向你提供经费，供养你的军队；他尽了一切努力帮助你掌管亚细亚的副将；在你胜利以后，他不仅向你表现出殷勤好客，而且亲自冒险在野外为你服务。接下去就是阿非利加的战争。关于你，当时流传着许多谣言，就好像关于那个疯子凯西留斯的谣言一样。但是这位国王把他的东西拿去拍卖，宁可自己节衣缩食，也不愿短缺你的资金，而他当时处在一个什么样的位置上？有人指控说他当时派人去尼西亚和以弗所收集阿非利加的消息，然后尽快地报告。于是他得知多米提乌在海难中失事的消息，当时你正被围困在一个要塞里，而他引用一行希腊人的词提到多米提乌，这句诗用拉丁文来说就是"我们的朋友死了，因此敌人也可以死了！"但是，他决不会引用这样的诗，哪怕他是你最凶恶的敌人；因为他是文明的，而这行诗是野蛮的。当他是你的敌人时，他怎么能是多米提乌的一个朋友呢？再说，当你可以用战争的权力处死他的时候，他为什么要成为你的敌人？他肯定记得，是你把他本人和他的儿子确立为国王。

接下去该说什么？这只站在绞刑架上的乌鸦的下一个指控是什么？他说戴奥塔鲁斯得到这个消息后高兴得忘乎所以，饮酒作乐，在晚宴上大跳裸体舞。十字架能给这个逃跑的奴隶以恰当的惩罚吗？有谁见过戴奥塔鲁斯酗酒或跳舞？这位国王是一切美德的典范，我想你凯撒也很了解这一点；但是他最令人敬佩的事情是他的清醒与节制；尽管我知道人们一般不用这样的词汇赞美国王。把他称做清醒的人对一位国王来说并不表示更多的赞美。勇敢、公正、热忱、尊严、伟大、慷慨、温和、仁慈，这些才是我们赞扬一位国王的用语。清醒是从属性的。每个人都可以按照自己的愿望对我的话做出评论；但不管怎么说，我说的清醒是指节制和禁酒，是美德中最高的。他从早年起就拥有这种美德，不仅有整个亚细亚，而且有我们的行政官和使节，还有在亚细亚做事的罗马骑士，都可以考察并承认这一点。通过为我们国家长期提供服务，他得到了忠诚的头衔；但不管怎么说，在为罗马人民打仗之余的闲暇时候，他与朋友谈话，与我们的同胞做生意，为此不仅赢得了优秀的"特恰克"①的名望，而且赢得一位爱好家庭生活的人，一位勤劳的农夫和牧人的名声。作为一位还没有获得王冠的年轻人——他后来获得了——他的每一个行动都是庄重的和尊严的；有这样的名声，他会去跳舞吗？

【10】卡斯托耳，事情更应当是由你按照你外祖父的性格和原则来塑造你自己，而不是通过一名逃亡奴隶的嘴来污蔑一位善良、高尚的人。但是，即使你有一位跳舞的外祖父，而不是一位你可以引为荣誉和礼貌的榜样的外祖父，即使有那么多诽谤落在这样一个人身上，但他从青年时期就已经训练自己——不是跳舞，而是作为一名军人和骑士——但这些本事在他晚年都已经离开了他。所以现在要把他扶上马鞍要用不止一个人，我们曾经感到困惑，这么一把年纪的人如何能够在马鞍上坐稳。但是这位年轻人，曾经在西里西亚我的军队中②服役，也是我在希腊的战友，③他隶属于他父亲派去帮助庞培的骑兵部队，在我们的部队中跃马前进，他又会有什么样的举动！他讲话趾高气扬，他的姿态十分蛮横，但他在对待事业的热情上不亚于任何人！但是，当这支军队遭受损失的时候，在法撒鲁斯战役以后，一直在谋求和平的我敦促军队不仅应当放下武器，而且应当扔掉武器。但我无法说服他接受

---

① 特恰克（tetrarch），统治行省的四分之一地区的长官的职位，罗马扩张以后设置了许多行省，行省中有许多附属小国。
② 当西塞罗在那里担任地方总督时。
③ 即在庞培的军中服务。

我的观点，他不仅充满了战斗热情，而且认为自己必须满足他父亲对他的要求。你确实幸福地得到了你的房子，不仅不受惩罚，而且不会有人告发；不幸的是戴奥塔鲁斯成了你的牺牲品，因为他受到在同一军旗下战斗的某个人的告发，不仅当着你的面告发，而且告发他的人是他自己的亲戚。卡斯托耳，你和你的同伙就不能满足于你们自己的成功吗？你一定要让你的亲人毁灭吗？

【11】假定你们之间长期存在着争斗，那么它们是不合理的；因为，当你的家庭处于绝望的黑暗之中时，是国王戴奥塔鲁斯使你的家庭有了光明的前景。直到你父亲成为他的女婿之前，有谁知道他是谁？还有，尽管你不感恩和违反人性，拒绝国王的头衔，但你仍旧可以像一位绅士一样来处理你们之间的冲突，而不是用虚构的指控来诬陷他，渴望喝他的血，污蔑他犯了滔天大罪。好吧，我们甚至可以允许你的尖刻和仇恨发挥到无法想象的程度，但我们能让你违反生命和幸福的原则，违反人性吗？用你的建议使一名奴隶不忠，用诺言和期盼引诱他，把他骗到你家里，给他武器，要他反对他的主人——这是在宣布一场邪恶的战争，不仅针对一位亲人，而且针对世上每一个家庭。如果你腐蚀一名奴隶，不仅能够不受惩罚，而且能够得到批准，那么没有任何城墙、法律、特权能保障我们的安全。因为，当坐在我们灶前的奴隶可以在国外昂首阔步，按照自己的意愿，发动反对我们的战斗时，奴隶已经上升为主人，而主人已经沦为奴隶了。时代确实在变化，风俗也会有相应的变化！我们年轻的时候看到伟大的格奈乌斯·多米提乌担任执政官、监察官、大祭司。他在担任保民官时传唤他那个时代的杰出公民马库斯·斯考鲁斯出庭；斯考鲁斯的一名奴隶偷偷地来到多米提乌那里告密，指控他的主人，而多米提乌下令逮捕这名奴隶，后来又当着斯考鲁斯的面把这名奴隶拉下去。我把卡斯托耳与多米提乌相比是错的，但请注意他们之间的区别：多米提乌把奴隶送还他的主人，而你引诱奴隶离开你的外祖父；多米提乌不听一位没有接受贿赂的奴隶的话，而你贿赂奴隶；多米提乌轻蔑地拒绝奴隶的帮助去反对他的主人，而你实际上雇用奴隶作为指控人。噢，你只是对他进

行贿赂。但是，他被带来以后在你的陪同之下，而他没有逃回那些使者那里去吗？他没有把自己交给在这里的格奈乌斯·多米提乌①吗？他难道不承认著名的塞维乌斯·苏皮西乌②当时正在与多米提乌一起吃饭，还有我在这里的年轻朋友，杰出的提多·托夸图斯；是你贿赂他，他是在你的诺言的驱使下才去诬告的，是吗？

【12】你的表现多么顽固，多么无情，多么野蛮！颠覆这座城市的法律和传统，用邪恶的手段来污染我们这个社会的和谐空气，你是为此而到我们这座城市里来的吗？

但是他编造的指控多么狡猾！凯撒，他假借一位你不熟悉的使者的名义造你的谣。他说："布勒珊缪③习惯给这位国王写信，说你处在一片云彩的笼罩之下，人们把你视为暴君，把你的塑像放在那些国王们的塑像中间；公众感到受到极大的污辱，没有人为你鼓掌。"凯撒，难道你不明白这些邪恶的、含沙射影的说法是这些家伙从街头巷尾收集来的吗？布勒珊缪在写信时把凯撒说成是暴君！是的，因为他已经看到了许多公民的脑袋，许多人由于凯撒的命令而受到迫害，被鞭笞，被处死；许多人的家被抄；市政广场的讲坛上挤满了武装的士兵。当你是胜利者的时候，我们看不到以往战争胜利时一直经历的事情。是的，盖乌斯·凯撒，你是唯一的征服者，在你胜利的时刻，除了战斗者没有人会倒下。我们是在一个最自由的时代出生的自由人，我们看不出你是暴君，我们看到你在胜利的时候是一名无比仁慈的领袖；布勒珊缪，一名暴君的臣民，能把你视为暴君吗？至于塑像，对此发出抱怨的是谁，看到许多塑像，他为什么要对其中的一座塑像发出抱怨？确实，我们有很好的理由讨厌许多塑像，但有一座塑像我们不会讨厌！但若是这座塑像所在的位置引起了人们的抱怨，那么没有比讲坛更好的安放这座塑像的地方

① 指格奈乌斯·多米提乌·卡维努斯，在审判时为戴奥塔鲁斯辩护。
② 塞维乌斯·苏皮西乌是著名的法理学家，公元前51年担任执政官。
③ 由戴奥塔鲁斯派去凯撒那里的使者之一。

了。① 至于鼓掌，我该怎么回答？赢得掌声从来不是你的目标，有时候没有掌声只是因为惊叹使人说不出话来，或者是因为鼓掌对你来说太普通，配不上你，因此省略了。

【13】我想我没有忽略什么要点，但某些事情我要保留到演讲的最后来说。所谓"某些事情"就是我的讲话可以很好地调解你和戴奥塔鲁斯。我不再担心你会关注对他的抱怨，倒不如说，我担心的是你会怀疑他关注某些对你的抱怨。但是相信我，凯撒，事实胜于雄辩。他会记得他在你的帮助下获得的东西，而不是他在你的帮助下失去的东西。他不会考虑你已经对他实施的惩罚。但是，由于你认为你必须把许多东西赐给你的支持者，所以他也不会反对你从你的对手那里拿走一些东西。亚细亚的国王安提奥库斯大帝，在被卢西乌斯·西庇阿打败以后，被迫承认陶鲁斯山是他的王国的边界，丧失了今天构成我们亚细亚行省的所有领土；而一般认为罗马人民很温和地对待他，经过漫长的审判以后他被释放，他的王国被削弱到一个合理的地步。与他相比，戴奥塔鲁斯更有理由安慰自己，因为安提奥库斯受惩罚的原因是疯狂，而戴奥塔鲁斯受惩罚的原因是犯了错误。凯撒，当你允许戴奥塔鲁斯和他的儿子使用国王头衔时，你已经对他做了充分的补偿。他的头衔得到保持和确认，他认为罗马人民的仁慈和元老院对他的看法没有改变。这使他感到骄傲，他可以昂首挺立，而不必向他的敌人低头——当然，他还没有得到幸福。他认为自己凭着以往的行动和勇敢精神获取的东西决不可能被拿走。什么样的变化、命运的打击、狂暴能帮我们取消我们的统帅所下达的关于戴奥塔鲁斯的法令？由于他常年在战场上为我们服务，他受到所有那些在亚细亚、卡帕多西亚、本都、西里西亚、叙利亚进行战争的人的尊敬；而罗马人民的历史记载和回忆使我们知道元老院曾经发表过许多公告，对他进行赞美；需要多长的时间才能抹去这些记忆，或者说需要什么巨大的力量才能使

---

① 凯撒的塑像在卡皮托利山，与那些国王的塑像在一起，而罗马市政广场的讲坛附近安放着伟大统帅们的塑像。

之湮没？关于他的勇敢、高尚、坚强、刚毅我该说些什么？所有聪明人和哲学家都断言这些品质是最高的，只有少数人才能拥有；人们认为拥有这些品质是从善的必要前提，不，是幸福生活的必要前提。他看重你对他的不满，日夜思考着这些问题——否则他就是不感恩的，甚至是疯狂的——他把自己晚年享有的安宁和休息都奉献给了你。

【14】这就是他先前的感情。我不怀疑你给他写过一封信，让布勒珊缪送去塔拉科，我已经读了这封信的抄件。作为这封信的结果，他摆脱了所有的顾虑，变得更加确信。你在信中嘱咐他放宽心，要抱有美好的希望；我知道你写这些话并不是毫无意义的。我想起你在写给我的一封信中也有过非常相似的话语，你敦促我"要抱有美好的希望"。我深深地关心国王戴奥塔鲁斯，公共生活使我与他结下友谊，相互敬重，亲密无间，而他对我和我的军队①提供的巨大服务使我们之间的联系牢不可破。但是，除了为他担忧我也为其他许多杰出人士担忧，他们最终应当得到你的宽容，他们应当确信你会对他们开恩；他们不能让顾虑一直萦绕心头；你曾经使他们摆脱恐惧的那些人也不应该开始害怕你。

盖乌斯·凯撒，在忧心忡忡的时刻做一般情况下要做的事情对我来说是错误的——用演讲的技艺来增强你的同情心——这样做是错误的，没有必要，因为同情心自身有其自由意志，不会因任何人的雄辩而改变，拒绝与处于痛苦之中的乞援者相遇。用你的想象力描绘一下用你的眼睛无法描绘的这两位国王②的形象吧，你确实用你的同情心承诺了用你的愤怒无法承诺的东西。有关你的仁慈的记忆很多，但没有一样能比你赦免那些欠你性命的人更伟大。如果说把这样的恩典赐予下属是荣耀的，那么当接受恩典的人是国王时，它会变得更加伟大。在我们的社会里，国王这个名字一直是神圣的，那些是我们的同盟者和朋友的国王是最神圣的。

---

① 在西里西亚。
② 指戴奥塔鲁斯和他的儿子。

【15】这些国王担心你的胜利将会剥夺他们国王的称号；但我相信你会让他们保持国王的称号并把它传给后代。我们在这里有一些国王派来的代表，希厄拉斯、布勒珊缪、安提戈努，他们为了国王的安全而向你投诚，你和我们所有人早就熟悉他们了；他们中间最荣耀、功劳最大的多利劳斯最近也和希厄拉斯一道被派到你这里来。所有这些人不仅是这些国王的密友，而且我相信，他们也配得上你的赞许。问一问布勒珊缪是否曾对这位国王写过一句有损你的尊严的话。希厄拉斯承担着本案的重任，站在法庭上代替他的国王回答指控。他向你杰出的记忆力提出恳求。他说，当你在戴奥塔鲁斯的王国里时，他从来没有离开过你半步。他一直在陪伴你，保护你；在你沐浴完以后，在你晚宴后观看那些礼物的时候，在你回到卧室休息的时候，他一直在你身边；第二天清晨他也在等候你，没有丝毫懈怠。因此，要是有任何阴谋成为这项指控的对象，那么你应当把它当做他的罪行来审判。所以，盖乌斯·凯撒，我想请你记住，你今天的判决会给这些国王带来令人遗憾的毁灭和深深的耻辱，或者使他们得到拯救，恢复他们的名声。我们的对手无疑想要达到前一种结果，而你的仁慈无疑会带给我们后一种结果。

反腓力辞

提　要

　　本文的拉丁文标题是"M.Tulli Ciceronis in M. Antonium Oratio Philippica"，英文译为"The Philippic of M. Tullius Cicero against M. Antonius"，意思是"马库斯·图利乌斯·西塞罗反马库斯·安东尼的反腓力辞"。"反腓力辞"是一个借用的名称。公元前4世纪雅典演说家德谟斯提尼曾发表一系列著名演说，反对马其顿国王腓力。这些演说辞被称为"反腓力辞"。西塞罗曾写信给布鲁图说："我知道你喜欢我的'反腓力辞'。"所以，就其内容而言，"反安东尼的演说辞"是一个更加恰当的名称。中文篇名依循旧例，译为"反腓力辞"。

　　公元前52年，西塞罗被派往小亚细亚，任西里西亚行省总督。公元前51年，他卸任回到罗马。当凯撒和庞培为独揽大权而展开激烈斗争时，西塞罗支持庞培。后来内战爆发，庞培失败，但凯撒并未加害于西塞罗。西塞罗回到罗马后，虽然继续出席元老院会议，上法庭辩护，但对政治上的一些敏感问题保持沉默。公元前44年，凯撒被刺身亡。这个专制暴君死后，西塞罗又积极活动于政治舞台。当时唯一的执政官安东尼继续奉行凯撒的路线，并与凯撒的外孙屋大维展开激烈斗争。西塞罗支持年轻的屋大维，反对安东尼。他连续发表14篇著名的演说辞，抨击安东尼。公元前43年10月，安东尼、屋大维和雷必达结成"后三头同盟"，西塞罗被列入不受法律保护者的名单。公元前 43 年，西塞罗被安东尼所派遣的刽子手杀害。

全文共分为 14 篇，208 章，译成中文约为 15.2 万字。

正　文

第一篇

（发表于公元前 44 年 9 月 2 日）

【1】元老院的议员们，我认为有些公共事务是当前应当处理的；在我对此评论之前，我要简明扼要地解释一下我离开罗马和返回罗马的原因。在我希望这个国家终于能够再次把她本身交给你们的权威来进行判断的时候，作为一名执政官和元老院议员，我决心像从前那样保卫国家。确实，从我们在忒路斯①神庙集会的那天起，我既没有去任何地方，也没有让我的视线从公共事务转向别处。在那座神庙里，我尽了最大的努力奠定和平的基础，我回忆雅典人的古老先例，甚至用希腊人的短语来说明这个国家需要平息争执，我建议人们要尽力忘记那些争执，使有关争执的记忆永远湮灭。马库斯·安东尼那天的讲话是高贵的；他的善意也是明显的；总之，通过他和他的子孙，我们最优秀的公民将建立和平。

有了这样的开端就能取得一致的后果。出于审慎，他邀请国家的主要人士去他家商讨国务。他向这些人做了令人满意的报告，但除了众所周知的在盖乌斯·凯撒的票据本中发现的事情以外，其他什么也没有。他也非常坚决地回答了向他提出的问题。被流放者召回了吗？他说，有　个人②被召回了，但是除了他，其他一个也没有。有没有豁免税务？他回答说，没有。他

---

①　忒路斯（Tellus），罗马人的大地女神，管婚姻和丰产。

②　保民官克劳狄的兄弟。

甚至希望我们同意杰出的塞维乌斯·苏皮西乌提出的动议：从3月中旬开始，不再张贴凯撒的任何法令或承诺。还有许多事情我就省略了，因为我必须马上提到马库斯·安东尼的一项特别的行动。他在这个国家里彻底废除篡夺国家合法权力的独裁者；对此我们之间甚至没有任何争论。他带来了希望通过的法令草案，宣读以后，我们以极大的热情追随他的赞美之词，投票表示赞成，用最美好的词句对他表示感谢。

【2】光明似乎照耀着我们，被废除的不仅是暴政——我们忍受的——而且还有对暴政的恐惧；他希望这个国家是自由的，他使人确信他将彻底废除独裁者的头衔——一个经常由法律规定的公职——而人们对独裁已经有了持久的记忆。几天以后，元老院从被剥夺公权的危险中解放出来；僭越马略名字的逃亡奴隶被处死。所有这些事情都是和他的同事一起完成的，后来一些行动则是多拉贝拉自己的行为；然而我相信，要不是他当时不在，这些行动也会是两个人的联合行动。当时，邪恶的危险偷偷地潜入这个国家，逐渐扩散，这些人在讲坛边上建造祭坛①，举行一项不是葬礼的葬礼，越来越多的无赖和像他们一样的奴隶聚集在一起，威胁着城里的建筑和神庙，在这样的时候多拉贝拉实施的惩罚不仅是对那些大胆无耻的奴隶的警示，而且也是对那些堕落的、邪恶的自由民的警示。他突然派人摧毁了那块该死的石碑，我认为这是一项伟大的行动，与第二天的行动不同。

你们瞧，按照日程我们要在6月1日聚在一起开会，但后来一切都改变了；没有什么事情通过元老院，许多重要的事情不通过元老院就直接做了，在人民缺席的情况下这样做违反了人民的意志。当选的执政官们说，他们不敢进入元老院；解放国家的人遭到流放，而正是他们从脖子上挣脱了奴隶制的枷锁；但无论如何，执政官本人在公共集会和公开讲话中赞美他们。一直受到国家关心的那些老兵被煽动起来，他们不是想要保留他们已经占有的东

---

① 在火葬凯撒的地方，暴民们建立了一个祭坛，竖起一块大理石碑，上面写着"献给国父"。

西，而是希望开始新的抢劫。由于我宁可听说而不是看见这些事情的发生，由于我担负着出任总督的光荣使命，因此我带着1月1日能回家的意图离开了，这似乎是元老院最有可能举行集会的日子。

【3】元老院的议员们，我已经说明了我离开罗马的理由。现在我要简洁地说明一下我返回的理由，我的返回引起了更多的怀疑。避开布隆狄西①——这样做并非没有理由——走一条去希腊的常规路线，我6月1日去了叙拉古，因为人们说从那座城市进入希腊的通道畅通无阻；然而那座城市，尽管与我有着最紧密的盟友关系，却不愿让我多住一个晚上，尽管它希望这样做。我担心，要是我多逗留的话，我的突然到来会在我的朋友中引起某些疑心。于是我在西西里乘船去了瑞吉姆的一个海角地区留科佩拉，在那个地方上了岸；但我并没有能够走多远，就返回了上岸的地方。那是一个死寂的夜晚，我待在普伯里乌·瓦勒留的庄园里，他是我的一位同盟者和朋友；次日，当我还在这位朋友家中等海上起风，几位瑞吉姆镇上的人来找我，他们中有些人刚去过罗马，从他们嘴里我第一次听说了马库斯·安东尼的长篇演说；我在阅读它的时候感到喜悦，第一次开始考虑返回罗马。不久以后，布鲁图和卡西乌斯的法令抵达了，在我看来其中充满了公平的精神——这也许是因为我尊重他们更多的是出于公共的原因，而不是出于私人的友谊。除此之外，信使们还告诉我们有一项协议将会缔结——那些想给人带来好消息的信使总是添油加醋，以便使他们的消息更受欢迎，这是常有的事——按照日程将会在月初召开元老院全体会议，安东尼会赶走他那些邪恶的顾问，他会辞去在高卢行省的职务，重新忠于元老院。

【4】当时我心中确实渴望返回，对我来说没有什么船桨和风帆是足够快捷的；我也不认为自己不能准时到达；但我向元老院表示祝贺的急迫心情也马上给我带来痛苦。尽快赶到维利亚以后，我见到了布鲁图，我不想说我当时心中有多么悲伤。对我个人来说这似乎是一种耻辱，因为在布鲁图离开那

---

① 安东尼在那里有四个军团。

个城市的时候我胆敢回到那里，想要在一个不能保证安全的地方停留。但我确实没有看到他像我本人一样心绪不宁。这是因为，在采取了那个最伟大的行动①以后，他心中充满了高尚感，他没有抱怨他自己的命运，而是更多地谈到你们的命运。从他那里，我第一次听到卢西乌斯·庇索 6 月 1 日在元老院演讲时说了些什么。尽管他没有得到那些他支持过的那些人的支持——这一事实我是从布鲁图那里听来的——但却有了布鲁图的证词——还有什么能比布鲁图的证词更重要？——按照我后来见到的那些人的说法，他似乎取得了巨大的荣耀。因此，我急忙支持了这个得不到支持的人。但我并不期待，也不能够做任何超越自然进程和命运规定的事情；如果我今天碰上的事情是合乎人性的，那么我会当一名证人，留下我的声音，向国家表示我永恒的善意。

元老院的议员们，由于我相信你们，所以在开始谈论公共事务之前，我要向你们简单地抱怨一下安东尼昨天对我做的错事，我是他的朋友；他曾经宽恕过我的生命，我从来没有像今天这样承认我是他的朋友。

【5】我要问你们，昨天我为什么要在痛苦的状况下被迫来到元老院？只有我一个人缺席吗？或者说，你们不是经常看到有人缺席吗？或者说，即使是病人也能讨论这里要讨论的问题？我在想，就像汉尼拔已经打到了城门口，或者说与皮洛斯缔结和平的问题还在争论；历史告诉我们，甚至年迈、双目失明的阿庇乌斯也能参加这样的争论。这里有争议的问题是举行公开的谢恩仪式，这样的讨论当然少不了元老院的议员。但他们被迫参加，不是因为安全有保障，而是出于对那些其荣誉将要被讨论的人的善意；当胜利成了问题的时候，同样的事情也就发生了。执政官们从忧虑中解脱出来，而对一名没有参与的元老院议员来说则没有忧虑。我知道这种做法，由于我旅行过于疲劳，身体欠佳，因此我以一种友好的方式把这一事实通知他。但是你们听到的，他说要带一群人去把我的房子拆了——这是一种表示极为愤怒的恐

---

① 指刺杀凯撒。

吓，毫无节制。因为，什么样的冒犯需要如此严厉的惩罚？他竟然不敢对元老院议员们说，他要派官差去拆毁一座按照元老院的法令用公费建造的房子。① 有谁曾经对一名元老院议员进行过如此巨大的惩罚？或者超过没收财产或罚款的惩罚？但是，他如果知道我会发表什么样的观点，那么他肯定会减缓或减轻他的努力。

【6】元老院的议员们，你们认为我应当支持违反你们的意愿而通过的法令吗？——把为了荣耀死者而举行的祭祀与感恩的仪式混在一起。应当把宗教上无法洗涤的污点引入国家事务吗？为了荣耀死者，应当颁布有关谢恩的法令吗？我没有说这位死者是谁。让他是布鲁图吧，他凭着自己的力量把这个国家从合法的独裁中拯救出来，几乎在 500 年中没有哪个人表现过相同的美德，有过同样的行为；然而我不能诱导人们把任何死者与不朽神灵的宗教结合在一起，为他举行公开的谢恩仪式，建造能随处为他举行献祭的坟墓。② 不！如果这个国家发生了任何严重的灾难，战争、瘟疫、饥荒，那么为了表示对罗马人民的公正，我会投票表示同意；而我担心，有些灾难实际上已经发生了，有些灾难迫在眉睫。我要祈求诸神的宽恕，既对那些不同意这样做的人，也对我们这个很不情愿颁布这种法令的元老院。

继续往下说。你们允许我谈论国家的其他弊病吗？我允许我自己——并将一直允许——捍卫我的名声，藐视死亡。只要让我拥有到这个地方来的力量，我就不会回避说话带来的危险。元老院的议员们，我竟然能够出席 6 月 1 日的会议！并非一切都已经在起作用，而是为了让一名执政官——如当时所发生的那样——看不到他的荣誉所具有的价值，看不到这个国家的价值。最讨罗马人民欢心的人不支持一项最优秀的提案的推动者卢西乌斯·庞索，我巨大的悲哀确实来源于此。罗马人民使我们成为执政官，把我们放在最高

---

① 西塞罗遭到流放以后，他在帕拉丁山上的房子被他的敌人克劳狄摧毁。西塞罗返回罗马以后，国家重建了他的住宅。

② 西塞罗此处的论证是：把纪念死者的节日与对一位将军的功劳表示谢恩的仪式混在一起是对神灵的亵渎。

等级，而我们可以不重视元老院吗？没有一位执政官的声音比卢西乌斯·庞索小；不，甚至没有一位执政官的相貌比他差。呃，是有瘟疫！这是指心甘情愿地当奴隶吗？我承认有些事情是不可避免的，但我并不认为这种说法适合所有以执政官身份讲话的人。我原谅这些保持沉默的人是一回事，我呼吁那些人讲话是另外一回事。我确实感到后悔的是，后面这些人处在罗马人民的怀疑之下，他们不说话不仅是因为恐惧——恐惧本身是卑劣的——而且是因为出于各种原因他们没有做到他们所属的等级要求他们做的事。

【7】所以，我首先要向庞索表达最深的谢意，他不是想他能在元老院里完成什么，而是想他本人必须做什么。其次，元老院的议员们，我要问你们，虽然你们不敢支持我的建议，但你们还是可以仁慈地听我说，就像迄今为止你们一直在听。

那么，首先，我认为凯撒的法令应当得到认可，但不是因为它们要由我来批准——因为确实有谁能做到这一点——而是因为我对和平与安宁特别关注。我希望马库斯·安东尼能在场，当然，没有带他的支持者一起来。但我假定可以允许他身体不好，这是他昨天不允许我拥有的一项权利。元老院的议员们，他会向我解释，或者倒不如说向你们解释他本人如何捍卫凯撒的法令。这些法令包含在小小的票据本、备忘录、文章中间，由凯撒本人撰写，甚至不是他写的，而是引用其他人的，所以凯撒的法令就要得到批准吗？还有凯撒刻在青铜器上的话，他希望罗马人民遵守的那些法令和永久性的法律，这些东西没有用处吗？至于我本人，我认为不可以把任何东西称做凯撒的法令或法律。如果他对某人许下诺言，而他本人又没有力量兑现，那么这也是不可更改的吗？他对许多人许下许多诺言，但都没有兑现；现在他死了，我们发现他许下的诺言远远多于他在活着的那些年里赐予人们的福利。

但我不会去改变，也不会去打扰这些诺言，我渴望捍卫他高贵的法令。那笔钱还留在奥浦斯①神庙里吗？钱上无疑沾满了鲜血，但是今天，由于不

---

① 奥浦斯（Ops），罗马财富女神，萨图恩之妻。

能归还给它的主人，它又成了绝对需要的。如果凯撒的法令中有这样的规定，就可以把它胡乱花掉吗？还有什么事如此独特，虽然一个人只是国家的一位平民，但由于拥有了军权和政权，他的命令就可以视为法律吗？问到革拉古的法令，就会提到塞普洛尼乌法；问到苏拉的法令，就会提到高奈留法。还有，庞培第三次担任执政官，这是哪部法律规定的？当然是他的法律。如果你问凯撒本人，作为一个平民他在这座城市里有什么法令，那么他会回答说，他引进了许多优秀的法律；但是他的备忘录，要么是做过修改的，要么是没有写下来的，要么是写了也不把它当做法令的。但是我对它的要点还是承认的，有时候甚至加以默许；凯撒的法令，但凡涉及最重要的事情，亦即他的法律，我认为要加以废除是不可容忍的。

【8】由执法官出任总督的行省，总督任期不能长过一年，由执政官出任总督的行省，总督任期不能超过两年，还有什么比这更好、更有用、在这个国家的最好时期更需要的法律？如果废除这条法律，那么你认为凯撒的法令还能保存吗？还有，凯撒所有关于司法程序的法令不是已经被那个有关第三种陪审员的提案①废除了吗？你保护凯撒的法令，但你却要颠覆他的法律吗？除非凯撒能把所有事情都记在票据本里以便记忆，他写下来的一切才可以算做他的法令，才可以加以保护——无论这么做有多么不公平和无用——但他在百人队代表大会上向人民提出的建议不能算做他的法令。

什么是第三种陪审员？他说："当然是百人队长。"什么？朱利乌斯法案，还有此前的庞培法案、奥勒留法案，不是都已经允许这个等级的人担任陪审员了吗？他说："这个提案规定了财产方面的限制。"但财产方面的限制不仅针对百人队长，而且也针对罗马骑士；我们可以让最勇敢、最正直的指挥官担任陪审员，参加审判。他说："这些人不是我要找的人，我要让每一位指挥官都能担任法官。"如果你的建议是让每一位骑士——一个比较高的资格

① 凯撒把担任陪审员的资格限于元老院议员和骑士。关于第三种陪审员的提案把范围扩大到百人队长。

限制——都担任法官，那么你说服不了任何人；因为看一个人是否适宜担任法官，既要看他的财产，又要看他的品质。他说："我不是在问担任法官需要有什么样的资格，我甚至认为云雀军团①的任何人都可以担任法官，否则我们的支持者就会说他们无法得到安全。"对那些被你召唤到法官席上来的人来说，这真是一种侮辱！因为这条法律的意思是，那些不敢独立审判的人可以担任第三种陪审员。不朽的诸神啊，这是一种多么愚蠢的错误！而犯错误的人竟然是法律的制定者！一个人的名声越是低下，就越想用严厉的审判来消除人们对他的不信任，就越会努力在审判中表现得诚实，而不是进行一场可耻的审判。

【9】提出来的第二项法律是，被确认犯下暴乱和卖国罪的人如果愿意，可以向人民提出给予宽恕的请求。我要问这是一条法律，还是对所有法律的废除？今天还有谁关心保持这样一条法律？现在没有一个人依据这些法律②受到指控，我们认为没有一个人会碰上这样的事情。因为，手持武器的人干下的事情决不会被带上法庭。"但这项提案很受人欢迎。"你思考的某些事情对老天爷来说也是受欢迎的！因为现在所有公民心里想的和嘴上说的都是国家的安全。那么，你现在紧急提出一项包含着最大耻辱而又丝毫不感恩的法律提案是什么意思？还有什么能比一个人使用暴力对罗马人民犯下叛国罪，从而被判决有罪，然后又使用法律据此判处他有罪的暴力更加可耻？但我为什么要就法律问题进行争论呢？就好像受到法律制裁的人正在上诉似的！你的提案就是要使法律没有任何对象可以制裁，根据你的提案，没有任何人会被指控。因为我们能看到有谁——如果他是指控者——如此疯狂，竟然会自觉自愿地把自己暴露在一群受雇前来为被告辩护的人的面前？或者说有谁——如果他是法官——竟敢以他本人被一群卑贱的苦力强行拉走为代价，判处一个受到指控的人有罪？

①　凯撒在高卢建立的军团，它的士兵的头盔像云雀的鸟冠。
②　指凯撒制定的关于暴乱和卖国的那些法律。

不！这不是一次合法的上诉，倒不如说是有两个非常有益的法律和法庭被废除。除了怂恿年轻人成为制造暴乱、煽动分裂、无恶不作的公民，它们还能是什么？以暴乱和叛国的罪名废除这两个法庭的时候，这些保民官的疯狂会带来什么样的毁灭？宣布凯撒卷入了叛乱，因此部分修改他颁布的法律，这是什么样的法律？而他也被判处卖国，所以他颁布的法律就完全不能用了吗？赋予这样的人以上诉的权利，不就是意味着凯撒的法令被废除了吗？元老院的议员们，尽管我不会批准这些法令，但是为了维护和平，确实应当小心地维持这些法令；所以，我不同意废除他的法律，不仅包括他生前提出来的，而且还包括他死后不断提出来的。

【10】一位死者使流放者返回家园；一位死者赋予许多人公民权，不仅对个人，而且对整个部落和整个行省；一位死者豁免了许多税收。这些无疑是优秀的建议来自一个人的房子，所以我们要捍卫它们；凯撒本人曾当着我们的面宣读、公布、作为提案提出，他为这些提案而喜悦，因为他想到这些提案与国家的安全有关，涉及法律，涉及法庭。凯撒的这些法律，我要说，我们这些捍卫凯撒法令的人，难道认为应当颠覆这些法律吗？然而，对其中已经公布了的法案我们至少还可以抱怨；而对于那些据说已经通过了的法案我们甚至没有权利这样说，因为有些法律在被起草出来之前就在没有公布的情况下通过了。①

元老院的议员们，我要问，当我们有很好的保民官时，为什么，我或你们中的任何人，要忍受坏的法律？我们已经有人打算否决它们；有人打算通过履行自己的职责来保卫国家；我们必须摆脱恐惧。② 他说："你们要否决什么？你们告诉我要履行什么职责？"当然是那些有关国家安全的职责。"我们蔑视这些意见，认为它们是过时的、愚蠢的；会有人保护市政广场上的讲坛；所有通道都会封闭，会在许多地方派驻军队。"然后又怎样？以这样的

① 这里的意思是，按立法程序提出法律草案至少还可以抱怨，而由安东尼来说已经由凯撒通过的法律就无法抱怨了。

② 下接一段假定发生在安东尼和元老院之间的争论。

方式确定下来的东西就是法律吗？我假定，你会下令将这些法律条文刻在铜牌上。"执政官有充分的权利把这个问题向人民提出"——我们从祖先那里得到的就是这种提出问题的权利吗？——"人民有充分的权力表示同意。"什么样的人民？那些被赶走的人民吗？凭什么样的权利？凭那些已经被武装暴力完全废除的权利吗？"在这里我说的是将来——这是一部分朋友在预先提醒要避免什么；如果这种事情不会发生，那么我的演讲会遭到驳斥。我讲的是已经提出草案的法律；关于这些法律你们拥有自由；我向你们指出它的错误，你们动手来废除它；我斥责武装暴力，你们来动手阻止它。

【11】多拉贝拉，你们执政官一定不要对我生气，因为我在代表国家说话。我认为你本人不会这样，因为我知道你脾气温和；但他们说的是你的同事 ①，由于他本人认为他现在运气相当好（在我看来，不要说得太尖刻，如果他也能像他的祖父和母舅一样担任执政官，那么他会更加幸运），我听说，他生气了。还有，我明白让一个人生气该有多么不舒服，尤其是当武士和剑客们习惯不受惩罚的时候。但我要提出建议，一项公平的建议，我认为马库斯·安东尼不会拒绝这项建议。对我本人来说，如果我说了任何事情污辱了他的生活或品性，那么我不反对他成为我最凶恶的敌人；但若我保持一贯以来的做法，也就是说只对公共事务自由地表达我的观点，那么，首先，我认为他对此感到愤怒是不对的；其次，如果我在这里有错，我请他在对我生气的时候也要像对待一位同胞公民。如果有必要，那就让他使用武装警卫，如他所说，是出于自卫，但不要让那些警卫伤害那些代表国家表达自己观点的人。还有什么比这更加公平的要求要说？但若像某些与他关系亲密的人对我说的那样，每一次与他的愿望相悖的演说都极大地冒犯了他，那么我们能忍受一位朋友的这种怪癖。但他的这位朋友也对我说过："你，作为凯撒的一名对手，不会得到像他岳父庇索那样的许可。"与此同时他们给了我口头警告，要我注意不得找出更加合法的借口缺席元老院的会

---

① 指安东尼。

议，除非死亡。①

【12】多拉贝拉，我以上苍的名义发誓！你是我非常亲密的朋友；当我看着你的时候，我不能对你们俩所犯的错误保持沉默。我抱着巨大的希望，相信你们俩是高尚的，你们不会像某些小人所怀疑的那样，追求金钱，这向来是每一位拥有最高地位和名望的人所藐视的，你们也不会用暴力去获取财富和那些罗马人民无法忍受的权力，而会去追求你的同胞公民的情感和荣耀。现在，荣耀是通过高尚的行为赢得的赞扬，是为国家提供的巨大服务，这是每个诚实的人都会加以赞许的事情，也会得到大众的赞同。多拉贝拉，我要告诉你给予高尚行为的奖赏是什么，我看不到你比其他所有人更有时间实现它。

当讲坛得以洁净②、聚集在一起的恶人被驱散、罪魁祸首受到惩罚、这座城市摆脱了遭到焚毁和屠杀的恐惧、你自己得以回家的时候，你能想起你生命中的哪一天比这一天更加快乐吗？有哪个等级，有哪个家族，简言之，有谁没有热情地向你表示祝贺，热烈地赞扬你？不，远非如此，许多好人认为你做了好事，以你的名义向我表示谢意和祝贺。我请你回想一下，多拉贝拉，当所有人因为你最近做的好事而忘了他们曾经与你为敌，全体为你热烈鼓掌的时候，事情很清楚，他们已经忘记了他们以前所受的痛苦。这样的名声，普伯里乌·多拉贝拉，我带着极大的痛苦这样说，你竟能无情地把它撂在一边！

【13】还有你，马库斯·安东尼——我要向你请求，尽管你不在这里——你确定元老院在那天③开会，地点在忒路斯神庙，这是几个月来最重要的一次会议，要决定你的幸福，不是吗？你发表了有利团结的讲演！你把敌意放在一边，忘了你本人宣布的征兆，作为罗马人民的占卜官，你首先同意你的这位同事与你一道担任执政官，同意把你的小儿子送进卡皮托利山作为和平

---

① 亦即西塞罗只有在生命受到威胁时才有很好的理由缺席元老院的会议。
② 通过毁掉纪念凯撒的功德柱。
③ 指3月17日。

的人质，在这个时候，你使这个国家摆脱了以往的邪恶，摆脱了忧愁！有哪一天元老院会比这一天更加欢乐？有哪一天罗马人民会比这一天更加欢乐？任何公共集会都没有这一天来的人多。最后，通过许多英雄的行为，我们似乎已经取得了自由，甚至如他们所希望的那样，和平沿着自由的踪迹到来了。明天，后天，大后天，以后的每一天，你都在赐予恩惠，没有一天间断，就像在元老院里一样；除此之外，你还废除了独裁者的头衔。这是一个标志，我要说，它标志着你把死去的凯撒的名字钉在永久的耻辱柱上。因为，根据某个马库斯·曼留斯所犯的罪行，根据曼留斯部落的法规，把任何一位曼留斯称做马库斯都是不合法的，所以依据那些痛恨某位独裁者的那些人的说法，你已经彻底取消了独裁者的头衔。在取得有关国家安全的这些巨大成就以后，你对你的命运、优点、名望、荣耀感到后悔吗？为什么会有突如其来的巨大变化？我无法不怀疑你受到贪婪的诱惑。每个人可以说他喜欢什么，但我们不需要相信他。因为我从来不承认你有什么事情是卑鄙的和卑劣的。无疑，有些时候自己的家庭也会腐蚀一个人，但我知道你的意志的力量。带着负罪感，你能够避免怀疑！

【14】更令我担心的是你对获得荣耀的真正道路盲目无知，你以为手中掌握的权力超过所有人，让你的同胞公民害怕你就是荣耀。如果你这样想，那么你对获得荣耀的真正道路确实是完全盲目的。做一个好公民，对所有人亲善，很好地保护这个国家，由此受到赞扬、尊敬、热爱，这才是荣耀；而被别人害怕、仇恨，则是可恶的，是虚弱和衰落的证明。我们甚至看到有这样的情况，有人说"让他们恨吧，这样他们才会害怕"，这是一种命运。马库斯·安东尼，你还记得你的祖父！尽管你经常从我这里听说许多有关他的事情。你认为他会希望别人害怕他的权力、保持一支武装警卫来获得不朽吗？对他来说，生命的昌盛与其他人的自由等价，摆在第一位的是光荣。因此，不要说你的祖父交了什么好运，我宁可说他一生最痛苦的日子是最后受到卢西乌斯·秦纳的控制，几乎被他残忍地杀害。

但是我说的话怎样才能使你转变？如果盖乌斯·凯撒的结局不能引导你

产生畏惧感，那么没有任何人的话能起这样的作用。那些认为他是幸福的人本身是邪恶的。以这样的方式被杀的人没有一个是幸福的，杀他的人不仅不应受到惩罚，而且应当拥有最大的荣耀。因此我请求你回过头来，看看你的祖先，统领一个让你的同胞可以欢乐的国家，而你出生在这个国家；没有祖国，一个人根本不可能幸福，出名，安全。

【15】至于罗马人民，你们俩都有许多判断，我非常关心的是你们还没有受到他们的充分影响。因为，在观看角斗士表演时，无数公民的呐喊意味着什么？到处散发的传单意味着什么？人们对庞培的塑像发出掌声意味着什么？他们对两名反对你们的保民官鼓掌意味着什么？它们只是全体罗马人民的一致意见的一种奇妙的、微不足道的表示吗？还有，阿波罗赛会上爆发出来的掌声，或者罗马人民的证词和判断，在你看来微不足道吗？啊，那些人有多么幸福，即使武力使他们不能到场，然而他们到场了，他们就活在罗马人民心中！但你也许认为得到掌声的是阿西乌斯，这是给他六十寿辰的奖赏，而不是给布鲁图的——这个人尽管没有出席赛会，但罗马人民在这样隆重庆祝的时刻还是对他表达了巨大的热情，用连续不断的掌声和呐喊表达他们对这位解放者的思念。

我本人确实总是藐视沽名钓誉的公民获得的掌声，但与此同时，当掌声来自最高等级、中间等级、最低等级时，一句话，当它来自所有人时，当那些从前只是随波逐流的人站出来时，我不认为那是掌声，而是一种判决。如果这在你看来微不足道——它是非常重要的——那么你会把罗马人民珍爱的奥鲁斯·希尔提乌①的生命视为微不足道吗？他确实得到罗马人民的尊敬，这就够了；此外还有他的朋友们的欢乐，他们有着良好的关系，他把他的同胞视为亲人。但是，在这个令我们忧虑的事件中，我们能想到有谁有这种普遍的担忧？肯定没有。那又怎样？我以不朽的诸神的名义起誓！你难道不明白这种誓言的意思？还有，当他们希望用自己的生命为他们亲爱的国家服务

---

①　奥鲁斯·希尔提乌（Aulus Hirtius）当选公元前 43 年的执政官。

时，你认为他们会想不到你吗？

元老院的议员们，我已经得到了我回归祖国应得的奖赏，对此我已经做出了这些评论。所以，无论今后我落得什么样的命运，我的坚强仍旧会留下某些证据，我已经得到了你们仁慈的关注和聆听。如果我还有机会而又不会给我和你们带来危险，那么我会加以利用；如果没有机会，那么我会尽自己的最大努力等候召唤，不是为了我自己，而是为了国家。对我自己来说，我已经度过的岁月几乎已经足够了，无论是年头还是名声。如果我的生命得以延长，那么它更多的不是为了我自己，而是为了你们，为了国家。

第二篇

（约发表于公元前 44 年 11 月底）

【1】元老院的议员们，在这 20 年里，任何一个反对国家的人也同时对我宣战，我应当把这种事归咎于我的何种命运？实际上，我不需要指出任何人的名字，你们自己知道我指的是谁。他们①已经受到了我的惩罚，比我所希望的还要多，而令我感到惊讶的是你安东尼在模仿他们的行为，但愿你最后不要发抖。因为，出于他们自己的本意，他们中没有一个人对我不友好，但是由于我代表国家，所以他们受到了攻击。言语伤害不了你，你证明自己比喀提林更加厚颜无耻，比克劳狄更加疯狂；你无耻地辱骂我，以为你对我的疏远可以得到那些不忠的公民的赞扬。对此我会怎么想？我受到轻视了吗？我无法察觉在我的一生中，或者在我的声望或适中的能力中，有任何事情可以被安东尼藐视的。在元老院里，他相信他能轻易地贬低我，而有一道命令可以为杰出的公民们作证。有许多事情对许多人来说是管理国家，只有对我来说它们涉及国家的存亡，不是吗？或者说，他希望在演讲方面与我做

---

① 指参与喀提林阴谋的叛乱者。

一番较量？这样做确实很仁慈，因为还有什么主题能比这个既为自己讲话，又反对安东尼的主题更加充分，更加丰富？事实当然就是，他认为，除非他对我不友好，否则就不能向和他一样的人证明他自己是他的国家的敌人。在我就其他问题对他做出回答之前，我要说一说他指责我违反友谊，因为我认为这是最严重的指责。

【2】他抱怨我某个时候在法庭上伤害了他的利益。[①] 当时我为一个熟人和朋友出庭，我反对的难道不是一个陌生人？我反对的难道不是用出卖色相而是用美德来赢得欢心？我反对的难道不是一名不诚实的保民官的友善的投票，而是用执法官的程序来维护这个家伙的错误？但是我认为，为了把自己推荐给最低等级的公民，你已经提到过这件事，因为他们全都记得你是一个自由民的女婿，你的孩子是自由民昆图斯·法迪乌斯的外孙。噢，但是你顺从了我的教导——这是你说的——经常到我家里来。[②] 如果你确实这样做了，那么你会拥有比较纯洁的名声。但是你没有这样做，即使你自己希望这样做，盖乌斯·库里奥[③] 也不会允许你这样做。你说为了赢得我的欢心，你放弃担任占卜官候选人。你的谎言有多么厚颜无耻！多么冒失无礼！当时整个祭司团都想要我担任占卜官，格奈乌斯·庞培和昆图斯·霍腾修斯提名我为候选人——不允许提名更多的候选人——除了颠覆这个国家，你既没有能力，又没有办法拯救你自己。此外，当时盖乌斯·库里奥不在意大利，你怎么能够成为占卜官的候选人？或者说，假定你当选了，没有库里奥的帮助，你能带领一个部落吗？这些部落甚至已经被说服要参加暴乱了，他们对你已经过于热情了。

【3】但我发现你是一个恩人。怎么会这样？你提到的事实我总是记在心里；我宁可承认自己欠你的情，而不愿在任何不知详情的人眼中被视为不感恩。但你是如何成为我的恩人的？因为你在布隆狄西没有杀害我吗？当这位

---

① 此处暗指西塞罗担任辩护律师，反对安东尼的某个朋友。细节不详。
② 年轻人依附于国家的杰出人士，作为参与公共生活的训练。
③ 关于安东尼与库里奥的关系，参见本篇第 18 章。

胜利者，如你曾经吹嘘的那样，把他的匪帮占领的主要地方交到你手里时，他表示希望保障一个人的安全，并且命令你要让他返回意大利——在这种情况下你会杀害这个人吗？假定这是你的权力，那么这些匪徒除了说他们已经把自己无权处置的人的生命交到了其他人手中，他们怎么会是"恩人"呢？如果这是一种"恩惠"，那么杀害这个人并因此得救的人——你不会把这些人称做最高尚的——绝不能取得这样的荣耀。① 什么样的"恩惠"能够使你本人远离一项邪恶的罪行？在我看来，在这样的情况下没有被你杀害似乎并不是一件需要更多地感恩的事情，我只是感到后悔，你竟然有权这样做而不会遭受惩罚。

但是，假定这是一项恩惠，因为从匪徒那里不可能得到更大的恩惠，那么你能因此而把我称做不感恩的吗？我一定不会抱怨国家的毁灭，所以我不能对你显得不感恩吗？然而，在我的那次令人哀怜的、非常悲伤的抱怨中，② 涉及元老院和罗马人民给我安排的这项义不容辞的职务，我说过些什么吗？我有什么地方不节制吗？我有什么不友好的语调吗？当我在抱怨马库斯·安东尼的时候，我确实表现得非常有节制，以避免遭到污辱！更有甚者，当你把这个体制最后剩余的力量驱散到国外去的时候，当你在你的住宅里进行最愚蠢的交易出售一切的时候，当你承认你为了自己的利益提出那些从来没有人提出过的法律时，当你作为一名占卜官取消占卜，作为一名执政官取消保民官的投票时，当你可耻地用武士来贴身保卫自己的时候，当你花天酒地而筋疲力尽，在你那淫窟中行各种不洁之事的时候，我仍旧表现得非常有节制。在我看来，我和你的冲突就好像与马库斯·克拉苏的冲突，我和他有过多次重大冲突，但不是与一名最邪恶的角斗士打斗，而是就公共事务提出意见，关于这个人我什么也没有说。因此，我要让他明白，他今天从我这里得到了多么大的"恩惠"。

---

① 如果凯撒在法塞利亚战役以后宽恕了布鲁图和卡西乌斯，那么他们会被视为不感恩的，而不是他们国家的救星。

② 在《反腓力辞》第一篇中。

【4】但是，他甚至引用了我的一封信，说我在这封信中写到他——这个家伙真的缺乏教养，缺乏生活常识！因为有什么人，对绅士们的习惯一知半解的人，由于受到某些冒犯，就公开引用一位朋友写的与他有关的信？这样的做法，其结果不就是从生活中消除社会交往，消除朋友间的联系吗？如果把这样的信件发表，从中可以看到多少似乎是幼稚的玩笑！无论如何，许多严肃的思想不能以任何方式泄露！噢，雄辩的人啊，你对我的回答就好像是在对穆斯特拉和提罗①说话。如果在这个时候，他们手中拿着刀剑出现在元老院里，而你为他们所犯的谋杀罪进行辩护，那么我会认为你是雄辩的。但是请你告诉我，如果我否认写过那封信，那么你会做出什么样的回答？你能拿出什么证据来使我相信？凭手迹吗？对此你有专门的知识。②你怎么能这样做呢？这封信在书记员的手里。在这里我要妒忌你的老师，他得到了一大笔学费——我现在就会泄露它的数量——教你如何愚蠢。因为还有谁能够在毫无证据的情况下，我说的不是演说家，而是说一个人，仅仅凭着一句话就坚持己见，而无法把反对的理由进一步阐明？但我不否认，在这件事情上我不仅相信你缺乏教养，而且十分疯狂。因为，在那封信中有哪句话没有充满文明、友好与仁慈？这是对你提出的指控的总结：我在这封信中没有说你的坏话，我就好像是在对一位同胞公民说话，对一个好人说话，而不是在对一名罪犯和匪徒说话。但是我虽然受到你的攻击也不会把你的信拿出来，虽然我有权这样做，你在那封信中要求我允许你召回某些流放者，并向我保证，没有我的同意你不会这样做。你从我这里得到了赞同。我为什么要出面反对你的胆大妄为？这个组织的权威，罗马人民的意见，任何法律都无法约束你的胆大妄为。然而，如果你提的要求所涉及的那些人已经由凯撒的法律所赦免，可以回到祖国，那么你为什么还要对我提出这一要求？当然了，他希望这件事情有我的信誉做保证，相关的法律是已经通过了，但他本人却无法获

---

① 安东尼的死党。
② 暗指安东尼伪造法令、赦免令等等。

得人们的信任。

【5】元老院的议员们，由于我必须既说自己的事，又要反对马库斯·安东尼，所以我在讲自己的时候，请你们想到另一个人；我在反对这个人的时候会十分小心，也请你们要注意听。同时，我还要提出一个要求：如果你们承认我在一生中的每个阶段都很有节制，尤其是在讲演的时候，那么请不要认为，今天当我按照他的挑战对他做出回答时，我已经完全忘了自己是谁。我不会把他当做一名执政官对待，因为他也没有把我当做一名执政官来对待。尽管他在任何方面都不像执政官，无论是他的生活，还是他对国家的治理，或是他担任这一职务的方式；而我毫无争议的是一名执政官。据此，你们可以明白他承认的执政官是哪一类的，而他用我担任过的执政官职务来辱骂我。元老院的议员们，这个执政官的职务名义上是我的，实际上是你们的。因为我要履行的职责，我要采取的政策，我要实施的建议和意见，都来自这个组织的权威，不是吗？你们敢用你们的智慧——更不要说口才了——诬蔑那些事实上由你们的建议和智慧转化而来的法令吗？除了你和普伯里乌·克劳狄，没有人诬蔑过我担任的执政官职务，普伯里乌·克劳狄的命运在等待你，就像它在等待盖乌斯·库里奥一样；因为即使在你家里，同样的命运也轮到你了。①

我担任执政官不能使马库斯·安东尼喜欢。但它使普伯里乌·塞维留斯喜欢——如果在那个时期的执政官中我可以提到最近死去的一位执政官；它使昆图斯·卡图鲁斯喜欢，这位执政官的权威始终活在这个国家里；它使两位卢库鲁斯、马库斯·克拉苏、昆图斯·霍腾修斯、盖乌斯·库里奥、盖乌斯·庇索、玛尼乌斯·格拉里奥、玛尼乌斯·雷必达、卢西乌斯·伏凯提乌、盖乌斯·菲古卢斯、德修斯·西拉努斯喜欢，还有卢西乌斯·穆瑞纳，他当时是当选执政官；使执政官们喜欢的同样的行为也使马库斯·加图喜欢，他在临死前表现出深谋远虑，尤其是不看好你担任执政官。最重要的

---

① 富尔维娅（Fulvia）先后嫁给克劳狄、库里奥、安东尼。

事情是，我担任执政官得到了格奈乌斯·庞培的赞同；离开叙利亚以后，他在见到我的第一时刻拥抱我，向我表示感谢，并说由于我做出的努力使他又能看见祖国。但是我为什么要提到这些个人？在元老院非常庞大的组织中，我担任执政官使整个元老院喜欢，没有哪位议员不向我表示感谢，就好像我是他的父亲，认为我保存了他的生命，他的幸福，他的子女，保存了这个国家。

【6】但是，由于我已经提到过名字的许多杰出人士已经从这个国家中消失，所以让我们来说一说还活着的人，他们中有两位不属于执政官等级。卢西乌斯·科塔是一位最优秀的知识分子，拥有最高的判断力，他用美好的语言赞扬被你抨击的成就，请求我刚才提到过名字的这些执政官和整个元老院同意对我的功绩表示公开的谢恩；自从这个城市建立以来，除了我，还没有哪个平民获得过这项荣誉。你的母舅卢西乌斯·凯撒曾经以何等的口才、热情和勇敢，投票反对他的姐夫，你的继父！① 在你的整个生命过程中，在你制定所有政策的时候，卢西乌斯·凯撒是你可以引为顾问和导师的人；然而你宁可像你的继父，而不像你的母舅。当我担任执政官的时候，我乐意接受他的建议，尽管我和他没有亲戚关系；而你，他的姐姐的儿子，曾经就任何国家事务向他请教过吗？那么，他向谁请教这方面的事情？天哪！我们必须知道这些人的生日。"安东尼今天没有来。"为什么？他正在他的花园里举行生日宴会。为谁举行？我不想说出他们的名字，但你们可以想象。某些时候为某个福米奥，有些时候为一位格纳索，在别的时候甚至为一位巴里奥。②这个家伙表现得多么下流，多么鲁莽，多么邪恶，多么令人无法容忍！当一位重要的元老院议员、杰出的公民与你有如此密切的关系时，你不向他讨教国家事务，而宁可去向那些身无分文、想要吸干你的血的寄生虫讨教吗？

【7】我们必须同意说你担任执政官是有益的，而我担任执政官是有害

---

① 普伯里乌·伦图卢斯·苏腊（Publius Lentulus Sura），由于参与喀提林阴谋而被处死。

② 福米奥和格纳索，分别是诗人特伦提乌斯的《福米奥》（*Phormio*）和《阉人》（*Eunuchus*）中的两个食客，巴里奥，是诗人普劳图斯的《虚假的圈套》（*Pseudolus*）中的皮条客。

的！你竟敢在神庙里说这样的话，是否已经完全丧失了羞耻感？在那座神庙里我曾经与元老院商议国事，元老院的权力在那些日子里是至高无上的，而你却把大量手持刀剑的武士派往那里。你甚至敢说——在那里你还有什么不敢的？——我担任执政官时，卡皮托利圣山的山坡上到处都是武装的奴隶。我假定，当时为了让元老院通过那些邪恶的决定，① 我对元老院使用了暴力！多么无耻的家伙！要是你不知道这些事情——因为好事情你一件也不知道——或者说要是你知道这些事情，那么你怎么能够在这样的集会上讲出如此冒失的话来！元老院开会的地点在这座神庙里，而不是在卡皮托利圣山的山坡上，当时除了你，还有哪位罗马骑士、出生高贵的青年、任何等级的人，还能记得他是一位公民？尽管当时在那里既没有足够的官员，又没有足够的人手记下与会者的名字，但有谁在那里敢不报上自己的名字？邪恶的叛国者的同谋提供了证据，他们的亲笔信被大声宣读，他们承认想要摧毁这个国家，想要在城里纵火，屠杀公民，践踏意大利，取消元老院；在场的人有谁不受到震动，想要以实际行动保卫公共安全？尤其是元老院和罗马人民当时拥有这样一位领袖 ②，如果当时和他一样的人也出现在这里，那么你们也会遇上和他们相同的命运。

他说我拒绝交出他继父的尸体予以埋葬。然而，连普伯里乌·克劳狄都没有这样指控我；由于我正好是这个人的敌人，使我感到悲哀的是，你已经超过了他所犯的各种罪行。但是，你怎么会要求我们回忆你在普伯里乌·伦图卢斯家中所受的教育？你担心我们会认为，仅仅按照本性你不会变得如此无耻，而教育也不能使你有所改变吗？

【8】所以你的通篇讲话是毫无意义的，你在向自己开战，你的讲话不仅前言不搭后语，而且没有关联，自相矛盾，其中的内容更多的是向你自己挑战，而不是向我挑战。你承认你的继父卷入了那场巨大的罪行，但你抱怨他

---

① 反对喀提林阴谋的决定。

② 西塞罗本人。

为此而受到的惩罚。就这样，当你整体上责备元老院的时候，你对我能有什么赞扬？因为逮捕罪人是我的职责，对他们进行惩罚是元老院的职责。这位雄辩者并不明白他在赞扬他的对手，污辱他的听众。还有，这是一种什么样的迹象？我说的不是厚颜无耻——因为他想要厚颜无耻——而是他想要的最后一样东西，这就是愚蠢；他在这个方面也是无与伦比的，他暗示在卡皮托利山上，在我们中间，武士也找到了座位！苍天在上！在我担任执政官的时候，我们在这座协和神庙里投了票，因此我们才能幸存到今天。你只承认我们这个等级在这个非常时刻被以提利亚人包围，而当时确实有人手拿刀剑，指责元老院，指责当时与元老院结盟的骑士等级，指责所有等级，指责所有公民。不是厚颜无耻，而是盲目的自由矛盾，使你做出如此鲁莽的陈述，以此你表明自己是一个十足的笨蛋。你自己手拿武器摧毁元老院，而又指责其他人拿起武器解救元老院，还有什么事情比这更加疯狂？

但是，在开玩笑的场合你是讨人喜欢的。苍天在上！你有多么爱开玩笑！有些指责针对你，因为你的机智来自你做演员的妻子[①]。"让武器向托袈袍投降。"[②]好吧！它们难道没有投降吗？但是后来，托袈袍向你的武器投降了。因此我必须问，应当让罪犯的武器向罗马人民的自由投降，还是应当让我们的自由向你的武器投降。然而我不会对这些话做进一步的答复，我只需简要地回答，因为你既不知这些诗句，也根本不懂文学；而我，虽然从来不缺需要对国家或我的朋友履行的义务，然而却有各种关于我的回忆录，保证我的作品能给年轻人带来某些有益的东西，给罗马这个名字带来某些光荣。但这不是当前的论题，让我们考虑更加重要的事情。

【9】你说由于我的提议，普伯里乌·克劳狄被处死了。如果他在某个时刻遭到杀害，你在罗马人民的注视下，在讲坛上用一把剑攻击他，如果他没有摔倒在一家书店的楼梯上，他对你的进攻做了抵抗，那么人们会怎么想？

---

① 一位西基拉女神的女祭司，从前是伏鲁纽斯·欧拉佩鲁（Volumnius Eutrapelus）的情人。"妻子"一词带有嘲讽意味。

② 这是西塞罗写的一句诗，经常被人引来反对他。

我确实在这个过程中支持你，你甚至可以说这个行动是我煽动的，而不是说是我建议的。但是，我没有找到支持米罗行动的机会，甚至在有人怀疑他会采取行动之前，他就已经结束了那件事。[①] 无疑，这确实是米罗的脾气，如果没有人推动，他就不能为国服务！"但是我感到高兴。"那又如何？当整个国家都感到高兴的时候，我必须独自一人感到悲伤吗？然而，针对克劳狄之死有一场调查。进行这一调查确实不那么聪明——依据一项专门法令[②]已经建立了一个专门法庭审判这一凶杀事件，在这个时候进行调查还有什么用——但确实有过调查。没有人就此事对我提出过指控，而你在事情过了好几年以后还想要指控我吗？

至于你无耻的说法，由于我，庞培与凯撒割断了友谊，由于我的这一错误，导致内战爆发，你在这里弄错了；不过，你弄错的不是整个事实，而是时间，这才是最重要的。

【10】在最杰出的公民马库斯·彼布卢斯担任执政官期间，我尽了最大的努力，从庞培与凯撒的结盟中赢得了庞培。凯撒比较幸运，因为他切断了庞培与我的亲密关系。后来，庞培完全投降了凯撒，那么我为什么还要试图让他离开凯撒呢？抱有这种希望是愚蠢的，促使它实现是鲁莽的。但无论如何，我确实有两次机会建议庞培反对凯撒；如果你喜欢吹毛求疵，可以从这里下手。一个机会是他不愿把凯撒的命令延续五年；另一个机会是他不愿忍受在他缺席时有人提议承认凯撒的候选人资格。如果在这些机会到来时我能成功，那么我们绝不会落到今天这么不幸的地步。是的，庞培带着他的全部军队，罗马人民的全部军队投向凯撒，我很久以前就已经预见到要发生的事情开始发生，邪恶的战争开始蹂躏我的国家，这时候我从来没有停止呼吁和平、和睦与和解。许多人知道我当时说的话："庞培，你要么绝不与凯撒合伙，要么绝不与他分裂！前者会显示你的坚定，后者会显示你的远见。"

---

① 米罗在阿庇安大道上杀死普伯里乌·克劳狄。
② 庞培在公元前 52 年颁布的一条法令，只用于米罗。

马库斯·安东尼，这些话一直是我对庞培和这个国家的忠告，如果能做到，那么这个国家现在仍旧能够屹立，而你的罪恶、无知、无耻会给国家带来毁灭。

【11】但这已经是陈年往事了，下一条指控是新的，说在我的建议下凯撒被杀害。元老院的议员们，我在这里担心，由于一名无耻的指控者的最无耻的行为，不仅我本人的功劳会受到嘲笑，而且还会把别人的功劳加到我头上。有谁听说我也是这项最光荣的行动的参与者？有哪位参与者隐瞒了他的名字？我说的是隐瞒吗？他们的名字没有马上公开吗？我会马上断言，任何人参与了这项行动都会感到自豪，而不希望隐瞒自己的名字。还有，更为可能的是，在众多参与者中，有些人不那么出名，有些人比较年轻，如果我的名字可以隐瞒，那么还有什么名字不能隐瞒？如果说这些参与解放祖国的行动的人还需要别人给他们提建议，那么我有必要去鼓动布鲁图家族的人吗，他们中有一个人每天都能看到卢西乌斯·布鲁图①的塑像，另外一个人也每天都能看到阿哈拉②的塑像？那么，有着如此家族传统的人还需要向一个陌生人，而不是向他们的亲戚，向一个在国外的人，而不是向他们的家人，寻求建议吗？还有，盖乌斯·卡西乌斯甚至不能容忍任何人拥有较高的权力——我就不说统治权了——我假定他想要我当他的顾问；但是，如果凯撒如卡西乌斯所设想的那样在河的这一岸，而不是那一岸，停泊他的船只，③那么他在没有这些名人的帮助的情况下就能在西里西亚的居努斯河口完成这件事。格奈乌斯·多米提乌也一样，不是由于他那最杰出的父亲的死亡，也不是由于他的母舅的死亡，不是由于他的等级被剥夺，而是由于我的影响，才促使他要起来恢复他的自由吗？是我说服了盖乌斯·却波尼乌吗？我甚至

---

① 指卢西乌斯·朱尼乌斯·布鲁图（Lucius Junius Brutus），罗马首任两名执政官之一。

② 刺杀凯撒的布鲁图的母亲塞维莉娅（Servilia），自称是盖乌斯·塞维留斯·阿哈拉（Gaius Servilius Ahala）的后裔，阿哈拉在公元前439年参与夺取王权的阴谋，杀死曼留斯。

③ 凯撒在公元前47年从埃及向本都进发，穿过西里西亚。这里提到的这一事件没有任何记载。

不敢大胆地给他提建议。他赋予这个国家巨大的恩惠，这个国家要向他谢恩，他把罗马人民的自由置于个人友谊之上，宁可抗拒统治权，也不愿分享统治权。卢西乌斯·提留斯·基伯尔追随我成了他的顾问吗？如果他有这样的行为，那么比我认为他会这样做更加令我感到惊讶——我感到惊讶的原因是：他忘了个人利益，但他记得他的国家。还有，两位塞维留斯？我应当叫他们卡斯卡，还是叫他们阿哈拉？ ① 你认为这些人在我的建议下采取行动，而不是为了这个国家吗？列举其他人还需要很长时间，他们都是为了国家的荣誉，而不是为了个人的荣耀。

【12】但是请你们考虑这个狡猾的家伙是怎样说服我的。他说："凯撒一被杀，布鲁图立刻高举他血淋淋的匕首，口中喊着西塞罗的名字，向他祝贺自由的恢复。"为什么要专门对我喊？因为我暗中参与了谋杀吗？这不是他喊我的名字的原因，因为他已经完成的行为与我本人的行为完全一样。他尤其要喊我的名字是为了证明他是我的名声的对手吗？但是，所有人中最愚蠢的你不明白，如果希望凯撒死是一桩罪行——如你所断言的那样——对他的死表示高兴不也是罪行吗？行动的建议者和批准者有什么差别？或者说，我希望这件事完成与我对这件事的完成感到高兴有什么区别？除了乐意接受他统治的那些人，有任何人斥责这项行动，或者对这项行动予以否定吗？所以，所有想杀死凯撒的好人都要受到谴责，在他们力所能及的范围内，有些人缺少计划，有些人缺少勇气，有些人缺少机会，但就是不缺少想杀他的人。然而，这个家伙非常愚蠢，或者我应当说，这个家伙是个痴呆，因为他说："我带着敬意提到布鲁图的名字，他手握血淋淋的匕首，口中喊着西塞罗的名字，由此可见西塞罗是他的同谋。"你们有时候会怀疑我，而这个罪犯喊着我的名字，他举着血淋淋的匕首，而你却带着敬意提到他的名字，是吗？假定你说的蠢话就像我说的一样，那么你的行为和情感比我要严重得

---

① 普伯里乌·卡斯卡（Publius Casca）和格奈乌斯·卡斯卡（Gnaeus Casca）是谋杀凯撒的凶手，而阿哈拉（Ahala）杀了叛徒曼留斯，他们被称做塞维留斯。两位卡斯卡几乎可以与阿哈拉换名。

多！执政官，你对布鲁图家族的人，对盖乌斯·卡西乌斯、格奈乌斯·多米提乌、盖乌斯·却波尼乌，对其他所有人有什么看法可以现在或晚些时候决定；而我要说的是，你睡吧，别再说这些引人误入歧途的鬼话。难道非要点燃火炬才能让你从昏睡中清醒过来吗？你无法弄清行动者是否就是自由的凶手或复仇者吗？

【13】把精力集中一点，假定这是一个清醒者的想法。我本人是这些人的朋友和同盟者，这是我承认的，也是你坚持的，没有其他的可能。我承认，如果他们不是罗马人民的解放者和国家的救星，那么他们比谋杀者、凶手、弑父者还要坏，假定杀死这个国家的父亲比杀死自己的父亲更加可恶。你是个聪明人，有心计，你把他们称做什么？如果他们是弑父者，那么你为什么要在这种集会上和在罗马人民面前总是带着敬意称呼他们的名字？你为什么要提议赦免马库斯·布鲁图，尽管他离开这座城市已经超过十天？为什么有充分证据表明阿波罗赛会赋予马库斯·布鲁图无上的荣耀？为什么许多行省把荣耀赋予布鲁图，赋予卡西乌斯？为什么要额外任命他们担任财务官？为什么要增加他们的随从的数目？这些事情通过你的力量而实现。因此他们根本不是凶手。由此可以推论，按照你的判断，他们是救星，因为确实不会有第三种可能。怎么了？我让你感到心慌了吗？也许你并不完全明白什么叫做悖论？然而这是我结论的要点：由于你已经赦免了他们的罪行，所以你也断定应当给予他们最充分的奖赏。因此，我现在重新安排我的讲演。如果有人正好问他们你对我提出的指控①是不是真的，那么我会给他们写信，使他们不会对任何人否认这一点。因为我担心，这些人使我对这项计划一无所知，这对他们自己来说也可以是不名誉的，或者说，由于我拒绝了他们的邀请，所以我自己非常可耻。神圣的朱庇特，还有什么事，不仅在这座城市里，而且在全世界，比这件事更加重大？还有什么事比这件事更加光荣？还有什么事比这件事更值得人类永久记忆和赞美？你认为我和这件事情的主使

---

① 指控西塞罗是刺杀凯撒的同谋。

者合谋，就像一匹特洛伊木马吗？我不否认，我甚至还要向你表示感谢，无论你动机如何。因为这件事非常重大，所以我不会把你想要激起反对我的气氛与那些名人的事情相比。还有什么事情比你宣布要加以驱逐的那些人的幸福更重要？当他们来到这里，人们要表示欢迎的时候，什么地方会如此野蛮地对他们说这样的话？有什么人如此粗野，乃至于想不到，当他们看见这些人的时候，他们自己也就收获了生活中最大的丰收？哪个将来的世代会如此不在意，什么样的文学会如此不感恩，乃至于不在永久的记录中铭记他们的荣耀？啊！但愿我能成为这样的人。

【14】但是，我担心有一件事情你不会赞同。如果我是他们中的一员，我会在这个国家里不仅废除一位国王，而且废除整个王制；如果那支笔^① 是我的，如人们所说的那样，那么请你相信，我不会只做一件事，也不会只采取一项行动，而会改写整个历史。然而，安东尼，如果你希望把凯撒的屠杀视为一项罪行，那么我请你考虑一下自己的立场。众所周知，你在那旁与盖乌斯·却波尼乌一道参与了这项计划；^② 我们看到，由于某种原因，当凯撒开始屠杀的时候，却波尼乌使你置身事外。但是我赞扬你——我对待你的方式并非不友好——因为你在某个时候拥有高尚的思想，我感谢你没有参加这样的屠杀，我原谅你没有参加行动。这件事对一个人发出了召唤。如果有人把你拉上法庭，对你说出卡西乌斯的名言："这件事对谁有益？"那么请注意，我希望你并不会因此而感到困窘。尽管这件事实际上如你所说有益于所有谴责奴隶制的人，然而对你来说尤其如此，因为你不仅不是一名奴隶，而且甚至可以说是一名国王。你在奥浦斯神庙里取消了自己所欠的债务，你凭着同样的文件勒索了无数的金钱，你从凯撒家中搬走了许多财物，你的家就像一处专门伪造票据和签名以此赚钱的作坊，就像一个最无耻地出售土地和城镇，赦免税务的市场。除了凯撒的死亡，还有什么办法能缓解你的需要和减

---

① 有时候笔起到与剑一样的作用。
② 西塞罗在这里的指责与事实不符，安东尼对这个计划没有表示同意。

轻你的债务？在我看来，你似乎有点困窘，你在偷偷地担心这一指控会与你有关联吗？我解除你的疑心，没有人会相信它；很好地保护这个国家不符合你的本性。作为这项最光荣的行动的执行者，国家拥有最优秀的人；而我只说你对这项行动感到高兴，没有说你参与了这项行动。

我已经答复了他对我提出的最大指控，现在我还必须回答剩余的指控。

【15】你用庞培的军营和当时发生的所有事情来指责我。① 如我所说，如果当时我的建议确实对你产生了影响，那么我们今天就自由了，这个国家就不会损失那么多领袖和军队了。我承认对将要发生的事情有了预见，其他忠诚的公民如果也有同样的预见，那么他们也会有同样的感觉。元老院的议员们，我感到悲哀，我悲哀的是这个先前凭着你们和我的意见得到拯救的国家很快就要灭亡。我并非真的如此无知和缺乏经验，乃至于对生活感到绝望；生命的延续使我感到痛苦，而死亡才能使我摆脱一切困窘。我希望那些最杰出的人士、国家的灯塔能活下来，那么多执政官，那么多前执法官，那么多最荣耀的元老院议员，还有我们高贵等级的所有精华，以及由忠诚的公民组成的军队，如果他们现在还活着，那么和平的条件无论如何苛刻——在我看来，与公民们达成的任何和平似乎都比内战更加有益——我们今天都应当能够坚强地维护这个共和国。如果这种意见占了上风，如果我为他们的生命担忧的这些人不被胜利的希望冲昏头脑，那么你作为我的主要对手——更不要说其他后果了——无论如何绝不会留在这个团体里，或者说，绝不会留在这个城市里。但是，你说我的谈话使庞培与我疏远。还有任何人是他更加热爱的吗？还有谁和他谈话更多，或者分享他的意见更频繁？对国家最高事务有着不同意见的人能保持一种牢不可破的亲密友谊，这确实是一件大事。我知道他的感觉和意见，他也知道我的。我首先想到的是公民们的安全，然后想到他们的尊严，而他首先想到的是他们的尊严。但是，双方目标的确定性使我们之间的分歧更加持久。那些在他从法塞利亚逃亡到帕福斯期间追随

---

① 公元前 49 年夏，西塞罗在伊庇鲁斯与其他庞培分子会合。

他的人知道这个优秀的、天神般的人对我的感情。除了赞美，除了充满最友好情感的后悔，他从来没有提到过我；他承认我看得更远，而他沉溺于幸福的希望中。你承认我是他的朋友，你是他的被没收的财物的购买者，而你竟敢以这个人的名义攻击我吗？

【16】但是让我们忽略这场你在其中极为幸运的战争。我也不会回答你说我在军营中说的那些笑话。那座军营确实充满烦恼，但是人们无论处在何种麻烦的时刻——只要他们还是人——有时候也会松懈一下他们的心情。由于这同一个人既批评我的悲伤，又批判我说的笑话，由此可以证明我在这两方面都很有节制。

你说没有人会把遗产留给我。① 你对我的这一指控是真的吗？我的大部分朋友和亲戚还活着。但是你的情况怎么样？凭着继承遗产，我的账上得到了 2,000 万个小银币之多。然而，在这个方面我承认你的运气比我好。只有一位朋友让我做他的遗产继承人，所以我既有收益，又有某些悲哀；而卢西乌斯·鲁伯里乌·卡西纳斯，一位你从未谋面的人，让你做他的财产继承人。请注意这个人有多么爱你，你甚至连他的皮肤是什么颜色都不知道。他忽略了他的侄儿、昆图斯·富菲乌斯之子、一位最高尚的罗马骑士，也是他自己非常亲密的朋友，他总是公开称其为他的继承人，甚至用不着说出他的名字；而他从来没有见过你，甚至也从来没有访问过你，但他让你做了他的财产继承人。请你告诉我，这样做在卢西乌斯·忒塞留斯那里有什么麻烦，他的身份，他的家乡，他的部落有什么麻烦。你会说："对这些事我一无所知，我只知道他有哪些农庄。"这就是他为什么不把遗产留给他的兄弟，而要传给你的原因吗？赶走真正的继承人，大量遗产也就会落到完全陌生的人手中，就好像这个陌生人才是继承人似的。然而使我尤其感到惊讶的是，当你自己甚至没能成为你父亲的遗产继承人时，你竟敢提到继承遗产的事。

【17】你这个彻头彻尾的疯子，你花了那么多天在另一个人的别墅里高

① 在罗马人看来，在一位朋友的遗嘱中没有被指定为财产继承者带有贬低的意思。

谈阔论，我需要把你的指控都搜集在一起吗？然而，就像你最熟悉的朋友们所说的那样，你练习讲演是为了挥发你的酒气，而不是为了使你的机智变得锋利。然而以开玩笑的方式你去拜访一位老师，你和你的狐朋狗党说他是一位修辞学家，你允许他在你面前说出批评你的话；他无疑是一个风趣的人，手中有大量反对你和你的朋友的妙语趣话。现在请注意你和你祖父之间的差别。他从容而谨慎地说明他的案情的进展情况，而你胡言乱语，说一些与案情不相干的事。你们向这位修辞学家交了多少学费！元老院的议员们，请你们注意，评价一下这个国家遭到的伤害吧。你把列奥蒂尼两千尤格①的土地给了这位修辞学家塞克斯都·克劳狄，并豁免他的税务，所以用罗马人民支付的这笔学费，你学成一个傻瓜。你这个最厚颜无耻的家伙，这也是从凯撒的票据本中找出来的吗？

但我会在另外一个地方讲到列奥蒂尼和坎帕尼亚的土地，他从国家手中抢走这些土地，无耻地占有并玷污这些土地。现在，由于我已经充分回答了他的指控，我们的改革者和监察官本人要求我们有一些评论。我不会把肚子里的话语全部倒空，这样的话，如果我要经常与他争论，我就总是有某些新鲜事情可说，而他的大量罪行和错误给我提供了无数机会。

【18】那么，你想要我们从童年开始对你进行考察吗？是的，我想是的，让我们从头开始。你还记得，当你还穿着童装时，你就已经破产了。你会说："那是我父亲的错。"我承认这一点，因为这是一名孝子的辩护。但这与你本人天生的鲁莽有关，虽然洛司基乌斯法案②给破产者指定了一个具体的位子，但有许多人破产是因为运气不好，而不是因为他本人有错。你穿上了成年人的托袈袍，但马上就把它变成了娈童的衣裳。起初你只是一名普通的男妓，你卖淫收取的费用是固定的，不算少，但是库里奥很快就露面了，他把

---

① 尤格（Iugera，Iugerum），罗马人的土地面积单位，此处原文为"duo miliaiugerum"，英译者译为"两千英亩"（two thousand acres）。

② 洛司基乌斯法案（Roscian Law），公元前67年由保民官卢西乌斯·洛司基乌斯·欧索提出并在元老院通过，把剧场第14排的位置指定给骑士。

你从娼妓的行当中赎了出来，就好像给你披了一件保卫人的长袍，使你拥有了一桩持久稳定的婚姻。没有哪个男子曾经被主人为了淫欲而赎买回来，就像库里奥把你买回来一样。他的父亲经常把你赶出家门，他命令守门人不许你跨过他家的门槛！而夜晚就像你的鼓动者，在淫欲的支配下，为了取得报酬，你无论如何也要穿过房顶去幽会。那家人不能再忍受这样的耻辱。你知道我非常清楚我现在正在讲的事情吗？想一想吧，那个时候，库里奥，这位父亲，患有心脏病，躺在床上，而他的儿子跪在我的脚下，泪流满面地把你介绍给我。他要求我保护你，反对他自己的父亲，否则他就得向他父亲交纳六百万个小银币的保证金。他说，让我成为你的保护人需要的保证金也就是这些了。至于他本人，他向我保证自己会流放到外地，因为在情欲的驱使下，他无法忍受与你分离而产生的悔意。在那个时候，我平息或治愈了一个最繁荣的家庭多么大的一场疾病啊！我劝说这位父亲支付儿子欠下的债务，用家里的金钱赎买一位青年，我向他保证这位青年的心灵和智力都是最伟大的，我要他运用一位父亲的权力和权威不让他与你亲昵，甚至不允许你和他见面。请记住，这是通过我完成的事情。我们看到那边有刀剑，如果你不相信刀剑的力量，你敢用辱骂来攻击我吗？

【19】现在让我们放弃谈论他的妓院生涯和厚颜无耻，有些事情我无法体面地说出来。然而，你拥有更大的自由，因为你从来没有从你最有节制的敌人嘴里听说过你的这些罪行。关于他的生活的其他部分，我会很快地涉及一下。因为我心里很快想到使这个国家遭受重重苦难的内战，想到他在内战时的行为，想到他的日常行为。关于这些事情，尽管你们比我知道得更多，但我仍旧要请你们注意听，就像你们现在这样。提到这样的事情我们的心必然受到刺激，不仅是因为对事情的了解，而且是因为对它们的回忆。然而我想，我们必须长话短说，不至于结束得太晚。

他和保民官克劳狄①关系亲密，虽然他说自己是在为我服务。他是那个

---

① 西塞罗的死敌，流放西塞罗的始作俑者。

人不体面行为的煽动者，甚至在克劳狄家中，他也干下某些勾当。① 我指的是什么他自己最清楚。然后他无视元老院的权威，无视国家的利益，无视宗教的神圣性② 去了亚历山大里亚。他以伽比纽斯为领袖，与伽比纽斯在一起，他无论做什么事都完全正确。那么他是怎么返回的，或者以什么方式返回？他在回家之前，从埃及去了远方高卢。但是，他的哪个家？每个人从前都有自己的家③，而你的家却不在任何地方。我说的是家吗？除了密塞努④，在这个大地的什么地方你能够扎根安家？那个地方就像是你与同伙共享的西萨波。⑤

【20】你离开高卢后想要得到财务官的职位。如果你敢，你就说你在我之前去看望了你的母亲！我事先接到凯撒的一封信，要我接受你的提议，所以我甚至不许你提到和解的事。在那以后，你殷勤地接待我，你为了当上财务官而与我交朋友。也就是在那个时候，在罗马人民的批准下，你试图在讲坛上杀死普伯里乌·克劳狄。尽管你想说你的行为出于你自己的动机，而不是因为我的怂恿，然而你承认，你相信，除非杀死克劳狄，否则绝不可能弥补你对我犯下的过错。⑥ 你说米罗在我的怂恿下做了那件事，对此我确实感到困惑；当你自告奋勇要去杀死克劳狄的时候，我从来没有给你任何鼓励。然而，如果你坚持你的目的，我宁可说这是你自己想要出人头地，而不是为了对我感恩。你被任命为财务官，然后在没有元老院颁布法令的情况下，在没有抽签的情况下，在没有任何合法头衔的情况下，你马上投奔了凯撒。你认为那是你在这个世界上的避难所，在那里你可以逃避债务和做坏事。当你获得大量赏赐和抢劫了大量财物以后，你就逃避再担任保民官；而你本来是

---

① 可能是指勾搭克劳狄之妻富尔维娅。
② 西彼拉圣书禁止用武力恢复托勒密·奥莱特在埃及的王位，而元老院予以拒绝。
③ 指在没有被查抄之前。
④ 密塞努（Misenum），坎帕尼亚的一个海岬。
⑤ 昔萨波（Sisapo），一个小镇的名字，那里有矿藏，由一个合作社经营。
⑥ 可能指安东尼与西塞罗的敌人克劳狄关系密切。

可以担任那个职务的，就像你的情人① 一样。

【21】现在，我请你们注意听相关的记录，不是关于他如何用邪恶和无节制的行为羞辱他自己和他的家庭，而是关于他对我们和我们的幸福如何不忠，也就是说他如何反对整个国家；因为从这个人的罪行中，你们会发现我们的所有疾病都由此发端。1 月 1 日，卢西乌斯·伦图卢斯和盖乌斯·马凯鲁斯担任了执政官，你们急于支撑这个摇摇欲坠的国家。他还算有理智，为了迎合盖乌斯·凯撒本人的利益，他出售了保民官的职务，指定了一位保民官，让他服从一位主人。他反对你们的意见，也把自己的脖子置于刀斧之下，而许多并无多少冒犯的人也都在这把斧子下灭亡。为了反对你，马库斯·安东尼，元老院通过了这部法令，按照我们祖先的习惯，这样的法令是用来反对一名公敌的——它当时没有执行，但它带来的光明并没有熄灭。当着元老院议员们的面，你敢反对我吗？虽然根据元老院的判断，我是国家的救星，而你是国家的敌人。我不再提你已经停止了的罪行，但它不会从记忆中消失。人类将会存在，罗马人民的名字将会存在——如果你允许，它将永存——不过我们还是来说说你那致命的否决。② 你一个年轻人禁止整个等级通过一项涉及国家安全的法令，不是一次，而是几次，并且拒绝与元老院进行任何谈判，在这样的时候，元老院要承受何等强烈和鲁莽的行动？然而，除了阻止你进一步彻底颠覆和摧毁这个国家，他们还能怎么办？国家主要人物的恳求、你的长辈对你提出的建议、拥挤的元老院对被你出售和送走的选票③ 的仔细审查都不能使你改变主意——所以，在付出种种努力以后，必须对你进行打击，以前这种打击只对少数人用过，而在此打击下无人能够逃脱——在这样的时候，这个等级把武器，还有其他军事的和民政的权力，以及你没能带到凯撒军营中去的那些武器交到了执政官的手中。

【22】我要说的是，你马库斯·安东尼给陷入混乱的盖乌斯·凯撒提供

---

① 指库里奥。

② 安东尼作为保民官否决了元老院要凯撒解散他的军队的法令。

③ 送给凯撒。

了一个借口，使他可以对他的国家开战。因为，他还能宣称其他什么理由呢？除了说元老院无视保民官的意见、保民官的权力被取消、安东尼的权力受到限制，他还有什么理由采取最疯狂的政策和行动？我略去这些借口的虚伪和微不足道，最主要的是，任何人拿起武器反对他的祖国都不可能有正当的理由。我不提凯撒，但至少你必须承认，你这个人就是发动这场最邪恶的战争的借口。啊，如果你明白这些事情，那么你是邪恶的，如果你不明白这些事情，那么你更加邪恶！这些事情都会留下记录，都会进入人们的记忆，子子孙孙都不会忘记这些事情。执政官们被赶出意大利，格奈乌斯·庞培也被赶走，他那时是整个罗马人民的帝国的光明；只要身体还能忍受，所有执政官、执法官、前执法官、保民官、大部分元老院议员、我们的青年纷纷逃离，总而言之一句话，这个国家已经从她自己的家中被驱逐出去。就好比种子含有草木的根源，你就是这场最可悲的战争的种子。元老院的议员们，你们对罗马人民的三支军队遭到覆灭感到悲伤，杀死他们的就是安东尼。你们为失去最高贵的公民而感到悲痛，夺走他们生命的就是安东尼。我们这个等级的权威被颠覆，推翻它的也是安东尼。总之，这些事情是我们所有人后来都看到的——还有什么罪恶我们没看到？——只要我们能够正确推理，我们就能在安东尼那里找到原因。就好像特洛伊人眼中的海伦，这个人对国家来说就是战争和毁灭的根源。他担任保民官的结果就像一个开端。国家的体制虽然还存在，但他却使元老院否定的事情成为可能。

【23】然而，请注意他的罪中之罪。① 他使许多不幸的人回到祖国。但在他们中间没有他的叔叔。如果他必须严格，那么他为什么不一视同仁？如果他有同情心，为什么不怜悯他自己的亲人？但是我要提到其他一些案子。他的赌友卢西乌斯·丹提库卢被判处赌博罪，而他把此人从流放中召回——与　名罪犯赌博无疑是非法的——为什么要把他召回？你能给罗马人民什么理由？我假定，他受到缺席审判，案子已经定了，但是对赌博者进行迫害不

---

① 指安东尼在召回流放者时没有召回他自己的叔父。

合法，不能对他使用武力，就像审判你叔叔时所说的那样，这一判决是腐败的结果。这些都是借口！啊，那么他是一个好人，是一名值得保留下来的公民。然而，根本不是这么回事，这个已经审决了的案子被否决，如果他是这样的人，那么我会保持沉默。但是，恢复一名完全堕落的罪犯的全部权利，这名罪犯甚至敢在讲坛上赌博，依据反赌博法他已经被定罪，这样做不是在公开表示最大的偏见吗？

然后，在他这一任保民官的任期中，凯撒去了西班牙，把意大利交由这个人放在脚下任意践踏。他的行进何等神速啊！横扫市镇！我知道我正在谈论的事情在民众中有许多议论，我现在说的事情和我将要说的事情，对当时在意大利的人来说，比我这个当时不在意大利的人要知道得多。^① 然而，我会注意个别观点，尽管我的解释与你们所了解的情况有出入。在这个世界上你们可曾听说过如此野蛮、卑鄙、无耻的事情？

【24】一位保民官乘着一辆高卢式的车子出行，^② 手持花冠的侍从在他前面开道，队伍中有一位坐着小轿的女戏子，有来自城镇的女人，一些体面的男人前来欢迎她，不用她的戏名，而是称她为伏鲁妮娅^③。后面还跟着一辆妓院拉客的马车和一些邪恶的随从，有一母亲坐在后面，照顾着她那邪恶的儿子的情妇，就好像是她的儿媳妇。啊，邪恶的母亲，灾难性的生育！这个人用可耻的踪迹在所有街区、城镇、殖民地，总之，在整个意大利留下了他的印记。

元老院的议员们，要马上斥责他的其他行为确实是一项困难而又艰巨的任务。他参加了战争，身上沾满了和他完全不同的公民的鲜血。如果说犯罪也有好运的话，那么他是幸运的。但是，由于我们希望提到老兵们的利益——士兵们的情况和你们不同，他们追随一位领袖，而你们寻找一位领

①　这个说法不真实，西塞罗当时在库迈。

②　按照普林尼的说法，这种车子是由狮子拉的。参见普林尼：《自然史》第 8 卷，第 21 章。

③　伏鲁妮娅（Volumnia），参见本篇第 8 章注释。

袖——为了不让自己和他们一样愤怒，我不提这场战争的性质。你作为一名征服者，带着你的军团从帖撒利返回布隆狄西。你没有在那里杀我。这是一项多么大的恩惠！① 我承认你当时能够杀我。然而和你在一起的人没有一个不认为我必须得到赦免。热爱祖国是伟大的，甚至对你的军团来说我也是神圣的，因为他们记得是我拯救了国家。但是假定你给了我你没有拿走的东西，我欠你一条命，因为你没有夺去我的生命，那么你的侮辱——呃，我确实珍惜你的恩惠，尽管你知道我会做出这样的答复——允许我珍惜你的这一恩惠吗？

【25】你来到布隆狄西，也就是说，得到你亲爱的女戏子的热吻和拥抱。什么？我在撒谎？既不否认又不坦白最可耻的事情，你有多么邪恶！如果你在那些市镇里没有什么可耻的事情，那么你在你的老兵面前也没有什么羞耻吗？有哪位士兵在布隆狄西没有见过她？有谁不知道她远道而来向你表示祝贺？这么晚才发现自己追随的人是一个无赖，有谁不感到悲伤？这个戏子作为你的陪同还有一次穿越意大利的旅行，进入那些满是愤怒士兵的镇子，进入那些堆满了黄金、白银，特别是美酒的城市。我还要说，在凯撒不知情的情况下，因为凯撒当时在亚历山大里亚，他得到凯撒的朋友们的青睐而被任命为骑兵统帅。他以为自己可以和希庇亚一道生活了，于是就把马匹租给戏子塞吉乌斯。② 他在那个时候为自己选择的住处不是他现在费了很大力气才弄到手的房子③，而是马库斯·庇索的房子。我为什么要提到这个家伙的法令、抢劫、馈赠，提到他把手伸向遗产？匮乏在驱使他，他没有别的办法，从卢西乌斯·鲁伯里乌和卢西乌斯·忒塞留斯那里他没有得到丰盛的遗产，也没有成为格奈乌斯·庞培和其他许多已经不在了的人的财产继承人。他不得不过一种强盗般的生活，所以，他拥有的东西和他能抢到的东西一样多。

但是让我们省略这些事情，它们是非常粗野的不诚实的证据，让我们宁

---

① 参见本篇第 3 章。

② 此处提到的希庇亚和塞吉乌斯都是演员。

③ 庞培的房子。

可来谈谈最可耻的粗野。你吃起东西来狼吞虎咽，你全身有着角斗士般的力气，你在希庇亚的婚礼上喝了那么多酒，而第二天在大庭广众下呕吐不止。啊，这种行为多么邪恶，不要说看见，哪怕是听见！如果这样的事情发生在你的酒宴上，那么有谁会认为它可耻？但是在罗马人民的集会上，在处理公务的时候，一位骑兵统帅连打个嗝都是可耻的，而你竟然吐了一身一地。然而他本人承认这些事情属于他比较无知的行为，让我们现在来谈谈他比较聪明的行为。

【26】凯撒从亚历山大里亚返回，他认为自己很幸福，但在我看来，成为这个国家的敌人不可能幸福。他在守护神朱庇特的神庙前竖起了长矛①，还堆放着格奈乌斯·庞培的财物——哎呀！哎呀！眼泪流尽，悲伤未消——我说的是拍卖者声嘶力竭的呼喊，他们在拍卖伟大的格奈乌斯·庞培的财物。这个共和国在呻吟——人们虽然已经忘了奴隶制，但他们的心受到奴役，因为恐惧笼罩了一切——然而罗马人民的叹息是自由的。所有人都在等候，看有谁能够对众神和凡人如此不忠、疯狂、敌视，乃至于大胆地支持这种罪恶的拍卖，然而除了安东尼，其他一个人也没有，长矛的旁边摆放着这个狂人的座位，在所有厚颜无耻的人中间，也只有他一个人足够胆大。我要说，这样的愚蠢把你征服了吗？或者——说得更加真实一些——这样的疯狂使你变得无知，首先使你成为所有财物②的购买者，这些东西的主人与你的出身一样高贵，然后，作为庞培财物的购买者，你成了罗马人民憎恨与咒骂的对象，所有神灵，所有凡人，都是并将继续是你的敌人。因为这个人凭着他的勇敢，使外国人比罗马人更害怕他，凭着他的公正，使罗马人比外国人更亲近他，而这个贪食者马上吞没了他的财物，这有多么粗野！

【27】吞没这个伟人的大量财物以后，他心荡神移，乐不可支，就像戏中的穷光蛋，突然之间一夜暴富。但是，如某位诗人③所说："罪恶的收获带

---

① 竖起长矛是公开拍卖的标志，该习俗源于出售战争中获得的胜利品。

② 被拍卖的所有没收来的财物。

③ 指罗马戏剧家和诗人格奈乌斯·奈维乌斯（Gnaeus Naevius）。

来罪恶的结果。"真是难以置信,在短短几天内——我说的不是几个月——他榨取了那么多财产。一个巨大的酒窖,一个巨大的宝库,一个巨大的藏衣室,大量精美的家具堆放在许多地方,原来属于庞培的这些东西说不上奢华,但数量非常充足。然而这些东西在几天内就一件不剩。什么卡里狄斯①那么贪婪?我说的是卡里狄斯吗?如果真有卡里狄斯,那么它是一个巨大的生灵,是一个大洋。上帝保佑!我们似乎很难看到堆放在许多不同地点的大量财物如此快地就被吞没。没有任何东西锁起来,没有任何东西打上封印,没有任何记录。好酒成为献给恶人的礼物。有些东西被男戏子抢去,有些东西被女戏子抢去;房子里挤满赌徒和醉汉;在许多地方整天喝得醉醺醺的;输了钱是常有的事,因为这个家伙并非总是那么幸运。在奴隶睡的阁楼里,床上盖着格奈乌斯·庞培的紫色挂毯。所以毫不奇怪,这些东西很快就消耗完了。无论东西如何充足,不要说只是一家人的遗产,哪怕是整个城市和王国,碰上这样的浪费,也会很快花得一干二净。但是,他还占据了房子和花园。多么厚颜无耻!你竟敢涉足那所房子,跨过那道门槛?你竟敢对那所房子的家神露出你那张最淫秽的脸?无人能够再看到这所房子的过去,无人能经过这所房子而不流泪,你过去对这所房子那么熟悉。尽管你麻木不仁,毫无羞耻感,但你无论如何在这里找不到什么东西能使你快乐。

【28】当你在前院看到那些船只和战利品时,你以为自己正在进入你自己的房子吗?它不可能是你的房子。无论你有多么不明智,多么麻木,就像你现在这样,你仍旧知道你自己,知道你自己的财产,知道你自己的朋友。然而我不相信你能安心,无论你是清醒的还是睡着了。无论你醉得怎么样,如何疯狂,就像你现在这样,情况必定是,当你梦见那个无敌的人出现在你面前,你一定会吓得要死,而你会从梦中惊醒,心跳不止。至于我,我替那些墙壁和屋顶感到惋惜。以往在那座房子里看到的事情只能是纯洁的。然而,从最完善的道德和最神圣的原则中产生出来的是什么呢?元老院的议

---

① 卡里狄斯(Charybdis),意大利墨西拿海上的巨大漩涡。

员们，如你们所知，那个人在外威名远扬，在内深得崇敬，他在国外取得的成就比他在家中的习惯更值得赞扬。而这所房子被这个家伙占领以后，卧室成了妓院，餐厅成了酒吧。然而，他现在予以否认。我们不要问了，因为他现在清醒了。他已经与那个女戏子分手。按照十二铜牌法，他拿走了她的钥匙，把她赶了出去。从今以后，他是一位多么优秀的公民啊！久经考验！他的一生没有其他任何事情能比他与一个女戏子分手更光荣！他使用"执政官与安东尼"这个短语有多么频繁！意思也就是"执政官与那个非常淫荡的家伙"，"执政官与那个非常邪恶的人"。安东尼还能是别的什么？如果名字象征着高尚，那么我假定你的祖父会称他自己为"执政官与安东尼"。但他从来没有这样说过。我的同事①、你的叔叔会这样说，除非你是唯一的安东尼。

但是我省略这些对政治人物来说并不独特的过失，你在发挥政治作用时以此骚扰这个国家，但我要转而提到你发挥的专门作用，也就是你催生、点燃了那场内战。

【29】你没有参加那场战争，部分是因为你胆小，更多的是因为你淫荡。你品尝或痛饮公民的鲜血，你曾经出现在法塞利亚前线，你杀害了卢西乌斯·多米提乌——一位最优秀、最高尚的人。另外有许多逃离战场的人，凯撒也许会宽恕他们，他也确实宽恕了某些人，而你最残忍地追击和砍杀他们。在取得如此辉煌的战绩以后，你为什么不追随凯撒进入阿非利加，尤其是大部分战事尚未完成？还有，凯撒从阿非利加返回以后，你将和凯撒本人一道拥有哪些地方？对此你是怎么想的？他是统帅的时候，你是他的财务官；他是独裁者的时候，你是他的骑兵将领；他是战争的主要推动者，你是他的残忍行为的唆使者、他的抢劫的合伙人；尽管如你本人所说，作为他的养子，你要按照他的意愿行事，要设法为你的房子、花园，为你在拍卖时购买的东西弄到钱。你的回答一开始相当凶恶——我不想总是以反对你的面貌出现——但你说的某些话还算公平和公正。"盖乌斯·凯撒要钱是为了我吗？

---

① 盖乌斯·安东尼乌斯，公元前 63 年担任执政官。

为什么不是我为了他而要钱？没有我他就无法征服那些地方吗？不能，要征
服那些地方甚至超出了他的能力。我给他提供了一个内战的借口，我提出了
那些邪恶的法令，我拿起武器反对罗马人民的执政官和将军，反对元老院和
罗马人民，反对我的国家的神灵、祭坛、炉灶，反对我的国家。他征服那些
地方只是为了他本人吗？在人们共同参与这项罪恶的地方，他们为什么不能
分享战利品？"你要求得到你的权利，但这与战争有什么关系？因为他比较
强大。所以，为了摆脱你的抱怨，他派遣士兵去找你和你的保证人，然后就
突然有了你制造的那个神奇的财产目录。人们会如何嘲笑这份长长的目录！
在那么多财产中间，除了一份在密塞努①的土地，没有任何东西这个人可以
称之为他自己的！这场拍卖本身是一幅可悲的场景。② 庞培衣柜里的衣服所
剩无几，他的一些银器被砸扁，还有几名衣衫褴褛的奴仆；所以，我们看到
他剩下的任何东西都会感到悲伤。然而这就是卢西乌斯·鲁伯里乌的财产继
承人③搞的拍卖，凯撒下令予以停止。这个挥霍者处于困难境地，他没有任
何办法可想。还有，在这个时候传出消息，说他派出的一名杀手在凯撒的房
子里被擒获，手中拿着匕首；为此凯撒在元老院里公开抱怨和攻击你。后来
凯撒启程去西班牙，宽限你几天时间还债，因为你太穷。在那个时候，你也
没有追随凯撒。角斗士越是勇敢，就被释放得越快吗？④当他本人如此害怕
支持他自己一方的时候——我指的是他自己的幸福——还会有人害怕他吗？

【30】但最终他还是去了西班牙，但是如他所说，他不能安全抵达。那
么，多拉贝拉是怎么到达那里的？安东尼，你要么不使用这个理由，如果使
用了，就要坚持到底。在帖撒利，在阿非利加，在西班牙，凯撒三次与公民
作战。多拉贝拉参加了所有这些战斗，在西班牙他还受了伤。如果你问我的
看法，我希望他没有参加；然而，尽管这项政策最初应受责备，但他的坚强

---

① 参见本篇第 19 章注释。
② 安东尼挥霍了庞培其他所有财产，参见本篇第 27 章。
③ 卢西乌斯·鲁伯里乌指定安东尼为他的财产继承人，参见本篇第 16 章。
④ 解除角斗士的表演义务时，将一柄木剑授予他。

还是值得赞扬。但是，你怎么样？格奈乌斯·庞培的儿子们在寻找机会恢复他们的国家。好！让这一点成为你的党派①共同关心的问题。除了找回他们国家的神灵、祭坛、炉灶和他们的家神，他们还在寻找其他机会，恢复被你抢走的一切。当那些拥有合法财产的人试图用武力恢复他们的财产时——尽管在不公正中无法言及公正——他们应当公正地反对格奈乌斯·庞培的儿子吗？谁来反对？你，庞培财产的购买者。在那旁，你在你的主人的餐桌上呕吐，而多拉贝拉在西班牙为你战斗，是吗？

从那旁返回是怎么回事？我实际上已经上路，而他问我为什么要突然返回。元老院的议员们，我后来解释了我返回的原因。如果我能做到的话，我甚至希望这个国家在 1 月 1 日之前就能用上我。至于你的问题，我为什么要返回，我要回答说：首先，我是在白天回来的，不是在晚上；其次，我穿着皮靴和托袈袍，②而不是穿着高卢人的便鞋，或者披着斗篷。然而你看着我，似乎发怒了。如果你知道我如何为你的错误行为感到可耻，而你自己却不感到羞耻，那么我肯定你现在会与我和解。在我看到或者听到的世上所有事情中，没有比这更加可耻的事情。你可以想象一下，你自己曾经是一名骑兵将领，为了竞选下一年的执政官，你遍访高卢的各个市镇和殖民地，但你穿着高卢人的便鞋，披着斗篷，所以，与其说你是一名执政官候选人，倒不如说你是一名乞丐。

【31】我们来看这个人的轻率！那一天，他大约在 10 点钟到达了萨克萨卢拉。他躲进一家小酒馆藏了起来，喝酒一直喝到晚上。然后，他坐着一辆双轮轻便马车很快地进城，蒙着头回家。守门人问："你是谁？"他说："我是马库斯派来送急件的信使。"守门人马上把他带到女主人③面前。他把信递给她。当女主人泪流满面地读信的时候——因为信中写了许多色情的话，信的要点是他要抛弃所有对这个女戏子的爱，今后要与她一刀两断——这个心

---

① 指凯撒这一派，不涉及安东尼个人。
② 指罗马人庄严的穿着。奥古斯都禁止在讲坛上穿斗篷。
③ 指富尔维娅。

肠很软的家伙忍不住了。他揭开头巾，抱住了她的脖子。啊，多么无耻的家伙！此外我还能叫他什么？我说不出更恰当的话来。为了让这个女人能出乎意料地见到像你这样的娈童而感到惊喜，你就在夜晚把这座城市弄得鸡犬不宁，让整个意大利猜疑好几天吗？确实，在大门内你是为了私情，而在大门外你有更加邪恶的动机。你想阻止卢西乌斯·普兰库斯出售你的抵押品。一位保民官在一次公共集会上把你买下来。你回答说这次回来为的是私事。你的回答非常机智。但是，我们对这类小事说得太多了，让我们返回那些重大的论题。

【32】凯撒从西班牙返回，你走了很长一段路去见他。你匆匆忙忙地去，匆匆忙忙地回，为的是让他认为，如果说你缺乏勇气，那么你至少拥有旺盛的精力。你再次成了他的老朋友。这是地道的凯撒的做事方式，当一个人濒临破产的时候，如果他知道这个人是个厚颜无耻的无赖，那么他最愿意接纳他。然后，你得到了那些有资格的人的热烈推荐，他下令说你可以和他一道回去当执政官。我不埋怨多拉贝拉的解释，当时有人催他站出来说话。在这件事上，有谁不知道凯撒和你背叛了多拉贝拉？凯撒提名他担任执政官候选人，然后又把他许诺和保证了的东西收归己有，而你自愿成为凯撒背信弃义的工具。1月1日到了，我们被迫进入元老院。多拉贝拉比我现在更加勇猛地抨击这个家伙。天哪！这个人[①]在愤怒中说了什么样的话！首先，凯撒说得很清楚，在他出发之前会下令选举多拉贝拉为执政官——他们说总是以这种方式说话和行事的人不是一位国王！——好吧，当凯撒说这句话的时候，这位杰出的占卜官断言，他作为一名祭司能够凭着征兆阻止或废除选举，他向我们保证他会这样做。在这里，首先请注意这个人的难以置信的愚蠢。你瞧！如果不是占卜官，而是执政官，那么你不就更能做到你断言凭着你的祭司权利能够做到的事情吗？肯定能，甚至更容易。因为我们的占卜官只有报告的权力，而执政官和其他行政官员也有观察天象的权力。好吧，就算如

---

① 安东尼。

此，这是他缺乏经验的表现，我们不能从一个从不清醒的人那里得到什么知识。但是，请注意他的鲁莽！几个月以前他在元老院里说，根据占卜得到的预兆，他要么禁止多拉贝拉参加选举，要么他事实上已经这样做了。除了这个人已经决定要观察天象，有什么神圣的东西能在占卜中显出缺陷来吗？但是在选举中这样做是不合法的，观察天象的人必定要报告他的结果，但不是在选举已经开始的时候，而是在选举开始之前。但他的无知与鲁莽混合在一起，他不知道占卜官应当知道什么，或者一个有节制的人应当如何行动。所以让我们回忆一下从他开始担任执政官的那天起，一直到 3 月 15 日。什么样的奴才会如此谦卑，如此可鄙？他本人不能做任何事情，想做任何事情都要提出请求。他只能把他的脑袋缩回他曾经用来拉拢他的同事①的小轿中去。

【33】多拉贝拉选举的那一天到了。最先投票的权利是由抽签决定的，他保持着安静。结果宣布后他变成了哑巴。轮到第一等级的人先投票，然后宣布了投票结果；然后像通常那样，轮到骑士等级的人投票；然后轮到第二等级的人投票，一切都很快进行完毕，比我说得还要快。就在选举结束的时候，我们这位好占卜官——你们会称他为盖乌斯·莱利乌斯②——说："在另一天。"③多么完美的鲁莽！你看见了什么？你察觉到什么？你听到了什么？因为你并没有说出你观察到的天象，也没有说今天。所以，你已经预见并很早以前就说过 1 月初要说的话。所以，我以赫丘利的名义起誓，你伪造预兆；我希望这会给你本人降灾，而不会给国家降灾；你用宗教义务约束罗马人民，作为占卜官你向占卜官报告假预兆，作为执政官你向执政官报告假预兆。我不希望说更多的话，否则就会显得像是要否定多拉贝拉的行动，我们的同事④在其他时间肯定会谈及。但是请注意这个人的傲慢与蛮横！只

① 指凯撒。
② 盖乌斯·莱利乌斯（Gaius Laelius），小西庇阿的朋友。
③ 报告时占卜官通常会说"征兆吉祥"或"征兆不吉"。
④ 其他占卜官。

要你们做出选择，多拉贝拉就是一名选举有缺陷的执政官；还有，当你们挑选时，他是一位没有违反占卜预兆得到任命的执政官。如果你的讲话用的不是占卜官的报告要使用的术语，那么当你说"在另一天"的时候，你也就承认你是不清醒的；但若这句话有某种力量，那么我作为他的同事，一名占卜官，我要问你这话是什么意思。

但是在马库斯·安东尼的许多功绩中，我的演讲不会偶然疏忽他的一项行为，这样做对所有人来说都是最公正的，让我们来谈谈牧神节。①

【34】元老院的议员们，他没有掩饰他的情感；很清楚，他受到触动，流汗，脸色变得苍白。让他做他喜欢做的事，除非他病了，就像他在米诺西乌的门廊。这样可耻的行为在那里能得到什么保护？我希望能够听到他有无向他的修辞学老师交纳大笔学费，也就是说列奥蒂尼的土地是否有所回报。②

你的同事③ 在讲坛上的金椅上就座，身穿紫袍，头戴花冠。你爬上讲坛，走近那张椅子——就好像你是卢佩库斯④，然而你应当记得你也是一名执政官——拿出一顶王冠。整个讲坛上发出一阵叹息。这顶王冠是从哪里来的？不是你路上捡来的，而是从你家中带来的，这是一项早有预谋的罪行。你坚持要在人民的悲叹声中把王冠戴在他的头上，他在民众的鼓励声中坚决拒绝。人们发现你是个叛徒，是一个想要建立暴君统治的人。你想要让你的同事成为你的君主，而与此同时又试图让罗马人民能够容忍。不，你甚至祈求怜悯，像一名乞援者似的跪在他的脚下。你向他祈求什么？奴隶制？你应当只为你自己祈求奴隶制，你从童年起就表明你会向一切屈服⑤，愿意当奴隶。至少，你没有从我们和罗马人民那里得到过这样的授权。啊，你在演讲

---

① 牧神节（Lupercalia），每年 2 月 25 日，纪念牧神卢佩库斯。
② 参见本篇第 25 章和第 27 章。
③ 指凯撒。
④ 卢佩库斯（Lupercus），古意大利的牧神。
⑤ 影射安东尼与库里奥的关系，参见本篇第 18 章。

中的高谈阔论展示了你的杰出口才！还有什么事情比这件事更加可耻，更加愚蠢，更应当受惩罚？你在等待我们瞪大眼睛向你吐口水吗？如果你还有任何感觉，我的这些话会把你撕成碎片，会刺穿你的心。我担心我也许会削弱杰出人士的荣耀；[1]但是在义愤的推动下我要说话。当所有人都同意杀死这个人，并把那顶王冠扔掉的时候，还有什么事情比让这个人活着更可耻？但是他甚至下令在公共记录的"牧神节"一栏中记载这件事："执政官马库斯·安东尼按照人民的命令，把王权授予永久的独裁者盖乌斯·凯撒。凯撒予以拒绝。"我现在不再感到奇怪，和平会使你精神失常，你不仅仇恨这座城市，而且仇恨光明；你和最堕落的匪帮在一起，想过上那一天带来的生活，哪怕只过一天。因为在和平中你能在什么地方立足？当你竭尽全力借助一名国王的暴政推翻法律和法庭的时候，你还能待在什么地方？卢西乌斯·塔奎纽斯不是因此而被放逐，斯普利乌·卡西乌斯、斯普利乌·买留斯、马库斯·曼留斯不是因此而被处死了吗？而许多代以后，按照一项亵渎的法令，马库斯·安东尼却要在罗马拥立一位国王。

【35】但是让我们回到占卜上来，凯撒打算在3月15日在元老院处理这个问题。我要问，你当时干了些什么？[2]我听说你确实抢先发言，因为你认为我会揭露你的占卜预兆是虚假的，而我们无论如何要服从预兆。[3]罗马人民幸运地躲过了那一天。[4]凯撒之死也使你对预兆的看法流产。但是在我开始讨论这个问题之前，我不得不提到以前的事。你的逃跑有多么狼狈！那一天引发了多么大的恐慌！如果你发了疯，那些希望你安全的人想让你在家中避难，如果你能意识到自己的罪行，那么你对以后的生活多么绝望！啊，我为未来所进行的占卜多么正确！在卡皮托利山上[5]我们的那些解放者希望我

---

① 指布鲁图和卡西乌斯等人。

② 亦即安东尼当时反对凯撒了吗？或者他当时宣布多拉贝拉当选了吗？

③ 亦即直到宣布这些预兆无效。

④ 凯撒之死使得讨论不必进行。

⑤ 在3月15日。

能找到你，鼓励你保卫国家，我对他们说，你在害怕的时候会许诺一切，而一旦停止害怕，你马上又成为你自己。所以，当其他执政官举棋不定的时候，我坚持了自己的意见。我在那一天，或者第二天，没有看见你。我不相信用任何条约能够使最优秀的公民和他们最野蛮的敌人结盟。两天以后，我非常不情愿地来到忒路斯神庙，我看到武士们封锁了所有通道。安东尼，那一天是什么样的天！尽管你突然站出来与我为敌，但我还是为你又恢复了本来面貌而感到遗憾。

【36】天哪！如果你能坚持你在那一天做出的决定，那么你是一个多么伟大的人啊！我们能够享受通过人质而获得的和平，这名人质出身高贵，是马库斯·班巴里奥的孙子。① 然而，恐惧才是义务的教师，能够使你变得善良的是恐惧而不是坚强，缺乏恐惧使你无法无天，从来没有离开过你的是胆大妄为。甚至在那个时候，当人们认为你是最忠诚的人的时候——与我的看法相反——你罪恶地去为这位暴君主持葬礼，如果说那还算是一场葬礼的话。你这样做是美好的颂扬，是表示同情，是怂恿和鼓励。我要说的是你点燃了火葬堆，也用它烧毁了卢西乌斯·贝利努斯的房子。你指挥那些堕落者骚扰我家，他们当中大部分是奴隶，我们要用武力驱逐他们。不管怎么说，清除火葬堆烟灰的也是你。就在第二天，卡皮托利山上执行了一项高尚的法令，3月15日以后不再张贴赦免税务或其他各种特权的公告。你本人还记得流放，你知道你说的赦免是什么意思。最美妙的是你在这个国家永远废除了独裁者的头衔，从这一举动来看，你似乎察觉到了人们对王权的痛恨，你依据人们近来对独裁者的恐惧，废除了独裁者的名称。在别人看来，这个国家似乎建立起来了，但在我看来决非如此；我担心它会翻船，而你在推动它。他的品性能躲开我的眼睛吗？或者说他能洗心革面吗？他在光天化日之下，在整个卡皮托利山，张贴公告，出售赦免权，不仅针对个人，而且针对

① 马库斯·安东尼和富尔维娅生的儿子。安东尼和雷必达把他们的儿子当做人质送到卡皮托利山的叛乱者那里，以保证他们自己的安全。

整个国家；公民权不再授予个人，而是授予整个行省。因此，元老院的议员们，如果这些事情还存在——国家要存在就不能有这些事情——那么你们将要失去的不仅是税收，而是所有行省，这个人开设的市场将削弱罗马人民的整个帝国。

【37】奥浦斯神庙的账本中记载的 7 亿个小银币在什么地方？金钱确实是邪恶的诅咒，但若不把它们归还给它们的主人，也能使我们免除财产税。而你怎么到了 4 月 1 日就没有 3 月 15 日拥有的 4,000 万个小银币了？确实，你并非不知道有许多法令是你用钱向你的支持者买来的。但是有一道关于国王戴奥塔鲁斯的法令也贴在卡皮托利山，他是罗马人民的伟大盟友。这一法案提出来的时候，没有任何人，哪怕是处于悲伤中的人，能够克制住自己的笑声。因为还有谁能比凯撒更加敌视戴奥塔鲁斯，敌视我们这个等级，敌视骑士等级，敌视玛西里亚人，敌视所有珍惜罗马人民的国家的人？因此，国王戴奥塔鲁斯活着的时候，无论他在场还是缺席，从来没有获得任何正义和仁慈；而他死了以后，却成了凯撒青睐的对象。凯撒要他当面做解释，要他交纳金钱，要安排自己的一名希腊人跟班做他的"特恰克"① 他还拿走了亚美尼亚，元老院给戴奥塔鲁斯礼物。凯撒活着的时候拿走了这些东西，凯撒死了以后才归还。但他是怎么说的？在某个时候，他说"这好像是公正的"；在另一个时候，他说："这并非不公正。"多么奇妙的连接词！但是凯撒从来不承认我们为戴奥塔鲁斯做出的任何说明好像是公正的，戴奥塔鲁斯不在的时候我总是在为他辩护，所以我知道这一点。戴奥塔鲁斯派一些使者代表他签署了一张 1,000 万个罗马小银币的付款保证书。他们真是好人，但是太温和、缺乏经验，没有听取我和这位国王的其他朋友的建议。这件事发生在这个女人② 的住处，过去有很多东西在这里出售，现在还在出售。我建议你考虑一下如何处理这张付款保证书。因为与凯撒的票据不一样，这位国王本人

---

① 特恰克（tetrarch），统治行省四分之一地区的行政长官的职位。
② 指富尔维娅。

的动机是,一旦听到凯撒的死讯,就能凭着他自己的勇敢拿回属于他自己的东西。作为一个聪明人,他知道拿回被暴君抢走的东西总是合法的;杀死暴君,拿回被暴君抢走的东西才有可能。然而,没有任何律师,甚至也没有任何顾问对你说,根据那张付款保证书你可以取得这笔钱,也就是说,早在签署这张付款保证书之前,这些东西已经收回了。因为他并没有向你本人购买这些东西,他在你能够把他本人的财产卖给他之前已经拥有了这些财产。他确实是个人物;我们确实应当受到轻视,他仇恨凯撒,但却为凯撒的行为辩护。

【38】对于那些大量的票据和无数的签名我该说些什么?甚至有小贩在公开出售,它们就像是角斗士表演的节目介绍。现在有人在用秤称堆在他屋子里的大量银币,而不是在数。但是犯下这种罪恶该有多么盲目!后来贴出过一份公告,豁免克里特人最有钱的社团应当缴纳的贡金,而在马库斯·布鲁图担任总督以后,克里特已经不再是一个行省。你还有点理智吗?就没有什么东西能够约束你吗?当凯撒还活着的时候,克里特与布鲁图没有什么干系。在马库斯·布鲁图离开以后,按照凯撒的法令,克里特能得到豁免吗?但是由于这道法令被出卖了——免得你们认为一事无成——你们①失去了克里特行省。事实上,只要这个人是卖家,就不会有人购买他出售的东西。至于你们提出的关于流放的法案,凯撒提出过这样的法案吗?我不对任何人的不幸进行抱怨,但我对这个法案抱怨甚多:首先,这对那些被凯撒判决流放的人的回归是一个打击;其次,我不明白你为什么不给其他人以同样的恩惠,因为剩下的人不会超过三四个。为什么那些处于同样不幸中的人在你手里就不能享有同样的仁慈?为什么你不把他们与你的叔叔一视同仁?对你的叔叔你不会提出这样的法案,你甚至敦促他出来担任监察官,并组织了一场激起人们嗤笑和义愤的竞选。但你为什么不主持那场选举?或者说,因为有一位保民官在边上发出恐吓?凡是涉及你的利益,占卜的预兆就什么也

---

① 这里的"你们"指的是元老院,这个推论是夸大的,失去贡金不等于失去行省。

不是；而要是涉及你朋友的利益，你就变得谨小慎微。还有，在"七人委员会"的案子中，你没有在其危难时对他们舍弃不顾吗？我假定有人对此进行干预，而你担心要是予以否决，你的生命会有危险。你对这个人进行了各种侮辱，如果你还有任何情感，你必定会把他当做父亲来荣耀。当你有了另外一桩恋情时①，你就抛弃了他的女儿②，你的堂妹。这还不够，你指控这个最纯洁的女人犯有过失。对此我们还能说些什么？你还不满意吗？在元老院 1 月 1 日的那次集会上，当着你叔叔的面，你竟敢断言说你发现多拉贝拉试图与你的堂妹、你的妻子通奸，这就是你仇恨多拉贝拉的原因。谁能确定你在元老院里提出这一指控是否厚颜无耻？或者说你为了反对多拉贝拉而穷凶极恶，或者说你当着你叔叔的面说这样不体面的话，或者说你以这样愚蠢的方式反对这位不幸的女人是极为残忍的。

【39】但是让我们回到签名问题上来。什么是你的公平？为了和平，元老院确认了凯撒的一些法令；也就是说，凯撒自己的"法令"，而不是安东尼所说的凯撒的法令。这些法令是从哪里来的？它们依据谁的权威提出？如果这些法令是假的，为什么有效？如果它们是真的，为什么要违反？但是可以用这样的术语来解答，6 月 1 日以后你们这些元老院的议员应当在一个委员会的帮助下调查凯撒的"法令"。什么委员会？你③曾经召集过他们吗？你在等哪个 6 月 1 日？或者说你是在等待某个月初，到那时士兵们建立殖民地的事情取得进展，你可以重新带着军队返回？

在 4 月或者 5 月这几个月里，你甚至试图在卡普阿建立殖民地，这是一个多么好的借口啊！但我们知道你是如何离开那里的，或者说你差点无法离开。④你恐吓那个城市。我希望你能努力，以便最终可以不用"差一点"这个词！但是随后你取得了多么高尚的进步啊！我为什么要揭示那些午餐的丰

---

① 指富尔维娅。
② 指安东尼娅（Antonia），安东尼的第二个妻子。
③ 指安东尼。
④ 卡普阿人粗暴地对待安东尼。

盛和你饮酒的疯狂？那是你的损失，也是我们的损失。赦免坎帕尼亚的税务为的是能把那里的土地分给士兵，在你的赌友中分赃，而我们认为这样做会给国家带来巨大的伤害。元老院的议员们，我要说，他把那些戏子安置在坎帕尼亚的土地上。后来我为什么要对列奥蒂尼的土地发出抱怨？我想这是因为坎帕尼亚和列奥蒂尼的这些适宜耕种的土地曾经被视为罗马人民最丰厚的遗产。你给了你的医生3,000尤格土地。如果他能使你发狂，他能得到什么？你给了你的医生2,000尤格土地。如果他能使你雄辩，他能得到什么？但是让我们再来谈谈你的旅行和你去意大利的事。

【40】你在凯撒曾经建过殖民城邦的卡西利努姆建了一个殖民城邦。你在一封信中向我询问——那封信确实问的是卡普阿，但我做出的回答与卡西利努姆相同——在已经有殖民城邦的地方，你能再建一个合法的新殖民地吗？我说，依据占卜的预兆，在已经有殖民城邦的地方新建的殖民地不能合法存在；但是，我在我的回答中承认可以增添新的殖民者。但是你怒气冲天，不顾所有关于占卜的法律，在卡西利努姆新建了一个殖民城邦，而那里几年以前已经有一个殖民城邦；你甚至提高标准，用犁铧耕出城邦的边界；是的，你的犁铧几乎掠过卡普阿的城门，削减了那个繁荣昌盛的殖民城邦的疆界。置宗教的规矩于不顾，你袭击了马库斯·瓦罗在卡西利努姆的庄园，他是最虔诚的人。你会说，这与你侵犯卢西乌斯·鲁伯里乌的继承人、卢西乌斯·忒塞留斯的继承人的庄园，掠夺其他无数的财产是一样的。如果你在拍卖中购买过这些地产，那么拿出证据来，除非它们是凯撒的地产，而不是你的地产。还有那些债务，你不是债权人，而是债务人，拍卖并没有使你免除债务。至于瓦罗在卡西利努姆的庄园，谁说它被出售了？有谁看见它被拍卖时竖起的长矛？有谁听见拍卖师的声音？你说自己派了一名代理人去亚历山大里亚向凯撒购买了这处庄园，因为有太多的同类事情等着你本人去做！但是，有谁听说瓦罗的财产被偷吗？任何人的安全都不会更多地引起公众的关注。还有，如果凯撒写信给你，要你归还庄园，那么我们对这样的鲁莽行为做出什么样的描述才是恰当的？把我们能看见那些带剑的武士调走，你们

马上会明白，凯撒的拍卖是一回事，你的保证和鲁莽是另外一回事；不仅主人自己，而且他的任何朋友、邻居、客人、仆人都会把你从那里赶走。

【41】你在那个别墅里可耻地狂饮了多少天？从3点钟① 开始就饮酒、赌博、呕吐。啊，这个不幸的地方"有了多么邪恶的占有者"！② 那么这个占有者是个什么样的人？不管怎么说，这个地方有了一个邪恶的占有者！瓦罗希望这所房子是他自己退隐学习的地方，而不是淫窟。在那个庄园里，从前有过什么样的讨论和沉思，产生过什么样的思想，写出过什么样的著作啊！涉及罗马人民的法律、对古代的回忆、各种哲学和知识体系。但是被你占领以后——因为你不是所有者——那里充斥着酒鬼的声音，人行道上洒着酒，墙壁是湿的，出身自由的青年与那些雇工结伴配对，娼妓与那些家庭的母亲们混杂。人们从卡西努、阿奎努姆、英特拉纳前来向他致敬，但无人能够进门。这样做确实没错，因为如此邪恶的人会污染这个等级的徽章。

他从那里前往罗马，途经阿奎努姆。这个镇子人口众多，一大群人前来迎接他。但是他坐在一辆封闭的马车里，像一具死尸被拉着穿过镇子。阿奎努姆人的行动是愚蠢的，但他们就住在大路边。阿纳尼亚人怎么样？尽管他们的住地远离大路，但他们还是前来迎接这位执政官，尽管他实际上根本不是执政官。这个故事实在难以置信，但在当时得到普遍的接受。他没有问候前来问候他的人，尽管他见了两位阿纳尼亚人，一位是穆斯特拉，另一位是拉珂，他们一个是王子，一个是当地的最高行政官。我为什么要提到这个家伙的恐吓和侮辱？他痛骂昔狄西尼人③，骚扰普特利人，因为他们接受盖乌斯·卡西乌斯和布鲁图家族作为保护人。他们热情地这样做的原因是他们的判断、仁慈和热爱，他们这样做并没有武力的逼迫，与接受你、巴西鲁斯，以及其他像你这样的人的方式不同，没有人希望你们做他的代理人，更不要

---

① 正餐的时间一般是晚9点。
② 这句引语的出处不明。西塞罗在《论义务》中也引用过这句话。
③ 昔狄西尼（Sidicini），古意大利坎帕尼亚的一个部落。

说请你们当保护人了。

【42】与此同时，当你不在场的时候，你的同事 ① 推翻了讲坛上的那座你不愿向之表示敬意的祭坛，对他来说这是什么样的一天啊！这件事报告给你的时候，那些与你在一起的人清楚地看到你整个人好像崩溃了。我不知后来发生了什么事，我假定这是恐惧在你身上占据了上风。但我们可以肯定的是，你的同事和你不一样。

你返回罗马是一个重大转折！整个城市陷入焦虑！我们记得秦纳大权在握，苏拉的高压统治，然后我们看到凯撒掌权。那些时候有刀剑，但它们是隐藏的，不是太多。而你展示了多么野蛮的武力啊！跟随他的人手拿刀剑，肩扛盾牌。元老院的议员们，这些做法后来都成了习惯，使我们变得毫无同情心。6月初的时候，尽管我们希望能够如期参加元老院会议，但我们由于恐惧而四下作鸟兽散。而他对我们的离去大喜过望，没有了元老院，也不想看到任何人出席会议，他马上开始实施那些惊人的罪行。尽管为了自己的利益他为凯撒的签名辩护，然而他颠覆了凯撒的法律，哪怕它们是优秀的，以便能够动摇这个国家。他延长行省官员的任期。与此同时，虽然他被迫为凯撒的法令进行辩护，但他实际上在公共事务和私人事务中废除了凯撒的法令。在公共事务中，没有任何事情比法律更重要，在私人事务中最不能改变的事情是遗嘱。他用一些从来没有提出过的法律废除凯撒的法律；为了取消其他法律他提出一些新法案。他废除了一项遗嘱，而哪怕是在最低等级的公民的案子中，遗嘱也应当被视为有效。他从庞培的花园和西庇阿的别墅里搬走了凯撒遗留下来的所有雕塑和绘画。

【43】你热心回忆凯撒吗？在他死了以后你热爱他吗？除了神轿、塑像、房顶上的人字形山墙，祭司，他还获得过什么更大的荣耀？就像朱庇特、玛斯有祭司，奎利努斯有祭司，所以马库斯·安东尼就是神圣的朱利乌斯的祭司。那么为什么要推迟呢？为什么不马上就职？你在挑日子，在寻找主持就

---

① 指多拉贝拉。

职典礼的人，而我们是同事，没有人会说个不字。啊，无论是当凯撒的祭司，还是当一名死者的祭司，你是多么令人厌恶！接下去我要问你，你是否不知今天是什么天。你不知道昨天是罗马杂技场上举行赛会的第四天吗？还有，你本人向罗马人民建议要给赛会增加一天，这第五天用来纪念凯撒，是吗？为什么我们不穿上节日的盛装？为什么我们要允许按照你的法律把荣耀赋予凯撒？或者说，当你允许公共的谢恩被附加的一天节日所玷污时，你不希望那些神轿也被玷污吗？你要么完全废除宗教法令，要么在所有场合遵守它们。你问我对有神轿、人字形山墙、祭司是否感到高兴。我对它们确实都不感到高兴，但由于你在为凯撒的法令辩护，那么你为某些东西辩护，而又轻视某些东西的理由何在？除非你希望承认你根据你用来衡量一切的标准是你自己的利益，而不是凯撒的荣耀。请你告诉我，对此你有什么话说？我正在等着看你的雄辩。我知道，你的祖父能言善辩，但我知道你在讲话中表露你的心声更加自由。他从来不会赤裸裸地把自己的想法说出来，而我们看到你是一个头脑简单的人！对此你能作答吗？或者说你敢张嘴说话吗？在我那么长的讲话中你能找到一些你可以自信地加以回答的责难吗？

【44】但是让我们放过以前的事，就来说说这一天的事；我再重复一遍，就让我们来谈谈今天讲的事情；如果你能进行辩护，就请你提出来。为什么要派一些军人包围元老院？那些追随你的人为什么在听我演讲时要手中拿剑？为什么不打开协和神庙的大门？为什么你要把以提利亚人，把所有最野蛮的部落的人带到讲坛上来，还让他们带着弓箭？他说他这样做是为了保护他自己。那么一千人的死亡要比不带任何武装警卫而生活在某人自己的社团里更好吗？请你们相信我，根本无所谓"保护"；你应当被你的同胞公民们的情感和良好意愿所包围，而不应当用武器来包围你自己。罗马人民将会抢夺你的武器，而在这样的时候我们仍旧安全吗？但是，无论你用什么方法对付我们，请相信，在你推行当前政策的时候你不可能活得很长。因为你的配偶——哪怕是人们最不自由的妻子，我也不会不尊敬——也是罗马人民的一

个长期债务人，因为她已经第三次分期付款了。① 罗马人民中间仍旧有这样的人，可以把国家的领导权交给他们。无论在哪里，他们都是保卫国家的屏障；或者倒不如说，国家本身迄今为止只为她自己复了仇，②但还没有恢复力量。我要说，你们这些出身最高贵的年轻人③确实是国家的捍卫者；让他们根据自己的选择安心地待着吧，国家将把他们召回。和平的名字是甜蜜的，事情本身是美好的，但是和平与苦役之间的差别是巨大的。和平是安宁的自由，苦役是最后一种邪恶，不仅要用战争，甚至要用死亡来加以驱逐。如果说我们的那些解放者已经撤出我们的视野，那么他们的行动给我们留下了榜样。他们做了史无前例的事情。布鲁图对罗马的合法的国王塔克文发动战争；斯普利乌·卡西乌斯、斯普利乌·买留斯、马库斯·曼留斯由于被怀疑夺取王权而被处死；今天要被刀剑攻击的人并非旨在夺取王权，而是一位国王。这一行动不仅本身是辉煌的、神圣的，而且为我们树立了一个模仿的榜样，他们取得的荣耀似乎并非上苍本身的恩赐。尽管在这一辉煌的行动中他们意识到会有充分的奖赏，然而我想，凡人的不朽也不应当受到轻视。

【45】因此，马库斯·安东尼，想一想你废除独裁者的那一天，想一想元老院和罗马人民的欢乐，拿它与你和你的朋友的最邪恶的买卖做一番比较，你就会明白获取和荣耀之间的差别有多么巨大。但可以肯定的是，你像某些人一样，由于疾病或感觉迟钝，不能察觉食物的滋味，不知道什么是淫荡、邪恶和犯罪，不顾及真正的荣耀。但若荣耀不能诱导你正确行动，那么连它也害怕把你从最愚蠢的行动中召回吗？你不惧怕法庭。如果这是因为你的无辜，那么我赞扬你；如果这是因为你使用暴力，那么你难道不明白不害怕法庭的人必定会害怕谁吗？然而，如果你不害怕勇敢者和诚实的公民是因为你有随从武士保护，那么相信我，这种情况不能持久。日日夜夜害怕你自己的追随者，这是一种什么样的生活？除非确实有这样一些人，他们依附于

---

① 指她的第三个丈夫，即安东尼之死。
② 指凯撒之死。
③ 指布鲁图和卡西乌斯等人。

你是因为你给予他们的恩惠比凯撒给予杀死他的那些人的恩惠更大，或者是因为你本人在任何方面都可以与凯撒相比。凯撒身上有天才、算计、强记博文、文采、勤奋、思想、努力；无论他给国家造成多么大的灾难，至少他从事的战争是伟大的；多年来他旨在夺取王座，付出了巨大的努力，冒着巨大的危险，达到了他的目标；他用演出、建筑、赏赐、宴会抚慰了无知的民众；他自己的追随者由于得到赏赐而依附于他，他的对手由于得到怜悯而依附于他；简言之，他已经把一个自由的国家带入了奴役——部分是由于人民的恐惧，部分是由于人民的忍受。

【46】我可以拿你的统治欲与他的统治欲相比，但在其他方面你与他无法比拟。但是，他对这个国家的邪恶伤害也产生了一个好处：罗马人民现在明白该相信谁，该依靠谁，该警惕谁。你就没有想过这些事情吗？你难道不明白，对于勇士来说，只要知道杀死一名暴君是多么美好的行动，将得到感恩，将得到无比荣耀的回报就足够了，是吗？或者说，当人们不能忍受他的时候，他们会忍受你吗？相信我，他们会迫不及待、争先恐后地抢着做这件事。

最后，我要请求你，清醒一下吧！想一想生你养你的人，而不要考虑那些和你一道生活的人；你可以随意对待我，但要顺从这个国家。你必须关注你自己的行为，而我将完成我的事业。我在年轻时就捍卫这个国家，到了老年我也不会抛弃她；我藐视喀提林的武士，我也不会害怕你的武士。啊，如果这个国家的自由会由于我的死亡而得以实现，那么我会非常高兴地献出我的生命，让罗马人民摆脱长期以来遭受的巨大痛苦。如果将近 20 年以前我在这座神庙里说过死亡不能不合时宜地降落到一名执政官头上，① 那么我在老年时说这样的话会包含更多的真理！元老院的议员们，我现在确实希望死去，因为我已经履行了我的义务，赢得了我的荣誉。我现在只祈求两件事情：一是我的死能够给罗马人民留下自由——不朽的诸神能够赐给我的礼

---

① 参见西塞罗《反喀提林》第四篇，第 1 章。

物中没有比这更伟大的了——二是每个人的命运都可以与他对国家的功绩相
一致。

第三篇

（发表于公元前 44 年 12 月 20 日）

【1】元老院的议员们，对于当前紧迫的形势而言，这次会议召开得太迟
了。然而，我们最终还是聚在了一起。这是我每天都在敦促要迈出的一步，
因为当我这样做的时候，一场反对我们的祭坛和炉灶，反对我们的生命和幸
福的邪恶战争，已经不再处于准备状态，而是已经由一个荒淫、堕落的人发
动了。我们在等待 1 月初的到来，但是安东尼没有等。他试图派军队进攻杰
出的狄西摩斯·布鲁图的行省；而等他完成了准备工作以后，他就会对这座
城市发出威胁。在这种情况下等待和推延意味着什么，哪怕是最短的时间？
因为 1 月初很快就会到来，要是人们没有做好准备，那么再短暂的时间也会
显得长久。除非有预见，否则巨大的灾难会在一天中，甚至在一个钟头里降
临。按照规矩，当选的执政官将在那一天就任，但我们不必等到那一天。如
果到了 1 月初安东尼会逃离这座城市，或者说我们不等到那一天，那么我们
不会有战争，因为依据元老院的权威和罗马人民的一致支持，我们能够轻而
易举地粉碎这个疯子的胆大妄为。我确实非常相信这次当选的执政官，一旦
他们就职，他们会这样做的，因为他们拥有最良好的意愿，拥有最优秀的判
断能力，拥有非常一致的意见。但是我的渴望所觊觎的不仅是胜利，而且是
快速的决定。因为由个别的发起者①来避免如此严重、残酷、邪恶的战争需
要花多长时间？为什么不在最有可能的时候，让元老院来支持他们？

---

① 指盖乌斯·朱利乌斯·凯撒·屋大维（Gaius Julius Caesar Octavianus）和狄西摩
斯·布鲁图（Decimus Brutus）。

【2】盖乌斯·凯撒①是一位年轻人，或者说他还只是个孩子，但他具有的神一般的智慧和勇气令人难以置信。当安东尼的疯狂到达顶点，当人们害怕他从布隆狄西返回将会带来残忍和死亡时，当我们没有请求帮助，或者没有想到要请求帮助，甚至没有希望得到帮助时，——因为这似乎是不可能的——他召集了一支非常勇敢的、不可战胜的、由老兵组成的军队。他十分大方地挥霍了他的遗产——尽管这样的用词不恰当，因为他不是挥霍，而是把遗产用于拯救国家。尽管我们不能按照我们所欠他的恩情对他进行补偿，然而我们会在心中对他表示最大的感恩。因为，有谁对事情如此无知，对国家如此冷漠，乃至于不明白如果马库斯·安东尼能够如他所威胁的那样，带着他认为自己拥有的力量抵达罗马，那么他不会忘记任何残忍的举动？因为在布隆狄西，在他房东的屋檐下，他下令屠杀最勇敢的人和最优秀的公民，众所周知，当他们死在他的脚下的时候，他们的鲜血溅在他妻子的脸上。他的残忍不断升级，过去他只是反对他想要杀害的那些人，而他现在变得越来越对我们所有人感到愤怒。我要问，我们中间的哪个人，或者哪个老实人，能得到他的宽恕？

凯撒自发地——不可能有别的什么原因——把国家从这一灾难中解放出来。如果他不是出生在这个国家，那么由于安东尼的罪恶，我们现在已经没有国家了。这是我的信念，也是我的判断：要是没有一位年轻人在抵抗一个疯子的进攻和最残忍的企图，那么这个国家会彻底毁灭。元老院的议员们，我们今天必须把权柄授予他——我们今天第一次能集合起来，由于他，我们可以自由地表达我们的情感——他能够保卫这个国家，不仅是让他负责某件事情，而是把整个事务完全托付给他。

【3】确实，在隔了很长时间以后，我们现在终于得到谈论国家事务的许可了，因此我们不能对玛修斯军团保持沉默。因为，有谁比整个玛修斯军团更勇敢，对国家更友好？一旦确定了马库斯·安东尼是罗马人民的敌人——

① 指屋大维。

他确实是——玛修斯军团就拒绝与这个疯子结盟。这个军团抛弃了一名执政官——如果这个军团认为他是一名真正的执政官，那么它肯定不会这样做——它看到这名执政官除了屠杀公民和摧毁国家，其他无所事事。然后，那个军团在阿尔巴驻扎。还有什么城市能比选择阿尔巴更便于采取行动？或者说有什么城市能比阿尔巴更加忠诚，由更加勇敢的人组成，由对国家更加友好的公民组成？在最忠诚、最勇敢的公民、财务官卢西乌斯·埃那图莱的统帅下，第四军团模仿玛修斯军团的勇敢，接受了盖乌斯·凯撒的指挥。因此，元老院的议员们，我们必须看到这位最高尚的年轻人自动地完成的事情，他的所作所为应当得到我们元老院的认可；那些英勇的老兵们团结一致，尤其是玛修斯军团和第四军团，我们的赞扬和授权可以使国家重建；所以我们今天必须让当选的执政官就职，我们要关心他们的利益、荣誉和奖赏。

【4】我们早就知道我刚才所说的凯撒和他的军队的事情。因为，凭借凯撒令人钦佩的勇气，凭借老兵们的忠诚，凭借那些有着最优秀判断力的军团前来帮助你们的权威，帮助罗马人民保持自由，凭借凯撒的勇敢行动，我们才摆脱了掐住我们脖子的安东尼。然而，如我所说，这些事情发生得比较早，而狄西摩斯·布鲁图前不久颁布的法令肯定不能在沉默中忽略。因为他许诺要把高卢行省置于元老院和罗马人民的管辖之下。他确实是一个生来为国服务的公民，他的名字值得我们牢记，他是他的祖先的模仿者！因为，我们的祖先盼望自由，因此驱逐了塔克文，但他们的行为还不如我们今天驱逐安东尼。自从罗马建城以来，他们就学会了服从国王，而我们在国王被驱逐以后忘记了我们所受的奴役。我们的祖先不会认为塔克文残暴，也不会说他不虔诚，而只是说他"骄傲"，这种错误即使在我们今天在个别人身上也是常见的，但我们的祖先甚至不愿容忍一名国王骄傲。

卢西乌斯·布鲁图没有容忍一名骄傲的国王，那么狄西摩斯·布鲁图应当忍受这个该死的、不虔诚的安东尼的统治吗？在安东尼既在干，又干完了的无数坏事中，塔克文干了哪件坏事？甚至国王也有元老院，但不会有手持武器的野蛮人出现在国王的议会中，就像安东尼掌握元老院时那样。国王们遵守卜兆，而这位执政官和占卜官否定卜兆，他不仅提出废除占卜的法令，而且用虚假的卜兆来废除一同当选的同事。还有，什么国王会无耻到这种地步，乃至于把王国的所有权利、授地、法律当做可以出售的对象？什么样的豁免权，什么样的公民权，什么样的奖赏，是这个人没有对个人、国家、所有行省出售过的？我们没有听说过塔克文有什么卑鄙的事情，但是在这个人的家里称过成篮的黄金，数过大量的金钱。想要发财的人从帝国的四面八方赶到这个人的家里来。我们肯定没有听说过塔克文如何惩罚罗马公民，但是这个人既在苏埃萨屠杀被他俘虏的人，又在布隆狄西杀害了300多最勇敢的人和最优秀的公民。最后，塔克文在遭到驱逐时正在代表罗马人民打仗，而安东尼在被他的军团抛弃以后带领一支军队反对罗马人民。安东尼在凯撒的名字和军队面前胆怯，他忽略了通常要进行的献祭，在天亮前说出了他绝不想履行的誓言，在这个时候，他试图侵犯罗马人民的一个行省。罗马人民期待并从狄西摩斯·布鲁图那里得到的好处大于我们的祖先从卢西乌斯·布鲁图那里得到的好处，他可以称得上是一个种族的创建者，他的名字应当永世长存。

【5】但是，一切奴役都是邪恶的，尤其不可容忍的是当一个淫荡的、厚颜无耻的、女人气的、在恐惧中也不会清醒的人的奴隶。安东尼当时阻止狄西摩斯·布鲁图从高卢行省返回，尤其是狄西摩斯·布鲁图根据个人的判断，认定安东尼根本不算执政官。所以，元老院的议员们，我们必须明白我们要使用我们一般的权利认可狄西摩斯·布鲁图的个人判断。说真的，你们一定不要以为马库斯·安东尼在牧神节之后就是一位执政官。因为就在那一天，他在罗马人民的眼前高谈阔论，他赤身涂油，喝得醉醺醺的，他想把一顶王冠给他的一位同事戴上。所以在那一天，他不仅正式放弃了他的执政官的职务，而且也放弃了他本人的自由。因为，要是凯撒愿意接受这项效忠的礼物，那么安东尼本人肯定马上就成了一名奴隶。所以，我还会认为这个人是执政官吗？这个人是罗马公民吗？这个人是自由的人吗？简言之，这个人还是人吗？凯撒还活着的时候，这个人在那非常愚蠢和邪恶的一天表明他能

忍受，而当凯撒死了以后，他本人会希望为自己获取什么？

我们确实不能在沉默中忽略高卢行省的勇敢、坚强和忠诚。因为这是意大利的精华，是罗马人民帝国的主要依靠。高卢行省各个城镇和殖民地的团结一致如此伟大，它们似乎全都团结起来捍卫我们这个组织的权威和罗马人民的尊严。因此，保民官，尽管你只是调动了警卫，使得执政官们在1月初能够安全地掌握元老院，然而在我看来，你似乎运用了最伟大的判断力，做了最好的安排，使我们能够谈论国家大事；因为，当你决定为了安全起见要给元老院会议派警卫时，你确定了，甚至在这些墙壁里面，安东尼的无赖和胆大妄为也在起作用。

【6】因此，我要通过讲述一下我的否定意见来对整个问题做总结。我感到这样做并没有违背你的愿望，我们把权柄交给最杰出的将领，把获得奖赏的希望给予最勇敢的士兵，而安东尼，不仅根据他的言语，而且根据他的行为，可以被判定为不仅不是执政官，而且是一名公敌。因为，如果这个人是一名执政官，那么抛弃了这名执政官的军团就应当被短棒打死，凯撒就是一名罪犯，布图鲁就是一名无赖，他们出于私利而征集军队反对一名执政官。如果说我们为了报答这些士兵所提供的神圣不朽的服务而要设立新的荣誉，那么这样做甚至还不能报答我们的将军。当那些拿起武器反对他的人被判断为国家的救星时，有谁会不把他当做敌人？

他颁布的法令有多么猖狂，多么野蛮，多么无知！首先，他从自己大量荒淫无耻的行径中挑出一些丑行，堆放到凯撒头上。有谁能比这个年轻人更纯洁？有谁能比这个年轻人更谦虚？我们拥有的古代典范中有谁能比这个年轻人更聪明？与此相反，有谁能比这个诽谤者更淫荡？安东尼用出身卑微来辱骂盖乌斯·凯撒的儿子，尽管他父亲的生命要是能延续，他的生身父亲也会是一名执政官。①"他的母亲来自阿非利加"——你们也许会认为安东尼

---

① 屋大维的亲生父亲当过执法官，娶凯撒的外甥女阿提娅为妻，这一事实本身已表明屋大维出身高贵。屋大维是凯撒的外甥女婿，凯撒在遗嘱中指定屋大维做继承人。

在讲一名来自特腊勒斯或以弗所的妇女！请注意，我们所有来自这些市镇的人受到了何等的轻视——我的意思是受到了绝对的轻视——因为我们中间又有几个人不是来自外地的呢？当他如此轻视阿非利加这个古老的、与我们签约结盟的、地理上几乎是我们近邻的、享有崇高名望的城市时，还有什么城市是他不轻视的？在那里产生了伏科尼乌法，产生了阿提尼乌法，在我们祖辈和我们自己的记忆中，这里产生了许多显赫的行政官员，产生了大量富有的罗马骑士。如果你否定一名来自阿非利加的妻子，为什么不否定来自图斯库兰的妻子？她是一个最纯洁、最优秀的女人，她的父亲是马库斯·阿提乌斯·巴尔布斯，一个格外高尚的人，前执法官；而你的妻子也够好，至少是个有钱人，她的父亲叫班巴里奥，一个不值一提的人。他是一个最可鄙的家伙，说起话来吞吞吐吐，心智迟钝，由于结巴而得到班巴里奥这个名字。①"但他的祖父是高贵的。"你说的是图狄塔努，他穿着戏袍和厚底靴，站在讲坛上向听众散发小银币。我希望他把这种肮脏的钱留给他的家庭！你拥有一个相当荣耀的血统！但怎么会发生这样的事情，当你不可能侮辱你父亲的家族时，你怎么会不知道那个人的母亲朱利娅也是出自同一家族？还有，当一个人的父亲娶了福莱格赖的努米托莉娅，一名卖国贼的女儿，而他本人要依靠一名被释放的奴隶的女儿才认识他的子女时，他还要去讽刺别人的妻子出身不高贵。这是何等的疯狂！但是让这件事情就这么过去吧，像卢西乌斯·腓力普斯这样的杰出人士娶了来自阿非利加的妻子，盖乌斯·马凯鲁斯与一个来自阿非利加的人的女儿结婚；我非常清楚，他们并没有对这些优秀妇女的出身等级表示不满。

【7】他还在他的法令中辱骂我兄弟的儿子昆图斯·西塞罗，这个疯子不明白，在他的法令中被提到名字是一种赞扬。因为对这个年轻人来说，还有什么事情比成为凯撒的执政官的同事和疯狂的安东尼的敌人更值得向往？但是这个角斗士甚至敢在法令中说，昆图斯策划了杀害他父亲和叔父的阴谋。

① 班巴里奥（Bambalio），这个词源于希腊文 bambaina（结巴子）。

这是何等的厚颜无耻、轻率粗鲁、胆大妄为！竟敢书面指控这样一位年轻人，他的甜美性格和杰出的能力使我和我的兄弟对他每日每时无比珍视！在我看来，安东尼并不知道他在这些法令中到底是在伤害我还是在赞扬我。当他用那些最邪恶的罪犯对我的伤害来威胁那些最忠诚的公民时，他似乎是在赞扬我，就好像他想要模仿我；当他激起人们对那次最光荣的行动①的回忆时，他以为某些公愤已经从像他这样的人身上转移到了我的肩上。

【8】但是他本人做了些什么？他在签署所有这些法令的时候发布了于11月24日召开元老院全体会议的公告。但他本人那一天缺席。他在公告中讲了些什么？我记得他在公告的结尾处写道："如果有人不出席，所有人都可以把他当做一个想要消灭我的人，一个想要维护那些最堕落的辩护者的人。"

谁是"最堕落的辩护者"？是那些把目标定为恢复罗马人民自由的人吗？我承认我就是他所说的这些辩护者中的一个，我就是他说的倡导者，我过去和现在都是凯撒的支持者。他不需要任何人的建议，而我要加以敦促的是，如谚语所说，一匹乐意行走的马。至于说消灭你，为了维护所有忠诚的公民的生命安全，为了罗马人民的自由和尊严，有哪个忠诚的公民不会发出这样的倡导？

但是，在用如此粗暴的法令把我们召集在一起之后，他本人为什么不出席？你们认为是由于他碰上了某些悲惨和严重的事情吗？不，他被一场酒宴留住了——如果那可以称做一场宴会，而不是小酒馆里的聚餐——不能在规定的时间到达。于是他把元老院会议一直推迟到11月28日。他命令我们在卡皮托利山集会，并且他本人穿过某些高卢人的地下通道进入那座神庙。②会议就这样召开了，参加者确实都是名人，但他们的尊严却没有受到尊重；就在这一天，人们议论纷纷，而主持会议的这位议员受到那些大胆地出席

———————
① 指镇压喀提林阴谋。
② 西塞罗在《为凯基纳辩护》第30章讲到高卢人在公元前390年通过矿洞进攻卡皮托利山。

会议的人的羞辱。尽管安东尼已经决定要在会议中提出一项有关凯撒①的动议，然而涉及凯撒，他不敢对参会者说一个字，而某个执政官已经准备了动议的草稿。由于他不敢提出动议反对正在带领军队前来反对他的那个人，所以尽管他是执政官，但除了把他判定为公敌，还能判定为什么？这两人中必有一方是敌人，此外不可能有其他结论。如果凯撒当时是敌人，为什么这名执政官不能影响元老院？但若元老院没有污辱凯撒的名誉，那么安东尼除了对此保持沉默，他还能说些什么？承认自己是敌人吗？他在法令中把这个人称做斯巴达克斯，而在元老院里，他甚至不敢称他为不诚实的人。

【9】但是在讨论这些最悲惨的主题时，他引起什么样的嘲笑啊！我想起了他的某个法令中的精美词句，他自己显然认为这些用词很准确，但迄今为止，我没有发现任何人能明白他的意思。

"不配进行任何侮辱。"

首先，什么是"配"？因为许多人显然应当遭受不幸，就像他本人一样。这个侮辱是由一名高尚的人"进行"的吗？但还能有什么更大的侮辱？还有，"进行侮辱"是什么意思？有谁像这样讲话？

其次，"一名对手也不能提出'害怕'的指控。"这又是什么意思？"害怕"的指控通常是由朋友提出来的吗？后面还跟着同样的表达。当一个哑巴岂不是比说一些没人听得懂的话更好吗？请注意他的老师②发表一篇堕落的长篇演说的原因，因为他在列奥蒂尼耕种和占有了两千尤格公地而不纳税；这是在以国家为代价，使一名傻瓜变得更愚蠢。

但是这些事情可能太琐碎，我要问的是他为什么在元老院里如此温顺，尽管他在他的法令中表现得那么狂野。如果保民官卢西乌斯·卡西乌斯这位非常勇敢和坚定的公民来到元老院，那么还会出现用死亡来威胁的机会吗？还会有非常热爱国家的狄西摩斯·卡福莱努被暴力赶出元老院并受到死亡威

---

① 指屋大维。
② 塞克斯都·克劳狄，安东尼的修辞学老师。

胁的事情发生吗？提比略·坎努提乌不仅受到阻拦，无法进入神庙，而且无法靠近卡皮托利山，他经常用最诚实的论证正确地攻击安东尼，不是吗？他害怕元老院会否决他的什么法令？我假定，是那道对最杰出的马库斯·雷必达公开表示谢恩的法令。我们当时每天都在考虑怎样才能把格外的荣誉授予他，而他却在考虑接受这些平常的荣誉也许会受到某些阻碍和危险吗？如果安东尼知道自己在接到有关第四军团的消息时像遭到雷击一样变成哑巴并仓皇出逃，那么他也许就不会发布召集元老院会议的公告，并宣布他将要就国家事务提出动议了，这样一来也就使得元老院那道公开谢恩的法令可以在沉默中 ① 通过，而此前一直没有机会付诸表决。

【10】但是，他后来出发的时候是一幅什么样的景象！这是一次什么样的旅行，还穿着战袍！为什么要避开人们的视线，避开白天，避开城市，避开讲坛？他的仓皇出逃有多么可悲，多么令人愤慨，多么可耻！然而，元老院在那一天黄昏 ② 制定的法令妙极了。你们谨慎地抽签指派行省总督。确实，在上苍的指点下，把合适的地方指派给不同的人！因此，保民官们，你们干得好极了，你们提出了保护执政官和元老院的问题，我们所有人都必须对你们提供的服务感恩和向你们谢恩。因为，在如此愚蠢和胆大妄为的人中间，我们怎么能够摆脱危险？这个该死的、堕落的人在什么地方会对他自己做出比他自己的朋友更有分量的判断？他最熟悉的人，也是我的朋友，卢西乌斯·伦图卢斯，还有普伯里乌·那索，一个回避任何邪恶的人，他们决定不要任何行省，由马库斯·安东尼通过抽签做出的安排无效。卢西乌斯·腓力普斯，一个拥有他的父亲、祖父、祖先高贵品质的人，做了相同的事情；盖乌斯·图拉纽斯，一个生活最诚实、最纯洁的人，持有同样的看法；斯普利乌·奥庇乌斯也做了同样的事情；还有一些人不顾他们与马库斯·安东尼的友情，也这样做了，他们对安东尼的尊敬可能超出他们内心的希望；我的

---

① 指在表决前没有进行赞颂。

② 在这个时间通过法令是不合法的。

姻亲，马库斯·庇索，一位优秀的公民，还有马库斯·维希留斯，一位同样正直的人，都表示要顺从元老院的权威。关于卢西乌斯·秦纳，我还需要说什么吗？许多重要事件已经证明了他的正直，而他采取的这一最光荣的行动更是为他赢得了荣耀。他完全放弃了指派给他的行省；而盖乌斯·凯斯提乌也本着伟大的精神，坚定地拒绝了指派给他的行省。

那么，剩下来还有哪些人对这次抽签的结果感到高兴呢？卢西乌斯·安尼乌斯和马库斯·安东尼！真是幸福的一对！盖乌斯·安东尼乌斯得到了马其顿！他也很高兴，因为他总是想着这个行省。盖乌斯·卡维昔乌得到了阿非利加。没有什么事情能比这件事更幸福了；因为他刚从阿非利加返回，离开那里时，他在尤提卡留了两个军团。再往下，马库斯·库西纽斯得到了西西里，昆图斯·卡西乌斯得到了西班牙。对此我没有怀疑的理由，但我想，指派他们为这两个行省的总督不像是上苍的旨意。

【11】啊，盖乌斯·凯撒！——我在喊那个年轻人——你给国家带来了什么样的安全！多么出乎人们的意料，多么突然！如果一个人在逃亡时做了这些事，那么要是在追击，他会做什么？因为他曾经大声宣布要做这座城市的卫士，他要在城市边上驻扎他的军队，直到5月初。人们说，狼是羊群最好的卫士！安东尼会是这座城市的卫士吗，或者说他是这座城市的抢劫者和骚扰者？他确实说过，他在做选择的时候要进出这座城市。① 这该如何解释？人们不是在卡斯托耳神庙前听他说过，除了胜利者，没有人可以活着留下？

元老院的议员们，在间隔了很长时间以后，我们今天第一次开始拥有了自由；我到现在为止，可以说不仅是一名捍卫者，而且可以说是一个大救星。当我无法做到的时候，我保持着冷静——不是可悲地，或者不是没有尊严地——等待着时间带来的那些机遇和承受着我自己的悲伤。但是有谁能够忍受这头最野蛮的野兽，怎样忍受？除了淫欲、残忍、蛮横、胆大妄为，在安东尼身上还有什么？他全身都已经充满了这些品质，在他身上没有任何善良、

---

① 军队统帅在率军出征期间自由进出城市是不合法的，除非他获得胜利。

节制、谦虚、朴实的迹象。然而，由于事情已经到了这样一个关节点上，我们必须决定他是否应当接受国家的惩罚，或者说，苍天在上，我们是否要成为奴隶！元老院的议员们，让我们最终能够本着我们父辈的精神和勇气，要么恢复罗马人这个民族的自由和名字，要么在奴役中死去。我们已经承受和忍受的许多事情在一个自由的国家里是不能忍受的。我们中的某些人也许希望恢复自由，某些人则过分地希望活命。但若我们已经承受了这些必要的事情，某种力量①，或者说是命运，在迫使我们承担这些事情——然而我们没有承担——那么我们还将忍受这个愚蠢匪帮的最野蛮、最残忍的暴君吗？

【12】当这个人还没有能力对任何人表示愤怒的时候，他已经成了所有善良者的敌人；那么，在这个人一旦能够表示他的愤怒的时候，他会做些什么？在这个人还没有取得任何胜利的时候，他在凯撒死后已经犯下了这样的罪行，那么作为一名胜利者，还有什么事情是他不敢做的？他贪婪地占据了凯撒漂亮的房子，抢劫他的花园，把里面的家具、设备都搬走；他在凯撒的葬礼上寻找屠杀和纵火的借口；为了国家的利益，他在元老院通过了两三个好的法令，但从那以后就把一切都变成了赢利和抢劫；他出售税务豁免权，免除一些社团的贡金；他从罗马人民的帝国中拿走整个行省；他召回流放者；他以盖乌斯·凯撒的名义把那些虚假的法律和法令刻在铜板上，竖在卡皮托利山上；所有这些东西在他家里就像一个市场；他对罗马人民实施法律，用武装的警卫阻止人民和行政官员进入讲坛，用武士包围元老院；当他想要掌握元老院时，他派兵包围协和神庙；他逃往在布隆狄西的那些军团；他杀害了多位最忠诚的百夫长，试图率兵进军罗马，摧毁我们，瓜分这座城市。

尽管依靠老兵们的团结一致和那些军团的勇敢，凯撒用技艺和力量牵制了他的进攻，然而即使在厄运来临时，他的胆大妄为也没有收敛，他的疯狂也没有停止。他现在正在率领残部进入高卢。他还有一个军团，正在等待他的兄弟卢西乌斯，这是他所能找到的与他最相像的人。他曾经是一名斗

---

① 指朱利乌斯·凯撒的力量。

牛士，现在是一名统帅；或者说他曾经是一名角斗士，现在是一名将军。无论插足何处，他都引起了多么大的骚乱啊！他搬空酒窖，屠杀牛羊和其他牲畜；他的士兵们大摆宴席；他本人模仿他的兄弟整日里酗酒；那里的田地荒芜，庄园被洗劫一空；家家户户的母亲和少女，还有出身高贵的男孩，都被抢走，分给士兵。无论马库斯·安东尼把军队带往何处，他都会干这些事。

【13】那么，你们要为这对可恶的兄弟敞开你们的城门吗？你们要在任何时候接受他们进城吗？现在机会来了，我们的领导人已经做好准备，士兵们的士气已经受到激发，罗马人民现在团结一心，整个意大利为了恢复自由而兴起，在这样的时候，我们难道不应当接受不朽诸神的恩惠吗？机不可失，时不再来。安东尼已经进了高卢，我们不仅要派军队从四面八方向他进攻，而且要颁布惩治他的法令。这种力量是伟大的，团结一心的元老院的神圣尊严是伟大的。你们难道没有看见讲坛有多么拥挤，没有看见罗马人民如何受到鼓励，想要恢复他们的自由吗？在长时间的间隔以后，这座讲坛看到我们在这里集合，也希望我们能作为自由人在这里集会。

当我在躲避马库斯·安东尼的可恶的军队时，我就在等待这一天。他在我缺席时痛骂我，但他不明白我在利用这个机会保存自己的实力。因为，当他正在找我，想把我当做第一个屠杀的目标时，我要是对他做出答复，那么我可能现在就不能为了国家的事业挺身而出了。但是我现在获得了这个机会，我一天也不会放过，我一刻也不会放过。在需要考虑罗马人民的自由和你们的尊严时我没有多想，而在需要采取行动的地方，我不仅没有拒绝，甚至寻找机会采取行动。得到许可的时候我这样做了，没得到许可时我停顿了下来。而现在，不这样做是允许的，而且还有命令要我们这样做，除非我们宁可当奴隶也不愿拿起武器反对奴役。不朽的诸神为我们提供了安全的保障，它们为这座城市提供了凯撒，它们为高卢提供了布鲁图。因为，如果这个人占领这座城市，那么每一位忠诚的公民马上都会死亡，而其余人都会成为奴隶；如果这个人占领高卢，那么每一位忠诚的公民稍后也会死亡。

【14】所以，元老院的议员们，让我们抓住不朽的诸神向我们提供的这

个机会。你们一定要记住，你们是这个世界上最值得自豪的议会的领袖；请你们给罗马人民一个信号，你们的意见不会使国家遭到失败，因为人民宣布了他们的勇敢精神永远不会失败。我不需要向你们提出警告。没有人会如此愚蠢，乃至于不明白，要是我们在这场危机中昏睡，那么我们就必须忍受一位暴君，不仅是忍受他的残忍和傲慢，而且是忍受他的卑鄙和无耻。你们知道安东尼的蛮横，你们知道他的朋友，你们知道他的整个家庭。承受这些愚蠢的酒色之徒的奴役是最大的可悲和最大的可耻的结合。如果这个国家将要寿终正寝——愿诸神抵挡这一邪恶的诅咒——那么让我们这些世界和所有民族的领袖像那些角斗士一样光荣地去死，让我们庄严地死去，而不是向可耻的行为低头。没有什么事情比蒙受耻辱更加可恶，没有什么事情比遭受奴役更加愚蠢。我们为荣誉和自由而生，让我们要么保持荣誉和自由，要么庄严地去死。我们掩饰自己的情感太久了，而现在事情已经很清楚，双方在想些什么都已经弄清。以我们对国家的热爱来衡量，确实有一些公民不忠诚，但这样人的很少；不朽的诸神把摧毁他们的神奇的力量和机会赐予了这个国家。我们现在要把团结一致的执政官也算做我们安全的保障，他们具有最高的判断能力和勇敢的精神；此外还有一些人几个月来一直在思考罗马人民的自由，他们也可以算是我们安全的保障。有这些人作我们的顾问和领袖，有诸神的帮助，有我们自己的警觉和对未来的充分预见，有团结一致的罗马人民，我们将在很短的时间内获得自由，我们对遭受奴役的回忆将给自由添加新的魅力。

【15】保民官们已经讲过要确保1月初元老院会议的安全，并自由地表达了他们对国家最高事务的看法，根据他们的这些解释，我提议：

执政官盖乌斯·潘莎和奥鲁斯·希尔提乌要确保1月初元老院会议的安全。要颁布一项法令褒奖将军和当选执政官狄西摩斯·布鲁图，元老院认为他配得上国家给以褒奖，因为他捍卫了元老院的权威、罗马人民的自由和帝国；狄西摩斯·布鲁图在山南高卢的时候，居住在那里的公民非常忠诚，非常勇敢、对国家非常友好。狄西摩斯·布鲁图的军队忠于元老院，那里的城镇和殖民城邦都能按照国家的利益正确行事。元老院知道那里的行省应当由狄西摩斯·布鲁图和卢西乌斯·普兰库斯来掌握，他们是将军和执政官候选人①，他们关心国家。掌握其他行省的人也一样，他们要坚持下去，直到元老院按照朱利乌斯法任命他们各自的继任人；他们应当明白这些行省和军队将在元老院和罗马人民的权威之下保卫国家。

由于盖乌斯·凯撒的勇敢和判断，由于他提供的帮助，由于追随他的老兵们的团结，罗马人民得到保护，避免了最大的危险。玛修斯军团现在驻扎在阿尔巴，那是一个最忠诚、最勇敢的城市，把自己献给元老院的权威和罗马人民的自由。以同样的判断和勇气，第四军团在杰出的公民卢西乌斯·埃那图莱的率领下正在保卫元老院的权威和罗马人民的自由。为了回报他们为国家提供的服务，元老院现在和将来都要注意赐予他们荣誉，向他们表示感谢。元老院对此要做出决定，当选的执政官盖乌斯·潘莎和奥鲁斯·希尔提乌在就职以后，要利用最恰当的时机处理这些事情，只要这些事情与国家的利益相一致，与他们自己的忠诚相一致。

第四篇

（发表于公元前 44 年 12 月 20 日）

【1】罗马人啊，你们令人难以置信的参会人数和集会的规模激励了我——超过我记忆中的任何一次集会——我产生了保卫和重建国家的极大渴望。然而使我遭受失败的原因不是这种精神，而是时机。一旦时机显现某些光芒，我就会第一个站出来捍卫你们的自由。如果说我以前曾经这样做过，那么我现在不能这样做。因为就在这一天，罗马人啊——你们不可以视之

---

① 狄西摩斯·布鲁图和卢西乌斯·普兰库斯已经由朱利乌斯·凯撒提名，接替盖乌斯·潘莎和奥鲁斯·希尔提乌担任公元前 42 年的执政官。

为已经完成的、微不足道的小事——安东尼实际上已经被元老院定为公敌，虽然没有使用这个词。确实，我现在鼓励你们用更加一致的掌声确认这个名称。

罗马人啊，现在的情形只能是这样的：要么那些指挥军队反对一名执政官的人是不忠诚的，要么这个人是一名敌人，派兵反对他是正确的行动。如果有人怀疑这一点——虽然无人怀疑——那么元老院今天已经消除了这种怀疑的可能性。盖乌斯·凯撒凭着他的热情，凭着他的政策，最后，凭着他奉献的财产，保卫了并正在保卫着国家和你们的自由，元老院给予他最高的奖赏。罗马人啊，罗马人我要向你们称赞这位最高尚的年轻人，或者说他还是个孩子，他的行为可以称得上不朽，这个孩子的名字属于他的时代。罗马人啊，我回想起很多事情，听说过很多事情，读到过很多事情。在以往所有时代的记载中，我知道从来没有过这样的行为。当我们遭受奴役的时候，当邪恶日盛一日的时候，当我们缺乏保护的时候，当我们像害怕瘟疫一样害怕马库斯·安东尼从布隆狄西返回的时候，他采取了这项行动。他不顾自己是多么默默无闻，率领他父亲的那支不可战胜的军队，阻击疯狂地想要摧毁这个国家而正在实施最残忍的计划的安东尼。

【2】有谁不明白，要是凯撒没有召集他的军队，安东尼的返回将给我们带来毁灭？他的心中充满了对你们的仇恨，手上沾满了在苏埃萨、布隆狄西屠杀的罗马公民的鲜血，除了毁灭罗马人民，他没有别的想法。如果没有凯撒率领的他父亲的最坚定的士兵，那么你们的生命和自由还有什么保障？至于应当归于他的赞扬和荣誉，以及归于他的神圣的、不朽的服务的那些神圣的、不朽的荣誉，元老院刚才已经在第一时间接受我的提议，颁布了相关的法令。

有谁不明白按照这道法令安东尼已经被判定为敌人？当元老院的法令说特别的荣誉应当赋予那些率军攻打安东尼的人时，我们还能把安东尼称做什么？你们在说什么？玛修斯军团（在我看来，这个军团的名字源于传说中的作为罗马人的祖先的那位神）在元老院颁布这道法令之前就按照自己的决定判定安东尼是敌人了吗？如果这位执政官不是敌人，那么我们必须判定抛弃他的人是敌人。罗马人啊，光荣而又及时，你们用反复的吼叫批准了玛修斯军团最光荣的行动，他们前来维护元老院的权威，维护你们的自由，维护整个国家，他们抛弃了这个敌人和土匪、他是谋杀他的祖国的弑父者。他们这样做不仅要有精神和勇气，而且要有审慎和智慧。他们驻扎在阿尔巴，一个非常方便的城市，那里有坚固的堡垒，靠近我们，有大量的勇士和最可靠、最忠诚的公民。模仿玛修斯军团的杰出举动，第四军团在卢西乌斯·埃那图莱统帅下也追随盖乌斯·凯撒的军队，我们刚才赞扬过他为元老院提供的服务。

【3】马库斯·安东尼，你在等待什么更加严厉的判决？凯撒率兵攻打你，得到了元老院崇高的敬意，那些抛弃你的军团得到了最仁慈的赞扬，如果你选择做一名执政官而不是一名敌人，那么你召集起来的这些人就是你的。元老院认可了这些最勇敢的军团的判断，全体罗马人民批准了它们的判断；罗马人啊，除非你们判定安东尼是一名执政官，而不是一名敌人。罗马人啊，我认为你们的判断就像你们的表现一样。你们在说什么？你们认为那些城镇、殖民城邦、地区会做出别样决定来吗？所有活着的人都一致同意，希望我们的国家得救的人都应当拿起武器反对这只害人虫。你们在说什么？罗马人啊，你们好像藐视狄西摩斯·布鲁图？而通过今天的法令你们应当能够评价他。非常正确，罗马人啊，你们说了，不能藐视。因为，正是凭着不朽诸神的仁慈与恩惠，布鲁图这个家族和它的名字被赐给这个国家，借此建立或恢复罗马人民的自由。那么狄西摩斯·布鲁图对马库斯·安东尼的判断是什么呢？他把安东尼拒绝在他的行省之外，派军队抵抗安东尼；他敦促整个高卢按照自己的判断和意愿起来参战。如果安东尼是一名执政官，那么布鲁图是敌人；如果布鲁图是国家的大救星，那么安东尼是国家的敌人。对此我们还有什么疑问吗？

【4】首先，由于你们已经一致表示自己不怀疑，所以元老院颁布的法令是正确的，狄西摩斯·布鲁图捍卫了元老院的权威和罗马人民的自由和帝

国，他应当得到褒奖。他在抵抗谁？当然是在抵抗一名敌人。因为，其他还有什么样的保卫值得赞扬？其次，元老院以最仁慈的话语赞扬高卢行省抵抗安东尼。如果这个行省把他当做一名执政官，但又不接受他，那么这个行省岂不是犯了大罪，因为所有行省都必须接受执政官的裁决和指挥。作为一名统帅、当选执政官、生来为国服务的公民，狄西摩斯·布鲁图否认安东尼是执政官，整个意大利否认安东尼是执政官，元老院否认安东尼是执政官，你们否认安东尼是执政官。那么，除了那些土匪，还有谁把他当做执政官？并非这些人心里想的和嘴上说的不一样，他们虽然不忠诚，有罪，但是他们不能否定所有活人的判断。抢劫与掠夺的愿望蒙蔽了这些没有财产馈赠、没有土地分配的人的心，那永不休止的拍卖也不能使他们满足，所以他们已经准备抢劫这座城市，抢劫她的公民的财产。他们认为没有任何事情能阻拦他们，除非在这里就有东西可供抢劫，因为马库斯·安东尼许诺要把这座城市分给他们——不朽的诸神啊，我恳求你们抵抗这个诅咒，使之无害。

是的，罗马人，愿事情的发展能符合你们的祈求，愿这个疯子和他的家庭遭受惩罚！对此我充满信心，因为我想，不仅是凡人，而且是诸神，都会一致同意保存这个国家。无论不朽的诸神是否用奇迹和征兆向我们预告未来，这些事情已经如此公开地宣布，对他的惩罚和我们的自由临近了；或者说，无论诸神有无推动所有人达成一致意见，我们还有余地怀疑它是上苍的意志吗？

【5】罗马人啊，剩下来要做的事情就是要保持你们已经公开表达的情感。因此，战阵已经排好，我要像一名统帅一样采取行动；尽管他们看到自己的士兵已经做好战斗准备，但他们仍在鼓励士兵；所以我也要鼓励你们，尽管你们热切地渴望恢复你们的自由。罗马人啊，你们面对的是一名敌人，对他使用和平语言已经不可能。现在的问题不是你们要像以前那样受奴役，而是他在愤怒中要吮吸你们的鲜血；在他看来，没有比吮吸你们的鲜血、大屠杀、在眼前砍杀公民更能令他欢乐的事情了。罗马人啊，你们现在还不是在对付一名犯了罪的无赖，而是在对付一头可怕的、野蛮的野兽。由于他已经

跌入泥坑，所以让他被淹没；要是他逃脱了，那么我们就无法抵挡他将带来的酷刑和残忍了。但是，我们的现有力量正在向他进攻，那些新执政官在几天之内就征集到了大量兵员。罗马人啊，担起责任来吧，就像你们现在这样。你们的团结一致从来没有像现在这样伟大，你们与元老院的联系从来没有像现在这样紧密。这一点也不奇怪，因为整件事情不是我们将以什么方式活着，而是我们能否活着，或者我们是否将在折磨和耻辱中灭亡。

自然确实给所有人规定了死亡时间，然而罗马民族天生的、世代拥有的勇敢，一直在提供一种保护，反对残忍的、可耻的死亡。我请求你们紧紧地把握祖先遗传给你们的东西，把它当做传家宝。其他一切事情都是虚假的、不定的、有死的、变易的，只有勇于深深地扎根，就没有任何力量可以动摇或将它拔起。凭借这种勇敢，你们的祖先首先征服了意大利，然后荡平了迦太基，征服了努米底亚，使那些最强大的国王和最好战的民族顺服这个帝国。

【6】罗马人啊，你们的祖先必须对付的敌人是这样的，他们有国家、元老院、国库、有公民的一致意见与调和，如果时机允许，还可以依据某些原则缔结和平条约；而你们现在要对付的这个敌人正在攻击你们的国家，而他本人一无所有；他期待着取消罗马元老院这一个世界议会，但他本人没有公共的议会；他榨干了你们的国库，但他没有自己的库房。至于说"公民的一致意见"，一个没有公民权的人怎能拥有公民的一致意见呢？说到和平，与一个极其残忍的人打交道，我们能相信他吗？

罗马人啊，这场冲突完全是战胜了世上一切民族的罗马人民与一名谋杀者、土匪、斯巴达克斯之间的冲突。他经常自吹自擂说自己像喀提林，可以说他在邪恶方面与喀提林相当，而在能力上不如喀提林。他们中的一个在没有军队的时候匆忙征集军队，而另一个在得到军队以后失去军队。那时候，依靠我的工作、元老院的权威、你们的热情和勇敢，我们粉碎了喀提林；你们将会听到，依靠你们的军队和将领们的好运和勇敢，你们与元老院史无前例的和谐将在短时间内摧毁安东尼的罪恶匪帮。至于我，到现在为止，凭着我的思虑、劳动、警惕、影响和建议，我试图对所有一切产生影响，我将尽力完成与你们有关的所有事情；你们对我极为仁慈，我不可能不完成这些事情；如果不完成，那是在犯罪。但是今天，你们最好的朋友，最勇敢的马库斯·塞维留斯及其同事提出的动议——他们都是最杰出、最忠诚的公民——再加上我的建议和要求，使我们在间隔很久以后，第一次燃起了获得自由的希望。

第五篇

（发表于公元前 43 年 1 月 1 日）

【1】元老院的议员们，没有什么事情比 1 月初的到来对我显得更加漫长；我明白你们中间的每个人在最后的这些日子里也是这种感觉。因为那些发动战争反对国家的人并没有等到今天；在一个特别适宜用我们的意见拯救公共安全的时候，我们没有被召集到元老院里来开会。但是执政官们①的讲话已经消除了所有对以往的抱怨，因为他们已经讲了这样的话，说这个月初对于完成我们的心愿来说似乎并不太迟。这些执政官的讲话振奋了我的精神，给我带来了希望，不仅是为了保卫我们的安全，而且是为了恢复我们古时的尊严；所以，即使我不相信你们的勇敢和坚定，那么第一次被召来参加会议的这个人②的意见也不会扰乱我的想法。

元老院的议员们，这一天终于到来了，你们已经有机会向罗马人民宣布我们这个等级的意见何等勇敢、何等坚定、何等重要。回想一下吧，13 天以前那一天是什么样的一天，你们的团结、勇敢、坚定有多么伟大，你们从罗马人民那里赢得了多少赞扬、多少荣耀、多少感恩。元老院的议员们，

---

① 公元前 43 年的执政官是奥鲁斯·希尔提乌和盖乌斯·潘莎。

② 指昆图斯·富菲乌斯·卡勒努斯，公元前 47 年的执政官，属于朱利乌斯·凯撒派，后来加入安东尼派。

你们在那一天的决定是：你们已经无路可走，只能走向光荣的和平或必要的战争。

马库斯·安东尼想要和平吗？让他交出他的军队，让他请求和平，让他祈求我们的怜悯。他会发现没有人比我更公正了，虽然在对不忠诚的公民赞扬他自己的时候，他宁可以我的敌人的面貌出现，而不是我的朋友。对一名战斗者不能保证任何事情，对一名请愿者倒有可能给予某些东西；但是你们在 13 天以前对这个人做出了最严厉的判决，并向他派遣使者，这样做并非轻率的标志，而是——如果我必须说出我的真正意见——疯狂的标志。

【2】首先，你们赞扬那些统帅，他们根据自己的私人判断发起反对安东尼的战争；其次，那些老兵，尽管安东尼把他们安置在殖民城邦，但他们把罗马人民的自由摆在他们的福利之前。玛修斯军团怎么样？第四军团怎么样？他们为什么受到赞扬？因为他们要是抛弃他们的执政官，那么他们应当受到谴责；要是他们抛弃的是国家的敌人，那么赞扬他们是正确的。你们虽然还没有执政官①，但你们提出了动议，要尽快奖赏这些士兵，荣耀他们的将军。那么你们也乐意在奖赏那些起兵反对派安东尼的人的同时也奖赏那些向安东尼派遣使者的人吗？所以，人们现在必须感到可耻，这些军团的决定比元老院的决定更荣耀，因为这些军队决心捍卫元老院，反对安东尼，而元老院决定向安东尼派遣使者！这是在振奋士兵们的精神，还是在削弱他们的勇气？除了科提拉②，这个人没有其他保护者，而现在却有执政官成了他的保护人，这就是 12 天时间得来的结果吗？尽管我不知在我后面讲话的人的看法，但我希望当面询问他们的意见，以便能说出某些比较适宜的反对意见。

海外有这样一种说法，某些人要建议任命安东尼为山南高卢的总督，该行省现在由普兰库斯掌握。除了向一名敌人慷慨地提供所有战争武器，这样

---

① 多拉贝拉去了小亚细亚，然后去叙利亚，安东尼去了山南高卢，公元前 43 年的执政官还没有就职。

② 指卢西乌斯·瓦里乌斯，此人是安东尼的朋友，为安东尼当使者。科提拉是绰号。

的任命还有什么意思？首先，他现在需要大量金钱，这是进行战争的关键；其次是骑兵，当然多多益善。骑兵，我说的是骑兵吗？我假定他不会把所有野蛮的民族都带来！看不清这一点的是傻瓜，看清这一点并提出这种建议的人是不忠。你要用高卢人和日耳曼人的所有资源——金钱、步兵、骑兵——来装备一名有罪的、堕落的公民吗？你们①的借口没用："他是我的朋友"，首先让他是他的国家的朋友；"他和我有关系"，还有什么关系能比个人与祖国的关系更亲近，这种关系甚至包括与父母的关系在内？"他给我钱。"我想看看有谁敢这么说！等我把问题的症结都挑明了，你们就容易决定要斥责哪些看法，接受哪些看法。

【3】这个问题的症结在于要不要给马库斯·安东尼提供机会，让他摧毁国家，屠杀爱国者，分割这座城市，在他的匪帮中分配土地，奴役罗马人民；或者说，不给他任何机会这样做。你们犹豫不决，不知该做什么。你们会说，这些罪名对安东尼不适用。但是，甚至连科提拉也不敢这样说。安东尼说他在捍卫凯撒的法律，而实际上却在颠覆我们可以特别赞扬的法律，有什么罪名对安东尼不适用？凯撒希望排去沼泽地区的水；凯撒把整个意大利都交给有节制的马库斯·安东尼分配。什么？罗马人民接受了这项法令吗？这项法令在通过前占卜了吗？我们的占卜官太害羞，他的同事不在场的时候他就解释了占卜得来的征兆。然而这些占卜不需要解释，因为有谁不知朱庇特打雷的时候凡人正在做的任何事情都不合法吗？②保民官提出那部关于行省的议案违反了盖乌斯·凯撒的法令，凯撒规定总督任期为两年，他们规定总督任期为六年。罗马人民要接受这部法律吗？还有，在执行前发布公告了吗？还有，事先有相关的动议吗？还有，在任何人有机会表示怀疑之前，这件事已经成为事实了吗？"凯西留斯 狄底乌斯法"在哪里？三天市场日发布的公告在哪里？按照最近通过的"朱利乌斯—李锡尼法"，对这样的行为

---

① 此处西塞罗转而对卡勒努斯和其他安东尼派的人讲话。
② 选举时打雷是一项恶兆，使整个程序不合法。

有什么惩罚？^①你们实行这些法律不会毁掉其他所有法律吗？任何人都可以潜入讲坛吗？更何况还伴有雷鸣、电闪、狂风、暴雨！所以，即使占卜对安东尼没有影响，他能忍受这样的雷电和暴雨也确实显得太神奇了。不过，这位占卜官说这项法律是他提出来的，这个时候不仅朱庇特在打雷，而且上苍也发出了禁令。他会承认这项法令提出时根本没有占卜吗？还有，我们的好占卜官认为这些征兆与这部法律无关吗？这部法律是他与他的同事联合提出来的，而他的这位同事^②由于做了虚假的报告而犯下过失。

【4】但是我们可以解释这些占卜，因为我们是他的同事。据此我们也可以解释一下他的军队是怎么回事。首先，通往讲坛的所有道路都设置了障碍，即使没有手持武器的人阻拦，人们也无法进入讲坛，除非把障碍清除掉；事实上，你们可以看到讲坛边布置了警卫——就好像用堡垒阻止敌人进城——民众和保民官受到阻拦，无法进入讲坛。由于这些原因，我有一个看法，人们所说的安东尼良好地执行的法律是以武力做保证的，是违反占卜的征兆的，是约束民众的。如果说马库斯·安东尼的做法是为了确认凯撒的法令，或者说是为了永久消除独裁，或者说是为了建立殖民城邦，那么元老院乐意看到这些法律的实施，以约束民众；然而由于他使用了暴力，所以这些好法律不应当被视为法律，而必须用我们的权威来斥责这个疯狂的角斗士的胆大妄为。

但是，浪费公款的事情无论如何绝不能容忍，他用做假账的办法贪污了7亿个罗马小银币；所以这真是一个奇迹，罗马人民的巨大财富竟然在那么短的时间里消失。还有，丰厚的利润都被马库斯·安东尼吞没了吗？他出售伪造的法令，收受那些王国、城邦的贿赂，豁免某些人的税收。他说自己是按照盖乌斯·凯撒的票据本行事的，但也许他自己才是这些票据的作者。他

---

① "凯西留斯—狄底乌斯法"（Lex Caecilis Didia）于公元前98年通过，"朱利乌斯—李锡尼法"（Lex Junia Licinia）于公元前62年通过，这两部法律规定：所有法律议案都要在三天市场期间公布。

② 指多拉贝拉，参见《反腓力辞》第二篇，第33章。

在自己家中拿国家的利益做交易，他的妻子比她从前的丈夫更幸运，竟然也参与了拍卖行省和王国；他以法律的名义赦免那些流放者，但实际上却是非法的；如果不用元老院的权威废除这些事情，那么我们现在重建国家只是一种希望，因为留给我们的并不是自由的社团。

不仅靠着那些虚假的票据本，而且靠着出售那些契约，安东尼在家中积累了无数的金钱。安东尼在出售这些东西时说他按照凯撒的"法令"行事，但他甚至记下了伪造一道元老院的法令所收受的一笔贿赂。契约是已经签署了的，但元老院从来没有针对国库颁布过什么法令。这个无赖，甚至那些异邦人也可以作证。签订条约，赠送王国，免除某些人或某些行省的贡金，在罗马人民的叹息中，虚假的告示贴满卡皮托利。用这些邪恶的办法，大量金钱堆聚到那座房子里。如果把这种钱①送入国库，那么国家绝不会缺少金钱。

【5】他还提出了一项有关司法的法律草案，真是法庭和法律的一位纯洁的、正直的支持者。在这方面他欺骗了我们。他说自己已经任命了海军士兵和云雀军团的士兵担任陪审团成员，而实际上他任命的是赌徒、流放者、希腊人。这些陪审员有多么优秀啊！这样的法庭有多么庄严啊！我渴望在那个法庭上为被告辩护！有一位来自克里特的居达士，他是那个岛上的怪人，是一个极其胆大妄为、下流无耻的家伙。但是让我们假定他不那么坏，那么他懂拉丁语吗？我们的陪审员都是他这种类型的吗？最重要的是，他知道我们的法律和习惯吗？简言之，他知道我们的人民吗？你们对克里特的了解超过居达士对罗马的了解，甚至在我们自己的公民中间通常也会选举陪审员和提出质询，然而有谁认识，或者能够认识一名来自哥提纳的陪审员？我们中的大多数人现在认识了雅典的吕西阿德，因为他是一位著名哲学家斐德罗的儿子。他讨人喜欢，很容易与库里乌斯达成一致意见，因为库里乌斯是他的估税员和赌友。所以我要问，如果召集吕西阿德来担任陪审员，且不说他的名

---

① 用上面描写的方法弄到的钱。

字，也不说他曾经是战神山①的一位成员，那么他能够同时在罗马和雅典担任陪审员吗？这个法庭的主席会接受一位讲希腊语的陪审员，让他一会儿披上希腊人的外套，一会儿穿上罗马人的托袈袍吗？或者说，他会轻视雅典人最古老的法律吗？还有，天哪，这是一个什么样的陪审团！一名陪审员来自克里特，一个最坏的克里特人！面对这样的陪审员，被告该如何选择律师？律师该如何接近这位陪审员？这是一个很难缠的民族。噢，但雅典人是仁慈的！我认为，甚至连这位每天拿自己的幸福去冒险的库里乌斯也并不残忍。还有一些挑选出来的陪审员也许可以得到原谅，因为他们有合法的借口，说自己由于流放而至今又尚未被召回才改变了他们的定居处。这个疯子挑选出来并将他们的名字纳入陪审团的就是这些人吗？如果他想到还有任何现存的国家与他的做法有相似之处，他会把国家的一大部分托付给他们吗？

【6】我已经讲完了已知的陪审员，我不愿意提到你们知之甚少的陪审员。他们是舞者、吹笛手，简言之，就是安东尼狂欢的整个匪帮，你们必须知道他们已经被挑选组成第三轮陪审团。因此你们明白为什么这部极好的法律提出时会有狂风暴雨、雷电交加，而我们中间的任何人都不会把这些陪审员当做客人对待。由于他犯下了重大罪行，他意识到了这些邪恶的行动，想到他抢劫来的钱财的账本存放在奥浦斯神庙里，那些最诚实的陪审员正在斥责这些罪恶，这才有了这第三轮陪审团；但是想一想他在选择这些陪审员时的鲁莽和愚蠢吧！他给国家留下了双重耻辱：一是让这些卑鄙的人担任陪审员；另一是它揭示出我们国家有多少卑劣的无赖。

如果这部法律以及其他类似的法律不是依靠暴力强行通过的，也不违背占卜的征兆，那么我会投票赞成撤销这些法律；然而由于情况明摆在那里，我怎么会承认这些在我看来根本没有通过的法律呢？

我们一定不要把有关这个等级的一项最可耻的记录作为留给后代的记忆，自从罗马建城以来，只有马库斯·安东尼一个人公开出行时携带武装保

---

① 战神山（Areopagus），位于雅典，是雅典法庭所在地。

镖。我们的那些国王没有这样做，在驱逐了国王以后那些想要夺取权力当国王的人也没有这样做。我记得秦纳，我看到苏拉，稍后我看到凯撒，自从卢西乌斯·布鲁图①使这个国家自由以后，这三个人拥有的权力超过整个国家。我不能肯定他们周围有没有手持武器的武士保卫，但我可以肯定的是这样的武士人数不多，而且他们的武器是隐藏的。但是这头畜生却使用了一大批武装卫士。卡西乌斯、穆斯特拉、提罗率领着像他们一样的土匪亮着利剑穿过讲坛；野蛮人的弓箭手排着整齐的方队前进；他们到达协和神庙的时候，阶梯上挤满了人，一片杂乱。他不希望他们隐藏盾牌，而他的朋友们不愿意疲劳地扛着盾牌。

【7】最可耻的事情是——不仅是我们看见的，还有我们听到的——那些武装人员、土匪、杀人犯在协和神庙里驻扎，把神庙变成了监狱；协和神庙的大门关闭时，元老院的议员在里面投票，而提出议案的是这些土匪。如果我在9月初没有到这里来，他甚至威胁我说会派人去拆毁我的家。我假定会发生一场重要的争论，他会提出动议，要求元老院发布公告向他表示感恩。我出席了那一天的会议，而他本人却没有来。我谈论了国家的形势②，我的讲话无疑不那么自由，但面对他的威胁，我还是大胆地发表了自己的意见。他用最凶狠的办法阻拦我们习惯的言论自由——卢西乌斯·庇索在30天以前还充分发表了自己的意见——他敌视我，威胁我，命令我参加元老院9月19日的会议。在此之前的17天里，他亲自在蒂布尔的西庇阿庄园高谈阔论，煽风点火，这就是他发表演说的一般动机。到了他命令我出席会议的那一天，他带兵进入协和神庙，当我不在场的时候，从他那最愚蠢的嘴里狂吐反对我的言论。如果我的朋友们在那一天如我所希望的那样允许我来到元老院，那么他已经下了决心，拿我开刀。要知道，一旦开始挥舞他的刀剑，那么只有疲劳和满足才会使他结束屠杀。他的兄弟卢西乌斯在场，这是一名来

① 卢西乌斯·布鲁图驱逐了国王塔克文，建立了共和国。
② 即《反腓力辞》第一篇，发表于9月2日。

自亚细亚的角斗士，他在密拉萨作为一名高卢斗士^①参加战斗，他渴望喝我们的血；而在角斗士的冲突中，他自己的血流得更多。这个人在给你们的财产估价，也在计算他自己在城里和乡下拥有的财产；这个人的乞讨，再加上他的贪婪，威胁着我们的幸福；这个人随心所欲地分割土地，送给他所喜欢的人；个别公民没有接近这个人的途径，也无法向这个人要求公平；安东尼把许多人拥有的地产交给他去分割。尽管只要你们废除了他的法律，这些事情就不成立，然而我想还是应当给予具体关注。我们应当做出决定废除这个七人委员会。如果你们说这些人决定的事情无效，那么这是你们的荣兴。

【8】对马库斯·安东尼而言，当他坐在卡斯托耳神庙前当着罗马人民的面说，除了胜利者没有人能够活命的时候，有谁会认为他是一个公民，而不是最野蛮、最残忍的敌人？元老院的议员们，你们认为他的话语比他的行动更有威胁吗？事实上，他在公共集会上竟敢说自己被解职以后会带着军队逼近城市，随心所欲地进城，不是吗？^②除了威胁要奴役罗马人民，他这样说是什么意思？他匆忙前往布隆狄西意味着什么？如果他不想率领一支庞大的军队来到这座城市，或者倒不如说进入这座城市，那么他希望的是什么？有百人队长的集会是一次什么样的集会啊！怒气冲天，无法平息！这些军团勇敢地用呐喊声斥责这位神圣将军的虚假诺言，而他命令这些百人队长到他家里去，在那里把他们杀害，还杀了他的妻子和带往军中的那些人，因为他认为那些人对这个国家有感情。对那些他从未谋面的人尚且如此残忍，你们认为他会如何对待我们这些被他痛恨的人？当他渴望喝穷人的鲜血时，你们认为他对富人的金钱会何等贪婪，他不是曾经把富人的财产在他的同伴和随从中分配吗？

---

① 此处的拉丁原文"myrmillo"，指武装得像高卢人一样的角斗士，所戴的头盔上有鱼形的顶饰。高卢斗士通常与所谓的色雷斯斗士格斗，或与持网斗士（retiarius）格斗。古罗马人在武斗中手持网兜缠绊对方，这样的斗士称做持网斗士。

② 作为军队统帅随意进城是非法的，除非他已经交出统帅权，或者是在获得胜利的时候。

那个疯子从布隆狄西出发，反对他的祖国。盖乌斯·凯撒①在不朽诸神的青睐下，依据我权威的保证，进入由他父亲创建的殖民地，召集老兵，在几天内建起一支军队，扼制这股土匪的进攻势头；上苍赐给他的伟大精神、理智、判断无疑与他罕见的美德相吻合。玛修斯军团看到这位最优秀的指挥员以后，除了确信我们最终将获得自由以外没有别的目标；第四军团则追随了它的榜样。

【9】听到这些消息以后，安东尼尽管召开了元老院会议，让一位执政官宣布他的意见，把盖乌斯·凯撒定为一名公敌，然而他突然屈服了。后来，他没有按习惯进行献祭，也没有庄严的誓词，他没有出发，而是穿着将军的袍子逃走了。他去了哪里？去了一个有着最坚定、最勇敢的公民居住的行省，这些公民不能忍受他，哪怕他来到这里并无发动战争的意图。他这个人是无法约束的，冲动、傲慢、挑衅，总是在攫取，总是在抢劫，总是在酗酒。他的邪恶即使在和平时期也无人能够忍受，但是他在高卢行省制造战争。他正在包围穆提纳，这是罗马人民最坚强、最优秀的殖民地；他正在攻打狄西摩斯·布鲁图，他是一位将军，一位当选执政官，一位生来不是为自己，而是为我们和国家服务的人。那么，汉尼拔是敌人，安东尼是公民吗？有哪些敌人干过的事是安东尼没干过的？无论是想做，还是正在做，或者已经做了。安东尼一伙的整个行程，除了烧杀抢掠，还有什么？汉尼拔没有犯下这些罪行，他留下许多人的性命供自己使用，而安东尼抓到人后只让他活一个钟头；我在这里谈论的不是公民们的幸福，而是安东尼一伙自己的利益。

天哪，我们要向这个人派遣使者吗？你②的这些朋友知道国家体制、战争法、我们祖先的先例吗？他们会考虑罗马人民的尊严、元老院本身的庄重吗？你会提名一位大使吗？如果讨好安东尼，那么他会轻视你；如果命令安东尼，那么他根本不听。简言之，无论我们给使者下达的命令如何严厉，使

---

① 即屋大维。
② 西塞罗在这里对卡勒努斯说话。

者的名字就会淡化我们在罗马人民中间能够感受到的气氛，会损害这些城市和意大利的精神。忽略这些重大的考虑，派遣使团肯定会带来战争的延续。无论他们怎么说，就好像我听到某个人会"让使者们启程吧，但我们无论如何都要备战"，使者的名字会抑制人们的精神和备战行动的快捷。

【10】元老院的议员们，关键时刻哪怕有最轻微的触动，天平也会完全倒向一边；不仅在公共事务的偶发事件中，而且主要是在战争中，更重要的是在内战中，战争形势经常受到意见和谣言的支配。没有人会问我们派遣使者时给了他们什么训令，而仅仅是使团这个名字，以及未经对方请求就派出使者，就像是一种害怕的象征。让他从穆提纳撤退，让他停止攻打布鲁图，让他离开高卢；但他不会被话语打动，只能被武装驱逐。因为我们不是派人去汉尼拔那里要求他从萨古突撤退，就好像古时候元老院派普伯里乌・瓦勒留・福拉库斯和昆图斯・拜庇乌斯・塔皮鲁斯到汉尼拔那里去一样（他们接到命令，如果汉尼拔不服从，那就去迦太基；但若安东尼不服从，我们该命令我们的使者去什么地方）；我们正在派我们的同胞公民去要求他不要进攻一名将军和罗马人民的一个殖民地。确实如此吗？这是我们必须通过使者才能达到的要求吗？然而，不朽的诸神啊！无论他攻击的是这个城市，还是这座城市的外部堡垒，或是攻击为了保护罗马人民而建立的殖民地，这里面又有什么区别？汉尼拔发动反对我们祖先的第二次布匿战争的原因是封锁萨古突。所以派遣使者去他那里当然是正确的；他们被派到一名迦太基人那里去，他们被派去保护汉尼拔的敌人，我们的同盟者。请你们告诉我，这里面有什么可比性？我们正在派一名同胞公民去要求他停止围城，停止攻打一位将军、一支军队、一个罗马人民的殖民地，停止蹂躏那里的土地，停止与我们为敌吗？

【11】好吧，假定他服从了，我们希望或者有权力把他当做一名公民来对待吗？按照你们12月20日①颁布的法令，你们要把他割成碎片；你们决

---

① 西塞罗发表第三篇《反腓力辞》的时候。

定要在 1 月初看到今天的这项动议，要奖赏那些值得奖励的人，而国家今天的状况很值得你们优先考虑一个人，他就是盖乌斯·凯撒。是他牵制了马库斯·安东尼对这座城市的邪恶进攻，使安东尼转入高卢。其次你们要赞扬那些老兵，他们最先追随凯撒，尤其是那些天降神遣的军团，玛修斯军团和第四军团，它们不仅抛弃了他们的执政官，而且甚至向他发起进攻，你们许诺给他们荣誉和奖赏。在同一天，当那位最杰出的公民狄西摩斯·布鲁图的一道法令被带到你们面前时，你们赞扬了他的所作所为；以你们的公共权威，你们批准了他根据个人判断所进行的战争。除了把安东尼判定为一名公敌，你们其他还要反对谁？在你们的这些法令颁布之后，他还能够平静地看见你们，或者你们还能不带着极大的义愤看见他吗？他已经从这个国家被撵出去，拉出去，割断了联系，不仅是因为他自己的罪行，而且在我看来，也是因为国家的某些好运。

如果他服从了使者的要求，返回罗马，那么你们认为这些堕落的公民不会东山再起吗？我对这一点担心较少，我担心较多、考虑较多的是另一件事。他绝不会服从使者的要求。我知道这个家伙的疯狂和傲慢；我知道效忠于他的那些人的荒唐意见。卢西乌斯是他的兄弟，那个在海外打斗的土匪的头领。假定安东尼本人是明智的——他绝不会明智——这些人也绝不会允许他这样做。这样一来我们就会浪费时间，备战就会懈怠。迄今为止，这场战争如何因我们行动缓慢而延长？当这名土匪的弱点，或者倒不如说当他绝望地逃跑而被发现的第一时刻，当我们可以自由地召开元老院会议的时候，我就一直在要求召集我们开会。在那一天，我们到得很早①，而当选执政官还没有到来；我完全赞同你们的想法，要维护这个国家的基础，尽管我们这样做已经迟了——且我无法在此之前就这样做——如果从那时起我们一天也没有浪费，那么我们现在就根本不会有任何战争。任何罪恶在其刚露头的时候最容易摧毁，而时间一长，等它变得根深蒂固，再要加以扼制就困难重重

———————————
① 指 12 月 20 日。

了。然而，坐等 1 月初的到来，也许并不聪明。

【12】让我们把过去的事情撂下。我们还要继续拖延，直到使者派遣出去吗？直到他们回来吗？他们能够带回来的无非就是战争。如果我们对战争将要爆发表示怀疑，那么还会有什么热情征集兵员？

因此，元老院的议员们，我建议派遣使者的事不用再提了。我认为应当关注而不是拖延另外一件事，我建议这件事应当马上执行。我指的是宣布国家处于紧急状态，法庭休庭，整理军备，除了高卢以外，在整个意大利召集兵员。如果采取了这些措施，那么有关我们的坚决行动的传闻和报道就能压倒那个该死的角斗士的疯狂。他会感到自己开始了一场反对这个国家的战争，他会体验到团结一致的元老院的力量，因为他现在不断地说有党派之争。什么党派？一派已经被征服，另一派属于盖乌斯·凯撒——除非我们认为凯撒的派别正在受到执政官希尔提乌和潘莎以及盖乌斯·凯撒的儿子的攻击！但是这场战争并非由于党派之争，而是由于那些最堕落的公民抱有邪恶的希望，我们的财产和幸福已经被标上了价，想要在他们中间分配。

我已经读了安东尼的一封信，这是他写给七人委员会的某个成员的，此人是一名惯犯，安东尼的同事。"你自己确定你想要什么，无论你想要什么，你一定能得到。"就是对这个人我们要派遣使者，就是对这个人我们要拖延对他的战争，这个人甚至不会拿我们的幸福去当赌注，而会拿去满足那些人的淫欲，他甚至不会给自己留下一样还没有把它许诺给其他人的东西。元老院的议员们，对这个人必须用战争来解决问题，我说的是战争，是马上，我们必须停止派遣使者。

然而，为了避免违反必要的日常法规，我建议把这个国家的全部幸福托付给执政官，让他们担负起保卫国家的重任，不让国家遭到伤害。我建议，如果马库斯·安东尼的军队在 2 月初离开他，那么可以对他们不加歧视。元老院的议员们，如果采用这些建议，你们就能在短时间内恢复罗马人民的自由和你们自己的权威。如果你们想要采取比较温和的行动，你们至少也要签署相同的法令，但这样做也许太迟了。就你们所提出的有关国家的动议而言，我认为我提出来的动议已经足够了。

【13】第二个问题涉及荣誉，我明白，这是我们下面要讨论的主题。为了荣耀勇士，在征求我们意见时，我会按照我们通常的顺序发表意见；因此让我们从当选执政官布鲁图开始。

他以前为国家做出的贡献确实巨大，人们的一般判断都这样看，而非某个保民官这样看，但我们在这里就省略不提了，我们要说的是，用什么样的话语能够赞扬他近期所提供的服务？除了赞扬，对如此杰出的功绩找不到任何奖赏；即使没有奖赏，只要想起公民们的感恩，它也会感到欢乐。因此，应当根据我们的判断，把我们证明与布鲁图的高尚相匹配的赞扬给予布鲁图。因此，元老院的议员们，我建议用下列话语颁布一道元老院的法令：

"当选执政官狄西摩斯·布鲁图将军忠于元老院和罗马人民，保存了高卢行省；他在短时间内，在高卢行省的城镇和殖民地的热情中，在这个国家值得称道的行省中，征集了一支庞大的军队；他的行为完全正确，完全合法，他这样做是为了国家的利益；他为国家提供的杰出服务将得到元老院和罗马人的感谢。据此，元老院和罗马人民一致认为，凭着当选执政官狄西摩斯·布鲁图将军的谨慎和勇敢，凭着高卢行省的团结一致和巨大热情，我们这个国家在最危险的时候得到了帮助。"

元老院的议员们，对于布鲁图提供的服务，对于他给国家带来的恩惠，赋予他什么荣耀会显得太大？如果高卢对马库斯·安东尼敞开，如果他在摧毁了某些没有准备的城镇和殖民地以后进入高卢腹地，那么在这个国家的头顶上会悬挂的危险会有多么大！我假定，这群疯子的首领会犹豫不决——他的所有判断都十分固执和古怪——要不要对我们开战，不仅带上他的军队，而且带上所有野蛮人，而我们有可能甚至凭着阿尔卑斯山的屏障也不能阻止他的疯狂进攻。所以我们要感谢狄西摩斯·布鲁图，他没有等候你们发令，而是凭着他自己的决断拒绝接受那个人为执政官，拒绝让他进入高卢，把他当做敌人来对待，下决心包围他，而不是看到这座城市被包围。因此按照我们的法令，让布鲁图接受赞扬，以此永远证明他的行动是伟大的、高尚的；

让一直保卫着帝国和所有人的自由的高卢行省得到公正的赞扬，不是因为它没有投降，而是因为它抗击了安东尼及其军队。

【14】我们也要赞扬马库斯·雷必达，以回报他对这个国家的杰出服务，我建议要颁布法令，赋予他最大的荣耀。他一直希望罗马人民能够获得自由。当安东尼给凯撒戴上王冠的时候，他掉头而去，他的叹息和悲愤表明他有多么痛恨奴隶制，这是他的倾向和意见的最大证明。他期待着罗马人民的自由，但这是一种时代的必然，而不是他自己能够做出的选择。我们中间有谁能忘记他在凯撒死后这个国家所面临着的危机中表现出来的巨大节制？①这些都是巨大的功绩，但我急于说那些更大的。啊，不朽的诸神！当我们所有人都惧怕的内战达到顶峰，应当用智慧和仁慈来加以扑灭，而不是单凭军队和刀剑的时候，在所有民族的眼中，有什么事比这件事更值得敬佩，有什么事能比这件事让罗马人民更加欢迎？如果凯撒在那场野蛮而又可悲的战争中执行同样的政策——不必说得更远了——那么最杰出的格奈乌斯·庞培的两个儿子现在应当安然无恙地在我们中间，由于他们非常孝顺，我们肯定不会歧视他们。但是，马库斯·雷必达能够拯救所有人吗？在有力量的时候他会这样做，他把塞克斯都·庞培送还给他的同胞公民，让他成为这个国家瑰丽的装饰，这也是对他本人的仁慈的最好记忆。然而，不幸是沉重的，罗马人民的命运是沉重的！因为在庞培家族中，这位父亲作为罗马人民的帝国的光明已经熄灭，然后是最像父亲的这个儿子被杀害。②然而在我看来，不朽诸神决定为这个国家保留塞克斯都·庞培足以抵偿所有的一切。

【15】由于这一公正而又重要的原因，鉴于马库斯·雷必达用他的仁慈和智慧把一场最危险的大内战转变为和平与和谐，我建议元老院颁布这样一道法令：

"在将军和大祭司马库斯·雷必达的治理下，这个国家经常繁荣昌盛；

---

① 雷必达当时没有与安东尼结盟，而是退出罗马。
② 雷必达没能拯救庞培的另一个儿子，他在公元前45年凯撒胜利以后被杀。

罗马人民知道他尤其反对王权；他的勇敢、审慎、仁慈、温和帮助我们扑灭了一场最凶恶的内战；格奈乌斯之子塞克斯都·庞培·玛格努斯屈服于元老院的权威，放下了武器；他被将军和大祭司马库斯·雷必达送还给他的同胞公民，并带去元老院和罗马人民最善良的意愿；马库斯·雷必达对国家做出了卓越的贡献，他的勇敢、影响和好运使元老院和罗马人民得到休息、和平、团结、自由；元老院和罗马人民将牢记他为国家提供的服务，元老院十分愉快地颁布本法令，为他塑造锁金塑像，安放在讲坛上，或者安放在他所希望的任何地方。"

元老院的议员们，在我看来这种荣誉非常崇高，这首先因为它是公正的，它不仅为人们提供了对未来的期盼，而且对杰出的服务做出了奖赏；我们想不起元老院是否曾经凭着它自己的自由判断把这样的荣誉授给任何人。

【16】元老院的议员们，下面我要说到盖乌斯·凯撒；如果他不能活着，我们中间有谁现在能够活着？有一个脾气极其恶劣的人从布隆狄西向这个城市猛扑，带着仇恨，带着对所有忠诚者的敌视，带着一支军队，简言之，他就是安东尼。那么有什么办法能够扼制这个人的胆大妄为和邪恶？我们还没有统帅，没有力量，没有国家的议事会，没有自由；我们的脖子还在听凭他的无法无天的残忍的摆布；我们全都在想着逃亡，而逃跑本身并不能使我们万事大吉。当那个瘟疫般的公民已经向我们开启毁灭之路时，神在这个时候让这位上苍赐予我们的年轻人出现在罗马人民面前；出乎所有人的意料，他突然崛起，在有人开始怀疑安东尼的意图之前，他召集了一支军队，抵抗马库斯·安东尼的疯狂行为。应当把巨大的荣誉赋予格奈乌斯·庞培，虽然他还是一个年轻人；因为他在一个动荡的时代前来帮助这个国家；他的军队有较好的装备，因为士兵们有热情寻找一名统帅，参加一场不同种类的战争；因为苏拉的事业不能得到所有人的感恩，许多被剥夺公民权的人和在那么多城镇发生的严重灾难表明了这一点。但是凯撒，尽管他要比苏拉年轻许多，已经把老兵们武装起来；他维护元老院、罗马人民、整个意大利，还有诸神和凡人最感恩的事业。庞培本人依靠卢西乌斯·苏拉的那支胜利的军队；而

凯撒没有与任何人合作；他本人就是最早起兵，最早进行抵抗的。庞培掌握着敌视其对手的皮切诺地区；而凯撒在那些人中间组织起一支反对安东尼的军队，那些人是安东尼的朋友，但更是自由的朋友。在庞培的帮助下，苏拉实行统治；在凯撒的保护下，安东尼的暴政被摧毁。

因此让我们赞扬凯撒，如果没有他就不会有军事行动，就不能组织军队，就不能发动战争；可以让他担任执法官，通过常规的手续赋予他全权。这项荣誉对他这个年纪的人来说是巨大的，但有助于必须采取的措施，而仅仅是增强他的尊严。因此让我们提出这项要求，这是我们今天应当获得的结果。

【17】但我确实希望我们和罗马人民都能经常荣耀这位年轻人。现在，我建议颁布这样一道法令：

"盖乌斯之子、祭司团成员、代理执法官盖乌斯·凯撒在国家发生严重危机的时刻，征召、鼓励老兵们起来捍卫罗马人民的自由；玛修斯军团和第四军团带着最大的热情，团结一致，为国服务，它们在盖乌斯·凯撒的统领和权威下，捍卫了国家和罗马人民的自由；为了解救高卢行省，代理执法官盖乌斯·凯撒率领罗马人民的军队出发，有骑兵、弓箭手、大象，等等，使这个行省顺服；它在国家最危险的时候，前来保卫罗马人民的生命和尊严。鉴于上述原因，任命盖乌斯之子、祭司团成员、代理执法官盖乌斯·凯撒为元老院议员，让他在执法官的位置上发表自己的意见，这是罗马人民的荣幸；无论他今后寻求担任什么样的职务，都可以做出同样的解释；只要他在前一年担任过财务官，那么提名他为其他职务的候选人就是合法的。"

元老院的议员们，我们为什么不希望他尽可能获得全部荣誉呢？根据有任职资格的法律，由于担心年轻人的鲁莽，所以担任执政官要有最低年龄限制；而盖乌斯·凯撒在成年时已经显示出杰出的才能和优秀的品质，所以他不必等待他的年龄满足最低任职年龄的要求。按照我们祖先的看法，远古时代我们没有关于任职资格的法律。许多年后，候选人之间的竞争导致这种法律的产生，使竞选可以在同龄人之间进行。但是这样一来，经常缺失的就是为国服务所需要的美德。然而在古代的鲁卢斯家族、德修斯家族、康维乌斯家族，以及其他许多家族中，以及在人们的近期记忆中，老阿非利加努和提多·弗拉米纽斯在非常年轻的时候就担任了执政官，他们在扩展罗马人民的帝国的疆界方面取得了伟大成就，使罗马人民的名字光彩夺目。还有，马其顿的亚历山大刚刚成年就开始了伟大的远征，去世时年仅 33 岁，而按照我们的法律，这个年龄不是比担任执政官的最低年龄还要小十岁吗？由此我们可以得出结论，男子汉的英勇气概的成长比年龄的增长要快。

【18】至于那些妒忌凯撒的人的所谓担心，我们没有理由怀疑他无法约束自己或者不能有节制的行事，在我们授予他的荣誉的鼓励下，他能合理地使用他的权力。元老院的议员们，一个掌握了荣耀的真正含义的人，一个感到自己被元老院、罗马骑士、所有罗马人民钟爱的公民，一个被视为国家的救星的人，应当把这种荣耀看得高于一切。一位年轻人受到元老院和所有忠诚的公民的钟爱，这是盖乌斯·凯撒的幸运——我指的是这位父亲！因为他忽略了这一点，因为在迎合流传的谣言时，他浪费了他的理智的全部力量，这在他那里是最高的。就这样，由于无视元老院，无视那些好人，他为自己开辟了一条扩张自己的权力的道路，而这种权力是任何一个自由的人所拥有的男子汉气概所无法容忍的。

但是他儿子的方法截然相反：亲近所有人，尤其是亲近每一位忠诚者。我们获得自由的希望寄托在他身上；他已经使我们恢复了安全；最高荣誉已经为他做好了准备。因此，当我们敬佩他独特的谨慎时，我们还需要愚蠢地对他表示担心吗？喜爱昙花一现的无益的权力、喜爱容易招来猜忌的财富、喜爱暴君式的统治，胜过喜爱稳定的荣耀，还有什么比这样做更愚蠢的？他在孩童时期就已经认清了这一点，现在他已经长大，难道反而看不清了吗？"但是他敌视某些最优秀、最忠诚的公民。"这不应当引起人们的担心。凯撒珍视这个国家，国家是他的法官，是他所有计划和行动的控制者；他开始为国服务只是为了增强，而不是颠覆国家。我知道这位年轻人的所有情感。对他来说，没有什么东西能比国家更宝贵，没有什么东西能比你们的权威更重要，没有什么东西能比好人的意见是他更想听的，没有什么东西比真正的荣耀更甜蜜。因此，就人们对他的担心而言，你们应当期待更大更好的事情，而不是担心这个把狄西摩斯·布鲁图从堡垒中救出来的人，在他心里会持久地记住家庭的不幸①，乃至于压倒他对国家安全的考虑。元老院的议员们，我甚至可以大胆地向你们、向罗马人民、向国家保证；如果誓言对我没有约束，我肯定不会大胆地对如此重大的事情发誓，以免留下鲁莽的名声。元老院的议员们，我庄严地向你们保证，盖乌斯·凯撒一定会是一位好公民，就像今天这样，他会是我们特别希望并期盼的那个样子。

【19】在当前的情况下，有关盖乌斯·凯撒，我想我已经说够了。而涉及卢西乌斯·埃那图莱这位最勇敢、最坚定的公民，一位对国家感情最深的人，我想我们也不应当保持沉默。我们应当为他的杰出美德作证，是他把第四军团带给凯撒，保卫了执政官、元老院、罗马人民和这个国家。据此我要说，如果允许卢西乌斯·埃那图莱比法定年龄早三年担任公职，这将是我们的荣幸。这项动议赋予卢西乌斯·埃那图莱的，更多的不是荣誉，而是便利；他在这件事情上得到提名就足够了。

涉及盖乌斯·凯撒的军队，我建议我们的法令这样说：

"元老院十分高兴地宣布，追随祭司团成员、代理执法官凯撒捍卫和正在捍卫罗马人民的自由和元老院的权威的老兵，以及他们的孩子，将被豁免劳役；盖乌斯·潘莎和奥鲁斯·希尔提乌，他们中的一人或两人，只要他们认为可行，就可以调查这些老兵已经在哪些殖民地定居；这样的占有虽然违反朱利乌斯法，但可以把土地分给老兵；他们可以分别调查坎帕尼亚的土地，设计一种有利于增长老兵利益的方法。元老院十分高兴地宣布，这项法令适用于玛修斯军团和第四军团，也适用于那些跟随执政官盖乌斯·潘莎和奥鲁斯·希尔提乌的第二军团和第三十五军团的士兵，他们为了元老院和罗马人民的自由而战斗，把高卢和大利从骚乱中解救出来，这些军团在战争结

---

① 指他的养父朱利乌斯·凯撒之死。

束时可以解散，这些士兵和他们的孩子可以豁免劳役。元老院十分高兴地宣布，无论祭司团成员、代理执法官凯撒个人向这些军团的士兵许诺了多少金钱，元老院都将发给他们；执政官盖乌斯·潘莎和奥鲁斯·希尔提乌，无论是一人还是两人，只要他们认为可行，就可以对可供分配的土地进行估价，但又不伤害个人；他们实际上已经把大量的土地分配给玛修斯军团和第四军团的士兵。"

执政官们，我已经对你们提出的所有建议发表了意见；如果你们马上予以批准而不加拖延，那么你们将比较容易及时做好必要的准备。但是，及时行动是必要的；如果我们及时采取行动，那么如我常说的那样，我们就不会有战争。

第六篇

（发表于公元前 43 年 1 月 4 日）

【1】罗马人啊，我想你们已经听到了一些谣言，说元老院里有什么交易，而每个人的观点是什么；因为自从 1 月初以来讨论的事情刚刚才有结论，不像应有的那么严厉，但也并非完全懈怠。战争已经推迟了，但是战争的根源并没有消除。因此，我要回答普伯里乌·阿普留斯已经对我讲过的这个问题——由于担任过许多公职，他和我有着非常亲密的关系，也是你们的好朋友——使你们能够理解这些事情，你们当时不在场。

我们最勇敢、最优秀的执政官在 1 月初提交了一项动议，涉及国家的一般事务，其动因就在于在我的推动下元老院于 12 月 20 日颁布了一道法令。罗马人啊，这个共同体的基础在那一天首次奠定；元老院在间隔了很长时间以后才变得完全自由，而你们最终获得了自由。确实，在那个时候，哪怕那一天命中注定是我生命的最后一天，然而当你们齐声呐喊这个国家要由我来第二次加以拯救时我已经赢得了充分的赞扬。在你们庄重和杰出的判断的鼓励下，我在 1 月初进了元老院，心里记得你们说的我一直保持着的那些性格。如我所做的那样，鉴于一场反对这个国家的邪恶战争已经发动，我认为应当刻不容缓地追击马库斯·安东尼；我建议用战争来打击这个人，他胆大妄为，犯下了许多罪行，而现在他正在攻打一位罗马人民的将军，包围你们最忠诚、最勇敢的殖民地；我赞成颁布法令以制止国家的骚乱；我认为元老院应当颁布法令，关闭法庭，整军备战，以便使所有人在看到元老院已经准备进行一场严肃的战争时，能以更大的热情献身，阻止这个人对国家的伤害。罗马人啊，我的这种观点在那三天里完全占了上风，虽然没有具体区分，然而除了个别人，大家似乎都表示赞同。但是今天，由于某些期待或观望，元老院变得比较懈怠；许多人支持这样一种看法，认为我们应当通过派遣使者去确认元老院到底有多大的权威，你们的一致支持能否制服安东尼。

【2】罗马人啊，我猜想你们驳斥这种观点并非没有理由。因为我们要向谁派遣使者？这个人把公共资金耗费殆尽，通过暴力和曲解占卜把法律强加给这个国家；他包围元老院，从布隆狄西召集军团前来反对这个国家；他被那些军团抛弃以后带着一帮匪徒窜入高卢，现在正在攻打布鲁图和包围穆提纳，我们难道要向他派遣使者吗？对这名角斗士你们有什么可谈的？无论是和平还是公平的条件，或是要不要派遣使团？然而，罗马人啊，如果他不服从，那么它就不是使团，而是战争的威胁；因为这就是法令，正如派使者到汉尼拔那里去。因为派遣使者是为了告诉他，不要封锁一位当选的执政官，不要包围穆提纳，不要蹂躏这个行省，不要招兵买马，而要服从元老院和罗马人民的统治。这个从来没有支配过自己的人会轻易服从命令，服从元老院的旨意，接受你们的统治吗？这个人自发地干过些什么？那些淫荡、滑稽、疯狂、陶醉的地方总是在吸引他；有两类人总是在争夺他，一类是妓院的老板，另一类是土匪；他喜欢在家里享受情欲，也喜欢在讲坛上搞谋杀，他会马上服从一名最邪恶的女人[①]的命令，但不是服从元老院和罗马人民的命令。

---

① 安东尼的妻子富尔维娅。

【3】因此，我要对你们讲述我不久前在元老院讲过的话。我保证，我警告，我事先断言，马库斯·安东尼不会服从使者们传达的任何命令，而会蹂躏这块土地，包围穆提纳，以他能够做到的任何方式招兵买马。因为他这个人总是轻视元老院的意见和权威，总是轻视你们的希望和权力。或者说他这个人不可能执行最近的法令，把他的军队撤离高卢边境，撤到鲁比肯河，除非他不想挺进到距离这座城市 200 英里的地方？他这个人会服从元老院的警告吗？他会让鲁比肯河在距离这座城市 200 英里的地方挡住自己的去路吗？安东尼不是这样一个人；如果他是这样的人，那么他就不会采取行动迫使元老院对他提出警告，就好像他是布匿战争开始时尚未封锁萨古突的汉尼拔。要他撤离穆提纳仅仅是为了让他远离这座城市，就好像要远离一团毁灭性的烈火——这是何等的耻辱！这里面包含着元老院的什么想法！还有，元老院要派遣使者去狄西摩斯·布鲁图和他的士兵那里，向他们保证元老院和罗马人民喜欢他们为国家提供的良好服务和善良的意愿，他们的行动会给他们带来巨大的荣耀吗？你们认为安东尼会接受使者的要求而不攻打穆提纳吗？或者说，他会平安无事地离开那里吗？相信我，他绝不会接受使者的要求；我知道他的蛮横，我知道他的鲁莽，我知道他的胆大妄为。我们实际上不应当把他当做一个人，而应当把他当做一头最凶狠的野兽。

在这种情况下，元老院的法令并不宽松，派遣的使团也有几分严肃性，但那不会造成行动的拖延吗！因为在大多数情况下，迟缓都很可恨，尤其是，战争要求快速。我们必须解救狄西摩斯·布鲁图，必须从全国各地集合我们的军队；为了拯救这样一位优秀的公民，哪怕是再拖延一个时辰也是犯罪。如果布鲁图认为安东尼是执政官，高卢是安东尼的行省，那么布鲁图会把那些军团和行省交给安东尼，而他自己胜利地返回家园，第一个参加元老院的投票，直到正式就任执政官吗？这样做有什么难处？但他记得自己是布鲁图，生来要为你们的自由服务，而不是为了自己的安逸；因此，除了阻止安东尼进入高卢——几乎是凭着他自己的身体——除此他还能做些什么？我们不是应当给这个人派去使者，或者倒不如说派去军团吗？

但是，让我们放下过去的事情；让使者们加速前进，我知道他们会这样做；而你们要整军备战。我们会这样做，但是安东尼不会低头，我们将会因为失去了那么多天的行动时间而感到悲伤。

【4】罗马人啊，我并不担心安东尼会听说我在元老院和公共集会上做出的保证，我说他绝不会服从元老院的领导；那么，为了驳斥我的断言，为了让人们相信我缺乏远见，他会改变他的方式，服从元老院吗？他绝不会这样做，绝不会把这种荣誉授予我，因为他宁可看到你们把我视为聪明的，而愿你们把他视为有节制的。此外，即使他本人愿意，我们也要想到他的兄弟卢西乌斯绝不会同意。最近确实有人提到——我想是在蒂布尔——安东尼见了卢西乌斯，用死亡威胁他的兄弟。这位来自亚细亚的高卢斗士①真的会服从元老院的命令，听从使者们的劝告吗？他不可能与他的这位兄弟分离，尤其是他的兄弟是个很有分量的人。他是他们中间的阿非利加努；他的分量超过卢西乌斯·切贝留斯，超过提多·普兰库斯……②一位高尚的年轻人。普兰库斯受到人们一致的谴责，曾经禁止他使用水与火③，你们对此报以最响亮的掌声；他也曾受到安东尼的轻视，于是他不得不可悲地回到原地，等待被召回；他在某个时候说过，一个放火焚烧元老院的人在元老院中不能有一席之地。至于切贝留斯，安东尼现在很爱他，但当他反对废除债务的时候，安东尼痛恨他；自从安东尼看到切贝留斯本人要是不废除债务就不能拯救他自己以来，切贝留斯成了安东尼的眼睛的瞳仁。罗马人啊，我想你们已经听说了——甚至有可能看到——切贝留斯的担保人和债务人每天都在开会。啊，真是一位讲信用的人！我想切贝留斯应该有这个称号，你欺骗债主，从家中逃跑，由于负债累累而诉诸武力，不是吗？他经常在赛会中赢得的胜利在哪里？善良的人们在什么地方带着最大的热情把市政官的职位授予他？那里的人有谁不认为这个人在时来运转时还能良好地行事，而依据他的本性，他只

---

① 参见《反腓力辞》第五篇第 7 章及相关注释。

② 此处原文有缺失。

③ 这是对流放者的最严厉的惩罚。

会邪恶地行动？

【5】但是，卢西乌斯·安东尼，我要回到你的关爱中去，他照料着你们的一切事务。对此你们会否认吗？你们中有谁没有自己的部落？肯定没有。然而有 35 个部落接受他为保护人。你们还会再喊"不"吗？看着左边那尊锁金骑士塑像，那上面的铭文写的是什么？"35 个部落宗族献给他们的保护人。"罗马人民当时的保护人竟然是卢西乌斯·安东尼。愿邪恶的瘟疫降落在他身上！因为我同意你们的呐喊。没有人会选择这样一名土匪为当事人，他在任何时候都那么强大，成就非凡，乃至于竟然敢把自己称做罗马人民的保护人，一切民族的征服者和主人，是吗？我们在讲坛上看到了卢西乌斯·安东尼的塑像，就像我们在卡斯托耳神庙前看到了征服赫尔尼坎人的昆图斯·切莫鲁斯的塑像。这是多么难以置信的厚颜无耻！他之所以如此高看自己，是因为他在密拉萨当高卢斗士时割断了一名色雷士斗士、他自己的同伴的喉咙吗？如果他在这个论坛上当着你们的面打斗，我们能够忍受他吗？

但这是一尊塑像，第二尊塑像由罗马骑士们用公共的马匹①竖立；他们也在塑像上刻上了铭文——"献给我们的保护人"。那个等级接受谁当它的保护人？如果它曾经这样做，那么他们应当接受我。但关于我自己我什么也不说；什么监察官？它接受了什么将军？"他在他们中间分配土地。"这些接受土地的人有多么邪恶！分配土地的人有多么厚颜无耻！

曾经两次在凯撒军中担任军法官的人给一位军法官竖立雕像。这些人属于什么等级？军团数量很多，年份很长，担任军法官的人也很多。这名军法官也在他们中间分配塞莫里安人的土地。虽然玛斯平原还留着，但他很快就和他的兄弟逃跑了。然而，罗马人啊，按照最优秀最杰出的元老院议员卢西乌斯·凯撒的建议，这种土地分配废除了；按照他的动议，我们还废除了七人委员会的法令；努库拉②就他所喜爱的东西在讨价还价；安东尼的监护人

---

① "用公共的马匹"的意思是由国家出资。
② 努库拉（Nucula）是"七人委员会"成员之一，参见《反腓力辞》第八篇，第 9 章。

的市场生意兴隆。因为财产所有者会平静地离去；他们会身无分文地离去；许多人没有得到土地，有些是因为他们缺乏自信，有些是因为他们没有钱。但是有一尊塑像得到了象征胜利的棕桐枝；如果时间更好一些，我会笑着引述道："来自卢西乌斯·安东尼与其保护人之间的交易。"为什么会这样？交易是卢西乌斯·安东尼所从事的工作的一部分吗？谁在那场交易中贷给了卢西乌斯·安东尼 1,000 个银币？

【6】这些小事情我已经说够了，现在让我们返回我们的主题——战争问题，尽管我谈论这些事情并无不妥。你们应当认识某些人，这样你们在心里可以想到你们在和谁进行战争。

罗马人啊，我要敦促你们，即使另一种办法比较聪明，我们还是要平静地等待使者返回。我们的事业已经失去了及时行动的时机，尽管其正当性还在增长。因为当使者们报告——他们肯定要报告——安东尼不服从你们的统治，不服从元老院的命令时，有谁会如此不配当一名公民，乃至于认为这个人应当被视为同胞公民？现在一些人，尽管很少，然而更像是国家会这样说："我们甚至可以不等使者返回吗？"事件本身确实已经引出了许多时髦的话语和虚假的仁慈。按照这种解释——罗马人啊，假定这是对你们说的——我不大诚恳，我今天没有坚持到底，元老院应当同意我的意见，对这个混乱的国家颁布法令，整军备战；我宁可所有人都在这 20 天中赞同我的意见，而不愿我的意见今天被几个人滥用。因此，罗马人啊，吞下你们的抱怨，再等几天，直到使者返回。等他们回来的时候，如果他们带来了和平，那么你们可以把我当做一名有偏见的证人；如果他们带来的是战争，那么你们要看到我的预见。我难道不该对我的同胞公民做出预见吗？我难道不该日以继夜地考虑你们的自由和国家的安全吗？罗马人啊，我这个没有显赫家世的人现在对你们有什么亏欠，在最高贵的人们面前，你们宁可把所有荣誉赐予谁？我是不感恩的人吗？在赢得荣誉以后，我在讲坛上花费的劳动与寻求荣誉一样多，还有谁比我更感恩？我在国家事务方面缺乏经验吗？有谁比我更老练？我对不忠诚的公民开战到今天已经是第 20 个年头了。

【7】因此，罗马人啊，听了有关我的权力范围的建议，我要用几乎超出我的力量许可的辛劳，作为一名哨兵警惕地为你们站岗放哨。你们乐意让我拥有这样的位置，有哪个公民会忘了你们的仁慈，会如此不在意他的国家，会如此不在乎自己的尊严，如同没有受到伤害一样，会不被你们这一方的一致意见所感动？作为执政官，我出席并主持过许多大型的公共集会，但没有一次像今天的集会。你们所有人只有一个意见和一个主题，这就是抗击马库斯·安东尼对国家的进攻，扑灭他的疯狂，打垮他的无耻。所有等级的人抱着同样的希望，所有城镇、殖民地、整个意大利都服从一个目标。在你们的支持下，已经很坚定的元老院变得更加坚定。公民们，时候到了，虽然对罗马人民来说已经显得太迟，只不过我们现在一个时辰也不能拖延了。可以这样说，命运女神已经降下了灾难，所以我们要尽力忍受；如果灾难现在就降临，那么这是我们自己的选择。奴役罗马人民违反神圣的法律，不朽的诸神要罗马人统治一切民族。事情已经到了最危险的时刻，其要害是自由。罗马人啊，你们要么赢得胜利，而凭着忠诚和团结一致你们肯定能获胜；要么做其他事情而不是受奴役。其他民族能够忍受奴役；而罗马人民肯定拥有自由。

第七篇

（发表于公元前 43 年 1 月）

【1】元老院的议员们，我们正在商量一个微小但有可能非常重要的主题；执政官提出了一项关于阿庇安大道和卢佩基附近的敏特部落的动议。这种事情的安排似乎很容易，然而由于犹豫不决，基于牵挂更大的事情，人们正在偏离争论的问题。元老院的议员们，事情已经到了最危险的时刻，几乎陷入最大的危机。我一直担心此事并非没有理由，我从来没有同意派遣使者。我不知道他们的返回会给我们带来什么，但是有谁看不见等待他们返回将带来一种什么样的懒散气氛？我们不能约束那些悲愤的人，他们希望恢复古代的

权威，让元老院焕发青春，让罗马人民与我们这个等级联合起来，让整个意大利与我们合作；我们的军队已经做好准备，我们的统帅在等待出征。但是到了现在有人还在捏造来自安东尼的答复，为他们辩护。有人断言安东尼要求解散所有军队。我们派遣使者去安东尼那里，难道不是要他服从和聆听这个组织的命令，而是要他提出条件，制定法律，吩咐我们把意大利交到异邦人手中去吗？还有，当安东尼本人安全的时候，从他那里来的危险肯定比来自其他任何民族的危险更值得害怕。有些人断言安东尼会把近高卢①交给我们，而为他自己提出远高卢的要求。好极了！这样一来他不仅可以带着军团向这座城市进军，而且可以带着那些异族人一起来。还有人说安东尼的要求非常有节制。自从他的兄弟盖乌斯从马其顿被召回以来，安东尼就一直把马其顿视为己有。但是哪个行省的火炬不能点燃大火？所以这些有远见卓识的公民和勤奋的元老院议员的呼吁大同小异，他们说我吹响了战争的号角，而他们自己在保卫和平。他们不是提出了这样的论证吗？"不应当激怒安东尼；他是一个卑鄙而又顽固的人；他的周围有许多厚颜无耻的人"，然后，说这些话的人可以开始列举他们自己的名字，而他们告诫我们要提高警惕正是为了反对安东尼！然而你们用来处理那些背叛公民的方法在什么地方表现出更多的谨慎？在你们能够做到的时候，你们是惩罚他们，还是害怕他们？

【2】轻率地说这种话的人从前被称做民主派。由此可见，他们心中厌恶国家的健全体制，从天性上来说他们也不是民主的。当采取错误措施的情况下，在一件格外民主、其意图也是为了国家安全的事情中，那些宁要无耻也不要民主的人怎么会是民主的？至于我本人，虽然如你们所知我一直反对大众的草率，但这是一条最好的理由证明我是民主的。他们确实被称做执政官，或者他们称自己为执政官。如果不能用行动来支持如此荣耀的头衔，那么无人配得上这个名称。先生们，你们要讨好敌人吗？他给你们送来了信件中提到了他成功的希望吗？你们愿意把信拿出来大声地宣读，甚至把它们递

---

① 近高卢（Hither Gaul），即山南高卢。

给不诚实的公民去抄录吗？你们要长他们的志气，灭忠诚者的希望和美德，然而却又把自己视为一名执政官，或元老院议员，乃至于一名公民吗？我们最勇敢最优秀的执政官盖乌斯·潘莎将为我的话作证。我对他抱有最友好的情感，然而即使是他，即使我们有着亲密的关系，但除非他是这样的一名执政官，把他自己的全部勤奋、全部关注、全部思想献给国家的安全，否则我不会把他算做一名执政官。从他成年起，我们之间的交往、习惯、联系也向我保证了在最光荣的事业中我们会站在一起，在内战最危险的时候，他处理问题的快捷也得到了最充分的证明，他不仅是我的生命而且也是我的荣誉的保护者；然而如我所说，如果他不是这样一名执政官，那么我会大胆地说他根本不是执政官。但我要说他不仅是一名执政官，而且在我的记忆中是最杰出、最忠诚的执政官。并非其他人没有相同的美德和禀赋，而是他们没有这样伟大的场合显示他们的禀赋和美德；而他的伟大心灵、性格和智慧都已经进入一场最危险的暴风骤雨之中。披戴国家的盔甲，执政官就成为高尚的；如果不是在一个希望的时候，而是在一个紧迫的时候，那么情况更是如此。元老院的议员们，没有比当前更紧迫的时候了。

【3】因此，我一直是和平的推进者，尤其是国内和平的推进者，我对所有忠诚的人士都是宝贵的，一直为他们所珍爱；我的所有活动都在讲坛上进行，在元老院里进行，为我的朋友们排忧解难；由此我得到了充分的荣誉和适度的财富，以及我现在拥有的等级；所以我要说，任何一位和平的精心培育者都不可能到达我这个程度；对于我的行动而言，我这样说并不显得傲慢，在国内和平没有实现时，我冒着危险讲话。元老院的议员们，我不去想你们如何接受我的意见，而是为了维护和增添你们的尊严，这是我不可更改的愿望，所以我要恳求你们，无论有多么痛苦和难以置信，听到马库斯·西塞罗说的话，首先要接受，不要视为对你们的冒犯，而不是在我解释其含义之前就拒斥；我要再说一遍，我一直是和平的颂扬者和推进者，我拒绝支持与马库斯·安东尼媾和。元老院的议员们，我抱着很大的希望说出下面的话来，就好像我所说的那些最危险的要点已经在你们的沉默中通过了。

那么，我为什么要拒绝支持媾和？因为这是可耻的，因为这是危险的，因为这是不可能的。当我解释这三个命题时，元老院的议员们，我请求你们像通常那样，仁慈地聆听我的话。

不仅对个人，尤其对作为一个组织的元老院，还有什么事情比前后矛盾、反复无常、动摇不定更加可耻？你们突然希望与这个人媾和，而你们根据刚刚颁布的许多法令知道这个人已经被判定为敌人，不仅是言辞，而且是事实，还有什么事比这件事显得更加前后矛盾？当你们颁布法令赐予盖乌斯·凯撒荣誉的时候，你们难道没有判定安东尼是敌人吗？无论如何，这些荣誉是他应得的，确实非同寻常，值得纪念；但你们把荣誉授予他只有一个原因，这就是他招集了一支军队反对马库斯·安东尼。当那些服从你们的权威，追随盖乌斯·凯撒的老兵受到赞扬时，安东尼没有被判定为敌人吗？那些勇敢的军团由于抛弃了这名所谓的执政官，你们因此许诺豁免他们的劳役，许诺赐给他们金钱和土地，在这样的时候你们没有把安东尼判定为敌人吗？

【4】还有布鲁图，他出身高贵，为了国家的解放，为了罗马人民的自由，为了最忠诚的高卢行省的自由，他率军与安东尼战斗；在用最慷慨的颂辞荣耀布鲁图的时候，你们难道没有把安东尼判定为敌人吗？还有，你们颁布法令，派遣一名或两名执政官出征，如果安东尼不是敌人，那么这场战争在向谁开战？那些最勇敢的人，我的同事和朋友、执政官奥鲁斯·希尔提乌，为什么要出发？他身体虚弱，但他心灵的勇气并没有动摇；我假定他会认为冒着生命危险去争取罗马人民的自由是正确的，正是由于罗马人民的祈祷，他的生命才保存下来。还有，当你们下令在整个意大利征集兵员时，当你们豁免士兵的劳役时，安东尼没有被判定为敌人吗？你们看到这座城市在铸造武器，士兵们手持利剑跟随执政官，他们看起来是执政官的警卫，而实际上是为了我们；所以人们带着极大的热情，无一例外地报出他们的名字；他们服从你们的权威。难道安东尼没有被判定为敌人吗？

"但是我们已经派遣了使者。"啊，我真的不以为然！为什么要强迫我责备我一直在赞扬的元老院呢？什么！元老院的议员们，你们认为人民能够接受你们的使团吗？你们不明白也不愿意听取我的意见，这是我的政策所需要的吗？你们头一天在有许多人参加的会议中接受了它，第二天就把它当做虚幻的和平希望加以抛弃！还有，那些军团向元老院派遣使者，元老院向安东尼派遣使者，这样的事情有多么可耻！然而这不是"使团"，这是一项严重警告，如果安东尼不服从元老院，那么他的命运也就决定了。但这又有什么关系？公众们想的是更加严重的事情；因为所有人都看到这些使者被派出去，而我们颁布的法令中的用语却并非所有人都知道。

【5】因此我们必须维护我们的前后一贯、坚定不移、不屈不挠；我们必须再次恢复我们古代的严峻，因为元老院的权威缺乏荣耀、美誉和尊严，这个组织缺乏这些东西的时间太长了。但是我们有一个理由采取镇压的措施，这个理由虽然很可怜，然而却是恰当的，这就是我们现在缺乏荣耀、美誉和尊严。我们似乎已经从国王般的暴君统治下得救[①]；但从那以后我们仍旧受到内战的更加严重的压迫。[②] 我们现在确实要躲避战火，但我们无法把握整个局势。如果我们不能做到这一点——下面我将以一名元老院议员和一名罗马人的口吻讲话——那就让我们去死。马库斯·安东尼将会来到元老院，坐在执政官席位上投票，这对国家来说将是一种什么样的耻辱，什么样的丢脸，什么样的污点！且不说他在担任执政官期间在这个城市里犯下的无数罪行，在此期间他花费了大量的财政经费，非法召回流放者，贪污税款，违反罗马人民的意志指派行省，为了金钱而建立附属王国，用暴力制定法律，派武士包围或封闭元老院——这些事情我都不说了；我要说的是，这些事情你们连想都没有想过吗？这个人进攻最忠于罗马人民的殖民地穆提纳，这是何等愚蠢和邪恶的罪行；他包围一位罗马人民的将军，一名当选执政官；他踩蹒土地；由于这些原因这个组织经常把他判定为敌人，那么他应当被接收到

---

① 由于独裁者凯撒之死。
② 由于安东尼在罗马。

这个组织里来吗？

有关耻辱我已经讲够了。下面如我所建议的那样，我要说一说危险。虽然我们应当躲避耻辱胜过躲避危险，然而危险对大多数心灵的影响比耻辱更甚。

【6】那么当你们看到安东尼那伙人，或者看到安东尼们的时候，就能拥有确定的和平吗？你们也许藐视卢西乌斯，但我甚至连盖乌斯都不藐视。如我所察觉到的那样，卢西乌斯是安东尼最主要的合作者，因为他是35个部落的保护人，按照法律，当他与盖乌斯·凯撒一道担任公职的时候，他拥有这些部落的投票权；他还是罗马骑士的百人队的保护人，希望罗马骑士们没有投票权；他还是那些曾经担任过军法官的人的保护人，是那些肮脏交易的保护人。谁能与这个人的权力对抗，尤其是当他把和他一样的人安插在这块土地上的时候？罗马骑士吗？军法官吗？你们能想象革拉古兄弟的权力比这名角斗士将要拥有的权力更大吗？我把他称做角斗士，不是在我经常称呼马库斯·安东尼为角斗士的意义上，而是在那些讲一口简单的拉丁语的人的意义上。他在亚细亚作为一名高卢斗士参加格斗。他在格斗中把他的一名同伴和朋友、一名色雷斯斗士踩在脚下，在这名色雷斯斗士想要逃跑的时候，他割断了这个恶人的喉咙，而他自己也受了轻伤，如他的疤痕所示。如果说他会割断朋友的喉咙，那么在有机会时，他会对敌人干些什么？如果说他那样做是为了运动，那么你们认为，为了抢劫，他会怎么做？他难道不会再把无赖安排在陪审员席位上吗？他不会再鼓动饥饿者争夺土地吗？他不会对那些受到驱逐的人表示哀悼吗？至于马库斯·安东尼，他不会再是那个每一次社会骚乱荒淫无耻的公民都奔着他去的人吗？可以保证的是，只有现在和他在一起的人在支持他，还有那些在这里公开支持他的人；但是他们的人数难道还不够吗，尤其是我们在忠诚的公民中的支持者被驱散，而他的意愿却受到关注？我担心的是，如果我们今天发表的意见中有任何错误，那么这些事情很快就会出现在我们面前。我不拒绝和平，但我非常恐惧包裹着和平之名的战争。因此，如果我们希望享有和平，那么我们必须发动战争；如果我们拒

绝战争，那么我们绝不能享有和平。

【7】但是，元老院的议员们，坐在这个议事会里尽可能早地预见未来，这是你们的任务。由于这个原因，我们在这个瞭望台里安置了哨兵；凭着我们的警觉和远见，我们可以把罗马人民从恐惧中解救出来。这个世上最高的议事团体有失误，尤其是在如此明显的情况下，那真是一种耻辱。我们有这样的议会，有罗马人民的热情，有意大利的团结一致，有这样的指挥员，有这样的军队，如果元老院不犯错误，那么这个国家不会遭受任何灾难。对我来说，我没有犯错误；我有谴责，有预测，有警告，诸神和凡人都可见证我的感情；我不会只拿我良好的信仰来担保，这也许已经够了，但对一位优秀的公民来说还不够；我还要拿我的细心、意见和警觉来担保。

【8】我已经讲完了危险。下面我要说明，甚至连媾和也不可能，这是我三个命题中的最后一个。

首先，在马库斯·安东尼和元老院之间能有什么和平可言？他会尊重你们的什么方面？回过头去，你们会用什么样的眼神看他？你们中有谁不恨他？你们中有谁是他不恨的？只有他恨你们，而你们不恨他吗？什么！那些包围穆提纳的人，那些在高卢招兵买马的人，那些威胁你们幸福的人，会是你们的朋友吗？或者说，你们是他们的朋友？或者说，他的军队会吸收罗马骑士吗？他们对安东尼的情感和意见有什么不能表达！各个不同等级的人站在协和神庙的台阶上，他们召唤我们去恢复我们的自由，他们要求得到武器和装备，要求开战，他们召唤我去参加公共集会，和罗马人民在一起——这些人会热爱安东尼，安东尼会与这些人保持和平吗？

对全体罗马人民我该说些什么？他们一心一意，在挤满了人的讲坛上两次要我对他们讲话，表现出他们恢复自由的最大愿望。所以，从前我们把争取让罗马人民站在我们一边当做我们祈求的目标，而现在我们有他们作为我们的领导。那么，在罗马人民和包围穆提纳的人之间有什么和平的可能？这些人攻击了罗马人民的一位将军和军队。安东尼与这些城镇能有和平吗？它们制定法令、提供士兵和经费，表现出巨大的热情。所以，在哪个城镇里你会找不到罗马人民的议员？① 我们这个议事团体应当做出决定，表彰菲尔姆的人民，是他们带头答应提供经费；我们必须由衷地感谢玛鲁昔尼亚人，是他们决定给那些逃避兵役的人打上耻辱的烙印。这些事情很快就会在整个意大利完成。安东尼要是对这些人媾和，那真是太伟大了，这些人要是对安东尼媾和，那也真是太伟大了！还能有什么分歧比他们之间的分歧更大？和平绝不可能在有着巨大分歧的公民中存在。其他我就不多说了，有一位格外优秀和荣耀的罗马骑士卢西乌斯·维西丢斯，他作为一位公民总是受人尊敬，我知道他在我担任执政官期间警觉地保护着我的安全；他不仅鼓励他的邻居参军，而且用他自己的家产帮助他们；我要说，对这样一个人，我们应当用元老院的法令来褒奖他；那么，安东尼能与这样的人媾和吗？或者说安东尼能够与把他挡在城外的盖乌斯·凯撒媾和吗？或者说，安东尼能够与把他赶出高卢的狄西摩斯·布鲁图媾和吗？哦，但是安东尼本人会平息他的愤怒，对拒斥和责备他的高卢行省表现出仁慈来吗？元老院的议员们，除非你们表现出远见，否则你们将会在不断爆发的内战中看到一个充满仇恨与不和的世界。元老际的议员们，我以上苍的名义起誓，不要对那些不可能实现的事情抱有希望，不要关心那些你们做不到的事情，不要对谋求眼前的和平抱有希望，从而失去将会待久的和平。

【9】我在这里的整个演讲的目的是什么？因为我们现在还不知道那些使者起了什么作用。但是我们现在必须在精神上振奋、警觉、从容不迫、做好准备，以便不被某些温和的或者顺从的回答所迷惑，被公平的伪装所迷惑。在提出任何要求之前，安东尼必须执行我们的所有命令与禁令；他必须停止进攻布鲁图和布鲁图的军队，停止踩踏高卢行省的城市和疆域；他必须给使者提供接近布鲁图的通道；他必须把自己的军队撤回鲁比肯，不得前进到距这座城市两百英里以内；他必须服从元老院和罗马人民的统治。如果他能做到这些事情，那么我们就能讨论新问题；如果他不服从元老院，那么即使元

---

① 亦即每个城镇都有一个议事会。

老院不对他宣战，他也会对罗马人民宣战。

　　但是，元老院的议员们，我要提醒你们：托付给你们的罗马人民的自由处在危险之中；安东尼一直在用邪恶与残忍的手段摧残每一位忠诚公民的生命和幸福；除非你们现在加以维护，否则你们会发现你们自己的权威也要被摧毁；你们一定要提高警惕，防止那些已经被你们捆绑的野兽逃跑，或者已经隔离的瘟疫再次蔓延。对你个人，潘莎，我要提醒你——尽管你不需要意见，因为你自己就是最确定的意见的提供者，然而即使是最能干的舵手在狂风暴雨中也经常接受乘客的建议——不要让这些资源，不要让你拥有的巨大资源丧失。你有了这样一个其他任何人在任何时候都没有的机会。在元老院的坚定态度、骑士等级的热情、罗马人民的渴望的帮助下，你有权力把这个国家从恐惧和危险中永远解放出来。我和普伯里乌·塞维留斯一样，对提交的这项动议表示同意。

第八篇

（发表于公元前 43 年 1 月底）

【1】盖乌斯·潘莎，昨天发生的事情比你以执政官名义召开的会议更加混乱；在我看来，你几乎没有抵抗那些你通常不会向他们屈服的人。元老院表现出通常的勇气，所有人都看到事实上存在的战争，但有些人认为不要用"战争"这个词，在分歧中你倾向于宽大。由于你的立场，我们的动议遭到失败，原因仅仅是用词过于尖锐；最荣耀的卢西乌斯·凯撒的动议占了上风；虽然消除了表达方面的严峻，但他在自己所说的那些事情中的表现比在投票中更加宽大。投票之前，他用自己的亲戚关系①为自己找借口。在我担任执政官期间，他的所作所为在他姐姐的丈夫的案子中和在他姐姐的儿子的

---

① 安东尼的母亲是卢西乌斯·凯撒的姐姐。

案子中是同样的；他既为他姐姐感到悲伤，也关心罗马人民的安全。然而，即使凯撒本人以某种方式建议你不要和他投一样的票，为了对得起他自己和这个国家，他的亲戚关系不会妨碍他。那么好吧！他现在是舅舅，你们也要和他一样是舅舅吗？

这场争论由什么组成？有人希望在决定中不要使用"战争"这个词，他们宁可使用"骚乱"；这些人不仅对事件本身无知，而且对这些词的意思无知；因为，可以有无骚乱的战争，但不会有无战争的骚乱。除了是从中会产生更大恐惧的混乱，骚乱还能是其他什么意思吗？"骚乱"（tumultus）就是从"害怕"（timeo）这个词派生出来的。① 因此我们的祖先把国内发生的骚乱称做"意大利的"，把在意大利边境上发生的骚乱称做"高卢的"；除此之外，不再用于别处。由此可以明白骚乱比战争更严重，在战争中豁免劳役是有效的，在骚乱中豁免劳役是无效的。因此，如我所说，可以有无骚乱的战争，但不会有无战争的骚乱。但由于战争与和平之间没有一个居间的术语，所以骚乱如果不是战争的组成部分，那么它必然是和平的组成部分；还有什么样的说法或想法比这更荒谬？元老院的议员们，关于这个词我已经说够了，还是让我们来看事实，尽管我承认有时候使用这个词会使事情变得更糟。

【2】我们不希望把当前的事情说成"一场战争"。如果是这样，那么我们要求那些殖民地和城镇反抗安东尼有什么权威？这种权威要求征召士兵但不使用强迫和惩罚的手段，仅靠他们自己的热情和良好意愿吗？这种权威许诺要为国家做贡献吗？如果消除战争这个名称，那么这些城镇的热情也会消失；如果我们发生改变，那么现在站在你们一边团结一致的罗马人民必须会被削弱。

但还有必要说更多的话吗？狄西摩斯·布鲁图正在遭受攻击，这不算战争；穆提纳这个古老而又坚强的殖民地正在被包围，甚至连这也不算战争；

---

① 西塞罗这个解释是错误的，应为骚乱（tumultus）派生于膨胀（tumeo）。

高卢正在遭受蹂躏,我们能保证什么样的和平?为此我们派遣了一名最勇敢的执政官和一支大军,谁能把它称做战争?他虽然长期身患重病,但受到保卫国家的召唤,他认为自己没有不去的理由。确实,盖乌斯·凯撒没有等候你们的法令,像他那个年纪的人通常会这样做;他主动地发起了一场反对安东尼的战争。因为当时元老院的法令还没有到达,而他看到,如果错过时机,这个国家就会被摧毁,也就不可能有任何法令了。所以他们和他们的军队是在谋求和平!他不是被希尔提乌从克拉特纳驱逐出去的那些守军中的敌人;他不是在用武力反对一名执政官并攻打一名当选执政官的敌人;他也不是潘莎在宣读他的同事的来信时所用的那些敌对的或战争的用语所指的敌人。"我已经驱逐了那些守军;我占领了克拉特纳;骑兵逃走了,发生了一场战斗,有少数人被杀。"还有什么更大的和平?向全意大利颁布征兵法令,取消豁免兵役,准备好装备;这位执政官已经说了,明天他会带着保镖进入市政广场上的讲坛。

这难道不是战争,或者说这是一场前所未见的战争?在其他战争中,尤其是在内战中,会提出某些有争论的政治问题。苏拉与苏皮西乌就苏拉用武力推行的那些法律的有效性问题发生争论;秦纳与屋大维就新公民的投票权问题发生争论;苏拉与马略和卡波就推行暴政、残忍地处死优秀公民发生争论。所有这些战争的原因都在于政治上的争论。而对于最近这场内战①我不想说什么,因为我不知道它的原因,我厌恶它的后果。

【3】现在正在进行的是第五次内战——这些内战都在我们这个时代发生——第一次内战爆发的时候,罗马人民并没有陷入分裂与不和,而是极为团结与和谐。所有人都有同样的希望,都有同样的东西保卫,都有同样的感情。当我说"所有"的时候,我把那些没有人会认为他们配得上公民权的人排除在外。那么我们之间在战争中,在生死存亡的紧要关头有什么争执?我们正在捍卫不朽诸神的神庙、我们的城墙、我们的家园,正在捍卫罗马人民

---

① 凯撒与庞培之间的战争。

的居所、祭坛、炉灶，以及我们祖先的坟墓；我们正在捍卫我们的法律、法庭、自由、妻子、儿女、祖国；另外，马库斯·安东尼正在猖狂进攻这个国家，试图骚扰和颠覆这些东西；他可以把抢劫这个国家作为战争的理由；他可以部分挥霍我们的财产，部分拿去分配给他的同党。

在这样一场双方如此不同的战争中，最可悲的事情是他许诺把我们在罗马的住房分给他的匪帮（因为他向他们保证，他要整个城市拿来瓜分）；其次，他要带领他们从他们愿意走的城门进城。跟随安东尼的卡福、萨克撒，以及其他畜生，都为自己在图斯库兰和阿尔巴选定了最精美的别墅和娱乐场；甚至那些灌区和普特利的粗鲁的乡下人——如果说他们是人，倒不如说是野兽——也抱有虚幻的希望。所以安东尼有东西可以许诺给他的追随者。但我们有什么？我们也有相同的东西吗？上苍禁止我们这样说！因为我们的目标是从今以后没有人可以把这一类东西许诺给别人。我不愿意这样说，但我必须说。元老院的议员们，凯撒的拍卖激励了许多有这样的期待并肆无忌惮的人，因为他们看到有人从乞丐突然变成富翁；所以安东尼把一切都许诺给这些给我们的财产带来威胁的人，他们总是期待着拍卖。我们有什么？我们对我们的士兵有什么保证？我们许诺的东西更加美好、更加伟大。因为那些罪恶的许诺对许诺者和期待得到许诺的人来说都是邪恶的；我们向我们的士兵确保自由、法律、权力、法庭、这个世界帝国、尊严、和平、安宁。因此，安东尼的许诺是血腥的、野蛮的、罪恶的，对诸神和凡人来说是可恨的，不可能持续或有益；而与此相反，我们的保证是诚实、正直、高尚，充满欢乐，充满爱国精神。

【4】还有，我的勇敢的、充满活力的朋友昆图斯·富菲乌斯在和平的好处这一点上提醒我。就好像和平需要赞扬，而我却不能以同样恰当的方式对和平唱赞歌！这是我仅有的一次保卫和平吗？我不是一直以安宁为目标吗？对所有善良人都有用的东西对我特别有用。因为要是没有讲坛，没有法律，没有法庭，我有什么地方可以付出我的辛勤劳动？一旦没有了和平，这些东西就不能存在。

但是我要问你，卡勒努斯 ①，你这样说是什么意思？你把奴役也称做和平吗？我们的祖先确实拿起过武器，不仅赢得自由，而且赢得帝国；你却认为我们可以放下武器，可以去当奴隶。那么还有什么比废除奴役更加正当的开战的理由？与此相关的是，你的主人可以不压迫你，然而他要是想压迫你，他就有权这样做，这是一件邪恶的事情。不仅如此，如果说其他理由是正当的，那么这一理由是必然的。

但你也许认为这种说法对你不适用，因为你希望成为安东尼的暴政的合作者？你在这里犯了双重错误：第一，看重你自己的利益超过共同体的利益；第二，认为王权是稳定的和可接受的。如果说接受暴政曾经使你得利，②那么它不能使你始终得利。还有，你曾经抱怨过凯撒，而凯撒是一个人；如果你面对一头野兽，那么你会怎么想？你说你是一个始终盼望和平的人，你始终希望全体公民安全地生活。多么美好的情感！如果你说的全体公民仅指良好的、有用的、忠诚的公民，那才是对的；如果你希望那些凭着自然是公民，而凭着选择是敌人的人安全，那么请你告诉我，你和他们有什么区别？确实，我在年轻时曾向你的父亲请教，他虽老迈，但非常严峻而有判断力，他不愿意把杀死提比略·革拉古的普伯里乌·纳西卡列为他的所有同胞公民之首；他认为纳西卡的勇敢、谨慎和伟大的心灵解放了这个国家。好吧，我们从祖先那里还接受了其他法令吗？所以，如果你没有生活在那些时代，如果某人不希望所有公民安全，他在你眼中就得不到认可！"执政官卢西乌斯·奥皮米乌就此国事做了报告，元老院颁布法令，责成执政官卢西乌斯·奥皮米乌保卫国家。"就这样，元老院发话，奥皮米乌派兵落实。那么你，如果你生活在那个时代，你会认为奥皮米乌是一个鲁莽的或残忍的公民吗？或者说，四个儿子都比执政官昆图斯·麦特鲁斯残忍吗？或者说，元老院的首领普伯里乌·伦图卢斯与其他许多杰出人士与奥皮米乌一道拿起武器

---

① 即昆图斯·富菲乌斯，全名昆图斯·富菲乌斯·卡勒努斯（Quintus Fufius Calenus）。
② 意为在凯撒的统治下。凯撒让卡勒努斯成为公元前 47 年的执政官。

追捕革拉古，一直追到阿文廷，在冲突中伦图卢斯受了重伤，革拉古被杀，执政官马库斯·伏尔维乌以及他的两个小儿子被杀，因此这些人要受到谴责，因为他们不希望所有公民安全，是吗？

【5】让我们来看比较近的例子。元老院把保卫国家的重任托付给执政官盖乌斯·马略和卢西乌斯·瓦勒留。保民官卢西乌斯·萨图尼努斯和执法官盖乌斯·格劳西亚被杀。在那一天，所有斯考鲁斯家族、麦特鲁斯家族、克劳狄家族、卡图鲁斯家族、斯卡沃拉家族、克拉苏家族全都拿起了武器。你认为执政官或这些优秀人物应当受谴责吗？我希望喀提林死。而你希望所有人安全，你希望喀提林不受惩罚，是吗？卡勒努斯，你的信条和我的信条之间有一个差别：我不愿意任何公民有这样的行动乃至于被处死，而你认为即使公民有这样的行动也应当宽恕。如果身体有某个部分坏死将伤及身体的其他部分，我们就要烧灼或割除它，让某些肢体，而不是整个身体灭亡；所以在国家的身体上，为了确保整体的健康，我们要截除有毒的部分。这样说很刺耳，但你的话更刺耳："让那堕落的、犯罪的、不忠的人得救；让无辜的、善良的人，让整个国家，灭亡！"昆图斯·富菲乌斯，我承认你对一个人看得比我远。我把普伯里乌·克劳狄视为邪恶的、犯罪的、淫荡的、不忠的、鲁莽的、无赖的公民；而你正好相反，你认为他是纯洁的、合理的、无辜的、有节制的公民，应当得到保护。好吧，就算你对这个人看得很清楚，而我大错特错！

至于你说我习惯于愤怒地争论，情况并非如此；我承认我在争论中言辞相当激烈，但我否认我愤怒；我在和朋友争论时，哪怕应当对他们表示愤怒，我也不会这样做。所以我可以和你意见不同，但不会辱骂你；我这样做并非没有最大的痛苦。我和你的差别微不足道吗？我和你的差别仅仅在于我喜欢这个人，你喜欢那个人吗？是的，确实如此，我喜欢狄西摩斯·布鲁图，而你喜欢马库斯·安东尼；我希望保存罗马人民的殖民地，而你急于让它在狂风暴雨中被夷为平地。

【6】你能否认这一指控吗，正是由于你的干扰造成的拖延，使得布鲁图

变弱，使安东尼变强？请你告诉我，你说你希望和平有多久了？战争正在进行，战线已经拉开，搏斗即将开始。我们已经派了三位国家的首领去调停。安东尼轻蔑地予以拒绝和驳斥，而你在继续不断地保护安东尼。没错，他可以装得像一位公正的议员，说他自己不一定是安东尼的朋友；而安东尼，尽管对你欠下恩情，在法庭上仍旧像是要反对你。请注意他对他的国家是何等热爱！他对这个人表示愤怒，然而，为了他的国家的缘故，他要保护安东尼！

至于我，昆图斯·富菲乌斯，当你如此严厉地反对玛西里亚人的时候，我无法耐心听你讲话。你要攻击玛西里亚人多久？对那座城市进行的战争已经胜利结束，如果没有那里的人的帮助，我们那些立了塑像的前辈甚至不能战胜山南高卢的那些部落。① 在那个场合下，罗马人民发出叹息；尽管所有人都会对自己的不幸表现个人的悲伤，然而不会有一个公民认为这个最忠诚的城邦的不幸与他无关。凯撒本人曾经对他们非常愤怒，然而那个城邦的坚定和忠诚每日里都在平息他的愤怒；如此忠诚的城邦遇上的任何灾难都无法使你感到满足吗？你也许会说我又对你愤怒了？但我所说的一切都没有愤怒，但不会没有心里的痛苦；我认为没有一个人会是那个城邦的敌人，它是我们国家的朋友。卡勒努斯，我无法发现你的观点到底是什么。从前我们无法发现你是不是民主派，而现在我们不能通过祈祷你是民主派来压倒你。

我已经和富菲乌斯争论够了，我说这些话的时候没有仇恨，但没有一句话不包含痛苦。但是我想，他能够冷静地忍受着他女婿②的抱怨，也能忍受一位朋友的抱怨。

【7】现在我要说到其他执政官了，他们中没有一个——我有权这样说——不对我抱着感激之情，有些很大，有些很小，但绝不会没有。

我们昨天受到了是什么样的耻辱——我指的是我们执政官！第二次派使

---

① 玛西里亚于公元前 49 年宣布支持庞培，后来被凯撒攻占。
② 指执政官盖乌斯·维庇乌斯·潘莎（Gaius Vibius Pansa）。

者？"噢，但若他休战了又怎么办？"当着使者的面，就在他们的眼前，安东尼沉重地打击穆提纳，并向使者炫耀他的行动；不是一会儿，而是使者们在那里的所有时候，围攻有一刻停止吗？对这个人派遣使者？为什么？为了在使者返回时你们可以感受到更大的痛苦吗？至于我，虽然我以前曾经投票反对派遣使团，然而我会用这样的想法来安慰自己，等这些使者遭到安东尼的嘲笑和拒绝，等他们回来时向元老院报告，安东尼不仅没有按照我们的命令离开高卢，甚至也没有从穆提纳撤退；然而他们没有机会逼近狄西摩斯·布鲁图，如果有机会，那么我们的仇恨都会被点燃，我们会在义愤的激励下带着兵器、战马、武士去帮助狄西摩斯·布鲁图。然而我们在知道了马库斯·安东尼的胆大妄为和无赖，而且也明白了他的蛮横和傲慢以后，变得更加软弱无力。如果卢西乌斯·凯撒还健康，塞维乌斯·苏皮西乌还活着。①我的这一目标可以由三个人来完成得更好，而不是像现在这样要由我一个人来进行。

我带着悲伤这样说，而不是要侮辱谁：元老院的议员们，我们被我们的领袖抛弃了，抛弃了。但是——我经常这样说——在这样一个危难时刻，所有人都会记住公正的、勇敢的判断力是我们的执政官。使者应当给我们带来自信，但他们带来了恐惧——尽管没有给我带来任何恐惧——无论他们向那个人表达多好的意愿，但他们从他那里得到的甚至是命令。

【8】不朽的诸神啊！我们祖先的古代世界的精神在哪里？在我们祖先的那些日子里，盖乌斯·波皮留斯被派到国王安提奥库斯②那里作使者，元老院发话，命令安提奥库斯撤离他正在包围的亚历山大里亚城，这位国王开始拖延时间，波皮留斯在他站的地方画了一个圆圈，并说要是这位国王在他迈出这个圆圈之前不说出他的意向，他就要报告元老院。一项高尚的举动！他成了元老院的化身并带去了罗马人民的权威。如果有人不服从元老院和罗马

---

① 塞维乌斯·苏皮西乌死于出使安东尼。《反腓力辞》第九篇是他的葬礼演说词。

② 叙利亚国王安提奥库斯·埃庇芳尼（Antiochus Epiphanes）入侵埃及。罗马人于公元前168年派遣使者要他停止入侵。

人民，那么我们不应当接受他的命令，或者倒不如说，我们应当加以拒绝。我接受过藐视元老院命令的这个人的命令吗？或者说，当元老院在他包围罗马人民的一位将领时对他下了禁令时，我会考虑他与元老院有什么共同之处吗？

他的命令是什么样的命令！它们表现了何等的傲慢、迟钝、蛮横！然而在他给我们派来了他的装饰品和朋友，曾经担任过市政官的科提拉时，他为什么要给我们的使者下这些命令？如果科提拉当时确实是一名市政官，那么那些奴隶就不会根据安提奥库斯的命令在一次宴会上鞭打他了。这些命令多么有节制啊！元老院的议员们，我们必须像铁一样坚硬，才能否定这个人的一切！他说："我放弃这两个行省。我放弃我的军队，我不拒绝成为普通公民。"这是他说的话，他似乎又清醒了。"我什么都忘了，我希望和解。"但他又添上什么？"如果你们奖励我的六个军团，我的骑兵和步兵。"他甚至在为这些人要求奖赏，而为这些人要求宽恕都是过分的鲁莽！此外他还说："这些人应当继续拥有他本人和多拉贝拉赠给他们的土地"，亦即坎帕尼亚和列奥蒂尼的土地，我们的祖先把这两地视为我们的粮仓。

【9】他豢养了一大群戏子、赌徒、恶棍，他们的队长是斗狠逞勇，肌肉强健的卡福和萨克撒。此外他还要求"他本人和他的同事的法令继续保持有效，包括正式写下来的和口头记录"。如果他这个出售者保持价格，为什么要急于让每个购买者都保留买到的东西？"奥浦斯神庙里的账本不能动"，也就是说不能去找那70亿个小银币；"七人委员会不能因为他们的行为而遭到歧视"。我想这是努库拉的主意，他也许害怕失去众多的佃户。他也希望豢养"那些与他同坐一车的人，无论他们犯有什么不法行为"。他在照顾穆斯特拉和提罗[①]，不怕给自己找麻烦，因为他曾经有过不法行为吗？他有没有贪污公款、杀人、蓄养武士？他为什么要替他们着急？因为他提出要求，

---

① 参见《反腓力辞》第二篇，第4章。

"不废除凯撒制定的有关审判的法律"。如果能确保这一点，那么他还有什么可担忧的？他担心给他的追随者居达士、吕西阿德、库里乌斯中的某一个定罪吗？①

然而，安东尼没有给我们下达更多的命令，他也做了少许让步。他说："我放弃山南高卢，但我要求得到山外高卢和六个军团"——也就是说，他宁可不受外界打扰——"还有那些新增的部队，超过了狄西摩斯·布鲁图的军力"——不仅仅是他自己征集的兵员——"还有，我应当像执政官或前执政官马库斯·布鲁图和盖乌斯·卡西乌斯那样长时间掌管行省"。按照这个人提出的选举方式，他的兄弟盖乌斯——因为这是他参选的年份——已经被打败了！②"我本人将掌管我的行省五年。"这是凯撒的法令加以禁止的，而你还说自己在捍卫凯撒的法令。

【10】这些命令是对你们下达的吗？你，卢西乌斯·庇索，你，卢西乌斯·腓力普斯，作为国家的领军人物，我不说你们能否心里平静，而说你们能够伸出耳朵来听取这些命令吗？但是，如我怀疑的那样，你们会有某种痛苦，因为你们在他面前不像使者或执政官，不能保持你们自己的尊严或国家的尊严。然而无论受到何种哲学的影响，我想——虽然这已经超出我的能力——你们无功而返，但并不愤怒。尽管你们是罗马人民的代表和使者，但马库斯·安东尼并没有对你们有任何顺从；而我们对马库斯·安东尼的使者科提拉还有什么让步没有做出？虽然按理说这座城市的城门都不应当为他打开，然而这座神庙为他敞开了，他还有权进入元老院，昨天在他的笔记中写下了你们的投票情况和你们所说的一切；甚至那些担任最高职务的人也不顾自己的尊严想要博得他的青睐。

不朽的诸神啊！保持领袖在公共事务中的作用是一项什么样的任务！他要了解，而不仅仅是凭感觉，知道他的同胞公民是什么样子！在家中接待敌

---

① 关于这些人参见《反腓力辞》第五篇，第5章。

② 亦即安东尼把布鲁图和卡西乌斯说成执政官，也就等于承认他的兄弟竞选执政官失败。

人的使者，让他进入密室，甚至把他拉到一边，表明这个人丝毫也不考虑他的名誉，并对他自己的安危想得太多。然而危险是什么？如果说我们已经面临最后的危机，那么，要么是自由在等待胜利者，要么是死亡降临被征服者；前者是人们祈求的，后者是无人能逃脱的。但是卑鄙地逃避死亡比任何死亡更糟。确实，我不能受到诱导，从而相信有些人会妒忌其他人[①]的坚定和努力，甚至反感这个人持续不断地帮助国家，而元老院和罗马人民已经证明了这个人的善意。说一名执政官勇敢是一种最高的赞扬，他们必须代表国家思考、讲话和行动，我们所有人都必须这样说，无论是在我们祖先的时代，还是最近。元老院的议员们，我想起了昆图斯·斯卡沃拉，他在马尔西战争[②]期间担任占卜官，尽管年纪老迈，健康不佳，仍旧每天在日出时与前来见他的人谈话，这位体弱的老人总是第一个进元老院。我的主要希望是让那些人能够模仿他的行为，其次是让他们不要妒忌另一个人的努力。

【11】元老院的议员们，过了六年，我们有了获得自由的希望，我们忍受的奴役比那些良好勤奋的奴隶还要长。为了罗马人民的解放，有什么辛苦、焦虑、劳动是我们要躲避的？至于我本人，元老院的议员们，尽管这个国家在备战时允许那些担任我曾经担任过的职务的人穿常服，然而在这样一个严峻的时刻，在国家如此混乱的状况下，我决定不从服装上把你们和我的其他同胞公民分开。我们这些执政官等级的人在这场战争中表现得并不好，罗马人民在冷静地观察代表我们地位的徽章；我们中有些人非常胆怯，乃至于把罗马人民对他们的热爱抛在一边；有些人对国家的安危无动于衷，公开偏袒敌人，并附和安东尼对我们使者的嘲笑和讥讽，支持安东尼的使者。他们说不应当阻挠他回到安东尼那里去，他们通过提出接受他的建议而修改了我的提案。我会同意他们的观点。让瓦里乌斯[③]回到他的将军那里去，但条

---

① 指西塞罗本人。
② 马尔西战争（Marsic War），马尔西是住在意大利中部高原的部落。
③ 即科提拉，全名科提拉·瓦里乌斯（Varius Cotyla）。

件是他永远不要返回罗马。而对其他人，如果他们抛弃了他们所犯的错误，与国家和解，那么我认为可以宽恕和赦免他们。

由于种种原因，我提出以下建议：

"凡与马库斯·安东尼在一起的人只要放下武器，在3月初以前加入执政官盖乌斯·潘莎、执政官奥鲁斯·希尔提乌、当选执政官狄西摩斯·布鲁图将军、副总督盖乌斯·凯撒的队伍，那么他们不会因为曾经和马库斯·安东尼在一起而受到歧视。如果他们戴罪立功，请执政官盖乌斯·潘莎或奥鲁斯·希尔提乌，其中之一或他们两人，给予奖励，并把相关情况立即报告元老院。如果在本法令颁布之后再加入马库斯·安东尼的队伍——除了卢西乌斯·瓦里乌斯——那么元老院将视之为违反国家利益的行为。"

第九篇

（发表于公元前 43 年 1 月底）

【1】元老院的议员们，愿不朽的诸神允许我们现在宁可向活着的塞维乌斯·苏皮西乌①表示感谢，而不是为死后的塞维乌斯·苏皮西乌设计什么荣誉！我也不怀疑，如果这位伟大人物能够向使团报到，那么他的返回定会受到你们的欢迎并有益于这个国家——并非卢西乌斯·腓力普斯和卢西乌斯·庇索在如此重要的使命中缺乏热情或努力②，而是因为塞维乌斯·苏皮西乌比他们年长，在智慧方面超过所有人，他的突然放弃削弱了整个使团的力量。

如果说应当赋予任何死去的使者以荣誉，那么没有谁比塞维乌斯·苏

---

① 全名普伯里乌·苏皮西乌·鲁富斯（Publius Sulpicius Rufus），古罗马最杰出的演说家和法理学家。

② 西塞罗在这样说的时候忘了他在前一篇演讲第 10 章中所说的话。

皮西乌更加应当得到这种荣誉。使团中死去的其他一些人已经开始面对不确定的生命危险，但他们并不畏惧死亡；而塞维乌斯·苏皮西乌抱着见到马库斯·安东尼的希望出发，但并没有抱着活着回来的希望。尽管年迈体衰，但他并没有回避这一使命，而是想要把他最后的气息奉献给国家。他已经走了很远，要去见那个人，冬季的严寒、风雪、长途跋涉、崎岖的道路、病情的加重都没能阻止他；然而就在想要履行自己的义务时，他离我们而去。

盖乌斯·潘莎，就像在其他事情上一样，你在这件事上采取了高尚的行动，鼓励我们荣耀塞维乌斯·苏皮西乌，盛赞他的光荣行为。对你已经说过的话我只是表示赞同，但我不认为自己必须回答对像普伯里乌·塞维留斯这样杰出的人提出的问题。他说过，竖立塑像的荣誉不应当授予使团中没有被刀剑所杀的任何人。元老院的议员们，我要对我们祖先的感情做如下解释，他们认为应当考察死亡的原因，而不是死亡的具体特点。他们希望给牺牲了的使者竖立纪念碑，因为在危险的战争中，担任使者必须具备很大的勇气。因此我们宁可考察他们的具体行为，而不是在我们的祖先中寻找生还的先例。

【2】维恩廷人的国王拉尔斯·突洛纽斯在费德奈处死了罗马人民的四名使者①，他们的塑像至今仍然安放在市政广场的讲坛上。这是那些为国捐躯的前辈应得的荣誉，他们的生命缩短了，但人们对他们的纪念是永久的。我们在讲坛上看到伟大的格奈乌斯·屋大维②的塑像，他是这个勇敢的家族中第一个担任执政官的，而这个家族后来又出了许多位执政官。当时没有人不同意把荣誉授予这个新人，也没有人不尊重他的道德。屋大维所在的使团没有什么危险，因为元老院要他们承担的使命是考察那些国王和自由人的情感，尤其是要了解曾向我们祖先发动战争的国王安提奥库斯，为了发动战

---

① 这是公元前 434 年发生的事情。

② 格奈乌斯·屋大维（Gnaeus Octavius），公元前 165 年的罗马执政官，公元前 162 年出使叙利亚。

争，安提奥库斯保持着一支舰队，并饲养战象；最后，格奈乌斯·屋大维是在劳迪凯亚的体育场里被一个名叫勒普提涅的人杀死的。我们的祖先为他竖立塑像以回报他失去的生命，使他的后代光荣，一直到现在这仍旧是这个伟大家族的唯一的例子。图鲁斯·克鲁维乌、卢西乌斯·洛司基乌斯、斯普利乌·安提乌斯、盖乌斯·福基纽斯被维恩廷人的国王杀死，给他们带来荣誉的原因不是他们死亡的时候流了血，而是因为他们是在为国服务中牺牲的。

【3】因此，元老院的议员们，如果塞维乌斯·苏皮西乌的死是由某些偶然事件引起的，那么我确实感到伤心，他的死亡使这个国家遭受如此巨大的创伤，我们应当赋予他应得的荣誉，不只是给他竖立纪念碑，而且还要为他举行国葬。然而事情竟会如此，有谁怀疑正是由于担任使者，而不是别的什么事情，夺去了他的生命？他不怕死，但若他仍旧和我们在一起，由于他自己的小心，以及他的好儿子和忠实的妻子的照料，他本来是可以不死的。然而事情就是这样，如果他不服从你们的指派，那么他就不像他自己；但若他服从了你们的指派，那么承担国家赋予的使命对他来说就是致命的；他在国家的一个重大危急时刻选择了去死，而不愿被人视为没有用自己最大的力量帮助国家。他在旅途中经过许多城市，有机会返回或停下来养病。配得上他的尊严，还有许多人愿意款待这样一位伟人，与他一道受派遣的人也会劝他注意休息和保重身体。但是他意志坚定、目标明确，急于完成你们交给他的任务；他不顾身体的疾病继续前进。塞维乌斯·苏皮西乌终于到达目的地，向安东尼传达了你们的命令，安东尼感到十分惊恐，对元老院表现出极大的仇恨，而在得知这位元老院的顾问的死讯时喜出望外。

因此，勒普提涅没有杀死屋大维，也没有杀死和我提到的维恩廷人的国王，这一点比说安东尼杀死了塞维乌斯·苏皮西乌更加确定，虽说作为死亡原因的那个人也伤害过他。因此，我认为，为了不给后代留下迷惑，我们应当清楚地表明元老院对这场战争的判断；因为塑像本身就是一个证据，而这场战争之残酷，使得一位使者之死也能赢得荣耀。

【4】但是，元老院的议员们，如果你们愿意回想塞维乌斯·苏皮西乌提出来的拒绝出使的理由，那么你们无疑会感到应当用赋予死者的荣誉来弥补给我们活着的人造成的伤害。因为，元老院的议员们，是你们夺去了塞维乌斯·苏皮西乌的生命——这是对你们的一项严重指控，然而我必须提出来——我再说一遍，是你们夺去了塞维乌斯·苏皮西乌的生命。因为只要看他的样子，而不是听他自己说，你们就知道他在生病，然而你们期待着依靠他的权威和智慧来办成这件事。你们越是急于提出反对他的意见的理由，就越是在强迫他，而他一直把你们的一致意见当做放弃个人决定的最大力量，尽管你们这样做并不残忍。此外还要加上执政官潘莎对他的鼓励，使得塞维乌斯·苏皮西乌根本无法拒绝你们的要求。所以到了最后，他把我和他的儿子叫到一边，告诉我们，他宁可把你们的权威放在他自己的生命之上。我们敬佩他的美德，不敢反对他的决定。他十分孝顺的儿子受到感动，我的悲伤也并非与他的情感不合，但是我们各自被迫服从他伟大的心灵和感人的话语。在你们所有人的赞美和庆贺之中，他答应按你们的希望去做，不躲避他提出来的这项建议会带来的危险。第二天早晨我们为他送行，因为他急于要执行你们下达的命令，而我们分手时他对我讲的话就好像是他的不祥的命运的预兆。

【5】因此，元老院的议员们，把你们夺走的生命还给他，因为死者的生命就在活人的记忆中。你们要确保这个被你们无知地派去送死的人在你们手上能赢得不朽。要按照你们的法令在讲坛上竖立他的塑像，让后代不要忘记他因担任使者而死。因为在其他所有方面，塞维乌斯·苏皮西乌的生命一直记在所有人的心中。所有活着的人都会记得他在保卫这个国家时表现出来的高尚、坚定、荣耀细心谨慎。人们也不会忘记他在解释法律、阐发公平原则时表现出来的令人敬佩的、杰出的、几乎像神一样的知识。把这个共同体里所有年纪的、懂得法理的人放在一起，也无法与塞维乌斯·苏皮西乌相比。作为一名掌握法理的人，他并不比正义之主更加伟大，所以他总是从成文法

或民法中提出一些宽松的解释和公平的标准，他所想的也不是寻求当下解决的办法，而是如何避开冲突。因此，他要的不是唤起人们记忆的塑像，而是其他更加重大的要求。塑像是他光荣牺牲的见证，可以让人回忆起他光荣的一生；所以这样的纪念与其说是在显示这个人的名望，倒不如说是在表示元老院的感恩。

还有，在荣耀这位父亲的时候，我们似乎也受到他的儿子的很大影响，尽管这位孝子由于悲伤过度而无法出席葬礼，但你们必须认为他也在场。他因悲伤过度而死，但没有人对他的死亡表现出比对他父亲的死亡更多的悲伤；我认为，这件事确实也涉及塞维乌斯·苏皮西乌之子的名声。我们看到是他在确保他的父亲得到应得的荣誉。然而，但是塞维乌斯·苏皮西乌不可能留下比他的儿子能更好地表现他自己的品性、德行、坚定、真诚的纪念碑了，这种荣耀可以缓解他的悲伤，而其他的安慰都不能。

【6】对我来说，每当我回想起与塞维乌斯·苏皮西乌的多次友好谈话，如果想到死，那么在我看来一尊站立的青铜的塑像会比一座锁金的骑士像能给他带来更大的快乐，第一尊这样的塑像是为卢西乌斯·苏拉竖立的；因为塞维乌斯与我们节俭的祖先极为相似，他制止当前的奢侈倾向。因此，如果我能问他想要什么，那么我会建议，他想要的是一尊站立的青铜像，以此作为他荣耀的纪念，也能削弱和减轻全体公民的巨大悲伤和后悔。元老院的议员们，有普伯里乌·塞维乌斯的提案做保证，我的建议是必要的。他的意见是，颁布法令为塞维乌斯·苏皮西乌公开举行葬礼，而不是为他竖一尊塑像。如果与流血和暴力无关的使者的死亡算不上荣耀，那么他为什么要提议举行公葬？这是可以赋予死者的最大荣耀。如果说他赋予塞维乌斯·苏皮西乌的东西没有给予格奈乌斯·屋大维，那么他为什么不同意把给予屋大维的东西也给予苏皮西乌？我们的祖先确实颁布法令，为许多人立塑像，但只为很少的人举行公共葬礼。塑像会由于气候、暴力和时间而湮灭，而在圣地里的坟墓不会被移动或被暴力摧毁；所以，当其他事情衰亡时，坟墓会随着岁月的流逝而变得更加神圣。

因此让苏皮西乌也享有这荣耀，他配得上赋予他的任何一种荣誉；在荣耀这位死者的时候，让我们表示感恩，我们现在已经不能赋予他其他荣誉了。这也将成为马库斯·安东尼耻辱的标志，他现在正在发动一场邪恶的战争；如果把这些荣誉授予塞维乌斯·苏皮西乌，那么被安东尼驳斥和拒绝的使团的记录将永世长存。

【7】鉴于上述原因，我建议：

"昆图斯之子、勒蒙尼亚部落的塞维乌斯·苏皮西乌·鲁富斯，在国家最危险的关头，尽管身患重病，仍把元老院的权威和国家的安全视为重于他自己的生命；他与身体疾病做斗争，接受元老院的派遣，前往马库斯·安东尼的营地，不幸病逝；塞维乌斯·苏皮西乌生得伟大，死得光荣；他过着纯洁的生活，尽心尽力为国服务；如此善良的人在担任国家的使者时离我们而去；经过投票表决，元老院高兴地宣布为塞维乌斯·苏皮西乌塑青铜像一座，安放在讲坛上，塑像周围要留下五呎①的空间，保留给他的子女和后代观看赛会和角斗士表演，因为他是在为国服务时死亡的，塑像的基座要刻上他死亡的原因；盖乌斯·潘莎和奥鲁斯·希尔提乌，你们或你们中的任何一位要是感到好，可以命令这座城市的财务官负责建造塑像和基座，安放在讲坛上，由他们谈清价格并支付费用。迄今为止元老院已经在公共葬礼中体现出权威，它把荣誉授给勇士，为苏皮西乌举行的葬礼伴有盛大的仪式，这是元老院的荣幸。而昆图斯之子，勒蒙尼亚部落的塞维乌斯·苏皮西乌·鲁富斯完全配得上这些荣誉；元老院要颁布法令，指出这样做符合国家利益；让那些显贵的市政官暂停他们的葬礼预算，因为这涉及昆图斯之子，勒蒙尼亚部落的塞维乌斯·苏皮西乌·鲁富斯；请执政官盖乌斯·潘莎在埃斯奎利墓地为葬礼指定半径 30 英尺的地块，或者在他认为的好地方，安葬塞维乌斯·苏皮西乌的遗体；让元老院连同最好的称号把这块墓地赠给他的子女和后代。"

---

① 一罗马呎的（pedalis），一罗马呎等于 29.57 厘米。

第十篇

（发表于公元前 43 年 3 月初）

【1】潘莎，尽管我们认为你今天不会召开元老院会议，但我们必须心存感激并向你表达最大的谢意，因为，你虽然收到了最杰出的公民马库斯·布鲁图的来信，但你阻止我们尽早对这一重大事情表示高兴和庆贺，甚至不允许有片刻拖延。你的行为会受到所有人的欢迎，尤其是你在宣读这封信时说的话，你说它是真的，就如我一直感到的那样，意识到自己有功的人不会妒忌他人的功劳。我在担任各种职务时与布鲁图结下了亲密的友谊，所以我不需要说很多关于他的好话，因为我想你抢在我之前已经说了。但是，元老院的议员们，在我之前发言的这位议员①的意见迫使我还要再说一些；我的意见经常与他相左，乃至于我已经察觉到——尽管这种想法是不必要的——继续发表与他不同的意见会损害我们之间的友谊。

卡勒努斯，按照什么原则，有什么目的，自从 1 月初以来意见与你一直不合的这个人②要让你先发言？元老院从来没有这么多人，但只有一名议员支持你的意见吗？为什么你总是为不像你的人辩护？当你的生活和幸福在请你享受安宁和尊严的时候，你为什么要批准、建议、同情那些有损于一般的和平以及你自己的尊严的措施？

【2】因为至少是这件事情——前面的事情我就不说了——引起我极大的困惑，所以我不想放过。你对布鲁图们③发动的战争是一场什么样的战争？为什么只有你想要攻击我们大家都必须崇敬的那些人？他们中被包围的那个人没有给你带来什么麻烦，而另一位在你的建议下被剥夺了武装力量，他冒着危险，在没有帮助的情况下，主动地起来保卫国家，这样做不是为了他自

---

① 指昆图斯·富菲乌斯·卡勒努斯，执政官潘莎的岳父。
② 指执政官潘莎。发言顺序由执政官指定，通常情况下首先发言的是当候任执政官。
③ 指狄西摩斯·布鲁图和马库斯·布鲁图。

己。你有什么感觉和想法，为什么你要把布鲁图们想得很坏，而把安东尼们想得很好？你仇恨那些我们大家认为最可爱的人吗？你一直热爱那些其他人痛恨的人吗？你享有最圆满的幸福和最崇高的荣誉，你有一个儿子——我听说并希望——生来就可为你赢得显赫的名声；为了国家的缘故，也为了你的缘故，我希望他好。所以我要问，你希望他像布鲁图，还是像安东尼？有三位安东尼，我允许你做选择。你会说"上天不容！"那么你为什么不支持、不赞扬那些你希望你的儿子与他们相像的人？如果你能这样做，那么你在考虑国家利益的同时也为他树立了一个模仿的榜样。

昆图斯·富菲乌斯，这一点不会伤害我们的友谊，但作为一名与你意见不合的议员，我希望能告诫你。根据一份记录稿——否则我会认为你漏掉了一个词，我难道会不知道你讲演时从容不迫——你说布鲁图的这封信似乎写得"很好，很规矩"。这算什么，你在赞扬布鲁图的书记员，而不是在赞扬布鲁图，是吗？卡勒努斯，你现在必定已经有了处理国事的丰富经验，你应当如此。但你什么时候见过这样的法令？或者在元老院颁布的该类决定中——数量多得数不清——有哪道法令写得不好？这个短语不是偶然漏掉的，就像通常发生的那样，而是经过你的深思，然后你把它写下来，带到这里来。

【3】如果有人敦促你在大多数场合对那些好人吹毛求疵，那么你不会把任何人都想要得到的品质留下来吧？所以你集中全部精力，平息你的心灵，保持安静，聆听好人的讲话，与他们联系，与最聪明的人交往，和你的女婿谈话，比你自言自语还要多，最终你赢得了最卓越的名声。你会真的认为这种名声一钱不值吗？在这一点上，考虑到我们的友谊，我确实经常为你感到悲伤。你的名声应当传送到国外，进入罗马人民的耳朵，然而这位议员第一次提出议案就找不到支持者。我想，今天也会是这种情况。

你希望把军团从布鲁图那里撤回来。什么军团？那些军团，当然了那些他从安东尼的罪恶下拯救出来的军团；按照布鲁图自己的意见，这些军团已经交给了国家。你希望他第二次落入毫无防卫和孤独地被流放的处境。但是，元老院的议员们，如果你们抛弃和出卖马库斯·布鲁图，我要问，还有什么公民值得你们去荣耀？你们还会支持谁？除非你们也许会认为，应当支持那些把王冠戴在凯撒头上的人，抛弃那些废除国王头衔的人。在这里我不说布鲁图的神勇和不朽的功绩，因为它早就已经被供奉在所有人的感恩的记忆中，尽管还没有受到公共权威的批准。天哪！在错误面前，布鲁图表现出何等的耐心、节制、镇静、礼貌！尽管他是这座城市的执法官，但他离开了城市；尽管他恢复了国家的所有法律，但他不掌握任何法庭；尽管他可以由许多好人跟随，可以得到整个意大利的武士的保护，但他宁可选择在缺席时由好人们的意见来为他辩护，而不愿在他在场时用他们的刀剑来为自己辩护。他甚至不愿以个人的名义庆祝阿波罗赛会，免得这样做会给那些最邪恶的罪犯的最厚颜无耻的尝试开辟道路，而这场赛会本来已经计划好，适合他自己的尊严，也适合罗马人民的尊严。

【4】然而参加赛会或节庆总比回答个人的问题更快乐，罗马人民不是在用最响亮的喊声和掌声欢迎布鲁图吗？这位解放者本人不在那里，但人们对获得解放留有记忆；因此布鲁图的形象似乎是可见的。然而在赛会期间，我看到他在他的邻居、那个最高贵的年轻人卢库鲁斯的小岛上，布鲁图什么也不想要，只想要和平和同胞公民的和睦。我也看到他后来离开意大利去了叙利亚，他希望不会由于他而爆发内战。啊，这是一件多么令人伤感的事啊，感到悲伤的不仅有人，还有大海里的波涛与海岸！这个国家的大救星竟然要离开这个国家，而这个国家的摧毁者倒留了下来！元老院的议员们，卡西乌斯的船队几天以后返回他们出发的那座城市。你们一开始就听说了我返回的目的 [①]，后来又有了亲身体验。所以布鲁图抱着最大的耐心在等待，他要看着你们把他保留下来的一切都安排得很好；当他看到你们警觉地想要赢得你们的自由时，他做好了准备，要为你们的自由提供保障。

他对抗的是一头多么可恶的畜生啊！如果盖乌斯·安东尼乌斯能够贯彻

---

① 参见《反腓力辞》第一篇。

他的意图——他可能会这样做，如果不是马库斯·布鲁图的勇敢地反对他的罪行——我们已经失去了马其顿、伊利里亚和希腊；希腊要么成为安东尼打败仗时的避难所，要么是他进攻意大利的据点；但是现在事实上，只要一道军令，凭着马库斯·布鲁图的权威和力量，不仅仅是做准备，而且是完全做好战争准备的军队，会伸出手来保护意大利，他已经答应要保护意大利了；但是从布鲁图那里撤出军队的人剥夺了这个国家最好的避难所和最强大的堡垒。至于我本人，我希望安东尼能尽快听到我说的这番话，以便明白不是他包围了狄西摩斯·布鲁图，而是他自己被包围了。

【5】他在整个世界上只掌握三个城镇①；高卢极端敌视他，他相信的人大部分是外邦人，是恰斯巴达尼人；整个意大利对他都不友善；在最忠诚、最勇敢的公民的命令下，从最近的希腊海岸到埃及，都有军队驻扎。他把唯一的希望放在盖乌斯·安东尼乌斯身上，他的年纪在他两个兄弟之间，而在邪恶方面超过他的两个兄弟；盖乌斯跑得那么快，本来他可以得到元老院的信任，进入马其顿，而不是正好相反，被禁止出发。天哪！如果难以置信的神勇没有摧毁这个疯子胆大妄为的行径，那么希腊会遭受什么样的暴风骤雨、遭受什么样的蹂躏，遭受什么样的瘟疫！布鲁图当时有多么快捷！多么机智！多么勇敢！然而，盖乌斯·安东尼乌斯的快速也不可轻视，如果不是在半路上有某些遗产问题拖累他，那么你们会说他的逃跑要比前进快。在一般情况下，其他人处理公务，我们一开始很难相信他们；而对于这个人，我们要让他先返回，才能把某些事务托付给他。但是他跟阿波罗尼亚有什么关系？跟都拉斯有什么关系？跟伊利里亚有什么关系？跟普伯里乌·瓦提尼乌将军的军队有什么关系？如他自己所说，他接替的是霍腾修斯。如果说他还有什么的话，那么他有固定的马其顿的边界，有固定的任期，有固定的军队；但安东尼乌斯与伊利里亚和瓦提尼乌的军队有什么关系？某些不友好的人可能会说："这对布鲁图来说也一样。"所有军团，所有军事力量，无论在

---

① 指波诺尼亚（Bononia）、雷吉奥（Reggio）、帕尔玛（Parma）。

哪里，都属于国家；甚至那些抛弃马库斯·安东尼的军团也不能说属于安东尼而不属于国家。因为，如果这个人使用军队来攻打国家，那么这支军队的所有权利都会失去，他的军令也没有任何作用。

【6】如果国家本身能够做出判断，或者说如果国家的法令可以决定权力，那么国家应当把罗马人民的军队指派给安东尼或布鲁图吗？他们两个人中的一个突然逃跑，抢劫和摧毁同盟者，无论到哪里，他都会烧杀抢掠，指挥罗马人民的军队反对罗马人民自己；而他们中的另一个人已经为他自己制定了法律，无论他去哪里，都会带去拯救的光明与希望。简言之，一个人寻求支持以颠覆国家，另一个人想要保存国家。那些士兵比我们更清楚这一点，他们不需要寻找如此清楚明白的判断。

他写道，安东尼和七个军团在阿波罗尼亚。要么他已经当了囚犯——拜上天所赐！——要么他还比较谦虚，不敢大胆地进入马其顿，以免公然反对元老院的法令。昆图斯·霍腾修斯热情而又勤勉地在马其顿征兵，他的热情极高，配得上他自己和他的祖先，从布鲁图的来信中你们已经可以明白这一点。由安东尼的副将盖乌斯·庇索指挥的军团已经转归我的儿子西塞罗指挥。进驻叙利亚的骑兵部队有两支：一支离开了它的指挥官、一位派往帖撒利的财务官，接受了布鲁图的领导；另一支在马其顿，由一位非常勇敢、坚定、稳重的年轻人格奈乌斯·多米提乌指挥，离开了驻守叙利亚的那位副将。从前得到你们高度赞扬，同时完全值得你们赞扬的普伯里乌·瓦提尼乌为布鲁图打开了都拉斯的大门，交出了他的军队。

所以，国家占领了马其顿，占领了伊利里亚，正在监视着希腊；那些军团是我们的，那些轻装部队是我们的，那些骑兵是我们的；更重要的是，布鲁图是我们的，布鲁图始终是我们的，他生来为国服务，不仅凭借杰出的美德，而且凭借命运对他父母的家族和名字的某些安排。

【7】那么这个人会害怕任何战争吗，在我们被迫进行战争之前，这个人宁可在和平时期默默无闻，而不愿在战争中获得成功？他也并非一直默默无闻，这样的短语不能用来说明他的优秀品德。因为这个国家渴望他出来做

事；他被每个人挂在嘴上，是所有人谈论的主题；他对战争如此厌恶，尽管意大利燃烧着对自由的渴望，但他宁可不去附和他的同胞公民的热情，也不愿把他们带入战争的危险。因此，指责布鲁图行动迟缓的人——如果有这样的人的话——同时又在心中敬佩他的节制和耐心。

但我现在明白他们说些什么了，因为他们没有隐瞒。他们说，他们害怕那些老兵会夺走布鲁图拥有的军队。就好像在奥鲁斯·希尔提乌、盖乌斯·潘莎、狄西摩斯·布鲁图、盖乌斯·凯撒的军队和马库斯·布鲁图的军队之间有任何差别似的！如果我提到的这四支军队由于拿起武器为罗马人民的自由而战，因而受到赞扬，那么为什么不对马库斯·布鲁图的这支军队一视同仁？噢，可能是因为老兵们怀疑马库斯·布鲁图的名字！狄西摩斯的名字不是更令人怀疑吗？我本人不这样想，因为两位布鲁图的行为虽然是共同的，他们也同样出名，然而对这样的行为感到悲哀的那些人对狄西摩斯更为愤怒，他们说，这只是因为他参与这样的行动不合适。① 那么为什么现在为布鲁图解围的有那么多支军队？谁是这些军队的领导人？我假定，就是那些希望颠覆盖乌斯·凯撒的法律和背叛这些老兵的奋斗目标的人！

【8】如果盖乌斯·凯撒本人还活着，那么我假定，他为自己的法律进行辩护难道不会比那位勇敢的希尔提乌进行的辩护更加尖锐吗？② 或者说，还能找到什么人比他的儿子③对凯撒的事业更加忠诚！但是在这些人中间，有一个人虽然还没有从长期严重的疾病中康复，但却毅然献身于捍卫被叛徒出卖的自由，把他自己视为死里逃生的人；另一个人④的道德力量比他的年纪更加有活力，他率领那些老兵去为狄西摩斯·布鲁图解围。因此，凯撒法律的最坚定、最活跃的支持者正在代表狄西摩斯·布鲁图作战；那些老兵追随

---

① 指刺杀凯撒的行为。狄西摩斯曾受到凯撒的青睐，从凯撒手中得到山南高卢，并在他的遗嘱中提到。

② 这当然是带有讽刺意味的。西塞罗的论证是那些老兵不能相信那些为凯撒辩护的人。

③ 指屋大维，小凯撒。

④ 这里提到的两个人分别暗指执政官希尔提乌和小凯撒。

这些支持者，因为这样做是为了罗马人民的自由，而不是为了他们自己的利益；他们明白他们必须拿起武器战斗。那么，当这些人希望使用他们的全部兵力保护狄西摩斯·布鲁图的时候，他们有什么理由要怀疑马库斯·布鲁图的军队？

如果有什么理由怀疑马库斯·布鲁图，潘莎会不明白吗？或者说，如果他明白，他会不忧虑吗？推测将来的事件，或者积极地预防危险，哪一样比较聪明？然而你们已经看到他对马库斯·布鲁图的感情，以及他帮助马库斯·布鲁图的热情。他在他的发言中告诉我们应当颁布什么样的法令，应当关心马库斯·布鲁图的什么事情；他从不认为马库斯·布鲁图的军队会给国家带来什么危险，而是视之为国家最坚固、最重要的堡垒。噢，无疑，潘莎要么是看不到这一点——因为智力迟钝——要么忽视这一点，因为他不在乎批准凯撒的法律！然而他打算，在我们的权威无法行使的情况下，在百人队代表大会上提出一项议案，确认和批准这些法律。

【9】所以要让那些不害怕的人停止假装害怕，为保卫国家安全做准备，要让那些了解一切的人停止过分胆怯，免得一方的伪装和另一方的胆怯阻拦我们的道路。不断地以老兵的名义反对正义的事业是一种瘟疫？我确实珍视他们的勇敢——就像我以前那样——然而，如果他们傲慢无礼，那么我不会纵容他们的任性。当我们努力想要摆脱奴役的枷锁时，某个人会说这些老兵不希望伤害我们吗？因为我假定，愿意拿起武器为共同自由而战斗的人并非多得不计其数！除了老兵之外，没有人会由于一个自由民反抗奴役的义愤而奋起！那么，依靠这些老兵的这个国家没有这些年轻人的强力支持能够站立起来吗？对这些老兵，你们必须把他们当做帮助你们获得自由的人来欢迎，如果他们帮助推行奴役，那么你们一定不要追随他们。

最后——让我最后说一句话，真实而又高尚，配得上我自己——如果我们这个组织想要达到的目的要由老兵们的点头来支配，而我们所说的和所做的一切都要按照他们的意愿来决定，那么我会选择死亡，对罗马公民来说死亡总比受奴役更可取。一切奴役都是邪恶的，如果假定有一种奴役不可避免①，那么你们从一开始就想过要恢复你们的自由吗？我们无法忍受那些不可避免的、几乎是命中注定的灾难，但我们要忍受这种自愿接受的灾难吗？整个意大利都渴望自由，这个共同体不能再做奴隶，我们虽然已经把这些军服和武器发给了罗马人民，但远远迟于他们想要拿起武器的时候。

【10】确实，我们正在抱着很大的、几乎是确定的希望从事争取自由的事业；尽管我允许说战争有不确定性，战神玛斯变化多端，然而我们必须冒着生命危险为自由而斗争。因为生命并不是由气息组成的，奴隶根本就没有生命。其他民族能够忍受奴役，我们的共同体不能。其他民族为了躲避辛劳与痛苦可以忍受一切，而我们已经接受了严格的训练，我们的心灵受到祖先的教诲，我们的思想和行动要符合荣誉和美德的标准。所以恢复自由是光荣的，为了重新获得自由，我们一定不能逃避死亡。不，如果逃避当前的危险可以带来不朽，那么我们应当逃避更多的危险，反复受奴役。然而，看到环绕我们周围的一切，犹豫不决，不愿为祖国献出自己的气息决非人之所为，更非一名罗马人的作为。

人们从四面八方赶来扑灭这场战火。原先追随凯撒的那些老兵抵制安东尼的企图；后来，马略的军团粉碎了安东尼的疯狂，第四军团打垮了安东尼。所以，受到他自己的军团的谴责，安东尼逃往高卢；他知道高卢对他不友好，在行为和情感上敌视他。奥鲁斯·希尔提乌和盖乌斯·凯撒的部队实施追击；后来潘莎在这座城市和整个意大利征兵。安东尼是所有人的敌人，尽管有他的兄弟卢西乌斯和他在一起；卢西乌斯是罗马人民喜爱的一位公民，失去他令这个共同体感到无法忍受。还有什么东西能比这头野兽更可怕、更野蛮？有什么一切活人最卑鄙的方面在马库斯·安东尼身上是看不到的，而他似乎就是因此而生的？跟安东尼在一起的还有切贝留斯，他现在支持取消债务，②与安东尼达成了妥协；和安东尼在一起的还有普兰库斯和其他

---

① 处在朱利乌斯·凯撒的统治之下。

② 切贝留斯作为保民官，一开始反对废除债务，后来又转而支持。

像他一样的人，他们想要争取结束流放，而这样做在国家看来是邪恶的。萨克撒和卡福正在用不正当的手段影响那些无知者，这些人是粗鲁的乡下人，他们从来没有看到，或者不希望看到这个国家稳定，他们捍卫法律，但不是凯撒的法律，而是安东尼的法律，他们受到诱惑，大量侵占坎帕尼亚的土地，尽管我感到非常困惑，当他们看到那些男男女女的戏子成了他们的邻居时，他们竟然不以为耻。

【11】为了消灭这些害人虫，我们为什么不愿意接受马库斯·布鲁图的军队？我假定他是一个毫无节制的人或难以控制的人；但我们需要考虑他是不是相当耐心，虽然他只是一个人，但我们对他的思想或行为的考虑绝不会显得多余。元老院的议员们，马库斯·布鲁图的每一个希望，每一个想法，他的整个心灵，都在关注元老院的权威和罗马人民的自由：这些东西摆在他面前，他想要保护这些东西。他试图做到耐心，但由于耐心不起任何作用，所以他认为自己应当以暴抗暴。元老院的议员们，对他来说，你们的责任是在这个危险时刻赞扬他，就好像在我的提议下，你们在 12 月 20 日赞扬了狄西摩斯·布鲁图和盖乌斯·凯撒，他们的私人举动得到了你们的批准和赞扬。[①] 你们的责任就是对马库斯·布鲁图做同样的事情，通过他可以很快地增强这个国家的实力，形成一支强大的由军团、骑兵、辅助部队组成的军队。

昆图斯·霍腾修斯应当与他联系，当霍腾修斯掌握马其顿的时候，他与布鲁图结成同盟，是布鲁图组织军队的最可靠、最坚定的助手。涉及马库斯·阿普留斯我要单独提出一项动议：马库斯·布鲁图的信件证明，马库斯·阿普留斯是第一个敦促马库斯·布鲁图组织一支军队的人。

执政官盖乌斯·潘莎提到这封信是他从总督昆图斯·凯皮奥·塞维留斯那里得到的，现在这封信已经在这次集会上宣读；鉴于上述情况，我建议：

"凭着总督昆图斯·凯皮奥·塞维留斯的努力、计谋、能力、勇敢，在

---

① 参见《反腓力辞》第三篇。

国家面临危机的一个关键时刻，马其顿行省、伊利里亚、整个希腊，以及军团、部队、骑兵，接受了执政官、元老院和罗马人民的领导；总督昆图斯·凯皮奥·塞维留斯正确地采取了行动，符合国家的利益，与他自己的和他祖先的荣誉一致，符合良好治理国家的先例；元老院和罗马人民欢迎并将继续欢迎这样的行动；此外，总督昆图斯·凯皮奥·塞维留斯应当保卫马其顿行省、伊利里亚和整个希腊的安全；他应当指挥他自己建立起来的部队，如果有机会，他应当征集兵员参战，也应当向他认为合适的人借款，用做军费，以便让他的部队尽可能接近意大利。因此，依据总督昆图斯·凯皮奥·塞维留斯的信件可以知道总督昆图斯·霍腾修斯的努力和勇敢，他极大地帮助了国家，他的所有建议都与总督昆图斯·凯皮奥·塞维留斯的意见一致，都是在为国家提供巨大的服务；元老院特此颁布法令，肯定总督昆图斯·霍腾修斯的行动是正确的，符合国家的利益；元老院高兴地指出，总督昆图斯·霍腾修斯应当与一名财务官或代理财务官一道，与他自己的副将一道，掌管马其顿行省，直到元老院的法令任命了他的继任人。"

第十一篇

（发表于公元前 43 年 3 月中旬）

【1】元老院的议员们，盖乌斯·却波尼乌①是一位忠诚而又节制的公民，他遭遇的残酷而又可恶的死亡引起人们巨大的悲哀和伤感，然而我想，有些事情对国家有利。因为我们明白了那些拿起该死的武器反对他们国家的人会有多么残忍。在我们这里有两个自有人类以来最愚蠢、最肮脏的家伙，多拉贝拉和安东尼，他们中的一个已经做到了他想要做的事情，而另一个想要做

---

① 盖乌斯·却波尼乌（Gaius Trebonius），亚细亚行省总督，先前在凯撒手下任职，后来参与刺杀凯撒。

些什么也已经显露。我承认，卢西乌斯·秦纳是残忍的，盖乌斯·马略在愤怒地进行抵抗时也是残忍的，卢西乌斯·苏拉是残暴的，但他们实施的报复无非就是让你死，而在这里却有人对公民实施残忍的惩罚。

你们在这里看到了一对邪恶、凶狠、野蛮的双生子，真是史无前例，闻所未闻。所以你们要记得，那些原先相互仇视，意见不一的人可以通过一种可耻的情感联合在一起，这种情感源自他们应该遭受谴责的本性和可耻的生活。多拉贝拉在他拥有权力的地方做了他想做的事，而安东尼也对许多人发出了威胁。但是，多拉贝拉远离我们的执政官和军队，他不明白元老院与罗马人民的团结，他依靠安东尼的力量，犯下那些他疯狂的同伴在罗马已经犯下的罪行。你们认为安东尼还有其他什么目标或希望？或者说，事实上你们认为我们进行战争的理由是什么？我们所有人对国家事务的看法都是自由人的看法，自由人表达的意见成为我们的观点，我们希望罗马人民自由，而他决定不仅要敌视我们，而且要把我们当做敌人。但他想要对我们实施比对敌人更大的惩罚；他把死亡视为一种自然的结果，而严刑拷打才是他愤怒的表示。我们在他身上看见了一个什么样的敌人？如果他胜利了，那么落在他的手中，我们的结局就是死亡，如果不遭受严刑拷打，那已经是万幸了。

【2】因此，元老院的议员们，虽然你们不需要催促——因为你们心中已经燃起重新获得自由的热情——但你们要以更大的热情捍卫你们的自由，因为你们明白等待被征服者的是更大的惩罚。安东尼已经入侵高卢，多拉贝拉已经入侵亚细亚，而这两个行省原先是由其他人掌管的。① 有一位布鲁图冒着自己的生命危险勇敢地进行了抵抗，阻击了这个想要劫掠一切的疯子；布鲁图拖延了安东尼的进攻，并在返回城里时设下障碍，在自己被包围的时候也紧紧地拖住了安东尼。

---

① 凯撒把山南高卢指定给狄西摩斯·布鲁图，把亚细亚行省指定给盖乌斯·却波尼乌。

另一个人冲进了亚细亚。为什么？^①如果他只是为了进入叙利亚而路过亚细亚，那么他有其他的路可走，路程确定，也并不太远；如果他是为了加入却波尼乌，那么他有什么必要派遣一个由玛息亚人组成的军团，或者一个名叫屋大维的人率领的一个该死的匪帮，去蹂躏这块土地，骚扰那里的城镇；他并不希望谋求他个人的幸福——那些认识他的人说他不能保存他的幸福，而对我来说这位议员没有什么名气——而是为了摆脱他的乞丐般的状况而抵达某些已经食物丰盛的牧场。多拉贝拉追随却波尼乌。那个时候没有战争的迹象，有谁想到后来会发生战争？接着而来的是多拉贝拉与却波尼乌的亲切会面、拥抱、谈话，虚假地表示善意和爱意，像通常那样举起右手发誓，表示效忠誓言，而内心却是背信弃义；多拉贝拉乘着夜色进入了士每拿，就好像进入了敌人的城市，而不是进入一个我们最忠实、最稳定的同盟者的城市。却波尼乌打了败仗；如果他被一个公开的敌人打败，那么他失败的原因是缺乏警惕；如果他被一位仍旧带着公民伪装的人打败，那么他实在太可悲了。以他为例，幸福女神无疑希望我们接受教训，对此被征服者不得不害怕。掌握了亚细亚行省以后，多拉贝拉下令流放萨弥亚留。多拉贝拉不愿意马上杀死他的俘虏，我假定为的是让他的胜利不至于显得过分仁慈。在用肮脏的语言辱骂了这位最高贵的人以后，多拉贝拉开始使用酷刑来追问公款的下落，拷打一直进行了两天。最后却波尼乌的脖子被折断，首级被砍下，挂在一支长矛上，他的尸体被拖出去扔进了大海。

就是这样一个敌人我们必须对他进行战争，他的残忍超过所有野蛮人。我为什么要提到屠杀罗马公民和抢劫神庙？谁能用恰当的术语描述这些残暴的事实和灾难？他现在正在整个亚细亚游荡，像一名国王似的到处巡游；他认为我们正在遭受另外一场战争的蹂躏，就好像反对这两名不虔诚的家伙的战争不是同一场战争！

---

① 如果多拉贝拉要去叙利亚，他为什么不直接走海路？如果他要打击却波尼乌，为什么他要侵犯另一个人掌管的行省？

【3】你们在多拉贝拉身上可以看到马库斯·安东尼的残忍；多拉贝拉塑造了安东尼的残忍，而多拉贝拉向安东尼学会了无赖。你认为，要是允许的话，安东尼在意大利会比多拉贝拉在亚细亚懒惰吗？而在我看来，多拉贝拉已经挺进到了一个疯狂的野蛮人所能挺进的地方，他掌握了权力，不会受到任何惩罚，而安东尼绝不会放弃任何勒索的机会，哪怕是一个碎片。

因此，元老院的议员们，摆在你们的面前的这幅图景是邪恶的，可悲的，必然激起我们的情感；攻占亚细亚最漂亮的城市的那个夜晚、进入却波尼乌住宅的那些武士的恶行、那个不幸的人看到土匪的刀剑架在他的脖子上、凶恶的多拉贝拉进入这座城市、他那些愚蠢的话语和可耻的嘴巴、捆绑、鞭笞、拷问、折磨、撒玛利亚的刽子手，在这样的情况下，他们看到却波尼乌坚强地承受了这一切。这是一种很大的赞扬，在我看来，是最大的赞扬。因为事先有预见、事到临头镇定自若是聪明人的作为。预防邪恶的发生需要高度的判断力，忍受邪恶需要更大的勇气。多拉贝拉无视人类的情感——尽管事实上他从来没有人的情感——不仅对活人实施酷刑，而且对死者的遗体进行摧残，否则不能令他的灵魂和眼睛感到满足。

【4】啊，多拉贝拉，你希望他落下悲惨的结果，他的结果比你所希望的更加悲惨！却波尼乌忍受了巨大的痛苦，超过许多忍受疾病的人；然而我们不把他们的结果称做悲惨的，而是称做受到伤害。两天的折磨时间很长，然而许多人可以多年忍受疾病；的确，刽子手的折磨有时候并不比疾病的折磨更厉害。此外还有其他的折磨，我说的是其他的，你这个最可恶的疯狂的恶人！因为，心灵的力量比身体的力量更强大，所以心灵所患的疾病比身体的疾病更厉害。主动作恶者比被迫作恶者更可恶。却波尼乌受到多拉贝拉折磨，勒古鲁斯也受到迦太基人的折磨；迦太基人对付敌人的手段最残忍，那么我们该如何对付多拉贝拉？在这里，我们能进行比较，或者怀疑哪一件事情更加邪恶吗？元老院和罗马人民早就想对他复仇了，或者说元老院会一致投票同意判决他是一名公敌吗？确实，除了却波尼乌受到的最大侮辱，谁能把却波尼乌生活中的所有特点与多拉贝拉的生活相比？有谁不知他们中的一

个人的谨慎、才能、人性和清白，以及在解放他的祖国时表现出来的坚强意志？有谁不知道另外一个人从小就极为残忍，长大以后荒淫无耻，与他相比，他的敌人都是最有节制的人。

苍天在上！这个人在某个时候与我有亲戚关系！①对缺乏深入考察的人来说他的邪恶是隐蔽的。如果到现在都不能证明他敌视你们，敌视他的国家的城墙，敌视这座城市，敌视诸神的庙宇和祭坛，敌视我们所有人的炉灶，简言之，敌视人类，那么我也许还不会与他切断联系。他的事情给我们提了个醒，让我们高度警惕安东尼。

【5】多拉贝拉没有在自己身边聚集那么多臭名昭著的土匪，但你们看到安东尼这样做了，你们看到有多少土匪和他在一起。首先是他的兄弟卢西乌斯。苍天在上！这是一个什么样的煽动者！犯下了多少邪恶的罪行！陷入了多么邪恶的深渊！你们认为，还有什么罪行是他想不出来的？有谁的鲜血是他不想痛饮的？有谁的财产和幸福是他那最无耻的眼睛不会窥视的？山索里努斯怎么样？他说他自己想要当执法官，而实际上他并不愿意。②声称要取代布鲁图竞选执政官的白斯提亚怎么样？愿朱庇特能够扭转这一可恶的预兆！一个不能成为执法官的人谋求担任执政官该有多么荒唐！除非他确信自己有资格担任执法官。让那第二位凯撒·伏皮斯库③得到法律的赦免，他是一个极为明智、影响力极大的人，虽然我认为法律没有理由约束他非凡的长处！但是这个人——我是他的辩护律师——已经五次被判决无罪，而我要说，甚至一名角斗士要在罗马赢得第六次胜利也是极为艰难的。④就此而言，应受责备的是法官，而不是我。我坚定地为他辩护，而他们的责任是把这位最高尚、最优秀的议员保存在这个共同体中。然而他现在，除了使我们明

---

① 多拉贝拉曾是西塞罗的女婿。
② 离开罗马去了安东尼的军营。
③ 全名盖乌斯·朱利乌斯·凯撒·伏皮斯库（Gaius Julius Caesar Vopiscus），公元前90年，在只担任过市政官的公职后就出来竞选执政官，违反安那利斯法（the Lex Annalis）。
④ 在第六次审判中，他被判犯有贿赂罪。

白被我们废除^①有罪判决的那些人做出的决定是正确的，与国家的利益相吻合，似乎已经没有其他的目的。

这一点不仅仅适用于这个人，还有其他在同一军营中被判处有罪的也可耻地得到赦免。这些人是所有好人的敌人，除了一个最残忍的人以外，你们认为这些人会怎么想？此外还有某个萨克萨人，凯撒在凯提伯利亚的旷野外把他当做一位保民官交给我们，他从前是丈量营地的，而现在，如他所希望的那样，是丈量城市的；但是，由于他对这座城市来说是一个陌生人，愿预兆落到他自己头上，而不会伤害我们！与这个人在一起的是老奸巨猾的卡福，老兵们对卡福的仇恨胜过对任何人的仇恨。就是这些人，他们在我们内乱的时候好像得到了一份额外的嫁妆，安东尼蹂躏了坎帕尼亚的土地，而他们从中得到补偿。他们对此会感到满足！而我们却不得不忍受，尽管这些事情是无法忍受的；为了能使我们摆脱这场最可恶的战争，我们要能够忍受一切。

【6】其他还有什么？你们没看到你们面前的马库斯·安东尼的宏大军营吗？首先是安东尼和多拉贝拉的两名同事，努库拉和兰托，意大利的分割者，元老院宣布要强制执行分割土地的法律，而他们中的一个是戏子，另一个演出悲剧。^②对阿普里乌的多米提乌我该说些什么？后来我曾经把他的财物拿去出售——这当然是由于他的代理人的疏忽。这个人最近毒杀了他的外甥，还不是仅用了一剂毒药。哪怕他是在为我们做事，哪怕他用的是他自己的东西，他的投毒行为也是无法宽恕的。我好像看到了那位杰出的普伯里乌·德修斯^③的拍卖，他遵循祖宗的先例，把自己当做牺牲品——用来偿还债务。但是在那场拍卖中，找不到一个买主。可是有一个愚蠢的家伙认为他可以通过出售属于其他人的东西来逃避债务！对切贝留斯我该说些什么，债主们的

---

① 通过确认凯撒的法令，凯撒赦免了被判处流放的白斯提亚等人。

② 提到他们是演员带有轻视的意思。

③ 普伯里乌·德修斯（Publius Decius），罗马执政官，公元前340年拉丁战争期间，把自己献给敌军，以确保罗马人的胜利。

愤怒不是已经开始进行报复了吗？我们看到，在已经废除的债务之上又添加了新的账单。提多·普兰库斯怎么样，最杰出的公民阿搀拉把他从波伦提亚赶走，还打断了他的一条腿？要是在那件事情发生之前就阻止他回来，这种事还会发生吗？我几乎忽略了那支军队中的一盏耀眼的明灯，提多·安尼乌斯·基伯尔，他是吕西狄库之子，而吕西狄库这个名字是个希腊词，意思就是瓦解一切法律①；但也许一名基伯尔有权杀死一名与他相关的日耳曼人。

鉴于安东尼有这样的命运在身，和他在一起的还有许多与他脾气相同的人，所以当多拉贝拉本人陷入诸多凶杀，也拥有一支兵力相当的土匪部队时，安东尼会克制什么样的罪行？所以，虽然我通常与昆图斯·富菲乌斯的意见相左，但此时我愿意赞同他的建议；因此你们可以判定我通常不是对这个人表示不同意见，而是对事情本身表示不同意见。

因此，我不仅表示同意，而且还要感谢富菲乌斯，因为他提出了一项动议，用语严厉，与国家的尊严相配；他宣布多拉贝拉是一个敌人，应当下令没收他的财产。虽然对这一建议已经无可复加——因为有什么样的提案能更加严厉？——他仍旧说如果后来有元老院议员要求给予更加严厉的惩罚，他也会表示赞同。有谁会不赞成这样的严厉？

【7】由于多拉贝拉已经被判决为一名敌人，所以他必定参与战争。因为他不会束手待毙，他拥有一个军团，拥有那些逃亡的奴隶，拥有一群该死的造反者。他本人冥顽不灵，为所欲为，就像一名注定要死亡的角斗士。由于多拉贝拉昨天已经被一道法令宣布为敌人，所以我们必须进行战争，我们必须选择一名将军。

两种意见已经发表了，②但我一样也不赞同；因为我总是认为一种意见是危险的，除非无法避免；而另一种意见与时代不合。因为颁布特殊命令源自平民的反复无常，与我们的尊严不合，与我们的组织不合。在与安提奥库斯

---

① 吕西狄库（Lysidicus）的字义即法律的瓦解者。
② 一种意见是应当颁布一道特殊的命令，另一种意见是当年的执政官应当进行战争。

进行的那一场重大战争中，当亚细亚行省落入卢西乌斯·西庇阿之手时，由于元老院认为他缺乏斗志和能力，于是想把战争的指挥权交给他的同事盖乌斯·莱利乌斯，聪明的、众所周知的莱利乌斯之父；普伯里乌·阿非利加努，卢西乌斯·西庇阿的长兄站起来表示抗议，说这是对他的家族的污辱，说他的兄弟是最勇敢、最明智的人，说他本人，甚至在他那个年纪，在取得了巨大功勋后，都不会拒绝担任他兄弟的副将。在他提出抗议以后，关于西庇阿的行省没有做任何改变，也没有再下达什么特殊的命令，因为先前的两次伟大的布匿战争都是由执政官或独裁官指挥的，对皮洛斯或腓力的战争，以及后来的阿该亚战争，或者第三次布匿战争也是这样，因为罗马人民已经为自己选择了一位恰当的将军，普伯里乌·西庇阿，无论如何也要让他以执政官的名义指挥战争。

【8】对阿里斯托尼卡的战争是在执政官普伯里乌·李锡尼和卢西乌斯·瓦勒留的指挥下进行的。我们可以问罗马人民喜欢让谁指挥这场战争。执政官克拉苏是大祭司，而执政官福拉库斯是战神玛斯的祭司，克拉苏威胁他的同事，如果福拉库斯放弃他的神圣职责就要受到惩罚；罗马人民赦免了对福拉库斯的惩罚，但下令要这位祭司服从大祭司。但即使在这个时候，罗马人民也没有把战争托付给一个普通公民，尽管在一年以前阿非利加努已经对努曼提亚人取得胜利；尽管阿非利加努在名声和勇敢方面远远超过所有人，但他当时只率领两个部落。因此，罗马人民把指挥战争的权力交给执政官克拉苏，而不是交给普通公民阿非利加努。至于那位伟大的、优秀的格奈乌斯·庞培接受指挥权，那是多变的保民官们所提建议的结果。元老院把对塞尔托利乌的战争的指挥权指派给一位普通公民①，因为执政官们拒绝接受；所以卢西乌斯·腓力普斯说，他是"为了执政官们"才派遣他，而不是把他当做一名总督来派遣。

----

① 指庞培。昆图斯·塞尔托利乌是马略的副将，公元前83年逃亡西班牙，在那里建立了一个独立的政权。

那么这场选举意味着什么呢？或者说让言行最一致、势力最强大的公民卢西乌斯·凯撒进入元老院进行的游说是为了什么呢？他提议把指挥权交给一位最高尚、最正直的人，但这个人是一位普通公民，而不是官员；借此他把巨大的责任赋予了我们。假定我同意了，我将进入元老院大厅进行游说；假定我说不，那么我就要用投票来表态，就好像选举一样，不同意把一项荣誉授予一位伟大的朋友。如果我们乐意在元老院里举行一次投票，那么让我们提出候选人，让我们进行演说；你们只需要把投票板发给我们，就好像把投票权给予人民。凯撒，你为什么要排斥这样一种可以替代的办法？如果我们与你的意见不同，那么会使一位伟大人物显得遭受挫折，如果人们认为我们配不上同样的荣誉，那么就让我们这些享有同等尊严的人遭到忽视。

但是——因为我已经在无意中听到了反对意见——我本人建议给年轻的盖乌斯·凯撒下一道特殊命令。是的，因为他已经给我提供了额外的保护；当我说"我"的时候，我的意思是元老院和罗马人民。当这个国家从一个人那里接受了这种无法想象的保护，没有这种保护国家就无法获得安全的时候，我不就是在给他下达一道特殊命令吗？我既没有夺走他的军队，也没有给他下达命令；因为有什么办法或者能够在完全没有指挥的情况下掌握一支军队？因此，有什么不是夺取来的东西不能视为给予的？元老院的议员们，如果你们没有赋予盖乌斯·凯撒指挥权，那么你们已经从他那里夺走了指挥权。追随他的权威、命令、名字的老兵们已经代表国家拿起了武器，希望接受他的指挥；维护元老院的权威和国家荣誉的玛修斯军团和第四军团只要求盖乌斯·凯撒来领导和统率他们。战争的必要性必定会使元老院把指挥权交给盖乌斯·凯撒。但是对一位普通公民，一个没有任何职位，一事无成的人——我请你告诉我，卢西乌斯·凯撒，因为我在和一个擅长辞令的人打交道——元老院什么时候曾经把指挥权赋予这样的人？

【9】但是关于这一点我已经讲够了，免得我好像是在反对一位对我极为仁慈的伟大朋友；但是有谁能够责备一个不仅没有索要，而且拒绝接受指挥

权的人？^①元老院的议员们，其他的建议与执政官们的尊严不合，与危机的严峻性不合——这项建议认为执政官们通过对多拉贝拉的战争可以夺回指定给多拉贝拉的亚细亚行省和叙利亚行省。我将解释为什么这对国家来说是不明智的，但首先请你们考虑，这对执政官们来说有多么可耻。当一名已经当选的执政官受到包围，当国家的安全取决于他的解围，当那些瘟疫般的公民和凶手造反，脱离了罗马人民，当我们正在进行一场战争，一场我们打算捍卫我们的荣誉、自由、生命的战争，当任何人落入安东尼之手都将受到严刑拷打，当所有这些斗争都已经托付给两位最优秀、最勇敢的执政官时，我们应当谈论亚细亚和叙利亚，显得像是在为怀疑提供原因，或者是在为公愤寻找根据吗？啊，他们的建议是"只有跟随布鲁图才能自由"；因为他们可以说自己是"被抛弃的、被唾弃的、被出卖的"。

但是我要说，所有提到这些行省的演说都是在一个最不恰当的时候发表的。因为，盖乌斯·潘莎，无论你心中多么想要解救一位最勇敢、最高尚的人，然而事情的性质必然会强迫你时不时地转向多拉贝拉，把你的注意力和思想转向亚细亚和叙利亚。如果可能的话，我宁可希望你有几个心，而且你能够把它们全都转向穆提纳。由于这是不可能的，所以我们希望你把你拥有的最优秀、最忠诚的心只用来考虑布鲁图。你现在确实是在这样做，如我所理解的，只用于两件事情，两件大事，但我的意思不是没有人能在同样的时候这样想，更不要说想清楚了。我们应当激发和点燃你的最大热情，使它不要转移到其他方向上去。

【10】此外还有那些人的谈话，他们的怀疑，他们的公愤。你要照我的样子去做，你总是赞扬我，因为在治理行省的时候我总是依靠元老院，所以，消除了其他各种思想，我就可以扑灭正在吞噬我的国家的大火。我和你有着最亲密的友谊，如果向我咨询，我肯定会让你考虑与你们关系最紧密的事情，除了我以外，不会有人相信把这个行省指定给你是违反你的意愿的。

---

① 指普伯里乌·塞维留斯。

我恳求你，按照你特有的智慧行事，驳斥这个传闻，使你可以不显得是在觊觎你并不在乎的东西。你必须更加热情地尽一切努力，因为你最优秀的同事不能遭到相同的怀疑。他什么也不知道，他不怀疑这些事情；他正在从事一场战争：他正在排兵布阵；他正在为了他自己的生存而战斗；在他能够怀疑自己有时间讨论这件事情之前，他会听到有一个行省指派给他。我也担心我们的军队，他们前来帮助国家，不是由于通常的征召，而是出自他们自愿的热情；如果他们认为我们除了迫在眉睫的战争以外还有其他事情要考虑，那么他们高昂的斗志会受到压抑。

如果执政官们想要行省——就好像最高尚的人经常想要担任执政官——那么先把布鲁图还给我们，他是这个共同体的明灯和装饰，我们应当精心维护他，就好像那从天上落下来由维斯太贞女保存的雕像①，他的安全意味着我们的安全。然后，要是有可能，我们要用我们的肩膀把你抬起来；无论如何，我们要为你选择最好的行省。现在，让我们来讨论手头最重要的问题。

这个问题就是我们要不要作为一名自由人而活着，或者去死；而我们的死亡肯定对推行奴役有利。你们的建议不也会使我们拖延缉拿多拉贝拉吗？因为执政官什么时候才会到来？我们要等到这些国家和亚细亚的城市荡然无存吗？"但是他们会派遣他们自己的人前来。"我极为赞同这个建议，而我刚才还拒绝对一位最杰出的人发布特殊命令，如果他只是一名普通公民！"但是他们会派遣一个适合担任这个职位的人前来。"比普伯里乌·塞维留斯更加适宜吗？这个共同体没有这样的人。当我想到一项任命找不到适当的人，哪怕是由元老院下达的命令时，我应当表示赞同，把这件事交由一个人来决定吗？元老院的议员们，我们需要一名无牵连的、有准备的人，他需要拥有合法的命令，此外还要拥有权威、名字、军队，以及在国家的解放中得到考验的精神。

【11】那么这个人是谁？是马库斯·布鲁图，还是盖乌斯·凯撒，或者两

---

① 从天上降下来的密涅瓦的神像，开始保存在特洛伊，后来保存在罗马。

人都是。我应当简明扼要地提出建议，就像我经常做的那样，"就执政官而言，一个还是两个"，我们已经把布鲁图与希腊联系在一起，宁可把他提供的帮助引向意大利，而不是引向亚细亚；我们已经有了解救意大利的方法，而在那里的军队①本身也应当拥有来自海上的支援。此外，元老院的议员们，现在甚至连马库斯·布鲁图也被盖乌斯·安东尼乌斯拖住了，他拥有阿波罗尼亚这个最大、最重要的城市，拥有比利斯，拥有阿曼提亚，他正在逼近伊庇鲁斯，他正在威胁奥利库姆，他拥有骑兵和步兵。如果把布鲁图撤下来投入另一场战争，那么我们肯定要失去希腊。我们也已经看到布隆狄西和意大利海岸的情况。然而令我感到惊讶的是安东尼拖延了那么久，因为他喜欢速战速决，而不愿长时间地忍受包围带来的恐惧。如果布鲁图结束他的工作，明白要是追击多拉贝拉，而不是留在希腊，会对国家贡献更大，那么他会主动采取行动，就如他迄今为止所做的那样，而不会在四面呼救的时候，等候元老院的命令。因为布鲁图和卡西乌斯已经为了许多事情出现在他们自己的元老院里。我们要根据形势的变化相机处置，而不要死守先例。对布鲁图或凯撒来说，把国家的安全和自由当做最神圣的法律和最好的先例，这已经不是第一次。所以，即使无人提出追击多拉贝拉的建议，我认为它已经就像是一道法令；而我们已经有了如此勇敢的优秀人选，他影响很大，出身高贵，拥有好几支军队。其中有一支我们已经知道了，而他的其他几支军队我们也有传闻。

【12】那么当布鲁图知道我们的心意时，他还会等待我们的法令吗？因为，他并没有启程去他的克里特行省上任；他匆匆忙忙地去了另一个行省，去了马其顿；②他把你们希望属于你们自己的一切都当做他自己的事情；他征召新的军团，接收老的军团；他撤回派到多拉贝拉那里去的骑兵，因为他自己已经对多拉贝拉下了判断，把多拉贝拉当做敌人，尽管他自己还没有被这样的凶手玷污。如果不是这样的话，他有什么权力从一名执政官那里撤回他

---

① 执政官希尔提乌和潘莎的军队。

② 元老院在6月1日把克里特指派给布鲁图，把马其顿指派给安东尼，把阿非利加指派给卡西乌斯。

的骑兵？还有，盖乌斯·卡西乌斯，一名拥有同样的伟大心灵和判断力的人，不是已经从意大利出发，抱着确定的目标，要把多拉贝拉赶出叙利亚吗？这样做有什么法律依据？他有什么权力这样做？他依据的就是朱庇特批准的法律，凡是对国家有益的事情都应当视为合法的、正确的；因为法律无非就是源于诸神意志的公正原则，维护正确的事情，禁止错误的事情。所以，这就是卡西乌斯服从的法律，当他出发去叙利亚时，如果人们服从书面的法律，那么这个行省属于另外一个人，但是这些书面的法律被颠覆以后，依据自然法这个行省就是他的行省。但是，为了使这一点也能得到你们的权威的确认，我提议：

"鉴于元老院已经宣布多拉贝拉和他的那些同伙和盟友，以及他那些最残忍最野蛮的罪行的怂恿者是罗马人民的敌人，鉴于元老院已经颁布法令对多拉贝拉开战，以便使他所犯下那些闻所未闻的、玷污诸神和凡人的所有法律的累累罪行得到应有的惩罚，所以元老院和总督盖乌斯·卡西乌斯将以有可能最好的头衔掌握叙利亚行省；他将从总督昆图斯·玛基乌斯·克里斯普、总督卢西乌斯·斯塔提乌·穆尔库斯、副总督奥鲁斯·阿利努斯那里接收他们的军队，他们应当把军队交给他；率领这些军队，再加上其他征召来的兵力，他将从海上和陆上对普伯里乌·多拉贝拉发起攻击。为了进行这场战争，他将拥有在叙利亚、亚细亚、庇提尼亚和本都各地征集兵员、船只、水手，以及其他战争所需物资的权力；为了进行这场战争，总督盖乌斯·卡西乌斯可以进入这些行省，他的权力大于那些在他进入该行省之前掌管行省的人。国王戴奥塔鲁斯父子，如果他们要用自己的部队和资源帮助总督盖乌斯·卡西乌斯，就像在以往多次战争中他们帮助罗马人民的帝国一样，那么他们将赢得罗马元老院和罗马人民的感谢；如果其他的国王、特恰兑①、首领要做同样的事情，那么罗马元老院和罗马人民不会忘记他们提供的服务。执

---

① 特恰克（tetrarch），统治行省的四分之一地区的长官的职位，罗马扩张以后设置了许多行省，行省中有许多附属小国。

政官盖乌斯·潘莎和奥鲁斯·希尔提乌，他们中的一个或他们俩，如果他们认为有益，那么在重建国家以后，他们应当尽快向元老院提出这个由卸任执政官或执法官担任行省总督的问题；与此同时，让这些行省现有的掌握者管理行省，直到元老院的法令任命继任人。"

【13】凭着元老院的这一法令，你会去点燃卡西乌斯的热情，会用额外的兵力武装他；因为你不会不知道他现在的斗志和部队的状况。你已经看到了他的斗志，你已经听说了他的部队勇敢而又坚定，他们，哪怕却波尼乌还活着，也不会允许多拉贝拉的匪帮侵入叙利亚。阿利努斯，我亲密的朋友，在却波尼乌死后，肯定不愿意被称做多拉贝拉的副将。昆图斯·凯西留斯·巴苏斯虽然没有承担使命，但却是一名勇敢而又优秀的人，他拥有一支强大的、战无不胜的军队。国王戴奥塔鲁斯，父亲与儿子，各自拥有一支强大的按我们的方式训练的军队；这位儿子是一个有着最高天赋、诚信、优良品性的人。对这位父亲我该说些什么呢？他对罗马人民的善意与他的年纪俱增，他不仅在战争中是我们的将军们的同盟者，而且也是他自己的军队的领袖。苏拉、穆瑞纳、塞维留斯、卢库鲁斯在元老院经常谈论这个人，他们的用语有多么崇敬和荣耀！对格奈乌斯·庞培我该说些什么？他认为戴奥塔鲁斯比世上所有人都要高贵，是罗马人民的忠诚朋友和最忠实的盟友。我和马库斯·彼布卢斯在同一时间分别治理着相邻的两个行省；我们都得到了这位国王的帮助，他给我们派来了步兵和骑兵。在这场最严酷的、灾难性的内战之后，我不需要说戴奥塔鲁斯在这场战争中做了些什么，或者应当采用什么样的更好的政策，尤其是当战争的结果与他自己的情感相反的时候。① 如果说在这场战争中他犯了错误，那么元老院也要分担这一错误的责任；如果他的判断是正确的，那么我们不应当污辱一项没有成功的事业。还会有其他国王加入，他们还会征集兵员。他们并不缺乏战舰，提里安人对卡西乌斯的看法是伟大的，他在叙利亚和腓尼基的名声是伟大的。

---

① 指凯撒与庞培之间的战争，戴奥塔鲁斯支持庞培。

【14】元老院的议员们，这个国家要对多拉贝拉开战，因为将军盖乌斯·卡西乌斯已经做好准备，他不仅做好了准备，而且非常勇敢，有着高超的统兵才能。他在勇敢的彼布卢斯到达之前就已经做了许多事，他召集了许多杰出的将领，还在帕昔安人中间征集了很多士兵，把叙利亚从帕昔安人的骚扰中解放出来。他的伟大成就我略去不提，因为现在提到这一点不会得到所有人的欢迎，但是让我们在心中永远牢记他的功劳，而不是只在口头上传扬。

元老院的议员们，我听到有人在那里窃窃私语，说布鲁图和卡西乌斯从我这里得到了过分的荣誉；还有，由于我的提议，卡西乌斯得到了大师和国王般的地位。我能把荣誉赋予谁？肯定是那些本身就是国家的荣誉的人。什么！我不是一直在我的提议中荣耀狄西摩斯·布鲁图吗？难道我应当荣耀安东尼？他们不仅是安东尼家族的耻辱，而且是罗马这个名字的耻辱。难道我应当荣耀山索里努斯？他在战争时期是我们的敌人，在和平时期是那些被没收的财产的购买者。或者说我必须从这个匪帮中收集其他的残骸？我绝不会荣耀安宁、和平、法律、法庭、自由的敌人，我无法不完全痛恨他们，就好像我完全热爱这个国家。

他说："瞧，你没有冒犯那些老兵。"这就是我听到的最可恨的谣传。我肯定受到老兵们的约束，他们在原则上是坚定的，但我肯定不会害怕他们。这些老兵拿起武器保卫国家，他们追随盖乌斯·凯撒，以确保凯撒的父亲许诺给他们的好处，他们今天正在冒着危险捍卫国家——约束我的是这些东西，不仅仅是安全，还有其他的利益。这些人是中立的，就像第七军团和第八军团，我认为应当把赞美和荣誉给予他们。但是安东尼的同伙，他们现在正在吞食凯撒的馈赠，正在包围一名当选的执政官，正在用火与剑威胁这座城市，正在跟随抢劫犯萨克撒和卡福——有谁会认为他们应当得到保护？因此，老兵们要么是忠诚的，我们必须加以赞扬；要么是中立的，我们必须加以保存；要么是不忠的，我们必须正当地拿起武器，用战争来消灭他们的疯狂。

【15】那么谁是我们害怕冒犯他们的情感的老兵？是那些想要把狄西摩

斯·布鲁图从围困中解救出来的人吗？布鲁图的安全对他们来说是珍贵的，他们怎么会仇恨卡西乌斯的名字？或者说是那些置身于争斗之外的老兵吗？我不害怕这样的人有什么愤怒。但是第三类人，他们已经不是什么老兵，而是最野蛮的敌人，我希望沉重地打击他们，让他们尽快去死。但是元老院的议员们，我们在老兵们的告诫下表达我们的意见有多久了？他们的自高自大、傲慢无礼意味着什么？我们甚至要按照他们的规定选择我们的将军。但是我——元老院的议员们，我必须说出我的感觉——我认为我们不应当过分在意老兵们的意见，把他们当做意大利的花朵，现在新的军团已经做好充分准备，要解放他们的国家，整个意大利都会尊敬你们的坚定。世上没有任何东西是永远昌盛的，岁月在不断地流逝。凯撒的军团长期保持着活力，而现在，潘莎的军团、希尔提乌的军团、凯撒之子的军团、普兰库斯的军团充满了活力；他们在数量上占了上风，他们在年纪上也占了上风，他们在权威上肯定也占了上风，因为他们正在进行的战争得到所有民族的批准。因此，对这些人要按照我们的诺言奖赏他们，而其他人已经得到了他们的奖赏。让这些已经得到奖赏的人①满足于他们已经得到的东西，让还没有得到奖赏的人得到奖赏，我的希望是，不朽的诸神判定这样做是最公平的。

在这样的情况下，我认为，元老院的议员们，我向你们提出的建议应当能够得到肯定。

第十二篇

（发表于公元前 43 年 3 月底）

【1】元老院的议员们，你们经常同意这个人就一些最重要的事情提出的建议，你们不像是受了欺骗，犯了错误，然而我要安慰自己，因为在你们的

---

① 指老兵。

陪伴下，与一位有着最高智慧的执政官一道，我犯了错误。当两位执政官①
给我们带来光荣的和平希望时，由于他们是马库斯·安东尼的密友，所以他
们似乎知道某些落在他头上的某些不幸，而我们对此一无所知。安东尼的一
所住宅里住着他的妻子和子女，其他住宅是他写作、会客的地方，住着他的
死党。这些人突然邀请我们讲和——他们很长时间没有这样做了——他们这
样做显得像是并非没有理由。执政官接受了他们的邀请。这是一名什么样的
执政官！如果我们寻找谨慎，那么就不容易受骗；如果我们寻求爱国，那么
就绝不会同意媾和，除非安东尼投降，被彻底征服；如果我们寻求伟大，那
么我们宁可死亡也不会接受奴役。但是元老院的议员们，你们对那些最有分
量的法令不会显得那么健忘，在突然有希望让他们投降，而安东尼的朋友宁
可称之为媾和的时候，你们要做的是等待，而不是接受条件。我认为，安东
尼的妻子在住处发出的哀号声确实增添了我的希望，我相信这对你们也一
样。在这里我也看到安东尼的党徒，我的眼睛在不停地看着他们，而他们的
脸色就像茶水一样。如果情况不是这样，为什么要由庇索和卡勒努斯专门提
到媾和，为什么是在这个时候，为什么这样出人意料，为什么这样突然？庇
索说他什么都不知道，什么都没有听说，卡勒努斯说没有什么新消息。而当
他们认为我们与求和的使团有关时，他们又给予否定。如果根本就没有什么
事，还有必要制定什么新政策吗？

【2】元老院的议员们，我要说我们受骗上当了，原因在于安东尼的朋友
在为安东尼说情，而不是国家在为安东尼说情。我确实看到了这一点，但仍
旧像在迷雾中一样；狄西摩斯·布鲁图的平安使我的理智丧失了敏感。如果
战争中允许替换，那么我很乐意被围困的是我自己，而狄西摩斯·布鲁图可
以自由。昆图斯·富菲乌斯的话也影响了我们。他说："如果安东尼从穆瑞
纳撤退了，我们也不听他讲话吗？如果他说他会服从元老院的审判，我们也
不听他讲话吗？"听起来很坚定，所以我们无法做出决断，结果我们放弃了。

---

① 指卢西乌斯·庇索和昆图斯·富菲乌斯·卡勒努斯。

那么他从穆瑞纳撤退了吗？"我不知道。"他服从元老院了吗？卡勒努斯说："我相信会这样，但条件是他要保持他的尊严。"元老院的议员们，我以赫丘利的名义起誓，你们必须努力丢掉你们自己的伟大的尊严，也要维护安东尼从来不存在、也不可能存在的尊严，而他可以通过你们来恢复他本人宣布抛弃的东西！如果他在和你们谈判时显得很可怜，我也许会听一听他在说些什么；但我要说："我会听他说些什么。"而当他强硬的时候，你们必须抵抗他，或者说，你们必须放弃你们的尊严和自由。

他们说："问题还没有公开，已经任命了一位使者。"对一个聪明人来说，有什么问题是需要修正的？每个人都有可能犯错误，但只有傻瓜才重犯错误；因为如俗话所说，犯错误的总是那些比较聪明的人。我刚才提到的迷雾被驱除了，光明已经到来，情况已经清楚；我们看清了一切，不仅是用我们的眼睛，而且还受到我们朋友的警告。你们刚才听了一位最优秀的人的讲话。他说："我发现那所房子、那位妻子、那些孩子，都沉浸在悲伤之中。好人们感到惊讶，我的朋友在责备我，我抱着和平的希望担负起使者的使命。"不值得奇怪，普伯里乌·塞维留斯，我要说，依据你最恰当、最有分量的建议，安东尼被剥夺的不仅是他的尊严，而且是他获得平安的希望。你作为一名使者去他那里，有谁会感到惊讶？我可以用我自己的经验来证明，我知道我与你相仿的行为受到过多少责备。我们是仅有的受到责备的人吗？不，最勇敢的潘莎刚才发表了精湛的长篇讲话难道没有原因吗？他这样做不就是为了排除别人对他背信弃义的怀疑吗？这样的怀疑来自何处？来自他仓促地倡导和平，犯了和我们相同的错误。

【3】但是，元老院的议员们，如果这个错误是由虚幻的希望引起的，那么让我们回到正确的道路上来，改弦更张是最好的忏悔办法。苍天在上！我们的使者能给国家带来什么好处？我说的是好处吗？如果这会给国家带来伤害，那又怎么办？如果它已经给国家带来了伤害，那该怎么办？当罗马人民听说派遣了和平使者的时候，你们不认为罗马人民恢复自由的渴望被削弱了吗？你们认为那些城镇会怎么想？那些殖民地会怎么想？整个意大利会怎么

想？公众的激情难道不会引发同样的愤怒吗？我们难道不认为那些明确表示仇恨安东尼的人会有一部分人感到后悔，那些答应献出金钱和武器，完全献身于国家安全的人不会感到后悔吗？卡普阿在这些日子里就好像第二个罗马，她会以什么样的方式批准你们的这项决定？她已经判决这些公民不忠诚，把他们赶了出去。我要说，就是这座城市，当她在勇敢地打击安东尼的时候，有人用武力救走了安东尼。①

还有，根据这项政策我们不是在削弱我们军团的力量吗？如果告诉他们就要讲和了，有谁还会保持参战的热情？虽然玛修斯军团非常神勇，有着高昂的斗志，但在听到这样的传闻以后也会变得懒散和疲软，丢掉玛修斯这个最荣耀的名字；他们会扔掉他们的刀剑，会丢弃他们的武器。因为，只要追随元老院，他就不会认为他对安东尼的仇恨超过元老院对安东尼的仇恨。我们在这个军团面前感到羞耻，我们在第四军团面前感到羞耻，他们尊重我们的权威，抛弃了安东尼，不把安东尼当做执政官和他们的统帅，而是当做国家的仇敌；我们在这支由两个最忠诚的军团组成的军队面前感到羞耻，他们已经接受检阅，开赴穆瑞纳；如果这支军队听说我们要讲和了，那么它虽然不会撤退，但它肯定会停止前进。它肯定会想，元老院已经吹响了收兵的号角时，它为什么还要仓促投入战斗？

【4】还有什么事比这样做更不公正——我们要在那些正在进行战争的人不知道的情况下决定讲和，他们不仅不知道，而且这件事违背他们的意愿？我手中拿着最杰出的执政官奥鲁斯·希尔提乌的来信，拿着上苍为了帮助我们度过这场危机而赐给我们的福星盖乌斯·凯撒的来信，他们在信中表示他们希望获得胜利——而你们认为他们希望讲和吗？他们寻求征服，希望借此赢得和平的最甜蜜最美丽的名字，不是通过讨价还价，而是通过战争的胜利。

---

① 安东尼试图在卡普阿建立一个不合法的殖民地，他派去的殖民者遭到卡普阿人的驱赶，他本人也受到粗暴的对待。

还有，请你们告诉我，高卢听到这件事会有什么感觉？因为她在推动、从事、承担这场战争的重负方面有杰出表现。狄西摩斯·布鲁图向高卢点头示意，我不说他在下令，用武器、人力、金钱为取得这场战争的胜利奠定了坚实的基础；她也把她的整个身体暴露在残忍的马库斯·安东尼面前；她受到压榨、踩躏、焚烧；她平静地忍受着战争的所有伤害，只要能够消除遭受奴役的危险。高卢的其他地方我们都不用说了——它们全都是一样的——帕塔维亚人关押了安东尼的一些使者，赶走了另外一些使者；他们用金钱和士兵帮助我们的统帅，还提供了我们最缺乏的武器。高卢的其他地方也做了同样的事，它们的情况和帕塔维亚一样。由于多年来所犯的错误，人们认为那里的人与元老院疏远，但几乎没有人怀疑他们的忠诚，现在他们已经获得了公民权；但即使没有公民权，他们也一直保持着对元老院的忠诚。那么，当所有这些人都希望获得胜利的时候，我们应当对他们说要讲和，亦即没有希望获胜吗？

【5】要是媾和不可能，那么我们该怎么办？不向对方做出让步，有讲和的可能吗？我们多次要求安东尼讲和，然而他宁可进行战争。使者已经派遣出去，尽管反对这样做，但还是派遣了使者；讲和的法令已经签发，但安东尼不服从。他受到严重警告，不要包围布鲁图，撤离穆瑞纳，但是他加紧猛攻这座城。对这样一个驱赶和平使者的人，我们应当派使者去讲和吗？他把他的命令送到元老院来，我们认为他比以前更有节制了吗？他以前肆无忌惮地提出各种无理的要求，但事情犹可商量，而他现在不仅没有被你们的种种判决打垮，而且向我们索要更多的东西，我们无法以任何方式把这些东西给他，除非我们首先愿意承认我们战败了。

我们已经判定元老院的那些法令是虚假的，现在我们能够说它们是真的吗？我们已经决定那些依据暴力、违反占卜制定的法律对全体人民没有约束力，现在你们认为还需要维持这些法律吗？你们已经判定安东尼贪污了70亿小银币的公款，现在你们还能判他无罪吗？他把豁免税务、公共职位、王座都拿来出售，你们能在撕下你们的法令时，再次张贴这样的公告吗？

【6】就算我们能够撤销法令，我们也能清除有关这些事实的记忆吗？即使后代会忘记他的罪行，我们能忘记我们所穿的战袍吗？尽管玛修斯军团的士兵们在布隆狄西流下的鲜血可以清洗，但是我们能忘记安东尼的残忍吗？这一期间发生的事件我们都可以省略不谈，而有关他在穆瑞纳所犯的罪行以及他的强盗行径的记忆要多长时间才会湮没？

那么，以上苍的名义起誓，我们能够对这个野蛮、愚蠢的凶手做出让步吗？这样做不能获得和平，只能延长战争，不是吗？不仅延长战争，而且还把到手的胜利拱手让出，不是吗？如果他带着他的追随者以任何名义进入这座城市，那么他就没有被征服，不是吗？凭着军队的力量，我们现在掌握了一切；我们的权威现在处在最强的时候；一批堕落的公民已经离开罗马去追随他们邪恶的领袖；而仍旧留在城里的那些人我们发现都是可以容忍的。你在想什么？当他们那么多人向我们冲来的时候，当我们已经放下武器，而他们并没有放下武器的时候，根据我们自己的政策，我们不是要永远挨打吗？马库斯·安东尼要作为执政官出现在你们面前，除了他，还有卢西乌斯想要成为执政官；再加上其他人——不仅是属于我们自己这个等级的人——想要获得荣誉和指挥权；甚至连提洛斯、努米西乌、穆斯特拉、塞乌斯也不能轻视；与他们讲和的结果不是和平，而是受奴役。潘莎讲的那番高尚的话赞扬了最杰出的卢西乌斯·庇索，不仅在本次集会上，而且也在公共集会上。他说，如果安东尼摧毁了这个国家，那么他会离开意大利、抛弃他的家神和他父亲的家——愿诸神已经防止了他的预言变成现实！

【7】因此，卢西乌斯·庇索，我要问你，如果允许那么多不忠诚的、胆大妄为的、有罪的人返回，那么你不认为这个国家会被摧毁吗？他们还没有参与那么多凶杀的时候我们都难以忍受这些人，而现在他们已经犯下各种罪行，你认为这个国家还应当容忍他们吗？相信我，我们要么必须采纳你的建议，投降、离开、过一种贫困漂泊的生活，要么必须把我们的脖子交给土匪去砍杀，倒在我们自己的国家里。盖乌斯·潘莎，你那些激励人心的最高尚的话语在哪里？元老院为此而激动，你点燃了罗马人民的热情，他们不仅

听了你的讲话，而且接受了教训，对罗马人来说，没有什么事比当奴隶更可耻。不正是为了这一点我们要穿上战袍，拿起武器，从整个意大利召集所有年轻人；而当我们有了一支强大有效的军队时，却要派使者去讲和？如果是从安东尼那里接受和平，那么我们为什么不在动议中这样说？如果是向安东尼索要和平，那么我们在担心什么？我应当成为使团中的一员，或者认同这项我持有异议而罗马人民甚至都不知道的政策吗？结果是，如果允许对安东尼做出让步，那么安东尼的恶行将成为我永远的危险，因为恶行的力量会显得像是我在对他做出让步。

如果我们考虑的是与马库斯·安东尼的匪帮讲和，那么我应当是被挑选出来带来和平的最后一个人。是我从来没有认为应当派遣使者；我在使团启程时大胆地说，哪怕他们能把和平女神本身带来，但若用和平的名义掩饰战争，也应当拒绝和平女神；我是整军备战的主要倡议者，当其他人把安东尼称做对手时，我总是把他称做敌人，当其他人称之为动乱时，我总是称之为战争。我总是坚持相同的路线，不仅在元老院，而且在人民面前；我不仅总是猛力抨击安东尼本人，而且也反对他的怂恿者和帮凶，无论是在这里的还是和他在一起的，简言之，反对马库斯·安东尼的整个团伙。与此相应，那些不忠诚的公民对于有望讲和十分兴奋和快乐，他们弹冠相庆，就好像征服了我们，所以他们抗议由我担任使者，说我会有偏见；他们对我发出抱怨，也不相信塞维留斯，因为他们记得正是由于塞维留斯的反对而使安东尼受到重创；尽管卢西乌斯·凯撒是一名勇敢、坚定的元老院议员，但无论如何他是安东尼的舅舅；卡勒努斯是安东尼的代理人，庇索是他的密友，你本人，潘莎，虽然是一名勇敢的、最有活力的执政官，但他们已经认为你过于懒散；无论情况是否如此，你提到讲和就在许多人心中引起怀疑，认为你的想法改变了。所以我应当被扔到那些安东尼的朋友中间去受虐待，我们必须迁就他们，而现在我们又开始体贴人了。

【8】让这些使者带着最好的兆头出发吧，但愿这些使者不会冒犯安东尼。但是，如果你们不在意安东尼，元老院的议员们，那么你们至少应当考

虑我。你们无论如何也要宽恕我的这双眼睛，要允许我发出正义的悲哀。我能以什么脸色看他——我不说他是这个国家的敌人，我对他的仇恨与你们大家是一样的——除了把他视为我最残忍的敌人，我还能怎么看待他？你们认为我以前在公共集会上遇到他的时候过于强硬吗？当时他正在给那些投奔他的杀人凶手分发礼物，他说要把我的财产赐给乌比努姆的佩提西乌，佩提西乌在耗尽了大笔遗产以后投奔了安东尼。如果我不用城墙、城门以及我自己所在城镇的热情保护自己，我就不能逃脱卢西乌斯·安东尼的残忍。我还能如何看待他？这位亚细亚的角斗士属于意大利的匪帮、是兰托和努库拉的同事；当他把金币送给百人队长阿揆拉时，他说这是我的一部分财产；因为他要是说这是他的财产，连阿揆拉也不会相信。我要说，我的眼睛无法忍受萨克撒、卡福，也不能忍受两名执法官、保民官、两名当选的保民官，更不能忍受白斯提亚、切贝留斯、提多·普兰库斯。我无法平静地看着那么多野蛮邪恶的敌人，不是因为我自己有什么厌恶之情，而是出于对国家的热爱。

但是我会控制我的情感，支配我自己；如果不能克制，那么我会把最公正的悲哀掩藏起来。啊，元老院的议员们，你们难道不认为我应当关心一下自己的生命吗？对我自己来说，我的生命并不宝贵，因为多拉贝拉已经想要用严刑拷打来索取我的生命，但是对你们和对罗马人民来说，我的生命不应当那么贱。因为，除非我欺骗了自己，我正在面对着所有不忠者的仇恨有可能带来的危险，我夜不能寐、焦虑不安，竭力想不伤害国家——我不想显得说话过于傲慢。如果情况属实，你们认为我会不考虑自己面临的危险吗？

【9】在这座城市里，在我自己家里，许多人为我做了多方面的努力，不仅有朋友们的忠诚，而且有整个共同体的眼睛在为我警卫。你们怎么想？我旅行的时候，尤其是在长途跋涉的时候，不需要担心遭受埋伏吗？去穆瑞纳有三条道路，我已经在想象自己要尽快见到狄西摩斯·布鲁图，以保证罗马人民的自由；在最近这几个月所采取的行动完成，在我所建议的目标已经实现的时候，我会很乐意在布鲁图的拥抱中吐出我最后的气息。

如我所说，有三条道路：最远的要通过弗拉米纽斯控制的海域，最近的要通过奥勒留控制的海域，中间的要通过卡西乌斯控制的海域。现在请你们注意并考虑我所担心的危险是否有可能发生。卡西乌斯的人分割了埃图利亚。所以，潘莎，我们知道九人委员会成员、兰托·凯塞纽斯的权威在哪个区域占上风，是吗？他在心灵和身体上肯定都和我们不一样。如果他在家，或者离家不远，那么他肯定在埃图利亚，也就是说，在我要经过的路上。如果兰托想要找一个牺牲品，那又有谁能保护我？另外请你告诉我，潘莎，当他公开表示与国家和所有好人为敌时，我一直是谁的朋友？我无法避开卡西乌斯的人，也不能避开弗拉米纽斯的人。结果将会如何？如果文提狄乌如他自己所说的那样去了安科那，那么我能安全抵达阿里米努姆吗？剩下的还有奥勒留的人。在那里我确实会有一名保卫，因为要经过普伯里乌·克劳狄的土地。他们整个家族都会来见我，会邀请我逗留，因为我们之间的友谊是臭名昭著的！ ①

【10】我要相信那些道路是安全的吗？我后来在忒弥纳里亚甚至不敢进入郊区，虽然我在当天返回。没有朋友们的保护，我要艰难地用我自己的院墙来保护自己。所以，要是可以的话，我要留在城里。这是我的地方，这是我的观察所，这是我的哨位，这里有我固定的兵站。让其他人去掌握军营，指挥军务；让他们仇恨他们的敌人——这是主要的事情——而我，如我一直在做的那样，将会与你们一道保卫这座城市。我不是拒绝这个职务，虽然我看到罗马人民已经代表我拒绝了。没有人比我更不胆怯，然而没有人比我更警觉。事实胜于雄辩的。20 年来，每个坏人都以我为打击目标。所以，他们已经接受了惩罚，我不是对自己这样说，而是对国家这样说；迄今为止这个国家把我的安全视为她自己安全的保证。所以我说的话带有某些胆怯，因为我知道对一个人来说任何事情都会发生——然而一旦遭到那些拥有强大兵力的人精心挑选出来的人的包围，我会倒下，为的是我能够带着最大的荣誉重新站起来。

---

① 这是讥讽的话，克劳狄终生与西塞罗为敌。

如果我可以走这条危险的道路，我能更加充分地估计各种危险性吗？那些处理公务的人应当在他们生后留下光荣的名字，而不是在死后由于他们的愚蠢而遭受批评和指责。有什么好人不对却波尼乌之死感到悲伤？有谁不对这样一位公民的去世表示悲哀？但是有些人说——这样的话确实刺耳，但他们说了——我们不应当那么悲伤，因为他不是死在抵抗一名愚蠢的罪犯①的时候，因为聪明人说，自认为是许多人的卫士的人首先应当保护他自己的生命。当你们受到法律的保护，而人们都敬畏法庭的时候，你们不需要害怕任何事情，或者寻求一名保镖来防止遭受各种埋伏；因为在光天化日之下，在军用大道上，在有人同行的时候，或者地位很高的人，有谁敢去伏击？但这样的想法在这场危机中对我不适用。因为想对我采取暴力的人不怕受惩罚，他实际上会希望从他们的匪帮那里得到荣誉和奖赏。

【11】我要在这座城市里反对这些事情；环顾四周，我很容易看到从哪里开始，到哪里结束，左边是什么，右边是什么。在亚平宁山区的山间小路上，我能做同样的事情吗？哪怕没有埋伏——要在那里设伏是非常容易的——我的心会感到焦虑，不能集中精力考虑使者的职责。假定我逃脱了埋伏，穿越了亚平宁；那么我必须与安东尼见面，和他说话。见面地点选在哪里呢？如果选在军营外，那么让其他人照顾好自己，我认为我的死期马上就会到来。我知道这个人的疯狂，我知道他的毫无约束的暴力。他那暴烈的性格和野蛮的本性，即使喝了酒也不会变得温顺，当这个人在愤怒和疯狂的时候，他的兄弟，这个最野蛮的畜生，会与他站在一起，肯定会向我伸出他那盗窃圣物和背叛祖国的手。

我记得那些与我们最凶恶的敌人和最坏的反对我们的公民的会面。塞克斯都之子、执政官格奈乌斯·庞培与马尔西人的首领普伯里乌斯·斯卡托会面，地点在双方的军营之间，会面时我在场，当时我在庞培的军中负责征集兵员。我记得，这位执政官的兄弟塞克斯都·庞培，一个聪

---

① 指多拉贝拉。

明博学的人，从罗马来到这里参加会面。斯卡托向他问候，并且说："我该称呼你什么呢？"他答道："从情感上说，你可以称我为客人，从本质上说，你可以称我为敌人。"那次会面有一种公平的精神；参加会面的人没有恐惧，没有疑心；因为这些同盟者不想剥夺我们的公民权，而是想要使自己取得公民权。苏拉和西庇阿在战争中，一个代表着贵族，一个代表他的同盟者，他们在开来斯和忒阿努姆之间，依据元老院的权威、罗马人民的赞成和公民权利解决了他们之间的纷争，那次会面没有完全保持诚信，然而也并非以暴力和危险为标志。

【12】那么置身于安东尼的匪帮中间我们的安全也能得到保证吗？不能，或者说，也许其他人的安全能够得到保证，但我相信我的安全不能得到保证。如果我们不在军营外面会面，那么哪一座军营可以选做会面地点？他绝不会到我们的军营里来，我们也更不应该去他的军营。剩下的办法就是通过书信往来；这样一来我们就可以待在我们自己的军营里。我的看法是他提出的要求没有什么变化，我已经当着你们的面把他的要求都说了，你们可以设想我已经去过那里并返回了，但已经不再担任使者。我要在元老院里用投票来对付安东尼的要求，无论它们是什么。因为除此之外没有其他程序是合法的，我们这个组织也不应当以同样的方式执行这样的使命；按照我们祖先的习惯，战争结束时一般会派遣由十个人组成的使团，但我们也还没有从元老院接到任何委任。

由于我将在会议上这样做，所以我想我不会表示不同意；那么我们不需要担心那些毫无经验的士兵把我视为和平的阻碍者吗？假定新的军团不会否定我的政策，因为玛修斯军团和第四军团没有表示反对，反而表示赞同并赋予我荣耀，对于这一点我确信无疑。结果又会如何？至于那些老兵——甚至连他们自己也不希望别人害怕自己——是我们自己不明白他们怎么会接受这种苛刻的和平吗？他们听说了许多有关我的假话，那些恶人捏造了我的许多故事讲给他们听。而我，你们是最好的证人，总是用我的投票、权威、话语支持他们的利益；但他们却相信那些变化无常的恶人，相信自己的派系。现在他们无疑表现得很勇敢，斗志昂扬，为罗马人民的自由和国家的安全而努力奋斗，他们在用自己的力量检验我们的所有政策。我不担心他们的思想，但我害怕他们的冲动。

如果情况是这样的话，那么我要躲避这些严重的危险。你们认为我还能安全地返回吗？因为当我尽心竭力捍卫你们的权威，维持我自己对国家的诚信和坚定时，不仅是那些仇恨我的人，而且还有那些妒忌我的人，都令我感到担心。

所以为了国家，要保护我的生命，以便使国家的荣誉能够得到保存；如果死亡要追随命运女神不可违反的命令，或者死亡要提前到来，那就让我光荣地去死吧。情况就是这样，尽管国家并不需要这个使团，然而，如果我能安全抵达，那么我还是会出发的。元老院的议员们，我会全面地衡量与这件事有关的全部政策，但不是根据我自己可能遇到的危险，而是根据国家的利益；由于我们还有充分的时间，所以我认为许多事情可以再做考虑；我将首先根据国家的利益来判定应当采用什么样的具体措施。

第十三篇

（发表于公元前 43 年 4 月 10 日）

【1】元老院的议员们，从我们进行的这场反对不忠诚的、邪恶的公民的战争一开始，我就在担心某些阴险狡诈的和平谈判会熄灭我们恢复自由的热情。因为和平这个名字是很诱人的，而和平本身带来的不仅是高兴，而且是安全。在我看来，现在有一个人并不珍视我们的家宅、公共法律和自由权利，而是热衷于分裂、屠杀公民和进行内战。我认为应当把这个人从他的同胞中驱赶出去，赶到没有人的地方去。无论是苏拉还是马略，或者是他们俩，无论是屋大维、秦纳，或者又是苏拉，或者是其他的马略和卡玻，或者是其他任何想要内战的人，我都把他算做应当受到这个国家诅咒的公民。我

为什么要提起他们中的最后一位？[1]我们捍卫他的法律，但我们承认这些法律的制定者本人被人杀死是公正的。如果我们把想要进行内战的公民当做公民或者当做人，那么没有什么事情会比这更愚蠢。

元老院的议员们，但我们必须首先考虑有无可能与所有人达成和平，或者是否有某种战争是不可平息的，因为在这样的战争中达成的和平协议就是批准奴役的法律。西庇阿可以试图与苏拉媾和，但是我们没有理由对一项难以承受的政治条件感到绝望。如果秦纳愿意与屋大维建立和睦的关系，那么这些人的关系在国家中会保持健康。在最近的战争中，如果庞培比较灵活，而凯撒也不那么贪婪，那么应当承认我们拥有一种稳定的和平，拥有了某种共同体的残余。

【2】但是当前的形势怎么样？我们能与安东尼媾和吗？我们能与山索里努斯、文提狄乌、白斯提亚、努库拉、穆纳提乌、兰托、萨克撒媾和吗？我只提到在这场战争中有突出表现的少数人，你们可以看到其他还有无数野蛮的家伙。除了这些人以外，在凯撒的朋友中还有那些巴耳巴家族、卡西乌家族、巴巴提乌家族、波利奥家族的坏家伙；在安东尼的朋友和同伙中还有欧拉佩鲁、美拉、彭提乌斯、科厄留斯、克拉西昔乌、提罗、穆斯特拉、佩提西乌；他们的追随者我就不说了，我只说这些首领的名字。必须和这些人归入同一类的还有云雀军团，以及其他老兵，那些充当第三种陪审员的人，[2]现在他们自己的财产已经耗尽，而凯撒的土地被吞食，成为我们的幸运所觊觎的对象。

啊，可信赖的安东尼的右手啊，这只手屠杀了多少公民！啊，我们要和安东尼们商定和批准什么样的条约！如果马库斯想要违反它，那么认真的卢西乌斯不会让他犯罪！如果这些人在这座城市里有了立足之地，那么就不会有城市本身的立足之地。睁开眼睛看看他们的脸吧，尤其是安东尼们的相

---

① 指凯撒。

② 参见《反腓力辞》第一篇，第8章。

貌、举止和态度，以及在他们旁边和前面走来走去的朋友的行为。你们认为从他们嘴里会吐出什么样的酒气和污辱人、吓唬人的话来？也许和平会让他们感到高兴，尤其是，当他们进入元老院的时候，他们会和蔼地向我们表示问候，有礼貌地逐一和我们打招呼！

【3】我以不朽诸神的名义起誓！你们不记得你们已经决定反对这些人了吗？你们已经废除了马库斯·安东尼的法令，你们已经废除了他的法律，你们已经决定要用武力反对他们，你们已经在整个意大利征集兵员，你们已经判决他的同事和同伙①犯下了各种罪行，是人民的敌人。与这个人媾和有可能吗？如果与一名外国的敌人媾和，那么他就不再是我们的敌人，而这个人在媾和之后仍旧会是我们的敌人。大海、群山、旷野都会发出呼唤，你们必须仇恨这个你们看不见的人。这些人会捆绑自己走到你们面前来，然而一旦他们获得权力，他们就会割断你们的喉咙。我们用什么样的笔才能够描写这样野蛮的畜生？

但是，战争问题可以说是不确定的。勇敢者会在战争中展示他们的勇气，你们应当成为勇敢的人，所以不要惧怕变幻无常的命运。但是我们这个组织不仅需要坚忍，而且需要智慧——这些品德似乎很难分割，但让我们还是分开来说——坚忍要求我们战斗，它点燃了正义的仇恨，它敦促我们面对冲突，面对危险。那么智慧会怎么说？她会使用更多谨慎的建议，她会面向未来，她会更加小心翼翼。那么她的看法是什么？因为我们必须服从和遵守依据智慧的命令得出来的最佳结论。如果这就是她的命令，那么除了生命我不会更多地考虑其他事情，也不会与生活中遇到的危险做斗争，我会躲避一切危险。我会问她："如果我这样做，那么我必定会成为奴隶吗？"如果她说"是的"，那么无论智慧有多么博学，我都不会听从。但若她回答说："不会。你应当保卫你的生命、人格、幸福、私人财产，但要把这些东西置于自由之后；你不能只希望能在一个自由的国度里享受这些东西，为了这些东西而牺

---

① 指多拉贝拉。

牲自由；如果这些东西导致非正义，那就应当为了自由的缘故而抛弃它们。"那么我会好像听到了智慧女神的声音，把她当做神来服从。因此，当这些人被带回来的时候，我们还能自由，那就让我们克服仇恨，接受和平；然而要是这些人不受惩罚，安宁就不可能，那就让我们抓住机遇与他们战斗。我们要么是由于他们死亡而享有一个胜利的国家，要么我们被打垮了——愿朱庇特不让这种预言变成现实——在这种情况下，即使我们不能再拥有生命的气息，至少还应当拥有我们美德的名声。

【4】我们还要说到，两度担任统帅的祭司长马库斯·雷必达在最近的这场内战中为国家做了许多好事，他劝告我们要接受和平。元老院的议员们，没有人能比马库斯·雷必达的影响更大，无论是他自己的功绩，还是他家庭的尊严。此外我们还可以说到他对我个人非常仁慈，我也为他做了很多事情。但是，我把他当前对国家的感情视为最大的恩惠，而这在我看来始终比我的生命更珍贵。如果说他发挥他的影响力劝说一位最高贵的年轻人、一位最杰出的父亲的儿子、庞培·玛格努斯讲和，在没有发生冲突的情况下使国家摆脱了内战的危险，那么我认为正是凭着他给我带来的这种恩惠，我必须承担这种甚至超越我的能力范围的义务。因此我建议把最高荣誉授给他，而你们同意了我的意见；我从来没有停止过对他表示最良好的祝愿。国家用许多重大誓言约束着马库斯·雷必达。他的出身是最高贵的，他的荣誉应有尽有，他是最优秀的祭司，他美化了这座城市的许多地方，城里有他兄弟和祖先的纪念碑，他有一位令人尊重的妻子，有他亲爱的子女，他的私人生活不仅丰富，而且纯洁，没有沾上内战的血腥。他没有伤害过任何公民，由于他的仁慈和怜悯，许多人获得自由。所以，公民们可以对这样一个人做出判断：从秉性来说，他不可能以任何方式与国家作对。

马库斯·雷必达希望和平。这是令人敬佩的！如果他能带来像他最近获得的那样的和平，那么在这样的和平下，国家又能看见格奈乌斯·庞培之子，欢迎他回到国家的怀抱，拥抱他，不仅视之为他个人的回归，而且视为国家本身的恢复。正是由于这个原因，你们投票赞同在讲坛上竖立他的塑像，并刻上光荣的铭文①，在他不在场的时候举行了庆祝胜利的活动。因为，尽管他在战争中立下大功，应当庆祝，然而还不能为他拨出竖立塑像的款项，因为对指挥了更加伟大战争的卢西乌斯·艾米留斯、西庇阿·艾米利亚努、老阿非利加努、马略、庞培也都没有这样做；但由于他和平地终结了一场内战，所以你们在可能的第一时间授予他最大的荣誉。

【5】那么，马库斯·雷必达，你认为这个国家会像寻找庞培一样去寻找安东尼们吗？首先，庞培是谦逊的、坚定的、有节制的、正直的，而安东尼们——当我在斥责他们的时候，我心里不会忘掉任何一名匪徒——是淫秽的、邪恶的，他们胆大妄为，犯下各种罪行。其次，元老院的议员们，我要恳求你们，你们中间有谁看不见幸运女神看得见的东西，尽管有人说她是瞎的？因为，我们对凯撒的法令不抱偏见；由于这个原因我们要保卫和平，凯撒自己的房子要对庞培敞开，他将以不低于安东尼购买这座房子的价格把它买回来；我要说的是，格奈乌斯·庞培的儿子要买回格奈乌斯·庞培的房子。这真是严酷的事实！但这些事情已经拖延了很长的时间。你们像对待被征服的敌人一样，投票表决要庞培从他父亲的财产中缴纳一大笔钱。②考虑到他和我的友谊，以及我和他父亲的联系，我宣布这笔钱由我来缴纳。他想要买回被安东尼夺走的房屋、花园和某些乡下的地产；而那些银盘、衣服、家具、美酒已经被这些歹徒挥霍殆尽，对此他只好作罢。他要从多拉贝拉那里收回在阿尔巴和福米埃的地产；还要从安东尼那里收回在图斯库兰的地产；让那些现在正在围攻穆瑞纳和包围狄西摩斯·布鲁图的人离去，让那些安塞尔人被赶出法勒尼亚。③还有其他一些事情，但我已经记不住了。我还要说，那些不是我们敌人的人会以他们的购买价把庞培的财产归还给他的儿子。在这些地产上攫取任何东西都可以说是欠考虑的，更不要说是厚颜无耻的；在它们的主人回来以后，谁还会大胆地扣留它们？或者说，庞培的奴

---

① 参见《反腓力辞》第五篇，第15章。
② 这是对安东尼的提案的表决。
③ 参见维吉尔：《短诗集》（*Eclogae*）第9首，第35行。

隶，凯撒的被释放的奴隶还霸占着主人的家产，不肯归还吗，就像恶龙占据着宝库，占有着他们在卢卡尼亚的地产？元老院的议员们，你们许诺给这位年轻人的 7 亿小银币如果能够兑现，那么格奈乌斯·庞培的儿子应当得到的遗产问题也就解决了。

到此为止都是元老院的事，剩下的事情应当由罗马人民来做，他们认为这个家庭是最高贵的。首先，应当把他父亲担任的占卜官职务授予他，我可以把我从他父亲那里得到的东西归还给这个儿子，我将提名他担任我的同事。我们是朱庇特的神谕的解释者和信使，然后我们会更加自觉地在两个人中间选出一位担任诸神中最优秀、最伟大的朱庇特的占卜官，不是吗？罗马人民会选举这两个人中的哪一个？是庞培还是安东尼？在不朽诸神的激励下，我确实认为，幸运女神似乎已经决定，尽管我们肯定和批准了凯撒的法令，格奈乌斯·庞培的儿子应当能够恢复他父亲的尊严，得到他父亲那样的幸福。

【6】元老院的议员们，还有其他一些事情我认为不能保持沉默，事实上，那些优秀的使者，卢西乌斯·鲍鲁斯、昆图斯·塞耳姆斯、盖乌斯·芳尼乌斯，他们对国家的善意从来不曾停止，你们明白他们的坚定态度；你们宣布，为了会见庞培他们会拐道去玛西里亚，你们知道他最愿意带领他的部队去穆瑞纳，但是担心他会冒犯那些老兵。像这样一位父亲的儿子，凭智慧取得的成就不亚于凭勇敢，所以你们明白他已经在精神上做好了准备，并不缺乏判断力。

马库斯·雷必达也应当看到他的行动不应显得与他的性格不符。因为要是他用军队来恐吓我们，那是因为他心中没有想到军队属于元老院和罗马人民，属于整个国家，而不属于他自己。"但是他可以使用军队，就像是他自己的一样。"那又如何？好人就能做他们有权做的一切，哪怕这些事情是卑鄙的、邪恶的吗？哪怕这些事情完全不合法吗？还有什么事情比派遣军队反对元老院、反对同胞公民、反对国家更卑鄙、更愚蠢、更下流？还有什么事情比违反法律更应当受到谴责？如果我们所谓"合法"的意思就是法律、我们祖先的习俗和制度允许，那么任何人指挥军队反对国家都是不合法的。因为一个人能做的事情不一定是合法的，因此也不一定是允行的，哪怕没有禁令。对你来说，雷必达，就像对你的祖先一样，你的国家把一支军队交给你。靠这支军队你抵抗敌人，扩展我们统治的疆界；如果元老院和罗马人民要改变你的任务，那么你要服从。

【7】如果你想到这些事情，那么你是马库斯·雷必达，你是祭司长，你是祭司长马库斯·雷必达的曾孙；但若你认为人们做事是否合法是由他们掌握的权力来衡量的，那么你要清醒，要尽可能遵循先例，而不要依循你的家族的古老的做法。如果你运用你的权威，而不诉诸军队，那么我一定会给予你更多的赞扬；但是，你仍旧要考虑这样做本身是否必要。尽管你像那些出身高贵的人一样拥有权威，然而元老院不会轻视自己；实际上，元老院会更加有尊严，更加坚定，更加勇敢。为了恢复我们的自由，我们全都有着火一般的热情；没有任何人的权威能熄灭元老院和罗马人民的热情；"我们痛恨敌人，我们在愤怒中战斗"；我们不会放下武器；我们不会听从撤军的号令；我们希望获得最好的结果；我们甘愿忍受一切艰难困苦，也不愿忍受奴役。凯撒有了一支战无不胜的军队；两位最勇敢的执政官出现在这支军队中；候任执政官卢西乌斯·普兰库斯组织了大量的增援部队；建立了哨所以保证狄西摩斯·布鲁图的安全；而与他们对阵的就是一名发了疯的角斗士，带着一群土匪反对国家，反对我们的家神，反对我们的祭坛和炉灶，反对四位执政官。① 我们要向这个人屈服吗？我们要听从这个人的命令吗？我们要相信与这个人媾和是可能的吗？

【8】但是，我们有可能被摧毁。② 我不担心好人会出卖他自己的安全，只有享有安全，才能享受最充分的幸福。造就一个好公民的首先是自然，其次是幸运，因为国家安全关乎全体好人的利益。然而更加清楚的是，国家

---

① 两位本年度的执政官，两位当选的候任执政官。
② 西塞罗担心卢西乌斯·普兰库斯倒戈，倒向安东尼。

安全也是全体好人的幸运。如前所说，谁能比雷必达更幸运？谁能拥有更加坚定的原则？罗马人民在牧神节上看到了他的悲伤和眼泪，你们知道他有多么颓丧，多么痛苦；他看到安东尼宁可做凯撒的奴隶也不愿做凯撒的同事，把一顶王冠戴在凯撒头上。假定安东尼能够克制他的其他残暴罪行，那么仅仅依据这一行为，我就认为安东尼应当受到任何惩罚。即使他本人能够忍受奴役，他有什么权利给我们安排一名君主？如果说他从小忍受僭主的淫欲，那么他可以给我们的子女安排一位君主或暴君吗？所以说，凯撒被杀以后，他本人对待这个世界上的其他人就像他希望凯撒所对待我们的一样。

在什么样的野蛮国家里曾经有过僭主像安东尼在这座城市里那么野蛮，那么残忍？凯撒掌权的时候，我们曾经进入元老院，如果说我们那时候不自由，但至少有安全的保证；而这个海盗头子——我为什么要称他为僭主？——掌权以后，我们连安全都不能保证，元老院的席位被以提利亚人把持。他指挥部队突然进军布隆狄西，以便下一步进攻这座城市；他在苏埃萨这座最漂亮的镇子里双手沾满了勇敢的士兵们的鲜血，这个镇子原先是殖民地，现在居住着最最诚实的居民；在布隆狄西他杀死了玛修斯军团的一些百人队长，这个地方现在有他的妻子，这个女人不仅是最邪恶的，而且是最残忍的。他以何等的疯狂与渴望，从布隆狄西向这座城市杀来，也就是说他想要屠杀所有爱国者！不朽的诸神啊，我们什么时候没有期盼过你们的保护。

【9】凯撒以其难以置信的、天神般的勇敢抵抗着这个疯狂的匪帮。这个疯子当时以为用法令就可以伤到凯撒，而不明白无论他对这个最有节制的年轻人使用什么虚假的指控，都只能使他自己回想起他自己的童年。他带着什么样的追随者，或者排着什么样的阵势进入了这座城市！罗马人民在呻吟，在埋怨；他威胁房子的主人，给他们的房子插上标记，公开许诺要把这座城市瓜分给他的支持者。他回到他的士兵那里去，然后就像瘟疫一样骚扰蒂布尔。他带着军队进入这座城市，召集元老院议员去卡皮托利山开会，打算用

一名执政官提出的提案来置这个年轻人于死地;[①] 消息在四号那天突然传来,他知道玛修斯军团在阿尔巴停滞不前。受到这一消息的困扰,他放弃了在元老院解决凯撒的想法。他悄悄地溜走了,不是沿着大道,而是穿着他的将军袍从便道逃走;而在那一天他编造了无数的元老院法令。是的,这些法令被记录下来的速度比起草法令的速度还要快!从那以后,不是一场行军,而是一场赛跑和搏斗,他进入了高卢。他认为凯撒会带领玛修斯军团、第四军团的那些老兵追击他,听到他们的名字他就会发抖;就在他窜犯高卢的时候,狄西摩斯·布鲁图拦住了他的去路,宁可自己被包围,也不让安东尼逃跑,他使穆提纳成为阻挡安东尼的疯狂的一颗钉子。正当安东尼被围困在那座城市,正当一个最繁荣的殖民城邦和一名当选执政官的尊严都不能阻止他的卖国行径时,你们违反我的意愿,派遣三名执政官等级的使者去见这个土匪和角斗士的首领——我召唤你们和罗马人民作证,全体神灵都在关注着这座城市。

有谁会如此野蛮、残忍、邪恶?他不会听我们的话,他对我们的要求不屑一顾,不做任何答复;他不仅嘲笑那些在场的人,而且嘲笑我们派去的使者。后来这个卖国贼犯下了什么样的邪恶罪行?他正在包围我们的殖民地、罗马人民的军队、一名将军、一名当选的执政官;他蹂躏着忠诚的公民们的土地;一名最邪恶的敌人正在用十字架和拉肢器威胁全体优秀公民。马库斯·雷必达,在似乎没有可能惩罚安东尼以满足罗马人民的要求时,与这个人有什么和平可言?

【10】如果有人认为我们这个等级和罗马人民与这个最残忍的野兽还有任何沟通的可能,那么听了我刚从执政官希尔提乌那里收到的这封信以后,让他打消他的念头。宣读这封信的时候,我会简要地做一些评价;元老院的议员们,请你们注意听,就像你们一直在做的那样。

"安东尼致希尔提乌与凯撒。"

---

① 参见《反腓力辞》第三篇,第 8 章。

他从来不称自己为一名将军，也不称希尔提乌为执政官，不称凯撒为副总督。这样做相当能干；因为他宁可只说他自己的名字，也不愿在提到他们时使用他们的头衔。

"当我听到盖乌斯·却波尼乌的死讯时，我的欢乐不会超过我的悲伤。"

让我们来看他欢乐的原因是什么，他悲伤的原因又是什么，这样你们就比较容易做出判断。

"一名罪犯已经由于一位最优秀的人[①]的死亡而接受了惩罚，诸神在年终之前显示了他们的力量，对杀人凶手的惩罚已经实现或正在迫近，这就是我快乐的原因。"

斯巴达克斯！除了用这个适当的名字，我还能怎样称呼你？你犯下的滔天大罪使喀提林娜也不得不忍受；你竟敢说我们应当对却波尼乌受惩罚感到欢乐？却波尼乌是一名罪犯吗？除了在 5 月初率队脱离你要遭受的打击，他其他还犯了什么罪吗？你对此感到欢乐，那么让我们来看你对什么感到厌恶。

"多拉贝拉在这场危机中由于杀了一名谋杀者而被判决为敌人，这个无赖的儿子[②]对罗马人民来说似乎比他的祖国之父盛乌斯·凯撒还要珍贵，对此我感到悲伤。"

你为什么要对多拉贝拉被判决为敌人感到悲伤？什么！你不明白你已经被判决为敌人，整个意大利在征集兵员，执政官们在果断地处置你的问题，凭着凯撒的荣耀，罗马在迅速整军备战？当你把元老院看得一文不值，除了要把包括所有好人和有钱人在内的元老院彻底摧毁，并以此为发动战争的理由的时候，你这名罪犯为什么要对元老院把多拉贝拉判决为敌人表示不满？他把却波尼乌称做无赖的儿子，就好像我们不认识却波尼乌的父亲这位杰出的罗马骑士！已经承认了法狄娅所生子女的安东尼竟敢轻视任何人的低微出

---

① 指朱利乌斯·凯撒。
② 指却波尼乌。

身吗？

【11】"但是，最痛苦的事情是你奥鲁斯·希尔提乌，尽管你由于凯撒的恩泽而出人头地，但他留下的位置使你感到彷徨。"

我肯定不能否认希尔提乌的出名有凯撒的原因，但他的品性，除了美德和活力，还有欲望。而你也不能否认你的出名也有凯撒的原因，如果他不把那么多恩泽赐予你，你还能有今天吗？你的功绩能使你得到提升吗？你的出身能使你到达今天的地位吗？你会在妓院、赌场、酒馆里虚度光阴，就好像你曾经在你情妇的怀抱中虚度光阴一样。

"还有你，啊，好家伙——"

他把他称做家伙，他感到他不仅是一个男子汉，而且也是一名勇士。这确实是他这个年纪的人的一种说法，但不能用到这个人的身上，他用自己的疯狂来对付这个家伙，借以获得荣耀。

"你的名字应当拥有一切——"

他肯定拥有某些东西，也会高尚地还清债务。但若凯撒是他的国家之父，如你所称呼的那样——我要克制一下我的情感——那么这位年轻人为什么不能从他父亲那里得到像我们这样的生命保障，逃脱你的罪恶之手呢？

"你应当努力表明多拉贝拉应当受到谴责！"

这确实是一项卑鄙的举动，以这样的行动来保卫一个最杰出的等级的权威，反对一名最残忍的角斗士的疯狂！

"应当释放这名女投毒犯。"

你竟然勇敢把这个男子汉称做女投毒犯，是他为你下的毒找到了解药？他是你的新汉尼拔（或者其他任何更加能干的将军），你在实施包围，而实际上是你自己被包围，没有什么力量，如像你希望的那样，能使你摆脱这种局面吗？假定你退却，所有军队都会追击；假定你留在原地不动，你会被活捉。你把一名男子汉称做女投毒者，因为你明白你当前面临的毁灭是他带来的。

"你应当使卡西乌斯和布鲁图尽可能地强大。"

你们要想象他在讲的是山索里努斯、文提狄乌，甚至安东尼家族的其他成员！为什么他要妒忌这些人的力量，他们不仅是最忠诚、最高尚的，而且也结成同盟保卫国家？

"你们确实把这些事情当做以前的事情。"（告诉我，什么事情？）"你们曾经把元老院称做庞培的军营。"

【12】我们倒不如把你的军营称做元老院，好吗？在那里有你本人，显然是一名执政官，但你担任执政官期间的记录已被全然毁掉；在那里有两名执法官，他们怀疑自己能否搞到任何东西——这是一项毫无根据的怀疑，因为我们维护凯撒的善行；在那里有前执法官菲拉德福·安尼乌斯和无辜的盖乌斯；在那里有前市政官白斯提亚，他是拳击手的活靶，我为他耗费了我的嗓子①，还有设计欺骗债权人的切贝留斯，还有那个堕落的昆图斯·凯留斯，还有支持安东尼的朋友的科提拉·瓦里乌斯，在一次公共娱乐中，安东尼下令让奴隶鞭笞他！七人委员会中有兰托和努库拉；那里还有罗马人民钟爱的卢西乌斯·安东尼；②至于保民官，首先有两位当选的保民官，图鲁斯·霍斯提留把他的名字刻在城门上，当他感到自己要被出卖的时候就抛弃了他的将军；另外一名当选的保民官是某个英泰乌斯，他是一名胆大妄为的土匪，尽管他们说在佩扎罗他是一个有节制的人，他在那里的公共浴室当差。那里也还有一些前保民官，尤其是提多·普兰库斯，如果他热爱元老院，他就绝不会焚烧元老院大厅。由于这一罪行他被法律驱逐，但后来又手持武器返回这座城市。这是他和其他像他这样的人的共同特点。有一件事情令我惊讶，关于这位普兰库斯，人们都说除非打断他的腿，否则他是不会死的。③但是这件事情，以及其他许多事情，必须记在阿揆拉的账上。

【13】德修斯也在那里，我假设他被人称做穆瑞斯④，他同样也蚕食着凯

---

① 西塞罗为他辩护达六次之多。参见《反腓力辞》第十一篇，第5章。
② 罗马部落的保护人，参见《反腓力辞》第六篇，第5章。
③ 就好比说："他生来就该被吊死。"
④ 穆瑞斯（Mures）的词义是老鼠，德修斯家族的族名是"Mus"。

撒的馈赠。通过这位杰出人物，有关德修斯家族的记忆在间隔了很长时间以后确实被更新了！但我如何能够省略萨克撒·狄西迪乌，一个来自最遥远的民族的人，我们从来没有把这位保民官视为公民。在同一个地方还有一位萨塞纳斯，他们都很相似，我可能会弄错他们的名字。但我们一定不能省略财务官，某位艾克提乌，他是菲拉德福的兄弟；如果我对如此高贵的年轻人不置一词，那么我就显得像是在妒忌安东尼拥有的追随者。还有一位阿昔纽斯，一位自告奋勇担任议员的人，他自己选自己；看到元老院在凯撒死后有空缺，他换了一双鞋，马上就成为一名元老院议员。我不认识塞克斯都·阿贝昔乌，但我绝不会遇上有人谣言中伤，说他不配成为安东尼的元老院的成员。

我想我省略了一些人，但对某些人我无法保持沉默。这就是安东尼所依赖的元老院，而被他藐视的庞培的元老院则有十名执政官；如果他们全都活着，这场战争根本不会发生，那些胆大妄为者必然会向权威屈服。通过下面这一点你可以明白其他人能提供什么样的保护：我是这些人中的唯一幸存者，想要在你们的帮助下粉碎一名盗贼胆大妄为的行径。

【14】如果夺走了我们的塞维乌斯·苏皮西乌斯的幸运女神在那之前也夺走了他的同事马库斯·马凯鲁斯——他们是些什么样的公民，什么样的人啊！——如果国家能够拥有这两位执政官，他们是坚定的爱国者，但一起被赶出意大利，或者拥有卢西乌斯·阿非利加努，最成熟的将军，或者拥有普伯里乌·伦图卢斯，他在各方面都很高贵，尤其是在确保把我从流放中召回，或者拥有马库斯·彼布卢斯，他对国家的忠诚与坚定永远值得我们崇敬，或者拥有卢西乌斯·多米提乌，一位最杰出的公民，他的出身显赫，极为忠诚，或者拥有普伯里乌·西庇阿，一位极为优秀的、像他的祖先一样的人——如果庞培的元老院里有这些执政官，那么国家就不会那么可悲了。那么让庞培活着，或者让购买庞培被没收财产的安东尼活着，何者比较公平，何者对国家有利？从前的执法官是什么样的人啊！马库斯·加图是他们的首领，他在道德上也是一切民族的榜样。我为什么还要提到其他人？你们全都

认识他们。我担心你认为我过于冗长地列举他们胜过担心你认为我不感恩地忽略他们。前市政官们是些什么样的人！前保民官们是些什么样的人！前财务官们是些什么样的人！我为什么还要说那么多？这就是庞培的元老院议员的尊严和数量，那些没有去庞培军营的人需要一个很好的理由解释他们不去的原因。现在请注意他的信件的其他部分。

【15】"你们已经战胜了作为将军的西塞罗。"

我很乐意听到"将军"这个词，因为这样说他肯定是不情愿的；至于"战胜"这个词我一点也不在乎。因为离开国家是我的命运，我不会被战胜。

"你们在马其顿派兵设防。"

是的，我们已经在和你的兄弟作战，他确实无愧于你的家族。

"你们把阿非利加托付给瓦鲁斯，他当过两次俘虏。"

他以为自己正在与他的兄弟盖乌斯争论呢！

"你们派遣卡西乌斯去叙利亚。"

你感觉不到这个世界对我们是敞开的，而你除了军营之外没有立足之地吗？

"你们允许卡斯卡担任保民官。"

那又怎样？如果我们没有像玛若鲁斯和凯塞提乌那样被赶出国家，后来的许多事情还会发生吗？通过他们我们才做到了这些不可能的事情。

"你们拿走了卢佩基的税收。"

他竟然还敢提到卢佩基？想起那一天就会令人战栗，当时他喝醉了酒，赤身裸体，催促罗马人民成为奴隶。

"你们夺走了老兵们的殖民地，尽管这些殖民地是依据元老院的法律和法令建立的。"

我们夺走了这些殖民地，还是在百人队代表大会上批准了一项法律？然而，我会考虑到你没有去摧毁已经遭到毁灭的老兵，并把他们安置在一个他们自己感到绝不会逃跑的地方。

"你们许诺要按照战争法把征用玛西里亚人的东西归还给他们。"

我不想争论战争法的问题——这样的证明非常容易，但没有必要；但是，元老院的议员们，请你们注意安东尼是这个国家的敌人；他痛恨这个共同体，而他知道这个共同体对国家是最友好的。

【16】"你们重申希尔提乌法对庞培的残余追随者没有约束力。"

我要问，现在提到希尔提乌法的是谁？我认为，关于这项法律，提出法案的人自己对此表示的后悔不亚于那些反对法案通过的人。在我看来，根本就不应当把它称做法律；甚至，即使它是一部法律，我们也一定不要把它当做希尔提乌的法律。

"你们把阿普留斯的金钱提供给布鲁图。"

好吧，如果国家用它的全部力量武装一位优秀的人，那么请你告诉我，什么样的好人会对此表示后悔？因为没有钱，他就不能维持一支军队，或者说，没有军队就不能抓住你的兄弟。

"你们批准处死彼特莱乌和美涅得谟斯，他们已经得到公民权，是凯撒的客人和朋友。"

我们没有批准我们从来没有听说过的事情。在国务混乱之际，我们一定会重视这两名最无耻的希腊人！

"塞奥波普被却波尼乌剥去衣衫，驱逐出境，在亚历山大里亚避难，你们对此不予关注。"

这是对元老院的重大指控！我们对这个杰出的塞奥波普确实毫不在意，不管他在这个世界上的哪个地方，不管他在做什么，简言之，无论他活着还是死了，有谁会知道或者在意？

"你们看到塞维乌斯·加尔巴身带匕首进入军营。"

有关加尔巴这位勇敢而又坚定的公民，我不会回答你的问题；他自己会出现，你在靠近他的时候拿着的那把匕首将会对你做出回答。

"你们为了消灭杀害凯撒的凶手而召集士兵，他们中有些是我的士兵，有些是退伍老兵；后来你们又突然派这些士兵去伤害那些曾经是他们的财务官、将军的人，或者伤害他们自己的战友。"

当然了，我们用甜言蜜语欺骗了他们！玛修斯军团、第四军团的士兵是些愚昧无知的人！老兵们自己正在做什么！他们不支持元老院的权威和罗马人民的自由！他们希望为凯撒之死复仇，而所有人都把凯撒之死视为命运；无疑，他们关心的就是你的安全、幸福和昌盛！

【17】啊，邪恶的人啊，不仅根据你的处境，而且根据你的情感，就可以知道你有多么邪恶！但是，请听他提出来的最大的指控。

"简言之，你们不批准或没有做的事情都会做到，如果他能复活。"

由谁来做？我假定他会提出一些人来做榜样。

"格奈乌斯・庞培本人……"

啊，如果我们确实在模仿格奈乌斯・庞培，那么我们太卑鄙了！

"或者他的儿子，如果他在家里能够活着。"

相信我，他的儿子能够做到，因为在几天里他就会搬出他父亲的住宅和花园。

"最后，你们说和平是不可能的，除非我放走布鲁图，或者给他提供粮食。"

其他人会这样说；但我认为，即使你做到你说的事情，在你和国家之间也绝不会有和平。

"什么！这就是你们那些仍旧还在犹豫不决的退伍老兵的意见吗？"

没有什么比这更明白了，我看到他们已经开始团结一致地向这位将军进攻。

"尽管你们已经开始用奉承和有毒的礼物去阻止他们。"

他们竟然如此容易被收买，决心要用一场最正义的战争追击一名最愚蠢的敌人吗？

"但是你们说你们正在支援被包围的士兵。我不在意他们的安全，也不在意他们希望去哪里，只要他们愿意承受死亡。"

多么仁慈！总而言之一句话，正是由于安东尼的慷慨，那些士兵抛弃了他们的将军，依附一名敌人；而要不是为了他们，多拉贝拉不会像安东尼一样对他的同事下手。①

"你们写道，元老院里有人提出和平动议，派遣的使者是五名执政官。我很难相信那些人会驱逐我，尽管我提出了最公平的条件——他们中的某些人甚至想要我投降——但我不相信他们会做有节制的、符合人性的事情，不相信那些依据最公正的行为判决多拉贝拉为敌的人能够同时宽恕我这个具有同样行为的人。"

他承认自己在所有行动中与多拉贝拉是同伙，这是一件小事吗？你们难道看不到所有罪恶都是从同一个源头流出来的吗？事实上，他本人承认——确实够精明的——那些宣称多拉贝拉是敌人的人依据的是"一项最正义的行动"——就好像在安东尼看来——他们不能宽恕具有同样行为的他。

【18】他已经在信中记载了他与多拉贝拉的安排，如果能做到的话，他本人要用酷刑杀害却波尼乌，杀害布鲁图和凯撒，还要对我们实施同样的惩罚，对这样一个人你们会怎么办？啊，按照一项公正和正义的条约，保存这样一位公民！

他还抱怨他所提的条件遭到拒绝，多么公平、有节制的条件！他想要拥有山南高卢，一个最适宜更新和备战的行省；云雀军团应当在第三法庭担任陪审团，也就是说那里将成为罪犯最安全的避难所，而这将是国家最大的耻辱；要批准他发布的命令，尽管没有具体提到他剩余的执政官任期。他还为卢西乌斯·安东尼提出了一些条件，要求派他掌管私人和公共土地的分配，而让努库拉和兰托做他的同事。

"因此，你们最好考虑一下以什么样的较好的方式做事对你们这一派别有益，对却波尼乌之死进行报复，或者对凯撒之死进行报复；你们还要考虑我们是否适宜加入战斗，已经遭到屠杀的庞培派是否还有残留，我们不能成为敌人的笑料。"

如果说已经对庞培派进行了屠杀，那么这种事情绝不能再次发生——但

---

① 也就是说，多拉贝拉不会在安东尼杀害布鲁图以报复凯撒之前杀害却波尼乌。

愿这是你的命运，你们的命运！他说"以什么样的较好的方式"。所以，在这场战争中也有一个方式问题。"对你们这一派别更有益。"你这个疯子，"派别"这个词是在讲坛上用的，是在元老院里用的。这是战争，一场邪恶的战争，你在用战争反对你的国家；你正在封锁穆提纳；你正在包围一位当选的执政官；而我们这两位执政官，以及副总督凯撒正在进行的战争是反对你们的；整个意大利都在拿起武器反对你。你把这些人称做"派别"，或者视为对罗马人民的背叛吗？"对却波尼乌之死进行报复，或者对凯撒之死进行报复。"当多拉贝拉被判决为敌人的时候，我们已经对却波尼乌之死进行了充分的报复；而忘掉凯撒之死或对之保持沉默更容易为之辩护。但是请注意他的反对意见。当他认为应当对凯撒之死进行报复的时候，他建议不仅要处死那些凶手，而且也要处死那些对此不表示怨恨的人。

【19】"因为我们中无论谁倒下了，都会有利于那些敌人。幸运女神本身也会避免这种景象，她不会看到西塞罗训练出来的属于同一组织的两支军队相互厮杀，而西塞罗迄今为止相当幸运，他用同样的、曾经欺骗了凯撒的甜言蜜语欺骗你们。"

他开始辱骂我，就好像他从前的嘲笑取得了极大的成功；但是我会把他钉死在耻辱柱上，全体人民将永远牢记他。我是一名"训练员"吗？没错，我并非没有本事；我希望杀死那些卑劣者，取得最辉煌的胜利。他写道，无论谁倒下，都会有利于我们。所以，要是你取得胜利——愿诸神阻挡这种事情！——那么我们除了受尽折磨而死，还能有什么利益！他说我"用同样的、曾经欺骗了凯撒的甜言蜜语欺骗"希尔提乌和凯撒。请告诉我，迄今为止我对希尔提乌说过什么甜言蜜语？而对凯撒，我对他说的话比较中听。但你的意思是我欺骗了另外一位凯撒吗？我要说，是你在牧神节上杀了他，你这个最不感恩的家伙为什么要抛弃这位祭司？现在，请注意这位高尚者的令人崇敬的伟大和坚定！

"我决定，我本人或我的朋友不再忍受污辱，我们不会抛弃庞培仇恨的派别，也不允许剥夺那些退伍老兵的住处，不允许一个个地折磨他们，不允许背叛我对多拉贝拉立下的誓言……"

其他部分我就不念了，这个忠诚的家伙不能抛弃"对多拉贝拉立下的誓言"，这个最神圣的人。什么誓言？屠杀最优秀的公民、分割这座城市和意大利、蹂躏和抢劫意大利吗？在安东尼和多拉贝拉这些最无耻的凶手之间还有什么约定和誓言需要批准吗？

"也不能虚假地对待与我结盟的雷必达，他是最忠诚的人。"

你和雷必达结盟，或者与其他任何人结盟——我不说与任何优秀公民结盟——和任何疯子结盟。你竭力想要说明雷必达是不忠诚的或疯狂的。但是你的努力落了空，尽管很难对其他人做出肯定的判断——尤其是对雷必达，我绝不会惧怕他，只要有可能，我就对他报有最大的希望。雷必达希望战胜你的疯狂，而不是怂恿你的疯狂。还有，你不仅在忠诚者中间，而且在"最忠诚的人"中间寻找朋友，尽管"最忠诚的"这个词在拉丁语中根本不存在，你还是以你神圣的忠诚引进了一个新词[1]。

"也不要背叛普兰库斯，我的合伙人。"

普兰库斯是你的合伙人？他对这个国家十分忠诚，除非你认为他正在用最勇敢的军团帮助你，用高卢的步兵和骑兵支援你——如果你在他到来之前不接受国家的惩罚，那么他会成为这场战争的主力。尽管最初的援助对国家更有用，然而最后的支援最受欢迎。

【20】在信的结尾，他开始吹嘘自己，谈起了哲学：

"我行进在正义的大道上，如果不朽的诸神，如我所愿，帮助我，那么我会幸福地生活。但若还有其他的命运在等待我，那么我高兴地预见到你们将接受惩罚。庞培派如此蛮横，他们的征服者应当是你们[2]，而不是那些以后才能找到的人。"

你可以预见欢乐，因为你的欢乐就是战争，你不是在反对"庞培派"，

---

① 白银时代的作家经常用形容词最高级"piissimus"，而在铭文中写作"pientissimus"。

② 指执政官希尔提乌和潘莎。安东尼的论证是：他不是在反对国家，而是在反对由西塞罗领导的庞培派。

而是在和国家作战。众神和凡人，各个等级、公民和外国人、男人和女人、自由人和奴隶，全都痛恨你。我们最近已经在一项虚假的流言中感受到了这一点，①而在一项真正的报告中我们将有更加深切的感受。如果你自己仔细思量这些事情，那么你会比较平和而又舒坦地死去。

"最后，我打算总结一下我的决定：我可以忍受我的朋友们给我带来的伤害，如果他们本人想要忘掉他们的使命，或者打算与我一道替凯撒之死复仇。"

你们现在知道安东尼的决定了，你们认为执政官奥鲁斯·希尔提乌或盖乌斯·潘莎会犹豫不决，不知如何对付包围布鲁图、进攻穆提纳的安东尼吗？我为什么要提到希尔提乌或潘莎？这位高度忠诚的年轻人凯撒能够约束自己，不为他的父亲之死向狄西摩斯·布鲁图讨还血债吗？所以读了这封信以后，他们会赞同安东尼包围布鲁图。年轻的凯撒已经证明了他自己，由于不朽诸神的仁慈，他降生在这个国家，为国服务，他父亲的名字从来没有欺骗过他，凭着他的忠诚，他明白做儿子的最大责任就是保卫他的祖国。如果有党派斗争——尽管党派这个名字已经完全死亡了——安东尼和文提狄乌能比所有凯撒更好地保卫凯撒派吗？首先是一位极为孝顺父母的年轻人，其次才是潘莎和希尔提乌，如果"派别"这个字能在真正的意义上使用的话，那么他们是凯撒的两翼。但是，在这里有什么党派可言，一方以维护元老院的权威、罗马人民的自由、国家的安全为目标，另一方以屠杀好人、分割这座城市和意大利为目标？

【21】最后让我们来看这句话，"我不相信将要到达的使者"。他知道我！"战争将要来临。"很好，多拉贝拉的例子已经摆在我们面前。我假定使者会比两位执政官、比其父为祭司的凯撒、比他正在阻击的两位当选执政官、比他正在包围的穆瑞纳，比他正在用火与剑威胁着的国家拥有更多的神圣权力，可以反对手持武器的安东尼。

———————————

① 这个流言是安东尼死了。

"他们到达以后我会听取他们的要求。"

毁灭和抢劫将落到你们头上！除了像文提狄乌这样的人，还会有人和你们在一起吗？为了扑灭已经燃起的熊熊大火，我们派出了最优秀的人，但是你们拒绝了；我们现在还要让他们去赴汤蹈火吗？由于拖延，你们现在还有退路吗？我不说求和，我甚至说的是投降。

元老院的议员们，我已经宣读了这封信，不是因为我认为他的信件配得上由我来宣读，而是认为通过这个人自己的告白，你们可以看清他的所有叛国阴谋。马库斯·雷必达这个拥有极高天赋、美德、幸运的人，如果看到这封信，那么他会想要缔结和平，或者认为这样做是可能的吗？如某些诗人所说，水火不容，国家与安东尼，或者安东尼与国家不可能达成协议。这些人是魔鬼，是国家的厄运。如果我们这座城市无法迁往他处，如果我们无法迁往一个听不到安东尼的所作所为的地方，那么她会凭借凯撒和布鲁图的勇敢把他们抵挡在她的城墙之外。我们第一个祈求是征服这些恶魔，第二个祈求是为了我们国家的荣誉和自由，不要放走任何机会。剩下的不是第三个祈求，而是最后的可能，我们由于爱惜生命而发生最大的堕落。

情况就是这样，关于对最杰出的马库斯·雷必达进行赞扬和他的信件的问题，我同意塞维留斯的意见。此外，我还提出如下建议："玛格努斯·庞培，格奈乌斯之子，他的性格、热情、行为与他的父亲和祖先完全一致，他以崇高的美德、饱满的精力、良好的意愿为国服务，帮助这个国家，元老院和罗马人民欢迎和接受他的将给他带来荣誉和尊严的行动。"这一建议很容易添加到元老院的已有法令中去，也可以单独成文，让元老院自己的法令中出现对庞培的赞扬。

第十四篇

（发表于公元前 43 年 4 月 21 日）

【1】元老院的议员们，如果说从已经宣读过的这封信中我了解到我们那该死的敌人的军队已经被打垮，那么我也了解到——我们尤其期待——随着这一胜利，狄西摩斯·布鲁图已经离开了穆提纳，而正是由于他遇到危险，我们才穿上了军服，而他现在安全了，我无疑会建议大家重新穿上我们古老的服装。但在这个共同体最关注的事件有了正式报告之前，对一场最重要、最光荣的战斗感到兴奋就足够了；等到胜利正式到来，我们将穿回和平的服装。狄西摩斯·布鲁图获得安全就意味着这场战争的结束。

但是有人提议我们今天就改穿服装。这个建议是什么意思，明天我们还会再穿军服吗？不，一旦穿上我们长期盼望的服装，让我们来看是否能永远保持。因为这不仅是可耻的，而且不能讨得不朽诸神的欢心；穿上军服我们就应当离开他们的祭坛，穿上和平时期的服装才能靠近祭坛。元老院的议员们，我要指出某些议员赞成这个建议，他们的愿望和考虑是这样的：他们看到这一天对狄西摩斯·布鲁图来说将是非常光荣的一天，随着他的安全，我们将穿上和平时期的服装，这是一种不能传给后代的荣耀，罗马人民由于一位公民遇到的危险而穿上军服，而在他平安时穿上和平时期的服装。去掉这个理由，你们会发现这个建议有多么荒谬。但对你们来说，元老院的议员们，你们要保持权威，坚持你们的决定，如你们通常所做的那样，牢记这场战争的中心问题在于一位最勇敢、最优秀的人的生命。

【2】为了解救狄西摩斯·布鲁图，这个共同体的要人担任使者，警告那些敌人和凶手离开穆提纳；为了保存这位狄西摩斯·布鲁图，你们抽签挑选了一名执政官进行战争，奥鲁斯·希尔提乌不顾身体的虚弱重新树立他胜利的希望；凯撒凭着自己的努力建立一支军队，使这个国家避免了最初的危险，为了以后不再产生同样的罪恶，为了拯救布鲁图，他凭着对国家的

热爱，克服了某些私人的悲痛。① 盖乌斯·潘莎招兵买马、筹集军费、建议元老院制定法令、鼓励我们、召唤罗马人民为自由而战，除了解救狄西摩斯·布鲁图，他还有什么目的？罗马人民齐心协力，不仅把狄西摩斯·布鲁图的安全放在他们自己的利益之上，而且放在他们必要的日常饮食之前。元老院的议员们，我们希望的这个目标快要实现了，或者已经实现了；但是让我们等到真正实现的那一天，免得我们预见不朽诸神的仁慈显得过于匆忙，或者由于我们的愚蠢而藐视幸运女神的力量。

由于你们的性格必定会表达你们对这件事的感觉，所以我会提到执政官和副总督的来信，而在此之前我要说几句与这封信有关的话。

【3】元老院的议员们，我们的军团和军队的利剑在前两场由我们的执政官指挥的战斗和第三场由凯撒指挥的战斗中已经沾上了鲜血。如果这是敌人的鲜血，那么我们士兵的忠诚是至高无上的，如果是公民们的鲜血，那么这是一桩滔天大罪。在犯罪这一点上超过所有敌人的安东尼需要多长时间才能去掉敌人的名字？或者说你们希望你们的士兵犹豫不决，不知道应当把武器对准公民还是对准敌人吗？你们颁布了一道感恩令，不把他称做敌人。在大量公民遭到屠杀的时候，我们的感恩和牺牲确实会受到欢迎。他说："是的，为了战胜这些无法无天、胆大妄为的人。"这就是这位最优秀的议员②给他们的名字。这样的形容词属于城里的法庭，不能用来说明相互残杀的战争。我在想，他们伪造遗嘱，驱逐邻居，欺骗年轻人；而犯下这种罪行的人习惯上被称做"坏的"或"胆大妄为的"。一名最野蛮的土匪正在进行一场后果无法弥补的反对四位执政官的战争，而这场战争同样也在反对元老院和罗马人民，他用毁灭、蹂躏、折磨、拉肢威胁着所有人，尽管他所犯的罪行会给他自己带来毁灭；没有任何野蛮民族能超过多拉贝拉的野蛮行径，他的行为见证了他的建议；要是没有我们的朱庇特亲自把他赶出这座神

---

① 布鲁图是刺杀凯撒的凶手，而屋大维对他的养父凯撒之死感到悲伤。
② 指提出颁布感恩令建议的塞维留斯。

庙和我们的城墙，那么他试图在这座城市里做的事情已经发生了，他给帕尔玛公民带来的灾难已经表明他想要做什么。帕尔玛最优秀、最诚实的人与我们保持着最紧密的联系，竭力保护我们这个组织的权威和罗马人民的尊严，但他们被恶魔卢西乌斯·安东尼以最残忍的方式处死；这是一个标志，所有人对他的行为极为愤恨，如果诸神也会生气，那么他们也会痛恨他的行为。元老院的议员们，我的心畏缩了，害怕说出卢西乌斯·安东尼对帕尔玛人的妻子儿女所做的事情。安东尼们自愿犯下臭名昭著的恶行，乐意用暴力伤害他人。但他们使用暴力是灾难性的，他们的生命被可耻的欲望所玷污。他们的残忍已经远远超过迦太基人，那么还有什么人不敢大胆地称他们为敌人吗？

【4】汉尼拔攻下哪座城市以后像安东尼偷袭帕尔玛以后那么野蛮？除非那个殖民城邦也许不把他视为敌人，而其他城市对他也这么看！然而他无疑是这些殖民城邦和城镇的敌人，你们认为他会如何对待这座城市？他必定会纵容他的匪帮作恶，那个狡猾的丈量员萨克撒已经用他的尺子分割了这座城市。元老院的议员们，我以上苍的名义发誓，回想一下过去两天里我们的恐惧吧，国内的敌人到处散布无耻的谎言。看着自己的儿女、妻子、家庭、房子、家神，有谁不会流下眼泪？人们都在想，要么最可耻地死去，要么最邪恶地逃跑。把这些恐惧的制造者称做敌人，我们会犹豫不决吗？哪怕使用更加严厉的名称，我也会高兴地表示同意，使用敌人这个普通的词语我几乎无法满意，更加温和一些的词语我根本不会使用。

因此，根据已经宣读过的这封信，由于我们受到感恩令的约束，由于提出法案的是塞维留斯，所以我会在今后的日子里不是荣耀一位将军，而是荣耀三位将军。但我的首要任务是称他们为胜利者[①]，正是凭着他们的勇敢、判断和好运，我们才从受奴役和死亡的极端危险中被解救出来。那么，近

---

① 此处"胜利者"的拉丁原文是"imperator"。在较早的时期，这个称号是在出征的将军获得胜利以后由他的士兵授予他的；而在西塞罗时期，由元老院把这一称号授予凯旋归来的将军，再往后则由罗马皇帝授予这一称号。

20 年来颁布的法令没有把胜利者的称号授予他吗，尽管他的功劳可能很小，或者根本没有功劳？所以，有关感恩的提案既不能由前面的讲演者提出，也不能把习惯的、公认的荣誉授予那些特殊的新人。

【5】如果有人杀了一千名或者两千名西班牙人、高卢人、色雷斯人，那么元老院会按照习惯称他为"胜利者"；而现在，那么多军团被杀，那么多敌人被杀——我说的是敌人吗？是的，我要再重复一遍，敌人，无论我们多么讨厌把国内的敌人称做敌人——我们应当把荣誉授予最著名的将领，然而却剥夺他们"胜利者"的称号吗？昨天，这座城市的实际解放者无比荣耀地在欢乐和庆贺中进入了这座神庙，因为我的功劳，罗马人民载歌载舞抬着我游行，从我的家里一直到卡皮托利山，然后又把我送回家？在我看来，这是一场真正的胜利，对那些卓越地保护了这个国家的人来说，这个共同体团结一致的声音已经为他们的辛劳作了见证。如果罗马人民在共同的欢乐中向一个人表示祝贺，那就证明了他取得了巨大的功绩；如果他们转过来向一个人表示感谢，那就证明他的功劳更大；如果他们向他既表示祝贺又表示感谢，那么他的功劳已经超过了想象。

有人会问："你是在讲你自己吗？"确实，我这样讲并非出于自愿，但是一种由于错误而产生的痛苦使我突破了习惯，大胆地谈论自己。那些不知美德为何物的人向卓越地为国服务的人表示感谢，这还不够吗？妒忌会仓促地寻找一项指控，反对那些把一切都奉献给国家安全的人吗？你们知道最近几天有一桩谣言广为流传，说我在帕利里亚提出建议——就是说要在今天——我要带着独裁者的仪仗前往市政广场上的讲坛。我想这个虚构的故事可以用来反对某些角斗士、土匪、喀提林，但不会用来反对那些确信这个国家绝对不可能发生这种事情的人。喀提林在推行这种计划的时候，是我消灭了他，推翻了他，打败了他，而我本人突然证明自己也是一名喀提林，这可信吗？我本人当过占卜官，在什么样的预兆下，我会接受这些独裁者的仪仗？我会拥有它们多长时间？我会把它们转交给谁？想一想吧，什么人如此邪恶，竟然虚构出这样的故事，什么人如此疯狂，竟然相信这样的故事！这种怀疑，或者说这种谣言是什么时候兴起的？

【6】如你们所知，在最近三四天里，有一份令人沮丧的来自穆提纳的报告与此相关，有一些不忠的、喜欢吹嘘的、懒惰的公民聚集在一起，他们来到元老院开会的地方，而这恰恰证明了他们自己的疯狂，而不是证明了国家有错误。他们在那里策划要屠杀我们，他们分配任务，谁负责占领卡皮托利山，谁负责占领市政广场上的讲坛，谁负责占领城门，他们认为公民们会自动地前来包围我。他们传播有关独裁者仪仗的谣言，以为这样的事情能使我名誉扫地，甚至会危及我的生命；他们甚至建议由他们亲手把独裁者的仪仗送来给我。如果在我的同意下这件事发生了，那么他们就可以派遣那些雇来的无赖向我发起进攻，就好像反对一名暴君；然后就会对你们进行大屠杀。元老院的议员们，这一阴谋虽然已经暴露，但在恰当的时间我们要封闭所有这些罪恶的源头。所以保民官普伯里乌·阿普留斯不能忍受由于我的悲哀而引起的悲伤，自从我担任执政官以来，在我征询意见和遇到危机的时候，他一直是我的证人、支持者、助手；他召集了一次大规模的民众集会，与会者和他具有同样的情感。在那次集会上，依据我们之间的亲密联系，他排除了人们在所谓独裁者的仪仗的问题上对我的怀疑，整个会议最后同声宣布我在处理公务时完全忠诚。就在这场集会之后的两三个时辰内，信使到达了，带来了我们长久期盼的信件。所以就在那一天，我不仅摆脱了最不公正的谎言，而且还由于罗马人民集体向我表示祝贺而名声大振。

元老院的议员们，我插入这些评价更多地并不是为自己辩护——因为我要是不能不经辩护就在你们眼中开脱，那么我也太可怜了——而是为了向你们提出建议，如我一直在做的那样，有些人头脑太狭隘，不明白杰出公民的美德值得他们模仿，但不值得他们妒忌。诚如克拉苏所说，这个国家的伟大就在于有一片广阔的天地，对许多人来说，成为名人的道路是敞开的。

【7】我确实希望这个国家的主要人士在我卸去执政官职务以后仍然活着，尽管我本人已经给他们让路，不再占据国家的主要位置！但在这个时

候，在国家缺少坚定勇敢的执政官的时候，你们认为我会产生什么样的悲哀？我看到有些执政官政治上不忠诚，有些执政官处事轻率，有些执政官缺乏决断能力，有些执政官不以国家利益为其所持观点的依据，而是一会儿依据希望，一会儿依据担忧。如果有人在为领导权焦虑——不应当有这样的竞争——如果他用邪恶来与美德竞争，那么他的行动是最愚蠢的；因为正如一物降一物，对于勇敢者的美德要用美德来降服。那么要想征服对国家极为忠诚的我，你们能够使用你们的叛国伎俩吗？或者说，如果你们看到好人聚集在我的身边，你们会邀请那些恶棍到你们身边去吗？并非我希望如此，而是首先为了国家，其次也是为了你们的荣誉。我从不寻求领导权，如果这就是问题所在，那么请你们告诉我，我会期望更多的东西吗？依靠邪恶的投票不能征服我，依靠良好的投票也许可以征服我，因为我愿意被征服。

罗马人民看到这一点，对此做了评价，并且断定有些人被惹恼了。我们能够不按照每个人的美德来判断每个人吗？罗马人民对整个元老院真实地下了判断，在国家的任何一个时期，这个组织都没有像现在这样坚定，勇敢，关心每一个人，而处在这个位置上，我们中的大多数人都表达了自己的观点，所有人都在商议，希望听到每个人的观点，因此他们想着每一个人，按照他们的美德判断每个人。他们心里记得，12 月 20 日我在使你们恢复自由时起了主要作用；而从 1 月初起直到现在，我一直关注着这个国家；我的住宅和我的耳朵日夜开放，听取所有人的建议和警告；凭着我的信件、信使和我的鼓励，所有人，无论是谁，都受到鼓励而奋起保卫他们的国家；但是自从 1 月初以来，向安东尼派遣使者没有经过投票；我始终把他称做敌人，我始终把这场斗争称做战争；我在任何一场合都建议真正的和平，而对这种瘟疫般的"和平"，我持敌视态度。当许多人希望普伯里乌·文提狄乌担任保民官的时候，我不是一直把他当做敌人吗？要是执政官们允许把我的这些提案付诸表决，那么凭着元老院的权威，所有那些土匪早就已经扔掉了他们的武器。

【8】但是，元老院的议员们，当时不允许的事情现在不仅得到允许，而且还成了要求，我们实际上不仅已经用清楚的术语界定了那些敌人，而且还通过投票宣布他们是敌人。在此之前，只要我使用了"敌人"和"战争"这些字眼——我用了不止一次，而且经常用——他们就会取消我的提案，而现在他们却又显得迫不及待；因为，按照执政官盖乌斯·潘莎和奥鲁斯·希尔提乌，以及副总督盖乌斯·凯撒发送来的公文，我们将要就如何荣耀不朽诸神的问题进行投票。同时，刚才建议颁布感恩令的人也不自觉地宣布了他们是敌人；因为在内战中从来不颁布感恩令。我说的是颁布法令吗？甚至在胜利者的文告中，也不需要这样的感恩。

苏拉，作为执政官，打了一场内战；带着他的军团进入这座城市的时候，他有选择地驱逐了一些人；他实际上可以杀死这些人；元老院没有提到要谢恩。屋大维从事的残酷战争紧随其后，尽管秦纳是胜利者，但元老院没有颁布谢恩令。苏拉是胜利者，他报复了秦纳所取得的胜利，但元老院没有颁布谢恩令。关于法塞利亚这场最可怕的战争，你的同事普伯里乌·塞维留斯没有给你发来任何战报吗？他希望你能推动元老院颁发谢恩令吗？他肯定不会这样想。他后来给你发去了关于亚历山大里亚的战报、关于法那凯斯的战报；但他在法塞利亚战斗中没有取得胜利；因为那场战斗杀死了那些本来可以活下来的公民，甚至杀死了已经被征服的公民，他们不会危及国家的安全与繁荣。同样的事情在前一场内战中也发生了。在我担任执政官的时候，尽管没有发生武装冲突，但元老院为我颁布了感恩令，其依据不是杀了多少敌人，而是使用一种新的、史无前例的方法保存了多少公民。

因此，你们要么公开拒绝对我们的将军颁布感恩令，尽管他们为自己所取得的成功战绩提出过这种要求——这种事情只有伽比纽斯干过——要么同意对我们的将军颁布感恩令，从而也就必然宣布反对这些将军的人是敌人。

【9】因此，称他们为"胜利者"时，我也用我的话语做了塞维留斯实际上做的事；凭着这个名称，在称呼那些获胜者时，他把那些已被征服和残存

下来的人判定为敌人。尽管潘莎有一个最荣耀的名称①，但我用什么样的名称可以更好地称呼他？我用什么样的名称可以更好地称呼希尔提乌？他确实是一名执政官；但是这两个名称中一个来自罗马人民的仁慈，另一个来自他的勇敢和胜利。还有承蒙诸神青睐而恩赐给这个国家的凯撒②——把他称做"胜利者"我会犹豫不决吗？他第一个挫败了安东尼的野蛮和愚蠢的残忍，不仅解除了他对我们喉咙的威胁，而且解除了他对我们肢体的威胁。不朽的诸神啊，就在那一天，有多少人表现出英雄主义的气概啊！潘莎率军与安东尼作战，他配得上统领玛修斯军团，玛修斯军团也配得上这位将军。如果潘莎能够抵挡最凶猛的进攻，这场战斗就能结束整个战事。然而，这个追求自由的军团勇猛地冲入敌阵，潘莎本人也冲锋陷阵，身负两处重伤，被人抬下战场，为了国家而保存他的生命。我确实把这个人不仅当做胜利者，而且当做最高尚的胜利者，因为他许诺要用牺牲来报答国家，或者要用胜利来令国家满意，结果他取得了胜利，但愿不朽诸神能抵挡另一种可能性的发生！

【10】关于希尔提乌我该说些什么？他听说这两个军团有着惊人的热情和勇气；第四军团抛弃了安东尼，投奔了玛修斯军团；由老兵组成的第七军团在战斗中表明，元老院和罗马人民的名字对这些竭力保护凯撒财产的老兵来说是弥足珍贵的。希尔提乌率领着20个步兵队③，但没有骑兵，他本人拿着第四军团的银鹰——历史上没有比这更荣耀的将军的象征了——与安东尼的三个军团和骑兵交战，杀死那些邪恶的敌人，正是这些敌人威胁着最优秀、最伟大的朱庇特的神庙、其他不朽诸神的神庙、这座城市里的房屋、罗马人民的自由、我们的生命和身体，所以这个匪帮的首领只好忍痛带着少量随从乘着夜色逃跑。啊，初升的太阳，看着这些杀人凶手横尸荒野，看着我们的将士在与少量安东尼的随从继续战斗，这是一种多么大的幸福啊！

---

① 执政官。
② 指屋大维。
③ 每个步兵队（cohort）约300人到600人。

事实上，把凯撒称做"胜利者"，有谁会犹豫不决？凭他的年纪，人们肯定不乐意投他的票，但他表现出来的勇敢早就超过了他的年纪。在我看来，相对于他的年纪来说，盖乌斯·凯撒总是提供了更大的服务，而较少提出要求；因为，当赋予他副总督的权力时，我们也把这个名称所包含着的我们的希望寄托在他身上，而当他完成了这些希望的时候，他也凭着自己的行动证明了我们的法令是正当的。所以这个有着最高尚精神的年轻人，如希尔提乌所写的那样真实，用几个步兵队保护了由许多军团构成的军营，进行了一次成功的战斗。于是，凭着罗马人民的这三位将军在这一天，在几个地方，所表现的勇敢、明智和好运，这个国家得以保存。

【11】因此我以三位将军的名义提出建议，举行 15 天的公共感恩；我要在投票的时候，用最美好的语言说明这样做的理由。

还有，良好的信念和人性要求我们对最勇敢的战士宣布说我们有多么在意和感谢他们。因此，我建议应当通过今天的元老院法令更新我们许下诺言，包括那些我们将会在战争结束时给予那些军团的恩惠；因为这些士兵，尤其是这样的士兵，应当与他们的将领一道接受荣誉，这样做是公平的。元老院的议员们，我们有权把他们应得的奖赏授予他们所有人！然而，在兑现我们的诺言时我们要小心。如我所希望的那样，对胜利者①应当这样做，元老院应当兑现它的诺言；因为在国家最危险的时候他们支持了国家，他们对自己的决定从来就没有后悔。对那些甚至连话都没有跟我们说过的人，事情就更加容易了；对一个明智的元老院来说，更加值得敬佩、更加伟大，更加义不容辞的举动就是带着感恩的心情牢记那些为国捐躯的人。如何荣耀他们，我心里会涌现更多想法！但至少有两件事情是我不会忽略的：一是叙述勇士们的永恒的荣耀；二是减轻他们的亲属的悲痛和哀伤。

【12】因此，元老院的议员们，我希望为玛修斯军团的士兵，为那些在战斗中阵亡的将士修建一座尽可能高大的纪念碑。

---

① 指反对安东尼的那些军团，在他们取得完全胜利的时候。

这个军团对国家提供的服务是巨大的、神奇的。它第一个脱离了安东尼匪帮，第一个在阿尔巴驻扎，第一个帮助了凯撒，而第四军团以它为榜样，赢得了同样的勇敢的名声。第四军团征服了敌人，丝毫没有受损，而玛修斯军团的一些战士在胜利的时刻英勇牺牲。啊，你们为了国家献出了自己的生命！你们生来就是国家的卫士，你们的名字来自战神玛斯，所以我们说，神为了这个世界而建立这座城市，神为了这座城市而创造你们。在逃跑中死去是可耻的，在胜利中死去是光荣的；因为战神玛斯会在战场上挑选最勇敢的战士做他的护卫。被你们杀死的那些恶人将会成为冥间的鬼魂，他们会在那里为他们的叛国接受惩罚；你们在胜利的时候呼出最后一口生命的气息，你们将在那里得到虔诚者的位置和住所。自然赋予我们的生命是短暂的，但人们对高尚地献出生命的人的记忆是永远的。如果这种记忆不比我们的生命长，那么有谁会如此疯狂，甘冒巨大的辛苦和危险，努力争取最高的荣耀？所以，你们活着的时候是勇敢的战士，现在也是最受尊敬的士兵；因为你们的美德不会被埋葬，现在活着的人不会忘记你们，你们的后代也不会保持沉默，元老院和罗马人民将亲手为你们竖立不朽的纪念碑。在布匿战争、高卢战争、意大利战争中有许多支军队是光荣的、伟大的，但是它们中间没有一支获得过这样的荣誉。由于我们从你们那里得到的东西是最伟大的，所以我们无法赋予你们更加伟大的东西！你们把愤怒的安东尼从这座城市赶走；在他努力想要回来的时候，你们拒斥他。所以我们应当在纪念碑上刻上精美的铭文，让这些文字永久见证你们的神勇，让看见纪念碑的人都能听到对你们的赞扬，让深情赞美你们的话语永不消失。就这样，你们以可朽的生命为代价，为自己赢得了不朽。

【13】元老院的议员们，通过修建纪念碑我们把名声方面的酬谢付给最忠诚、最勇敢的公民，但我们还要安慰他们的亲属。确实，对他们最好的安慰是这样的：对他们的父母，我们要说他们生下的子女是国家的栋梁；对他们的子女，我们要说他们在家中就有了勇士作为榜样；对他们的妻子，由于她们已经失去了丈夫，所以我们赞扬她们的丈夫会比向她们表示哀悼更加合

适；对他们的兄弟，我们要说他们在美德和身体上都和死去的勇士相似。我们能用我们的投票和决定来抹去他们眼中的泪水吗？或者说某些公共演讲可以使他们摆脱悲伤，我们要为他们庆幸，因为人有各种各样的死法，而他们亲属的死亡是最荣耀的一种。他们既不是未加埋葬的，又不是被抛弃的——然而这也不应当视为令人哀怜的，如果为了国家的缘故而碰上了——不会只有简单的葬仪和散乱的坟墓，而会举行公葬，在那火葬堆下会有人们对勇敢者的祭坛的永久纪念。因此，我们要在同一纪念碑上刻下阵亡将士们的亲属们的勇敢、罗马人民的情感、元老院的忠信；这是对一场最残忍的战争的纪念，也是对幸存者的最大安慰；如果没有这些士兵们的勇敢表现，罗马人民的名字由于马库斯·安东尼的叛国已经被消灭了。

我还要建议，元老院的议员们，我们在国家重建之时许诺给这些士兵的奖赏要兑现，要把奖赏支付给幸存的胜利者，现在是做这件事情的时候了；对于任何已经为国捐躯的人，我建议，应当把同样的奖赏赐给他们的父母、子女、妻子和兄弟。

【14】最后，我要总结一下我的建议："执政官、胜利者盖乌斯·潘莎率领玛修斯军团与敌人进行决战，他们带着令人敬佩的神勇保卫罗马人民的自由，为召集来的其他军团树立了榜样；执政官、胜利者盖乌斯·潘莎本人亲自冲锋陷阵，身负重伤；执政官、胜利者奥鲁斯·希尔提乌在得知消息以后，勇敢地率队出征，攻击马库斯·安东尼的军队，大获全胜，而自己损失甚微；副总督、胜利者盖乌斯·凯撒凭借他的才能和细心保卫着我军的营寨，杀死逼近营寨的敌人；据此，元老院经过考虑做出以下决定：依靠这三位胜利者的勇敢、领导、才能、坚定、顽强、心灵的伟大、好运，罗马人民已经摆脱了最可耻、最残忍的奴役。他们在一场生死大搏斗中保存了国家、城市、不朽诸神的神庙、所有公民的幸福、子女，根据这些勇敢的事迹，元老院颁布法令，将在诸神的所有庙宇举行十五天的感恩仪式，由执政官、胜利者盖乌斯·潘莎和奥鲁斯·希尔提乌执行，或者由他们中的一个执行，或者在他们缺席时由市政官马库斯·考努图斯执行。

"由于这些军团的勇敢证明了他们配得上他们最高贵的将军，由于国家已经重建，因此元老院带着最大的热情对我们的军团和军队许下诺言；由于玛修斯军团首先与敌人战斗，成功地杀死了数量众多的敌人，活捉了一些俘虏；他们在为国冲锋陷阵时没有丝毫犹豫；为了罗马人民的安全和自由，其他军团也同样勇敢，不畏死亡；元老院荣幸地宣布，如果执政官、胜利者盖乌斯·潘莎和奥鲁斯·希尔提乌，或者他们中的一个认为恰当，他们可以代表罗马人民的生命、自由、幸福，代表这座城市和不朽诸神的神庙，为英勇战死的勇士建立一座最高贵的纪念碑，他们可以开始签订修建纪念碑的合同，可以要求市政官提供工程的经费，让这座纪念碑成为后代的永久纪念，让这座纪念碑记下我们最残忍的敌人的罪行，记下我们的战士的神勇；对那些在这场战争中为国捐躯的士兵们的父母、子女、妻子、兄弟，我们要把元老院以前许诺的奖赏支付给他们；对那些在战争中幸存下来的人要给予奖赏，对那些通过死亡而成为胜利者的士兵也要给予奖赏。"①

---

① 西塞罗现存的《反腓力辞》十四篇到此结束，但公元 5 世纪的一些语法学家还引用过西塞罗的《反腓力辞》第十六篇。

西汉译名对照表*

A

Acarnania 阿卡那尼亚

Accius 阿西乌斯

Achaea=Achaia 阿该亚

Acheron 阿刻戎

Achilles 阿喀琉斯

Aelius Ligur 埃利乌斯·利古

Aetolia 埃托利亚

Africa 阿非利加

Africanus 阿非利加努

Ager Latiniensis 拉丁姆地区

Agrigentum 阿格里根图

Ahala 阿哈拉

Ajax 埃阿斯

Alba 阿尔巴

Albucius 阿布西乌

Alexander the Great 亚历山大大帝

Alexandria 亚历山大里亚

Alexas 阿莱克萨

Alfius Flavus 阿菲乌斯·伏拉乌斯

Allifae 阿利费

Allobrogians 阿洛布罗吉（人）

Alps 阿尔卑斯

Alsium 阿尔昔乌

Amantia 阿曼提亚

Ambracia 安拉契亚

Amphilochia 安菲洛基亚

AmpiusBalbus 安庇乌斯·巴尔布斯

Anagnia 阿纳尼亚

Ancona 安科那

Antigonus 安提戈努

Antioch 安提阿

Antiochus Epiphanes 安提奥库斯·埃庇
芳尼

Antonia 安东尼娅

Apennines 亚平宁

Apollonia 阿波罗尼亚

---

* 译名对照表仅起对照作用，本表从内容上说包括人名、神名、族名、地名。

Appius 阿庇乌斯

Appius Claudius Caecus 阿庇乌斯·克劳
狄·凯库斯

Appius Claudius Pulcher 阿庇乌斯·克劳
狄·浦尔契

Appius Claudius 阿庇乌斯·克劳狄

Aquila 阿揆拉

Aquileia 阿奎莱亚

Aquinum 阿奎努姆

Archelaus 阿凯劳斯

Areopagus 战神山（阿雷奥帕古斯山）

Ariminum 阿里米努姆

Ariobarzanes 阿里奥巴扎尼

Aristarchus 阿里斯塔库

Aristides 阿里斯提德

Aris 阿里斯

Aristo 阿里斯托

Aristonicus 阿里斯托尼卡

Armenia 亚美尼亚

Arpinurn 阿尔皮诺（西塞罗的出生地）

Arsinoe 阿西诺埃

Asconius 阿斯考纽

Asculum 阿斯库鲁（意大利中部城市）

Asinius 阿昔纽斯

Athamanes 阿塔玛斯人

Athamas 阿塔玛斯

Athenio 阿塞尼奥

Atia 阿提娅

Atilius Calatinus 阿提留斯·卡拉提努

Atilius Gavianus 阿提留斯·伽维阿努

Atina 阿提纳（罗马东南面 15 英里处的
一个区）

Atreus 阿特柔斯

Attalus 阿塔路斯

Attalus Eumenes Ⅱ 阿塔路斯·欧美尼斯
（二世）

Aulus Albinus 奥鲁斯·阿尔比努

Aulus Allienus 奥鲁斯·阿利努斯

Aulus Atilius Calatinus 奥鲁斯·阿提留
斯·卡拉提努

Aulus Gabinius 奥鲁斯·伽比纽斯

Aulus Hirtius 奥鲁斯·希尔提乌

Aulus Licinius Archias 奥鲁斯·李锡
尼·阿尔基亚

Aulus Plotius 奥鲁斯·普罗提乌

Aulus Torquatus 奥鲁斯·托夸图斯

Aurelius 奥勒留

Autobulus 奥托布卢

Avennio 阿文尼奥

Aventine 阿文廷（罗马的一座小山）

B

Babylon 巴比伦

Baiae 百埃（海滨胜地）

Ballio 巴里奥

Basilus 巴西鲁斯

Beroea 贝罗埃

Bessie 贝昔卡

Bithynia 庇提尼亚

Blesamius 布勒珊缪

Blucium 布鲁昔乌

Boeotia 波埃提亚

Cispius 基司皮乌

Clatema 克拉特纳

Claudia 克劳狄娅

Claudius= Clodius 克劳狄乌斯

Cleombrotus 克莱奥布洛图

Clodius Aesopus 克劳狄·伊索普斯

Cobiomachus 考比奥玛库

Coehus 科厄留斯

Colophon 科罗封

Comum=Como 科摩（意大利北部城市）

Congus 康古斯

Corduba 考杜巴

Corsica 科西嘉（岛）

Cotys 考提斯

Crassicius 克拉西昔乌

Crete 克里特

Crodunum 克洛杜努

Cumae 库迈

Cybele 库柏勒

Cydas 居达士

Cydnus 居努斯（河）

Cyprus 塞浦路斯

Cyrene 昔勒尼

Cyrus 居鲁士

Cytheras 西基拉(爱琴海湾入口处的岛屿)

Cytherea 西基拉岛的女神，等于维纳斯

Cytheris 西基丽丝（西基拉女神的祭司）

Cyzicus 西泽库

D

Dardania 达尔达尼亚

Decimus Brutus 狄西摩斯·布鲁图

Decimus Carfulenus 狄西摩斯·卡福莱努

Decius 德修斯

Decius Magius 德修斯·玛吉乌斯

Decius Silanus 德修斯·西拉努斯

Decumus 德库姆斯

Deiotarus 戴奥塔鲁斯

Delphi 德尔斐

Demetrius 德米特利

Demosthenes 德谟斯提尼

Denseleti 登塞莱提（部落名）

Diana 狄安娜

Dio 狄奥

Dionysus 狄奥尼索斯

Dolopes 多罗佩斯

Domitia 多米提亚

Dorylaus 多利劳斯

Drusus 德鲁苏斯

Dyrrachium 都拉斯

Dyrrhachium 狄拉基乌

E

Elesioduli 埃勒昔杜里

Ennius 恩尼乌斯

Ephesus 以弗所

Epicurus 伊壁鸠鲁

Epirus 伊庇鲁斯

Erechtheus 厄瑞克透斯

Esquiline 埃斯奎利山丘

Etna 厄特那

Etruria 埃图利亚

Etruscan 伊拙斯康人

Euchadia 欧卡狄娅

Execestus 埃克塞斯图

Extitius 艾克提乌

F

Fabius 法比乌斯

Fabius Maximus 法比乌斯·马克西姆

Fadia 法狄娅

Faustus Sulla 福斯图斯·苏拉

Fidenae 费德奈

Fidulius 费都留斯

Finnidius 费米狄乌

Finnium 菲尔姆（意大利中部比萨地区的一个城堡）

Fonteia 封泰娅

Fonteius 封泰乌斯

Fonniae 福米埃

Fregellae 福莱格赖

Fufidius 富菲狄乌

Fulvia 富尔维娅

Fulvius 伏尔维乌

Fulvius Flaccus 伏尔维乌·福拉库斯

G

Gabii 伽比

Gabinius 伽比纽斯

Gades 伽德斯

Gaius 盖乌斯

Gaius Antonius Hybrida 盖乌斯·安东尼乌斯·许布里达

Gaius Antonius 盖乌斯·安东尼乌斯

Gaius Albinus 盖乌斯·阿尔比努

Gaius Aquilius 盖乌斯·阿奎留斯

Gaius Atilius Serranus 盖乌斯·阿提留斯·塞拉努斯

Gaius Atinius Labeo 盖乌斯·阿提纽斯·拉贝奥

Gaius Caelius 盖乌斯·凯留斯

Gaius Caesar 盖乌斯·凯撒

Gaius Caesemius 盖乌斯·凯塞纽斯

Gaius Calpumius Piso Frugi 盖乌斯·卡普纽斯·庇索·福鲁吉

Gaius Calvisius 盖乌斯·卡维昔乌

Gaius Carbo 盖乌斯·卡波

Gaius Cassius 盖乌斯·卡西乌斯

Gaius Cato 盖乌斯·加图

Gaius Causinius 盖乌斯·考西纽斯

Gaius Cestilius 盖乌斯·凯斯提留

Gaius Cestius 盖乌斯·凯斯提乌

Gaius Clodius 盖乌斯·克劳狄

Gaius Clodius Pulcher 盖乌斯·克劳狄·浦尔契

Gaius Considius 盖乌斯·康西狄乌

Gaius Coponius 盖乌斯·科波尼乌斯

Gaius Cornelius 盖乌斯·高奈留

Gaius Comutus 盖乌斯·考努图斯

Gaius Cosconius 盖乌斯·科司科尼乌

Gaius Cotta 盖乌斯·科塔

Gaius Curio 盖乌斯·库里奥

Gaius Curtius 盖乌斯·库提乌斯

Gaius Duilius 盖乌斯·杜依留斯

Gaius Fabricius 盖乌斯·法伯里修

Gaius Fannius 盖乌斯·芳尼乌斯

Gaius Fibulus 盖乌斯·费布卢斯

Gaius Figulus 盖乌斯·菲古卢斯

Gaius Fimbria 盖乌斯·菲姆利亚

Gaius Flavus 盖乌斯·伏拉乌斯

Gaius Fonteius 盖乌斯·封泰乌斯

Gaius Fulcinius 盖乌斯·福基纽斯

Gaius Furius 盖乌斯·富里乌斯

Gaius Glaucia 盖乌斯·格劳西亚

Gaius Gracchus 盖乌斯·革拉古

Gaius Julius Caesar Octavianus 盖乌斯·朱利乌斯·凯撒·屋大维

Gaius Julius Caesar Strabo 盖乌斯·朱利乌斯·凯撒·斯特拉波

Gaius Julius Caesar Vopiscus 盖乌斯·朱利乌斯·凯撒·伏皮斯库

Gaius Laelius 盖乌斯·莱利乌斯

Gaius Laenas 盖乌斯·莱纳斯

Gaius Licinius Calvus 盖乌斯·李锡尼·卡尔伏

Gaius Licinius Calvus Macer 盖乌斯·李锡尼·卡尔伏·玛凯尔

Gaius Maenius 盖乌斯·曼尼乌斯

Gaius Marcellus 盖乌斯·马凯鲁斯

Gaius Marcius 盖乌斯·玛基乌斯

Gaius Marius 蕭乌斯·马略

Gaius Maso 盖乌斯·马叟

Gaius Megaboccus 盖乌斯·麦伽包库

Gaius Memmius 盖乌斯·美米乌斯

Gaius Messius 盖乌斯·美西乌斯

Gaius Metellus 盖乌斯·麦特鲁斯

Gaius Mevulanus 盖乌斯·美伏拉努

Gaius Mucius 盖乌斯·穆西乌斯

Gaius Murena 盖乌斯·穆瑞纳

Gaius Orestes 盖乌斯·俄瑞斯忒斯

Gaius Pansa 盖乌斯·潘莎

Gaius Piso 盖乌斯·庇索

Gaius Pomptinus 盖乌斯·庞普提努

Gaius Popilius 盖乌斯·波皮留斯

Gaius Rabirius Postumus 盖乌斯·拉比利乌·波图姆斯

Gaius Rutilius 盖乌斯·鲁提留斯

Gaius Sacerdos 盖乌斯·萨凯多斯

Gaius Scribonius Curio 盖乌斯·斯利伯纽·库里奥

Gaius Sentius 盖乌斯·山提乌斯

Gaius Septimius 盖乌斯·塞提米乌

Gaius Serranus 盖乌斯·塞拉努斯

Gaius Servilius Ahala 盖乌斯·塞维留斯·阿哈拉

Gaius Trebonius 盖乌斯·却波尼乌

Gaius Tuditanus 盖乌斯·图狄塔努

Gaius Turranius 盖乌斯·图拉纽斯

Gaius Valerius Flaccus 盖乌斯·瓦勒留·福拉库斯

Gaius Vergilius 盖乌斯·维吉留斯

Gaius Verres 盖乌斯·威尔瑞斯

Gaius Vibienus 盖乌斯·维庇努斯

Gaius Vibius Pansa 盖乌斯·维庇乌斯·潘莎

Gallograecia = Galatia 加拉西亚（加拉太）

L

Labicum 拉比齐（罗马东南的一个地方）

Laco 拉珂

Laenius Flaccus 莱尼乌斯·福拉库斯

Lanuvium 拉努维乌

Laodicea 劳迪凯亚

Lapiths 拉皮蒂斯人（古希腊帖撒利地区的一个部族）

Lares 拉瑞斯（罗马人的路神、精灵）

Lars Tolurnnius 拉尔斯·突洛纽斯

Latium 拉丁姆

Lento 兰托

Lento Caesennius 兰托·凯塞纽斯

Lentulus 伦图卢斯

Leontine 列奥蒂尼（西西里东部城市）

Leontini 林地尼

Leptines 勒普提涅

Leucopetra 留科佩拉

Licinia 李锡尼娅

Licinius 李锡尼

Ligur 利古

Lilybaeum 利里拜乌

Locri 罗克里

Locris 洛克利斯

Lollius 洛利乌斯

Luca 鲁卡

Lucania 卢卡尼亚

Lucius Accius 卢西乌斯·阿西乌斯

Lucius Aelius 卢西乌斯·埃利乌斯

Lucius Aemilius 卢西乌斯·艾米留斯

Lucius Afranius 卢西乌斯·阿弗拉尼乌

Lucius Africanus 卢西乌斯·阿非利加努

Lucius Annius 卢西乌斯·安尼乌斯

Lucius Antistius 卢西乌斯·安提司提乌

Lucius Appuleius Saturninus 卢西乌斯·阿普莱乌斯·萨图尼努斯

Lucius Apuleius Saturninus 卢西乌斯·阿普留斯·萨图尼努斯

Lucius Bellienus 卢西乌斯·贝利努斯

Lucius Brutus 卢西乌斯·布鲁图

Lucius Caecilius 卢西乌斯·凯西

Lucius Caesar 卢西乌斯·凯撒

Lucius Caesetius 卢西乌斯·凯塞提乌

Lucius Calpurnius Bestia 卢西乌斯·卡普纽斯·白斯提亚

Lucius Calpurnius Piso 卢西乌斯·卡普纽斯·庇索

Lucius Cassius 卢西乌斯·卡西乌斯

Lucius Catiline 卢西乌斯·喀提林

Lucius Cato 卢西乌斯·加图

Lucius Cinna 卢西乌斯·秦纳

Lucius Claudius 卢西乌斯·克劳狄乌斯

Lucius Clodius 卢西乌斯·克劳狄乌斯

Lucius Corfidius 卢西乌斯·考费迪乌

Lucius Cornelius Balbus 卢西乌斯·高奈留·巴尔布斯

Lucius Cornelius Lentulus Niger 卢西乌斯·高奈留·伦图卢斯·尼吉

Lucius Cornelius Scipio Asiaticus 卢西乌斯·高奈留·西庇阿·亚细亚提库

Lucius Cossinius 卢西乌斯·考西纽斯

Lucius Cotta 卢西乌斯·科塔

Lucius Crassus 卢西乌斯·克拉苏

Lucius Denticulus 卢西乌斯·丹提库卢

Lucius Domitius 卢西乌斯·多米提乌

Lucius Domitius Ahenobarbus 卢西乌斯·多米提乌·阿赫诺巴布斯

Lucius Egnatuleius 卢西乌斯·埃那图莱

Lucius Equitius 卢西乌斯·埃奎修斯

Lucius Flaccus 卢西乌斯·福拉库斯

Lucius Furius 卢西乌斯·富里乌斯

Lucius Gellius 卢西乌斯·盖留斯

Lucius Gellius Poplicola 卢西乌斯·盖留斯·波利科拉

Lucius Herennius Balbus 卢西乌斯·赫瑞纽斯·巴尔布斯

Lucius Hostilius Tubulus 卢西乌斯·霍斯提留·图布卢斯

Lucius Julius 卢西乌斯·朱利乌斯

Lucius Julius Caesar 卢西乌斯·朱利乌斯·凯撒

Lucius Lamia 卢西乌斯·拉弥亚

Lucius Lentulus 卢西乌斯·伦图卢斯

Lucius Licinius Lucullus 卢西乌斯·李锡尼·卢库鲁斯

Lucius Lucceius 卢西乌斯·卢凯乌斯

Lucius Marcius 卢西乌斯·玛基乌斯

Lucius Marcius Philippus 卢西乌斯·玛基乌斯·腓力普斯

Lucius Metellus 卢西乌斯·麦特鲁斯

Lucius Murena 卢西乌斯·穆瑞纳

Lucius Ninnius 卢西乌斯·尼纽斯

Lucius Opimius 卢西乌斯·奥皮米乌

Lucius Paullus 卢西乌斯·保卢斯

Lucius Paulus 卢西乌斯·鲍鲁斯

Lucius Philippus 卢西乌斯·腓力普斯

Lucius Pinarius Natta 卢西乌斯·庇那留斯·那塔

Lucius Piso 卢西乌斯·庇索

Lucius Plancus 卢西乌斯·普兰库斯

Lucius Plotius 卢西乌斯·普罗提乌

Lucius Racilius 卢西乌斯·拉西乌斯

Lucius Roscius Otho 卢西乌斯·洛司基乌斯·欧索

Lucius Rubrius Casinas 卢西乌斯·鲁伯里乌·卡西纳斯

Lucius Saturninus 卢西乌斯·萨图尼努斯

Lucius Scipio 卢西乌斯·西庇阿

Lucius Sempronius Atratinus 卢西乌斯·塞普洛尼乌·阿拉提努

Lucius Sergius 卢西乌斯·塞吉乌斯

Lucius Statius Murcus 卢西乌斯·斯塔提乌·穆尔库斯

Lucius Sulla 卢西乌斯·苏拉

Lucius Tarquinius 卢西乌斯·塔奎纽斯

Lucius Tillius Cimber 卢西乌斯·提留斯·基伯尔

Lucius Torquatus 卢西乌斯·托夸图斯

Lucius Trebellius 卢西乌斯·切贝留斯

Lucius Tubero 卢西乌斯·图伯洛

Lucius Turselius 卢西乌斯·忒塞留斯

Lucius Valerius 卢西乌斯·瓦勒留留斯

Lucius Varius 卢西乌斯·瓦里乌斯

Lucius Vettius 卢西乌斯·威提乌斯

Lucius Visidius 卢西乌斯·维西丢斯

Lucius Volcatius 卢西乌斯·伏凯提乌

Lucullus 卢库鲁斯

Lucullus Diadematus 卢库鲁斯·德玛图

Luperci 卢佩基

Lupercus 卢佩库斯（古意大利的神）

Lysiades 吕西阿德

Lysidicus 吕西狄库

M

Macedonia 马其顿

Mamertines 玛迈提涅

Mancinus 曼昔努斯

Manius Aquilius 玛尼乌斯·阿奎留斯

Manius Curius 玛尼乌斯·库里乌斯

Manius Glabrio 玛尼乌斯·格拉里奥

Manius Lepidus 玛尼乌斯·雷必达

Marcellus 马凯鲁斯

Marcus Aemilius 马库斯·艾米留斯

Marcus Aemilius Scaurus 马库斯·艾米留斯·斯考鲁斯

Marcus Annius Appius 马库斯·安尼乌斯·阿庇乌斯

Marcus Antonius 马库斯·安东尼

Marcus Antonius 马库斯·安东尼乌斯

Marcus Apuleius 马库斯·阿普留斯

Marcus Atilius Regulus 马库斯·阿提留·勒古鲁斯

Mareus Atius Balbus 马库斯·阿提乌斯·巴尔布斯

Marcus Aurelius Cotta 马库斯·奥勒留·科塔

Marcus Bambalio 马库斯·班巴里奥

Marcus Bibulus 马库斯·彼布卢斯

Marcus Brutus 马库斯·布鲁图

Marcus Caelius 马库斯·凯留斯

Marcus Caelius Rufus 马库斯·凯留斯·鲁富斯

Marcus Calpurnius Bibulus 马库斯·卡普纽斯·彼布卢斯

Marcus Camuritius 马库斯·卡姆里提乌

Marcus Cassius 马库斯·卡西乌斯

Marcus Cato 马库斯·加图

Marcus Cispius 马库斯·基司皮乌

Marcus Claudius 马库斯·克劳狄

Marcus Claudius Marcellus 马库斯·克劳狄·马凯鲁斯

Marcus Comutus 马库斯·考努图斯

Marcus Crassus 马库斯·克拉苏

Marcus Curtius 马库斯·库提乌斯

Marcus Cusinius 马库斯·库西纽斯

Marcus Drusus 马库斯·德鲁苏斯

Marcus Fabius 马库斯·法比乌斯

Marcus Favonius 马库斯·法伏纽斯

Marcus Fonteius 马库斯·封泰乌斯

Marcus Fulvius 马库斯·伏尔维乌

Marcus Fulvius Flaccus 马库斯·伏尔维乌·福拉库斯

Marcus Furius Camillus 马库斯·富里乌斯·卡弥鲁斯

Marcus Horatius 马库斯·霍拉提乌

Marcus Juventius Laterensis 马库斯 · 朱文
提乌 · 拉特伦昔

Marcus Laenius Flaccus 马库斯 · 莱尼乌
斯 · 福拉库斯

Marcus Lepidus 马库斯 · 雷必达

Marcus Lollius 马库斯 · 洛利乌斯

Marcus Lucullus 马库斯 · 卢库鲁斯

Marcus Manlius 马库斯 · 曼留斯

Marcus Marcellus 马库斯 · 马凯鲁斯

Marcus Messalla 马库斯 · 美萨拉

Marcus Paconius 马库斯 · 帕科尼乌

Marcus Papirius 马库斯 · 帕皮留斯

Marcus Petreius 马库斯 · 佩特瑞乌

Marcus Piso 马库斯 · 庇索

Marcus Plaetorius 马库斯 · 普赖托利乌

Marcus Publius Licinius Crassus 马库
斯 · 李锡尼 · 克拉苏

Marcus Pupius 马库斯 · 帕庇乌斯

Marcus Regulus 马库斯 · 勒古鲁斯

Marcus Scaurus 马库斯 · 斯考鲁斯

Marcus Seius 马库斯 · 塞乌斯

Marcus Servilius 马库斯 · 塞维留斯

Marcus Tugio 马库斯 · 图吉奥

Marcus Tullius 马库斯 · 图利乌斯

Marcus Tullius Cicero 马库斯 · 图利乌
斯 · 西塞罗

Marcus Vaccus 马库斯 · 瓦库斯

Marcus Varro 马库斯 · 瓦罗

Marcus Vehilius 马库斯 · 维希留斯

Marius 马略

Mark 马可

Mars 玛斯

Marsi 马尔西

Marsia 玛息亚

Marullus 玛若鲁斯

Masintha 玛辛萨

Massilia 玛西里亚

Mastanesosus 玛斯塔奈索苏

Mauretania 毛里塔尼亚

Maximus 马克西姆

Meads 弥亚德

Mela 美拉

Menedemus 美涅得谟斯

Menulla 美努拉

Metellus 麦特鲁斯

Metellus Numidicus 麦特鲁斯 · 努米狄库

Milo 米罗

Miltiades 米尔提亚得

Minturnae 敏图尔奈

Minucius 米诺西乌

Misenum 密塞努（坎帕尼亚的海岬）

Mithridates 米特拉达铁斯

Mitylene 密提林

Mucius 穆西乌斯

Munatius 穆纳提乌

Munius 穆尼乌斯

Mures 穆瑞斯

Mustela 穆斯特拉

Mustelas 穆斯特拉

Mutina 穆提纳

Mylasa 密拉萨

N

Narbo 那旁

Narbo Martius 那旁·玛修斯

Naupactus 瑙帕克图

Neapolis 尼亚玻里

Nemesis 涅墨西斯（赏罚女神）

Neptune 尼普顿

Nicaea 尼西亚

Nicopolis 尼科波利斯

Nora 诺拉

Nuceria 努塞里亚

Nucula 努库拉

Numa Pompilius 努玛·庞皮留斯

Numantia 努曼提亚

Numerius Quintius Rufus 努美利乌·昆提乌·鲁富斯

Numidia 努米底亚

Numisius 努米西乌

Numitoria 努米托莉娅

O

Ocriculum 奥利库鲁

Ops 奥浦斯

Orestes 俄瑞斯忒斯

Orestis 奥瑞斯提

Oricum 奥利库姆

Ostia 奥斯提亚

Ovidius 奥维德

P

Paelignia 佩里格尼亚

Palatine 帕拉丁

Palatine Hill 帕拉丁山

Palla 帕拉

Paphos 帕福斯

Parilia 帕利里亚

Parma 帕尔玛

Parthini 帕昔尼

Patavium 帕塔维亚

Paullus 保卢斯

Pelion 佩里翁

Pergamum 帕伽玛

Perraebia 培赖庇亚

Persia 波斯

Pessinus 佩西努斯

Petissius 佩提西乌

Petraeus 彼特莱乌

Phaedrus 斐德罗

Phalaris 法拉利斯

Phaleron = Phalerum 法勒隆（地名）

Pharnaces 法那凯斯

Pharsalia 法塞利亚

Pharsalus 法撒鲁斯

Phidippus 斐狄浦斯

Philadelphus Annius 菲拉德福·安尼乌斯

Philip 腓力

Philippus 腓力普斯

Philoctetes 菲罗克忒忒斯

Philodemus 菲洛德谟

Phocis 福西斯

Phoenician 腓尼基人

Phormio 福米奥

Publius Scipio 普伯里乌·西庇阿

Puhlius Scipio Africanus 普伯里乌·西庇
阿·阿非利加努

Puhlius Servilius Isauricus 普伯里乌·塞
维留斯·以扫里库

Puhlius Servilius 普伯里乌·塞维留斯

Puhlius Servilius Vatia Isauricus 普伯里
乌·塞维留斯·瓦提亚·以扫里库

Publius Sestius 普伯里乌·塞斯提乌

Publius Sulpicius Rufus 普伯里乌·苏皮
西乌·鲁富斯

Publius Tullio 普伯里乌·图里奥

Publius Tullius Albinovanus 普伯里乌·图
利乌斯·阿庇诺瓦努

Publius Valerius 普伯里乌·瓦勒留

Publius Valerius Flaccus 普伯里乌·瓦勒
留·福拉库斯

Publius Valerius Triarius 普伯里乌·瓦勒
留·特里亚留

Publius Varius 普伯里乌·瓦里乌斯

Puhlius Vatinius 普伯里乌·瓦提尼乌

Puhlius Ventidius 普伯里乌·文提狄乌

Publius Vettius Scato 普伯里乌·威西庇
阿·提乌斯·斯卡托

Pulcher 浦尔契

Puteoli 普特利

Pyrrhus 皮洛斯

Pythia 彼提亚

Q

Quinta Claudia 昆塔·克劳狄娅

Quintus Ancharius 昆图斯·安卡里乌

Quintus Arrius 昆图斯·阿琉斯

Quintus Baebius Tampilus 昆图斯·拜庇乌
斯·塔皮鲁斯

Quintus Caecilius Bassus 昆图斯·凯西留
斯·巴苏斯

Quintus Caecilius Metellus Pius 昆图斯·凯
西留斯·麦特鲁斯·庇乌斯

Quintus Caelius 昆图斯·凯留斯

Quintus Caepio 昆图斯·凯皮奥

Quintus Caepio Brutus 昆图斯·凯皮
奥·塞维留斯

Quintus Calidius 昆图斯·卡利狄乌

Quintus Cassius 昆图斯·卡西乌斯

Quintus Catulus 昆图斯·卡图鲁斯

Quintus Cicero 昆图斯·西塞罗

Quintus Cornelius 昆图斯·高奈留

Quintus Fabius 昆图斯·法比乌斯

Quintus Fabricius 昆图斯·法伯里修

Quintus Fadius 昆图斯·法迪乌斯

Quintus Fufius Calenus 昆图斯·富菲乌
斯·卡勒努斯

Quintus Hortensius 昆图斯·霍腾修斯

Quintus Lutatius Catulus 昆图斯·鲁塔提
乌·卡图鲁斯

Quintus Marcius 昆图斯·玛基乌斯

Quintus Marcius Crispus 昆图斯·玛基乌
斯·克里斯普

Quintus Maximus 昆图斯·马克西姆

Quintus Metellus 昆图斯·麦特

Quintus Metellus Celer 昆图斯·麦特鲁

Scylla 斯库拉

Scythia 西徐亚

Seius 塞乌斯

Semiramis 塞弥拉弥斯

Senian Baths 塞尼亚浴池

Seplasia 塞普拉西亚（卡普阿的一条街）

Sergius 塞吉乌斯

Sertorius 塞尔托利乌

Servaeus 塞瓦埃乌

Servilia 塞维莉娅

Servius Galba 塞维乌斯·加尔巴

Servius Sulpicius 塞维乌斯·苏皮西乌

Servius Sulpicius Rufus 塞维乌斯·苏皮
西乌·鲁富斯

Sextilius 塞克斯提留

Sextus Aelius Ggus 塞克斯都·埃利乌
斯·利古斯

Sextus Albesius 塞克斯都·阿贝昔乌

Sextus Atilius Serranus 塞克斯都·阿提留
斯·塞拉努斯

Sextus Caesar 塞克斯都·凯撒

Sextus Clodius 塞克斯都·克劳狄

Sextus Cloelius 塞克斯都·克洛艾留

Sextus Julius 塞克斯都·朱利乌斯

Sextus Pompeius Magnus 塞克斯都·庞
培·玛格努斯

Sextus Propertius 塞克斯都·普洛佩提乌

Sextus Quintilius 塞克斯都·昆提留斯

Sextus Serranus 塞克斯都·塞拉努斯

Sibyl 西彼拉

Silvanus 西尔瓦诺斯

Sisapo 昔萨波

Smyrna 士每拿

Sora 索拉（意大利拉丁姆地区一城市）

Sotericus Marcius 索特里库·玛基

Spartacus 斯巴达克斯

Spoletium 波勒提翁

Spurius Antius 斯普利乌·安提

Spurius Cassius 斯普利乌·卡西乌斯

Spurius Maelius 斯普利乌·买留斯

Spurius Oppius 斯普利乌·奥庇乌斯

Stator 斯塔托尔（朱庇特的外话，意思是
守护者）

Stratus 斯特拉图

Suero 萨克洛（河）

Suessa 苏埃萨

Sulla 苏拉

Sulpicius 苏皮西乌

Syria 叙利亚

T

Tanagra 唐格拉

Tarentum 塔壬同

Tarquin 塔克文

Tarraco 塔拉科

Taureas Vibellius 陶瑞亚·维伯

Taurus 陶鲁斯山

Teanum 忒阿努姆

Tellus 忒路斯（罗马大地女神，管婚姻和
丰产）

Tenedos 泰奈多斯（爱琴海岛屿，在特洛
伊附近）

Valerius 瓦勒留

Varius Cotyla 科提拉·瓦里乌斯

Velia 维利亚

Velian Hill 维利亚山

Velinus 维利努斯

Venafrum 维那卢姆

Vennonius Vindicius 维诺纽斯·维狄西乌

Ventidius 文提狄乌

Vercellae 维凯莱

Vesta 维斯太

Vettius 威提乌斯

Vibo 维博

Volaterrae 沃拉太雷

Volumnia 伏鲁妮娅

Volumnius Eutrapelus 伏鲁纽斯·欧拉佩鲁

Vulchalo 伏卡洛

Z

Zela 泽拉

到1928年底，八乡山、铜鼓嶂、九龙嶂的红色区域连成一片，初步形成以八乡山为中心的革命根据地。1929年2月，东江特委机关转移到八乡山。在八乡山贵人村成立了五华县第九区苏维埃政府，接着多个乡苏维埃政权也建立起来。苏维埃政府还办起贫民学校、供销社、医疗所、缝衣社等组织，建立小型兵工厂。随着八乡山根据地的开辟和发展，东江地区的革命斗争开始走向复兴。

八乡山小溪村的东江特委旧址

红军后方医院旧址（丰顺八乡山小溪村石见坑）

1929年4月初，丰顺、五华、揭阳三县国民党驻军及联防队2000余人分五路"围剿"八乡山，直扑革命根据地八乡小溪村。古大存指挥工农红军和赤卫队伏击敌人。在革命群众英勇合击下，粉碎了敌人对八乡山的第一次"围剿"，史称"八乡山第一仗"。

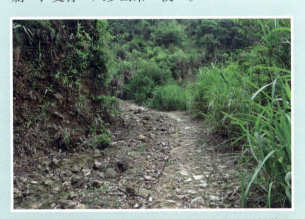

"八乡山第一仗"战斗遗址——丰顺八乡小溪村伯公坳，两边峭壁悬崖，现存战壕、掩体和一条崎岖山道。

1929年六七月间，中共东江特委在丰顺黄礤召开了东江党代表大会。这次会议推动了东江革命力量的迅速发展，党组织和党员人数也得到了恢复和发展。据1929年8月2日的统计，"东江的潮梅各属，有党员5079人，县委14个，区委50个，支部419个……"①。图为中共东江特委党代会旧址——留隍黄礤三桥坑胡村。

---

① 中共广东省委党史研究委员会、中共广东省委党史资料征集委员会、东江革命根据地党史资料征集研究编写协作区领导小组编：《东江革命根据地史》，中共中央党史资料出版社1989年版，第106—107页。

2. 潮普惠（大南山）根据地

潮（阳）普（宁）惠（来）革命根据地的中心区域大南山，地处潮普惠三县交界。这里峰峦重叠，山势险峻，南濒南海，面积1500平方公里，100余个村落，时约5万人口。海陆丰根据地失陷后，中共东江特委和革命武装辗转到这里坚持斗争。1928年3月、1930年8月，东江特委机关先后两次进驻大南山。大南山根据地得到了蓬勃发展，成为潮、普、惠三县革命斗争的中心区域，也是东江地区各革命根据地的指挥中枢。

大南山远眺

1928年3月至10月，东江特委书记彭湃率领红二、四师转战惠来县城，与当地农军相互配合，攻打敌人据点，着手建立县、区苏维埃政权和实行土地革命，潮普惠（大南山）根据地的创建工作从此开始。

1928年3月10日，彭湃、徐向前等率红四师及中共惠来县委进驻东陇苗海村沈氏公祠（今苗海小学校园），在这里召开攻城誓师大会。

苗海小学校园内所立的徐向前元帅题字"中国工农红军第四师攻城指挥部旧址"石碑

1928年春，东江特委首次进驻大南山叠石村（今属汕头市潮南区红场镇）。

英雄石洞（今位于汕头市潮南区红场镇潘岱村）。1928年夏，东江特委书记彭湃在此隐蔽四个多月，领导指挥革命斗争。其间由该村农会执委林娘圆负责粮食给养和传递情报。图为石洞外貌。

1928年5月上旬，彭湃在惠来县林樟村主持召开潮普惠三县负责人联席会议，制定了暴动计划并组成暴动委员会。但东江特委的部署被敌人侦悉，敌人突袭了林樟东江特委机关驻地，致使这次暴动计划未能实现。图为"潮普惠三县暴动会议"旧址——惠来林樟乡三山祠。

彭湃率领中共东江特委自林樟突围后，转移到大南山纵深处的普宁县白马仔村，继续领导东江斗争。图为彭湃、许玉磬夫妇在大南山时的合影。

东江特委于1928年5月从大南山突围后，由于后来武装斗争的胜利，大南山局势较为稳定，于1930年夏秋，特委机关从八乡山再度转移到大南山。1930年11月，中共闽粤赣边区特委成立，东江地区各县党组织进行了调整。同月，潮阳、普宁、惠来三县县委合并成立中共潮普惠县委，进一步加强了根据地建设。

1930年红场大溪坝村东江特委旧址

潮普惠县苏维埃政府旧址——惠来盐岭村老仑洞

1930年11月，潮（阳）普（宁）惠（来）苏维埃政府成立，在今汕头市潮南区红场镇大陂村杨氏祖祠办公。图为潮普惠苏维埃政府旧址。

大南山红场旧址

彭杨军校第四分校（中共南山临时军事委员会）旧址

大南山红军医院旧址

大南山红军印刷厂旧址

大南山东江军委被服厂旧址

大南山红军石刻标语之一

潮普惠县党政及武装建设简况[①]
（1931年前后）

党组织建设	成立区委	全县划分为潮城、玉峡、贵屿、普城、大坝、流沙、惠城、靖海、葵潭、大南山等10个区，其中有9个区建立区委。
	成立特区	先后成立南山特区、云落特区和小北山特区，分别设立区委。
	党支部	到1931年春，县委共有260个党支部。
	党员总数	1400多人，其中南山特区有党员700多人，党的队伍空前壮大。
政权建设	县	1930年11月成立潮普惠苏维埃政府，主席方光庆。
	区	县属下的南山特区和其他9个区，均先后成立了区苏维埃政府。
	乡	全县有乡苏维埃政府560个。
武装建设	设军务部，统一领导全县的地方武装。	
	建立3个常备赤卫大队和1个特务队，加上各区的常备赤卫队，全县的常备赤卫队有280人。形成了正规红军和县、区常备赤卫队及乡的赤卫队相结合的三级武装体系。	
	开展游击战争，到处打击敌人。	

从1932年3月开始，国民党军对大南山根据地进行了疯狂"围剿"。至1933年初，南山特区党员从数百人到仅存72人，红二团300多人只剩120人。1935年10月，国民党军占据大南山，大南山革命根据地丧失。图为红场革命烈士纪念碑。

① 中共广东省委党史研究委员会、中共广东省委党史资料征集委员会、东江革命根据地党史资料征集研究编写协作区领导小组编：《东江革命根据地史》，中共中央党史资料出版社1989年版，第157页。

位于汕头市潮南区红场镇的
大南山革命历史纪念馆

位于惠来县惠城镇林樟村的
大南山革命纪念馆

3. 五兴龙根据地

五（华）兴（宁）龙（川）根据地位于东江的西北部，地处两省（广东、江西）三县（五华、兴宁、龙川）交界地区。全盛时期根据地面积达1900多平方公里，16万人口。

1928年4月初，五兴龙三县党员代表在龙川霍山太乙岩召开会议，成立了中共五兴龙临时工作委员会。叶卓为书记，刘光夏、蓝胜青、古青海为委员。图为中共五兴龙临委旧址。

五（华）兴（宁）龙（川）根据地区域图①
（1929—1934）

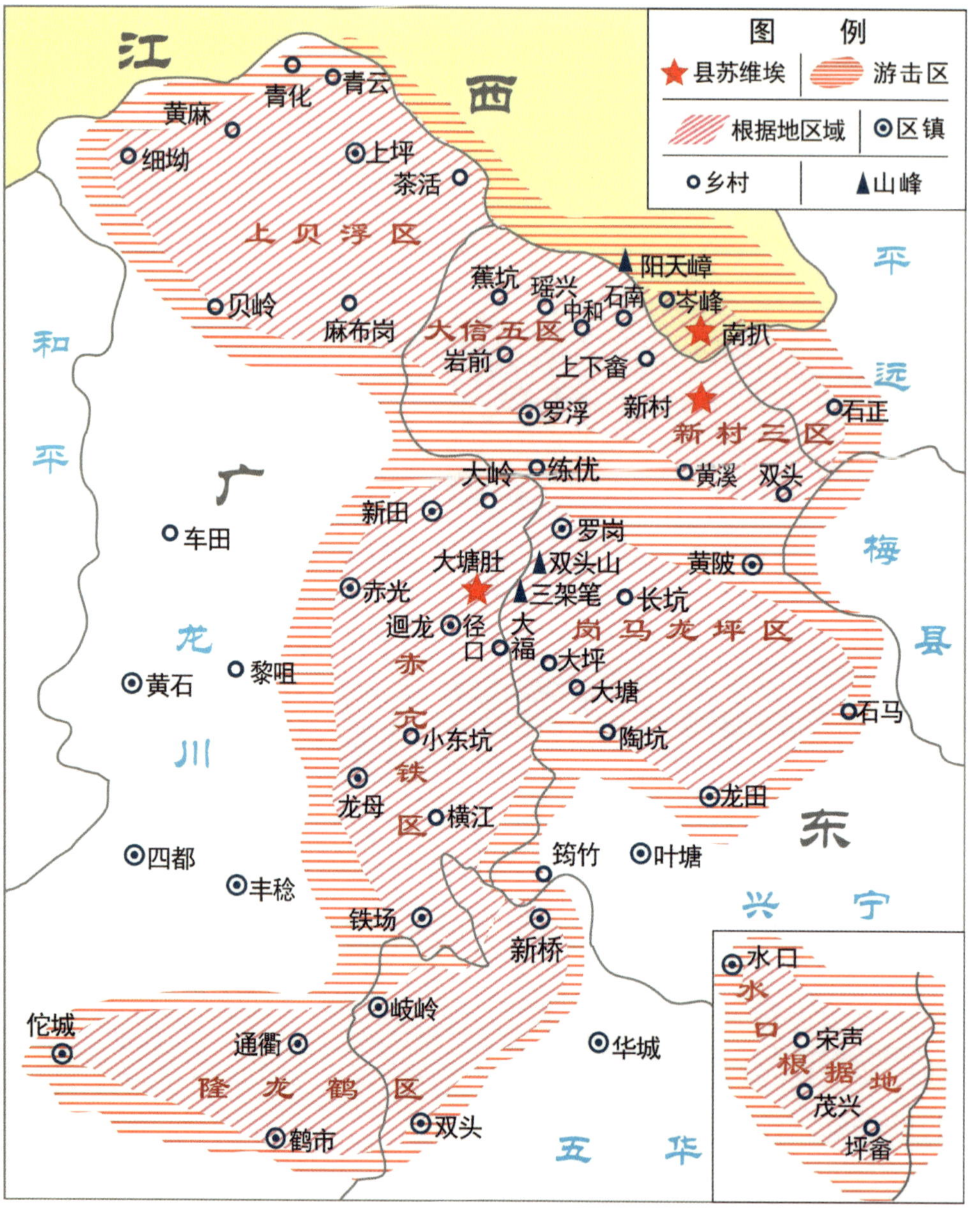

江 西

广 东

和 平

平 远 县

梅 县

龙 川

兴 宁

五 华

图 例

★ 县苏维埃　　　游击区
　　根据地区域　⊙区镇
⊙ 乡村　　　　▲山峰

青化　青云
黄麻
细坳　上坪
　　　茶活
上贝浮区
贝岭
麻布岗　　蕉坑　瑶兴　▲阳天嶂
　　　　　中和　石南　岑峰
大信五区　　　　　★南扒
岩前　上下畲
罗浮　新村 ★
　　　新村三区　石正
大岭　练优
　　　　　黄溪　双头
新田
车田　　罗岗
大塘肚　▲双头山　黄陂
赤光 ★　　▲三架笔　长坑
迴龙　径口　大福　岗马龙坪区
赤　小东坑　大坪
黄石　黎咀　光　　大塘
四都　铁　陶坑
丰稔　区　石马
龙母　横江
铁场　　筠竹　叶塘　龙田
佗城　　新桥
岐岭
通衢　　华城
隆龙鹤区
鹤市　双头

水口
水口
宋声
根据地
茂兴
坪畲

① 绘制参考中共龙川县委宣传部、中共龙川县委党史研究室：《中国共产党龙川县地方史》（第一卷），中共党史出版社2008年版，图片页第4页。

1929年3月初，东江革命委员会主席刘琴西根据中共东江特委的决定，在龙川大塘肚长塘面召开五华、兴宁、龙川三县工农代表大会，宣布闽粤赣边五兴龙县苏维埃政府成立，曾不凡为主席。其机关驻地设在大塘肚村。图为五兴龙县苏维埃政府旧址、印章。

古柏（1906—1935）

江西寻乌人。曾任红四方面军前委秘书长、红一方面军总前委秘书长等职。1930年前后，受中央苏区委派多次到龙川大塘肚、兴宁双头山等地视察慰问和指导工作。1935年3月在广东龙川上坪的突围战斗中牺牲。

1931年1月，闽粤赣特委西北分委书记刘琴西亲临黄槐新村南扒主持召开了五华、兴宁、龙川三县党团代表大会。由三县县委合并成立中共五兴龙县委，同时改组五兴龙县苏维埃政府。图为代表大会旧址。

1934年11月，潮澄饶县革命委员会在浮凤区叫水坑村（今属潮安区凤凰镇）成立，主席陈耀潮。机关设于浮凤区三平礤村文厝文冬舟家。

饶平县浮滨镇坪溪的夏校、葛埔、东里等20多个山村，是浮凤苏区的重要基地。图为坪溪村一角。

潮澄饶浮凤苏区十二排根据地旧址——饶平县浮滨镇葵塘村

五、东江土地革命的开展

1929年10月至1931年3月，依照中共东江特委制定的《关于没收分配土地问题的决议》，东江根据地土地革命全面开展，掀起了一个"打土豪，分田地"的热潮。在东委管辖的区域内，除海陆丰早已普遍分配土地外，又有近百万人口先后分配到土地，分配的土地总数约七八十万亩[①]。土地革命提高了干部群众的政治思想觉悟，改善了农民的生活和树立了社会新风尚，也使党获得了雄厚的群众基础，激发了群众参军参战的积极性。

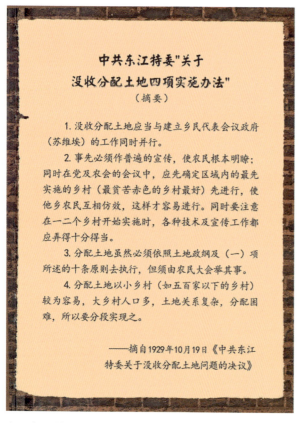

中共东江特委"关于没收分配土地四项实施办法"（摘要）[②]

《东江革命根据地史》记载的东江各根据地土地分配情况[③]

---

① ② 中共广东省委党史研究委员会、中共广东省委党史资料征集委员会、东江革命根据地党史资料征集研究编写协作区领导小组编：《东江革命根据地史》，中共中央党史资料出版社1989年版，第182页。

③ 中共广东省委党史研究委员会、中共广东省委党史资料征集委员会、东江革命根据地党史资料征集研究编写协作区领导小组编：《东江革命根据地史》，中共中央党史资料出版社1989年版，第187—190页。

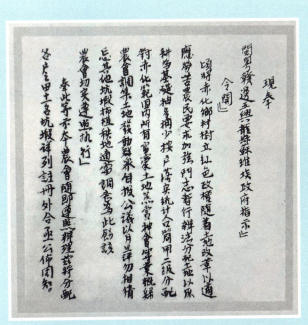

1929年3月，五（华）兴（宁）龙（川）县苏维埃发布的分配土地的指示。

五兴龙县苏维埃政府分田花名册

大埔县溪口村村民张春杏户的分田证

东江根据地开展土地革命时的部分石刻标语："武装暴动胜利万岁；男女平权婚姻自主；实行建设工作。"

六、深入开展游击战争

东江革命根据地在敌人反复"围剿"极其艰难的条件下，党政军民紧密团结，进行了数年保卫根据地的英勇斗争。根据地的斗争虽遭严重挫折，但仍发挥了重要的历史作用。

丰顺大龙华红军第四十六团军训旧址。1929年为提高红军素质，该团将学生军集中在此训练3个月，墙上还遗留有大量革命标语。

饶和埔工农游击队臂章

红军游击队在五华布美写的标语

丰顺八乡山火滩剑门红军游击队痛击白军石头阵遗址

1930年惠阳高潭区苏维埃政府粉碎敌人"围剿"告群众书

揭阳玉湖大坑村在古大存的指导下，组织起民兵、青年团、妇救会、游击队、担架队，成为红军"堡垒村"。图为该村遗址。

普宁市普侨镇汤头村公路边的红军烈士纪念碑（1957年11月立）

1930年初，东江红军第五十团成立，全团约500人，团长刘光夏，政委陈俊。图为该团团部旧址——兴宁罗浮镇瑶兴村古田葆光厦。

1930年，东江红军第四十七团在大南山红场虎白坟村建立修械厂，为苏区反"围剿"修配机械、制造地雷、制作炸弹等武器。图为该修械厂大石洞。

丰梅县苏维埃政府兵工厂旧址——梅县长沙镇陈公坪中村

1931年1月，东江红军第四十九团转战普宁南阳山，与国民党黄其启部在梅田、大湖里一带激战。在大岗凸战斗中，红军战士共37人牺牲。

1932年4月，东江红军独立师第二团等武装部队一百多人，在大南山苏区的牛牯尖（山），伏击国民党张瑞贵师独立团团长陈腾雄带领的"进剿"军，击溃敌一百多人。图为该战场遗址。

赤卫队员袖标

1932年8月茶活苏区反国民党"七县围剿"战斗遗址——龙川上坪茶活炮楼。当时乡干部、游击赤卫队员及部分群众奋勇抗敌，坚守炮楼3天。最后10多人成功突围，余十八勇士点燃火把，葬身火海，全部壮烈牺牲。

隐蔽在深山密林中坚持斗争的
粤赣边红军游击队一部

七、东江人民英模事迹选

在东江土地革命战争中，老区苏区人民把自己的命运与中国共产党和人民军队的命运紧紧地联系在一起，生死相依，患难与共，为苏维埃英勇斗争，无数英雄儿女浴血东江。

1. 林德从：舍身救护，献身革命

林德从（1898—1928），广东惠来县五福田村人。村农会主席，共产党员。1928年3月12日，彭湃率领红四师及十万农民尖串队攻打惠来县城。大南山附近乡村组成"八乡林赤卫队"，林德从任救护大队队长，带领救护队参加攻城战斗，配合红军向敌人发起争夺人仔山高地的进攻。救护站设在白沙湖村的荔枝园中，林德从指挥救护员迅速地把伤员从阵地上抢救下来，还不时跟随彭湃左右，竭尽全力保护他的安全。战斗中，林德从为掩护赤卫队员不幸中弹牺牲。

林德从画像

当年的革命堡垒村、红军后勤基地五福田村

位于五华县安流镇鲤江村的万大来等烈士纪念铭牌

2. 赤胆英雄万大来

万大来（1907—1931），广东五华县安流镇文葵鲤江村人。1925年成为农军的一员。1928年冬加入中国共产党，任赤卫队中队长。他足智多谋，胆略过人，杀敌勇敢，屡立战功。1931年6月，由于叛徒出卖，万大来不幸被捕。敌人利诱不成，对其施加了惨无人道的毒刑。万大来昏死多次，仍骂贼不止："杀我一个万大来，会有千万个万大来跟上来！"年仅24岁的万大来为革命壮烈牺牲。

3. 啼血的歌声——李素娇

李素娇（1911—1933），广东紫金县龙窝人。参加红二师叶振强连队当炊事员。1930年加入中国共产党，负责龙炮区苏维埃政府宣传工作，经常用山歌宣传发动群众，很受欢迎。1931年9月，因叛徒告密，李素娇的丈夫钟香（区委委员）被民团杀害，李素娇本人被捕，押解至土牢。夜深人静，她用山歌向守敌展开攻心战。受到感召的士兵们决定举行起义。李素娇将他们带到五华龙丝殿古宜权团长处，改编为红军一个连，李被任命为该连党代表。1933年7月因待产留在龙丝殿。后在陆丰县罗庚坝江西潭洗衣服时遭叛徒杀害。

李素娇画像

李素娇第一次被捕时的被关押地（翻拍于《红色紫金》）

4. 刘胡兰式的女英雄黄秋富

黄秋富12岁就参加游击队的活动。1934年1月，中共浮凤区委委员黄来敬、交通员黄秋富等4人，在凤凰圩许宅村（今属福北村）开会时被敌人包围。当时她迅速大声叫喊，使正赶来开会的同志闻声转移，免于遭难。4人不幸被捕，受尽酷刑，但始终坚贞不屈，2月被押赴凤凰圩处决。枪声响了，3位同志倒下了。黄秋富转过头来怒斥："白狗仔，再开枪吧！"匪首假惺惺地劝说。秋富呸了一口："臭狗！要杀就杀，天下红军杀不完！"她挺起胸膛，从容就义。牺牲时年仅16岁。

1957年，潮州市政府在凤凰山修建了"黄秋富烈士纪念碑"。

5. "红军阿姆"李梨英

李梨英（1888—1961），广东潮安县磷溪西坑村人，是一位由普通农村妇女成长起来的坚强的共产党员。土地革命战争时期，她义无反顾地支持三个儿子、大女婿参加革命，他们都为革命献出了宝贵生命。她先后在凤凰山根据地负责伤兵站、闽粤几个中共领导机关的掩护和联络工作，出色完成各项任务。1951年，李梨英应邀到北京参加国庆观礼，受到毛泽东主席等中央领导人的接见。

20世纪50年代李梨英出席国庆观礼

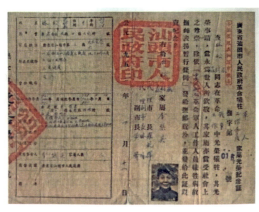

李梨英三个儿子的革命烈士光荣纪念证

1958年工人出版社出版的《松柏长青（革命母亲李梨英）》，作者吴南生。

6. 赤色雁湖的举旗人高维全

高维全（1894—1978），广东惠东县稔平半岛人。1923年从海陆丰将农运火种带回稔山，次年经彭湃推荐加入中国共产党。高维全在雁湖村成立农会，为东征军带路，组织农民自卫军，参加东江暴动。1928年3月，海陆丰苏维埃政权被强敌摧毁。当年8月至次年春，在中共广东省委的领导下，设立了护送东江红军转移出港的交通情报总站，高维全任总站长。在极度危难中，他与省委派驻雁湖村的李涛共同精心策划，出色完成了200多名红军分批护送撤离任务，高维全为徐向前等红军将士安全出港作出了重要贡献。

高维全

雁湖革命史馆（惠东县稔山镇）

第七节
北江、南路武装割据

一、仁化暴动及双峰寨保卫战

1928年初，在由朱德、陈毅率领的南昌起义军余部的支持配合下，中共北江特委先后在曲江、仁化、南雄、乐昌、英德等县，发动大规模的年关暴动。仁化农军两次攻占仁化县城，仁化成为北江农民暴动的中心地区。在中共仁化县委书记阮啸仙主持下，成立了仁化县革命委员会和董塘区苏维埃政府，并将仁化工农武装改编为广东工农革命军北路第八独立团。

1928年1月初，南昌起义军余部联合农军攻打占领仁化县城后召开群众大会，陈毅讲话，宣传革命主张。图为召开群众大会的南较场旧址。

1928年初，中共仁化首届县委所在地旧址思诒堂（董塘安岗村内）。

1928年初，仁化农民武装500多人，在南昌起义军余部配合下，发起仁化农民武装暴动，成立了仁化县革命委员会和董塘区苏维埃政府。图为该处旧址——董勤书院。

1928年2月，国民党军队及地方反动武装大举围攻董塘和安岗乡华阳寨。仁化县委领导军民先后击退了敌人多次进攻。图为华阳保卫战遗址。

蔡卓文（1895—1947）

广东仁化人。共产党员。华阳保卫战指挥者之一。华阳保卫战时任仁化县第五区苏维埃政府副主席兼仁化县革命委员会主席。

1928年3月中旬，仁化县委退出华阳寨，率部分军民撤往渐溪山开展游击战，其余700多人坚守石塘寨（双峰寨）。国民党军一个团会同地主武装，交替使用爆破、断水、火攻、炮击等各种手段，并出动飞机配合进攻双峰寨。守寨军民展开了气壮山河的保卫战，最终弹尽粮绝，至11月中旬被迫突围。寨内群众有200多人被捕，其中120多人惨遭杀害。11月底，中共广东省委第二次扩大会议发表的《纪念死难诸先烈》一文中，称仁化起义是继海陆丰农民运动后，广东"农民暴动中最伟大的战斗"[①]。

双峰寨被焚后的惨景

双峰寨被攻陷后的情景

关押在文昌阁内的革命群众

① 中共广东省委党史研究室：《中国共产党广东地方史》（第一卷），广东人民出版社1999年版，第293—294页。

李载基（1897—1947）

广东仁化人。共产党员。1928年时任广东工农革命军北路第八独立团第四营营长，双峰寨保卫战的主要领导者。最终仅有包括其在内的50多名守寨军民突出重围，会合于渐溪山游击队。

黄梅林（1876—1928）

广东仁化人。共产党员。1928年时任第五区农会常务执委。1928年10月上旬，他奉命率领赤卫队员40多人潜入双峰寨，充实守寨力量。战斗中他身先士卒，于11月11日在突围中牺牲。

双峰寨——仁化暴动旧址

双峰寨革命烈士纪念碑

二、油山游击区和湘粤边游击区

1928年2月，中共南雄县委发动全县武装大暴动，并宣布成立南雄县苏维埃政府，曾昭秀为主席。同时在4个区、120多个乡成立了苏维埃政府。不久武装暴动遭国民党镇压。当年7月，被打散的赤卫队在县委书记陈召南的率领下，奔赴地处广东南雄和江西信丰、大庚（今大余县）之间的油山，创建游击区，同时，配合中央苏区创建根据地，保存了革命火种和武装力量。

1928年2月12日，中共南雄县委在灵潭鸳鸯围召开紧急会议，贯彻中共中央"八七会议"精神，并决定第二天（2月13日）举行全县武装大暴动。图为该次会议旧址——鸳鸯围（摄于2010年）。

陈召南（1907—1929）

广东南雄人。时任中共南雄县委书记。1929年11月因叛徒出卖被捕，就义于南雄县城。

油山上朔村的南雄县苏维埃政府遗址

1929年初至1931年初，位于湘粤边的广东连县、乐昌、乳源等县和湖南宜章、临武等县的党组织，先后成立了中共湘南工委和粤湘边工委，由广东省委领导。两工委统一领导湘粤边地区的革命斗争。

1929年中共粤湘边工委秘密联络点旧址——连县大路边镇荒塘坪村老屋（摄于1984年）

1930年前后，中共粤湘边工委党组织和游击队的联络点和藏身之地——乐昌坪石镇上竹岗村以北的3公里山坳上的圆通庵。当地人称之为"红军岩"。

1930年秋，根据中共广东省委的指示，在乐昌黄圃改组了"湘南特委"。特委机关设在乐昌庆云镇黄圃司西岭脚村。图为该处旧址。（摄于20世纪70年代）

三、斜阳岛五年坚守

斜阳岛是北部湾中的一个小孤岛，当时属广东遂溪县管辖（今属广西北海）。1927年5月，共产党员黄广渊、陈光礼等在遂溪县乐民、海山发动了震动南路的农军武装暴动。起义失败后，当年9月，陈光礼等率领起义农军主力100多人撤退到斜阳岛，在岛上实行武装割据，陈光礼任农军总指挥，并在农军中建立党组织。其间农军数次回师遂溪、廉江、徐闻等地，攻占了部分圩镇。1932年底，在国民党军重兵围攻下，斜阳岛被攻陷，南路党组织在艰苦环境下坚持了5年之久的斜阳岛武装割据遂告失败。

斜阳岛

1928年9月8日，撤退到斜阳岛的农军100多人乘两艘帆船在界炮斗仑登陆，与当地农军会合，于当日下半夜攻占了遂溪县城，缴获了一批枪弹物资。图为斜阳岛农军登陆遗址——遂溪县界炮镇斗仓村附近海湾出入口。

陈光礼（1904—1931）

广东遂溪人。1928年任中共遂溪县委书记。1930年11月往海南岛寻找党组织途中被敌人抓捕，次年春牺牲。

第八节
广东的中央苏区

中央苏区，全称中央苏维埃区域（即中央革命根据地），是土地革命战争时期，由毛泽东、朱德等领导创建的全国范围内最大的一块革命根据地，也是全国苏维埃运动的中心。

1928年4月，由毛泽东、朱德分别率领的秋收起义军、南昌起义军两支队伍在江西井冈山会师，建立工农革命军第四军（后称红四军），进行开辟革命根据地的艰苦斗争。1931年11月，中华苏维埃共和国临时中央政府在江西瑞金成立，先后辖江西、福建、闽赣、粤赣、赣南5个省。首都瑞金。

截至2013年8月，经中共中央党史研究室先后确认，广东省有11个原中央苏区县（市、区）：南雄，龙川，梅州市全境（梅江、梅县、兴宁、平远、蕉岭、大埔、丰顺、五华），饶平。

位于江西瑞金的中华苏维埃共和国临时中央政府礼堂旧址

原中央苏区范围示意图[①]

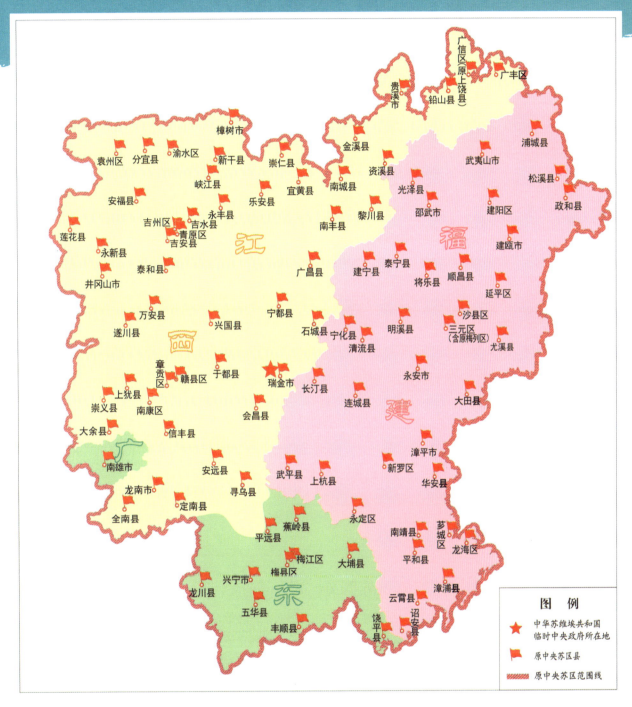

图例

★ 中华苏维埃共和国临时中央政府所在地

▮ 原中央苏区县

▨ 原中央苏区范围线

---

① 绘图参考：中共梅州市委党史研究室、梅州市自然资源局、广东省地图院合编"原中央苏区范围示意图"，审图号：GS（2022）144号，2022年1月。

原中央苏区范围一览表[①]

（2013年）

省名	市名	县 名
江西 （49）	赣州市	瑞金市、会昌县、寻乌县、安远县、信丰县、于都县、兴国县、宁都县、石城县、崇义县、上犹县、南康市、赣县、章贡区、大余县、定南县、龙南县、全南县。
	吉安市	永丰县、青原区、泰和县、万安县、吉安县、井冈山市、峡江县、安福县、遂川县、永新县、吉州区、新干县、吉水县。
	抚州市	广昌县、黎川县、乐安县、宜黄县、南丰县、资溪县、崇仁县、南城县、金溪县。
	鹰潭市	贵溪市
	上饶市	铅山县、广丰县、上饶县。
	宜春市	樟树市、袁州区。
	新余市	渝水区、分宜县。
	萍乡市	莲花县
福建 （37）	龙岩市	新罗区、长汀县、连城县、上杭县、永定县、武平县、漳平市。
	三明市	建宁县、泰宁县、宁化县、清流县、明溪县、沙县、将乐县、永安市、三元区、梅列区、尤溪县、大田县。
	南平市	武夷山市、光泽县、邵武市、建阳市、浦城县、建瓯市、松溪县、政和县、顺昌县、延平区。
	漳州市	平和县、诏安县、南靖县、漳浦县、云霄县、芗城区、龙海市、华安县。
广东 （11）	梅州市	大埔县、平远县、兴宁市、梅县、梅江区、蕉岭县、五华县、丰顺县。
	潮州市	饶平县
	河源市	龙川县
	韶关市	南雄市

一、成为中央苏区的重要组成部分

由于地理位置的紧密相连和革命斗争的历史渊源，广东粤东北部分地区与中央苏区在政治、军事和经济上都有密切的联系。红军多次转战粤东北，每次都产生了重大的政治影响，有力地促进了当地革命斗争的发展。随着革命斗争的发展，粤东北革命根据地进一步融入"闽粤赣三省边境红色割据"，成为中央苏区的组成部分。

① 制表依据：中共中央党史研究室《关于原中央苏区范围认定的有关情况》（中史字〔2013〕51号），2013年5月。

广东省原中央苏区示意图①
（1931—1934）

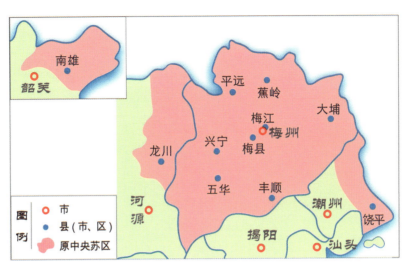

1931年11月、1934年1月，在江西瑞金先后召开了中华苏维埃共和国第一、二次全国苏维埃代表大会。所公布的中央执行委员会委员名单，其中有东江军命根据地的古大存、彭桂、郑振分、李见珍（李坚真）等人。

1. 红四军出击东江

　　1929年10月，红四军根据中央指示从闽西挺进梅州，在梅县、大埔、蕉岭、丰顺、平远留下了战斗的足迹，进行了著名的梅城战役，推动了东江土地革命，为创建粤东北苏区，实现闽粤赣中央苏区连成一片发挥了重要作用。

---

①绘制参考中宣部、财政部、文化和旅游部、国家文物局公布《革命文物保护利用片区分县名单（第一批）》通知（文物政发〔2019〕8号）中"原中央苏区片区（110）"。

红四军出击东江路线图①
（1929年10—11月）

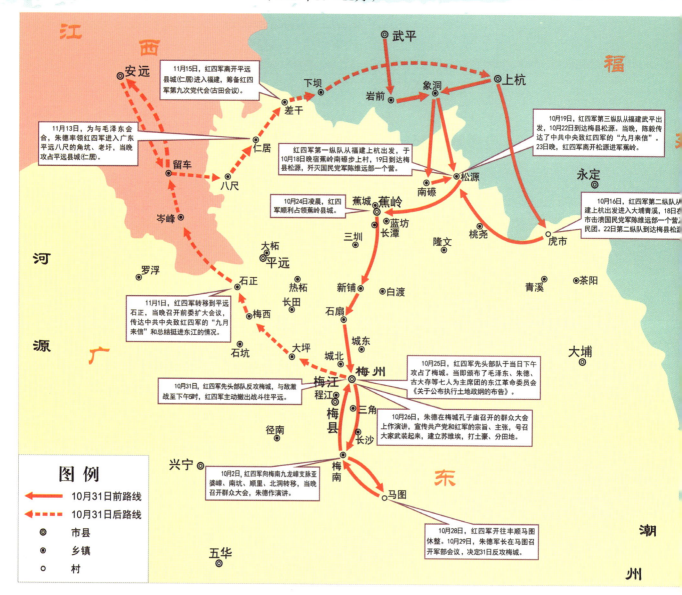

11月15日，红四军离开平远县城(仁居)进入福建，筹备红四军第九次党代会(古田会议)。

11月13日，为与毛泽东会合，朱德率领红四军进入广东平远八尺的角坑、老见，当晚攻占平远县城(仁居)。

红四军第一纵队从福建上杭出发，于10月18日晚宿蕉岭南磜步上村，19日到达梅县松源，歼灭国民党军陈维远部一个营。

10月19日，红四军第三纵队从福建武平出发，10月22日到达梅县松源。当晚，陈毅传达了中共中央致红四军的"九月来信"。23日晚，红四军离开松源进军蕉岭。

10月24日凌晨，红四军顺利占领蕉岭县城。

10月16日，红四军第二纵队从福建上杭出发进入大埔青溪，18日击溃国民党军陈维远部一个营民团。22日第二纵队到达梅县松源。

11月1日，红四军转移到平远石正，当晚召开前委扩大会议，传达中共中央致红四军的"九月来信"和总结挺进东江的情况。

10月31日，红四军先头部队反攻梅城，与敌激战至下午5时，红四军主动撤出战斗往平远。

10月25日，红四军先头部队于当日下午攻占了梅城。当即颁布了毛泽东、朱德、古大存等七人为主席团的东江革命委员会《关于公布执行土地政纲的布告》。

10月26日，朱德在梅城孔子庙召开的群众大会上作演讲，宣传共产党和红军的宗旨、主张，号召大家武装起来，建立苏维埃，打土豪、分田地。

10月2日，红四军向梅南九龙嶂支脉亚婆嶂、南坑、顺里、北洞转移，当晚召开群众大会，朱德作演讲。

10月28日，红四军开往丰顺马图休整。10月29日，朱德军长在马图召开军部会议，决定31日反攻梅城。

图 例

←	10月31日前路线
⇠	10月31日后路线
◎	市县
⊙	乡镇
○	村

红四军序列表
（1929年6月）

军长：朱 德	党代表：毛泽东	
政治部主任：刘安恭(先) 陈毅(后)		参谋长：朱云卿
一纵队司令员：林彪	党代表：熊寿祺	
二纵队司令员：胡少海(先) 刘安恭(后)	党代表：彭 祜	
三纵队司令员：伍中豪	党代表：蔡协民	
四纵队司令员：傅柏翠	党代表：张鼎丞	

红四军序列表

① 绘制参考中共梅州市委党史研究室等编：《九龙嶂革命根据地历史画册》，准印证号粤MY01055205，2015年，第22页。

红四军军长朱德
（1886—1976）

四川仪陇人。中国人民解放军的主要缔造者之一。开国元勋。图为井冈山雕塑园的朱德塑像。

红四军参谋长
朱云卿（1907—1931）

广东梅县人。中共党员，黄埔军校三期生。1931年5月在江西吉安红军医院住院时被国民党反动派特务暗杀。

1929年10月19日，红四军兵分三路集结梅县松源。其间，朱德军长及军部驻地设在金星村同怀别墅，并在此召开会议传达陈毅从上海带来的中央"九月来信"（中共中央给红军第四军前委的重要指示信）。图为红四军驻地旧址——同怀别墅。

九月来信

红四军在松源留下的标语

二、红军万里征途第一站

粤北地区处于粤赣湘三省要冲。1934年10月，中央红军从赣南闽西的中央苏区核心区域出发开始长征，这里成为红军入粤的第一站。10月25日至11月14日，队伍先后经过粤北南雄、仁化、乐昌，比较顺利地突破敌人设在粤赣湘边的三道封锁线。沿途红军向群众进行革命宣传，撒播星火。红军不怕牺牲、坚忍不拔的革命精神和爱护群众、秋毫不犯的铁的纪律，在人民群众心中留下了极其深刻的印象。粤北人民积极支援红军，群众热情地帮红军做饭、带路，提供住宿，护理伤病员、收容失散红军等，军民凝结了深厚的鱼水情谊。

红军长征过粤北路线示意图①
（1934.10.25—11.14）

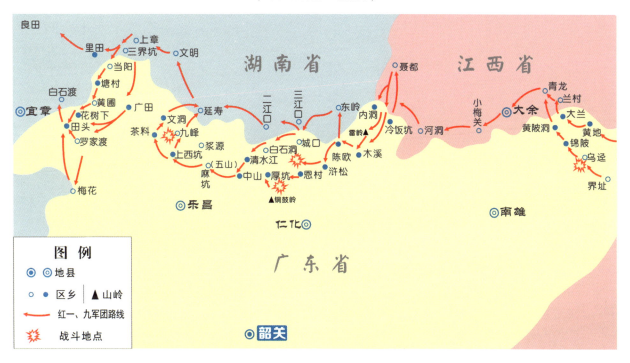

① 绘制参考中共韶关市委党史办公室编：《工农红军在粤北———纪念红军长征胜利五十周年》，韶关市期刊登记证第0015号，1986年，第206—207页。

中央红军长征突破粤军三道封锁线示意图①
（1934.10—11）

红军长征入粤第一仗——南雄乌迳新田圩战斗遗址

南雄界址镇下屋子村——红军长征部队数千人曾在该村宿营、补充粮食。

① 绘制参考广西全州红军长征湘江战役纪念馆展图（2020年）。

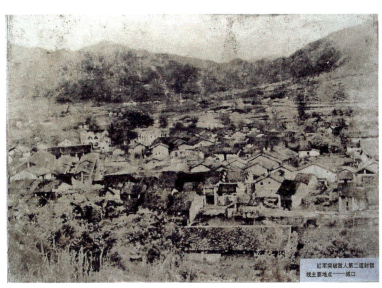

红军长征部队在驻地书写了大量的宣传标语。图为在南雄留下的标语之一。

红军突破粤军第二道封锁线主要地点——仁化城口

红军成功突破粤军第二道封锁线后，在仁化城口作短暂的休整。老百姓纷纷把自家门板卸下来，铺上稻草，做成简易担架来帮忙运送红军伤员。图为正龙街红军宿营地旧址。

仁化铜鼓岭红军烈士纪念园

红军长征部队经过的乐昌五山石下上黎家村。红军曾在此宿营，设立红军司令部临时哨所。

1934年11月红军突破国民党第三道封锁线中与粤军激战过的地方——乐昌九峰茶料鸦鹊岭村。

1980年9月，乐昌五山坪田村85岁老人黄胜昌回忆当年红军长征经过坪田村的情景，并捐献红军留下的"密令"复写纸。

红军长征粤北纪念馆（建于仁化县城口镇）

第十节
南方三年游击战广东游击区

1934年10月，中央红军主力离开中央苏区长征。后至1937年冬，留守在赣粤边、闽粤边、湘粤边的红军和游击队，在极其险恶的环境下坚持游击战争，依靠人民群众的支持，与国民党军和地方当局武装的持续"清剿"进行了英勇斗争，牵制了大量敌军，有力地策应了中央红军主力的战略转移，在广大地区撒下革命火种，为尔后华南地区人民进行抗日战争保存和发展了革命力量。

一、赣粤边

1935年3月，留守中央苏区的中共苏区中央分局书记、中央军区司令员兼政委项英，中央政府办事处主任陈毅，率部突破敌人包围，到达广东南雄油山廖地村，与赣粤边特委书记兼赣粤边军分区司令员李乐天会合。之后，各路抵达南雄油山的红军有1400多人。项英、陈毅以赣粤边的油山地区为中心，紧紧依靠当地党组织和人民群众，领导红军游击队坚持开展了三年游击战争。

1934年11月3日，《红色中华》刊登苏维埃中央政府、中共中央《为发展群众的游击战争告全苏区民众》书。

1934年11月由中华苏维埃中央政府办事处主任陈毅签署发出的第一号布告

时任中华苏维埃共和国中央政府办事处主任陈毅（1901—1972），四川乐至人。开国元帅。图为南雄市梅岭景区元帅岭陈毅塑像。

1935年3月项英、陈毅与赣粤边军分区司令员李乐天会合旧址（今南雄油山廖地村内）。

李乐天（1905—1936）

广东南雄人。中共赣粤边特委书记。1936年1月在江西信丰小河乡的战斗中牺牲。

1935年4月，项英、陈毅在南雄油山大岭下村召开赣粤边领导干部会议，图为会议旧址。

粤赣边游击区（广东境域北山、油山、南山）分布示意图①
（1933—1937）

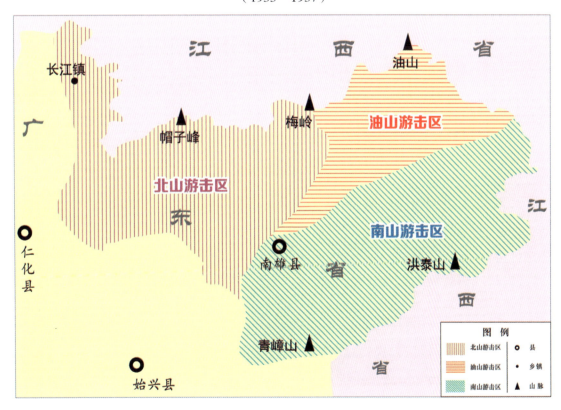

① 绘制参考《苏区南雄图集》编委会编：《光荣与辉煌——苏区南雄图集（上册）》，内部印刷，2020年版，第81页。

1935年5月，陈毅转移到北山后，上年在兴国老营盘战斗中所受的伤及骨骼的腿伤复发。在今澜河镇白云村小流坑，陈毅一行人得到村民林德凤的帮助和救治。她安排他们住在墨砚厂，

并用祖传药方捣草药给化名"大老刘"的陈毅敷上，每天早晚各换一次，几天后奇迹发生，伤口未再发脓。①

1986年，林德凤在白云村留影。

小流坑陈毅养伤处——墨砚厂（清朝以松明制墨砚的地方）遗址

陈毅当年住过的金星岩石洞（位于南雄油山大兰村）

① 南雄市革命老区发展史编委会编：《南雄市革命老区发展史》，广东人民出版社2020年版，第130—131页。

红军游击队活动地之———南雄梅关

《梅岭三章》是陈毅在1936年冬被国民党军围困在梅山时创作的七言绝句组诗。当时陈毅处在危难之际，但献身革命的决心和对革命必胜的信心矢志不移。图为南雄梅关《梅岭三章》手迹诗碑。

陈毅的交通员李盛发

交通员李盛发保管文件的箱子及为陈毅送饭用的竹篓（现藏于南雄市博物馆）

当时，国民党当局采取频繁的军事"清剿"和严密的经济封锁手段，妄图把红军游击队困死饿死。广大红军和游击队指战员紧紧依靠人民群众，通过各种斗争方式和策略，千方百计求得生存和发展。

人民群众采取种种巧妙的办法，冲破封锁支援红军游击队。图为油山群众谢细妹为红军游击队送饭的竹篮子。

记得有一次，游击大队长曾彪同志隐藏在彭坑对面的小山上，国民党反动派的兵就在彭坑的沟边放哨，监视很严。三娣嫂想，曾彪同志在山上已有好几餐没有吃饭了，怎样才能通过敌人的眼睛，把饭菜送过去呢？她想了好久，最后决定把饭菜放在一个竹筒里，再把竹筒放在背篓里，上面放一把镰刀。她背上背篓，扮作上山砍柴的样子。当到达小山脚下，相机与曾彪同志取得联系。曾彪用一根藤子束在腰上，装作砍柴的样子，看看左右无人的时候，拔近些菜，走了竹筒。接连几天，她坚持这样给曾彪同志送饭，做的很小心，始终没有被敌人发觉。

有一段时间，陈毅同志和我住在三娣嫂家后山上的草棚里。三娣嫂每天总是提个竹篮子，借口上山打猪草，把油、盐、菜、米送到草棚来。端午节那天，三娣嫂还提着一篮粽子送给陈毅同志吃，陈毅同志看着这些充满革命情谊的粽子，非常激动，亲切地问她，"表嫂，你叫什么大号呀"

"我姓周，妇娘们没有大号，小名叫三娣子。"她回答说。

"闹革命嘛，男女平等，你也该有个名字呀"陈毅同志风趣地说。

"好是好，只是我没文化。你给我起个名字吧"她说。

"这样好吧，你天天给我们送饭，买东西，手里少不了一个篮子，就叫周篮吧!"陈毅同志想了一想，爽朗地笑道。

大家赞用周篮这个名字，认为很有纪念意义，周篮自己也很喜欢她的新名字。

一天，陈毅同志正坐在周篮家屋后的石块上看书，警卫员宋生发和君牯坐在旁边擦枪，突然，周篮家的狗狂叫起来，原来是一群国民党兵朝坑来了，正在门前向洗东西，发现来人时，桑庭回屋后通知陈毅同志，已来不及了。她急中生智，用石头打狗，边打边大声叱骂，"你这只死狗，叫什么？这么多兵来了，会一下子把你打死的。"陈毅等同志听了，连忙转移到深山里去。敌人搜查了周篮的家，但什么也没有捞着，就溜回去了。事后陈毅同志感激地说："大嫂，你真有法子。"

我们在彭坑后山的草棚里住时，有事常要找刘汉光，而国民党反动派又常来搜山。我们白天去他家时，怕暴露目标，晚上去吧，又怕他家的狗叫。外加他们住房外面还有一堵土围墙，叫门也不方便。后来这个情况被周篮知道了。一天晚上，她又提着只篮子，送东西到我们的棚子来，还跟来一条狗。狗见了生人，夹着尾巴叫唔唔地叫。周篮对游击队员肖明朗同志说，"你们拿点东西给它吃吧，以后它就认得你们了。晚上你们来也方便。"接着，她又说，"每天晚上我关门的时候在土围墙的墙脚放一条凳子，你们可以踩着凳子翻墙过来，就不会惊动别人。"我们照着她讲的做，联系工作就比较方便了。

周篮同志对我们的支持与帮助，我们一直铭记在心。一九六二年中央在北京召开七千人大会时，陈毅同志在看望参加会议的大余县县委书记时，问起彭坑的周篮还在不在？县委书记回去，果然找到了周篮，并表彰了她在艰苦的三年游击战争中支援红军游击队的功勋。后来，周篮同志以老苏区人民代表的身份，到北京参加会议，路过上海时，我也和君高兴地见了面，亲切地交谈了很久。一九七五年她去世时，我特地给她送了花圈，对她表示深切的哀悼。

三

我们有了这样的落脚点，就开始组建贫农团。当时参加贫农团，被反动派知道了，是要杀头的。可是，只要我们工作做到的地方，不管有多么大的危险，总会有人参加。

一九三六年初春的一天，油山中心区委在蛇子坑的棚子里开

"周篮嫂帮助陈毅"，节选自陈丕显《赣南三年游击战争》。

为陈毅送饭的周篮嫂，本姓周，只有小名三娣子，陈毅为其取名周篮。

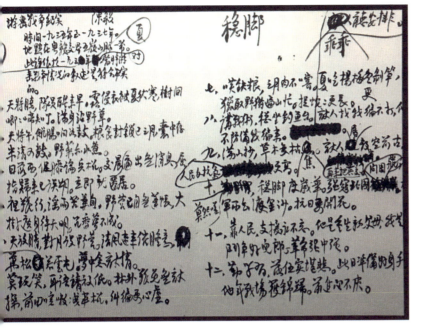

正是人民群众舍生忘死的支援，使红军和游击队得以打破敌人严密的经济封锁而生存下来。对此，陈毅曾满怀深情歌颂道："靠人民，支援永不忘，他是重生亲父母，我是斗争好儿郎。革命强中强。"

1935年10月，叛徒龚楚纠集30余人乔装成红军游击队，妄图捕捉在北山帽子峰的项英、陈毅等领导人和消灭赣粤边红军游击队，将游击队员骗到龙狮石"开会"。事件中被杀害的红军游击队员有60多人。图为深山密林处的"北山事件"红军烈士纪念碑及遗址牌。

油山革命纪念碑

1935年春，留守苏区的中央苏区中央分局和中央军区，按照中共中央指示实行"九路突围"。3月下旬，活动在广东兴宁的罗屏汉率领的游击队70余人来到寻乌南部山区，与中央分局和赣南省突围到寻乌的部分领导人会合。4月初在寻乌剑溪山区梨树溏成立了粤赣边军政委员会。

粤赣边军政委员会成立旧址——江西寻乌吉潭剑溪村

兴龙寻安县革命委员会布告
一九三五年二月一日

野战红军出动，革命形势一新。
冲破堡垒封锁，攻入湘黔两省。
红军二、六军团，占领安徽休宁。
红军四方面军，前线反攻大胜。
闽浙赣省红军，堡垒几百拆净。
白匪孤城困守，胜利终归我们。
新的革命形势，工农仔细认清。
无论南京广东，一样卖国殃民。
一样进攻革命，到处放火杀人。
且看兴龙寻安，军阀残匪暴行。
说出很多鬼话，欺骗工人农民。
安远反抗修路，寻邬反抗移民。
反抗丈田灶捐，今有罗岗兴宁。
斗争都得胜利，全靠工农齐心。
本会领导红军，坚决领导革命。
兴龙寻安一带，建立工农专政。
打倒国民匪党，残匪彻底肃清。
在此开呈布告，大家起来革命。

主席：黄孚善

在敌人重重围困下，兴宁、龙川革命力量向赣南寻乌、安远等地转移。1934年11月，在江西于都县黎桥圩成立了中共兴龙寻县委、县革委会，并向民众发出公告。

1935年先后在粤赣边游击战争中牺牲的罗屏汉、张瑾瑜夫妇塑像（位于今兴宁市大坪镇罗屏汉故居）。

罗屏汉（1907—1935）

广东兴宁人。时任苏区中央分局后方留守处主任、粤赣边军政委员会主席。

张瑾瑜（1912—1935）

广东兴宁人。时任中共粤赣省委候补执委、白区工作部部长。

二、闽粤边

　　1934年1月，中共中央决定在敌人后方左翼开展游击战争，当年8月闽粤边区特委在福建平和县成立，特委领导包括饶和埔诏县委、潮澄饶县委、闽粤边独立营等边区党组织和武装力量。中央红军长征后，国民党先后调集重兵对闽粤边区进行残酷"清剿"。在极端险恶的条件下，闽粤边特委紧紧依靠人民群众，领导边区军民进行了三年艰苦而灵活的游击战，成功牵制国民党兵力，并较快地发展壮大。

闽粤边三年游击战争根据地示意图[①]
（1934年8月—1938年2月）

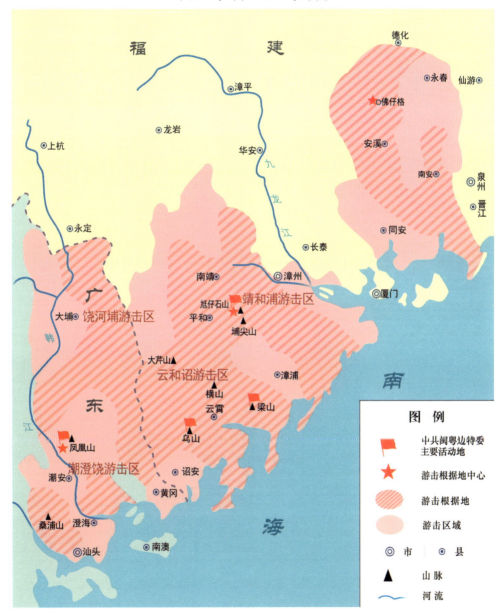

---

① 绘制参考中国人民解放军历史资料丛书编审委员会编著：《南方三年游击战争·闽粤边游击区》，解放军出版社1994年版，目录前页。

位于福建省平和县南胜邦寮山的中共闽粤边区特委机关旧址

1936年底到1937年夏中共闽粤边特委组织情况[1]

黄会聪（1909—1936）

广东万宁（今属海南）人。1934年8月任中共闽粤边特委书记。1936年冬病逝于香港。

张　敏（1908—1937）

广东澄海人。中共闽粤边特委代理书记。1937年7月在福建诏安被国民党反动派杀害。

凤凰山是闽粤边三年游击战中重要的活动区之一。图为潮安凤凰欧坑村的凤凰山革命纪念公园。

---

① 中国老区建设促进会编：《中国革命老区》，中共党史出版社1997年版，第285页。

1935年夏，古大存率领17人的武装队伍，从大南山杀出重围，于同年秋辗转到大埔县南部山区。在与上级完全失去联系的情况下依靠老区群众的掩护，在高陂、桃源、光德地区坚持斗争，并与闽南红八团、红九团在大埔一带的活动遥相呼应。图为古大存与夫人曾史文（红十一军老战士、广东省副厅级离休干部）。

闽南红八团、红九团在大埔活动旧址之一——西河大老寨。

1936年冬，古大存在大埔黎源冬瓜坪创办"德明小学"，以执教为掩护开展革命活动。到1937年春，已在尖山、中炉等山区成立了6个中共支部，并扩大了武装队伍。图为大埔当地的古大存革命活动遗址碑记。

陈 华（1908—1992）

广东丰顺人。红十一军最后仅存的十八勇士之一。享受广东省副厅级离休待遇。

三、湘粤边

1934年10月红军长征后，先后有几支红军部队进入湘粤边的广东连县（今连州市）黄洞山、天光山及湖南临武县平溪洞等地开展游击战争。红军游击队依托纵横数百里，由西至东横跨湘南粤北的天光山等高山密林，顽强地活跃在宜章、郴县、连县、乐昌等地，进行了艰苦卓绝的游击战争。抗日战争全面爆发后，湘粤边红军游击队奉命下山集结，1938年2月编入新四军一部一大队，奔赴抗日前线。

1934年12月初，担任中央红军长征后卫的红五军团（董振堂部）第十四师（原第三十四师），完成掩护主力部队渡过湘江的任务后，遭遇强敌阻截，伤亡惨重，余部遂撤回湘粤边的嘉禾、蓝山、江华、连县三角地带。图为广东连州天光山。

红军途经连县瑶安乡天光山村时住过的农家旧址。当时红军50多人曾在这个屋里住过一天一夜。屋主赵石养、李木妹夫妇给了红军5担（500斤）稻谷，并杀了一头猪煮给红军吃。红军离开时留下了费用和借条。

瑶安乡田心村瑶胞黄红妹。田心村牵牛岭战斗后，她和陂头坑瑶胞李河玉上山挖竹笋，发现了因负伤遗落在山上的红军小战士王贵，赶忙将他背回家并悉心照顾，以后安置这位小战士在当地生活。

1935年1月，红五军团三十四师余部在连县瑶安乡田心村牵牛岭与湘粤敌人激战。图为牵牛岭村落一角。

1935年2月，赣南军区红二十四师七十一团从于都突围后，经南康、大庾、油山、北山挺进湘粤边，在乐昌北、连县天光山等地活动。图为当年4月26日湖南《大公报》刊载红二十四师余部在湘粤边活动的消息。

红二十四师进入天光山后，以这一带为基地进行游击战争，发动瑶汉群众成立农民协会和苏维埃政府，开展土地革命。建立了长达四百多里、横跨五县广大山区的湘粤桂边区根据地。图为连县瑶安乡天光山老区村。

红军在天光山一带活动，得到瑶汉群众和地下党的协助与支持。图为红军在天光山建立的农会旧址。

红二十四师休整地——连县黄洞山小东口瑶寨

连县瑶安乡猪六冲瑶族人李启财，1935年任红军交通员。

当年红军向导，连县瑶安乡蚊仔冲瑶族人李华春（右一）在1985年向党史工作者讲述红军的战斗故事。

1935年，国民党军队对湘粤边游击区实行大规模军事"围剿"。当年8月，在乐昌重建了以谷子元为书记的中共湘粤边工委及湘粤边赤色游击大队，坚持游击战争。

谷子元（1908—2002）
湖南耒阳人。新中国成立后曾任湖南省政协副主席。

湘粤边赤色游击大队活动旧址——乐昌坪石廊头岭岩洞

乐昌坪石皈塘京口村李培臣（革命烈士）故居，当年是湘粤边赤色游击队的地下交通站。

第十一节
在艰难曲折中发展

土地革命战争时期，广东党组织经历了艰难曲折的发展过程和严峻考验。百折不挠，红旗不倒。

一、土地革命战争时期广东党组织机构

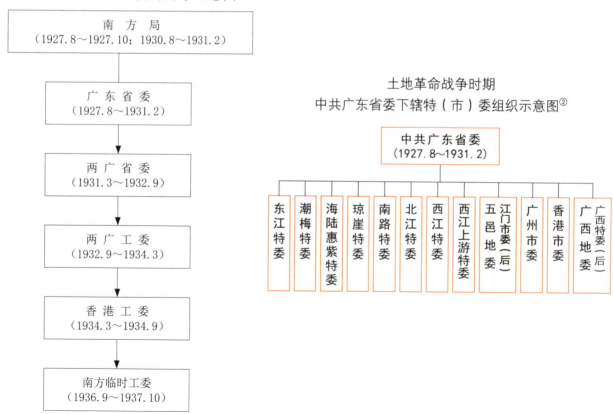

土地革命战争时期
中共广东省组织领导机构演变示意图①

南 方 局
（1927.8～1927.10；1930.8～1931.2）

广 东 省 委
（1927.8～1931.2）

两 广 省 委
（1931.3～1932.9）

两 广 工 委
（1932.9～1934.3）

香 港 工 委
（1934.3～1934.9）

南方临时工委
（1936.9～1937.10）

土地革命战争时期
中共广东省委下辖特（市）委组织示意图②

中共广东省委
（1927.8～1931.2）

东江特委　潮梅特委　海陆惠紫特委　琼崖特委　南路特委　北江特委　西江特委　西江上游特委　五邑地委　江门市委（后）　广州市委　香港市委　广西特委（后）　广西地委

---

① 中共广东省委党史研究室：《中国共产党广东地方史》（第一卷），广东人民出版社1999年版，第351页。
② 中共广东省委党史研究室：《中国共产党广东地方史》（第一卷），广东人民出版社1999年版，第352页。

二、土地革命战争时期牺牲的广东党组织主要负责人

新民主主义革命时期，广东（华南）历任党组织主要领导人共28位，其中在土地革命战争时期有9位先后为革命献出了宝贵的生命：陈延年、张太雷、张善铭、李源、蔡和森、陆更夫、邓中夏、罗登贤、郑怀昌。

陈延年（1898—1927）

安徽怀宁人。在上海被捕后牺牲。

张太雷（1898—1927）

江苏常州人。在广州起义指挥战斗中牺牲。

张善铭（1900—1928）

广东大埔人。在恢复海陆丰苏维埃政权斗争中牺牲。

邓中夏（1894—1933）

湖南宜章人。在南京被捕后牺牲。

李源（1904—1928）

广东博罗人。在巡视东江苏区途中被捕后牺牲。

罗登贤（1905—1933）

广东南海人。在上海被捕，在南京牺牲。

蔡和森（1895—1931）

湖南湘乡人。在香港被捕，在广州牺牲。

陆更夫（1906—1932）

四川叙永人。被捕后，从上海押解回广州后牺牲。

郑怀昌（1913—1934）

广东惠阳人。香港工委机关遭敌人破坏时被捕，在广州牺牲。

第三章
开辟华南抗日根据地

　　1937年7月7日抗日战争全面爆发后，广东党组织坚决贯彻执行党的全面抗战路线和各项方针政策，高举党的抗日民族统一战线旗帜，从广东实际出发，积极开展抗日救亡运动和抗日武装斗争。与华南地区民间武装、广大民众及港澳同胞、侨胞侨眷等一切爱国力量一道，共同抗击日本侵略者。开辟了华南敌后战场，建立了东江、琼崖、珠江、南路、粤中及潮汕等抗日根据地和游击区，创建了华南抗日各纵队，成为华南抗战的中坚力量。广东人民抗日武装在日、伪、顽军层层包围的夹缝中浴血奋战而逐渐成长壮大，并利用区位优势，主动积极融入国际反法西斯统一战线，充分发挥了一个阵营（世界反法西斯阵营）、国内国际两条统一战线的作用，开辟了一条适合华南抗战，具有广东特色的敌后抗战之路，为中国人民抗日战争暨世界反法西斯战争的胜利作出了重要贡献。

第一节
广东敌后抗日武装的创建

　　为打通粤汉铁路，配合北端武汉和北段长沙衡阳一线的进攻，日军华南派遣军于1938年10月12日在惠阳大亚湾登陆，开始对华南展开全面进攻，企图一举打通粤汉铁路，以形成对中国守军的南北夹击之势。国民党守军退守粤北（今韶关各地）。18日，中共广东省委常委、组织部长李大林主持召开了紧急会议，决定将省委机关迁往粤北，并在全省范围发展党组织，开展前线和沦陷区的抗日游击战争。11月1日，根据中央指示，省委决定将全省工作重点从城市向农村转移（包括组织、统战、军事斗争等工作），这为日后创建敌后抗日根据地指明了方向。①

广州沦陷前，广东省国民政府紧急撤离。图为日军占领位于广州市越华路的广东省政府（现省民政厅所在地）。

日军进占广州市政府

---

① 中共广东省委党史研究室：《中国共产党广东地方史》（第一卷），广东人民出版社1999年版，第410—411页。

一、华南抗日游击队的诞生

广州沦陷前，广东党组织领导下的华南抗日游击队已初创，并先后成立了（含前身及改称或整编的抗日武装）东江纵队、琼崖独立纵队、珠江纵队、南路人民抗日解放军、广东人民抗日解放军、潮汕韩江纵队和梅埔韩江纵队（全称见下文各抗日纵队领导人一览表）。各纵队远离党中央，远离八路军、新四军主力，孤悬敌后，在日、伪、顽、匪的猖狂夹击中顽强抗敌，最终发展到近30000人，牵制日、伪军约150000人，对日、伪军作战3000多次，总计歼敌22000多人，缴获枪炮6700多件，成为与八路军、新四军并称的"中国抗战的中流砥柱"，"华南敌后战场被称为全国三大敌后抗日战场之一"[1]。

抗战时期中共广东省委下辖组织示意图[2]

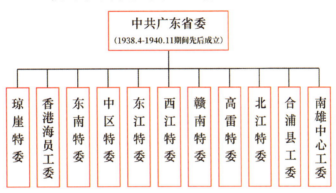

华南游击队（广东）各抗日纵队领导人一览表
（1945年）

部队		司令员	政委	副司令员	参谋长	政治部主任	备注
广东人民抗日游击队	东江纵队	曾生	林平	王作尧	王作尧（兼）	杨康华	
	珠江纵队	林锵云	梁嘉	谢斌	周伯明	刘向东	
南路人民抗日解放军		周楠	周楠（兼）		李筱峰 郭大同（后）	温焯华	
广东人民抗日解放军		梁鸿钧	罗范群		谢立全（代司令员）	刘田夫	
广东人民抗日游击队	潮汕韩江纵队	林美南	林美南（兼）				谢育才（军事顾问）
	梅埔韩江纵队	李碧山（纵队负责人）张全福（后）					
琼崖游击纵队		冯白驹	冯白驹（兼）	庄田	李振亚	王白伦	

① 中共广东省委党史研究室：《中国共产党广东地方史》（第一卷），广东人民出版社1999年版，前言第5页。
② 中共广东省委党史研究室：《中国共产党广东地方史》（第一卷），广东人民出版社1999年版，第506页。

1. 东江纵队

历经中国全面抗战三个阶段[1]的东江纵队（含前身，简称"东纵"），浴血奋战在珠江、东江、北江等流域，南至香港、九龙，北至五岭的粤赣湘边区，东至海（丰）、陆（丰）、惠（阳）、紫（金）、五（华）等广袤地区。"东纵"既参加了华南地区的敌后抗战，积极投入全国的抗日战场，又直接参与了香港地区世界反法西斯阵营的协同作战，在支持太平洋盟军作战中作出了特殊贡献。八年时间，东江纵队从小到大，由弱变强，从200多人发展到11000余人，可组织民兵12000余人，经历大小战斗2000余次，歼灭日、伪、顽军10000余人，建立了60000余平方公里、450万人口的敌后抗日根据地和游击区，成为华南抗日战场一支"中外共知"[2]的中共抗日武装。1945年7月，中共广东区党委会议决定，由东江纵队司令部负责研究与指导全省军事工作，政治部负责研究与指导军队政治工作。[3]

1938年12月2日，中共惠宝工委组建的各级领导由共产党员担任，军事指挥权由广东党组织完全掌握且大多数骨干为共产党员和进步青年的惠宝人民抗日游击总队（东纵前身之一）在惠阳成立，总队长曾生，全队共100多人。图为成立旧址——惠阳淡水周田村育英楼。

1938年10月15日（广州沦陷前），中共东莞中心县委组建的各级领导由共产党员担任，军事指挥权由广东党组织完全掌握且大多数骨干为共产党员和进步青年的东莞抗日模范壮丁队[4]（东纵前身之一）在东莞成立，队长王作尧，全队共100多人。图为成立旧址——今东莞中山公园。

---

① 中国抗战三个阶段：广州、武汉沦陷之前为战略防御阶段，之后转入战略相持阶段，1944年上半年，部分敌后战场进入战略反攻阶段。

② 《东江纵队志》编委会编：《东江纵队志》，解放军出版社2003年版，第505页。（详见本章第五节）

③ 中共广东省委党史研究室：《中国共产党广东地方史》（第一卷），广东人民出版社1999年版，第561页。

④ 中共东莞市委党史研究室：《中国共产党东莞历史》，中共党史出版社2011年版，第130页。

东江纵队北撤前活动区域示意图①

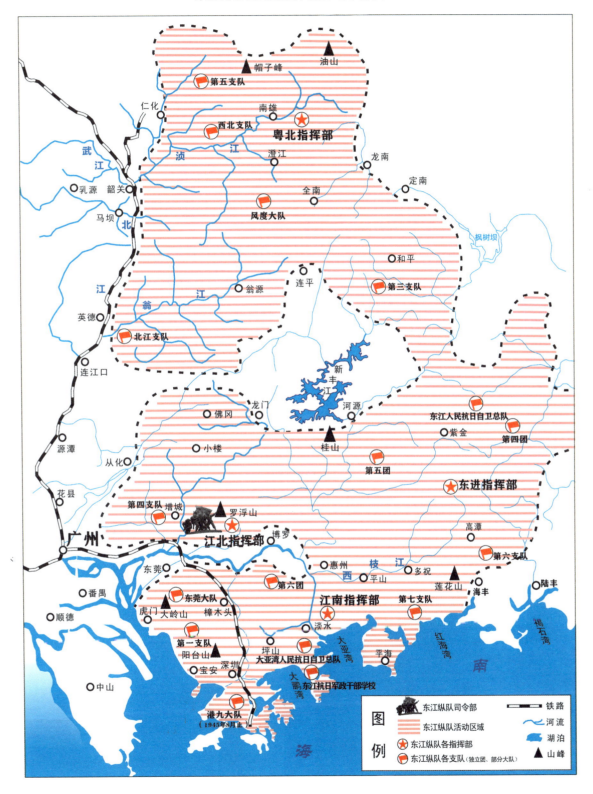

① 绘制参考中共广东省委党史研究室、广州地区老游击战士联谊会编著：《东江纵队图文集》，中共党史出版社、广州出版社2015年版，第320页。

1945年5月前，位于今深圳大鹏土洋村的东江纵队司令部旧址。

1945年5月—1946年6月，位于博罗罗浮山冲虚观的东江纵队司令部旧址。

位于香港西贡黄毛应村教堂的东江纵队港九独立大队成立旧址。首任大队长蔡国樑，政委陈达明。

原增从番大队抽调了宝安大队一部而组建的独立第二大队成立旧址——增城三江镇。首任大队长阮海天、政委卢克敏。独二大队以广州近郊增从番（今天河、黄埔一带）为中心，剑指广州，就像一把尖刀直插华南日军心脏。

1945年5月，始兴人民抗日自卫队风度大队在始兴北山新屋场成立。首任大队长吴新民，政委周健夫，大部分队员来自隘子风度小学的师生。图为始兴风度小学旧址。

2. 珠江纵队

珠江纵队（前身"中区纵队"，简称"珠纵"），是抗日战争时期中国共产党在珠江三角洲敌后建立的一支人民抗日武装。从初期的几十人发展到近3000人，成为岭南敌后抗战的一支重要力量。她在远离党中央、孤悬敌后的情况下，坚决执行党的指示，依靠人民群众，贯彻党的抗日民族统一战线政策，灵活运用游击战争的战略战术，前期战斗在珠江三角洲平原、水网地带，后期挺进粤中、西江和粤北，坚持七年敌后抗日游击战争，对敌作战200多次，歼敌3300余人，缴获大批枪支弹药及军用物资。①

珠江敌后抗日根据地、游击区示意图②
（1944年10月—1945年4月）

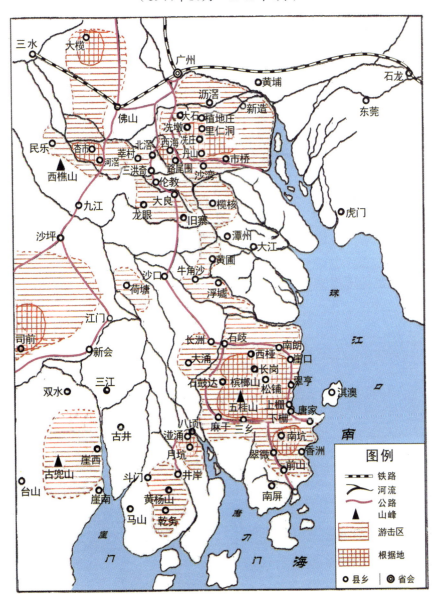

---

① 《珠江纵队史》编写组：《珠江纵队史》，广东人民出版社1990年版，第1页《序》。

② 绘制参考《珠江纵队史》编写组：《珠江纵队史》，广东人民出版社1990年版，图片页第15页。

1939年2月，顺德抗日游击队成立
旧址——顺德大良蓬莱小学。

1941年4月，中共中山县委领导的中山八区抗日游
击大队于今珠海斗门区月坑村"五圣宫"成立。
首任大队长陈中坚，党代表副大队长郑少康。图
为大队部旧址"五圣宫"。

1943年，南番中顺游击区指挥部（中区纵队前身）
成立旧址——顺德路尾围。

1944年10月，中区纵队（珠江纵队、广东人民抗日解放军两部的前身）成立旧址（暨日后的珠江纵队成立旧址①）——中山五桂山古氏宗祠原址。

1944年11月，广东人民抗日游击队中区纵队（珠江纵队前身）领导机关驻地旧址——鹤山云乡圩云清楼。

3．南路人民抗日解放军

　　1944年8月，南路特委在遂溪老马村发动抗日武装起义，组建了党直接领导的第一支南路地区抗日武装大队——雷州人民抗日游击大队。1945年1月，南路人民抗日解放军宣布成立。2月，抽调800多兵力组成主力部队，西进合（浦）灵（山）边区建立根据地。3月，艰难开辟了遂廉边抗日根据地。南路人民抗日解放军共3000多人（未入编的地方游击队约4000人），与日、伪、顽军作战100多次，开辟了约2000平方公里、人口20多万的抗日根据地和游击区。

遂（溪）廉（江）边抗日根据地示意图②
（1945年）

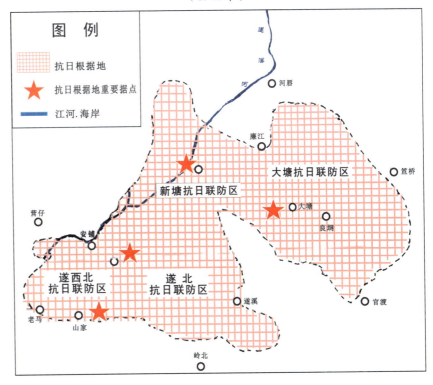

①2020年国务院公布的第三批国家级抗战纪念设施、遗址。
②绘制参考中共湛江市委党史研究室编：《南路人民抗日解放军史》，广东人民出版社1995年版，图片页第15页。

1943年3月，遂溪党组织按照中共雷州特派员陈恩的指示，在遂溪卜巢山组建了雷州地区第一支抗日游击中队。

1944年8月9日，遂溪抗日联防大队在遂溪县老马村宣布成立。大队长马如杰（撤离后由唐才猷担任），政委陈兆荣，全队200多人。（详见第584页）

1945年1月19日，中共南路特委根据广东省临委指示在吴川泮北遗风小学宣布成立南路人民抗日解放军。图为泮北遗风小学（今属湛江市坡头区）旧址。

唐才猷（1917—2019）

广东遂溪人。夜袭日军风朗飞机场的总指挥。曾任湖南省军区副司令员。

1945年，南路人民抗日解放军依靠人民群众里应外合夜袭日军风朗飞机场。图为位于遂溪风朗机场内的军用物资仓库遗址。

陈炳崧（1916—2014）

广东遂溪人。夜袭日军风朗飞机场的指挥者之一。曾任电子工业部第七研究所副所长。

4．广东人民抗日解放军

前身为"中区纵队"的广东人民抗日解放军是粤西、粤中及五邑（侨乡）等老区抗日斗争的主要力量。1945年1月20日成立以来，从几百人发展到1400余人，出击日、伪、顽军15次，共牵制日军兵力5000余人，歼敌200余人，击沉日军运输船2艘，缴获日、伪军武器一批。

广东人民抗日游击队中区纵队活动区域示意图①
（1944年11月—1945年1月）

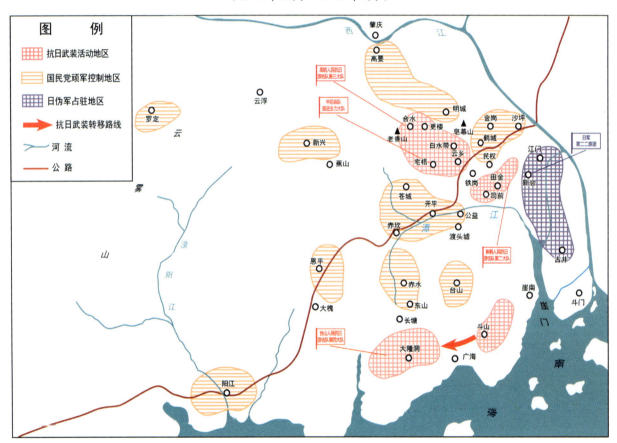

①绘制参考中共江门市委党史研究室编著：《广东人民抗日解放军史》，广东人民出版社1996年版，图片页第8页。

广东人民抗日解放军活动示意图①
（1945年2月—6月）

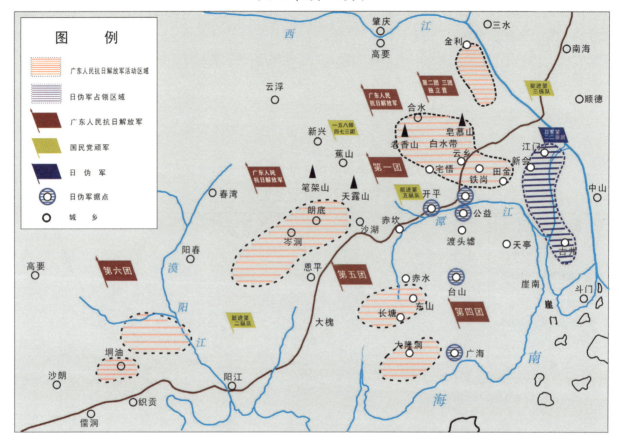

1945年1月20日，广东人民抗日解放军宣布成立旧址——鹤山宅梧靖村余氏大宗祠。

余氏大宗祠后楼门匾（刘田夫题字）

---

① 绘制参考中共江门市委党史研究室编著：《广东人民抗日解放军史》，广东人民出版社1996年版，图片页第9页。

广东人民抗日解放军政治部（1945年1月始）旧址——李氏大宗祠（位于鹤山）

广东人民抗日解放军司令部驻地旧址——励英学校（位于恩平荫底）

5. 潮汕韩江纵队

1939年7月7日，中共潮汕中心县委领导下的潮汕青年抗日游击大队宣布成立。1945年6月，广东人民抗日游击队潮汕韩江纵队（简称"潮汕韩纵"）在普宁县流沙墟宣告成立。总兵力发展至2000余人，对敌作战100多次，歼敌1800多人，缴获各种枪炮1000多件，弹药、物资数批。

抗日战争时期潮汕韩江纵队活动地域示意图①

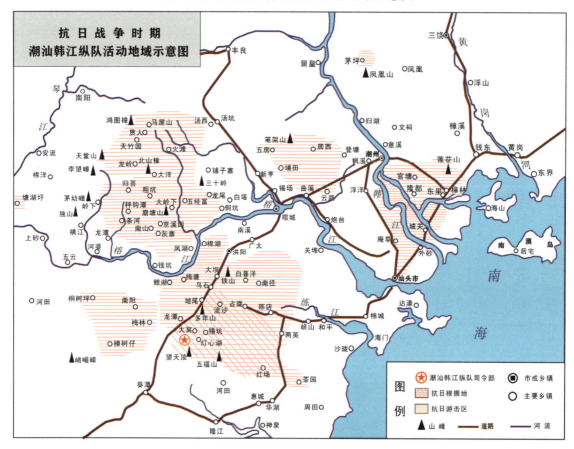

1945年3月9日，潮汕人民抗日游击队（"潮汕韩纵"前身）在普宁白暮洋村正式宣告成立。图为成立旧址。

位于普宁大南山锡坑大窝村的韩江纵队司令部旧址

---

① 绘制参考中共汕头市委党史研究室、中共梅州市委党史研究室编著：《韩江纵队史》，广东人民出版社1995年版，图片页第18页。

6. 梅埔韩江纵队

活动于广东省东北部的梅州地区和福建省南部漳州地区的梅埔韩江纵队（简称"梅埔韩纵"），于1945年2月在福建平和县长乐乡大科山寮宣布成立，总兵力约200人。

梅埔韩江纵队活动区域图①

（1945年2月—6月）

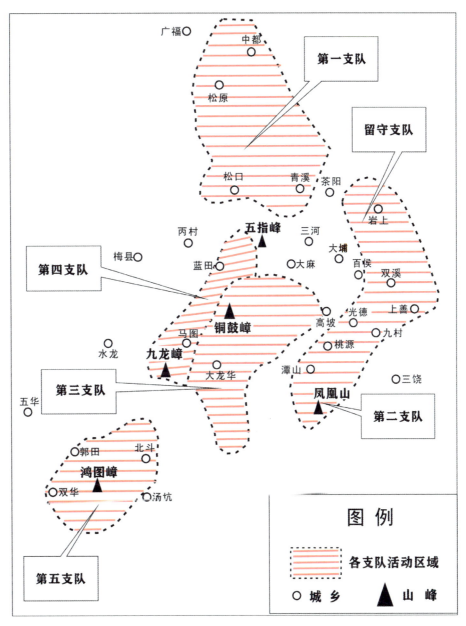

① 绘制参考中共汕头市委党史研究室、中共梅州市委党史研究室编著：《韩江纵队史》，广东人民出版社1995年版，图片页第19页。

1945年6月，"梅埔韩纵"第一支队在大埔茶阳郑石寮成立。

李碧山（1912—1981）①
又名李班，越南籍。梅埔韩江纵队负责人。

"梅埔韩纵"活动地之一福建平和县长乐北村

二、全民抗战的部分典型战例

面对日、伪、顽、匪军的不断碾压，在夹缝中生存的广东抗日武装，紧紧依靠敌后发动起来的革命群众，动员地方民众武器精良的自卫队，团结一切可以团结的力量，包括国民党进步力量的武装组织，利用广东独特的地理环境，开展了敌后全民抗战的武装斗争。

① 抗战胜利后，李班返回越南工作。20世纪70年代前后，曾任越南民主共和国外贸部副部长。

1. 百花洞围歼战（"全民抗战"的战例）

1941年6月11日，日军400余人奔袭东莞大岭山的敌后抗日根据地，行至百花洞附近遇到广东人民抗日游击队（东纵前身）顽强阻击。附近的太公岭、大塘、大沙等乡的民众抗日自卫队约1000多人，先后闻讯赶来自发地投入战斗，将日军团团包围。各村群众听说包围了日军，也纷纷拿起木棒、锄头、尖头扁担登上各山头摇旗呐喊、敲锣打鼓、助战声援。枪炮声、手雷声、呐喊声、锣鼓声、鞭炮声响彻山谷、震天动地。日军不知虚实，不敢冒然行动，唯有龟缩待援。战斗持续了两天一夜，游击队击毙日军长濑大队长[1]，毙伤日军50多人。日军出动飞机空投物资及近1000人前来驰援，残部方得仓皇逃窜。

"战争的伟力之最深厚的根源存在于民众之中。"此战，根据地百姓、松散个体民兵、民办半脱产的民众联防自卫队武装、中共抗日游击队（包括归侨）等多位一体共同作战，充分显示了人民战争的强大威力，沉重地打击了日军的嚣张气焰，极大地鼓舞了初创的大岭山游击根据地及周边地区民众抗战到底的高昂士气，被华南日军头目称为"进军华南以来最丢脸的一仗"。

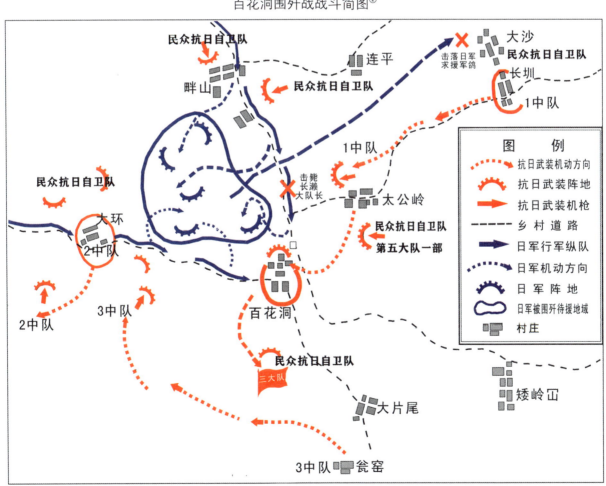

百花洞围歼战战斗简图[2]

---

① 击毙日军长濑大队长以及击落日军求援军鸽的位置，简图中"×"旁有文字说明。
② 绘制参考东莞党史研究室编著：《不能忘却的硝烟》，中共党史出版社2015年版，第72页。

参加百花洞围歼战的部分归侨侨属

1. 马来亚共产党党员、归侨：黄志强（烈士）[①]、刘荫（牺牲）、陈耀光（牺牲）等。
2. 马来西亚归侨：颜金榜（牺牲）等。
3. 泰国归侨：张兴（当场牺牲）、杨仰仁（牺牲）、陈廷禹（牺牲）等。

曾 生

澳大利亚侨裔（华侨将军）

韩藻光

马来亚归侨

四位来自泰国的归侨，左起：林文虎、陈一民、吴提祥（吴毅）、郑伟灵。祖籍分别是广东普宁、潮阳、梅县、潮阳。

① 华南游击队东江纵队东莞大队大队长张英组织队伍抗日时使用的步管枪。

1938年1月，中共党员张英（右图）以军事教官公开身份，奉命到东莞大岭山区秘密发展党员恢复党组织，发动群众，训练壮丁，组织民众抗日自卫队，为日后创建大岭山根据地，初步打下了基础。1941年在百花洞围歼战中，三倍于部队的抗日联防自卫队（当地民众武装）抬着重机枪和土枪土炮从四面八方闻讯赶来，倚仗熟悉的地形，纷纷抢占制高点以合围日军，发挥了重要作用。左图为张英组织抗日武装，训练壮丁时使用过的步枪（现收藏于北京中国人民革命军事博物馆并于二楼西一厅展出）。

① 黄志强是2015年民政部公布的第二批国家级著名抗日英烈。

2. 西海大捷（"水乡游击战"的范例）

顺德西海村是著名的水乡，江河、水道、河汊、湖泊、鱼塘、湿地、沟渠、水田、蔗竹、葵树、蕉林、果木星罗棋布，是珠江三角洲典型的水网地带，地形非常复杂，有利于开展水乡游击战。1941年10月17日，伪军2000多人进犯西海，而抗日武装兵力仅约250人。西海游击基地军民拆分成若干个机动战斗小分队，每个小分队配以数十个熟悉地形的民兵和青年妇女，借助西海复杂的地形和数个炮楼，采用灵活的游击战术，诱敌深入，敌人不熟悉地形，伪军犹如进了迷宫，进退两难找不到方向，从而深陷泥潭被动挨打。抗日军民以歼敌近500人，缴获轻机枪5挺、长短枪450余支的战绩而取胜。西海大捷，创下了珠江三角洲地区抗日武装以少胜多的战例，充分发挥了人民战争汪洋大海的威力。

左图：西海大捷战场之一——涌口的南炮楼遗址。右图：西海大捷中缴获的伪军部分武器弹药。

林锴云（1894—1970）

广东新会人。参加过香港海员大罢工、省港大罢工。曾任广东人民抗日游击队珠江纵队司令员，中国人民解放军两广纵队副政委。新中国成立后曾任广东省副省长。

《西行漫记》封面人物（摄影者斯诺），是延安派来的长征干部、开国少将谢立全。

刘向东（1906—1984）

广东揭阳人。曾任珠江纵队政治部主任。新中国成立后，曾任国家建委燃料局局长。

"西海大捷"最高指挥官为林锴云、谢立全、刘向东。

3. 钩镰岭战斗（"国共合作"的战例）

1944年11月23日，中共吴（川）廉（江）边特派员黄景文率队截击100多日、伪军，于钩镰岭激战，国民党原十九路军将领、第四战区中将参议张炎指令少将参议詹式邦率警备第五大队增援，共同对日作战。此战毙敌"中村"分队长以下的日军10多人。这是抗日民族统一战线、国共合作共同抗日的典型战例。这个胜利鼓舞了各阶层民众，推动了廉、化、吴、梅前线地区人民武装力量的发展。

钩镰岭战斗遗址。位于现廉江市良垌镇湍流村。

张炎（左图）是国民革命军第十九路军中将，因积极与共产党合作抗日，于1945年4月被蒋介石密令暗杀。1958年被人民政府追认为革命烈士。黄埔海军学校毕业后的黄景文（右图）留任教官。新中国成立后，曾任哈尔滨军事工程学院海军工程系主任。

4. 大槐顶伏击战（"兵民胜本"的战例）

大槐顶伏击战是广东人民抗日解放军[①]对日军作战规模最大的一次战斗。1945年夏，广东人民抗日解放军到达广（州）湛（江）公路地段后，立即着手准备伏击沿线过境的日军。主力一团政委关海带领民运队员，为当地民众修理房屋、柴房、门窗，并挑水、打柴等。军民互动的同时也得到了当地党组织和人民群众的大力支持，他们主动给部队让出房子，帮部队挑水、送米、送菜，抗日解放军指战员深受鼓舞，个个斗志昂扬。此战取得毙、伤日军各30多人的战果，不仅打击了日军的嚣张气焰，扩大了抗日解放军的影响，而且震动了沿线各县，极大地鼓舞了当地人民群众奋起抗击日军的斗志。

> 兵民是胜利之本。
> ——毛泽东

毛泽东在《论持久战》一文中指出："兵民是胜利之本。"[②]

关　海（1922—2018）

广东开平人。广东人民抗日解放军主力一团政委。新中国成立后曾任广东省统计局副局长。

大槐顶伏击战遗址（位于今恩平市大槐镇境内）

[①] 广东人民抗日解放军是广东七支抗日纵队之一。大槐顶伏击战最高指挥官为代司令员谢立全。
[②] 《毛泽东选集》第2卷，人民出版社1991年版，第509页。

2. 营救站点（"陆路交通"站点）

铜锣湾"海上中转站"

　　九龙失陷前逃到港岛避难的被营救者，接到八路军驻港办事处通知的大部分人先在多个临时集中点汇合，打扮成难民，傍晚时分由东江游击队的交通员引领，混在其他难民当中，走街串巷避开日军岗哨和检查站，到铜锣湾避风塘码头，登上由梅州籍老乡、义顺源货栈廖安祥利用同乡会人脉关系冒险安排的大驳船上集中。翌日凌晨，陆续抵达铜锣湾"海上中转站"待渡的文化界人士，由交通员带领分别改乘几只带有草席篷的小艇，趁着铜锣湾船只出口处巡逻日军换岗的机会，利用夜色的掩护，奋力疾驶"偷渡"至九龙，于深夜抵达旺角通菜街的秘密接待点。①

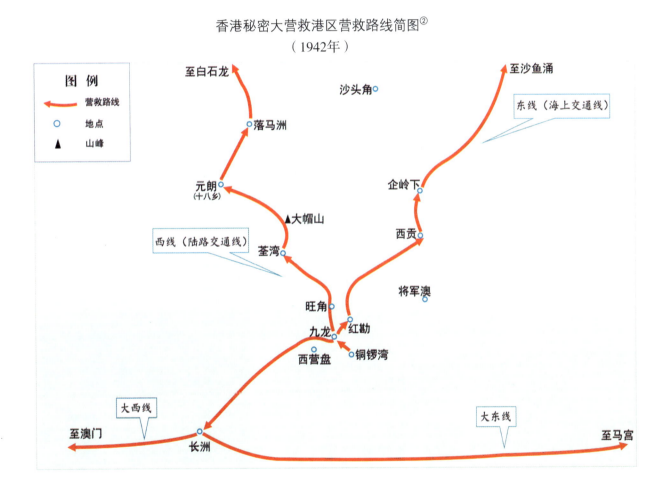

香港秘密大营救港区营救路线简图②
（1942年）

---

①《东江纵队志》编委会编著：《东江纵队志》，解放军出版社2003年版，第137页。
②绘制参考中共广东省委党史研究室、广州地区老游击战士联谊会编著：《东江纵队图文集》，中共党史出版社、广州出版社2015年版，第139页。

廖安祥（1907—1997）

广东梅县人。香港秘密大营救第一道险关闯关功臣，香港爱国商人。人称"梅州大侠"。

香港解放前的港湾

东江纵队（前身）的几个武工队已在九龙半岛和新界建立了两条最重要的交通线。一条是西线，自九龙市区秘密接待点始，走青山道经荃湾、元朗中转站经落马洲越过深圳河（港深分界线）进入宝安白石龙东江游击基地的陆路交通线。另一条是东线，自九龙市区秘密接待点起，经牛池湾到西贡企岭下改乘船，穿过大鹏湾，于沙鱼涌等地，登陆转往宝安或惠阳的海上交通线。

为了保障文化界人士和爱国民主人士从陆路转移到东江游击区的安全，曾生、王作尧指挥新界的游击队，将沿途分为四段分别担负警戒任务。第一，九龙市区到荃湾一路，由黄高阳的短枪队负责。第二，荃湾至元朗十八乡一路，由林冲带一个排负责。第三，大帽山至落马洲港深分界线（深圳河）一路，由曾鸿文、钟清的短枪队负责。第四，过了深圳河进入东江游击区直至白石龙村一路，则先由第五大队后由宝安大队大队部派警卫班分驻几个点负责警戒。

香港新界元朗十八乡大棠村杨家祠是东江游击队的重要交通站。香港秘密大营救期间很多文化界人士经此中转站前往东江游击区。图为香港元朗大棠村杨家祠。

白石龙点

先后进入宝安游击基地的被营救文化界人士和爱国民主人士，受到了东江游击队领导人林平、曾生、王作尧、杨康华等的热烈欢迎。他们被安置在白石龙村后密林中，暂住在游击区村民临时搭建的茅寮里。游击队安排食宿，送医送药，热情周到，关怀备至。文化界人士也主动热情地给部队指战员上文化课，讲授哲学、政治经济学等马列主义理论，教唱抗日歌曲，传授漫画创作、舞台艺术和表演基本知识等，使东江纵队指战员开阔了视野，增长了知识，鼓舞了斗志。

陆路营救路线跨过深圳河进入宝安游击区的第一站——白石龙村

坐落在白石龙村的秘密大营救纪念馆院内，曾按原样1∶1搭建的茅寮模型。

白石龙村天主教堂。文化界人士曾在此为游击队战士上文化课。

蓝造，广东惠阳人。新中国成立后，任武汉军区司令部作战部部长。

惠阳县秋长区茶园村是接待文化人士的一个交通站，从茶园到惠州的护送工作由中共惠阳区区委书记蓝造负责。图为茶园村榴兆楼。

粤港地区营救文化名人交通路线图①（1942年1月开始）

① 绘制参考中共广东省委党史研究室、广州地区老游击战士联谊会编著：《东江纵队图文集》，中共党史出版社、广州出版社2015年版，第138页。

东湖旅店

中共东江前线特委组织部长卢伟如和梁华区区委书记陈永，在惠州开设了一家商贸公司作为掩护，并租下城内的东湖旅店二楼等多处地点，作为被营救者的秘密接待站。廖承志、连贯商定拨出3万元给前台老板"港商"廖安祥，掩护后台大老板东江纵队的卢伟如，合作开设"源吉行"经营轮胎、棉纱等生意，以解决被营救者的接待开销。

卢伟如（1919—1985）

广东惠阳人。源吉行后台老板，大营救功臣之一，时任中共东江前线特委组织部部长。新中国成立后曾任中国人民解放军炮兵副司令员，原广州军区副政委。

"东湖旅店"是秘密大营救水、陆两条线的重要汇聚点，茅盾等被营救的名人都在这里落脚。

为掩护卢伟如，亚洲贸易（集团）公司创始人廖安祥出任源吉行前台老板。图为廖安祥100周年诞辰，外交部、亚洲贸易（集团）公司向坐落在梅县丙村中学内的廖安祥雕像敬献花篮。

老隆站点

连贯坐镇老隆镇，住在与地下党有密切联系的"义孚行"和香港汽车材料行，亲自组织领导以梁威林为书记的中共东江后方特委（简称"后东特委"）将秘密转移至此的文化界人士接力转往抗战大后方。在胡一声、郑展等人的协助下，在上海党组织的缜密配合下，将邹韬奋安全护送到苏北解放区。从惠州经老隆转韶关及大后方沿途，国民党关卡林立，满布宪兵、军警、特务，文化人士随时有被捕危险。后东特委通过国民党某司令部购买了几百张香港难民证（通行证）分发给文化界人士，使他们得以顺利通过关卡检查。

龙川县老隆的"福建会馆"旧址。被营救的香港文化界人士途经龙川的一个中转站。

连贯（1906—1991）

广东大埔人。八路军驻港办事处负责人之一、大营救老隆站负责人。新中国成立后曾任中联部副部长。

梁威林（1911—2008）

广西博白人。曾任中共后东特委书记，后东特委利用国民党的走私汽车护送被营救人员安抵韶关。新中国成立后，任广东省副省长、省政协主席等职。

澳门站点

　　中共地下党员巢湘玲、柯麟、黄健等参与了护送文化界人士经香港长洲岛前往澳门转往桂林的工作。他们依靠长洲、澳门等地的群众支持，圆满地完成了接应任务。

巢湘玲（1922—2020）

香港出生

黄　健（1906—1982）

广东香山人。新中国成立后，任暨南大学办公室主任。

柯　麟（1901—1991）

原籍广东海丰。澳门镜湖医院负责人。1928年参加中央特科工作。新中国成立后，首任中山医学院院长兼党委书记，卫生部顾问。

澳门中转点——澳门镜湖医院。柯麟为第一任院长。

3. 部分被营救者

日军在香港青山道沿途设岗盘查过往的路人。执行掩护任务的游击队员与文化人一起化装成难民，混在回乡客中逃离险境。

反映广东人民抗日游击队营救茅盾、邹韬奋等文化人到达游击区场景的木刻作品《晓风残月》（作者：蔡迪支、许钦松）。

邹韬奋在梅县畲坑江头村的隐蔽点"作庐"

邹韬奋题字（参见第632页）

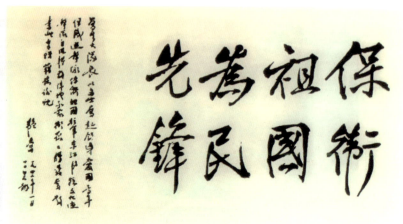

国民党元老（左派）何香凝、文化界名人柳亚子经海路被营救出香港，于广东海丰登陆后停留的第一个隐蔽点——红草新村。

高士其（左）和护送他的黄秋耘（右）

部分被营救的文化界人士名单①

何香凝	柳亚子	茅　盾	邹韬奋	夏　衍	胡　绳	戈宝权
张友渔	黎　澍	沈志远	刘清扬	胡仲持	胡　风	千家驹
萨空了	廖沫沙	任白戈	宋之的	于毅夫	金仲华	范长江
叶籁士	恽逸群	吴全衡	袁水拍	蔡楚生	司徒慧敏	叶以群
张铁生	韩幽桐	沈兹九	杨　刚	吴在东	徐伯昕	胡耐秋
特　伟	端木蕻良	杨东尊	王　莹	许幸之	胡　考	盛家伦
俞颂华	成庆生	叶　方	于　伶	凤　子	舒　强	葛一虹
黄药眠	沙千里	华　嘉	司马文森	沈粹缜	殷国秀	沙　蒙
羊　枣	丁　聪	周钢鸣	叶浅予	章　泯	戴英浪	金　山
张明养	郁　风	梁若尘	梁漱溟	孔德沚	邓文田	邓文钊
陈汝棠	李伯球	赵树泰	李　枫	蓝　马	胡　蝶	

　　此外还帮助美、印、荷、比、苏、菲、挪、丹等国侨民和国民党高官、家眷以及被日军囚禁于集中营的近百名国际友人虎口脱险。

---

① 《东江纵队志》编委会编著：《东江纵队志》，解放军出版社2003年版，第139页。

4. 纪念碑、纪念馆

香港秘密大营救，规模之大，历时之久，行程之远，涉及面之广，被营救人之多是罕见的。这一壮举，蜚声海外，世人称颂。

香港秘密大营救纪念碑"胜利大营救"，坐落在深圳宝安阳台山（抗日根据地）森林公园内，由被营救者邹韬奋之子、被营救者邹家华题字。

国务院2015年公布的第二批国家级抗战纪念设施、遗址——中国文化名人大营救纪念馆（位于今深圳市龙华白石龙社区）。

第四节
广东敌后抗日根据地及民主政权

　　"战争的伟力之最深厚的根源，存在于民众之中。"党领导的华南人民抗日游击队在日本侵略军占领的广大地区内，广泛发动、组织和武装群众，开展游击战争，组织抗日政权，使这些地区成为坚持敌后抗战的根据地。党对根据地的政治、经济、军事、文化等方面实行了一系列方针政策，使其各项事业得到发展。根据地为抗日武装提供了人力、财力、物力支持，成为华南游击队赖以生存和发展的基础，为夺取华南地区的抗战胜利发挥了重要作用。

一、敌后抗日根据地

　　华南各抗日纵队先后创建了东江、珠江、北江、西江、韩江流域以及琼崖、南路、粤中等区域内的敌后抗日根据地和游击区，面积约97000平方公里，人口1000多万人。

大岭山根据地，位于东莞县的西南部，面积900多平方公里。大岭山地势险要，具有控制广九铁路，莞、太公路的战略地位。上下坪会议①后，东江游击队于1940年10月初挺进大岭山区，初创大岭山根据地。

---

① 上下坪会议是1940年9月，中共前东特委书记林平在宝安县布吉乡上下坪村主持召开东江抗日游击队干部会议。会议在总结经验教训的基础上，确定游击队今后开展敌后游击战争，建立抗日根据地的基本方针。

阳台山根据地，位于宝安县西部，面积约700平方公里，东靠广九铁路塘深段，西临宝（安）太（平）公路至珠江口，南接宝（安）深（圳）公路，北连大岭山区。上下坪会议后，恢复敌后抗日游击战，1940年10月初创以阳台山为中心的抗日根据地。

五桂山根据地，初创于1941年10月。地处珠三角中心地带，纵横113平方公里，山脉蜿蜒、坑谷深邃，与珠江口东岸的大岭山、阳台山根据地共同扼守珠江口。

罗浮山根据地，创建于1944年秋。离博罗县城35公里，与增城、龙门两县接壤，方圆260平方公里，南控广九铁路北段，山势险峻，易守难攻。

皂幕山游击基地，1945年创建。最高峰海拔800多米，位于鹤山县西南部宅梧乡。周围群山连绵起伏，与高明县的老香山相连，方圆几十公里，地理位置十分险要，具有极佳的抗战战略地理位置。

1944年，根据抗日战争形势的发展，中共中央制定了"巩固华北、华中，发展华南"的方针，在粤北湘南创建五岭根据地。为此，中央派出以八路军三五九旅为主力共4000余人的南下支队即"两王部队"（王震、王首道部队）作为第一梯队，于1944年11月9日从延安出发火速南下广东。同时，一再要求华南游击队主要领导率领主力部队火速挺进粤北，迎接中央两王部队，合力打造以五岭为中心的华南"战略根据地"，使其与华北、华中根据地南北呼应，力求连成一片。

创建五岭根据地

华南抗日游击队初创五岭"战略根据地"。图为《中央军委关于创造湘粤赣桂边根据地给广东区党委的指示》电文（截图于《东江纵队志》）。

全国抗日民主根据地分布示意图①
（抗日战争时期）

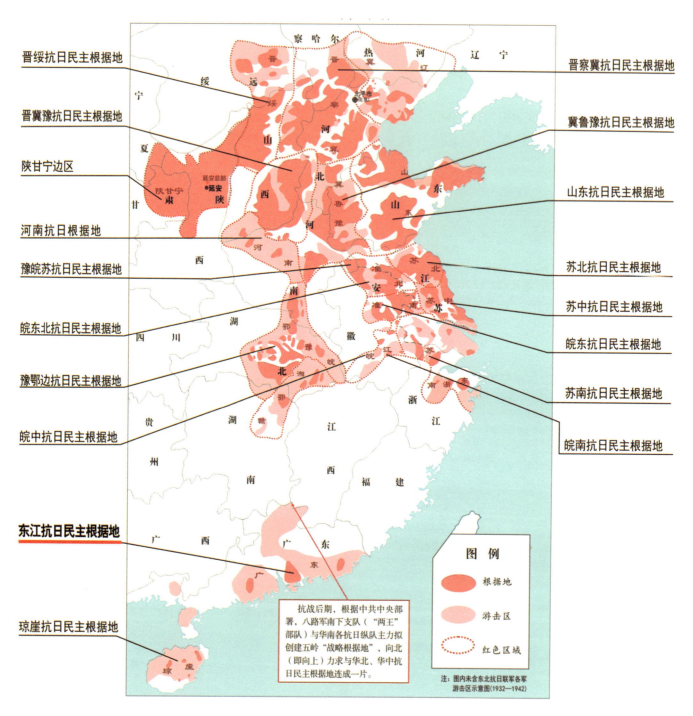

晋绥抗日民主根据地

晋冀豫抗日民主根据地

陕甘宁边区

河南抗日根据地

豫皖苏抗日民主根据地

皖东北抗日民主根据地

豫鄂边抗日民主根据地

皖中抗日民主根据地

东江抗日民主根据地

琼崖抗日民主根据地

晋察冀抗日民主根据地

冀鲁豫抗日民主根据地

山东抗日民主根据地

苏北抗日民主根据地

苏中抗日民主根据地

皖东抗日民主根据地

苏南抗日民主根据地

皖南抗日民主根据地

抗战后期，根据中共中央部署，八路军南下支队（"两王"部队）与华南各抗日纵队主力拟创建五岭"战略根据地"，向北（即向上）力求与华北、华中抗日民主根据地连成一片。

图 例

根据地

游击区

红色区域

注：图内未含东北抗日联军各军游击区示意图（1932—1942）

① 绘制参考中国老区建设画报社编：《光荣与梦想——中国革命根据地历史图集》，中共党史出版社2019年版，第135页。

二、抗日民主政权的创建

　　在广东党组织的领导下，各敌后抗日根据地建立了三三制[①]的民主政府，根据本辖区的实际情况，制定和颁布了各自的施政纲领，开展了减租减息运动。普遍建立了抗日自卫队、农抗会、青抗会、妇救会、儿童团、生产救济会等群众组织，组织民兵支援前线。领导群众恢复和大力发展生产，建设文化教育事业，举办学校、夜校、识字班，活跃群众的文化生活，积极开展统一战线等各项工作。为动员民众参军入党，参政议政，为支援部队抗战，争取抗战的胜利提供了有力的支撑。

1. 抗日民主政府

　　党领导华南地区军民开展敌后抗日游击战争，开辟、扩大根据地的同时，各地抗日民主政权也相继成立。

惠阳县第二区（淡水）行政委员会旧址——淡水祖庙背街内。1938年12月，在淡水祖庙召集有500多人参加的群众大会，成立了惠阳县第二区临时行政委员会。这是广东抗日民主建政的先声。

严尚民（1915—1997）

广东惠阳人。1938年12月任惠阳县第二区临时行政委员会主任。新中国成立后任广东省政府驻港澳办事处主任，粤海集团公司董事长。

　　[①] 三三制是抗战时期于根据地建立的抗日民主政权在人员组成上采取的制度，是中国共产党的抗日民族统一战线政策的具体体现。根据三三制的规定，在政权机构和民意机关的人员名额分配上，代表工人阶级和贫农的共产党员、代表和联系广大小资产阶级的非党左派进步分子和代表中等资产阶级、开明绅士的中间分子各占三分之一。

1944年7月，在宝安县松岗镇燕村口成立了广东首个县级抗日民主政权——东宝行政督导处。该政权管辖广九铁路以西东莞、宝安10个行政区，全区60多万人口。图为东宝行政督导处旧址——陈氏宗祠。

谭天度（1893—1999）

广东高明人。广东建党元老——"革命三谭"之一。首任东宝行政督导处主任。东江纵队惠阳大队政委。新中国成立后任广东省政协副主席。

谭植棠（1893—1952）

广东高明人。广东建党元老——"革命三谭"之一。1944年底出任东宝行政督导处财经科长。新中国成立后任广东西江行政专署工商科科长。

1945年4月，路东抗日根据地成立县级抗日民主政府——路东行政委员会，下设文教、民政、军事、财政等科，下辖六个区和一个特别区。图为成立旧址。

叶锋（1916—2014）

广东惠阳人。首任路东行政委员会主席。新中国成立后任中共港澳工委副书记、新华社香港分社副社长。

路东行政委员会大鹏区南平乡人民政府印

练 铁（1910—1992）

广东惠东人。首任惠东行政督导处主任。

1945年4月，惠东行政督导处成立。图为办公旧址（今惠东苏茅垅）。

韩继元（1920—不详）

广东博罗人。博罗县抗日民主政府县长。

1945年7月博罗县抗日民主政府成立旧址（位于湖镇显岗凤安围内）

1945年7月，北江东岸抗日动员委员会（县级抗日民主政府）成立。成立旧址位于英德大镇。

1945年7月，海丰县抗日民主政府成立旧址。

1944年10月，中山县行政督导处在中山合水口村成立。图为成立旧址。

叶向荣（1916—2009）

原籍广东中山，出生于澳门。首任中山县行政督导处主任。新中国成立后曾任中共广东省委计委副主任。

1945年3月番禺行政督导处（县级抗日民主政府）在番禺钟村成立。图为成立旧址。

徐 云（1915—1985）

祖籍江苏。首任番禺行政督导处主任。新中国成立后，曾任广东省政协副秘书长。

1944年，东宝行政督导处新二区区政府成立。旧址位于东莞大岭山根据地中心区。

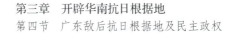

路东新一区人民政府旧址（左图）。区长赖仲元（右图）不徇私情，秉公办事，带领200多名农抗会员到自家搬运谷子，并积极推动各乡民众开展减租减息工作。新中国成立后任广东省科学技术委员会副主任。

1944年8月，遂北抗日联防委员会在遂溪陈屋村俊秀公祠成立。图为成立旧址。

1944年12月，新会十区人民抗日行政委员会在新会司前成立。图为成立旧址。

1945年2月，南路地区第一个公开的抗日民主政权——遂溪西北区抗日民主政府在今界炮镇山家新村子超公祠成立。图为成立旧址。

1945年3月，新塘抗日联防区委会在廉江新塘村成立。图为成立旧址。

1945年5月，大塘抗日联防区委会在廉江大塘村成立。图为成立旧址。

1945年，香港新界沙头角区的南涌、鹿颈等12个村建立了第一个抗日民主联合乡政府。同年夏天，又在沙头角区成立了第二个抗日民主乡政权，管辖范围包括乌蛟腾10多个村庄。图为香港新界沙头角区乌蛟腾村远景。

1945年7月成立的普宁县流沙区抗日民主政府。图为当时举行代表大会的流沙教堂旧址。

中共三罗组织革命活动旧址——荣昌堂（位于云浮云安都杨六合村委替寺村）。抗日战争时期，云北四乡抗日联防办事处、中共云北区委先后在此成立。

2. 参政议政

1945年4月，广九铁路以东（简称"路东"）解放区在各区已成立民主政权的基础上，于惠阳县永湖麻溪召开首届参议会，协商选举69名参议员组成路东参议会、9名行政委员组成路东行政委员会。惠（阳）淡（水）公路公司董事长彭东海（无党派人士）当选为参议长，张光昌、张持平为副参议长；叶锋当选为行政委员会主席。行政委员会管辖地区为广九铁路以东，东江以南，淡水河以西，南至大鹏湾（包括现今惠州市、深圳市龙岗区大部分地区和九龙新界部分地区），划分为六个行政区和一个特别行政区，人口约48万。

彭东海（1897—1975）

广东深圳人。无党派人士。首任路东参议会参议长。

路东首届参议会参议长彭东海故居

东江解放区路东第一届参议会议大会通过的提案

中山抗日民主政权先行试点——五桂山区战时联乡办事处施政要则草案

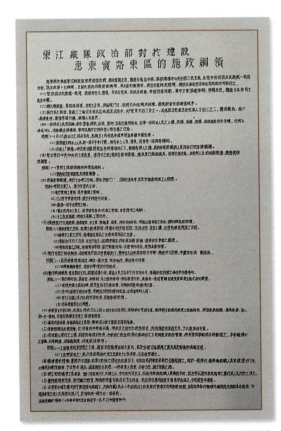

《东江纵队政治部对于建设惠东宝路东区的施政纲领》

饶彰风秘书长对施政纲领解释（节录）

（一九四五年四月二十五日在东江
解放区第一届参议会上）

......

第八条是关于实行合理税收问题。在税收问题上，各方面有很多意见。我认为税收是要求人民来支持的，但不能太多或太少，应实行合理的税收，大家合理的来负担抗日经费。因为抗日是全民的事情，田赋、抗日公粮、营业税、出入口税，统一累进税等等问题，参议员可以详细讨论。部队不能任意或临时增加，政府也无权随便增加税收。同时，参议会应确定政府的收入支出，并力求做到统筹统支。

第十二条是关于普遍组织生产救济会的问题。华侨在本区甚多，我们应设法救济。在粮荒时，对贫苦人民也应发动救济，对难民应予以适当安置。在今天调剂各地生产品，也是非常重要的事情。过去稔山经过白茫花到坪山的盐一担可以换两担谷，我们可以发动运输队有组织的进行，因为这样可以帮助物资流通，便利民众。我们可以用常备队来进行这件事，以部队队员轮流充任运输队，既可以部份解决部队生活经费，以得到劳动与武装配合训练，又可以减轻人民负担。在接近敌占区铁路线沿海一带人民，我们更应多予救济。

东江纵队政治部秘书长饶彰风对施政纲领解释（节录）

3. 减租减息

减租减息是中国共产党建设抗日民主根据地十大政策之一。中共中央于1942年1月28日发布了《关于抗日根据地土地政策的决定》，决定在抗日根据地停止实行没收地主土地的政策，实行减租减息的政策。这一政策的基本出发点是为满足农民一定的民主民生要求，充分调动广大农民抗日生产的积极性。同时也是为了通过积极主动的让步，争取地主阶级参加抗日。

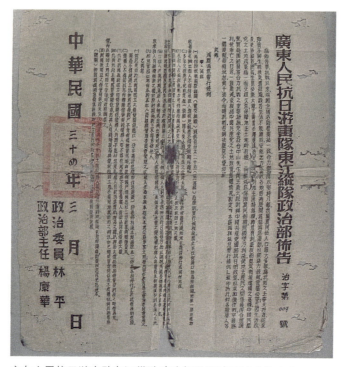

广东人民抗日游击队东江纵队政治部关于减租减息的布告

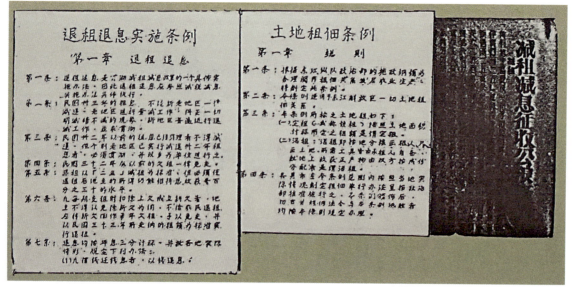

开展减租减息运动。图为抗日民主政府颁布的《退租退息实施条例》《土地租佃条例》和《减租减息征收公粮条例》。

征收抗日公粮与田赋暂行条例

（一九四五年三月九日）

东江纵队政治部

（一）抗日公粮与田赋征收总额为土地出产总收获量的百分之九，公粮占百分之四，由地主与佃农平均负担，田赋占百分之五由地主负担，其征收办法，在交租前由耕者手中一次缴纳之。

（二）凡属自耕农、自耕土地者，公粮与田赋统一征收，其征收额为土地出产总收获量百分之六。

（三）凡接敌区，地主与农民有两面负担者，公粮与田赋减半征收。

（四）凡被灾（包括天灾人祸与战争）的乡村，应按其损害的程度，依具体情形予以免征或减征。

（五）凡属种杂粮的土地亦须征收公粮与田赋，其征收办法，将杂粮产量由时价折成谷量为标准进行征收。

（六）凡鳏寡孤独、残废、赤贫及抗日军人家属立即向政府登记，政府分别实际情形予以帮助。

附：抗日公粮与田赋缴纳办法一表，可供参考：

东江纵队政治部关于征收抗日公粮与田赋的暂行条例

（以收获量100斤为例）

地主实收	20	25	30	31.5	32	34	36	37.5	38.5	39
农民所得	80	75	70	68.5	68	66	64	62.5	61.5	61
应纳公粮	4	4	4	4	4	4	4	4	4	4
地主纳	0.8	1	1.2	1.3	1.3	1.4	1.4	1.5	1.5	1.6
农民纳	3.2	3	2.8	2.7	2.7	2.6	2.6	2.5	2.5	2.4
应纳田赋	5	5	5	5	5	5	5	5	5	5
地主纳	5.8	6	6.2	6.3	6.3	6.4	6.4	6.5	6.5	6.6
农民纳	3.2	3	2.8	2.7	2.7	2.6	2.6	2.5	2.5	2.4
总　纳	9	9	9	9	9	9	9	9	9	9

此表只供征粮工作队同志参考，如地主能一律在每百斤收获量中缴纳7斤则手续更简单，农民负担也轻些。

附：减租实施条例

（一）本条例依据前所颁布之"二五"减租原则具体规定如下：

（以收获量100斤为例）

地主原来收入	35	40	45	50	55	60	65	70
应减租的比率	10%	20%	25%	25%	30%	40%	40%	45%
实减租额	3.5	8	19	12.5	16.5	24	26	31.5
地主实收	31.5	32	34	37.5	38.5	36	39.5	38.5
农民所得	68.5	68	66	62.5	61.5	64	61	61.5

东江纵队政治部关于征收抗日公粮与田赋的暂行条例的附表

4．财税工作

华南抗日游击队建队初期，经济来源和粮食供应，小部分靠地方党组织于当地筹措，大部分经费物资来源依靠广大侨胞侨眷和港澳同胞的捐款捐物。但由于顽军的"碾压"和经济封锁以及日、伪军的疯狂进攻和"扫荡"，尤其是香港沦陷、太平洋战争爆发后，华南敌后抗日民主根据地的财政经济面临极为严重的困难。为了战胜困难，坚持抗战，华南各根据地和游击区除了自己动手发展生产之外，还加大了税收工作力度，征收抗日公粮和田赋税，建立了税务总站、中站和分站三级建制，制定了《解放区征收税率条例》，完善了税收机构和制度。1943年部队的给养几乎100%来自税收。

东江纵队港九大队
一九四三年财经工作总结[1]
（一九四四年二月十二日）

财政经济

1. 上半年总收入：

一、二月 34742 元。

三月份 427556 元。

四月份 629236 元。

五月份 1522301 元。

六月份 2441199 元。

上半年共收入 4666099 元。[2]

2. 每月支出及全年支出：（除出代支项）

一、二月 224645 元。

三月份 332890 元。

四月份 521971 元。

---

① 本文节录自《东江纵队港九大队一九四三年军事工作总结提纲》。"港九大队"原文用代号"肇庆"。

② 上半年收入总数应为 5055034 元。

五虎队一九四四年
上半年经济工作情况

1.每月经济收入及半年总收入(附表4)。
2.每月支出及半年总支出(附表5)。
3.预算决算:本单位一贯来是每月按照时间决算及预算。

五虎队1944半年来经济收支总结统计表

月	收入	金额	支出	金额
			伙食费	1,947,039.50
一 月	军需处来大洋	2,882,700	生活费	53,526
			办公费	17,025
			医药费	55,559
二 月	″	2,796,450	购置费	59,488
			招待费	30,520
三 月	″	4,699,648	情报费	4,618
			宣传费	2,894
			枪油费	3,436
四 月	″	5,561,600	草鞋费	15,248
			补助费	4,005
五 月	″	3,313,360	旅 费	140
			疏散费	3,747
六 月	″	3,906,910	临支费	35,955
			电心费	600
	总 进 款	23,160,668	教育费	12,783
			灯 油	3,030
			损失费	1,206
			生 产	26,134
			学习费	12,430
			印 刷	2,529
			交通运输	12,411
			修理费	2,898
			抚 恤	4,669
			殡葬费	12,953
总支出	23,357,625		进支比对不敷	19,695.70

五虎队1944年上半年经济工作情况

税 站 税 收 总 表

月份	澳头站	小桂站	下冲站	东山站	大鹏站	宫门仔站	每月总结
接上月转							48,694
二月	373,767	134,508	24,585				532,860
三月	176,984	141,361	73,904	57,957			450,208
四月	365,691	72,420	710		32,255		471,076
五月	440,858	14,718		12,989		10,138	478,703
六月	862,938	36,650		14,020		三角站 56,859	470,467
	1,120,382	399,659	99,199	84,968	32,255	66,997	2,403,314
加元月存	48,694					总结	2,452,008

护航大队1944年上半年财经工作情况（3）附表：税站税收总表

护航大队一九四四年
上半年财经工作情况①

(一九四四年)

3.经济管理:

(1)半年来收入及来源如何?

半年来之收入以盐税为最大宗,鱼税次之,杂货进入出口税又次之。计在东海②(海英除外)设有澳头、小桂、大鹏、下涌等税站。三月以后K进迫下涌,该站办遭停顿。四、五、六月盐税又遭受大的打击,杜石山伪府占平海,大肆掠夺,盐[业]停后至今,盐运绝迹(虽然杜石山被消灭),收入锐减,这显示着今后经济的一大危机,如不从速另辟途径,将不堪设想。统计半年税款收入总额约为2,452,005元(一月未计)。

(2)半年来总收支(附表5)

(3)经济制度执行状况:

本队在二月末参队前向无决算预算,因而各种财政经济制度亦无建立。迨参队伊始,始按天山③规定确定各种经费制度收支,系统执行预算决算,并从而实行节约,清算贪污,现稍入正轨。然而由于副官低能,不负责任,前后交代手续未清,上下全体积习难返,内战频仍,数目每因而素乱,核算困难。三、四月份数目现仍在决算中,五月份由于内战动乱,民兵及

友党伙食混淆的分不开,更增加决算困难。

五、六月份由于要负担海英全部经费,而收入又复每况愈下,陷于捉襟掣肘之愁,逐将前存下谷应鉴,始稍可补缺一时。

又由于过去存下物资手续素乱(不一定经过副官部门)间①,或登记不周,取时又不依正手续,各单位预取预携,致使无法确实了解详细数目。自四月以还则进行清查存库物资,直至目前为止仍未能弄妥。

因此,在整个制度上就每每受着诸如此类的影响。四月份另设一个会计,一个管理物资,这虽然补救副官低能的缺陷,但仍无大的好转。

另一方面在经济部门的人员大大的提拔,工作能力也不断的加强,每月的经济人员会议也在进行着。为求克服过去的素乱与越弄越糊涂的现象,今后我们:(1)举办特务长、军士短期训练班,使精通业务。

(2)彻底清理物资清理旧账,组织清算委员会。

(3)关于行政上人事调动。应立即通报副官机关。

(4)无预算决算交来,停发下月经费。

(5)从政治上展开反对不正确经济观念,教育全体。

附:税站税收总进表

①本文节录自《护航大队一九四四年上半年军事工作报告》。原文是用护航大队的代号"平西"。
②指大亚湾。
③东江纵队司令部代号。

①"间"字似是多余的。

护航大队1944年上半年财经工作情况

5. 经济建设

在"发展经济，保障供给，自己动手，丰衣足食"的方针指引下，根据地的军民努力发展生产。由于华南根据地规模不大且分布零散，发展生产虽不能完全实现自给自足，但也实现了对税收工作的补充，为抗战的胜利作出了贡献。

物资补充因由于经济困难，但也由于不注意许多次战斗物资项未取回。物所管理与补充不好，常时遗失，例如竹帽、鞋等，因几次激战，遗失者其数不详。

现时队内已做衣服者仅及三分之二，其他衣服蚊帐等由队内派人自做。

中共广东临委、东江
军政委员会关于财经工作的决定

（一九四四年八月会议通过）

（一）总方针是发展经济，保障供给。

（二）发展经济方面：(1)方针是改善民主，供应部队，防止封建经济抬头，封锁敌人发展，公营生产。力求自给，改善现时制，提出减少人民负担百分之十的口号，发展私人经济，普遍成立生产消费合作社，实行公私兼顾、军民兼顾的发展方向。(2)以农业为主，开展修水利，改良耕作法；其次，为发展手工业，以适应部队及人民需要；再次，为发展海产（渔盐业），发展纱业。(3)发展金融事业，发行生产建设公债，及军用券，但应有一定数量，以物资为基础，成立金融机关与建设机关指导之。(4)发展合作事业，每村、每乡均设一分社，每区设联合社。

（三）民众财政保障供给方面：(1)征收抗日公粮以人口为标准，每人六担以下，不收税。超过此规定标准时，

《中共广东临委、东江军政委员会关于财经工作的决定》（节录）

1944年，南番中顺指挥部成立了经济委员会，林锵云兼任主任，欧初兼任副主任。各部队自力更生自己动手开荒种地。图为华南游击队与民众共同开垦种植的水稻。

中山抗日游击队与开明人士谭兰芬、谭森等人在鸡头角合股经营耕种稻田，每年可收稻谷5万多公斤。图为珠江纵队第一支队在中山崖口沿海一带垦荒种田。

为纪念全面抗战爆发七周年，东莞、惠阳群众发动了献粮、献金、献枪等竞赛活动。惠阳平山群众在会上献谷1500多担，献金10万元，支持子弟兵。图为捐粮的根据地民众。

中山五桂山根据地妇女给游击队送饭的盒箩

东莞大岭山根据地的粮食加工厂旧址

1945年，东纵司令部移至罗浮山，为适应抗日战争发展的需要，兵工厂分作修械厂（位于罗浮山冲虚观司令部附近）。部分人员与司令部参谋处作战科的爆破排合并组成小兵工厂（位于罗浮山黄龙观），专门试制手榴弹、手雷、地雷、燃烧筒等武器。图为罗浮山根据地林氏祠堂——东江纵队兵工厂制造地雷处旧址。

6. 创办医院

治病疗伤是敌后作战的游击队必不可少而又危险的常务工作。华南敌后的医务工作在战火中诞生，一批医务工作者从内地、港澳、南洋各地先后来到部队。1941年八路军驻香港办事处主任廖承志将港澳同胞和海外侨胞捐献的以及宋庆龄募集的一批药物和医疗器材拨给华南游击队，大大改善了部队的医疗条件，医疗站乃至后方医院先后诞生，仅东江纵队除医务所之外还建立了近10多所医院，其中罗浮山的一所后方医院就能同时收治伤员100多名。

中山三乡的西医刘帼超，长期无偿地为五桂山游击队员治病和培训医务人员。

刘帼超在家里专门修建了一座供游击队伤病员隐蔽养伤治病和为女战士分娩育婴用的医务室，借用五桂山根据地的"桂"字给医务室取名为"桂园"。图为被誉为"后方医院"的桂园旧址和石匾。

刘帼超在医院的医药柜

麦雅贞（1920—1998）

广东顺德人。东纵港九
独立大队医护人员。

江培荃（1923—1999）

广东南海人。东江纵队
医护人员。

香港广华医院的麦雅贞、江培荃、冯幕贞等5人携带一批药物和医疗器械参加了华南游击队。

澳门镜湖医院护士学校第11届毕业典礼留影。其中前排左二、左四、左五分别为李铁、曾还、任艳华，她们分别参加了华南游击队。

东莞老区女卫生员
王雅宜（1918—2001）

广东东莞厚街人。将她姐姐的诊所全部药物和医疗器械送给了东莞大岭山抗日根据地医务所。

位于东莞大岭山根据地的医院旧址

中山人民抗日义勇大队卫生站旧址

珠江纵队位于中山三乡大布村的伤兵医疗站

东江纵队医护人员。前左：方演、萧萧，后左：萧韬、李任坚。

东江纵队港九独立大队卫生员。左一为欧坚。

惠民医院前身是1941年5月马烈（马炽昌）在石湾圩镇开办的马炽昌医务所，1943年5月迁至其家乡西埔村北，改名为惠民医院。惠民医院设有内科、外科和妇产科，由诊疗室、药房、住院部和炮楼等共19间房子组成。医院的设备、规模、环境得到很大改善。

马烈夫妇毕业于广州中山大学医学院护校，深受中国共产党革命思想影响，爱国热情强烈。

马烈夫妇以医护职业作掩护，克服医护人员不足、药物缺乏等困难，秘密救治了曾观如等一批广东人民抗日游击队东江纵队伤病员。还冒险为游击队采购许多紧缺药品，有力地支持了抗日武装，使惠民医院成为东江纵队的地下医院和交通联络点。

1945年5月，马烈夫妇携带医院所有的医疗器械和药品，参加了东江纵队。

位于博罗县石湾的惠民医院，院长马烈。

马烈、阮群治夫妇

修旧如旧的惠民医院旧址北门

7. 组织民兵

民兵对抗战的贡献不亚于游击队，华南游击队各纵队编外都有数量众多的民兵队伍，仅东江纵队便可动员民兵1.2万余人。他们不仅可以直接参战，而且是华南游击队武装力量的强大后备军，是游击队扩充队伍的主要兵源。

抗日民主政府在根据地普遍建立了农抗会、妇救会、儿童团，组织民兵参军参战，支援前线。图为当时民兵使用的旗帜。

东宝行政督导处主办的《新大众报》报道了民兵的战绩

李伯球（1904—1986）

广东梅县人。毕业于黄埔军校，中国农工民主党奠基人。原国民党退役团长陈友芳在家乡深圳组建民兵组织、中国农工民主党的抗日民众自卫武装"大鹏联防自卫大队"。经游击队与李伯球、陈友芳做统战工作，争取到双方联合整编成拥有五个大队约1000人枪的大亚湾人民抗日自卫总队，编入东江纵队，陈友芳任总队长。新中国成立后，李伯球曾任广东省政协副主席。

武器精良的民众武装

8. 出版报刊

大多数根据地和游击区都有自己的报刊，传播宣传党的政治主张，扩大党及华南游击队的政治影响，动员与组织民众坚持抗日战争，起到了宣传群众、组织群众的作用。有些根据地游击区还派驻特派记者，从事报道各地部队的活动和战绩。1945年8月，抗战局势急剧变化，为适应部队指战员和民众渴望及时了解、认清抗战形势的需求，《前进报》扩大信息，出版发行了100期，发行范围遍及东江、北江、珠江、粤中、粤北、西江、韩江及南路等各抗日游击区和部队，在华南敌后有广泛的影响。

中国共产党在广东敌后抗日游击区创办的第一份报纸《大家团结报》。图为位于大岭山根据地的报社旧址。

杜襟南（1916—2012）
福建福州人。《大家团结报》首任社长。新中国成立后任广州市社会科学院院长。

《前进报》初期没有固定社址，经常在阳台山、大岭山转移。报社工作人员住茅棚，蹲山洞，在密林中工作。图为广东人民抗日游击总队（东江纵队前身）的机关报《前进报》。

杨　奇（1922—2021）
广东中山沙溪人。《前进报》社长兼总编辑。新中国成立后任新华社香港分社秘书长。

1945年3月，《前进报》社随"东纵"领导机关进驻罗浮山根据地。图为罗浮山朝元洞前进报社旧址。

《前进报》社印刷品

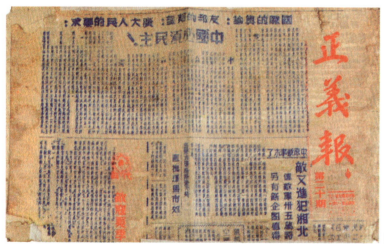

珠江纵队机关报《正义报》

《铁流周刊》（珠江纵队第一支队刊物）

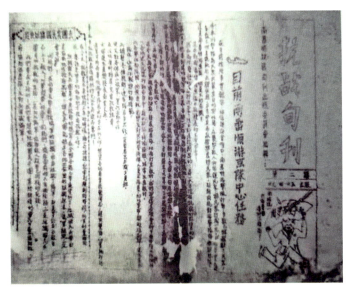

珠江纵队《抗战旬刊》

珠江纵队第一支队的报刊《抗战报》

东江纵队政治部机关报《前进报》印刷厂
使用过的印刷机

"潮汕韩纵"报刊《新潮报》于1946年4
月在揭阳五经富罗屋（左图）停刊。油印
设备由地下党员高原（右图）秘密转移藏
匿一年多，1947年10月，油印组成员启
用该批原有设备创办潮汕地委机关报《团
结报》（《汕头日报》前身）。

9. 文化教育

根据地游击区积极开展普及教育，举办了扫盲性质的各类型夜校、女校。在识字学文化的同时，密切了军民关系，激发了根据地军民的爱国情怀，进行了军事训练和战争教育。华南游击队，除部分归国华侨、港澳同胞、知青工人以外，农民居多，军事人才极其匮乏。各根据地游击区积极举办各种类型的军事培训班，培养了一批军事干部。东江纵队参照延安中国抗日军政大学创建了东江军政干部学校，拟建成抗大第七分校，这是现广东抗日根据地唯一一所抗日军政干校。此外，东江纵队还按照陕北公学模式，创办了中山书院，为华南抗日根据地、游击区培养了一批党政干部。

根据中共中央在东江地区拟建中国抗日军政大学（延安"抗大"）七分校的指示精神，中共广东省临委于1944年7月1日，在今深圳大鹏半岛东山寺成立了东江抗日军政干校（1945年5月迁至博罗罗浮山根据地）。①

东江抗日军政干校旧址——博罗县澜石果园村（1945年5月由深圳大鹏半岛东山寺迁至此）。

① 东江抗日军政干部学校由黄埔军校毕业生、东江纵队副司令员王作尧兼任校长；曾任新四军教导总队党总支书记、"东纵"政治部副主任的李东明任政委；毕业于上海艺术大学文学系的林鄂任教育长；延安"陕北公学"首任秘书长饶卫华任秘书长。

为解决根据地农家子弟的入学问题，中山谷镇区政务委员会将三乡桂山小学改为桂山中学。

东宝行政督导处创办的唯一一所战时中学。位于今深圳市光明区东宝中学旧址内。

创办于1941年7月，位于东莞大岭山根据地牛牯岭的中山书院。参照延安陕北公学模式办学，招收知识青年，为部队和地方输送干部。

10. 文艺宣传

华南抗日游击队一贯重视和积极领导部队文艺宣传工作，把部队的文艺队伍作为对敌斗争、发动和组织群众、宣传教育部队、振奋军民抗日信心、鼓舞部队士气的得力助手。每一个根据地、游击区和独立作战的部队大都有自己的剧团（队）或政工队、艺宣队等文艺演出队伍，仅东江纵队先后就有二三十支人数不等的文艺队伍活跃在华南敌后。

史 野（1921—2015）

广东澄海人。《东江纵队之歌》作曲者。曾任中国人民解放军原两广纵队文工团、中南海军（南海舰队前身）文工团团长，广东省戏剧家协会副主席、党组副书记。

《东江纵队之歌》现为广东省武警总队队歌。50年代初期，原东江纵队及其余脉之一中国人民解放军粤赣湘边纵队部分建制划归公安部队（后改编为公安军、广东省武警总队）。此歌曲创作于抗战时期的1943年。图为广东省武警总队史馆内的《东江纵队之歌》（广东省武警总队队歌）。

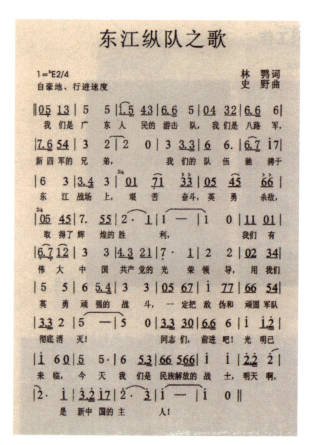

收藏于北京中国人民革命军事博物馆的东江纵队抗日将士使用过的歌曲集，第一首即《东江纵队之歌》（当年称之为《歌东江纵队成立》）。

林 鄂（1910—1969）

广东澄海人。《东江纵队之歌》作词者。中共中央联络部拉美研究所所长。

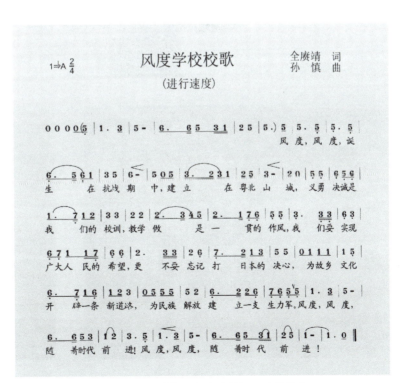

《通信兵颂》

戴机

东江纵队电台总台长。《通信兵颂》作词者。新中国成立后，曾任广州市城市规划局局长。

作词者全赓靖
（女，1910—1946）

河北通县（今北京市通州区）人。时任始兴风度小学校长。（详见第539页）

1939年创作的《风度学校校歌》，全赓靖作词，孙慎作曲。

《白毛女》演出剧照。东江纵队文艺工作者华英、谭军分别饰演喜儿、杨白劳。

饰演喜儿的文艺工作者华英

主要演员李门、梁绮、何芷（左起）出演的历史剧《黄花岗》剧照。

庆祝广州解放的大游行队伍中一显身手的原华南抗日游击队队员

东江纵队女战士在战斗间隙时吹口琴

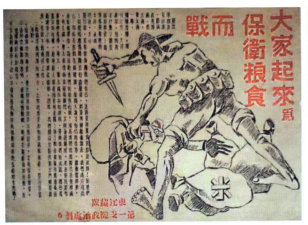 

东江纵队第一支队印制的宣传画：左为《大家起来为保卫粮食而战》；右为《抢救粮食是当前唯一重要工作！》。

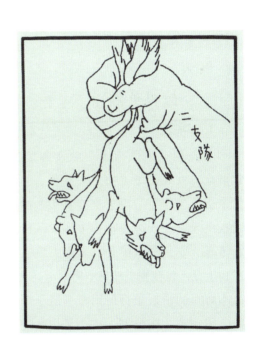

珠纵二支队创作的漫画。左为生擒"八老虎"；右为活捉"五豺狼"。

李　门（1914—2000）

广东三水人。东江纵队鲁迅艺术宣传队队长。新中国成立后曾任广东省戏剧家协会主席。

浪淘沙

年少喜從戎，不讓刀弓，弦歌正好頌英雄。自許忘家酬大眾，未敢圖功。

槍穗映山紅，戰士如龍，長驅粵北一旋風。獨嘆硝煙雲斷處，人去匆匆。

李門

李门填写的反映粤北战斗生活的《浪淘沙》词

第五节
老区全民支援抗战的典型事例

广东敌后抗日根据地的民众，为创立根据地、保卫根据地、建设根据地作出了重要贡献。他们为保护党组织，保护游击队与敌斗智斗勇。根据地涌现了众多的革命母亲和开明乡绅，他们不顾个人安危，倾尽家财，送子参军，勇救伤员，为人民军队的发展壮大作出了巨大的牺牲。

一、抗日英烈

1. 冯芝[①]

港九独立大队市区中队义务交通员冯芝，非党群众。女儿是港九独立大队著名的市区中队中队长兼指导员方兰。冯芝支持女儿参加抗战，自认是老人出入方便，故主动为市区中队传递情报和传送宣传品。不畏烈日酷暑，风雨无阻，数年如一日。1944年春，她在香港被日本宪兵部逮捕，因身上搜出日本海军的情报被押解到海军刑务部。日军用皮鞭抽、狼狗咬、施电刑，一次又一次的刑讯，企图逼她招供但她宁死不屈。三个月后冯芝被日军杀害。

义务交通员冯芝（左图），其女儿（右图）东江纵队港九独立大队市区中队中队长方兰。

李淑桓

革命母亲

2. 李淑桓

李淑桓，无党派人士，早年在香港开办女子私塾。七七事变后，她先后送七个子女上战场。长子被送去延安抗大学习，后参加了八路军壮烈牺牲，其余六个子女都参加了"东纵"。其中四子、五子为孪生兄弟，先后牺牲在抗日战场。她不仅"最后一个孩子送他上战场"，而且七个儿女都送上了战场，最后连她自己也送上了战场。1941年春节过后，李淑桓来到东莞大岭山抗日根据地，以教书作掩护，为东江纵队做交通和情报工作。10月6日，国民党顽固派军队进攻大岭山，她不幸被捕，壮烈牺牲，时年47岁。她送子女参军的情景，曾被拍成新闻纪录片，在香港九龙大华电影院放映，引起港九同胞很大反响。

---

① 冯芝为2020年退役军人事务部公布的第三批著名抗日英烈。

李淑桓的革命烈士证明书

四子郭显和的光荣纪念证

五子郭显乐的光荣纪念证

李淑桓的光荣纪念证

二、保护游击队

1. 乌蛟腾事件

在抗日根据地的边缘地区，因靠近敌人重兵把守的据点，敌人出动频繁，游击队难以建立巩固的根据地。因此，游击队通过统战工作，团结开明士绅，创造性地建立了两面政权（"白皮红心"政权），表面上应付敌人，实际上为游击队服务。

1942年9月25日，日军包围了香港新界乌蛟腾村搜捕游击队，对村长李世藩威逼利诱、吊打灌水，李世藩坚贞不屈被活活打死。副村长李源培也被折磨得昏死过去，他醒来后说的第一句话就是鼓励女儿和村民们参加抗日游击队。

李世藩烈士
（详见370页）

香港新界乌蛟腾村民为纪念李世藩以及被敌人活埋的谭家驹、陈柏昌等抗日英烈而建的纪念碑（2015年国务院公布的国家级抗战纪念设施遗址）。

2. 石门九堡惨案

为了支持和掩护抗日游击队，根据地和游击基地的许多群众即使家园被毁甚至付出生命也在所不辞。

1944年7月20日，日军包围五桂山石门乡九堡村（今属中山市），掳去90多名村民押至外沙（今属珠海市）日军驻地，对其处以非人虐待，逼他们供出抗日游击队的下落。任凭敌人严刑拷打，英雄的村民们宁死不屈。侵略者兽性大发，将其中42名青壮年村民活埋。史称"石门九堡惨案"。

梁坚

在石门九堡惨案中，被群众冒死掩护而脱险的中共党员梁坚。

五桂山外沙的日军驻地

五桂山外沙市场，当年关押石门村民的地方。

三、革命母亲

1. 谭杏

谭杏,被游击队尊称为杨伯母,中山翠亨村人。她先后五次送粮共约3000斤支援子弟兵,还将自己陪嫁的金戒指、金链等首饰全部变卖折现,捐给游击队以解决粮饷问题。谭杏将6个儿女都送到抗日游击队,其中长子杨日韶和次子杨日璋光荣牺牲。

谭杏(左图)及其长子杨日韶(右图)

2. 吴秀

吴秀,湛江遂溪陈济川村人。幼年被卖到广州湾(今湛江市)当奴婢,饱经风霜,见多识广,懂得革命道理,拥护共产党。丈夫陈昌甫,祖居遂溪陈济川村,家境贫寒,接受革命思想。他们赞成和支持子女参加革命,全家共有6人先后加入中国共产党。其中有3人在全面抗战初期的1939年就加入了党,2人在解放战争时期入党。湛江解放之前,吴秀的家一直都是当地共产党组织的秘密联络点,常有革命同志来往或留宿,夫妇把这些革命同志视为亲人,给予关心和支持。解放战争时期,陈济川村和九东村一次就接受了10多名伤病员隐蔽养伤。医护人员乃至南路人民抗日解放军、粤桂边纵队领导都曾在她家食宿。他们为地下党站岗放哨,保障其安全,迎来送往,是名副其实的红色堡垒户。

吴秀及其三个儿子

陈超

其三子陈超,1988年被授予少将军衔,1990年任兰州军区副司令员,1993年被授予中将军衔。

3. 林宽

林宽，尊称郑伯母，中山三乡平岚大布村人。她的住所是五桂山抗日根据地的联络站，来往的游击队员络绎不绝。不论何时，郑伯母都热情烧茶备饭，照顾他们起居，料理伤员，和儿子郑少康轮流站岗放哨。虽然家境贫寒，但她总是想方设法筹钱备粮，满足来往同志的需要。1945年5月，由于叛徒的出卖，敌伪欲联合围剿"珠纵"第一支队，形势非常严峻。郑伯母首先想到的就是村里还隐藏着部队一挺重机枪和文件资料等物品。她在民兵的配合下，奋战一整夜转移物资，令翌日清晨来势汹汹搜查的叛徒和伪军扑了个空。在"五九"大扫荡一个多月艰险的日子里，郑伯母起早摸黑，出色地完成了各项任务。

林宽（左）。其子郑少康（右），曾任中国人民解放军两广纵队后勤部长。新中国成立后曾任中国出口商品交易会副主任。

4. 冯定霄

冯定霄，恩平县牛江镇东边朗村人。是位普通的侨眷和农村家庭妇女，被誉为"抗日游击队母亲"。全面抗战爆发后，她积极参加抗日救亡活动，支持独子、时任中共恩平县委书记的郑锦波筹建抗日人民武装和建设抗日根据地。她为设在家里的县委机关做服务工作，经常通宵达旦站岗放哨、出资开店建立党的秘密联络站。1944年应儿子请求，拿出丈夫从巴拿马寄回来的多年积蓄——总值1000多美元的黄金、白银，帮助组建高明人民抗日游击队。1945年2月的一天深夜，广东省临委常委连贯、广东人民抗日解放军政委罗范群及政治部主任刘田夫率领突破敌人围堵的100多名指战员，由郑锦波带回家，冯定霄对他们细心安排，保护了大家的安全。部队转移后，留下10多名伤病员隐蔽治疗，她和村民冒险悉心照料直至他们伤愈归队。

位于牛江镇东边朗村的中共恩平县委旧址，也是冯定霄故居。

冯定霄与孙女孙子合影。其子郑锦波（右），曾任广东人民抗日解放军政治部秘书长。新中国成立后曾任中国人民解放军原总政治部驻广州联络局政委。

四、开明乡绅

1. 钟胜

被誉为"革命模范"的钟胜、萧东娇夫妇家住深圳大鹏半岛，拥有50多亩山地果园，乃大鹏三大果园之一。果园林密偏僻，进可攻、退可守，可蔽可遁，上百人安营扎寨，悄无声息，是东江纵队的"宿营地"，是香港秘密大营救交通支线上的"憩息处"，是东纵教育策反日军的"战俘营"，是缴获日军运输船时转运的饼干、小麦、药品、医疗器械、布匹、军鞋等战利品及捐粮屯粮的"藏匿点"，是游击队制造地雷修理枪械的"兵工厂"，是军衣鞋帽等军需品的"供应站"，是医术高明的萧东娇为伤病员治病疗伤的"卫生所"。多批新党员曾在此面对党旗庄严宣誓。[1]

钟胜的革命模范锦旗

钟胜夫妇膝下四男二女。国难当头，夫妇支持子女抗战，先后送9人投身革命，其中次子钟宝文及三女婿黄生如为国捐躯。图为钟宝文的光荣纪念证。

钟胜夫妇（中排老者）与家人合影。后左一为三子钟声（又名钟宝武），曾任地下党"洪涛"情报站站长；后左二为长子钟原（又名钟宝斌），抗战时期首任大鹏区委书记；后左三（抱婴者）为大儿媳赖枫。

---

[1] 深圳市大鹏党工委办事处、钟惠坡：《红色的足迹——大鹏半岛革命历史回顾》，新华出版社2019年版，第275页。

2. 李容根

李容根，广东东莞高埗上江城人。早年在南洋谋生，积攒血汗钱回乡置业，家境殷实。七七事变后，他支持三个女儿夫妇、一个儿子参加革命报效国家。他慷慨解囊捐赠东纵银元两千余元、枪支一长一短两把。他收容东纵伤病员治病疗伤，通过各种人脉打通各种"关节"，先后营救了多名被捕地下党员，协助部队清匪锄奸，为东江纵队开辟水乡敌后根据地提供活动场所和帮助。作为敌占区代表，他参加了路西抗日民主政府东宝行政督导处召开的各界国是座谈会，参政议政，为抗战作出了重要贡献。

爱国开明乡绅李容根

李容根之子李云祥是东纵小战士（14岁投笔从戎），后为解放军第一代坦克兵，牺牲在朝鲜战场。

李云祥牺牲后葬于朝鲜民主主义人民共和国江原道伊川郡武凌里梨木亭烈士陵园①

李云祥烈士的光荣纪念证

---

① 东莞市革命老区发展史编委会编：《东莞市革命老区发展史》，广东人民出版社2021年版，第304页。

3. 林永成

林永成，广东惠来人，早年在县城开设"林泽利"米铺，兼营杂粮、农资、凉果、药品等。由于买卖公道、守信用，"林泽利"购销两旺，名声在外，很快增开了布匹和洋杂铺。土地革命战争时期，因同情革命，捐资捐物接济红军而被捕入狱，"林泽利"一度中落。抗日战争后，因米铺坐落在县警察局和关帝古庙古戏台前后，民居密集，闹中有静，故成为地下党的秘密联络点，是南来北往的领导、交通员的落脚点和中共惠来妇女支部的活动点（书记方东平曾在此举办妇女训练班）。"南委事件"中，党组织遭严重破坏，林永成慷慨解囊捐出600多元，帮助撤退到赣州的张希非等地下党员经营"汕头餐室""香港饭店"以安置疏散隐蔽的党员干部。

林永成夫妇（二排左四、左五）支持子女参加革命。二排：左一长子林川（1954年任汕头市市长兼市委书记）、左二儿媳王琦（曾任汕头市委办公室副主任）、左三女儿林坚先后投身革命。

林永成之子林川使用过的胸章

林川职务的任命通知书

4. 张积

1944年5月的一天拂晓，日军偷袭东江纵队东莞大队驻地，部队迅速撤离，大队长张英殿后。张英为救张逸（杨康华夫人）而眉骨及右臂中弹，血流不止，不省人事，经简单抢救后由组织安排在大岭山根据地陂头村（今南城西平）堡垒户张积等人家中养伤，得到张积一家人的精心养护。东莞大队大队长张英、政委黄业、副大队长黄布、教导员史明等经常在下图炮楼秘密召开作战会议、组织举办党员轮训班。

张积，人称"陂头积"。

张英养伤及干部休整的据点——东莞陂头炮楼

张 英

曾任中华人民共和国驻外使节

黄 业

新中国成立后曾任广东省军区副司令员

黄 布

新中国成立后曾任广东省军区司令部顾问

史 明

新中国成立后曾任福建省军区副政治委员

第六节
广东老区人民的共同荣耀

　　在华南敌后抗战血与火的洗礼中，根据地军民团结、万众一心，构筑起党领导革命战争的铜墙铁壁。华南游击队中的许多人在战斗中成长为我军的中、高级指挥员。广东敌后抗日根据地的重大贡献，得到了中共中央、中央军委的认可和高度评价。广东革命老区为解放战争，为保卫新中国、建设新中国，孵化、培育了大批革命干部和骨干力量。这是广东革命老区党、政、军、民的共同荣耀。

一、华南游击队光荣列入"九·三大阅兵"受阅方队

2015年9月3日抗日战争暨世界反法西斯战争胜利70周年，北京举行规模盛大的阅兵式。18辆军车组成的受阅抗战老兵乘车方队缓缓驶过天安门广场，接受党和人民的检阅。

受阅抗战老兵乘车方队的第5号车，右一为华南游击队代表、东江纵队老战士卢毅。

李卓彬（原南路人民抗日解放军的受阅老兵）

参加北京"九·三大阅兵"受阅抗战老兵乘车方队的部分华南游击队代表合影。右起吴当鸿（原珠江纵队）、陈涉（原琼崖纵队）、黄伟、杨智明、卢毅、谭尧（四人均为原东江纵队老战士）。

代表华南游击队英模部队的受阅官兵徒步方队经过天安门广场接受党和人民的检阅

二、周恩来称"东江纵队为中外共知的中共游击队"

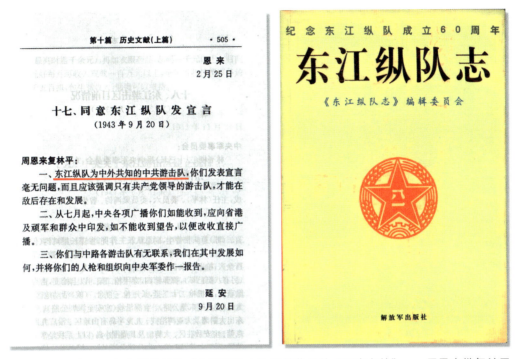

解放军出版社2003年出版发行的《东江纵队志》及其收录的"历史文献"——周恩来批复关于"同意东江纵队发宣言"的电文。

三、叶剑英对华南抗日游击队的评价

　　1944年6月22日，八路军参谋长叶剑英在延安对中外记者的谈话中指出："华南敌军约有三个半师团，两个独立旅团，合计四个半师团八万人，其中五十七师团在广九铁路沿线，由我游击队抗击其百分之七十。第一〇四师团，在广州、从化、三水地区，共产党领导的游击队抗击其百分之三十。"

（摘自《东江纵队志》，解放军出版社2003年版，第26页。）

四、朱德电令冈村宁次向"华南抗日纵队"投降的命令

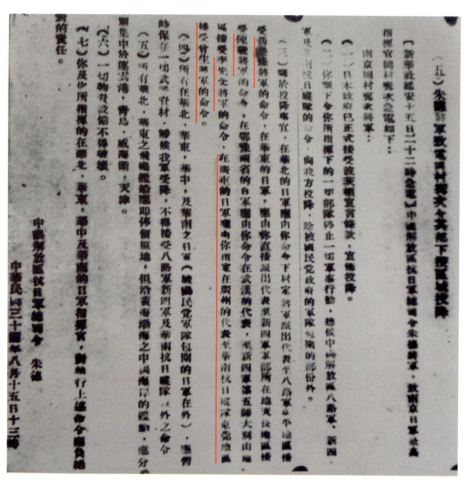

朱德总司令致电冈村宁次令其部下按华北、华东、华中、华南四个区域投降的电文。

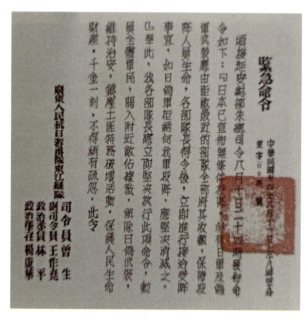

东江纵队领导人坚决执行中共中央指示和朱德总司令关于迫使日伪投降的命令，紧急动员全体军民开进附近敌伪据点，解除日伪武装。图为1945年8月11日东纵司令员等四人发布的紧急命令。

五、香港特别行政区政府悼念包括华南游击队的抗日烈士

香港特区政府在每年的抗战胜利纪念日举行纪念仪式，悼念香港沦陷期间为保卫香港而捐躯的人士，包括港九独立大队115名烈士。仪式在香港大会堂纪念花园举行，香港特区行政长官、香港中联办、特区政府高级官员、立法会议员和行政会议成员，以及其他中央政府驻港机构代表、相关国家驻港领事馆代表，港九独立大队老战士及其后代等出席纪念仪式。香港警察仪仗队鸣枪致敬，警察银乐队奏中华人民共和国国歌。特区行政长官代表特区政府敬献花圈并鞠躬，向他们致以最崇高的敬意。

纪念仪式（中新社相关报道画面截图）

仪仗队升国旗、区旗（中新网相关报道画面截图）

向保卫香港捐躯者默哀（中新社相关报道画面截图）

港九独立大队抗战老战士及其部分后代受邀参加仪式（中新社相关报道画面截图）

港九独立大队抗战烈士①
（香港特区政府安放在特区大会堂纪念龛内名册）

曾佛新（班长）	张立青（政治服务员）	刘 佳（班级）	张 洋（民运员）
石十五（交通员）	曾 春（自卫队长）	王月娥（民运干事）	邓德安（民运员）
何 根（交通员）	李 庆（情报员）	崔毓明（民运员）	吴 寿（战士）
李 祥（战士）	陈 金（战士）	陈 湘（战士）	曾潭兴（战士）
朱 来（战士）	陈百舜（武工队员）	朱 发（战士）	刘亚能（民运员）
丘 毕（副班长）	林容生（战士）	温佩珍（后勤人员）	刘远坤（民运员）
徐 带（战士）	张 才（战士）	金 彪（民运员）	曾丁发（战士）
刘 捷（小队长）	李开才（文书）	吴华权（民运员）	曾癸有（战士）
李金福（班长）	李志宏（战士）	罗 发（战士）	温锦祥（战士）
王水榕（战士）	钟运祥（战士）	陈德潮（班级）	曾泽恩（班长）
吴来福（战士）	罗其安（联防队员）	陈 友（战士）	李 敬（交通员）
陈 德（班长）	邱国英（战士）	莫庆友（战士）	黄 申（战士）
冯 芝（交通员）	曾永生（交通员）	林观福（战士）	蓝定田（战士）
张咏贤（交通员）	黄云生（情报员）	吴 兴（战士）	温容娇（战士）
单柱贞（战士）	温马养（副乡长）	冯石球（战士）	曾辛有（班长）
林冠荣（战士）	张 胜（武工队员）	邓伟兴（战士）	李 生（战士）
张金福（交通员）	陈 柱（情报员）	陈发贵（乡长）	赵 华（战士）
郭云生（武工队员）	黄马发（乡长）	黄华强（班长）	张艺云（战士）
杜日强（村长）	林瑞枝（情报员）	李万林（战士）	李 苏（战士）
刘发仔（战士）	刘春祥（中队长）	曾伯牛（民运员）	袁大昌（军需）
李世藩（村长）	曾可送（排长）	刘洋胜（交通员）	陈 忠（会计）
曾 福（事务长）	林 容（班级）	李 唐（指导员）	军属、群众骨干
符志光（交通站长）	汪 送（班级）	王炳文（战士）	林 生
邱国彰（县级干事）	谭金火（班级）	李伙胜（手枪队员）	周美玖
彭泰农（县级干事）	温 发（班级）	范 发（副中队长）	周有喜
陈坤贤（县级干事）	黄娥妈（后勤人员）	彭 莹（副指导员）	曾集芳
陈冠时（宣传干事）	冯华新（战士）	成水金（交通员）	周来发
陈永有（民运员）	赖 和（战士）	王丁有（民运员）	梁 克
陈扬芳（民运员）	李 锋（班长）	梁 斌（战士）	周花道

香港特区政府安放在特区大会堂纪念龛内的港九独立大队115名烈士名册。其中冯芝、彭泰农是第二批，曾佛新、曾福是第三批退役军人事务部公布的著名抗日英烈，刘春祥是第三批退役军人事务部公布的英雄群体——"东江纵队港九独立大队大屿山中队"的中队长。

---

① 袁建华：《三年八个月》，广州出版社2015年版，第230—231页。

六、广东抗日根据地走出来的共和国开国将军[1]

庄 田
中将（1955）

曾 生
海军少将（1955）

谢立全
海军少将（1955）

谢 斌
空军少将（1955）

马白山
少将（1955）

王作尧
空军少将（1961）

吴克之
少将（1961）

陈青山
少将（1964）

七、列入中国人民解放军野战军建制的华南抗日游击队

1. 中国人民解放军两广纵队

抗战胜利后，国共两党经"重庆谈判"签订"双十协定"，广东、浙江等八个解放区的中共武装北撤到陇海线以北。东纵主力及广东各抗日纵队少数指战员乘三艘登陆舰于1946年7月5日登陆烟台，归新四军直接领导。1947年8月1日，中国人民解放军华东野战军两广纵队正式成立。

> 两广纵队为中国人民的解放事业作出了重要贡献。
>
> ——徐向前
> 一九八六年七月卅日

解放军两广纵队先后参加了南麻、临朐、诸城战役，豫东、济南、淮海战役以及广东战役等。图为徐向前元帅为两广纵队成立三十九周年题词。

[1] 括号内为授衔时间。

东江纵队北撤山东、两广纵队北战南征路线图①

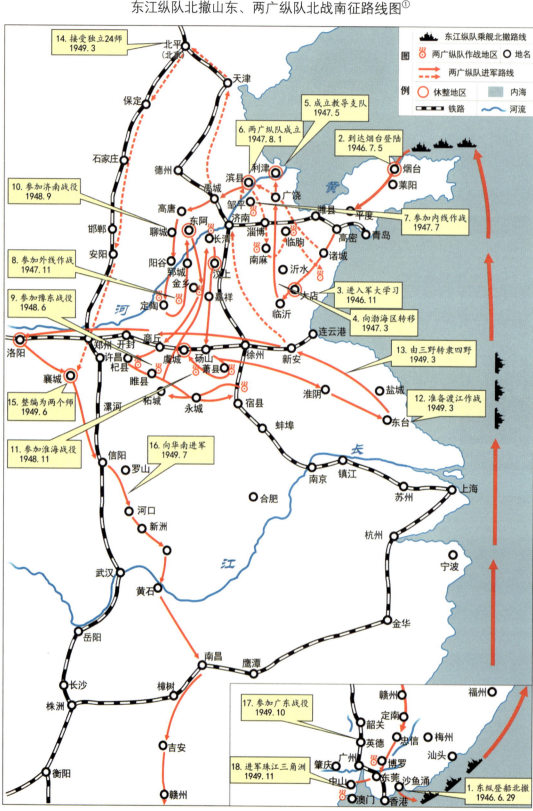

图例

- 东江纵队乘舰北撤线
- 两广纵队作战地区 ○ 地名
- 两广纵队进军路线
- ◎ 休整地区 内海
- ▭ 铁路 河流

14. 接受独立24师 1949.3

5. 成立教导支队 1947.5

6. 两广纵队成立 1947.8.1

2. 到达烟台登陆 1946.7.5

10. 参加济南战役 1948.9

7. 参加内线作战 1947.7

8. 参加外线作战 1947.11

3. 进入军大学习 1946.11

4. 向渤海区转移 1947.3

9. 参加豫东战役 1948.6

13. 由三野转隶四野 1949.3

15. 整编为两个师 1949.6

12. 准备渡江作战 1949.3

11. 参加淮海战役 1948.11

16. 向华南进军 1949.7

17. 参加广东战役 1949.10

1. 东纵登船北撤 1946.6.29

18. 进军珠江三角洲 1949.11

① 绘制参考深圳市史志办公室编：《两广纵队史》，中共党史出版社2010年版，图片页第13页。

淮海战役两广纵队作战经过示意图①

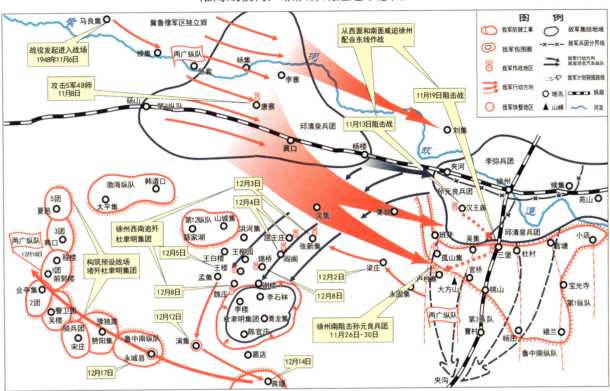

1948年11月26日至30日，两广纵队在淮海战役第二阶段中，以三个团兵力，在正面11公里、纵深10公里的防守地域浴血鏖战四昼夜，"顶住了敌孙元良兵团飞机、大炮的轮番猛攻，牢牢地扼守住敌人南逃主要通道之一的卢村寨、大方山阵地"②，为中野、华野主力围歼国民党军邱清泉、李弥、孙元良兵团争取到了宝贵的时间。是役，两广纵队牺牲之大、之惨烈，前所未有。图为淮海战役徐南阻击战卢村寨战场遗址一角。

---

① 绘制参考深圳市史志办公室编：《两广纵队史》，中共党史出版社2010年版，图片页第16页。
② 中央军委原副主席张震上将为《两广纵队史》作序（摘录），见该书第2页。

两广纵队炮兵团

1949年3月23日,两广纵队由三野转隶四野。图为部分两广纵队指战员乘车转战河南。

北撤部队2583人,其中女战士有400多人。图为两广纵队部分女战士。

两广纵队解放三门岛

新中国成立后，就读于中国人民解放军高等军事院校的部分原华南抗日游击队中层指挥员，按姓氏笔画排序：王林、
王加冰（汪硕）、卢泗根、叶忠、叶培根、吕农、祁标、吴天、何通、宋刚、罗志敏、郑伟灵、黄秀、黄观仕、詹谭华。

发扬两广纵队的革命精神努力建设富强的社会主义新中国。

——聂荣臻

聂荣臻元帅为《两广纵队史》题词

自1949年底始，两广纵队先后奉调总参谋部、总政治部、总后勤部及陆军、海军、空军、防空军、公安军五军种及炮兵、装甲兵、工程兵、铁道兵、防化兵等各兵种，各军事院校、各大军区等部队的干部有2036人，随建制调动681人，零星调动1355人，输送到党政、国防、外交、公安、财政、交通、卫生、文教、工矿、农业、农垦等各条战线的干部有军师级18人，团营级204人，连排级833人……为百废待兴、百端待举的新中国各项建设作出了重要贡献。

2. 来自东纵的中国人民解放军第一代坦克兵

1946年底，鲁南战役缴敌快速纵队坦克6辆，华东野战军司令员陈毅指令成立华野特种兵纵队。1947年3月3日华东野战军华东坦克队成立，全队73人（含被俘留用人员），其中有44名来自东江纵队华东军大的学员入选，成为光荣的中国人民解放军第一代坦克兵，这是广东革命老区人民子弟兵以及广东革命老区人民的骄傲！

沈许

受到朱德总司令接见的"功勋号"坦克手、全国战斗英雄。

朱庆明

全国战斗英雄

李云祥

中国人民志愿军唯一牺牲在朝鲜战场的"东纵籍"第一代坦克兵

赴朝作战的第一代坦克兵，左起：卢标、沈许、万钢、黄顺平、戚光、韩真、李贵仁。

李贵仁在钢板薄、重量轻、炮膛小的美式水陆两用坦克上。

华东坦克队故障牵引车。右一为杨雨明。

部分东纵第一代坦克兵。左至右（按姓氏笔画）：叶文辉、叶培根、吴天、李碧天、张仕忠、张其威、熊铁英、戴志鹏。

八、国家级抗战纪念设施、遗址名录及著名抗日英烈和英雄群体名录（摘录）

1. 国家级抗战纪念设施、遗址名录（摘录）

批 次	全国数量	其中		
		序号	名称	地址
第一批 （国发〔2014〕第34号）	80处	1	东江纵队纪念馆	广东省惠州市博罗县罗浮山景区

续表

批　次	全国数量	其中		
		序号	名称	地址
第二批 （国发〔2015〕第47号）	100处	1	 西海抗日烈士陵园	广东省佛山市顺德区北滘镇西海村烈士中路116号
		2	 大岭山抗日根据地旧址	广东省东莞市大岭山镇大王岭村
		3	 乌蛟腾抗日英烈纪念碑	香港特别行政区新界沙头角乌蛟腾村

批 次	全国数量	其中		
		序号	名称	地址
第三批 （国发〔2020〕第11号）	80处	1	 中国文化名人大营救纪念馆	广东省深圳市龙华区民治街道白石龙社区
		2	 广东人民抗日游击队珠江纵队司令部旧址	广东省中山市五桂山街道南桥村槟榔山14号
		3	 斩竹湾抗日英烈纪念碑	香港特别行政区西贡区斩竹湾

2. 国家级著名抗日英烈、英雄群体名录（摘录）

第一批由民政部公布（2014年9月）

第二批由民政部公布（2015年8月）

第三批由退役军人事务部公布（2020年9月）

一、著名抗日英烈			
批次	全国数量		其中摘录
第一批	300名	1 丘东平 	（1910—1941）鲁迅艺术学院华中分院教导主任。广东海丰人。
		2 张文彬 	（1910—1944）中共南方工作委员会副书记兼组织部部长。湖南平江人。
		3 周礼平 	（1915—1945）广东人民抗日游击队韩江纵队第一支队政治委员。广东澄海人。
第二批	600名	1 钟蛟蟠 	（1899—1939）八路军晋察冀军区政治部宣传部副部长。广东南雄人。

续表

批次	全国数量	其中摘录	
第二批	600名	2 黄志强	（1917—1941）广东人民抗日游击队第三大队民运队队长。广东宝安人。
		3 彭泰农	（1915—1943）东江人民抗日游击总队港九大队政训室工作人员。广东惠阳人。
		4 陈廷禹	（1923—1944）广东人民抗日游击队东江纵队第三大队中队长。广东澄海人，泰国归侨。
		5 钟若潮	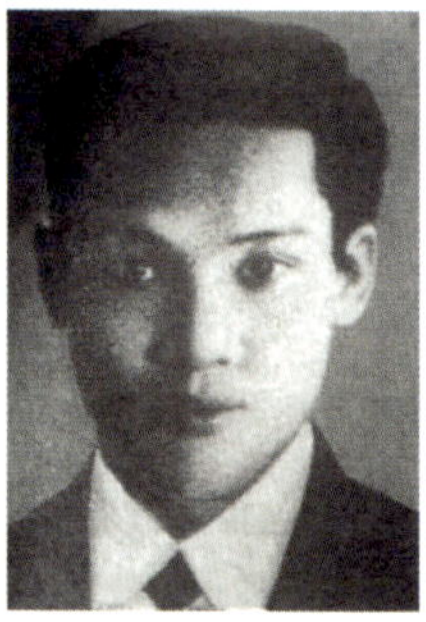 （1911—1944）广东人民抗日游击队东江纵队第三大队独立中队政治委员。广东梅县人，泰国归侨，后由泰共党员转为中共党员。
		6 黄　友	（1927—1944）广东人民抗日游击队东江纵队独立第三中队班长。广东东莞人，年仅17岁。 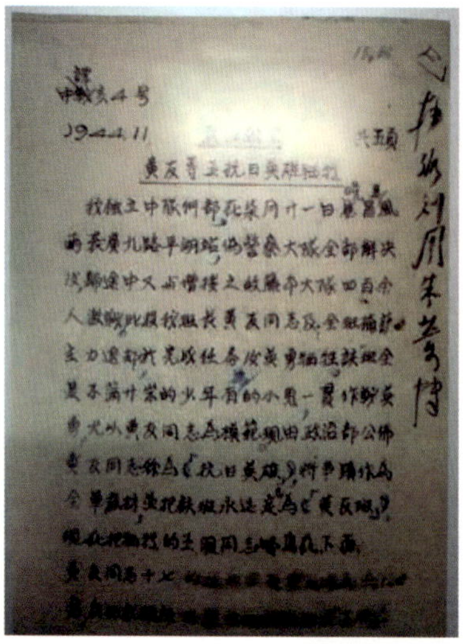 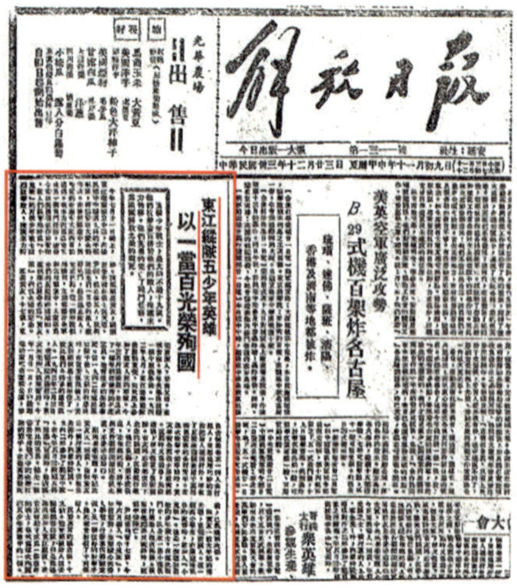 解放日報 東江縱隊五少年英雄 以一當百光榮殉國 （左图）1944年11月，中共中央军委机要局收到东江纵队上报的《黄友等五抗日英雄牺牲》的电文。（右图）1944年12月23日，延安《解放日报》报道东江纵队飞鹰队黄友班战斗事迹。

续表

批次	全国数量	其中摘录	
第二批	600名	7 李少清	（1921—1945）广东人民抗日游击队东江纵队第一支队猛豹大队政治委员。安徽潜山人。 1945年5月9日，东江纵队第一支队猛豹大队在东莞大朗黎贝岭伏击企图抢粮的日军，毙伤敌35人，残敌退守竹山村炮楼，再向寮步逃窜。战斗中李少清等8人牺牲，10人负伤。图为竹山战斗旧址。
		8 沈标	又名沈剑光。（1919—1945）广东人民抗日游击队东江纵队第一支队猛豹大队大队长。广东郁南人。
		9 黄闻	 （1916—1945）广东人民抗日游击队东江纵队第七支队政治处负责人兼中共惠东县委副书记。广东惠阳人。

续表

批次	全国数量	其中摘录	
第三批	185名	1 曾 福	（1921—1943）港九独立大队政训室事务长。香港新界沙头角人。
		2 冯 芝	（1892—1944）港九独立大队市区中队义务交通员。香港人。
		3 曾佛新	（1921—1944）港九独立大队海上中队班长。香港人。 曾佛新之墓位于深圳大鹏半岛南澳水头沙。石刻事迹："模范班长事迹：烈士新界人，于1944年11月30日于三门海面战斗英勇突击，壮烈殉国。是役，缴获电扒一艘，生擒日兵七名，物资大批。1944年12月1日立。"
		4 叶发青	（1891—1945）广东省曲江县委委员。广东曲江人。
		5 赖 章	（1920—1945）广东人民抗日游击队东江纵队第二支队第一大队副大队长。广东惠阳人。 位于惠阳镇隆黄洞村的抗日英雄赖章之墓

续表

二、英雄群体		
批次及全国数量	第一批 5 个	第二批 5 个	第三批 6 个
第三批中摘录	1943年刘春祥等12名战士在龙鼓洲战斗牺牲，属于东江纵队港九独立大队大屿山中队。		

港九独立大队大屿山中队为拓展游击基地，于1943年5月的一个晚上，由中队长刘春祥带领精干的小队伍，从东涌驾驶帆船出发，准备渡海到大屿山对岸踏石角、龙鼓洲和深圳湾流浮山一带开展工作，打通同宝安县游击区的联系。船驶到龙鼓洲附近，突遭两艘日军武装巡逻艇袭击，双方展开激战。因敌强我弱，船上12名大屿山中队指战员全部牺牲。

香港龙鼓洲示意图①

① 绘制参考地质出版社地图编辑二室编：《通用中国地图册》，地质出版社2008年版，审图号：GS（2005）073号，第164页。

第四章
为广东的解放而斗争

　　抗战胜利后，经"重庆谈判"国共双方签订《双十协定》，中共武装为了和平让出广东、湖南、湖北、浙江等八个解放区，北撤至陇海线以北。广东党组织一方面积极安排各抗日纵队的部分人员北撤山东，另一方面把留下的武装部队分散隐蔽到各地坚持斗争，大部分抗日武装按《协定》复退。全面内战爆发后，华南党组织以抗战时期的游击根据地为基础，积极发动和领导开展了游击战争，开辟了以广东为中心绵延闽、赣、湘、桂、滇、黔等边境的游击根据地，建立了中国人民解放军六支边区游击纵队和粤中游击纵队，人数多达17万余人，游击战争的烈火燃遍了南方七省大地。与此同时，华南党组织也锻造了一支坚强的党员队伍，人数高达3万多人。自1949年10月2日至1950年8月4日止，在广东党组织及人民民主政府的领导下，解放区游击区的人民群众为广东战役（含阳江围歼战）、粤桂边战役、解放海南岛战役（含渡海战役）、解放万山群岛战役（含万山海战）等重大战役的支前工作作出了巨大贡献。

第一节
隐蔽待机的各游击纵队

为了和平，避免内战，抗战胜利后，中共与国民党经重庆谈判达成协议，同意让出南方8个解放区，将部队北撤，其中广东北撤山东。为了不给国民党当局以"破坏和平"的口实，保证北撤部队的安全，广东党组织以备不时之需，隐蔽少量的精干武装，撤销番号，化整为零，"长期埋伏，积蓄力量，等待时机"。其余人员匿香港、派南洋、之桂滇、守琼岛……而绝大多数战士安排复退返乡。时至1946年底，各留守部队由隐蔽转入公开，由防御转入反攻。

一、北撤山东，分散隐蔽

1946年6月30日，广东各支抗日武装的北撤人员于深圳大鹏湾沙鱼涌分乘三艘美军军舰北撤山东。而留守人员则分散待机。

位于深圳沙鱼涌的北撤纪念碑

1946年7月5日北撤部队抵达山东烟台港。图为北撤部队准备登陆。

华南抗日游击队北撤后各留守部队隐蔽武装调查报告[1]
（1946年10月25日前）

地区	人数	武器装备	活动区域
西江 （原属珠江纵队）	时有人员约250人	轻机枪19支，掷筒2，短枪约60，步枪约140	活动于广宁、四会、阳山、清远等边区
南路 （原南路解放军）	约600人，本地人占大多数	轻机枪8支，短枪约160支，步枪约1000支	主要集中在合浦、灵山山地的约300人，在廉江等地则活动于平原、丘陵间
中区 （原中区解放军）	120人	轻机枪12支，短枪约90支，步枪150余支	活动于赤溪至阳江、高明、鹤山边区等地
潮汕 （原韩江纵队）	约18人	短枪18支，另隐蔽的枪8支，炮3门，步枪约80支，手枪5支	活动于揭阳、普宁边区
从化地区 （原属东江纵队）	有10余本地人	轻机枪2支，步枪30余支，短枪10余支	活动于吕田一带
增城、龙门地区 （原属东江纵队）	约18余本地人	轻机枪3支，短枪30余支，步枪30支	活动于派潭或孤立在东江一带
博罗 （原属东江纵队）	时有20余本地人	机枪2支，步枪10余支，短枪10余支	活动于东江北岸象头山一带
英德、佛冈 （原属东江纵队）	10余外地人	轻机枪1支，步枪65支，短枪5支	活动于鱼仔湾一带
曲江区 （原属东江纵队）	约180外地人，南雄约200余人	轻机枪3支，短枪20支，步枪50—60支，炮7门	活动于湘粤赣边区
海丰 （原属东江纵队）	9人	短枪9支	限于该县大部山地
新丰区 （原属东江纵队）	12个外地人，另不脱离生产者20余人	机枪1支，步枪57支，短枪11支	活动于马头一带
惠阳区 （原属东江纵队）	三个单位，时只有3个队14人	均用短枪	活动于平山一带
中山区 （原属珠江纵队）	约300人	不详	不详
河源 （原属东江纵队）	10余个本地人	不详	在该县东境活动
始兴、翁源	约40人	不详	不详

留守部队隐蔽地点之一——始兴北山地区

① 广东省档案馆、中共惠州市委党史办公室编：《粤赣湘边区革命史料》，广东人民出版社1989年版，第35—37页。

二、艰苦斗争，顽强生存

全国内战爆发后，国民党背信弃义，利用军事上的绝对优势，鞭挞、活埋、残忍迫害大批返乡的中共复退军人，百般刁难中共抗日军属及抗日根据地人民，逼迫其"自新"；围追堵截，放火烧山，反复"扫荡"和"围剿"隐匿在深山老林的中共武装人员。在人民群众冒着生命危险掩护和鼎力支援下，广东革命武装艰难地、顽强地保住了星星火种。

1945年9月9日，被始兴县北山人民群众藏匿在奇心洞的重伤病员30多人，突遭国民党一六〇师的袭击。第五支队短枪队队长王育南率领10余名武装战士奋起抗击，终因寡不敌众，全部壮烈牺牲。伤病员大部分被反动派杀害。这是国民党反动派制造的"奇心洞事件"。图为奇心洞遗址，位于始兴北山深山密林之中。

1947年11月，粤赣湘边人民解放总队第一支队支队长叶昌、卫生队长麦雅贞夫妇生下了女儿叶小雅。因斗争环境恶劣，母亲含泪将小雅送给了仁化白云凌溪的老乡抚养。1948年8月，国民党对五岭根据地进行疯狂"扫荡"。由于叛徒出卖，寄养在老乡家年仅10个月的小雅被敌人抓去活埋。乡亲们含着眼泪，用黄土为"最小的烈士"拢起了一座小坟，旁边种上一棵小树。图为叶昌夫妇和小雅的墓碑。

今仁化县白云镇凌溪村为包括小雅在内的革命烈士修建了纪念碑

抗战胜利前夕，龟缩在江西南部的国民党军一八七师和一六〇师，已开始进犯粤北"清剿"中共抗日军民。1945年8月两师一部纠集地方反动武装近万人，分六路包围始兴县八约根据地，驻守于此的风度抗日大队被迫自卫反击。激战数日，坚守三层围屋的120多位指战员和群众，全部被国民党军活活烧死，史称"外营惨案"。图为"外营惨案"遗址——沈所镇八一村外营围楼。

东江纵队留守武装隐蔽斗争自救谋生简图①

罗许月

祖籍香港沙头角，巴拿马侨商后裔，东纵交通情报站站长，人称"月姐"。

东纵主力北撤，罗许月奉命留下坚持隐蔽斗争。她自筹启动款项，悄悄把处于险境的部分港九大队队员召集起来，深入新界红石门一带（详见以上简图），秘密开荒种地、下海打鱼，避开了国民党政府的残酷迫害，把这一小支革命的火种保存了下来，使其日后成为解放战争时期的一支重要力量。这是东纵留守部队隐蔽斗争自救谋生的一个典型案例。

① 绘制参考地质出版社地图编辑二室编：《通用中国地图册》，地质出版社2008年版，审图号：GS（2005）073号，2008年，第164页。

三、公开武装，战略反攻

1946年冬，广东党组织作出了恢复公开武装斗争的决定，即以分散、隐蔽的留守武装为基础，重新集结复退军人、地方党员、进步青年，组建各地武装小分队。深入广大乡村尤其是跨省山区，发动和领导群众，开辟一批游击区，巩固了原有根据地。武装斗争形式为农村包围城市，从"小搞"（武装斗争）阶段转入"大搞"阶段，对敌作战开始由防御转为进攻，由分散游击战逐渐转变为集中主力行动，进行了沙鱼涌、山子下、红花岭、九连地区五战五捷等歼灭战，取得了几场决定性的战斗胜利。潗江、江北、五岭地区武装主动出击，大量歼敌，终于扭转了斗争初期所处的被动局面。

惠东宝人民护乡团四战四捷的通讯报道

江南支队反"清剿"作战示意图[①]

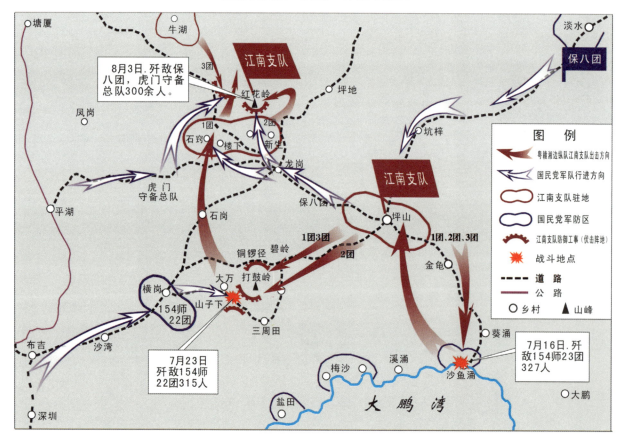

① 绘制参考中共深圳市委、中国人民革命军事博物馆编：《东江纵队历史图集》，中共深圳市委宣传部制作，2013年，第218页。

闽粤赣边纵队粤东支队成立地——青溪坪沙村的豪猪窟

粤赣湘边人民解放总队旧址（位于南雄帽子峰乾村）

1947年6月，潮汕人民抗征队在揭阳（今揭西）大北山南麓天宝堂成立（中），刘向东任司令员（左）。曾广任政委（右），新中国成立后，为首任汕头行政专署专员。

第二节
各解放区及中国人民解放军序列的各纵队

野战军主力入粤作战之前，在中共广东区党委、中共中央香港分局、中共中央华南分局领导下，中国人民解放军华南各游击纵队（含前身）主动出击，解放了包括广东全省境内的大部分农村乡镇，实现了占领广大农村，建立大规模游击区、根据地，对敌占城镇形成包围态势的战略目标。东江、韩江等流域大块根据地日渐连成一片，形成了由龙岩至河源，由平远至海陆丰纵横一千数百公里的广大解放区，人口占全省总人口的40％以上。京广线及粤东地区，除韶关、广州等几座孤城之外，中国人民解放军广东本土的几支游击纵队逐步解放了广东六十余座县城，建立了解放广东乃至华南的战略总基地。

解放战争时期广东（华南）党组织领导机关演变示意图①

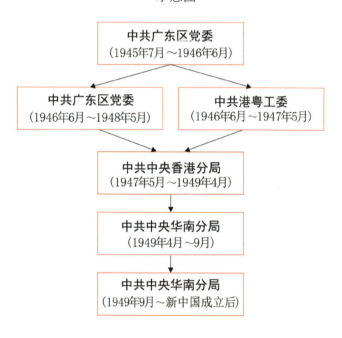

中国人民解放军华南各纵队领导一览表

名称	司令员	政委	副司令员	副政委	参谋长	政治部主任
粤赣湘边纵队	林 平	林平（兼）	黄松坚	梁威林	严尚民	左洪涛、魏南金（后）
闽粤赣边纵队	刘永生	魏金水	铁 坚	朱曼平	铁坚（兼）	林美南
粤桂边纵队	梁 广	梁广（兼）	唐才猷	—	杨应彬	温焯华
粤中纵队	吴有恒	冯 燊	欧 初	谢 创	—	谢创（兼）
粤桂湘边纵队	梁 嘉	梁嘉（兼）	—	钱 兴		李殷丹、王炎光（后）

备注：琼崖纵队、桂滇黔边纵队（后改称滇桂黔纵队）略

---

① 中共广东省委党史研究室：《中国共产党广东地方史》（第一卷），广东人民出版社1999年版，第684页。

一、粤赣湘边区根据地解放区及其游击纵队①

中国人民解放军粤赣湘边纵队（简称"粤赣湘边纵队"）成立后，相继发起了春、夏季攻势，解放了湖南汝城以及广东的新丰、紫金、五华、龙川等十几个县城，纵队所属赣南支队、湘南支队配合中国人民解放军第四十八军、第十四军解放了赣南和湘南部分县市。纵队主力与野战军（含两广纵队）组成广东战役的南路军，解放了惠阳、东莞、中山、顺德等地，堵住了国民党军南逃退路，并配合野战军第四兵团解放了曲江（今韶关），配合野战军第十五兵团解放了翁源、花县等地。粤赣湘边纵队自组建开始至全区解放，三年多时间里，发展到近40000人，打了近千场大小仗，其中较大的战斗848次，歼敌25200多人，缴获枪支23800多支，并配合各路南下野战军，解放了广州市及全区所管辖的地域，为解放广东、湖南、江西作出了重大贡献。

粤赣湘边纵队活动区域示意图②
（1949年）

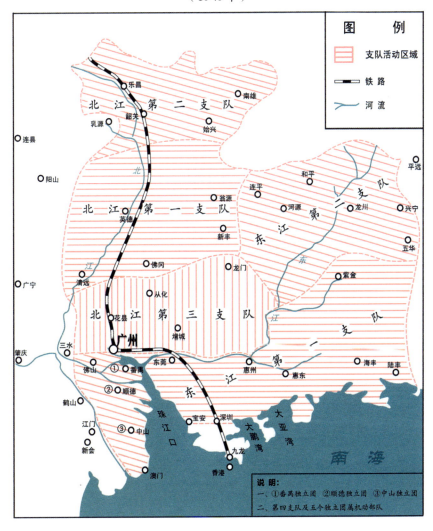

① 1948年12月27日经中共中央批准，中国人民解放军粤赣湘边纵队于1949年1月1日宣告成立。
② 绘制参考中共惠州市委党史办公室编著：《粤赣湘边纵队史》，广东人民出版社1989年版，图片页第17页。

中国人民解放军粤赣湘边、闽赣粤边、桂滇黔边纵队成立宣言。

粤赣湘边区党委领导人，右起：梁威林、黄松坚、林平（尹林平）、左洪涛、黄文俞。

粤赣湘边司令部旧址——惠东安墩黄沙小学

中国人民解放军粤赣湘边纵队指战员佩戴过的胸章

二、闽粤赣边根据地解放区及其游击纵队①

1949年1月，中国人民解放军闽粤赣边纵队（简称"闽粤赣边纵队"）正式成立。至9月止，总兵力近30000人，消灭敌人33000多人，缴获各种武器23000件。先后解放了38个县城和地区，创建了东接闽、浙，西连赣、湘的大块根据地，形成了解放华南的重要战略基地之一，为解放福建、广东作出了重大贡献。

夏季闽粤赣边区革命斗争形势示意图（广东部分）②
（1949年）

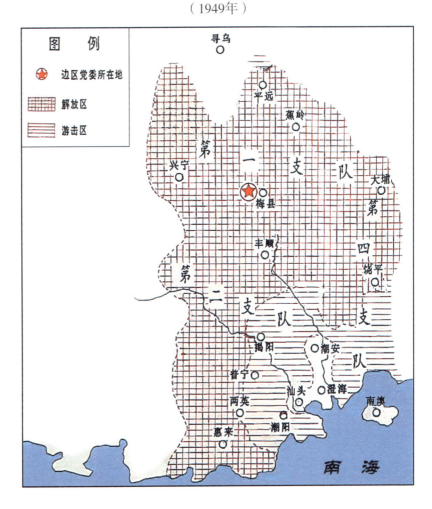

中国人民解放军闽粤赣边纵队指战员佩戴过的臂章

中国人民解放军闽粤赣边纵队1949年1月29日在大埔县上漳村上漳小学背后的山坡上举行成立大会。图为上漳小学。

刘永生（1904—1984）
福建上杭人。中国人民解放军闽粤赣边纵队司令员（1955年授衔少将）。曾任福建省军区司令员。

魏金水（1906—1992）
福建龙岩人。中国人民解放军闽粤赣边纵队政委。曾任福建省省长。

① 1948年12月27日中共中央批准，中国人民解放军闽粤赣边纵队于1949年1月宣告成立。
② 绘制参考《闽粤赣边纵队史》编写组：《闽粤赣边纵队史》，广东人民出版社1995年版，图片页第13页。

韶关市曲江区小坑镇新貌

中山市东区长江乡是当年五桂山抗日根据地，如今这里崛起了一片
新城——凯茵新城。

仁化县"四好农村路"将美丽
乡村"串珠成链"

蓝天碧水——潮州市湘桥区锡美村

广东"最美山村"之一的揭西县京溪园镇粗坑村

五、人民生活水平提高

全省老区苏区教育、医疗卫生等基本公共服务水平不断提升，资源分布进一步优化，覆盖面更广，人民生活水平如芝麻开花——节节高。

1998年，怀集县诗洞镇凤南村建起的钱兴烈士纪念学校。

美丽如画的揭阳第一中学

知名上市药企深圳信立泰药业股份有限公司董事长叶澄海、廖清清夫妇先后为苏区五华县华城兴中小学、梅县丙村中学、梅县东山中学、梅州市高级中学以及华南理工大学等学校捐建教学楼、园丁楼、科学馆等设施数座。图为现梅州市梅县东山中学叶澄海教学大楼（左）、梅州市高级中学廖清清科学馆（右）。

2018年，紫金县人民医院新院投入使用。

2019年12月，饶平县第二人民医院投入运营。

2020年9月，台山市在斗山镇举办"红色乡村·美丽横江"旗袍秀活动。活动热情赞美横江老区新变化，新气象。

湛江市东海岛北域村近年举办"外嫁女回娘家，感受家乡新变化"活动。穿旗袍、吃海鲜，派红包，全村乐融融。

"老来乐"在梅州苏区

2018年东莞麻涌民俗文化旅游节中的大步万人宴。村民享受着和谐幸福的乡村大餐。

2019年化州市杨梅镇村民在文化广场观看粤剧演出

2019年陆丰市八万镇乡村舞狮闹元宵

2019年汕头市澄海区上华下陈村锣鼓喧天地举办龙舟赛

2021年连南第八届"稻鱼茶"文化活动周。整个活动主要以线上直播形式开展。

第六章
赓续红色血脉谱新篇

　　弘扬革命精神，传承红色基因，是为了革命薪火代代相传。新中国成立后，广东老区人民千方百计保护革命遗址，建设革命烈士纪念建筑物、革命纪念馆等传承红色基因、开展爱国主义教育的基地，为赓续红色血脉建立了丰富的红色宝库。同时，以多种多样的形式宣传老区精神，教育后人不忘初心使命。特别是党的十八大以来，全省传承红色基因的氛围更加浓厚，正是：忆往昔，古来即是英雄地，南粤何处不染红。看今朝，红色故事时时讲，革命薪火代代传！

第一节
老区精神

老区精神是在党领导创建和发展革命根据地的实践中、在根据地党政军民长期艰苦卓绝的革命斗争中培育形成的伟大革命精神。它源于对党的无限忠诚、无比热爱，凝聚着革命先辈们的历史功绩和老区人民的巨大历史贡献。

无论是革命战争年代还是改革开放新时期，老区人民为党和国家作出了巨大贡献。老区人民对党无限忠诚、无比热爱。老区精神积淀着红色基因。在今天奔小康的路上，老区人民同样展现出了强烈的奉献奋斗精神。

——2016年4月24日，习近平在安徽考察时的讲话

2021年9月，党中央批准了中央宣传部梳理的第一批纳入中国共产党人精神谱系的伟大精神，"老区精神"位列其中。

2016年全国老区宣传工作会议上，时任中国老区建设促进会会长王健在讲话中概括提出"老区精神"。①

2017年4月，由惠州学院、惠州市老区建设促进会共建的广东革命老区（惠州）研究中心在惠州学院成立并挂牌。图为广东省老区建设促进会会长陈开枝（站者）在成立大会上讲话。

---

① 中国老区建设促进会：《走好新的长征路》，见《求是》2017年第2期。

第二节
红色旅游

全省各地老区充分发掘和利用革命历史文化资源，积极发展乡村红色旅游，大力弘扬和培育民族精神，促进老区经济社会协调发展。

2018年11月，汕尾红色文化旅游系列活动在海丰红场举办开幕式。

惠东县高潭镇中洞村利用革命遗址打造红色旅游特色小镇，成为国家AAA级景区。

仁化县大力开发丹霞红色文化旅游线路，主要有丹霞山→瑶塘新村→铜鼓岭红军烈士纪念园→恩村古村→红军长征粤北纪念馆→红军街等。2019年入选首批100条"广东省乡村旅游精品线"名单。图为铜鼓岭红军烈士纪念园一角的红军雕塑。

南雄市叫响"红色文化"品牌，深度开发红色旅游景区。图为油山帽子峰银杏观光旅游活动中欢乐的游客。

平远县红军纪念园每年吸引了众多游客前来参观学习

大埔县大力推进打造三河红色小城镇等，将红色旅游与美丽乡村结合起来，带动了老区经济发展。图为欢腾的客家古寨。

"红+绿"更精彩。龙门县将红色革命历史与绿色自然景观等相结合，大力发展乡村旅游。

2016年，徐闻县着眼红色资源优势，提出率先打造"中国大陆南极村（又名放坡村）"，改造和发展"小而美"的海边特色民宿，带动了红色旅游。近年成为各地游客青睐的网红打卡点。

第三节
追寻足迹

响应新时代的召唤，越来越多的人加入追寻"红色印迹"行列，缅怀革命先烈，传承革命精神，铭记初心使命。

2016年8月，广州地区部分红军后代参观纪念红军长征胜利80周年《红军长征过粤北》图片展，与图展主办方广东省老区建设促进会的领导合影。

2016年7月，广州市东江纵队研究会应邀参加烟台市举办的纪念东江纵队北撤70周年大会。图为来自广州、深圳、香港、北京等10个城市的革命后代130多人在山东省济南市长清区"东江纵队抗日将士北撤山东纪念碑"前合影。（父辈于1948年8—9月间就在此地参加济南战役，攻城拔寨。）

2017年，潮州市千人徒步重走红军路。

2017年5月，由北京、广州等地革命后代组成的"八一征程寻访团"来到大埔县三河坝追寻父辈足迹。

2017年11月，中山市桂山中学高一级师生徒步10多公里行到革命老区村五桂山槟榔山村，在革命烈士纪念碑前敬献花圈。该活动已开展了23年，从未中断。（该校是抗战时期，五桂山敌后根据地抗日民主政府建立的中学）

2019年6月，揭西县南山镇火炬村举行红色之旅千人徒步活动。

抗战时期，广州市黄埔区是东江纵队最前沿的前进基地。成立于2019年12月的黄埔区永和街"东纵精神传承连"，由退役军人组成，以"追寻前辈足迹，赓续红色血脉"、继承发扬东纵精神为主旨，积极参加社会治理和公益工作，担当有为、无私奉献。

革命后代通过多种方式，追寻父辈足迹，继承革命传统。图为2019年老一辈革命家后代刘康、张峰、黄煦、邓北生等参加南雄重走红军长征路活动。

革命烈士林基路生前战友的后代到台山市都斛镇悼念革命前辈

2021年12月，老一辈无产阶级革命家刘少奇、周恩来、叶挺、彭湃、古大存、阮啸仙、周其鉴的后人，应邀参加在海丰举办的"岭南学术论坛"红色主题研讨会。

第四节
教育课堂

革命传统教育紧跟时代步伐，继承和发扬革命先烈的革命精神、优良作风和高尚品德。

彭湃烈士孙女彭伊娜在讲述爷爷的故事

2015年11月2日，当地学生参加化州市革命历史纪念馆揭幕仪式，接受革命传统教育。

2019年6月，湛江市霞山区组织党员在遂溪县支屋村支仁山烈士故居前举行重温入党誓词活动。

阳江市阳东区丹载村的孩子们听老前辈讲述老区革命故事

广州地区老游击战士联谊会受邀在广州开发区外来工子女暑假夏令营上为孩子们讲述抗战故事

第五节
佛山市革命老区

佛山市行政土地面积3797.97平方公里，2020年末常住人口951.88万人，老区村庄（自然村）432个。

1921年夏，在南海县佛山镇从事工人运动的王寒烬、梁复燃被吸收入党，成为中共广东支部的成员。他们于次年被派回佛山从事工运，南海、顺德、三水、高明县工农运动蓬勃发展。1927年广州"四一五"反革命政变后，党的活动被迫转入地下。土地革命战争时期，各地恢复建立中共组织和农民武装。抗日战争时期，在顺德建立了西海抗日基地，在南海、三水边境地区建立了南三边境抗日游击区，在新会、高明、鹤山交界地区建立了新高鹤抗日游击区，在高明开辟了以皂幕山和老香山为依托的抗日游击根据地。1941年10月，广游二支队取得了西海大捷的胜利。1942年冬在南海组建抗日游击队，后发展成为珠江纵队独立第三大队。解放战争时期，粤中党组织以坚持隐蔽斗争的武装人员为骨干，依靠和发动群众重建队伍，开展武装斗争，粉碎了国民党军多次"扫荡""围剿"。高明合水一带是粤中纵队主要革命根据地之一。在长期的革命斗争中，佛山有"三谭"（谭平山、谭植棠和谭天度）、邓培、陈铁军、梁桂华、吴勤等著名的革命志士。

一、高村——人民武装的坚实基地

从土地革命战争到解放战争时期，更合镇高村都是红色根据地。1929年，当地人、革命志士陈汝棠筹办了宝贤义学，成为实行新文化教育、传播新思想的阵地，培养出一批优秀人才，为高明党组织的恢复和重建作出了贡献。1944年有20多位青壮年农民参加高明人民抗日游击队第三大队。1946年恢复武装斗争时，高村向人民武装借出步枪70多支、稻谷10多万斤，是全乡借出最多的村庄。1948年秋，村民陈西树偶获省保警第十四团一营三连（加强连）准备"清剿"合水镇的情报，连夜跑了20多

中共高明三小支部旧址——位于更合乡高村的宝贤义学

陈汝棠（1893—1961）
更合乡高村人。爱国民
主人士。新中国成立后
曾任广东省副省长。

里山路到解放军新高鹤部队驻地报告。接
到情报后，部队共300多人提前一天在合水
塘面村谷地设伏，第二天全歼国民党1个加
强连。此战受到中共中央香港分局的通令
嘉奖，成为广东解放战争时期全歼敌一个
加强连的著名战例之一。

二、显纲村的红色印记

南海县狮山镇显纲村，在大革命时期就活跃着一批
共产党人。出生于显纲村的张云峰，1924年加入中国共
产党，任佛山工人代表会执行委员和秘书，积极协助村
里开展农民运动。1927年4月，遭国民党反动军警逮捕后
牺牲。

1927年7月在显纲村建立了中共南海县委员会，广东
省农运特派员陈道周任县委书记。南海县委成立后，建
立起显纲、隆庆、滘口、龙溪、里水等一批支部，恢复
和发展党员70人。南海县委还大力组织农民协会，开展
农民运动，并组织农民赤卫军配合广州起义。

1937年卢沟桥事变后，显纲小学校长张泉林大力支
持教师开展抗日宣传活动。共产党员黎万欢、崔永康等
几位进步老师在教学之余举办农民夜校、妇女识字班，
出版墙报，开展抗日宣传。显纲小学成为开展抗战活动
的重要革命据点。

张云峰在1928年10月6日写给母亲和新婚妻子
的绝笔书："……还有二点钟，我就要受死刑
了，我是笑的死，不是哭的死，请你不用悲
伤……"书信体现了其坚强的革命意志。

显纲小学旧址——显纲村"东庄张公祠"

显纲村的中共南海县委旧址

三、广三铁路见证英雄往事

广三铁路自广州石围塘至佛山三水，是广东最早修建的铁路。1926年，在中共广东区委和中华全国总工会的组织指导下，广三铁路建立了党、团组织和总工会。总工会会址设在石围塘火车站，会员有800多人。

1927年4月15日，广州发生反革命大屠杀。当日凌晨3时，国民党军集结力量，包围了石围塘火车站。广三铁路工人纠察队与敌人激战一个多小时，但终因寡不敌众被迫撤退到南海大沥。掩护撤退的总队长陈濂、中队长黄寿等10多名工人被敌军捉获，其中六七名壮烈牺牲。12月11日在广州起义中，广三铁路工人参加了工人赤卫队联队，战斗打响后直扑石围塘站，迅速占领广三铁路管理局。在战斗中起义部队歼灭李汉魂部一个连，同时还攻占了芳村花地警察局及沿线几个车站及部分乡村。12月13日，驻守石围塘的起义部队接到命令撤出战斗，途中遭到敌人重兵包围。经过几个小时激战，起义部队付出巨大伤亡才冲出重围。有十几位在石围塘站来不及撤离的和受伤的工农赤卫队员，被国民党军队押到垃圾岗（今广州市荔湾区石围塘盐仓附近），全部杀害。

（正面）中华全国铁路总工会广东办事处，（背面）广三证章。

石围塘火车站旧貌

广三铁路西南三水站旧址

四、青砖文选楼：秘密的革命堡垒

高明小洞村的文选楼原是当地农民防盗护村的更营。在峥嵘岁月里，这里深深刻下了很多红色印记。

20世纪20年代，中共组织派员前往高明指导工农运动和开展党建工作，更合各乡纷纷成立了农会以及农民自卫军，而小洞农会的会址就设在文选楼。1932年，小洞一批有志青年在文选楼创办和平学校，组织"激鸣社"，开展反帝反封建宣传活动。在党的号召和组织下，陈耀聪、陈励生、叶琪、黄之锦等人在小洞村按要求培育骨干队伍。1938年成立了中共小洞支部，并通过持续地上课教学和开办夜校，不断培养革命力量。1939年初，广东省第四战区战时工作队130队进驻小洞，开办识字班、组织歌咏队，开展抗日救亡宣传活动，帮助小洞培养革命骨干、发展青妇抗会组织，小洞抗日根据地初步形成。1939年3月，中共高明县第一次党员代表会议在此召开，选举产生中共高明县委员会。抗日战争期间，高明县委曾多次在此举办党员训练班、学习班，对党员进行形势教育和革命气节教育。

在白色恐怖的年代，小洞党组织、小洞常备队及小洞人民经受住了敌人一次又一次的"清剿"和围攻。1947年，小洞的游击战争蓬勃发展。小洞成为当地革命斗争的一面旗帜，文选楼见证了光辉历史。

小洞村文选楼，和平学校旧址。

五、滩南乡："白皮红心"政权

1946年顺德滩南乡辖下有右滩、安富、东村、南华4个自然村，时任乡长黄健是位进步人士，1947年冬被吸收加入中国共产党。自此，滩南乡的政权掌握在中共手中，成为"白皮红心"政权。通过创办东村小学，以办教育为掩护，一批地下党员积极开展对抗国民党政府反动统治的活动。1948年9月建立了中共东村支部，黄展平任书记。支部领导在东村、安富、里海等地秘密建立地下农会组织，组建和发展农民武装，以多种形式发动农民群众开展反"三征"斗争。随着东村据点的日益巩固，又有滩南乡两面政权的庇护，1949年2月，顺德工委机关迁入东村，全面指导滩南各乡进行组织武装，多次召开全县性会议，研究发展党组织、壮大骨干力量、迎接解放军、做好筹款筹粮等工作。10月，东村武装队伍汇合滩南各村，开赴杏坛右滩与顺德各地人民武装集结会师，组成顺德独立团，协助人民解放军解放顺德全境。

2004年建的东村革命老区纪念碑

今东村党史革命史展览馆一角

第六节
韶关市革命老区

　　韶关市辖区土地总面积18400平方公里，2020年末常住人口336.6万人，老区村庄（自然村）4796个。

　　韶关市地处粤湘赣三省通衢的"红三角"地区，具有深厚的红色文化底蕴。1926年冬成立中共北江地方执行委员会，领导工农运动蓬勃开展。土地革命战争时期，北江农民暴动成为广东农民暴动的重要地区，其中仁化双峰寨战斗被称为"广东农民暴动中最伟大的战斗"。1928年南昌起义军余部千里转战粤北，会师井冈山。红四军、红五军、红七军、红三军团等红军主力部队先后在这里留下了光辉的战斗足迹。1934年10月红军长征经过南雄、仁化、乐昌三地，突破敌人三道封锁线，其间都得到当地党组织和人民群众的积极支援。留守中央苏区的红军部队，在南雄油山为中心的粤赣边区进行了艰苦卓绝的三年游击战。抗日战争时期，中共广东省委（后粤北省委）机关先后驻韶关西河、南雄瑶坑、始兴红围、五里亭近4年。解放战争时期，东江纵队北江支队、西北支队挺进北江，开展游击战争。1947年五岭地委领导成立了7个区民主政府。1949年各地发动群众参军参战支前，有力配合南下大军解放了粤北全境。

一、北江农军参加南昌起义

　　1927年八一南昌起义中，北江工农自卫军是除叶挺独立团之外的唯一一支由中共指挥的成建制参加南昌起义的工农武装。

　　广州"四一五"反革命政变后，中共广东区委决定北江特委立即集结北江农军北上武汉参加武装斗争。4月底，由粤北各地农民自卫军、粤汉铁路工人纠察队、北江农军学校学员、南（雄）韶（关）连（州）各地政治讲习所学员等组成了北江工农自卫军，下辖三个大队，总指挥罗绮园（后叛变），副总指挥周其鉴，参谋长朱

1927年5月1日韶关工农武装在宝林寺举行北上誓师大会

云卿。5月1日，北江工农自卫军1200多人在韶关宝林寺举行北上誓师大会，随后打着犁头红旗出发北上。朱云卿率领北江农军学校学员和农民自卫军，在湘南郴县与周其鉴率领的大队会师，不久参加了南昌起义，成为起义时的主攻队伍之一。

南昌起义后，北江工农自卫军大部分被编为第二十军三师六团三营，营长唐振、龚楚（后叛变）、卓庆坚先后任营指导员。10月上旬，起义军南下部队在潮汕失败，自卫军一部跟随朱德上了井冈山。

卓庆坚（1903—1927）

广东大埔人。曾任北江农军学校政治教官。

北江农军学校旧址（位于今韶关市浈江区建国路市粮食局所在地）

二、坪石与抗战中的中山大学

抗战时期，国立中山大学于1940年8月迁至粤北重镇乐昌坪石办学。中共粤北省委十分重视青年学生运动，直接领导中山大学的党建工作。省委青年部副部长张江明常年驻在坪石老街指导工作。在省委领导下，多个学院秘密设立了党支部，地下党员先后有100多名。党组织团结进步力量，形成统一战线，有效地推

动了中大的爱国民主和抗日救亡运动。

在艰苦的办学条件下，党组织的工作和中大的革命活动得到当地人民的大力支持。省委曾在乐昌县城和坪石镇分别举办了两期党员骨干学习班，聘省委各部长讲授马列、中共中央政策、党的建设、统一战线、工农青妇群众运动等课程。广大师生与坪石人民共同度过了

抗战时期广东省委青年部机关所在地旧址——乐昌县城苏家祠

坪石老街广同会馆（国立中山大学韶关本部旧址）

4年多的坎坷岁月。

1944年7月，中山大学党组织根据上级指示，动员青年学生参加东江纵队。中山大学有200多青年学生（整个粤北有五六百人）长途跋涉经过国民党统治区，冲破重重封锁和阻挠，全部安全到达东江纵队总部。他们参加东江纵队举办的青年培训班后，被派往广东各地继续从事革命武装斗争，并很快成为各条战线的骨干。

三、"革命功高"——黄沙坑

抗日战争时期，新丰县黄礤黄沙坑建立了党支部，逐渐成为地方游击队和东纵北江支队开展革命武装斗争的根据地。1945年8月，由林锵云（珠江纵队司令员）、王作尧（东江纵队副司令员）、杨康华（东江纵队政治部主任）组成的挺进粤北前进指挥部，率1200多人北上迎接王震部队，途经此地，指挥部设在萃英书舍。在部队到达前，地方党组织发动群众筹粮3000多斤、生猪10多头，以及蔬菜等一批物品支援部队，并派出向导护送。

据记载，黄沙坑村在革命战争时期有400多人口。至新中国成立前夕，全村90%的村民参加了农会，有56人加入了党组织、游击队或民兵组织，有烈士数人。1949年8月，中国人民解放军粤赣湘边纵队北江第一支队司令部、政治部授予黄沙坑村"革命功高"锦旗，以表彰他们为革命作出的杰出贡献。

黄沙坑含水抗日根据地指挥部旧址

近年建起的黄礤镇黄沙坑村红色文化广场

四、全赓靖：英雄血染杜鹃红

全赓靖出身于一个满族贵族家庭，就读于北平艺术专科学校。后千里迢迢来到广东，从一名爱国的民族资产阶级知识分子成长为坚强的共产主义战士。

1932年全赓靖与广东梅县人叶绍振结婚。1937年全面抗战爆发后，她携儿带女从北平来到丈夫的家乡梅县避难，1939年9月受邀到粤北始兴风度学校任教导主任、校长。在中共地下组织的教育和支持下，她团结师生，宣传抗日救亡，实行新的办学方式，为革命做了许多工作。1945年2月，全赓靖把学校收藏的枪支弹药交给了共产党游击队打日本军。她受地下党委托，不顾个人安危，全力营救在国民党狱中的爱国知名人士张光弟等人。北江特委林华康来始兴被国民党拘留，全赓靖以校长名义将他保释。1945年5月，全赓靖加入了中国共产党，不久参加了始兴抗日风度大队。同年8月，为疏散后方医院的伤员而来不及撤离，她和10岁的女儿叶元桐在始兴县外营村不幸被国民党抓捕。面对敌人的严刑拷打和威逼利诱，全赓靖坚贞不屈，被国民党杀害，年仅36岁。

始兴司前小学校园内的全赓靖烈士塑像

新中国成立后，始兴县人民政府为纪念全赓靖这位女英雄，将她的英名刻在了烈士纪念碑上，并将司前小学更名为"赓靖小学"。

五、黎明前的曲江大桥

1949年春，随着解放军挺进江西，韶关浈江境内地下党的工作任务重点转入配合南下大军，做好解放韶关的准备，掌握和扩大武装力量。同时，地下党员紧张而秘密地进行联络、宣传，发动群众开展护厂、护桥、护校等斗争。

韶关城南的曲江大桥（又称南门桥）横跨浈江，是纵贯南北交通运输的重要通道。中共曲江县委在展开护桥斗争中，负责人李凌冰策反了市郊东厢乡乡长谭维亚跟地下党合作。谭接受地下党派人当该乡的自卫队队长，使党组织完全掌握自卫队40多人的武装力量。10月6日，解放军攻下南雄后，连夜行军，于7日凌晨到达韶关城外，兵分两路，南北夹攻解放韶关。城里的国民党反动派不甘心失败，命令东厢乡自卫队炸毁曲江大桥，自卫队借故拖延不执行。敌人又用汽油放火烧桥，妄图阻挡南面的解放军进城。桥面火刚引燃，就被自卫队与解放军先头部队迅速扑灭，市民群众也纷纷自发前往抢险灭火。军民齐心保住了曲江大桥。两个方向的解放军分别从南门、北门进城胜利会师。当解放军战士高举一面面红旗在曲江大桥面飘扬而过的时候，人民群众沸腾欢呼。

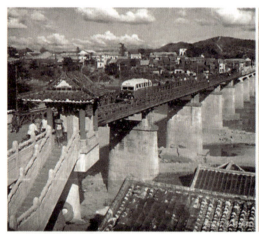 

解放初期的曲江大桥

曲江大桥今貌

第七节
河源市革命老区

　　河源市土地面积15700平方公里，2020年末常住人口283.56万人，老区村庄（自然村）3680个。

　　大革命时期，中共党员阮啸仙、刘尔崧、黄居仁在家乡开展马克思主义宣传，被誉为"河源三杰"。东征军两次经过河源，传播了革命火种，建立了地方党组织，促进了工农运动的兴起。河源、紫金与海陆惠农民运动成为广东地区农运先声，1972年紫金"四二六"武装暴动彪炳红色史册。土地革命战争时期，中共紫河特区委建立，创建了"海陆惠紫""五兴龙""惠紫河博"等根据地和游击区，在紫金、龙川、东源等地成立了苏维埃政权。红二师、红四师、红十一军都曾在河源地区浴血奋战。抗日战争时期，各县区以各种形式组织广泛开展抗日救亡运动和武装斗争，东江纵队第三支队挺进九连山地区进行敌后斗争，龙川老隆成为营救滞留香港文化界名人的重要接待站和中转站。解放战争时期，和平县是党组织和人民武装在粤赣湘边革命斗争的中心区域。地方武装坚持游击战争，为配合中国人民解放军解放河源全境作出重要贡献。

一、紫金血田碑

　　1927年"四一二"反革命政变后，紫金县人民在党的领导下举行了"四二六"武装暴动，成立了县人民政府，颁布了"十大施政纲领"。由于国民党反动派的疯狂反扑，紫金县党政和农军机关转到苏区炮子垌坚持斗争。至当年12月，中共紫金县委、紫金县苏维埃政府先后成立。革命烈火遍布全县各地，给国民党反动派和地主豪绅以沉重打击。

　　1928年，国民党反动派调集重兵并纠集地方民团，对海陆惠紫苏区进行大规模"围剿"，实行惨无人道的烧、杀、抢和"拉网式"清乡，大肆逮捕革命者。农历三月、十月，反动派在县苏维埃门口的8分地面积的古井丘，前后两次用机枪集体屠杀

"血田"碑志

共产党员、革命干部和人民群众共450多人。烈士的鲜血浸满稻田，溢出田埂。后来人们称该田为"血田"，此次大屠杀史称"血田"事件。20世纪70年代中期，当地为纪念死难烈士，建成"血田"广场，竖立碑记。

"血田"遗址

二、紫河人民战洪灾，扩红区

1932年春，东江地区发生了严重的洪灾，东江"沿岸一带浸没无遗，遍成泽国"，"以农作物损失为最甚"。自然灾害使老百姓陷入极端困境。

5月26日，中共惠紫河博县委发出《为严重灾荒告惠属各县工农劳苦群众书》，7月12日又发出《夏收斗争口号》，号召惠属各县农民"不交租、不还债、不征粮、不纳税"，实行土地革命，发展游击战争，拥护红军、苏维埃。县委所辖的紫河特区委积极领导紫河人民开展夏收斗争，在山区开展游击战争，并给中国工农红军第六军第二师（不久改称东江独立师）输送了一批兵员。7月27日惠紫河博县委机关报《群众》报道，河源"蓝口康禾洞群众日前召集联乡大会，决议通过租债一律至低限度三成，以至完全抗（交），并准备武装与地主豪绅冲突，组织游击战斗，肃清乡村反动势力，创造赤色区域。康禾的曲龙、田坑、鹿头嶂，叶潭的刘屋排、麦畲、河坑角、段心、赤岭、刘岗、水巷、高畎等10多个村庄（近700多户3000人口）成为红色游击区"。

1932年河源的一次洪灾，人们乘船撤离险地。

当年的红色游击区——今东源县康禾镇曲龙村一景

三、九连"小延安"

全面抗战时期，东江纵队第三支队挺进和平县九连山，在古寨镇嶂下进行革命活动，这里成为和东区武装斗争的首面红旗。1946年东江纵队北撤后，嶂下重新举旗开展斗争。解放战争时期，这里是中共九连工委和东分工委、和东行政委员会、粤赣湘边纵队东二支指挥部所在地，开辟了和东、和北、川北乃至川中、河西等大片根据地。嶂下成为根据地的大本营，建立了培训站、战地医院、报社、弹药库等机构。火热的战地生活，根据地的光明前景吸引了本地及兴梅、潮汕、赣南乃至广州等地大批热血青年前来投奔。一时间嶂下声誉远播，"小延安"声名不胫而走。九龙解放前夜，东二支三团与驻地的六团会师于此，拉开了全面解放九连地区的序幕。

九连"小延安"标志墙

嶂下村的牌楼五星鲜艳

四、1949年咸水塘谈判

1949年初，党中央吹响"解放全中国"的号角。中国人民解放军粤赣湘边纵队在九连山斗争中取得白马等战斗"五战五捷"的基础上，按照中共中央香港分局和粤赣湘边区党委的部署，通过近半年的反复和谈，敦促国民党军和地方保安部队接受中国共产党的主张，投诚起义。

当时，粤赣湘边纵队东江第二支队（简称东二支）与驻守河源蓝口的国民党地方保安第十三团（团长曾天节①）展开秘密谈判。5月7日在河源县蓝口咸水塘举行了第三次谈判，就该团有关起义事项达成协议（史称"咸水塘谈判"）。这次谈判成为老隆战役和老隆解放的一

---

① 曾天节（1906—1995），广东五华人。黄埔军校六期生，1927年春加入中国共产党，后脱党。新中国成立后，曾任广东省政协副主席。

个关键节点。5月14日，曾天节率国民党保十三团攻打龙川县老隆镇国民党守军，同时向全国拍发《起义通电》和由吴奇伟等8人联名发表的《我们的宣言》，起义部队奉中共粤赣湘边区党委令，改编为"中国人民解放军粤赣湘边纵队第四支队"（简称边纵四支队）。

"咸水塘谈判"成功策动并促成粤东、闽西等地区国民党军官兵相继连片起义（史称"粤东起义）"，从而加速了华南地区的解放。

咸水塘谈判旧址——东源县蓝口镇咸水塘围屋

粤赣湘边纵队第四支队主要领导：（前排）司令员曾天节；（后排左起）参谋长刘勉、政委郑群、政治部主任黄国伟（黄华）。

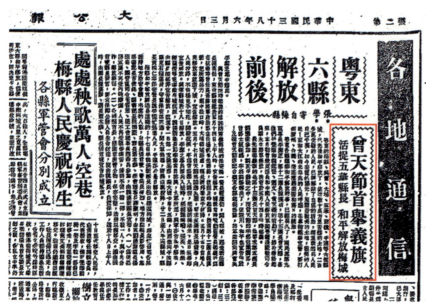

1949年6月3日《大公报》报道《曾天节首举义旗》的消息

五、"支前模范"河西支前民工营

1949年8月17日，中共河西区委和人民政府在船塘畲寮岗举行盛况空前的迎军支前大检阅，在河源解放区形成了前所未有的迎军支前热潮。人民群众踊跃行动起来，有粮出粮，有物出物，有力出力。

河西区各乡青年为了参加民工，争先恐后到各乡人民政府报名，有的青年干脆带上行李，在乡政府等待批准。经过挑选，河西区选出民工1300多人组成民工团，由县委领导带队随野战军南下。河西民工在河源城经过再一次精选，由420多名民工组成一个主力营，并立即随两广纵队第一师南进。随部队参加解放惠州之战后，接着直抵博罗龙华，将部队收缴的军用物资挑运到樟木头。此时，两广纵队进军珠江三角洲，民工营随部队经东莞、虎门，越过珠江口进入顺德容奇镇，参加前山追歼残敌的战斗行动。支前工作结束后，两广纵队对支前民工进行了表彰，授予河西民工营"支前英雄""支前模范""支前功臣"等光荣称号。

河源县人民政府旧址——东源县上莞太阳村

1949年支前民工运输队随部队开赴前线

冯燊

新中国成立后，曾任广东省政协副主席。

禤荣

新中国成立后，曾任广东省政协委员。

吴有恒

新中国成立后，曾任广东省人大常委会副主任。

1997年，恩平市在鳌峰山东侧人工湖的小岛上建立的三老纪念亭。

二、依靠群众掩护特委工作

1940年10月，中共广东中区[①]特委机关从开平县赤坎镇转移至远离城镇的鹤山县大朗乡回龙村。特委领导成员分散居住在乡村当地党员家中，根据上级指示采取各种措施开展党的秘密工作。特委书记刘田夫驻大朗乡回龙村，公开身份是"行商"；特委组织部长陈春霖驻新会石桥乡桥下村。在新鹤县工委和大朗支部的配合下，通过发动群众争取支持，先后建立了一批秘密交通联络点和交通联络站，如"万隆客栈""源昌杂货店""华丰米店"等，采取多层次和多种形式

---

① 抗战时期中共中区特委领导所辖新会、开平、台山、恩平、鹤山、阳江、阳春、高明、新兴、中山、南海、顺德、番禺等县。又称粤中区。

抗战时期中共广东中区特委机关旧址（位于鹤山址山大朗回龙村）

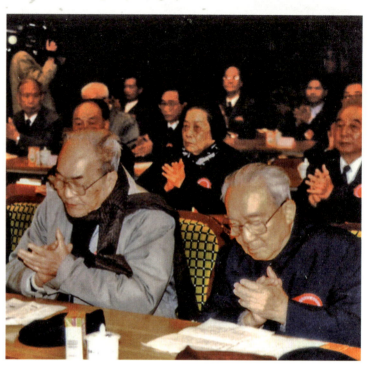

1995年1月，刘田夫（前右）在广州纪念珠江纵队成立50周年大会上。前左为梁嘉。

开展活动。这一时期，中区特委领导秘密发展党的组织，建立农村支部和地下武装，分化和瓦解伪政府及国民党地方组织；领导中区的抗日团体，掌握或创办了一批刊物，建立了广泛的抗日宣传阵地。由于大朗群众基础好，又有当地党组织和群众作掩护，中区各级党的机构得到保护，不易被敌人的鹰犬所破坏。中区特委机关驻回龙村一年多，于1942年初安全撤离。新中国成立后，曾任广东省省长、中共广东省委书记等职的刘田夫在回忆这段历史时指出："我们有一条很宝贵的经验，就是紧紧依靠当地的党员和群众，否则，无法开展工作和隐蔽下去。"[1]

三、交通联络网彰显群众力量

1942年"粤北省委事件"发生后，新会党组织完全转入隐蔽活动。县委把建立交通站作为沟通联系的主要方法之一。1942年入冬以来，除江门、会城之外，在农村的田金、井岗、桥下、杜阮、大井头、上凌、朗头、木江、司前荷塘、七堡、崖西、崖南、小冈、礼乐等地都建立了交通站，组成了星罗棋布、纵横交错的交通联络网，联络着新会全境和粤中、珠江地区的各条交通线。

当时，国民党顽固派的反共活动愈演愈烈，局面日益严峻。各根据地进步群众冒着危险，掩护地下党，踊跃支援革命斗争。

① 刘田夫：《刘田夫回忆录》，中共党史出版社1995年版，第85页。

1944年6月、8月，中山八区抗日游击大队（代号"泰山大队"）大队长陈中坚（陈忠）、新鹤人民游击队指导员张峰（张钊）在战斗中受伤，分别被秘密送到三江赵启支书家、桥亭的竹全祖（祠堂名）养伤，得到当地人民的精心保护和医生的治疗，两人因此较快治愈后重返前线。大泽桥亭偏僻隐蔽，群众基础好，十五区队和新鹤游击队的军粮很多存放在此处。当地自卫队和群众一起，为保护粮食，防止敌人偷袭，自觉站岗放哨。泰山大队、隐蔽在会城的地下党员遇到经济困难时，都曾数次派员到三江支部求援，三江支部书记赵启克服困难，分别给他们慷慨支援款项折稻谷3万、1万多斤。

抗战后期，中共新会县委机关旧址（位于江门沙仔尾竞新坊11号）。

新会端芬镇大隆洞田心村，黄泥砖房子是当年交通站遗址。（摄于1997年）

四、开平：党组织渗透和掌握自卫队①

抗日战争时期，开平党组织认真贯彻上级的指示，重视武装建设。对由党组织推动组织起来的，或在中共抗日统一战线指引下、地方自行组织起来的自卫队，开平党组织都千方百计派党员进去工作，从而使这些自卫组织成为"白皮红心"武装队伍。他们在党组织的领导下，对保卫家园、推动当地开展武装抗日发挥了积极作用。还有的举行武装起义，壮大了革命队伍。部分自卫队简况如下表所示。

成立时间、名称	人数	队中共产党员	主要事迹
1938年7月 护龙民众抗敌自卫中队	99人	护龙党支部三分之二的党员参加；中队副队长是共产党员邓世英。	经常进行军事训练，夜间执勤，并与本乡学校师生一起到各村进行抗日宣传活动，还积极组织群众进行赈米救荒工作，影响较大。
1944年6月底 幕冲人民抗日自卫队	100多人，分两个中队	前身是县战时工作队第一中队（均是共产党员的谭行任中队长、伍辉为第一分队长）。建立自卫队后由伍辉任大队长。	在保护群众、打击日本侵略者方面作出许多努力，立了不少战功，得到乡民的赞誉。
1944年6月 织帽村自卫队	80多人	该村是开平党组织地下活动的一个老据点。自卫队由共产党员周木友任会长的抗敌后援会发展而来。	1944年7月，日军沿公路向西北进犯，逼近马冈。自卫队埋伏村边，向日军扫射，大大鼓舞了群众的抗日斗志。
1939年秋 长塘洞自卫队	70多人	队长、副队长、事务长等，由党组织派党员谭炳池、李重民、张峰等先后担任。	1944年11月下旬举行武装起义，成立台山、开平、恩平长塘洞人民抗日游击队，后改编为广东人民抗日解放军第四团。

开平乡间随处可见隐于田间的碉楼，是当年人民武装活动的场所之一。

① 开平市革命老区发展史编委会编：《开平市革命老区发展史》，广东人民出版社2020年版，第96—97页。

五、深明大义支持儿女革命

恩平君堂村人郑芷腴（1870—1951），抗战初期任恩平县第一届参议员、独醒学校校长。当时，中共恩平党组织取得了郑先生对抗日救亡运动的支持，同意安插共产党员到校任教，使共产党员有了合法的身份领导抗日救亡运动，共产党员也以此作掩护，使独醒学校成为恩平县委活动据点。郑芷腴长期支持革命事业而成为当地党组织的挚友。

其六子郑挺秀毕业于广东国立中山大学经济系，是1933年初中国文化总同盟广州分盟成立时的骨干之一，1934年1月被反动当局逮捕，同年8月英勇就义。郑芷腴痛失爱子，但深明大义，没有畏缩，更以实际行动表达对共产党的同情与支持。在他的鼓励下，其十多位儿女和儿孙媳投身革命洪流，家庭中有二子二女四孙都在抗日战争时期成为共产党员。

郑芷腴校长

其子郑挺秀（1909—1934），广州文总六烈士之一。

恩平市君堂镇独醒学校旧址

独醒学校党支部旧址

第十四节
阳江市革命老区

阳江市土地面积7955.9平方公里，2020年末常住人口260.59万人，老区村庄（自然村）3141个。

1926年3月，中共阳江县支部建立。同年雅韶乡农民协会成立，这是由共产党建立的阳江县第一个乡农民协会。之后阳江农民运动风起云涌，不久成立了县农会总会。1927年广州"四一五"反革命政变后，首任支部书记敖昌骙等十多人被捕后英勇就义。当年冬中共阳江县委成立，以阳东丹载村为党组织活动的主要据点。1938年7月阳江恢复了党组织，成立了两阳特别支部。广泛发动各阶层人士进行抗日救亡工作，并在学校、农村发展党员，成立抗日队伍开展武装斗争。解放战争时期，建立了党领导下的阳春、阳江和恩阳台边区3支武装队伍，开辟了大片根据地。配合人民解放军二野四兵团在阳江、阳春地区围歼国民党残部。在"两阳"围歼战和不久后的解放海南岛战役中，阳江人民全力以赴开展支前工作。1950年初开始，一手抓剿匪巩固政权恢复生产，一手协助部队先后在东平、闸坡等渔港征用木帆船，进行海上备战解放海南岛。

一、阳江农运——风云涌动始雅韶

1925年8月，在广州从事革命活动的阳江籍青年谭作舟回到家乡雅韶村，与敖华衮等一起开展农民运动，成立了阳江县第一个乡农民协会——雅韶乡农会。农会开展减租减息活动，深受广大贫苦农民欢迎。为扩大影响，雅韶乡农会举行了一次大游行，100多名会员手持小旗，浩浩荡荡走到雅韶圩，一路高呼口号，号召更多农民加入农会。

次年5月，广州农讲所第五届学员、已是共产党员的谭作舟调回阳江从事革命工作，任中央农运特派员驻两阳办事处主任、中共阳江县支部委员。他和同志们积极深入到农村中，以组织农民座谈会、唱革命歌曲、讲革命故事等形式宣传革命道理，引导农民群众走革命道路，追求不受剥削压迫的生活。入夏，阳江县普遍建立了乡农会，当年全县共建立乡级农

谭作舟（1903—1928）

民协会80多个，会员12000多人；11月初，阳江县农民协会正式成立。县、区、乡三级农会建立后，开展了轰轰烈烈的减租、减息运动，震撼了地方封建统治势力。雅韶乡农会成了阳江农民运动的先导，谭作舟成为当地农民运动的领袖人物。

阳东雅韶乡农会旧址

二、坚强的战斗堡垒——先农乡党支部

中共先农乡支部是阳春第一个农村党支部，成立于1940年3月。1945年3月18日，广东人民抗日解放军第六团在先农乡建立，乡里大部分党员和积极分子参加六团的武装斗争。1946年，一批党员随东江纵队北撤，余下的几名同志继续留在当地从事地下党的工作，领导群众开展减租减息、发展民兵等一系列革命活动，充分显示了党的基层组织的战斗堡垒作用。1948年底，先农乡党支部成员先后到部队去，但党支部组织一直保留至阳春解放。在抗日战争和解放战争期间，先农乡先后有党员陈朝积、邓水生及战士韦越、苏成富、周刘建、周道生等六位优秀儿女为革命献出了宝贵的生命。

先农乡党支部旧址（位于阳春市春城街道七星村）

三、泰安烽火，红色横山

阳江县西平乡（今阳西县塘口镇）横山村的边上有座古堡——泰安堡，亦为横山小学校址。1940年，为应对国民党反共逆流，中共两阳（阳江、阳春）工委第二次扩大会议决定"扎根农村，建立农村根据地"，在农村开展抗日宣传活动。同年8月，阳江县委通过统战关系安排廖绍琏到横山小学任校长，在此建立阳春县金堡、阳江县横山一带党组织的落脚点。同月，在横山村成立了金横地区第一个党支部——中共横山小学支部，书记林元熙。党组织一面在当地开展统战工作，团结争取社会进步人士对革命工作的支持；一面深入宣传发动群众，办农民识字班，组织文艺宣传队，穿村过寨宣传抗日，并于1941年初组建了一支有80多人的横山民众抗日自卫队。抗战后期，横山小学支部积极培养、发展农民先进分子入党，使党组织在农村扎根。至中华人民共和国成立前，横山地区一直是两阳党组织的重要基地之一。

横山小学旧址

横山红色展馆一角

四、红色大本营表竹村

解放战争时期，阳春市阳东区新洲镇（原阳江县三山镇）表竹村是恩平、阳江、台山三县边区革命活动中心。1949年2月，中共恩阳台（边）县工委成立，建立了粤中人民解放军滨海总队恩阳台独立大队（代号黄海大队）。部队驻扎表竹村，以表竹小学为活动基地，成为活跃在恩平南部、阳江东部、台山南部的武装力量之一。

那时候学校教室是部队营房，球场是练兵场，武工队员们就在这里学习爬墙爬梯等技能。每次参加战斗在村里兴师出发，归来时受到群众热情款待。在一年多时间里，部队经历了平田桥伏击战等大小战斗20多次。因此，国民党反动派把表竹村视作眼中钉、肉中刺，先后疯狂地"扫荡"10多次。1949年10月4日，国民党军300多人趁恩阳台独立大队主力部队和武工队外出，对表竹村进行"大扫荡"。村里37名民兵英勇迎击，展开巷战。后来主力武工队前来增援，敌人狼狈而逃。这一仗，村里有20多间房屋被烧毁，400多对门板被毁烂，敌人抢走耕牛等财物一批。

表竹村群众爱憎分明，不计较得失，在人力、物力上支持部队战斗和生活供给，成为恩阳台独立大队大本营和革命堡垒村。

恩阳台独立大队活动旧址——表竹村小学

今日表竹村

表竹村远眺

五、祖传遗产献给党

永生堂是一间有一百多年历史的老字号中药店，为共产党员曾昭常家里的祖传遗产。1946年5月，曾昭常将自己分得的家财永生堂中药店全部奉献给党组织，永生堂从此成为阳春党组织的领导机关和阳春最重要的交通联络站。中共两阳特派员兼中共阳春县委书记陈明江等县委领导人，都经常到这里住宿、研究工作。1947年1月，中共广东中区特委派人到阳春任永生堂掌柜，负责县党组织的经济、交通情报等工作。永生堂中药店交党组织经营后，经营所得由党组织支配，店铺不仅成为阳春党组织活动经费重要来源，还为上级党组织提供了大量的资金，给坚持两阳武装斗争的游击部队供应了大量的药物和军用物资。地下交通员利用此处做掩护，收集情报，为南下的解放军开展支前工作等。在人民群众的掩护下，该站处在敌人的心脏时间长达4年之久，始终没有暴露。

位于阳春市春城雅铺街的永生堂中药店旧址，正厅内保存着当年的药柜。

第十五节
湛江市革命老区

　　湛江市土地面积13262.83平方公里，2020年末常住人口698.12万人，老区村庄（自然村）4981个。

　　在革命战争年代，湛江是中共领导南路革命斗争活动的中心。大革命时期，中共党员黄学增等深入各乡村组织农民协会，在梅菉成立了"广东省农民协会南路办事处"。1927年1月成立中共南路特委，领导雷州人民开展了轰轰烈烈的农民运动。斜阳岛的武装割据坚持了四年。抗日战争时期，在菉塘组建中共广州湾支部，这里成为广东南路党的重要地下交通站之一。党组织深入广大农村发动群众抗日救亡，组织抗日武装队伍，在遂溪、吴川、廉江、海康、徐闻等地创建了7个民主抗日联防区。1944年8月在遂溪老马村举行抗日武装起义，1945年1月以吴川为重点，举行南路抗日武装起义，组成南路人民抗日解放军。解放战争时期，组建了粤桂边区人民解放军，建立了高雷革命根据地。1948年初，粤桂边纵队东进粤中、挺进广西，把粤桂边根据地连成一片。1950年配合南下野战军渡海作战，湛江人民尤其是徐闻、雷州人民拥军支前，立下了卓著功勋。

一、黄平民——舍身忘家为革命

　　黄平民是廉江最早的共产党员之一，参加过省港大罢工和广州起义。1928年1月，中共广东省委派他回中共南路特委工作。在家乡廉江，他依靠当地党组织的协助，在短短几个月内，使全县被破坏的党组织得到迅速恢复和发展，革命斗争得以更加广泛和深入地开展。1928年7月，广东省委统计全省的党员人数，其中廉江有党员900人，占南路党员总数的22.2%。8月，黄平民被任命为中共南路特委书记。

　　黄平民回乡领导革命活动数月，几过家门而不入。他母亲听闻，但始终未见儿子的面，盼儿心切，病倒在床，家人只好派人四处寻找，然而音讯全无。黄平民知道后，写下五言诗一首："世界如潮涌，雄心万里驰。曙光浮一线，宇宙尚昏迷。原野垂绿荫，云天树赤旗。万民欢呼日，游子

黄平民（1900—1928）

广东廉江人

会亲时。"托人转给家里，表明了自己的革命志向和思念亲人之心。

1928年12月，由于叛徒出卖，黄平民等十多位领导人在广州湾（今湛江市）开会时被逮捕。黄平民坚贞不屈，英勇就义。

黄平民烈士纪念学校（位于廉江石岭合江村内）

二、老马起义

1944年7月，中共南路特委书记周楠召集会议，传达中共中央南方局指示，决定在遂溪西北区以老马村为中心，集结武装队伍举行武装起义，建立一支由共产党领导的独立自主的抗日武装队伍。特委派唐才猷、支仁山负责起义的具体组织工作，并派遣强有力的干部加强对各乡、村的联防队、自卫队、常备队、游击小组的领导。派共产党员和骨干分子打入国民党界炮中队当兵，掌握该中队的武器弹药和教育改造官兵。

经过一个多月紧张的准备工作，起义的条件日臻成熟。8月9日上午，在老马村祠堂前，支仁山代表南路特委宣布遂溪人民抗日联防大队正式成立，并宣读了委任令：马如杰任大队长（该大队撤离老马后由唐才猷接任），陈兆荣为大队政治委员，林杰为大队参谋，陈开濂为联防区主任。大队下设三个中队，共200多人。同时宣布了大队的性质、任务和纪律。老马起义，标志着在中国共产党领导下雷州半岛敌后抗日游击战争转入了新的阶段，激起了雷州半岛以至南路地区人民的抗战斗志，坚定了必胜的信心。

周楠（1907—1980）
广东香山（今中山）人。1979年任广东省政协副主席。

唐才猷（1917—2019）
广东遂溪人。1970年任湖南省军区副司令员。

修缮后的老马起义旧址（位于遂溪县界炮镇老马村内）

三、甘霖烽火碧云天

　　抗日战争和解放战争时期，甘霖人民在中国共产党的领导下浴血奋战，先后有98名优秀青年参加革命队伍，56人加入中国共产党，25名优秀儿女为革命献出了宝贵生命，新中国成立后被追认为烈士的有19人。[①]

支仁山（1916—1950）

广东遂溪人。1940年任中共遂溪县委书记。

　　1938年3月，遂溪县进步教师支仁山、何森、王国强等人到麻章镇甘霖村，利用梁氏宗祠开办农民夜校，开展抗日救亡宣传。他们先后组织成立了遂溪青抗会甘霖分会、"抗日救国宣传队"。1939年初，甘霖和田寮两村联合成立不脱产的抗日自卫队。同年5月，中共甘霖党支部成立，是遂溪抗战时期最早成立的农村党支部之一。甘霖的革命斗争很快发展到周围的田寮、洋溢、水粉、九东等村庄，建立了以甘霖为中心的农村抗日阵营。抗日战争时期，甘霖村先后有81人参加抗日武装队伍。

　　1946年解放战争爆发后，国民党反动当局连续三次对甘霖村重点"清剿"，但甘霖人民在艰难困境中坚持不渝地进行革命斗争。甘霖村游击队多次配合粤桂边区人民解放军参与战斗。

　　在整个革命战争时期，甘霖村涌现出许许多多可歌可泣的人物："农民大王"梁汝新、党的好干部梁甫、革命战士简常、革命母亲吴森、勇敢连长梁彪、浑身是胆的梁培英、坚强的游击战士黄南保、刘胡兰式的英雄李兰等。

甘霖抗日夜校旧址——梁氏宗祠（位于湛江市麻章区麻章镇甘霖村内）

今日甘霖村一角

① 湛江市麻章区革命老区发展史编委会编：《湛江市麻章区革命老区发展史》，广东人民出版社2021年版，第230—232页。

四、低岭村：抗日硝烟中书写传奇

1943年2月，日军侵占广州湾后，中共南路特委决定派高州特派员温焯华到吴川。温焯华在时任世德学校党支部书记杨子儒的掩护下进驻塘㙍镇低岭村，组织成立了中共南路特委派出抗日前线指挥部，以吴川县为中心，领导吴化廉梅地区党组织开展抗日武装斗争。

这一时期，低岭村积极开展抗日救国工作，成立低岭小学，创办农民夜校，发展党员，组织游击小组，村中50多名青年参加了抗日联防中队，60多名青年参加了武装起义；村民成立村妇女会、儿童团，参与放哨、送情报、烧水送饭及运输伤员、制作弹药等工作。在敌人的残酷"扫荡"和镇压下，人民群众不屈不挠地坚持战斗。杨绍儒、杨尧、杨华三位共产党员为了人民解放而英勇献身；开明人士杨杰生、杨业生、杨浩儒为起义部队捐献稻谷一万五千斤。自始至终，低岭村都成为敌人攻不破的革命堡垒和打不垮的游击根据地。

特委为了发展壮大抗日武装力量，加强了对张炎、詹式邦将军的统战工作。张、詹率领高雷人民抗日军，在中共南路特委的领导下，于1945年1月在吴川樟山村宣布起义。

位于塘㙍镇低岭村的中共南路特委派出机关旧址

低岭村红色记忆

五、菉塘——秘密交通的"桥头堡"

1939年3月，中共广州湾支部在菉塘下村世基小学附近的树林里成立，菉塘地下交通联络站随之建立。世基小校原是村里利用林氏宗祠办起的私塾，后成为广州湾支部（1945年9月，中共菉塘支部也在这里成立）的主要活动场所，同时又是地下交通站，为抗战时期港澳、海南乃至越南与内地及南路各游击根据地之间相互联系的一个重要交通站，担负着这些地方的信息交流、物资转运、人员往来的重任。尤其许多进入海南的物资、进出海南的中共人员大都是由菉塘交通站接转。

菉塘地下交通联络站自建立起至湛江市解放，历时十年，既为中共琼崖特委建立与党中央的联系发挥了"桥头堡"的作用，为党安全传递了大批物资、情报和密件，也在解放战争时期掩护了不少革命工作人员，为解放事业作出重要贡献。世基小学也为革命培养了许多进步学生，从这间学校出去参加革命的青年学生有100多人，其中有12位干部、战士为革命事业献出了生命。

菉塘交通站旧址——湛江市霞山区菉塘下村林氏宗祠

林氏宗祠现为菉塘交通站革命历史陈列展馆

第十六节
茂名市革命老区

茂名市土地面积11427.63平方公里，2020年末常住人口618万人，老区村庄（自然村）4849个。

1925年6月，茂名地区创建了第一个党支部——电白县支部。次年9月，省农民协会南路办事处在高州成立，茂名地区的农民运动迅速发展。1927年广州"四一五"反革命政变后，茂名的党组织先后领导了信宜怀乡起义、高州沙田暴动和组织化县农民攻打县城。抗日战争时期，各地先后恢复和建立了党组织，开展了以抗日联防为主要形式的武装斗争。中共南路特委在廉化吴、茂电信地区和钦廉四属地区相继组织举行了南路全面抗日武装起义，组建了南路人民抗日解放军，成立了包括化县在内的区级抗日民主政权——"大塘区军民联防抗日委员会"。解放战争时期，化县的新四团、茂电信武工队和独立游击大队转战各县城乡，巩固和发展了化吴廉根据地，还打通了雷州半岛南北交通线。化州在南路地区革命活动中牺牲人数多。1949年组建了中国人民解放军粤桂边纵队第五支队和第一支队第四团，并配合南下大军围歼国民党军队。11月2日茂名全境解放。

一、革命火种传播人邵贞昌

邵贞昌中学毕业后到广州求学，后考入中山大学，1924年12月成为电白首批中共党员之一。1925年5月参加广东省第一次农民代表大会后，受党组织派遣回乡从事农民运动。当年6月上旬，中共电白县支部在电城严家祠正式成立，邵贞昌任书记。这是中共在茂名地区的第一个党支部，为当时推动全县农民运动迅猛发展起到了战斗堡垒作用。下旬，电白县第一个乡农民协会——白马乡农民协会正式成立，会员很快就发展到四五百人。

1925年12月，邵贞昌已考取莫斯科中山大学。但为了革命需要，他毅然放弃了出国留学的机会，继续留在家乡领导农民运动。1926年春，电白县农民协会正式成立，他被选为会长。这一年，邵贞昌经常奔走于电白与广州之间，多次到农讲所向毛泽东汇报和请示，卓有成效地开展电白农协各项工作。

邵贞昌（1904—1928）

广东电白人

附录

一、广东省革命老区基本情况

1. 广东省有老区的县（市、区）名单

（按2021年7月底止正规县级行政区划，共118个，含东莞、中山两个不设区的地级市）

广州市（10）	海珠区	荔湾区	天河区	白云区	黄埔区	花都区	番禺区	从化区	增城区	南沙区
深圳市（9）	福田区	罗湖区	盐田区	南山区	宝安区	龙华区	龙岗区	坪山区	光明区	
珠海市（2）	香洲区	斗门区								
汕头市（5）	龙湖区	澄海区	潮阳区	潮南区	南澳县					
佛山市（5）	南海区	顺德区	高明区	三水区	禅城区					
韶关市（10）	浈江区	武江区	曲江区	乐昌市	南雄市	仁化县	始兴县	翁源县	新丰县	乳源县
河源市（6）	源城区	东源县	和平县	龙川县	紫金县	连平县				
梅州市（8）	梅江区	梅县区	兴宁市	平远县	蕉岭县	大埔县	丰顺县	五华县		
惠州市（5）	惠城区	惠阳区	惠东县	博罗县	龙门县					
汕尾市（4）	城区	陆丰市	海丰县	陆河县						
东莞市（1）	东莞市									
中山市（1）	中山市									
江门市（6）	蓬江区	新会区	台山市	开平市	鹤山市	恩平市				
阳江市（4）	江城区	阳东区	阳春市	阳西县						
湛江市（9）	赤坎区	霞山区	麻章区	坡头区	雷州市	廉江市	吴川市	遂溪县	徐闻县	
茂名市（5）	茂南区	电白区	信宜市	高州市	化州市					
肇庆市（7）	鼎湖区	高要区	四会市	广宁县	德庆县	封开县	怀集县			
清远市（8）	清城区	清新区	英德市	连州市	佛冈县	连山县	连南县	阳山县		
潮州市（3）	湘桥区	潮安区	饶平县							
揭阳市（5）	榕城区	揭东区	普宁市	揭西县	惠来县					
云浮市（5）	云城区	云安区	罗定市	新兴县	郁南县					

2. 广东省革命老区基本情况统计表①

（按1995年末统计数字，全省老区人口占总人口的31.7%，老区耕地面积占全省耕地面积的39.3%，老区的山地面积占全省山地总面积的41.2%。）

市别 ＼ 项目	有老区乡镇（个）	有老区行政村（个）	老区村庄（条）	老区人口（万人）	耕地（公顷）	山地（公顷）
广州	39	189	415	28.26	14765	62524
深圳	28	157	740	15.11	4104	70222
珠海	11	25	62	5.26	4184	8127
汕头	41	282	336	98.47	17882	35319
佛山	20	111	432	16.74	14010	31557
韶关	99	622	4796	85	57537	751041
河源	114	949	3610	160.57	73767	651956
梅州	139	1140	3634	197.22	71546	771471
惠州	77	674	4184	114.12	80744	441071
汕尾	59	778	3166	217.91	64196	227475
东莞	24	164	368	25.34	10232	16768
中山	18	77	201	16.76	10047	13707
江门	82	525	2911	84.25	58291	128013
阳江	40	327	3138	64.17	44855	139964
湛江	114	1133	4981	265.28	150625	101825
茂名	103	805	4849	175.12	71428	183782
肇庆	60	469	2896	69.26	32277	334880
清远	94	574	4701	80.08	57849	398382
潮州	51	562	1689	96.05	26867	132673
揭阳	86	903	2106	258.82	66781	212117
云浮	67	385	1594	69.27	33993	153653
合计	1366	10851	50809	2143.06	965980	4866527

① 本表在广东省民政厅1997年出版的《广东省革命老区村庄名册》（上卷第13—14页）同题表的基础上，增加了清远市连山县后来补评划的有老区乡镇2个、老区行政村8个、老区村庄40个。以本表数字为准。

3. 广东省分时期老区村庄统计表[①]

市别　　　　项目	土地革命战争时期	抗日战争时期	解放战争时期	合计
广州	25	210	180	415
深圳		410	330	740
珠海		32	30	62
汕头	150		186	336
佛山		135	297	432
韶关	851	967	2978	4796
河源	404	602	2604	3610
梅州	1369	12	2253	3634
惠州	329	1066	2789	4184
汕尾	2403	237	526	3166
东莞		293	75	368
中山		128	73	201
江门	23	174	2714	2911
阳江		95	3043	3138
湛江	59	1122	3800	4981
茂名	372	476	4001	4849
肇庆	316	619	1961	2896
清远	139	302	4260	4701
潮州	510	5	1174	1689
揭阳	506	63	1537	2106
云浮	98	125	1371	1594
总计	7554	7073	36182	50809

① 本表在广东省民政厅1997年出版的《广东省革命老区村庄名册》（上卷第15页）同题表的基础上，增加了连山县后来补评划的解放战争时期的老区村庄、有老区乡镇、行政村的数量，以本表数字为准。

4. 广东省老区乡镇数量表①

（在一个乡镇内，老区村庄或老区人口超过半数，经省批准的为老区乡镇。）

市别	老区乡镇（个）	市别	老区乡镇（个）
广州	6	中山	8
深圳	17	江门	34
珠海	2	阳江	17
汕头	14	湛江	59
佛山	5	茂名	39
韶关	61	肇庆	34
河源	80	清远	45
梅州	97	潮州	39
惠州	56	揭阳	67
汕尾	63	云浮	28
东莞	5		
合计		776	

① 本表在广东省民政厅1997年出版的《广东省革命老区村庄名册》（上卷第16页）同题表的基础上，增加了连山县后来补评划的解放战争时期的老区村庄、有老区乡镇、行政村的数量，以本表数字为准。

5. 广东省老区（乡）镇名称①

（根据1997年广东省民政厅编《广东省革命老区村庄名册》）

市县别	老区（镇）数	老区镇（乡）、街道名称
广州市	6	
增 城	4	永和、沙埔、派潭、福和
从 化	1	吕田
番 禺	1	榄核
深圳市	17	
龙 岗	8	坪山、南澳、大鹏、葵冲、坑梓、坪地、龙岗、布吉
罗 湖	3	盐田、梅沙、翠竹
福 田	2	梅林、福田
南 山	1	西丽
宝 安	3	观兰、龙华、石岩
珠海市	2	
斗 门	2	乾务、五山
汕头市	14	
潮 阳	10	红场、雷岭、两英、仙城、成田、金玉、和平、河溪、金浦、田心
澄 海	4	十五乡、上华、莲上、盐鸿
佛山市	5	
高 明	5	合水、更楼、杨梅、新圩、明城
韶关市	61	
南 雄	16	油山、湖口、大塘、珠玑、水口、乌迳、孔江、坪田、帽子峰、黄坑、界址、梅岭、澜河、新龙、苍石、主田
始 兴	13	隘子、沈所、司前、顿岗、罗坝、深渡水、马市、澄江、花山、北山、城南、刘张家山、江口
翁 源	12	六里、红岭、江尾、松塘、周陂、礤下、庙墩、连新、贵联、新江、岩庄、坝仔
新 丰	7	黄礤、大席、迥龙、遥田、马头、石角、小镇
曲 江	6	乌石、白沙、马坝、江湾、小坑、罗坑
仁 化	6	石塘、城口、长江、红山、董塘、仁化
乳 源	1	大布
河源市	80	
源 城	2	埔前、高埔岗农场
东 源	18	黄村、叶潭、久社、上莞、漳溪、骆湖、灯塔、顺天、半江、三河、康和、柳城、船塘、黄沙、曾田、涧头、锡场、新迥龙乡

① 广东省民政厅编：《广东省革命老区村庄名册》（上卷），1997年版，第17—20页。

市县别	老区（镇）数	老区镇（乡）、街道名称
连 平	8	绣缎、九连、田源、内莞、大湖、高莞、贵东、忠信
和 平	13	大坝、热水、贝墩、东水、合水、古寨、公白、上陵、下车、彭寨、青洲、安坳、礼士
龙 川	21	石坑、赤光、锦归、丰稔、黄石、佗城、附城、车田、上坪、谷前、龙母、黎咀、通衢、登云、四都、义都、紫市、郑马、迴龙、贝岭、麻布岗
紫 金	18	九寿、蓝塘、好义、古竹、敬梓、龙窝、苏区、青溪、紫城、水墩、九和、凤安、上义、义容、洋头、南岭、白溪水库管理处、中坝
梅州市	97	
梅 县	17	梅南、水车、畲江、径义、瑶上、大坪、石坑、梅西、松源、隆文、桃尧、白渡、三乡、西阳、荷泗、石扇、松东
五 华	23	梅林、双华、郭田、龙村、中兴、文葵、安流、棉洋、桥江、锡坑、平南、油田、华阳、大坝、转水、新侨、潭下、双头、大田、岐岭、横陂、小都、周江
大 埔	19	枫朗、大东、双溪、平原、高陂、光德、桃源、古埜、洲瑞、银江、三河、大麻、英雅、青溪、长治、西河、岩上、丰溪林场、洲瑞林场
丰 顺	20	上八乡、下八乡、汤西、东联、北斗、丰良、建桥、龙岗、大龙华、径门、小胜、砂田、潭江、潭山、东留、潘田、茶背、黄金、仙洞、留隍
兴 宁	10	罗浮、宋声、径心、径南、叶南、下堡、坪洋、石马、罗岗、黄槐
平 远	2	超竹、石正
蕉 岭	5	徐溪、南礤、北礤、高思、华侨场
梅 江	1	长沙
惠州市	56	
惠 阳	10	淡水、沙田、秋长、新圩、镇隆、永湖、水口、大岚、芦州、澳头
惠 东	16	高潭、马山、宝口、新庵、石塘、安墩、白盆珠、多祝、松坑、增光、梁化、白花、平海、吉隆、稔山、巽寮
博 罗	17	罗阳、响水、湖镇、横河、长宁、福田、龙华、龙溪、石坝、蓝田、麻坡、公庄、杨村、柏塘、平安、泰美、九潭
龙 门	13	麻榨、永汉、沙迳、龙华、路溪、龙江、平陵、左潭、地派、南昆山、铁岗、蓝田、天堂山
汕尾市	63	
城 区	9	凤山街道、新港街道、香洲街道、东涌、捷胜、红草、马宫、田乾、遮浪
海 丰	23	平东、附城、海城、可塘、大湖、赤坑、鲘门、公平、联安、赤石、黄羌、莲花山、鹅埠、小漠、陶河、梅陇、城东、梅陇农场、圆墩林场、黄羌林场、公平水库、青年水库、西坑乡
陆 丰	23	大安、大安场、西南、河西、潭西、上英、金厢、东海、城东、博美、桥冲、八万、陂洋、铜锣湖农场、华侨农场、星都试验区、南塘、碣北、碣石、湖东、甲西、甲子、甲东
陆 河	8	水唇、东坑、南万、螺溪、河田、上护、新田、河口
东莞市	5	大岭山、大朗、东坑、黄江、厚街

市县别	老区（镇）数	老区镇（乡）、街道名称
中山市	8	五桂山、翠亨村、三乡、南朗、阜沙、古镇、东升、西区
江门市	34	
新 会	2	荷塘、大敖
鹤 山	8	合成场、双合、宅梧、云乡、址山、鹤城、共和、龙口
台 山	13	斗山、都斛、隆文、广海、沙栏、海宴、汶村、横山、深井、那扶、北陡、上川、下川
开 平	4	东山、大沙、水井、金鸡
恩 平	7	沙湖、牛江、君堂、良西、那吉、朗底、洪滘
阳江市	17	
阳 春	7	春城、河口、岗美、合水、春湾、卫国、河塱
阳 西	6	织篢、塘口、蒲牌、程村、上洋、儒洞
阳 东	4	雅韶、三山、新洲、大八
湛江市	59	
徐 闻	3	前山、新寮、下洋
雷 州	7	附城、沈塘、纪家、南兴、雷高、调风、东里
霞 山	1	海头
廉 江	17	新民、良垌、平坦、新华、横山、河堤、青平、龙湾、石岭、雅塘、石颈、吉水、和寮、石角、长山、石城、红湖农场
遂 溪	15	乐民、江洪、河头、界炮、北潭、洋青、沙古、杨柑、城月、乌塘、建新、岭北、城西、附城、黄略
吴 川	8	浅水、长岐、覃巴、振文、塘塅、板桥、兰石、博铺
坡 头	3	官渡、乾塘、麻斜
麻 章	5	麻章、太平、民安、东山、东简
茂名市	39	
化 州	20	长岐、同庆、杨梅、良光、笪桥、东山、南盛、丽岗、新安、林尘、官桥、中垌、合江、那务、播扬、宝圩、平定、文楼、江湖、兰山
高 州	9	云潭、镇江、沙田、东岸、大潮、潭头、平山、深镇、顿梭
茂 南	1	山阁
信 宜	6	东镇、池洞、钱排、怀乡、洪冠、茶山
电 白	3	那霍、马踏、羊角
肇庆市	34	
广 宁	18	排沙、联和、东乡、宾亨、坑口、江屯、赤坑、潭布、石涧、螺岗、五和、古水、深坑、清桂、石咀、葵洞、木格、南街
德 庆	5	高良、马圩、凤村、莫村、官圩
怀 集	4	诗洞、冷水、永固、甘洒

市县别	老区（镇）数	老区镇（乡）、街道名称
四 会	3	黄田、石狗、江林
高 要	2	活道、蛟塘
封 开	2	平凤、七星
清远市	**45**	
清 新	6	高田、回兰、秦皇、南冲、石马、笔架林场
英 德	17	白沙、青塘、横石水、桥头、黄陂、大镇、鱼湾、黄岗、望埠、黎溪、大洞、沙坝、水边、张陂、青坑、波罗、西牛
佛 冈	7	高岗、烟岭、迳头、水头、三八、四九、黄花
连 县	13	大路边、清江、丰阳、西江、山塘、朝天、龙潭、朱岗、潭岭、东陂、瑶安、三水、高山
阳 山	2	小江、黄岱
潮州市	**39**	
潮 安	17	枫溪、登塘、凤塘、龙湖、东凤、磷溪、铁埔、江东、沙溪、归湖、文祠、凤凰、赤凤、田东、大山、凤南、万峰林场
饶 平	21	上善、上饶、饶洋、新塘、新丰、九村、建饶、三饶、汤溪、浮滨、坪溪、浮山、东山、渔村、新圩、樟溪、大埕、所城、柘林、韩江林杨、新安林场
湘 桥	1	意溪
揭阳市	**67**	
惠 来	16	靖海、岐石、仙庵、东港、东陇、溪西、华湖、隆江、周田、鳌江、南海、河林、青山、大南山华侨农场、青坑场、东埔场
普 宁	29	流沙、池尾、大南山、占陇、军埠、下架山、南径、麒麟、南溪、广太、洪阳、赤岗、大坝、燎源、梅塘、里湖、石牌、梅林、南阳、船埔、高埔、云落、大坪、黄沙、后溪、石牌场、大坪场、大池场、马鞍山场
揭 西	18	下砂、五云、良田、西田、河婆、坪上、龙潭、南山、灰寨、五经富、大洋、京溪园、钱坑、大溪、金和、凤江、塔头、东园
揭 东	4	埔田、云路、锡场、龙尾
云浮市	**28**	
罗 定	12	罗镜、分界、新榕、罗平、苹塘、金鸡、㮶滨、新乐、连州、都门、加益、扶合
郁 南	8	平台、桂圩、罗顺、通门、宝珠、大方、河口、都城
新 兴	4	大江、里洞、共成、水台
云 安	4	河口、富林、都骑、杨柳

二、中央和广东省颁布的有关加强老区建设发展的部分文件

党的十八大以来中央及部委
颁布的有关加强老区建设发展的部分文件

序号	文 件 名
1	国务院《关于支持赣南等原中央苏区振兴发展的若干意见》（国发〔2012〕21号）
2	国务院《关于赣闽粤原中央苏区振兴发展规划的批复》（国函〔2014〕32号）
3	国务院办公厅《关于进一步动员社会各方面力量参与扶贫开发的意见》（国办发〔2014〕58号）
4	中共中央办公厅 国务院办公厅印发《关于加大脱贫攻坚力度支持革命老区开发建设的指导意见》的通知（中办发〔2015〕64号）
5	中共中央 国务院《关于打赢脱贫攻坚战的决定》（中发〔2015〕34号）
6	中共中央办公厅 国务院办公厅印发《关于实施革命文物保护利用工程（2018—2022年）的意见》的通知（中办发〔2018〕45号）
7	国务院《关于新时代支持革命老区振兴发展的意见》（国发〔2021〕3号）
8	中共中央党史研究室《关于原中央苏区范围认定的有关情况》（中史字〔2013〕51号）
9	国家发展改革委办公厅《关于江西省、广东省原中央苏区县（市、区）参照执行西部地区中央预算内投资等政策有关问题的复函》（发改办投资〔2014〕1740号）
10	国家发展改革委《关于印发〈赣闽粤原中央苏区振兴发展规划〉的通知》（发改地区〔2014〕480号）
11	财政部《关于给予广东省原中央苏区县政策支持的批复》（财预〔2015〕11号）
12	财政部《关于印发〈革命老区转移支付资金管理办法〉的通知》（财预〔2015〕121号）
13	国家发展改革委办公厅《关于〈广东海陆丰革命老区贫困县纳入国家贫困革命老区扶持范围有关问题〉的复函》（发改办地区〔2016〕347号）
14	国家发展改革委 交通运输部 国务院扶贫办关于印发《关于进一步发挥交通扶贫脱贫攻坚基础支撑作用的实施意见》的通知（发改基础〔2016〕926号）
15	国家发展改革委等部门关于印发《"十四五"支持革命老区巩固拓展脱贫攻坚成果衔接推进乡村振兴实施方案》的通知（发改振兴〔2021〕1619号）

改革开放以来广东省及部门
颁布的有关加强老区建设发展的部分文件

序号	文 件 名
1	广东省人民政府办公厅印发《省人大常委会关于加强革命老区建设等议案办理情况的报告》（粤府办〔1989〕133号）
2	广东省人民政府办公厅转发广东省民政厅 广东省委组织部 广东省财政厅《关于对在乡"五老"人员实行定期补助的意见》的通知（粤府办〔2000〕111号）
3	广东省人民政府办公厅转发《省人大常委会关于进一步扶持革命老区发展经济的决议》的通知（粤府办〔1994〕71号）

序号	文 件 名
4	中共广东省委　广东省人民政府《关于加强革命老区建设工作的通知》（粤发〔1994〕13号）
5	广东省人民政府办公厅转发广东省民政厅《关于实施扶持革命老区发展经济议案办理方案的总体规划》的通知（粤府办〔1996〕9号）
6	广东省人民政府《关于认真贯彻执行省人大常委会关于加快农村小水电建设的决议》的通知（粤府〔1997〕52号）
7	广东省人民政府转发广东省人大常委会《关于继续扶持革命老区发展经济的决议》的通知（粤府〔2001〕86号）
8	广东省人民政府办公厅印发《扶持边远分散革命老区村庄搬迁安置方案》的通知（粤府办〔2004〕92号）
9	中共广东省委办公厅　广东省人民政府办公厅《关于进一步加强革命老区建设工作的意见》（粤办发〔2008〕8号）
10	中共广东省委办公厅《关于加强革命史迹保护、开发和利用工作的意见》（粤办发〔2009〕32号）
11	中共广东省委　广东省人民政府《关于进一步促进粤东西北地区振兴发展的决定》（粤发〔2013〕9号）
12	广东省人民政府《关于广东省贯彻落实赣闽粤原中央苏区振兴发展规划实施方案的批复》（粤府函〔2015〕38号）
13	中共广东省委　广东省人民政府《关于新时期精准扶贫精准脱贫三年攻坚的实施意见》（粤发〔2016〕13号）
14	中共广东省委办公厅　广东省人民政府办公厅印发《关于加大脱贫攻坚力度支持革命老区开发建设的实施意见》的通知（粤办发〔2016〕29号）
15	广东省人民政府办公厅转发《国家发展改革委办公厅〈关于广东海陆丰革命老区贫困县纳入国家贫困革命老区扶持范围有关问题复函〉的通知》（粤办函〔2016〕273号）
16	中共广东省委办公厅　广东省人民政府办公厅印发《关于2277个省定贫困村创建社会主义新农村示范村的实施方案》的通知（粤委办〔2017〕55号）
17	中共广东省委办公厅关于印发《广东省红色革命遗址保护利用行动实施方案》（粤委办〔2018〕4号）
18	中共广东省委办公厅　广东省人民政府办公厅关于印发《广东省红色旅游发展实施方案（2018—2021年）》的通知（粤办发〔2018〕34号）
19	广东省人民政府《关于海陆丰革命老区振兴发展规划的批复》（粤府函〔2018〕298号）
20	中共广东省委　广东省人民政府《关于进一步推动我省革命老区和原中央苏区振兴发展的意见》（粤发〔2019〕11号）
21	《广东省促进革命老区发展条例》（广东省第十三届人民代表大会常务委员会公告〔第48号〕2019·11）
22	中共广东省委　广东省人民政府《关于新时代支持革命老区和原中央苏区振兴发展的实施意见》（粤发〔2021〕15号）
23	《广东省革命遗址保护条例》（广东省第十二届人民代表大会常务委员会公告〔第103号〕2022·1）
24	广东省交通厅《关于我省老区行政村公路路面硬化建设补助问题的通知》（粤交规函〔2005〕890号）
25	广东省教育厅《关于对老区小学改造工作进行总验收的通知》（粤教基〔2005〕16号）
26	中共广东省委宣传部转发《关于进一步加强革命老区宣传工作的意见》的通知（粤宣通〔2007〕43号）
27	广东省财政厅　广东省卫生厅《关于下达省财政补助老区卫生院改造专项补助资金的通知》（省财社〔2009〕262号）
28	广东省发展改革委《关于印发广东省贯彻落实〈赣闽粤原中央苏区振兴发展规划〉实施方案的通知》（粤发改函〔2015〕117号）
29	广东省文化和旅游厅　中共广东省委宣传部印发《关于深入贯彻习近平总书记关于革命文物工作的重要指示精神　进一步加强全省革命文物保护利用工作的实施方案》的通知（粤文旅文保〔2021〕48号）

三、2009年中宣部等联合评选的英雄模范人物（部分）

2009年中宣部、中组部等11部门联合组织评选全国共100位

（1921—1949）为新中国成立作出突出贡献的英雄模范人物，

其中曾在广东从事革命活动和担任领导职务者①

毛泽民

发展苏区经济
事业的卓越
领导人

（1896—1943），湖南湘潭人。参加广州农民运动讲习所学习。1925年底任中共中央出版发行部经理时奔波广州等地建立发行网。闽粤赣军区经济部部长。

王尔琢

井冈骁将

（1903—1928），湖南石门人。共产党员。黄埔军校一期生，留校任二、三期学生队队长和党代表。参加南昌起义军三河坝战役。

邓中夏

中国工人运动
的杰出领袖

（1894—1933），湖南宜章人。1920年10月参加北京的共产党早期组织。参与组织和领导了著名的省港大罢工。1927年"八七"会议被选为中共中央临时政治局候补委员。1928年2月赴香港任中共广东省委代书记。

冯平

琼崖革命的
先驱

（1899—1928），广东文昌（今海南文昌）人。共产党员。1925年夏任中央农运特派员在广东省农民协会工作，1926年起任广东省农民协会琼崖办事处主任。

卢德铭

秋收起义年轻
的总指挥

（1905—1927），四川宜宾人。共产党员。黄埔军校二期生，叶挺独立团连长。

叶挺

人民解放军的
创建者，杰出
的军事家

（1896—1946），广东惠阳人。共产党员。在广州参与组建以共产党员为骨干的国民革命军第四军独立团，任团长。参加领导广州起义，任红军总司令。

---

① 简介由编者辑。

左 权

杰出的军事家

（1905—1942），湖南醴陵人。共产党员。黄埔军校一期生，后任教导团连长。参加广州平定滇桂军阀杨、刘叛乱的战斗及东征。

刘志丹

群众领袖
民族英雄

（1903—1936），陕西保安人。共产党员。1925年秋被党组织派往黄埔军校第四期学习。北伐战争开始后参加了在广州东较场举行的北伐誓师大会。

向警予

中国妇女运动
的先驱

（1895—1928），湖南溆浦人。1923年在广州召开的中共三大上当选为候补中央执行委员，中央妇女运动委员会第一任书记。1924年参与筹建广东女权运动大同盟，任会长。

许继慎

英勇善战的
红军将领

（1901—1931），安徽六安人。共产党员。先后参加黄埔军校两次东征，任叶挺独立团团二营营长等职。

阮啸仙

中国审计事业
的奠基者

（1898—1935），广东河源人。1921年参加广州共产主义小组。出席中共"三大"。中国社会主义青年团广州地委书记并代团粤区执委会委员长，中共广东省委农委书记。

张太雷

击碎旧世界的
惊雷

（1898—1927），江苏武进人。1920年参加北京共产主义小组。中央临时政治局候补委员，广东省委书记、中共中央南方局书记。广州起义的主要领导人，广州苏维埃政府代理主席。

李大钊

中国共产主义
运动的先驱

（1889—1927），河北乐亭人。中国共产党的主要创始人之一。1922年至1924年受党的委托，奔走于北京、上海、广州之间，帮助孙中山改组国民党。出席在广州召开的中共"三大"。

李硕勋

忠贞不渝的
共产主义战士

（1903—1931），四川高县人。参与指挥南昌起义军三河坝战役。1931年5月任中共两广省委军委书记。

杨 殷

用生命捍卫
信仰

（1892—1929），广东香山（今中山）人。省港大罢工的重要领导者之一和广州起义的组织发动者之一。续任广州苏维埃政府代主席。中共中央政治局常委。

萧楚女

"蜡烛精神"
写人生

（1891—1927），湖北汉阳人。共产党员。曾任广州农民运动讲习所专职教员、黄埔军校政治教官。

苏兆征

工人运动的
领袖

（1885—1929），广东香山（今珠海）人。中国工人运动先驱，参与领导香港海员大罢工和省港大罢工。临时中央政治局常委。1927年被推举为广州苏维埃政府主席。（未到任）

邹韬奋

以犀利之笔为
人民大众服务

（1895—1944），江西余江人。共产党员。1942年在中共对香港文化人的大营救中，被护送至广东梅县畲坑江头村避难近半年。在此期间，秘密深入了解早年当地农民运动革命斗争史。

陈延年

忠诚的马克思
主义者

（1898—1927），安徽怀宁人。1925年春至1927年4月任中共广东区执行委员会书记。是第五届中共中央委员会委员。

陈潭秋

楚山英雄
天山魂

（1896—1943），湖北黄冈人。中国共产党创始人之一。出席在广州召开的中共"三大"，在会上作了京汉铁路"二七"惨案的报告。

冼星海

人民的音乐家

（1905—1945），祖籍广东番禺，出生于澳门。延安鲁迅艺术文学院音乐系主任，共产党员。抗战中创作了大量具有战斗性和感染力的群众歌曲和不朽名作。

周文雍、陈铁军

刑场上的婚礼

周文雍（1905—1928），广东开平人。

陈铁军（1904—1928），女，祖籍广东江门，出生于广东佛山。

广州起义失败后，两人奉命假扮夫妻从事党的秘密工作。不幸同时被捕，后一起英勇就义。（参见第109页）

罗亦农

中国共产党
早期的重要
领导人

（1902—1928），湖南湘潭人。中国共产党早期领导人之一。以中共中央特派员身份赴广州参加全国第二次劳动大会的筹备工作。中共中央驻粤临时委员会委员，中共广东区委宣传部长。参与组织和领导省港大罢工。

恽代英

中国青年的
楷模

（1895—1931），湖北武昌人。出席在广州召开的中共"三大"。黄埔军校政治主任教官。中共广东省委常委，广州苏维埃政府秘书长。是中共中央委员。

赵世炎

中国共产党
早期杰出的
革命家

（1901—1927），重庆酉阳人。中国共产党的创始人之一。1926年5月出席在广州召开的第三次全国劳动大会，和邓中夏、刘少奇、李立三等一起组织领导了大会。

黄公略

中国工农红军
的杰出将领

（1898—1931），湖南湘乡人。1927年1月考入黄埔军校第三期高级班，共产党员。参加广州起义。

彭 湃

中国农民运动
的领袖

（1896—1929），广东海丰人。著名的海陆丰苏维埃政权和海陆丰根据地创建人。中共中央农委书记。是中共中央政治局候补委员。

董振堂

高台壮歌著
荣光

（1895—1937），河北邢台人。中国工农红军第五军团军团长。共产党员。1932年7月在南雄水口战役中，指挥四五千名手持大刀的战士与粤军展开白刃战。

鲁 迅

左翼文化运动
的旗手

（1881—1936），浙江绍兴人。1927年1月赴广州，在国立中山大学任教。先后与中共广东区委书记陈延年会见、在黄埔军校发表演讲。"四一二"反革命政变发生后，营救进步学生无果愤然辞职。

蔡和森

中国共产党
早期的卓越
领导人

（1895—1931），湖南湘乡人。中国共产党早期领导人之一。出席在广州召开的中共"三大"。1931年3月被派往广东任中共两广省委书记。

瞿秋白

伟大的马克思
主义者

（1899—1935），生于江苏常州。中国共产党早期主要领导人之一。出席在广州召开的中共"三大"，参与起草、讨论修改党纲党章和大会各项决议草案。

四、中宣部、财政部、文化和旅游部、国家文物局公布革命文物保护利用片区分县名单（摘录）

为贯彻落实中共中央办公厅、国务院办公厅2018年印发的《关于实施革命文物保护利用工程（2018—2022年）的意见》，中央宣传部、财政部、文化和旅游部、国家文物局于2019年3月、2020年7月先后公布了第一批、第二批《革命文物保护利用片区分县名单》的通知（简称"片区分县名单"）。"片区分县名单"第一批计15个片区、645个县，第二批计22个片区、988个县。摘录如下。

片区分县名单（第一批）
（摘录广东省入选部分）

2	原中央苏区片区（101）	广东（11）	韶关市	南雄市
			梅州市	梅江区、梅县区、大埔县、丰顺县、五华县、平远县、蕉岭县、兴宁市
			河源市	龙川县
			潮州市	饶平县
4	海陆丰片区（25）	广东（23）	汕头市	潮阳区、潮南区
			惠州市	惠城区、惠阳区、惠东县
			梅州市	梅江区、梅县区、大埔县、丰顺县、五华县、兴宁市
			汕尾市	城区、海丰县、陆河县、陆丰市
			河源市	紫金县、龙川县
			潮州市	饶平县
			揭阳市	榕城区、揭东区、揭西县、惠来县、普宁市

片区分县名单（第二批）
（摘录广东省入选部分）

1-1	长征片区（红一方面军）（123）	广东（3）	韶关市	仁化县、乐昌市、南雄市
16	广东片区①（70）	广东（66）	广州市	天河区、番禺区、从化区、增城区
			韶关市	浈江区、曲江区、始兴县、仁化县、翁源县、新丰县、南雄市
			深圳市	罗湖区、南山区、宝安区、龙岗区、龙华区、坪山区、光明区
			珠海市	香洲区、斗门区
			汕头市	金平区、潮阳区、潮南区、澄海区、南澳县
			佛山市	禅城区、南海区、顺德区、高明区
			江门市	新会区、台山市、开平市、鹤山市、恩平市
			湛江市	霞山区、坡头区、麻章区、遂溪县、徐闻县、廉江市、雷州市、吴川市

① 根据第二批"片区分县名单"说明，此处是以抗日战争时期的抗日根据地为主题。（编者注）

			茂名市	化州市
16	广东片区（70）	广东（66）	肇庆市	端州区、高要区、德庆县
			惠州市	惠城区、惠阳区、博罗县、惠东县、龙门县
			汕尾市	城区、海丰县、陆河县
			河源市	龙川县、东源县
			阳江市	阳东区、阳春市
			清远市	清新区、英德市
			东莞市	—
			中山市	—
			揭阳市	揭西县
			云浮市	云城区、云安区、新兴县、郁南县、罗定市

主要参考文献

1. 中国老区建设促进会编：《中国革命老区》，中共党史出版社1997年版。

2. 中国老区建设促进会画报社编：《光荣与梦想——中国革命根据地历史图集》，中共党史出版社2019年版。

3. 中共广东省委党史研究室：《中国共产党广东地方史》（第一卷），广东人民出版社1999年版。

4. 广东省《革命老区县发展史》丛书，广东人民出版社2020—2021年版。

5. 中共广东省委党史研究委员会、中共广东省委党史资料征集委员会、东江革命根据地党史资料征集研究编写协作区领导小组编：《东江革命根据地史》，中共党史资料出版社1989年版。

6. 《闽粤赣边区的历史丰碑画集》编委会、福建省革命历史纪念馆编：《闽粤赣边区的历史丰碑画集》，中央文献出版社2011年版。

7. 广东省民政厅编：《广东省革命老区村庄名册》（上、下卷）1997年版。

8. 黄振位：《广东革命根据地史》，广东人民出版社1993年版。

9. 中共广东省委党史研究室、中共广州市委党史研究室、广东革命历史博物馆编：《广州起义图录　纪念广州起义爆发90周年》，内部印刷，2017年版。

10. 中共海丰县党史研究室编：《海陆丰革命根据地简史》，中共党史出版社2011年版。

11. 中共紫金县委宣传部、中共紫金县委党史研究室编：《红色紫金》，中共党史出版社2015年版。

12. 周桂花主编，中共惠东县委党史研究室编：《高潭星火》，广东人民出版社1997年版。

13. 中共饶和县委党史研究室、中共平和县委党史工委会、中共大埔县委党史研究室、中共诏安县委党史研究室编：《饶和埔诏苏区史料汇编》，广东人民出版社1994年版。

14. 中共江门市委党史研究室编著：《中国共产党江门地方历史》（第一卷），广东人民出版社2008年版。

15. 曾庆榴：《共产党人与黄埔军校》，广州出版社2013年版。

16. 陈建华主编：《中共三大纪念画册》，广州出版社2006年版。

17. 中共广东省委党史研究室主办：《红广角》，国内统一连续出版物号：CN44-1676/K，2011年版。

18. 中共广东省委党史研究室编：《中共广东党史大事记》（新民主主义革命时期），中共党史出版社1993年版。

19. 中共龙川县委宣传部、中共龙川县委党史研究室：《中国共产党龙川县地方史》（第一卷），中共党史出版社2008年版。

20. 中共梅县地委党史办公室、中共赣州地委党史办公室、中共蕉岭平远寻乌县委党史办公室编：《东江革命根据地蕉平寻苏区史料汇编》，广东省刊物出版许可证第110号，1987年版。

21. 中共潮州市委党史办公室编：《中共潮安党史》（新民主主义革命时期），广东省出版物印刷许可证第109号，1993年版。

22. 广东省地方史志编纂委员会编：《广东省志·军事志》，广东人民出版社1999年版。

23. 中共梅州市委党史研究室：《中国共产党梅州地方史》（第一卷）（1919—1949），中共党史出版社2011年版。

24. 《江西省苏区志》编纂组编：《江西省苏区志》，方志出版社2004年版。

25. 中共广东省委党史研究委员会、东江革命根据地党史资料征集编写协作组、潮澄饶澳苏区党史协作组编：《东江革命根据地史料汇编（潮澄饶澳苏区）（1927.4—1937.7）》，广东省内部刊物登记证第〇六三号，1987年版。

26. 《长征大事典》编委会编：《长征大事典》（上下卷），贵州人民出版社1996年版。

27. 中共梅州市委党史研究室编：《红军长征——梅州人物志》，准印号：（粤M）Y0165101-39，2016年版。

28. 中共广东省委党史研究室主办：《广东党史》，刊号CN 44-1365/K，1996年版。

29. 中共韶关市委党史办公室编：《工农红军在粤北——纪念红军长征胜利五十周年》，韶关市期刊登记证第0015号，1986年版。

30. 《苏区南雄图集》编委会编：《光荣与辉煌——苏区南雄图集》（上册），内部印刷，2020年版。

31. 中国人民解放军历史资料丛书编审委员会编著：《南方三年游击战争·闽粤边游击区》，解放军出版社1994年版。

32. 中共广东省委党史研究室、中共汕头市委党史研究室编：《红色交通线》，广东省连续性内部资料出版物、粤内登字D第10299号，1986年版2009年1月重印。

33. 《东江纵队志》编辑委员会编著：《东江纵队志》，解放军出版社2003年版。

34. 中共广东省委党史研究室、广州地区老游击战士联谊会、广州地区老游击战士联谊会东江纵队分会编著：《东江纵队图文集》，中共党史出版社、广州出版社2015年版。

35. 《珠江纵队史》编写组编：《珠江纵队史》，广东人民出版社1995年版。

36. 中共湛江市委党史研究室编：《南路人民抗日解放军史》，广东人民出版社1995年版。

37. 中共江门市委党史研究室编著：《广东人民抗日解放军史》，广东人民出版社1996年版。

38. 中共汕头市委党史研究室、中共梅州市委党史研究室编著：《韩江纵队史》，广东人民出版社1995年版。

39. 中共广东省委宣传部、中共广东省委党史研究室、广东省档案局（馆）编：《南粤抗战丰碑》，内部印刷，2005年版。

40. 中共东莞市委党史研究室编：《不能忘却的硝烟——东莞抗战画史》，中共党史出版社2015年版。

41. 深圳市大鹏党工委办事处、钟惠坡编著：《红色的足迹——大鹏半岛革命历史回顾》，新华出版社2019年版。

42. 中共惠州市委党史办公室编著：《粤赣湘边纵队史》，广东人民出版社1989年版。

43. 《闽粤赣边纵队史》编写组编：《闽粤赣边纵队史》，广东人民出版社1995年版。

44. 中共湛江市委党史研究室、《粤桂边纵队史》编写组编著：《粤桂边纵队史》，广东人民出版社1992年版。

45. 中共江门市委党史研究室编著：《粤中纵队史》，广东人民出版社1992年版。

46. 中共肇庆市委党史研究室、《粤桂湘边纵队史》编写组：《粤桂湘边纵队史》，广东人民出版社1996年版。

47. 广东省总工会：《粤工征途》，广东人民出版社1993年版。

48. 韶关市史志办公室：《中国共产党北江地方史》（1919—1949），中共党史出版社2007年版。

49. 中共湛江市委党史研究室：《南路人民支援解放海南岛》，内部印刷（粤G）Y0195054。

50. 中国致公党广州市委员会编：《祖国不会忘记——华侨与抗日战争》，广东人民出版社2015年版。

后 记

2019年新中国七十华诞前夕，在中共广东省委宣传部、组织部、党史研究室和省发展改革委、省扶贫开发办公室的指导下，广东省老区建设促进会举办了"广东省革命老区图片展"，一个多月的展期，参观者众多，展览受到广泛好评。

其时，图片展设在广东省社会科学院展馆，省社科院负责同志观展后很为赞赏，建议我们以此为基础充实完善，出一本书，使展览永不落幕。听取多方面意见，省老区建设促进会会长会议决定编辑出版这本书，以向中国共产党成立100周年献礼。

由图片展览而成书，并非易事。为了较为全面、系统展示全省老区的历史脉络和特色，编委会以开合有致的视角，反复修订各个篇章；编辑人员以担当有责的工作态度，对时间跨度长、信息量大的图文史料进行搜集、梳理、研究、核对、编撰、修图、绘制。两年来我们孜孜以求，披沙拣金，数易其稿。

编写中，我们得到省市各级党委、政府及有关部门、广东人民出版社的大力支持。全省各市、县（市、区）老区建设促进会积极参与和协助，并得到当地党史研究室的指导和帮助。全省各市有关单位参加了审读会议，中共广东省委党史研究室进行了审稿。省委党史研究室原副主任李淼翔应出版社邀请对本书进行了审读，叶文益、林益、刘子健、高宏的等党史专家在"广东省革命老区图片展"及后续的编书中给予悉心指导。广东省社会科学院教授、广东中共党史学会原副会长黄振位对"广东省革命老区概述"进行了认真而细致的指导。广州地区老游击战士联谊会部分老游击战士提供、核对了部分有关史料。各方专家、老同志提出了不少宝贵的修改意见。省扶贫基金会予以大力帮助。古延贤、郑德良、李胜利、罗育辉、罗荣、彭伊娜、庄祝胜、饶潮生、唐波、陈束明、李祖明、郑红、宋强、祝曼曼、尹素明、虞耀华、李爱平、张任明、高英泉、吴南蘋、高克东、翟国荣、何彦臻、王少军、郑纪军、廖清清、乔松都、王金波、单伟、纪晓光、甄丽雅、祁卫、赵胜利、刘胜祥、肖成洲、陈光华、郑以民、李晓鹄、赵如、叶元鹤、林苋、卢江天、李崇京、李小瑛、刘小钢、王询章、林振威、黄小抗、罗志威、曾和平、高小松、丘亮南、陈晓宁、谭公民、马少珍、史长缨、李渡、方耀民、练春生、黄冰华、关镇澜、卢秀峰、林星星、李列林、吴小毅等提供了不少帮助。在此一并表示衷心感谢！

初稿撰稿、配图及编辑：广东省革命老区概述、后记为伍依丽；第一章、第二章为伍依丽；第三章、第四章为张保成；第五章、第六章为林梦夏；第七章各市老区战争年代简介为伍依丽，各市革命历史事件选为伍依丽、张保成、陈东；附录为柯绍华、伍依丽；老照片修饰为伍依丽、卢奇；示意图、表格绘制为伍依丽、张保成、陈思奇、陈东；图文排列（初校）及编务为叶文敏。

姚泽源、谭世勋、柯绍华参与了全书审稿，丁小伦参与了第五、六章审稿。

编撰过程中，会长陈开枝十分关心，一再强调，为了传承红色基因，一定要下功夫编好这本书，还数次听取汇报并审稿。本书主编，常务副会长兼秘书长姚泽源、副会长谭世勋切实抓好组织领导，统筹协调和文字把关。

本书中使用的一些图片，因未能联系到作者和版权所有人，请有关人士与我们联系，以便按照相关法规支付相应稿酬。

鉴于内容多、时间跨度大、一些历史问题纷繁复杂，加上我们的水平及收集史料的渠道有限，本书难免存在不足之处，敬请专家和读者批评指正。

编 者